mdv

Henrik Eberle

Die Martin-Luther-Universität in der Zeit des Nationalsozialismus 1933–1945

mdv Mitteldeutscher Verlag

Die Deutsche Bibliothek – CIP-Einheitsaufnahme
Eberle, Henrik:
Die Martin-Luther-Universität in der Zeit des Nationalsozialismus 1933–1945/Henrik Eberle. – 1. Aufl. – Halle : mdv, Mitteldt, Verl., 2002

ISBN 3-89812-150-X

1. Auflage 2002
© mdv Mitteldeutscher Verlag GmbH, Halle (Saale)
Umschlag: Hunger & Hartmann
Printed in Germany

Inhaltsverzeichnis

1 Einleitung 7
1.1 Vorbemerkung 7
1.2 Literatur, Forschungsstand 13
1.3 Halles Professoren in der Weimarer Republik 23
1.4 Der Aufstieg der nationalsozialistischen Studenten 28
1.5 Der »Fall Dehn« 32
2 Die Jahre 1933 bis 1936 37
3 Säuberungen 61
3.1 Die Entfernung von Hochschullehrern jüdischer Abstammung 62
3.2 Politisch motivierte Säuberungen 83
3.3 Die Entfernung homosexueller Dozenten 110
4 Der Neuaufbau des Lehrkörpers 114
4.1 Berufungen 115
4.2 Nachwuchs 132
5 Agieren in der Diktatur 149
5.1 Die nationalsozialistische Durchdringung des Lehrkörpers 149
5.2 Schließung der Universität? Rosenberg-Universität? 157
5.3 Luther-Universität? Die Festreden über Martin Luther 170
5.4 Auseinandersetzungen im Kirchenkampf 175
5.5 Der Entzug akademischer Würden 180
5.6 Der Erwerb von Gebäuden und Grundstücken 187
5.7 Auf dem Weg zur Volksgemeinschaft?
    Die Universität als Betrieb 190
6 Studieren an der Martin-Luther-Universität 197
7 Die Universität im Krieg 215
7.1 Studenten in Halle und im Kriegseinsatz 216
7.2 Professoren und Dozenten im Fronteinsatz 221
7.3 Die Universitätskliniken 224
7.4 Im Einsatz für Rüstung und Ernährungswirtschaft 227
8 Die Universität 1944–1946: Von den Jubiläumsfeiern bis zur Wiedereröffnung . 240
9 Ausblick 264
10 Biographisches Lexikon für die Universität (1933–1945) 269
10.1 Theologische Fakultät 270
10.2 Rechts- und Staatswissenschaftliche Fakultät 285
10.3 Medizinische Fakultät 308
10.4 Philosophische Fakultät 363
10.5 Naturwissenschaftliche Fakultät 402
10.6 Andere Biographien 451

Anmerkungen 463
Quellen- und Literaturverzeichnis 513
Abkürzungsverzeichnis 530
Personenregister 532
Abbildungsnachweis 538
Danksagung 539

Diese Universität ... hat heute das bescheidene, aber, wenn man so will, auch das sehr stolze Ziel, sich als eine Gebrauchs-Universität des nationalsozialistischen Staates für seine neuen Ausbildungsziele auszubauen und zu bewähren.

Johannes Weigelt
Rektor der Martin-Luther-Universität im Geleitwort der Festschrift
zum 250. Gründungsjubiläum der Universität Halle 1944

1 Einleitung

1.1 Vorbemerkung

Der 500. Gründungstag des Wittenberger Zweiges der Martin-Luther-Universität löste eine Reihe von Initiativen zur Erforschung der Geschichte der Universität aus. Dabei bedurfte es keiner Begründung, dass sich eine Universität nach zwei überstandenen Diktaturen ihrer Vergangenheit stellen müsse. Als dringlich empfand die Kommission zur Vorbereitung der Jubiläumsfeierlichkeiten – die diese Arbeit angeregt hat – dabei die Aufarbeitung der Geschichte der Universität in der Zeit des Nationalsozialismus, da diese erste, folgenreichere Diktatur zunehmend drohte, an den Rand der Erinnerung gedrängt zu werden.
Folgerichtig war aber damit der Ansatz gegeben, die Universität an Hand der Vorgaben der Totalitarismusforschung einzuordnen. Daraus ergab sich eine ganz klare Verortung innerhalb der historischen Debatte. Im Mittelpunkt der Darstellung standen die Beziehungen der Handelnden untereinander, immer mit Blick auf die Existenzbedingung Diktatur. Es wurde dabei versucht, die individuelle Dimension sichtbar zu machen. Eine gruppenbiographische Studie konnte nicht entstehen, entsprechende Anläufe, die an anderen Universitäten unternommen wurden, scheiterten. Zwar erscheint die Gruppe der Universitätsprofessoren in ihrer überwiegenden Herkunft aus dem Bürgertum und ihrem Ausbildungsgang weitgehend homogen, daraus aber ein gruppenspezifisches Verhalten abzuleiten scheint unmöglich. Es hat – wie zu zeigen ist – viel mehr Individualisten als Typen gegeben, entsprechend unterschiedlich agierten sie im vorgegebenen Rahmen.
Ein zweites großes Thema war die Untersuchung, inwieweit die Universität durch den Nationalsozialismus verändert wurde, wie sie zu einer »nationalsozialistischen Gebrauchsuniversität« wurde. Der Dualismus von ideologisch motivierter Säuberung und dem »Neuaufbau« zu einer für weltanschauliche Indoktrination und kriegswichtige Belange nutzbaren Universität ist der »rote Faden«, der sich durch dieses Buch zieht.
Dabei sollten nicht Studien zu bestimmten Komplexen der Universitätsgeschichte entstehen, sondern ein Überblick über Lehrkörper und Studentenschaft, wenn möglich unter dem Einschluss der an der Universität beschäftigten anderen Personen. Die Defizite dieser Arbeit waren damit programmiert, geben aber vielleicht auch die Chance, dem Organismus Universität eventuell gerecht zu werden. Die Präsentation des Materials geschah in einer mehr deskriptiven und weniger theoretischen Weise. Die Begründung für ein solches Vorgehen haben die Herausgeber einer Geschichte der Universität Göttingen in der Zeit des Nationalsozialismus nahegelegt. Sie nannten als Grund für diesen Ansatz, dass »die gegenwärtige Forschungslage jedenfalls für die Hochschulen im Nationalsozialismus weniger an einem Mangel an ›Faschismustheorie‹ als an einem Mangel an gesichertem und übersichtlich aufgearbeitetem Tatsachenmaterial« kranke.[1]
Das Buch konnte nicht nur eine Zusammenschau der bisher geleisteten Forschung sein. Obwohl nicht wenige Studien zur Universitätslandschaft, zu Halle und zu bestimmten Gelehrten vorliegen, waren Archivstudien unumgänglich. Die wichtigste Quelle waren die im Universitätsarchiv befindlichen Personalakten. Die Bestände »Rektor« und »Kurator« spiegelten wichtige Meinungsbildungsprozesse und die Rektion des Wissenschaftsministeriums in Berlin wider. Das Archiv der ehemaligen Reichsstudentenführung im Staatsarchiv Würzburg brachte Ergänzungen im Detail. Im Bundesarchiv wurden Unterlagen eingesehen, die die Universität Halle betreffen, hier war jedoch weniger vorhanden, als erhofft.[2] Eine hinreichend »dichte« Überlieferung zu den einzelnen Akteuren – etwa für eine Beschrei-

bung der Mentalität der Professorenschaft oder eine Kultur des Forschens – existiert jedoch nicht. Für die Arbeit konnten lediglich die Nachlässe von Johannes Weigelt und Emil Abderhalden ausgewertet werden.

Entstehen sollte jedoch ohnehin nicht eine Wissenschaftsgeschichte der Universität oder eine rückschauend soziologische Betrachtung über den Lehrkörper. Gefragt war eine im Wesentlichen politische Geschichte der Universität, die allerdings nicht immer distanziert ausgefallen ist und vielleicht an manchen Stellen mit unnötigen Wertungen versehen wurde.[3] Die Distanz ist nicht immer leicht gefallen, befanden sich doch unter den Gelehrten, die an der Universität Halle in der NS-Zeit lehrten, auch ausgesprochen widerwärtige Figuren und Verbrecher. Im Kern ging es mir jedoch um die Darstellung einer Hochschule unter den Bedingungen eines totalitären Regimes. Hannah Arendt konstatierte in ihrem 1951 veröffentlichten Buch über die »Elemente und Ursprünge totaler Herrschaft«, dass »weder Weltfremdheit noch Naivität« erklären könnten, »dass eine erschreckend große Zahl der wirklich bedeutenden Männer unserer Zeit sich unter den sympathisierenden oder eingeschriebenen Mitgliedern totalitärer Bewegungen« befänden oder befunden hatten.[4] Mag man auch bezweifeln, dass die Professoren der Universität Halle in ihrer Gesamtheit »wirklich bedeutende Männer« ihrer Zeit waren, gab es unter ihnen nicht wenige aus dem Bereich der Lexikonwürdigkeit. Den Inhaber des Lehrstuhles für Pflanzenbau, Theodor Roemer, etwa, der die Grundlagen der Resistenzzüchtung legte. Die Professoren der theologischen Fakultät mit ihren Forschungen zu Luther und der biblischen Welt gehören ebenso dazu wie der Althistoriker Franz Altheim, der das Bild von der Antike nach Osten hin erweiterte und seine Forschungsreisen von der Stiftung Ahnenerbe der SS finanzieren ließ. Auch der Geologe und Paläontologe Johannes Weigelt, Rektor der Universität von 1936 bis 1945, zählte zu den unbestritten erstrangigen Wissenschaftlern seiner Zeit.[5] Weigelt, Mitglied der NSDAP seit 1933, formulierte 1943 in einem Brief an einen Schüler der an der Ostfront kämpfte: »Wir haben viel an Sie gedacht in den schweren Wintermonaten, und man kann die germanischen Sagen von den Eisriesen und dem Fenriswolf, der ein Sonnenvolk zu verschlingen droht, erst so richtig verstehen. Aber nun lacht ja wieder die Sonne, deren Symbol auf unserem Banner weht, und die Sonne ist mit den Germanen! Diesmal werden wir sie benutzen, damit dem Fenriswolf die Zähne ausgezogen sind, ehe er sein Maul wieder aufreißt.«[6] Eine solche Äußerung steht für vieles. Die Hakenkreuzfahne der NSDAP war offenbar tatsächlich sein Banner. Die germanischen Mythen bestimmten augenscheinlich sein Denken mit und der »Fenriswolf« deutet den Stellenwert an, den er dem Krieg beimaß. Nicht weniger als »Ragnarök«, die Götterdämmerung, sah er in ihm und dass dem Fenriswolf die Zähne herausgerissen werden müssten, bevor er Odin, den Allvater, verschlingen könnte, schien ihm unabdingbar.[7] Liest man zuviel hinein in einen privates Schreiben, das eventuell ironisch gemeint war? Wohl nicht. Weigelt stand bereits als Schüler im Bann des völkischen Frühgeschichtlers Hans Hahne, dessen Lebensinhalt es war, germanische Mythen und ihre Weiterleben zu erforschen.[8] Er holte – gemeinsam mit Halles Oberbürgermeister Johannes Weidemann und Gauleiter Joachim-Albrecht Eggeling – den Parteiphilosophen Alfred Rosenberg als »Schirmherr« an die hallische Universität. Hätte er Rosenberg als Denker nicht geschätzt, dessen Thesen über die »Rassenseele« des germanischen Menschen nicht geteilt, wäre der NSDAP-Reichsleiter nicht Pate der Hochschule geworden.[9] Nach der Enttäuschung über die für ihn zu wenig nachhaltigen Konsequenzen dieser »Schirmherrschaft« erhob Weigelt 1944 anlässlich des 250. Universitätsjubiläums selbst die Forderung nach einer Verschmelzung von Geisteswissenschaft und Weltanschauung, womit er zum Protagonisten einer wirklich »totalitären Ideologie« (Arendt) wurde.[10] Weigelt verordnete als Führerrektor

auch die unbedingte Ausrichtung auf den kommenden Krieg, zahlreiche Institute wurden Rüstungsbetriebe, viele Professoren beteiligten sich an der Ausplünderung besetzter Länder – sie waren »Sachverständige«, »Berater« oder selbst Teil der Kriegsmaschinerie des Deutschen Reiches. Die Universität sollte, ging es nach Johannes Weigelt, eine »Gebrauchsuniversität« des NS-Regimes werden – und sie war es tatsächlich auch. Ein Überblick über die damals fünf Fakultäten soll das verdeutlichen. Die Theologen hatten Anteil an der letztlich gescheiterten Etablierung einer nationalsozialistischen »Reichskirche«. In der Rechts- und Staatswissenschaftlichen Fakultät wurden Strafrecht »im Geiste Adolf Hitlers« und Betriebswirtschaft im Hinblick auf Eingriffe des Staates in die Wirtschaft gelehrt. An der Medizinischen Fakultät gab es Protagonisten der Rassenhygiene, Menschen wurden in den Universitätskliniken sterilisiert, Klinikleiter überwiesen ihre Kranken zur Ermordung an »Tötungsanstalten« im Rahmen des so genannten »Euthanasie-Programms«. In der Philosophischen Fakultät wurden Wehrmachtspsychologen ausgebildet. Naturwissenschaftler machten ihre Institute zu Rüstungsbetrieben, ein Lehrstuhlinhaber schreckte nicht einmal vor Menschenexperimenten zurück. Die beteiligen Professoren verstanden ihr Engagement dabei nicht einmal als ideologisch motiviert: Als Theodor Roemer 1948 in einem Fragebogen aufgefordert wurde, die Gründe für den Erhalt des Kriegsverdienstkreuzes 2. Klasse darzulegen, schrieb er lakonisch das Wort »Pflichterfüllung« in die entsprechende Rubrik.[11] Der Schwerpunkt dieser Darstellung musste daher auf dem Lehrkörper der Universität liegen. Nicht zuletzt auch deshalb, weil es neben diesen Gelehrten, die tief in das Regime verstrickt waren, auch jene gab, die den Anpassungsprozess an die nationalsozialistische Diktatur mühsam vollziehen mussten oder aus politischen und rassistischen Motiven rigoros »aussortiert« wurden. Es wurde versucht, Opfer wie Täter aus der Anonymität der Vorlesungsverzeichnisse und Statistiken herauszuholen. Nicht immer ist das gelungen. Es entstand aber wenigstens ein Lexikon, das sämtliche Wissenschaftler enthält, die zwischen 1933 und 1945 an der Universität Halle lehrten.
Das biographische Lexikon in Kapitel 10 dieses Buches hat aber auch die Funktion, die Konturenlosigkeit abzumildern, die an anderen Universitätsgeschichten bemängelt wurde. Wirklich scharf wurden sie aber trotzdem nicht. Die Universität beschäftigte in der NS-Zeit 415 Professoren und Dozenten, dazu kam eine Reihe von Habilitanden, die an andere Hochschulen überstellt wurden.[12] Das kaleidoskopartige der Darstellung ist daher Programm. Zu vielschichtig, zu fragmentiert stellt sich die Hochschule dar. Der Bogen musste daher von der Theologie bis zu den Naturwissenschaften gespannt werden. Neben dem Biographischen liegt ein Schwerpunkt auf der akademischen Repräsentation. Ausführlich werden Universitätsreden zitiert und Feierlichkeiten beschrieben, da sich daraus ein Teil des Selbstverständnisses der Akteure ableiten lässt.[13] Hier werden Kontinuitätslinien und Brüche deutlich, die offiziell gemeinten Aussagen widerspiegeln das Verhältnis zwischen Wissenschaft und Politik recht genau.
Bei dieser Repräsentation wird aber auch das Missverhältnis zwischen der tatsächlichen Bedeutung der Universität und dem Anspruch der Akteure auf eine Art geistiger Führerschaft deutlich. Den Professoren der hallischen Hochschule war wohl noch weniger als anderen bewusst, dass die Wissenschaft ihre Bedeutung als meinungsbildende Kraft längst eingebüßt hatte.[14] Die Tradition verstellte ihnen den Blick auf diese anderswo deutlich zu Tage tretende Tatsache. Als Erbe der 1502 in Wittenberg gegründeten Universität Friedrichs des Weisen sah sich Halle als Hüterin der Lehrstühle Luthers und Melanchthons. Die Philosophie hatte Christian Wolff als Ahnherr vorzuweisen. Auf die Rechts- und Staatswissenschaftliche Fakultät fiel der Glanz eines Christian Thomasius. Die in Halle betriebene Kameralistik

prägte den preußischen Staat. Im 18. Jahrhundert war die 1694 gegründete Universität Halle die modernste ihrer Art. Die Schließung der Universität 1806 durch Napoleon bedeutete einen ersten Bruch. Das unweigerlich Folgende wurde zum langfristig geltenden Prinzip: Die bedeutendsten Gelehrten verließen die Universität und wechselten nach Berlin, so der Mediziner Christian Reil, so der Theologe Friedrich Schleiermacher. Nach der Wiedereröffnung 1817 war Breite und Vielfalt kennzeichnend. In den Fächern Theologie und Medizin war die Besetzung der Lehrstühle jedoch erstklassig besetzt, die Geisteswissenschaftler galten nicht viel weniger. Am Ende des 19. Jahrhunderts hatte die Universität jedoch einen Rang unter den ersten des Deutschen Reiches verloren. Hervorragende Einzelleistungen gab es immer, etwa in der Orientalistik, den Altertumswissenschaften, der Kirchengeschichte, der Kunstgeschichte, der Rechtsphilosophie, der Chirurgie.[15]

Wie ihr Bedeutungsverlust als Gruppe, drang in das Bewusstsein der Gelehrten nicht ein, dass die Republik als Folge eines von ihnen begrüßten und gewollten, aber verlorenen Krieges nahezu bankrott war. Gekränkt meinten die hallischen Professoren, dass die Demokratie ihre Universität systematisch vernachlässige. Tatsächlich wurde Geld in Neugründungen investiert, notwendig waren die neu entstandenen Universitäten in Frankfurt, Köln und Münster aber durchaus. Der Aufstieg dieser und anderer Universitäten führte zu einem relativen Niedergang der Universität Halle. Im Bezug auf die Studentenzahl sank die Universität sogar auf Platz 19 in der Liste aller deutschen Universitäten ab. Im Sommersemester 1933 waren 2228 Studenten eingeschrieben, mit Examenskandidaten und Gasthörern waren es 2821. Später sollte die Zahl auf unter 1000 sinken.

Wie war die Universität in der Zeit des Nationalsozialismus strukturiert? 1933 hatte die Universität 78 Lehrstühle, die den fünf Fakultäten – Theologische Fakultät (10), Rechts- und Staatswissenschaftliche Fakultät (14), Medizinische Fakultät (17), Philosophische Fakultät (17) und Naturwissenschaftliche Fakultät (20) – zugeordnet waren. Diese Zahlen blieben bis zum Ende des Zweiten Weltkrieges in etwa gleich. Die Inhaber der Lehrstühle hatten den Status ordentlicher Professoren, zugleich standen sie an der Spitze von Instituten oder Kliniken. Hinzu kamen planmäßige außerordentliche Professoren, die bestimmte enge Spezialgebiete vertraten oder aus fiskalischen Gründen nicht mit einer besser ausgestatteten ordentlichen Professur bedacht wurden. Zum Lehrkörper gehörten aber auch nichtbeamtete außerordentliche Professoren, Wissenschaftler denen dieser Titel auf Grund ihrer Leistungen verliehen wurde, die aber aus verschiedenen Gründen nicht – oder noch nicht – auf einen Lehrstuhl berufen wurden. Verschiedene Klinikleiter der Stadt Halle hatten ebenfalls den Titel eines außerordentlichen Professors, etwa die Chefärzte der Weidenplanklinik, des Krankenhauses Bergmannstrost oder von Barbara- und Elisabethkrankenhaus. Sie gehörten ebenso zum Lehrkörper wie die Privatdozenten, also junge Wissenschaftler, die von ihren Fakultäten die Lehrberechtigung erhalten hatten. An die Habilitation waren verschiedene Leistungen geknüpft, meist die Vorlage einer größeren wissenschaftlichen Arbeit. Dotierte Beamtenstellen hatten lediglich die Ordinarien und planmäßigen Extraordinarien inne. Im Generalkonzil waren die ordentlichen Professoren und – mit einem Drittel der Stimmen – die außerordentlichen Professoren repräsentiert. Das Konzil wählte den Rektor, der bis 1933 überwiegend repräsentative Funktionen hatte. Diese Generalversammlung des Lehrkörpers trat meist einmal im Semester, oder zu bestimmten Ereignissen zusammen. Eigentliches Arbeitsgremium der akademischen Selbstverwaltung war der Senat, der Entscheidungen fällte oder für die Abstimmung im Konzil vorbereitete. Mitglieder waren der Rektor, der Prorektor und als Vertreter der einzelnen Fakultäten die Dekane. Außerdem gehörten dem Senat drei Nichtordinarien an, die die Belange der außerordentlichen Professoren und Privatdozenten wahrnehmen sollten.

Der juristische Status der Universität selbst war der einer staatlich beaufsichtigten, öffentlich-rechtlichen Korporation. Als Vertreter des Kultus-, später Wissenschaftsministeriums[16], fungierte der Kurator. Dieser war der eigentliche Dienstherr der Universitätsbeamten und angestellten. Die Kuratoren nahmen Einstellungen und Entlassungen vor, der Schriftwechsel mit dem Kultus- bzw. Wissenschaftsministerium hatte über sie zu erfolgen.

Die am 28. Oktober 1933 durch den preußischen Kultusminister Bernhard Rust erlassenen »Vorläufigen Maßnahmen zur Vereinfachung der Hochschulverwaltung« bedeuteten das Ende der akademischen Selbstverwaltung. Zur »Sicherstellung einer einheitlichen Führung der Universität« gingen die Rechte des Senats und des Generalkonzils auf den Rektor über. Der Senat wurde fortan durch den Rektor berufen, er fungierte als »beratende« Körperschaft. Abstimmungen sollten nach Rusts Willen fortan nicht mehr stattfinden. Zum Senat gehörten jedoch nach wie vor der Prorektor und die Dekane der einzelnen Fakultäten. Dazu kam der Führer der Dozentenschaft als Vertreter der ihm jetzt formell unterstellten Nichtordinarien, zwei weitere Dozentenschaftsmitglieder und ein Studentenvertreter.[17] Die rustche Anordnung war die Geburtsstunde eines besonderen Typus in der Wissenschaft. Der »Führerrektor« sollte Politiker und Wissenschaftler zugleich sein. Die Universität hatte er militärisch straff durch Anordnungen zu führen, der Senat als beratendes Gremium verkörperte in dieser Struktur den Stab eines Kommandeurs.[18]

Der Spielraum dieses »Führerrektors« war jedoch schon durch die rustche Anordnung vom 28. Oktober 1933 eingeschränkt, da der Rektor bei sämtlichen sie betreffenden »Maßnahmen« die Führer von Studentenschaft und Dozentenschaft mit heranzuziehen hatte. Doch auch auf die Ordinarien reichte der Zugriff des Rektors nur bedingt. Zwar ernannte der Rektor die Dekane, in den Fakultäten fanden Abstimmungen nicht mehr statt. Jeder Ordinarius hatte jedoch das Recht, sich in bestimmten Fragen, etwa bei der Berufung neuer Kollegen, mit einem Sondervotum an das Ministerium zu wenden.[19]

Dazu kam, dass in Preußen die Rolle der Universitätskuratoren nicht eingeschränkt wurde. Die überlieferte Rechtsnatur der Universität als einer öffentlich-rechtlichen Korporation wurde nicht beseitigt. Damit blieb dem Kurator ein Aufsichtsrecht. Für Halle ist jedoch ein aktiver politischer Einfluss des von 1933 bis 1946 amtierenden Universitätskurators Friedrich Tromp nicht nachzuweisen. Tromp hatte ein exzellentes Verhältnis zur alteingesessenen Professorenschaft und klärte Fragen in persönlichen Gesprächen, von denen er niemals Notizen zu den Akten nahm. Im regulären Geschäftsgang der Universität fungierte er damit mehr oder weniger als Personalamt und Poststelle. Der von 1936 bis 1940 in Halle regulär bestallte Universitätskurator Berthold Maaß war eine unglücklich agierende Figur, die von den Professoren – einschließlich des damaligen Rektors Johannes Weigelt – geschnitten wurde. Denunziationen von Professoren und eine ihm nicht zustehende, aber angestrebte politische Wächterfunktion[20] verbesserten seinen Stand an der Universität Halle nicht, 1938 wurde Maaß beurlaubt und später an das Regierungspräsidium in Lüneburg versetzt.[21]

Die nach dem Schema »Führer und Gefolgschaft« angestrebte Reform der Universitätsleitung war mithin bereits im Rust-Erlass vom 28. Oktober 1933 inkonsequent angelegt. Die notgedrungen intensive Zusammenarbeit mit den Gauleitungen der NSDAP und ihren Vertretern tat ein Übriges. In Halle wurden wichtige Personalentscheidungen stets nach Rücksprache mit der Gauleitung getroffen. In der »Kampfzeit der Bewegung« und zur Zeit des »studentischen Revolutionsausschusses« hatten die NS-Aktivisten ihren organisatorischen Rückhalt ohnehin in der Gauleitung der NSDAP. Später entstand eine auch formal fixierte Abhängigkeit. 1934 setzte Gauleiter Rudolf Jordan den Gauwirtschaftsberater Walter Trautmann, der zugleich Chefredakteur der Mitteldeutschen Nationalzeitung war und einen Lehrauftrag für Betriebswirtschaftlehre innehatte, als Beauftragten für Universitätsangelegenheiten ein.[22] Der ab 1937 amtierende Gauleiter Joachim-Albrecht Eggeling besprach die Probleme der Universität persönlich mit dem Rektor. Weigelt und Eggeling trafen sich regelmäßig, Protokolle dieser Treffen sind nicht überliefert.[23]

Am 11. April 1935 erließ Rust, jetzt Reichs- und Preußischer Minister für Wissenschaft, Erziehung und Volksbildung, endgültige Richtlinien zur »Vereinfachung der Hochschulverwaltung«, die das Kompetenzwirrwarr der vergangenen Jahre beenden sollten. Zugleich versuchte er klare Unterstellungsverhältnisse herzustellen. Die Hochschule gliedere sich in Dozentenschaft und Studentenschaft legte Rust fest, um Einflüsse anderer Stellen für unzulässig zu erklären. Der Führer der Hochschule sei der Rektor, er unterstehe dem Wissenschaftsminister unmittelbar und sei ihm allein verantwortlich. Der Leiter der Dozentenschaft werde nach Anhören des Rektors und des Gauführers des NS-Dozentenbundes ebenfalls vom Wissenschaftsminister ernannt und unterstehe dem Rektor. Analog beim Leiter der Studentenschaft: Er werde nach Anhören des Rektors und des Gauführers des NS-Studentenbundes vom Wissenschaftsminister ernannt und unterstehe dem Rektor.

Der Senat stehe, wie gehabt, dem Rektor als beratendes Gremium zur Seite. Ihm sollten der Leiter der Dozentenschaft und der Studentenschaft, der Prorektor, die Dekane und zwei weitere vom Rektor zu berufende Mitglieder aus der Dozentenschaft angehören. Der Prorektor und die Dekane würden auf Vorschlag des Wissenschaftsministers ernannt. Die Dekane wiederum seien als Führer der Fakultäten zu betrachten, ein Fakultätsausschuss stehe ihnen beratend zur Seite.[24]

Wohl an keiner deutschen Universität war das angeordnete Führerprinzip zu 100 Prozent durchsetzbar.[25] Zu vielfältig waren die informellen Beziehungen unter den Hochschullehrern, zu vielschichtig die Abhängigkeitsverhältnisse und kaum beeinflussbar auch die privaten Gesprächskreise befreundeter Professoren. Auch die von Rust angestrebte Zurückdrängung der Einflüsse von außerhalb gelang nicht. Parteistellen nahmen – über den der Parteikanzlei unterstellten Dozentenbund – Einfluss auf Stellenbesetzungen. Die rüstungswirtschaftlichen Stellen des Reiches sorgten durch üppige Finanzierungen für den Ausbau bestimmter Institute und machten ebenfalls personelle Vorgaben.

Der Aufbau der Arbeit orientiert sich jedoch nicht an den strukturellen Vorgaben Institut – Fakultät – Rektorat. Im Mittelpunkt stehen die politischen Verhältnisse an der Universität. Daher musste zunächst das ereignisreiche Jahr 1933 behandelt werden. Kapitel drei und vier beschreiben den Umbau der Universität im Wechselspiel von Säuberung und Neuaufbau. Hier gehörte die Entfernung der Gelehrten mit jüdischen Vorfahren hinein. Auch der Neuaufbau des Lehrkörpers war nicht knapp abzuhandeln, zumal ein Abschnitt über den in Halle ausgebildeten wissenschaftlichen Nachwuchs nicht fehlen durfte. In Abschnitt fünf werden bestimmte Themen behandelt, die das Agieren der Universität unter den Bedingungen der nationalsozialistischen Diktatur beschreiben. Hier wurden unter anderem die Aberkennung der akademischen Grade oder die Grundstücksgeschäfte untersucht. Ein kurzes Kapitel über das Studieren in Halle ergänzt diesen Abschnitt. Chronologisch ist der Schluss: Kapitel sieben behandelt die Existenz unter den Bedingungen des Krieges, Kapitel acht handelt von der Umbruchszeit der Jahre 1944 bis 1946.

1.2 Literatur, Forschungsstand

Die Hochschulpolitik des nationalsozialistischen Staates war in ihren Grundzügen von vier Aspekten gekennzeichnet:[26]
1. Umgestaltung der Hochschulverfassung nach dem »Führerprinzip«.
2. Umgestaltung des Lehrkörpers durch Säuberungen und Rekrutierung von Ersatz nach politischen Vorgaben.
3. Die Neuausrichtung der wissenschaftlichen Disziplinen nach ideologischen Gesichtspunkten.
4. Die Instrumentalisierung der Forschung für den geplanten und schließlich geführten Krieg.

Bis sich diese leidenschaftslose Charakteristik der Wissenschaft im NS-Regime durchsetzte, bedurfte es heftiger Kontroversen. Diese Debatte im Einzelnen nachzuzeichnen, verbietet sich an dieser Stelle aus Platzgründen. Der Grund für das lange Zeit fehlende Eingeständnis, integraler Bestandteil des verbrecherischen nationalsozialistischen Regimes gewesen zu sein, muss jedoch erwähnt werden. Von den Säuberungen der Jahre von 1933 bis 1945 profitierten in allererster Linie die jungen, ausgezeichnet ausgebildeten Assistenten und Oberassistenten der verdrängten Professoren. Dazu kam ein natürlicher Generationenwechsel, von den ordentlichen Professoren des Jahres 1939 hatten an einzelnen Hochschulen bis zu 60 % ihre Ernennung 1933 oder später erhalten.[27] Halle machte hier keine Ausnahme: Zwischen 1936 und Januar 1945 wurden etwa zwei Drittel des Lehrkörpers ausgetauscht.[28] Dabei war wohl keine Professorengeneration so jung wie die, die das nationalsozialistische Regime berufen hatte. Da während des Krieges wiederum eine ganze Generation von Assistenten starb – die Ordinarien waren fast alle »unabkömmlich« gestellt – gab es 1945 keinen Ersatz für die belasteten Professoren. Bestimmte Fakultäten hätten nach dem Krieg nicht wieder eröffnet werden können, wenn die Kriterien der Siegermächte zur Reinigung der Universitäten konsequent angewendet worden wären.

Falls in den 50er Jahren Fragen zur nationalsozialistischen Vergangenheit gestellt wurden – dokumentiert ist ein originärer Drang zur Aufarbeitung der Vergangenheit nicht – gab es von dieser Professorengeneration keine Antworten, weder in Ost noch West. Der hallische Chirurg Werner Budde etwa, 1937 wegen seiner jüdischen Ehefrau von der Universität entfernt, versuchte sogar, die Beschäftigung seiner Studenten mit dem Nürnberger Ärzteprozess zu verhindern. Er meinte, dass die Wahrnehmung der dort präsentierten Verbrechen geeignet sei, den Glauben an die ethischen Grundlagen des Ärzteberufs zu erschüttern.[29]

In Halle, wie in der gesamten Sowjetischen Besatzungszone verdrängte freilich auch die Tagespolitik jeden Gedanken an das Gewesene. Die Entnazifizierung wurde zur Durchsetzung des kommunistischen Machtanspruchs instrumentalisiert.[30] Neu berufene Hochschullehrer vollzogen an der Universität den Aufbau einer neuen Diktatur, bürgerliche Professoren versuchten, die erneute Zertrümmerung der akademischen Selbstverwaltung zu verhindern. Nicht selten waren auch unmittelbare Zugriffe der Besatzungsmacht, es verschwanden Studenten, ein Arzt starb nach der Verschleppung durch das NKWD im Gefängnis.[31] Geradezu selbstverständlich erscheint angesichts dieser Vorgänge die Instrumentalisierung des Gedenkens in der SBZ/DDR. Die Wiedereröffnung der Universität Halle am 1. Februar 1946 stand im Zeichen des Neubeginns, ohne Versäumnisse und Schuld der Lehrenden und Lernenden zu verschweigen. 1947 fand dann die erste von der Landesregierung angeordnete Gedenkfeier für die »Opfer des Faschismus« statt, bereits zu diesem Zeitpunkt wurde ausschließlich an den kommunistischen Widerstand erinnert.[32] Der Antifaschismus wurde zum

»totalitären Mythos«, wie die Politikwissenschaftlerin Antonia Grunenberg 1993 konstatierte.[33] Dieser Aufbau einer neuen Legitimation erfolgte nicht ohne Konzept, sind sich die Herrschenden doch dessen bewusst, dass mythologische Deutungen von einem Teil der Bevölkerung bereitwillig akzeptiert werden.[34] Selbst wenn man derartig subtile Überlegungen bei der Installierung der sowjetischen Herrschaft in Deutschland ausschließen will, steht doch fest, dass von der Sowjetischen Militäradministration bereits 1945 bestimmte Opfergruppen ausgeschlossen wurden: »Juden, Mischlinge, Bibelforscher, die meisten Fälle der Wehrkraftzersetzung, Meckerer usw.« nahm man bereits 1945 explizit von Rehabilitierungen und Wiedergutmachungsregelungen aus.[35] Das Interesse der SED an einer Aufarbeitung lässt sich anhand ihrer Propaganda umreißen. Stets ging es um die Brandmarkung Westdeutschlands als pro-, post- oder tatsächlich faschistisches Regime und die Selbststilisierung zum antifaschistischen Staat. Der Titel einer Broschüre aus dem Jahr 1962 macht die Intentionen überdeutlich: Sie hieß »Strauß und Brandt mobilisieren die SS«. Hier sollte die Formel von Faschismus gleich Bürgertum gleich Sozialdemokratismus (vor 1933 Sozialfaschismus) untermauert werden, die ja bis zu Dimitroffs Faschismusdefinition galt und im heißen Sommer '61 wieder aktiviert wurde.[36]

In Westdeutschland gab es immerhin den Versuch einer juristischen und finanziellen Aufarbeitung der Geschichte. Immer wieder wurden Prozesse gegen Täter geführt, der Staat Bundesrepublik erklärte sich – im Gegensatz zur DDR – zu Sühneleistungen bereit. Dass weder die Qualität der juristischen Aufarbeitung, noch der Umfang der Sühneleistungen in der Rückschau befriedigen können, hat viele Ursachen. Vereinfacht ist jedoch festzustellen, dass zum einen die Verantwortlichen der NS-Zeit nach wie vor zentrale Positionen innehatten, zum anderen Wiederaufbau und -aufstieg mit all ihren materiellen Implikationen jeden Gedanken an »Gestern« als verschwendet erscheinen ließen.[37]

Gerade diese Verdrängung provozierte in Westdeutschland erste Enthüllungen über nationalsozialistische Täter in Staat und Wirtschaft, auch in der Wissenschaft. So stellte 1964 eine Publikation mit dem Titel »Braune Universität« den ersten Schub »überlebenstüchtiger Wissenschaftsrepräsentanten von damals« vor.[38] Die sich denunziert fühlende Professorenschaft wandte sich in Ringvorlesungen der Thematik zu, häufig jedoch, wie Frank Golczewski, Autor einer Geschichte der Universität Köln, rückblickend feststellte, »ohne wissenschaftlichen Ansprüchen gerecht werden zu können.«[39] Eine gezielte Forschung war diesen Vorlesungen, die dann publiziert wurden, nur selten vorausgegangen.[40] Darüber hinaus bedienten sich die Referenten stereotyper Formeln, schwankten zwischen Verharmlosung und Abwehr. Drei Beispiele seien herausgegriffen. Der Mediziner Walter von Baeyer untersuchte die Verstrickung der Medizin in die Ermordung der Geisteskranken, das so genannte »Euthanasie-Programm«, um dann festzustellen, dass »das Forschen« aber »nach den bewährten Prinzipien wissenschaftlicher Vernunft« weitergegangen sei.[41] Auch der Westberliner Historiker Hans Herzfeld, 1938 wegen eines jüdischen Vorfahren von der Universität Halle vertrieben, kam in einer solchen Ringvorlesung 1966 zu Wort. Herzfeld präsentierte neben bedenkenswerten Aussagen zum Thema seltsame Reminiszenzen, insbesondere stellte er seinen Studenten das Zeugnis aus, dass die »Solidarität des Anstandes« unter den Studenten seines Seminars unangetastet geblieben sei. Die Akten sprechen eine andere Sprache, Herzfeld muss in seinem Seminar die »weißen Raben« unter den hallischen Studenten unterrichtet haben. Bedenklicher aber erscheint, dass Herzfeld mit dem typischen Argument des Zeitzeugen den Nachgeborenen mit ihrer »am Schreibtisch gewonnenen Geschichte« die Qualifikation zum Urteilen über das Geschehene absprach. Herzfeld warnte vor »Vereinfachungen«, die »Bestimmtheit und Eindeutigkeit ihrer Urteile« erschienen

»dem noch Mitlebenden« häufig an der »Vielschichtigkeit der in Aktion und Reaktion, in der Unsicherheit einer erst werdenden konkreten Ereigniskette sich vollziehenden Geschichte vorbeizugehen.«[42] In der Aussage noch subjektiver und mit deutlicher Tendenz zur Freisprechung der Akteure von jeglicher Verantwortung argumentierte zur selben Zeit der Münchner Jurist Wolfgang Kunkel, der rundheraus behauptete, dass nicht die Feinde der Weimarer Republik an ihrem Scheitern Schuld trugen und es unter Fachkollegen keine Abneigung gegen jüdische Hochschullehrer gegeben hätte.[43] Infamerweise machte Kunkel in seinem Vortrag ausschließlich die Studenten für die Verbreitung des »Ungeistes« an den Hochschulen verantwortlich und behauptete mit deutlich revisionistischer Tendenz, dass die »Durchdringung« der Universitäten weder durch das Führerprinzip noch durch den Einfluss der NSDAP »wesentlich gefördert« worden sei.[44] Angesichts dieser Auslassungen – und der immer stärker ins Bewusstsein dringenden Durchsetzung der Universitäten mit einstigen Nationalsozialisten – wundert es nicht, dass das Pendel in die andere Richtung ausschlug und die in der Folgezeit veröffentlichten Publikationen polemische Züge trugen. Aufarbeitung wurde dabei eher verhindert als befördert.[45] Die innere Logik der 68er Bewegung brachte es mit sich, dass sich der Hass der linken und linksradikalen Studenten in erster Linie gegen die konservativen Hardliner ihrer Universitäten, nicht so sehr gegen die schmiegsamen, pragmatischen einstigen Nationalsozialisten, richtete. Diese blieben im Allgemeinen unbehelligt, konservative Gegner der 68er, wie der Marburger (einst Hallenser) Strafrechtler Erich Schwinge waren Zielscheibe Nr. 1.[46]

Daneben wurden aber auch grundlegende wissenschaftliche Arbeiten publiziert, etwa von Hellmut Seier zur gescheiterten Durchsetzung des Führerprinzips an den Hochschulen[47] oder zur Bücherverbrennung[48] und zu den jüdischen Studenten.[49] Es vergingen jedoch einige Jahre, bis die Universitäten und Hochschulen in der Bundesrepublik ihre Archivalien zum Teil freigaben und so systematische Forschungen ermöglichten. Erst in den 70er Jahren erschienen erste Darstellungen über verschiedene Universitäten und Hochschulen, von denen die 1977 von Uwe Dietrich Adam veröffentlichte Studie über Tübingen zum unerreichten Muster weiterer Publikationen wurde.[50] Aus den Archivalien der Universitätsarchive und des Bundesarchivs erarbeiteten Historiker jedoch bis heute eine unüberschaubare Zahl von substanziellen Beiträgen zur Wissenschaftsgeschichte.[51] Durchweg interessante und bis heute nicht überholte Studien enthielt der 1980 von Manfred Heinemann herausgegebene Band über »Erziehung und Schulung im Dritten Reich«.[52] Der von Peter Lundgreen 1985 edierte Band zur »Wissenschaft im Dritten Reich« bot eine Sammlung maßgeblicher, quellengesättigter Darstellungen über einzelne Wissenschaftsdisziplinen.[53] Notker von Hammerstein verfasste eine wohl langfristig prägende und in den Wertungen ausgewogene Darstellung über die Deutsche Forschungsgemeinschaft[54] und über den Antisemitismus an deutschen Universitäten.[55] Michael Grüttner schrieb ein Buch über die Studenten im Dritten Reich, das weitergehende Forschungen erübrigt.[56] Hartmut Titze und seine Mitarbeiter schufen mit dem Datenhandbuch zur deutschen Bildungsgeschichte ein unverzichtbares Hilfsmittel zur Nachzeichnung von Studentenströmen dem zyklischen Wechsel der Studienrichtungen.[57] Titze selbst räumte mit seinem Werk über den »Akademikerzyklus« zahlreiche, auch zeitgenössische Fehlurteile über die nationalsozialistische Hochschulpolitik aus.[58] Als entscheidend für das Verständnis der Mentalität »des Professors«, für das Dreiecksverhältnis von Wissenschaftsethos, Staat und Person, muss das Werk von Fritz K. Ringer über die »Gelehrten« gelten, die er nahezu ethnographisch als »deutsche Mandarine« beschrieb.[59] Nicht verschwiegen werden soll, dass auch Überblicksdarstellungen zur Institution Universität von unterschiedlicher Substanz entstanden.[60]

Im Zuge der Erarbeitung von Geschichten einzelner Universitäten wurden Kontroversen darüber geführt, welcher Weg zum Ziel führen könnte. Der methodische Ansatz, einzelne Fächer und Institute als Beschreibungseinheit zu wählen, wie er unter anderem in Göttingen gewählt wurde, war dabei der Kritik ausgesetzt.[61] Dass dieser Weg aber der wünschenswertere ist, kann kaum bestritten werden. So wichtig Recherchen über Biographien und statistische Angaben sind, bleiben solche Arbeiten doch nur Hilfsmittel und Konstrukt. Das eigentliche Anliegen von Geschichtsschreibung ist ja die Deutung der Historie für die lebende und lesende Generation, nicht Wissenschaft um der Wissenschaft willen.[62] Es sollten daher weitreichende Prägungen einzelner Wissenschaftsdisziplinen im Mittelpunkt stehen, was nicht zuletzt die Anforderungen des Tages, etwa ethische Debatten über Chancen und Risiken, Möglichkeiten und Grenzen der Reproduktionsmedizin nahelegen.

Der Weg der wissenschaftshistorischen Annäherung an die Zeit des Nationalsozialismus kann jedoch nur zur »Aufarbeitung« von Geschichte führen, wenn Wissenschaft und Politik gemeinsam untersucht werden. Erst wenn die Historie der Fächer in den Rahmen der Diktatur eingeordnet wird, können programmatische und tatsächliche Veränderungen von Wissenschaftsinhalten unter den Bedingungen der Diktatur nachgezeichnet werden. Das gelungenste Beispiel bietet der 1987, und 1998 in zweiter Auflage, veröffentlichte Sammelband zur Geschichte der Universität Göttingen. Hier wurde weit ausgegriffen, Studien zur Mathematik fanden sich ebenso wie zur Theologie. Bezeichnend und nicht unwichtig ist, dass eine Darstellung über die Medizinische Fakultät erst in die zweite Auflage des Buches eingegangen ist. Denn dieses Fehlen in der '87er Auflage signalisiert maßgebliche Versäumnisse in der Wissenschaftsgeschichte. Gerade gegen die »Aufarbeitung« der Geschichte der Medizin im Dritten Reich haben sich die Medizinhistoriker gesträubt, selbst aktuelle Werke zu einzelnen Fächern kommen ohne den Bezug zur Politik und damit ohne den Bezug zu den Verbrechen des Nationalsozialismus aus.[63] Doch auch für andere Gebiete ist eine Beschäftigung der Akteure mit der Arbeit ihrer geistigen Väter und Mentoren nicht selbstverständlich. Kritikwürdig ist in erster Linie die große Zahl der Institutsgeschichten und Festschriften, die unter bewusster Ausblendung von Politik abgefasst wurden. So zeigte sich Manfred Rasch in seiner Geschichte des Kaiser-Wilhelm-Instituts für Kohleforschung 1913 bis 1943 überrascht, dass die Leitung dieses Instituts einem Mann übertragen worden war, der nicht Parteimitglied gewesen sei und dessen Untersuchungen nicht als »anwendungsbezogen« galten. Rasch schätzte ein, dass dies als Beispiel für eine Wissenschaftspolitik zu werten sei, »die weder parteipolitische Rücksichten nahm noch sich an der Kriegswirtschaft orientierte.«[64] Der Chemiker Karl Ziegler war zwar tatsächlich nicht Mitglied der NSDAP, sein Institut an der Universität Halle ließ Ziegler jedoch als Rüstungsbetrieb registrieren. Darüber hinaus war Ziegler Förderndes Mitglied der SS[65], wenn ihn auch einstige Mitarbeiter als prononcierten Nicht-Nationalsozialisten charakterisieren. Es muss aber trotzdem konstatiert werden, dass Zieglers Name durchaus für »anwendungsbezogene« Forschung stand und seine Person in die Kriegsmaschinerie des NS-Regimes eingebunden war.

Die unregelmäßig aber häufig stattfindenden Workshops zeigen diese Defizite immer wieder auf, nur selten können signifikante Fortschritte vermeldet werden.[66] Dabei muss weniger das Fehlen von Überblicksdarstellungen zu einzelnen Wissenschaftsgebieten beklagt werden. Mittlerweile liegen zur Physik,[67] Biologie,[68] vor allem aber zur Geschichte[69] und Philosophie[70] aussagekräftige Studien vor. Auch zur Universitätstheologie existieren mit den Arbeiten von Kurt Meier und dem 1993 von Leonore Siegele-Wenschkewitz edierten Sammelband zu den theologischen Fakultäten im Nationalsozialismus detaillierte Untersuchungen.[71] Für den, der nach konkreten Angaben zu »nichtprominenten« Wissenschaftlern sucht, erweisen sich aber nur wenige dieser Studien als Fundgrube. Ausnahmen bilden hier die Arbeit von George Leaman zur Philosophie,[72] von Ulfried Geuter über die »Professionalisierung« der Psychologie[73] und die schon 1977 von Volker Losemann vorgelegte Studie zur Alten Geschichte.[74]

Ohnehin ist jeder Historiker, der eine Synthese versucht, auf die Arbeiten aus den einzelnen Disziplinen angewiesen. Fehlen derartige Studien, bewegt sich auch der kundige Historiker oder Publizist im Ephemeren.[75] Notwendigerweise zieht sich er sich – naturwissenschaftlich meist schlecht ausgebildet – in sein eigenes Fach, die vergangene Politik, zurück. Für ihn ist es unmöglich, die Diskussion der Zeit auf ihrer Höhe nachzuvollziehen; Mathematik, Physik, Chemie hatten um 1930 bereits einen Stand erreicht, der Bewertungen fachlicher Leistungen unmöglich macht. Als Vehikel werden daher, auch in dieser Arbeit, zeitgenössische Rezensionen und Urteile von Fachkollegen herangezogen.[76]

Neben diesen Historien der einzelnen Fächer wurde eine Reihe von Geschichten anderer Universitäten ausgewertet.

Die von Helmut Böhm vorgelegte Geschichte der Universität München für die Jahre 1933 bis 1936 konnte jedoch aus mehreren Gründen nicht das Muster für die vorliegende Arbeit bilden. Böhm beschrieb auf mehr als 600 Seiten eine Geschichte sowohl des Lehrkörpers wie der Studentenschaft. Dabei stieg er tief in die Belange sämtlicher Fakultäten ein und mühte sich um absolute Vollständigkeit. Die Zäsur 1936 erscheint dabei als willkürlich gesetzter Schnitt, langfristige Entwicklungen stellte Böhm zu Gunsten einer akribischen Darstellung zurück. Die Nachteile liegen auf der Hand, doch in keiner anderen Universitätsgeschichte wurde der Umbau der Strukturen von Selbstverwaltung und Politik so konkret beschrieben. Böhms Darstellung erwies sich daher als unverzichtbar, ganz gleich ob es um Maßnahmen der Partei, etwa die Installierung des Systems der Vertrauensleute oder um staatliche und juristische Maßnahmen handelte.[77] Nicht akzeptabel erschien Böhms Grundsatz, die Einzelschicksale der vertriebenen und diskriminierten Wissenschaftler auszublenden, gegen den Böhm jedoch dankenswerterweise selbst mehrfach verstieß, so dass letztlich doch keine kalte distanzierte Untersuchung entstand.[78] Böhm konnte sich der Würdigung von einzelnen Biographien aber auch deshalb entziehen, da die Geschichte der NS-Zeit an der Universität München nie vollständig ausgeblendet und Opfer wie Täter nicht vorsätzlich »vergessen« wurden, wie das in Halle geschah.

Christian Jansen versuchte 1992, das politische Denken und Handeln der Heidelberger Hochschullehrer zu umreißen. Doch seine Zuordnung der Gelehrten zu bestimmten »Denkstilen« (faschistisch, konservativ, liberaldemokratisch, sozialistisch) und der daraus folgenden »Parteienpräferenz« bleibt in ihrer Aussage begrenzt. Zum einen blieb seine Definition der Kategorien schwammig, zum anderen musste Jansen konstatieren, dass das politische Denken der Heidelberger Hochschullehrer »immer stark von Konformismus geprägt« war, eine Aussage, die wohl als anthropologische Konstante, nicht als Ergebnis einer Untersuchung zu nehmen ist.[79]

Zwei Bände mit Beiträgen zur Geschichte der Universität Mainz, erschienen 1977 und 1981, blenden trotz der Berufung auf eine wissenschaftliche Tradition die politische Vergangenheit der in Mainz berufenen Hochschullehrer durchgängig aus und zelebrieren die Fiktion der »Stunde Null«.[80] Da in Mainz zahlreiche ehemalige Nationalsozialisten – unter anderem aus Halle – lehrten, verwundert diese Sichtweise nicht. Der Erkenntisgewinn dieser Studien ist konsequenterweise gering. Der Altphilologe Andreas Thierfelder, seit 1946 in Mainz, thematisierte in seinem Bericht über Seminar für Klassische Philologie die Versorgung des neu gegründeten Institutes mit Büchern, die Studentenfrequenz und den wissenschaftlichen

»Stammbaum« der Lehrenden. Politische Bemerkungen streute er lediglich in Bezug auf die 1968er Studentenrevolte ein.[81] Angemerkt sei, dass Thierfelder 1936 wegen mangelnder wissenschaftlicher Qualifikation als Lehrstuhlvertreter in Halle nicht reüssierte.[82] Erst nach seinem Beitritt zur NSDAP 1937 wurde er in Rostock planmäßiger Extraordinarius. 1941 erhielt er in Gießen einen Lehrstuhl, den er im Zuge der Reinigung dieser Universität verlor.[83] Unbefriedigend ist in der Konsequenz auch der Ansatz, der in Marburg gegangen wurde. Anne Christine Nagel und Ulrich Sieg veröffentlichen Dokumente zur Universitätsgeschichte zwischen 1933 und 1945, offensichtlich mussten hier zahlreiche »Klippen umschifft« werden, etwa das für diese Hochschule besonders unerfreuliche Kapitel der Entnazifizierung. Dass die Ausblendung der Kontinuitäten über das Jahr 1945 nicht freiwillig erfolgte, lässt sich vermuten.[84]

Für andere Hochschulen wurde die Zeitenwende 1945 aber durchaus thematisiert, so in der knappen, aber präzisen Darstellung Alfred Wendehorsts über die Universität Erlangen.[85] Personengeschichtliche Ansätze stellte Frank Golczewski in den Mittelpunkt seiner Studie über Kölner Universitätslehrer.[86] Ihm ging es um die Beziehungen des Einzelnen zur Politik, die »persönliche Entscheidung, das unmittelbare Verhalten im Einzelfall«.[87] Auf eine fachliche Würdigung der Leistungen der Professoren verzichtete Golczewski, die Vielzahl der Disziplinen mache es einem Einzelnen unmöglich, hier sachgerecht zu arbeiten. Nur in einigen, ihm begründet erscheinenden Fällen, durchbrach Golczewski dieses Prinzip. Analog wird in der vorliegenden Arbeit verfahren. Auch hier liegt der Schwerpunkt auf dem Gebiet der Politik, das Agieren des Einzelnen innerhalb des vorgegebenen Rahmens steht im Mittelpunkt.

Hans-Paul Höpfner verfasste eine ebenfalls personengeschichtliche Studie über die Universität Bonn. Präzise beschrieb er Lebensläufe und Verflechtungen an der Hochschule, hielt sich jedoch mit Wertungen irritierend zurück und griff nur selten über das Geschehen der Jahre 1933 bis 1945 aus. Höpfners umfangreiche Arbeit war der Anlass, dieses Buch durch ein biographisches Lexikon zu ergänzen, um die Handhabbarkeit des Dargebotenen zu erleichtern.

Ein Überblick zur Literatur über die Wissenschaftsgeschichte des NS-Regimes wäre unvollständig ohne den Hinweis auf das groß angelegte und großartige Opus Helmut Heibers über die »Universität unterm Hakenkreuz«. Zwar ist auch dieses Werk nicht frei von Fehlern und Ungenauigkeiten – gerade in Bezug auf die Universität Halle – ein Meilenstein der Forschung ist es trotz aller an ihm geäußerten Kritik.[88] Wohltuend ist dabei nicht nur die bösartige Präzision, mit der Heiber akademische Scharlatanerie entlarvt, sondern auch die korrekte Paraphrasierung von Reden, Akten und Erlassen. Die angesprochenen Fehler sind nicht ihm anzulasten, sondern den unsicheren Konfidenten, auf die er sich zu verlassen hatte.[89]

Herangezogen wurden zu der vorliegenden Arbeit auch die Memoiren einstiger Professoren der Universität Halle, jedoch lediglich, um Wertungen heranzuziehen und Eindrücke wiederzugeben. Nicht alle dieser Erinnerungen hatten Substanz. Aus durchsichtigen politischen Erwägungen fälschte der Internist Theodor Brugsch die Geschehnisse zu seinen Gunsten um. Da er seine zweite Karriere als DDR-Politiker vorantrieb, stilisierte er sich in seinen 1957 publizierten Memoiren zum Antifaschisten und verschwieg seine Fördermitgliedschaft in der SS. Sein Ausscheiden aus der Universität Halle stellte er als freiwilligen Entschluss dar. Die Professoren hätten sich »willig und widerspruchslos« dem Nazismus gefügt, schrieb Brugsch, Prinzipien die ihm »unfassbar« erschienen. Mit diesem Strom hätte er auf keinen Fall schwimmen wollen.[90] Tatsächlich wurde Brugsch wegen seiner jüdischen Ehe-

frau entlassen.[91] In seinen Memoiren verschwieg er diesen Fakt, er teilte dem Leser auch nicht mit, was aus seiner Frau wurde, nachdem er sich hatte von ihr scheiden lassen.[92]
Als nicht weniger verlogen stellen sich die postum veröffentlichten Erinnerungen des Juristen Erich Schwinge dar, der weder bereit war, seine Zeit als Militärrichter korrekt zu beschreiben, noch die Vorgänge an der Universität Halle. Das abwegige Buch verdient eine Auseinandersetzung nicht.[93] Interessant waren jedoch die Memoiren der Theologen Wolfgang Trillhaas und Günther Dehn, offensichtliche Fehler oder bewusst formulierte Ungenauigkeiten fanden sich in ihnen nicht.[94]
Das in Halle Geschriebene gab sich trotz marxistisch-leninistischer Attitüde harmlos und unkritisch. Die fünfziger Jahre waren durch die Präsenz der einstigen Nationalsozialisten an der Universität geprägt, konsequenterweise wurde wortreich geschwiegen.[95]
Nicht zum Kern drang auch der Theologe Wolfgang Wiefel vor, der 1977 die neutestamentliche Arbeit an der Universität Halle-Wittenberg zwischen 1918 und 1945 untersuchte. Wiefel würdigte die wissenschaftlichen Arbeiten der Fakultätsmitglieder und kam zu dem Schluss, dass die hallische Theologie »im Zeichen der Krise« ihre »Bewährungsprobe« bestanden habe.[96] In Anbetracht des ausgesprochen hohen Niveaus der vorgelegten wissenschaftlichen Arbeiten und der Haltung, die einzelne Gelehrte gegenüber dem NS-Regime gezeigt haben, verwundert dieses Urteil nicht. Wiefel ging jedoch weder auf die Verbindungen hallischer Professoren zur NSDAP ein, noch erwähnte er die Bekenntnisschrift des damals noch lebenden Ethelbert Stauffer zur Verbindung von Kreuz und Hakenkreuz.[97] Wiefel betonte aber, dass Stauffer später in Konflikt mit dem Regime geriet.[98]
Ganz besonders deutlich wurde der Vorsatz zur Verkleisterung der Geschichte der Martin-Luther-Universität in dem 1978 veröffentlichten Rückblick der Wirtschaftshistoriker Peter Thal und Reinhard Pschibert auf das Studium der Ökonomie an der MLU. Die Parteinahme hallischer Wirtschaftswissenschaftler für die Weimarer Republik nötigte Thal und Pschibert lediglich ein Achselzucken ab: »Das Bestreben vieler auch an unserer Universität in den zwanziger Jahren tätiger Ökonomen, sich zur ›reinen‹ Demokratie zu bekennen, soziale Gerechtigkeit zu wollen, formale Gelehrsamkeit zu pflegen, scheinbar wertneutrale Wirtschaftslehren zu entwickeln usw., war zum Scheitern verurteilt. Mehr oder weniger verhüllte Gegnerschaft zur revolutionären Arbeiterbewegung und zur Verwirklichung der sozialistischen Idee in der Sowjetunion hielten sie davon ab, die heraufziehende Gefahr des Faschismus richtig einzuschätzen.« Mit der bloßen Nennung der Namen von Ernst Grünfeld, Friedrich Hertz, Georg Brodnitz, Georg Jahn und Gustav Aubin glaubten die SED-Politökonomen genug für die Würdigung vertriebener Gelehrter getan zu haben. Die eigentliche Entwicklung der Wirtschaftswissenschaften in der Zeit des Nationalsozialisten thematisierten Thal und Pschibert nicht, lediglich »ein gewisser Muhs«, der ein »übles Anti-Marx-Pamphlet« verfasste, wurde erwähnt. Resümierend ihr Urteil: »Der Niedergang der bürgerlichen Wirtschaftswissenschaften an der Martin-Luther-Universität vollzog sich unaufhaltsam bis zum bitteren Ende.« Erst der Sozialismus brachte Besserung, meinten Thal und Pschibert. Mit der Eröffnung der Universität am 1. Februar 1946 begann, so formulierten sie, eine »neue historische Ära« in der Geschichte der Martin-Luther-Universität, die »angesichts ihrer revolutionären Umwälzungen mit keiner anderen Periode vergleichbar ist.«[99]
War es die Liebe zu ihrer Universität oder schlichte Unfähigkeit, die die beiden DDR-Wissenschaftler zwei Personen übersehen ließ, die sich für eine Enthüllungsstory angeboten hätten? Der Wirtschaftshistoriker Hans Raupach hatte als Abwehragent seinen persönlichen Anteil an der Zerschlagung der Tschechoslowakei, der Betriebswirt Kurt Schmaltz war

während des Krieges als Kriegsverwaltungsrat in Osteuropa eingesetzt. 1942 wurde er Vorstand der Deutschen Revisions- und Treuhand AG und war damit zuständig für die Eingliederung sowjetischer Betriebe in die deutsche Rüstungsindustrie. Dass beide überzeugte Nationalsozialisten waren, verstand sich von selbst. Beide lebten nach 1945 in der Bundesrepublik, Schmaltz war Vorstand der Heidelberger Zementwerke AG, Raupach Präsident der Bayerischen Akademie der Wissenschaften.

An die Stelle exakter Information trat bei Bedarf auch bedeutungsschweres Raunen. Wolfram Kaiser und Axel Simon thematisierten in ihrer 1978 veröffentlichten Geschichte der Gerichtsmedizin an der Universität Halle den »Sonderauftrag« Gerhard Schraders in Winniza nicht. Kaiser und Simon formulierten: »Schrader hält sich in dieser Zeit wiederholt in ›geheimer Reichssache‹ mit Sonderaufträgen im besetzten Territorium der UdSSR auf. Ein in seiner Personalakte verbliebenes Dokument (Schreiben der Auslandsabteilung des ›Reichsgesundheitsführers‹ formuliert unter dem Datum des 23. Juni 1943, dass sich Schraders diesbezügliche Tätigkeit ›in politischer Ergänzung seiner wissenschaftlichen Arbeit gelohnt haben wird.‹«[100] Verständlich erschien dem Leser so die Distanzierung von Gerhard Schrader, der als fanatischer Nationalsozialist und Diener seiner Partei gelten musste. Wie aber aus der Personalakte hervorgeht, fuhr Schrader in die Ukraine, um einen sowjetischen Massenmord zu untersuchen. Hinter dem Begriff »Sonderauftrag« verbarg sich der Nachweis von Verbrechen des NKWD. Verständlich ist Kaisers und Simons beziehungsreiche Unterschlagung dieses Faktes jedoch in Anbetracht der sowjetischen Herrschaft über die DDR allemal.

Ähnlich vage argumentierte ein Beitrag in dem 1983 von Hans Hübner und Burchard Thaler edierten Sammelband zu »Vergangenheit und Gegenwart« der Universität Halle-Wittenberg, der die Entwicklung der Sportwissenschaft an der MLU untersuchte. Der Autor Wolfhard Frost kaprizierte sich auf die »Widerspiegelung des humanistischen Charakters der sozialistischen Gesellschaft« in den Sportwissenschaften. Die Leibesübungen in der Zeit des Nationalsozialismus »degenerierten« zur »Dienstleistung am deutschen Faschismus«, meinte Frost. Um jedoch die Nähe zur zweiten deutschen Diktatur nicht deutlich werden zu lassen, verzichtete er auf jegliche Illustration. Weder Kampfsport noch Wehr- und Sportmedizin fanden Erwähnung, dafür aber die Aktivitäten der FDJ, die mit ihrem Wehrsport »für den Frieden wirken« wollte.[101]

Ohne konkrete Informationen zu den Jahren 1933 bis 1945 kam auch ein Beitrag zur Geschichte des Hygiene-Instituts der Martin-Luther-Universität von 1978 aus. Pauschal urteilten Karlheinz Renker und Kurt Knoblich, dass die Jahre zwischen 1939 und 1945, als das Institut unter Leitung von Adolf Seiser stand, »die dunkelsten in der Geschichte unseres Hygiene-Instituts« gewesen seien. Zur spezifisch nationalsozialistischen Ausprägung der Hygiene formulierten Renker und Knoblich einen einzigen Satz: »Mit ›Rassenhygiene‹ zog auch in dieses Institut Pseudowissenschaft und faktische Unterstützung des Faschismus ein.«[102] Dass im Institut schon unter Seisers Vorgänger Paul Schmidt sozial- und rassehygienische Themen bearbeitet wurden, verschwiegen Renker und Knoblich. Folgerichtig wurde auch Joachim Mrugowskys Habilitationsschrift von 1938 übergangen, sollte doch der im Nürnberger Ärzteprozess zum Tode verurteilte nicht als Spross der Medizinischen Fakultät der Universität Halle kenntlich werden.[103]

Gründliche Auswertung verdienten jedoch die Arbeiten von Elke Stolze und Werner Prokoph, ihre Forschungen sind an zahlreichen Stellen in diese Arbeit eingegangen. Stolze legte 1983 eine Dissertation zur »Geschichte der Martin-Luther-Universität während der Herrschaft des Faschismus« vor. Ihre Arbeit strotzte zwar nur so vor »Marxismen-Leninismen«, war aber in Bezug auf zahlreiche Fakten korrekt. Dass sie verpflichtet war, bestimmten Phantomen, etwa vermeintlich kommunistischen Studenten, nachzugehen, überrascht nicht. Immerhin widerlegte sie den Mythus von der »demokratisch inspirierten« Namensgebung »Martin-Luther-Universität«. Nicht einmal ihre abfälligen Wertungen über bestimmte Mitglieder des Lehrkörpers erscheinen dem, der die Akten ebenfalls gelesen hat, abstrus.[104] Aufbauen ließ sich jedoch auf ihre Forschungen ebenso wenig wie auf die von Werner Prokoph. Der Dozent für marxistisch-leninistische Philosophie schrieb über den Lehrkörper der Universität zwischen 1917 und 1945,[105] außerdem zu der Stellung der Universität in der Hochschulpolitik und Wissenschaftsorganisation der Weimarer Republik.[106] Prokoph verwischte systematisch die Grenzen zwischen Demokratie und Diktatur und stellte die Entwicklung, ganz Leninist, in den Zusammenhang mit dem Niedergang des Kapitalismus. Außerdem beschränkte er sich in seinen Recherchen auf die Ordinarien der Universität, es wäre sonst aufgefallen, dass es eine Kontinuität über das Jahr 1945, die vermeintliche »Stunde null«, gegeben hat. In seinen Wertungen über bestimmte Personen ließ sich Prokoph von deren wissenschaftlichen Bedeutung blenden. Johannes Weigelt ist ihm ein »verdienstreicher bürgerlicher Wissenschaftler«, bei dem allerdings »der Widerspruch zu bedenklicher wissenschaftsfremder Parteinahme für die barbarische Politik des faschistischen deutschen Imperialismus offen« hervorgetreten sei. Es mutet seltsam an, wenn Prokoph ausgerechnet im Fall Weigelt »Faschismus« und »Bürgertum« zu trennen versucht, wo er die vermeintliche Symbiose vorher mühsam herausgearbeitet hatte.[107]

Ärgerlich ist das Niveau zweier Arbeiten, die nach 1989 entstanden. Eine Dissertation, die 1993 angenommen wurde, widmete sich der Klinik für Psychiatrie und Neurologie »am Wendepunkt deutscher Geschichte bis zur Gegenwart«. Immerhin stellte die Doktorandin die Zahl der Zwangssterilisierten fest, wohl das einzig brauchbare Ergebnis der Arbeit. Die Medizinerin fragte nicht nach Zugehörigkeit der Ärzte zur NSDAP und vermied es, wissenschaftliche Leistungen in den Kontext der Zeit einzuordnen. Sie konstatierte auch, dass sich die Ärzte der Klinik nicht an der Mordaktion gegen »lebensunwertes Leben« beteiligt hätten.[108] Mochte auch eine Recherchearbeit, wie sie von Frank Hirschinger geleistet wurde, von der Ärztin nicht zu erwarten sein, hätte ihr doch aber auffallen können, dass Willi Enke, der Leiter der Bernburger Nervenklinik, zum Lehrkörper der Universität gehörte. Zwar war Enke kein »Tötungsarzt«, seine Verstrickung in die NS-Verbrechen jedoch bekannt.[109] Ins Absurde glitt die Arbeit der Ärztin ab, als sie die Psychiatrie der DDR bewertete. Auch hier ging sie nicht auf den gesellschaftlichen Kontext der Leistungen und Defizite ein, sondern schwadronierte statt dessen über die »häßliche Treppe an dem Lieferanteneingang der Küche«.[110]

Die Baugeschichte beziehungsweise die Nicht-Baugeschichte ist auch das immer wiederkehrende Leitmotiv einer medizinischen Dissertation aus dem Jahr 1993. Die angehende Ärztin Nelly Elstermann beschrieb lang und breit das »Raumproblem« im Institut für Hygiene der Universität Halle in den Jahren von 1915 bis 1945. Ihre Skizze der Wissenschaftsentwicklung blieb oberflächlich, ihr Resümee verblüfft. Das Institut habe unter dem Wirken der drei Ordinarien jener Zeit »unumstritten seine Leistungsstärke« bewiesen, sei überlebens- und entwicklungsfähig gewesen. Völlig verzichte Elstermann in ihrer Darstellung auf eine Beurteilung der Habilitationsleistungen, obwohl sich hier Ansatzpunkte für fachbezogene Wertungen geboten hätten. Von Albrecht Kairies Habilitation 1937 erwähnt sie seine Beschäftigung mit Grippeerkrankungen, nicht aber, dass er bei der Klärung des Influenzaproblems versagte.[111] Ein anderer Habilitand des Institutes, Joachim Mrugowsky, zum Zeitpunkt seiner Habilitation bereits Arzt der SS-Leibstandarte Adolf Hitler, untersuchte die hygienischen Gegebenheiten in dem mansfeldischen Dorf Volkstedt.[112] Mrugowsky legte den Schwerpunkt auf rassenhygienische Untersuchungen, Elstermann erwähnt diese Arbeit nicht einmal. Generell verzichtete sie auf eine Bewertung der seit Anfang der zwanziger Jahre in Halle betriebenen Rassenhygiene. Auch Recherchen zu den Lehrkräften des Instituts ersparte sie sich, so dass in ihrer Arbeit über den Verbleib des zum Direktor des Hygiene-Museums Dresden ernannten Dozenten Walter Weisbach nichts zu lesen ist.[113] Weisbach verlor seine Lehrberechtigung 1936, emigrierte in die Niederlande, wurde in das Konzentrationslager Westerbork verbracht, überlebte aber den Holocaust.

Die Rassenhygieniker behandelte jedoch Frank Hirschinger in seiner Dissertation mit, die eigentlich den Krankenmorden im psychiatrischen Krankenhaus Altscherbitz gewidmet war. Ihn interessierte besonders das Umfeld in dem sich das so genannte »Euthanasie-Programm« vollzog, wobei er auch auf zahlreiche Universitätsangehörige einging. Er beschrieb Lebensläufe von Absolventen der Medizinischen Fakultät, die als »Tötungsärzte« tätig waren, außerdem von Professoren der Universität, die zugleich städtische Ämter innehatten oder in Erbgesundheitsgerichten Urteile über angeblich »Minderwertige« sprachen.[114]

Brita Gahl stellte 1991 in ihrer Dissertation über die Entwicklung der Pharmazie an der Universität Halle die Geschichte dieser Disziplin sachkundig und quellengesättigt dar. Unter anderem zerstörte sie eine Legende, die immer wieder zum Beleg der Schließungspläne der Nationalsozialisten herangezogen wurde. Die Auflösung des Pharmazeutischen Institutes war nach Gahl nicht der Beginn der Abwicklung der Universität. Sie beschrieb die schwierige Emanzipation des Faches Pharmazie von der Chemie und von der in Halle stets von profilierten Wissenschaftlern vertretenen Pharmakognosie, zugleich zeichnete sie die chronisch schlechten und beengten Arbeitsmöglichkeiten nach.[115] Obwohl der Ordinarius Carl August Rojahn zweifelsfrei zu den Besten seines Faches gehörte,[116] musste er sich auf Grund der chronischen Finanzknappheit des preußischen Staates mit wenigen Räumen im Chemischen Institut begnügen. Im Zuge einer Reorganisation des Studiums der Pharmazie, insbesondere aber nach einer wohl zutreffenden Bedarfsschätzung durch das Wissenschaftsministerium in Berlin, entschied man sich dort für die Schließung der Pharmazeutischen Institute der Universitäten Bonn, Göttingen, Greifswald und Halle. Folgerichtig wurde das Institut 1938 geschlossen.[117] Rojahn sollte an die Universität Breslau versetzt werden, liebäugelte auch mit einem Ruf nach Teheran, starb aber nach kurzer Krankheit schon 1938 in Halle.[118] Den Ordinarien für Chemie, Karl Lothar Wolf und Karl Ziegler, war die Schließung des Pharmazeutischen Instituts nur recht, erwarteten sie doch, so schrieben sie Anfang 1938 an Rektor Weigelt, in den »Genuss« des »Raumgewinns« zu kommen.[119]

An der Universität Mainz fertigte Gisela Nickel eine ausgezeichnete biographische Studie über den Biologen Wilhelm Troll an, die zugleich auf den »Gestaltkreis« einging, dem Troll und andere Professoren der Universität Halle angehörten.[120] In Marburg promovierte Markus Vonderau mit einer Arbeit über die »deutsche Chemie« und widmete sich dabei dem nach Halle versetzten Karl Lothar Wolf. Dabei beschrieb er dessen weltanschauliche Position detailliert, so dass in dieser Arbeit lediglich auf Wolfs Engagement in der Rüstungsindustrie eingegangen wird.[121] Zum Gegenstand einer biographischen Studie wurde auch der erste nationalsozialistische Rektor der Universität. Die Biographin Irene Ziehe verortete den Vorgeschichtler Hans Hahne dabei im »völkischen« Kontext und zeichnete den Weg des eigentümlichen Charakters in den Nationalsozialismus nach.[122]

Aus der reichhaltigen Literatur zur Universität Halle müssen noch drei Arbeiten erwähnt werden, in denen Professoren ihren akademischen Lehrern oder Kollegen Denkmäler setzten. Der Historiker Walter Zöllner würdigte den Mediävisten Martin Lintzel in seinem Beharren auf der historischen Wahrheit und in der Auseinandersetzung mit nationalsozialistischen Ideologen.[123] Den Lebensweg des Botanikers und Biochemikers Kurt Mothes hat Benno Parthier, Mothes' Nach-Nachfolger im Amt des Präsidenten der Deutschen Akademie der Naturforscher Leopoldina, beschrieben.[124] Der Spirituskreis, im 19. und frühen 20. Jahrhundert wohl der einflussreichste Gelehrtenzirkel der Universität, fand seinen Chronisten in Günter Mühlpfordt. In der NS-Zeit waren die zum Kreis gehörenden Gelehrten jedoch weitgehend »kaltgestellt« und beschränkten sich auf den interdisziplinären Austausch. Im Rahmen dieser politischen Geschichte der Universität kommen sie daher nur am Rande vor.[125]

1.3 Halles Professoren in der Weimarer Republik

Es fällt schwer, das wissenschaftliche Potenzial der Universität Halle in der Weimarer Republik zu charakterisieren. Durch den Anstieg der Studentenzahlen anderer Universitäten war sie zwar in dieser Hinsicht auf einen hinteren Platz in den Statistiken gerutscht, für die Fachvertreter selbst traf das jedoch nicht durchgängig zu. Halle konnte Namen vorweisen, die etwas galten im wissenschaftlichen Deutschland, vielleicht auch in der Welt. Theodor Roemer und Johannes Weigelt wurden bereits erwähnt. Der Völkerrechtler Max Fleischmann wurde zu internationalen Konflikten als Gutachter gehört. Der Chirurg Friedrich Voelcker – Dauerrivale und Freund von Ferdinand Sauerbruch – war Vorsitzender der Gesellschaft für Chirurgie. Halles Theologen waren, in der Rückschau, fast durchweg bedeutend. Ein Indiz für den Rang der Gelehrten sind die Rufe an andere Universitäten, die sie annahmen oder ausschlugen. Zahlreiche Juristen der Universität Halle wechselten nach Berlin oder Kiel, Mediziner nach Bonn oder Königsberg, Theologen gingen nach Bonn, Greifswald, Kiel, Erlangen oder Berlin. Die in Halle habilitierten Landwirte findet man als Leiter von Instituten der Kaiser-Wilhelm-Gesellschaft, als Ministerialbeamte oder auf Lehrstühlen in Leipzig, Kiel oder Stuttgart-Hohenheim. Rufe an andere Universitäten lehnten zum Beispiel der Alttestamentler Otto Eißfeldt, der Geologe Johannes Weigelt und der Ophtalmologe Wilhelm Clausen ab.

Trotzdem: Viele der in den 20er und 30er Jahren Berufenen waren von ihren neuen Fakultätskollegen nur auf Platz drei der Berufungsliste gesetzt worden. Die an erster Stelle genannten und eigentlich Gewünschten blieben für Halle unerreichbar. Dieser Niveauverfall setzte sich in der Zeit des Nationalsozialismus fort, Ausnahmen waren die an anderen Universitäten unbeliebten Professoren. Die nach Halle strafversetzten Theologen galten etwas, der in Heidelberg ständig behinderte Chemiker Karl Ziegler kam 1936 nach Halle, zwanzig Jahre später erhielt er den Nobelpreis. Ein Indiz für die Qualität des Personals mag auch sein, dass sich die 1945 aus Halle in die amerikanische Besatzungszone deportierten Naturwissenschaftler zu mehr als vier Fünfteln später auf Lehrstühlen an westdeutschen Universitäten wiederfanden.

War die Universität Halle also, in wissenschaftlicher Hinsicht gesehen, erfreulich durchschnittlich, war sie es in politischer Hinsicht leider auch. Den »unpolitischen« Professor, wie er dem Selbstverständnis manches Gelehrten entsprach, hat es hier – wie wohl auch anderswo – nicht gegeben. Spätestens mit dem »Fall Dehn« waren die hallischen Professoren wach, nicht zuletzt deshalb, weil es galt, gegen das SPD-geführte Kultusministerium in Berlin zu opponieren. Für die Universität Gießen konstatierte Peter Chroust: »... Hochschullehrer, auch Rektoren, betrachteten es geradezu als ihre Pflicht, qua Amt zu politischen Tagesfragen Stellung zu beziehen.« Diese Erklärungen betrachteten sie jedoch, so Chroust,

nicht als »politisch« in parteigebundenem Sinne, sondern einer überparteilichen »nationalen« Verantwortung genügend.[126] Eine Einschätzung, die so sicher auch für Halle galt.
Viele Professoren waren Mitglied der DNVP, einer Partei, die wirklich die Charakterisierung als »reaktionär« verdient hat. Sie war antidemokratisch, militaristisch und hatte manche ihrer Ziele mit der NSDAP gemeinsam.[127] Vor allem gab es bei Konservativen und Nationalsozialisten ein gemeinsames Ziel: die Revision der Ergebnisse des Ersten Weltkrieges. In den Punkten »Wehrfreiheit« und »volle Souveränität«, auch bei der angestrebten Änderung der deutschen Grenzen waren diese Affinitäten offensichtlich.[128]
Das preußische Kultusministerium versuchte, den Charakter der als »reaktionär« verschrieenen Universität Halle zu verändern, indem es Liberale oder Sozialdemokraten auf Lehrstühle hievte – vergeblich. Immer wieder gab es Streit um Berufungen, bei dem Sozialisten Günther Dehn, der den Lehrstuhl für praktische Theologie erhalten sollte, kam es sogar zu einem Eklat, der später kurz skizziert werden soll.
Immerhin, es gab auch die Vernunftrepublikaner. Etwa den konservativen Völkerrechtler Max Fleischmann, der anlässlich einer Verfassungsfeier den Festredner, der die Farben der Republik in den Schmutz gezogen hatte, öffentlich zurechtwies. Schwarz-Rot-Gold seien ebenso deutsche Farben wie das kaiserliche Schwarz-Weiß-Rot, meinte Fleischmann.[129] Einig war sich der Lehrkörper jedoch in der Notwendigkeit einer Revidierung der Bestimmungen des Versailler Vertrages. So ließ der Mineraloge Ferdinand von Wolff 1931 seine Universitätsrede, die dem »Erdinneren« gewidmet war, folgendermaßen ausklingen: »Kommilitonen! Ihr habt Euer Leben noch vor Euch, in Euren Händen liegt die deutsche Zukunft. Sorget Ihr dafür, dass das Reich, dass Eure Großväter begründet haben, dass Eure Väter und Brüder verteidigt haben, nicht zerstöret werde. Sorget dafür, dass Deutschland seinen Platz an der Sonne wieder erhalte.«[130]
Bezugsgröße war und blieb das Kaiserreich.[131] Kurt Tucholsky spottete nicht ohne Grund:
»Sieh den Professor an! Er gibt sich fachlich
und spricht von Rhamses und vom Erbschaftsstreit
und täglich infiltriert er, scheinbar sachlich,
den jungen Herrn die alte Kaiserzeit.«[132]
Wie stark diese Verwurzelung war, zeigt eine Predigt, die der Alttestamentler Hans Schmidt, 1918 als Hauptmann in britische Kriegsgefangenschaft geraten, im Kriegsgefangenenlager Lofthouse Park zu Kaisers Geburtstag am 27. Januar 1919 hielt. Mit »bewegtem Herzen« gedachte er des abgedankten Kaisers, mit »Erschütterung« quittierte er die deutsche Niederlage. Vom Kaiser selbst zeichnete er ein ergreifendes Bild, der ihm als Beispiel für das Wichtigste in der Welt, das »Verantwortungsgefühl gegen den allmächtigen Gott« galt.[133] Die Verehrung für den Kaiser übertrug Schmidt später dann auf Hitler, jedenfalls leistete er sich als Ordinarius in Halle, wie Wolfgang Trillhaas in seinen Erinnerungen festhielt, »an Naivität und Gläubigkeit dem Nationalsozialismus gegenüber das Äußerste«.[134] Das wäre allenfalls als tragisch einzuschätzen, hätte nicht Schmidt, der stets an »Opfersinn« und »Freiwilligkeit des Gehorsams« appellierte,[135] in der NS-Zeit das wichtige Amt des Dekans der Theologischen Fakultät und das noch wichtigere des Präsidenten des Deutschen Evangelischen Fakultätentages innegehabt.
Wie Schmidt war auch der Historiker Hans Herzfeld ein Protagonist der Ideen der Zeit vor 1918. 1914 hatte er sich als Kriegsfreiwilliger gemeldet, für seine Tapferkeit wurde er zum Leutnant befördert und 1916 mit dem Eisernen Kreuz I. Klasse und dem Sachsen-Meiningenschen Ehrenkreuz ausgezeichnet. Von 1917 bis 1920 war er in französischer Kriegsgefangenschaft, zurückgekehrt nach Halle promovierte er 1921 mit einer Arbeit über die

deutsch-französische Kriegsgefahr des Jahres 1875 und habilitierte sich 1923 mit dem Thema »Die deutsche Heeresverstärkung von 1913 – Geschichte und Bedeutung«.[136] War schon dieses Buch, wie die deutsche Literaturzeitung urteilte, die »wirksamste Widerlegung der Schuldlüge, die man sich denken kann«, traf sein nächstes Werk die Weimarer Republik an ihrer empfindlichsten Stelle. Herzfeld verfasste ein quellengesättigtes und in sachlichem Stil gehaltenes Buch über »Die deutsche Sozialdemokratie und die Auflösung der nationalen Einheitsfront im Weltkriege«, in dem er scheinbar lückenlos nachwies, dass das deutsche Heer 1918 nicht geschlagen war, sondern durch den Verrat der Sozialdemokratie kapitulieren musste. Mit der scheinbaren Objektivität des Historikers sezierte er programmatische Aussagen der verschiedenen Strömungen der Sozialdemokratie, um dann doch zu der immer gleichen Aussage zu kommen. Karl Liebknechts »unablässige Wühlarbeit« machte er ebenso für die Absage an den »Geist von 1914« verantwortlich, wie Hugo Haases »deutschfeindlichen Fanatismus« und die »Halbheiten« Karl Kautskys.[137] Es sei »nicht zu leugnen«, schrieb Herzfeld, dass der »Zusammenbruch der nationalen Einheitsfront« eine »Mitursache der Katastrophe«, sogar die »entscheidend mitwirkende Ursache« gewesen sei.[138] Verstörend wirkt in der Rückschau Herzfelds Fazit. Die Nation, die »mit Recht auf die Größe ihrer Kriegsleistung stolz ist und stolz sein soll«, habe aber auch »ihr Schicksal mit verschuldet« und besitze »nicht das Recht, die demütigende Lage ihrer Gegenwart einfach den Verhängnissen des Schicksals zur Last zu schreiben.« Nur aus dem Mut zu diesem »bitteren Eingeständnis« könne sie in einem »unendlich schweren Prozess der Selbsterziehung« die Kraft finden, »die Quellen ihrer Schwäche im eigenen Schoße zu überwinden.«[139] Einer Ernennung zum außerplanmäßigen Professor stand dieses Buch nicht im Weg, einen Ruf auf einen Lehrstuhl erhielt Herzfeld jedoch bis 1933 nicht. Nach 1933 erwogen zwar mehrfach andere Hochschulen die Berufung des deutsch-nationalen Historikers, nahmen aber davon Abstand, als sie erfuhren, dass Herzfeld einen jüdischen Großvater hatte. 1938 entlassen, fand er eine Stelle in der Heeresgeschichtlichen Forschungsanstalt, die er 1943 wegen einer Denunziation – und der notwendigerweise folgenden Gestapohaft – allerdings verlor. Erst diese Erlebnisse brachten Herzfeld dazu, seine politischen Positionen zu überdenken, wie er in seinen Memoiren schreibt. Er berichtet, dass er in der Untersuchungshaft mit einem pazifistischen Journalisten lange Gespräche geführt habe und dabei überrascht eine geistige Wandlung bei sich selbst bemerkte: »Persönlich war es höchst merkwürdig, wie ich als ehemaliger Deutschnationaler und der radikale pazifistische Demokrat sich in Gesprächen über die Kriegslage fanden. Menschlich war es ein Erlebnis, das mit vielleicht am schärfsten die Wendung klarmachte, die in mir selbst durch die Entwicklung der letzten Jahre bewirkt worden war. Denn in dem einen, dass die Entwicklung Deutschlands ganz neue Bahnen werde suchen müssen, waren wir beide einig, so sehr ich das alte Heer bewundert und geliebt hatte, dem ich selbst in blutigen Weltkriegsjahren angehört hatte …«[140]
Innerhalb des weitgehend konservativen Spektrums gab es trotzdem unterschiedliches Herangehen an bestimmte Themen, wie die Position zweier Mitglieder des Lehrkörpers zur Reform des Strafvollzuges zeigt. Während der Privatdozent Fritz Hartung als langjähriger Mitarbeiter des Justizministeriums seinen Einfluss nutzte, um Mechanismen zur bedingten Aussetzung von Strafen zu installieren,[141] unterzog der Psychiater der hallischen Haftanstalt, Ernst Siefert, den Gedanken der Erziehung des Gefangenen in einer Broschüre der vernichtenden Kritik, denn Vergeltung und nichts anderes sei »ewiger Sinn und Zweck der Strafe.«[142] Siefert gehörte als außerordentlicher Professor der Medizinischen Fakultät ebenfalls zum Lehrkörper der Universität, war jedoch vom Leiter der Universitätsnervenklinik Alfred Hauptmann wegen mangelnder Qualifikation aus dem Lehrbetrieb herausgedrängt worden.

Siefert las seitdem nur noch vor Juristen, was aber die Bedenklichkeit seiner Position nur noch mehr vor Augen führt.[143]

Nicht mit der Masse der »reaktionären« Professorenschaft gleichzusetzen war auch der Physiologe Emil Abderhalden. Sein soziales Engagement galt als mustergültig, seine Forschungen als bahnbrechend.[144] In der Bewertung seines Lebenswerkes hat sich jedoch ein Wandel vollzogen. Mittlerweile sind wohl nur noch Abderhaldens Arbeiten über den Eiweißstoffwechsel anerkannt, seine späteren biochemischen Forschungen haben nur wenig Bleibendes erbracht.[145] Abderhaldens sozialhygienische Bemühungen werden mittlerweile in die Nähe des Nationalsozialismus gerückt.[146] Abderhalden richtete ein Säuglingsheim ein, sorgte für die Schaffung von Kleingartenanlagen, organisierte im Ersten Weltkrieg die Versorgung von Verwundeten und nach dem Krieg die Verschickung von unterernährten Kindern zur Erholung in die Schweiz. Er kämpfte gegen den Genuss von Alkohol und Nikotin, gegen Schund- und Schmutzliteratur, Schwangerschaftsabbrüche und das Elend des Proletariats.[147] Abderhalden begründete mit anderen einen »Bund zur Erhaltung und Mehrung der deutschen Volkskraft« und später einen »Volksbund für Sexualethik«. Seine Auffassung, dass »jedes einzelne Kind« für die Nation (!) ein »kostbares Gut« bedeute, ließ ihn jedoch auch eugenische Maßnahmen befürworten. So plädierte er für die Sterilisation Minderwertiger, wollte hier jedoch – im Gegensatz zu den Nationalsozialisten – den Grundsatz der Freiwilligkeit gelten lassen. Als Präsident der Akademie der Naturforscher Leopoldina strich er in vorauseilendem Gehorsam Juden als Mitglieder, als Forscher fühlte er sich von jüdischen Kollegen benachteiligt.[148]

Inwieweit der Lehrkörper der Universität jedoch insgesamt antisemitisch eingestellt war, ist schwerer zu beurteilen, als es seine politische Ausrichtung vermuten lässt. Der Jurist Julius von Gierke, der in seiner Universitätsrede zum Tag der Reichsgründung, am 18. Januar 1924, »Licht« einst und »Finsternis« jetzt gegenüberstellte[149] war ein getaufter Jude und hochgeachtetes Mitglied seiner Fakultät. Juden wurden ganz selbstverständlich auf Lehrstühle berufen, besonders als mit dem Untergang des Kaiserreiches auch die Klausel wegfiel, dass an die Universität Halle ausschließlich Männer evangelischen Glaubens berufen werden dürften.[150] Als in den Jahren von 1933 bis 1938 die Gelehrten mit jüdischen Vorfahren entlassen wurden, äußerten einige wenige Bedauern oder unterstützten ihre Ex-Kollegen moralisch und finanziell. Judenhass hat es freilich auch gegeben, wenn er auch in der Zeit der Republik nur privat geäußert wurde. So wollte etwa der Romanist Karl Voretzsch, Mitglied der DNVP, die Habilitation der Indologin Betty Heimann hintertreiben. Zu diesem Zweck versuchte er, innerhalb der Fakultät eine Erklärung durchzusetzen, dass Frauen nicht habilitiert werden dürften. Der Historiker Richard Fester lehnte das ab, da sich vor kurzem die Enkelin Leopold von Rankes in Kiel habilitiert hatte und damit erwiesenermaßen Frauen für den Beruf des Historikers in Frage kamen. Als ihn Voretzsch nach der Fakultätssitzung über die wahren Gründe seines Antrages informierte, bedauerte er sein Votum. Über die Habilitation der Jüdin Heimann sei er »selbstverständlich entsetzt« gewesen.[151] 1941 veröffentlichte der übrigens stets parteilose Fester ein Buch über »Das Judentum als Zersetzungselement der Völker«. In heftiger Kritik an Theodor Mommsen, der das Wort »Ferment« in seiner römischen Geschichte wertfrei gebraucht hatte, und in Anlehnung an die antisemitischen Denker des 19. Jahrhunderts entwickelte Fester eine knappe Weltgeschichte des Judentums von der Antike bis zur Gegenwart. Dabei beschrieb er die »parasitären Vermehrungsvörgänge« des Judentums ebenso, wie die »Zersetzung« des Römischen Reichs durch die Juden, die letztlich entscheidend für den Untergang des Imperiums gewesen sei.[152] Nicht anders interpretierte er den Untergang des deutschen Kaiserreiches, hier sah er das Weltjudentum in Gestalt des Zionismus und des Marxismus am Werk. Bewenden ließ es der Historiker damit nicht, er applaudierte den antisemitischen Maßnahmen des NS-Regimes und forderte rundheraus eine Ausrottung der Juden: »Die Idee einer rassischen Scheidung von dem Parasiten verschanzt sich in keine Festung und hat Ahasveros in einen Bewegungskrieg hineingezogen, in dem er wie der von den Rheintöchtern in die Tiefe gezogene Nachtalbensohn der Götterdämmerung mit dem Ringe des Nibelungen untergehen wird.«[153]

Doch führte wirklich bei allen »Reaktionären« ein direkter Weg in den Nationalsozialismus? Elke Stolze hat dies in ihrer Dissertation über die Universität Halle bejaht und ist dafür gescholten worden.[154] Sicher, es hat auch Deutschnationale gegeben, die gegenüber dem NS-Regime keine Kompromisse machten. Zu ablehnend standen sie dem egalitären Nationalsozialismus gegenüber, ihre Vorstellung von der hierarchischen Strukturierung der Gesellschaft war eine andere. Auch die revolutionäre Komponente stand ihren Vorstellungen von Ordnung entgegen.[155]

Es waren doch nicht wenige, die 1933 zur NSDAP überliefen, und nicht immer ist es Opportunismus gewesen.[156] Der Wirtschaftshistoriker Theo Sommerlad etwa, langjähriger Sekretär des Thüringisch-Sächsischen Geschichtsvereins und ausgewiesener Kämpfer gegen den Marxismus,[157] machte sich nach seiner Emeritierung 1935 nützlich, indem er polemische Artikel für Heinrich Himmlers Zeitschrift »Germanien – Monatshefte für Germanenkunde zur Erkenntnis deutschen Wesens« verfasste. Der auf Grund von wissenschaftlichen Defiziten viel zu spät Arrivierte – Sommerlad hatte lediglich einen Lehrauftrag für Landesgeschichte inne – schrieb jetzt, 1938, über »König Heinrich I. als Gegner des politischen Klerikalismus«. Sommerlad verglich dabei Heinrich mit dem hohenzollernschen Reichsgründer, um dann festzuhalten, dass sich beide gegen den politischen Katholizismus gestellt hätten. Den Abwehrkampf des Ersten und Zweiten Reiches »gegen die Romkirche« setze nun das Dritte Reich fort, da die »klerikale Willkür« das »Eigenleben der Nation und die völkische Gesittung« bedrohe. Schließlich könne es sich kein Staat erlauben, »die unveräußerlichen Grundlagen seines Volkstums anzutasten und durch eine Totalität der Kirche die Totalität des Staates ernstlich zu gefährden.«[158]

Im Gegensatz zu Sommerlad, der der DNVP angehörte und am 1. Mai 1933 der NSDAP beitrat,[159] war und blieb der Anatom Hermann Stieve parteilos. Stieve, nur bis zu seiner Berufung auf ein Ordinariat Mitglied der DNVP, war der Prototyp des bei den nationalsozialistischen Studenten verhassten »Reaktionärs«. 1927 überstand er ein Dienststrafverfahren, das ein bezeichnendes Licht auf ihn wirft.

Stieve wurde beschuldigt, im Jahre 1924 persönlich die auf der Anatomischen Anstalt wehende schwarz-rot-goldene Fahne eingezogen zu haben. Dabei hätte er zu dem Institutsgehilfen Ludwig geäußert: »Solange ich Direktor bin, kommt dieser Lappen nicht mehr hoch!« Dann schloss er die Fahne in seinen Schreibtisch ein.[160] Stieve leugnete und konnte nachweisen, dass er später tatsächlich mehrmals Schwarz-Rot-Gold geflaggt hatte, meistens jedoch Preußens Schwarz-Weiß. Das Verfahren wurde eingestellt.[161] Haltung zeigte er in diesem Verfahren ebenso wenig wie später als Rektor, wo er williger Vollstrecker des Kultusministeriums bei der »Entjudung« der Universität war. Im November 1933, als er vom Senat schon für ein erneutes Rektorat nominiert war, verzichtete er aus Angst vor den NS-Studenten und überwies die Entscheidung, wer Rektor werden sollte, damit an das Kultusministerium. Den Ruf an die Universität Berlin erhielt er durch die vehemente Fürsprache des Nichtordinarienvertreters Victor Haller von Hallerstein in der Berufungskommission. Stieve hatte ihm im Gegenzug »sein« hallisches Ordinariat versprochen.[162] Während des Krieges nutzte Stieve Häftlinge für seine Forschungen aus, wie Götz Aly und Ernst Klee herausfanden. Sein Forschungsfeld war die Anatomie der weiblichen Geschlechtsorgane, jetzt konnte er dem Phänomen der Unterleibsblutungen, die bei plötzlicher Erregung eintraten, nachgehen. Die plötzliche Erregung, die Stieve interessierte, resultierte daraus, dass einer Frau das Todesurteil verkündet wurde. Mit der Hinrichtung wartete man in Berlin-Plötzensee so lange, bis Stieve, so recherchierte Aly, die Blutung der Gefangenen gynäkologisch untersucht hatte. An der Leiche bewies er dann, dass diese Blutung als Schreckblutung zustande gekommen war. Damit nicht genug. Aly zitiert einen Lebenslauf Stieves in dem jener konstatiert: »Später hatte ich dann Gelegenheit, eine ganze Anzahl solcher Fälle zu untersuchen ...«[163]

In ihrer Weltanschauung waren die Professoren der Universität also nicht weit von den Grundsätzen der NSDAP entfernt,[164] organisatorisch standen sie ihr jedoch aus drei Gründen fern. Zum Ersten war es die Ablehnung der Art und Weise, in der ihnen die NSDAP gegenübertrat. Die braunen Kolonnen der SA passten ebensowenig zu ihrem elitären Selbstverständnis wie das Rabaukentum der NS-Studenten zum bürgerlichen Habitus der Professoren. Zum Zweiten bemühte sich die NSDAP um die Professorenschaft nicht. Hitler verachtete die Kathedergelehrten, er schätzte lediglich Techniker und Ingenieure. Außerdem war die Zahl der Professoren zu klein, um in dem Konzept der Gewinnung der Massen eine entscheidende Größe darzustellen. Zum Dritten, und dieser Punkt scheint wesentlich, war Beamten die Mitgliedschaft in einer radikalen Partei verboten. Verstießen sie gegen dieses Verbot, konnten sie vom Dienst suspendiert werden.[165]

1.4 Der Aufstieg der nationalsozialistischen Studenten

Die Ära des Nationalsozialismus an der Universität Halle begann am 14. Juli 1926. Zwei Studenten fuhren mit dem Zug nach Leipzig, um sich dort von Wilhelm Tempel, dem Vorsitzenden des Nationalsozialistischen Deutschen Studentenbundes, Aufnahmeerklärungen aushändigen zu lassen. Ihren Eintritt in den NSDStB erklärten die beiden sofort, das Dutzend Formulare, das sie mit nach Halle nahmen, war rasch aufgebraucht. Der Einfachheit halber wurde die Ortsangabe »Leipzig« mit Bleistift ausgestrichen und durch »Halle« ersetzt.[166]

Hitler legte seine Forderungen an den deutschen Studenten im Januar 1927 dar. Polemisch wandte er sich gegen die »Entpolitisierung« der Studentenschaft. Die »selbstgewollte Fernhaltung« von der Politik werde keinesfalls ausgeglichen durch »eine sogenannte allgemeine vaterländische oder nationale Gesinnung«. An der habe es der deutschen Jugend nie gefehlt, allein vermochte die Überzeugung »nicht im geringsten die Vernichtung des Vaterlandes zu verhindern, weil sie eben viel zu unbestimmt, zu unklar und zu allgemein« gewesen sei. Auch heute irre die Jugend der deutschen Intelligenz »vollkommen ziel- und planlos umher«. Vollkommen »wertlos, wenn nicht sogar schädlich« seien, so Hitler weiter, auch die »Vorstellungen von alter Burschenherrlichkeit«. Hitler: »Nicht ›bierehrliche‹ Stichfestigkeit, sondern politische Schlagkraft ist jetzt nötig ...« Auch der Student habe zu sein: »schlank wie ein Windhund, zäh wie Leder und hart wie Stahl«. Ein neuer Typ Student müsse entstehen, »der nicht mehr in seinem Wert gewertet wird nach dem Ertragen von Bier, sondern nach dem Grade seiner Nüchternheit und der Widerstandsfähigkeit in den Unbilden des Lebens und dem Angriffsfanatismus gegen die Feinde des Lebens, mögen sie sein wer immer.«[167] Auch wer die Feinde des deutschen Studenten seien, stellte Hitler in seiner Rede, die im Völkischen Beobachter abgedruckt wurde, klar: »Die Parteien«, die »unser Volk der jüdischen Überflutung und unser Blut der zum Himmel schreienden Verbastardisierung ausgeliefert haben«. Ein neues Reich, »das alle Deutschen umfasste und das Blut des Volkes heilig hielte«, wäre schon entstanden, wären die »akademischen Legionen« und die »Bataillone der Arbeiter zusammengeschweißt in eins.«[168]

»Zusammengeschweißt« wurde auf Grund der scharf getrennten Milieus von Bürgertum und Proletariat in Halle nichts, aber als im Mai 1927 der Rechts- und Wahlausschuss der hallischen Studentenschaft das Ergebnis der Kammerwahl für das Sommersemester 1927 bekannt gab, waren zwei Sitze für den NSDStB zu vermelden.[169] 1928 gehörten schon drei NS-Studenten dem Allgemeinen Studentenausschuss (Asta) an, davon suchten zwei den Kontakt zu den Korporationen, anstatt, wie der Dritte empört feststellte, »gegen diese Teile der Studentenschaft, auf die dermal einst der Arbeiter des dritten Reiches mit Fingern zeigen wird, die entsprechende revolutionäre Opposition zu machen.« Die Sache ging zur Reichsleitung nach München, der, der sich als Sozialist begriff, wurde aus der NSDAP ausgeschlossen.[170]

Um dem ideologischen Wirrwarr innerhalb des Studentenbundes – wohl nicht nur in Halle – abzuhelfen, führte Hitler am 18. Februar 1928 eine Tagung mit den Mitgliedern des Bundes in Leipzig durch, von den Hallensern wurde vollständiges Erscheinen erwartet. Nicht zum Bund gehörige Kommilitonen durften mitgebracht werden, aber nur wenn diese als »zuverlässig« eingeschätzt würden. Was Hitler den Studenten sagte, ist im Detail nicht überliefert.[171]

Im Archiv der ehemaligen Reichsstudentenführung fanden sich jedoch Notizen eines Teilnehmers, so dass zumindest in Umrissen erkennbar ist, was Hitler den jungen Parteifunktionären mitteilte.[172] Hitler enthielt sich jeder Polemik gegen das Korpsstudententum, statt dessen referierte er darüber, was es heiße, Menschen zu führen. Seit jeher habe sich die intellektuelle Schicht des deutschen Volkes für die repräsentierende gehalten. Rein psychologisch gesehen bedeute aber die Beschäftigung mit geistigen Dingen »noch keineswegs Führertum«. Menschen zu führen wolle gelernt sein, und das könne nicht »auf Schulen« geschehen. Die Fähigkeit zur Führung des Volkes werde »im praktischen Verkehr mit der Masse erworben«. Wenn die nationalsozialistische Bewegung siegen wolle, müsse sie jetzt die Jugend in ihren Dienst stellen. Als Jugendführer brauche er aber keine »debattierenden, sich geistig aufpäppelnden jungen Menschen«, sondern solche, die in die Masse hineinzugehen verstünden und »lebendigen Anteil am Massenkampf« nähmen. Die Frage sei doch, was »das Primäre« sei: die Erziehung zum Generalstabsoffizier oder zum Massenführer, notierte der unbekannte Protokollant und setzt in seiner Mitschrift mit Hitlerzitaten fort: »Ich will keine völkischen Generalstabsoffiziere, sondern Führer, die die Massenbewegung im praktischen Dienst kennenlernen!« Und das sei die Aufgabe des Studentenbundes. Dass dazu die Vermittlung einer »Weltanschauung« oder »Grundanschauung« gehöre, sei selbstverständlich. Von diesen Grundanschauungen aus müsse »jede Frage des Lebens« beleuchtet werden. Es ginge aber bei der Schaffung der nationalen Intelligenz nicht um »völkische Erkenntnis«, meinte Hitler. Zwar hätten die völkischen Denker, Hitler nannte explizit Houston Stewart Chamberlain,[173] Widerhall gefunden in gewissen Kreisen der Intelligenz. Für die breite Masse sei das völkische Denken aber »völlig wertlos« gewesen. Das Ziel, den Studenten zu erobern, stelle er daher nicht, um mit dem Studenten »geistige Zirkel« zu bilden, oder diesen staatlich oder wissenschaftlich zu erziehen«. Dieses Ziel werde verfolgt, »um Führer« aus den Studenten zu machen, und das geschehe, indem man ihn in eine Beziehung zur Masse setzte. Mit Hinblick auf die immer wieder aufflammenden Debatten in den völkischen Zirkeln stellte Hitler klar, dass die NSDAP nicht zur »Proklamation der Geistesfreiheit« gebildet worden sei. Die Organisation habe eine »geschlossene, einheitliche Mar-

29

schroute«. Für diesen einen Weg müsse jeder »mehr oder weniger Verzicht leisten.« Auch Hitlers Begründung notierte der unbekannte Student: »Denken sie an die Kompanie. Sie stellt beim Marschieren eine Durchschnittsleistung dar. Einige gegen allein schneller, einige langsamer – zusammen machen sie den Durchnittsschritt, für den ein Maßstab gilt. Aber der dauernde Verzicht des Einzelnen, am Ende der von Tausenden, ergibt die gemeinsame große Leistung.« Geistig, so Hitler weiter, sei das »auch nicht anders.« Wenn nun aber ein Theoretiker sage, die NSDAP sei eine oberflächliche Partei, dann könne er ihm nur anworten: »Sie sind eben nur Theoretiker!« Und es handle sich hier schließlich »um eine Feldschlacht und nicht um das Betreiben kriegswissenschaftlicher Studien.«[174]

Wirklich auf Vordermann brachte den NSDStB dann Baldur vor Schirach, der 1928 eingesetzte neue Reichsleiter. Schirach sorgte dafür, dass die Hochschulgruppe in Halle neu gegründet wurde und auch dafür, dass sozialistische Ideen völlig aus dem Bund verschwanden. Von Schirach ernannte einen Korporationsfreund, Joachim Wendenburg zum Leiter. Ein zweiter von Schirach ausgesuchter Kader, Bernhard Sommerlad, wirkte bei der Studentenschaft und wurde 1933 Wehrsportlehrer der Universität. Das Wintersemester 1929/30 war der Festigung des Bundes gewidmet, immer neue Mitglieder wurden geworben und zunächst in einen »äußeren Kreis« der Hochschulgruppe eingeführt. Man sammelte vor allem innerhalb der Korporationen, eine enttäuschend »schwach« verlaufende Feier zum Gedenken an die Schlacht bei Langemarck[175] trieb dem NSDStB die Korpsstudenten in Scharen zu.[176] Wendenburg sorgte auch in den Folgejahren für ein gedeihliches Zusammenwirken mit den Korps. Im Reich profilierte sich der NSDStB auf Kosten der Burschen- und Landsmannschaften, in Halle lehnten Wendenburg und sein Nachfolger Joachim Mrugowsky derartige Angriffe ab. Die Frage, ob man zuerst Korpsstudent oder Mitglied des NSDStB sei selbst schon eine Lüge, versicherte die Hochschulgruppenführung in der »Sturmfahne«, dem 14-tägig erscheinenden Blatt des NSDStB in Mitteldeutschland. Dann betonte man die Gemeinsamkeiten mit den Korps und versicherte, dass es niemandem gelingen werde, einen Keil zwischen die pauschal so apostrophierten »Kameraden« zu treiben. Vor allem die freimaurerischen Kreise seien gewillt, hier Konflikte zu schüren. Wie auch immer die »aufrechte Auseinandersetzung« auch geführt werde, ein »deutscher Student« gehöre in den NSDStB: »Wir sind das kommende Deutschland! Unser ist die Zukunft!«[177] Einfach gestaltete sich die Zusammenarbeit aber nicht, anläßlich der Asta-Wahlen 1931 schrieb Mrugowsky an die Reichsleitung des NSDStB: »Die Korporationen machen sehr große Schwierigkeiten.« Im Sommersemester 1931 gelang es den NSDStB jedoch trotzdem, die Mehrheit im Studentenausschuss zu erreichen.[178] Über die Zusammenarbeit im Asta und im NSDStB schrieb der NS-Aktivist und spätere Leiter der Studentenschaft Hans Börner an Baldur von Schirach, dass man auf alle Fälle Konzessionen eingehen, aber durchaus die Auseinandersetzung mit den Verbänden wagen müsse: »Dann können wir nämlich die aktiven Verbindungen von der Vormundschaft der Altakademiker emanzipieren und sie für uns gewinnen.« Es gelte »etwas Neues zu schaffen«, und zwar »eine Studentenschaft auf nationalsozialistischer Grundlage.«[179]

Immer wieder war dieses Taktieren Programm des Nationalsozialistischen Studentenbundes. Ziel war, die Aktiven von den Alten Herren zu scheiden und die Jungen für die Doppelmitgliedschaft in der Korporation und im Verband zu gewinnen.

Einen finanziell potenten Gönner fanden die NS-Studenten ebenfalls, der Tuberkoloseartz Karl-Heinz Blümel wurde von seinem Sohn Baldur von Schirach vorgestellt. Fortan richtete Blümel seinen Ergebenheits-Neujahrsbrief nicht mehr an Ludendorff, sondern an von Schirach.[180] Über die moralischen Qualitäten der Zielgruppe gab sich Blümel dabei keinen

30

Illusionen hin: »Der Akademiker taugt nichts, da er charakterlos erzogen wird.«[181] Die Erziehung nahmen Blümel junior, Wendenburg, Mrugowsky und vor allem der Theologiestudent Alfred Detering fortan verstärkt in die Hand. Schulungsabende, Parteiveranstaltungen, SA-Dienst – die Kader des NSDStB waren eingeschriebene Studenten, tatsächlich aber aktive Parteiarbeiter.

Auf eigene größere Veranstaltungen verzichtete man, stattdessen nahm der Studentenbund das umfangreiche Angebot der Ortsgruppe Halle wahr, hier sprachen unter anderen Gregor Strasser und Hermann Göring.[182] Zu einem ersten Erfolg für die NS-Studenten wurde der Besuch des preußischen Kultusministers Adolf Grimme am 5. Juli 1930 in Halle. Grimme, der dem Rektor die neue Universitätssatzung übergab und damit auch den ehrwürdigen Namen der Vereinigten Friedrichs-Universität tilgte, wurde von den Studenten mit den Rufen empfangen: »Wer hat uns verraten? Sozialdemokraten!«, »Wir wollen einen deutschen Kultusminister!« und »Wer macht uns frei? Die Hitlerpartei!« Grimme stellte sich den Demonstranten nicht und rief stattdessen die Schutzpolizei. Die nationalsozialistischen Rädelsführer zogen sich rasch zurück, so dass sich unter den Verhafteten kein einziger Nazi-Aktivist befand. Hochschulgruppenführer Wendenburg konnte daher jede Mitverantwortung an dem Krawall ablehnen und wandte sich sogar mit einer entsprechenden Erklärung an die Presse. Im Asta brachten die Nationalsozialisten sogar eine Resolution durch, in der die Polizei für das rigorose Vorgehen gegen »unbeteiligte« Studenten verurteilt wurde, die ja nur »ihren Minister begrüßen wollten.«[183]

In einem Flugblatt, das die Mitglieder des NSDStB zum Beginn des Wintersemesters 1930/31 verteilten, legten sie ihr politisches Programm dar. Der Überschrift »Nationalsozialismus oder Marxismus« folgten fünf polemische Fragen, die der Regierung Korruption und Verrat, einen das Volk zerfleischenden Klassenkampf und »materialistische Weltanschauung« vorwarfen. Fünf weitere Fragen entwickelten das Gegenprogramm. »Wollt Ihr wieder ehrliche und klare Verhältnisse im deutschen öffentlichen und privaten Leben?« fragte Wendenburgs Nachfolger im Amt des Hochschulgruppenführers, Joachim Mrugowsky, und listete andere Ziele auf, zu denen »eine gesunde Wirtschaft« und ein gediegenes Beamtentum« ebenso zählten wie nicht näher beschriebene »Ideale« und »ein freies deutsches Vaterland«. »Kampf« sei die Losung, »reinen Tisch« müsse man schaffen: »Das können wir niemals durch Verhandeln erreichen.« Dann folgte die Aufforderung zum Handeln. »Zerschlagt das spießerische Bürgertum, dass dem Wachsen des Marxismus Vorschub leistete, aber vor allem: der Feind steht links!« Der Nationalsozialismus sei das letzte Bollwerk gegen ein »Sowjetdeutschland«: »Schafft er es nicht, dann schafft es niemand …« Im Inneren des vierseitigen Flugblattes war dann das Programm der NSDAP abgedruckt, hervorgehoben hatte Mrugowsky zwei Sätze: »Brechung der Zinsknechtschaft« und »Gemeinnutz vor Eigennutz«.[184]

Wie erfolgreich der NSDStB war, belegt das Ergebnis der Asta-Wahlen vom Wintersemester 1930/31. Von 24 Sitzen hatte der Studentenbund 12 erobert.[185] Auch sein Einfluss auf die Studentinnen an der Universität wuchs. Sehr bald etablierte sich eine Gruppe, die Wanderungen durchführte und für politische Schulung der Studentinnen sorgte.[186] Darüber hinaus ernannte der Vorsitzende der Studentenschaft Hans-Joachim Wendenburg zum Schriftleiter der Universitätszeitung. Diese wurde später zum NS-Propagandablatt und Forum sämtlicher Attacken gegen Rektor Gustav Aubin und den Professor Günther Dehn.[187] Bilanz zog die Führung des NSDStB im Januar 1931: Die Zahl der Mitglieder der NSDAP unter den Studenten war bereits unüberblickbar groß geworden. Studentenführer Mrugowsky mokierte sich über die Vielen mit dem Abzeichen, »die man nicht kennt und die man nicht erfassen kann.«[188]

Der übergroße Rest der Studenten wurde durch die Organisation der Deutschen Studentenschaft in nationalsozialistischem Sinne instrumentalisiert. Die Studentenschaft, der praktisch alle Studenten dank Gewohnheit – nicht durch Zwang – angehörten, fiel im Januar 1931 in die Hände des NSDStB.[189] Die Leiter der Studentenschaft wechselten sich zwar in rascher Folge ab, kamen aber immer aus dem Kreis der NS-Aktivisten.

Die Universitätsleitung sah diesem Treiben nicht tatenlos zu. Beleidigungen des Rektors in der Universitätszeitung und durch Flugblätter anlässlich des »Falles Dehn« nahm man zum Anlass, am 13. Februar 1931 den Nationalsozialistischen Studentenbund zu verbieten.[190] Der Senat der Universität erklärte, dass er »um der Wahrung der akademischen Freiheit Willen« jedem Versuch widerstehen werde, »einen akademischen Lehrer aus politischen Gründen an der Ausübung seines Lehramtes hindern zu wollen«. Wer diese Freiheit antaste, versündige sich »an dem höchsten Gute der Lehrenden und Lernenden« und gefährde »die Stellung der deutschen Wissenschaft in der Welt.«[191] Dass die akademische Selbstverwaltung später diese Position revidierte, steht auf einem anderen Blatt. Das Verbot des Studentenbundes traf die Hochschulgruppe jedoch hart, wie man am 28. September 1931 gegenüber der Reichsleitung der NSDAP eingestand.[192] Umgangen wurde das Verbot durch die Umbenennung der Hochschulgruppe in »Kampfzelle der NSDAP«.[193] Im Herbstsemester war man wieder anerkannt, Hans Börner wurde zum Vorsitzenden der Deutschen Studentenschaft an der Universität Halle gewählt. In der Zeitung des NSDStB, der »Sturmfahne«, nahm Börner im Herbst 1931 die Agitation gegen den an die Universität Halle berufenen Theologen Günther Dehn und das preußische Kultusministerium wieder auf. Börner empörte sich über Dehns pazifistische Gedanken, jeder Mensch habe schließlich die »sittliche Pflicht«, sich »vor Verbrechern und Schurken zu schützen«. Dehn fordere die Abschaffung der Militärgeistlichkeit und versuche, den Kindern das Spielen mit Kanonen und Soldaten abzugewöhnen. Ja sogar die Kriegsdienstverweigerung lasse Dehn gelten.[194] Was sich in der Rückschau wie eine Würdigung des Theologen liest, erboste Börner über alle Maßen: »An und für sich dürften allein schon diese Stellen vollauf genügen, um mit aller Entschiedenheit und Deutlichkeit zum Ausdruck zu bringen, dass die studentische Jugend einen Mann mit solchen Ansichten niemals als Lehrer und Führer anerkennen kann.«[195] Der Theologe war damit zum »Fall« geworden, begonnen hatten die Reibereien um seine Person jedoch schon eher.

1.5 Der »Fall Dehn«

Kaum ein Universitätskonflikt hat in der Zeit der Weimarer Republik derartiges Aufsehen erregt, wie der Kampf der nationalsozialistischen Studenten gegen Günther Dehn.[196] Interessant an dem Fall ist, dass er zum Schulterschluss zwischen Studenten und Professoren führte. Brisant ist, dass dies trotz des Bekenntnisses der Studenten geschah, dass sich der Kampf nicht nur gegen den umstrittenen Theologen richtete, sondern auch gegen den Rektor der Universität Gustav Aubin und den Kultusminister Adolf Grimme. Ihr Ziel war, das »nachnovemberliche System zu treffen«. In einer Denkschrift, verantwortet vom Führer der Hochschulgruppe des Nationalsozialistischen Deutschen Studentenbundes, heißt es: »Der Konflikt an der hallischen Universität ist ein Frontabschnitt des beginnenden und mancherseits schon begonnenen deutschen Freiheitskampfes.«[197]

Günther Dehn hatte Philologie und Theologie an den Universitäten Halle, Bonn und Berlin studiert. 1908 wurde er in Berlin Domhilfsprediger, 1911 Pfarrer. Nach dem Ersten Weltkrieg gründete er den »Bund religiöser Sozialisten« mit, wandte sich unter dem Eindruck Karl Bar-

ths jedoch vom religiösen Sozialismus ab. Ungebrochen blieb sein Engagement für die proletarische Jugend. Für diese soziale Arbeit erhielt er 1926 den Dr. hc. der Universität Münster.[198] 1930 schlug der preußische Kultusminister Grimme – selbst religiöser Sozialist – der Universität Halle eine Reihe von sozialistischen Theologen für den vakanten Lehrstuhl für praktische Theologie vor. Diese lehnte man rundheraus ab. Grimme sandte eine zweite Liste nach Halle, auf der dann auch der Name Dehn stand. Die Theologische Fakultät lehnte erneut ab, bescheinigte Dehn aber am 28. November 1930, eine »über den Durchschnitt hinausragende Persönlichkeit von lauterem Wollen und tiefem Ernst der Verantwortung« zu sein. Persönlichen Vorzügen stünden jedoch »doppelte erhebliche Bedenken« gegenüber. Zum einen kenne er die Provinz Sachsen nicht, zum anderen dürfte dem 49-Jährigen die Einarbeitung in das Gebiet der wissenschaftlichen praktischen Theologie sehr schwer fallen. Sollte der Minister jedoch auf einem »Mann eigener Wahl« bestehen, müsse man »allerdings um der Gerechtigkeit willen urteilen«, dass eine Berufung Dehns »nicht als untragbar erscheinen würde«.[199]
Am 4. Februar 1931 meldeten die hallischen Zeitungen, dass Dehn den Ruf tatsächlich erhalten habe. Schon am 5. Februar 1931 verteilten die nationalsozialistischen Studenten ein Flugblatt, das behauptete, Dehn sei Pazifist, rufe zur Kriegsdienstverweigerung auf, fordere die Entfernung der Gefallenendenkmäler aus den Kirchen und wolle die Kinder »zum krassesten und feigen Pazifismus erziehen.«[200]

Am 5. Februar 1931 meldeten die hallischen Zeitungen die Berufung des Pfarrers Günther Dehn auf den Lehrstuhl für praktische Theologie. Noch am selben Tag tauchten Flugblätter des NSDStB auf, in denen Dehn scharf angegriffen wurde.

Kameraden!
Der Pfarrer D. theol. Günther **Dehn** ist auf den Lehrstuhl für praktische Theologie an unserer Universität berufen. **Wir fragen:**
Wer ist Herr Dehn?

1. Herr Pfarrer Dehn ist **Pazifist.**
2. Herr Pfarrer Dehn ruft zur **Kriegsdienstverweigerung** auf.
3. Herr Pfarrer Dehn fordert die **Entfernung der Gefallenengedenktafeln** aus der Kirche.
4. Herr Pfarrer Dehn will die deutschen **Kinder** zum krassesten und **feigen Pazifismus erziehen.**

Wollen wir zusehen, wie ein solcher Mensch ein Ordinariat an unserer Universität erhält?
Gibt es nicht unzählige erfahrene Pfarrer, die von den neudeutschen Herren im Preußischen Kultusministerium unberücksichtigt bleiben?
Liebt ein **solcher Pazifist,** der sein Volk zu Wehrlosigkeit und zur Feigheit erziehen will, sein Vaterland?
Deutscher Student! Wir wollen ehrliche deutsche Männer als Professoren unserer Hallischen Hochschule haben!
Oder willst Du **Gumbel-Geist** bei uns einziehen lassen?

Nationalsozialistischer Deutscher Studentenbund
Hochschulgruppe Halle (Saale)

Quelle: UAH Rep. 6 Nr. 1357. Anmerkung: Emil Julius Gumbel war Professor an der Universität Heidelberg und tatsächlich radikaler Pazifist.

Vorgeworfen wurde Dehn vor allem ein Vortrag, den er am 6. November 1928 im Dom zu Magdeburg gehalten hatte. Hier sprach er über das Gebot »Du sollst nicht töten«. Durchaus polemisch erörterte er verschiedene Möglichkeiten, unter denen das Töten erlaubt oder nicht erlaubt wäre und schloss den Krieg ausdrücklich in diese Überlegungen mit ein. Dehn argumentierte verhalten pazifistisch, so wagte er nicht, den Rat der unbedingten Kriegsdienstverweigerung zu geben: »Man kann das nicht grundsätzlich tun, wenn die Möglichkeit des notwendigen Krieges an sich besteht.« Aber man müsse sich hüten, »dem Krieg ein romantisches oder gar christliches Gesicht zu geben.« Der, der als Soldat getötet worden sei, habe eben auch selbst töten wollen, meinte Dehn, daher könne ein solcher Tod nicht als »Opfertod« im christlichen Sinne gelten. Konsequenterweise stellte Dehn dann zwei Fragen. Zum einen, ob die Kirche nicht die Militär- und Feldgeistlichkeit abschaffen sollte und zum anderen, ob es »richtig« sei, »dass die Kirche den Gefallenen Denkmäler in ihren eigenen Mauern errichtet.«[201] Später kam dann noch der Vorwurf hinzu, dass Dehn die Mitschuld am Ausbruch des Ersten Weltkrieges eingeräumt habe und die Kriegsschuldlüge eine »dumme Phrase« genannt hätte. Immer wieder setzten die Studenten Dehn mit Flugblättern und Zeitungsartikeln unter Druck. Dabei schmähten sie ihn auch persönlich, was sich Dehn jedoch nicht gefallen ließ und am 10. Oktober 1931 mit einer persönlichen Erklärung antwortete:
»1. Ich habe niemals auch nur andeutungsweise, auch nicht in Privatgesprächen, die Gefallenen ›Mörder‹ genannt oder sie mit ihnen verglichen. Ich glaube vielmehr an die Größe und Würde des Todes für das Vaterland.
2. Ich habe aus meiner theologischen Grundhaltung heraus die Parallelisierung des Todes der Gefallenen mit dem christlichen Opfertod in Frage gestellt und demgemäß zur Erwägung anheim gegeben, ob es nicht besser sei, die Gefallenen anstatt kirchlich, bürgerlich zu ehren.
3. Die allgemeine Kriegsdienstverweigerung lehne ich ab.
4. Es ist mir nicht eingefallen, die Kriegsschuldlüge eine dumme Phrase zu nennen. Ich glaube, dass eine Kriegsschuldlüge vorliegt und bekämpft werden muss.«[202]
Dass diese Erklärung nicht taktisch gemeint war, zeigt Dehns Rückschau auf die Ereignisse. In seinen 1962 veröffentlichten Lebenserinnerungen stellt er klar: »Ich war kein Pazifist …, ich war ein Theologe, der sich bemühte, mit der schweren Problematik von Volk, Staat, Krieg und Evangelium fertig zu werden.«[203]
Der Senat der Universität stellte sich am 21. Oktober 1931 rückhaltlos hinter den Theologen und wies die »Zerrbilder« die die NS-Studenten von dem Professor entworfen hätten, zurück. Die Angriffe der Studentenführung richteten sich folgerichtig in den nächsten Tagen gegen Rektor Aubin, den »Büttel des Kultusministers«. In einem Flugblatt listete der Führer des Studentenbundes Joachim Mrugowsky zahlreiche weitere »Delikte« des »liberalistischen« Aubin auf und forderte zum Kampf: »Deutscher Student! Lerne endlich, dass Dein Vaterland erst dann gerettet ist, wenn die liberalistische Anschauung durch eine urdeutsche verdrängt ist. Darum kämpfe mit uns!«[204]
Zum Eklat kam es dann am 3. November 1931. Um 17 Uhr sollte Dehns Vorlesung beginnen, schon ab 16 Uhr war auf dem Universitätsplatz ein derartiger Krawall, dass im Löwengebäude kein Wort mehr zu verstehen war. Im Hörsaal XII selbst trampelten die Studenten. Es gab aber auch Studenten, die Ruhe verlangten und, so notierte der Kurator in seinem Brief an den Minister, »arbeitswillig« waren. Rektor Aubin begab sich demonstrativ zum Hörsaal, um Dehn zu unterstützen, worauf der Krach noch stärker wurde. Im Brief des Kurators heißt es jetzt: »Plötzlich erschien im Hörsaal der Vorsitzende der deutschen Studen-

tenschaft, stud. Börner, und rief dem Rektor zu, er könne seine Kommilitonen nicht mehr im Zaume halten und müsse jede Verantwortung ablehnen. Der Rektor erwiderte, Börner selbst trage die Verantwortung für alles, was geschehe, denn er habe die Demonstration veranlasst.«[205] Eine Tür hielt dem Ansturm von Hereindrängenden nicht stand. Aubin rief die Polizei, die mit »Pfui«-Rufen und tosendem Lärm begrüßt wurde. 18 Uhr schloss Dehn die Vorlesung und stellte 30 Studenten, die bei ihm »belegen« wollten, Scheine aus. Unter Polizeischutz begaben sich Dehn und Aubin dann zum Zimmer des Rektors. Auf dem Universitätsplatz schallten derweil Rufe »Nieder mit Dehn!« und »Wir geben den Kampf nicht auf!« Nach Absingen des Liedes »Burschen heraus!«[206] und dem dreimaligen Rufe: »Deutschland erwache!« begann sich die Menge zu zerstreuen.[207] Sämtliche Versuche, die Lage zu entspannen, scheiterten. Obwohl Dehn mehrfach auf die Studentenführer zuging, lehnten diese eine Aussprache ab. Stattdessen forderten sie ihn via Flugblatt bzw. Anschlag am Schwarzen Brett auf, zu einer Versammlung der Studenten in die Saalschlossbrauerei zu kommen. Dehn ignorierte die, nicht einmal persönlich zugestellte, Einladung, da er in einer Gasthofdiskussion keinen Sinn sah.[208] Die von den Studenten herausgegebene Universitätszeitung erschien am 1. November 1931 dann mit einem Queraufdruck: »Wider den undeutschen Geist!« Außerdem drohte sie den Auszug der Studenten an und forderte den Rücktritt des Rektors. Aubin traf am 6. November 1931 Studentenführer Börner und teilte ihm mit, dass er nicht zurücktreten werde, »solange er die Mehrheit des Lehrkörpers hinter sich« habe. Der Privatdozent der Medizinischen Fakultät Heinz Kürten unterstützte die Studenten demonstrativ, der Anatom Hermann Stieve verlangte die Einberufung einer Vollversammlung. Das am 11. November tagende Generalkonzil verabschiedete dann ein versöhnliches Kommuniqué, das die Art und Weise der Proteste der Studenten verurteilte, aber ihre Motive nicht grundsätzlich verdammte.[209]

Neue Nahrung erhielt der Konflikt mit einen Buch Dehns, in dem er den Konflikt zwar korrekt rekapitulierte, den Studenten jedoch »irregeführten Idealismus« vorwarf. Besonders empörten sich die NS-Studenten über die folgenden, hellsichtigen, Sätze: »Es ist ja einfach nicht wahr, dass diese fanatische, meinetwegen religiös gefärbte, tatsächlich aber von Gott gelöste Vaterlandsliebe dem Vaterland wirklich hilft. Im Gegenteil, sie wird das Vaterland ins Verderben führen.«[210]

Die Studentenschaft drohte daraufhin mit dem Boykott der Universität zum Sommersemester 1932, am 20. Januar 1932 veranstaltete sie eine Vollversammlung. Der Dekan der Rechts- und Staatswissenschaftlichen Fakultät Gustav Boehmer besuchte die Veranstaltung ebenfalls. Als ihn Studentenschaftsführer Hans Börner entdeckte, forderte er ihn auf, doch selbst zu dem Konflikt Stellung zu nehmen. Gegenüber dem Rektor rekapitulierte er seine Rede am nächsten Tag: »Der Zweck meiner Ansprache, den ich mir in der Überlegungsfrist von wenigen Sekunden setzte, war der, die Studenten unter Missbilligung jenes Störversuches zur Aufrechterhaltung der Ruhe und Disziplin und der vollkommenen Legalität ihrer Kampfmittel zu ermahnen und sie aufzufordern, die schon seit einiger Zeit im Gange befindlichen Bemühungen der Universitätsbehörden, zu einer ausgleichenden Lösung des Konfliktes zu gelangen, um keinen Preis durch unbedachte Explosionen zu stören.« Um diesen Worten Nachdruck und Überzeugungskraft zu verleihen, habe er den Studenten zunächst erklärt, »dass ich in der *allgemeinen Gesinnungsgrundlage* ihres Handelns durchaus auf ihrer Seite stehe, wie ich ja schon seit Anfang des Semesters gezeigt habe.« Dann nannte er die Berufung Dehns einen »schweren Fehler« und machte deutlich, »dass es ein namenloses Unglück sei, wenn unsere alte ehrwürdige Luther-Universität daran zu Grunde gehen oder jedenfalls schweren Schaden erleiden sollte.« Dehn solle, erklärte er rundheraus, zurücktreten.[211]

Dieser dachte jedoch nicht daran zu kapitulieren, sondern trat auf zahlreichen Veranstaltungen auf, in denen er Stellung zu der Sache nahm. Offenbar verhärtete sich dabei jedoch sein Ton, auch unkorrekte Schilderungen von Zeitabläufen und Ereignissen wurden ihm nachgewiesen.[212] Im September 1932 gestand Dehn gegenüber dem Universitätsrat Friedrich Tromp Irrtümer ein und bat, eine Studienreise zu anderen evangelischen Kirchen Europas, insbesondere nach England und in die Niederlande, durchführen zu dürfen. Am 6. Oktober 1932 bewilligte das Ministerium den Urlaub und eine Reisebeihilfe. Im Februar 1933 wurde er für ein weiteres Semester beurlaubt und am 13. April 1933 in den Ruhestand versetzt.

Dehn lehrte jedoch im Auftrag der Bekennenden Kirche weiter und betätigte sich schriftstellerisch. Unter anderem verfasste er 1939 eine Handreichung für Erzieher und Katecheten, in der er die Zehn Gebote Gottes kindgerecht erläuterte. Ein Blick auf Dehns Kommentar zum fünften Gebot – »Du sollst nicht töten« – zeigt, dass er seine Auffassung zu wesentlichen Punkten nicht geändert hatte. Wenn ein Volk von einem anderen angegriffen würde, dann müsse es sich zur Wehr setzen, meinte Dehn. Aber immer sei Krieg »ein großes Unglück« und die »Obrigkeit« dürfe ihn »nur im höchsten Notfall« erklären. In den Text über das achte Gebot – »Du sollst nicht falsch Zeugnis reden wider deinen Nächsten« – müssen Dehns persönliche Erfahrungen eingeflossen sein. Kein anderes Gebot erläuterte er so intensiv und eindringlich, da durch üble Nachrede oft »schreckliches Unglück« angerichtet werde: »Wenn ein Mensch erst einmal in einen schlechten Ruf gekommen ist, ist es sehr schwer, wieder davon loszukommen.«

2 Die Jahre 1933 bis 1936

Am 18. Januar 1933, Hitler war noch nicht Reichskanzler, hielt der Dekan der Rechts- und Staatswissenschaftlichen Fakultät, der Jurist Gustav Boehmer, die traditionelle Gedenkrede zum Jahrestag der Reichsgründung. Er sprach über den »deutschen Staatsgedanken und die Ideen von 1914«. »Schmerzlich-stolz« sei die Erinnerung an den Gründungstag des Reiches, »schmerzlich-demütigend« die an die »schwärzesten Nachtstunden des deutschen Volkslebens« in der unmittelbaren Nachkriegszeit. Und auch die »unmittelbarste Gegenwart« sei noch immer überschattet von dem »verhängnisvollen Weltereignis des Kriegsausgangs«. Dem »tapfersten Volk der Erde« würden noch immer die »köstlichsten Güter eines freien und mannhaften Volkes« versagt: das »Selbstbestimmungsrecht« und das »Grundrecht auf Selbstverteidigung durch Wehrhaftmachung des ganzen wehrfähigen Volkes«.[215]
Dem müsse ein Ende bereitet werden, meinte der Jurist, »indem wir … uns unser Recht selber holen!« Das könne aber nur mit der »Stoßkraft eines einheitlichen und geschlossenen nationalen Willens« geschehen. Dazu bedürfe es eines Endes der »staatszerstörenden Unsachlichkeit parteitaktischer Kämpfe«,[216] vor allem aber einer Einigung des Volkes im Geiste der Ideen des Jahres 1914. Weder der »entgeistete« Kommunismus führe zum Ziel, meinte Boehmer, noch »westlicher Demokratismus«, noch »südlicher Faschismus«, sondern nur ein »sozialethisch-politisches Glaubensbekenntnis«. In einer Zeit des Liberalismus könne dieses hohe ethische Ziel niemals erreicht werden: »Nicht Glückseligkeit und Freiheit des Einzelnen sind die letzten und höchsten Ziele des Lebens, sondern die selbstlose und unentgoltene Erfüllung der sittlichen Pflicht.« Und wenn das »Gesamtinteresse des Staates« das gebiete, »bis zur Selbstaufopferung des Einzelnen durch den Tod!«[217] Es gelte also zu kämpfen für die »Wiedergeburt des nationalen Gemeinschaftssinns von 1914«, der Deutschland »in dem Frontgeiste echter sozialer Kameradschaft« zusammengeschlossen habe. An die Studenten richtete er die Aufforderung gegen den »geistigen Gasangriff« all jener vorzugehen, die diesem Zusammenschluss entgegenstünden. Boehmer: »Schließt die Reihen! Der Feind steht dort, wo den Ideen von 1914 der Todeskampf angesagt ist!« Mit dem »ganzen Feuer vaterländischer Leidenschaft und dem ganzen Erste deutscher Pflichttreue« sollten sie mitarbeiten an der »Wiedergeburt der Ideen von 1914!« Mit dem Worten »Deutschland, Deutschland über Alles!« schloss er seine Rede.[218]
Der Geist der Zeit war ein anderer, als der von 1914. Doch die Studenten beteiligten sich an der »nationalen Revolution« der NSDAP, wenn sie auch zunächst noch nicht daran gingen, die Universität umzugestalten. Im Lehrkörper setzte sich jedoch die Ansicht durch, dass man das tiefe Zerwürfnis, das der »Fall Dehn« verursacht hatte, beenden müsste. Vertreter der einzelnen Fakultäten, Ernst Kohlmeyer für die Theologische Fakultät, Gustav Boehmer für die Rechts- und Staatswissenschaftliche, Friedrich Voelcker für die Medizinische, Georg Baesecke für die Philosophische und Ferdinand von Wolff für die Naturwissenschaftliche, sammelten ab dem 22. Februar 1933 Unterschriften für eine »Erklärung an die Studentenschaft der Vereinigten Friedrichs-Universität Halle-Wittenberg«. Die Stunde sei gekommen, heißt es in dem Text der fünf Professoren, »unser deutsches Volk mit entschlossenem Willen der nationalen Gesundung und dem Wiederaufbau seiner Kultur« entgegen zu führen. Darum stelle man sich »hinein in die Volksbewegung« und an »die Seite der Männer«, die vom Reichspräsident mit der hohen Aufgabe betraut seien, »die wertvollsten Kräfte und Güter unseres Volkes und seiner großen Vergangenheit zu neuem Leben zu erwecken und über die Grenzen politischer Parteien hinweg unser Volk zu einer Einheit zu verschmelzen …« Ihnen sei bewusst, dass die Hochschule die deutsche Jugend »für den Dienst am deutschen

Volke« zu bilden habe und selbst »zu dienen vor allem berufen« sei. Es gelte jetzt, so forderten die Professoren die Studenten auf, »hintanzusetzen, was uns trennt, sich hineinzustellen, in die eine starke Front, die die Reichsregierung um sich scharen will ...« Es gäbe »keinen anderen Weg«, formulierten die fünf Professoren.[219] Vom Senat wurde diese Erklärung einstimmig verabschiedet, waren diese »Männer«, die Hindenburg mit der »Einigung« des deutschen Volkes betraut hatte, doch nicht nur Nationalsozialisten, sondern auch Politiker der traditionellen Professorenpartei DNVP.[220] Dass bereits die ersten Säuberungen durchgeführt wurden, schien vernachlässigbar, richteten sich diese Maßnahmen doch gegen SPD und KPD.[221] Den NSDAP-Mitgliedern im Lehrkörper ging diese Erklärung nicht weit genug. Am Tag der Reichstagswahl, am 5. März 1933, initiierten sie eine Erklärung, mit der sich die Universität hinter Hitler selbst stellen sollte. Der »nationalsozialistischen Bewegung« werde es »im Verein mit den aufbauwilligen Kräften« der Nation gelingen, »auf allen Gebieten des Lebens zu dem Wandel der nationalen und sozialen Gesinnung und Handlungsweise zu kommen«, die »Grundbedingung des Wiederaufstieges« sei. Die Machtübernahme Adolf Hitlers sei daher »der richtige Weg«.

Am 5. März 1933 traten Angehörige des Lehrkörpers mit einer »Erklärung deutscher Universitäts- und Hochschullehrer« hervor.

Wir unterzeichnete deutsche Universitäts- und Hochschullehrer erklären heute in aller Öffentlichkeit, dass wir in der Machtübernahme Adolf Hitlers und dem Zusammenschluss der nationalen Kräfte, die am Wiederaufbau des deutschen Volkes mittätig sein wollen, den richtigen Weg sehen, der ungeheuren Not und Verelendung des deutschen Volkes Einhalt zu gebieten.
Wir als deutsche Männer und berufene Lehrer der akademischen Jugend unseres Volkes sind überzeugt, dass es der nationalsozialistischen Bewegung im Verein mit allen aufbauwilligen Kräften unserer Nation gelingen wird, auf allen Gebieten des Lebens zu dem Wandel der nationalen und sozialen Gesinnung und Handlungsweise zu kommen, die für unserer Volk Grundbedingung des Wiederaufstieges ist.
Die marxistisch-bolschewistischen Einflüsse auf den Geist unseres Volkes müssen aufhören. Deshalb erklären wir uns bereit, an dem großen Aufbauwerk der Reichsregierung mit all unseren Kräften mitzuarbeiten, um dem großen Werk, das jetzt begonnen wurde, zum glücklichen Endsieg zu verhelfen um Deutschlands willen.
Deshalb geben wir heute erneut unserer Überzeugung Ausdruck und erklären:
Wir erwarten zuversichtlich von der derzeitigen Reichsregierung unter Führung Adolf Hitlers die Gesundung unseres gesamten öffentlichen Lebens und damit die Rettung und den Wiederaufstieg Deutschlands und sind fest entschlossen, jeder an seinem Teil dafür zu wirken.

[Unterschriften:] Bahrfeldt, Beneke, Eisler, von Galéra, Hahne, H. Heinroth, Hett, Kürten, Löffler, Nühsmann, Pfeifer, Schardt, Sommerlad, Schultz, Strauch, Volkmann

Quelle: UAH Rep. 4 Nr. 703. Ausführliche biographische Angaben zu den Personen befinden sich in Abschnitt 10 dieses Buches.

Die 16 Unterzeichner waren durchgängig außerordentliche Professoren oder Emeriti. Max von Bahrfeldt (Münzkunde), Philipp Strauch (Germanistik), Rudolph Beneke und Paul Eisler (Anatomie) waren aus Altersgründen in den Ruhestand versetzt worden, Siegmar von

Galéra (Geschichte) las seit einem Jahr nicht mehr. Der Historiker Theo Sommerlad nahm einen Lehrauftrag wahr. Hans Heinroth leitete die Zahnklinik, Berthold Pfeifer die Nervenheilanstalt Nietleben, Friedrich Löffler eine private orthopädische Klinik, Johannes Volkmann das Krankenhaus »Bergmannstrost«. Für die Privatdozenten Johannes Hett (Anatomie) und Theodor Nühsmann (Hals-Nasen-Ohren-Heilkunde) zahlte sich das Engagement bald aus, sie erhielten an auswärtigen Hochschulen besser dotierte Positionen oder ordentliche Professuren. Der Honorarprofessor für Kunstgeschichte Alois Schardt und der Vorgeschichtler Walther Schulz hatten in Halle den der NSDAP nahestehenden Kampfbund für deutsche Kultur aufgebaut. Eindeutig zum Nationalsozialismus bekannten sich der Leiter des Provinzialmuseums Hans Hahne und der Privatdozent für Innere Medizin Heinz Kürten. Beide wurden für die Entwicklung an der Universität bestimmend. Die Unterschriften ordentlicher Professoren fanden sich unter der Erklärung vom 5. März nicht. Ob den Lehrstuhlinhabern und Klinikdirektoren diese Erklärung zu weit ging, oder ob sie mit den Nichtarrivierten nicht gemeinsam unterzeichnen wollten, ist nur zu vermuten. An der nach dem 5. März rollenden Eintrittswelle in die NSDAP hatten die Extraordinarien und Privatdozenten jedenfalls den größeren Anteil. Die Mehrzahl der Ordinarien hielt sich zurück.

Die Initiative zur Umgestaltung der Hochschulen im nationalsozialistischen Sinne lag ohnehin nicht bei diesen. Am 7. April verabschiedete der Reichstag das Gesetzes zur Wiederherstellung des Berufsbeamtentums, in den nächsten Tagen wurden an alle Beamten, also auch die Professoren und Dozenten, Fragebögen ausgegeben. Dort waren die Vorfahren bis zu den Großeltern mit den Angaben Geburts- und Sterbeort, Verheiratungsdatum und Religionszugehörigkeit einschließlich früherer Religionszugehörigkeit einzutragen. Im Ergebnis der Auswertung dieser Fragebögen durch das Preußische Kultusministerium kam eine erste Entlassungswelle noch im April 1933. Beurlaubt oder entlassen wurden alle Professoren jüdischer Abstammung, dazu der als politisch »unzuverlässig« eingeschätzte Jurist Rudolf Joerges und der verhasste Günther Dehn.[222] Den Studenten gingen diese »Säuberungen« jedoch nicht schnell genug. Mittlerweile waren über 1 000 Studenten in den NSDStB eingetreten, willens, »revolutionäre« Veränderungen durch Druck herbeizuführen. Im April 1933 »schalteten« sich die Deutsche Studentenschaft der Universität und die Hochschulgruppe des NSDStB »gleich«, um, wie man in einer Pressemitteilung verkündete, »alle aufbauwilligen Kräfte zentral zusammenzufassen.« Der geschaffene »Zentralausschuss zur Durchführung der nationalen Revolution« übernahm sämtliche legislativen und exekutiven Befugnisse und Funktionen der Studentenschaft. Führer des Ausschusses wurde Hans Börner, der 1931 die Studentenschaft geleitet hatte und 1932/33 Hochschulgruppenführer des NSDStB war. In der Struktur folgte man in etwa dem Aufbau der Studentenschaft, es gab Ämter für Hochschulpolitik, Kultur, Presse und Propaganda, Wehrdienst, Sicherheitswesen und Verbändewesen sowie eine Kasse.[223] Die »Beratung« der Studenten lag bei dem Privatdozenten Heinz Kürten und dem Professor für Vor- und Frühgeschichte Hans Hahne. Später kam noch Rechtsanwalt Erwin Noack hinzu. Alle drei waren alte Parteigenossen mit enger Verbindung zur Gauleitung der NSDAP.[224]

Die ersten »Maßnahmen« des Ausschusses bestanden darin, die Säuberung des Lehrkörpers der Universität vorzubereiten. Die an der Universität Halle lehrenden jüdischen, »jüdischversippten« und »marxistischen« Dozenten wurden festgestellt und denunziert. Bevor jedoch etwas anderes unternommen wurde, fragten die Studentenführer aus Halle bei der Reichsstudentenführung in Berlin nach, ob man in Aktion treten dürfe. Ziel sei, so kündigte man an, durch einen Boykott den jüdischen Professor Friedrich Hertz zur Aufgabe seines Lehramtes zu zwingen.[225]

39

Hertz war in zweifacher Hinsicht Hassobjekt der Studenten: zum einen als Jude selbst, zum anderen als exponierter Gegner sämtlicher Rassentheorien. 1929, als über die Berufung des österreichischen Ministerialrates verhandelt wurde, nannte der Dekan der Rechts- und Staatswissenschaftlichen Fakultät Carl Bilfinger ausdrücklich Hertz' Buch »Rasse und Kultur«, das das »heikle und viel misshandelte Problem mit großer Objektivität und überlegenem Verstande angefasst« habe.[226] Hertz scheute sich auch nicht, den nationalsozialistischen Rassentheorien öffentlich entgegenzutreten. Als am 26. Januar 1933 ein Vortragsabend über Indien in heftige Diskussionen um Rassefragen mündete, nutzte Hertz die Versammlung zu, wie es in einem Bericht heißt, »längeren Ausführungen« in denen er »die Rassentheorien der neueren deutschen Rassenforschungen scharf kritisierte.«[227] Wie stark das die NS-Studenten getroffen haben muss, zeigt eine Pressemitteilung des »Revolutionsausschusses«. Einer »der übelsten und am meisten berüchtigten Bekämpfer« des »Rassegedankens« sei er gewesen, heißt es da.

Der Boykott selbst, in Pressemitteilungen angekündigt, fand allerdings ohne den Verhassten statt. Am Tag, nachdem er den »Judenfragebogen« des Berufsbeamtengesetzes ausgefüllt hatte, fuhr Hertz nach Wien. Am 21. April 1933 durchsuchte die Polizei die Wohnung des Professors nach »verdächtigen Schriften und Büchern politischen Inhalts«. »Erhebliches Beweismaterial«, so der Polizeibericht, »wurde nicht vorgefunden«. Die Hallischen Nachrichten druckten diese Mitteilung der Polizei kommentarlos ab. Anders die Mitteldeutsche Nationalzeitung, deren Chefredakteur Walter Trautmann später einen Auftrag für Zeitungswissenschaften an der Universität erhielt. Die MNZ berichtete ebenfalls von der ergebnislosen Durchsuchung, hatte jedoch eine Sensation parat: Hertz stünde hinter dem gescheiterten Attentat auf den Jenaer Professor für Rassenkunde Hans F. K. Günther. Das war ebenso unwahr wie die Meldung der Saale-Zeitung, Hertz sei »Verbindungsmann für den Reichstagsbrandstifter« gewesen. Um den Abdruck dieser Meldung hatte, wie die Saale-Zeitung dem Artikel vorausschickte, das Mitglied des »Revolutionsausschusses« Alfred Detering gebeten. Hertz schrieb unterdessen aus Wien an den Polizeipräsidenten der Stadt Halle, um die »vielen Unrichtigkeiten« der Kampagne gegen ihn zu korrigieren. Am 20. April 1933 stellte er beim preußischen Kultusministerium ein Entlassungsgesuch, am 29. April 1933 wurde er auf Grund des Berufsbeamtengesetzes beurlaubt und am 1. Juni 1933 rückwirkend zum 1. Mai 1933 aus dem Staatsdienst entlassen.[228] Hertz kehrte nach Wien zurück, 1938 emigrierte er nach London und arbeitete dort als wissenschaftlicher Schriftsteller.

Offenbar von der Angst getrieben, die nächste Zielscheibe eines solchen Boykotts zu werden, reichte am 29. April 1933, der planmäßige außerordentliche Professor Karl Heldmann ein Gesuch um Beurlaubung ein. Heldmann war Pazifist und hatte sich während des Ersten Weltkrieges der »Majestätsbeleidigung« schuldig gemacht. In einer Stellungnahme verurteilte das die Philosophische Fakultät »auf das Schärfste« und stellte fest dass sie »ihn wissenschaftlich und moralisch nicht für geeignet« halte, »weiterhin an einer deutschen Universität Geschichte zu lehren.« Heldmann wurde 1918 amnestiert, das Kesseltreiben der Fakultät setzte sich jedoch fort, weil Heldmann für eine Neuordung Deutschlands im Sinne eines Großföderalismus eintrat. Jetzt, mit der Machtübernahme der Nationalsozialisten, glaubte er seine Tage an der Universität ohnehin gezählt.[229]

Am 29. April 1933 bat der Pazifist und Föderalist Karl Heldmann den preußischen Kultusminister um seine Entlassung.

Hochverehrter Herr Minister!

Die Entwicklung die die nationale Revolution im Leben der deutschen Hochschulen und ihrer Studentenschaften genommen hat, zwingt mich zu meinem größten Bedauern, Sie ganz ergebenst zu bitten: mich für das Sommerhalbjahr 1933 unter Belassung meiner Bezüge beurlauben und vom 1. Oktober ds. Js. ab mich nach §18 mit §86 der »Satzung der Universität Halle-Wittenberg« von meinen amtlichen Verpflichtungen entbinden zu wollen.
Zur Begründung dieses Gesuchs darf ich, um Missdeutungen auszuschließen, zunächst folgendes bemerken. Ich bin in keiner Weise weder selbst jüdischer Herkunft noch jüdisch versippt. Vielmehr stamme ich von väterlicher wie von mütterlicher Seite bis in die letztnachweisbare 12. Generation aus rein christlichen, deutschen und fast durchweg hessischen Geschlechtern und Familien ab. Meine Frau dagegen gehört väterlicherseits angesehenen alemannischen (oberbadischen) Bauernfamilien und mütterlicherseits der bekannten Göttinger Buchhändlerfamilie Ruprecht an, deren Ahnentafel ebenfalls rein deutsch ist. Ich habe auch niemals einer marxistischen Partei angehört oder zu einer solchen auch nur in Beziehungen gestanden, mich überhaupt vom politischen Parteiwesen und seit dem Jahr 1922, bis zu dem ich für eine Erneuerung Deutschlands aus dem großföderalistischen Gedanken tätig war, auch vom aktiven politischen Leben überhaupt fern gehalten, um nur noch meinem wissenschaftlichen und akademischen Beruf zu leben. Den amtlich vorgeschriebenen Eid auf die Weimarer Reichsverfassung habe ich als, soviel ich weiss, Einziger unter den hiesigen Dozenten nur mit dem Vereidigungsnachweis schriftlich und vor Kurator und versammelter Dozenten- und Beamtenschaft der Universität mündlich zu Protokoll gegebenem Vorbehalt geleistet. Als deutscher Gelehrter, der seit seiner Jugend die deutsche Geschichte in Forschung und Lehre zu seinem beruflichen Lebensinhalt gemacht hat, darf ich es ablehnen, meine vaterländische Gesinnung und meine Liebe zu deutschem Land und Volk etwa irgendwie anzweifeln zu lassen. Endlich kann ich mit Befriedigung feststellen, dass ich niemals einen Konflikt mit meinen Studenten oder der Studentenschaft überhaupt gehabt, sondern auf der Grundlage sachlich-wissenschaftlicher Arbeit und persönlich-menschlichen Wohlwollens mit allen meinen Schülern bisher in gutem Verhältnis gestanden habe.
Wenn ich trotzdem um meine Beurlaubung bzw. Entpflichtung bitte, so sehe ich mich dazu deswegen genötigt, weil ich, im 64. Lebensjahre stehend, bei aller Würdigung neuer Notwendigkeiten in unserem Staats- und Volksleben nach meiner ganzen christlichen Weltanschauung, vaterländischen Orientierung, politischen Denkweise und wissenschaftlichen Arbeit viel zu stark in der Vergangenheit wurzle, als dass ich glauben könnte und im Stande wäre, noch weiterhin die zur ersprießlichen und befriedigenden Tätigkeit gerade als akademischer Lehrer der Geschichte notwendige innere Fühlung mit der aus einer ganz anderen Gedankenwelt stammenden und in ganz neuen Bahnen vorwärts drängenden akademischen Jugend unserer Tage zu behalten. Aus dieser nüchternen, wenn auch für einen alten Professor schmerzlichen Erkenntnis kann ich, um vor ihr, vor mir selbst und nicht zuletzt vor meiner vorgesetzten Behörde als ehrlicher Mann bestehen zu bleiben, nur die Folgerung ziehen, dass ich mich vom akademischen Lehramt, in dem ich als Professor seit nunmehr 30 Jahren gestanden habe, ohne auch nur ein einziges Semester beurlaubt gewesen zu sein, zurückziehen muss. Ich erbitte mir dadurch zugleich die Möglichkeit, meine Altersjahre noch wissenschaftlich nutzbringend zur Vollendung eines größeren Werkes über deut-

sche Verfassungsgeschichte bis 1806 verwenden zu können. Der wissenschaftliche Lehrbetrieb an unserer Universität aber würde dadurch keine nennenswerte Beeinträchtigung erleiden, weil das von mir bekleidete etatsmäßige Extraordinariat mit dem besonderen Lehrauftrag für ältere deutsche Verfassungsgeschichte und historische Hilfswissenschaften von der philosophischen Fakultät selbst als entbehrlich und daher auch im Staatshaushalt als nach meinem Tod hinwegfallend bezeichnet worden ist.

Mit ausgezeichneter Hochachtung habe ich die Ehre, hochgeehrter Herr Minister, zu zeichnen als Ihr ganz ergebener
Dr. Karl Heldmann
beamteter a. o. Professor der mittleren und neueren Geschichte an der Universität Halle-Wittenberg

Quelle: UAH PA 7571 Heldmann

Unterdessen war auch Prorektor Aubin von seinem Amt zurückgetreten und hatte um Beurlaubung gebeten. Die Mitteldeutsche Nationalzeitung druckte am 22. April 1933 den triumphierenden Kommentar des studentischen Zentralausschusses ab, jetzt verschwinde »endgültig eine der unerfreulichsten Gestalten aus dem halleschen Universitätsleben«. Wie allgemein bekannt, sei Aubin »der größte Gegner der in der Studentenschaft lebendigen nationalen Gedankengüter« gewesen. »Als Vertreter der liberalistischen, marxisten- und judenfreundlichen Richtung der Professorenschaft« habe er den »berechtigten Kampf der Studentenschaft um die Wahrung und Erhaltung deutschen Empfindens und deutschen Denkens sabotiert.«[230]
Auch Rektor Gustav Frölich blieb nicht mehr lange im Amt. Am 21. April wies der neue preußische Kultusminister Rust an, »zur Gleichschaltung der Hochschulen mit dem Willen der Regierung«, Rektoren und Dekane aller Universitäten neu zu wählen.[231] Das Generalkonzil der Universität trat am 3. Mai 1933 zusammen. Gewählt wurde nach dem Universitätsstatut von 1930, zwei Drittel der Stimmen entfielen auf die ordentlichen Professoren, ein Drittel auf die außerordentlichen Professoren und Privatdozenten, die vorher Wahlmänner bestimmten. Nach zwei ungültigen Wahlgängen, von 94 Anwesenden waren 95 Stimmzettel abgegeben worden, zeichnete sich bereits im ersten regulären Wahlgang eine große Mehrheit für den Anatomen Hermann Stieve ab. Für Stieve hatten 72 Stimmen Professoren und Dozenten gestimmt, der Jurist Gustav Boehmer erhielt zehn, der Anglist Hans Weyhe drei Stimmen. Außerdem wurden sechs Stimmen für andere Ordinarien abgegeben. Im zwei-

Hermann Stieve, Anatom. Rektor der Universität 1933.

ten Wahlgang war das Ergebnis nahezu gleich, für Stieve stimmten 78, für Boehmer neun und für Weyhe fünf Anwesende. Damit war Stieve für die Zeit bis zum 12. Juli 1934 gewählt. Einen Versuch der nationalsozialistischen Dozenten und Studenten, die Wahl zu beeinflussen, blockte der alte Rektor Frölich ab. Ihm hatten die Vertreter des »Revolutionsausschusses« am Morgen des 3. Mai einen Protestbrief überreicht, der Stieve bezichtigte, sich 1932 für Hindenburg als Reichspräsidenten eingesetzt zu haben. Frölich gab den Brief der Versammlung nicht zur Kenntnis, da dieser, so Frölich, »zweifellos« den Versuch darstellte, die »Wahlversammlung und das Wahlergebnis« zu beeinflussen.«[232] Rust bestätigte die Wahl, auch gegen Frölichs Verbleiben in der Universitätsselbstverwaltung als Prorektor hatte der Minister nichts einzuwenden.[233]

Bücherverbrennung

Inzwischen war bereits die zweite »Maßnahme« des Revolutionsausschusses in Vorbereitung: die Verbrennung von Büchern missliebiger Autoren. Über den Verlauf der Bücherverbrennung in Halle gibt der Briefwechsel Auskunft, den die hallischen Studenten mit den Führern der Deutschen Studentenschaft in Berlin führten. Diese Briefe haben sich im einstigen Archiv der Reichsstudentenführung, das heute im Staatsarchiv Würzburg aufbewahrt wird, erhalten. Verfasser der meisten Schreiben war Reinhardt von Eichborn, Leiter des Hauptamtes für politische Erziehung in der Studentenschaft der Universität.[234] Fest steht nach von Eichborns selbstgefälliger, aber doch konkreter Schilderung, dass die Initiative zur Verbrennung der Bücher nicht von Halle ausging, sondern von Berlin.[235] Dennoch handelten auch hier die Verantwortlichen selbstständig, vehement und rabiat, vor allem aber angetrieben von einem tiefsitzenden Hass. Angestoßen wurde die Aktion in der ersten Aprilhälfte 1933 durch mehrere Rundschreiben der Deutschen Studentenschaft.[236] Im Ersten dieser Schreiben heißt es, dass man aus »Anlass der schamlosen Hetze des Weltjudentums gegen Deutschland«[237] gedenke, eine »öffentliche Verbrennung jüdischen zersetzenden Schrifttums« durchzuführen.[238] Ein Schlagwort für die Maßnahme war wenig später gefunden, die Verbrennung sei eine Aktion »Wider den undeutschen Geist«. Gedacht war sie von Anfang an als Teil einer größeren Kampagne zur Umgestaltung der Hochschulen. Die nächste Aktion würde sich dann gegen die vielen, »für unsere neue deutsche Hochschule untauglichen Hochschullehrer« richten.[239]
Mit der Sammlung der verhassten Bücher und deren Verbrennung sollte gekämpft werden »gegen Widerwärtigkeiten des deutschen Geisteslebens«, für das ja gerade der Student Verantwortung trage. Der Student müsse ein »Vorbild der Unduldsamkeit« sein. Wer heute nicht den Mut habe, so heißt es in einem der Rundschreiben, »in einer symbolischen Handlung Instinktsicherheit, Mut und klare Erkenntnis der politischen Aufgabe unter öffentlichen Beweis zu stellen, der ist ein Feigling.« Oder könne es etwa der deutsche Student nicht wagen, Heinrich Heine ins Feuer zu werfen, »um für Eichendorff mehr Raum zu schaffen?«, oder Marx zu verbrennen, »weil ihm, dem deutschen Studenten, der deutsche Sozialismus eine Gewissheit geworden ist, für die er sein Leben einsetzt?« Gar nicht zu reden sei »von den Cohns, den Zweigs, den Kerrs«, auch von »den Thomas und Heinrich Manns« müsse man wohl nicht sprechen. Wohl aber von der »Schule Freuds« und der »sogenannten Religiosität«, bei der »unter dem Deckmantel des Christentums« der »Marxismus« wieder aufstünde.[240]
Beginnen sollte die Aktion mit dem Anschlag der 12 Thesen »Wider den deutschen Geist«, in denen gegen »jüdischen Intellektualismus« gehetzt und Zensur gefordert wurde.

Auch in Halle wurde im Frühjahr 1933 das Plakat der Deutschen Studentenschaft ausgehängt, mit dem die Bücherverbrennung angekündigt wurde. Die Verbrennung geschah am 12. Mai 1933 (Nach dem Entwurf, Hervorhebungen im Original wurden Kursiv gesetzt).

12 Thesen
Wider den undeutschen Geist

1. Sprache und Schrifttum des Volkes wurzeln in seinem Volkstum. Das deutsche Volk trägt die *Verantwortung* dafür, dass seine Sprache und sein Schrifttum reiner und unverfälschter Ausdruck seines Volkstums sind.
2. Es klafft ein Widerspruch zwischen Schrifttum und deutschem Volkstum. Dieser Zustand ist eine *Schmach*.
3. Reinheit von Sprache und Schrifttum liegen an Dir! Dein Volk hat Dir die Sprache zur treuen Bewahrung übergeben.
4. *Unser Widersacher ist der Jude und der, der ihm hörig ist.*
5. Der Jude, der nur jüdisch denken kann, der aber deutsch schreibt, lügt. Doch der, der Deutscher ist und deutsch schreibt, der aber undeutsch denkt, ist ein *Verräter*. Der Student, der undeutsch spricht und schreibt, ist außerdem *gedankenlos* und wird seiner Aufgabe *untreu*.
6. *Wir wollen die Lüge ausmerzen, wir wollen den Verrat brandmarken, wir wollen für den Studenten nicht Stätten der Gedankenlosigkeit, sondern der Zucht und der politischen Erziehung.*
7. *Wir fordern die Zensur.* Undeutsches Gedankengut wird gekennzeichnet. Deutsche Schrift steht nur den Deutschen zur Verfügung. Der undeutsche Geist wird aus den öffentlichen Büchereien ausgemerzt.
8. *Wir fordern* vom deutschen Studenten Wille und Fähigkeit zur selbständigen Erkenntnis und Entscheidung.
9. *Wir fordern* vom deutschen Studenten den Willen und die Fähigkeit zur Reinerhaltung der deutschen Sprache.
10. *Wir fordern* vom deutschen Studenten den Willen und die Fähigkeit zur Überwindung des jüdischen Intellektualismus und der damit verbundenen liberalen Verfallserscheinungen im deutschen Geistesleben.
11. *Wir fordern die Auslese von Studenten und Professoren nach der Sicherheit des Denkens im deutschen Geiste.*
12. *Wir fordern die deutsche Hochschule als Hort des deutschen Volkstums und als Kampfstätte aus der Kraft des deutschen Geistes.*

Die deutsche Studentenschaft

*Quelle: Staatsarchiv Würzburg RSF I*21 C 14/4, Blatt 283*

Gedacht war zunächst auch an einen Schandpfahl, der in jeder Hochschule errichtet werden sollte. Daran hätten die »Erzeugnisse« all jener genagelt werden sollen, »die nicht unseres Geistes sind.« Für »alle Zeiten« sollte dieser Schandpfahl stehen bleiben, zumindest so lange »wie wir ihn brauchen«, stellte ein Amtsleiter der Studentenführung fest und verschwieg auch nicht, wen er gedachte dort anzuprangern: »Heute für die Schriftsteller, morgen für die

Professoren.«[241] Auf Grund der Proteste verschiedener Professoren und Studenten – nicht an der Universität Halle – ließ man den Gedanken an Schandpfähle später fallen und »begnügte« sich mit der Verbrennung der missliebigen Literatur.[242] An den Autorenlisten wurde offenbar in Berlin und Halle gleichermaßen gearbeitet, bis zum 26. April erstellten die Verantwortlichen der Deutschen Studentenschaft unter Einbeziehung des der NSDAP nahestehenden Kampfbundes für deutsche Kultur eine erste Liste »vornehmlich zu Verbrennender«.[243]

Beim »Zentralausschuss zur Durchführung der nationalen Revolution« in Halle zeigte man sich angesichts dieser Entwicklung unsicher. Nicht über den »grundsätzlichen Gedankengang«, die Büchereien und Buchläden zu säubern, wohl aber um die nötigen »Eingriffe privatrechtlicher Natur«, für die man um Unterstützung bat. In Berlin ruderte man zu diesem Zeitpunkt aber schon hektisch zurück: An die hallische Studentenschaft schrieb man, dass weitere Aktionen nicht gedeckt seien. Auch über ein Plakat, das die Aktivisten des studentischen »Revolutionsausschusses« an der Universität und den Litfasssäulen der Stadt aushängten, zeigte man sich wenig erfreut. Es lasse das »Positive unserer Arbeit« vermissen und zu viel »Ablehnung« spüren.

Ende April 1933 brachte die hallische Studentenschaft ein Plakat mit folgendem Text an den Litfasssäulen der Stadt an.

Zweite Maßnahme des Studentischen Zentralausschusses zur Durchsetzung der nationalen Revolution

1. Jeder Deutsche säubert seine Bücherei von jüdischen oder marxistischen Zersetzungsschriften, die deutsches Denken und Fühlen zerstören und das Werk der nationalen Einigung gefährden.
2. Jeder Deutsche sorgt dafür, dass Schund- und Schmutzliteratur aus Büchereien und Buchhandel verschwinden und an ihre Stelle deutsches Schrifttum gesetzt wird, dass in der Bejahung der deutschen Erneuerung geeignet ist, verlorene seelische Volksbücher zu neuem Leben zu erwecken.
3. Jeder Deutsche sammelt die Erzeugnisse der jüdisch-marxistischen und volkszersetzenden Schund- und Schmutzliteratur und liefert sie ab, damit sie in geeigneter Weise unschädlich gemacht werden.

Ablieferungsstellen: Deutsche Studentenschaft oder Nationalsozialistischer Deutscher Studentenbund
Universitätsring 5/III, Ruf 35669

Quelle: StaWü RSF I 21 C 14/3

Um Rückendeckung für die Säuberungsmaßnahmen zu erhalten, wandten sich die Studenten kurzerhand an den Polizeipräsidenten der Stadt, der die »Sicherstellung« der Bücher letztlich verantwortete, um sie zu gegebener Zeit der Justiz zur Verfügung zu stellen. Trotz dieser starken Macht im Rücken bat Reinhardt von Eichborn am 5. Mai 1933 in Berlin darum, sich mit dem neugegründeten Geheimen Staatspolizeiamt in Verbindung zu setzen.

Dort könne man doch eine »Schwarze Liste« erlassen, mit der Aufforderung, diese Bücher »endgültig« zu beschlagnahmen. Dadurch würden dann alle bisher getroffenen Maßnahmen »sanktioniert«.[244] Bis zum Zeitpunkt der Verbrennung erfolgte diese erwünschte Sanktionierung nicht, das war aber dank der polizeilichen Unterstützung kein Grund, die Aktion abzubrechen.

Die in Halle benutzten Listen, genannt »Vorläufiger Hallischer Generalindex«, umfassten schließlich mehr als 140 Autoren. Aufgestellt wurden sie von einer Kommission, bestehend aus Mitgliedern des Kampfbundes für deutsche Kultur, dem Gaukulturwart der NSDAP, Angehörigen der Universität und einem nationalsozialistischen Buchhändler. Zu Hilfe nahm man die Liste der aus den Berliner Büchereien entfernten Bücher, griff aber weiter aus. Studenten stellten durch Befragungen in den Büchereien die am meisten gelesenen Bücher der als »jüdisch«, »marxistisch« oder »sonstig volkszersetzend« apostrophierten Autoren fest und setzten diese mit auf den Index.

Dieser reichte von A wie Abramowitsch (»Hauptprobleme der Soziologie«) bis Z wie Stefan Zweig (»alles«). Vertreten war neben wenigen Titeln erotischer, vielleicht auch pornographischer Literatur, vor allem Politisches. Unterschiede zwischen Roman, Feuilleton, Wissenschaft oder Sachbuch machte man nicht. Den braven Soldaten Schwejk und sämtliche Bücher Heinrich Heines traf es ebenso wie Rudolf Hilferdings »Finanzkapital« und die Bücher des Sexualforschers Magnus Herzfeld. Emil Ludwigs Biographien sollten ins Feuer geworfen werden, wie auch die Feuilletons von Alfred Kerr.[245]

Betroffen waren Pazifisten (Henri Barbusse, Friedrich Wilhelm Foerster, Emil Julius Gumbel, Berta von Suttner, Erich Maria Remarque), Sozialdemokraten (Eduard Bernstein), deutsche Kommunisten (u.a. Karl Marx und Willi Münzenberg), die russischen Bolschewiken (Nikolai Bucharin, Ilja Ehrenstein, Maxim Gorki, Grigori Sinowjew, Josef Stalin) sowie zeitgenössische linke oder jüdische Literaten (unter ihnen Bertolt Brecht, Alfred Döblin, Lion Feuchtwanger, Egon Erwin Kisch, Klabund, Heinrich Mann, Thomas Mann, Gustav Meyrink, Theodor Plivier, Ernst Toller, Arnold Zweig). Dazu kamen Bücher über die Weimarer Reichsverfassung, Anthologien russischer Erzähler, soziologische Werke und völkerrechtliche Erörterungen, soweit sie dem Gedanken auf Revanche widersprachen.

Merkwürdig oder bezeichnend muten in der Rückschau die Ausnahmen an. Von Karl Kautsky fand Gnade vor den Augen der Zensoren allein »Bolschewismus in der Sackgasse«. Lenin gehörte ins Feuer mit Ausnahme seines Buches »Der linke Radikalismus – Die Kinderkrankheit des Kommunismus«. Alles von Erich Kästner wurde verbrannt, allein »Emil und die Detektive« blieb in den Büchereien. Bei Frank Wedekind beschlagnahmte man alles mit Ausnahme von »Tod des Kleinbürgers« und »Barbara und Verdi«.[246]

In den Tagen vom 2. bis zum 6. Mai suchte ein Trupp aus Studenten und Kriminalbeamten unter Führung Reinhardt von Eichborns die betreffende Bücherei oder Buchhandlung auf und »bat« um die Aushändigung der Bücher. Bis auf einen einzigen Fall verlief die Aktion reibungslos. (Den Namen des mutigen Buchhändlers, der sich der Aktion in den Weg stellte, nannte Berichterstatter von Eichborn nicht.)

Wegen der Unsicherheit, ob die Beschlagnahme der Bücher tatsächlich durch gesetzliche Regelung gedeckt war, rief von Eichborn die hallischen Buchhändler und Büchereibesitzer für den 8. Mai zu einer Versammlung auf. Innerhalb weniger Minuten war der Buchhandel, wie sich von Eichborn brüstete, »restlos gleichgeschaltet«, wozu die Anwesenheit zahlreicher Polizisten und des Polizeipräsidenten Roosen erheblich beigetragen haben wird. Der Buchhandel sicherte »ehrenwörtlich« zu, so von Eichborn, »in Zukunft kein Buch der auf dem Index genannten Autoren zu verleihen, noch zu verkaufen.« Von Eichborn zynisch:

»Ich glaube dass eine derartige freiwillige Anerkennung einer ›schwarzen Liste‹ bis jetzt noch nicht erreicht worden ist.« So freiwillig, wie von Eichborn glauben machen wollte, scheint sich die Aktion jedoch nicht vollzogen haben, da noch am selben Abend der Vorstand des hallischen Buchhandels neu gewählt werden musste, also offenbar jemand aus der Führung zurücktrat.

In der örtlichen Presse wurde die Aktion beklatscht. Die Saale-Zeitung druckte eine Pressemitteilung des »Revolutionssausschusses« ab und würdigte die Entfernung der Bücher: »Wer die Gefahr, wie sie in diesem Schrifttum dem deutschen Volk gedroht hat, kannte, wird diesen Gleichschaltungsprozess der nationalen Revolution auch im Schrifttum immer zu würdigen wissen.«[247]

Gesammelt wurden die Bücher in den Räumen der Studentenschaft am Universitätsplatz, Protest erhob sich nicht mehr. Das Autodafé fand dann am 12. Mai 1933 statt. Auf den 10. hatte man bereits einen Vortrag über Rassenkunde von Hans F. K. Günther aus Jena gelegt. Der Zeitpunkt der Verbrennung war auf halb 9 Uhr abends, als Ort der Universitätsplatz festgelegt. Die Dozenten und Professoren der Universität wurden mehr oder weniger zur Teilnahme an dem Schauspiel genötigt, die Reden hielten Studenten, der neue Oberbürgermeister Halles, Johannes Weidemann, und der Polizeipräsident. Die Sprüche, mit denen man die Bücher ins Feuer warf, waren wahrscheinlich die gleichen wie in Berlin, da die Studentenführung am 9. Mai angewiesen hatte, diese Sprüche »möglichst wörtlich in die Rede des studentischen Vertreters« einzubauen.[248] Der Eindruck, den das Autodafé auf die versammelten Studenten machte, ist anhand von Akten oder Erinnerungen nicht festzustellen. Die »pädagogische« Wirkung auf die Professorenschaft wird jedenfalls nicht ausgeblieben sein.

Denunziationen und Angriffe

Vermutlich kann der enorme Druck, der von den NS-Aktivisten unter den Studenten ausging, gar nicht überschätzt werden. Da die Beurlaubung Aubins offenbar doch nicht zu seiner »endgültigen« Entfernung von der Universität geführt hatte und Studenten seinen Namen im Vorlesungsverzeichnis entdeckten, fragte der Führer der Studentenschaft Heinz Schimmerohn am 27. Juli 1933 bei Rektor Stieve an, »ob Herr Professor Aubin im nächsten Semester in Halle« lese. Stieve antwortete, dass Aubin beurlaubt sei, allerdings tatsächlich nur für das Sommersemester. Und weiter: »Wie aber eine Durchsicht des Vorlesungsverzeichnisses ohne weiteres zeigt, hat Herr Professor Aubin für das kommende Wintersemester keine Vorlesungen angezeigt.« Die Entscheidung darüber, ob Aubin in Halle lesen werde oder nicht, falle von Seiten des Ministeriums.[249] Schimmerohn drohte für diesen Fall einen Boykott an. Im Ministerium beschleunigte man die Verhandlungen mit dem zum »Fall« gewordenen Volkswirtschaftsprofessor. Aubin blieb beurlaubt und wurde 1934 an die Universität Göttingen versetzt.[250]

Einen weiteren Boykott gab es in Halle nicht, statt dessen wurden zwei Professoren angeschwärzt, die den nationalsozialistischen Studenten – und ihren »Beratern« - missfielen. Offensichtlich direkt von Heinz Kürten denunziert wurde Theodor Brugsch, Leiter der Medizinischen Klinik. Brugsch hatte Kürten 1929 gekündigt, da er ihn für unfähig hielt.[251] Anstelle von Kürten beschäftigte Brugsch einen begabten jüdischen Arzt als Privatassistenten, den an der Charité und am Amsterdamer Zentralinstitut für Hirnforschung ausgebildeten Hans Rothmann. 1930 habilitierte sich Rothmann in Halle, im Mai 1933 – nach dem Boykott gegen Friedrich Hertz – suchte er um seine Beurlaubung nach.[252]

Brugsch, der noch dazu mit einer jüdischen Ehefrau verheiratet war, galt mithin als »Judenfreund«. Nach der Denunziation durch Kürten hatte er jedoch nicht nur nachzuweisen, dass er selbst nicht jüdischer Abstammung war. Brugsch wurde auch beschuldigt, »islamistischer« Abstammung zu sein, seinem Vater, dem Ägyptologen Heinrich Brugsch-Pascha warf man vor, dass er einen Harem gehabt hätte. Brugsch wies das als Unsinn zurück und konnte seine Abstammung aus einer preußischen Soldatenfamilie belegen. Auf seine Beschwerde hin wurde ihm aus Berlin geantwortet, dass seine Beurlaubung nie beabsichtigt gewesen sei.[253]

Auch der Physiologe Emil Abderhalden wurde von Kürten denunziert, Abderhalden sei Jude und Demokrat, meldete er nach Berlin.[254] Darüber hinaus warf man ihm linksradikale Gesinnung vor, er beschäftige jüdische Assistenten und sogar einen Bolschewisten. Abderhalden wies die Vorwürfe zurück, am meisten ärgerte ihn, dass ihm sämtliche Denunzianten aus dem Weg gingen. Mehrfach versuchte er Kürten und den Gauärzteführer Erhard Hamann zu stellen – vergeblich. Also wandte er sich an den Gauleiter der NSDAP, Rudolf Jordan. Doch auch dieser vertröstete ihn. Am 21. September 1934 schließlich – so lange hatte sich die Sache schon hingezogen – schrieb er an Reichsärzteführer Leonardo Conti.[255] Abderhalden beschrieb breit die Vorwürfe, die ihm zur Last gelegt wurden. Außerdem hätten ihn Parteigenossen aus der Führung des von ihm gegründeten »Bundes zur Erhaltung und Mehrung der Volkskraft« hinausgedrängt. Gerade das sei unverschämt, schrieb Abderhalden: »Man wirft uns Professoren Tag für Tag vor, wir hätten kein Verständnis für das Volk. Wir säßen auf dem Katheder, kümmerten uns nicht um das Schicksal unserer Volksgenossen.« Für ihn treffe das ganz gewiss nicht zu. Seit frühester Jugend engagiere er sich gegen Alkoholismus und Nikotinismus, der von ihm gegründete Bund betreibe ein Säuglingsheim und mehrere Kleingartenanlagen.[256] All das war wahr, individuelles soziales Engagement zählte aber nichts, gefragt war Tätigkeit in der »Bewegung«.

Den Vorwurf linksradikal oder Demokrat zu sein, wies Abderhalden ebenfalls zu Recht zurück. Zwar hatte er bis 1921 für die Deutsche Demokratische Partei im Landtag gesessen, sich jedoch enttäuscht von der Politik abgewandt.[257] Überhaupt nicht ging Abderhalden auf den Vorwurf ein, jüdische Wissenschaftler beschäftigt zu haben. Tatsächlich war mindestens einer seiner Assistenten, Ernst Wertheimer, mosaischen Glaubens,[258] möglicherweise auch ein zweiter, Ernst Gellhorn, jüdischer Abstammung. Dieser hatte sich 1921 bei Abderhalden habilitiert, aber keine Anstellung gefunden. Daher ging der außerordentliche Professor 1931 in die USA, die Medizinische Fakultät entzog ihm – gemeinsam mit einem Juden – 1933 in Abwesenheit die Lehrbefugnis.[259]

Um so heftiger protestierte Abderhalden gegen den Vorwurf, er habe einen »Bolschewiken der deutschen Jugend vorgesetzt«. Der von ihm beschäftigte und mittlerweile verstorbene Severian Buadze aus Tiflis sei »Nationalist und Antibolschewist« und »selbstverständlich Arier« gewesen. Das Kultusministerium hätte dessen Assistentenzeit 1933 »ohne weiteres« verlängert, außerdem sei er für eine Stelle in Georgien vorgesehen gewesen. Den Ruf nach Tiflis hätte Buadze kurz vor seinem Tod erhalten, allerdings hätte ihm die Sowjetregierung die Einreise verweigert. »Der mir gemachte Vorwurf« konstatierte Abderhalden, »ist also »vollständig irrig.«[260]

Am deutlichsten wies Abderhalden aber den Vorwurf zurück, er sei selbst Jude. Angesichts seines Namens, seiner Herkunft und seines Aussehens sei das »unerhört«, darüber hinaus »gefährlich«. Die Stammbäume seiner Familie hätte er längst eingereicht, so dass er »eine Rücknahme in irgendeiner Form« erwarte. Ohne eine Rehabilitierung werde es nicht abgehen, schrieb Abderhalden an Conti: »Wenn schon jemand, der in der Öffentlichkeit steht und immerhin als Wissenschaftler und Lehrer einen gewissen Ruf hat, auf das Schwerste angreift und verunglimpft und sogar nicht davor zurückschreckt, [ihn] als Juden zu bezeichnen, und geradezu als Kommunisten, dann müsste man ihm, vor allem in der heutigen Zeit, Gelegenheit geben, sich zu wehren.« Andernfalls könne er sich »natürlich« auch »um eine Stelle außerhalb von Deutschland bewerben.« Angebote habe er erhalten, »weil leider im Ausland bekannt geworden ist, wie ich hier behandelt worden bin.«[261] Abderhalden blieb auch ohne Entschuldigung, immerhin hatte man den Denunzianten Kürten bereits nach München weggelobt und ihm dort ein persönliches Ordinariat an der Universität übertragen.[262]

Der Name Martin-Luther-Universität

Zurück in das Jahr 1933. In dieses Jahr fiel auch die Verleihung des Namens »Martin-Luther-Universität« Mit dem 1930 durch Kultusminister Adolf Grimme überreichten Statut verlor die Universität den Namen ihrer Stifter, fortan sollte sie lediglich »Vereinigte Universität Halle-Wittenberg« heißen. Zwar wurde das Führen der monarchistischen Namensformel in Urkunden, auf Briefen und Symbolen nicht beanstandet, Unwillen rief diese Denomination trotzdem hervor. Im Landtag wurde Grimme der »Kulturlosigkeit« eines Kampfes gegen »tote Monarchen« bezichtigt, die Studentenschaft gab sich demonstrativ den Namen »Deutsche Studentenschaft an der Vereinigten Friedrichs-Universität Halle-Wittenberg«.[263] Derartige Affronts blieben in Berlin jedoch unbeachtet.
Dann erwog man offenbar wieder einmal die radikale Lösung der »Halle-Frage«, 1931 kam das Gerücht der Schließung via »Tempo« aus Berlin nach Halle, der Gynäkologe Ludwig Nürnberg hatte sich das Abendblatt am Bahnhof gekauft. Ohne dass dafür offenbar größerer Debatten nötig gewesen wären,[264] besannen sich die hallischen Professoren auf die Wittenberger Tradition. Rektor Aubin gab bei dem Bildhauer Gerhard Marcks demonstrativ Büsten Luthers und Melanchthons in Auftrag.[265] Geschickt machten die Professoren das Schlagwort »Rettet die Lutheruniversität« zum Mittelpunkt der kommenden publizistischen Auseinandersetzung. Vorträge, eine Ausstellung mit Luther-Bildnissen sowie ein »Wittenberg-Tag« komplettierten das Programm.[266] Den Gedanken, die Universität Halle nach Martin Luther zu benennen, brachte am 4. Juli 1932 der Mediziner Theodor Brugsch in der letzten Senatssitzung vor dem Ende des Sommersemesters zur Sprache.[267] Zunächst fand der Vorschlag keine Mehrheit. Im Luther-Gedenkjahr 1933 schlug der Dekan der Theologischen Fakultät Ernst Kohlmeyer dann allerdings vor, die jährlich stattfindende Reformationsfeier als Lutherfeier zu gestalten. Am 1. Juni 1933 kam die Erweiterung des Vorschlags: Die Theologische Fakultät bat Rektor und Senat, im preußischen Kultusministerium den Antrag auf Verleihung des Namens »Martin-Luther-Universität« zu stellen. Als mögliches Datum wurde der 10. November 1933, der 450. Geburtstag des Reformators genannt. Die Begründung vermischte geschickt theologische und politische Argumente. Man vergaß nicht zu erwähnen, dass die Universität ihren Namen durch Verfügung der früheren Regierung verloren hatte und schloss ein Bekenntnis zum »Wiederaufbau unseres Vaterlandes« an.[268] Am 10. Juli 1933 wurde die Namensänderung erneut im Senat debattiert. Den Ausschlag, das Thema überhaupt zur Sprache zu bringen, gab die Entscheidung des Kultusministeriums, dass sich die Universität Greifswald nach Ernst Moritz Arndt benennen durfte. Die Abstimmung ging mit elf zu drei Stimmen zu Gunsten des Vorschlags aus, lediglich drei Senatoren – bezeichnenderweise die Nationalsozialisten Weigelt, Hahne und Kürten – hatten für die Wiedereinführung des traditionellen Namens »Vereinigte Friedrichs-Universität« votiert.[269] Rektor Stieve teilte dem preußischen Kultusministeri-

um den Beschluss des Senates am 12. Juli 1933 mit und bat darum, die Namensgebung auch tatsächlich zu vollziehen. Stieve erläuterte in dem Brief, dass die Universität Wittenberg mit der Halles vereinigt worden sei. Und Luther sei »zweifellos« derjenige unter den Professoren der Universität, »wenn nicht unter allen Professoren überhaupt«, der den größten Einfluss auf »das geistige Leben des deutschen Volkes und der ganzen gebildeten Welt gehabt« habe. Diese Bedeutung erstrecke sich nicht allein auf religiöse Fragen, meinte Stieve. Durch die Reformation sei »der ganzen Welt die geistige Freiheit gegeben worden.« Sogar die katholische Kirche sei davor »behütet« worden »zu verflachen«. Namens des Senates der Universität bitte er daher »ergebenst«, das hohe Ministerium möge die Namensgebung genehmigen.[270]

Da der Antrag im Kultusministerium nicht bearbeitet wurde, erneuerte Rektor Stieve die Bitte um die Verleihung des Namens wenige Wochen später und sprach gleichzeitig die Einladung an Kultusminister Rust aus, dass jener die Zeremonie selbst vornehmen möge. Nun fand der Vorschlag bei der nationalsozialistischen Landesregierung tatsächlich Gehör. Ministerialdirektor Wilhelm Stuckart legte den Antrag Kultusminister Rust und Ministerpräsident Göring vor.[271] Göring stimmte zu, die Verleihungsurkunde wurde auf den 10. November 1933, den 450. Geburtstag des Reformators datiert und trug die Unterschriften von Göring und Rust. Ihr Text besteht aus einem Satz: »Der Universität Halle-Wittenberg wird hiermit der Name »Martin Luther-Universität Halle-Wittenberg verliehen.«[272]

Die Feier zum Taufakt fand dann aber doch schon am Reformationstag, dem 31. Oktober, statt. Gekommen waren Vertreter anderer Universitäten und die Honoratioren von Stadt und Provinz. Göring und Rust versagten ihre Teilnahme, die Taufe nahm Ministerialdirektor August Jaeger vor. Geschmückt war die Aula mit der Hakenkreuzfahne, dem preußischen Schwarz-Weiß und der Flagge des Reiches in Schwarz-Weiß-Rot.[273]

Der Rechtsschreibfehler in der Verleihungsurkunde sorgte in der Folgezeit für Unruhe, wie folgende, sogar aktenkundig gewordene, absurde Geschichte belegt: Am 30. November 1933 erschien der Oberpedell der Universität in der Akademischen Lesehalle und erklärte dem Aufseher, dass der neue Stempel der Lesehalle einen Fehler enthalte. Kurzerhand tilgte er mit einem Messer den zwischen »Martin« und »Luther« stehenden Bindestrich. Der Aufseher der Lesehalle war außer sich und wandte sich an den Kurator der Universität: »Da der so verunstaltete Stempel nunmehr einen unbestreitbaren orthographischen Fehler enthält – auch die neueste Auflage des ›Duden‹ weist auf die unbedingte Notwendigkeit des Bindestriches in derartigen Fällen hin, vgl. Vorbemerkungen Seite 22 f. – können wir den Stempel doch wohl so nicht mehr verwenden.« Man könne ja nicht annehmen, so formulierte der Mitarbeiter der Lesehalle, »dass die *amtliche* Schreibweise orthographische Fehler aufweist«. Alle neuen Straßenschilder müssten ja dann geändert werden (»z.B. Adolf-Hitler-Ring«), setzte der Aufseher fort und bat um Auskunft: »… ob es sich bei dieser Angelegenheit um eine Mystifikation oder ein Missverständnis handelt und wie der vorschriftsmäßige Briefstempel für die Akademische Lesehalle auszusehen hat, damit wir einen Ersatzstempel bestellen können.«[274] Der amtierende Kurator Tromp ließ sich auf Debatten über die Richtigkeit der Orthographie nicht ein, obwohl er sein Abitur an Dudens Gymnasium in Hersfeld gemacht hatte. Prosaisch teilte Tromp der Lesehalle mit, »dass in dem amtlichen Erlass des Staatsministeriums über Verleihung des Namens ›Martin Luther-Universität‹ zwischen Martin und Luther kein Bindestrich enthalten ist und infolgedessen die hiesigen Dienstsiegel und Drucksachen keinen Bindestrich zwischen Martin und Luther haben.«[275]

Ob mit oder ohne Bindestrich und trotz des ablehnenden Votums der alten Nationalsozialisten im Senat, der Name Luthers wurde in der Folgezeit immer wieder beschworen, benutzt oder missbraucht. Den Anfang machte der neue Rektor Hans Hahne, der zu den Studenten, die ihn anlässlich seiner Inauguration mit einem Fackelzug ehrten, über Luther sprach. »Das Rassenproblem« sei eines der »wichtigsten Probleme unserer Zeit« und zu Recht jetzt »eine der Grundlagen des Staatsgebäudes«. Luther hätte die Rassenprobleme schon damals erkannt, betonte Hahne und kündigte an, die Universität in diesem Geist und im Sinne Adolf Hitlers zu führen.

Studentisches

Für die Studenten brachte die »nationalsozialistische Revolution« das Ende ihrer Freiheiten und die Einordnung in eine militärische Struktur. Am 12. April 1933 verkündete der preußische Kultusminister Bernhard Rust eine »Studentenrechtsverordnung«, aus der schließlich ein formelles Studentenrecht entstand.[277] An die Stelle der demokratisch gewählten Allgemeinen Studentenausschüsse trat ein alleiniger Führer der Studentenschaft, der die einzelnen Amtsträger, etwa für Wissenschaft und soziale Fragen, ernannte. Das neue Studentenrecht brachte auch die staatliche Anerkennung der Studentenschaften als Körperschaften, sie wurden damit nun auch formal Teil der Hochschulverfassung. Die »Deutsche Studentenschaft« wurde als übergeordneter Verband und alleinige Gesamtvertretung aller immatrikulierten Studenten am 18. Mai 1933 vom Reichsinnenministerium anerkannt. Die gesetzlichen Regelungen waren von nationalsozialistischem Geist geprägt. Juden waren ausgeschlossen, Studenten »deutschen Blutes« gehörten unabhängig von ihrer Staatsbürgerschaft zur Deutschen Studentenschaft.[278] Außerdem wurden Regelungen für einen obligatorischen Dienst in der SA und für die Teilnahme am Wehrsport erlassen.[279] »Fachschaften« sollten die Zusammenfassung der Studenten einzelner Studienrichtungen gewährleisten, Ziel war die »politische Erziehung«. Insgesamt brachten die Regelungen keinerlei Rechte, dafür aber Verpflichtungen. Wieder war ein Schritt zur Formierung und Disziplinierung einer Masse getan. Die, die sich diesen Verpflichtungen hätten widersetzen wollen, konnten disziplinarisch belangt, notfalls vom Studium ausgeschlossen werden.
Unabhängig von den neuen juristischen Regelungen verlangte die Universität auf Druck der Studentenschaft bereits zum Beginn des Sommersemesters 1933 die Abgabe einer Erklärung, deren Kernsatz lautete: »Meine 4 Großeltern sind Arier und deutscher Abstammung.« Außerdem wurde Auskunft darüber verlangt, ob der Student einer kommunistischen oder sozialdemokratischen Vereinigung angehört oder sich »jemals im Sinne des Marxismus irgendwie betätigt« hatte.[280] Die Studentenschaft der Universität versuchte sogar »Stammrollen« für die Studentenschaft anzulegen, in der Abstammung, charakterliche Eignung, körperliche und geistige Eigenschaften, die Teilnahme an Arbeits- und Schulungslagern, ein Lebenslauf und »besondere Führereigenschaften« vermerkt werden sollten. In Berlin lehnte man den Gedanken wegen der zu erwartenden Bürokratie allerdings ab.[280]

Zum Beginn des Herbstsemesters 1933/34 verlangte die Studentenschaft von jedem Studenten eine Erklärung über seine Abkunft.

Erklärung

Ich versichere hiermit pflichtgemäß: Mir sind trotz sorgfältiger Prüfung keine Umstände bekannt, welche die Annahme rechtfertigen könnten, dass ich von nichtarischen Eltern oder

Großeltern abstamme; insbesondere hat keiner meiner Eltern oder Großelternteile zu irgend einer Zeit der jüdischen Religion angehört.
Ich bin mir bewusst, dass ich vom Studium ausgeschlossen und etwa bestandene Prüfungen ungültig erklärt werden, wenn diese Erklärung nicht der Wahrheit entspricht.

    Halle a. S., den...............................
    Vor- und Zuname:........................
    Geburtstag u. -ort:.........................
    Studienfach:..................................

Quelle: Hier ausgefüllt von Heinz Müller, Student der Rechts- und Staatswissenschaften am 23. Oktober 1933, in: PA 6354 Frölich (Rückseite eines noch einmal beschriebenen Blattes). An anderer Stelle ausgefüllt von stud. med. Karl-Heinz Rennert. in: UAH PA 17209 Woermann, Blatt 180 (ebenfalls Rückseite).

Das Sommersemester 1933 war insgesamt jedoch durch »technisch-organisatorische Dinge« geprägt, wie Studentenführer Schimmerohn und sein Nachfolger im Amt Detering am 19. Juli 1933 bilanzierten. Immerhin in vier Fakultäten wurden Fachschaften auf Grund der vorgeschriebenen Satzungen gebildet. Die Chemikerschaft werde gerade mit den Physikern zu einer technischen Fachschaft »unter Führung eines anständigen Nazis« zusammengefasst. Der Lehrkörper sicherte einen freien Nachmittag für die »Erziehungsarbeit« der Fachschaften zu. Die Leiter der Fachschaften gewannen auch Einfluss auf die Vergabe von Stipendien, sie erhielten das Vorschlagsrecht und ohne ihre Zustimmung konnten Studenten nicht mehr gefördert werden.[282] Zur Vergabekommission für Stipendien gehörten ab Juli 1933 ohnehin studentische Vertreter, laut Anweisung der Führung der Deutschen Studentenschaft mussten sie Mitglieder der NSDAP sein, möglichst auch »alte« Nationalsozialisten.[283] Folgerichtig fühlten sich Börner, Schimmerohn und Detering berechtigt, sich selbst mit Stipendien zu bedenken, was den Unwillen des Rektors nach sich zog, der versuchte, gegen die drei Disziplinarverfahren einzuleiten, damit aber scheiterte. Im Gegenzug boykottierte die Studentenschaft nun auch den Rektor, bis zur Beilegung des »Konfliktes«, werde man nicht mehr mit Seiner Magnifizenz verhandeln, schrieben Hans Börner und Heinz Schimmerohn nach Berlin.[284] Als dann im Wintersemester 1933/34 der ebenfalls mit Stieve wegen der Stipendien in Konflikt gekommene Alfred Detering Vorsitzender der Studentenschaft wurde, war eine Zusammenarbeit zwischen Universitätsleitung und studentischer Vertretung vollends unmöglich geworden. Detering betonte, dass der Rektor »zuerst die Hand zum Frieden bieten müsse«, weil dieser ihn »schwer beleidigt« hätte. Stieve verlangte die förmliche Zurücknahme des Schreibens, in dem Stieve bezichtigt wurde, sein Amt nicht korrekt ausgeübt zu haben und dass man deshalb den Kontakt mit ihm abbreche.[285] Im Oktober 1933 verzichtete Stieve dann auf eine mögliche Wiederwahl zum Rektor.
Zu den »technisch-organisatorischen Dingen« des Sommersemesters 1933 gehörten jedoch auch eminent politische, etwa die Einrichtung eines Wehrsportlagers und die Schaffung eines »Kameradschaftshauses«.
Schon seit 1931 hielt die Deutsche Studentenschaft Wehrsportlager ab, in Halle wurden sie von dem Historiker Berhard Sommerlad, Sohn des Universitätsprofessors Theo Sommerlad, durchgeführt. Dabei nutzte Sommerlad jun. die Infrastruktur der SA-Standarte 36, in der er

für Ausbildungsfragen zuständig war.[286] Im Sommer 1933 stellte die Universität Sommerlad auch formell als Wehrsportlehrer ein und übertrug ihm die praktische Wehrsportausbildung der Studenten.[287] Zum 31. Dezember 1933 wurde er allerdings gekündigt, in den Akten fand sich ein Brief von ihm, indem er sich über – nicht näher bezeichnete – »Hetze« gegen seine Person beschwert.[288]

Die Anweisung, ein Wehrsportlager einzurichten, erteilte im Juni 1933 der preußische Kultusminister.[289] Rektor Stieve fragte darauf hin noch einmal im Ministerium nach, ob die Studentenschaft »wirklich die Aufgabe« habe, »Wehrlager einzurichten« und ob sie dabei von der Universität unterstützt werden sollte. Die Antwort aus Berlin war eindeutig, die Einrichtung der Lager unter Leitung des Wehrsportlehrers sei »zu begrüßen und mit allen Mitteln zu fördern.«[290]

Als Gelände für das »Lager« stellte ein Rittergutsbesitzer in dem Dorf Görbitz im Saalkreis einen verlassenen Hof zur Verfügung, der von Studenten und den Angehörigen eines Arbeitslagers in Stand gesetzt und dürftig möbliert wurde.[291] Am 29. Juli 1933 wurde es »stilecht« eingeweiht. Der Lagerleiter bestellte 350 Gewehrpatronen und 60 Pfund Lachs bei einer Delikatessenhandlung.[292] Reden hielten Studentenführer Schimmerohn und Rektor Stieve, getauft wurde das Lager auf den Namen »Bernhard Rust«. Die Jungakademiker würden hier künftig »Geist und Körper« stählen, kündigte Schimmerohn an. Die Saale-Zeitung druckte Auszüge aus dem Text. »Autorität und Kameradschaft, Zucht und Pflichterfüllung, idealer Schwung, Aufopferungsbedürfnis, Ertragen von Strapazen und Gefahren«, dies alles habe sich »im Geländesport verbunden im Glauben an die Person des Führers.«[293] Teilnehmer bezeichneten die Ausbildung im Bernhard-Rust-Lager allerdings bündig als »Infanterie-Ausbildung«.[294] Lange hatte das Lager in Görbitz jedoch nicht Bestand, im März 1934 suchte der Führer des SA-Hochschulamtes bereits wieder nach einem geeigneten Grundstück für ein Wehrsportlager. Das preußische Kultusministerium erteilte – nach der Ermordung der SA-Führung – keine Genehmigung zum Ankauf des Geländes. Im Februar 1935 wurde das SA-Hochschulamt aufgelöst.[295] Damit endeten auch die ständigen Auseinandersetzung der SA mit dem Hochschulinstitut für Leibesübungen, jetzt wurde der SA-Dienst deutlich von den klassischen Sportdisziplinen abgegrenzt.[296]

Um den »Lagergedanken«, das Prinzip der Gemeinschaftserziehung, an die Hochschule zu transformieren, arbeitete der Nationalsozialistische Studentenbund während des Sommersemesters 1933 am Aufbau eines Kameradschaftshauses. Ausgewählt wurde dafür das nun leer-

Bewusst karg hielt man die Austattung des 1933 eingerichteten Kameradschaftshauses.
Ein Sinnspruch an der Wand lautete: »Meine Ehre heißt Treue«.

stehende Gebäude des »Klassenkampf«, der ehemaligen kommunistischen Tageszeitung, in der Lerchenfeldstraße. Der Provinziallandtag, gleichgeschaltet wie alle anderen Parlamente, beschloss im September 1933 einen Zuschuss von 10 000 Mark für die Einrichtung Hauses.[297] Das Studentenwerk der Universität gab ebenfalls einen größeren Betrag.[298] Bereits Anfang Oktober 1933 konnte Alfred Detering, jetzt Vertrauensmann der Studentenschaft für das Kameradschaftshaus den interessierten Professoren und dem Kurator über den Ausbau des Heimes Bericht erstatten. Es werde eine Stätte sein, wo getreu den Worten des Führers, »die deutschen Studierenden körperlich und geistig im Sinne der Vorkämpfer der deutschen Revolution ausgebildet werden.«[299] Im November wurde das Kameradschaftshaus eingeweiht, mit einer akademischen Feier in Anwesenheit des Gauleiters. In den Reden wurde die hier praktizierte Form des »echten Sozialismus« gewürdigt, die durch Gemeinsamkeit und »blutmäßige Kameradschaft« gekennzeichnet sei.[300] Die Einrichtung des Hauses war in bewusster Abgrenzung zu den Häusern der Korporationen nüchtern und karg, aber mit eindeutig politischer Aussage. Es gab Feldbetten im Gemeinschaftsschlafsaal, eine Gemeinschaftsküche, einen Gemeinschaftssportraum, im Gemeinschaftsraum hing eine Hakenkreuzfahne, die Wände waren mit Runen verziert, eine Losung zitierte den Wahlspruch der SS: »Meine Ehre heißt Treue«.[301] Ein Auslandsdeutscher, der während seines Studiums mehrere Monate im Kameradschaftshaus wohnte, fasste seine Eindrücke so zusammen: »Wohl war mir ein wenig bange, als ich die schlichte Einrichtung sah, die Betten übereinander, ohne Kopfkissen, harte Disziplin, Frühsport und dgl. Aber bald habe ich eingesehen, dass meine Befürchtungen unbegründet waren. Heute bin ich ganz anderer Meinung: Es ist dies die einzige Möglichkeit, uns verweichlichte und verzogene Kreaturen wenigstens einigermaßen zu Kerlen zu machen.«[302]

Der gemeinsame Tagesplan sollte die politische und charakterliche Führung des jungen Studenten gewährleisten. Zugleich war das Kameradschaftshaus die Wohnkameradschaft der Amtsleiter und Auslesestätte für den Führernachwuchs. In Halle gingen tatsächlich alle Funktionäre der Studentenschaft aus dem Kameradschaftshaus hervor.[303] Mit dem Rest der Studenten schien diese produzierte NS-Elite unzufrieden. Die Bewohner des Kameradschaftshauses seien, wie Studentenführer Fritz Nobel 1935 konstatierte, die Einzigen, »die einsatzfähig sind und auf die man sich restlos verlassen kann.« Und er versicherte dem Reichsstudentenführer in einem Brief: »Aus unseren Häusern werden in Kürze junge Nationalsozialisten hervorgehen, die wir der Partei als Nachwuchs zur Verfügung stellen können.«[304]

Veränderungen in der akademischen Selbstverwaltung

Das Generalkonzil trat am 27. Juni 1933 ein letztes Mal zusammen, die Tagespunkte waren organisatorischer Art, außerdem thematisierte Rektor Stieve die Meinungsverschiedenheiten mit der Studentenschaft. Beschlüsse wurden nicht gefasst.[305] Die bereits erwähnten »Maßnahmen zur Vereinfachung der Hochschulverwaltung« bedeuteten dann das Ende der akademischen Selbstverwaltung. Es hätte dieses Erlasses vom 28. Oktober 1933 jedoch nicht bedurft. Denn die akademischen Selbstverwaltung hatte sich bereits selbst aufgegeben. Hermann Stieve trat vom Amt des Rektors im Oktober 1933 wegen der anhaltenden Konflikte mit der Studentenschaft zurück. Zwar benannte der Senat am 7. November 1933 drei Kandidaten für das Rektorenamt, um Berlin vorab um die »Tragfähigkeit« der Personalvorschläge zu bitten. Der noch amtierende Rektor Stieve erklärte jedoch, dass er nicht noch einmal antreten werde. Daraufhin zog der Germanist Georg Baesecke seine Kandidatur zurück,

Hans Hahne, Vorgeschichtler.
Rektor der Universität 1933–1935.

er sei davon ausgegangen, dass Stieve gewählt werden würde. Aus Solidarität mit den beiden beschloss dann auch der Theologe Friedrich Karl Schumann, nicht zur Wahl anzutreten. Gedacht waren diese Finten wohl als Stärkung der Autorität von Stieve gegenüber den Studenten. Das Taktieren rächte sich, der Vorgeschichtler Hans Hahne wurde per Telegramm am 18. November 1933 zum Rektor ernannt, wurde damit zum ersten der so genannten »Führer-Rektoren«.[306] Die Studentenschaft begrüßte ihn mit einem Fackelzug, »mit lebhafter Freunde« habe man die Ernennung »des väterlichen Freundes und Förderers der Studenten« zur Kenntnis genommen, heißt es in einer Pressemitteilung. Hahne habe immer schon praktischen Nationalsozialismus betrieben, auch schon zu einer Zeit, »als es noch ›unbequem‹ war«.[307]

Ursprünglich hatte Hahne Medizin studiert und sich später als Nervenarzt in Magdeburg niedergelassen. Ab 1905 studierte er Vorgeschichtswissenschaft bei Gustaf Kossinna in Berlin, ab 1907 arbeitete er im Provinzialmuseum Hannover. 1912 wurde er zum Direktor des neuen Provinzialmuseums in Halle ernannt. Hier bildete er einen Jugendkreis, mit dem er germanischen Mythen nachspürte. Die Jugendlichen führten Brauchtumsspiele auf, unternahmen mit ihrem Mentor Fahrten und Exkursionen.[308] Wissenschaftlich qualifizierte sich Hahne zielstrebig weiter, im Februar 1918 promovierte er an der Universität Halle zum Dr. phil. mit einer Arbeit über Moorleichen. Im Mai 1918 erhielt er den Professorentitel, im November 1918 habilitierte er sich für das Fach Vorgeschichte. In den 20er Jahren trat der, von Zeitgenossen für kompetent erachtete,[309] fanatisch an die Sendung des Germanentums glaubende Wissenschaftler in die NSDAP ein. In der Partei amtierte er als stellvertretender Gaukulturwart und Schulungsleiter für Rassenkunde für das Rasse- und Siedlungshauptamt der SS im Gau Mitteldeutschland. Zum ordentlichen Professor ernannt wurde Hahne per Telegramm am 16. November 1933, das Rektorat bekam er zwei Tage später übertragen.[310] Als Rektor amtierte er trotz seiner nationalsozialistischen Rhetorik traditionell, ganz wie seine Vorgänger und Nachfolger versuchte er in Berlin Lehrstühle für die Universität zu sichern und Etats für Lehraufträge zu erhalten. Insgesamt sah er allerdings seinen Auftrag, wie die Hahne-Biographin Irene Ziehe bilanzierte, »in der Umgestaltung der Universität zu einer nationalsozialistischen hohen Schule.« Konkrete Ansätze hatte er dazu allerdings nicht. Für sich selbst strebte er die Verbindung von Rassenkunde, Vorgeschichte und Volkskunde zu einem eigenständigen Fach, der »deutschen Volkheitskunde« an.[311] Soweit die nüchterne Einschätzung in der Rückschau. Ruft man allerdings die von Hahne am 18. Januar 1934, anlässlich des Jahrestages der Reichsgründung, gehaltene Festrede auf, entsteht ein weniger versöhnliches Bild. Hahne präsentierte sich hier als überzeugter Nationalsozialist, augenfällig wurde bei dieser Feier auch die nunmehr erreichte Gleichschaltung der Universität mit dem Nationalsozialismus selbst. Um die neue Verbundenheit mit der Stadt zu dokumentieren, fand die Feier im Stadttheater (heute Opernhaus) statt. Lautsprecher übertrugen Musik und Ansprachen nach draußen. Unter Marschklängen des Musikzuges der 26. SS-Standarte zogen Rektor und Senat in das Stadttheater ein, ihnen folgten die Professoren in hierarchischer Reihenfolge und die Fahnenabordnungen der Korporationen. Rektor und Dozentenschaft nahmen auf der Bühne Platz und wurden von den studentischen Fahnen umrahmt. Das Stadtorchester unter Leitung von Musikdirektor Alfred Rahlwes spielte den ersten Satz von Beethovens Eroica. Dann sprach Rektor Hahne, der die braune Parteiuniform unter seinem Talar trug, zu den Anwesenden. Seine Rede war, so notierte der Korrespondent der Mitteldeutschen Nationalzeitung »nicht in trockener Wissenschaft erstarrt und unbeweglich, sondern volksverbunden und lebensnah.« Es waren Worte, so der Journalist weiter, »wie sie nie zuvor anlässlich einer Reichsgründungsfeier gesprochen« wurden. Man kann hinzufügen, dass dies auch später nicht der Fall war. Die Ansprache Hahnes war derart unsortiert, dass Helmut Heiber, der Chronist des akademischen Niedergangs der 30er Jahre, eine Geisteskrankheit vermutete, den Gedanken aber angesichts der Bösartigkeit des Gesagten wieder verwarf.[313] Denn abstrahiert man von der seltsamen Rhetorik des stabreimenden Volkheitskundlers, findet sich in dem Text der nationalsozialistische Dreisatz: Kampf, Glaube, Vernichtung. Kampf, nicht zauderndes Wenn und Aber, »unserer Rune Artung sei die Tat« forderte er. Es gelte einen Vorstoß zu unternehmen in neue Zeiten unter neuen Zeichen, »da fliegen Stürme und bei der Arbeit Splitter: mit aller Wucht sollen sie Feinde, Neider, Nörgler und Fälscher unseres Weges treffen.« Hoffentlich sei bald jedem das braune Kampfkleid zu eigen, forderte er und ließ vor dem geistigen Auge seiner Zuhörer dichtgeschlossene Reihen Lehrender und Lernender der nationalsozialistischen Universität vorüberziehen. Ein Frühlingssturm habe ihn aufblicken lassen und »aufrecht stehen vor unserer Zukunft Sinnbild, dem Hakenkreuz«.[315] Die »Volkserziehung« gelte es in Hitlers Sinne anzupacken, an der Universität müsse ein Soldatentum der Wissenschaft erreicht und angewandte Wissenschaft betrieben werden. Wichtig sei Geschichtsforschung als »Wiederfindung unserer artgemäßen Volkswurzelkräfte«.[316]

Dazu zitierte er Luther: »Zweifle nicht daran, lieber Christ, dass du nächst dem Teufel keinen bittern, giftigern, heftigern Feind habest, denn einen rechten Juden, der mit Ernst ein Jude sein will.« »Verblüffend gegenwärtig« sei der Sinn dieser Worte, deshalb auch »nachdenklich stimmend in der Überlegung, wie lange schon solche Rufer ihre Stimme erhoben haben und vergeblich, wie es scheint.« Aber, so Hahne: »Nie zu spät kommt ja Erfüllung!«[317]

Am Ende des Sommersemester 1934 erlitt Hahne einen Schlaganfall. Am 29. September 1934 bat er daher Minister Rust, zurücktreten zu dürfen. Seine Krankheit habe der Universität »bereits Nachteile gebracht«, konstatierte er, so habe er bei Berufungsverhandlungen nicht anwesend sein können. Das vakante Ordinariat für Kunstgeschichte sei statt mit seinem Favoriten, dem Museumsleiter Alois Schardt, mit Wilhelm Waetzold besetzt worden. Diese Ernennung vermöge er nicht als »für unsere Universität nutzbringend anzusehen«, schrieb Hahne an Rust. Danach nannte er eine Reihe von jüngeren Nationalsozialisten, die für die in Halle freigewordenen Lehrstühle in Frage kämen. Von diesen kam jedoch keiner nach Halle, sie wurden an andere Universitäten berufen.[318]

Für seine Nachfolge im Rektoramt schlug Hahne den von ihm selbst zum Prorektor ernannten Emil Woermann vor. Kurator Tromp schrieb zur Charakterisierung Woermanns nach Berlin, dass dieser das »volle Vertrauen« von Professorenschaft, Dozentenschaft, Studentenschaft sowie der maßgeblichen Parteistellen besitze. Der Agrarwissenschaftler sei, so Tromp, »für das Amt des Rektors im besonderen Maße geeignet« und habe »sich bereits um die Ent-

Emil Woermann, Agrarwissenschaftler. Rektor der Universität 1935/36.

wicklung und Umstellung der Universität hervorragende Verdienste erworben.«[319] Ministerialrat Theodor Vahlen stimmte dem Vorschlag zu, Woermann versah das Amt jedoch bis zu Hahnes Tod nur kommissarisch. Gestorben ist der schwerkranke, bewegungsunfähige Hahne am 2. Februar 1935. Man bahrte den Leichnam im Lichthof der Landesanstalt für Vorgeschichte auf. Kerzen wurden angezündet, Gedichte deklamiert und die Lure geblasen. Gauleiter Jordan legte auf Bitten Heinrich Himmlers einen Kranz nieder.[320] Im März 1935 – nach Hahnes Tod – ernannte der Reichs- und Preußische Minister für Wissenschaft, Erziehung und Volksbildung Emil Woermann zum Rektor der Martin-Luther-Universität. Vorangegangen war eine nichtgeheime Abstimmung sämtlicher zum Lehrkörper gehörigen Professoren und Dozenten. Woermann erhielt 129 Stimmen von 132.[321] Im Gegensatz zu Hahne war Woermann zum Zeitpunkt seiner Ernennung kein Nationalsozialist. Der Bauernsohn hatte ein Lehrerseminar besucht, nahm am Weltkrieg teil, arbeitete als Buchhändler und studierte dann erst Landwirtschaft in Münster, Berlin und Halle. 1925 wurde er mit einer Arbeit über die landwirtschaftlichen Betriebsverhältnisse in Ravensberg promoviert. An der Technischen Hochschule Danzig war er Assistent und wurde 1930 habilitiert. 1932 schlug ihn die Landwirtschaftliche Fakultät der Universität Halle für den Lehrstuhl der landwirtschaftlichen Betriebswirtschaftslehre vor, 1933 wurde er berufen. Das Rektorenamt führte Woermann unter weitgehender Ausschaltung des Senats und gleichzeitig durch eine Reihe informeller Besprechungen. Konflikten wich er aus, Auseinandersetzungen suchte er nicht. Die Versetzung von Theologen an die Universität, die der Bekennenden Kirche nahestanden, ließ Woermann zu. Die Säuberung der Universität besorgte Woermann nicht selbst, er ließ die Entlassung der Juden vom Kurator durchstellen. Qualitäten stellte er 1935 unter Beweis, als er die – eventuell mögliche – Schließung der Universität abwendete. Im Sommer 1936 legte er das Rektorenamt nieder, um sich anderen Aufgaben zu widmen. Gemeint war eine ausgedehnte Gutachter- und Beratertätigkeit für das Ernährungsministerium, auf die noch näher einzugehen ist.

Den Antrag, als Rektor entlassen zu werden, stellte Emil Woermann am 30. September 1936 und begründete ihn mit der Übernahme von Forschungen im Rahmen des Vierjahresplanes. Woermann unterbreitete dem Wissenschaftministerium einen 3er-Vorschlag zur Nachfolge. An Nummer 1 setzte Woermann den Geologen und Paläontologen Johannes Weigelt, an Nummer 2 den Theologen Friedrich Karl Schumann und auf Platz 3 seinen langjährigen Prorektor, den Ophtalmologen Wilhelm Clausen.[322] Letztlich lief der Vorschlag aber doch auf Weigelt hinaus, wie Woermann selbst konstatierte. Clausen, seit 1925 Direktor der Au-

Johannes Weigelt, Geologe und Paläontologe.
Rektor der Universität 1936–1945.

genklinik, werde als Lehrer, Arzt und Forscher hoch geschätzt, führte Woermann aus und betonte, dass er »volles Vertrauen« der Professorenschaft genieße. Er würde die Universität »zweifellos würdig vertreten und erfolgreich führen«. Indes sei es fraglich, ob ihm die Leitung der Klinik genügend Zeit lasse, um sich den Aufgaben des Rektorenamtes voll zu widmen.[323]
Friedrich Karl Schumann würde bei einer »Meinungsäußerung« (nicht Wahl!), »zweifellos die größte Zahl der Stimmen auf sich vereinigen,« meinte Woermann bei der Begründung von Platz 2. Schumann sei eine »sehr selbstständige Persönlichkeit mit lauterem Charakter« formulierte er, »erfahren und gewandt in Verwaltungsarbeiten, sicher im Auftreten und lebendig im Vortrag.« Doch leider sei er, obwohl Parteigenosse, »mit den führenden Persönlichkeiten der Partei bisher wenig in Berührung gekommen.«[324] Das stimmte nicht, immerhin war Schumann Berater des von der NSDAP unterstützten evangelischen »Reichsbischofs« gewesen, desillusioniert zog er sich allerdings 1934 aus den Kirchenkämpfen dieser Zeit zurück.[325] Zwar versagte auch die NSDAP ihre Unterstützung für die Deutschen Christen 1934, unmöglich war der Theologe, der demonstrativen Widerspruch gewagt hatte, aus Sicht der Partei damit trotzdem.[326]
Mithin lief die Nachfolge auf Johannes Weigelt zu. Der genieße in der wissenschaftlichen Welt, auch über die Grenzen Deutschlands hinaus, hohes Ansehen. Weigelt gehöre zu den aktivsten Kräften der Universität und sei auch als Lehrer hoch geschätzt. Darüber hinaus sei der Gauleiter Ehrenvorsitzender des Vereins zur Förderung des Museums für mitteldeutsche Erdgeschichte und habe Weigelt »wiederholt sein Vertrauen bezeugt.« Die Sympathien im Lehrkörper seien allerdings »geteilt«, schrieb Woermann in seinem Brief an das Wissenschaftsministerium. Sachlichen Widerspruch fasse Weigelt nämlich »leicht als persönliche Unfreundlichkeit« auf. Infolge seiner Kriegsverletzung sei er »häufig einem Stimmungs-

wechsel ausgesetzt.« Das wiege jedoch nicht schwer, gegenüber der sicheren Aussicht, dass Weigelt »zu den führenden Parteistellen, zur Studentenschaft und zu den Behörden in ein gutes Verhältnis kommen wird und dass im Lehrkörper die Hochachtung vor der wissenschaftlichen Leistung überwiegt.«[327] Im Wissenschaftsministerium prüfte man die Personalien, ernannte Weigelt aber erst, nachdem Gauleiter Jordan zugestimmt hatte. Seines Erachtens komme »nur« Weigelt in Frage, Studentenbund und Dozentenbund seien der selben Meinung beschied Jordan das Ministerium. Jordan teilte Berlin auch die Hoffnungen mit, die er in ein Rektorat Weigelt setzte – und brüskierte damit sowohl das Ministerium als auch den noch amtierenden Rektor Woermann: »Ich erwarte von ihm stärkere Durchsetzung nationalsozialistischen Gedankengutes in der Hochschule, bessere Verbindung mit der Partei und stärkere Verwurzelung der Universität in der heimischen Landschaft als vorher.«[328]
Weigelt, Sohn eines Amtsgerichtsrates, hatte in Halle Naturwissenschaften, vor allem Geologie und Paläontologie, aber auch Zoologie, Botanik, Geographie, Physik und Chemie sowie Vorgeschichte studiert. Schon als Schüler arbeitete er im Jugendkreis von Hans Hahne mit. 1913 wurde er Assistent am Geographischen Seminar, 1914 fertigte er eine Dissertation über eine altsteinzeitliche Werkstätte an. Mit dem Ausbruch des Ersten Weltkrieges meldete er sich freiwillig zur Front. 1915 wurde er durch Granatsplitter schwer verwundet, zweieinhalb Jahre lag er im Lazarett. Entlassen wurde er mit einer dauerhaften Behinderung, ein Korsett musste seine Halswirbelsäule stützen. Weigelt kehrte an die Universität zurück und wurde im Dezember 1918 mit einer geologisch-paläontologischen Arbeit habilitiert. Danach arbeitete er als Sammlungsassistent am Geologischen Institut und reiste unter anderem durch Ungarn und Siebenbürgen, auf den Balkan und nach Schweden. Von 1924 bis 1926 führte er seismologische Arbeiten in Texas, Louisiana und Oklahoma durch, hier entdeckte er zahlreiche Erdöllagerstätten. 1924 in Halle zum außerordentlichen Professor ernannt, erhielt er 1926 Lehrauftrag in Greifswald und wurde 1928 dort zum ordentlichen Professor ernannt. 1929 nahm er einen Ruf nach Halle an und wurde hier Nachfolger seines Mentors Johannes Walther. Schon unmittelbar nach seiner Rückkehr aus den USA hatte er angefangen, in den Braunkohlentagebauen des Geiseltals Fossilien zu bergen. Jetzt intensivierte er die Grabungen und konnte 1933 das Geiseltalmuseum – Museum für mitteldeutsche Erdgeschichte – eröffnen.
Bis 1928 hatte Weigelt der DNVP angehört, im Mai 1933 wurde er in die NSDAP aufgenommen.[329] An der Universität wirkte er als Senator und stellvertretender Dekan der Naturwissenschaftlichen Fakultät, vor 1933 war er in diese Ämter gewählt worden, danach ernannt. Unter den zahlreichen Meinungsäußerungen sticht seine Ablehnung des Namens Martin-Luther-Universität hervor. Weigelt hätte lieber die monarchistische Namensformel »Vereinigte Friedrichs-Universität« wieder eingeführt. Im Senat unterstützte er Hans Hahne ganz offen, in den Auseinandersetzungen des Jahres 1933 ergriff er stets Partei für die NSDAP.[330]
Seine Ansprache zur Übernahme des Rektorats am 9. Dezember 1936 widmete er dem Thema »Wissenschaft im Vierjahresplan«, es gelte nun die Universität auf die angewandte Forschung auszurichten. Die politischen Gedanken wirken angehängt, sie finden sich auf den Seiten 13 bis 15 der 16 Seiten des gedruckten Redetextes. An Eindeutigkeit lassen sie jedoch nichts zu wünschen übrig. Weigelt kündigte eine »kompromisslose Ausrichtung« der Studentenschaft auf das «Dritte Reich« und einen kommenden Krieg an. Der Kampf um die »deutsche Freiheit« könne schon bald von der Jugend »Einsatz bis zum letzten« erfordern. Was dieser Einsatz bedeute, wüssten die Kriegsfreiwilligen von 1914 wohl, aber sie wüssten auch, so Weigelt, »was uns damals fehlte, und was Euch stark macht: Die Ausrichtung aller Kräfte auf ein Ziel, die schonungslose Vorbereitung auf den ernsten Weg, der große politi-

sche Glaube.« Den hätten die Universitäten zu vermitteln, denn er sei »das geistige Rüstzeug für die Weltgeltung und die Selbstbehauptung Deutschlands.« Es bedürfe hier keiner ins Einzelne gehenden programmatischen Erklärung, setzte Weigelt dann fort. Studentenbund, Dozentenbund und Rektorat verfolgten ein und das selbe Ziel, nämlich die feste Verankerung der Universität »im Rahmen der nationalsozialistischen Bildungs- und Erziehungsarbeit.« Die Aufgaben lägen klar vor Augen: »Es ist so groß und im Grunde doch so einfach, was unser Führer von uns fordert: Alle Kräfte auf das eine Ziel: Deutschland!«[331]

3 Säuberungen

Eine statistische Untersuchung aus den fünfziger Jahren, die auf etwa 23 000 Datensätzen beruhte, kam zu dem Ergebnis, dass etwa zwei Fünftel aller Hochschullehrer, die 1931 im Amt waren, 1938 nicht mehr an deutschen Hochschulen lehrten.[332] Aus dieser Angabe sind weitreichende Folgerungen abgeleitet worden, meist unter dem Gesichtspunkt, welche »Verluste« Deutschland durch die rassistische Politik der Nationalsozialisten entstanden. Die Fragwürdigkeit dieses Ansatzes liegt auf der Hand, zum einen abstrahiert er unzulässig von den Schicksalen der zu Opfern gewordenen Menschen, zum anderen kann die Nation nicht Bezugspunkt für Aussagen zur Wissenschaftsgeschichte sein. Mittlerweile wurden auch die Zahlen korrigiert, neuere Untersuchungen gehen von weniger als einem Fünftel Vertriebener aus.[333]

Von den 415 in Halle tätigen Hochschullehrern wurden zwischen 1933 und 1945 48 Hochschullehrer entlassen, was einem Anteil von 11,5 Prozent entspricht, 27 davon wegen jüdischer Vorfahren, also 6,5 Prozent.[334] Dabei sind nur Entlassungen berücksichtigt, die in Halle vorgenommen wurden. Der Dozent Heinrich Schlier etwa, der 1934/35 einen Lehrstuhl für Neues Testament an der Theologischen Fakultät vertrat, verlor seine Lehrberechtigung wegen seines Eintretens für die Bekennende Kirche später ebenfalls. Anderen, wie dem Ökonomen Waldemar Koch oder dem Arzt Franz-Günther von Stockert wurde die Lehrberechtigung entzogen, sie erhielten sie jedoch wieder. Die angegebenen Zahlen stellen daher ein gesichertes Minimum dar. Größere Abweichungen sind allerdings nicht zu erwarten, da doch sehr viele Biographien der 415 Hochschullehrer für solche Aussagen hinreichend bekannt sind.

Die Interpretation der Zahlen bereitet aber auch deshalb Schwierigkeiten, weil nicht alle Entlassenen politische Opfer waren. Der Anatom und Nationalsozialist Rudolf Mair, seit 1935 an der Universität Halle, wurde entlassen, weil er seinen Chef, den Ordinarius für Anatomie Victor Haller von Hallerstein, ungerechtfertigt denunziert hatte.[335] Der Althistoriker und Nationalsozialist Paul Schnabel sah sein besonderes Forschungsfeld in der »rassischen Universalgeschichte« und der »rassischen Kulturgeschichte der Menschheit«.[336] Er wurde entlassen, da er – offenbar durch eine Malariaerkrankung bedingt – in seinen Vorlesungen die wissenschaftlichen Mindeststandards nicht mehr einhielt. Später musste er in die Universitätsnervenklinik eingewiesen werden.[337] Weniger eindeutig stellt sich an Hand der Akten die Entlassung des Mineralogen und Chemikers Wilhelm Kunitz dar. Auch er überstand eine Gehirnerkrankung, in den Akten wird er als schroff und unleidlich beschrieben. Der Dekan der naturwissenschaftlichen Fakultät registrierte unkontrollierte »Erregungszustände«, bei denen Kunitz »jede Selbstbeherrschung« verlor. Gaudozentenführer Wagner bezeichnete den Mineralogen rundheraus als »Psychopath«. Sein Mentor von Wolff urteilte anders: »In Deutschland wird es kaum einen Mineralchemiker seiner Qualität geben, der noch nicht Inhaber eines Lehrstuhles ist.«[338] Ein weiterer Grund in der Entlassung Kunitz von der Universität ist jedoch in seiner politischen Haltung zu suchen. Kunitz war überzeugter Nationalsozialist und Schulungswart in seiner Ortsgruppe. Die Erschießung der SA-Führung hielt er jedoch für unrechtmäßig und suchte deshalb die Auseinandersetzung mit dem Kreisleiter der NSDAP. In der Konsequenz verlor er seine Parteifunktion und wurde 1939 nicht mit einer Dozentenstelle bedacht, so dass er nach kurzer Arbeitslosigkeit zum Heer wechselte und dort zunächst Sprengstoffkunde unterrichtete.[339]

Jenseits dieser schillernden Biographien stellen sich die Säuberungen als zielstrebiger, von Gewalt und Druck begleiteter Vorgang dar. Die »Justizförmigkeit« der Abläufe war dabei al-

lenfalls ein zivilisatorisches Moment, das für einzelne Entlassene jedoch durchaus »abfedernde« Wirkung hatte, etwa wenn sie mit einem Ruhegehalt pensioniert wurden.
Der Prozess verlief in Wellen und zog sich von 1933 bis zum Kriegsende hin. Immer neue Gruppen, immer mehr Personen wurden einbezogen. Zwar endete die von »oben« angeordnete planmäßige »Säuberung« der Hochschulen 1938[340], an der Universität wirkten die programmierten Mechanismen weiter. Ideologisch geprägte Handlungsmuster ließen sich nicht außer Kraft setzen, zumal ihre Anwendung den Intentionen der Parteiführung nicht entgegenlief. Die Vorstellung von der »besseren« Gesellschaft verlangte die »Ausmerzung«, zumindest aber Ausschließung, all jener Menschen, die nicht zur künftigen Gesellschaft gehören sollten. In erster Linie waren das Juden und alle Menschen, die jüdische Vorfahren hatten, politische Abweichler und Unzuverlässige zählten jedoch ebenfalls dazu. Auch Homosexuelle wurden verfolgt, ihre Lebensform stempelte sie per se als »unzuverlässig« ab.
An der Universität Halle wurden 1933 13 Gelehrte mit jüdischen Vorfahren entlassen, 1934 waren es zwei, 1935 sechs, 1936 zwei, 1938 drei und 1943 verlor ein weiterer Wissenschaftler die Lehrberechtigung. Aus politischen Gründen mussten 1933 zwei Professoren ihr Lehramt niederlegen, 1936 waren es zwei, 1937 sieben, 1938 zwei, 1941 einer. Wegen ihrer Homosexualität wurden zwei Dozenten von der Universität entlassen.
Die Entfernung der Gelehrten mit jüdischen Vorfahren vollzog sich an der Universität, sieht man von den Diskussionen um den Historiker Hans Herzfeld ab, ohne große Widerstände und entsprechend der juristischen Regelungen. Debatten wurden allenfalls um die Gewährung von Ruhestandsbezügen geführt. Bei Entlassungen aus politischen oder sexuellen Motiven gab es jedoch durchaus Diskussionen. Nicht jeder Professor nahm die Entlassung widerspruchslos hin, einige Gelehrte wurden regelrecht zu »Fällen«. Hier unternahm die Universitätsleitung auch mehrfach selbst Anläufe zur Entfernung bestimmter Professoren. Nicht immer war eine Entlassung die Folge, es kam auch zu Strafversetzungen oder Gehaltskürzungen, im Fall des Anglisten Hans Weyhe oder der Angehörigen des Gestaltkreises blieben Denunziationen folgenlos. In den folgenden Abschnitten werden einige »Säuberungen« beschrieben. Zunächst die Entlassung der jüdischen Gelehrten, danach politische Auseinandersetzungen, zum Abschluss die Entfernung der beiden homosexuellen Dozenten. Die wissenschaftlichen Biographien werden dabei nur gestreift, über einige Professoren, etwa den Psychiater und Neurochirurg Alfred Hauptmann oder den Völkerrechtler Max Fleischmann, liegen biographische Studien vor. Bedauerlich ist, dass die Lebensläufe nach der Entlassung nicht von allen Gelehrten rekonstruiert werden konnten. Von den Ärzten Oskar David und Hans Rothmann etwa war nichts in Erfahrung zu bringen.

3.1 Die Entfernung von Hochschullehrern jüdischer Abstammung

Der Antisemitismus war das beherrschende Element der nationalsozialistischen Weltanschauung.[341] Daher wundert es nicht, dass bereits am 7. April 1933 ein Gesetz erlassen wurde, das der völligen Ausschaltung der Juden aus dem Staatsapparat dienen sollte. Mit diesem Gesetz schuf die Regierung die formal-rechtliche Grundlage für den Austausch der Eliten in Verwaltung und Justiz und eben auch an den Hochschulen und Universitäten.[342] Das Gesetz selbst war eine im Geiste des Ermächtigungsgesetzes abgefasste Ausnahmeregelung, die sich über den in der Weimarer Verfassung garantierten Gleichheitsgrundsatz (§ 109) hinwegsetzte.[343]
In Paragraph 3 des Gesetzes war festgelegt: »Beamte, die nicht arischer Abstammung sind, sind in den Ruhestand zu versetzen …«[344] In der entsprechenden Durchführungsverordnung

heißt es: »Als nicht arisch gilt, wer von nicht arischen, insbesondere jüdischen Eltern oder Großeltern abstammt. Es genügt, wenn ein Elternteil oder ein Großelternteil nicht arisch ist. Dies ist insbesondere dann anzunehmen, wenn ein Elternteil oder Großelternteil der jüdischen Religion angehört hat.«[345] Damit waren auch »Halb-« und »Vierteljuden« von der Beamtenschaft ausgeschlossen. Eine Einschränkung wurde jedoch gemacht. Absatz 2 des Paragraphen 3 des Gesetzes besagte, dass es nicht angewendet würde, »… für Beamte, die bereits seit dem 1. August 1914 Beamte gewesen sind oder die im Weltkrieg an der Front für das Deutsche Reich oder für seine Verbündeten gekämpft haben oder deren Väter und Söhne im Weltkrieg gefallen sind.« Weitere Ausnahmen konnten vom Innenminister in Einvernehmen mit dem zuständigen Fachminister zugelassen werden.[346] Faktisch ausgenommen wurden damit nicht nur die Frontkämpfer des Ersten Weltkrieges, sondern auch die Teilnehmer der Kämpfe im Baltikum, Oberschlesien oder gegen »Spartakisten oder Separatisten«. Frontkämpfer war, wie eine Anweisung des preußischen Kultusministers regelte, wer »bei der fechtenden Truppe an einer Schlacht, einem Gefecht, einem Stellungskampf oder einer Belagerung teilgenommen« hatte. Es genüge nicht, wenn sich jemand »ohne vor den Feind gekommen zu sein« im Kriegsgebiet aufgehalten habe. Insbesondere Ärzte mussten daher genau angeben, in welcher Stellung, an welcher Stelle der Front und in welcher Sanitätsformation sie ihren Kriegsdienst geleistet hatten.[347]

Nach der Verabschiedung des Gesetzes zur Wiederherstellung des Berufsbeamtentums am 7. April wurden an alle Beamten, also auch die Professoren und Dozenten, Fragebögen ausgegeben. Dort waren die Vorfahren bis zu den Großeltern mit den Angaben Geburts- und Sterbeort, Verheiratungsdatum und Religionszugehörigkeit einschließlich früherer Religionszugehörigkeit einzutragen.

Das Ergebnis der Auswertung dieser Fragebögen im Preußischen Kultusministerium war eine erste Entlassungswelle noch im April 1933. Doch offenbar aus taktischen Gründen teilte man Kurator Tromp, der die Beurlaubungen vorzunehmen hatte, mit, »dass es sich … um eine ganz vorläufige Maßnahme« handle.[348] Nach dem Sommersemester wurden die Beurlaubungen dann in förmliche Versetzungen in den Ruhestand umgewandelt. Das bürokratische Prozedere zog sich dabei bis 1934 hin. Von den ebenfalls entlassenen Assistenten fanden sich im Universitätsarchiv keine Personalakten, es existiert lediglich eine Übersicht, die sechs Namen verzeichnet.[349]

Wie an anderen Universitäten auch,[350] billigten viele hallische Hochschullehrer die Entlassung ihrer jüdischen Kollegen nicht uneingeschränkt. Offenen Protest, oder gar eine Solidarisierung hat es jedoch nicht gegeben. Immerhin fanden sich in den Akten des Universitätsarchivs zwei Schreiben, in denen Dekane ihren jüdischen Fakultätsmitgliedern Zuspruch gewährten. Am 2. April 1933 – dem Tag nach dem ersten Boykott gegen die jüdischen Geschäfte – sprach Adolf Eckert-Möbius dem Leiter der Nervenklinik Alfred Hauptmann im Namen der Fakultät das Vertrauen aus. Er schrieb, dass er »zutiefst mitempfinde«, wie ihn die Boykottmaßnahmen getroffen hätten. Er dürfe aber hinzufügen, dass es deswegen einer »Rehabilitierung« nicht bedürfe: »Ich bin überzeugt, dass keiner von uns je an ihrer vaterländischen Gesinnung gezweifelt hat.« Als Hauptmann 1935 entlassen wurde, war Eckert-Möbius schon nicht mehr im Amt.[351]

Der Dekan der Rechts- und Staatswissenschaftlichen Fakultät Gustav Boehmer sprach sein Bedauern über die Entlassung Friedrich Kitzingers aus und versicherte ihm seine Freundschaft.[352] Möglicherweise hat es noch weitere Bekundungen von Mitgefühl gegeben, in die Akten der Universität gelangten sie nicht. An anderen Stellen finden sie sich aber durchaus. Als Emil Utitz nach seiner Beurlaubung aus dem Rotary Club austrat,[353] vermerkt das Protokoll vom 4. Mai 1933: »Alle stimmen mit Präsident Werther überein, dass mit Rot. Utitz einer der besten uns verlässt. Wir alle sind mit unserem Präsidenten darin einig, dass wir unserem Freunde Utitz immer die Treue wahren werden.«[354]

Am 22. Oktober 1933 schrieb der Dekan der Rechts- und Staatswissenschaftlichen Fakultät einen Brief an Friedrich Kitzinger, in dem er auf die soeben erfolgte Entlassung Bezug nahm.

Sehr verehrter Herr Kollege,

Bei Ihrem Scheiden aus unserer Fakultät ist es mir ein aufrichtiges und herzliches Bedürfnis, Ihnen zu sagen, wie sehr wir es bedauern, dass wir Sie nicht mehr zu den Unseren zählen dürfen. Wir danken Ihnen dafür, dass Sie sieben fruchtbare Jahre Ihres gereiften Gelehrtenlebens als Wissenschaftler, Lehrer und Mensch in den Dienst unserer Fakultät gestellt haben, und dass Sie uns in so mancher wichtigen Frage wertvoller Berater und Freund gewesen sind. Wir werden Ihrer stets gedenken als feinsinnigen und tiefgründigen wissenschaftlichen Forschers, ausgezeichneten Lehrers der Jugend und aufrechten deutschen Mannes.
Mit den herzlichen Wünschen für Ihr persönliches Wohlergehen und für Ihr weiteres Wirken im Dienste der deutschen Wissenschaft
bin ich in aufrichtiger kollegialer Hochschätzung
Ihr sehr ergebener
G. Boehmer

Quelle: UAH PA 8875 Kitzinger.

Ein weiteres Indiz für die Ablehnung der Maßnahmen, vielleicht auch für taktisches Verhalten, war die weitere Mitgliedschaft jüdischer Hochschullehrer in den Prüfungsausschüssen. Nicht nur einmal musste das preußische Kultusministerium auf ihre Entfernung dringen. Aus dem juristischen Prüfungsausschuss für die Provinz Sachsen schieden die jüdischen Professoren erst nach Denunziation aus.[355] Im November 1933 wies Berlin an, die Ausschüsse für die ärztliche und die zahnärztliche Prüfung durch zwei weitere Prüfer zu ergänzen, da der Pharmakologe Martin Kochmann und der Psychiater Alfred Hauptmann »nichtarischer« Abkunft waren. Die Medizinische Fakultät benannte die beiden jedoch unbeirrt 1934 erneut für den Prüfungsausschuss, so dass sich das Kultusministerium zum Eingreifen veranlasst sah und anwies, die beiden »Nichtarier« aus dem Ausschuss zu verweisen.[356]
Für die Entlassenen wesentlich war die Weiterzahlung ihrer Gehälter, da sie als Juden im Staatsdienst keine Anstellung finden konnten und sich auch die Wirtschaft auf die Anwendung des »Arierparagraphen« einließ.[357] In dem amtierenden Kurator Tromp fanden die Entlassenen dabei einen Anwalt. Die Zahlung von Pensionen oder Ruhestandsgehältern war nicht selbstverständlich, vielfach musste erst interveniert werden. Tromp schrieb auch nicht selten nach Berlin, um höhere Ruhestandsgehälter durchzusetzen[358] oder jenen, denen eine Pension nicht zustand, weil sie keine Beamten waren oder noch keine Dienstzeit von zehn Jahren vorzuweisen hatten, eine »Gnadenpension« oder Übergangsgelder zu verschaffen. Einer, der nur durch Tromps Einspruch ein Übergangsgeld erhalten hatte, war der Psycho-

loge Emil Utitz. Am 12. März 1934 bedankte er sich per Brief aus Prag. Er sei sich bewusst, Tromps »freundlicher Gesinnung« und »tätiger Hilfsbereitschaft« und seinen »gütigen Bemühungen« verpflichtet zu sein. Und er fügte hinzu: »… die letzte Abwickelung eines Lebensabschnittes von über einem Vierteljahrhundert bedeutet für mich nicht nur eine geldliche Angelegenheit – so wichtig dies leider auch ist – sondern ebenso eine moralische. Und in diesem Betracht haben Sie mir ebenfalls sehr geholfen.«[359]

1935, nach dem Tod des Reichspräsidenten Hindenburg, wurde die Frontkämpferregel[360] aufgehoben.[361] Zum 30. September 1937 sollten schließlich auf Anweisung des Wissenschaftsministeriums alle »Mischlinge«, »jüdisch Versippten« oder mit »Mischlingen Verheirateten« von den Hochschulen entfernt werden. Angegeben werden sollte auch, »ob besondere Gründe die weitere Zugehörigkeit zum Lehrkörper rechtfertigen.«[362] Da die Fakultäten für zwei ihrer Mitglieder solche Gründe anführten, zog sich die Entlassung dieser letzten Gruppe bis 1938 hin. Jetzt mussten noch einmal alle Hochschullehrer eine Erklärung abgeben, die folgenden Text hatte: »Mir ist nicht bekannt, dass ich von jüdischen Eltern oder Großeltern abstamme.« Fast alle Professoren, Dozenten und Assistenten unterschrieben kommentarlos, einige wenige strichen das »nicht« und fügten es im zweiten Teil des Satzes ein, so dass dieser lautete: »Mir ist bekannt, dass ich nicht von jüdischen Eltern oder Großeltern abstamme.«[363]

1937 mussten alle Hochschullehrer eine Erklärung abgeben, in der sie versicherten, keine jüdischen Vorfahren zu haben. Hier ausgefüllt von Theodor Roemer, Ordinarius für Pflanzenzucht.

Alle von der Universität aus rassistischen Motiven Entlassenen verließen auch die Stadt Halle. Als am 10. November 1938 die hallische Synagoge geplündert und dann zerstört wurde,[364] waren sie nicht mehr in der Stadt. Sie gehörten also auch nicht zu den mindestens 262 Juden, die aus Halle in die Vernichtungslager im Osten deportiert wurden.[365] Das heißt jedoch nicht, dass allen hallischen Hochschullehrern die Emigration glückte. Der Staatswissenschaftler Georg Brodnitz wurde von seinem Wohnort Berlin aus nach Litzmannstadt deportiert. Ob er dort oder in einem Vernichtungslager starb, ist nicht bekannt.[366] Drei Professoren der Universität, Max Fleischmann, Arnold Japha und Martin Kochmann, entzogen sich weiterer Verfolgung durch Selbsttötung. Über den Verbleib von Hans Rothmann, Dozent der Inneren Medizin, und Oskar David, Leiter der Röntgenabteilung im Krankenhaus Frankfurt am Main, konnte nichts in Erfahrung gebracht werden.

Der Schritt zur Emigration fiel vermutlich keinem der hallischen Professoren und Dozenten leicht, er konnte aber auch nicht ohne weiteres getan werden. Obwohl, wie das Wissenschaftsministerium im Mai 1938 konstatierte, »die Ausreise der Juden erwünscht und im Allgemeinen zu fördern« sei, wurde die Ausreisegenehmigung nur in Ausnahmefällen erteilt. In Berlin fürchtete man, dass die emigrierten Hochschullehrer »vermöge ihrer Stellung« Gelegenheit hätten, im Ausland in einer »dem deutschen Ansehen abträglichen Weise« zu wirken.[367]

Erst im Mai 1939 erließ das Wissenschaftsministerium – nach Konsultationen mit dem Innenministerium und Parteistellen – eine Richtlinie über das Genehmigungsverfahren für die »Verlegung des Wohnsitzes solcher im Ruhestand befindlicher oder emeritierter Hochschullehrer in das Ausland«. Ohne eine solche Erlaubnis zur Emigration wurden die »Passangelegenheiten« nicht geregelt, ohne erteilte Visa glich das Verlassen Deutschlands einer Flucht.[368] Und Länder, die Flüchtlinge mit offenen Armen empfingen, gab es nicht. Die Niederlande zum Beispiel internierten alle illegal Eingereisten in dem Camp Westerbork, das Land selbst durfte nicht betreten werden. Nach der Besetzung der Niederlande funktionierten die deutschen Besatzer Westerbork rasch zum Konzentrationslager um, so dass die Flüchtlinge in der Falle saßen. Von Westerbork wurde 1942 eine direkte Zugverbindung nach Auschwitz eingerichtet.

Ohnehin erteilten die Behörden die Erlaubnis zur Emigration nur dann, wenn sich der Hochschullehrer in einem Land niederließ, in dem Deutschland keine eigenen Interessen geltend machte. Ausdrücklich wurden als nicht genehmigungsfähige Gebiete Ost- und Südosteuropa, der Nahe Orient, der Ferne Osten und Südamerika genannt.[369] Palästina oder Argentinien, die klassische Auswanderungsländer für verfolgte Juden waren, konnten daher nicht als Zielland angegeben werden. Übrig blieben also Westeuropa, Großbritannien und die USA. Eine Reihe von Druckmitteln hatte man ebenfalls eingebaut: Grundsätzlich sollte die Genehmigung nur für die Dauer von zwei Jahren erteilt werden. Verlegte der Hochschullehrer seinen Wohnsitz ohne Zustimmung der deutschen Behörden in ein anderes Land, fiel die erteilte Genehmigung – und damit die deutsche Staatsbürgerschaft – weg. Wer dann nicht die Staatsbürgerschaft des Gastlandes erhalten hatte, erlitt das Schicksal eines Staatenlosen.[370] Darüber hinaus wurde die Genehmigung von der Zustimmung des Finanzamtes abhängig gemacht. Erst nachdem er vollständig enteignet war – Mittel war hier vor allem die »Reichsfluchtsteuer« – erhielt der Rechtshistoriker Guido Kisch die Genehmigung zur Ausreise.[371]

Erwähnt werden muss noch, da es die Betroffenen besonders demütigte, dass auf »Anregung« der Parteiamtlichen Prüfungskommission zum Schutze des NS-Schrifttums Juden auch in Lexika als solche kenntlich gemacht oder gänzlich getilgt wurden. Das Bibliographische Institut Leipzig fragte daher auch bei der Universität Halle mehrfach an. So bat man am 9. März 1939 für »Meyers Lexikon« – das »einzige parteiamtlich empfohlene Lexikon« – um »die genaue Angabe der Abstammung« des Chemikers Edmund von Lippmann: »Besonders wichtig ist für uns die genaue Unterscheidung, ob der Betreffende als Jude oder als jüd. Mischling gilt oder ob er lediglich nichtarisch verheiratet ist.«[372] Die Auskunft der Universität, dass von Lippmann Jude sei, führte schließlich zur Tilgung von Lippmanns aus Meyers Lexikon.[373]

Die erste Entlassungswelle 1933

Aus der Rechts- und Staatswissenschaftlichen Fakultät wurden 1933 der Soziologe Friedrich Hertz, der Wirtschaftswissenschaftler Ernst Grünfeld, der Strafrechtler Friedrich Kitzinger und der Rechtshistoriker Guido Kisch entlassen. Hertz, Opfer des bereits beschriebenen Boykotts im April 1933, suchte aus Wien um seine Entlassung nach. Sie wurde ihm später rückwirkend zum 1. Mai 1933 erteilt. Von Wien aus emigrierte er 1938 nach London, wo er als wissenschaftlicher Schriftsteller arbeitete.[374]
Grünfeld, Sohn eines böhmischen Industriellen, hatte in Halle Landwirtschaft und Staatswissenschaften studiert, nach langjährigen Reisen durch Ostasien kam er zurück nach Halle und habilitierte sich hier 1913 mit einer Arbeit über die Hafenkolonien in China. Ab 1920 hatte er einen Lehrauftrag für Genossenschaftswesen, ab 1923 war er Direktor des Seminars für Genossenschaftswesen. Ein Ordinariat an einer anderen Hochschule erhielt er nicht, über die Gründe gab er nur mündlich Auskunft, versicherte aber einmal in einem Brief, dass er sich »als Lehrer oder Gelehrter Vorwürfe zu machen hätte.«[375] 1925 eingebürgert, erhielt er 1929 die für ihn eingerichtete Professur für Genossenschaftswesen. Im Mai 1933 wurde er beurlaubt, im September 1933 entlassen, obwohl er Kriegsdienst im österreichischen Landsturm geleistet hatte und zahlreiche Orden vorweisen konnte. Man warf ihm als Leiter des Seminars für Genossenschaftswesen politische »Unzuverlässigkeit« vor und entließ ihn auf Grund des Paragraphen 4 des Berufsbeamtengesetzes. Dass dies nur ein juristischer Kniff war, wurde deutlich, als er um eine Gnadenpension nachsuchte. Am 16. Dezember 1933 schrieb er: »Es ist für mich als Nichtarier, obwohl Frontkämpfer und Rittmeister der Landwehr, in Deutschland völlig unmöglich, eine Stelle zu finden. Das soll nicht hindern, dass ich mich auch weiterhin um eine solche umsehe. Ich wäre gerne bereit gewesen, etwa im Dienstbereich des Ministeriums für Wissenschaft, Kunst und Volksbildung, eine andere Stelle anzunehmen; aber solange ich eine solche nicht finde, bin ich nicht in der Lage, mir in Deutschland mein Brot zu verdienen. (Schriftstellerische Tätigkeit kann ich bekanntlich in Deutschland nicht mehr entfalten, da keine Zeitung oder Zeitschrift Beiträge von Nichtariern aufnimmt.) Ich habe mich natürlich bei auswärtigen Hochschulen erkundigt, doch hatte ich bisher keinen Erfolg …« Der Wirtschaftswissenschaftler erhielt die Pension, als Grund der Entlassung wurde rückwirkend der Paragraph 6 des Gesetzes (»dienstliche Gründe«) in Anwendung gebracht.[376] Ernst Grünfeld erhängte sich 1938, als ihm, der keine eigenen Kinder hatte, die Adoptivtochter genommen wurde. Als Jude habe er kein Recht darauf, ein »deutschblütiges« Kind zu erziehen, hieß es.[377]
Der Professor für Strafrecht, Strafprozessrecht und kriminalistische Hilfswissenschaften Friedrich Kitzinger kam 1926 nach Halle, die vorigen Stufen seiner akademischen Karriere hatte er an der Universität München absolviert. Nach dem Boykott vom 1. April 1933 fiel er in einen, wie sein Arzt notierte »endogenen (!) Depressionszustand«. Zwar werde Kitzinger »mit vollkommener Gewissheit« wieder »gesund und arbeitsfähig werden«, schrieb der Arzt, er sei jedoch noch nicht in der Lage, jetzt Vorlesungen zu halten. Er werde wohl erst spät im Verlaufe des Sommersemesters genesen, so dass es wohl keinen Sinn mehr habe, wenn er dann seine Berufstätigkeit wieder aufnehme.[378] Auf Grund dieses ärztlichen Zeugnisses suchte Kitzinger um seine Beurlaubung nach, am 28. September 1933 wurde er in den Ruhestand versetzt. Er zog nach Bayern um, im November 1938 inhaftierte man ihn im KZ Dachau, über England emigrierte er nach Palästina, wo er 1943 verstarb.[379]
Auch der Rechtshistoriker Guido Kisch ging ins Exil und arbeitete als Professor für jüdische Geschichte an verschiedenen Universitäten und Colleges. Eine wirkliche Karriere ergab sich

für ihn jedoch nicht.³⁸⁰ Dabei war Kisch einer der bedeutendsten Mittelalterhistoriker Deutschlands,³⁸¹ die Rechts- und Staatswissenschaftliche Fakultät Halle hatte ihn 1922 unico loco auf die Berufungsliste gesetzt. Rufe nach Prag lehnte er 1922 und 1924 ab. Im Mai 1933 beurlaubte ihn das preußische Kultusministerium, im Januar 1934 wurde er in den Ruhestand versetzt. Kisch protestierte vergeblich. Ohne Erfolg blieb auch seine Beschwerde gegen die Anordnung des Direktors der Universitätsbibliothek, dass er künftig Gebühren zu zahlen habe. Umsonst führte er an, dass er Mitglied der Bibliothekskommission war, umfangreiche Spenden eingeworben hatte und der Bibliothek selbst Schenkungen zugewandt hatte, etwa numismatische Tafelwerke oder die ihr fehlenden Bände des Archivs für Fischereigeschichte.³⁸² Nach kurzer Tätigkeit am Jüdisch-Theologischen Seminar in Breslau erhielt Kisch ein Forschungsstipendium für die USA. Den Bruch mit Deutschland mochte Kisch trotz aller Demütigungen und seiner Entrechtung nicht vollziehen, wie er sich erinnerte: »Der Gedanke wollte nicht schwinden, die noch nicht voll entfaltete Barbarei werde sich doch nicht lange halten können, die Rückkehr werde in absehbarer Zeit möglich sein.«³⁸³ Erst nachdem seine Habe in Halle für die so genannte »Reichsfluchtsteuer« gepfändet und ihm die Rückreise nach Deutschland auf bürokratischem Weg verwehrt wurde, fügte er sich in sein Emigrantenschicksal. Nach dem Zweiten Weltkrieg erhielt Kisch eine Gastprofessur an der Universität Lund in Schweden, ab 1953 lehrte er an der Universität Basel, wo er sich auch 1962 niederließ.

Ernst Grünfeld, Volkswirt.
1933 entlassen, tötete er sich 1938 selbst.

Am 28. Oktober 1938 wandte sich Guido Kisch aus New York an den Kurator der Universität Halle.

Auf das Schreiben des Herrn Universitätskurators vom 13. Oktober Nr. II D Kisch, mit dem Ersuchen um Bericht, wann meine Forschungsreise in Amerika beendet ist, erlaube ich mir, ergebenst Folgendes mitzuteilen.
Über die wissenschaftlichen Forschungen, welche mich seit Ende September 1936 hier beschäftigten, habe ich den beigefügten ersten kurzen Bericht 1937 in der Zeitschrift für Rechtsgeschichte veröffentlicht. Um meine Rückkehr nach Halle rechtzeitig vorzubereiten, hatte ich vor Ablauf der Gültigkeit meines Reisepasses bereits am 11. April 1938 beim hiesigen deutschen Generalkonsulat mit der ausdrücklichen Begründung die Verlängerung erbeten, dass ich an meinen Wohnsitz Halle zurückkehren wolle. Auch hatte ich auf einem am

15. Juni von hier abgegangenen Dampfer für mich, meine Frau und mein Kind Plätze belegt. Das deutsche Konsulat erklärte, dass eine Passverlängerung nur nach vorgänglicher Befragung der halleschen Polizei erteilt werden könne. Um das Verfahren zu beschleunigen, bezahlte ich die Telegrammgebühr nach Halle. Auf meine wiederholten Anfragen erhielt ich immer zur Antwort, ich müsse bis zum Einlangen des Bescheides aus Halle warten. Dadurch, dass ein solcher nicht eintraf, wurde meine Reise am 15. Juni unmöglich. In dieser Notlage erbat ich die Stellungnahme des Ministeriums zum Plan einer etwaigen zeitweiligen Verlegung meines Wohnsitzes nach New York. Auf die Mitteilung, dass eine solche nicht genehmigt werden könne, erbat ich von neuem Beschleunigung meiner Passverlängerung, auf die ich trotz nochmaliger Bezahlung von Telegrammgebühren nach Deutschland bis heute warte. Trotzdem ich mich im Besitze einer Unbedenklichkeitsbescheinigung des Finanzamtes in Halle befand und mir auch die Devisenstelle in Magdeburg ihre Genehmigung zum Aufenthalt hier mit Gültigkeit bis 30. September 1938 erteilt hatte, ich selbstverständlich stets meine Steuern pünktlichst bezahlt habe, wurde mir plötzlich Mitte September 1938 vom Finanzamt Halle die Sicherstellung der Reichsfluchtsteuer auferlegt. Bevor sie noch durchgeführt werden konnte, erfolgte auch schon die Vorschreibung der sofort fälligen Reichsfluchtsteuer.

Unter diesen Umständen musste ich einsehen, dass ich die Erlaubnis zur Rückkehr nach Halle nicht mehr erhalten würde. So blieb mir gar nichts anderes übrig, als die Reichsfluchtsteuer zur Vermeidung hoher Verzugszuschläge sofort zu bezahlen und mich entgegen meinen Plänen und Absichten von diesem Zeitpunkt an als ausgewandert zu betrachten ...

Dr. Guido Kisch
ord. Professor der Rechte i. R.

Quelle: UAH PA 8861 Kisch.

An der Medizinischen Fakultät waren von den Säuberungen zunächst nur Oskar David und Hans Rothmann betroffen. David hatte seine Ausbildung an der Medizinischen Universitätsklinik absolviert, im Ersten Weltkrieg diente er als Frontarzt und in Lazaretten. Für seine Tapferkeit wurde er mit dem Eisernen Kreuz ausgezeichnet. Unmittelbar nach der Heimkehr wurde er habilitiert, 1922 erhielt er den Professorentitel und wurde Leiter der röntgenologischen Abteilung des Israelitischen Krankenhauses in Frankfurt am Main. Von den Pflichten eines Privatdozenten ließ er sich beurlauben, seit 1929 erwog die Fakultät, ihm wegen des Nichtabhaltens von Vorlesungen die Venia Legendi zu entziehen. 1934 erkannte die Fakultät ihm die Lehrbefähigung ab, die Frontkämpferregelung mochte niemand bemühen.[384]
Hans Rothmann leistete als Student Kriegsdienst als Sanitäter in einem Seuchenlazarett, danach studierte er in Münster, Rostock und Berlin Medizin. Das Praktikum absolvierte er an der II. Medizinischen Klinik der Charité, danach hielt er sich zu Forschungszwecken am Zentralinstitut für Hirnforschung in Amsterdam auf. Er erhielt eine Assistentenstelle an der Charité, 1927 kam er als Privatassistent mit Theodor Brugsch nach Halle. Er arbeitete als Stationsarzt an der Medizinischen Klinik und wurde 1930 habilitiert. Im Mai 1933 stellte er einen Antrag auf Beurlaubung und zog nach Berlin. Im September 1933 entzog ihm das preußische Kultusministerium die Lehrbefugnis auf Grund des § 3 des Berufsbeamtengesetzes.[385] Die anderen Mitglieder der Medizinischen Fakultät machten die Ausnahmeregelung auf Grund ihres Einsatzes im Ersten Weltkrieg geltend.

Der Physiologe Ernst Wertheimer war jedoch 1933 trotz zweier Kriegsauszeichnungen gezwungen, sich nach einer neuen Stelle umzusehen. Seit 1929 bekleidete er die Oberassistentenstelle im Physiologischen Institut. Als sein Chef Emil Abderhalden routinemäßig die Verlängerung der Stelle beantragte, kam aus dem Kultusministerium der Bescheid, dass man sich nicht in der Lage sehe, »die Verlängerung der mit dem 30. September des Jahres ablaufenden Beschäftigungszeit des planmäßigen Oberassistenten am Physiologischen Institut n.b.a.o. Professor Dr. Wertheimer zu genehmigen.« Man »ersuche« daher die Universität, »das Erforderliche wegen der Kündigung sofort zu veranlassen.« Wertheimer wurde entlassen, blieb jedoch noch Privatdozent. Binnen kurzer Zeit erhielt er Angebote aus Moskau (als Leiter eines biochemischen Laboratoriums), Kanton (Ruf auf den Lehrstuhl der Physiologie an der Sun-Yat-Sen-Universität) und Jerusalem (Leitung des pathologisch-chemischen Laboratoriums des Hadassah-Krankenhauses der Universität). Obwohl die Stelle in Palästina nur befristet war, ging Wertheimer nach Jerusalem. Das preußische Kultusministerium verweigerte ihm jedoch die erforderliche Beurlaubung von den Dozentenpflichten. Er reiste trotzdem ab und verzichtete per Brief aus Jerusalem am 30. Oktober 1934 auf die Venia Legendi.[386] In Palästina glückte Wertheimer eine eindrucksvolle akademische Karriere, er leitete zwei Lehrstühle der Universität Jerusalem und baute verschiedene neue Forschungsabteilungen auf.[387]

Zu den Juden, denen Repressalien durch einen frühen Tod erspart blieben, gehörte Hugo Winternitz. Er studierte Medizin in Prag, Wien und zuletzt Straßburg, dort wurde er Assistent des damals bedeutendsten deutschen Physiologen Felix Hoppe-Seiler. Über Berlin kam Winternitz nach Halle, wo er zunächst an der Medizinischen Universitätspoliklinik, dann an der Medizinischen Klinik assistierte. Für die Habilitation erteilte Wilhelm II., in seiner Funktion als preußisches Staatsoberhaupt, dem Katholik Winternitz 1902 einen Dispens nach § 4 der Universitätsstatuten. Die Ernennung zum Oberarzt der Medizinischen Klinik lehnte Staatssekretär Friedrich Althoff jedoch ab, weil Winternitz die Konversion zum evangelisch-lutherischen Glauben verweigerte. Von 1904 bis zu seinem Rücktritt aus gesundheitlichen Gründen im Dezember 1932 leitete Winternitz die Abteilung für innere Medizin im Elisabeth-Krankenhauses Halle. Winternitz wurde mehrfach von der Medizinischen Fakultät für die Leitung der Universitätspoliklinik und für die Ernennung zum außerordentlichen Professor vorgeschlagen. Immerhin erhielt er 1908 den Titel eines Professors zugesprochen. Neben seinen Verdiensten um die Hydrotherapie wurde auch das von ihm entwickelte »Jodipin«, ein jodiertes Sesam- oder Mohnöl zur inneren Anwendung,[388] regelmäßig als bedeutende wissenschaftliche Leistung genannt. Während des Ersten Weltkrieges diente er als beratender Internist des IV. Armeekorps und wurde mit dem Eisernen Kreuz II. Klasse ausgezeichnet. Den Lehrstuhl für innere Medizin vertrat er mehrfach, 1919 ernannte ihn das preußische Kultusministerium auf Antrag der Fakultät zum ordentlichen Honorarprofessor. In den Fragebogen für das Gesetz zur Wiederherstellung des Berufsbeamtentums trug Winternitz 1933 lediglich seine katholischen Eltern ein. Er erklärte, dass alle seine Unterlagen im Besitz seines Bruders gewesen wären, der 1914 gefallen sei. Die Unterlagen der Familie in Przemysl seien nach dem Einmarsch der Russen vernichtet worden. Da Winternitz ohnehin nicht mehr lehrte, gab man sich in Berlin damit zufrieden.[389]

Als Winternitz am 14. September 1934 starb, war seine jüdische Herkunft also nicht bekannt. Die Nachrufe fielen daher so aus, wie der beliebte Arzt es verdient hatte. Die Saale-Zeitung würdigte »die innere Vornehmheit seines Wesens, christliche Humanität gegenüber seinen Patienten und eine natürliche Bescheidenheit«.[390] In den Hallischen Nachrichten wurde von Winternitz' »hoher, reiner Menschlichkeit« gesprochen.[391]

Seine jüdische Abstammung holte erst seine fünf Kinder ein, die zu »Halbjuden« erklärt wurden. 1940 forderte die Gestapo die Personalakte an und gab sie mit der Bemerkung an das Kuratorium der Universität zurück, »dass die jüdische Abstammung des Hugo Winternitz einwandfrei festgestellt wurde.« Im Sinne der Nürnberger Gesetze gelte er als »Volljude.« 1941 befasste sich die Gestapo erneut mit der Familie Winternitz, der Rechtsanwalt Bernhard Bauer hatte die »Rassenbezeichnung« seiner Ehefrau Sabine, geborene Winternitz, »unrichtig« angegeben, was als Urkundenfälschung bewertet wurde.[392]

Von den Mitgliedern der Philosophischen Fakultät mussten die Universität 1933 der Wirtschaftswissenschaftler Georg Brodnitz, die Indologin Betty Heimann, der Kunsthistoriker Paul Frankl sowie die Psychologen Adhémar Gelb und Emil Utitz verlassen.

Georg Brodnitz hatte Staatswissenschaften studiert, 1902 wurde er habilitiert. 1909 vertrat er einen Lehrstuhl an der Universität Halle, als 1914 aus der Philosophischen Fakultät die Rechts- und Staatswissenschaftliche Fakultät abgespalten wurde, verweigerte der vor allem wirtschaftshistorisch Interessierte den Übertritt. Obwohl er, wie Kollegen urteilten, eine »Reihe trefflicher Untersuchungen« veröffentlicht hatte, war für ihn damit eine Universitätskarriere unmöglich geworden. Erst 1927 erhielt er eine dotierte Stelle. Im Mai 1933 beurlaubt, versetzte ihn das Kultusministerium in den Ruhestand. Kurator Tromp setze für ihn Gnadenbezüge durch. Als 1938 ein englischer Verlag Brodnitz' »Englische Wirtschaftsgeschichte« veröffentlichen wollte, stellte ihm Rektor Weigelt ein wohlwollendes Leumundszeugnis zur Vorlage beim Wissenschaftsministerium aus. Am 18. Oktober 1941 wurde Brodnitz nach Litzmannstadt deportiert und vermutlich wenig später ermordet. Die Universität erfuhr davon, als die Finanzdirektion Berlin dem Kurator mitteilte, dass Brodnitz' Anspruch auf Versorgungsbezüge »erloschen« sei.[393]

Die Indologin Betty Heimann wurde, nach einigen Schwierigkeiten, 1923 an der Universität Halle habilitiert. 1926 erhielt sie einen Lehrauftrag für indische Philosophie, 1930 wurde ihr Buch »Studien zur Eigenart indischen Denkens« preisgekrönt. Ein Jahr später wurde sie zur Professorin ernannt. 1931/32 hielt sie sich mit einem englischen Forschungsstipendium in Indien auf. Wie Friedrich Hertz bezog auch sie eindeutig Stellung gegen pseudowissenschaftliche Rassentheorien. Als im Januar 1933 während einer Diskussion ein Redner betonte, dass die indischen Arier ihre Rasse rein zu erhalten gewusst hätten, meldete sie sich zu Wort. Sie wolle »nur als Indologin« sprechen, sagte sie, um dann festzustellen, dass von einer »arischen Rasse«, die sich rein erhalten habe, in Indien nicht geredet werden könne. Dann wies sie den Mann mit einer fundierten Darstellung über die Zusammensetzung der indischen Bevölkerung in die Schranken.[394]

Die Nachricht vom Entzug der Lehrbefugnis erreichte sie im September 1933 während einer Vortragsreise in England, so dass sie nicht zurückkehrte. Von 1933 bis 1935 lehrte sie als Dozentin für indische Philosophie an der Universität London, 1935 in Rom, von 1936 bis 1944 erneut in London. Von 1945 bis 1949 war sie Professorin für Sanskrit an der Universität in Colombo (Ceylon). 1949 in den Ruhestand versetzt, veröffentlichte sie weiterhin zur indischen, aber auch zur deutschen Philosophiegeschichte.[395]

Die Beurlaubung des seit 1921 in Halle lehrenden Kunsthistorikers Paul Frankl erfolgte im April 1933 und wurde im Oktober des selben Jahres rückgängig gemacht. Über die Ursachen für diesen Schritt des Kultusministeriums geben die Akten im Universitätsarchiv keinen Aufschluss, fest steht, dass es eine Intervention der Universität zu Gunsten Frankls gab.[396] Die Bedeutung Frankls[397] hinderte das Ministerium jedoch nicht daran, ihn nach dem Ende des Semesters erneut zu beurlauben. Frankl bat darum, diesen Schritt nicht zu vollziehen. Weder die Studentenschaft noch irgendeine Stelle an der Universität habe doch sei-

Georg Brodnitz, Volkswirt.
1933 entlassen, 1941 deportiert, vermutlich ermordet.

nen Abschied gefordert. Und weiter: »Das Ministerium hat durch die Aufhebung der Berufung im Wintersemester zum Ausdruck gebracht, dass ich mir nichts habe zu Schulden kommen lassen, darum glaube ich, dass im Ministerium mir niemand die Härte der Pensionierung auferlegen will.« Darüber hinaus bitte er nicht für sich, sondern für seine vielköpfige Familie: »Stünde ich allein bzw. hätte ich halb so viele Personen zu ernähren, dann würde ich kein Wort sagen und das Los so vieler anderer gerne teilen.« Das Gnadengesuch wurde abgelehnt, immerhin erhielt Frankl geringfügig höhere Ruhestandsbezüge zugesprochen. 1938 unternahm er eine Vortragsreise in die USA, durch eine Erkrankung – so vermerkt es seine Personalakte – wurde ihm die Rückkehr unmöglich. Im nächsten Jahr emigrierte er auch formell, 1940 wurde er Mitglied des Institute for Advanced Study in Princeton (USA), 1948 lehrte er kurzfristig als Gastprofessor an der Universität Berlin. Das Angebot der Universität Halle, von Berlin aus doch zu einem Vortrag nach Halle zu kommen, lehnte er ab.[398]

Der Psychologe Adhémar Gelb nahm 1931 einen Lehrstuhl an der Universität Halle an, da er an der Universität Frankfurt am Main zwar zum Direktor des Psychologischen Instituts ernannt worden war, jedoch keine unbefristete Stellung erhielt.[399] Hier erkannte man vor allem seine Forschungen zu den Folgeerscheinungen bei Gehirnverletzungen an, sie seien »hervorragende Beispiele des glücklichen Zusammenwirkens psychologischer und neurologischer Arbeit«, wie es in den Berufungsakten heißt. Hierzu trete noch eine »lebendige Fühlungnahme mit der philosophischen Problematik«.[400] Als Gelb 1933 auf Grund des § 3 des Berufsbeamtengesetzes in den Ruhestand versetzt wurde, erhielt er keine Bezüge, da er noch nicht lange genug Beamter war. Vergeblich suchte er in den Niederlanden und in Schweden um Anstellungen nach. Arbeitslos geworden und an Tuberkulose erkrankt, musste er um eine Gnadenpension nachsuchen, die ihm dank der Fürsprache der Universität auch gewährt wurde. Bis dieses Geld bei ihm einging, finanzierten einstige Kollegen den Sanatoriumsaufenthalt: Gelbs Freund Herbert Koch, die beiden zunächst als Frontkämpfer noch vor Entlassung geschützten Altphilologen Richard Laqueur und Paul Friedländer, der Theologe Erich Klostermann und der Chirurg Alexander Stieda. Im Sanatorium Schömberg im Schwarzwald hatte Gelb, so formulierte es Herbert Koch 1947, »unter Taktlosigkeiten und Provokationen nazistischer Mitpatienten schwer zu leiden«. Er konnte nicht im Sanatorium bleiben, sondern musste in das benachbarte Dorf ziehen. Obwohl die Ärzte ihm die Behandlung nicht verweigerten, starb er 1936.[401]

Der 1925 an die Universität Halle berufe Philosoph, Pädagoge und Psychologe Emil Utitz wurde am 29. April 1933 beurlaubt und am 23. September 1933 in den Ruhestand versetzt.

Auch um seine Pension gab es Streit, erst nach mehreren Interventionen in Berlin erhielt er das ihm zustehende Ruhegehalt. Nach Fürsprache des Dekans der Philosophischen Fakultät Ferdinand Josef Schneider bekam er 1933 die Chance, in Prag den Nachlass des Phänomenologen Franz Brentano zu ordnen. Hier knüpfte er Kontakte zur Universität, 1934 erhielt er (unico et primo loco) einen Ruf auf eine ordentliche Professur für Philosophie an der deutschen Universität Prag. 1939 entlassen, wurde er später in das Konzentrationslager Theresienstadt gebracht. 1945 wurde er erneut Professor in Prag.[402]

Aus der Naturwissenschaftlichen Fakultät wurden 1933 der Chemiker und Chemiehistoriker Edmund von Lippmann, der Mathematiker Reinhold Baer und der Dozent für Landmaschinenkunde Rudolf Bernstein entlassen.

Zumindest die Vertreibung des anerkannten und beliebten von Lippmann war der Universitätsspitze offenbar peinlich, als ihm die Lehrberechtigung entzogen wurde, nannte Rektor Stieve vor dem Generalkonzil der Universität als Begründung das hohe Alter von Lippmanns.[403] Tatsächlich geschah dies aber auf dem üblichen Weg. Zunächst hatte von Lippmann statt des ausgefüllten Fragebogens zum Berufsbeamtengesetz im Kuratorium der Universität ein Gesuch um Entbindung von seinem Lehrauftrag abgegeben, später füllte er das Papier aber doch aus.[404] Der 1933 76-Jährige hatte Chemie studiert und 1878 an der Universität Heidelberg bei Robert Bunsen promoviert. Er entwickelte ein Verfahren zur Entzuckerung von Melasse und leitete seit 1881 verschiedene Zuckerfabriken. Von 1889 bis 1926 stand er der zum Wentzel'schen Konzern gehörenden Hallischen Zuckerraffinerie vor. 1926 zum Honorarprofessor der Universität Halle ernannt, lehrte er ohne Vergütung Geschichte der Chemie.[405] Offenbar war von Lippmann ohne Groll, auch nach dem Verlust der Lehrbefugnis betreute er noch eine Dissertation. Rückblickend schrieb er: »Ich hatte die Genugtuung, noch einmal … mit Erfolg aushelfen zu können.«[406]

Den seit 1928 an der Universität Halle als Dozent für Analysis lehrenden Mathematiker Reinhold Baer erreichte die Mitteilung von der Beurlaubung im April 1933 während einer Urlaubsreise in Tirol. Nach Regelung seiner persönlichen Angelegenheiten in Halle begab sich Baer sofort wieder ins Ausland und leitete seine Übersiedlung nach England ein. Aus Südtirol bat er per Ansichtskarte die Quästur der Universität um eine Abrechnung seiner, mittlerweile eingestellten, Bezüge. Diese Aufstellung sollte postlagernd nach Le Coq sur Mer bei Ostende in Belgien gesandt werden. Ab dem 29. September 1933 gehöre er dem Department of Mathematics der Universität von Manchester an, teilte er den Universitätsbehörden in Halle mit.[407]

Baers weiterer Weg führte in die USA, wo er an den Universitäten in Princeton und Chapel Hill lehrte. An der University of Illinois in Urbana wurde Baer 1944 zum Full Professor ernannt. Von 1950 bis 1956 war er Mitherausgeber des American Journal of Mathematics. 1957 nahm er einen Ruf als ordentlicher Professor an die Universität Frankfurt am Main an.[408]

Ebenfalls im Sommersemester 1933 wurde der Privatdozent Rudolf Bernstein beurlaubt. Bernstein hatte Maschinenbau an verschiedenen technischen Hochschulen, dazu Physik in Heidelberg und Halle studiert. Er arbeitete in der hallischen Eisenbahnwerkstatt und der Borsig'schen Maschinenfabrik Tegel. Nach der Diplomprüfung als Ingenieur promovierte er in Halle zum Dr. phil. mit einer Arbeit über den Magnetismus einiger Gase. Von 1909 bis 1916 war er Assistent an der Maschinenabteilung des Landwirtschaftlichen Instituts der Universität Halle, 1911 habilitierte er sich für Maschinenlehre. Wegen Konstruktionsarbeiten für einen kleinen Motorpflug war Bernstein im Ersten Weltkrieg unabkömmlich gestellt. Als Leiter einer Forschungsstelle lehrte Bernstein unentgeltlich an der Universität. Als diese Forschungsstelle 1931 geschlossen wurde, beantragte Dekan Paul Holdefleiß am 20. Januar 1931 eine

Lehrauftragsvergütung für Bernstein. Diesem sei es nicht möglich, »neben einer Erwerbstätigkeit die für seine akademische Tätigkeit notwendige Zeit zu finden.« Das wäre aber ein »empfindlicher Ausfall«, so Holdefleiß, denn Bernstein habe »in zahlreichen Untersuchungen … neue Probleme aufgezeigt, zu ihrer Lösung Verfahren geschaffen und durch die Ergebnisse im Landmaschinenwesen bahnbrechend gewirkt.«[409] Die Unterstützung wurde gewährt, 1932 und 1933 jedoch nicht, so dass Bernstein als Konstrukteur und Berater, unter anderem für MAN arbeitete. Im September 1933 entzog ihm das preußische Kultusministerium die Lehrbefugnis. 1939 emigrierte Rudolf Bernstein in die Schweiz, wo er 1971 verstarb.[410]

Die zweite Säuberungswelle 1935

Aus dem Reichsbürgergesetz von 1935, das Menschen mit vier, drei und in bestimmten Fällen zwei jüdischen Großelternteilen staatsbürgerliche Rechte aberkannte, leitete das Wissenschaftsministerium eine Verordnung zur Entlassung der bisher durch die Frontkämpferregelung geschützten Professoren ab. Auf die Anwendung des in der Ausführung umstrittenen Berufsbeamtengesetzes wurde verzichtet, in der Konsequenz bedeutete die Bestimmung des Wissenschaftministeriums nichts anderes.[411] In der Rechts- und Staatswissenschaftlichen Fakultät traf es jetzt Max Fleischmann, ordentlicher Professor für Öffentliches Recht und Völkerrecht. Nach kurzer Tätigkeit als Richter wurde er 1902 habilitiert, 1908 hatte er den Professorentitel und zugleich einen Lehrauftrag für Kolonialrecht erhalten, den ersten an einer preußischen Universität. 1914 erhielt einen Ruf an die Universität Königsberg auf ein planmäßiges Ordinariat und war damit als langjähriger Beamter von den Regeln des Berufsbeamtengesetzes ausgenommen. Während des Ersten Weltkrieges war er Staatsanwalt in Königsberg beim Gericht des Belagerungszustandes und wurde für diese Tätigkeit ausgezeichnet mit dem Eisernen Kreuz II. Klasse am schwarz-weißen Band. Von 1917 bis 1919 amtierte er als Senatsvorsitzender des Reichsschiedsgerichtes für die Kriegswirtschaft. 1921 nahm er einen Ruf nach Halle an, hier amtierte er 1925/26 als Rektor. Er vertrat Preußen und das Deutsche Reich mehrfach in nationalen und internationalen Rechtsstreitigkeiten, u. a. bei den Vermögensauseinandersetzungen zwischen Preußen und den Hohenzollern sowie 1930 bei der Haager Konferenz für die Kodifikation des Völkerrechts.[412] 1933 wurde sein Gehalt gekürzt. Im Dezember 1933 wies das preußische Kultusministerium an, Fleischmann von der Leitung des von ihm gegründeten Instituts für Zeitungswesen zu entbinden. Immerhin veranlasste Ministerialdirektor Theodor Vahlen den Kurator der Universität, dies »unter dem Ausdruck des Dankes für geleistete Dienste« zu tun.[413] Das Gesuch Fleischmanns um die Befreiung von den Regelungen des Reichsbürgergesetzes wurde sowohl von Dekan Karl Muhs, als auch von Rektor Woermann unterstützt. Sie führten seine Verdienste im Ersten Weltkrieg und um die Universität an und betonten Fleischmanns nationale Gesinnung. In der Nachkriegszeit hätte seine Arbeit als Wissenschaftler »in erster Linie dem Kampfe gegen das Versailler Diktat, gegen die Kriegsschuldlüge, die nationale Wehrlosmachung, Gebietsabtretungen und Kriegstribute« gegolten.[414] Auch dieser Vorstoß blieb ohne Resonanz. Fleischmann zog nach Berlin und fand hier den Weg zum konservativen Widerstand. Anfang Januar 1943 wurde er im Haus des ehemaligen Justizministers Eugen Schiffer von der Gestapo gestellt und wegen seiner Weigerung, den Judenstern zu tragen, verhaftet. Seine Bitte, noch einmal seine Wohnung betreten zu dürfen, um einige Sachen zu holen, wurde ihm gewährt. Hier tötete er sich mit einer großen Dosis Veronal.[415] In der Medizinischen Fakultät waren von den neuen Regelungen der Psychiater und Neuro-

loge Alfred Hauptmann, der Pharmakologe Martin Kochmann, der Hygieniker Walter Weisbach und wohl auch der Anatom Hans Froböse betroffen.
Für den Leiter der Nervenklinik der Universität Halle, Alfred Hauptmann, brachte das Berufsbeamtengesetz zunächst keine Einschränkungen.[416] Hauptmann, seit 1926 Ordinarius für Psychiatrie und Neurologie in Halle, war im Ersten Weltkrieg Frontkämpfer gewesen. Als Truppenarzt wurde er verwundet, für seine Tapferkeit erhielt er das Eiserne Kreuz I. Klasse. Hauptmann nahm auch 1934 an Kongressen und Lehrgängen teil.[417] Im Januar 1934 fragte die Bezirksstelle der Kassenärztlichen Vereinigung im Auftrage des Verbandes der Ärzte Deutschlands (Hartmannbund) an, ob Hauptmann, der in einem Prozess vor dem Reichsversorgungsgericht als Gutachter benannt worden war, »arischer Abstammung« sei oder sich »im kommunistischen Sinne betätigt« habe. Im Falle »nichtarischer Abstammung« bitte man um Nachricht. Universitätskurator Tromp wies darauf hin, dass der Inhalt der auf Grund des Gesetzes zur Wiederherstellung des Berufsbeamtentums ausgefüllten Fragebogen »streng geheim zu halten« sei. Tromp weiter: »Da jedoch von dem Herrn Minister gegen Professor Hauptmann nichts veranlasst ist, so ergibt sich schon daraus, dass Bedenken gegen die Persönlichkeit des Professors Hauptmann nicht bestanden haben.«[418]
Am 22. Oktober 1935 ließ das Wissenschaftsministerium jedoch Hauptmann mitteilen, dass er »im Hinblick auf die in Aussicht stehenden Durchführungsbestimmungen zum Reichsbürgergesetz vom 15. September« ab sofort »beurlaubt« sei.[419] Binnen kürzester Frist musste er seine Dienstwohnung räumen, da er immens viele Bücher besaß, war er gezwungen, eine relativ große Wohnung zu mieten. Vermutlich spielte dabei auch die Überlegung eine Rolle, dass es ihm möglich sein würde, eine Privatpraxis aufzubauen. Das gelang ihm allerdings nicht. Wie bei anderen auch, setzte jetzt das Gerangel um die ihm zustehenden Ruhestandsbezüge ein. Zugleich überwachte ihn die Gestapo, die am 18. September 1936 sogar die Personalakten Hauptmanns von der Universität anforderte.
1937 zog Hauptmann nach Freiburg um, möglicherweise in der Hoffnung, durch Freunde oder durch die aus dieser Stadt stammende Familie seiner Frau beim Aufbau einer neuen Existenz unterstützt zu werden. Aber auch dort hatte der Psychiater Hauptmann keine Chance. Am Tag der so genannten »Kristallnacht« wurde er verhaftet und in das Konzentrationslager Dachau gebracht. Spätestens zu diesem Zeitpunkt muss Hauptmann den Gedanken der Emigration gefasst haben. Im April 1939 siedelte er in die Schweiz über, im Mai 1939 zog er nach England.[420] Seine Pension wurde zunächst weiter gezahlt, wobei, wie der Bescheid des Wissenschaftministeriums vom 19. Juni 1939 besagte, dass »diese Zustimmung ohne Weiteres widerrufen« würde, sollte er bei Ausübung seiner Tätigkeit oder in seinem sonstigen Verhalten »gegen die deutschen Belange verstoßen«. Außerdem werde vorausgesetzt, dass er »im Ausland auf die Ausübung einer wissenschaftlichen Lehrtätigkeit« verzichte.[421] 1940 reiste Hauptmann in die USA, wo er eine Anstellung in einer psychiatrischen Klinik fand.[422]
Die Emigration gelang zunächst auch Walter Weisbach, dem Leiter des Hygienemuseums Dresden und ab 1921 Privatdozent an der Universität Halle. Seit 1922 nahm er einen Lehrauftrag für soziale und Gewerbehygiene wahr. Über den Charakter des Nationalsozialismus gab sich Weisbach, der 1925 selbst eine Vorlesung zur Rassenhygiene gehalten hatte,[423] keinerlei Illusionen hin. Er reichte den angeforderten Bericht über seinen Dienst im Ersten Weltkrieg ein und kündigte Vorlesungen an, um seine Lehrberechtigung nicht zu verlieren. Zugleich sondierte er in den Niederlanden, ob er eine Stelle bekommen könnte. Er begann für das Grüne Kreuz der Niederlande in Utrecht zu arbeiten, behielt jedoch formal den Wohnsitz in Halle bei. So wurde ihm erst 1936 die Venia Legendi entzogen.[424] Weisbach

emigrierte nun auch formell in die Niederlande, während der deutschen Besetzung des Landes war er im Konzentrationslager Westerbork inhaftiert. Er überlebte und arbeitete nach dem Zweiten Weltkrieg weiterhin für das Grüne Kreuz.[425]

Alle jüdischen Frontkämpfer des Ersten Weltkrieges mussten Belege für ihren Kriegseinsatz beibringen. Walter Weisbach reichte Bestätigungen über die ihm verliehenen Orden – das Eiserne Kreuz II. Klasse, die Österreichische Offiziersehrung vom Roten Kreuz mit Kriegsdekoration sowie der Bulgarische Militärverdienstorden mit Krone und Schwertern – ein. Außerdem formulierte er am 29. Juni 1933 einen umfassenden Bericht über seinen Einsatz an der Westfront und in den letzten Kriegstagen.

Zum Beweis, dass ich während meiner Zugehörigkeit zur Eisenb. Bau Komp. 1 an der Front als Truppenarzt tätig war, führe ich nur einen von vielen Fällen an. Im Bereich des 26ten Res. K. war ein Teil der Kompagnie sofort nach dem Abblasen des Gases am 22.4.1915 in Marsch gesetzt worden, um von Poelkapelle aus über Langemark bis zur Höhe vor Pilkem die Strecke für das Vorbringen von weiteren Gasflaschen von Hand provisorisch instand zu setzen. Diesem Kommando wurde ich als Arzt mit einem San. Uffz. beigegeben. Truppenverbandsplatz errichtete ich kurz hinter Bhf. Langemark in Richtung Pilkem. Infanterie war vor uns, Feldartillerie hinter uns. Bis zum 26ten kaum Feuer von englischer Seite. In der Nacht vom 26ten zum 27ten heftigeres Feuer. Am 27ten abends 7 Uhr Überschüttung des Gebietes mit Schwefelgranaten. Verwundete verschiedenster Regimenter waren zu versorgen. Dicht neben mir fiel Leutnant Oskandi meiner Kompagnie. Einen schwer verwundeten Jägerhauptmann konnte ich selbst kriechend in Deckung bringen und auf gleiche Weise meinen gefallenen Kameraden ein Stück zurückholen, bis er mir von 2 Eisenbahnpionieren abgenommen werden konnte. In der Nacht wurde dann von einer anrückenden Sanitätskompagnie nahe Bhf. Langemark ein Hauptverbandplatz errichtet. Im Anschluss an dieses Kommando erhielt ich im Sommer 1915 das E. K. 2. Kompagnieführer war damals Hptm. Tetzlaff, jetzige Anschrift: Major a. D. W. T. Berlin-Lichterfelde Unter den Eichen 128. Meine letzte ärztliche Tätigkeit an der Front war am 30./31.10.1918, das Kommando zu dem Panzersprengtrupp für die Sprengung der Donaufähren bei Semendria nach Überführung der letzten Truppen vom Balkan. Danach musste ich mich als selbstständiger Führer mit 26 Uffz. und Mannschaften und 11 Waggons wertvollen San. Materials durch die ungarische Revolution durchschlagen. Durch Aufnahme versprengter Mannschaften vergrößerte sich mein Transport auf 126 Köpfe. Heftige Handgemenge in Scolnok, Teschen und Oderberg. Aus Oderberg konnten wir noch 5 deutsche Lokomotiven, die von den Tschechen (oder damals wohl Polen?) dort festgehalten waren, mit nach Annaberg entführen …

Prof. Dr. med. Walter Weisbach
Oberarzt d. R. a. D.

Quelle: UAH PA 16804 Weisbach.

Der Pharmakologe Martin Kochmann fühlte sich, als er 1934 den Fragebogen der Dozentenkartei ausfüllte, nach dem Gesetz zur Wiederherstellung des Berufsbeamtentums »geschützt als Frontkämpfer und als Inhaber einer staatl.[ichen] Stellung seit 1906.«[426] Nach dem Medizinstudium wurde er 1902 Assistent am Pharmakologischen Institut der Universität Jena. Von 1904 bis 1906 arbeitete er am Institut de Pharmacodynamie et de Therapie in Gent, danach war er Assistent an der Universität Greifswald. Dort habilitierte er sich 1907 für das Fach Pharmakologie, 1911 wurde er zum außerordentlichen Professor ernannt. 1914 wurde Kochmann Oberassistent an der Universität Halle, jedoch wenig später als Stabsarzt zum Kriegsdienst eingezogen. Er diente als Frontarzt, erhielt 1914 das Eiserne Kreuz II. Klasse, danach war er in Feldlazaretten tätig. 1921 wurde der Arzneimittelkundler zum ordentlichen Professor und Direktor des Pharmakologischen Instituts Halle ernannt. Mehrfach wählten ihn seine Fakultätskollegen zum Dekan. Die erste Säuberungswelle 1933 überstand Kochmann wegen der Ausnahmeregelungen des Berufsbeamtengesetzes, er wurde 1935 in den Ruhestand versetzt.[427]

Kochmanns Nachfolger Otto Geßner, zunächst vertretungsweise bestellt, besichtigte das Pharmakologische Institut am 15. Juni 1936, um ein Inventarverzeichnis anzulegen und sich mit seinem Arbeitsplatz vertraut zu machen. In einem Kellerraum entdeckte er fünf übereinandergeschichtete Kisten, die Aufklebezettel der Städtischen Polizeiverwaltung trugen. Da die Kisten in keinem Inventarverzeichnis verzeichnet waren, rief er bei der Polizei an, und bat darum, wie er am 16. Juni 1936 zu Protokoll gab, »die Angelegenheit zu prüfen«.[428] Ein Polizeibeamter öffnete in Geßners Anwesenheit eine Kiste und stellte fest, dass sich in ihr ein Metallbehälter befand. Der Polizeibeamte öffnete daraufhin diesen Behälter mit einem Meißel, es zeigte sich, so Geßner, »als Inhalt eine weiße Masse, die, wie ich durch den Geruch feststellte, typisch nach Blausäure roch.« Der Verdacht auf eine Zyanverbindung war damit gegeben, die Prüfung der Substanz ergab, dass es sich um Zyankali handelte, das bei der Zuckerraffinerie als Nebenprodukt anfällt. Hektisches Herumtelefonieren brachte keinen Aufschluss über die Herkunft dieser – immerhin fünf Zentner – Gift. Am nächsten Tag setzte die Geheime Staatspolizei die Ermittlungen fort. Man holte Kochmann ab und brachte ihn zum Institut, wo er im Beisein Geßners und des Kurators verhört wurde. Kochmann erinnerte sich zunächst nicht, gab aber im Verlauf des Verhörs zu, dass er die Kisten 1928 erhalten habe. Im Laufe der weiteren Ermittlungen stellte es sich heraus, dass die Kisten im Jahr 1918 von der Dessauer Zuckerraffinerie an den Allgemeinen Konsumverein geliefert worden waren. 1928 wurden sie von zwei Polizeibeamten in Zivil und einem Arbeiter im Pharmakologischen Institut abgeliefert und dort auf Anweisung Kochmanns in einem Kellerraum untergebracht. Was die Gestapobeamten hellhörig werden ließ, war, dass Kochmann erst nach anderen Zeugenaussagen zugab, dass die Sache sich so abgespielt hatte. Darüber hinaus musste er zugeben, dass er eine von den Kisten, die ihm angeblich unbekannt waren, geöffnet und den Inhalt untersucht hatte. Die Gestapo vermutete nun, wie ein Protokoll vermerkt, »dass er mehr von der Sache weiß, als er zugeben will«. Möglicherweise habe Kochmann, »gewissermaßen« aus persönlicher Gefälligkeit »für eine parteipolitische Persönlichkeit des alten Systems (SPD oder KPD)« den nun »unbequemen Vorrat an Giftstoffen« in seinem Institut untergebracht. Eventuell habe das Gift also in »früheren parteipolitischen Kämpfen« Verwendung finden sollen, vielleicht habe es diese auch bereits gefunden, mutmaßten die Gestapo-Beamten. Es werde eine Reihe von Giftmorden mit dem Zyankali in Verbindung gebracht, teilten sie dem Kurator der Universität mit. So werde zum Beispiel von einer »spartakistischen Krankenschwester« der so genannten »roten Hedwig« erzählt (!), dass sie »während der Straßenkämpfe« in Halle 1920 »die Verwundeten aus einer Labflasche mit Gift umgebracht habe.«

Das weitere Vorgehen entsprach der typischen Gestapo-Logik. Obwohl Kochmann weder mit den Vorgängen der Revolutionswirren in Verbindung zu bringen war, noch ihm persönlich ein unlauterer Umgang mit dem Gift vorgeworfen werden konnte, nahm ihn die Polizei fest. Man verdächtigte ihn, durch die »Verbergung« der »zu unlauteren Zwecken bestimm-

ten Giftstoffe«, »hochverräterischen Bestrebungen Vorschub geleistet zu haben«. Das Gestapo-Protokoll enthielt dann noch die Angabe, dass die gefundene Menge an Zyankali »zur Vergiftung von 600 000 Menschen« ausgereicht hätte.
Am 10. Juli 1936 hatte die Gestapo die Ermittlungen abgeschlossen. Von dem eigentlichen Vorfall abstrahierte man nun – nach Konsultation Heinrich Himmlers – völlig. Kochmann stünde im Verdacht, »von staatsfeindlichen Bestrebungen gewusst, den Behörden davon keine Kenntnis gegeben und diese Bestrebungen aktiv unterstützt« zu haben. Ferner sei er des Betruges schuldig, da er private Nebeneinnahmen und Gelder des Staates miteinander verquickt habe. Außerdem sei er »dringend verdächtig«, seine weiblichen Hilfskräfte »seinen sexuellen Begierden« gefügig gemacht zu haben.[429]
Zum Klischee des jüdischen Giftmörders war nun auch das des Sexualverbrechers getreten, eine Verbindung von Vorwürfen, wie sie der »Stürmer« nicht besser hätte ersinnen können. Immerhin relativierte Kurator Maaß die beiden letzten Anklagepunkte in seinem Bericht an das Wissenschaftsministerium. Die Vorwürfe von Betrug und Untreue beruhten auf der nicht korrekten Verbuchung von Zahlungen für wissenschaftliche Arbeiten, schrieb er nach Berlin, für den letzten Punkt des Berichtes lägen »Anhaltspunkte« nicht vor.
Am 11. September 1936 tötete sich der Pharmakologe in der Haft selbst. Seine Einäscherung fand in aller Stille statt. Die Traueranzeige der Familie gab an, dass Martin Kochmann »unerwartet« verschieden sei.[430]
Undurchsichtig erscheint das Schicksal eines Dozenten, der 1936 die Lehrberechtigung verlor. Der Anatom Hans Froböse wusste offenbar nicht, dass er jüdische Vorfahren hatte, sein Vater war gestorben, als er neun Jahre alt war. Als Schüler nahm er in einem preußischen Regiment an den Kämpfen in Oberschlesien teil und erhielt dafür den Schlesischen Adlerorden I. Klasse. Nach dem Medizinstudium erhielt er eine Assistentenstelle im Anatomischen Institut Halle und habilitierte sich 1932. 1933 trat er in die NSDAP ein und wurde Obertruppführer in der SA.[431] Im November 1933 übernahm er in der neugebildeten Dozentenschaft das Amt Kasse und Verwaltung.[432] 1934 wechselte er als Assistenzarzt an die Landesheilanstalt Neuhaldensleben. Als er 1936 in einem Fragebogen »nichtarische« Vorfahren angab, strich ihn die Universität aus dem Vorlesungsverzeichnis. Den »Ariernachweis« gemäß der Nürnberger Gesetze scheint er jedoch erbracht zu haben, da ihm die Dozentur nicht 1935, sondern erst 1936 aberkannt wurde. 1939 wohnte er in Leipzig und bewarb sich um eine Stelle an der Landes-Siechenanstalt Hoym. Zu Weihnachten 1939 verschwand er spurlos, die Polizei ging von Selbstmord aus.[433]
In der Philosophischen Fakultät betraf die Aufhebung der Frontkämpferklausel die beiden Altphilologen Paul Friedländer und Richard Laqueur. Friedländer, in Berlin habilitiert und zunächst Professor an der Universität Marburg, nahm 1932 einen Ruf nach Halle auf den vakanten Lehrstuhl für Griechisch an. Er emigrierte 1939 und fasste in den USA schnell Fuß. Noch im selben Jahr lehrte er an der John Hopkins University in Baltimore, von 1940 bis 1949 war er an der University of California in Los Angeles tätig, zunächst als Lehrbeauftragter, ab 1945 als Professor. Auch nach seiner Pensionierung veröffentlichte er zahlreiche Arbeiten.[434]
Seinem Pendant auf dem Lehrstuhl für Latein gelang dies so nicht. Richard Laqueur, 1907 an der Universität Göttingen habilitiert, war von 1912 bis 1930 in Gießen tätig. Er wechselte nach Tübingen, 1932 nahm er einen Ruf nach Halle an. Laqueur gehörte unter den Professoren zu den höchst dekorierten Frontoffizieren, 1919 hatte er in Gießen eine Studentenabwehr für den Kampf in den Kommunistenunruhen formiert. Als Rektor der Universität Gießen bezog er mehrfach und eindeutig Stellung gegen die politischen Grundsätze der Weimarer Demokratie.[435] 1936 in den Ruhestand versetzt, verließ er Halle erst, nachdem ihm

die Benutzung der Universitätsbibliothek verboten worden war.[436] Wie Friedländer in die USA emigriert, fand er jedoch keinen Anschluss an die »scientific community«, sondern war in einer Handelsgesellschaft tätig. Ein in den Abendstunden verfasstes Buch zum Thema »Science and Imagination« blieb ungedruckt. Seit Kriegsende bemühte er sich, an die Universität Halle zurückzukehren. Obwohl sich Otto Eißfeldt für ihn einsetzte, blieben seine Bemühungen erfolglos. Der Grund: Die nun im Robertinum Beschäftigten denunzierten Laqueur als Freicorpskämpfer und Rechtsextremisten.[437] Die Sowjetische Militäradministration gestattete ihm daher die Einreise nicht. Auch in den westlichen Besatzungszonen erhielt der 1952 nach Deutschland Zurückgekehrte keinen Lehrstuhl. Immerhin ernannte die Hamburger Universität Laqueur wenige Jahre vor seinem Tod zum Honorarprofessor. Ob Richard Laqueur allerdings tatsächlich als deutscher »Patriot« am Ende »versöhnt« heimfand, wie sein Nachruf in der Historischen Zeitschrift behauptete, sei dahingestellt.[438]

Nicht mehr von den Säuberungen betroffen war der Dialektforscher Otto Bremer. Als Außenseiter seiner Wissenschaft hatte er die Ernennung zum persönlichen Ordinarius erst am 13. März 1928 erhalten, zwei Wochen vor seiner Emeritierung. Als er im Juli 1933 den Fragebogen zum Berufsbeamtengesetz auszufüllen hatte, strich er Punkt 4 – nähere Angaben über die Abstammung – aus. Nach ausdrücklicher Aufforderung durch das preußische Kultusministerium reichte er die Angaben nach. Kurator Tromp teilte den zuständigen Stellen in Berlin mit, dass Bremer, der seinen Namen geändert hatte »demnach nichtarischer Abstammung« sei. Durch seine Emeritierung im Jahr 1928 war er jedoch vor weiterreichenden Konsequenzen geschützt. Da emeritierte Professoren von der Kürzung der Ruhestandsgehälter nach § 4 der ersten Verordnung zum Reichsbürgergesetz vom 14. 11. 1935 nicht betroffen waren, erhielt Bremer sein – durch die späte Berufung geringes – Gehalt in der bis dahin üblichen Höhe weitergezahlt. Als Bremer lebensgefährlich an Darmkrebs erkrankte, setzte Tromp finanzielle Beihilfen durch. Nach Bremers Tod am 8. August 1936 erhielt die Witwe auf Betreiben Tromps eine Pension, obwohl ein Anspruch durch die extrem späte Übernahme Bremers in das Beamtenverhältnis strittig war.[439]

In der Naturwissenschaftlichen traf es als letzten Entlassenen den einstigen Stadtmedizinalrat Halles, Arnold Japha.[440] Er hatte Medizin und Naturwissenschaften studiert, auf beiden Gebieten promoviert und sich 1910 an der Universität Halle für Zoologie habilitiert. Während des Ersten Weltkrieges war er Bataillonsarzt gewesen und hatte das Eiserne Kreuz I. und II. Klasse erhalten. 1916 erhielt er den Professorentitel. 1921 fand er eine Anstellung am Stadtgesundheitsamt der Stadt Halle, wenig später wurde er zum Magistratsmedizinalrat befördert. 1923 erhielt er an der Universität Halle einen Lehrauftrag für Anthropologie. Als Stadtmedizinalrat baute er eine Kartei der »erbkranken« und »asozialen« Familien sowie eine rassenkundliche Sammlung auf.[441] Außerdem setzte er sich nachdrücklich für die Unterbindung der Fortpflanzung scheinbar »asozialer«, aber tatsächlich lediglich unterprivilegierter Familien ein.[442] 1933 verlor er die Anstellung bei der Stadt, im September 1933 strich das Kultusministerium die Lehrauftragsvergütung.[443] Im Oktober 1933 wurde er von der Tätigkeit an der Universität beurlaubt, 1935 entzog ihm das Ministerium die Lehrbefugnis. Als ihm 1943 sein Haus genommen werden sollte und er mit der Einweisung in ein KZ bedroht wurde, tötete er sich selbst.

1947 legte Japhas Witwe Rektor Otto Eißfeldt noch einmal die Motive für den Freitod ihres Mannes dar. Er sei nicht, wie Eißfeldt in seiner Gedenkrede für die Opfer des Faschismus formuliert hatte, aus dem Leben geschieden »weil« er aus seinem Haus vertrieben wurde, sondern »als« ihm das geschah: »Er war viel zu groß und stand in den letzten Jahren so vollkommen über den Dingen, dass ein materieller Verlust – auch nicht der eines sehr geliebten

Dinges – ihn im geringsten erschüttert hätte.« Das Konzentrationslager sei ihm nicht im Falle der Weigerung das Haus zu verlassen angedroht worden, »sondern in jedem Fall«. Ihr Mann habe das Haus auf seine Tochter übertragen lassen, was der Gestapo den Zugriff erschwerte. Aus Wut darüber habe das die Gestapo als »Betrug, für den er büßen müsse« ausgelegt. Das Gefühl der »völligen Rechtlosigkeit« habe dann wohl seinen Entschluss, aus dem Leben zu scheiden, bestimmt.[444]

Nach 1938 – die letzten rassistisch motivierten Säuberungen

Ohnehin seit 1933 zur Entlassung vorgesehen, gab das 1937 verabschiedete Beamtengesetz den letzten Anstoß zur Entfernung der verbliebenen jüdischen »Mischlinge« an der Universität.[445] Das Gesetz stellte die besondere Anforderungen an die Abstammung des Beamten noch einmal heraus und forderte »rückhaltloses« Eintreten für den Nationalsozialismus. Personen mit »jüdischem Bluteinschlag« wurde diese bedingungslose Loyalität, sicher zu Recht, abgesprochen. Das Wissenschaftsministerium leitete aus dem Gesetz erneut eine Richtlinie ab, die auch die nichtbeamteten Hochschullehrer wie Beamte behandelte.
Von den Säuberungen betroffen waren jetzt die Kinderärzte Wilhelm Hertz und Friedrich Lehnerdt sowie der Historiker Hans Herzfeld.
Wilhelm Hertz erhielt 1928 eine planmäßige Assistentenstelle an der Universitätskinderklinik. 1933 nahm die Fakultät seine Habilitationsschrift an. Er absolvierte Dozentenlager und -akademie und trat in die SA ein. Doch erst nachdem Klinikleiter Fritz Goebel über Hertz ein positives Gutachten zur Person verfasste, wurde er zur Habilitation zugelassen. Er könne sich dafür verbürgen, dass Hertz eine »lautere Persönlichkeit« sei, »in allem und jedem zuverlässig, aufrichtig, pflichttreu und unbegrenzt fleißig und immer bereit für seine Ansichten, Handlungen und Entschlüsse voll einzustehen.« Hertz habe alle Eigenschaften, die von einem Arzt gefordert werden könnten. In der Diagnose sei er »kritisch und sorgfältig«, in der Krankenbehandlung »unermüdlich«. Besonders bewährt habe sich Hertz in der Führung der Poliklinik, wo »er mit zahlreichen Kranken und ihren Angehörigen zu tun hat, die unter den ärmlichsten Verhältnissen zu leben gezwungen sind.« Goebel rekapitulierte noch einmal Hertz' wissenschaftliche Entwicklung, dessen Arbeiten hätten »Anerkennung« gefunden und seien oft als Sonderdrucke angefordert worden. »Im eigentlichen Gebiet der Kinderheilkunde sind seine wissenschaftlichen Kenntnisse derart, dass er jeder Lage gewachsen sein dürfte.« Hertz habe ihn oft vertreten und dabei »in jeder Beziehung und restlos seinen Mann gestanden.«[446] Negativ wirkte sich jedoch die Abstammung von Hertz aus. Zwar konnte er die Erklärung unterzeichnen, keiner seiner Elternteile oder Großelternteile zu irgendeiner Zeit der jüdischen Religion angehört hätten, musste jedoch hinzusetzen, dass sein Urgroßvater Hertz »christlich getauft, aber jüdischer Herkunft« sei. Jetzt erst, per Erlass vom 10. September 1934, genehmigte das Wissenschaftsministerium die Habilitation und erteilt am 10. November die Venia Legendi für das Lehrgebiet der Kinderheilkunde.
Im Oktober 1935 wurde Hertz' Mitgliedschaft in der SA für nichtig erklärt, Dozentenschaftsführer Wagner leitete die Verfügung des Kommandeurs der SA-Brigade am 22. Oktober an das Wissenschaftsministerium weiter und bat, »mir doch mitzuteilen«, ob auch »Folgerungen für seine Beschäftigung als Dozent zu ziehen« seien. Zunächst wurden die »Folgerungen« nicht gezogen, doch als die Verlängerung der Stelle anstand, schrieb das Wissenschaftsministerium an die Universität, dass es »wünschenswert« erscheine, dass Hertz »aus dem Beschäftigungsverhältnis als Oberarzt ausscheidet.«

Goebel stellte trotzdem einen Antrag auf die Verlängerung von Hertz' Stelle bis wenigstens zum 30. September 1936 und begründete dies damit, dass so schnell kein geeigneter Ersatz zu beschaffen sei. Kurator Maaß leitete den Antrag nach Berlin weiter und bat, sich damit einverstanden zu erklären. Maaß weiter: »Damit würde auch Dr. Hertz, der sich erst vor kurzem verheiratet hat, ausreichend Gelegenheit gegeben, sich nach einer anderen Stellung umzusehen.« Im Ministerium gab man dem Antrag statt und versicherte, dass man »persönlich Herrn Dr. Hertz mit allergrößtem Wohlwollen gegenüberstehe«. Niemand denke daran, ihm Schwierigkeiten irgendwelcher Art zu bereiten. Zusicherungen über seine spätere Laufbahn könnten ihm jedoch nicht gemacht werden, da sich nicht absehen lasse, »wie bald und nach welcher Richtung vielleicht eine neue Verschärfung des Arierstandpunktes« sich herausbilden werde.

Hertz sah sich daher nach einer Möglichkeit zur Niederlassung um, ihm wurden jedoch an verschiedenen Orten Steine in den Weg gelegt. Sogar der Reichszulassungsausschuss der Krankenkassen musste die Sache verhandeln, da eine im Aktenvermerk nicht genauer bezeichnete Dienststelle in der Pfalz, gegen seine Zulassung Einspruch erhoben hatte. Da sich die Sache hinzog, beantragte Klinikchef Goebel anständigerweise erneut die Verlängerung der Stelle um vier (!) Jahre. Das Ministerium genehmigte zwei Jahre, nach Goebels Erkrankung wurde Hertz 1936 sogar förmlich mit der Vertretung des Lehrstuhles und der Klinikleitung betraut. 1937 eröffnete er eine Praxis in Heilbronn, 1938 erklärte das Ministerium die Lehrbefugnis von Hertz für »erloschen«.[447] Im Zweiten Weltkrieg diente Hertz als Stabsarzt. Nach der Entlassung aus der Kriegsgefangenschaft im Juli 1945 eröffnete er die Praxis erneut. Ab 1946 war er Leiter der Kinderabteilung der Städtischen Krankenanstalten Heilbronn und von 1949 bis 1982 erneut als niedergelassener Kinderarzt tätig.[448]

Friedrich Lehnerdt wurde nach dem Medizinstudium und der Promotion 1906 Assistenzarzt an der hallischen Universitäts-Poliklinik für Kinderkrankheiten. Hier wandte er sich dem Problem der Rachitis zu. In seiner Habilitationsschrift untersuchte er den Einfluss von Strontiumgaben auf die Entwicklung des Knochengewebes wachsender Tiere, in der Hoffnung auch bei Kindern den schädigenden Kalkmangel auf diese Weise beheben zu können.[449] Im Weltkrieg gehörte Lehnerdt zunächst einem Verwundetenzug im Westen, dann einem Seuchenzug im Osten an. Ab 1915 war er der kämpfenden Truppe zugeteilt, im Dezember 1915 erhielt er das Eiserne Kreuz II. Klasse. Das EK I erhielt er während der Marneschlacht 1918, für die »in den schweren Angriffstagen bewiesene opferwillige Bemühung um zahlreiche Verwundete und Gaskranke der eigenen und fremder Divisionen.«[450]

Im Dezember 1918 erhielt Lehnerdt den Titel eines nichtbeamteten außerordentlichen Professors, 1923 wurde er beauftragt, das Fach Säuglings- und Kinderfürsorge in Vorlesungen und Übungen zu vertreten. Den Antrag auf Erteilung eines Lehrauftrages begründete Dekan Stieve mit der »geldlichen Notlage« Lehnerdts. Dieser sei zwar Leiter des Stadtkrankenhauses sowie der Kinderheilstätte des vaterländischen Frauenvereins und des Cröllwitzer Säuglingsheimes, die Bezahlung sei jedoch gering, insbesondere die Honorare der letzten beiden Einrichtungen würden, so Stieve, »nicht einmal die Ausgaben für die Straßenbahn« decken. Lehnerdt erfreue sich in Fachkreisen sehr hohen wissenschaftlichen Ansehens und sei aufgefordert, für die große Enzyklopädie der inneren Medizin und Kinderheilkunde den Band Rachitis zu bearbeiten. Es sei daher »sehr wünschenswert«, formulierte der Dekan weiter, wenn sich Lehnerdt durch Erteilung eines dotierten Lehrauftrages »sich wieder so wie früher« der Wissenschaft widmen könne. Den Lehrauftrag nahm Lehnerdt auch nach seiner Anstellung am Barbarakrankenhaus noch war, so dass er im April 1933 aufgefordert wurde, den Fragebogen zur Durchführung des Gesetzes zur Wiederherstellung des Berufsbeamtentums auszufüllen. Dass ein Großvater mütterlicherseits als Jude geboren war, hatte zunächst keinen Einfluss auf Lehnerdts Stellung, als Kriegsteilnehmer war er zunächst vor Entlassung geschützt. Doch Anfang November 1937 wies das Wissenschaftministerium an, die noch bei den Universitäten beschäftigten Hochschullehrer, »die Mischlinge ... sind, festzustellen und bis zum 15. November d. Js. anzuzeigen.« Angegeben werden sollte auch, »ob besondere Gründe die weitere Zugehörigkeit zum Lehrkörper rechtfertigen.« Kurator Maaß, nächstes Glied in der Befehlskette, wies die Medizinische Fakultät an, zu Lehnerdt Stellung zu nehmen. Dekan Geßner teilte dem Kurator mit, es würden »keine besonderen Gründe vorliegen, die die weitere Zugehörigkeit des Herrn n.b.a.o. Prof. Dr. Lehnerdt zum Lehrkörper rechtfertigen.« Konsequenterweise wurde Lehnerdt die Lehrbefugnis zum Ende des Wintersemesters 1937/38 entzogen. Am 30. Mai 1944 starb Lehnerdt, so weist es die Traueranzeige aus, infolge eines Herzschlags im Alter von 63 Jahren in Karlsbad.[451]

Der letzte Professor, der die Universität wegen eines jüdischen Vorfahren – seines Großvaters väterlicherseits – verlassen musste, war der Historiker Hans Herzfeld. Er verlor die Lehrberechtigung zum Ende des Sommersemesters, am 15. Juni 1938. Aufschlussreich ist, dass dieser Beschluss, der in Berlin gefasst wurde, auch durch zahlreiche Fürsprachen nicht rückgängig gemacht werden konnte. Für Herzfeld setzten sich die Universitätsleitung, seine Studenten, die Gauleitung der NSDAP und andere Nationalsozialisten ein: Einen Akt derartiger Solidarisierung hat es an der Universität zwischen 1933 und 1945 nicht noch einmal gegeben.

Herzfeld, Spross einer hallischen Arztfamilie, studierte nach dem Abitur in Freiburg und Halle Geschichte und Germanistik. 1914 meldete er sich freiwillig zum Kriegsdienst, rasch befördert und hoch dekoriert geriet er 1917 in französische Kriegsgefangenschaft, aus der er erst 1920 zurückkehrte. Er setzte das Studium in Halle fort, promovierte 1921 und habilitierte sich 1923. 1923 erhielt Herzfeld ein Stipendium des Preußischen Kultusministeriums, 1926 bekam er einen Lehrauftrag an der hallischen Universität. Seit 1931 brachte ihn die Philosophische Fakultät immer wieder für den vakanten Lehrstuhl für mittlere und neuere Geschichte in Vorschlag. Er vertrat den Lehrstuhl 1931/32, 1933 und 1935/36. 1934 wurde ein Ruf nach Gießen wegen der »nichtarischen Abstammung« Herzfelds nicht genehmigt. Da Herzfeld kein Beamter war, sondern lediglich einen Lehrauftrag innehatte verlor er seine Lehrberechtigung auch 1935 nicht, als die anderen einstigen Frontkämpfer die Universität verlassen mussten. Darüber hinaus verfasste Herzfeld ein Gesuch, von den Bestimmungen der Ausführungsverordnung zum Reichsbürgergesetz ausgenommen zu werden.

Ohne dass das Gesuch in irgendeiner Weise entschieden worden wäre, sondierten 1936 offenbar erneut andere Universitäten, ob Herzfeld für einen Lehrstuhl in Frage käme. Im April 1936 forderte daher die NSDAP-Gauleitung von Rektor Woermann eine Stellungnahme an, was er »persönlich« vom Privatdozenten Herzfeld halte. Woermann bat darum, »der Genehmigung des Gesuches keine Schwierigkeiten in den Weg zu stellen.« Herzfelds Vater habe sich während des Krieges als Stabsarzt in verschiedenen Lazaretten bewährt, seine beiden Brüder seien als Kriegsfreiwillige gefallen. Woermann erwähnte Herzfelds Kriegsauszeichnungen und führte an, dass sich auch Arthur Görlitzer, der stellvertretende Gauleiter von Berlin, für Herzfeld eingesetzt habe, da er ihm aus dem Kriegsgefangenenlager bekannt war. Herzfeld sei 1920 der DNVP und 1933 dem Stahlhelm beigetreten und in die SA-Reserve überführt worden. Aus der SA sei er ehrenvoll entlassen worden, »nachdem sich der Nachweis der arischen Abstammung seines Großvaters nicht erbringen ließ.« Herzfelds Buch über die Sozialdemokratie habe »viel Bekennermut« gezeigt, aus politischen Gründen hätten ihn die »Systemregierungen« in seiner akademischen Laufbahn behindert. Wegen dieser Haltung trete er »im vollen Bewusstsein der Verantwortung« für Herzfeld ein.[452]

Trotz Woermanns Fürsprache wurde Herzfelds Gesuch im August 1936 abgelehnt. Zum Beginn des Wintersemesters äußerten sich die Studenten dazu. Sie schrieben an Gauleiter Jordan und baten darum, »Mittel und Wege« zu finden, Herzfeld der Universität zu erhalten. Durch seine »antiliberale« Einstellung habe er den Studenten »viel zu geben«. Er erziehe die Studenten durch die Veranstaltung von Historikerlagern und -fahrten, besonders aber durch seine Vorlesungen und Übungen über den Weltkrieg und die Nachkriegszeit, die derzeit von keinem anderen Historiker abgehalten würden, zur »wissenschaftlichen Mitarbeit am Aufbau des Dritten Reiches.«[453]

Die Venia Legendi blieb Herzfeld jedoch, auch 1937 verlor er sie nicht. Als Grund für die Nichtentfernung Herzfelds gab Gaudozentenführer Wagner dessen »einwandfreien Charakter« an. Entzogen wurde ihm die Lehrbefugnis durch das Wissenschaftsministerium zum Ende des Sommersemesters 1938, jetzt bat die Philosophische Fakultät um die Gewährung einer Gnadenpension oder eines Forschungsstipendiums. Rektor Weigelt befürwortete den Antrag.[454] Erhalten hat Herzfeld sie vermutlich nicht, in seiner Personalakte fehlt der entsprechende Vermerk. Auch die Zulassung zum Beruf des Schriftstellers wurde ihm von der Reichsschrifttumskammer versagt, obwohl die NSDAP-Gauleitung den Antrag befürwortete.[455] Nach der Fürsprache seines Mentors Richard Fester – der 1925 emeritierte Historiker verfügte über ausgezeichnete Verbindungen und war einflussreicher als es seine bescheidene Publikationsliste vermuten lässt – stellte ihn die Heeresgeschichtliche Forschungsanstalt an.[456] In Potsdam wurde Herzfeld auf Grund von »Äußerungen wehrkraftzersetzenden Charakters« denunziert, er hatte sich aus Sicht des mit dem Ersten Weltkrieg vertrauten Historikers zur Frontlage geäußert. Aus der Gestapohaft kam er nach kurzer Zeit frei, verlor jedoch seine Anstellung.[457] 1946 wurde Hans Herzfeld außerordentlicher Professor an der Universität Freiburg, 1950 erhielt er einen Ruf an die Freie Universität Berlin. Außerdem war er Leiter der Historischen Kommission Berlins.[458]

Die Säuberungen der Universität von Juden waren damit jedoch nicht beendet. 1943 wurde dem Heimatgeschichtler Siegmar Baron von Galéra die Lehrbefugnis entzogen. Ihn traf das nicht, da er zu diesem Zeitpunkt 78 Jahre alt war und seit 1932 keine Vorlesungen mehr hielt. Getroffen werden sollte sein Sohn, der Autor zeithistorischer Bestseller Karl Siegmar Baron von Galéra. Karl Siegmar von Galéra hatte sich als Nationalsozialist profiliert und sich offenbar innerhalb der Partei Feinde geschaffen.[459]

3.2 Politisch motivierte Säuberungen

Der Kampf der nationalsozialistischen Studenten gegen Günther Dehn und der Boykott gegen Friedrich Hertz wurden unter dem Banner der »nationalen Revolution« geführt.[460] Doch der Beamtenstatus der Professoren verlangte eine Festlegung der Säuberungsmechanismen, gewissermaßen die Institutionalisierung der Revolution. Das Gesetz zur Wiederherstellung des Berufsbeamtentums enthielt daher auch den Paragraphen 4, der die Säuberung der Universitäten von Beamten, »die nach ihrer bisherigen politischen Betätigung nicht die Gewähr dafür« böten, »dass sie jederzeit rückhaltlos für den nationalen Staat eintreten« würden, ermöglichte.[461]

Im Gegensatz zu anderen Universitäten, wo zahlreiche Sozialdemokraten entlassen wurden, wandte man den Paragraphen in Halle lediglich auf zwei Personen an, den Theologen Günther Dehn und den als »Demokrat« verdächtigten Juristen Rudolf Joerges. In der Folgezeit wurden jedoch noch andere Personen von der Universität vertrieben. Auf »kaltem

Weg« verlor der Reichsgerichtsrat Fritz Hartung die Venia Legendi. Der Historiker Wolfgang Windelband wurde erst nach Halle straf-, dann in den Ruhestand versetzt. Dem Internisten Theodor Brugsch, als »Judenfreund« verschrieen, machte man die Fälschung eines Fragebogens zu Vorwurf. Der Kunsthistoriker Alois Schardt verlor seine Lehrberechtigung nach Auseinandersetzungen um eine Ausstellung. Der Landwirt Karl Eickschen hatte die Universität zu verlassen, weil er als Wirtschaftsliberaler galt. Fünf Wissenschaftler mussten gehen, weil sie jüdische Ehefrauen hatten. Der Paläontologe Oskar Kuhn wurde entlassen, da er Zweifel an der Abstammungslehre geäußert hatte.

Darüber hinaus gab es heftige Auseinandersetzungen um den Anglisten Hans Weyhe, der wegen seiner scheinbar »unpolitischen«, tatsächlich aber ablehnenden Haltung zum Nationalsozialismus mit Dienststrafverfahren überzogen wurde. Die Wirtschaftswissenschaftler Waldemar Mitscherlich und Hans Schachtschabel sollten nach dem Willen der Universitätsspitze ebenfalls ihre Lehrberechtigung verlieren, wurden dann aber »nur« versetzt. Die Mitglieder des »Gestaltkreises« wurden denunziert und bespitzelt, blieben aber an der Universität, da sie wichtige Positionen einnahmen.

Im Gegensatz zur Säuberung von Gelehrten jüdischer Abstammung lag in diesen Fällen die Initiative nicht selten bei Angehörigen der Universität. Studenten- und Dozentenführer waren ebenso beteiligt, wie Rektor Weigelt und Mitglieder der Dozentenschaft. Insofern korrespondierten die von »oben« angeordneten Maßnahmen mit dem Hass der Nationalsozialisten vor Ort auf alle, die das Regime nicht »rückhaltlos« unterstützten.

Der Theologe Günther Dehn, als »Pazifist« verdächtigt und als »Marxist« geschmäht, wurde nach den Boykottmaßnahmen gegen ihn bereits am 6. Oktober 1932 zu »Studienreisen« beurlaubt, da ihm die allermeisten Kollegen die – wie auch immer geartete – Solidarität aufkündigten. Am 13. April 1933 wurde er nach § 4 des Gesetzes zur Wiederherstellung des Berufsbeamtentums entlassen. Er übernahm eine Pfarrstelle in Berlin und schloss sich der Bekennenden Kirche an, ab 1935 lehrte er an der wenig später geschlossenen Kirchlichen Hochschule der Bekennenden Kirche in Berlin. Auch nach dem Verbot sämtlicher Ersatzhochschulen und Arbeitsgemeinschaften hielt er im Auftrag des Bruderrates der Bekennenden Kirche weiterhin Prüfungen von Pfarramtskandidaten ab. 1941 wurde er deswegen verhaftet und gemeinsam mit anderen Mitgliedern der Bekennenden Kirche angeklagt. Obwohl die Tat als geeignet »den Bestand und die Sicherheit des Staates und der den Staat tragenden NSDAP zu untergraben und zu gefährden« gewertet wurde, fiel das Urteil vergleichsweise mild aus. Dehn erhielt ein Jahr Gefängnis, als strafmildernd galt, dass er »nicht um irgendwelcher materieller Vorteile willen«, sondern in religiösem »Wahn« gehandelt habe.[462] Nach Verbüßung der Strafe verwaltete er eine Pfarrstelle in Ravensburg. 1946 erhielt er einen Ruf an die Universität Bonn, wo er bis 1953 als ordentlicher Professor für Praktische Theologie wirkte.[463]

Ebenfalls auf Grund des Berufsbeamtengesetzes entlassen wurde Rudolf Joerges, Leiter des Instituts für Arbeitsrecht. Joerges, geboren 1868, hatte sich erst nach einer erfolgreichen Karriere als Lehrer und Leiter einer Privatschule der Rechtswissenschaft zugewandt. Er wurde als Schüler des Rechtsphilosophen Rudolph Stammler 1910 promoviert, 1912 habilitierte er sich mit einer rechtsphilosophischen Arbeit über die uneheliche Lebensgemeinschaft. Von 1915 bis zum Ende des Ersten Weltkrieges leitete er ehrenamtlich das Gewerbe- und Kaufmannsgericht in Halle. Auf Grund seiner bei Arbeitnehmern wie Arbeitgebern anerkannten Fairness wurde er 1918 Vorsitzender des staatlichen Schlichtungsausschusses im Regierungsbezirk Halle-Merseburg. In einem Lebenslauf schilderte er seine Berufung rückwirkend so: »Ende 1918 kamen zwei Gewerkschaftsvertreter zu mir und baten mich, in dem gemäß der Verordnung vom 23. Dezember 1918 über Tarifverträge, Arbeiter- und Angestelltenausschüsse und Schlichtung von Arbeitsstreitigkeiten für Halle-Merseburg errichteten Schlichtungssausschuss den Vorsitz zu übernehmen. Auf meine Frage, wie es zu dem Anerbieten an mich gekommen wäre, wurde mir die Antwort gegeben, sie hätten durch meine Rechtsprechung im Gewerbegericht meinen Gerechtigkeitssinn kennengelernt. Daraufhin erklärte ich mich bereit, den Vorsitz zu übernehmen ...«[464] 1922 wurde Joerges vom Reichswirtschaftsministerium für den Vorsitz des Reichskaligerichtes vorgeschlagen, das sich ebenfalls mit Schlichtungsfragen befasste. Beide Ämter hatte er bis 1933 inne, am 19. Mai 1933 beurlaubte ihn das preußische Kultusministerium mit sofortiger Wirkung. Folgerichtig verlor Joerges auch sein Amt im Prüfungsausschuss des Oberlandesgerichtes Naumburg.[465] Am 13. Juli 1933 wies Ministerialdirektor Stuckart an, dass sich Joerges auch aller mit dem Institut für Arbeitsrecht zusammenhängenden Tätigkeiten zu enthalten habe. Am 23. September 1933 wurde Joerges auf Grund des § 6 des Berufsbeamtengesetzes – »dienstliche Gründe« – in den Ruhestand versetzt. Insbesondere die Absetzung als Direktor des Instituts für Arbeitsrecht schmerzte Joerges, da er das Institut selbst aufgebaut und mit von ihm selbst eingeworbenen Industriespenden finanziert hatte. Joerges Beschwerde im Kultusministerium war erfolglos, in der nächsten Jahren wurde das Institut zu einem Spielball von Parteiinteressen. Zunächst versuchte der Gauwirtschaftsberater Rudolf Trautmann das Institut zu einem Archiv für Raumordnung und Landesplanung umzufunktionieren, später wurden Vorträge der Einheitsgewerkschaft DAF aus den Stiftungskapital finanziert.[466] Die Dozenten, die nach Trautmanns Abberufung Arbeitsrecht lasen, wechselten rasch an andere Universitäten.

Der Direktor des Instituts für Arbeitsrecht, Rudolf Joerges, schrieb am 23. Mai 1933 an den preußischen Kultusminister Bernhard Rust, um gegen seine Entlassung als Direktor des Instituts zu protestieren.

Herr Minister!

Heute, den 21.5.1933 ist mir Ihre Verfügung vom 19.5.33 – U I Nr. 11625 – zugestellt worden, nach der Sie mich bis zur endgültigen Entscheidung mit sofortiger Wirkung aus meinem Amte beurlaubt haben.
Ich habe meine Arbeitskraft über meine gesetzliche Verpflichtung hinaus im Krieg und im Frieden in den Dienst von Amt und Vaterland gestellt. Ich habe aus eigener Kraft auf Grund von Zuwendungen, die Wirtschaftskreise aus persönlichem Vertrauen heraus mir gemacht haben das Institut für Arbeitsrecht an der Universität Halle begründet und ausgebaut. Ich habe in den 65 Jahren meines Lebens zu jeder Zeit den Grundsatz vertreten, dass der Deutsche nach außen mannhaft, nach innen nach dem preußischen Grundsatz suum cuique handeln soll.
Diesen Grundsatz habe ich im Hauptamt gegenüber den Studenten und als sozialer Schiedsrichter gegenüber den Arbeitgebern und Arbeitnehmern gelehrt und durchgeführt.
Die Beurlaubung betrachte ich als eine Verletzung meiner Ehre. Ich betrachte sie mit Gefühlen der Empörung, die ich Ihnen, Herr Minister, nicht zu schildern brauche.
Ich habe das unbedingte Verlangen und wohl auch das Recht, so schnell wie möglich zu erfahren, welche Tatsachen Sie zu ihrer Entscheidung veranlasst haben, damit ich dazu Stellung nehmen kann.

Ich bitte Sie, Herr Minister, mir am Mittwoch, den 24.5.1933, in dieser Sache eine Unterredung zu gewähren, oder mich einem Ihrer Herren Sachbearbeiter zuzuweisen, damit ich die Gründe Ihrer Entscheidung erfahre.
Ich werde mir gestatten, von Berlin aus am Dienstag oder Mittwoch früh fernmündlich anzufragen, zu welcher Stunde ich vorsprechen darf.

In ausgezeichneter Hochachtung
Joerges

Quelle. UAH PA 8459 Joerges.

Gründe wurden Joerges für seine Beurlaubung nicht mitgeteilt, ein Gespräch im Ministerium kam nicht zustande, da Rust anordnete, entlassene Professoren prinzipiell nicht zu empfangen. Joerges wurde im September 1933 in den Ruhestand versetzt nach § 6 des Berufsbeamtengesetzes. Ministerialdirektor Stuckart lehnte am 11. Juli 1934 einen Einspruch von Joerges ab.

Mit der Nichternennung Fritz Hartungs zum Honorarprofessor in der Rechts- und Staatswissenschaftlichen Fakultät wurde ein weiterer Hochschullehrer aussortiert, der als nicht 100%ig zuverlässig galt. Zum »Fall« ist Hartung aber nicht geworden. Hartung studierte Rechtswissenschaft in Marburg und Leipzig, war Referendar, Richter, juristischer Mitarbeiter des Reichspostamtes, nahm am Weltkrieg teil und wurde mit dem Eisernen Kreuz I. Klasse ausgezeichnet. Nach dem Krieg wieder Richter trat er 1920 als wissenschaftlicher Hilfsarbeiter in das preußische Justizministerium ein. Die Beförderung folgte rasch, 1921 wurde er Oberjustizrat und 1922 dort Ministerialrat. Er arbeitete an verschiedenen Gesetzen und Verordnungen mit, die eine Strafrechtsreform einleiteten. 1929 ernannte ihn die Reichsregierung zum Gerichtsrat am Reichsgericht Leipzig. 1930 promovierte ihn die Universität Münster zum Doktor h. c., die Rechts- und Staatswissenschaftliche Fakultät der Universität Halle habilitierte Hartung im selben Jahr kumulativ, also ohne eine eigenständige Habilitationsschrift.[467] Von 1931 bis 1933 lehrte Hartung nebenamtlich als Privatdozent an der Universität Halle Strafrecht und Strafprozessrecht. Als im Februar 1933 die Universität Halle Hartungs Ernennung zum Honorarprofessor beantragte, antwortete Berlin, dass nur ein außerhalb der Universität stehender Gelehrter zum Honorarprofessor ernannt werden könne. Hartung verzichtete daraufhin auf die Venia Legendi. Die Ernennung zum Honorarprofessor scheiterte dann an Hartungs Wunsch, sich ganz auf die Tätigkeit am Reichsgericht zu konzentrieren.[468] So liest sich der Fall in den Akten der Universität Halle, tatsächlich aber wurde Hartung 1933 am Reichsgericht in einen viel weniger angesehenen Zivilsenat versetzt. Zur Last gelegt wurden ihm seine Mitarbeit am als zu milde empfundenen neuen Strafvollzugsgesetz und die vorübergehende Mitgliedschaft im SPD-nahen Republikanischen Richterbund, vielleicht gehörte Hartung der SPD kurzfristig sogar einmal als Mitglied an. Wie auch immer: Die Universität ergriff 1933 keine Initiative zur Beseitigung Hartungs, unternahm aber später auch keine Anstrengungen, Hartung zurückzuholen. Das tat sie auch nicht, als dieser 1934 in den Strafsenat zurückkehrte und 1937 in die NSDAP eintrat.[469]
Sie wehrte sich allerdings gegen die Versetzung des Historikers Wolfgang Windelband von Berlin nach Halle. Man mobilisierte die Zeitungen des Gaues, die empört tenorierte Artikel veröffentlichten. Windelband war unter den Ministern Carl Heinrich Becker und Adolf Grim-

me Referent im Kultusministerium gewesen, 1933 hatte man ihn an die Berliner Universität versetzt. Als die Absicht ruchbar wurde, den ungeliebten Demokraten nach Halle zu versetzen, kolportierte die Mitteldeutsche Nationalzeitung einen Artikel des Völkischen Beobachters, dass Windelband für Berlin nicht mehr »tragbar« und sein wissenschaftliches Format einem Lehrstuhl in der Reichshauptstadt »nicht gewachsen« sei. »Wir glauben das gerne«, schrieb die MNZ in ihrer Ausgabe vom 31. Oktober 1936 süffisant und setzte fort: »Wir verstehen indessen nicht, dass dieses wissenschaftliche Format scheinbar für die Universität Halle ausreichend sein soll, es sei denn, dass wir uns dazu entschließen, Universitäten verschiedener Ordnung einzurichten.« Man könne nicht glauben, hieß es weiter, dass man tatsächlich beabsichtige, einige Universitäten zu »Abstellbahnhöfen« umzufunktionieren. Umso mehr, als man der Jugend »einen so gesunden Instinkt« zutraue, »dass sie von vornherein die Hörsäle meidet, in denen ein Geist herrscht, der nicht von unserem Geist ist.« Vielleicht habe Professor Windelband aber auch »Einsehen genug, um diese Überzeugung selbst zu gewinnen.«[470]
Da Windelband erkrankte – oder vielleicht tatsächlich dieses »Einsehen« hatte – wurde er beurlaubt und schließlich in den Ruhestand versetzt. Den vakanten Lehrstuhl vertrat unterdes Hans Herzfeld, der als politisch zuverlässig galt.
Weniger eindeutig stellt sich der »Fall« des Mediziners Theodor Brugsch dar. Schon bei seiner Berufung 1927 war sich die Fakultät nicht einig gewesen. Zwar schlossen sich alle vorbehaltlos dem Votum des Amtsvorgängers Franz Volhard an, Brugsch sei ein Mann von »ungewöhnlicher Intelligenz und einer erstaunlichen Vielseitigkeit und Belesenheit, eine ausgesprochene Persönlichkeit, ein Lehrer 1. Ranges.« Gleichzeitig aber bemängelte Ohrenarzt Eckert-Möbius die mangelnden moralischen Qualitäten Brugschs, offenbar war Klatsch über Brugschs außereheliches Geschlechtsleben nach Halle gedrungen.[471] 1933 wurde er Zielscheibe von Angriffen der NS-Studenten, offenbar aufgehetzt durch den »Berater« des »Revolutionsausschusses« Heinz Kürten, den Brugsch 1929 wegen mangelnder Qualifikation aus der Medizinischen Klinik entfernt hatte. Außerdem beschäftigte Brugsch jüdische Ärzte und bezog als Dekan 1931/32 wohl auch öffentlich Stellung in den Universitätskonflikten.[472] Dass er als Förderndes Mitglied der SS beitrat,[473] änderte aus Sicht der Nationalsozialisten nichts. Um ihn loszuwerden, stellte die NSDAP Ermittlungen über Brugschs Herkunft und die seiner Frau an. Das Ergebnis war das erhoffte: Beide Eltern der Frau waren, so stellte die Reichsstelle für Sippenforschung am 10. Dezember 1935 amtlich fest, »nichtarischer Abstammung« und sie damit »Volljüdin«. Als Beleg führte man den Eintrag der Eltern ins Judenregister und die Taufe der beiden am 3. April 1881 in der Jerusalemer Kirche Berlin an.
Mitgeteilt wurde das dem Vertrauensmann der NSDAP in der medizinischen Fakultät Günther Frommolt, der das Schreiben der Reichsstelle für Sippenforschung an Dekan Kurt Walcher weiterleitete. Der wiederum gab es mit der Bemerkung: »Gertrud Brugsch geb. Arendt ist also Volljüdin« an den Kurator der Universität weiter. Kurator Maaß nutzte die Gelegenheit, den Ordinarius der vorsätzlichen Fragebogenfälschung zu beschuldigen. In Berlin ordnete man daraufhin dessen Vernehmung an, da sich dieser einer »ganz erheblichen Verletzung der Sorgfaltspflicht« schuldig gemacht hätte. Gleichzeitig bat man, eine Entlassung Brugschs schon anvisierend, um Auskunft darüber, ob sich aus dem Verhalten von Brugsch und der Tatsache, dass die Frau Jüdin sei, »Unzuträglichkeiten für den Unterricht an der Universität ergeben hätten.«[474]
Die »Unzuträglichkeiten« waren bereits in den in den Jahren 1932 und 1933 aktenkundig geworden, weitere Nachforschungen dazu erübrigten sich also. Bei seiner Vernehmung durch den Universitätsrat führte Brugsch an, dass seine Frau zum Zeitpunkt der Ehe-

schließung Vollwaise gewesen sei. Ihren Vater habe er nicht gekannt, wohl aber die Mutter, die »blond und blauäugig« gewesen sei. »Ich will dazu bemerken«, sagte Brugsch aus, »dass auch die einzige Schwester meiner Frau in keiner Weise einen jüdischen Eindruck machte.« Der Bruder seiner Frau sei als Student Angehöriger einer Burschenschaft gewesen, was darauf hingewiesen habe, »dass er jedenfalls für arisch gehalten worden« sei. Darüber hinaus habe der Trauschein der Schwiegereltern für beide das evangelische Bekenntnis ausgewiesen. Für die Ermittlung des Geburtsortes seiner Schwiegereltern hätte es ihm an allen Anhaltspunkten gefehlt, auch seine Frau hätte »nur allgemeine Kindheitserinnerungen« an die Herkunftsregion der Familie (»Mitteldeutschland«) gehabt. Aber, so Brugsch weiter, »da ich von der arischen Abstammung meiner Frau überzeugt war, war auch für mich ein Grund Urkunden zu beschaffen, nicht gegeben.« Er müsse daher »in Abrede stellen«, den Fragebogen »wissentlich unrichtig und unvollständig oder unter Verletzung meiner Sorgfaltspflicht ausgefüllt zu haben.«

Eine Bewertung dieser Aussage umging man in Berlin durch die Versetzung von Brugsch in den Ruhestand nach § 6 des Berufsbeamtengesetzes, »aus dienstlichen Gründen«.[475] Brugsch ließ sich von seiner Ehefrau scheiden, um eventuell doch seine akademische Karriere fortsetzen zu können. Diese Pläne scheiterten, von 1936 bis 1945 betrieb er eine große Privatpraxis in Berlin. Im Februar 1945 geriet er in den Strudel der Ermittlungen wegen des Attentats auf Hitler, wurde aber nach kurzer Gestapohaft wieder auf freien Fuß gesetzt.[476] 1945 erhielt er ein Ordinariat an der Berliner Universität und leitete eine Klinik der Charité. Den neuen Herren diente er als Gesundheits- und Kulturpolitiker, er war tätig als Multifunktionär und Mitglied der Volkskammer.

1937, in dem Jahr, als die Professoren mit jüdischen Ehefrauen die Universität verlassen mussten, worauf gesondert eingegangen wird, verlor der Kunsthistoriker Alois Schardt seine Honorarprofessur. Er hatte Philosophie, Germanistik, Kunstgeschichte und Archäologie studiert und dann eine Museumslaufbahn eingeschlagen. Zunächst arbeitete er in der ägyptischen Abteilung der Staatlichen Museen Berlin, dann am Berliner Kaiser-Friedrich-Museum, von 1920 bis 1924 an der Nationalgalerie. 1924/25 war er Direktor der Bildungsanstalt Hellerau in Dresden, 1926 wurde er Direktor des Moritzburgmuseums in Halle. Hier förderte er die moderne Kunst nach Kräften und legte eine bedeutende Sammlung expressionistischer Gemälde an. 1930 ernannte ihn die Philosophische Fakultät zum Honorarprofessor der Museumskunde und Kunstgeschichte. Als Leiter der Ortsgruppe des Kampfbundes für deutsche Kultur und NSDAP-Mitglied schien er geeignet, die Leitung der Nationalgalerie in Berlin zu übernehmen. Das Amt hatte er jedoch nur von Juli bis November 1933 inne. Da er versuchte, die expressionistische Kunst als zeitgemäß und durchaus national zu definieren und ihr damit einen Platz in der umzugestaltenden Museumslandschaft zu sichern, war er heftigen Angriffen ausgesetzt. 1934 kehrte er nach Halle zurück und begann die Arbeit an einer Biographie von Franz Marc. 1936 wurde er nach einer Rede zur Eröffnung einer Franz-Marc-Ausstellung in Berlin verhaftet. Als er im November 1936 freikam, wurde er auf eigenen Wunsch in den Ruhestand versetzt. Die Universität entzog ihm daraufhin den Lehrauftrag.[477] Bis 1939 war Schardt in Berlin schriftstellerisch tätig. Im November 1939 reiste er mit seiner Familie nach Los Angeles, angeblich um dort eine deutsche Propagandaausstellung aufzubauen. Die Schau kam nicht zustande, Schardt arbeitete als Sprachlehrer, Kulissenbauer und Vortragsredner. Ab 1946 war er Direktor des Art Department der Olive Hill Foundation und lehrte zugleich an der University of Southern California sowie an verschiedenen Colleges.[478]

Karl Eickschen arbeitete nach dem Abitur in der Landwirtschaft, absolvierte das Seminar für praktische Landwirte in Helmstedt, anschließend studierte er an der Universität Halle. Gleichzeitig war er kaufmännischer Angestellter. Nach der Promotion arbeitete er als Landwirtschaftslehrer in Lauenburg, ab April 1926 hatte er eine Assistentenstelle am Institut für landwirtschaftliche Betriebslehre an der Universität Halle inne. 1929 habilitiert, war er dann als Privatdozent für landwirtschaftliche Betriebslehre tätig. 1930 wurde er Leiter der Buchführungs- und Wirtschaftsberatungsstelle der sächsischen Landschaft Halle, also der ständischen Vertretung der Landwirtschaftsbetriebe. Im Sommersemester 1932 vertrat er den vakanten Lehrstuhl für landwirtschaftliche Betriebslehre. 1933 trat er, im Gegensatz zu den meisten anderen Dozenten, nicht der NSDAP bei. Um wenigstens einer NS-Organisationen anzugehören, wurde er Mitglied der Motor-SA. Auch als er 1935 die Direktion eines Komplexes landwirtschaftlicher Güter übernahm, setzte er seine Vorlesungstätigkeit im Fach »Angewandte Betriebslehre« fort. 1936 wurde er an der Universität Breslau für einen Lehrstuhl in Aussicht genommen. Die Berufung scheiterte trotz der Fürsprache Emil Woermanns am Votum des Dozentenführers Wagner. Eickschen sei zwar »ein wissenschaftlich hochbegabter Mensch« und habe eine »gute pädagogische Veranlagung«, schrieb der Dozentenführer, sei aber »auf politischem Gebiet« »sehr vorsichtig zu nehmen«. Es könne »nicht übersehen werden«, dass Eickschen »von Haus aus der liberalistischen Ideenwelt sehr nahe« stünde. Noch im selben Jahr wechselte Eickschen als Vorstand eines holzverarbeitenden Betriebes nach Nürnberg. Da er nicht mehr in Halle lehren konnte, legte man ihm nahe auf die Lehrberechtigung zu verzichten, was Eickschen 1938 auch tat.[479]

Ideologisch motiviert war auch die Vertreibung von Rudolf Anthes aus dem akademischen Betrieb. Anthes, 1931 in Halle für Ägyptologie habilitiert, vertrat das Fach in Vorlesungen und Übungen bis 1938. Gemeinsam mit Lehrenden der theologischen Fakultät bot er Seminare zur Religionsgeschichte an, Vorlesungen fanden sporadisch statt, einen Studenten führte er ins Ägyptische ein, legte ihm dann aber nahe, nach Leipzig zu wechseln. Da Anthes als Kustos der Staatlichen Museen in Berlin mit Arbeit überlastet war, bat er darum, zur Berliner Universität umhabilitiert zu werden. Die Universität Halle unterstützte das Gesuch, das Wissenschaftsministerium lehnte den Antrag ohne Begründung ab. Die Venia Legendi verlor Anthes 1938. Der Grund dafür wurde 1939 genannt, als er auch als Kustos der Berliner Museen gekündigt wurde und seinen Beamtenstatus verlor: Anthes war Mitglied einer Freimaurerloge gewesen, hatte einen hohen Grad inne gehabt und war erst 1935 ausgetreten.[480] Darüber hinaus gehörte er keiner NS-Organisation an, nicht einmal der Volkswohlfahrt.[481] Mit Anthes' Entlassung war das Orchideenfach Ägyptologie für die Universität Halle gestorben. Er wurde 1939 zur Wehrmacht eingezogen, geriet in Kriegsgefangenschaft und erhielt erst 1947 einen Lehrauftrag und eine Professur für ägyptische Archäologie an der Humboldt-Universität. 1950 folgte Anthes einem Ruf als Professor und Kurator des Universitätsmuseums an die University of Pennsylvania in Philadelphia (USA).

Die wegen ihrer jüdischen Ehefrauen entlassenen Hochschullehrer

Das am 30. Juni 1933 erlassene Gesetz zur Änderung von Vorschriften auf dem Gebiete des allgemeinen Beamten-, des Besoldungs und des Versorgungsrechts untersagte durch eine Abänderung des 1873 erlassenen Reichsbeamtengesetzes einem Beamten, »mit einer Person nicht arischer Abstammung« die Ehe einzugehen.[482] Eine direkte juristische Handhabe, bereits mit jüdischen Frauen verheiratete Hochschullehrer aus dem Staatsdienst zu entfernen, existierte jedoch zunächst nicht. Mit der Neufassung des Berufsbeamtengesetzes 1937 wurden die politischen Anforderungen an Beamte noch einmal verschärft. Statt des 1933 im Berufsbeamtengesetz festgelegten Eintretens für den »nationalen« Staat war nun die »rückhaltlose« Unterstützung des »nationalsozialistischen« Staates gefragt,[483] was von einem mit einer jüdischen Frau verheirateten Beamten nicht erwartet werden konnte. Das Wissenschaftsministerium wies daher im September 1937 an, neben den »Mischlingen« auch die »jüdisch versippten« oder mit »Mischlingen verheirateten« Hochschullehrer zu entlassen.[484] Zurückgegriffen wurde dabei auf verschiedene Hilfskonstruktionen, etwa den § 6 des Berufsbeamtengesetzes (»dienstliche Gründe«) oder den entsprechend weit gefassten § 18 der Reichshabilitationsordnung.[485]

Dass die Spitze der Universität die Auffassung teilte, dass mit jüdischen Frauen Verheiratete prinzipiell als »unzuverlässig« einzuschätzen seien, belegt ein Brief, den Rektor Johannes Weigelt und der Dekan der Medizinischen Fakultät Otto Geßner am 25. Januar 1937 verfassten. Sie wandten an das Wissenschaftsministerium, um die Versetzung des »jüdisch versippten« Walter Jacobi nach Halle zu verhindern. Jacobi leitete die psychiatrische Klinik der Universität Greifswald und war mit einer jüdischen Ehefrau verheiratet. Weigelt und Geßner baten Staatsminister Wacker, Jacobi nicht zum Direktor der Universitätsnervenklinik zu ernennen, sondern die vakante Stelle »durch einen anderen, für uns annehmbaren Hochschullehrer zu besetzen.« Ihre Ablehnung begründeten sie wie folgt: »Die gesinnungsmäßige Tatsache der Mischehe ist für uns von entscheidender Bedeutung, zumal wir danach streben müssen, auch die jüdisch Versippten aus dem Leben der Martin-Luther-Universität verschwinden zu sehen.« Die im Januar 1937 noch gültigen »Kann-Vorschriften in der Judenfrage« seien doch wohl keine »Muss-Vorschriften« meinten Weigelt und Geßner. Ihres Erachtens genügte »die Tatsache der Verheiratung eines Hochschullehrers in zweiter Ehe mit einer Jüdin bezw. auch nur einer Vierteljüdin« vollauf, »einem solchen Manne die Berechtigung zum Lehren an deutschen Hochschulen abzusprechen.« Ein Hochschullehrer, »der einen solchen Mangel an rassischem Denken praktisch erwiesen« habe, könne »aber diese Stellung niemals übertragen bekommen.« Kurzum, Jacobi sei »für immer untragbar, als Lehrer, als Forscher und als Direktor einer Universitätsklinik.«[486] Jacobi wurde nicht nach Halle versetzt.

Sicher spielte bei dem in Ton und Inhalt skandalösen Schreiben die Sorge mit, dass die Universität Halle zum Abstellgleis für anderswo Untragbare werden würde. Doch es muss der Überzeugung der Verfasser entsprochen haben, denn der Einzige, der sich für die »jüdisch versippten« Professoren seiner Fakultät einsetzte, war der Dekan der Staats- und Rechtswissenschaftlichen Fakultät, Karl Muhs. Muhs bezeichnete sowohl den Demokraten Georg Jahn als auch den politisch dubiosen Arthur Wegner als unentbehrliche und fähige Lehrkräfte. Beide würden sehr zurückgezogen leben meinte er, an den jüdischen Ehefrauen müsse in keiner Weise »Anstoß« genommen werden. Geradezu notwendigerweise startete Studentenführer Alfred Detering eine Intrige gegen Muhs, die aber bei dem sich ansonsten sehr nationalsozialistisch gebärdenden Muhs ins Lehre lief.[487] Wenig später ersetzte ihn Rektor Weigelt im Amt des Dekans allerdings durch Gerhard Buchda, der sich nationalsozialistischen Umgestaltungsmaßnahmen zunächst einmal nicht widersetzte.

Betroffen waren von dieser neuen Säuberungswelle der Chirurg Werner Budde, der Volkswirt Georg Jahn, der Honorarprofessor für Didaktik der alten Sprachen Walther Kranz, der Physikochemiker Carl Tubandt und der Strafrechtler Arthur Wegner, der dann aus politischen Motiven zum »Fall« wurde.

Werner Budde trat nach dem Medizinstudium 1913 in die Chirurgische Universitätsklinik Halle als Volontär ein, im Ersten Weltkrieg diente er als vertraglich verpflichteter Zivilarzt.

1919 erhielt er eine Assistentenstelle an der Chirurgischen Klinik. Ein Jahr später wurde er habilitiert und 1924 zum Oberarzt ernannt. 1925 erhielt er den Professorentitel. 1926 übernahm er die Leitung der Chirurgischen Abteilung des St.-Barbara-Krankenhauses in Halle. Dort wurden ihm wegen seiner jüdischen Ehefrau, der Bildhauerin Margarete Budde, keine Schwierigkeiten gemacht. Auch nachdem er die Lehrberechtigung verlor und ihm der Professorentitel aberkannt wurde, konnte er die Chefarztstelle weiter besetzen. Auch Zwang, sich von seiner Ehefrau scheiden zu lassen, sei nicht ausgeübt worden, stellte er 1946 klar, als dies in der Presse kolportiert wurde.[488] Unmittelbar nach der Verhaftung des einstigen Dozentenführers Wagner setzten ihn die Amerikaner als Leiter der Chirurgischen Universitätsklinik ein, mit Wirkung vom 1. Oktober 1945 wurde er zum ordentlichen Professor und Direktor der Klinik ernannt. 1946 wählten ihn die Mitglieder der Medizinischen Fakultät zum Dekan, das Amt verlor er 1947 nach Auseinandersetzungen mit dem neuen Kurator der Universität und der Landesregierung. Mehrfach wurde seine Emeritierung hinausgeschoben, erst 1956 hielt der nunmehr 70-Jährige seine Abschiedsvorlesung.

Nicht in Halle blieb der 1937 wegen seiner jüdischen Ehefrau in den Ruhestand versetzte Wirtschaftswissenschaftler Georg Jahn. Jahn arbeitete nach dem Studium der Staatswissenschaften und der Philosophie als Geschäftsführer und Syndikus verschiedener Wirtschaftsverbände. Im Ersten Weltkrieg diente er zunächst als Unteroffizier an der Front, von 1916 bis 1918 war er Leiter der Heeresstelle Belgien für Rohstofferhebung. Unmittelbar nach der Demobilisierung wurde er an der Universität Leipzig habilitiert, schon 1919 erhielt er einen Ruf auf ein planmäßiges Extraordinariat an die Technischen Hochschule Braunschweig. 1923 wechselte er nach Dresden, 1924 erhielt er in Halle eine ordentliche Professur für wirtschaftliche Staatswissenschaften und Statistik an der Universität Halle. Als 1937 seine Versetzung in den Ruhestand bevorstand, bat Dekan Muhs, davon abzusehen, da Jahn »mit großer Liebe« an seinem Lehrberuf hänge. Er entfalte eine »umfangreiche Betätigung an Vorlesungen und Übungen« und erfreue sich »großer Verehrung seitens der Studierenden«. Die würden seine Vorlesungen »gern besuchen und ihre Gründlichkeit und reichen Inhalt« rühmen. Demgemäß verfüge er auch über einen breiten Kreis von Doktoranden, die er »mit unermüdlicher Hingabe« betreue. In politischer Hinsicht habe Jahn sich nicht betätigt, er gehöre »der demokratischen Richtung« an und halte an dieser auch fest, »weil sie nach wie vor seiner Überzeugung« entspreche. Seine Hörer wolle er dafür jedoch nicht gewinnen, hielt Muhs fest. Vom gesellschaftlichen Verkehr habe er sich »völlig zurückgezogen«, die Tatsache, dass seine Frau Jüdin sei, mache sich »daher in keiner Weise bemerkbar«. Als Fazit zog Muhs: »Das Ausscheiden Prof. Jahns würde für die Fakultät einen Verlust bedeuten, für den ein hinreichender Ausgleich unter den bestehenden Nachwuchsverhältnissen nicht zu erreichen wäre.« Er befürworte daher Jahns Verbleiben im Amt »auf's Dringlichste«.[489] Der Einwand wurde abgewiesen. Doch als Jahns Tochter im September 1938 an der Universität Hamburg promoviert werden sollte, musste sie als Halbjüdin eine Bescheinigung beibringen, das ihre Familie als »politisch zuverlässig« galt. Von der Universität Halle wurde das Leumundszeugnis ohne Umschweife ausgestellt. Jahn selbst zog nach Berlin, wo er weiterhin wissenschaftlich arbeitete. Im Oktober 1945 berief ihn die Universität Halle wieder zum ordentlichen Professor, doch schon 1946 nahm er einen Ruf an die TH Berlin-Charlottenburg an, wo er bis über die Emeritierungsgrenze hinaus lehrte.[490]

Im Oktober 1937 musste auch Carl Tubandt wegen seiner jüdischen Ehefrau die Tätigkeit in Halle aufgeben. Tubandt studierte in Halle Chemie. Nach einigen Monaten im Labor des späteren Nobelpreisträgers Walter Nernst, baute er im Chemischen Institut ein physikalisch-chemisches und elektrochemisches Laboratorium auf. 1912 erhielt er den Professorentitel,

1921 wurde er zum Ordinarius ernannt, ab 1931 leitete er das von ihm geschaffene Institut für Physikalische Chemie an der Universität Halle.[491] 1937 zog Tubandt mit seiner Frau Wera nach Berlin. Er litt unter den Anfeindungen, denen seine Frau ausgesetzt war und erkrankte durch den psychischen Druck. 1942 starb er an einem Magenleiden. Wera Tubandt tötete sich zwei Jahre später selbst, als sie in ein Konzentrationslager abtransportiert werden sollte.[492]

Für die Ehefrau von Walther Kranz, Honorarprofessor an der Philosophischen Fakultät, gab es hingegen den »Notausgang in letzter Minute«, wie ihr Mann später in einem Brief an den ersten Nachkriegsrektor Otto Eißfeldt formulierte. Das Ehepaar emigrierte 1943 in die Türkei. Kranz selbst hatte zu diesem Zeitpunkt schon eine Reihe von Demütigungen und Zurücksetzungen hinter sich. Geboren 1884, studierte er nach dem Abitur alte Sprachen und nahm am Ersten Weltkrieg, in dem er schwer verwundet wurde, teil. Er entschied sich für den Lehrerberuf und wurde Leiter der Internatsschule in Pforta. 1935 verlor er diese Stelle und musste an einer Hauptschule in Halle unterrichten. An der Universität lehrte er seit 1932 Didaktik der Alten Sprachen, 1937 entzog ihm das Wissenschaftsministerium die Lehrbefugnis. 1943 erhielt er einen Ruf an die Universität Istanbul als Professor für Geschichte der Philosophie und der klassischen Philologie. Seinem Freund Otto Eißfeldt berichtete er 1947 Erfreuliches. Er habe eine große Zahl eifriger Studenten und Studentinnen, auch ein Gesprächskreis deutscher Professoren sei nach dem Muster des »Spiritus-Kreises« mittlerweile gebildet worden.[493] Auch Istanbul sagte ihm zu, wie er Eißfeldt mitteilte: »Wenn Sie hierher kämen, würden Sie glauben, auf der Insel der Seligen zu sein (zuerst; später würden Sie auch hier reichlich Menschliches-Allzumenschliches entdecken): das blaue Meer, die Palmen und Rosen, die bis zum Juli gar nicht zu heiße Sonne, die Fülle der Früchte!«[494] Doch offenbar erzeugte das »Menschlich-Allzumenschliche« Heimweh, die von Kranz erhoffte Rückberufung nach Halle scheiterte allerdings zunächst an den bürokratischen Hemmnissen der SMA, dann an der Verweigerung der Ausreise in die SBZ durch die türkischen Behörden. Erst ab 1950 lehrte Kranz wieder in Deutschland, er wirkte von 1950 bis 1955 als Honorarprofessor für Didaktik der alten Sprachen an der Universität Bonn.[495]

Der Fall Arthur Wegner

Im Juni 1937 wurde der Straf- und Völkerrechtler Arthur Wegner – 37-jährig – wegen seiner jüdischen Ehefrau pensioniert. Doch Wegner war auch aus handfesten politischen Motiven Repressalien ausgesetzt, nicht nur deswegen, wie Helmut Heiber recherchierte, weil der Professor in seinen Vorlesungen Pausen machte, wo er die nationalsozialistischen Neuerungen hätte erläutern müssen.[496] Wegner, geboren 1900 in Berlin, hatte 1918 Kriegsdienst in einem Artillerieregiment geleistet, 1919 das Abitur nachgeholt und dann an der Berliner Universität sehr schnell studiert. Schon 1921 war er Assistent am Kriminalistischen Institut der Universität, 1923 promovierte er, 1924 habilitierte er sich in Hamburg. Der junge Privatdozent schaltete sich in die heftig tobende Debatte über den Charakter des Strafrechtrechtes ein, Wegner plädierte für einen humanen Strafvollzug und die Abschaffung der Todesstrafe. Außerdem verfasste er eine kämpferische Schrift über den »unzeitgemäßen« Hochverratsparagraphen. Von der SPD wurde diese überaus seltene linksliberale Gesinnung umgehend honoriert. Schon 1926 erhielt Wegner eine ordentliche Professur an der Universität Breslau. 1930 war der Professor aber offenbar bereits von links nach rechts geschwenkt, er gehörte dem »Konservativen Hauptverein« an und musste wegen öffentlicher

Bekenntnisse für die Wiedereinführung der Monarchie vom preußischen Kultusministerium abgemahnt werden.[497] Strafversetzt – ein irgendwie geartetes Berufungsverfahren fand nicht statt – wurde Wegner im November 1934.[498] In Breslau machte man ihm wegen seiner jüdischen Ehefrau – und seiner reaktonären Haltung – Schwierigkeiten, also schob ihn das Kultusministerium nach Halle ab.[499]

Gegen die Versetzung Wegners protestierte Dekan Rudolf Ruth energisch beim amtierenden Rektor Woermann. Er tat dies im Namen »sämtlicher« Mitglieder der Fakultät, freilich ohne die »unsicheren« Kantonisten zu konsultieren.[500] Ruth bedankte sich in seinem Brief zunächst bei Woermann dafür, dass er sich beim Minister gegen die Versetzung Wegners an die hallische Universität gewehrt habe und konstatierte, dass sich die Fakultät »mit der gegebenen Sachlage in korrekter Weise« werde »abfinden müssen.« Sie tue dies jedoch nur unter »schwerwiegenden Bedenken«, wie Ruth nochmals betonte: »Die Fakultät muss deshalb in aller Form die Verantwortung für die Folgen aus dem gegen ihre innerste Überzeugung und gegen ihren Willen vollzogenen Tatbestand ablehnen, und sie bittet, diese Verwahrung nebst der nachfolgenden Begründung auch den vorgesetzten Dienststellen zur Kenntnis zu geben.« Durch die Versetzung Wegners leide schließlich auch das Ansehen der Professoren insgesamt, schrieb Ruth weiter, da man ihnen fortgesetzt den Vorwurf mache, »dass sie kein genügendes Verständnis für die Erfordernisse der neueren Zeit aufbringen und in rückständigen Anschauungen« verharrten. Die »aufbauwilligen und dem nationalsozialistischen Staat voll erschlossenen Elemente des Lehrkörpers«, hier meinte er sich selbst, litten »schwer unter diesen verbreiteten Vorstellungen.« Gegen den Willen der Fakultät hätten »Personen« Lehrstühle erhalten, die »entweder durch nichtarische Abstammung bezw. Versippung oder durch belastende literarische Äußerungen in früherer Zeit oder durch ihr Verhältnis zur Dozentenschaft und Studentenschaft für eine Aufbauarbeit nicht in Frage kämen«. Wegner sei nach Mitscherlich nun schon der zweite Fall dieser Art, es müsse »dadurch der Anschein entstehen, dass die Universität Halle nur noch als eine solche minderen Ranges zu betrachten« sei.[501]

Wegner kam, Ruth ging. Diesen zog es nach Frankfurt, wo er dann an der »entjudeten« und politisch auf Vordermann gebrachten Universität Arbeiten über das Wucherrecht der Juden im Mittelalter verfasste.[502]

In dem nach Ruth amtierenden Dekan Karl Muhs hatte der strafversetzte Jurist allerdings einen Fürsprecher. Als entschieden werden sollte, ob Wegner wegen seiner jüdischen Ehefrau in den Ruhestand versetzt werden sollte oder nicht, bescheinigte Dekan Muhs am 18. Oktober 1936 dem Strafrechtler, dass er ein »geistreicher Lehrer« sei. Seine Vorlesungen würden viele Studenten anziehen. Die charakterliche Veranlagung deute wohl auf eine »wenig ausgeglichene, sprunghafte Persönlichkeit« hin, aber »mit stark romantischem Einschlag«. Schwierigkeiten mit Studenten hätte es gegeben, deren Ursache sei aber nicht bei Wegner zu suchen gewesen. Außerdem lebe dieser stark zurückgezogen, was auch für dessen jüdische Ehefrau gelte, »so dass in dieser Hinsicht nicht der geringste Anstoß genommen wurde.« Er, Muhs, bitte daher den Rektor darum, sich für Wegners »Verbleiben im Amte einsetzen zu wollen.«[503] Weigelt dachte gar nicht daran, diesen Antrag zu befürworten, zumal eine solche Petition nach der geltenden Rechtslage aussichtslos schien. Nur drei Jahre nach seiner Strafversetzung wurde Wegner wegen seiner jüdischen Ehefrau per Ministererlass vom 11. Juni 1937 zwangspensioniert.[504]

Die Studentenführung der Universität hatte davon aber offenbar noch nichts erfahren, denn Studentenführer Wilhelm Grimm wandte sich am 21. Juni 1937 an Rektor Weigelt, um ihm zwei Denunziationsberichte über Wegner zu überreichen und dessen »umgehende Entfer-

nung als Hochschullehrer« zu fordern. An der Stichhaltigkeit der Berichte zu zweifeln, habe er keinen Anlass, schrieb Grimm an Weigelt, seines Erachtens sei Wegner ein »gemeingefährlicher Schädling, für den an einer deutschen Hochschule kein Platz ist.«
Die beiden Schreiben enthielten tatsächlich Schwerwiegendes. Der Sohn eines Nachbarn der Familie Wegner namens Erhard Schmidt, selbst aktiver NS-Student, listete »Vorfälle« aus dem privaten Kreis auf. Schon dieser vom Nachbar präsentierte Klatsch hatte es in sich. Das »mischblütige Kind« bringe »Unruhe« in die Dorfschule und grüße dort mit »Rot Front«. Außerdem sei der Professor wohl katholisch: An der Wand habe Wegner einen Ablass vom Papst hängen und Kopernikus hätte er am liebsten verbrannt. Wegner, der sich tatsächlich religiösen Fragen zugewandt hatte, sei für die Bekenntnisfront begeistert, wusste der Nachbar zu berichten. Er »katholisiere« auch in Vorträgen, die er überdies in seinem eigenen Haus halte. Dann folgten schwerer wiegende politische Anschuldigungen. Der Professor erwidere nie den deutschen Gruß, flagge »grundsätzlich nicht die verhasste Hakenkreuzfahne«. Darüber hinaus seien ihm die bevölkerungspolitischen Bemühungen und die Gesetze der Reichsregierung über Sterilisierung, Rassenhygiene, ja die Vererbungswissenschaft generell »das Scheußlichste«. Rosenberg halte er für einen »Pamphletisten«, Rust sei ihm einfach nur ein »Rindvieh« kolportierte Nachbar Schmidt und fasste zusammen: »Wir achten ihn weder als Deutschen, noch als Menschen und sehen in ihm einen Schädling, dessen Vernichtung Pflicht ist.«[505]
Ein anderer Student, Gerhard Unruh, Gerichtsreferendar und SS-Mann, stellte eine Anklageschrift zusammen, die Verfehlungen und Aussagen Wegners an der Universität dokumentierte. Im Gegensatz zu Schmidts Denunziation ist für Unruh ein eindeutiges Motiv zu fassen: Wegner hatte dessen Dissertation durchfallen lassen.
Der SS-Mann hatte von Wegner ein völkerrechtliches Thema erhalten, Unruh sollte den »Wandel des politischen Asylrechts« bearbeiten. Nach etwa einjährigen Recherchen war der SS-Mann so weit, dass er seinem Professor eine erste Fassung vorlegen konnte. Selbst charakterisierte Unruh das Ergebnis seiner Arbeit so: »Sie ist ein Versuch, mit der bisherigen Methodik des Analysierens, des Zergliederns und Zerrupfens, verbunden mit der Auseinandersetzung mit allen möglichen Lehrmeinungen, zu brechen und statt dessen, fußend auf der rassenbiologischen Geschichtsbetrachtung, eine umfassende Zusammenschau zu vermitteln über die Entwicklung des – in vieler Hinsicht ›politischen‹ – Asylrechts im Rahmen der gesamtpolitischen und geschichtlichen Entwicklung, seiner vielfältigen Beziehungen zu dieser und seines Einflusses auf sie.« Vier Punkte hatte Unruh genauer beleuchtet: 1. die Umwandlung des Asylrechts im Altertum durch »Entnordung«, 2. die Stellung des Asylrechts im Rahmen der »Eroberungs- und Unterdrückungspolitik Roms gegen die nordisch-germanische Rassenseele«, 3. die Rolle der Freimaurerei und des Judentums bei der Gestaltung des Asylrechts zu Gunsten »politischer Verbrecher«, 4. die Neugestaltung der völkerrechtlichen Beziehungen mit Hinblick auf »die Tätigkeit des jüdischen Weltbolschewismus«. Als Literatur für das Thema hatte der SS-Mann Hitlers »Mein Kampf«, Rosenbergs »Mythus«, die »Protokolle der Weisen von Zion«, Günthers Schriften über die Rassenlehre und andere einschlägige NS-Publikationen verwandt.
Wegner hätte diese Zumutung schlucken oder aber auch die Arbeit annehmen und den Doktoranden dann im Rigorosum durchfallen lassen können. Stattdessen diskutierte er naiv mit dem SS-Mann und verhehlte diesem seine Anschauungen über einige der zitierten Autoren nicht. Rosenberg sei ein »Modeschriftsteller«, »ein Journalist«, aber das wäre ja »auch ein ehrenwerter Beruf«. Die Angriffe Rosenbergs auf die katholische Kirche bezeichnete Wegner als »gemeine Lüge«. Und auf die antijüdischen Ausfälle erklärte der Strafrechtler: »Es

gibt auch Juden, die für die deutsche Rechtswissenschaft Hervorragendes geleistet haben.« Letztlich lehnte Wegner die Arbeit als »unwissenschaftlich« ab und erklärte sich für die angeschnittenen theologischen und althistorischen Fragen für nicht zuständig. SS-Mann Unruh brachte daraufhin das von Wegner Gesagte zu Papier und hinterlegte das Protokoll bei der Gaustelle des NS-Rechtswahrerbundes. Die Studentenführung der Universität reagierte auf den »Vorfall« mit einem Aushang am Schwarzen Brett. Man warnte davor, sich von Wegner ein Thema geben zu lassen, da dieser eine Doktorarbeit ablehne, »wenn sie auf nationalsozialistischer Grundlage aufgebaut« sei. Wegner beschwerte sich umgehend beim Rektor: »Es besteht ja wohl kein Zweifel, dass Fachschaft und Studentenschaft kein Urteil über die Tätigkeit eines akademischen Lehrers im Promotionsverfahren haben.« Weigelt nahm Wegners Schreiben kommentarlos zu den Akten, die am gleichen Tag eingegangen Denunziationsberichte reichte er an Kurator Maaß weiter. Da Wegner bereits in den Ruhestand versetzt sei, habe er Bedenken, von sich aus »etwas« zu veranlassen, schrieb Weigelt. Die Beschuldigungen erachte er aber für »schwerwiegend«.[506] Maaß hingegen scheute sich nicht, »etwas« zu veranlassen, bereits wenige Tage später wurde Wegner im Ferienhaus seiner Schwiegereltern im Glatzer Bergland von der Gestapo verhaftet. Die Familie informierte zwei Freunde Wegners, die dann seine Verteidigung vor dem Sondergericht übernahmen. Der eine Verteidiger war Eduard Kohlrausch, akademischer Lehrer Wegners und Autor des in mehr als 40 Auflagen erschienenen Kommentars zum Deutschen Strafgesetzbuch. Wie Wegner war Kohlrausch kein Nationalsozialist, 1933 protestierte er als Rektor der Berliner Universität gegen die Bücherverbrennung. Der andere war Helmuth James Graf von Moltke, ein Schüler Wegners, später Völkerrechtler im Oberkommando der Wehrmacht, 1945 wegen Widerstandes hingerichtet.

Im Sondergerichtsverfahren wurde Wegner schließlich eine Straftat nach § 3 der Verordnung zur Abwehr heimtückischer Angriffe gegen die Regierung der nationalen Erhebung vorgeworfen. Unter Strafe gestellt war nach diesem Paragraphen die Verbreitung von »unwahren« oder »gröblich entstellten Behauptungen tatsächlicher Art«, die geeignet wären, das Wohl des Reiches oder das Ansehen der Reichsregierung schwer zu schädigen. Verhängt werden konnten zwei Jahre Gefängnis, eine längere Zuchthausstrafe oder, bei »grob fahrlässiger« Begehung dieser Tat, drei Monate Gefängnis oder Geldstrafe.[507]

Es waren schließlich drei Anklagepunkte, von denen zwei auf die Denunziationen der Studenten zurückgingen. Die Promotionsangelegenheit konnten die Verteidiger als unerheblichen akademischen Zwist darstellen, alle damit zusammenhängenden Vorwürfe fielen weg. Stehen blieben allerdings die Behauptungen, Wegner hätte Rosenberg einen »Pamphletisten« und Rust ein »Rindvieh« genannt. Als Wegner 1970 einen memoirenähnlichen Lebenslauf verfasste, wies er zumindest Letzteres zurück. Sogar in der Rückschau meinte Wegner, dass dies sicher ein »wohl unzutreffender Vorwurf« gewesen sei: »Es lag mir sachlich und persönlich vollkommen fern, etwas Derartiges gegen den Minister Rust zu sagen. Ihn hatte ich als Vorgesetzten erlebt, der sich bemühte, den Missetaten seiner Parteigenossen nach Kräften entgegenzutreten.«

Wichtiger als die studentischen Vorwürfe war aber schließlich eine Mitteilung, die Kurator Maaß der Gestapo über ein vertrauliches Gespräch mit Wegner machte. Die beiden hatten über die Wissenschaftspolitik der NS-Regierung gesprochen, Wegner protestierte gegen die Diskriminierung der »jüdisch Versippten«. Angeblich hätte er dabei Minister Rust und die Reichsregierung zornig »Lumpen und Halunken« genannt. 1970 erinnerte sich Wegner: »So schön und trefflich zugespitzt und mit dieser in der Tat vollkommen geballten Grobheit hatte ich die Sache in Wahrheit gar nicht vorgetragen.«[508]

In Untersuchungshaft blieb Wegner zwar nur eine Woche, das Verfahren zog sich aber hin, erst im Herbst 1938 wurde es eingestellt. Ende 1938 emigrierte Wegner nach England, wohin schon seine Frau, die Tochter und die Schwiegereltern geflohen waren. Von dort wurde er allerdings nach Kanada deportiert, wo er zum Katholizismus konvertierte und als Pfarrer in einem Internierungslager wirkte. Die von den Denunzianten beobachtete Hinwendung zur Religion hatte also tatsächlich stattgefunden, sie deutete sich aber bereits in den 20er Jahren an. Wegner spielte damals mit dem Gedanken Missionar zu werden. In Halle hörte er dann Vorlesungen über Missionswissenschaft (bei Hilko Wiardo Schomerus), Philosophie (bei Gerhard Stammler) und Neues Testament (bei Julius Schniewind).

1945 kehrte Wegner nach Deutschland zurück, arbeitete in der Anwaltskanzlei eines seiner Schüler, hielt Vorlesungen an den Universitäten Hamburg und Kiel und wurde 1946 zum Ordinarius für Kirchenrecht, Strafrecht, Völkerrecht und Rechtsphilosophie an der Universität Münster berufen.[509] Ab 1948 war er dort zugleich Direktor des Instituts für Kirchenrecht. Seine politischen Überzeugungen änderten sich aber erneut, so dass Wegner wieder zum »Fall« und das Geschehen zur Posse wurde. Offenbar gegen den Willen seines Vorgesetzten nahm Wegner 1959 an einer Tagung des Nationalrates der DDR in Ostberlin teil, auf der er die »Friedens«-politik Walter Ulbrichts anerkannte und den sozialen Fortschritt in der DDR lobte. Unmittelbar nach seiner Rückkehr nach Münster leitete der Innenminister Nordrhein-Westfalens deshalb ein beamtenrechtliches Dienststrafverfahren gegen ihn ein. Außerdem drohte er – öffentlich – Wegner in einer geschlossenen Anstalt auf seinen Geisteszustand untersuchen zu lassen. Wieder ging der Verfolgte ins Exil, diesmal in die DDR, wo er mit offenen Armen und propagandistischem Getöse empfangen wurde.[510] Nachdem die SED den »Fall Wegner« ausgeschlachtet hatte, bot sie ihm eine Professur an der Universität Halle an. Wegner nahm an. Säuberlich achtete die Universitätsleitung jedoch darauf, dass Wegner keine regulären Vorlesungen und Seminare hielt.[511] Lediglich zu besonderen Anlässen holte man den antifaschistischen Westflüchtling aus dem Fundus abgelegter bürgerlicher Professoren hervor und präsentierte ihn als das seltene Stück, das Arthur Wegner ja gewesen ist.

Eine gescheiterte Säuberung – der Fall Hans Weyhe

In seinen Memoiren benannte der 1938 entlassene Hans Herzfeld den Anglisten Hans Weyhe als einen der wenigen hallischen Professoren mit »mutigem Charakter«, der »auch nach 1933 nicht versagte«. Weyhe hatte Herzfeld nach dessen Entlassung 1938 sowohl finanziell als auch durch demonstrativen Zuspruch unterstützt.[512] Zwischen 1938 und 1940 war Weyhe drei beamtenrechtlichen Dienststrafverfahren ausgesetzt, in denen er tatsächlich charakterliche Stärke bewies. Zwar beteuerte er seine »Loyalität«, machte aber deutlich, dass er – ohnehin nicht Mitglied der NSDAP – kein Befürworter des Nationalsozialismus war. Gedanklich gehörte Weyhe wohl eher in die Zeit vor dem Ersten Weltkrieg, er glaubte an die völkerverbindende Kraft der Wissenschaft und lehnte kollektivistische Maßnahmen jeder Art ab. Geboren wurde Hans Weyhe 1879 als Sohn des anhaltinischen Hofbibliothekars, er studierte vergleichende Sprachwissenschaft und neuere Philologie. Ein Studienaufenthalt in der Schweiz schloss sich an, von 1907 bis 1910 lehrte er als Associate Professor Germanistik und vergleichende Sprachwissenschaft am Bryn Mawr Woman's College bei Philadelphia, USA. 1911 wurde er etatmäßiger außerordentlicher Professor an der Leipziger Universität, nach dem Kriegsdienst als Unteroffizier an der Westfront erhielt er 1920 ein Ordinariat an der Universität Halle. Hier war Weyhe Mitbegründer und Vorsitzender des Deutsch-Englischen Kulturaustausches Halle, eines Vereines, der Stipendiaten nach England vermittelte und Gastreferenten aus Großbritannien – immerhin ein einstiger Kriegsgegner – zu Wort kommen ließ. 1933 zog er sich von dem Verein zurück, weil der Verein von den Nationalsozialisten zum Propagandainstrument umfunktioniert werden sollte.[513]

Das erste der drei beamtenrechtlichen Dienststrafverfahren wurde gegen Weyhe 1938 eingeleitet, da er in diesem Jahr keine Beiträge für das Winterhilfswerk (WHW) zahlen wollte. Weyhe weigerte sich damit, einen Betrag zu bezahlen, der lediglich zehn Prozent der zu entrichtenden Lohnsteuer ausmachte. Seine Begründung erschien jedoch plausibel. Er kaufe Bücher für das Seminar stets auf eigene Rechnung, unterhalte einen studentischen Mittagstisch, zahle drei Studenten ein Stipendium, unterstütze privat »Volksgenossen«, die in Not geraten seien und zahle Druckkostenzuschüsse für die Doktorarbeiten seiner Schüler.

Hans Weyhe, Anglist. Zwischen 1938 und 1940 war er mehrfach in Dienststrafverfahren angeklagt.

Insgesamt wohl Beträge von jährlich mehr als 1 000 Mark. Hinzu komme die Junggesellensteuer, die Devisengesetzgebung verbietete außerdem das Ausnutzen des »überaus billigen Antiquariatsmarktes« in England. An irgendeiner Stelle müsse er nun sparen. Aber, so Weyhe: »In diesem Zeitpunkt kam die Aufforderung, die Universitätskasse wiederum zu ermächtigen, für die Winterhilfe den üblichen Satz abzuziehen, der nach den letzten mir vorliegenden Unterlagen 14 RM im Monat, zusammen 84 RM betrug. Es war eine freiwillige Leistung und die Erlaubnis des jederzeitigen Widerrufs, so schien mir, passte genau auf meinen Fall.« Noch einmal rief er seinen Freitisch in Erinnerung: »Den Mittagstisch, den ich zehn Jahre, seit 1928, auch in den schwersten Zeiten soweit irgend möglich durchgeführt hatte, wollte ich schon wegen des wertvollen persönlichen Kontaktes mit meinen Schülern nicht missen; er hätte für den kommenden Winter gerade einen Zuschuss in jener Höhe erfordert; und er hätte, wie ich wusste, in gutem, schmackhaftem und reichlichem Essen mehr als den sonstigen Geldwert geboten.« Daher habe er sich entschlossen, anstelle der Winterhilfe in Geld diesmal »ausnahmsweise die in natura treten zu lassen.« Weyhe gab schließlich die Einzugsermächtigung, dafür stellte er seinen Freitisch ein. Zu seiner »Überraschung« hätte sich gezeigt, schrieb er an den Kurator, »dass sich unter den Mitgliedern meines Seminars keine zugleich bedürftigen, tüchtigen und nicht ortsansässigen Tischanwärter befanden.«[514]

Das Kuratorium der Universität meldete den Vorfall trotz seines Einlenkens an das Wissenschaftsministerium, da Weyhe der einzige Dozent der gesamten Universität war, der den Einzug der Beiträge verweigert hatte. »Mit Rücksicht auf die vom Führer und den sonst maßgebenden Stellen der Bewegung betonte Freiwilligkeit der Spenden für das WHW« sah man aber zunächst von einer »dienstlichen Äußerung« ab. Da dem Vorgang aber eine »grundsätzliche Bedeutung« beizulegen sei, bat der Kurator »um gefällige Entscheidung«.

Staatsminister Otto Wacker ersuchte die Universitätsbehörden, ihm alle Unterlagen zu dem Vorfall zu übergeben, er erwäge die Einleitung eines Untersuchungsverfahrens, »mit dem Ziele auf Versetzung in den Ruhestand«. Kurator Maaß nahm die Anweisung entgegen und meldete – aus eigenem Antrieb – dass ihm zugetragen worden sei, dass Weyhe »grundsätzlich auch den Hitler-Gruß verweigern soll.« Der Dekan der Philosophischen Fakultät Max Schneider hingegen sagte für Weyhe gut, »eine wirkliche Gegnerschaft Professor Weyhes zu der segensreichen Winterhilfsmaßnahme des Staates« sei nicht »glaubhaft«. Dozentenschaftsleiter Wagner sah die Gründe nicht als entlastend an: »Für mich ist das Verhalten des W., das er hier an den Tag gelegt hat, nichts weiter als die Fortsetzung dessen, was wir von ihm beobachten konnten und gewohnt sind.« Nach seiner Meinung sei es »nicht angängig«, Leute mit »derartigem Verhalten« weiterhin den »Studenten als Hochschullehrer zuzumuten.« Rektor Weigelt befand, dass sich »das eine oder andere menschlich zugunsten des Herrn Professor Dr. Weyhe sagen« lasse. Sein Verhalten »betr. WHV-Spende« sei allerdings »unbegreiflich«.

Der Wissenschaftsminister erteilte Weyhe im Februar 1938 einen Verweis. Inzwischen führte der stellvertretende Kurator Friedrich Tromp – in seiner Eigenschaft als Universitätsrichter – ein zweites Dienststrafverfahren gegen Weyhe durch. Der Anglist hatte sich in einer Fakultätssitzung gegen den Plan ausgesprochen, Doktoren mit einem Abzeichen zu versehen. Denn im Ausland würde man sich »genieren« das Hakenkreuz zu tragen. Vom Pädagogen Wilhelm Hehlmann und dem Vorgeschichtler Walther Schulz denunziert, konnte sich Weyhe jedoch damit herausreden, dass er nur die ihm genau bekannte »Auffassung amerikanischer Kreise« wiedergegeben habe. Tromp stellte das Verfahren ein, vom Minister wurde Weyhe eine »Missbilligung« wegen seiner »durchaus missverständlichen und unbedingt zu beanstandenden Ausdrucksweise« ausgesprochen.

Da sich die Dozentenschaft mit der zweimaligen Maßregelung des Anglisten nicht zufrieden geben wollte, leitete Wilhelm Wagner das Weyhe-Dossier an die Parteikanzlei weiter. Vom Stab des Stellvertreters des Führers kam dann 1939 die Anweisung, zu untersuchen, ob sich Weyhe tatsächlich weigere, den deutschen Gruß anzuwenden. Man legte dem Wissenschaftsminister nahe, erneut ein Dienststrafverfahren einzuleiten, »mit dem Ziel der Entfernung aus dem Dienst.«

Die Dozentenschaft hatte auch zahlreiche Zeugen benannt, die alle in dem Verfahren gehört werden sollten. Durch die Absetzung des Kurators Maaß und den Krieg gegen Polen verzögerte sich das Verfahren allerdings, erst im März 1940 schloss Universitätsrichter Tromp die Vernehmungen ab. Interessant dabei ist, dass im Laufe des Verfahrens weitere Vorwürfe gegen den Anglisten erhoben wurden, die deutlich machen, welches Ausmaß die gegenseitige Kontrolle und Bespitzelung in der Professorenschaft mittlerweile angenommen hatte. Bemerkenswert ist auch, dass die Regieanweisungen der Partei nur durch die linientreuesten Dozenten befolgt wurden, alle anderen mochten ihre Aussagen nicht bestätigen.

Zunächst kam aber Wilhelm Hehlmann zu Wort. Exakt wie abgesprochen gab er zu Protokoll: »Ich habe bisher noch in keinem Falle feststellen können, dass Prof. Dr. Weyhe den deutschen Gruß angewendet hat.« Abfällige Äußerungen seien von ihm nicht schriftlich festgehalten worden, aber »wichtiger« als der Inhalt im Einzelnen sei ihm die »abfällige und ironische Art« erschienen, mit der Weyhe »seine Äußerungen bekleidete.« Weyhe habe auch »hetzerische Nachrichten der ausländischen Presse« weitergegeben. Außerdem hätte sich Weyhe gegen die Berufung Heinrich Springmeyers ausgesprochen, ja er habe sie sogar mit der Berufung Dehns verglichen. Er hätte geäußert, »dass man ja ähnliches wie hier mit Prof. Dr. Springmeyer auch schon in der Systemzeit erlebt habe.«

Hehlmann entwertete seine Aussage jedoch dadurch, dass er nach Rückfrage zugab, dass Weyhe ihn ohnehin nicht grüße, weder mit den deutschen Gruß, noch anders. Der von Weyhe gescholtene Springmeyer hingegen mochte diesem nichts nachsagen. Ihm sei nicht aufgefallen, dass der Kollege den deutschen Gruß nicht angewendet hätte: »Wenn das wirklich in ostentativer Form geschehen wäre, würde ich es bemerkt und behalten haben.« Auch politische Äußerungen habe er von Weyhe nicht gehört. Vorgeschichtler Schulz konnte sich an abfällige politische Bemerkungen nicht erinnern, erwähnte aber noch einmal, dass Weyhe gegen die Kennzeichnung von Doktoren durch ein Abzeichen war. Weyhe hätte in der Fakultätssitzung, die schon einmal Gegenstand von Verhandlungen gewesen war, gesagt: »Das Hakenkreuz käme hierbei nicht in Betracht, weil es die Träger genieren würde«. Gerhard Stammler wollte über den Gebrauch der Formel »Heil Hitler!« durch Hans Weyhe keine eindeutige Stellungnahme abgeben, erwähnte aber, dass dieser abfällige Gerüchte über Minister Goebbels verbreitet hätte.

Am 12. April 1940 wurde der Philosoph Gerhard Stammler durch den als Universitätsrichter amtierenden, stellvertretenden Kurator Friedrich Tromp vernommen. Stammler sollte Vorwürfe wiederholen, die er dem Leiter der Dozentenschaft zu Protokoll gegeben hatte.

Es erscheint ... 4.) Prof. Dr. Stammler und erklärt:

Z.[ur] P.[erson]: Ich heiße Gerhard Stammler, 41 Jahre alt, außerplanmäßiger Professor, mit Professor Weyhe nicht verwandt und nicht verschwägert.
Z.[ur] S.[ache]: Seit September oder Oktober 1939 habe ich den Professor Weyhe kaum noch gesehen, jedenfalls ist mir in dieser Zeit in keiner Weise etwas Auffälliges mit ihm begegnet.
Vor einer Staatsexamensprüfung im September oder Oktober 1939 im Generalkonzilsaal innerhalb des Kollegiums der Prüfenden im Beisein von etwa drei Herren erschien Weyhe mit einer englischen Zeitung, es war wohl der »Daily News«. Wir waren etwa 3 bis 4 Personen (Mitglieder der Prüfungskommission). Weyhe wies auf einen Artikel in dieser Zeitung hin, in welcher eine Art Hofklatsch über einen Reichsminister, meiner Erinnerung nach Reichsminister Goebbels, stand. Er brachte die Sache so an wie jemand, der sich freut, dass er etwas Neues erzählen kann. Es lag ihm wohl hauptsächlich daran, solch eine unangenehme Neuigkeit gleichgestellten Menschen mitzuteilen, wie es Leute machen, die gerne klatschen. Er kam nicht dazu, eine eigene Stellungnahme in diesem Artikel zum Ausdruck zu bringen, denn ich fuhr ihm dazwischen und sagte: »Solche politischen Manöver sind typisch englisch, Sie können sie auch in den Baseler Neuesten Nachrichten lesen.« Einer der anwesenden Herren stimmte mir lebhaft zu, darauf faltete Weyhe die Zeitung zusammen.
Dass Weyhe den deutschen Gruß ostentativ nicht erwiesen hätte, kann ich nicht behaupten, aber ich habe den Eindruck, dass er den deutschen Gruß verhältnismäßig lässig gebraucht hat. Wenn er ihn besonders deutlich gebraucht hätte, wäre mir das wohl aufgefallen. Mir ist so, als ob er vor längerer Zeit vom Gruß »Morgen!« zum Gruß »Heil Hitler!« übergegangen wäre und ich glaube, ich habe Jemandem gegenüber diese Wahrnehmung zum Ausdruck gebracht. Sonst wüsste ich zur Sache Weyhe nichts zu sagen ...

Quelle: UAH PA 16177 Stammler

Der Mathematiker Heinrich Brandt, der bei dem Gespräch zwischen Stammler und Weyhe zugegen war, entlastete den Beschuldigten. Nachrichten aus ausländischen Zeitungen hätte Weyhe nur dann wiedergegeben, wenn man ihn darum bat. Niemals habe er, Brandt, bemerkt, »dass Prof. Weyhe in hetzerischer oder auch nur ablehnend kritischer Form Äußerungen über führende Persönlichkeiten des deutschen Reiches oder Einrichtungen gemacht hätte.«[515]

Schließlich rückte Weyhe selbst die Anschuldigungen zurecht. Es sei richtig, dass er sich gegen ein Hakenkreuz-Abzeichen für ausländischen Doktoren deutscher Universitäten ausgesprochen habe. In Amerika wären an einer akademischen Tracht politische Abzeichen – und ein solches sei das Hakenkreuz – nicht üblich. Wenn schon ein Abzeichen – oder eine Kapuze – dann solle man die Reichsfarben wählen. Außerdem sei es doch so, dass Träger des Hakenkreuzes in Amerika sicher »Unannehmlichkeiten« ausgesetzt sein würde. Der größte Teil der Amerikaner stehe nämlich »unseren politischen Ideen« fern.

An die Wiedergabe einer Zeitungsmeldung über einen deutschen Minister könne er sich nicht erinnern. Die »Daily News« aber sei es bestimmt nicht gewesen, möglicherweise aber die »Times« oder eine dänische Zeitung.

Den deutschen Gruß habe er »im Allgemeinen« angewandt. Es sei natürlich vorgekommen, dass er »ab und zu« einen anderen Tagesgruß geboten habe. Jedenfalls habe er den Gruß »Heil Hitler« »sehr häufig angewendet«, in der Straßenbahn zum Beispiel grüße er nur so. Eine ostentative Verweigerung des Grußes sei ihm nie eingefallen. Abschließend versicherte Weyhe: »Ich glaube jedenfalls, dass ich mich in jeder Beziehung der nationalsozialistischen Staatsidee gegenüber loyal verhalten habe.«[516]

Erst im Sommer 1940, nach mehrmaliger Mahnung des Ministeriums, schloss Universitätsrichter Tromp die Ermittlungen gegen Weyhe ab. Das in Erfahrung Gebrachte reiche aber nicht aus, um ein Dienststrafverfahren gegen Weyhe »mit dem Ziel auf Dienstentlassung mit Erfolg einzuleiten.« Es sei nicht erwiesen, dass Weyhe, den deutschen Gruß »allgemein nicht angewendet« habe. Der Verbreitung des Gerüchtes aus der englischen Zeitung könne »eine besondere Bedeutung nicht zugemessen werden« formulierte Tromp sehr wohlwollend, da dies in einem Kreis von »vertrauenswürdigen Personen« geschah, »denen eine Weiterverbreitung nicht zuzutrauen war.«[517] Ministerialrat Kasper trat der juristischen Schlussfolgerung Tromps am 24. Juni 1940 bei, ersuchte diesen jedoch, Weyhe einzubestellen und ihm »mündlich zu eröffnen, dass die Anwendung des Deutschen Grußes und seine positive Haltung zum Nationalsozialismus in seinem, das politische Gebiet berührenden Äußerungen nicht so eindeutig sei, dass die durch die früheren Vorfälle gegen seine politische Haltung begründeten Bedenken ausgeräumt würden.« Von Weyhe werde daher zukünftig »eine klarere Haltung« erwartet.

Diese »klare« Haltung ließ Weyhe vermissen, statt dessen zog er sich völlig vom gesellschaftlichen Verkehr mit seinen Kollegen zurück. 1945, nach Kriegsende, übernahm der Gerüffelte dann das Amt des Dekans der philosophischen Fakultät. Jetzt wehrte er sich gegen die Einstellung marxistisch-leninistischer Dozenten an der Universität. Folgerichtig wurde Weyhe im Zentralorgan der sowjetischen Besatzungsmacht, der »Täglichen Rundschau«, wegen »reaktionärer Positionen« und der »Ablehnung des Materialismus« angegriffen. Das Amt als Dekan gab er 1947 ab, 1949 wurde er emeritiert. Wegen Überlastung Victor Klemperers, der das Englische Seminar mitverwaltete, ernannte man Hans Weyhe 1950 erneut zum Direktor des Seminars, erst 1953 stellte er die Lehre aus gesundheitlichen Gründen endgültig ein.[518]

Im Kampf um die Abstammungslehre – der Versuch »antikatholischer Säuberungen«

Johannes Weigelt betrachtete die »Erdgeschichte«, die Paläontologie, als historische Wissenschaft, der das Recht zustünde, »mit geschichtlichen Methoden zu arbeiten, sobald es feststeht, dass es sich bei ihrem Forschungsmaterial nicht nur um Abläufe im Sinne des Experiments der exakten Naturwissenschaften« handle.[519] Entsprechend war das Museum seiner Grabung nach den Fossilfunden in den Braunkohlentagebauen des Geiseltals aufgebaut. Weigelt präsentierte nicht mehr nur gut erhaltene Einzelfossilien, sondern gab einen Einblick in die Fauna und Flora des Eozäns. Das 1934 eingeweihte Geiseltalmuseum begnügte sich aber nicht mit der Aufbereitung der Geiseltalgrabungen für die Öffentlichkeit. Die Ausstellung, die zu einem Museum für mitteldeutsche Erdgeschichte werden sollte, ging auf die Lehren Darwins ein und gab sich in diesem Sinne kämpferisch. Weigelt sah gerade in der Abstammungslehre einen »Bestandteil deutscher Weltanschauung«.[520] Immer wieder bezog er sich in seinen Arbeiten auf Ernst Haeckel und seinen akademischen Lehrer und Mentor Johannes Walther, der Haeckels Lehrstuhl in Jena innegehabt hatte und ein Streiter für dessen Lehren gewesen war.[521] Gefährdet sah Weigelt die Vermittlung der für ihn felsenfest gesicherten Abstammungslehre in der »Propaganda« der katholischen Kirche für die Annahme einer »göttlichen Schöpfung« des Menschen.

Wie rigoros er seine wissenschaftlichen und hier natürlich eminent politischen Auffassungen durchsetzte, zeigt die Entfernung des Dozenten Oskar Kuhn aus seinem Institut und von der Universität. Weigelt hatte Kuhn zunächst geschätzt. Er ermöglichte dem Geologen, der in München nicht auf eine Fortsetzung seiner Karriere hoffen konnte, den Wechsel nach Halle. Kuhn hatte Naturwissenschaften, vor allem Geologie und Paläontologie, an der Universität München studiert. 1932 promovierte er zum Dr. phil., danach war er am geologischen Institut der Universität angestellt und arbeitete an einem Fossilienkatalog mit. Die Habilitation wurde Kuhn in München versagt, Weigelt störte sich jedoch nicht an dem scheinbar schwierigen Charakter Kuhns,[522] da er ihn mit einer Publikationsliste von mehr als 100 Titeln – sicher zu Recht – für einen vielversprechenden Wissenschaftler hielt. Er versorgte Kuhn zahlreiche, gut dotierte Forschungsaufträge und baute ihn systematisch zum Kandidaten für ein Ordinariat auf.[523]

Anlass für Weigelts Zorn war ein 1940 von Kuhn verfasster Artikel für die Zeitschrift des SS-Ahnenerbes »Der Biologe«. In der Redaktion lehnte man den Text aus »weltanschaulichen Gründen« ab. Kuhn reichte den Aufsatz daraufhin bei den vielgelesenen »Forschungen und Fortschritten« ein, die ihn leicht gekürzt brachten.[524] Weigelt erfuhr von dem Aufsatz durch einen Sonderdruck, den ihm die Zeitschrift zusandte. Der Inhalt lief Weigelts aufklärerischen Intentionen diametral zuwider. Kuhn hatte anhand der Geiseltalfunde vor Simplifizierungen in Bezug auf die Abstammungslehre gewarnt und mochte eine aufsteigende Linie im klassischen darwinschen bzw. haeckelschen Sinne so nicht ziehen. Der Übergang zwischen den einzelnen Gattungen, und damit die Entstehung der einen aus der anderen, sei keineswegs erwiesen, meinte Kuhn. Weigelt stellte den Dozenten daraufhin zur Rede und verbot ihm, seine, Weigelts, Forschungsergebnisse jemals wieder in einem Aufsatz zu erwähnen, da er seine solche »Belastung« seines Instituts und seiner Arbeit »unmöglich hinnehmen« könne. Kuhn reagierte jedoch nicht so, wie er es aus Dankbarkeit gegenüber Weigelt hätte tun können: Er drohte mit dem Rechtsanwalt. Weigelt wiederum reagierte ebenfalls unangemessen und meldete den Vorfall beim Leiter der Dozentenschaft. Polemisch fragte er an, ob hinter der Sache etwa »aktive katholische Kräfte« stünden. Darüber hinaus habe er das Gefühl, dass man ihn als Rektor »mit seiner Rosenberg-Politik und den

Oskar Kuhn, Paläontologe.
1941 wegen Zweifels an der Abstammungslehre entlassen.

immerhin bekannten Untersuchungen über das Geiseltal usw. in eine weltanschaulich unmögliche Situation hineinbugsieren« wolle.[525] Für den Kurator stellte Weigelt eine Anklageschrift mit persönlichen Verfehlungen Kuhns zusammen, wies aber ausdrücklich darauf hin, dass es sich eigentlich um eine prinzipielle weltanschauliche Auseinandersetzung handle. Weigelt verbat sich, dass an seinem Institut »Stellungnahmen, die der Actio catholica genehm wären«, geäußert würden. Kuhn sei daraufhin »außerordentlich ausfallend« geworden und hätte erklärt, »dass er mit solchen Kreisen nicht zusammenhänge.« Weigelt: »Ich erklärte ihm, das könne man aus solchen Angaben nie wissen ...«[526] Durch die Erkrankung Kuhns verzögerten sich die weiteren Auseinandersetzungen. Doch unmittelbar nach der Gesundung Kuhns schrieb Weigelt am 5. November 1941 einen Brief an das Wissenschaftsministerium, in dem er die Entlassung Kuhns forderte. Den Zusammenhang zu seiner eigenen Rolle herzustellen, vergaß er dabei nicht: »Ich lege großen Wert darauf, dass man in unserem Gau Halle-Merseburg über Stammesgeschichte und Vererbungsfragen seine Meinung frei äußern darf. Es wird aber in diesem Raume ein unheimlicher Druck ausgeübt, und ich kann mich des Eindrucks nicht erwehren, als ob die Kreise, die die biologischen Haupterkenntnisse dem Volk vorenthalten, mich auf die Subskriptionsliste gesetzt haben.«[527] Noch im November 1941 entzog das Wissenschaftsministerium Kuhn die Lehrbefugnis.

Mit seiner Entfernung ließ es Weigelt jedoch nicht bewenden, an der ganzen Universität witterte er katholische Kräfte. Diese waren allerdings ausgesprochen rar, da bis 1918 katholische Professoren nicht an der Universität Halle lehren durften und auch danach Katholiken nur in Ausnahmefällen auf Berufungslisten gesetzt wurden. Insgesamt gehörten von den mehr als 400 Professoren und Dozenten die von 1933 bis 1945 an der Universität Halle lehrten, 38 – also nicht einmal 10 Prozent – der katholischen Kirche an. Einige davon wurden erst gegen Kriegsende berufen, andere waren unmittelbar nach 1933 ausgeschieden bzw. als konvertierte Juden entlassen worden. In den Jahren 1940/41, als Weigelt eine Offensive der Actio catholica vermutete, lehrten nicht mehr als 15 katholische Dozenten an der Universität. Einige von ihnen hatte Weigelt sogar persönlich wegen ihrer fachlichen, menschlichen und politischen »Eignung« nach Halle geholt.[528]

Merkwürdigerweise identifizierte Weigelt dann als Speerspitze des Katholizismus einen Professor, der schon 1919 aus der Katholischen Kirche ausgetreten war. Der Botaniker Wilhelm Troll würde gemeinsam mit dem Dozenten Kuhn katholische Tendenzen verfolgen, streute Weigelt als Gerücht, ja die beiden hätten sogar versucht eine »katholische Hoch-

burg« an der Universität Halle zu begründen. Das war eindeutig nicht der Fall, Troll kannte Kuhn kaum, ihr Umgang war rein fachlicher Natur.[529]
Weigelt störte sich aber daran, dass Troll kein rückhaltloser Befürworter der Abstammungslehre war. Als ein Schüler Weigelts, der Jenaer Biologe und Anthropologe Gerhard Heberer, in Halle einen Vortrag hielt, stimmte Troll dessen Thesen über die Abstammungslehre »grundsätzlich« zu. Daneben brachte er aber auch, so schildert es Troll selbst, »durch die Argumentation des Vortragenden veranlasst«, »kritische Gesichtspunkte zur Geltung«. Insgesamt habe er »eine kritische, obwohl sonst durchaus positive Einstellung zur Dezendenzlehre«, hielt Troll in einem Schreiben an den Kurator fest.[530]
Zu dieser Weigelt nicht genehmen Haltung kam noch, dass Troll nicht Mitglied der NSDAP war. Zwar wurde er 1933 in einer Sammelmeldung für die NSDAP vorgeschlagen, am 8. Mai 1934 zog er den bis dahin unerledigten Antrag jedoch zurück.[531] Schließlich lehnte das Kreisgericht der NSDAP Trolls Beitritt zur Partei ab.[532] Als Wissenschaftler lieferte sich Troll, wie seine Biographin Gisela Nickel festgestellt hat, »heftige verbale und auch literarische Gefechte« mit nationalsozialistischen Aktivisten. Politisch verstand er sich offenbar als sehr »national«, aber eben nicht als »nationalsozialistisch«.[533]
Beim Gerüchteverbreiten beließ es Weigelt nicht, wo es ihm möglich war, schwärzte er Troll als »Katholen« an. Folgerichtig zogen Partei, Dozentenschaft und Gestapo – wie der Botaniker von ihm wohl gesonnenen Kollegen vertraulich erfuhr – Informationen über die an der Universität vertretenen »katholischen Tendenzen« ein. Troll fasste dieses Intrigieren als »kaum mehr zu überbietende Ungeheuerlichkeit« auf und verfasste am 18. November 1941 einen Brief an den Kurator der Universität, den dieser an den Minister weiterleiten sollte. Troll schilderte den Fall und betonte, dass es sich nicht um Quisquilien handele: »Wie ernst dieser Vorwurf zu nehmen ist, geht daraus hervor, dass für Prof. Weigelt dem Vernehmen nach Katholischsein einer Unterstützung des Secret Service gleichkommt.«[534] Energisch forderte er, »dass Herr Prof. Weigelt wegen der über meine Person geäußerten unwahren Behauptungen zur Verantwortung gezogen wird.« Zwar habe der mit ihm noch vor wenigen Tagen über die Angelegenheit gesprochen, dabei aber »ein überaus klägliches Verhalten« an den Tag gelegt. Mit der Abgabe einer Ehrenerklärung, die ihm Weigelt angeboten hätte, sei es in einem solchen Fall nicht mehr getan.[535]
Eine wie auch immer geartete Ehrenerklärung durch Weigelt oder gar eine Maßregelung des für die Partei unentbehrlichen Rektors gab es nicht. Stattdessen informierte Weigelt das Wissenschaftsministerium im März 1943 über den »Gestaltkreis«, einen Professorenzirkel, hinter dem er christliche Kräfte, explizit die evangelische »Bekenntnisfront« wirken sah. »Vorsorglich« wolle er einiges über »eine Bewegung« mitteilen, »die rechtzeitig zentrale Beachtung verdient«.[536] Ein sehr ähnlicher Text gelangte über die Geheime Staatspolizei zur selben Zeit an das Reichssicherheitshauptamt in Berlin. Vom dortigen Referat III C I, also der Abteilung Inlandsnachrichtendienst, wurde er theoretisch-philosophisch sowie biographisch angereichert und dann an die Parteikanzlei weitergeleitet.[537] Weigelt warnte die Partei vor einem Gelehrtenkreis, der sich zusammengefunden hatte, um philosophische Probleme zu erörtern. Gisela Nickel, die im Rahmen ihrer Biographie Wilhelm Trolls ausführlich auf den Gestaltkreis einging, ordnete ihn in den »ganzheitlichen« Strömungen zu, die in der ersten Hälfte des 20. Jahrhunderts entstanden. In vielen dieser Zirkel und Kreise wurden Gegenpositionen zur herrschenden Wissenschaftsausrichtung bezogen, die menschliches Wesen und Verhalten auf mathematisch-experimentell fassbare Einzelerscheinungen und -vorgänge reduzierte. Nickel: »Man propagierte statt dessen die Notwendigkeit einer

Gesamtschau, einer umfassenden Betrachtung und Darstellung. Einzelaspekte könnten nur im Zusammenhang mit dem Ganzen gesehen werden, wobei dem Ganzen eine besondere Qualität zukommen sollte, die sich im Letzten nicht analysieren ließe, zumal das Ganze selbst in entscheidender Weise mehr als die Summe seiner Einzelteile sei.«[538]

Dafür, dass es sich tatsächlich um eine Bewegung und nicht um ein isoliertes Einzelphänomen handelte, spricht die Einbeziehung von Gelehrten aus dem gesamten deutschen Sprachraum. Der Zusammenschluss blieb locker – schon um einer politischen Einflussnahme zu entgehen – doch immerhin gab es eine Schriftenreihe mit dem Titel »Die Gestalt – Abhandlungen zu einer allgemeinen Morphologie«. Die dort veröffentlichten Aufsätze rankten sich stets um den Begriff »Gestalt« und waren philosophischer oder wissenschaftshistorischer Natur. 1940 erschien das erste Heft, 1945 waren es 19 Hefte geworden.[539] Für Weigelt war »Die Gestalt« allerdings ein »bemerkenswert unorganisiertes Sammelsurium heterogener Dinge«, wie er in seinem Bericht an das Ministerium monierte.[540]

An der Universität Halle traten Wilhelm Troll, der Physikochemiker Karl Lothar Wolf und der Theologe Friedrich Karl Schumann mit einem »Gestalt-Kolloquium« hervor. Die behandelten Themen scheinen nur im Denunziationsbericht Weigelts überliefert zu sein.[541] Wolf stellte die gesamte Kolloidchemie als Problem der Morphologie dar, wogegen sich zunächst nichts sagen ließ. Ein in den Berichten nicht genannter Teilnehmer warf die Frage auf, wie die Mathematik überhaupt zu ihren grundsätzlichen Axiomen käme. Ein Problem, das, so meinte Weigelt, »bisher bewusst vom Mathematiker dem Philosophen überlassen wurde.«

Vor allem störte sich Weigelt an der »besonderen Anziehungskraft« des Theologen Friedrich Karl Schumann, der offenbar vor einem Hörerkreis las, der sich nicht nur auf Theologiestudenten beschränkte. Schumanns Schrift »Gestalt und Geschichte« könne man, so Weigelt, nur als »ästhetische Wortscholastik« bezeichnen. Den Inhalt referierte er in dem Bericht an das Ministerium in einem Satz: »Der Mensch kann seine eigene Gestalt nicht voll erfassen, weil er eben das Ebenbild Gottes ist usw.« Auch sonst seien »irgendwie kirchliche Interessen mit hineinverflochten in diese naturwissenschaftlichen Bestrebungen«.[542]

Die Ausrichtung des Kreises war dabei trotzdem entschieden national. Schumann war wie Wolf Mitglied der NSDAP, Troll gab sich stets explizit patriotisch. Wolf versuchte sogar eine »Deutsche Chemie« analog zur »Deutschen Physik« zu etablieren.[543] Aus der Kirche war er ausgetreten und notierte in den entsprechenden Fragebögen das parteioffizielle »gottgläubig«.[544] Troll trat 1919 aus der katholischen Kirche aus, sah sich im Gegensatz zu Wolf aber wohl weiterhin als Christ.[545] Weigelt vermutete die Teilnehmer der Gestalt-Kolloquien und besonders die drei Organisatoren irrationalerweise trotzdem in der »Bekenntnisfront« der evangelischen Theologie. Zur Teilnahme an dem Kolloquium des Kreises hätte man diesbezüglich »gewisse weltanschauliche Verpflichtungen« eingehen müssen, behauptete er.[546]

Insgesamt sei diese Strömung im Geistesleben schon »eine große Bewegung geworden«, »bei der die Triebkräfte im Verborgenen und die Mitläufer stärkste Beachtung« verdienten. Es wäre aber falsch, aus den Mitgliedern des Gestaltkreises »so etwas wie Märtyrer zu machen«, meinte Weigelt. Zum einen seien die Genannten in ihrem Fach »meist gute Wissenschaftler«, zum anderen sei es eine »Zeitströmung«, die sich selbst stark überschätze, und dabei »nicht fühlt wie altmodisch sie eigentlich ist.«[547]

In Berlin machte man eine Kosten-Nutzen-Rechnung auf und entschied sich gegen eine Entfernung von Troll, Wolf und Schumann. War der katholische Paläontologe Kuhn noch ohne weiteres entbehrlich gewesen, waren es qualifizierte Lehrkräfte wie Troll und Wolf nicht. Troll wurde für die Ausbildung der Medizinstudenten, meist Soldaten, gebraucht, Wolfs

Institut war in die Rüstungsforschung voll integriert. Schumann schließlich hatte zwar 1934 seinen Posten als Berater des Reichsbischofs Ludwig Müller aufgegeben, zur »Bekenntnisfront«, wie Weigelt mutmaßte, gehörte er jedoch keineswegs. Darüber hinaus wäre die Entlassung dieser Wissenschaftler in der Gelehrtenwelt nicht verstanden worden. Zu philosophieren war an und für sich nicht verboten, und es »kreiste«, wie Helmut Heiber in seinem Blick über die Universitätslandschaft feststellte, »an allen Ecken und Enden«. Und für ein Exempel hätten sich Gesprächskreise weit besser geeignet, die sich stärker an den politischen Themen der Zeit rieben, als es die Hallenser »Gestaltler« taten.[548]

Die »Fälle« Mitscherlich und Schachtschabel

Der Fall Mitscherlich nahm 1933 in Göttingen seinen Anfang. Dort lehrte Waldemar Mitscherlich, geboren 1877 als Sohn des Chemieprofessors Alexander Mitscherlich, seit 1928 Volkswirtschaft. Vorher war er in Posen, Greifswald und Breslau tätig gewesen und galt als eigenwilliger, weil nicht-liberaler Denker. Er akzeptierte die Existenz einer »Volksgemeinschaft«, integrierte die damals aktuellsten soziologischen Forschungsergebnisse in seine Arbeiten und plädierte für eine regulierte Ökonomie, »um gedeihliches Wirtschaften und Zusammenleben zu ermöglichen.« Verbunden war all das mit einer verschwommenen, vielleicht als »völkisch«, vielleicht im nationalsozialistischen Sinne als »sozialistisch« zu bezeichnenden Wirtschaftsethik.[549]

Die Göttinger Studenten konnten in Mitscherlichs Lehre trotzdem lediglich Gegnerschaft zum neuen politischen System erkennen. Im Frühjahr 1933 streuten sie an der Göttinger Universität Gerüchte, der großbürgerlich lebende Volkswirt habe Geld unterschlagen. Folgerichtig beantragte dieser ein Dienststrafverfahren gegen sich, dass aber eingestellt wurde, weil es nichts zu Tage förderte.[550] Diese Angriffe nahm er sich aber – tatsächlich – zu Herzen, wie ein medizinisches Attest vom 31. März 1933 belegt. Mitscherlich leide »an Störungen des Herzens & der Regulation des Blutkreislaufs, an Herzbeklemmungen, Herzklopfen, Blutandrang zum Kopfe, an Kopfschmerzen und erheblicher Schlafstörung« heißt es dort. Mitscherlich nahm für den Rest des Semesters Urlaub, um dann im Sommersemester auf eine wesentlich gespanntere Situation zu stoßen. Am 22. Mai 1933 besetzten SA-Studenten die ersten fünf Reihen des Vorlesungssaales, am 23. Mai war der Saal bis auf den letzten Platz mit SA-Männern besetzt. Nach Mitscherlichs Protest verschwanden die SA-Studenten, verweigerten aber anderen Studenten den Eintritt und jene,

Waldemar Mitscherlich, Volkswirt.
1934 nach Halle, 1942 nach Leipzig strafversetzt.

die ausdrücklich Einlass begehrten, wurden von den SA-Wachen schriftlich registriert. In der Folgewoche saßen wieder 30 SA-Leute in den ersten Reihen, die anderen Studenten davon »abrieten«, bei Mitscherlich zu hören. Examen könne man bei ihm ohnehin nicht mehr machen, die Lehrtätigkeit werde ihm »demnächst« von Berlin aus »überhaupt untersagt«.[551] Mitscherlich, der zwar einige Maßnahmen der Papen-Regierung ausdrücklich gelobt hatte, begriff nicht, warum ausgerechnet er Ziel von Angriffen wurde und bat am 15. Juni 1933 das preußische Kultusministerium um Klärung des Problems und um »Schutz«. Wieder wurde er beurlaubt, mit Wirkung vom 1. Oktober 1934 versetzte man ihn – im Austausch gegen Ex-Rektor Aubin – als ordentlichen Professor nach Halle.[552]

Lange Zeit regte sich gegen Mitscherlichs Art Vorlesungen zu halten in Halle kein Widerstand. Er promovierte mehre Dutzend Volkswirte, darunter auch ausgewiesene Nationalsozialisten oder Militärs wie den Chef des Rüstungskommandos Halle, Hermann Schlossberger, dessen Dissertation umgehend zur Verschlusssache erklärt wurde.[553]

Am 2. Juli 1941 kam es jedoch zum Eklat. Der Professor kritisierte das Referat des Fachschaftsleiters der Volkswirte, Schmidt, das dieser über Friedrich List gehalten hatte. Schmidt wiederum, nach Aussage des Dekans Gerhard Buchda ein Student von »recht durchschnittlicher Begabung«, stellte Mitscherlich zur Rede. Die dabei zur Sprache gebrachten Kritikpunkte standen, wie ein Mitstudent später zu Protokoll gab, »nicht im Zusammenhang mit dem Übungsstoff.« Danach verließ Schmidt mit etwa sechs Angehörigen des Nationalsozialistischen Studentenbundes das Seminar, acht ältere Semester blieben zurück.

Fünf Tage später wurde von den NS-Studenten ein Appell inszeniert, auf dem ein in Halle promovierter Volkswirt, darüber hinaus Reichsredner der NSDAP, verschiedene Aussagen Mitscherlichs angriff. Dekan Buchda, der den Vorfall später schilderte, vermutete, dass es eben dieser Volkswirt war, der diese Sache inszenierte. Dieser hätte wohl danach getrachtet, mit Mitscherlich einen Hochschullehrer zu »beseitigen«, der ihm bei einer eventuellen Habilitation »hinderlich werden könnte.«[554] Auf eine persönliche Intrige ließ sich der Fall jedoch nicht reduzieren. Als Dekan Buchda im Gespräch mit Studentenführer Detering versuchte, den Konflikt beizulegen, ließ dieser an der politischen »Untragbarkeit« Mitscherlichs keinen Zweifel und stellte diese Ansicht dem Dekan auch noch einmal per Brief ausführlich dar.

Mitscherlich vertrete »mit aller Betonung« den Standpunkt einer »unpolitischen Wissenschaft«, schrieb Detering an Buchda. Der »untragbare« Ökonom hätte auch geäußert, »dass Menschen, gleicher welcher Rasse, bei wissenschaftlicher Qualifikation im gegebenen Fall zum gleichen Forschungsergebnis kommen« müssten. Das widerspreche der nationalsozialistischen Auffassung, »wie sie der Führer, der Herr Reichsminister für Wissenschaft, Erziehung und Volksbildung, der Beauftragte zur Überwachung der gesamten geistigen und weltanschaulichen Schulung Reichsleiter Rosenberg, der Reichsdozentenführer Dr. Schulze und auch der Reichsstudentenführer Dr. Scheel« vertreten würden.

Besonders erboste Detering, dass Mitscherlich die Vergänglichkeit des Nationalsozialismus betonte. Entgegen »unserer festen Überzeugung«, so formulierte Detering in seiner Anklage, dass das deutsche Volk in seiner »völkischen Weltanschauung sein endgültiges Lebens- und Ordnungsprinzip gefunden« habe, hätte Mitscherlich »gemäß seiner Pluralitätstheorie« die Meinung vertreten, »dass Weltanschauungs- und Wissenschaftsauffassungen sich ablösten.« So wie sich jetzt ein Wandel im Denken vollziehe, so werde sich, so Mitscherlich, in »etwa 150 Jahren« wieder alles gewandelt haben.[555] Durch geschickt eingestreute Bemerkungen zu Detailfragen erschüttere der Professor darüber hinaus »den Glauben der jungen Studenten an unsere Weltanschauung« und an »die Maßnahmen unserer Staatsführung«.[556]

Hans Schachtschabel, Volkswirt. 1943 nach Marburg strafversetzt.

Gegenüber anderen Mitgliedern der Gaustudentenführung stellte er die Vorgänge etwas anders dar. Aus seiner Sicht, so formulierte er in einem Rundschreiben, war Mitscherlich ein »absolut liberaler Volkswirtschaftslehrer«, der jetzt die bis dahin »zu seinen Gunsten beobachtete Zurückhaltung« hätte vermissen lassen. Mitscherlich habe die noch anwesenden 27 Volkswirtschaftsstudenten und -studentinnen »mit seinen im krassen Widerspruch zum Nationalsozialismus stehenden wirtschaftspolitischen Auffassungen verseucht.« Eigentlich wollte er auf dessen Pensionierung warten, schrieb Detering in dem Rundbrief an einstige Kameraden aus der Gaustudentenführung. Doch dann habe sich ein Vorfall ereignet, den man unmöglich hätte übergehen können. Im Anschluss an ein Referat über Friedrich List hätte Mitscherlich, so Detering, »ein Bekenntnis zur unpolitischen, also sogen.[annten] objektiven Wissenschaft« abgelegt. Daraufhin seien die Studentenbundsmänner aus dem Seminar ausgezogen. Er, Detering, habe umgehend mit Rektor Weigelt und Dekan Buchda Kontakt aufgenommen und festgestellt, dass »wir uns in unseren grundsätzlichen Auffassungen über Mitscherlich einig sind und auch in der Erkenntnis, dass seine weitere Lehrtätigkeit in Halle unmöglich ist …«[557]

Die Reaktionen auf den Boykott gegen Mitscherlich fielen unterschiedlich aus. Der einstige Führer der juristischen Fachschaft, Helmut Drews, schrieb an Detering, dass es für einen »alten Herren« wohl nicht leicht sei, »sein in einem langen Leben aufgebautes Wissenschaftsgebäude und seine Lebens- und Wirtschaftsauffassung einfach über den Haufen zu werfen.« Er versicherte Detering jedoch, dass er voll und ganz hinter dem Boykott stünde. Er sei »damals oft empört gewesen«, dass gegen Mitscherlich »so wenig oder gar keine Opposition da war.« Zu seiner »Liquidierung« sei damit »kein Wort zu verlieren.«[558]

Der jetzt eingezogene Führer der Fachschaft der Volkswirte, Friedrich Gordian, wandte sich angesichts der »betrüblichen Nachrichten über die bedauerlichen Vorfälle« umgehend an Mitscherlich. Er könne es nicht verstehen, schrieb Gordian an seinen akademischen Lehrer, »dass man in der Heimat den ehrlich für die Wissenschaft arbeitenden und für die Förderung der jungen Studenten bereiten Dozenten kleinlich den Weg« verbaue. Gordian weiter: »In diesen Tagen, in denen viele Sie verlassen werden, kann ich Ihnen versichern, dass ich und noch viele andere immer zu Ihnen stehen werden.« Als Detering von dieser Loyalitätserklärung erfuhr, protestierte er bei Gordian gegen diese »Disziplinlosigkeit ersten Ranges«. Gerade die Parteinahme eines einstigen Studentenbundsmitgliedes habe ihn enttäuscht, der Brief werde aber keinesfalls »die Beurteilung, die Professor Mitscherlich seitens der NSDAP wie auch durch mich persönlich erfährt, irgendwie« beeinflussen.[559]

Eine ehemalige Studentin, Irmgard Eger, stellte Mitscherlich gleich eine ganze Zahl von Loyalitätserklärungen einstiger Schüler zu, durchaus mit dem Gedanken, dass ihm diese Briefe von Kameraden, die draußen im Feld »phrasenlos und treu« ihre Pflicht erfüllten, »vielleicht doch von Nutzen sein« könnten und »schwerer wiegen« würden, als »das Geschrei unfähiger Drückeberger und Zuhausehocker.« Die von Eger zusammengefassten Urteile waren teils auf den Fall (»tolle Schweinerei«), teils auf den Professor selbst bezogen (»Armer Mitscherlich!«). Ein SS-Mann nannte Mitscherlich einen »sauberen, reinen Charakter«, ein Gefreiter hätte den »Rädelsführern des Komplotts« wenn er denn in Halle gewesen wäre »tüchtig den Kopf« gewaschen. Selbst wenn »Waldi«, wie ihn ein einstiger Student nannte, »etwas konservativ« sei, wäre er doch »ein feiner Mensch«. Und dessen »kritische Betrachtungen zur gegenwärtigen Wirtschaftspolitik« seien eben keine »Meckereien«, sondern vom Standpunkt eines »betrachtenden Wissenschaftlers« aus gesprochen. Auch Oberst Schlossberger und ein Handelslehrer, der im Vorjahr bei Mitscherlich promoviert hatte, sprachen sich bei Dekan Buchda für den nichtkonformen Volkswirt aus.[560] Vergeblich: Noch in der letzten Woche des Sommersemesters 1941 verlangte Detering vom Rektor die Entpflichtung Mitscherlichs.[561]

Dekan Buchda wollte sich dem Unvermeidlichen nicht entgegenstellen. Ein »Vorkämpfer für die nationalsozialistische Weltanschauung« sei Mitscherlich wirklich nicht. Sonst hätte er nicht allen Versuchen »in unserem hallischen Hochschulleben« eine »zeitentsprechende Wissenschaft« zu etablieren »eine derartige Interesselosigkeit und Gleichgültigkeit« entgegengebracht. Rektor Weigelt stellte dem Wissenschaftsministerium im Januar 1942 Zusammenfassungen beider Standpunkte zu und nahm nun auch selbst Stellung. Ein »allzu warmes Wort« für Mitscherlich einzulegen, sei er nicht imstande. Dieser hätte sich an der Hochschule nur »auf das Notwendigste« beschränkt und »keinerlei aktiven Einsatz« gezeigt. Er plädiere dafür, »dass Professor Mitscherlich, wenn sein Einsatz noch notwendig ist, nicht in Halle, sondern nur am andern Ort beschäftigt« werde. An Gauleiter Eggeling schrieb Weigelt am selben Tag, dass er die Versetzung Mitscherlichs befürworte. Ein Verfahren gegen ihn werde jedoch nicht unbedingt zum Erfolg führen. Rein beamtenrechtlich enthielten die Akten »nichts allzu Gravierendes«, auch seien die Aussagen der Studierenden über Mitscherlich »sehr voneinander abweichend«. Vor allen Dingen liege aber das Leumundszeugnis des ehemaligen Fachschaftsleiters Gordian vor.[562]

Eine Erwiderung des Gauleiters findet sich in der Akte nicht. Da Detering jedoch seine Angriffe gegen Mitscherlich einstellte, dürfte er von seinem Gauleiter dahingehend instruiert worden sein. Mitscherlich wurde zum Ende des Semesters an die Universität Leipzig versetzt, wo er wenig später emeritiert wurde.

Des einen Leid, des andern Freud. Noch bevor Mitscherlich zur Universität Leipzig abgeordnet wurde, forderte Rudolf Streller, der bisher nur ein planmäßiges Extraordinariat bekleidete, den freiwerdenden Lehrstuhl für sich ein. Ihm sei bei seiner Berufung 1939 das Mitscherlichsche Ordinariat versprochen worden, da dieser ja in absehbarer Zeit pensioniert werden würde, schrieb er von seinem Einsatzort, dem Flak-Artillerie-Schießplatz Stolpmünde an Kurator Tromp. Die Fakultät solle ihn doch primo et singulo loco auf die Berufungsliste setzen, empfahl er. Die Studentenschaft werde »gegen einen so alten Kapitän Hermann Görings« sicher keine »Einwendungen« machen.[563]

Vertreten wurde der Lehrstuhl zunächst von Waldemar Koch, den die Studenten noch massiver hätten ablehnen müssen als Mitscherlich. Koch hatte 1934 für einen jüdischen Professor gutgesagt und als Wirtschaftsprüfer den jüdischen Großaktionär der Berliner Engelhardt-Brauerei vertreten. Das Engagement für den Brauereibesitzer brachte Koch eine

Tracht Prügel von SA-Männern und drei Wochen »Schutzhaft« ein.[564] Wegen dieser Haft entzog ihm das Wissenschaftsministerium die Lehrbefugnis, erst 1939 erhielt er die Venia Legendi zurück. Wie ihm das gelang, geht aus Kochs Memoiren nicht hervor, sie überspringen die Jahre 1934 bis 1945.[565] Für den Lehrstuhl war Koch aber nicht tragbar, so dass die Fakultät tatsächlich Streller auf Platz eins der Berufungsliste setzte, der Form wegen nannte man aber zwei weitere Namen. Streller wurde berufen, jedoch nicht von der Wehrmacht entlassen, so dass der Lehrstuhl faktisch unbesetzt blieb.[566]

In den Kampf gegen Mitscherlich wurde auch sein, so Studentenführer Detering, »Trabant« Hans Schachtschabel mit einbezogen, da es mit diesem ohnehin »einmal kein gutes Ende nehmen würde.« Schachtschabel habe sich zwar bisher »keine entscheidenden Blößen gegeben«, müsse aber aus charakterlichen und weltanschaulichen Gründen ebenso von der Universität entfernt werden wie Mitscherlich, forderte der Studentenführer.[567]

So eindeutig, wie der »Fall Mitscherlich« stellte sich der »Fall Schachtschabel« aber durchaus nicht dar. Hans Schachtschabel, geboren 1914, besuchte zunächst die Höhere Handelsschule Dessau und erhielt 1933 sein Abiturzeugnis. Er gehörte zur ersten Generation der Arbeitsdienst Leistenden, war SA-Mitglied seit 1933 und trat als Student in Leipzig der SS bei, in der er bis 1940 Dienst tat. Auf Vermittlung der Studentenschaft absolvierte er ein Studienjahr in Wien, wo er, so schrieb er selbst in einem Lebenslauf, »gleichzeitig am damaligen volksdeutschen Kampf teilnehmen konnte.« 1937 trat er der NSDAP bei.[568] Seine Dissertation widmete sich dem gebundenen Preis, der zugleich ein »gerechter Preis« sei.[569] Dann war Schachtschabel am Weltwirtschaftlichen Institut der Universität Kiel beschäftigt, bevor er 1939 Assistent Mitscherlichs in Halle wurde. Die Habilitationsschrift Schachtschabels ging dem Problem der Wirtschaftslehre der »gestalteten und geordneten Wirtschaft« nach.[570] Mentor Mitscherlich äußerte sich positiv über das »geschulte Denken« und hob den »lebendigen« und von »beachtlicher Ausdrucksfähigkeit und Schmiegsamkeit« gekennzeichneten Stil der Arbeit hervor. Zweitgutachter Muhs äußerte sich in Bezug auf die Kenntnisse Schachtschabels positiv, in der Sache aber ablehnend. Unter anderem, weil es einem so jungen Menschen nicht zukomme, sich einem derart allgemeinen Thema zu widmen. Mitscherlich setzte sich jedoch durch, erzwang ein günstiges Urteil der Fakultät und bat um entsprechende Anerkennung: »Die Habilitationsschrift von Dr. Schachtschabel ist eine vielversprechende Leistung, sie rechtfertigt vielleicht, die Unterrichtsverwaltung in dieser an wissenschaftlich befähigten Menschen nicht überreichen Zeit auf diesen verheißungsvollen, mit schöpferischer Begabung ausgestatteten jungen Gelehrten aufmerksam zu machen.« Das erkannte auch Dekan Buchda an, der nach Berlin schrieb: »Schachtschabel ist sehr begabt, die Fakultät setzt erhebliche Hoffnungen auf ihn.«[571] Unmittelbar nach seiner Lehrprobe (Thema: »Wehrwirtschaft als Prinzip nationalsozialistischer Wirtschaftspolitik«) wurde Schachtschabel zum Dozenten ernannt.

Im Zuge der Auseinandersetzungen um Waldemar Mitscherlich wurde Schachtschabel von Gaustudentenführer Detering massiv angegriffen. Die Vorlesungstätigkeit des Dozenten sei »weltanschaulich haltlos«, er nehme Einfluss auf die Studentenschaft und versuche, ihn, Detering, unwahrer Äußerungen zu bezichtigen. Dekan Buchda konstatierte in einer Aktennotiz für Rektor Weigelt, dass keiner dieser Einwände gegen Schachtschabel bisher schriftlich vorgetragen worden sei, Detering aber trotzdem ultimativ die Entfernung Schachtschabels fordere. Sicherlich sei es unglücklich gewesen, dass Schachtschabel zu einem Gespräch mit Detering eine Protokollantin mitgenommen habe, sicher sei auch, dass Schachtschabel »noch kein ausgereifter Charakter« sei. Der Konflikt aber sei wohl kein politischer, sondern »in erster Linie psychologisch zu erklären.«[572]

Trotz des halbherzigen Zuspruchs von Buchda zog Schachtschabel in der Auseinandersetzung den Kürzeren. Detering sorgte, obwohl der Volkswirt für die SS unabkömmlich gestellt war, für Schachtschabels Einberufung zur Wehrmacht. Ärgerlicherweise wurde der Dozent jedoch zur Heeresnachrichtenschule Halle eingezogen, den Unterricht an der Universität konnte er fortsetzen. Eine Entfernung von der Universität aus politischen Gründen kam dann doch weder für den Rektor noch für das Wissenschaftsministerium in Frage. 1941/42 arbeitete Schachtschabel für die Archivkommission des Auswärtigen Amtes in Paris, kehrte aber zum Sommersemester 1942 wieder an die Universität zurück. Erst 1943, nach der Einberufung von Dekan Buchda, gelang es, Schachtschabel abzuschieben. Studentenführer Detering gab – bevor er selbst zur Ostfront einrückte – zu Protokoll, dass der Herr Gauleiter Staatsrat Eggeling wünsche, dass »Herr Schachtschabel nach seiner Rückkehr von der Wehrmacht nicht wieder als Dozent in Halle auftritt.« Für Vollzug sorgte schließlich Buchdas Nachfolger im Dekanat, Muhs. Dieser warf Schachtschabel moralische Verfehlungen vor, er habe ihn gemeinsam mit einer Studentin in der Straßenbahn gesehen. Schachtschabel erwiderte, dass beide im Paulusviertel wohnen würden und keinerlei Unkorrektheit vorläge. Dekan Muhs konterte, dass Schachtschabel schon einmal eine Studentin verführt hätte. Schachtschabel konnte nur antworten, dass diese jetzt seine Frau sei. Argumente galten jedoch nicht, auf Drängen von Muhs versetzte das Wissenschaftministerium Schachtschabel nach Marburg.[573]

Waldemar Mitscherlich kehrte 1946 nach Halle zurück, musste aber die Lehrtätigkeit bereits nach einem Semester einstellen. Seine Wiederberufung scheiterte am Veto des neuen Kurators Elchlepp. Dieser gründete seine Entscheidung auf Spitzelberichte von Studenten und warf Mitscherlich eine »kapitalistisch-reaktionäre« Haltung vor.[574] 1950 verließ Mitscherlich dann die DDR, er starb 1961 in Bad Godesberg bei Bonn.[575]

Hans Schachtschabel leitete 1945 ein Forschungsinstitut der amerikanischen Besatzungstruppen und blieb Dozent an der Universität Marburg. 1949 wurde er nach Ermittlungen der Staatsanwaltschaft wegen Fälschung eines Fragebogens entlassen, Schachtschabel hatte unwahre Angaben über seine Zugehörigkeit zur SS und zur NSDAP gemacht.[576] Von Ende 1949 bis zur Emeritierung lehrte er dann an der Wirtschaftshochschule (später Universität) Mannheim Volkswirtschaft. 1952 wurde er außerordentlicher, 1962 ordentlicher Professor. Schachtschabel übersetzte die Werke Adam Smiths und trat der SPD bei, für die er von 1953 bis 1970 im Stadtrat von Mannheim saß. 1969 bis 1983 war er Mitglied des deutschen Bundestages, ab 1974 auch des europäischen Parlamentes. Er starb 1993 in Mannheim.[577]

3.3 Die Entfernung homosexueller Dozenten

So wie die Säuberung der Universitäten von Juden rassistisch motiviert war, wurden auch Homosexuelle als »minderwertig« im Sinne der für notwendig erachteten Bevölkerungspolitik betrachtet.[578] Seit jeher diskriminiert und kriminalisiert, war an und für sich für homosexuelle Hochschullehrer kein Platz. In der Zeit des Kaiserreiches und der Weimarer Republik waren die Möglichkeiten zur Verschleierung der eigenen sexuellen Präferenzen an den Universitäten und Hochschulen vielfältig. Denn nur in der Zeit des Nationalsozialismus wurde von einem Assistenten die Gründung einer Familie erwartet.[579] Vorher ging man selbstverständlich davon aus, dass erst dann eine Ehe zu schließen sei, wenn eine Familie zuverlässig versorgt werden könnte.[580] Viele Wissenschaftler heirateten daher spät, kinderlose Ehen recht alter Lebenspartner waren häufig.[581] Es war auch üblich, dass Professoren

einen offenen Haushalt für bedürftige Studenten führten, manche unterhielten nicht nur Freitische, sondern auch preiswerte Zimmer. Ob es dabei zu sexuellen Beziehungen kam, schien gleichgültig zu sein. In den Akten ist ein Fall überliefert, wo ein Student »seinen« Professor beerbte, ohne dass jemand daran Anstoß nahm. Eine juristische Verfolgung der Homosexualität war trotz allem vorgesehen, sie war in den §§ 175 und 174 des Strafgesetzbuches geregelt. Der § 175 stellte gleichgeschlechtliche Handlungen unter Strafe, der § 174 den Missbrauch von Abhängigen oder Minderjährigen.[582]
Rechtskräftig verurteilt wegen dieser Delikte wurde in den Jahren 1933 bis 1945 kein hallischer Professor oder Dozent. Zwei Dozenten bzw. Lehrbeauftragte verloren jedoch ihre Anstellung an der Universität: der Mathematiker Heinrich Grell und der Jurist Walter Anderssen. Beide wurden homosexueller Handlungen verdächtigt, für eine Anklage reichten die Beweise jedoch nicht aus. Unüblich war das nicht: Homosexuelle wurden bespitzelt und verhaftet, zu Verurteilungen kam es vergleichsweise selten. Ohnehin blieben Homosexuelle in der NS-Zeit von weiterer Verfolgung verschont, so urteilte der profilierteste Forscher zum Thema, Burkhard Jellonnek, nach einer umfangreichen Feldstudie, wenn sie in Verhören »glaubhaft versichern« konnten, »zwar homosexuell zu sein, sich aber nicht homosexuell zu betätigen.« Jellonnek weiter: »Entscheidend war die den Verdächtigen sorgsam nachzuweisende homosexuelle Handlung und nicht allein die homosexuelle Veranlagung.«[583] Dieser Nachweis für die »Tat« fehlte sowohl bei Grell als auch bei Walter Anderssen. Bei der Entlassung der beiden legte die Universität also strengere Maßstäbe an als Gestapo und Justiz. Grell hatte 1926, 23-jährig, in Göttingen bei Emmy Noether promoviert und sich 1930 in Jena für das Fach Reine Mathematik habilitiert. Im SA-Fliegersturm Jena aktiv, wurde Grell 1933 Mitglied der NSDAP, 1934 erhielt er an der Universität Halle einen Lehrauftrag für Analysis und analytische Geometrie. Im Mai 1935 geriet er in eine umfangreiche Ermittlung der Gestapo, die die »homosexuelle Verseuchung von Schülern der Landesschule zur Pforte« untersuchte. Tatsächlich hatten einige Lehrer in Schulpforta ihre Schüler missbraucht. Grell war als Flugreferent der Hitlerjugend mit ins Visier der Ermittler geraten, geschlechtliche Beziehungen zu einem Schüler konnten ihm aber nicht nachgewiesen werden. Trotzdem blieb er bis zum September 1935 in Haft.[584] Nach Einsicht in die Gestapo-Akte, der Aussage eines mit Grell verhafteten Studenten und nicht zuletzt durch den universitären Klatsch stand für den Kurator fest, dass – der im Übrigen verheiratete – Grell tatsächlich homosexuell war, mochte er nun Geschlechtsverkehr mit jungen Männern eingestehen oder nicht. An die Universität ließ man ihn daher trotz der Fürsprache seiner Mentoren nicht zurückkehren.[585]

Am 6. September 1935 schrieb Heinrich Grell an seinen Mentor Heinrich Brandt. Zwar gestand er in dem Brief seine Schuld ein, warb aber um Unterstützung.

Sehr geehrter Herr Professor Brandt,

vor zwei Tagen bin ich hierher aus der Schutzhaft zurückgekehrt. Sie sind durch meine Frau ja wohl über Einzelheiten der furchtbaren Katastrophe unterrichtet, die über uns hereingebrochen ist, so dass ich alles für einen gelegentlichen mündlichen Bericht aufsparen kann, um so mehr, als meine Nerven begreiflicherweise noch recht mitgenommen sind. Doch fühle ich deutlich, dass meine Kräfte ungebrochen zurückkehren; sobald ich das Nötigste geordnet habe, will ich mich an die Arbeit setzen, die nun mein einziger und letzter Trost geworden ist.

Ich wäre Ihnen sehr dankbar, wenn Sie mir mitteilen könnten, welches meine Aussichten für die Zukunft sind, was insbesondere im kommenden Wintersemester mit mir geschehen wird, und ob irgendeine Aussicht dafür besteht, dass ich meine Bezüge weitergezahlt bekomme. Augenblicklich stehe ich ohne die geringsten Mittel da. Sie verstehen wohl, dass ich mich gern durch Sie privat unterrichten möchte, ehe ich offiziell an die oder jene amtliche Stelle herantrete. Auch bin ich Ihnen für jeden Hinweis auf Schritte, die ich notwendiger- oder klugerweise tun muss, aufrichtig dankbar; ich bin in all solchen Dingen leider so unerfahren, dass ich Sie da um Rat bitte.

Darf ich hoffen, dass Sie und Ihre verehrte Frau mir die Sympathien, die Sie mir bisher so reichlich erwiesen haben, auch für die Zukunft erhalten? Seien Sie bitte beide überzeugt, dass sich Schuld und Unglück in meinem Schicksal fast untrennbar mischen, dass ich glaube, mich keiner Niedrigkeit bezichtigen zu müssen und dass ich durch das Erlebnis der vergangenen 21 Wochen, vor allem aber durch das Leiden meiner armen Frau, hinreichend für alle Fehler gestraft bin. Hoffentlich lässt sich das so oder so einmal wieder gutmachen.

An Mathematik könnte ich Ihnen heute lediglich mit ein paar kleinen Bemerkungen über Ordnungen mit umkehrbarem Komplementärmodul dienen; sie sind das Einzige, was ich während der verflossenen Monate, aller Hilfsmittel und Ruhe beraubt, mir überlegen konnte. Doch verschiebe ich das lieber auf ein andermal.

Sie, Ihre verehrte Frau und Ihr Töchterchen grüße ich vielmals als

Ihr dankbarer H. Grell

Quelle: UAH PA 6887 Grell.

Dozentenführer Wagner konstatierte in einem Gutachten zum Fall, dass Grell für eine Weiterbeschäftigung »nicht tragbar« sei und an eine andere Universität versetzt werden solle. Rektor Woermann bat das Ministerium, »von einer weiteren Verwendung in Halle abzusehen.« Die Fachvertreter stellten sich jedoch hinter ihren Kollegen. Heinrich Brandt und Heinrich Jung, die beiden Ordinarien für Mathematik, bewerteten seine pädagogischen und wissenschaftlichen Fähigkeiten als »sehr günstig«. Sie »würden es bei dem großen Mangel an wissenschaftlich geeignetem Nachwuchs auf dem Gebiet der Mathematik sehr bedauern, wenn Dr. Grell von der Dozentur ausgeschlossen würde.«[586] Entzogen wurde Grell die Lehrbefugnis im November 1935. Bis 1939 hielt er sich mit Gelegenheitsarbeiten über Wasser, bis er schließlich eine Anstellung als Arbeitsgruppenleiter im Entwicklungsbüro der Messerschmidt Flugzeugwerke in Augsburg fand.[587]

1940 gelangte über die Gestapo, nicht durch ein Gericht, die Mitteilung über Walter Anderssens Homosexualität an die Universität Halle. Anderssen, Jahrgang 1882, 1914 zum außerordentlichen Professor ernannt, hatte seit 1937 einen Lehrauftrag für öffentliches Recht an der Universität Halle inne. Politisch und menschlich gab es an Anderssen nichts auszusetzen. Er hatte am Ersten Weltkrieg teilgenommen und war mit dem Eisernen Kreuz II. Klasse ausgezeichnet worden, außerdem war er Mitglied der NSDAP und 1933 sogar Propagandaleiter seiner Ortsgruppe.[588] Seine Veröffentlichungen über die portugiesische und die rumänische Diktatur waren von Sympathie für diese Regierungsform durchdrungen.[589]

Unmittelbar nach der Mitteilung änderte sich die hohe Meinung von Rektor und Dekan zum menschlichen Wert des Lehrbeauftragten. Rektor Weigelt forderte den Entzug des Lehrauftrages, Dekan Buchda drängte Berlin per Brief am 13. April 1940, schnell zu handeln, »damit Anderssen noch vor dem Beginn der Vorlesungen aus unserer Fakultät verschwindet.« Anderssen sei »künftig untragbar«, stellte Buchda kategorisch fest, »jedenfalls will meine Fakultät von jetzt ab nichts mehr mit ihm zu tun haben.« Er urteilte: »Ich bin der Überzeugung, dass er das begangen hat, was ihm vorgeworfen wird. Aber selbst wenn man daran zweifeln wollte, so steht nach seinen eigenen Angaben soviel fest, dass er sich mit dem Posener Gymnasiasten Turck in der schmutzigsten Weise unterhalten hat. Er ist kein Jugenderzieher, sondern ein Jugendverderber. Schon die Art, wie er sich in Posen mit den beiden Gymnasiasten herumgetrieben hat, ist eines deutschen Hochschullehrers durchaus unwürdig.« Als sich auch noch herausstellte, dass es 1932 schon einmal »Vorfälle« gab, versicherte Buchda, davon nichts gewusst zu haben, sonst hätte er Anderssen als Hochschullehrer »sofort abgelehnt.«[590]

Da Walter Anderssen eine derartige »Tat« aber nicht nachgewiesen werden konnte, wurde er auch nicht angeklagt. Er verlor den Lehrauftrag, blieb aber – wie Grell – ansonsten unbehelligt. 1945 bekam er erneut einen Lehrauftrag für öffentliches Recht und Rechtsphilosophie, diesmal an der Universität Berlin. Auf einen Lehrstuhl gelangte Anderssen jedoch nicht.

Grells Nachkriegskarriere verlief erfolgreicher. Von 1945 bis 1948 war er wissenschaftlicher Assistent an der Universität Erlangen und der Hochschule Bamberg. Im September 1948 erhielt er einen Ruf an die Humboldt-Universität in Ostberlin. Von 1959 bis 1962 leitete er das Institut für Reine Mathematik der Akademie der Wissenschaften. Zugleich gab er Unterricht an einer Schule für mathematisch besonders begabte Kinder und arbeitete die Schullehrbücher für Mathematik aus. Von 1964 bis 1972 war er stellvertretender Generalsekretär der Akademie der Wissenschaften.[591]

4 Der Neuaufbau des Lehrkörpers

Mit der »Säuberung« der Hochschulen ging im gesamten Deutschen Reich ein »Neuaufbau« im Sinne des Nationalsozialismus einher. Auch wenn es eine eigentliche »Wissenschaftspolitik« nicht gab,[592] sind dabei Trends eindeutig auszumachen. Politisch sollten die neuen Lehrstuhlinhaber fest auf dem Boden des Nationalsozialismus stehen, wenn möglich Parteimitglieder sein. Wissenschaftliche Qualität war noch immer gefragt, doch nicht selten gelangten formal qualifizierte, aber nicht immer erstrangige Professoren an die Spitze der Institute, wie gerade Untersuchungen über das Fach Physik gezeigt haben.[593]

In Bezug auf die einzelnen Wissenschaftsdisziplinen sollte »umgeschichtet« werden. Die Theologie sollte »ausgetrocknet«[594], die Rechtswissenschaft zurückgedrängt werden.[595] Das Verhältnis zu den philosophischen Disziplinen war zwiespältig. Die akademische Geschichtswissenschaft hatte gegenüber der NS-Geschichtsdeutung ebenso einen schlechten Stand wie die Philosophie, wenn sie sich nicht als Ideologieproduzentin verstand.[596] Vorgeschichte und Sprachwissenschaft hingegen waren geschätzte Disziplinen. Besonderer Wertschätzung erfreuten sich die nah an den Naturwissenschaften liegenden Fächer Geographie und Psychologie.[597] Keine Beeinträchtigung erfuhren – sieht man vom Feldzug gegen die Anhänger Albert Einsteins ab – die Naturwissenschaften selbst, gefördert wurden die politischen und kriegswichtigen Disziplinen der Medizin. Diese »Trends« widerspiegeln freilich nur die politischen Wünsche und Vorgaben, die finanziellen Bedingungen waren andere. Hier entschieden klare Nützlichkeitserwägungen, wie Nokter Hammerstein anhand der Förderpolitik der Deutschen Forschungsgemeinschaft herausgearbeitet hat: Agrarwissenschaft, Medizin, angewandte Naturforschung und die Technikwissenschaften erhielten die höchsten Zuschüsse. Doch auch hier waren die Mittel beschränkt.[598] Die Verbindung von chronischem Geldmangel und der angestrebten politischen Umgestaltung führte insgesamt, wie oft betont wurde, zum Absinken des wissenschaftlichen Niveaus.[599]

Diese Trends galten auch in Halle, vielleicht sogar durch die gefährdete Lage, zumindest aber durch ihren geringen Stellenwert, verstärkt. Während anderswo fieberhaft neue Lehrstühle für verdiente Parteigenossen geschaffen wurden,[600] war der Stellenpool der Universität Halle ein Teil des Reservoirs, aus dem diese »planmäßigen«, also haushaltsrechtlich abgesicherten Stellen abgezogen wurden. Mindestens vier Lehrstühle an der Universität Halle fielen weg, mindestens zwei davon wurden an die Universität Berlin verlegt, so dass es zu den bereits beschriebenen Gerüchten von der Schließung der Universität kam. Diese Gerüchte, und die jammervolle Ausstattung der Institute und Kliniken, führten außerdem dazu, dass ein freiwilliger Wechsel von Ordinarien anderer Hochschulen nach Halle selten vorkam. Üblicherweise ist die hallische Universität also Durchgangsstation für begabte Nachwuchswissenschaftler gewesen, es wäre aber falsch, abzuleiten, dass nur zweitklassige Gelehrte zurückblieben. Neben der immensen Fluktuation gab es die über lange Zeit mit erstklassigen Wissenschaftlern besetzten Lehrstühle, die zahlreichen Mitgliedschaften in Akademien oder abgelehnte Rufe an andere Hochschulen belegen das.

Von den mehr als 70 planmäßigen Lehrstühlen der Universität in der NS-Zeit mussten 60 neu besetzt werden, einige davon mehrmals, da die Lehrstuhlinhaber rasch an andere Universitäten berufen wurden. Einige blieben unbesetzt, zwei von der Universität vorgeschlagene Lehrstühle – für Rassenkunde und Agrarpolitik – wurden nicht installiert.[601] Die Berufungspolitik der Universität war von den geschilderten Zwängen und Vorgaben bestimmt. Bei der Lektüre der Akten drängt sich der Eindruck auf, dass das Reservoir, aus dem geschöpft werden konnte, begrenzt war. Zum einen fehlte es an politisch »tragbaren« Kandidaten, zum anderen waren wissenschaftlich Hochqualifizierte knapp. Von diesen war eine Reihe für Halle nicht greifbar, die Gründe wurden skizziert.

Das traditionelle Prinzip der Selbstergänzung des Lehrkörpers blieb während der NS-Zeit an und für sich bestehen. Nach wie vor gaben die Fakultäten eine Liste mit drei gewünschten Kandidaten an das Kultus- bzw. Wissenschaftsministerium. Verantwortlich für diese »Dreierliste« zeichnete der Dekan der Fakultät, da er nicht gewählt, sondern nach dem Führerprinzip eingesetzt war, hatten die anderen Fakultätsmitglieder an sich wenig Mitsprachemöglichkeiten. Informell kehrten einige der Dekane zur demokratischen Willensbildung zurück[602] Es ist jedoch auch zur Neufestlegung der Berufungslisten nach einem Dekanatswechsel gekommen. So bat Prodekan Muhs, Dekan Buchda war eingezogen, Rektor Weigelt darum, bei der Wiederbesetzung des Extraordinariates in den Wirtschaftswissenschaften, den auf Platz 3 der Liste stehenden Karl Schiller nicht zu berücksichtigen.[603] Eine Begründung für den Wunsch fand sich in den Akten nicht, vermutlich stieß sich Muhs an den amerikafreundlichen Arbeiten Schillers zum Welthandel.[604]

Die installierten »Korrekturmöglichkeiten« und das ausgiebig wahrgenommene Beurteilungswesen unterhöhlten insgesamt das Prinzip der freien Rekrutierung.[605] Jeder Vorschlag der Fakultäten war vom örtlichen Dozentenbundsführer und vom Rektor zu prüfen und zu bewerten. Die hallischen Rektoren Woermann und Weigelt nahmen dieses Recht ausgiebig wahr, setzten sich jedoch nicht unbedingt selbstherrlich über die Vorschläge der Fakultäten hinweg. Es kam jedoch vor, dass sie Berlin eine andere Reihung der Liste »nahelegten« oder persönliche Wunschkandidaten herausstellten. Während Emil Woermann dabei eher vorsichtig zu Werke ging, versuchte Johannes Weigelt zielstrebig zu agieren. In seiner ersten Rektoratsrede am 10. Dezember 1936 brachte er seine Vorstellungen auf eine griffige Formel: Es gelte die »Einheit von Wissenschaft und Volk, Universität und Partei, Hochschule und Heimat« herzustellen. Die Ausrichtung der Universität auf das Dritte Reich solle dabei »kompromisslos« sein.[606]

Der Dozentenführer, von 1934 bis 1945 war es der Chirurg Wilhelm Wagner, gab politische Voten ab, die an Entschiedenheit nichts zu wünschen übrig ließen.[607] Das Bündel – Dreierliste, Votum des Rektors, Beurteilung des Dozentenführers – wurde auf zwei Wegen weitergegeben. Exemplar eins des Vorschlages ging auf dem Dienstweg an das Wissenschaftsministerium, Exemplar zwei an die Parteikanzlei der NSDAP, wo ein Stab beim Stellvertreter des Führers die Vorschläge prüfte.[608] Die Entscheidung über eine Berufung lag letztlich beim Wissenschaftsministerium, auch das war kein Traditionsbruch, sondern eine Fortsetzung der seit jeher geübten Praxis.[609] Von Berlin gingen auch die Strafversetzungen an die Universität Halle aus, gegen die hier oft erfolglos protestiert wurde. Eine Reihe von Vorschlägen des Wissenschaftsministeriums lehnte die Universität Halle jedoch ab – einige dieser Kandidaten wegen erwiesener Unfähigkeit, andere wegen angeblicher politischer Mängel. Einen Historiker wollte Emil Woermann etwa deshalb nicht an der Universität sehen, weil dieser »ausgesprochener Demokrat« sei.[610]

4.1 Berufungen

Es kann nicht Aufgabe dieser Arbeit sein, die wissenschaftliche Qualifikation der nach Halle berufenen Professoren zu beurteilen. Auch das Nachzeichnen von »verpassten Gelegenheiten« kam, so reizvoll es gewesen wäre, nicht in Frage. Im Mittelpunkt steht daher wieder das Politische. Einem kurzer Überblick über die einzelnen Fakultäten schließt sich ein

Kapitel über die auf Grund der »Rosenberg-Politik« berufenen Gelehrten an. Genauere Betrachtung verdient auch die Medizinische Fakultät, die allerdings eine eigenständige Studie benötigt hätte.[611]

An der Theologischen Fakultät wurde in der NS-Zeit ein einziger Lehrstuhl regulär besetzt. Erich Fascher wurde 1936, aus Jena kommend, für das Fach Neues Testament berufen, schon 1934, nach dem Tod von Ernst von Dobschütz hatte die Fakultät ihn in die engere Wahl gezogen. Dann überwogen jedoch die Bedenken, dass die Studentenschaft ihn »nicht wünschen und ihm eine gedeihliche Amtsführung erschweren« würde, wie Dekan Hans Schmidt später eingestand.[612] Tatsächlich lag die Annahme auf der Hand, war Fascher jedoch nicht Mitglied der NSDAP und hatte 1932 Studenten verklagt, die ihn beleidigten.[613] Die Studentenschaft wünschte Fascher jedoch durchaus, die im Reichsleistungswettkampf unter seiner Anleitung angefertigten studentischen Arbeiten sprechen für eine gedeihliche Zusammenarbeit.

An der Rechts- und Staatswissenschaftlichen Fakultät waren durch die politisch und rassistisch motivierten Säuberungen ungleich mehr Lehrstühle zu besetzen. Das Ordinariat für Deutsche Rechtsgeschichte und bürgerliches Recht ging 1937 an Gerhard Buchda, der sich 1934 habilitiert hatte, dem aber der Ruch der »Unzuverlässigkeit« anhaftete. Rektor Weigelt wischte sämtliche Bedenken bei Seite und äußerte sich in seinem Brief an den Minister am 29. Dezember 1936 geradezu euphorisch: »Herr Dozent Dr. Buchda ist der Mann, den wir in Halle brauchen.«[614] Der Lehrstuhl für Strafrecht blieb zunächst ohne Inhaber, erst nach der Berufung des zweiten Strafrechtlers Erich Schwinge nach Marburg konnte die Fakultät eine Berufsliste aufstellen. Keiner der Genannten fand jedoch den Weg nach Halle, so dass das Ministerium den Greifswalder Privatdozenten Hans-Dieter von Gemmingen-Hornberg nach Halle abordnete und schließlich 1938 zum Ordinarius ernannte. Dekan Muhs nannte ihn »doch insgesamt betrachtet« eine »ernste wissenschaftliche Persönlichkeit«, Dozentenführer Wagner hingegen gab an, die Ernennung »sehr« zu begrüßen.[615] Nicht umsonst, hatte von Gemmingen doch schon 1933 versucht, eine Strafrechtslehre »im Geiste Adolf Hitlers« zu entwickeln.[616] Der Lehrstuhl für öffentliches Recht ging an Gottfried Langer aus Leipzig, der trotz eines umfangreichen Œuvres den Lehrstuhl aber nicht so ausfüllen konnte, wie es der entlassene Max Fleischmann getan hatte.[617] Der Lehrstuhl für Arbeitsrecht wurde nach der Entlassung von Rudolf Joerges mehrfach mit Nationalsozialisten besetzt, die sich so »brauchbar« erwiesen, dass sie sofort an andere Universitäten berufen wurden. Erst 1940 wurde mit Wilhelm Herschel ein Nicht-Nationalsozialist zum Leiter des Instituts und Lehrstuhlinhaber berufen. Herschel, offenbar mit Joerges gut bekannt,[618] hatte bereits vor 1933 eine erfolgreiche Schrift zum Arbeitsrecht (29 Auflagen) publiziert. Diese Broschüre wurde auch nach 1933 noch mehrfach aufgelegt. Dass Herschel nicht habilitiert war, interessierte jetzt, während des Krieges nicht. Eine von ihm verfasste Schrift zum Erbhofeigentum wurde ohne Umschweife als Habilitationsleistung anerkannt.[619] Mit Rudolf Schranil kam ein ausgewiesener Finanzrechtler nach Halle, der dem Nationalsozialismus ausdrücklich ablehnend gegenüberstand. Seit 1927 ordentlicher Professor für Verwaltungsrecht und Finanzrecht an der deutschen Universität Prag, setzte er sich dort als Dekan und später als Rektor 1937/38 für aus Deutschland vertriebene Juden ein. Halle musste er 1947 verlassen, da er sich als Katholik gegen die Abschaffung des § 218 des Strafgesetzbuches ausgesprochen hatte.[620]

Auf das planmäßige Extraordinariat für deutsche Rechtsgeschichte, bürgerliches Recht und Handelsrecht wurde 1942 Klemens Gustav Schmelzeisen berufen.[621] Nach Referendariat und Promotion bemühte sich Schmelzeisen um die Habilitation, in den Jahren 1929/30 lehnten das die Universitäten Tübingen, Marburg, Heidelberg, Bonn, Halle und Köln jedoch ab. 1931 zum Amts- und Landrichter ernannt, versuchte er 1933 als NS-Aktivist von der Universität Köln mit einem Lehrauftrag betraut zu werden, was jedoch abgelehnt wurde. 1934 wechselte er als Amtsgerichtsrat zum Amtsgericht Hechingen, schließlich habilitierte die Universität Tübingen den mit Bekenntnisschriften Ausgewiesenen. 1937 vertrat er einen Lehrstuhl in Tübingen, 1938 erhielt er einen Lehrauftrag in Kiel, 1939 in Jena. 1940 vertrat er einen Lehrstuhl in Freiburg, danach verwaltete er kommissarisch den Lehrstuhl für deutsche Rechtsgeschichte an der Universität Wien. 1940/41 war er Lehrstuhlvertreter an der Handelshochschule Königsberg, 1941 an der Universität Heidelberg. Er hatte nirgendwo Erfolg. Aus Tübingen kam dazu die Stellungnahme, dass Schmelzeisen statt Begründungen für juristische Sachverhalte »allgemeine Sätze« zu Papier brächte, »ständig umrankt von Wendungen, die mangels einer sachlichen Beziehung zur konkreten Frage nur als schlimme Gemeinplätze gelten können.« Eine »wissenschaftliche Bedeutung« komme seinen Schriften nicht zu, »im Gegenteil«, sie seien »abträglich«, da sie »eine sachgemäße Behandlung konkreter Fragen« hindern würden.«[622]

Die Philosophische Fakultät blieb zunächst von Ernennungen minderqualifizierter Nationalsozialisten verschont. Hier wurden der sehr »national«, aber nicht nationalsozialistisch empfindende Romanist Werner Mulertt, der offenbar unpolitische Arabist Johann Fück und der Sprachwissenschaftler Wilhelm Wißmann berufen. Dessen Nachfolger für das Fach vergleichende Sprachwissenschaft war der ebenfalls parteilose Indologe Paul Thieme, der festgestellt hatte, dass das Wort »Arier« ursprünglich nichts anderes als »Fremdling« bedeutete.[623] Nationalsozialist, und offenbar gewillt sich auch als solcher zu präsentieren, war der 1935 als Nachfolger seines Lehrers Hans Hahne berufene Walther Schulz.[624] Doch er strich das Wort »Volkheitskunde« aus der Bezeichnung seines Lehrstuhles und stellte sich als Leiter der Landesanstalt für Vorgeschichte den Grabungen der SS entgegen und versuchte wissenschaftliche Standards zu wahren, was ihm verübelt wurde.[625] Diese aus nationalsozialistischer Sicht wenig befriedigende Situation an der Philosophischen Fakultät war wohl auch ein Grund dafür, bei Alfred Rosenberg um die »Schirmherrschaft« nachzusuchen.

In der Naturwissenschaftlichen Fakultät vollzog sich die Wiederbesetzung von Lehrstühlen reibungslos. Auch ihre Umwidmung in zeitgemäßere Forschungsrichtungen gelang, es entstanden sogar neue Professuren, etwa für Phytopathologie. Schwierig war hier allein die Besetzung des Lehrstuhles für Chemie, da das Institut durch die jahrelange Vernachlässigung nicht arbeitsfähig war. Mit Karl Ziegler gelangte jedoch ein Mann nach Halle, der im Wissenschaftsministerium starken Rückhalt hatte und der von dem für Rüstungsfragen zuständigen »Reichsamt für Wirtschaftsausbau« große Summen für die Ausstattung des Institutes mobilisieren konnte.[626] Ziegler und der 1943 für das Fach Mineralogie berufene Fritz Laves gehörten nicht der NSDAP an, alle anderen, die einen Ruf auf einen naturwissenschaftlichen Lehrstuhl erhielten, waren Nationalsozialisten.

Neuberufungen an der Medizinischen Fakultät

An die Medizinische Fakultät wurde in der gesamten NS-Zeit ein einziger Wissenschaftler berufen, der nicht Mitglied der NSDAP war. 1938 erhielt der Pädiater Alfred Nitschke den Lehrstuhl für Kinderheilkunde und übernahm die Leitung der Universitätskinderklinik. Er wurde 1928 an der Universität Freiburg habilitiert, dort 1929 Oberarzt der Kinderklinik und 1933 zum nichtbeamteten außerordentlichen Professor ernannt. Da er keiner einzigen NS-

Organisation angehörte, schien für ihn keine Hochschulkarriere möglich. Er wurde Leiter der Kinderabteilung des Krankenhauses Berlin-Lichtenberg.[627] In Halle versuchte man es zunächst mit einem ausgewiesenen Nationalsozialisten, doch der 1937 vertretungsweise amtierende Albert Viethen stellte am 4. Februar 1938 einen Antrag auf die Rückkehr nach Freiburg, weil die Beziehungen zur Med. Fakultät der Universität Halle nicht so geartet seien, »dass eine gedeihliche und erfolgreiche Zusammenarbeit gewährleistet« erschienen. »Insbesondere« sei es ihm »als SS-Mann und Offizier d. R. des Reichsheeres nicht möglich, weiterhin unter Verhältnissen zu arbeiten, die geeignet« seien, ihn in seinem »persönlichen Ehrgefühl zu verletzen.«[628] Was genau der Anlass für dieses Schreiben war, konnte leider nicht ermittelt werden.[629]
Um die Lehrstühle an der Medizinischen Fakultät wurde heftig gekämpft, die Akten sind voll von mehr oder weniger intriganten Schreiben. Bei der Berufung des Anatomen Victor Haller von Hallerstein wurde alles Notwendige unter der Hand geregelt.[630] Bei der Regelung der Nachfolge für den 1944 verstorbenen Georg Grund erstellte die Medizinische Fakultät im Herbst 1944 jedoch eine regelgerechte Berufungsliste für den poliklinischen Lehrstuhl. Nachdem diese Berufungsliste beschlossen war, schwärzte allerdings Gaudozentenführer Wagner zwei der Genannten, aus, so vermerkt es das Protokoll der Fakultätssitzung vom 6. November 1944, »politischen und charakterlichen Gründen«, beim Wissenschaftsministerium an. Stattdessen gab Wagner – der die Liste mit beschlossen hatte – ein Sondervotum für Adolf Sylla, seinen langjährigen Mitarbeiter in der Gaudozentenbundsführung ab. Dekan Adolf Eckert-Möbius verhinderte durch eine Intervention beim Reichsärzteführer die Berufung dieses nicht hinreichend qualifizierten Kandidaten.[631]
Zum Eklat kam es einige Jahre vorher bei der Neubesetzung des Lehrstuhles für Innere Medizin, also in der Leitung der Medizinischen Universitätsklinik. Eckert-Möbius, damals zwar nicht Dekan, aber innerhalb der Fakultät von erheblichem Gewicht und als Nationalsozialist und SS-Mann politisch nicht angreifbar, widersetzte sich dem Vorschlag der Parteistellen, Heinz Kürten auf diesen Lehrstuhl zu berufen. Kürten war von 1919 bis 1929 Assistent an der Medizinischen Klinik gewesen und hatte sich 1925 habilitiert. Theodor Brugsch kündigte ihn 1929 mit der Begründung, Kürtens wissenschaftlichen Leistungen würden »nicht ausreichen«.[632] Gezwungenermaßen hielt sich Kürten von 1929 bis 1934 mit einer Privatpraxis über Wasser. 1930 trat er in die NSDAP ein und profilierte sich als Rassenpolitiker und Rassenhygieniker. Von 1931 bis 1934 war er Gaufachberater für Rassenhygiene der Gauleitung Halle-Merseburg. 1933 war er »Berater« des Studentischen Zentralausschusses zur Durchführung der nationalen Revolution, im Sommersemester erhielt er einen Lehrauftrag für Erblehre und Rassenhygiene.[633] 1934 wurde Kürten durch das Reichs- und Preußische Kultusministerium zum persönlichen Ordinarius ernannt und ohne Konsultation der dortigen Fakultät nach München berufen. Gleichzeitig bestellte ihn das Bayerische Kultusministerium zum Vorstand der Universitätspoliklinik. Wissenschaftlich reüssierte Kürten auch in München nicht. Zwar war Kürten laut Helmut Böhm, der die Geschichte der Universität München in den ersten Jahren der NS-Diktatur schrieb, »nicht unqualifiziert«. Kürten gehörte aber zu jenen, die ohne politische Protektion eine solche Stellung wohl nicht erreicht hätten. Bemerkenswerterweise kamen Beurteilungen des Dozentenbundes später zu dem gleichen Schluss.[634]
Aufschlussreich ist ein Statement, dass Kürten abgab, als das Nobelkomitee 1936 Vorschläge für den Friedensnobelpreis einholte und ihn, wie eine ganze Zahl deutscher Ordinarien, um eine Beurteilung des amerikanischen Senators G. W. Norris bat. Für den Friedensnobelpreis 1937 komme »nicht ein in Deutschland gänzlich Unbekannter« in Frage, schrieb Kür-

ten an das Komitee, sondern der in der »ganzen Welt bekannte Führer des deutschen Volkes Adolf Hitler.«[635]
Dieser überzeugte Nationalsozialist wurde 1936 sowohl von Gauleiter Jordan als auch vom Gauärzteführer Erhard Hamann für den Lehrstuhl der Inneren Medizin ins Gespräch gebracht. Jordan schätzte Kürten als einen der wenigen »zuverlässigen« Dozenten an der Universität, Hamann kannte Kürten aus der gemeinsamen Parteiarbeit. Protestiert haben gegen diese Berufung sowohl Emil Abderhalden als auch Adolf Eckert-Möbius, berufen wurde schließlich Rudolf Cobet, der ärztliche Direktor der Inneren Abteilung des Rudolf-Virchow-Krankenhauses Berlin. Cobet war NSDAP-Mitglied seit 1933, aber im Gegensatz zu Kürten in der Fachwelt mit zahlreichen Arbeiten zu Lungenkrankheiten und Erkrankungen des Herz-Kreislauf-Systems ausgewiesen.[636] Am wissenschaftlichen Standard gab es unter der Leitung Cobets in der Medizinischen Klinik keine Abstriche, im Gegenteil, wie zahlreiche Würdigungen Cobets aus den 50er und 60er Jahren bezeugen.[637]
Gekämpft wurde auch um den gut dotierten Lehrauftrag für Rassenhygiene. Als der Biologe Wilhelm Ludwig ein konkurrierendes Kolleg zur »Rassenkunde« ankündigte, führte das zu wütenden Protesten der Medizinischen Fakultät. In Berlin entschied man schließlich, dass sowohl Rassenhygiene als auch Rassenkunde gelesen werden dürften.[638] Die Systematik der Rassenkunde behandelte schließlich Günter Frommolt, Gynäkologe am Diakonissenhaus und außerordentlicher Professor. Der Stadtmedizinalrat Walter Schnell übernahm, wie er sagte, »die angewandte Seite der Rassenkunde in Gesetzgebung und Hygiene.«[639]
Schnell war ein überzeugter Nationalsozialist, als Stadtarzt baute er die rassenhygienische Beratungsstelle weiter aus und sorgte für die Sterilisierung angeblich »Asozialer« und »Minderwertiger«. 1939/40 amtierte er für sechs Monate als Kommissar für das Gesundheitswesen im besetzten Lodz, hier verantwortete er die grauenvollen hygienischen Zustände in dem für die Juden eingerichteten Ghetto mit.[640] Frommolt bespitzelte als Vertrauensmann des NS-Dozentenbundes seine Fachkollegen, 1936 ernannte ihn Johannes Weigelt zum Senator der Universität. Parallel zu seiner Tätigkeit am Diakonissenhaus und an der Universität übernahm er eine Reihe von Ämtern. Ab 1938 war er Mitglied des Erbgesundheitsobergerichtes in Naumburg und des rassepolitischen Amtes der NSDAP.
Wes Geistes Kind er war, führt seine Schrift über »Rassefragen in der Geburtshilfe und Gynäkologie« vor Augen. Ihm, der in China »längere Zeit unter einer von der eigenen weit entfernten Rasse ärztlich gearbeitet« habe, dränge sich »das Gefühl für das Bestehen von Rassenunterschieden in somatischer und geistiger Hinsicht, die über den bloßen Unterschied in der Hautfarbe hinaus gehen auf.« Trotz zahlreicher Lücken der Forschung habe er das vorliegende Buch veröffentlicht, »um einen Untergrund für weitere Forschungsarbeit, die auf diesem dunklen Gebiete dringend nötig ist, zu geben.«[641]
Bereits im ersten Satz des Textes stellte Frommolt fest, dass die Rassenunterschiede der Menschen nicht etwa durch Anpassung an klimatische Umweltbedingungen entstanden seien,[642] sondern »auf einer Verschiedenheit ihrer innersekretorischen Konstitution« beruhte.[643] Auf den folgenden Seiten wurde dieses Thema nicht vertieft. Mit physiologischen oder biochemischen Untersuchungen, die diese absurde Annahme untermauerten, hätte Frommolt ohnehin nicht aufwarten können, weil es sie nicht gab. Stattdessen forderte er, um endlich hinreichend viele Angaben über »den Einfluss der Rasse auf die Biologie und Pathologie des Weibes« zu erhalten, eine Klassifizierung jedes einzelnen Individuums durch in der Rassenkunde erfahrene Assistenten. Denn bisher war es so, gestand Frommolt ein, »dass behauptete Rassenunterschiede bei genaueren Untersuchungen ins Nichts« zerfließen würden.[644] Auf den folgenden 80 Seiten widmete sich Frommolt dann der Beschaffenheit der

119

Genitalien der Frau, der Form und dem Ansatz der Brüste, dem Bau des Beckens, Geburt, Schwangerschaft, der Sterblichkeit von Müttern und Neugeborenen und verschiedenen Krankheiten. Immer wieder stellte er das Nicht-Vorhandensein von rassischen Unterschieden fest, um dann Sätze wie diesen zu formulieren: »Wenn es aber physiologische Unterschiede zwischen den Rassen gibt, und bei der Haut-, Haar und Augenfarbe wird das niemand bestreiten können, so muss es auch Unterschiede in der Pathologie geben.« Die Unterschiede in der Häufigkeit bestimmter Krankheiten hätten »mit dem innersekretorischen System« bei verschiedenen Rassen »bestimmt (!) etwas zu tun«.[645] Doch auch hier konnte Frommolt nur »widersprechende Behauptungen« (Eklampsie) oder »offenbleibende Erklärungen« (Karzinom) anführen. Nicht entschieden war nach Frommolt auch, ob »das Krebsvorkommen überhaupt bei den Juden größer ist als bei den Wirtsvölkern (!)«.[646] Am Ende des Buches kam Frommolt zu dem Schluss: »Wenn ich meine Zusammenstellung überblicke, so muss ich zugeben, dass sich zwar eine große Zahl von Hinweisen und Vermutungen von Rassenunterschieden in der Biologie und Pathologie der Frau ergeben haben, dass aber exakte wissenschaftliche Beweise fast überall fehlen.« Doch statt diese wissenschaftliche Bankrotterklärung für sich stehen zu lassen, formulierte Frommolt ein trotziges Dennoch: »So wahr es ist, dass schwarz nicht gleich weiß und braun nicht gleich gelb ist, so sicher müssen Unterschiede in der Biologie und Pathologie der Frauen der einzelnen Rassen vorhanden sein. Wir sehen sie nur noch nicht oder besser, wir ahnen und vermuten sie, können sie aber noch nicht beweisen.«[647]

Der Lehrstuhl für Chirurgie – Gaudozentenführer Wilhelm Wagner

Einen Lehrstuhl – und die Leitung der chirurgischen Universitätsklinik – erhielt 1939 auch der Dozentenführer der Universität und Gaudozentenführer Wilhelm Wagner. Wirklich ungeeignet war er wohl nicht, sicher aber kein so herausragender Chirurg wie sein Vorgänger und Mentor Friedrich Voelcker.
Geboren wurde Wagner 1899 als Sohn eines Fahrsteigers in Eisleben, 1917 legte er das Notabitur ab und meldete sich freiwillig zum Fronteinsatz. Im September 1918, seine Abordnung zu einem Offizierslehrgang war schon beschlossen, geriet er in französische Kriegsgefangenschaft. Nach der Rückkehr studierte er von 1919 bis 1923 Medizin in Halle. 1920 gehörte er dem aus Studenten und Lehrern der Universität gebildeten Freicorps an. 1923 schloß er sich der rechtsextremistischen Organisation Escherisch an. Nach der Promotion zum Dr. med. famulierte Wagner am Stadtkrankenhaus Brandenburg, 1924 erhielt er die Approbation als Arzt. Seine politische Einstellung ebnete Wagner den Weg zurück an die Universität Halle. Von 1924 bis 1926 bekleidete Wagner eine Assistentenstelle im Pharmakologischen Institut, bezeichnenderweise bei Martin Kochmann, der 1936 Opfer der nationalsozialistischen Rassenpolitik werden sollte. 1926 wechselte er als Assistent zu Friedrich Voelcker an die Chirurgische Universitätsklinik, 1929 wurde Wagner Leiter der Röntgenabteilung. 1934 habilitierte er sich mit der Arbeit »Das Rectum im Röntgenbild«.[648] Als Voelcker Wagners Habilitationsschrift begutachtete, gab er auch eine allgemeine Beurteilung Wagners ab. Dieser sei ein »gewissenhafter, pflichttreuer Assistent«, »sehr gut eingearbeitet« und habe »mehrere originelle Arbeiten« vorgelegt. Er eigne sich für die Lehrtätigkeit, da er eine »gute Sprechweise« habe und Themen klar behandle. Seine Persönlichkeit sei »einwandfrei«.[649] Am 25. Februar 1935 überwarfen sich Voelcker und Wagner jedoch, der Anlass ist in den Akten jedoch verzeichnet. Es muss jedoch eine hefti-

ge Auseinandersetzung gewesen sein, da Voelcker seinen Assistenten hinauswarf. Wenige Tage später musste sich der Klinikleiter jedoch bei Wagner öffentlich entschuldigen, er nehme seine »Äußerungen mit aufrichtigem Bedauern zurück«, heißt es in einer Aktennotiz.[650] Seit diesem Vorfall versuchte Wagner die vorzeitige Emeritierung Voelckers durchzusetzen. Zunächst gelang ihm, dass die Stelle des Oberarztes der Klinik nicht verlängert wurde und er selbst diese Position erhielt. Der vertriebene Georg Brandt, Schwiegersohn Voelckers, übernahm die Leitung eines Krankenhauses in Mainz und erhielt trotz seiner Fähigkeiten eine ordentliche Professur erst nach 1945. Wagner vertrat Voelcker daher in der Leitung der Klinik, als dieser an Grippe erkrankte. Nach wenigen Wochen zurückgekehrt, stellte Voelcker fest, dass sich Wagner gemeinsam mit Rektor Weigelt an das Wissenschaftsministerium gewandt hatten, um seine vorzeitigen Entlassung zu erwirken, da er »häufig« krank sei. Eine »vorsorgliche« Festlegung, dass Wagner Voelcker im Sommersemester 1937 vertreten solle, sei »dringend notwendig«, heißt es in dem Schreiben.[651] Am 8. April 1937 stellte Voelcker dann das Emeritierungsgesuch, am 23. Juni verabschiedeten ihn die Studenten mit einem Fackelzug. Wagner wurde mit der vertretungsweisen Leitung der Klinik betraut. Selbstverständlich war seine Berufung aber nicht. Die von der Fakultät eingereichten Vorschläge nannten auf Platz eins und zwei Ordinarien anderer Universitäten. Wagner setzte die Berufungskommission auf Platz drei, gleichwertig mit zwei anderen Privatdozenten. Wunsch der Fakultät war, den freigewordenen Lehrstuhl Nicolai Guleke, dem Direktor der Chirurgischen Klinik der Universität Jena anzutragen. Dieser lehnte den Ruf nach Halle jedoch ab, da – wie man ihm im Berliner Ministerium mitteilte - eine Modernisierung oder ein Neubau der Chirurgischen Klinik auf absehbare Zeit, also innerhalb der nächsten 3 bis 4 Jahre, nicht möglich sein würde.[652] Die nun folgenden Verhandlungen zogen sich über zwei Jahre hin, im Laufe der zahllosen Besprechungen kristallisierte sich jedoch heraus, dass das Wissenschaftsministerium nicht gewillt war, einen Ordinarius nach Halle umzusetzen.[653] Aber auch die auf den mehrfach neu formulierten Berufungslisten vor Wagner genannten außerordentlichen Professoren oder Krankenhausleiter wurden nicht berufen, da das Wissenschaftsministerium den SS-Arzt Kurt Strauß in Halle installieren wollte. Dass sich die Fakultät dem vehement widersetzte, muss im Nachhinein als Glücksfall gewertet werden. 1939 erhielt Strauß die Leitung der Chirurgische Universitätsklinik im gerade eroberten Prag. Schon bald musste eine Kommission zusammentreten, die die ungewöhnlich hohe Mortalität in dieser Klinik zu untersuchen hatte. 29 Todesfälle konnten nicht geklärt werden, für drei Fälle sei »operatives Missgeschick« verantwortlich, zwei Fälle waren unklar und zwei Menschen hatte

Wilhelm Wagner, Chirurg. 1933 bis 1945 Dozentenführer, 1945 Rektor der Universität.

Strauß unmittelbar getötet. Damit war Strauß aber nur »untragbar« für Prag geworden, das Wissenschaftsministerium erwog tatsächlich seine Versetzung an eine andere Universität.[654] Halle bat jedoch nach weiteren ergebnislosen Briefwechseln darum, die Berufung Wagners vorzunehmen, damit der Lehrstuhl nicht länger unbesetzt bliebe.[655]
Zu diesem Zeitpunkt hatte Wagner bereits eine Schlüsselstellung an der Universität inne. In die NSDAP war er relativ spät eingetreten, am 13. Februar 1933. Das war aber noch früh genug, um nicht mit den anderen Professoren und Dozenten am 1. Mai aufgenommen zu werden. Aus dieser Tatsache resultierte ein Teil seines Selbstbewusstseins, Wagner fühlte sich zwar nicht als »alter«, aber doch als »älterer Kämpfer«. Im Oktober 1933 wurde er zum Führer der Dozentenschaft ernannt. 1934 erhielt er das Amt des Gaudozentenbundsführers, in den Akten wurde er jedoch stets als Gaudozentenführer bezeichnet. In dieser Funktion stand ihm das Recht der politischen Begutachtung sämtlicher Lehrkräfte der Universität zu. Im Gegensatz zu anderen Hochschulen entwickelte sich zum Rektor jedoch keine Rivalität. Am 21. Dezember 1939, als Wagner zur Wehrmacht eingezogen war, bat ihn Johannes Weigelt, doch bitte nicht daran zu denken, im Feld zu bleiben. Es sei »unbedingt notwendig«, dass er »möglichst bald« wieder seine Tätigkeit in Halle aufnehme. Die sei wichtiger als das, was er »augenblicklich draußen leisten« könne. Denn, so Weigelt weiter: »Wir haben unsere Universität gemeinsam um manche Klippe gesteuert, aber es entstehen immer wieder neue Sorgen und neue Schwierigkeiten, und es würde mich sehr freuen, Sie recht bald hier zu haben.«[656]
Im Amt des Dozentenführers agierte Wagner meist niederträchtig. Mit seinen Gutachten zerstörte er Karrieren von exzellenten Nachwuchswissenschaftlern, auf seine Rolle bei Maßregelungen und Vertreibungen wurde bereits hingewiesen. Er scheiterte mit seinen Voten jedoch nicht selten. So gelang es ihm nicht, die Habilitation von Rudolf Abderhalden, dem Sohn Emil Abderhaldens zu verhindern. Der durch Kinderlähmung zum »Krüppel« Gewordene war für ihn kein »ganzer Kerl«.[657] Über den ihm verhassten Physiker Adolf Smekal legte er eine dicke Akte an, die in einem Dienststrafverfahren gegen diesen verwandt werden sollte. Den Anlass für das Verfahren bot eine Beschuldigung Smekals, dass sich sein Assistent Ernst Rexer Forschungsergebnisse anderer Mitarbeiter des Instituts angeeignet hätte. Rexer hatte das tatsächlich getan, wurde jedoch von Rektor Weigelt und Gaudozentenführer Wagner in Schutz genommen, da er sich in der politischen Arbeit der Dozentenschaft »bewährt« hatte.[658] Wagner beschuldigte statt 1941 dessen nun Smekal, dass dieser ein ständiger »Querulant« sei und wegen Gefährdung des Arbeitsfriedens entlassen werden müsste. Kurator Tromp lehnte das rundheraus ab, interessant ist jedoch die Anklageschrift die Wagner formulierte: »Zur Abrundung und Ergänzung des Bildes der Persönlichkeit von Sm. ist es notwendig, auch auf frühere Begebenheiten und Tatsachen noch kurz einzugehen, wodurch man vor allen Dingen einen noch besseren Einblick in seine charakterliche Haltung bekommt. Sm. ist von Geburt katholisch, trat aber 1923 zur Evangelischen Kirche über. 1923 heiratete er Frau Eva Latter, geschiedene Vas, die evangelisches Bekenntnis hatte, aber nicht arischer Abstammung war. Diese Ehe wurde 1924 wieder geschieden. 1921/22 war Sm. Mitglied des Sozialistischen Hochschullehrerverbandes in Wien, wobei er aber berichtet, dass dieser Verband damals nicht marxistisch gewesen wäre. Bis zur Machtübernahme betrachtete Sm. sich als Schüler des Juden Einstein, dessen Bild in seinem Arbeitszimmer hing, das aber nach 1933 schnell aus ihm verschwand ...«[659]
Ideologisch bot Wagner nichts, was nicht zu erwarten wäre. Zwei Reden von ihm sind gedruckt worden. »Opfersinn« und »Treue«, »Ehre« und »Kameradschaft« sind die Werte, die er nationalsozialistisch im Sinne »der nordisch-germanischen Rassenwerte« umdeutete.[660]

Mit Opfersinn war Pflichterfüllung, mit Treue die Treue zum Führer, mit Ehre pervertierter Patriotismus, mit Kameradschaft Unterordnung gemeint.[661] Dazu kamen Passagen gegen den »jüdischen Angriff« der gegen Deutschland gefahren worden sei, erfolgreich sei er im Jahr 1918 gewesen mit dem »Ans-Ruder-kommen des Verbrecher- und Untermenschentums«. Jetzt, 1939, sei Deutschland hingegen eine »Insel des Friedens inmitten dieser Welt des Hasses«.[662] Mehrfach maß er den Nationalsozialismus am Bolschewismus. In der Sowjetunion erblickte er die »Diktatur des Judentums«, Deutschland hingegen sei eine geschlossen geschmiedete »Arbeits-, Kampf- und Schicksalsgemeinschaft«.[663] Wessen Verdienst das war, stand für ihn fest. Er schloss seine Rede zum »Tag der nationalen Erhebung« mit einer Eloge auf Hitler, wie sie so nur noch einmal, von Johannes Weigelt anlässlich des Universitätsjubiläums 1944, in der Aula gesprochen wurde.

Am 30. Januar 1939 schloss Gaudozentenführer Wilhelm Wagner seine Universitätsrede mit folgenden Worten:

[…] Schafft es nicht täglich aufs Neue Freude und Stolz, in dieser größten und ernstesten Zeit deutscher Geschichte leben und wirken zu können, in einer Zeit, in der uns die Allmacht aus tiefster Not unseren Führer Adolf Hitler geschenkt hat? Aus einem kleinen Arbeiter und unbekannten Soldaten ist er der Führer Großdeutschlands geworden. Er war der unermüdliche Lehrmeister, der uns wieder die Gesetze der Natur und des Lebens erkennen und im Menschen wieder die göttliche Einheit von Körper, Seele und Geist sehen ließ. Als Arzt trat er an das Krankenbett des deutschen Volkes und der Nation und verdrängte die ach so beschäftigten, vielen Kurpfuscher. Als Arzt erkannte er die noch schlummernden Lebenskräfte seines Volkes, rief sie wach und brachte sie zur vollsten Wirkung. Wie ein Magnet ging er durch Deutschland, und wie die Eisenteilchen zum diesem gezogen werden, so flogen ihm unsere Herzen zu. Sein Sehnen und Handeln, sein Opfern und Arbeiten weckt immer aufs Neue in uns Resonanz und Begeisterung, nichts an ihm ist uns fremd, er ist und wirkt in uns. Noch nie war ein Mensch so eng mit einer Nation verbunden wie Adolf Hitler mit Deutschland. Aus diesem Grunde ist Adolf Hitler: Deutschland. Adolf Hitler, wir lieben dich so unbändig und unbegrenzt, weil wir fühlen und wissen, dass du wie ein Vater Tag und Nacht und ohne Rast und Ruhe dich um uns sorgst und für uns denkst und arbeitest. Adolf Hitler, wir gehören dir im Leben und im Tod. Führer befiel, wir folgen. Auf deinen Befehl holen wir den Teufel aus der Hölle. Aus Ohnmacht und aus den Fesseln der Sklaverei hast du uns befreit und hast uns den Weg zum lachenden fröhlichen Leben der Zukunft und den Weg zum Aufstieg gewiesen. Adolf Hitler, wir danken dir, als dem ersten und besten Arbeiter Deutschlands.
Adolf Hitler wir grüßen dich
Kampf Heil! Sieg Heil! Hitler Heil!

Quelle: Wilhelm Wagner, Vom Adel deutscher Arbeit, Halle 1939, S. 22 f.

Bemerkenswerterweise wollte Johannes Weigelt jedoch Wilhelm Wagner nicht als seinen Nachfolger im Amt des Rektors installieren. Er testete fünf andere Kandidaten, zerstritt sich jedoch mit ihnen oder musste einsehen, dass sie, wie etwa der Rechtshistoriker Gerhard Buchda, bei den Parteistellen nicht durchsetzbar waren. Den seit Buchdas Einberufung 1943 amtierenden kommissarischen Prorektor Heinrich Springmeyer wollte Weigelt allerdings nicht zum Rektor vorschlagen, wie er dem Senat am 18. Mai 1944 mitteilte. Jener hätte »so wichtige Arbeiten zu erledigen, dass er das Rektorat nicht noch übernehmen kann.«[664] Die Nachfolge stand zu diesem Zeitpunkt aber offenbar fest: Am 20. Juli 1944, also nach den Feierlichkeiten zum 250-jährigen Jubiläum, klärte Weigelt den Senat über den tatsächlichen Sachverhalt auf. Ministerialdirektor Mentzel vom Wissenschaftsministerium habe mit dem Gaudozentenführer Wilhelm Wagner verhandelt und diesen zur Übernahme des Rektorats »veranlasst«.[665] Der Personalentscheidung ging, so schrieb Weigelt am 21. Juli 1944 an das Ministerium, eine »eingehende Verständigung mit dem Gauleiter Staatsrat Eggeling« voraus. Jetzt erst schlug Weigelt Wagner formal als »einzig in Frage kommenden Nachfolger« vor. Wagner biete die nötige Garantie als »Aktivist«, im Senat habe er die Nachfolgekandidatur vorgeschlagen, »ohne auf Widerspruch zu stoßen«.[666] Am 6. Januar 1945 wurde Wagner ernannt. Mit der Ernennung zum Rektor der Martin-Luther-Universität schied Wagner aus dem Amt des Gaudozentenführers aus und übergab es an den bisherigen Rektor Weigelt. Mit seiner Verhaftung am 1. Mai 1945 durch die Amerikaner endete Wagners Rektorat.[667] Bis 1948 in verschiedenen Lagern interniert, arbeitete er nach seiner Entnazifizierung als Arzt an einem Krankenhaus im Ruhrgebiet. Von 1956 bis 1960 lehrte er in Kabul in Afghanistan, mit seiner Rückkehr wurde Wagner, 61-jährig, emeritiert.

Der Lehrstuhl für gerichtliche und soziale Medizin – Gerhard Schrader

1937 kam mit Gerhard Schrader ein Gerichtsmediziner nach Halle, der sich sowohl auf das genaue Hinschauen als auch auf das Wegsehen im richtigen Moment verstand. Ein Beispiel für diese Fähigkeiten ist der 1933 von ihm erstattete Bericht über eine Schädelverletzung durch Fußtritte im »Archiv für Kriminologie«. Schrader fand besonders die »auffallend gleichmäßig bogenförmig gestalteten Knochensprünge« interessant, weil diese die Kontur eines Absatzes wiedergaben. Nach der Zahl dieser charakteristischen Bruchlinien dürfte dieser »mindestens 3 mal den Kopf des Getöteten getroffen haben«. Immerhin teilte Schrader auch mit, dass der 25-jährige Mann bei der Heimkehr von »politischen Gegnern« überfallen worden war.[668]
Aus dem Folgejahr datiert ein Aufsatz, in dem der 1933 in die NSDAP Eingetretene die Notwendigkeit der Todesstrafe begründete. Es sei ein »Irrwahn« gewesen, an die Erziehungsfähigkeit von Verbrechern zu glauben. Jetzt habe der neue Staat endlich wieder die Möglichkeit zur »Ausmerzung« von »antisozialen Kräften« und »Unwerten«. Dass die Todesstrafe dabei aus »weltanschaulicher Blickeinstellung« jetzt auch auf politische Delikte ausgedehnt werde, sei nur natürlich, erkenne man doch darin den Willen zu einer »scharfen Ahndung der Taten, die gegen den Bestand des Staates gerichtet« seien. Und Abscheu gegen den Hinrichtungsakt an sich sei lediglich ein Kennzeichen der »individualistisch-egozentrischen Einstellung der überwundenen liberalistischen Epoche.«[669]
Ein Privatdozent mit einem derartig prononcierten Bekenntnis zu den Prinzipien des Nationalsozialismus erschien berufungsfähig. Schrader, bislang Assistent am Gerichtsmedizinischen Institut der Universität Bonn, erhielt das planmäßige Extraordinariat für gerichtliche und soziale Medizin an der Universität Marburg. 1937 nahm er einen Ruf nach Halle an und wurde hier Mitglied des Gerichtsärztlichen Ausschusses der Provinz Sachsen und Mitglied des Erbgesundheitsgerichtes Halle.[670] Für die Zusammenarbeit mit der Geheimen Staatspolizei stand ihm ein zusätzlicher Assistent zur Verfügung.[671] 1941 lehnte Schrader einen Ruf an die Universität Straßburg ab, seine Stelle in Halle wurde daraufhin in ein planmäßiges

Ordinariat umgewandelt.[672] 1942 wurde er zum Vorsitzenden der Deutschen Gesellschaft für gerichtliche Medizin und Kriminalistik ernannt.

Schraders größter »Fall« und zugleich eine beispiellose Gratwanderung war die Untersuchung der sowjetischen Massenmorde von Winniza. Bereits im Winter 1942/43 erhielten deutsche Behörden davon Kenntnis, dass große Teile der seit 1938 vom NKWD verhafteten Männer und Frauen nicht, wie den Angehörigen mitgeteilt wurde, nach Sibirien deportiert worden waren. Die Hinrichtungskommandos des sowjetischen Inlandsgeheimdienstes erschossen mehr als 9 000 Menschen und vergruben sie in Massengräbern. Zur Tarnung legten die Mörder Obstgärten und einen Vergnügungspark über den Gräbern an.[673] Trotz des Drängens der Ukrainer dauerte es jedoch bis zum Juni 1943, bis eine internationale Kommission von Gerichtsmedizinern einberufen wurde, um den Massenmord zu untersuchen. Offenbar war es zwischen Reichsgesundheitsführung, Propagandaministerium und dem Ministerium für die besetzten Ostgebiete zu Kompetenzstreitigkeiten gekommen, ob man den Fall Winniza analog dem Fall Katyn bearbeiten und propagandistisch verwerten sollte. Der gerichtsmedizinische Teil wurde Schrader am 10. Juni 1943 per Blitz-Ferngespräch vom Minister für die besetzten Ostgebiete übertragen.[674] Gemeinsam mit seinem Assistenten Joachim Camerer, einem weiteren deutschen Arzt sowie einem Professor der Universität Krasnodar und mehreren Sektionsgehilfen untersuchte Schrader Leichen aus zahlreichen Gräberfeldern. Der Befund war eindeutig: Die 9 432 Menschen waren von der sowjetischen Geheimpolizei ermordet worden. Es fanden sich Verhaftungsprotokolle mit genauer Namens- und Wohnortangabe, Lichtbildausweise von Ermordeten und Briefe.[675] Fast alle starben mit gefesselten Händen durch einen Schuss ins Genick.[676]

Am Befund selbst ist auch in der Rückschau nichts zu beanstanden. Doch zumindest einige Begleitumstände der Untersuchung zeigen, dass nicht Aufklärung, sondern ein eindeutiges politisches Ergebnis gefordert waren. Mit enormer Geschwindigkeit wurden die Leichen, von ukrainischen und polnischen Gefangenen, angeblich Strafhäftlingen, exhumiert. Schrader konzentrierte sich bei der Präsentation der Ergebnisse auf möglichst grauenerregende Todesfälle: lebend Begrabene, Gefolterte, vergewaltigte und dann erdrosselte Frauen. Eine Unzahl von Abbildungen sollte nicht nur das Gesehene dokumentieren, sondern möglichst Abscheu erregen. Die Mordkommission der SS, die begleitend kriminalistische Untersuchungen vornahm, präsentierte die Schuldigen. Hinter fast alle Namen der sowjetischen Offiziere wurde in Klammern das Wort »Jude« gesetzt, die hohe Zahl der »jüdischen Personen« in den leitenden Stellungen des NKWD sei »besonders ins Auge fallend«.[677] Die Verhaftung der später ermordeten Menschen sei auf Grund von Denunziationen »vor allem jüdischer Personen« erfolgt. Namentlich seien solche Personen von Juden denunziert worden, »die aus ihrer Abneigung gegen das Judentum keinen Hehl gemacht oder auf deren Eigentum oder Wohnungen sie es abgesehen hatten.«[678] Auch eine Kronzeugin wurde präsentiert, eine Stenotypistin sagte aus, dass ihn ihrer NKWD-Einheit etwa 80 Prozent Juden tätig gewesen wären.[679]

Das aus Schraders Bericht und den polizeilichen Ermittlungen komponierte »amtliche Material« war letztlich ein sich wissenschaftlich gebendes Stück Propaganda, das zu einer Zeit erstellt wurde, als in der Ukraine Massenerschießungen an der Tagesordnung waren, als hunderttausende Juden, Ukrainer und Russen von Deutschen ermordet und in Massengräbern verscharrt wurden.[680] Die Stoßrichtung des 1944 im parteieigenen Eher-Verlag veröffentlichten Buches war dabei eindeutig innenpolitisch. Das Stereotyp vom blutrünstigen, sadistischen – und jüdischen – Kommissar sollte nicht nur den Vernichtungskrieg im Osten rechtfertigen, sondern vor allem den Kampfeswillen der Deutschen gegen die Sowjettrup-

pen stärken. Das amtliche Vorwort »gemahnte« dann auch an die »ungezählten unbekannten Massengräber in allen Teilen des Sowjetischen Riesenraumes«. Es erinnerte an die Massengräber von Katyn und an »die unbekannten Gräber der im Jahre 1941 verschleppten Esten, Letten, Litauer, Galizier und Bessarabier«.[681]
Gerichtsmediziner Schrader machte sich jedoch nicht nur zum Handlanger der Agitatoren des Propagandaministeriums, auch eine von ihm vergebene Dissertation muss in der Rückschau als moralisch fragwürdig und aus wissenschaftlicher Sicht als sinnlos bewertet werden. Schrader beauftragte 1944 den ihm als Hilfskraft zugeteilten Medizinstudenten Siegfried Krefft mit einer Untersuchung, ob Halsmuskelblutungen bei Erhängten als vitales oder postmortales Geschehen zu werten seien.[682] Krefft sezierte die Leichen Hingerichteter, konnte die gestellte Frage jedoch nicht schlüssig beantworten. Bereits im Literaturüberblick wies Krefft darauf hin, dass die von ihm untersuchten Blutungen auf die starke Dehnung der lateralwärts verlaufenden Halsmuskelfasern zurückgeführt werden. Nicht alle Befunde würden jenes Phänomen jedoch beschreiben, als eindeutiges vitales Zeichen wurde es jedoch bei Selbsttötungen bisher nicht beschrieben.[683] Krefft beobachtete 15 Hinrichtungen im hallischen Zuchthaus und stellte fest, dass sich in zehn Fällen Ansatzblutungen im Kopfnickermuskel fanden. Die mögliche postmortale Erzeugung jener Blutungen prüfte Krefft nicht nach. Letztlich stellte er fest, dass jene Blutungen allein nicht als vitales Zeichen zu werten seien.[684] Um seiner Arbeit den Anstrich der Wissenschaftlichkeit zu geben, protokollierte Krefft das Sterben der Opfer des Henkers exakt. Er fühlte die Spannung der Halsmuskulatur und maß den zeitlichen Abstand der Zuckungen des Strangulierten.[685] Welchen Erkenntnisgewinn sich Krefft davon erhoffte, ließ er im Dunkeln. In der Zusammenfassung seiner Ergebnisse findet sich keine Bemerkung zur Art der Hinrichtungen. Promoviert wurde Krefft, der 1945 den verhafteten Ordinarius für gerichtliche Medizin als Direktor des Institutes vertrat, 1946.[686] Grundlage für die Verleihung des Doktortitels war Schraders Gutachten aus dem Jahr 1945, in dem er das Scheitern des eigentlichen Vorhabens indirekt konstatierte, aber feststellte: »Die Arbeit wurde mit Fleiß und Sorgfalt durchgeführt. Die Ergebnisse sind tabellarisch übersichtlich geordnet und ausführlich beschrieben worden.«[687]
Später wechselte Krefft nach Leipzig, wo er sich 1949 habilitierte[688] und 1954 an der Karl-Marx-Universität ein Ordinariat für Gerichtliche Medizin erhielt. Kurz nachdem er Direktor des dortigen Institutes geworden war, kam die Art der Erlangung des Doktorgrades zur Sprache.[689] Nach seiner fristlosen Kündigung wechselte Krefft in die Bundesrepublik und wurde Gerichtsmediziner in der Bundeswehr. Für seine Flucht machte er politische Gründe geltend,[690] was nach Aktenlage jedoch eindeutig als Schutzbehauptung gewertet werden muss.

Aus der Dissertation von Siegfried Krefft, Abschluss der Arbeit 1944, promoviert am 8. April 1946.

Lfd. Nr. 4 Sekt. Nr. 219/44 Hinrichtung durch Strang, Datum des Erhängens 2.6.44

<u>Allgemeines:</u> 22-jähriger kleiner asthenischer Mann von schlechtem Ernährungszustand. Strangwerkzeug doppelte, etwa 7 mm starke Hanfschnur und, wie ich selbst beobachtete, so angelegt, dass sie vorn in Höhe der Membrana thyreoidea und der Schlingenknoten hinten im Nacken saß. Beim Hochziehen wurde die Halshaut mit nach oben gezogen, bis die Schlinge im Kieferwinkel halt machte. Dabei Verschiebung des Knotens nach rechts, zwischen re. Ohr und Proc. mastoideus. Der Körper hing in ganz gestreckter Stellung, Kopf nach links und

vorn geneigt. Der rechte Kopfnicker trat stark hervor. Bei Prüfung durch Fingerdruck auf die Halsmuskeln war eine Spannungsdifferenz zwischen rechts und links nicht feststellbar. Das Hochziehen ging langsam vor sich. Der Körper machte keine Schwing- oder Schüttelbewegungen. Vor dem Hochziehen holte der Mann nochmal tief Luft. Beim Hochziehen Zungenvorfall und Speichelfluss aus dem linken Mundwinkel entsprechend der Kopfhaltung.
30 Sek. nach Aufhängungsbeginn 5–6 krampfartige Zuckungen im Abstand von 30 Sek. je Zuckung. Danach Verminderung der Abstände auf 15 Sek. Nach etwa 7 Minuten wieder Verlangsamung der Zuckungen bis schließlich von Zuckung zu Zuckung etwa 3 Min. vergingen. Die Zuckungen waren sämtlich nicht sehr stark. Nach 25 Min. Abnahme der Leiche.
<u>Äußere Befunde:</u> Strangmarke oberhalb des Kehlkopfes mit blutigen Zwischenkämmen. Knotenmarke re. hinten zwischen re. Ohr und proc. mastoideus. Zahlreiche Ekchymosen in den Umschlagsfalten der Augenlider.
<u>Innere Befunde:</u> Muskeln und Facien des Halses ohne Blutungen. Trotz der künstlichen Blutleere waren die kleinen Gefäße noch prall mit dunkelrotem Blut gefüllt. Kehlkopfschleimhaut zeigt Blaufärbung und gestaute Gefäße.
Rechts <u>unterhalb des Schlüsselbeins</u> etwa mandelgroße Blutung <u>im Clavicularansatz des rechten musc. pectoralis major.</u> sowie rechts davon in die Fascie hinein.

Quelle: Siegfried Krefft, Über die Genese der Halsmuskelblutungen beim Tod durch Erhängen, Diss. med., Halle 1944, S. 13 f.

Berufungen im Geiste der »Rosenberg-Politik«

Die Mehrzahl der 1935 im Zuge der Säuberungen vakant gewordenen Lehrstühle wurde in den Jahren 1936 und 1937 besetzt. Der Einfluss des Hauptamtes Wissenschaft im Amt Rosenberg ist dabei wohl über das Übliche nicht hinausgegangen. Erst nach dem 12. Januar 1938, dem Tag der beinah offiziellen »Schirmherrschaft« Alfred Rosenbergs über die Martin-Luther-Universität, ist eine Mitwirkung bei Berufungen nachzuweisen.[691] 30 Berufungen, die dank Rosenbergs Protektion zustande gekommen sein sollen, sind es aber ganz sicher nicht gewesen.[692] Professoren in Halle wurden durch die Vermittlung Rosenbergs der Philosoph Heinrich Springmeyer und der Religionswissenschaftler Wilhelm Brachmann. Dozenturen erhielten mit Hilfe von Rosenbergs Dienststelle der Historiker Martin Göhring und der Pädagoge Theodor Ballauff. Der Psychologe Johannes von Allesch wechselte mit seinem Assistenten Kurt Wilde von Greifswald nach Halle, um 1942 nach Göttingen berufen zu werden. Der Historiker Franz Altheim, seit zwei Jahren Lehrstuhlvertreter, wurde als Ordinarius fest bestallt. Ein weitergehender Einfluss auf die Berufungspolitik ist anhand der Personal- und der Berufungsakten im Universitätsarchiv nicht nachweisbar.[693]
Welch verschlungene Wege zum Umbau der Universität im Sinne Alfred Rosenbergs gegangen wurden, illustriert die Berufung des – übrigens parteilosen – Psychologen Johannes von Allesch. Von Allesch suchte den Kontakt mit dem Amt Rosenberg, um endlich ein Ordinariat zu erhalten. Der Philosoph Alfred Bäumler, Chef des Amts Wissenschaft, ließ sich überzeugen. Von Alleschs Forschungen seien von Bedeutung für die Rassenkunde konstatierte er am 19. Januar 1938. Sein Wirkungskreis als Extraordinarius in Greifswald sei aber tatsächlich allzu beschränkt, meinte Bäumler, dort würden ja 15 Mark für einen Film schon eine beträchtliche Ausgabe bedeuten. Ein Ordinariat sei von Allesch nur deshalb bisher nicht angetragen worden, weil von Allesch es nicht verstehe, »etwas aus sich zu machen«. Bäumler wandte sich

daher an Halles Oberbürgermeister Johannes Weidemann, um einen Wechsel von Alleschs nach Halle zu erreichen: »Die Versetzung dieses Mannes in einen Wirkungskreis, der ihm andere Mittel zur Verfügung stellt, ... fördert die deutsche Psychologie«.[694] Von Allesch erhielt den Ruf nach Halle tatsächlich, die Fakultät setzte ihn primo et unico loco auf eine Berufungsliste und blamierte damit den langjährigen Lehrstuhlvertreter Wolfgang Metzger. Bäumler bilanzierte später: »So ist beiden geholfen: der deutschen Wissenschaft und der Universität Halle. Ich freue mich, zu dieser Sache etwas beigetragen zu haben.«[695] Metzger wurde ohne Umschweife nach Frankfurt zurück geschickt. Wenig später wandte sich der Leiter des Geologisch-paläontologischen Instituts der Universität Frankfurt, an seinen Kollegen Johannes Weigelt, Rektor in Halle. Ob man Metzger nicht eine Beurteilung ausstellen könne, fragte er an, »ganz versagt« habe Metzger ja wohl nicht, oder? Weigelt antwortete Richter, dass der Psychologe »nicht nur nicht ganz«, sondern »überhaupt nicht versagt« habe. Seine Leistungen und seine Persönlichkeit besäßen »in der Tat viel Anerkennenswertes«. Dass an seiner Stelle eine andere Persönlichkeit berufen worden sei, hätte »im Zuge einer großen Umgruppierung im weltanschaulichen Sinne« gelegen, bei der es auch darauf angekommen sei, »gewisse Richtlinien einzuhalten.« Weigelt weiter: »Die Dinge lagen für ihn hier wirklich unglücklich. Es liegt aber in keiner Weise eine ungenügende Leistung vor.«[696] Metzger half diese Beurteilung tatsächlich, 1939 erhielt er eine außerordentliche Professur an der Universität Münster.
Von Allesch rechtfertigte das in ihn gesetzte Vertrauen damit, dass er an seinem Institut vor allem Wehrmachtsaufträge durchführte. Zuständig dafür war der – wiederum seit 1931 der NSDAP angehörende – Assistent Rolf Wörner. Seit 1936 wissenschaftlicher Hilfsarbeiter bei Johannes von Allesch am Psychologischen Institut der Universität Greifswald, befasste er sich mit Fragen der Sinneswahrnehmung.[697] Auch der zweite Assistent, der Zwillingsforscher Kurt Wilde – SA-Mitglied seit 1933, NSDAP-Mitglied seit 1937 – arbeitete im Auftrag der Heeresnachrichtenschule Halle. Wilde, hatte bei von Allesch mit einer Arbeit zur »Phänomenologie des Wärmeschmerzes« promoviert, dann forschte er am Kaiser-Wilhelm-Institut für Anthropologie, menschliche Erblehre und Eugenik in Berlin-Dahlem. 1939 habilitierte er sich in Halle mit der Arbeit »Mess- und Auswertungsmethoden in erbpsychologischen Zwillingsuntersuchungen«, seine Lehrprobe hielt er über »Die Vererbung der geistigen Begabung«.[698]
Im Zuge der »Rosenberg-Politik« kam auch der Berliner Zeithistoriker Werner Frauendienst an die Universität. Ihn hätte die Fakultät bereits 1937 als Ersatz für den zu entlassenden Hans Herzfeld akzeptiert. Das Urteil über Frauendienst fiel damals rundum positiv aus. Dekan Max Schneider formulierte: »Die Schriften F.'s verraten ein solides Wissen, gute Kombinationsfähigkeit, wissenschaftlichen und politischen Scharfblick, Klarheit und Sachlichkeit des Urteils und eine straff zeichnende Darstellungsgabe.« Außerdem gelte Frauendienst als »eifriger und anregender Dozent.«[699] Auch seine Tätigkeit als Herausgeber von Bismarcks politischen Schriften fand Anerkennung: »Seine editorische Geschicklichkeit und Zuverlässigkeit ist anerkannt.«[700] 1937 stand Frauendienst auf Platz 3 der Berufungsliste, 1938 setzte man ihn auf Platz 2.[701] Frauendienst war nach der Promotion wissenschaftlicher Mitarbeiter des Auswärtigen Amtes geworden, publizierte jedoch weiter und wurde 1932 in Greifswald habilitiert. Im AA leitete er seit 1937 das Politische Archiv und das Historische Referat.[702] Mitglied der NSDAP war er seit 1933, seine Antrittsvorlesung am 17. November 1938 atmete genau den Geist der »nationalsozialistischen Weltanschauung«, den man von Rosenberg vermittelt haben wollte. Sein Vortrag begann mit einem Göring-Zitat und endete mit einem Hitler-Wort, dazwischen referierte der Zeithistoriker zur »Überwindung von Versailles«. Bevor er ins Detail ging, bekannte sich Frauendienst jedoch ausdrücklich »zu lebens- und volksverbundener Wissenschaft einerseits, zu politischer Wissenschaft anderer-

seits«. Und dieses Bekenntnis, dass er »auf Grund unserer nationalsozialistischen Weltanschauung« ablege, sei ihm »eine Herzenssache«. Er hoffe mit seiner Wissenschaft Volk und Vaterland zu dienen und zu nützen, »und so die Forderung des Führers an die Wissenschaft [zu] erfüllen«.[703] Das Gebotene war dann auch entsprechend. Frauendienst erläuterte nicht nur die einzelnen Etappen der Abkehr von dem Friedensschluss von 1919. Ausdrücklich begrüßte er Wiederaufrüstung, Schaffung der neuen Wehrmacht und die Zerschlagung der Tschechoslowakei, um dann aber mit Hitler zu konstatieren, dass nun »die letzte territoriale Forderung« erfüllt sei. Nun gelte es, an den »gesunden Neuaufbau« Europas zu gehen.[704] An diesem »Neuaufbau« beteiligte er sich durch Publikationen von Akten aus den Archiven der besiegten Länder. In Aufsätzen und Broschüren ließ Frauendienst das Bild entstehen, dass Deutschland immer nur präventiv gehandelt habe und – zum Schutz der Menschenrechte der unterdrückten deutschen Minderheit – handeln musste.[705]
Dozent in Halle wurde der Historiker Martin Göhring. Er wurde in Kiel mit einer Arbeit zum Ancien régime habilitiert, bat jedoch die Universität Halle, ihm den Wechsel zu ermöglichen. Der Mediävist Martin Lintzel, der Göhring aus Kiel kannte, stimmte sofort zu, Gaudozentenführer Wagner lehnte umgehend ab. Die »Empfehlung des Prof. Lintzel über G.« biete ihm »nicht die Gewähr«, dass es sich bei diesem »um einen einsatzbereiten Menschen« handele. Einsatzbereit war Göhring aber durchaus, in der Partei war er Zellenleiter.[706] Bei seiner Lehrprobe in Kiel hatte er über die Wesenszüge der französischen, faschistischen und nationalsozialistischen Revolution gesprochen. Dekan Waetzold nahm entsprechend Stellung, er würde die Verleihung der Dozentur in Halle »dankbar begrüßen«, schon deshalb, weil Göhring einer »lebendigen politischen Wissenschaft« Vorschub leiste.[707] Verbucht wurde auch dieser neue Angehörige des Lehrkörpers unter der Rubrik »Rosenberg-Politik«.
Wirklich durch den Einfluss Rosenbergs gelangten jedoch Wilhelm Brachmann und Heinrich Springmeyer an die Universität.
Springmeyer hatte nach dem Besuch einer Lehrerbildunganstalt Philosophie, Germanistik und Soziologie an der Universität Köln studiert und dort 1929 promoviert. Bis 1931 setzte er sein Studium in Heidelberg, Freiburg, Köln und Paris fort, von 1931 bis 1936 arbeitete er, finanziert durch ein Ministerialstipendium, bei dem Philosophen Nicolai Hartmann an der Universität Berlin. 1933 habilitiert, wurde er 1936 Oberassistent am Philosophischen Seminar der Universität Berlin, 1937 erhielt er einen Lehrauftrag für Geschichte der Neueren Philosophie. Zum Sommersemester 1938 kam er als Lehrstuhlvertreter für Philosophie und Pädagogik an die Universität Halle. Rektor Weigelt wünschte unbedingt eine rasche Bestallung Springmeyers, schon um erste Erfolge seines Bündnisses mit Rosenberg sichtbar werden zu lassen. Dass dieser »Erfolg« aber mit dem Unwillen der Philosophischen Fakultät bezahlt werden musste, wurde in der Senatssitzung am 20. Juni 1938 deutlich. Weigelt kritisierte die vom der Philosophischen Fakultät aufgestellte Liste für die Besetzung des Lehrstuhles für Philosophie. Die Fakultät hatte den Dozenten Springmeyer nicht auf die Liste gesetzt, der Mitarbeiter Rosenbergs war lediglich in einer Ergänzung des Dekans erwähnt worden. Weigelt forderte zu berücksichtigen, dass, so weist es das Protokoll der Sitzung aus, »die Verbindung mit dem Reichsleiter Rosenberg eine entsprechende Besetzung der Philosophischen Fakultät erforderlich macht.« Der »Ernst der Situation« sei künftig von allen Beteiligten im Auge zu behalten, betonte Weigelt und erklärte die aufgestellte Liste für »unmöglich«. Der Senat schloss sich an und legte dem Dekan nahe, »eine neue Liste auf der Dozent Springmeyer genannt wird, vorzulegen, weil sonst der Senat gegen den Vorschlag der Philosophischen Fakultät Stellung nehmen müsste.«[708]

Zur nächsten Sitzung des Senats am 30. Juni erschien Dekan Max Schneider nicht und bot gleichzeitig seinen Rücktritt an. In seiner Abwesenheit wurde dann die neue Berufungsliste behandelt, mit der man sich allerdings auch nicht recht zufrieden gab. Springmeyer war hinter die beiden Ordinarien Julius Ebbinghaus und Hermann Glockner auf Platz drei gesetzt worden. Darüber hinaus hatten der Romanist Werner Mulertt und der Historiker Martin Lintzel ablehnende Sondervoten abgegeben, die vom Dekan der Medizinischen Fakultät Paul Hilpert als »Katastrophe« bezeichnet wurden. Gaudozentenführer Wagner forderte, diese Wertungen ruhig nach Berlin zu schicken, damit man dort Kenntnis davon erhalte. Mulertt schrieb, dass »ein *Ansatz* wenigstens« zu »schöpferischer Entwicklung« Springmeyers abgewartet werden müsste. Vorerst aber käme dieser »wegen unerfüllter Anforderungen nicht in Frage.« [709] Lintzel listete den Umfang von Springmeyers Arbeiten auf: einmal 79 Seiten, ein anderes mal 16 Seiten und einige, so Lintzel, »wenig belangreiche Rezensionen«. Über das »fast völlige Fehlen von Publikationen« könne auch die Tatsache, dass Springmeyer als akademischer Lehrer gerühmt werde, keinen Ausgleich bieten. Ohne Ungerechtigkeit dürfe man sagen, so Lintzel weiter, »dass er ein sehr geringes Maß von wissenschaftlicher Produktivität gezeigt hat.« Er halte es für möglich, dass sich Springmeyer »eines Tages noch einmal als ein bedeutender oder mindestens für eine Lehrkanzel wünschenswerter Philosoph« erweise. Im Augenblick aber sei er das noch nicht und das was bis jetzt von ihm vorliege, biete nach seiner Auffassung »auch nicht die sichere Gewähr«, dass er es einmal werde. Da es an den deutschen Hochschulen genug Dozenten gäbe, die für die Nennung an dritter Stelle in Betracht kämen, scheine ihm, Lintzel, »die Nennung von Springmeyer nicht gerechtfertigt zu sein.«[710] Rektor und Senat verfassten schließlich einen servil gehaltenen Entschuldigungsbrief für die entsprechenden Stellen im Erziehungsministerium und im Stab Rosenberg. Es entspreche »alter Gepflogenheit«, vor dem noch nicht beamteten Springmeyer zwei Ordinarien zu benennen. Es müsse aber deutlich zum Ausdruck gebracht werden, »dass wir den Wunsch haben, dass der philosophische Lehrstuhl dem Dozenten Dr. Heinrich Springmeyer übertragen wird.« Die überaus kümmerliche Publikationsliste Springmeyers rechtfertigten Rektor und Senat mit der starken Inanspruchnahme Springmeyers in Berlin, als zwei Ordinarien ausfielen. Einen positiven Aspekt gewann man auch der Rezensionstätigkeit Springmeyers ab. Diese Besprechungen hätten »soviel Verständnis für die Weltanschauung des Dritten Reiches« gezeigt, dass sie »die Anerkennung des Reichsleiters Rosenberg fanden.« Auch daran, dass Springmeyer seit 1935 nur noch Gutachten für die Reichsstelle zur Förderung deutschen Schrifttums anfertigte, störten sich Rektor und Senat nicht. Springmeyers »warmherzige menschliche Art und Weise« hätte ihm bereits »die Herzen der Studierenden« gewonnen. Und, so Rektor und Senat weiter: »Wir legen auf Dozenten, die die Herzen der Studierenden mitreißen, den allergrößten Wert und halten es demgegenüber nicht für wesentlich, dass einzelne Mitglieder der Philosophischen Fakultät andere Ansichten zu Ausdruck bringen.«[711]
Springmeyer wurde im folgenden Jahr zum außerordentlichen, 1942 zum ordentlichen Professor ernannt, wissenschaftlich arbeitete er jedoch nicht. Er sah seine Aufgabe wohl eher als Propagandist und Zensor: in zahllosen Vorträgen legte er Alfred Rosenbergs Gedankengut dar, außerdem arbeitete er als Hauptlektor für Philosophie im Amt Rosenberg – mithin bei der »Überwachung der gesamten geistigen und weltanschaulichen Schulung der NSDAP«, wie der korrekte Titel des Amtes Rosenberg lautete. Von 1943 bis 1945 amtierte er als Dekan der Philosophischen Fakultät, von Februar 1945 bis Mai 1945 war er Prorektor.
Neu installiert im Geiste Rosenbergs wurde in Halle eine atheistisch orientierte Religionswissenschaft. Ausersehen dazu wurde Wilhelm Brachmann, der zu diesem Zweck auch ohne Promotion und Habilitation einen Lehrauftrag erhielt.[712] Brachmann hatte Theologie studiert

und als Pfarrer gearbeitet. Dann war er in der Ostasien-Mission tätig gewesen. 1933 trat er der NSDAP bei, im Auftrag der Reichspropagandaleitung der Deutschen Christen warb er für die Anerkennung des Reichsbischofs Ludwig Müller durch die evangelischen Landeskirchen.[713] Im November 1933 wurde er Studiendirektor im Ostpreußischen Predigerseminar, jedoch 1936 vom altpreußischen Kirchenausschuss aus »Glaubensgründen« abberufen. Noch im selben Jahr erhielt er eine Stelle als Lektor in der Reichsstelle zur Förderung des deutschen Schrifttums, 1937 wurde mit der Leitung des Referats Protestantismus und Religionswissenschaft im Amt Rosenberg betraut. Im November 1937 wurde das Referat in die Hauptstelle Religionswissenschaft umgewandelt.
Seine Antrittsvorlesung hielt der immer noch als Abteilungsleiter im Amt Rosenberg Amtierende am 21. November 1938. Brachmann erläuterte Gegenstand, Richtung und Methode seiner Art der Religionswissenschaft. Thema seien die Religionen der verschiedenen Rassen und Völker, wegweisend die Analysen von Jacob Burckhard, Friedrich Nietzsche, Houston Stewart Chamberlain und Alfred Rosenberg. Die Krise der Religionswissenschaft müsse man ebenso wie die Krise der gesamten Wissenschaft auf der Arbeitsgrundlage der »Leib-Seele-Geist-Einheit« überwinden. Es ginge, so zitierte ihn die Saale-Zeitung, »um die Erforschung der Wahrheit, die geschichtlichen Einheitscharakter trägt, gegenüber vorderasiatischen Menschheitsträumen und monotheistischen Absolutheitsansprüchen.« Die Deutschen als »Träger arischen Blutes« würden jetzt versuchen, ihr »völkisches Schicksal« zu sehen und würden damit »zum Stellvertreter und Wegweise für das Ariertum der ganzen Welt«. Der Reporter der Saale-Zeitung registrierte »lebhaften Beifall«. Seine erste Übung im Wintersemester 1938/39 stellte Brachmann unter das Thema »Religion und Rasse«.[714]
Um auch die Voraussetzungen für einen Lehrstuhl zu erfüllen, promovierte er 1940 mit einer Arbeit über Ernst Troeltschs historische Weltanschauung, 1941 wurde er mit der Arbeit »Glaube und Geschichte im deutschen Protestantismus« habilitiert. Der Probevortrag am 23. Juli 1941 war dem Thema des religiösen Spiritualismus gewidmet, Brachmann versuchte, »die letzten Fragen zu stellen«, wie Dekan Fück notierte. Offenbar spannte der Vortragende den Bogen von Lessing über Schleiermacher zu den Tagesfragen. Fück konstatierte, dass die von Brachmann entwickelte »positive Möglichkeit« des Spiritualismus wohl »näher charakterisiert« hätte werden müssen. Doch es sei »wichtig«, so Fück, »dass die Auseinandersetzung mit dem Protestantismus überhaupt fortgesetzt wird.« Der Vortrag habe den »zu stellenden Ansprüchen vollauf genügt«.[715]
Rektor Weigelt bezog sich auf das vorliegende Urteil der philosophischen Fakultät und seinen eigenen Augenschein. Verschiedene Vorträge Brachmanns habe er gehört, diese Vorlesung auch und er befürworte die Ernennung Brachmanns zum Dozenten für Religionswissenschaft »aufs Wärmste«.[716] 1942 ernannte ihn das Wissenschaftsministerium zum Vertreter des für ihn neu geschaffenen Lehrstuhls für Religionsgeschichte in der Philosophischen Fakultät der Universität Halle. 1943 wurde er zum ordentlichen Professor für Religionswissenschaft ernannt. Zugleich baute er ein Institut für Religionswissenschaft als Teil von Rosenbergs »Alternativuniversität«, der Hohen Schule der NSDAP, auf.[717] Dass Brachmann gewillt war, auch an der Universität im Sinne Rosenbergs zu wirken, zeigt sein Votum bei der Besetzung des durch die Berufung Frauendiensts nach Berlin freigewordenen Lehrstuhles für neuere Geschichte. Die Fakultät hatte den Göttinger Historiker Fritz Walser nominiert, als Lehrstuhlvertreter hatte er sich bereits bewährt. Brachmann machte »unüberwindliche Bedenken« geltend und begründete das mit Äußerungen Walsers über die Reformation. Rektor Weigelt schloss sich diesen »Bedenken« an und lehnte die Berufung Walsers in einem Brief an das Wissenschaftsministerium wegen der »besonderen Lage« der Universität ab. Der Mann sei Katholik, monierte

Weigelt, »Spuren dieser Einstellung« fänden sich auch in seinen Werken. Und weiter: »Ich habe darüber sprechen hören, dass er sehr kirchlich und katholisch ausgerüstet sei. Ob das der Gauleitung angenehm ist, dürfte zu bezweifeln sein ...«[718] Walser wurde, da weder in Göttingen noch in Halle gebraucht, eingezogen und starb 1945 an der Front.

Brachmann selbst floh an den »Evakuierungsort« der Hohen Schule Oberheimbach in Württemberg, seine beiden Mitarbeiterinnen töteten sich in Erwartung des Kriegsendes selbst. Im Februar 1946 wurde er als »Naziaktivist« verhaftet und durch verschiedene Internierungslager geschleust. Am 7. Mai 1948 wurde Brachmann per Spruchkammerurteil als »Mitläufer« eingestuft und von jeglicher Beschränkung in der Berufsausübung befreit. Am 14. Mai 1948 teilte Brachmanns Anwalt das der Universität Halle mit und brachte vor, dass damit »jegliche politischen Gründe« für eine Entlassung fortgefallen und »als nicht bestehend rechtsgültig festgestellt« seien. Brachmann stelle sich hiermit zur Wiederaufnahme seiner Lehrtätigkeit zur Verfügung und beanspruche die Nachzahlung seines Gehaltes ab dem 1. Mai 1945.[719] Dieses Ansinnen wurde ebenso abgelehnt, wie Brachmanns Rückkehr ans Katheder. Auch in Westdeutschland erhielt Brachmann keine Gelegenheit, jemals wieder Studenten über die Zusammenhänge zwischen Ariertum, Rasse und Religion zu unterrichten.[720]

Der letzte Dozent, der durch die »Rosenberg-Politik« an die Universität Halle gelangte, war der Pädagoge Theodor Ballauff, vermutlich ein ehemaliger Student Springmeyers in Berlin. Seine Lehrprobe kam, so stellte der Gaudozentenführer Wagner am 26. Januar 1944 fest, ohne »ausdrückliche Erörterung aktueller politischer Streitfragen« aus. Jedoch zeige die Arbeit von Ballauff im Ganzen, »dass er an den durch den Nationalsozialismus aufgegebenen Fragen nicht vorbeigeht.« Er befürwortete daher die Erteilung der Lehrbefugnis.[721] Nach 1945 bekleidete Ballauff einen Lehrstuhl an der Universität Mainz.

4.2 Nachwuchs

Neben der »Säuberung« des Lehrkörpers von jüdischen und politisch missliebigen Gelehrten sowie der Gleichschaltung der etablierten Professoren gehörte die Hervorbringung eines neuen nationalsozialistischen Dozententyps zum Konzept der NSDAP. Der »Führer und Erzieher« war gefragt, jugendlich und soldatisch straff im Habitus, weltanschaulich ausgerichtet in der Lehre.[722] Es gab mehrere Anläufe, um diesen Typus zu erzeugen. Zunächst und vor allem war es eine Auslese: Unmittelbar nach der Machtübernahme der Nationalsozialisten hintertrieben Parteiaktivisten die Habilitation zahlreicher als politisch »untragbar« eingestufter Assistenten. Da von zahlreichen Universitäten Protest erhoben wurde, der sich darauf bezog, dass für die Habilitation eines Kandidaten ausschließlich die jeweilige Fakultät zuständig sein sollte, ordnete das eben geschaffene Reichs- und Preußische Wissenschaftsministerium die Zugangsberechtigung zum Lehrberuf 1934 neu. Die Universitäten blieben für die Habilitation verantwortlich, Dozent konnte jedoch nur werden, wer dazu die Zulassung erhielt.[723] Diese Zulassung wurde an weitere Bedingungen geknüpft: Teilnahme an einem Dozentenlager, die positive politische Beurteilung durch den Nationalsozialistischen Dozentenbund[724] und die Befürwortung durch den Rektor.[725] Die Dozenten der Universität Halle besuchten in den Jahren 1933/34 ein SA-Wehrsportlager in Borna bei Leipzig[726] und die Dozentenakademien an den Universitäten Göttingen oder Kiel. 1936 legte das Wissenschaftsministerium jedoch die Institutionen zusammen und richtete ein Dozentenlager in Tännich im Thüringer Wald ein. Der Drill des Lagers war kasernenmäßig, zusätzlich zum Sport nahm die weltanschauliche Schulung breiten Raum ein. Darüber hinaus musste jeder Absolvent des Lagers für die anderen Teilnehmer einen Vortrag aus seinem Wissenschaftsgebiet halten. Gefragt war dabei nicht die fachwissenschaftliche Darstellung bestimmter Probleme, sondern der Nachweis einer allgemeinen Lehrbefähigung. Der Vortragsstil wurde dabei ebenso bewertet, wie das Auftreten in der Diskussion. Dass »Vertrauensmänner« der Partei andere bespitzelten, war selbstverständlich. Jenseits aller ideologischen Verbrämungen und dem von vielen Teilnehmern nicht einmal als unangenehm empfundenen Gemeinschaftserlebnis, war das Lager auf knallharte Selektion ausgerichtet.[727] Bis es 1938 geschlossen wurde, wie es hieß wegen der starken Beanspruchung des Hochschullehrernachwuchses durch »berufliche Fortbildung, Wehrdienst und Familie (!)«[728] erfüllte es diese selektive Aufgabe wirksam. Zahlreiche Karrieren wurden verhindert.[729] Und auch über jene, die das Lager erfolgreich abschlossen, wurden nicht eben euphorische Gutachten abgegeben. So urteilten die Lagerführer über den hallischen Bodenkundler Willi Laatsch in Tännich lakonisch: »Als Hochschullehrer wird er brauchbar sein.«[730] Der Chemiker Hellmuth Stamm wurde im Bezug auf sein körperliches Leistungsvermögen »mäßig« beurteilt, positiv schlug aber seine Pflichterfüllung »mit peinlicher Genauigkeit« zu Buche. Insgesamt verkörpere er wohl »mehr den Typ des präzisen Wissenschaftlers, weniger den des begeisternden Führers.«[731] Vom Phythopathologen Walter Fuchs dachte man ähnlich, weltanschaulich sei er nur »mäßig interessiert«, werde aber in »seinem begrenzten Fachbereich nicht enttäuschen«.[732] Wohlgemerkt: Bei allen drei Wissenschaftlern handelte es sich um Forscher, die mit Wehrmachtsaufgaben betraut waren oder betraut wurden. Ihre »Brauchbarkeit« stand damit völlig außer Frage, wohl auch deshalb wurden die Beurteilungen aus dem Dozentenlager an den Hochschulen als Unverschämtheit empfunden. Ein hallischer Habilitand, der nach dem Besuch des Dozentenlagers Tännich beinahe aussortiert worden wäre, war der Anglist Edgar Mertner. Nur der Fürsprache von Rektor Weigelt verdankte Mertner seine Ernennung. Das Gutachten, das über Mertner angefertigt wurde, macht deutlich, welche Kriterien im Dozentenlager Tännich als maßgeblich galten.

Gutachten über den Dozenten Edgar Mertner, angefertigt 1937 im Dozentenlager Tännich.

Allgemeine Beurteilung

Name: Mertner, Edgar
Wohnung: Halle/S., Lafontainestr. 29
Wissenschaftl. Fachgebiet: Englische Sprache
Geburtsort und -datum: Gierten/Posen 13.12.07
Religionsbekenntnis: ev.
Familienstand: led.
Kinder: ––
Kriegsteilnehmer: nein
Körperlicher Befund: tauglich
Pg. seit: ––
Mitglied sonstiger nat.-soz. Gliederungen oder Organisationen: NSKK 1933

Beurteilt von: Prof. Dr. Plattner & Obstbf. Grundig
Die Beurteilung erstreckt sich auf die Zeit der Teilnahme am Gemeinschaftslager und der Akademie vom 4. Oktober bis 30. Oktober 1937 in Tännich.
Weltanschauliche Haltung und Betätigung: sehr zweifelhaft; ohne Einsatzbereitschaft
Verhalten im Lager: ohne innere Anteilnahme, widerwillig
Körperliches Leistungsvermögen: guter Durchschnitt

Allgemeine Schilderung: M. ist eine etwas feminin anmutende Erscheinung mit gewissen Zügen von Eitelkeit. Er hat sich dem Lagerbetrieb sichtlich nur mit großem Widerwillen untergeordnet. Zum Nat.-Soz. besitzt er bestimmt keine positive Einstellung, sondern eher die ablehnende Haltung der intellektuellen Angehörigen westlicher Demokratien. Er bemüht sich zwar in seinem Vortrag über englische Universitätseinrichtungen eine nationale Haltung zu zeigen; man konnte aber nicht den Eindruck gewinnen, dass diese Haltung echt ist. Es ist nicht anzunehmen, dass M. an einer Hochschule im nat.-soz. Sinne wirken würde.

Gesamtbild: Gruppe*): IV A   [Unterschrift:] Plattner, H. Grundig
Tännich i. Th., den 30. Oktober 1937

*) z. E. Die Gruppengrade bedeuten: 1 = wünschenswerte Erscheinung, sehr gut; 2 = gut, brauchbar, befriedigend; 3 = mangelhaft, wenig genügend, begrenzt brauchbar, bedenklich; 4 = unbrauchbar, gefährlich; – A erhöht, B erniedrigt den Gruppengrad.

Quelle: UAH PA 11345 Mertner.

Wie viele Habilitierte auf Grund von ungünstigen Beurteilungen durch die Lagerführer aussortiert wurden, ist nicht bekannt.[733] Auch für Halle konnte eine Zahl der Abgewiesenen nicht ermittelt werden, da die Akten über abgelehnte Dozenten diese Gutachten nicht enthalten. Vielleicht kann die Zahl der Schüler des Ordinarius für Innere Medizin Georg Grund einen Anhaltspunkt geben. Von fünf Habilitierten wurden zwei nicht Dozenten, und einer erst, nachdem klar war, dass er nicht in Halle bleiben würde.[734]
Doch nicht immer waren für das Scheitern von wissenschaftlichen Karrieren Parteistellen verantwortlich. Der Kirchenhistoriker Wolfgang Gericke etwa hatte den falschen Mentor. Er war Schüler des mit dem Rest der Fakultät hoffnungslos verstrittenen Ernst Barnikol. 1941 hatte er seine Habilitationsschrift fertiggestellt, Barnikol akzeptierte, der Koreferent forderte eine Umarbeitung. 1942 lag die Arbeit erneut vor. Jetzt gaben auch die anderen Gutachter ein positives Votum ab, der Status des Dr. habil. wurde erteilt. Der geschäftsführende Dekan Gerhard Heinzelmann lehnte wegen seiner Feindschaft zu Barnikol jedoch ab, Gericke dem Wissenschaftsministerium als Dozenten vorzuschlagen, er solle doch woanders seine Lehrprobe ablegen und dort Dozent werden. Selbstverständlich argumentierte Heinzelmann »rein« wissenschaftlich, Gerickes Leistungen seien »zwiespältig« beurteilt worden. Im Hinblick auf eine »zu bildende Nachwuchsreserve« solle Gericke »in einen Kreis von Anwärtern« gestellt werden, »die ermäßigteren Anforderungen, als sie traditionell an der Hallischen Theologischen Fakultät gestellt worden sind, Genüge leisten.« Rektor Weigelt versuchte, den Streit zu schlichten, konnte aber keinen Ausgleich herbeiführen. Er schrieb im Januar 1943 nach Berlin: »Es ist mir nicht gelungen, eine Einigung zu erzielen, und ich bitte daher, die Sachlage sorgfältig zu prüfen, da es sich um einen Kriegsteilnehmer handelt, dessen Interessen ich unbedingt wahrzunehmen habe, der dieser Fürsprache aber auch würdig ist.« Gericke wurde nicht zum Dozenten ernannt, erst 1946 kam er wieder an die Universität. 1950 kündigte er nach massiven Auseinandersetzungen, um eine Pfarrstelle in Finsterwalde anzutreten.[735] Der Chirurg Ernst Jeckeln wurde 1934 von Wilhelm Wagner, dem späteren Gaudozentenführer denunziert. Wie Wagner war er Assistenzarzt Friedrich Voelckers an der chirurgischen Klinik. Aber anders als die übrigen Assistenten trat er der NSDAP nicht bei, äußerte sogar offen seine »Bedenken« gegenüber »einigen Parteiforderungen«. Im privaten Gespräch mit Wagner hatte er darüber hinaus »gewisse Punkte« aus

Hitlers »Mein Kampf« kritisiert. Wagner beschuldigte Jeckeln nun, anlässlich der möglichen Ernennung zum Dozenten, dass dieser erstens nicht offen sei und zweitens nicht immer für das einstehe, was er sage. Der Beschuldigte wies das empört zurück. Die Vorwürfe gingen ins Leere, gerade diese Eigenschaften hätten ihm sogar schon »manche Ungelegenheit« bereitet. Der Protest nutzte nichts, Jeckeln wurde zwar habilitiert, aber nicht zum Dozenten ernannt und musste die Universität verlassen.[736]

Doch auch die Erlangung der Dozentur bot keine Gewähr für die Fortsetzung einer Karriere gegen den Willen der Fakultäten. So wurde ein Geograph wegen fachlicher Mängel aussortiert, der Leiter des Instituts Otto Schlüter urteilte kalt: »Ich halte Sie ... weder nach Ihren wissenschaftlichen und unterrichtlichen Leistungen noch nach Ihren menschlichen Eigenschaften für geeignet, ein Ordinariat zu bekleiden ...«[737]

Der Ökonom Theodor Kuhr verfügte im Gegensatz zu dem Geographen jedoch in Berlin über einigen Rückhalt und schien daher nicht vertreibbar. Er hatte sich beim Wissenschaftsministerium als Denunziant und scheinbar überzeugter Nationalsozialist einen Namen gemacht. Mit einem Rosenberg-Stipendium wurde er nach Halle versetzt, hatte hier aber einen schweren Stand. Dozentenbeihilfen erhielt er ab 1939 vom Wissenschaftsministerium entgegen dem Votum der Universität. Dekan Buchda schrieb nach Berlin, dass Kuhr an sich »nicht förderungswürdig« sei. Das wissenschaftliche Aus brachte eine Schrift des Wirtschaftswissenschaftlers über »Die ruinöse Konkurrenz«, die vom Ordinarius für Staatswissenschaften Karl Muhs vernichtend beurteilt wurde. »Unbefriedigend« und »unhaltbar« sei das, was Kuhr ausführe, den Strukturwandel der deutschen Wirtschaft seit 1933 habe er überhaupt nicht zur Kenntnis genommen. Das hindere den Verfasser jedoch nicht daran, »Worte des Führers zur Stützung seiner eigenen Ansichten und zur Polemik gegen andere anzuführen.« Als Kuhr 1940 um Urlaub nachsuchte, um eine Stelle im besetzten Polen anzutreten, stimmte Buchda zu: »Die Fakultät braucht ihn nicht und will ihn auch nicht haben. wenn er anderswo unterkommt, soll es der Fakultät recht sein.« 1942 bat Kuhr um die weitere Beurlaubung, Buchda befürwortete den Antrag mit den Worten: »In Halle möchten wir ihn jedenfalls nicht wieder haben.«[738]

Zu heftigen Auseinandersetzungen kam es an der Medizinischen Fakultät, da sich hier Rudolf Abderhalden, der Sohn Emil Abderhaldens, um eine Assistentenstelle bewarb und damit die Habilitation in greifbare Nähe rückte. Aus Sicht der NSDAP – und wohl auch der persönlichen Gegner Emil Abderhaldens – war aber ein Behinderter nicht geeignet für eine wissenschaftliche Laufbahn. Rudolf Abderhalden war an spinaler Kinderlähmung erkrankt, seitdem musste er einen Gehapparat tragen. Er konnte zwar nicht Treppen steigen, aber durchaus lange stehen, problemlos Vorlesungen halten und im Labor arbeiten. 1935 hatte er die ärztliche Staatsprüfung abgelegt und 1936 mit einer biochemischen Arbeit promoviert. Gegen die Vergabe einer Assistentenstelle an ihn erhob der Leiter der Dozentenschaft Wilhelm Wagner im Frühjahr 1937 Einspruch. Vater Abderhalden habe mit ihm nicht Rücksprache gehalten. Außerdem sei Rudolf Abderhalden auf Grund seiner Behinderung nicht in der Lage, die Stelle auszufüllen. Der Kurator der Universität, Maaß, sagte Emil Abderhalden rundheraus ins Gesicht, dass »Deutschland ganze Kerle« brauche und sein Sohn als »Krüppel« völlig »unzureichend« sei.[739] Ein Gutachten des Direktors der Medizinischen Universitätsklinik, Georg Grund, räumte diesen Einwand jedoch aus. Es handle sich, wie aus der Entstehung des Behinderungszustandes hervorgehe, »nicht um einen Defekt, der mit irgendeiner Erbanlage zusammenhängt, sondern um den Folgezustand einer akuten Krankheit, die kräftigste und bestveranlagte Kinder in derselben Weise befällt wie schwächliche.« Grund weiter: »Solche Menschen sind in ihrem Erbgute genauso wertvoll wie andere, die der Krankheit entgangen sind. Sie sind also von diesem Gesichtspunkte aus nicht als minderwertig anzusehen.« Im Interesse des »Volkskörpers« liege es also nicht, setzte Grund fort, »solche Menschen auszumerzen, sondern sie soweit zur Tätigkeit heranzuziehen, als irgend ihren Kräften entspricht.« Direkt gegen den Einwand des Dozentenführers richtete sich der letzte Abschnitt von Grunds Gutachten. Vom Gesichtspunkt der Lehrtätigkeit müsse auch darauf hingewiesen werden, dass es »von hohem erzieherischen Werte für den akademischen Nachwuchs« sei, »zu sehen, wie weit jemand imstande ist, durch eisernen Willen, zähe Beharrlichkeit und Geschicklichkeit einen körperlichen Defekt zu überwinden. In dieser Hinsicht kann Herr Dr. Rudolf Abderhalden als ein ausgezeichnetes Vorbild dienen.«[740]

Da sich auch einige der anderen Ordinarien der Medizinischen Fakultät mit Abderhalden und seinem Sohn solidarisierten, knickte Wagner ein, Kurator Maaß nahm die schon ausgesprochene Kündigung Rudolf Abderhaldens zurück.[741] 1939 wiederholte sich das Szenario, Wagner zweifelte die Lehrbefähigung Rudolf Abderhaldens an, Vater Abderhalden intervenierte mit Unterstützung Weigelts in Berlin. Es sei für ihn von »grundlegender Bedeutung« so schrieb Emil Abderhalden, zu erfahren, »dass die Auffassung des Herrn Dozentenführers, Prof. Wagner, wonach ein körperlich Behinderter, jedoch voll arbeitsfähiger Mensch verhindert werden soll, seine Gaben im neuen Deutschland auszuwerten, nicht zu Recht besteht.«[742] Weitere Fälle anzuführen verbietet sich, da die Vielschichtigkeit dieses Themas damit hinreichend umrissen ist. Karrieren konnten aus den vielfältigsten Gründen scheitern: aus Missgunst, wegen persönlicher Unzulänglichkeit oder aus politischen Gründen.

Befördert wurden durch das Ausleseverfahren jedoch nur wenige Karrieren. Fiel jemand im Dozentenlager positiv auf, musste das in einer konservativen Fakultät nicht unbedingt von Vorteil sein. Waren Parteistellen oder örtliche Dozentenführer von einem Nachwuchswissenschaftler angetan, musste das nicht für die Ordinarien gelten, die bei der Vergabe von Stellen nach wie vor das entscheidende Wort hatten. Daran änderte sich auch nichts, als das Wissenschaftsministerium 1935 den Leiter der Dozentenschaft, also den Vertreter der NSDAP an der Universität, verpflichtete, die Nachwuchsförderung der Universität zu »überprüfen«.[743] Das Instrument Dozentenbund war untauglich, mochte in Halle auch mit Wilhelm Wagner ein energischer Mann an der Spitze stehen. Hier wie überall verhinderte der Dozentenbund Karrieren, trug aber nichts zur Herausbildung des angestrebten neuen Professorentyps bei.[744] Gescheitert ist letztlich auch der wohl so nur in Halle unternommene Versuch, begabte Nationalsozialisten mit Stipendien aus der Rosenberg-Stiftung an die Universität zu binden. Zum einen fand das 1938 begonnene Experiment schon 1939 ein Ende, denn ab dem Sommer 1939 erhielten alle Dozenten Beihilfen vom Wissenschaftsministerium. Zum anderen war befähigter Nachwuchs überaus rar, nicht zuletzt durch die rigoros angewandten Auslesemechanismen. Nur zwei Rosenberg-Stipendiaten fanden sich unter den Dozenten der Universität: der bereits erwähnte Theodor Kuhr und der Philologe Alfred Zastrau, auf dessen Biographie später eingegangen wird. Zu den wirklich Befähigten war Zastrau aber ebenfalls nicht zu zählen.

Insgesamt nahmen jedoch etwa 50 Nachwuchswissenschaftler die Hürden Habilitation und Dozentur, die meisten davon in der Medizinischen Fakultät. Hier bildete man auch über den »eigentlichen« Bedarf hinaus aus, in der Annahme, nach dem Krieg bzw. durch den Krieg werde es hinreichend viele Arbeitsmöglichkeiten für habilitierte Ärzte geben.[745] Doch auch in der Naturwissenschaftlichen Fakultät wurden zahlreiche junge Forscher gefördert. Allein Theodor Roemer führte in seinem Institut für Pflanzenbau zwischen 1933 und 1945 mindestens fünf Nachwuchswissenschaftler zur Habilitation – mehr als die gesamte Rechts- und Staatswissenschaftliche Fakultät.

Das Profil dieser Habilitanden ist schwer bestimmbar. In wissenschaftlicher Hinsicht entsprachen wohl die allermeisten dem deutschen Durchschnitt, nach dem Krieg besetzten sie zahlreiche Lehrstühle in Ost und West. Politisch sah es nicht anders aus. Etwa vier Fünftel gehörten der NSDAP an, Fanatiker waren ebenso darunter wie geschmeidige Opportunisten, für die die Parteimitgliedschaft nur Mittel zum Zweck war. Klagen des Dozentenführers über den Nichtbesuch von Parteiversammlungen legen Zeugnis davon ab. Gegner des Regimes waren jedoch nicht darunter, insoweit war die Negativauslese durch Dozentenlager und Parteistellen wirksam. Etwa ein Fünftel gab sich jedoch unpolitisch und bekundete Loyalität, für Beamte – wenn auch im Fall der Dozenten nur auf Zeit – eine Selbstverständlichkeit.
Um dieser Bandbreite gerecht zu werden, seien hier einige Biographien angeführt. Die Auswahl geschah nach pragmatischen Gesichtspunkten, es konnten ja nur jene ausführlicher beschrieben werden, in deren Akten sich mehr als nur ausgefüllte Fragebögen fanden. Die Auswahl dürfte das Spektrum trotzdem repräsentieren. Skizziert wurden die Lebensläufe eines germanophilen Scharlatans, eines SS-Verbrechers, eines unpolitischen Arztes, eines idealistischen Nationalsozialisten und eines judenfeindlichen Genetikers. Der Vollständigkeit halber, aber durchaus um ihrer selbst willen, sind auch zwei Frauen porträtiert, unter ihnen die einzige in der NS-Zeit in Halle ernannte Dozentin.

Alfred Zastrau

Ein Blick in einschlägige Bibliographien und Literaturverzeichnisse von Standardwerken offenbart, dass die Sprachwissenschaft heute ohne die Berücksichtigung eines Werkes von Alfred Zastrau auskommt. Zastrau gehörte jedoch im Dritten Reich zu den Hoffnungen der germanischen Sprachforschung, zumindest legte dies seine finanzielle Unterstützung durch die Rosenberg-Stiftung nahe. Geboren 1906 als Sohn eines im Ersten Weltkrieg gefallenen Gartenarchitekten im Oderbruch, hatte es Zastrau schwer, sein Studium zu finanzieren. Er jobbte als Land- und Kanalisationsarbeiter, Kraftdroschkenfahrer, Redaktionsgehilfe, Hauslehrer und Privatsekretär. 1929 erhielt er jedoch ein Darlehen des Studentenwerkes und wurde durch die Studienstiftung des deutschen Volkes gefördert. 1935 promovierte er mit einer Arbeit über das Rolandslied. Energischer als seine wissenschaftliche Laufbahn trieb Zastrau seine politische Karriere voran. 1933 wurde er Mitarbeiter des Grenzland- und Volkstumswerkes Ostpreußen. Im Oktober 1934 übernahm er die Leitung des Landesverbandes des Bundes Deutscher Osten in Ostpreußen. Ab Mai 1935 war Zastrau Gauvolkstumswart für Ostpreußen und Hauptabteilungsleiter in der NS-Kulturgemeinde.[746] Ob ihn seine Nichtmitgliedschaft in der NSDAP oder politische Fehltritte in der Gauleitung Ostpreußen unmöglich machten, konnte anhand seiner Personalakte nicht nachvollzogen werden. An der Universität Königsberg jedenfalls wurde ihm die Habilitation verweigert, er verlor seine Parteifunktionen und das SS-Ahnenerbe schloss ihn von einem Forschungsvorhaben aus. Zastrau siedelte 1937 nach Göttingen über, wurde dort in die NSDAP aufgenommen und setzte seine Studien fort. 1939 wechselte er nach Halle, da er hier ein Stipendium der Rosenberg-Stiftung erhielt. Da er zur Luftwaffe eingezogen wurde, verzögerte sich die Fertigstellung seiner Habilitationsschrift. Im Frühjahr 1940 reichte er die Arbeit mit dem Titel »Wahr – Studien zu einer wortgeschichtlichen Untersuchung« schließlich ein. Auf »rassischer Grundlage« spürte Zastrau den Wurzeln des Wortes »wahr« nach und versuchte, einen eventuellen christlichen Bedeutungswandel herauszufiltern, um zu seinen indogermanischen Wurzeln vorzudringen. Erstgutachter Baesecke, immerhin 1933 als einziger Ordina-

rius der Philosophischen Fakultät der NSDAP beigetreten, beklagte dennoch diesen rassegeschichtlichen Ansatz: »Kritisch wäre zu sagen, dass die Möglichkeiten der gebräuchlichen sprachvergleichenden Methode noch nicht erschöpft waren.« Zastraus Konstruktionen erforderten »viel Glauben«, meinte Baesecke. Immerhin akzeptierte er das »gewaltige vom Verf. vorgelegte Material« in dessen Chaos Zastrau »Ordnung« schaffe. Allerdings, so Baesecke: »Nur dass er, wenigstens mir, die Bedeutung von ›wahr‹ nicht erklärt.« Um so erstaunlicher erscheinen dann Baeseckes abschließende Worte: »Das Ganze ist von so starker Denk- und Ausdruckskraft, von so gutem Wissen und innerlich beteiligtem Fleiß getragen, dass einem die Anerkennung leicht wird. Aber auch wenn alle vorgebrachten Zweifel und Einwendungen berechtigt wären – und man kann in diesen unsicheren Gefilden sehr verschiedener Meinung sein – so bliebe doch der große methodische Versuch als Sonderleistung sehr lobenswert. Ich beantrage Zulassung zu den weiteren Habilitationsleistungen.« Das Gutachten des Literaturwissenschaftlers Ferdinand Josef Schneider fiel noch deutlicher aus. Er könne zu dem Dargebotenen »keine positive Einstellung gewinnen«, da Zastrau eine »ins Phantastische ausschweifende Kombinations- und Konstruktionsfreude« erkennen lasse. Die ganze Arbeit sei »von einem bloßen Einfall aufgebaut«, auch den angeblich vorgebrachten »Belegen« für das »Hervortreten wieder aufgebrochener Tiefenkräfte unserer Sprache« mochte Schneider nicht folgen. Zastrau entwickle eine »eigene Sprachwissenschaftsmystik«, zeige eine völlige Unkenntnis der Philosophiegeschichte und verschiebe »tendenziös« – und ihm »ganz unbegreiflich« – die mittelalterlichen Mystiker »aus der vita contemplativa in die vita aktiva«. Insgesamt scheine Zastraus Arbeit »wieder auf jene Stufe spekulativer Sprach- und Mythenforschung zurückzuführen« wie sie in der Romantik gängig gewesen sei. Ob diese Schrift als Habilitationsgrundlage anzunehmen sei, könne nur ein Indogermanist beurteilen. Dann wäre eine Venia für das Fach der vergleichenden Sprachforschung zu erteilen, denn so Schneider: »Für eine Habilitation aus deutscher Philologie hat wenigstens meiner Ansicht nach, die Schrift doch eine allzu schmale Basis …«
Ähnlich vernichtend urteilte auch der Anglist Hans Weyhe: »All das Gesagte hätte in einem kleinen Zeitschriftenaufsatz ausreichend dargelegt werden können.« Nach der Lektüre der 200 Seiten gewinne man den Eindruck: »Tant de bruit pour une omlette.« Es sei allerhand »hineingestopft« in die Arbeit, sie sei aber wohl ein »monstrum horrendum informe ingens«. Weyhe demontierte die Arbeit dann auch im Detail, er listete zahlreiche »merkwürdige Dinge« auf um dann zu urteilen: »Zu was muss da … bei diesen z.T. unsicheren alten Belegen das arme wâr alles herhalten!« In dieser Form wäre die Arbeit »zur Annahme nicht geeignet«. Da jedoch der Vertreter Alfred Rosenbergs an der Universität, der Philosoph Heinrich Springmeyer, die Arbeit eines Rosenberg-Stipendiaten nicht durchfallen lassen wollte, beschloss die Fakultät auf sein Bitten, die Umarbeitung der Schrift zuzulassen. 1941 wurde die stark gekürzte Arbeit dann tatsächlich als Habilitationsleistung anerkannt. Interessant ist das Urteil Weyhes. Der Verfasser möge für die immer noch vorhandenen Mängel die »Verantwortung selbst tragen.«
Die noch abzuleistende Lehrprobe verzögerte sich jedoch durch Zastraus Kriegsdienst, erst im Juli 1944 hielt er seine Probevorlesung zum Thema »Begriff und Bedeutung des Opfers bei den Germanen«. Der nunmehr zum Dekan avancierte Springmeyer ließ die von Zastrau dabei entwickelte »weitgespannte etymologische Deduktion« gelten, obwohl sie »neben Einleuchtendem auch Konstruiert-Unsicheres enthielt«.
Rektor Weigelt befürwortete die Ernennung Zastraus zum Dozenten am 23. August trotz der zögerlichen Stellungnahmen »aufs wärmste« und machte vor allem die »menschlichen und charakterlichen Eigenschaften« des Habilitanden geltend. Gaudozentenführer Wagner

sprach ebenfalls für Zastrau, da dessen Forschungen »sachlich und weltanschaulich von hohem Interesse« seien.
Zwar wurde der Sprachforscher noch zum Dozenten ernannt, an die Universität kehrte er jedoch erst im Sommer 1945 zurück, so dass er keine Gelegenheit zum Lehren mehr erhielt. Im Januar 1946 entließ die Universität Zastrau wegen seiner Mitgliedschaft in der NSDAP. 1951 erhielt er einen Lehrauftrag an der Pädagogischen Hochschule in Berlin-Lankwitz, 1954 wurde er Privatdozent der TU Berlin. Von der Westberliner Senatsverwaltung erhielt Zastrau 1956 auch den Professorentitel, 1961/62 wirkte er an der Universität Ankara.

Joachim Mrugowsky

Der amerikanische Militärgerichtshof Nr. 1 klagte am 25. Oktober 1946 neben anderen Ärzten, die für die Ermordung zehntausender tuberkolosekranker Polen und für das Euthanasie-Programm des NS-Regimes verantwortlich waren, auch Joachim Mrugowsky an. Ihm wurde vorgeworfen, Initiator zahlreicher Menschenexperimente in Konzentrationslagern gewesen zu sein. Am 27. August 1947 wurde er für schuldig befunden, zum Tode verurteilt und am 2. Juni 1948 im Hof des Landsberger Kriegsverbrechergefängnisses hingerichtet.[747]
Seine wissenschaftliche Ausbildung erhielt Mrugowsky an der Universität Halle, er studierte hier, promovierte und habilitierte sich schließlich 1938. Geboren wurde er 1905 in Rathenow als Sohn eines praktischen Arztes, der 1914 als Stabsarzt an der Westfront fiel. Wegen der, so Mrugowsky in einem Lebenslauf, »außerordentlich ungünstigen wirtschaftlichen Verhältnisse« der Familie, begann er nach dem Abitur eine Lehre bei der Reichszollverwaltung. Da ihm der Dienst nicht zusagte, trat er als Lehrling in eine Rathenower Bank ein und arbeitete nebenher. Mit dem Wintersemester 1925/26 bezog er die Universität Halle, um Medizin zu studieren. Nach vier Semestern bestand er die ärztliche Vorprüfung, da seine Zeit »nicht ausgefüllt war«, studierte er gleichzeitig Botanik, Zoologie und Geologie. Dieses Studium schloss er 1930 mit der Promotion zum Dr. sc. nat. mit einer von Johannes Weigelt angeregten Arbeit über die »Formation der Gipspflanzen« ab.[748] Im selben Jahr verfasste er eine Studie über fossile Bakterien, untersucht an Funden aus dem Geisteltal.[749] Im Sommersemester 1931 bestand er die ärztliche Staatsprüfung.
Da Mrugowsky 1930 zum Hochschulgruppenführer des Nationalsozialistischen Studentenbundes ernannt worden war, konzentrierte er sich auf die politische Tätigkeit und stellte die Arbeit an der medizinischen Dissertation zurück. Seine Hetze gegen das »spießerische Bürgertum«, die Forderung mit Sozialisten und Liberalen »reinen Tisch« zu machen, schadeten ihm im Kreis der Professoren ebensowenig, wie massive Angriffe gegen den Theologen Günther Dehn und das Preußische Kultusministerium.[750] Johannes Weigelt unterstützte Mrugowsky bei diesen Aktionen ebenso, wie der Nationalsozialist Hans Hahne.[751] Der Leiter der Medizinischen Klinik, Theodor Brugsch, beschäftigte ihn als Volontärassistent und bot ihm, »da er fleißig« arbeitete, eine Assistentenstelle an. Mrugowsky lehnte ab, er hätte »höhere Aufgaben« zu erfüllen, teilte er Brugsch mit.[752]
Tatsächlich begann er 1933 eine Karriere im Sicherheitsdienst der SS, 1934 wird der SS-Untersturmführer in den Akten als Führer der SD-Abschnitte XVI und XVIII (Sachsen-Anhalt, Ostthüringen) geführt. Zugleich hatte er eine Hilfsassistentenstelle im Hygiene-Institut der Universität inne.[753] 1934 übertrug ihm die Medizinische Fakultät den durch die Berufung Kürtens nach München vakant gewordenen Lehrauftrag für »Menschliche Erblichkeitslehre und Rassenhygiene«. Dass Mrugowsky noch nicht habilitiert sei, entschuldigte Rektor

Woermann gegenüber dem Preußischen Wissenschaftsministerium damit, dass jener »seine Zeit und seine Kraft der nationalsozialistischen Bewegung voll widmete«. Er werde die Habilitation ohne Zweifel erreichen, zudem halte ihn die Fakultät »nach seiner bisherigen Arbeitsrichtung und -leistung und nach seiner weltanschaulichen Einstellung für geeignet« das Fach zu vertreten.[754]

Vor der Habilitation stand jedoch zunächst die Promotion zum Dr. med. Dazu reichte er eine Arbeit über die Anzahl von Bakterien in Leichen ein.[755]

1935 wurde Mrugowsky hauptamtlicher Leiter des SD-Oberabschnitts Nord-West (Hannover), nebenamtlich nahm er an der TH Hannover einen Lehrauftrag für »Menschliche Erblichkeitslehre und Rassenhygiene« wahr. Wenig später wechselte er als Standartenarzt zur SS-Leibstandarte »Adolf Hitler«.[756] 1937 beauftragte ihn Heinrich Himmler mit dem Aufbau und der Leitung einer hygienischen Untersuchungsstelle der SS. Mit enormen finanziellen Mitteln baute er dieses Labor zum Hygiene-Institut der SS aus, so dass er den Titel »Oberster Hygieniker der SS« erhielt.

Vor diesem Aufstieg war jedoch noch die Hürde der Habilitation zu überwinden, die Medizinische Fakultät der hallischen Universität half Mrugowsky dabei nach Kräften. Mit Unterstützung zahlreicher Studenten nahm er anthropologische Messungen an den Bewohnern des Dorfes Volkstedt bei Eisleben vor. Zu den rassischen Untersuchungen kamen Erhebungen über den Gesundheitszustand der Bewohner und einige im engeren Sinne hygienische Untersuchungen über Wasser und Abwasser, Schulen und Wohnungen sowie Berufskrankheiten. Dabei begriff er die Hygiene als »Umweltforschung«, als »Standortlehre« des Menschen.[757] Das Dargebotene erscheint in der Rückschau als unglaublich platt und oberflächlich. Mrugowsky schwadronierte über Rassenwanderungen (fußend auf den Schriften Hans F. K. Günthers) und kam zu dem Ergebnis: »Es müssen im Laufe der Zeit viele Menschen nach Volkstedt ein- und auch viele aus Volkstedt ausgewandert sein.«[758] Die rassischen Untersuchungen entsprachen nicht einmal den Standards der Zeit. Von den 400 vermessenen Personen sortierte er alle aus, deren statistische Abweichungen für seine Zwecke zu hoch waren. Für die Altersgruppe der 21- bis 30-jährigen Männer blieben so noch sechs Personen übrig, was Mrugowsky nicht hinderte, aus dieser Auswahl durchschnittliche Körpermaße zu errechnen. Für die Kopflänge der männlichen Erwachsenen von Volkstedt errechnete er die durchschnittliche Zahl von 187,2 +/- 0,6 Millimetern. Hätten Mrugowskys Helfer sich bei ihren Messungen nur um ein Prozent geirrt, wäre diese Abweichung bereits dreimal höher gewesen, als die von ihm errechnete scheingenaue Angabe.[759] Weniger genau, aber ebenso aussagekräftig war die Quintessenz des errechneten »Nasen-Index«. Die Bewohner des Dorfes gehörten zu den »Mittelbreitnasigen« meinte er.[760] Mrugowskys Analyse über die Hautfarbe der Volkstedter kam zu dem Schluss, dass diese »hell« sei.[761]

Die Gutachter der Medizinischen Fakultät kamen jedoch durchaus nicht zu dem Schluss, dass es sich um Scharlatanerie handelte. Die »bevölkerungsbiologische« und »rassehygienische«, damit also »hygienische Ganzheitsschau« habe Mrugowsky »dank seinem ungewöhnlichen Fleiß und der Zähigkeit seines Willens« bewältigen können, meinte sein Mentor Paul Schmidt. Insgesamt sei die Arbeit »dem Volksganzen und dem Volksinteresse dienend«. Einwände erhoben sich gegen diese Feststellung nicht.[762] Andererseits, wer hätte einem SS-Sturmbannführer 1937 widersprechen wollen?

1938 wurde Mrugowsky als Dozent der Universität Berlin zugewiesen. 1939 gab er Bruchstücke aus dem Werk Christoph Wilhelm Hufelands heraus, die den Arzt des frühen 19. Jahrhunderts vor allem als Vorkämpfer soldatischer Abhärtung und Askese erscheinen ließen.[763] Für die Sanitätsoffiziere der SS verfasste er Anweisungen, etwa zur »Untersuchung und Be-

urteilung von Wasser und Brunnen an Ort und Stelle«.[764] 1944 erhielt er den Professorentitel, in der SS stieg er bis zum Standartenführer auf. Der Grund für diesen Aufstieg – und für seine Hinrichtung 1948 – war seine Dienstbarkeit gegenüber der Industrie und seinen Vorgesetzten, für die er in den Konzentrationslagern Humanexperimente durchführen ließ.
Seit 1941 arbeiten die Labors der IG Farben mit Mrugowsky bei der Entwicklung eines Impfstoffes gegen Fleckfieber zusammen. Die Behring-Werke sandten Impfstoff an Mrugowsky, der ließ ihn an Häftlingen des Konzentrationslagers Buchenwald testen.[765] Hier wurden auch in den Folgejahren immer neue Versuchsreihen mit immer anderen Impfstoffen durchgeführt. Von den 392 infizierten Menschen der Jahre 1942/43 starben mindestens 97.[766] Als Mrugowsky 1946 bei einem Verhör gefragt wurde, ob irgend einer der zahlreichen Mitwisser gegen die Versuche protestiert habe, antwortete er: »Zu mir ist niemand gekommen ...«[767]
Parallel zu den Experimenten mit Fleckfieberimpfstoff ließ der SS-Hygieniker weitere Versuchsreihen durchführen. 1942 ordnete Mrugowsky an, im Konzentrationslager Buchenwald an Häftlingen die Wirkung von Phenol zu prüfen. Sie war, wie erwartet, tödlich.[768] Auch an langfristigen Planungen war er beteiligt. So sollten KZ-Insassen über vier Jahre lang mit Blei vergiftet werden, um später ihre Zeugungsfähigkeit zu untersuchen.[769]
In Buchenwald war er offenbar auch selbst bei Menschenexperimenten anwesend. Persönlich erstattete er dem Leiter des Kriminaltechnischen Institutes Berlin im September 1944 Bericht über die Ergebnisse eines Versuches, bei dem fünf Häftlinge mit giftgefüllten Geschossen verletzt wurden. Zwei der Verletzten – sie hatten glatte Durchschüsse erhalten – zeigten keine Wirkung. Detailliert berichtete Mrugowsky dann aber von der »erstaunlichen Übereinstimmung« der Wirkung bei den drei anderen Opfern: »Zunächst zeigten sich keine Besonderheiten. Nach 20 bis 25 Minuten traten motorische Unruhe und ein leichter Speichelfluss auf. Beides ging wieder zurück. Nach 40 bis 44 Minuten setzte starker Speichelfluss ein. Die Vergifteten schluckten häufig, später ist der Speichelfluss so stark, dass er durch Hinunterschlucken nicht mehr bewältigt werden kann. Schaumiger Speichel entfließt dem Mund. Dann setzen Würgreiz und Erbrechen ein.« Nach der Beschreibung der Reflexe von Knie- und Achillessehne notierte Mrugowsky das allmähliche Versagen der »oberflächlich jagenden« Atmung. Bei allen drei Verletzten wuchs die motorische Unruhe so stark an, protokollierte der SS-Sturmbannführer, »dass sich die Personen aufbäumten, wieder hinwarfen, die Augen verdrehten, sinnlose Bewegungen mit den Händen und Armen ausführten.« Der Tod, so notierte Mrugowsky penibel, »trat 121, 123 und 129 Minuten nach Erhalten des Schusses ein.«[770]

Wolf von Drigalski

Wolf von Drigalski wurde 1907 als Sohn des Stadtmedizinalrates Wilhelm von Drigalski geboren. Er legte 1925 am Stadtgymnasium Halle das Abitur ab, bei seiner Ausbildung mied er allerdings die hallische Universität, und studierte stattdessen Medizin in Marburg, Freiburg, Heidelberg und Berlin. Dort legte er auch das Staatsexamen ab und absolvierte das praktische Jahr an der II. Medizinischen Klinik der Charité. Nach der Promotion zum Dr. med.[771] arbeitete er kurze Zeit als Sportarzt an der Universität Königsberg. Von war 1932 bis 1935 war er Assistenzarzt an der Universität Leipzig, von 1935 bis 1938 an der Medizinischen Akademie Danzig. 1938 habilitierte er sich an der Universität Halle mit einer Arbeit über den Vitaminstoffwechsel.[772] Später veröffentlichte er ein Handbuch zur Behandlung innerer Krankheiten, die Schrift erreichte drei Auflagen.[773] Von Drigalski erhielt die Oberarztstelle in der Medizinischen Universitätspoliklinik und wurde 1939 zum Dozenten ernannt.

Am 30. März 1933 trat er in die NSDAP ein, seit Juli 1933 gehörte er der Motor-SA, später dem NSKK an. Er war Mitglied des NS-Ärztebundes und arbeitete für das Hauptamt für Volksgesundheit der NSDAP.[774] Militärische Übungen absolvierte von Drigalski seit 1936, 1938 erhielt er den Dienstgrad Unterarzt.
Soweit eine typische, reibungsfrei verlaufende Ärztekarriere. Auch nachdem von Drigalski 1939 zur Wehrmacht eingezogen wurde, schien sie sich bruchlos fortzusetzen. Er wurde im Oktober 1939 freigestellt und als kommissarischer Leiter der Inneren Abteilung des Stadtkrankenhauses Posen eingesetzt. In Posen publizierte von Drigalski vor allem über die Behandlungen epidemischer Krankheiten[775] und über Folgen des Vitaminmangels.[776] Hierzu stellte er auch einen Versuch am Menschen an. Dieser Menschenversuch war jedoch ein Selbstversuch, im Gegensatz zu vielen seiner Kollegen im »Osteinsatz« nutzte er die vielfältigen Möglichkeiten, die die Konzentrationslager der SS boten, nicht.[777] Von Drigalski ernährte sich 72 Tage ohne Zufuhr von Vitamin A und testete dann seine nachlassenden Sehleistungen.[778]
Die andauernde hygienische Katastrophe im Warthegau und die nicht einzudämmenden Epidemien ließen von Drigalski nicht kalt, offenbar suchte er den Kontakt zum Gaugesundheitsführer, um Abhilfe zu schaffen. Welche Zustände im Wartheland herrschten, zeigt ein Brief, den die Tochter des Gauleiters Greiser an eine Freundin schrieb. Sie hatte Łodz im April 1940 besucht, um an der Kundgebung ihres Vaters zur Umbenennung der Stadt in »Litzmannstadt« teilzunehmen. Aus Neugier fuhr sie mit ihrer Begleitung durch das Ghetto der Stadt, ihr Bericht schwankte zwischen Ekel und Bedauern. In dem abgesperrten Stadtteil gebe es »meist nur Gesindel, was Du da siehst, alles lungert herum.« Das Viertel sei an sich zu klein für all diese Leute, es gäbe 300 000 Juden notierte sie, »und in jeder Stube sind sicher 10–20 Leute, man sah ganz viele Köpfe an den Fenstern.« Außerdem gäbe es Seuchen und es sei eine »scheußliche Luft« da, »durch die Abflussröhren, wo alles hineingegossen wird.« Weiter hatte Fräulein Greiser beobachtet: »Wasser gibt es auch keins, das müssen die Juden kaufen, 10 Pfennig der Eimer, also waschen sie sich sicher noch weniger als gewöhnlich.« Es könne einem »schon mies werden« setzte sie fort, »wenn man das sieht«. Aber Mitleid könne man wohl nicht mit den Juden haben: »… ich glaube, die fühlen ganz anders als wir und fühlen deshalb auch nicht diese Erniedrigung und das alles.«[779]
Von Drigalski scheint nicht so empfunden zu haben. Nachdem er mit seinen Beschwerden beim Gaugesundheitsführer nicht durchdrang, leitete er gegen ihn ein Berufsgerichtsverfahren bei der Reichsärztekammer ein. Neben der Nichterfüllung seiner Pflichten warf ihm von Drigalski »übergroßen Genuss« von Betäubungsmitteln vor. Zugleich suchte er bei Gauleiter Greiser um einen Termin nach, da er ihn nicht erhielt, informierte er den Regierungspräsidenten der Provinz.
Ohne ihn anzuhören, verfügte Greiser am 17. Dezember 1941 die Suspendierung des Beschwerdeführers. Da er für den Januar 1942 vom Städtischen Klinikum kein Gehalt erhielt, betrachtete sich von Drigalski als fristlos gekündigt. Ende Januar suchte er beim Kurator der Martin-Luther-Universität um die Wiedereinsetzung als Oberarzt an der Universitätspoliklinik nach. Zugleich fragte er an, wie er von dem auf seiner Ernennungsurkunde zum Dozenten zugesicherten »besonderen Schutz« des Führers und Reichskanzlers Gebrauch machen könne, »unter besonderer Bezugnahme auf die gegen mich ausgesprochene Drohung mit dem KZ«.[780] Die Medizinische Fakultät Halle konnte kein Fehlverhalten feststellen, Dekan Eckert-Möbius prüfte den Vorfall und urteilte, dass von Drigalski »nicht das Geringste« vorzuwerfen sei.[781] Georg Grund, Leiter der Universitätspoliklinik beantragte unverzüglich die Unabkömmlichstellung seines Oberarztes, er sei »völlig unentbehrlich«.[782]

Ausgestanden war die Sache damit nicht. Mit der Untersuchung des noch schwebenden Verfahrens gegen den Gesundheitsführer im Gau Wartheland wurde schließlich Kurt Blome, der stellvertretende Leiter des Hauptamtes für Volksgesundheit der NSDAP betraut. Blome empfahl dem Gauleiter von Posen 1942 als Gutachter zur Abwehr der Tuberkolosegefahr die Ermordung von 35 000 »ansteckungsfähigen Polen«.[783] Er wird also von Drigalskis Urteile über die Verantwortlichen im Warthegau und die Unhaltbarkeit der Zustände kaum geteilt haben.

Das Ergebnis der Ermittlungen Blomes war vorhersehbar. Die Beschuldigungen seien »objektiv nicht erwiesen«. Da er aber »in gutem Glauben und schlecht beraten« gehandelt habe, solle man die Sache zu den Akten legen. Von Drigalski stimmte dem scheinbaren Kompromiss zu, gab jedoch zu Protokoll, dass sich an seiner »ärztlichen Auffassung der Angelegenheit« nichts geändert hätte. In Posen reagierte man aufgebracht. Weitere Untersuchungen seien nicht notwendig, da die »aufgestellten Behauptungen nicht der Wahrheit entsprächen.« Gauleiter Greiser erwarte daher, so vermerkt es der abschließende Untersuchungsbericht des Wissenschaftsministeriums, »dass Dr. von Drigalski mit sofortiger Wirkung zur Wehrmacht gehe, um dort Gelegenheit zu erhalten, sich zu bewähren.«[784]

Als Unterarzt zur Ostfront eingezogen, fiel von Drigalski im Januar 1943 im Kessel von Stalingrad. Die Universität unterstützte die Witwe umgehend mit einem Stipendium aus einer Stiftung.[785] Darüber hinaus beantragte von Drigalskis Mentor Georg Grund dessen postume Ernennung zum außerplanmäßigen Professor. Da auch Rektor Weigelt den Antrag »aufs Allerwärmste« befürwortete, stellte das Wissenschaftsministerium die Berufungsurkunde aus und datierte sie auf den 1. Januar 1943 zurück.[786]

Friedrich Leydhecker

Zu den Habilitanden der Universität Halle, die nicht Mitglied der NSDAP waren, gehörte der Ophtalmologe Friedrich Leydhecker. 1911 als Sohn eines praktischen Arztes in Darmstadt geboren, studierte Leydhecker Medizin in Berlin, Heidelberg und Düsseldorf. Nach dem praktischen Jahr wurde er Volontärassistent bei Wilhelm Clausen, dem Leiter der hallischen Universitätsaugenklinik. Um überhaupt für eine solche Stellung in Frage zu kommen, brachte Leydhecker eine Bescheinigung eines NSKK-Standartenführers bei, dass er, sowie seine Eltern, »bereits in den Jahren 1929/30 die nationalsozialistische Partei und Bewegung auf das Eifrigste« gefördert hatten. Leydheckers Eltern hatten die NSDAP finanziell unterstützt und insbesondere notleidenden SA-Männern geholfen. Die solidarische Haltung der Eltern zahlte sich aus, dem Sohn wurde bestätigt, dass die politische Einstellung zur nationalsozialistischen Bewegung »für uns immer eine einwandfreie« gewesen sei.[787] Ob diese Einschätzung auch von den hallischen Parteistellen so verfasst worden wäre, scheint fraglich, trat Leydhecker doch auch nach der Öffnung der Partei 1937 nicht der NSDAP bei, leistete keinen SA-Dienst und war lediglich Anwärter des NS-Ärztebundes.

Mit einer, so Leydheckers Mentor Clausen, »überragenden Begabung« ausgestattet, zählte er bald zum hoffnungsvollsten Nachwuchs unter den hallischen Medizinern. Leydhecker vereinfachte verschiedene Untersuchungsmethoden, ohne dabei die Substanz ihrer Aussagen anzutasten, er verfasste eine medizinhistorische Schrift, widmete sich der Röntgendiagnostik. Furore machte ein Gerät, das er zur Entfernung nichtmagnetischer Fremdkörper aus dem Augeninneren konstruierte. Unmittelbar nach seiner Einberufung zur Wehrmacht passte er diese Konstruktion an die Bedingungen des Krieges an, er befasste sich mit dem Bau von Riesenmagneten mit behelfsmäßigen Mitteln. Während eines kurzen Urlaubs wurde Leydhecker habilitiert. 1942 erhielt er den Dienstgrad eines Assistenzarztes, 1943 den eines Oberarztes. Am 9. Februar 1944 starb er an einer fieberhaften, septischen Erkrankung in Bobruisk an der Beresina.

Am 1. März 1944 kondolierte Rektor Weigelt der Familie, »mit tiefer Betrübnis« erreiche ihn die Nachricht, »dass ihr für die Zukunft so viel versprechender Sohn«, den »Tod in Feindesland gefunden hat.« »Im Namen der Martin-Luther-Universität und besonders herzlich persönlich spreche ich Ihnen zu diesem schwersten Opfer, das Ihre Elternherzen bringen mussten, das allerherzlichste Beileid aus.« Die Todesanzeige der Universität sprach am 3. März 1944 dann von »Stolz und Trauer«.

Postum versuchte die Universität eine Ernennung zum außerplanmäßigen Professor zu erreichen. Wilhelm Clausen erwähnte in dem Antrag Leydheckers »besessenen Forschungstrieb«, seine große Lehrbegabung und die bedeutenden wissenschaftlichen Leistungen des mit 33 Jahren Verstorbenen. Er formulierte: »Leydhecker verstand es, den aktuellen Forschungsgebieten der Augenheilkunde immer wieder neue Seiten abzugewinnen und hatte den Kopf voller Probleme, von denen sehr viele bei seinem wissenschaftlichen Fanatismus einer erfolgversprechenden Lösung zugeführt worden wären, wenn der Tod diesen verheißungsvollen jungen Forscher der deutschen Wissenschaft nicht allzu früh entrissen hätte.«[788]

Rektor Weigelt befürwortete den Antrag der Medizinischen Fakultät am 23. August 1944 auf Ernennung zum außerplanmäßigen Professor »aufs Wärmste«. Leydhecker habe »bereits in jungen Jahren wesentliches zum Wohle der leidenden Menschheit erkämpft.«[789] Im Wissenschaftsministerium wurde der Antrag nicht einmal bearbeitet.

Rudolf Freisleben

Nicht unbedingt weniger begabt als Friedrich Leydhecker, aber politisch eindeutig nationalsozialistisch orientiert war der Biologe Rudolf Freisleben, Assistent an Theodor Roemers Institut für Pflanzenbau und Pflanzenzüchtung.

Freisleben studierte in München, Leipzig und Dresden Naturwissenschaften, die Prüfung für das höhere Lehramt legte er 1930 ab. Nach dem Referendariat wurde er Hilfsassistent an der Universität Dresden, wo er 1932 promovierte. Danach arbeitete er an der Forstschule Tharandt über die Mykorrhizen der Waldbäume und Ericaceen. Theodor Roemer, immer auf der Suche nach vielversprechenden Talenten, verschaffte Freisleben 1934 ein Stipendium der Deutschen Forschungsgemeinschaft. Im Juli 1935 planmäßiger Assistent, habilitierte sich Freisleben 1936 30-jährig mit einer Arbeit über Getreidezüchtung, die Lehrprobe hielt er zu dem Thema »Resistenz und Immunität im Pflanzenreich«. Ab 1937 erhielt Freisleben eine Dozentenbeihilfe des Wissenschaftsministeriums und war mit der Bearbeitung des Gerstensortimentes der Deutschen Hindukusch-Expedition befasst.[790] Darüber hinaus versuchte Freisleben – damals hochaktuell – polyploide Rassen von Kulturpflanzen zu züchten, dabei arbeitete er an der Vermehrung der Erzeugung von Genom-Mutationen durch Colchizin. Freisleben gelang die Herstellung von tetraploiden Erbsen, sowie Roggen und Hafer mit einer dreifachen Zahl von Chromosomen.[791] Rektor Weigelt schätzte am 12. Februar 1938 ein, dass »in wissenschaftlicher Beziehung von Freisleben in Zukunft noch viel erwarten« sei. In Folge »seiner Kameradschaftlichkeit« werde er »auch noch in den Aufgabenkreis eines nationalsozialistischen Dozenten« hineinwachsen.[792]

Im Sommer 1938 hielt sich Freisleben zu einem Forschungsaufenthalt in Svalöf, dem Versuchsgut der Universität Lund auf. Über diese Reise verfasste er einen 32-seitigen Bericht, der nicht nur Aufschluss über die deutsch-schwedischen Wissenschaftsbeziehungen, sondern auch über Freislebens politische Auffassungen gab. Der 1933 in die SA und 1937 in die Partei Eingetretene notierte darin einige Beobachtungen. Zwei Dinge seien es vor allem, über die »kaum einmal« mit den schwedischen Wissenschaftlern Übereinstimmung erzielt werden konnte: »erstens die Judenfrage und zweitens die Einordnung des Individuums in den Dienst an der Volksgemeinschaft.«[793] In Schweden seien durch die geringe Zahl der Juden deren Möglichkeiten zur »Entfaltung« eines »zerstörerischen Einflusses« bisher »kaum erkannt worden.« Das »jüdische Element« falle jedoch zunehmend in Stockholm und Göteborg auf, besonders an der Stockholmer Hochschule nehme es »in geradezu unglaublicher Weise« zu. Das stoße nun auch bei »gebildeten Schweden« auf »scharfe Kritik«. Unter den Akademikern herrschten aber verstärkt »liberalistische«, »marxistische« und »weltbürgerliche« Ideen vor. Vor allem unter der Lehrerschaft würden derartige »zersetzende Einflüsse« dominieren, notierte der hallische Genetiker. Besonders bedenklich erscheine ihm dabei, dass die Ausbreitung der »marxistischen Ideen« in der gesamten Bevölkerung nicht durch die »wirtschaftliche Notlage des Arbeiters einen geeigneten Boden« finde, sondern durch den »in allen Bevölkerungsschichten verbreiteten Wohlstand«. Diese Wohlfahrtspolitik der sozialdemokratischen Regierung werde sogar als »klug« bezeichnet, notierte Freisleben. Der hohe Lebensstandard habe aber das »Gefühl für die Volksgemeinschaft stark abgestumpft.« Überall treffe man liberalistische Gedankengänge, »soweit sie nicht vom Marxismus überdeckt sind.«

Darüber hinaus sei das Volk durch die große Fläche des Landes – im Verhältnis zur Einwohnerzahl – pazifistisch geworden. Es fehle daher jedes Verständnis für Völker, die zur »Sicherung ihres Lebensraumes« auf militärische Mittel angewiesen seien. Das Resümee seiner Beobachtungen fiel dann auch entsprechend aus. »Bedauerlich« sei das geringe Verständnis für die Ideen des Nationalsozialismus, besonders aber, dass »irgendwelche Ansätze zu einem grundlegenden Wandel dieser Zustände kaum zu spüren sind.«

Ratschläge zur Beseitigung dieser »Zustände« erteilte er trotzdem. Ob Deutschland einen günstigen Einfluss auf Schweden ausüben könne, hänge davon ab, »inwieweit das hemmungslos einströmende und immer mächtiger werdende Emigranten- und Judentum sich in Schweden dauernd festsetzt.« Das »uns rassisch verwandte Volk« gehe einer »ungeheuren rassischen« Gefahr entgegen, die zu bannen ihm vorläufig jede Möglichkeit fehle. Freisleben: »Doch für Deutschland kann es auf die Dauer nicht gleichgültig sein, ob sich die skandinavischen Länder zu einem Zentrum des Judentums entwickeln und als die bisher reinsten Gebiete der nordischen Rasse verloren gehen.« Deutschland solle daher eine »denkbar starke« geistige Verbindung zu Schweden herstellen und den »kulturpolitischen Kampf« um die skandinavischen Länder »gerade jetzt mit höchster Intensität« führen.[794]

Es verstand sich fast von selbst, dass ein derartig »brauchbarer« Mann nicht im regulären Kriegsdienst eingesetzt wurde. Seit 1935 – als Freiwilliger – militärisch ausgebildet, wurde Freisleben 1939 als Kanonier eingezogen. Doch schon 1941 leitete er eine Expedition in das zentrale Massiv des Balkan zur Sammlung von Sämereien im Auftrag des Reichsforschungsrates und des Oberkommandos der Wehrmacht (Amt Wissenschaft). 1942 führte der Kriegsverwaltungsrat eine Exkursion nach Griechenland durch, wo er nach schädlingsresistenten Getreidesorten suchte. Seine Karriere konnte Freisleben während des Dienstes in der Wehrmacht ungestört weiter vorantreiben. Zwar scheiterte eine Anstellung am Kaiser-Wilhelm-Institut Sofia, im April 1943 wurde er allerdings zum außerplanmäßigen Professor ernannt. Wenige Wochen später erhielt der Genetiker einen Ruf an die Universität Würzburg. Doch bevor er die Stelle antreten konnte, starb Rudolf Freisleben nach kurzer Krankheit im Lazarett Dresden, so der Nachruf, »an den Folgen einer im Felde davongetragenen Krankheit«.[795]

Frauen: Das nicht ausgeschöpfte Potenzial

Wie auch an anderen Universitäten, wurde in Halle die eine Hälfte des wissenschaftlichen Potenzials vorsätzlich und sträflich vernachlässigt. Frauen gelang es kaum, Assistentenstellen zu erhalten. Auch die Facharztausbildung, sieht man vom Gebiet der Kinderheilkunde ab, blieb Frauen in Halle meist versagt. Zunächst lag das jedoch nicht unbedingt an der Universität selbst, sondern an tradierten Verhaltensweisen und ökonomischen Zwängen. Es war für Mädchen ohnehin schwieriger, das Abitur zu erlangen. Erst seit 1894 gab es in Preußen Schulen, an denen Mädchen die Hochschulreife erlangen konnten.[796] Nachdem zumindest das Schulsystem der Weimarer Republik eine Gleichstellung ermöglichte, blieb ein Studium für Kinder aus Arbeiter- oder Handwerkerfamilien nur schwer erschwinglich. Auch Rechtsanwälte, Ärzte oder Lehrer konnten nicht alle Kinder studieren lassen. Und wenn Kinder dieser Familien studierten, waren es zunächst die Söhne, denen eine gute Ausbildung gewährt werden sollte.[797]
In Halle lag der Frauenanteil zur Zeit der Weimarer Republik je nach Fachrichtung zwischen ca. zwei (Theologie) und ca. zwanzig Prozent (Philologie, Geschichte). Die Medizinischen Fächer kamen auf circa 15 Prozent Studentinnen. Insgesamt lag der Frauenanteil stets um 10 Prozent. Daran änderte auch der Numerus clausus für weibliche Abiturientinnen nichts, der im Dezember 1933 verkündet wurde. Es blieb durchgängig bei einem Frauenanteil von etwa 10 Prozent, der sich erst während des Krieges auf etwa ein Viertel erhöhte.[798]
Beim Einschlagen einer wissenschaftlichen Karriere wirkte ebenfalls der soziale Selektionsmechanismus. Zwar war ab ca. 1920 an allen deutschen Hochschulen die Habilitation für Frauen theoretisch möglich, Assistentenstellen erhielten Frauen jedoch von den konservativ eingestellten Professoren nicht. Kamen sie nicht aus vermögenden Familien, blieb ihnen der Weg zur wissenschaftlichen Arbeit versperrt. In Halle wurde 1923 als erste Frau die Indologin Betty Heimann habilitiert, das Gezerre um den Vorgang beschrieb der Historiker Richard Fester rückblickend in einem Brief: »Zur Verhütung der Habilitation der Volljüdin Heimann wurde in der Fakultät beantragt, Privatdozentinnen prinzipiell nicht zuzulassen. Gegen diesen Antrag stimmte ich in Erwägung, dass kurz zuvor Rankes Enkelin Dr. Ermentrude von Ranke sich in Kiel habilitiert hatte. Als mir Kollege Voretzsch nach der Sitzung vorwarf, durch meine Stimme den Zweck des Antrags vereitelt zu haben, konnte ich nur sagen: Warum haben Sie mir das nicht vorher gesagt. Über Frl. Heimanns Habilitation war ich selbstverständlich entsetzt …«[799]
Abstrahiert man von dem skandalösen Statement scheint es so, als hätten die Ordinarien der Universität Halle nichts gegen den Aufstieg von Frauen gehabt. Trotzdem dauerte es bis in die vierziger Jahre, bis zwei Frauen zur Habilitation zugelassen wurden. Die Begründung dafür war in der Zeit des Nationalsozialismus ganz sicher in der Festlegung der Frau auf die Mutterrolle zu suchen. Der Aufstieg von Frauen in der Wissenschaft war ebensowenig vorgesehen wie in den anderen Berufen, Hitler legte das vor Vertretern der NS-Frauenschaft auf dem Nürnberger Parteitag 1934 unmissverständlich dar: »Wenn früher die liberalen intellektualistischen Frauenbewegungen in ihrem Programm viele, viele Punkte hatten, die ihren Ausgang von dem so genannten Geist nahmen, dann enthält das Programm unserer natio-

nalsozialistischen Frauenbewegung eigentlich nur einen einzigen Punkt, und dieser Punkt heißt: das Kind, dieses kleine Wesen, das werden und gedeihen soll, für das der ganze Lebenskampf ja überhaupt allein einen Sinn hat.«[800] Frauen waren in der Wissenschaft mithin nicht vorgesehen, die 1933 geschaffene Hürde des Dozentenlagers, zu dem nur Männer zugelassen wurden, tat ein Übriges. Hätte eine Frau also die Habilitation erreicht, wäre sie nur mit einer Ausnahmegenehmigung zur Dozentin zugelassen worden. Erst der Krieg, und damit der Wegfall der Institutionen Dozentenlager und -akademie, verbesserte die Lage.
Die beiden Frauen, deren Lebensläufe hier knapp skizziert werden sollen, waren die Ärztin Irene Dischreit und die Chemikerin Margot Goehring. Doch nur für eine der beiden, Goehring, ergab sich wirklich die Chance auf eine wissenschaftliche Karriere.
Irene Dischreit, Assistentin an den Medizinischen Kliniken in Leipzig und München suchte, merkwürdigerweise, in Halle um ihre Habilitation nach. Als Begründung gab Dischreit an, dass lediglich Emil Abderhalden ihre Arbeiten richtig einzuordnen wisse. Völlig abwegig war dies nicht, forschte Dischreit doch zur hormonellen Steuerung von Körperfunktionen bei juvenilen Ratten: Abderhalden galt als Kapazität für dieses noch weitgehend unerschlossene Gebiet. Die medizinische Fakultät der Universität Halle akzeptierte Dischreits Arbeit, war aber nicht bereit, sie in Halle als Dozentin zu akzeptieren. Entsprechend schwierig gestalteten sich die ab November 1942 geführten Verhandlungen mit dem Wissenschaftsministerium. Dekan Eckert-Möbius erkannte im Namen der Fakultät ein berechtigtes wissenschaftliches Interesse an, formulierte aber am 26. März 1943 eindeutig: »Ihre Dozentur ist hier nicht erwünscht.«[801] Als Begründung führte Eckert-Möbius an, dass es an der Universität keinen Mangel an Dozenten auf dem Gebiet der Medizin gäbe. Prinzipiell war das richtig, denn jeder Ordinarius hatte in der Erwartung, dass ein Großteil seiner Schüler als Militärärzte fallen würde, gewissermaßen »auf Vorrat« ausgebildet.[802] Die dringlichen Bitten der Universität um Uk-Stellung von Dozenten sprechen allerdings eine deutliche Sprache. Halle besaß zwar genügend Dozenten, für die Lehre waren sie jedoch nicht greifbar. Um so weniger nachvollziehbar erscheint die Abwertung Dischreits als Person, die Eckert-Möbius im selben Schreiben vom März 1943 betrieb: Man sei zu einer »ungünstigen Beurteilung ihres Charakters« gelangt, formulierte der Dekan.
Im Februar 1944 stand das Thema noch einmal an. Wieder wehrte sich Eckert-Möbius mit aller Macht gegen die Ernennung Dischreits zur Dozentin. »Höchstens«, so meinte er in einem Brief an das Wissenschaftsministerium, sei für Dischreit von Anfang an die Habilitation in Frage gekommen, nicht aber die Dozentur. Dass sie diese trotzdem anstrebe, sei die Folge der »brutal ehrgeizig würdelosen Grundeinstellung ihres Charakters«. Um dem Referenten im Wissenschaftsministerium die Situation vor Augen zu führen, referierte er ein Gespräch, dass er am 16. Dezember 1943 mit Dischreit gehabt hatte. Sie hätte an diesem Tag noch einmal die Bitte wiederholt, zur Dozentur zugelassen zu werden. Dann zitierte sich Eckert-Möbius selbst: »Ich habe meiner schriftlichen Antwort nichts hinzuzufügen. Wir halten Sie charakterlich nicht geeignet zur Dozentin, wir wollen sie nicht! Genügt ihnen das nicht?« Als Dischreit erneut versuchte, ihn umzustimmen, verließ Eckert-Möbius das Zimmer. In dem Brief für das Wissenschaftsministerium ließ er noch andere Töne mitschwingen: Er habe sich Dischreits »weiblicher Überredungskünste« zu entziehen versucht.[803]
Irene Dischreit erhielt auch nach dem Krieg keine ihren Fähigkeiten angemessene Stellung. Sie wurde zwar an der Chirurgischen Universitätsklinik Wien beschäftigt, ein Lehrstuhl blieb ihr aber versagt.[804]
Anders bei Margot Goehring. Geboren 1914, absolvierte die Tochter eines Angestellten in der Militärverwaltung 1933 das Abitur. Sie studierte in Halle und München Chemie, Physik

und Mineralogie und legte 1936 das Verbandsexamen als Chemikerin ab. 1937 erhielt sie eine Stelle als außerplanmäßige Assistentin im Chemischen Institut und widmete sich Problemen der präparativen anorganischen Chemie. 1939 promoviert, erhielt sie, auf Betreiben Karl Zieglers, 1941 eine planmäßige Assistentenstelle. Im Januar 1944 habilitierte sie sich mit einer Arbeit über die Sulfoxylsäure und folgte damit ihrem Mentor Hellmuth Stamm, der sich ebenfalls mit Schwefelverbindungen befasste. Das Koreferat zur Arbeit verfasste Karl Ziegler, der auch sofort den Wunsch nach einer Dozentur für Goehring äußerte. Rektor Weigelt unterstützte den Plan vehement. Am 13. März 1944 schrieb er nach Berlin: »Es handelt sich um einen sehr klaren Kopf mit ausgezeichneter wissenschaftlicher Begabung. Die Dozenturfähigkeit steht außer Zweifel.«[805] Einwände des Gaudozentenführers, der die Dozentur einer Frau nur ausnahmsweise und nur für die Kriegszeit zulassen wollte – zumal Goehring nicht der NSDAP angehörte – wurden beiseite gewischt.[806] Da weitere Voraussetzungen für die Erlangung der Dozentur nicht erbracht werden mussten, wurde Goehring schon im April 1944 Dozentin.[807] Mehrfach vertrat sie Karl Ziegler in Vorlesungen, auch ihre eigenen Forschungen konnte sie vorantreiben. Im Rahmen der so genannten »Osenbergaktion« – der »Sicherstellung« von Wissenschaftlern für die Nachkriegszeit – erhielt sie formal sogar einen Rüstungsauftrag zur Herstellung von Asbest für Gasmaskenfilter.[808]
Im Juni 1945 wurde Goehring deshalb mit dem »Abderhaldentransport« in die amerikanische Besatzungszone deportiert. Nach kurzen Befragungen, die ergaben, dass sie weder über Atomspaltung noch Raketentechnik gearbeitet hatte, stellte man es Goehring frei, wieder ihrem Beruf nachzugehen. Schon im Januar 1946 war sie in Heidelberg tätig und baute dort den Unterricht in anorganischer Chemie auf. Eine Berufung nach Halle scheiterte an der Bürokratie der Verwaltung für Volksbildung, obwohl sich Dekan Brandt vehement für Goehring einsetzte. Sie sei eine »akademische Nachwuchskraft ersten Ranges« und dazu eine »sehr gute Rednerin, der zuzuhören ein Genuss ist.«[809] Allerdings war weder die Stadt in der Lage, Goehring eine Wohnung zu stellen oder ihr zu ihrem beschlagnahmten Mobiliar zu verhelfen, noch konnten sich die sowjetischen Behörden eindeutig festlegen, ob ihr die Rückkehr erlaubt sei oder nicht.[810]
Die badische Landesregierung erkannte die Qualität der Dozentin jedoch rasch und ernannte Goehring 1947 zur planmäßigen, also besoldeten, außerordentlichen Professorin. Eine Rückkehr in die sowjetische Besatzungszone kam damit nicht in Frage, politische Gründe taten ein Übriges.[811] 1959 wurde sie zur ordentlichen Professorin für anorganische und analytische Chemie ernannt, Rufe an andere Hochschulen lehnte sie ab. Von 1966 bis 1968 amtierte Margot Becke(-Goehring) als Rektorin der Universität Heidelberg, von 1969 bis 1979 leitete sie das Gmelin-Institut für Anorganische Chemie der Max-Planck-Gesellschaft in Frankfurt am Main. Außerdem war sie Vorsitzende des wissenschaftlichen Rates der Max-Planck-Gesellschaft und Mitglied des Aufsichtsrates der Bayer A. G. Darüber hinaus gehört die heute in Heidelberg lebende Wissenschaftlerin mehreren wissenschaftlichen Akademien, unter anderem der Akademie der Naturforscher Leopoldina, an.
Wie viele wissenschaftliche Karrieren jedoch durch die Mischung aus konservativer Beharrlichkeit und nationalsozialistischer Rollenzuweisung verhindert wurden, ist nicht abschätzbar. Doch schon der enorme Mangel an wissenschaftlichem Personal hätte eine Revision dieser ideologischen Prämissen zur Folge haben müssen.

5 Agieren in der Diktatur

5.1 Die nationalsozialistische Durchdringung des Lehrkörpers

Die Säuberungen des Lehrkörpers und sein Neuaufbau unter nationalsozialistischem Vorzeichen hatten seine Zusammensetzung gründlich verändert. Die Durchsetzung mit Nationalsozialisten war erheblich, völlig gelang sie jedoch nicht, wie einige statistische Angaben verdeutlichen. Grundlage für diese Übersichten waren die im Rahmen dieser Arbeit angefertigten Kurzbiographien von sämtlichen Angehörigen des Lehrkörpers zwischen 1933 und 1945. Versucht wurde dabei, die Zugehörigkeit der Professoren, Dozenten und Lehrbeauftragten zu politischen Parteien bzw. zu den Gliederungen der NSDAP zu ermitteln. Bei drei von 415 Personen ist das nicht gelungen. Möglich ist auch, dass Angaben fehlerhaft sind, da die Kartei des Berlin Document Center, also die ehemalige Mitgliederkartei der NSDAP, nicht vollständig ist.[812] Reduziert man die 415 Gelehrtenbiographien auf zwei Aspekte – Parteimitgliedschaft und Karrierestufe – ergeben sich für die Zeit von 1933 bis 1945 folgende Verhältnisse.

221 Lehrende waren nach diesen Angaben Mitglied der NSDAP, 191 waren es nicht. Insgesamt gehörten also 53 % der NSDAP an.[813]

Von den 415 Professoren, Dozenten und Lehrbeauftragten der Universität in der Zeit des Nationalsozialismus können 147 als »arriviert« bezeichnet werden. Sie hatten die höchste für sie mögliche Karrierestufe erreicht, ordentliche Professoren oder außerordentliche Professoren mit eigenen Kliniken gehören in diese Kategorie. Nicht jedoch die zahlreichen Extraordinarien der Universität oder angestellte Chefärzte. Die Zahl der »Nichtarrivierten« kann mit 268 angegeben werden, was einem Verhältnis von etwa 1 zu 2 entspricht. Dieses Verhältnis spiegelt sich jedoch nicht bei der Zugehörigkeit zur NSDAP wieder. Von den 147 als »arriviert« eingestuften, traten 31 der NSDAP bei, 116 nicht. Von denen, die eine befriedigende Position im akademischen Betrieb erreicht hatten, trat also nur ein Fünftel (21 %) der NSDAP bei. Bei den »Nichtarrivierten« war das Verhältnis ein signifikant anderes. Von diesen 268 Nichtordinarien, Dozenten und Lehrbeauftragten erklärten mindestens 192 (71,6 %) ihren Beitritt zur NSDAP.

Übersicht: NSDAP-Mitgliedschaft des Lehrkörpers

Lehrende an der Martin-Luther-Universität 1933–1945

Lehrende		davon NSDAP	nicht NSDAP	nicht ermittelt
gesamt	415	221 (53 %)	192 (46,3 %)	3 (0,7 %)
arriviert	147	31 (21 %)	117 (79,6 %)	-
nicht arriviert	268	197 (71,6 %)	74 (27,6 %)	3 (1,1 %)

Anmerkung: Angaben über 100 % entstanden durch Rundungsdifferenzen.

Da diese Angaben für die gesamte Zeit des Nationalsozialismus errechnet wurden, ist ihre Aussagekraft begrenzt. Ein deutlicheres Bild zeigen statistische Berechnungen für das Sommersemester 1939.[814] Jetzt, nach der Verdrängung aller jüdischen und mit jüdischen Frauen verheirateten Hochschullehrer, nach den politischen Säuberungen und dem Beginn der »Rosenberg-Politik«, gehörten von 189 Professoren und Dozenten 112, also 59,2 % der NSDAP

an. Von den 76 Ordinarien oder Emeriti waren es jedoch nur 18, also 23,6 %. Die Mitgliedschaft in der NSDAP war also, wie auch die Übersicht für die Jahre 1933 bis 1945 belegte, in erster Linie wichtig für diejenigen, die noch Karriereschritte vor sich hatten.
Noch eine andere Aussage scheint wesentlich. Im Sommersemester 1939 waren von den 113, die noch nicht arriviert waren oder ihren Lehrstuhl nach 1933 erhalten hatten, 94 bzw. 83,2 % Mitglied der NSDAP.
Auf die einzelnen Fakultäten bezogen, wurden für 1939 folgende Zahlen berechnet, jeweils für Arrivierte und Nichtarrivierte gemeinsam. Von den 23 Professoren und Dozenten der Theologischen Fakultät waren sieben Mitglied der NSDAP (30,4 %). In der Rechts- und Staatswissenschaftlichen Fakultät waren es 14 von 19 (73,7 %). In der Medizinischen Fakultät lag der Prozentsatz darunter. Von 55 Lehrenden gehörten 36 der NSDAP an (65,4 %). In der Philosophischen Fakultät waren es weniger als die Hälfte der Professoren und Dozenten, 21 von 44 (47,7 %). Höher lag der Prozentsatz wieder in der Naturwissenschaftlichen Fakultät, hier gehörten von den 48 Lehrenden 34 der NSDAP an (70,1 %).
Für das Jahr 1945 ergibt sich ein ähnliches Bild. Im Januar 1945 gehörten von den 195 Angehörigen des Lehrkörpers, soweit bekannt, nur 61 nicht der NSDAP an. Zwei Drittel aller Professoren und Dozenten der Martin-Luther-Universität waren also Mitglied der Partei.[815] Von den 20 Mitgliedern der Theologischen Fakultät waren es sieben. Von den 23 im Vorlesungsverzeichnis aufgeführten Professoren und Dozenten der Rechts- und Staatswissenschaftlichen Fakultät gehörten 16 der NSDAP an. Unter den 59 Lehrkräften der Medizinischen Fakultät waren 48 NSDAP-Mitglieder. Die Philosophische Fakultät hatte noch 36 Lehrende, davon waren 21 Mitglied der Partei. Die Naturwissenschaftliche Fakultät zählte 57 Mitglieder, mindestens 41 gehörten der NSDAP an.[816] Der »Durchdringungsgrad« wäre also mit 35 % für die Theologische Fakultät am niedrigsten anzusetzen, am höchsten wäre er in der Medizinischen Fakultät mit mehr als 80 % gewesen. Etwa 70 % hätte er in der Naturwissenschaftlichen und der Rechts- und Staatswissenschaftlichen Fakultät betragen und immerhin 58 % in der Philosophischen Fakultät.
Soweit bekannt, eine Statistik für das Deutsche Reich existiert nicht, entsprechen diese Prozentsätze in etwa denen anderer Universitäten. Abweichungen gibt es lediglich für die Theologische Fakultät, hier lag die hallische Universität deutlich unter dem Durchschnitt.[817]
Sind diese Angaben lediglich Zahlenspielerei, oder kommt ihnen Bedeutung zu? Im Vorwort zum Mitgliedsbuch der NSDAP heißt es: »Parteigenosse, vergiss niemals und an keiner Stelle, dass Du Vertreter und Repräsentant der nationalsozialistischen Bewegung, ja unserer Weltanschauung bist!«[818] Jedoch nicht alle Parteimitglieder erwiesen sich tatsächlich als »Repräsentanten« des Regimes, schon gar nicht als rückhaltlose Befürworter der nationalsozialistischen Weltanschauung. Es hat desillusionierte Idealisten gegeben, Professoren, die den Weg in den Widerstand fanden, oder auch karrieristische Mitläufer, die das Parteibuch als Vehikel für den Aufstieg benutzten, aber mühelos im Stande waren, nach 1945 ideologische Positionen zu wechseln. Trotzdem kann die Mitgliedschaft in der NSDAP zunächst einmal als besondere Loyalität gegenüber dem Regime gedeutet werden. Die hohe Durchdringung der Naturwissenschaftlichen Fakultät mit Nationalsozialisten dürfte durchaus mit ihrer unbedingten Integration in die Kriegführung des NS-Regimes in Verbindung zu bringen sein.
Auch auf Lehrinhalte wirkten sich politische Überzeugungen aus, wie an den durch die »Rosenberg-Politik« an die Universität geholten Professoren bereits gezeigt wurde. Aber auch die anderen, regulär berufenen Professoren agierten als Nationalsozialisten. Die Fälle Gerhard Schrader und Wilhelm Wagner haben das gezeigt. Zu denen die auch die Lehrinhalte

nach der nationalsozialistischen Ideologie ausrichteten, gehörte der Pädagoge Wilhelm Hehlmann. 1930 in Halle habilitiert, erhielt er 1935 einen Lehrauftrag für Jugendkunde. Außerdem war er Verfasser eines häufig genutzten pädagogischen Wörterbuches.[819] 1933 trat er in die NSDAP ein, in der NS-Kulturgemeinde amtierte er als Blockwart. An der Universität war er Vertrauensmann der Dozentenschaft seit 1933 und wurde 1936 Mitglied des Senats. Er vertrat den Gaudozentenführer und arbeitete in der Gauleitung der NSDAP als Hauptstellenleiter für Erziehung. Er war Mitarbeiter des Lektorates des Rassepolitischen Amtes in der Reichsleitung der NSDAP und ab 1938 auch der Parteiamtlichen Prüfungskommission zum Schutze des NS-Schrifttums. Im Reichsleistungswettkampf betreute Hehlmann studentische Arbeiten über die »Verschwörung der Freimaurer« und den »nordischen Menschen in der nationalsozialistischen Erziehung«.[820] Wie er diese Erziehung begriff, legte er in einer Rede vor den Mitgliedern des Dozentenbundes am 15. Februar 1940 dar. Haltung gelte es zu erzeugen, die sich »dem deutschen Volk« und »seinem Führer« verpflichtet wisse. »Menschenformung« könne und müsse geleistet werden, »rassische Qualitäten« vorausgesetzt. Denn »Haltung« sei, so Hehlmann »eine Zuchtform, in der hochwertiges Rassentum zu geschichtlichen Leistungen« aufsteige.[821]

Nur gegen den Willen der Philosophischen Fakultät kam 1938 der Geologe und Vorgeschichtler Julius Andree nach Halle. Er hatte im Auftrag Heinrich Himmlers an den Externsteinen gegraben, war aber in Münster, wo er habilitiert wurde, äußerst unbeliebt. Die Abneigung der Kollegen war nicht grundlos, hatte man den Parteigenossen von 1932 doch 1934 zu drei Monaten Gefängnis wegen »falscher Anschuldigung« verurteilen müssen. Auch später ließ er das Denunzieren nicht, so dass ihm die Anstellung an der Universität gekündigt wurde. Nach dem Abschluss der Grabungen suchte man nach einer Universität, die den bei der Partei, aber sonst nirgends gut angeschriebenen Gelehrten aufnehmen würde. Halles Rektor Weigelt erbarmte sich, trotz des Protestes seines Prorektors Walther Schulz. Auf einen Lehrstuhl habe Andree zwar keine Aussicht, seine Arbeiten seien aber »unzweifelhaft gut«, meinte Weigelt und verschaffte Andree Anstellung und Büro in Halle. Zugeordnet wurde er der Naturwissenschaftlichen Fakultät.

Wes Geistes Kind Andree war, wurde 1939 offenbar, als er eine Anforderung von Lehrmaterial für die »Urgeschichte« anforderte. Der Vorgeschichtler bat um Geldmittel für den Aufbau einer Vorlesungssammlung, Übungssammlung, Lichtbildsammlung und einer »anthropologischen Sammlung«. Denn, so Andree: »Ohne genügende Kenntnisse der urgeschichtlichen Rassen ist das Studium der Urgeschichte zwecklos.« Es müssten daher »Gipsabgüsse aller wichtigen menschlichen Überreste aus urgeschichtlicher Zeit beschafft werden.«[822] Da Andree auch beim Amt Rosenberg einen guten Stand hatte, gelang die Beschaffung dieser Mittel problemlos.

Im August 1932 trat Heinrich Schole in die NSDAP ein. Der 1922 in Königsberg habilitierte Psychologe widmete sich nach Angabe eines ehemaligen Schülers bereits seit 1922 der Verbreitung »revolutionären Gedankengutes« nach einem »Programm der völkischen und sozialen Neugestaltung«. Als einer der »ersten Vorkämpfer für einen nationalen Sozialismus und für rassische und völkische Wiedergeburt des deutschen Volkes« hätte er eine »Weltanschauungslehre« entwickelt, die »an Gobineau, Woltmann, Chamberlain, Nietzsche u. a. anknüpfend, konsequent auf der Basis nordisch-arischen Denkens aufgebaut war.« Das hätte zu »stetiger Auseinandersetzung mit liberalistischen, marxistischen, jüdischen und klerikalen Gegnern« geführt.[823]

In Königsberg entzog man Schole den Lehrauftrag, Göttingen akzeptierte ihn jedoch als Privatdozenten und erlaubte 1931 seine Umhabilitierung. 1933 sorgte man für seine Ernennung

151

zum nichtbeamteten außerordentlichen Professor. 1935/36 vertrat er den nach der Entlassung Adhémar Gelbs vakanten Lehrstuhl in Halle. Aufgefordert, zu Schole Stellung zu nehmen, hielt sich Dekan Walther Holtzmann nicht zurück. Nach einer vernichtenden Beurteilung der Lehrtätigkeit Scholes kam Holtzmann auf seinen »ungünstigen Eindruck von dem Charakter Scholes« zu sprechen. Bei aller Anerkennung des Kampfes, den Schole früher während der »Systemzeit« in Königsberg geführt hätte, berühre es »doch eigentümlich«, dass er in den drei Jahren seit dem Umbruch keine Gelegenheit gefunden habe, seine Schrift »Grundsätzliches zur Frage einer politischen Ethik« drucken zu lassen. Holtzmann: »So entzieht sich sein Gerede, dass er ein Kämpfer für die nationalsozialistische Weltanschauung sei, völlig der Kontrolle.« Ein »ehrlicher Kämpfer, der offen für seine Überzeugung eintritt«, werde stets willkommen sein, aber einen Mann, der wie Schole »wohl im Gefühl der eigenen fachlichen Unzulänglichkeit« intrigiere, müsse er »entschieden ablehnen.«[824] Damit war der Nationalsozialist für Halle unmöglich, Schole fand schließlich eine Anstellung in Greifswald, wo er sich – vermutlich – 1945 selbst tötete, um sich der Verhaftung zu entziehen.[825]

An der Medizinischen Fakultät nahmen alle Professoren, die der NSDAP angehörten, Nebenämter in der Partei (meist in den Rasse- und Gesundheitsämtern) oder bei Erbgesundheitsgerichten wahr. Der 1937 aus der Universitätsnervenklinik verdrängte Psychiater Karl Pönitz leitete die Abteilung Erb- und Rassenhygiene im städtischen Gesundheitsamt.[826] An der Universitätsfrauenklinik wurden durch den Ordinarius Ludwig Nürnberger, seit 1938 Mitglied der NSDAP, und seine Mitarbeiter allein bis 1937 über 1 000 Menschen auf Grund der Bestimmungen des Erbgesundheitsgesetzes unfruchtbar gemacht.[827] Nürnberger nahm einen großen Teil der Sterilisierungen selbst vor, wie er in einem Schreiben an den Dekan der Medizinischen Fakultät versicherte.[828] Der Leiter der Landesheil- und Pflegeanstalt Bernburg Willi Enke, außerordentlicher Professor der Medizinischen Fakultät, füllte die Fragebögen für die ihm anvertrauten geistig Kranken widerspruchslos aus. Sie wurden ebenso Opfer des so genannten »Euthanasie-Programms« wie die aus der von Karl Pönitz beaufsichtigten Landesheilanstalt Altscherbitz.[829]

Sicher waren die Professoren und Dozenten der Medizinischen Fakultät überzeugt von dem was sie taten. Für ihren ausgeprägten Konformismus dürfte aber ebenso entscheidend gewesen sein, dass die finanziellen Einbußen bei einem Verlust des Lehrstuhles immens gewesen wären. Die ausgedehnte Privatpraxis der Klinikleiter[830] ermöglichte aus der »freiberuflichen« Tätigkeit ein Einkommen bis zum Zehnfachen des Ordinariengehaltes. Auch die außerordentlichen Professoren und die in Assistentenstellung Beschäftigten erhielten ansehnliche Honorare.[831]

Es gab aber unter den Professoren, die in die NSDAP eintraten, auch solche, die nicht als Nationalsozialisten agierten. 1940 trat Kurt Galling in die NSDAP ein, nachdem dem Theologen von Gaudozentenführer Wagner bedeutet wurde, dass es er niemals eine ordentliche Professur erhalten würde, wenn er nicht Mitglied der Partei wäre. Galling hatte vier Kinder, eines davon war behindert. Was sollte Galling also tun? Zumal zu einer Zeit als Geisteskranke und »Krüppel« ermordet wurden? Galling gab den Aufnahmeantrag ab, war jedoch, da zur Wehrmacht einberufen, in der NSDAP nicht aktiv.[832] Dass Galling kein überzeugter Nationalsozialist gewesen ist, wird auch aus einer Rede ersichtlich, die er 1947 in Mainz – wohin er 1946 berufen worden war – hielt. Galling sprach über »Das Bild vom Menschen in biblischer Sicht« und referierte dabei über Schuld, Sühne und Sünde. Er forderte »vertieftes Nachdenken« und wandte sich gegen ein Menschenbild das von »Nihilismus und Egoismus« gekennzeichnet sei. Denn ein solches Menschenbild hätte »Humanität« nicht mehr als bindend anzuerkennen vermocht und damit in die »deutsche Katastrophe«

geführt.[833] Aus heutiger Sicht ist dieses Eingeständnis nicht beeindruckend, doch klarer äußerte man sich 1947 selten.

Der außerordentliche Professor der Biologie Wilhelm Ludwig hielt bis in die Kriegszeit freundschaftliche Kontakte zu Juden aufrecht und unterstützte eine jüdische Witwe finanziell, bis diese 1942 nach Lublin deportiert wurde. Auch sonst war Ludwig wenig angepasst. Eine Teilnahme an einem Dozentenlager verweigerte der Kustos des zoologischen Museums mit der Begründung, dass er ja schon seit 1930 habilitiert sei. Wissenschaftlich verstand er sich als Lamarckist, er lancierte eine Rezension über das Buch eines emigrierten Juden in einer wissenschaftlichen Zeitung, in Aufsätzen zitierte er Emigranten und sowjetische Wissenschaftler. Bei einem Vortrag im Naturwissenschaftlichen Verein Halle mokierte er sich über einen offenbar unsinnigen Artikel in der SS-Zeitschrift »Schwarzes Korps«. Trotz vehementer Fürsprache des Ordinarius für Biologie, Wolfgang von Buddenbrock-Hettersdorf, lehnte Rektor Weigelt 1937 die Ernennung Ludwigs zum nichtbeamteten außerordentlichen Professor ab. Grund war der Einspruch der Dozentenschaft, dem sich Weigelt, so bedauerte er selbst, »nicht entziehen« konnte. Professor wurde Ludwig schließlich auf Betreiben des Wissenschaftsministeriums, das sich 1939 über die hallischen Einwände hinwegsetzte. Formal gab es auch keinen Grund mehr, an Ludwigs Loyalität zu zweifeln, Ludwig war 1937 der NSDAP beigetreten.[834]

Irritierend war das Verhalten der Zahnärzte Hans und Otto Heinroth. Sie waren Parteimitglieder und gaben sich loyal, konform verhielten sie sich aber scheinbar trotzdem nicht. Hans Heinroth wurde 1928 zum persönlichen Ordinarius und zum Direktor des Zahnärztlichen Instituts ernannt.[835] Im April 1933 unterzeichnete er einen Aufruf für Hitler und trat der NSDAP bei.[836] Nicht ins typische Bild des hallischen Professors passt jedoch schon Hans Heinroths katholische, in Agram geborene Frau. Mit ihrem Mann versteckte sie im gemeinsamen Haus eine geflohene jugoslawische Zwangsarbeiterin und bewahrte sie damit, so konstatierte der Antifa-Ausschuss 1945, »vor dem Lager«.[837] Der ältere Bruder Otto Heinroth leitete die Privatpraxis der beiden und wurde erst 1934 zum außerordentlichen Professor ernannt. In die NSDAP wurde er 1935 aufgenommen, außerdem war er Angehöriger des SA-Fliegersturms.[838] Beide Heinroths hielten ihre Freundschaft zu dem Pharmakologen Martin Kochmann aufrecht, als dieser 1935 zwangspensioniert wurde. Mit ihm hatten sie gemeinsam wissenschaftliche Arbeiten verfasst, als er in finanzielle Schwierigkeiten geriet, liehen sie ihm Geld.[839] Finanziell unterstützten die Heinroths auch den jüdischen Kapellmeister Hans Epstein, den sie nach 1933 als Hilfsarbeiter in ihrer Klinik beschäftigten. Epstein wurde verhaftet, die Heinroths gaben ihm Geld, als er nach viermonatiger Haft wieder freikam. Nachdem Epstein 1945 aus dem Konzentrationslager nach Halle zurückkehrte, nahmen sich die Heinroths erneut seiner an.[840] Otto Heinroth fand anlässlich der Entnazifizierung 1945 auch Kommunisten, die für ihn gutsagten. Er hatte seit Anfang der 30er Jahre – und über das Jahr 1933 hinaus – stets Geld für kommunistische politische Gefangene gespendet. Otto Heinroth kümmerte sich auch um die Familie eines kommunistischen Arztes, als dieser – wegen eines Schwangerschaftsabbruches – 1936/37 1 Jahr und 4 Monate Strafe zu verbüßen hatte.[841]

Auch der 1937 emeritierte Leiter der Chirurgischen Klinik Friedrich Voelcker trat im März 1933 der NSDAP bei, wie er 1936 schrieb, »aus innerster Überzeugung, Begeisterung und freier Entschließung«. 1934 verließ er jedoch die Partei wieder, als Begründung gab er Arbeitsüberlastung an.[842] Der wirkliche Grund war das nicht, Voelcker war von der Korruption der örtlichen Parteifunktionäre enttäuscht, die nationalsozialistische Judenpolitik lehnte er ab. Ein Schreiben der Studentenschaft von 31. Januar 1936 macht deutlich, dass er in seiner

Friedrich Voelcker, Chirurg. Seit 1933 Parteimitglied, trat er 1934 desillusioniert aus der NSDAP aus.

Klinik Nationalsozialisten entgegen trat. Studentenschaftsleiter Hans Stolze und Fachschaftsleiter Hermann Böhm stießen bei dem Versuch, Praktikanten aus der Klinik zu entfernen, auf Ablehnung. »Er gab uns nicht das Recht«, so schrieben die Studentenfunktionäre, »Juden und faule Elemente zugunsten nationalsozialistischer Studenten vom Famulieren auszuschließen, bezw. zurückzustellen.« Im selben Jahr spendete Voelcker 5 000 Mark zur Unterstützung verfolgter Juden, als Grund gab er 1947 in seinem Entnazifizierungsfragebogen an: »Ein Gefühl tiefer Scham über die grausame Behandlung wehrloser unschuldiger Menschen hatte mich dazu veranlasst.«[843]

Am 13. Januar 1947 schrieb Lola Hahn (geb. Warburg) aus England an Friedrich Voelcker um ihn in seinem Entnazifizierungsverfahren zu unterstützen (zeitgenössische Übersetzung).

Lieber Herr Professor Voelcker!

Ich kann Ihnen nicht sagen, wie gerührt ich war, als ich Ihre Handschrift sah und wusste, dass Sie in Sicherheit und am Leben sind trotz des vielen, das sie durchgemacht haben mögen. Ich erinnere mich mit großer Freude an die Zeit, als Sie mein Arzt waren und mit unendlicher Sorgfalt und Liebe für mein Wohlergehen sorgten. Ich erinnere mich auch und habe oft hier erzählt, dass es immer echte Deutsche mit hervorragenden Charaktereigenschaften gegeben hat und noch gibt, wie z.B. Sie selbst. Die Tatsache, dass Sie in unser Haus in Wannsee kamen – soweit ich mich erinnere im Jahre 1936 – und mir 5 000 RM übergaben für das jüdische Hilfswerk meiner Glaubensgenossen ist vielen bekannt, und ich werde es nie vergessen. Sie gaben mir das Geld mit Tränen in Ihren Augen in dem Gefühl, dass es nur so wenig war, was sie tun konnten, um zu beweisen, dass Sie es als Schande empfanden, was unter dem Hitlerregime in Deutschland gegen die Juden geschah ...

Quelle: UAH PA 16427 Voelcker.

Nach dem Gesagten scheint es daher nicht möglich, allein die Mitgliedschaft in der NSDAP als Kriterium für ein entsprechendes Verhalten zu nehmen. Zumal es auch Wissenschaftler gab, die der Partei nicht angehörten, und trotzdem überzeugte Nationalsozialisten waren. Für Halle könnte man hier ohne weiteres den Betriebswirt Peter Beham und den Arzt Willi Schultz anführen. Beham begann seine akademische Karriere mit Unterstützung des Benediktinerordens, später trat er aus der katholischen Kirche aus und in die SS ein. Hier war er Referent bei der Reichsführung SS, danach hielt er Vorträge im Auftrag der mit der »Entjudung« der deutschen Wirtschaft befassten Reichskammer der Wirtschaftstreuhänder, seine Lehrprobe hielt der 1939 in Jena Habilitierte 1943 in Halle zum Thema »Die Entwicklung des betrieblichen Rechnungswesens von einem Instrument der privaten Wirtschaft zu einem Lenkungsmittel des Staates«.[844] Ebensowenig wie Beham gehörte der Gynäkologe Willi Schultz der NSDAP an. Schultz trat am 1. September 1933 in die SS ein, als Assistenz- und später als Oberarzt an der Universitätsfrauenklinik Halle führte er Sterilisierungen aus eugenischen Gründen durch, von 1943 bis 1945 war er Direktor der Universitätsfrauenklinik Posen.[845]

Dass es auch unter jenen Professoren, die nicht Mitglied der NSDAP waren oder keiner Gliederung der Partei angehörten, welche gab, die die Politik des Regimes verteidigen, zeigt das Auftreten des Theologen Ernst Barnikol. Bis 1930 gehörte er der Deutschen Demokratischen Partei an. 1933 wurde er mit einer Geldstrafe wegen »groben Unfugs« belegt, da er eine Frau, die in der Kirche mit »Heil Hitler!« grüßte, zurechtgewiesen hatte.[846] Doch 1938 nannte er den Theologen Karl Barth, der sich mit der bedrohten Tschechoslowakei solidarisierte, einen »hemmungslosen Kriegstheologen und antideutschen Agitator«.[847]

Der Zoologe Erich Menner denunzierte einen Mitarbeiter des Geologischen Instituts. Der Hilfslaborant hatte ihn barsch hinausgewiesen, als er für das Winterhilfswerk sammelte. Menner hielt die »Meldung« für seine Pflicht, da er das Verhalten gegenüber einem durch Uniform, rote Sammelbüchse und Schachtel mit Abzeichen deutlich erkennbaren Sammler für das WHW »geradezu unverständlich« fand. Der Hilfslaborant wurde entlassen.[848]

Eine in den Augen seiner Zeitgenossen dubiose Figur war der Dozent der Medizinischen Fakultät Georg Hinsche. Den Beitritt zur NSDAP lehnte er ab. Ein Blick in seine Personalakte verrät, dass er wegen seiner ablehnenden Haltung zum Nationalsozialismus einem erheblichen Druck ausgesetzt war. Da er aber hauptamtlich als Lehrer in den Franckeschen Stiftungen arbeitete, war ihm sein wissenschaftliches Fortkommen wenn nicht gleichgültig, so doch zweitrangig. Auch privat fiel Hinsche auf, im April 1936 denunzierte ihn ein Blockleiter der NSDAP-Ortsgruppe. Der Parteifunktionär listete zahlreiche vermeintliche Verfehlungen Hinsches auf und stellte empört fest: »Das Unglaublichste aber ist, dass er am 29.3. gegen den Führer stimmte. Er hat auf seinen, seiner Frau und seines Hausmädchens Stimmzettel ›Nein‹ geschrieben.«[849] 1937 hetzte der cholerische Dozent seinen Schäferhund auf die Sammler vom Winterhilfswerk, 1938 wurde er erneut denunziert und mit anonymen Briefen belästigt. 1939 lud ihn die Gestapo wegen einer abfälligen Äußerung vor und verhörte ihn einen Tag lang. Das Bild vom aufrechten Mann verschwimmt jedoch. 1936 leitete er eine Studentengruppe, die zum Thema »Rasse und Gesundheitswesen« forschte. In ihrer Ferienarbeit erfassten die Studenten alle Schulkinder in Unterteutschenthal nach anthropometrischen und rassischen Gesichtspunkten. Als es 1939 um die Ernennung zu Dozenten neuer Ordnung ging, versicherte er Dozentenführer Wagner, dass er schon 1920 NSDAP gewählt habe.[850]

Konnte man es einem Hochschullehrer anmerken, wenn er nicht in der NSDAP war? In Anbetracht des erheblichen Drucks, der von den Studenten ausging und ja gelegentlich, wie etwa im Fall von Arthur Wegner, zu weitreichenden Konsequenzen führte, müsste die Frage eigentlich verneint werden. Viele vermieden eindeutige Positionierungen, taktierten oder zogen sich ganz auf ihre unpolitischen Forschungsfelder zurück. Für einige wenige Wissenschaftler ist jedoch nachweisbar, dass sie sich gegen herrschende Doktrinen zur Wehr setzten.[851] Der Zivilrechtler Wolfgang Hein etwa sprach sich wiederholt gegen das »Entscheiden nach ›gesundem Volksempfinden‹« aus und kennzeichnete die feste Form als »höherwertige Form des rechtlichen Ausdrucks«.[852]

Wie sehr Gegner der nationalsozialistischen Rassentheorie lavieren mussten, zeigt die Habilitationsschrift des Psychologen Albert Wellek, 1943 Lehrstuhlvertreter in Halle. Er widmete drei von 300 Seiten des Buches über die »Musikbegabung im deutschen Volke« vererbungspsychologischen und rassentheoretischen Gesichtspunkten. Immerhin läge eine rassentheoretische Deutung bei der festgestellten Vererbbarkeit der Musikalität nahe. Die von der Anthropologie benannten Rassenunterschiede innerhalb des deutschen Volkes ließen das zumindest vermuten. Weiterreichende Kombinationen stelle er aber zurück, »da statistisches Material über rassenmäßige Affinitäten unsrer Typen nicht aufgenommen wurde, überdies aber über Definition und Kriterien der fraglichen Rassetypen auch im Lager der Anthropologie z. Z. noch manche Uneinigkeit« bestehe. Im Anschluss an dieses scheinbare Ja sagte Wellek dann aber entschieden Nein zu den unhaltbaren Auslassungen eines Rassenforschers, der geäußert hatte, dass die Mehrstimmigkeit an sich eine Schöpfung der »nordischen Rasse« sei. Hier könnten wohl erst »streng empirische« Forschungen weiteren Aufschluss bringen.[853]

Eindeutig positionierte sich der Historiker Martin Lintzel in der Geschichtsdebatte über die Bewertung der Sachsenkriege Karls des Großen. Den Versuchen, aus dem Sachsenherzog Widukind einen Märtyrer und aus Karl einen »Sachsenschlächter« zu machen, trat er 1934 auf dem Philologentag in Trier entgegen. Lintzel schilderte die tatsächlich nachvollziehbaren Ereignisse und betonte, dass es »unmöglich« sei eine Stellungnahme »für oder wider« abzugeben. Die deutsche Geschichte sei bestimmt und gemacht worden »durch ein Spiel von Gegensätzen, von Polaritäten«, die durchaus »fruchtbar« gewesen seien und »alle am Werden« des deutschen Volkes mitgeschaffen hätten. In der Diskussion wandten sich zahlreiche Redner gegen diese sachliche Wertung, Lintzel beharrte jedoch in seinem Schlusswort darauf, dass man mit einer »einseitigen, primitiven Auffassung des Deutschtums« dem Mittelalter, dem »umfassenden Charakter der nationalen Geschichte« nicht gerecht werde. Die objektive Wissenschaft, so forderte der Historiker, müsse erhalten werden, weil sonst »romanhafte Umdeutungen« zustande kämen.[854] Für Lintzel hatte dies zunächst keine negativen Konsequenzen, durch eine für ihn günstige Konstellation im Wissenschaftsministerium erhielt der Privatdozent sogar ein planmäßiges Extraordinariat an der Universität Kiel. Hier jedoch entfachte die parteiamtliche Presse eine Hetzkampagne gegen ihn. Das Buch, das er inzwischen über Karl und Widukind verfasst hatte, bezeichnete ein Rezensent als ei-

ne »Spitzenleistung der Geschichtsfälschung«. Lintzel bat daher den Minister in einem Brief, ihn und sein Ansehen als Hochschullehrer »gegen derartige Anwürfe zu schützen.« Die Folge war, dass der Mediävist an die Universität Halle versetzt wurde.[855]
Weder die angeführten Beispiele, noch die erhobenen statistischen Angaben, zeigen ein eindeutiges Bild. Die Universität war stark durchsetzt mit Nationalsozialisten, vollständig gelang der Partei die Umformung zu einer Bildungs- und Forschungsstätte in ihrem Geist nicht. Das war aber aus Sicht der NSDAP und ihrer Vertreter an der Universität auch nicht entscheidend. Wichtig war die Besetzung der Schlüsselstellen mit Nationalsozialisten. An den übrigen Punkten waren Nationalsozialisten erwünscht, aber Loyalität reichte oft aus. Es ging um das Funktionieren der Universität, vor allem um ihre Nutzbarkeit im Kriegsfall. An einigen Beispielen soll jedoch gezeigt werden, dass sich die Universität auch schon vor 1939 positionieren musste. Deutlich wurde das bei dem Kampf gegen die Schließung der Universität oder im Kirchenkampf. Die Reden zu Ehren Martin Luthers zeigen die Einflüsse der NS-Ideologie ebenso wie die rigorose Handhabung der Bestimmungen zur Aberkennung von akademischen Graden. Gefragt werden musste auch, ob sich die Universität an jüdischem Eigentum bereicherte, ein Abschnitt über die Grundstücksgeschäfte der Universität durfte daher nicht fehlen. In wieweit die Universität als »Betrieb« im Geiste der nationalsozialistischen Volksgemeinschaft umgestaltet oder nicht umgestaltet wurde, wird im letzten Abschnitt dieses Kapitels behandelt.

5.2 Schließung der Universität? Rosenberg-Universität?

Schließungspläne I

Sinkende Studentenzahlen, fallendes Niveau auf den Stand einer Provinzhochschule, Nichtwiederbesetzung von Lehrstühlen, dann 1944 die Schließung der Theologischen Fakultät, all diese Fakten wurden herangezogen, um den nationalsozialistischen Wissenschaftspolitikern mögliche Schließungspläne zu unterstellen. Nach dem »Endsieg« hätte diese Maßnahme sogar festgestanden, wurde gelegentlich geäußert.[856] Dieses Bild muss nach Einsicht in die Akten korrigiert werden, ganz falsch ist es jedoch nicht. Das nationalsozialistische Deutschland sah die Universitäten vorwiegend als Lehr- und Ausbildungsstätten, Forschung wurde systematisch in Großinstituten und riesigen außeruniversitären Netzwerken – etwa der Kaiser-Wilhelm-Gesellschaft – konzentriert.[857] Die zyklische Bewegung auf dem Arbeitsmarkt für Akademiker am Ende der 20er Jahre, geprägt von einem massiven Überangebot von Ärzten und Rechtsanwälten, aber auch Studienräten, tat ein Übriges. Die Zahl der Studenten und damit auch der Universitäten wurde bei den nationalsozialistischen Bildungspolitikern als zu hoch bewertet. Dass das Pendel ab Mitte der 30er Jahre, zuerst bei den Naturwissenschaftlern und Ingenieuren, wieder in die andere Richtung ausschlagen würde, sah man nicht.[858] Folgerichtig wurden Fakultäten und Institute geschlossen, praktisch keine Universität war davon ausgenommen. Und tatsächlich debattierte man immer wieder über die Schließung einiger Universitäten, hier waren Gießen, Greifswald und eben Halle im Gespräch.
Die Angst vor der Schließung der Universität Halle hatte ihren Ursprung jedoch in der Zeit der Weimarer Republik. Im August 1920 meldeten die hallischen Zeitungen zum ersten Mal, dass die sozialdemokratische Regierung des Landes Preußen die Schließung der Universität vorsah. Es soll Kultusminister Kurt Haentsch gewesen sein, der die Universitäten Halle,

Marburg und Greifswald auflösen wollte, weil er die Korporationen verdächtigte, rechtsextremistischen, umstürzlerischen Verbänden anzugehören. Dann war es nach Angaben der Saale-Zeitung der preußische Finanzminister, der die Universität schließen wollte. Natürlich wurden diese Gerüchte zurückgewiesen, doch trotz aller Dementis verstummten sie in den folgenden Jahren nicht. Als die Universität Halle 1926/27 bei der Studentenfrequenz auf Platz 9 gefallen war (1 776 Studenten im Wintersemester 1926/27, 2 124 Studenten im Sommersemester 1927) wurden die Gerüchte wieder lauter. Rektor Valentin Haecker nahm erneut entsprechende Absichten zur Kenntnis, konstatierte aber, dass ja nun in Preußen die Universitäten Frankfurt, Köln und Münster hinzugekommen seien, die Studentenzahlen also automatisch sinken müssten. Außerdem sei für die mangelnde Attraktivität Halles die »gigantische Zusammenballung von Werksanlagen und Proletariern« verantwortlich. Haecker: »Studentischer Frohsinn, Studentenulk passt schlecht Seite an Seite mit proletarischem Klassenkampf.« Dazu komme ein weiteres Manko. Wer anstelle des studentischen Frohsinns die »besondere Eigenart einer wirklichen Großstadt« suche, investiere die halbstündige Bahnfahrt nach Leipzig und studiere dort in »einer Stadt, mit der das zum großen Teil proletarische Halle … in keiner Weise konkurrieren kann.«[859]

Innerhalb der Professorenschaft war dieses gleichgültige Achselzucken jedoch nicht einhellig. Den Lösungsvorschlägen des Völkerrechtlers Max Fleischmann folgend, kristallisierte sich etwa 1927 folgendes Konzept heraus, um den Niedergang der Universität aufzuhalten: Ausbau der Naturwissenschaften; Bau eines Studentenheims, mindestens aber Bereitstellung von preiswerten Studentenwohnungen; Verbesserung der Verpflegung; großzügige Vergabe von Stipendien, die bei Privatpersonen und der Industrie eingeworben werden sollten. Darüber hinaus plante man eine Imagekampagne gegen den »üblen Ruf« Halles.[860]

Die Attraktivität für Studentinnen zu erhöhen war hingegen nicht geplant, offenbar war man mit der Frauenquote von rund 6 bis 7 Prozent zufrieden.[861]

Als Abwehr eventueller Schließungspläne gründete die Universität die Institute für Arbeitsrecht und Zeitungswesen, der Ausbau anderer Institute und Kliniken wurde vorangetrieben. Schritt halten konnte Halle mit den modernen und großzügig ausgebauten Universitäten von Köln, Frankfurt am Main oder Kiel trotzdem nicht. In einer Zeit der Überfüllung der Hochschulen wurde das aber auch nicht unbedingt als Problem empfunden. Immer wieder mussten Studenten abgewiesen werden, im Wintersemester 1932/33 50 am zahnärztlichen Institut, 24 am physikalischen Institut, sechs am chemischen Institut, fünf in der Geschichte und 25 in der Pharmakologie, da der dortige Hörsaal zu klein war und sich ein anderer Raum nicht finden ließ.[862]

Im Jahr 1933 fühlte man sich Halle auch deshalb sicher, weil der sozialdemokratische Kultusminister Adolf Grimme 1932 wegen der studentischen Proteste eine Schließung der Universität angedroht hatte. Grimme wollte, so meldete das Berliner Abendblatt »Tempo« am 21. Januar 1932, keine weiteren Demonstrationen dulden und die Universität schließen.[863]

Die rapide sinkenden Studentenzahlen ließen die Universität dann jedoch rasch zu groß erscheinen. Sensibilisiert, wie man in Halle für das Thema war, wurde in den folgenden Jahren jede Nichtbesetzung eines Lehrstuhles oder seine Verlegung an eine andere Universität als Indiz für die bevorstehende Schließung befunden. In der Rückschau ist darin wenigstens mangelndes Selbstbewusstsein zu sehen, vielleicht auch Hysterie. Andererseits *hat* es Pläne zur Abwicklung oder Verlegung der Universität Halle gegeben, eine Phantomdebatte war es also nicht.

Im Jahr 1933 begann alles noch harmlos. Mit der Universität Bonn wurde im Zuge der Zerschlagung der Bonner Theologie ein Ordinariat gegen ein planmäßiges Extraordinariat ge-

tauscht, Ernst Kohlmeyer wechselte nach Bonn, von dort versetzte man den persönlichen Ordinarius Ernst Wolf nach Halle.[864] Dann erfolgte eine Reihe von Strafversetzungen an die Universität Halle, aus Breslau wurde der konservative Strafrechtler Arthur Wegner nach Halle abgeschoben, die Universität Göttingen entledigte sich des ebenfalls konservativen Volkswirtes Waldemar Mitscherlich. Die Universität Kiel sorgte für die Versetzung von zwei Professoren nach Halle. Nach Denunziationen von Studenten musste der Philosoph Julius Stenzel nach Halle wechseln, der Biologe Wolfgang von Buddenbrock-Hettersdorf hatte dem dortigen Gauleiter anlässlich einer Stellenbesetzung »Konnexionswirtschaft« vorgeworfen. Aus Berlin sollte der Historiker Wolfgang Windelband nach Halle kommen, er lehrte hier jedoch nicht. Helmut Heiber, immer bereit, an der hallischen Hochschule kein gutes Haar zu lassen, prägte in seinem gigantischen Werk über die »Universität unterm Hakenkreuz« das Wort vom »akademischen Workuta«. Doch mehr als diese fünf sind es nicht gewesen. Den Neutestamentler Julius Schniewind akzeptierte die Theologische Fakultät bereitwillig, war er doch ihr »Gewächs« und sie hatte ihm einen Ehrendoktor verliehen.
Für das Wort »Workuta« gibt es in der Rückschau also keinen Anlass, gelassen nahm man die Sache in Halle jedoch nicht. Rektor Woermann beklagte mehrfach die Versuche hierher »ungeeignete« Kandidaten abzuschieben oder mit Pfründen zu versorgen.[865] Immer wieder

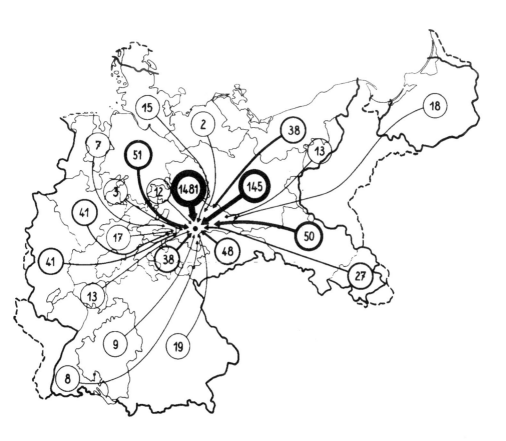

Das Einzugsgebiet der Universität Halle im Sommersemester 1913. Die starke Frequentierung durch die Bewohner der Provinz Sachsen wurde von Rektor Emil Woermann als Argument gegen eine Schließung angeführt.

setzten sich die Fakultäten gegen unerwünschte Kandidaten zur Wehr, darunter auch – und vor allem – wissenschaftlich drittklassige Nationalsozialisten, die hier in nicht kleiner Zahl aussortiert wurden. Der Dekan der Philosophischen Fakultät Walter Holtzmann etwa schrieb nach Berlin, dass eine Nennung des in Halle vertretungsweise lehrenden Psychologen Heinrich Schole auf einer Berufungsliste »nicht gerechtfertigt« scheine.[866]

Als aber 1935 der altphilologische Lehrstuhl des entlassenen Richard Laqueur an die Berliner Universität verlegt wurde, reagierte man in Halle deutlich, betraf diese Maßnahme doch mit dem Robertinum eines der wenigen Juwele der Universität.[867] Die Proteste fruchteten allerdings ebenso wenig, wie die bei der Verlegung von zwei juristischen Lehrstühlen. Rektor Emil Woermann bat daher am 11. Oktober 1935 das Wissenschaftsministerium um Auskunft, was an dem Gerücht daran sei, dass die Rechts- und staatswissenschaftlichen Fakultät geschlossen werden solle. Außerdem fragte er an, wie es sich mit den Plänen der Leipziger Universität verhalte, sich die hallischen landwirtschaftlichen Institute einzuverleiben. Eine verbindliche Antwort erhielt Woermann aus Berlin nicht.[868]

Tatsächlich hat es in Berlin Überlegungen gegeben die Universität Halle – oder auch die in Gießen oder Greifswald – zu schließen. Aus Sicht des Ministeriums war dies angesichts der Haushaltslage notwendig, schließlich sollte Geld in die Großforschungseinrichtungen um-

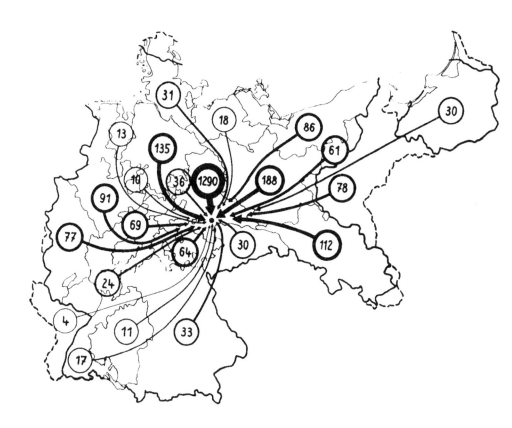

Das Einzugsgebiet der Universität Halle im Sommersemester 1934.
1935 wurden diese Zahlen denen des Sommersemesters 1913 gegenübergestellt.

geschichtet werden, die wesentlich effektiver ernährungs- oder rüstungswirtschaftliche Aufgaben lösen konnten. Halle wehrte sich mit einer Denkschrift, die Woermann am 24. Dezember 1935 nach Berlin sandte. »Gerüchteweise« sei die »Möglichkeit« einer Schließung bekannt geworden, schrieb Woermann, die »eingetretene Beunruhigung und Unsicherheit« lähme nicht nur die Arbeitsfreude, sondern würde auch die meisten Studenten zum Verlassen der Stadt bewegen. »Dringend« sei also eine »baldige Klärung« notwendig und er bitte darum, »mich zu der Erklärung ermächtigen, dass nicht die Absicht besteht, die Martin-Luther-Universität zu schließen oder einzelne Teile derselben aufzuheben.«[869]
In der Denkschrift wurden zunächst die »lange und bedeutsame Tradition« der Universität und ihre Bedeutung für das »mitteldeutsche Kulturleben« und die »mitteldeutsche Wirtschaft« herausgestrichen. Ihr Einzugsgebiet sei eindeutig die preußische Provinz Sachsen, eine Konkurrenz zum sächsischen Leipzig oder zur Thüringer Universität Jena bestünde daher nicht. Auch die Studentenzahlen würden vom Vorkriegsstand nicht wesentlich abweichen, argumentierte Woermann, als hätte es die letzten 20 Jahre nicht gegeben. Dann machte der Rektor die soziale Situation geltend. Er gab zu bedenken, dass die Universität auch für den sozialen Aufstieg der Kinder aus Arbeiter- und Handwerkerfamilien der Provinz entscheidend sei.[870] Es folgten einige wissenschaftliche Leistungen der Universität, explizit nannte Woermann die Leistungsfähigkeit der landwirtschaftlichen Institute und der Geologie. Außerdem habe die Universität eine »symbolische Bedeutung für den gesamten Weltprotestantismus«. Es müsse mit allem Ernst darauf hingewiesen werden, so Woermann, »dass eine etwaige Aufhebung der Martin-Luther-Universität in der protestantischen Welt Deutschlands und außerhalb Deutschlands, namentlich in den nordischen Ländern, äußerstes Befremden hervorrufen würde.«[871] Nicht mit nach Berlin sandte Woermann eine Ausarbeitung der Rechts- und Staatswissenschaftlichen Fakultät. Hier argumentierte man pragmatisch: Es sei eine Minimalausstattung mit Lehrstühlen notwendig, um die Ausbildung für Verwaltung, Justiz und nicht zuletzt das Heer innerhalb der Provinz Sachsen zu gewährleisten.[872] Er legte der Denkschrift aber Briefe des Kommandeurs der Heeresnachrichtenschule Halle und des Landesbischofs von Hannover, August Maharens, in seiner Funktion als »Vorsitzender des Lutherischen Einigungswerkes«, bei, die sich unbedingt für den Erhalt der Universität Halle aussprachen.[873]
Woermann beschritt auch andere Wege. So nahm er Kontakt zu seinem Studienfreund Walter Darré[874] auf und besprach die Angelegenheit mit Gauleiter Rudolf Jordan. Dieser schaltete sich tatsächlich ein und schrieb Briefe an Ministerpräsident Hermann Göring, Wissenschaftsminister Bernhard Rust und Kirchenminister Hanns Kerrl.[875] Von einem subalternen Beamten des Wissenschaftsministerium erhielt Woermann dann wohl die Zusage, dass die Universität erhalten werden sollte. Umgehend fertigte er einen Aushang mit folgendem Text an: »Entgegen den in letzter Zeit umlaufenden Gerüchten über eine bevorstehende Schließung der Universität Halle bin ich von zuständiger Stelle zu der Erklärung ermächtigt, dass nicht beabsichtigt ist, die Universität oder Teile derselben aufzulösen.« Für diesen Aushang wurde Woermann umgehend vom Wissenschaftsministerium gerüffelt.[876] Kühl schrieb der Rektor daraufhin nach Berlin, dass er die volle Verantwortung übernehme; aber diese Auskunft sei ihm tatsächlich erteilt worden. Im Übrigen verweise er auf die erregte Presseberichterstattung und auf die Gauleitung, die »lebhaft« an der Frage Anteil nehme.[877]
In den Memoiren von Gauleiter Jordan lautet die Version von der Rettung der Universität Halle etwas anders. Im Juli 1933 hätte Göring in Halle gesprochen, erinnerte sich Jordan. 200 000 Menschen seien anwesend gewesen, Göring gut gelaunt. Beim Empfang im Rathaus bedienten die Halloren in ihren prächtigen Uniformen,[878] der Wein wurde in historischen

Trinkgefäßen kredenzt. Göring trank aus dem Becher, den einst Friedrich der Große den Salzarbeitern schenkte und Göring, so Jordan, »strahlte«. Jordan weiter: »Ich benutzte die Gelegenheit und machte Göring darauf aufmerksam, dass die alte Martin-Luther-Universität in Halle in Gefahr sei, im Zuge einer geplanten Universitätsreform durch das Reichserziehungsministerium aufgelöst zu werden.« Göring hätte diesen Gedanken als unsinnig abgetan und ihm dann versichert: »Jordan, solange ich Preußischer Ministerpräsident bin, wird die Martin-Luther-Universität Halle-Wittenberg blühen, wachsen und gedeihen.«[879]
Angesichts des Führungsstils von Göring und seiner charakterlichen Veranlagung scheint die Geschichte durchaus glaubhaft.[880] Einige Details des Berichtes sprechen jedoch zumindest für eine zeitlich andere Einordnung. Im Juni 1933 gab es weder die »Martin-Luther«-Universität, noch das »Reichserziehungsministerium«, das erst 1935 gebildet wurde. Tatsächlich trug sich die Geschichte am 29. März 1936 zu.[881] Rektor Woermann, der bei dem Empfang anwesend war, teilte das umgehend dem Wissenschaftsministerium mit, in der ganz sicher zutreffenden Annahme, dass in Berlin die eine Hand nicht wisse, was die andere tue.[882]
1937 legte das Wissenschaftsministerium dann sämtliche Pläne für die Schließung von Hochschulen zu den Akten, ein entsprechendes Schreiben wurde an alle Universitäten und Hochschulen des Reiches gesandt und sollte den Mitgliedern des Lehrkörpers bekannt gegeben werden.[883]
Mit der Bestandsgarantie für die Institution Universität erledigte sich das Thema nicht von allein. Immerhin waren von 78 planmäßigen Lehrstühlen zur Jahreswende 1935/36 19 nicht besetzt oder wurden vertretungsweise wahrgenommen.[884] Besonders krass war der Zustand an der Juristischen Fakultät, wo von zehn planmäßigen Professuren nur drei besetzt waren. Genügend Studenten, um eine Wiederbesetzung zu legitimieren, gab es. Im Wintersemester 1934/5 waren es 287, mehr als an 11 anderen Fakultäten.[885] Am 31. Oktober 1936 erklärte Emil Abderhalden seinen Rücktritt vom Amt des Dekans der Medizinischen Fakultät, da er nicht einflusslos zusehen könne, »wie durch Nichtbesetzung wichtigster Stellen die Ausbildung von Ärzten geschädigt« würde. Der Stand sei heute der: 1. die innere Medizin werde vertretungsweise gelesen, 2. die Kinderklinik vom Oberarzt geführt, das gleiche gelte 3. für die Hautklinik und 4. für die Nervenklinik und schließlich werde 5. das Institut für gerichtliche Medizin vom Oberarzt geleitet.[886]
Als Bestandteil ihres eigenen Überlebenskonzeptes betrieben die Professoren der landwirtschaftlichen Fächer, vor allem Emil Woermann, Theodor Roemer und Gustav Frölich, 1936/37 die Gründung eines Kaiser-Wilhelm-Institutes für Tierzucht, das lose an die Universität angebunden werden sollte. Möglicherweise war das Institut auch – man hielt dies natürlich nicht schriftlich fest – im Fall der Auflösung der Universität als Grundstein für eine selbstständige Landwirtschaftshochschule gedacht.[887] In Berlin dachte man aber wohl nicht daran, dieses Institut an eine möglicherweise sterbende Institution anzukoppeln, es wurde in Dummerstorf bei Rostock installiert. Zum Leiter bestellte man Gustav Frölich, der zugleich eine Professur an der Universität Rostock erhielt. Rektor Weigelt weinte Frölich, der die Universität in der Zeit vor 1933 ein Jahr lang umsichtig geleitet hatte und politisch nicht als Gegner der Weimarer Demokratie hervorgetreten war, keine Träne nach. Erbost wandte er sich jedoch an das Wissenschaftministerium, weil mit Frölich auch die hallische Karakulherde nach Rostock umgesetzt wurde. Diese Preisgabe von wichtigem Traditionsgut habe eine »deprimierende Wirkung« auf ihn und die gesamte Universität gehabt, schrieb Weigelt am 1. August 1939.[888] Frölichs plötzlicher Tod rettete die Herde dann für Halle, samt dem sie betreuenden Assistenten Hans Hornitschek wurde sie wieder nach Halle umgesetzt.
In der Theologischen Fakultät Halle, wie an allen anderen Fakultäten auch, machten 1937

Gerüchte die Runde, sämtliche Staatsfakultäten würden aufgelöst. Dekan Hans Schmidt, zugleich Präsident des Fakultätentages, intervenierte daher bei verschiedenen Berliner Stellen, um den Bestand der Universitätstheologie zu sichern.[889] Konkrete Pläne zur Schließung der theologischen Fakultäten im Reich existierten tatsächlich. Der Amtschef Wissenschaft im Wissenschaftsministerium Otto Wacker, legte Überlegungen dazu vor, für die er angesichts der eminenten politischen Bedeutung die Zustimmung Hitlers zu gewinnen suchte.[890] Hitler lehnte ab, die theologischen Fakultäten blieben erhalten. (Später versuchte man sie dann »auszutrocknen«, indem keine Lehrstühle mehr besetzt wurden.)
Trotz all dieser Querelen wurden in den Jahren 1935 bis 1937 mehr als 20 Lehrstühle neu besetzt. Darunter waren die Ordinariate für Chemie (Karl Ziegler), Neues Testament (Erich Fascher), noch einmal Neues Testament (Julius Schniewind), Deutsche Rechtsgeschichte (Gerhard Buchda), Pharmakologie (Otto Geßner), Psychiatrie und Neurologie (Paul Hilpert), Haut- und Geschlechtskrankheiten (Julius Dörffel), Innere Medizin (Rudolf Cobet), Öffentliches Recht (Gottfried Langer), Gerichtliche Medizin (Gerhard Schrader), Physikalische Chemie (Karl Lothar Wolf) und Mittelalterliche Geschichte (Martin Lintzel, jedoch umgewandelt in ein geringer dotiertes planmäßiges Extraordinariat).[891]
Anlässlich seiner Antrittsvorlegung als Honorarprofessor für Verwaltungsrecht am 15. November 1937 bekräftigte der Oberbürgermeister Halles, Johannes Weidemann, noch einmal, dass der Bestand der Universität nicht gefährdet sei. Er berichtete, dass es ihm gelungen sei, die »vor einer gewissen Zeit bestandene Gefährdung abzuwenden«. Ministerpräsident Göring habe ihm »klar und eindeutig« erklärt, dass zwei Universitäten für eine Auflösung überhaupt nicht in Betracht kämen: Halle und Königsberg. Die Martin-Luther-Universität stehe also »völlig fest da«.[892]

Schirmherr Alfred Rosenberg

Es kann also nicht nur die Angst vor der Schließung gewesen sein, die die Leitung der Universität dazu brachte, mit Alfred Rosenberg, dem Beauftragten des Führers für die Überwachung der gesamten geistigen und weltanschauliche Schulung und Erziehung der NSDAP, also dem »Chefideologen« der Partei, einen neuen Protektor für die Universität zu gewinnen. Die weltanschaulichen Gründe waren vermutlich wichtiger, vielleicht entscheidend, dafür, dass Rektor Weigelt und Honorarprofessor Weidemann gemeinsam mit Gauleiter Eggeling Rosenberg baten, eine Art »Schirmherrschaft« über die Universität zu übernehmen.[893] Der Gauleiter kann auf Grund zahlreicher Aussagen in seinen Reden über die »Rassenseele« des deutschen Menschen wohl Rosenbergs Anhängern in der Partei zugeordnet werden.[894] Über Weidemanns ideologische Fixierung ist noch nicht genügend bekannt,[895] ein Niemand in der Partei ist er jedoch nicht gewesen. Seit 1931 Mitglied der NSDAP, seit 1937 Obersturmbannführer der SS, war er in der Reichsleitung Vertreter des Leiters des Hauptamtes für Kommunalpolitik. Er edierte Schriften zur Gemeindepolitik, sprach auf dem Parteitag 1937 über die »Eindämmung der Papierflut« und war Mitherausgeber eines Kommentars zur Deutschen Gemeindeordnung.[896] Profiliert hat er sich dabei zwar als Nationalsozialist, aber nicht unbedingt als Ideologe. Bei Weigelt war das zunächst nicht anders, aber wie seine Rede anlässlich des Universitätsjubiläums 1944 zeigt, wollte er etwas anderes, als die weltanschauliche Dürftigkeit und Fragmentierung der herrschenden Parteidoktrin. Rosenberg, der sich als einziger führender Nationalsozialist um eine konsequente Bündelung des Ideengutes der Bewegung bemühte – und dem dies in Form eines geschlos-

senen Gedankengutes auch gelang – war daher notwendigerweise der richtige Ansprechpartner. Wie unzulänglich Rosenberg als Philosoph auch gewesen sein mag, er hatte den Ruf, wie Frank-Lothar Kroll formulierte, »die umfassend nationalsozialistische Weltdeutung mit universalem Anspruch und repräsentativer Geltung formuliert zu haben.«[897]
Das »Verdienst«, Rosenberg tatsächlich für Halle interessiert zu haben, kommt vermutlich Weidemann zu. Er kontaktierte den Philosophen und lockte ihn mit einer »Alfred-Rosenberg-Stiftung«, die von der Stadt jährlich 100 000 Mark erhielt.[898] Weigelt gestand dem Oberbürgermeister die Rolle des Initiators auch unumwunden zu und lobte ihn für sein Engagement am 27. Mai 1938 mit den Worten: »Es ist unauslöschlich in die Annalen unserer Universität eingetragen, was Sie für unsere Hochschule getan haben …«[899]
Was waren die Folgen der »Schirmherrschaft«? Langfristig sollte die Mitwirkung das Amtes Rosenberg bei der Besetzung von Lehrstühlen eine Umgestaltung im nationalsozialistischen Geist bewirken. Wie bereits erwähnt, wurden der Philosoph Heinrich Springmeyer und der Religionswissenschaftler Wilhelm Brachmann zu Professoren ernannt. Dozenten wurden mit Hilfe von Rosenbergs Dienststelle der Historiker Martin Göhring und der Pädagoge Theodor Ballauff. Außerdem kam der Psychologe Johannes von Allesch mit seinem Assistenten Kurt Wilde aus Greifswald nach Halle. Ein weitergehender Einfluss auf die Berufungspolitik ist anhand der Personal- und der Berufungsakten im Universitätsarchiv nicht nachweisbar.[900] Auch die Förderung hallischer Dozenten mit Stipendien blieb begrenzt. Zwar fanden sich Listen von Stipendiaten in den Akten der Universität nicht,[901] aus den Personalakten ging jedoch hervor, dass der Theologe Walther Bienert[902] und der Philologe Alfred Zastrau Geld von der Rosenberg-Stiftung erhalten haben.[903]
Eine weitere, auf lange Frist angelegte Konsequenz aus der engeren Anbindung der Universität an die NSDAP war die Gründung der »Hallischen Wissenschaftlichen Gesellschaft«. Hier war der Schirmherr tatsächlich Rosenberg selbst, geschäftsführende Vorstandsmitglie-

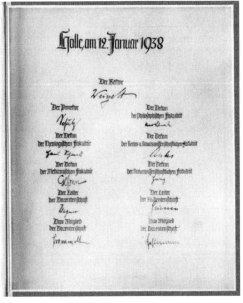

Urkunde, Alfred Rosenberg am 16. Februar 1938 überreicht.
Rektor und Senat der Universität baten den NSDAP-Reichsleiter, in Halle zu lehren.

der waren Gauleiter Eggeling, Oberbürgermeister Weidemann, der Stadtschulrat und Gauamtsleiter Bernhard Grahmann und als Ehrenpräsident Rektor Weigelt. Außerdem gehörten ihm der Landesbauernführer, der Kommandeur der Heeresnachrichtenschule sowie verschiedene andere Leiter von Verwaltungsstellen an. Die Gesellschaft hatte ca. 150 Mitglieder, nach Zuschnitt und Personal war sie wohl als Schulungsinstrument für Partei und Beamtenschaft gedacht. Die 45 Professoren und Dozenten der Universität, die Mitglied der Hallischen Wissenschaftlichen Gesellschaft waren, sollten ihr Wissen an Interessierte im Gau weitergeben. Die wenigen Veranstaltungen sprechen dafür, sie wurden in Betrieben oder abgelegenen Orten des Gaues abgehalten. Exakt so hatte Eggeling auch den Anspruch der Gesellschaft definiert, ihre Aufgabe solle sein, »die Wissenschaft zu fördern und die Verbindung zwischen ihren Vertretern und Volk und Partei herzustellen«.[904] Ob aus der Gesellschaft hätte »mehr« werden sollen, kann nur vermutet werden. Der Ansatz jedenfalls war bescheiden.[905]
Sofortige Wirkung versprach sich Rektor Weigelt vom Wirken Rosenbergs an der Universität selbst. Er ließ den Senat am 12. Januar 1938 eine Erklärung unterzeichnen, die, wenn sie sich zu diesem Zeitpunkt nicht schon längst aufgegeben hätte, als Kapitulationsurkunde der freien Wissenschaft zu werten wäre. »Rektor und Senat bitten«, heißt es auf der pergamentenen Urkunde, »Reichsleiter Alfred Rosenberg seine besondere Förderung dieser altehrwürdigen, gegenwartsnahen und zukunftsstarken Hochschule zu gewähren und an ihr der akademischen Jugend des deutschen Volkes das Gedankengut der nationalsozialistischen Weltanschauung persönlich zu vermitteln.«[906]
Am 16. Februar 1938 kam Rosenberg dann tatsächlich »persönlich« nach Halle, um in der Aula der Universität eine Rede zum Thema »Der Kampf um die Freiheit der Forschung« zu halten. Drei Mal war er außerdem in Halle: Zur Eröffnung des Sommersemesters 1938 sprach

27. April 1938: Der Chefideologe der NSDAP, Alfred Rosenberg, eröffnete das Sommersemester mit einem Appell und einer Rede zum Thema »Gestalt und leben«.

27. April 1938: Feierstunde in der Aula der Universität 1. Reihe von rechts: Rektor Johannes Weigelt, Reichsleiter Alfred Rosenberg, Gauleiter Joachim Albrecht Eggeling, Reichsdozentenführer Walther Schulze, Oberbürgermeister Johannes Weidemann, Gaudozentenführer Wilhelm Wagner.

er über den Philosophen Ludwig Klages (»Gestalt und Leben«). Dann eröffnete er das Wintersemester 1938/39 mit einer Ansprache zum Verhältnis von »Weltanschauung und Glaubenslehre«. Zum Sommersemester 1939 sprach er über »Die Neugeburt Europas als werdende Geschichte«. 1940 hatte der Parteiphilosoph keine Zeit, nach Halle zu kommen, für den 25. Juni 1941 waren die Einladungen bereits gedruckt, der Beginn des Krieges gegen die Sowjetunion verhinderte sein Kommen. Weitere Auftritte wurden gar nicht erst geplant.[907]
Die Veranstaltung im Februar 1938 wurde, wie alle anderen auch, als »Ereignis« inszeniert. Menschenmassen bildeten ein Spalier, Rosenberg schritt auf dem Universitätsplatz die Reihe der angetretenen Studenten ab. Die Uniformen von Partei, SA und SS bestimmten das Bild, die Talare der Dekane und des Rektors waren rote Tupfen im Braun und Schwarz. Feierlich war der Einzug in die Aula, dann wurde Händel gespielt. Der Vertreter des Wissenschaftsministeriums, der Staatsminister Otto Wacker verkündete wieder einmal, dass niemand die Absicht habe, die Universität zu schließen. Es gebe keine »Hochschulkrise« mehr, sagte Wacker, auch die Universität Halle werde leben. Und: »Wir werden alle unsere Kraft darein setzen, ihr das zu geben, was sie zum Leben braucht, damit sie ihren alten Ruhm bewahren und ihn zu neuem erhöhen kann.« Der Zeitungsbericht vermerkt »rasenden Beifall«. Rektor Weigelt begrüßte den hohen Gast mit gesetzten Worten und forderte ihn auf: »Schlagen sie dröhnend neue Thesen an das Tor von Halle-Wittenberg und die Welt mag aufhorchen!«[908] Der Reichsleiter war jedoch kein neuer Luther, und dass seine Rede die Welt »aufhorchen« ließ, kann nicht behauptet werden. Zum einen war sie lediglich die Wiederholung einer an der Universität München ähnlich gehaltenen Ansprache,[909] zum anderen wiederhol-

te Rosenberg nur in knapper Form, was er in seinem Buch »Der Mythus des 20. Jahrhunderts« über »Rasse und Rassenseele« ausgeführt hatte.[910] Passagenweise zitierte er sich selbst, ausgiebig referierte er aus seinem Buch über angeblich rassisch bedingte historische Zusammenhänge. Daraus leitete er dann die Aufgaben für die Wissenschaft ab. Die Rassenkunde sei die Geburt einer »neuen, wenn auch schon längst vorbereiteten umwälzenden Forschung«. Denn schließlich sei die Rasse, »die Außenseite einer Seele« und die »Seele die Innenseite einer Rasse.«[911] Alle Geisteswissenschaft müsse auf dieser Grundlage aufbauen, Themen von »Tiefe und Größe« seien hier zu finden, etwa: »Wie äußerte sich germanischer Charakter im Kampf um Rom? Wodurch wurde der Jude zum Parasiten am Körper Europas?« Die Pflicht solche Aufgaben zu bearbeiten, sei doch wohl nicht »etwa Unterdrückung der Forschung« wie die Gegner des Nationalsozialismus behaupten würden, sondern, so Rosenberg, »gleichsam ein Fanal einer neuen Freiheit, einer neuen Ideenbildung«.[912] Die »Freiheit der Forschung«, so die Quintessenz des Gesagten, galt mithin für den Naturwissenschaftler: »Alles, was sich in den kosmischen Vorstellungen einer Forschung, der Erdkunde, Physik und Chemie abspielt, soll grundsätzlich für alle ernsten Forscher frei sein.«[913]

Wie Rosenbergs Rede aufgenommen wurde, kann nur vermutet werden. Einzig von Gaustudentenführer Detering fand sich in den Akten ein Brief, der auf die Feier Bezug nahm. Auf Inhalte ging Detering jedoch nicht ein, sondern er verlangte, die Semestereröffnung durch Reichsleiter Rosenberg künftig als »Sache der Universität« und nicht der »allgemeinen Parteipropaganda zu behandeln«. Das Einladen unzähliger Ehrengäste müsse »zugunsten einer ausreichenden Beteiligung der Studierenden künftig fortfallen.« Das Überhandnehmen von »Ehrengästen« sei eine Erscheinung, die auch bei Parteitagen und anderen Anlässen beobachtet werde. Die Studentenschaft der Universität werde jedenfalls künftig nur noch an diesen Feiern teilnehmen, »wenn die Zahl der Plätze für die Studenten in einem gesunden Verhältnis zu der Zahl der Plätze für Ehrengäste und sonstige Fremde steht.«[914] Über die Stimmung unter den Studenten zum Besuch Rosenbergs teilte Detering nichts mit, möglicherweise aus gutem Grund. Für andere Rituale, Aufmärsche und Propagandaveranstaltungen ist bezeugt, dass sie sich »totgelaufen« hatten.[915] Die anderen Auftritte Rosenbergs an der Universität fanden trotzdem nach demselben Muster statt: studentisches Spalier, Einzug, Prominenz und Studentenfunktionäre in der Aula, Rede, Auszug.

Die im April 1938 gehaltene Rede Rosenbergs zum Thema »Gestalt und Leben« war als Abgrenzung gegenüber der »Lebensphilosophie« von Ludwig Klages gedacht, der er immerhin eine »Bereicherung des deutschen Geisteslebens« attestierte. Er maß den irrationalen Kampf Klages gegen die moderne Welt an den Kriterien einer – aus seiner Sicht – rationalen nationalsozialistischen Weltanschauung. Dabei wies er jegliche Kritik an den Lebensäußerungen der »arischen Völker« zurück und machte der Wissenschaft zur Pflicht, den Regungen des »germanischen Willens« in der Weltgeschichte nachzugehen und das Positive in ihrem Wirken herauszuarbeiten.[916]

Ein Text der Rede über »Weltanschauung und Glaubenslehre« konnte nicht gefunden werden, und auch von der Rede zur »Neugeburt Europas« existieren lediglich Presseberichte. Das Echo allerdings war erheblich, nicht zu Unrecht.[917] Im Gegensatz zu den sehr engen philosophischen Themen des Jahres 1938 war dieses brisant und Rosenberg ließ an Deutlichkeit auch nichts vermissen. Das Herz Europas schlage in Deutschland führte er aus, die »Anmaßungen« seiner »Randstaaten« müssten ein Ende finden. Dem Deutschtum im Osten komme eine überragende Bedeutung zu, zum einen als »gegen den Osten errichteter Wall«, zum anderen werde es seine Aufgabe in künftigen Veränderungen wahrnehmen. Präziser wurde Rosenberg nicht, doch das Gesagte war deutlich genug um Weiterungen ahnen zu lassen.[918]

Da Rosenberg auf Grund seiner zahlreichen Verpflichtungen natürlich nicht immer in Halle sein konnte, Rektor Weigelt aber darauf bestand, dass die »Vermittlung der Weltanschauung« kontinuierlich fortgesetzt werden müsse, richtete die Universität ein Amt für Gastvorlesungen ein und statte es mit einem vergleichsweise üppigen Budget aus.[919] Rosenbergs Intimus Alfred Bäumler, der regelmäßig in Halle Vorlesungen hielt, bekam sein Honorar aus diesem Fonds. Außerdem wurden Vorträge von Wissenschaftlern aus dem gesamten deutschen Machtbereich organisiert, die bemerkenswerterweise fast sämtlich unpolitischen Themen gewidmet waren. Eine Ausnahme machte allerdings der italienische Professor und Schriftsteller Julius Evola, der am 17. Juni 1941 über »Die arische Lehre von Kampf und Sieg« referierte. Evola sprach über Walhalla, Wodan und das Opfer als höchstem germanischen Prinzip. Die Mitteldeutsche Nationalzeitung protokollierte zahlreiche Aussagen des römischen Gastes und druckte unter anderem den folgenden Satz: »Das Blut der Helden ist heiliger als die Tinte der Gelehrten und das Gebet der Frommen.«[920]

Schließungs- und Verlegungspläne II

Waren damit alle Schließungspläne zu den Akten gelegt? Nicht wirklich. Als die Universität mit Kriegsbeginn im September 1939 geschlossen wurde, reagierte man in Halle panisch. Wieder wurden Stellungnahmen für eine Denkschrift eingeholt. Der Physikochemiker Karl Lothar Wolf führte in seiner Wohnung Ersatzvorlesungen durch.[921] Ende Oktober wurde die Universität jedoch wieder eröffnet, jetzt galt es, die eingezogenen Ordinarien der Medizinischen Fakultät zurückzuholen, was auch im Laufe des Jahres 1940 gelang.
Im selben Jahr machten dann noch einmal Gerüchte über die Schließung der Universität die Runde, zumindest glaubte Gauleiter Eggeling in Erfahrung gebracht zu haben, dass eine Verlegung in das eroberte Posen geplant sei. Brandbriefe an Rosenberg und Hitler-Stellvertreter Rudolf Hess folgten. Der Plan wurde, wenn es ihn gegeben hat, zu den Akten gelegt.[922]
Pläne, wie sich die Universität unentbehrlich machen könnte, wurden jedoch weiterhin geschmiedet. Zur Überlebensstrategie gehörte 1941 auch der Versuch, in Halle die Ausbildung »in Fragen der Kolonialwissenschaft« zu intensivieren. Gemeinsam mit dem stellvertretenden Gauleiter Georg Tesche, Gauführer des Reichskolonialbundes, stellte Rektor Weigelt entsprechende Überlegungen an. Obwohl die Universität mit der Etablierung der Karakulzucht in Südwestafrika eine »große Tradition in der kolonialen Arbeit« (Weigelt) aufzuweisen hatte, kamen dann jedoch nicht mehr als ein paar Vorlesungen an der Medizinischen Fakultät heraus. Hier unterrichtete man Hygiene der Tropen und Pharmakologie »unter besonderer Berücksichtigung«, mehr nicht.[923] Bemerkenswert erscheint in der Rückschau allein der absurde Gedanke, den Status einer Universität für die künftigen Kolonien anzustreben, bot sich hierfür doch tatsächlich Hamburg an.
Mit dem intensivierten Luftkrieg gegen Deutschland kamen die Schließungspläne noch einmal zur Sprache. So vermerkt der Bericht des Dekans der Medizinischen Fakultät vom 15. September 1943 über die Rektorenkonferenz in Strassburg: »… b) Ev. erzwungene Stillegung von bombengeschädigten Universitäten ist nur als eine vorübergehende Maßnahme zu betrachten. Es sind daraus keineswegs Rückschlüsse auf spätere Zeit zu ziehen.«[924] Die Gerüchte an der Universität verstummten trotzdem nicht, Halle meldete an Berlin, dass man hier 2 400 Studenten zusätzlich aufnehmen könne, wenn das gewünscht sei.[925]
Das Universitätsjubiläum 1944 brachte dann eine offizielle Bestandsgarantie durch Wissenschaftsminister Rust. An ihr solle »nicht gerüttelt« werden, formulierte Rust in seinem

Glückwunschschreiben, vielmehr könne sie »aller Unterstützung der Regierung des Großdeutschen Reiches gewiss sein.«[926] Zum Ausbau der Universität kam es jedoch nicht mehr. Ein Institut für Wirtschaftsforschung und Wirtschaftspraxis, dass in Halle endlich eine befriedigende Ausbildung von Betriebswirten garantieren sollte, wurde trotz der 1944 von der Gauwirtschaftskammer aufgebrachten Stiftungsmittel nicht mehr eingerichtet. Auch der Vorschlag des Theologen Hans Schmidt, ein wehrwirtschaftswissenschaftliches Institut zu etablieren, wurde zu den Akten gelegt.[927]

Am 21. Oktober 1944 erstattete Prorektor Springmeyer dem Senat Bericht über Besprechungen in Berlin, in denen es wieder einmal um die Schließung der Universität Halle gegangen war. Anlass war der Erlass des Wissenschaftsministeriums über den totalen Kriegseinsatz vom 12. Oktober 1944, der die Einstellung des Lehrbetriebs an den deutschen Hochschulen verfügte.[928] Eine Reihe von Ausnahmen unterhöhlte jedoch den Erlass, so dass praktisch alle Hochschulen erhalten blieben, bestimmte Fächer jedoch nicht mehr unterrichtet wurden. Zum Beispiel sollten in der Medizinischen Fakultät Neuimmatrikulationen nicht mehr vorgenommen werden, womit ab 1946 die vorklinischen Semester in Wegfall gekommen wären.[929] Der Erlass bestimmte aber die Schließung der Theologischen Fakultät, deren Wiedereröffnung nach dem – gewonnenen – Krieg wohl auch nicht geplant war.[930] Dekan Schmidt kündigte an, die Lehrkräfte der Philosophischen Fakultät zur Verfügung zu stellen, und trotz einer geschlossenen Fakultät Vorlesungen für Hörer aller Fakultäten anzubieten. Die Philosophische Fakultät sollte an und für sich ebenfalls geschlossen werden, mit Ausnahme der Lehrerausbildung. Prorektor Springmeyer konnte für sich selbst durchsetzen, dass die Prüfung für Philosophie und Weltanschauung für das höhere Lehramt erhalten blieb. Er machte in Berlin klar, dass man sonst gegen »die eigene Parole« verstoßen würde. Akzeptiert wurde vom Senat aber die Schließung der Juristischen und Staatswissenschaftlichen Fakultät, ausgenommen sollten aber die beiden Lehrstühle bleiben, die man für die juristische und volkswirtschaftliche Ausbildung der Landwirte brauchte. Für die Ausbildung der Landwirtschaftsstudenten sollte auch ein Teil der Naturwissenschaftlichen Fakultät erhalten bleiben, die Fächer Bodenkunde, Geologie, Chemie, Physik und Botanik müssten also weiterhin gelehrt werden. Das Landwirtschaftstudium in Halle blieb auf ministerielle Anordnung hin also unangetastet.

Insgesamt war die Universität zu diesem Zeitpunkt aber durchaus arbeitsfähig. Bombenschäden hatte es kaum gegeben, die Auslagerungen waren mit Sachverstand durchgeführt worden. In Anbetracht der Kriegssituation und der Studentenzahlen mutet die Diskussion des Senates vom 21. Oktober 1944 aber trotzdem wie eine Geisterdebatte an. Den Anwesenden schien sie jedoch durchaus ernst zu sein. Einzig der Dekan der Medizinischen Fakultät, Adolf Eckert-Möbius, weigerte sich, irgendwelche Überlegungen zur Zukunft anzustellen. Er konstatierte, dass man momentan noch nicht stillgelegt sei und verließ die Sitzung.[931]

Sollte die Universität Halle aber tatsächlich am Ende des Sommersemesters 1945 geschlossen werden, wie Walter Zöllner 1994 mutmaßte?[932] Die Frage ist, weil fiktiv, kaum zu beantworten. Hätte der Krieg angedauert, wären sicher alle Universitäten geschlossen worden. Ein »nach dem Krieg« sollte es nicht geben, die entsprechenden Befehle der letzten Kriegstage sprechen eine deutliche Sprache. Und noch in seinem politischen Testament vom 29. April 1945 erwartete Hitler »treueste Pflichterfüllung bis in den Tod«.[933]

Angeboten für eine Schließung hätten sich nach einem siegreich beendeten Krieg wohl eher die komplett zerstörten Universitäten anderer Städte, etwa in Kiel, wo der Unterricht 1945 in Werkhallen, Lazaretten und ohne die ausgelagerte Bibliothek wieder aufgenommen wurde.⁹³⁴ Eine unzerstörte und arbeitsfähige Universität zu schließen, hätte eine verantwortungsvoll handelnde Regierung vermutlich nicht Erwägung gezogen. Falls aber doch, wären sicher die Medizinische Fakultät als Städtisches Klinikum oder Akademie und die Landwirtschaftlichen Institute als Agrarhochschule weitergeführt worden. Alle anderen Wissenschaftszweige galten spätestens ab 1944 als verzichtbar.

5.3 Luther-Universität? Die Festreden über Martin Luther

Die Universität hatte also am Reformationstag 1933, wie Walter Zöllner ironisch konstatierte, den Namen des »zweiten nationalen Heros« erhalten.⁹³⁵ Doch wie ging die Universität mit diesem Namen um, in einer Zeit, in der ein bewusster Kampf zur Zurückdrängung kirchlichen Einflusses, ja der religiösen Bindung generell, geführt wurde?⁹³⁶ An der Theologischen Fakultät waren die Protagonisten der Luther-Renaissance der 20er Jahre in den Ruhestand getreten, die jetzt amtierenden Lehrstuhlinhaber hatten andere Interessen als die Reformation.⁹³⁷ Auch der Gedanke, durch Rückgriffe auf Luther in theologischer Arbeit Religion selbst zu schaffen, wie es die Lutherforschung der 20er und 30er Jahre durchaus anstrebte, war in Halle nicht mehr aktuell.⁹³⁸

Die Universität war damit Luther-Universität und war es nicht, wie Rektor Hermann Stieve bereits in seiner Rede zur Verleihung des Namens am 31. Oktober 1933 betonte. Den Deutschen habe »ein gütiges Geschick Luther geschenkt«, dass er »einer der Größten war, der jemals unter uns Deutschen lebte«, müsse nicht betont werden. Die Universität sei »voll Stolz« darüber, dass er »dereinst ihrem Lehrkörper angehört habe.«⁹³⁹ Aber Stieve beklagte auch die Gegensätze zwischen Protestanten und Katholiken und äußerte deutliche Kritik an der seither herrschenden Uneinigkeit in Deutschland. (Die Adolf Hitler jetzt zumindest politisch durch die Abschaffung der Parteien wiederherstelle, meinte der Rektor.) Aber die Reformation habe, und das sei ihr eigentliches Verdienst, mit ihrem Eintreten für geistige Freiheit, »erst den Weg gebahnt und geebnet für alle Fortschritte auf geistigem Gebiet«, insbesondere die naturwissenschaftliche Erkenntnis. In weitem Schwung rekapitulierte der Rektor dann die antiken Denker, passierte die Überlegenheit des monotheistischen Christentums über die heidnischen Religionen um dann zur gewaltsamen Herrschaft des Papsttums zu gelangen, das »mit Grausamkeit und Strenge jeden Fortschritt auf naturwissenschaftlichem Gebiet« bekämpft habe.⁹⁴⁰ Und da, triumphierte Stieve, »schlägt am 31. Weinmond 1517 Martin Luther an der Schlosskirche zu Wittenberg 95 Thesen an.« Es folgte eine knappe Schilderung der Geschehnisse in der sächsischen Residenzstadt, um dann zu Luthers Auftritt in Worms zu kommen. Sein Bekenntnis »Hier stehe ich, Gott helfe mir, ich kann nicht anders« sei der größte Augenblick der Weltgeschichte gewesen. Dass Stieve mit seiner unhistorischen Darstellung der Ereignisse tradierte volkstümliche Muster vermittelte, die dem Stand der Lutherforschung widersprachen,⁹⁴¹ erscheint gegenüber seinen Folgerungen aus dem Zitat des Reformators nebensächlich. Luther habe durch diese kompromisslose Haltung »den Geist der Menschheit vom Zwang einer in oberflächlichem Denken und in der Sucht nach äußerer Macht verflachten Kirche befreit.«⁹⁴² Folgerichtig kam Stieve danach auf die Verantwortung des Hochschullehrers für eine kompromisslose Verteidigung wissenschaftlicher Erkenntnisse zu sprechen, er erwähnte dabei als Geistesgrößen Kopernikus, Darwin und Haeckel.⁹⁴³ Die Universität ehre in Luther daher »in erster Linie den großen Deutschen.« »Wir danken ihm«, so beendete der Rektor die Ansprache, »dass er der ganzen Welt die Freiheit des Denkens erkämpft hat, durch den Mut und die gewaltige Kraft eines deutschen Mannes.«⁹⁴⁴

Der Alttestamentler Hans Schmidt gewichtete die Bedeutung der Teile von Luthers Werk anders. Für ihn war die Bibelübersetzung das entscheidende, rühmenswerte Stück, nicht zuletzt deshalb, weil es »die Brunnenstube einer neuen deutschen Sprache« wurde und »damit das gewaltigste Band der Einheit, das die deutschen Stämme umschlingt.«[945] Der überzeugte Nationalsozialist sprach jedoch 1934 nicht über die Bibelübersetzung, sondern über ein kleines Werk Luthers, den so genannten »Regentenspiegel«. In Auslegung des Psalms 110[946], hatte Luther ein moralisches Traktat verfasst, wie der Fürst mit seinem Volk und insbesondere mit den Herrn an seiner Rechten, dem Hof und Hofgesinde umgehen sollte. Nach einer kurzen historischen Einordnung der Flugschrift in die Missstände zur Zeit des Wittenberger Fürsten Johann Friedrich, kam Schmidt auf den Punkt: »Aber wie ist es denn nun nach Luthers Meinung demgegenüber mit dem rechten Führer bestellt?« Der Theologe arbeitete dann heraus, dass als Qualitäten des Führers »Gottesfurcht« und »Demut« seines »Berufungs- und Begnadungsbe-

Hans Schmidt, Theologe.
1934 sprach er über Luthers Ideen vom Führertum.

wusstseins« entscheidend seien. Dazu komme die »erstaunliche Treffsicherheit« seines Handelns, ohne übermäßig gebildet zu sein. Luther habe das natürliche Vorrecht der Herrschenden herausgearbeitet, stellte Schmidt klar und zitierte den Reformator, »… hat Gott es also geschaffen, dass die Menschen ungleich sind und einer den andern regieren, einer dem andern gehorchen soll …« Es sei nur eine »sich von selbst« aus diesem Gedanken ergebende Folgerung, sagte Schmidt, dass sie auf die Idee vom »Führertum« übertragen werden müssten. Es sei aber zudem nur natürlich, setzte Schmidt mit Luther fort, dass die wirklichen Führer selten seien. Die Welt müsse warten, so zitierte Schmidt den Reformator, »bis die Zeit kommt, dass Gott wieder einen gesunden Helden oder Wundermann gibt …, der das Recht entweder ändert oder also meistert, dass es im Lande alles grünet und blühet.« [947]
Für das deutsche Volk gelte, und wieder transformierte der Theologe den Gedanken des Reformators in die Gegenwart, dass es seine Tugenden und seinen Adel entwickeln müsse und »eingedenk der Wunderleute, die Gott je und dann diesem Volke als Führer gegeben« zu folgen habe.[948]
Eine Luther-Rede als Hitler-Rede? Noch einmal war das Konzept nicht zu verwirklichen und so sprach Georg Baesecke, der Ordinarius für Germanistik, 1935 über »Luther als Dichter«. Ab diesem Jahr fand die Feier nicht mehr am Reformationstag statt, jetzt wurde Luthers an seinem Geburtstag, am 10. November, gedacht. Baesecke, der drei Jahre an der Weimarer Lutherausgabe mitgearbeitet hatte,[949] würdigte den »selbstgewählten Schutzpatron« der Universität, »auf dessen Kraft wir auch heute vertrauen wollen«, mit einer durchaus kritischen Be-

Georg Baesecke, Germanist.
1935 würdigte er Luther als Dichter.

trachtung seiner Kirchenlieder.⁹⁵⁰ Nach einer Klarstellung, dass Luther »kein Dichter« gewesen und bei der Neufassung lateinischer Lieder durchaus auf »Abwege« geraten sei,⁹⁵¹ folgte Huldigung auf Huldigung. Zu seiner »ganzen Größe« habe er sich auch auf diesem Gebiet aufgerichtet, hier höre man »wahrlich die Seelenangst des Mannes, der die ganze deutsche Welt auf sein einziges Gewissen genommen« habe. »Beglückend und erhebend« seien Luthers Lieder in »aller evangelischen Deutschen Munde gewesen.«⁹⁵² »In ihm« habe das 16. Jahrhundert »endlich wieder eine neue deutsche Liedkunst mit neuem Geist« hervorgebracht. Baesecke würdigte den »Prediger und Propheten«, den »Tröster und Ermahner«; Luthers »Ergriffenheit«, die »ins Quälerische gesteigerte Kraft des Selbsterlebens«, die »einfache Größe«, »gedrungene Wucht« und seine »sichere Bildlichkeit«. Als der tote Luther »unter lautem Wehklagen« durch die Straßen Halles gefahren wurde, habe das Volk »in dunklem Verständnis seiner Führerlosigkeit« das Lied »Aus tiefer Not schrei ich zu dir«⁹⁵³ mit »kleglichen gebrochen stimm mehr herausgeweint denn gesungen«.⁹⁵⁴ Und über das Kirchenlied der letzten vierhundert Jahre urteilte Baesecke: »Luther blieb der Stern und bleibt es auch jetzt.«
Die letzten Absätze seiner Rede korrigierten bzw. erweiterten jedoch dieses ganz gar dem Zeitgeist entsprechende Lutherbild.⁹⁵⁵ Nicht allein aus der dichterischen Leistung Luthers erkläre sich dieser Status: »Es musste sein überwältigendes Ansehen und jene Dauerhaftigkeit und immer erneuerte Heilung religiöser Gedankenformen hinzukommen, andererseits aber auch das Absinken zur Menge, die, je größer und geschlossener sie ist, um so stärker ihrem Verständnis angleicht und durch dies Angleichen immer neue Lebenskraft gibt: eine Auswahl von Kirchenliedern wird zu einer Art von literarischen Volksliedern.«⁹⁵⁶ Dazu komme die Sprache der Lutherbibel, der Kirche und der Frömmigkeit, »durch den frommen Gebrauch langer Geschlechterfolgen geheiligt«. Sie trage die Lieder Luthers »aus dem Lichte der Kritik in ein mystisches Halbdunkel empor«, hier ruhe also auch der Dichter Luther.⁹⁵⁷
Erstaunlich scheint in der Rückschau Baeseckes Schwenk von seinem skizzierten, beinahe entmythologisierten Dichter Luther hin zu dem »ungeheuren Befreier unserer geistigen Welt und deutscher Frömmigkeit«. Doch wer von Kindesbeinen an in brausendem Chor die »Feste Burg« mitgesungen habe, »mit dem wie plötzlich vom Himmel gestürzten berauschenden Trotze im Herzen und mit Schauern über den Leib«, der fühle sich, so Baesecke, »als Glied einer sich mächtig erhebenden Gemeinsamkeit, als Deutscher, der mit und in seinem Volke aller Welt die Stirn bietet.«

Zum Schluss sang dann das Auditorium tatsächlich »Ein feste Burg ist unser Gott«. Das Lied, das wie Baesecke formulierte, im hohen Anfange schmettere »unzerstörlich gleich« und dann entschlossen »wie Heeresmarsch in die Tiefe« stampfe.[958]
Ein Jahr später, am 10. November 1936, hielt der Kunsthistoriker Wilhelm Waetzold die Gedenkrede. Der martialische Titel »Die Kunst als geistige Waffe« ließ Gleichartiges wie von Baesecke erwarten. Doch Waetzold war – anders als Baesecke – weder Mitglied der NSDAP noch »fühlte« er derartig national. Auch der Gedanke »mit und in seinem Volke aller Welt die Stirn zu bieten« kam dem nach Halle strafversetzten einstigen Generaldirektor der Staatlichen Museen Berlin nicht. Anders als Baesecke, der als Sohn eines braunschweigischen Apothekers den typischen Karriereweg des provinziellen Gelehrten durchlaufen hatte, gehörte der Berliner Waetzold zum weltoffenen Bürgertum.[959] Der Sohn eines Oberregierungsrates im preußischen Kultusministerium hatte seinen Horizont in ausgedehnten Reisen durch Westeuropa geweitet. Offenbar ohne Geldsorgen studierte er ausgiebig verschiedene Geisteswissenschaften und wurde Assistent am Kunsthistorischen Institut Florenz. Von 1909 bis 1911 arbeitete er an der Bibliothek Warburg in Hamburg. 1912 wurde Waetzold zum Ordinarius für neuere Kunstgeschichte an der Universität Halle berufen.[960] Später war Waetzold Vortragender Rat im preußischen Kultusministerium, von 1927 bis 1933 Generaldirektor der staatlichen Museen Berlin. Dieses Amt verlor er, weil in »seinen« Museen die Werke jüdischer Künstler ausgestellt wurden und er darüber hinaus als Förderer der modernen Kunst galt. Vielleicht hielt er Halle wie die anderen strafversetzten Professoren für einen Verbannungsort, aber er fand hier Zeit, mehrere Monographien über die Künstler der Renaissance zu verfassen, die kommerziell erfolgreich waren und sämtlich ins Französische, Italienische und Englische übersetzt wurden.
Seine Rede zum Luthergedenktag streifte daher den Reformator kaum, vielleicht, weil ihn Waetzold an den Renaissancegrößen maß und für nicht interessant genug befand. Statt dessen hielt der Kunsthistoriker eine Vorlesung über die Geschichte der politischen Kunst. Zwar nahm er die Reformation mit ihren Hohn- und Spottbildern zum Ausgangspunkt, spannte dann aber den Bogen über Dürer und Holbein in die Französische Revolution und zu Goya. Er erwähnte die Karikaturen des 18. und 19. Jahrhunderts und den Propagandakrieg des Ersten Weltkriegs, um schließlich zu konstatieren, dass – mit Clausewitz gesprochen – »auch die bildende Kunst ›Fortsetzung der Politik mit anderen Mitteln‹ ist.« Erst im letzten Satz fand er zu Luther zurück: Der Reformator habe »die künstlerischen Kräfte jedenfalls verstanden und sie im Kampfe eingesetzt.« Bezüge zur nationalsozialistischen Gegenwart stellte Waetzold nicht her und sein Luther war nicht der Geistesheroe, als den ihn im Vorjahr Georg Baesecke zelebriert hatte.[961]
Von den Geschehnissen der Reformation abstrahierte der neu berufene Ordinarius für Psychiatrie und Neurologie Paul Hilpert 1937 völlig. Er sprach über die »rassehygienische Forderung« der Gegenwart und entwickelte das ganze menschenverachtende eugenische Programm des Nationalsozialismus. Die Rasse sei der »ewige Strom völkischen Lebens, der durch die Generationen« fließe und das »gemeinsame Bindeglied aller deutschen Menschen« darstelle, behauptete Hilpert, um dann die Aufgaben der Rassenhygiene zu beschreiben. »Züchterisch« sei diese, und da die »Gattenwahl« im deutschen Volk nicht »instinktsicher« gewesen sei, müssten Staat und Wissenschaft jetzt zwangsläufig eingreifen.[962] »Bastardisierung« gelte es zu bekämpfen, indem Ehen zwischen Deutschen und Juden verboten würden. »Gesunde Erblinien« müssten gefördert, »kranke« hingegen »ausgemerzt« werden.[963] Vor allem gelte es den »erblichen Schwachsinn« durch Unfruchtbarmachungen zu bekämpfen. Das Gesetz zur Verhütung erbkranken Nachwuchses vom 14. Juli 1933 müsse

daher strikt und umfassend angewandt werden. Insbesondere sei die Grenze zur »physiologischen Dummheit« nicht zu eng zu ziehen, insgesamt müssten wohl ca. 2 Millionen Menschen in Deutschland sterilisiert werden, vermutete der Psychiater.[964] Einen Bezug zu Luther stellte Hilpert in seiner Rede dann aber doch noch her. Durch seine Ehe mit Katharina von Bora habe er »die Familie als staatserhaltende Keimzelle des völkischen Lebens wieder zu Ehren gebracht«.[965]

Am 10. November 1938 – dem Tag nach der Reichskristallnacht – wurde die Festrede von Gerhard Buchda, dem neu berufenenen Rechtshistoriker, gehalten. Buchda ging mit keinem Wort auf das Geschehene ein, Kritik hätte er im Rahmen einer solchen Festversammlung ohnehin nicht äußern können. Dass er den Pogrom nicht begrüßt hat, spricht in der Rückschau für ihn. Bemerkenswerterweise erwähnte Buchda aber auch den Gegenstand der Feier lediglich dreimal: am Ende der ersten Seite sowie im ersten und im letzten Satz seiner Rede. Im letzten Satz betonte Buchda, dass wir »unser Bekenntnis zu unserem Martin Luther erneuern.« Satz 1 lautete: »Martin Luthers 455. Geburtstag fällt in einen Herbst, den kein Deutscher vergisst.« Damit war der Grund genannt, warum Buchda nicht auf Luther, nicht auf die Reformation einging. Passend zu der einen Monat zuvor erfolgten Besetzung des Sudetenlandes sprach Buchda über das deutsche Bergrecht im Südosten; abwegig sei das Thema durchaus nicht, Luther sei ja ein Bergmannssohn gewesen (Erwähnung Nr. 3). Die Sudetendeutschen hätten jetzt »für immer im Deutschen Reiche Schutz gefunden«, ihre Heimat sei »fortan Reichsboden«. Er wolle aber an die früheren Geschlechter der Deutschen im böhmisch-mährischen Raum erinnern, die »oft genug« bedroht und bedrängt worden seien.[966] Dann sprach Buchda über die Ausstrahlung der Bergrechte von Iglau und Joachimsthal, immer mit Blick auf die »starke Verflochtenheit der südostdeutschen Kultur an den alten Grenzen und über die Grenzen hinweg.«[967] Reich wäre »die völkische Ernte« geworden, »hätten nicht Stürme so manchen Ast gebrochen und halbreife Früchte zu Boden geschlagen.« Besonders die Hussiten seien es gewesen, die einen harten nationalen Kampf gegen die Deutschen führten. Buchda: »Die Hussitenbewegung enthielt gewiss religiöse Gedanken, wir Deutschen bekamen jedoch weniger ihre Religion als vielmehr ihren fanatischen völkischen Hass zu spüren.«[968] An den Schluss seiner Rede stellte Buchda dann die Forderung nach einem einheitlichen deutschen Bergrecht. »*Ein Volk, ein Reich, ein Führer – und ein Recht*« (Hervorhebung im Original), so klinge es durch die deutsche Gegenwart, könne nicht »unsere Hochschule hier voranschreiten«?[969]

Damit war das Gedenken an Luther wieder dort angekommen, wo es seinen Ausgangspunkt genommen hatte: bei der Instrumentalisierung eines – allerdings evangelischen – Schutzheiligen für die Zwecke der Universität. Zwar hatten einige der Redner versucht, dem Reformator eine tiefere Bedeutung verleihen, seine Lehren und seine Person als Wegweiser für die Gegenwart zu nutzen, die Substanz des Gesagten war jedoch gering. Am Geehrten lag das sicher nicht, Luthers Werk hätte theologische Ansätze zu Hauf geboten, auch sein Judenhass hätte sich trefflich instrumentalisieren lassen. Weitere Reden zu Ehren Luthers hat es aber nicht gegeben. Zwar war die Universität 1939 am 10. November, dem Geburtstag Luthers, gerade wieder eröffnet worden, eine Festrede verbot sich jedoch angesichts der zunächst als ernst eingeschätzten Lage. Doch 1940 gab es keine Luther-Rede, begangen wurde bis 1944 lediglich der Tag der »nationalen Erhebung« (30. Januar), der bereits 1935 den Tag der Reichsgründung (18. Januar) als Nationalfeiertag abgelöst hatte.[970]

5.4 Auseinandersetzungen im Kirchenkampf

Am 11. September 1935 setzte sich der Dekan der Theologischen Fakultät Friedrich Karl Schumann gegen den Versuch zur Wehr, dem der Bekennenden Kirche angehörenden Ernst Wolf die Berechtigung zur Teilnahme an kirchlichen Prüfungen zu versagen. Wenn der Theologische Prüfungsausschuss der Provinz Sachsen Wolf ausschließe, würde damit erstmals die »kirchenpolitische Stellung des Betreffenden« für theologische Prüfungen maßgeblich. Schumann weiter: »Ein solcher Versuch müsste das ernste und bisher erfolgreiche Bemühen der Fakultät, das theologische Prüfungswesen aus dem Kirchenkampf herauszuhalten, auf das Schwerste gefährden.«[971]
Die Theologische Fakultät lavierte nicht nur in der Frage der Prüfungen. Ihre Professoren mussten immer im Blick behalten, dass sie einerseits institutionell in das staatliche Bildungswesen integriert, andererseits den Kirchen verpflichtet waren.[972] Nicht anders als in anderen evangelischen theologischen Fakultäten bezogen ihre Mitglieder eine Vermittlerrolle, wobei sich einzelne Professoren und Dozenten ausdrücklich auf der Seite des Staates positionierten, andere Positionen der oppositionellen Kirchenströmungen vertraten. Die Dekane der Theologischen Fakultät der Universität Halle, Friedrich Karl Schumann, Hans Schmidt und der in Schmidts Abwesenheit amtierende Gerhard Heinzelmann, vertraten gegenüber dem Staat unbedingte Loyalität, zugleich tolerierten sie Alleingänge ihrer Fakultätsmitglieder. In keiner Fakultät der Universität hat es ein derartig vehementes Eintreten der Fakultätsleitung für ihre Mitglieder gegeben. Zugleich wurden jedoch Lehrstuhlvertreter in großer Anzahl »aussortiert«, so der zur Bekennenden Kirche gehörige Heinrich Schlier, der 1934/35 den Lehrstuhl für Neues Testament vertrat.[973] Auch der Erlanger Wolfgang Trillhaas, der sich mit Kritik am »Ansbacher Ratschlag« vom Sommer 1934 positioniert hatte, erhielt trotz der Fürsprache einiger Fakultätsmitglieder den Lehrstuhl für Praktische Theologie nicht. In seinen Memoiren blickte Trillhaas trotzdem ohne Unmut auf Halle zurück und bescheinigte den einzelnen Lehrstuhlinhabern, dass sie Leute waren, »die etwas konnten und etwas zu bieten hatten«.[974] Aber er meinte eben auch, dass die Theologische Fakultät insgesamt »farblos« gewesen sei und »keinen deutlichen Charakter« gehabt hätte.[975]
Diese »Blässe« und Zurückhaltung wurde zumindest von der Leitung der Universität belohnt. Immer wieder sagten Rektor und Gaudozentenführer für einzelne Professoren der Theologischen Fakultät gut, etwa für den 1932 als »Gegengewicht« zu Dehn berufenen Friedrich Karl Schumann. Schumann der 1933 der NSDAP beitrat, sich offen für Hitler aussprach und Berater des Reichsbischofs Ludwig Müller war, geriet 1934 zum ersten Mal in die Kritik, als er sich öffentlich und demonstrativ vom Reichsbischof lossagte.[976] Er hatte wohl die Illusion, dass die Deutschen Christen eine »echte Volkskirche« anstrebten. Als sich seine Erwartungen nicht erfüllten, zögerte Schumann nicht, die Erklärung der Theologieprofessoren zu unterzeichnen, die den Rücktritt des Reichsbischofs forderte.[977] Dozentenführer Wilhelm Wagner vermerkte das auch in einer Beurteilung, die er 1938 über Schumann abgab, als der Theologe nach Tübingen berufen werden sollte. Schumann habe 1933 den Deutschen Christen nahegestanden, sich aber »davon etwas getrennt«. Trotzdem nannte er ihn einen »in wissenschaftlicher und besonders pädagogischer Beziehung« gut befähigten, fleißigen und »äußerst« gewandten Hochschullehrer: »seine ausgesprochen weltmännische Art verfehlt ihre Wirkung auf die Studenten in keiner Weise.« Außerdem bescheinigte er Schumann eine »männliche, gewandte und tüchtige Wirkung« und nannte ihn einen »ausgezeichneten Vertreter seines Faches«.[978] Nach 1945 erhielt Wagner dann auch

von dem als Rektor amtierenden Theologen Otto Eißfeldt anlässlich seiner Entnazifizierung die Bestätigung, dass er »den vom Braunen Haus in München kommenden Versuchen, die Theologische Fakultät zu unterhöhlen, widerstanden« und sich »für die Förderung des Theologischen Nachwuchses« eingesetzt habe.[979]

Als Ziel der Universitätsleitung muss daher wohl tatsächlich nicht die »Säuberung« von oppositionellen Theologen angenommen werden. Weigelt und Wagner sahen ihre Aufgabe in der Disziplinierung Abweichender, sie hatten die Vorstellung, die Theologie für die Universität zu erhalten und sie in den nationalsozialistischen Staat zu integrieren.[980]

Dass es trotzdem wiederholt zu Maßregelungen von Professoren kam und Studenten relegiert wurden, überrascht angesichts der Heftigkeit des Kirchenkampfes nicht.[981]

Für die Universitätstheologen bestand die Attraktivität der Deutschen Christen, die von der NSDAP aus taktischen Gründen 1932 ins Leben gerufen worden waren, wohl weniger in der unbedingten Parteinahme für den Nationalsozialismus als in der von den DC angekündigten und als dringlich empfundenen Kirchenreform. Doch die besondere Anziehungskraft des Mythos von der Reichskirche verblasste in dem Moment, wo sich das von der NSDAP ausgesuchte Personal in den politischen Kämpfen exponierte. Darüber hinaus war die postulierte Abkehr vom Alten Testament unakzeptabel, auch der angekündigte Verzicht auf die »ganze Sündenbock- und Minderwertigkeitstheologie des Rabbiners Paulus«, so der Gauobmann für Berlin Reinhold Krause, musste die Universitätstheologen in Opposition zu den Deutschen Christen führen.[982] Demonstrativ traten am 24. November 1933 vier Tübinger Professoren aus den DC aus, wenig später folgten Professoren aus Gießen, schließlich auch die Hallenser Friedrich Karl Schumann und Ernst Kohlmeyer.[983] Am 13. Juni 1934 verfassten die Professoren der Theologischen Fakultät eine Erklärung gegen das Agieren der Deutschen Christen, die immerhin 13 Unterschriften trug. Auch als im November 1934 über einhundert Hochschultheologen den Rücktritt Müllers forderten, befanden sich darunter Mitglieder der hallischen Fakultät, unter anderem Friedrich Karl Schumann, nicht aber der religiöse Sozialist Ernst Barnikol.[984]

Auf die andere Seite, die Bekennende Kirche, konnte sich die Fakultät als Ganzes freilich nicht schlagen. Zum einen lehnten sie deren Exponenten aus theologischen Gründen ab, zum anderen sahen sie wohl auch in dieser Glaubensbewegung einen Irrweg.

Der Versuch der Bekennenden Kirche, eine Art Gegenkultur zu der deutsch-christlichen Dominanz zu etablieren, musste durchaus ernst genommen werden. An jeder Universität sollte nach Möglichkeit eine Bekenntnis-Studentengruppe gegründet werden, die Verbindung mit den örtlichen Bekenntnisgruppen der Gemeinden halten sollte. Wochenendfreizeiten und Semesterschluss-Kurse sollten nicht nur bilden, sondern auch das Zusammengehörigkeitsgefühl stärken. Besonders »befremdlich« erschien dem Wissenschaftsministerium, dass für die Bibelarbeit die Schriften Karl Barths empfohlen wurden und dass auch die Schriften Alfred Rosenbergs gelesen werden sollten, um sich mit ihnen auseinanderzusetzen. Die Reaktion von Minister Rust auf diese »Angriffe« war eindeutig, wie ein Rundschreiben vom 6. Juni 1935 an alle deutschen Hochschulen zeigt: »Bei Bekanntwerden von Bestrebungen dieser Art ist der Geheimen Staatspolizei und mir sofort zu berichten.«[985] Im Dezember 1935 ersuchte Rust um Bericht, »welche Beobachtungen bisher gemacht worden sind, ob und in welcher Stärke diese Gruppen noch bestehen, ob sich neue Gruppen gebildet haben und welche Missstände etwa noch vorhanden sind.« Rektor Woermann antwortete am 11. Februar 1936. Eine sorgfältige Prüfung habe ergeben, »dass hier an der Universität offiziell eine Studentengruppe der Bekenntniskirche nicht besteht.« Allerdings nehme eine Gruppe von 50 bis 60 Theologie-Studenten an Versammlungen und Bibelabenden teil, die regelmäßig an jedem Sonnabend im Haus des Christlichen Vereins Junger Männer veranstaltet würden. An diesen Abenden würden, so Woermann, »teilweise auch kirchenpolitische Fragen im Sinne der Bekenntnisfront erörtert«. Wie er gehört habe, seien die Versammlungen von der Geheimen Staatspolizei überwacht, zu »Beanstandungen« habe sich bisher kein Anlass ergeben. Darüber hinaus verlaufe die Arbeit der Theologischen Fachschaft »sehr harmonisch« und: »Überhaupt sind die Spannungen unter den Studenten der Theologie, die in früheren Semestern in erheblichem Umfange vorhanden waren, wesentlich geringer geworden.«[986]

Der Bischof der Provinz Sachsen, Friedrich Peter, teilte die Gelassenheit Woermanns und des Dekans nicht und wies »vertraulich« auf die Verbindungen des nach Halle versetzten Professors Ernst Wolf zur Bekennenden Kirche hin.[987] Wolf agierte dabei jedoch vorsichtig, so sagte er im Juli 1936 die Teilnahme an einer Veranstaltung in Stuttgart ab, nicht ohne darauf hinzuweisen, dass er dazu vom Reichserziehungsminister auf Grund der »staatsfeindlichen Gesinnung« eines Teilnehmers »genötigt« worden sei. Der Ton dieses Schreibens wurde vom Kurator der Universität als »unzulässig und ungehörig« bewertet, zumal Wolf den Organisatoren der Veranstaltung so auch den Standpunkt des Ministers zur Kenntnis gebracht habe.[988] Im September 1936 ergab sich schließlich die Gelegenheit, Wolf zu maßregeln. Der habe an der Theologischen Hochschule Elberfeld Gastvorlesungen gehalten, monierte das Wissenschaftsministerium. Diese Hochschule sei aber vom Staat nicht genehmigt und als Fortsetzung der verbotenen Kirchlichen Hochschulen in Berlin, Wuppertal-Barmen und Breslau zu betrachten. Ministerialrat Franz Bachér wies daher den Kurator der Universität Halle an, Wolf »hierüber ... verantwortlich vernehmen zu lassen und die Vernehmungsniederschrift mit der Stellungnahme des Dekans und des Rektors mir vorzulegen.«[989] Tatsächlich habe er in Elberfeld über Kirchengeschichte und Kirchenprobleme in vier Jahrhunderten gelesen, gab Wolf am 22. Oktober 1936 unumwunden zu. Er habe die Theologische Schule in Elberfeld nicht als eine Kirchliche Hochschule im Sinne des Verbotes angesehen, da die Aufgabenstellung dieser Schule doch die gleiche sei wie in Bethel. Beide würden Sprachkurse und wissenschaftliche Übungen veranstalten und bestünden schon seit Jahren. Es handle sich bei beiden Schulen um eine »gesetzmäßige Einrichtung«, der Vorlesungsplan bewege sich »durchaus in den von den anerkannten Kirchenbehörden gesetzten Grenzen.« Zweck sei die Weiter- und Fortbildung von Studierenden der Theologie in höheren Semestern und von Kandidaten der Theologie, nicht etwa der, »einen Ersatz für die Theologischen Fakultäten darzustellen.« Nie sei ihm der Gedanke gekommen, dass die Theologische Schule in Elberfeld »etwa Bestrebungen und Ziele verfolgt, die den Intentionen der Kirchenbehörde nicht entsprechen oder gar unter ein Verbot fielen.« Die Antwort aus Berlin ließ auf sich warten, war aber im erhofften Sinne. Auf Grund der Auslassung des Professors Wolf betrachte man die Angelegenheit als erledigt.[990]

Während Wolfs Eintreten für die Bekennende Kirche durch sein geschicktes Taktieren folgenlos blieb, kam es im Sommersemester 1937 an der Universität Halle zum Eklat.[991] Im Schlesischen Konvikt fanden während des Semesters an jedem Sonnabend Vorträge und Aussprachen statt, die ausschließlich von Männern der Bekennenden Kirche bestritten wurden und an denen nur Mitglieder dieser Glaubensrichtung teilnehmen konnten. Einige der Referenten waren Professoren, den Charakter von geschlossenen Kursen oder von Parallelveranstaltungen zu Vorlesungen der Theologischen Fakultät hatten diese Veranstaltungen jedoch nicht, wie Dekan Schmidt festhielt. Diese Feststellung war im Sinne der Teilnehmer, denn die Etablierung eines förmlichen Lehrprogrammes war per Erlass des Wissenschaftsministeriums untersagt worden.[992]

Rektor Weigelt wies jedoch trotzdem an, dass Studenten, die an den Veranstaltungen teilgenommen hatten, ihre Wohnheimplätze im Schlesischen Konvikt und im Tholuck-Konvikt aufgeben mussten. 16 von ihnen verweigerten den Auszug und wandten sich mit einer Petition an das Wissenschaftsministerium. Dort dachte man überhaupt nicht daran, die Anordnung des Rektors aufzuheben, wie man den Studenten via Universitätsleitung am 21. Juni 1937 mitteilte. Rektor Weigelt veranlasste daraufhin die Eröffnung eines Disziplinarverfahrens, da es den Studenten nicht zukomme, »über die Berechtigung und die Zweckmäßigkeit amtlicher Erlasse und Anordnungen der Hochschulführung zu entscheiden und davon ihre Befolgung oder Nichtbefolgung abhängig zu machen.« Universitätsrat Friedrich Tromp, der offenbar auch auf der Klaviatur der Repression zu spielen vermochte, umging in seiner Anschuldigungsschrift die Erörterung des eigentlichen Sachverhaltes. Er konstatierte: »Der Ungehorsam ist planmäßig und mit Vorbedacht geleistet«, mithin seien sie der »ihnen zur Last gelegten Straftaten (!) hinreichend verdächtig.«[993] Das Ergebnis des summarischen Verfahrens überrascht nicht: Die Studenten verloren ihren Wohnheimplatz und wurden vom Studium ausgeschlossen. Relegiert wurden am Ende 11 Studenten, die Verhandlungen vor den Universitätsbehörden zogen sich bis in den November 1937 hinein.[994] Betroffen war schließlich auch der Leiter des Konvikts, Pfarrer Curt Duda, der sein Dienstzimmer im Konvikt für den parteitreuen Professor Paul Keyser räumen musste. Duda wurde 1938 Pfarrer an St. Laurentius, der Kirchgemeinde, die am engsten mit der Universität verbunden war und sich am deutlichsten in den Kirchenkämpfen dieser Zeit positionierte.[995]

Als Denunziant bewährte sich bei den Auseinandersetzungen der Fachschaftsleiter der Theologiestudenten, Herbert Werkmeister. Dieser einstige HJ-Führer aus dem Kreis Wanzleben bekam Nachhilfeunterricht im Sprachenkonvikt und denunzierte 1937 seine Mitstudenten aus den anderen Konvikten. 1935 war er Kassenwart des NS-Studentenbundes. Ansonsten engagierte sich Werkmeister beim Volkskirchlichen Arbeitsring, in der SA und in der NSDAP, der er schon 1931 beigetreten war, wie seine niedrige Mitgliedsnummer (999 702) belegt.[996]

Der Fall Schniewind

Julius Schniewind hatte an den Universitäten Bonn, Halle, Berlin und Marburg Theologie studiert. 1910 wurde er in Halle zum Lizentiaten der Theologie promoviert und 1914 habilitiert. Nach der Promotion war er bis 1915 Inspektor des Schlesischen Konvikts, von 1915 dann bis 1918 diente er als freiwilliger Feldgeistlicher. Schon 1919 zum nichtbeamteten außerordentlichen Professor ernannt, erhielt er 1921 einen Lehrauftrag für neutestamentliche und patristische Philologie und Schriftenkunde. 1927 wurde er an die Universität Greifswald berufen, 1929 wechselte er nach Königsberg. Hier entfaltete er eine umfangreiche Tätigkeit außerhalb der Universität, so dass er 1935 als führendes Mitglied der Bekennenden Kirche Ostpreußens zwangsweise nach Kiel versetzt wurde. Dort lehnte er es ab, sich der Landeskirche Schleswig-Holsteins für eine Mitwirkung bei Prüfungen zur Verfügung zu stellen, da sich die Landeskirche von der Bekenntniskirche getrennt hatte. Die Universität Kiel forderte daher seine Versetzung.[997] Da an der Universität Halle ein Lehrstuhl vakant war, forderte das Wissenschaftsministerium eine »Stellungnahme« an. Die hallische Fakultät war sowohl von den wissenschaftlichen als auch von den menschlichen Qualitäten Schniewinds überzeugt und formulierte eine entsprechende Berufungsliste auf der Schniewind an Platz 1 stand.[998]

Zum »Fall« wurde Schniewind im März 1937, da er sich nicht an eine ministerielle Regelung gehalten hatte. Ausdrücklich hatte man ihm verboten, an einer Veranstaltung der Be-

Julius Schniewind, Theologe. 1937 gemaßregelt.

kennenden Kirche in Ostpreußen teilzunehmen. Schniewind fuhr trotzdem. Am 2. März, also noch vor der Rückkehr Schniewinds, informierte Rektor Johannes Weigelt den zuständigen Referenten im Wissenschaftsministerium und schickte ein Konvolut von Aktenstücken, Schniewind betreffend, mit. »Sie ersehen aus den Beilagen, dass es weder für den Dekan der Theologischen Fakultät noch für mich als Rektor möglich war, Herrn Schniewind an der Reise zu verhindern«, schrieb Weigelt und bat um »weitere Weisungen in der Angelegenheit.«[999] Sehr rasch, am 22. März 1937, eröffnete das Ministerium ein förmliches Dienststrafverfahren gegen Schniewind, bis zum Abschluss des Verfahrens blieb Schniewind suspendiert.[1000] Damit verlor er seine Lehrbefugnis und einen Teil seines Gehaltes. Ziel des Verfahrens war, ihn aus dem Dienstverhältnis als Hochschullehrer zu entlassen. Begründung: Verstoß gegen eine ministerielle Anordnung. In das schwebende Dienststrafverfahren versuchte die Theologische Fakultät mit einer Fürsprache zu Gunsten Schniewinds einzugreifen. Unter anderem wies Dekan Hans Schmidt darauf hin, dass der Ausfall Schniewinds von der Fakultät »schmerzlich« empfunden würde. Weigelt besprach das Schreiben gemeinsam mit Kurator Maaß und wies Schmidt an, von dieser Ansicht »abzurücken«. Weigelt: »Ich bezweifle, dass diese Äußerung im Interesse der Fakultät ist.«[1001] Am 1. September 1937 meldete sich Weigelt selbst mit einer Stellungnahme zu Wort. Schniewind habe sich gegen das Ministerium »in unverantwortlicher Weise ungehorsam gezeigt«. Eine »Wiederkehr des Herrn Prof. Schniewind auf seinen Lehrstuhl nach Halle« sei daher ausdrücklich »nicht erwünscht« teilte er Berlin mit.[1002] Das Urteil der Dienststrafkammer fiel jedoch nicht in Weigelts Sinne aus, Schniewind hatte die Kosten des Verfahrens zu tragen, sein Gehalt wurde für fünf Jahre um ein Fünftel gekürzt.[1003]

Nicht weniger als 97 Studenten erklärten sich mit dem gemaßregelten Professor solidarisch und unterzeichneten eine entsprechende Resolution.[1004] Ein Student wandte sich direkt mit einer Beschwerdeschrift an den Reichs- und Preußischen Minister für Wissenschaft, Erziehung und Volksbildung. Weigelt zitierte die Studenten umgehend vor den Disziplinarausschuss der Universität und ließ den Universitätsrichter intensiv nach Motiven und möglichen Disziplinarverstößen forschen.[1005] Bestimmte Aussagen von Studierenden nahm sich Weigelt selbst vor und lud die Betreffenden zum Gespräch. Offenbar übte dieses Procedere auch Druck aus, viele beantragten ihre Exmatrikulation.

Andere Studenten machten ihren Wechsel an die Universität Halle davon abhängig, ob Schniewind wieder lesen würde, wie sich Fakultätskollege Gerhard Heinzelmann 1948 erinnerte: »Ich habe es erlebt, dass Studenten anfragten, ob Schniewind im nächsten Semester liest, denn um seinetwillen wollten sie nach Halle kommen, als wären wir anderen für sie gar nicht da.«[1006]

Es gab jedoch auch Studenten, die Schniewind, der viele von ihnen zu »offenen Abenden« einlud und mit ihnen fast väterlich verkehrte,[1007] bespitzelten.[1008] Der Sicherheitsdienst der SS, meist der dort für die Universität zuständige einstige Studentenführer Heinz Schimmerohn, stellte daraus dann regelrechte »Anklageschriften« zusammen, in denen Schniewind sogar zur Last gelegt wurde, wenn er zu einer Sache schwieg. So berichtet ein SD-Bericht über den »Fall« des W. Wiesner, dem Inspektor des Reformierten Konvikts, der in einer Versammlung äußerte, »dass Gott nicht nur der Gott der Deutschen, sondern auch Gott der Juden sei«. Außerdem gedachte Wiesner auch »der im KZ einsitzenden Glaubensbrüder.«[1009] Schniewind war bei Wiesners Worten anwesend und hatte nicht widersprochen. »Sein Schweigen zu den Ausführungen W.'s ist somit als Zustimmung zu bewerten«, vermerkt das Schreiben des Sicherheitsdienstes an die Universität. Schniewind sei damit eine »nicht zu unterschätzende Gefahr für die heranwachsende Jugend und damit für die Volksgemeinschaft.« Und weiter: »Er ist, weil kirchenpolitisch der Bekennenden Kirche angehörend, politisch unzuverlässig. Damit hat er aber seine Existenzberechtigung als Dozent an einer Universität, die Reichsleiter Rosenberg zum Mittelpunkt der Verkündigung nationalsozialistischen Gedankenguts ausersehen hat, verwirkt.«[1010] Von der Universität verwiesen wurde Schniewind jedoch nicht. Auch nach dem Ende des Krieges blieb er Halle treu, Rufe an die Universitäten Münster, Mainz und Berlin lehnte er ab.

5.5 Der Entzug akademischer Würden

Seit jeher hatten Universitäten die Möglichkeit, die verliehene Doktorwürde zu entziehen. Die entsprechenden Bestimmungen der Promotionsordnungen wendeten die akademischen Behörden an, wenn sich ein promovierter Absolvent »unwürdigen Verhaltens« schuldig gemacht hatte. Im Allgemeinen betraf dies rechtskräftig Verurteilte, denen die bürgerlichen Ehrenrechte aberkannt wurden. Statistiken für die Zeit vor 1933 liegen nicht vor, es scheint sich dabei aber lediglich um einzelne Fälle gehandelt zu haben.

In den Jahren 1933 bis 1945 hat es an der Universität Halle 56 Verfahren zum Entzug akademischer Würden gegeben.[1011] Diese universitätsinternen Prozesse fanden unter Vorsitz des Rektors statt, beteiligt waren die Dekane der fünf Fakultäten, hinzugezogen wurden meist der Kurator der Universität und, bevor er zur Wehrmacht eingezogen wurde, der Universitätsrichter. Von den 56 Verfahren endeten fünf nicht mit dem Entzug des Doktorgrades. 28-mal entzog die Universität die Doktorwürde wegen der Aberkennung der Staatsbürgerschaft durch das Reichsinnenministerium.[1012] Sieben Medizinern wurde der Titel wegen der Vornahme von Schwangerschaftsabbrüchen (Verstoß gegen § 218 Strafgesetzbuch) aberkannt. Sechs Absolventen der Universität verloren ihren Doktorgrad wegen homosexueller Handlungen, vier wegen finanzieller Delikte, einer wegen so genannter Rassenschande. Wegen eines Urteils des Sondergerichtes Halle »Verrat der deutschen Volkswirtschaft« und »Vorbereitung zum Hochverrat« erkannte die Universität einem Ökonomen den Doktorgrad ab.[1013]

Die Universität selbst wurde, so scheint es nach Einsicht in die Akten, von sich aus nicht aktiv.[1014] Der Vorgang selbst lief auf zweierlei Weise ab. Im Fall einer nachgewiesenen Straftat damaligen Rechtsverständnisses sandte das Gericht der Universität eine Kopie des Urteils zu und stellte dieser anheim, ob sie dem Straftäter den Titel aberkennen wollte oder nicht.

Hier kam es in der Kommission offenbar zu Diskussionen, wenn sie auch nur im Ausnahmefall dokumentiert sind. Bei der Aberkennung der Staatsbürgerschaft teilte das Innenministerium dies der Universität Halle mit und verlangte die Aberkennung des Doktortitels. Der von Rektor und den Dekanen gefasste Beschluss enthielt dann die stereotype Formel: »Durch den Verlust der deutschen Staatsangehörigkeit ist er des Tragens eines deutschen akademischen Grades unwürdig geworden.«[1015] Eine Debatte scheint in diesen Fällen nicht stattgefunden zu haben.

Die Rechtsgrundlage für den formalen Akt hatte das Reichsministerium für Erziehung, Wissenschaft und Kultur im Juni 1939 per Gesetz geschaffen.[1016] Im Gesetzestext ist davon die Rede, dass »Unwürdigen« der Doktorgrad aberkannt werden sollte. Das eigentliche Ziel dieses Gesetzes war jedoch, diejenigen zu stigmatisieren und ihr Vorankommen im Ausland zu erschweren, die Deutschland wegen seiner rassistischen Politik verließen. Dieser juristischen Regelung bedurfte es offenbar, da die Universitäten aus eigener Initiative keine derartigen Schritte unternahmen.[1017] Auch für Halle ist ein solcher »Fall« anhand der Akten des Universitätsarchivs nachweisbar. Es war das Wissenschaftsministerium, das Anfang 1938 ein Verfahren zum Entzug des Doktorgrades des Juden Julius Fackenheim einleitete. Universitätsrichter Kurt Grunick – Angehöriger der NSDAP seit 1933 und Mitglied des Sondergerichtes Halle – weigerte sich, ein solches Verfahren gegen einen beliebten hallischen Honoratioren durchzuführen, da es nach seiner Ansicht dafür keine Rechtsgrundlage gäbe. Nach der Verkündung des Gesetzes über die Änderung der deutschen Promotionsordnungen zögerte die Universität jedoch nicht länger und erkannte Fackenheim, der nach England emigriert war, die akademischen Würden ab.[1018] Wie Fackenheim traf es insgesamt 24 Absolventen der Universität, die rassistischer Verfolgung ausgesetzt waren und deshalb emigrierten. Unter ihnen waren der Philosoph und Pädagoge Richard Hönigswald[1019], der Kunsthistoriker Richard Krautheimer[1020] und der Feuilletonist Alfred Kerr[1021].

Rasch und ohne Umschweife erfolgte auch die Entziehung der Doktorgrade von vier politischen Emigranten. Zu diesen gehörten auch der Orientalist und Theologe Paul Ernst Kahle und der religiöse Sozialist Paul Tillich. Kahle, seit 1923 ordentlicher Professor der Universität Bonn, ging ins Exil, als seine Frau und sein Sohn behelligt wurden. Sie hatten einer jüdischen Bekannten Hilfe geleistet, als deren Ladengeschäft bei den Pogromen am 10. November 1938 zerstört wurde.[1022] Paul Tillich war als Theologe Außenseiter seiner Wissenschaft und gelangte nie auf einen Lehrstuhl einer deutschen theologischen Fakultät. Stattdessen berief ihn 1925 das sächsische Wissenschaftsministerium zum Professor für Religionswissenschaft an die TH Dresden, 1929 wechselte er als Professor für Philosophie und Soziologie an die Universität Frankfurt. 1933 wegen seiner religiös sozialistischen Auffassungen von der Lehrtätigkeit entbunden, gelang ihm in den USA eine akademische Karriere. Während des Krieges wandte er sich in Rundfunkreden an die deutsche Nation.[1023]

Tillich war der einzige »Fall«, für den sich nach 1945 Angehörige der Universität einsetzten. Kurt Galling, soeben wegen seiner Mitgliedschaft in der NSDAP entlassen und mit der Ordnung der Bibliothek des Theologischen Seminars befasst, regte Tillichs »Rehabilitierung« und die Wiederzuerkennung des D. theol. h. c. an.[1024] Der Vorschlag blieb unbeachtet, die Universität ignorierte das Thema bis 1989.

Während das Prozedere im Fall der Emigranten feststand, existierte bei anderen »Delikten« durchaus ein gewisser Handlungsspielraum. In der Rückschau lässt sich die Ausschöpfung dieser Freiräume jedoch lediglich als Ausdeutung der politischen Vorgaben des Regimes deuten. So weigerte sich Rektor Weigelt, einem Offizier den Doktortitel abzuerkennen. Jener hatte in volltrunkenem Zustand Soldaten misshandelt und war zu sechs Monaten Gefängnis verurteilt worden. Weigelt empfand dies als »nicht ehrenrührig«.[1025] Ein Homosexueller, der mit einem 18-jährigen Strichjungen verkehrt hatte, verlor seinen Doktorgrad, da Rektor Weigelt eine »solche hemmungslose widernatürliche Betätigung als besonders verwerflich« ansah: »Sie lässt G. als unwürdig erscheinen, weiterhin Träger einer deutschen akademischen Würde zu sein.«[1026] Als ein anderer Homosexueller nach Abbüßung seiner Strafe um die Wiederzuerkennung des Doktortitels bat, verweigerte Weigelt die »Rehabilitation« mit der Begründung, dass jener ja gewusst habe, »wie schwer solche Verfehlungen be- und verurteilt« werden.[1027] Als ein ähnlicher Fall im Kollegenkreis ruchbar wurde, es handelte sich um einen Professor des Fachs Versicherungsmathematik, ließ man Milde walten und verzichtete auf die Aberkennung des Doktortitels.[1028] Ein Arzt, der seinen Titel wegen gewerbsmäßiger Abtreibung verlor, erhielt ihn zurück. Der Mann hatte sich als Luftschutzarzt in Fürstenwalde bewährt und wartete mit einem Leumundszeugnis seiner NSDAP-Kreisleitung auf.[1029]

In einem einzigen Fall scheint sich ein Mitglied der Kommission nicht mit den Ergebnissen der politischen Justiz abgefunden zu haben. Als der hallische Internist Felix Brockmann, Stabsarzt der Division 174 Leipzig, von einem Feldgericht zu einem Jahr und neun Monaten Gefängnis wegen »Heimtücke« verurteilt wurde, entzog ihm die Universität wegen eines Einspruchs des Dekans der Medizinischen Fakultät Eckert-Möbius nicht den Doktorgrad.[1030] Denunziert hatte Brockmann vermutlich der Leiter der Hautklinik Julius Dörffel.[1031] Brockmann legte Berufung ein, das Verfahren gelangte an den Deutschen Ärztegerichtshof München. Bis zu einer neuen Verhandlung wurde Brockmann »Frontbewährung« zugestanden. Die Universität verzichtete im August 1942 auf den Entzug des Doktortitels.[1032] Brockmann starb an der Front.[1033]

Insgesamt wurde das Verfahren der Aberkennung von Doktorgraden jedoch streng gehandhabt, die Kommission verzichtete üblicherweise auf eine Hinterfragung der Gerichtsurteile und maßte sich keine andere Auffassung als die des Gerichtes an. Bis heute hat die Universität Halle die Aberkennung der akademischen Grade nur in den eindeutig rassistisch motivierten Fällen rückgängig gemacht.

Überfällig war der Schritt längst, wenn er auch erst nach dem Ende der zweiten deutschen Diktatur vorgenommen werden konnte.[1034] Am 27. Juli 1995 entschuldigte sich Rektor Gunnar Berg im Namen des Akademischen Senates und aller Angehörigen der Martin-Luther-Universität für das Unrecht, das den Betroffenen angetan wurde. Zugleich brachte er seine »tiefe Beschämung« über diese Vorgänge zum Ausdruck und erklärte die Degraduierung in 31 Fällen als »von Beginn an unrechtmäßig.«[1035]

Ein Blick in die Gerichtsurteile, die im Universitätsarchiv aufbewahrt werden, lässt jedoch weitere Schritte erforderlich erscheinen. Denn Grundlage für den Entzug des Doktortitels waren oft Delikte nach den § 175 und 218 des Strafgesetzbuches, die heute nicht mehr als Straftat gelten. Als »unwürdig«, den akademischen Grad der Universität zu tragen, galten die Rechtsbrecher lediglich nach den moralischen Maßstäben der nationalsozialistischen Diktatur. Zwei dieser Fälle seien hier skizziert.

Homosexuelle Handlungen zwischen Männern wurden in der Weimarer Republik nur in Ausnahmefällen bestraft.[1036] Unmittelbar nach der Ermordung des SA-Chefs Ernst Röhm und angesichts der Ankündigung eines verschärften § 175[1037] entzog sich ein Geschäftsführer eines Industrieverbandes, der seit seinem Fronteinsatz im Ersten Weltkrieg nur noch mit Männern verkehrte, 1933 der Verfolgung durch Flucht nach Österreich. Seit über einem Jahr hatte er eine feste Beziehung zu einem Mann. Die Liebe erkaltete auch im Ausland nicht, bis 1936 hielten beide die Beziehung aufrecht. 1939 holte die Justiz den Juristen ein, er erhielt für seine vor der Strafverschärfung begangenen »Delikte« zehn Monate Gefängnis und bekam den Doktortitel aberkannt.[1038]

Auch im Fall von Schwangerschaftsunterbrechungen, § 218 Strafgesetzbuch, reagierte die Justiz der Weimarer Republik milde. In Anbetracht der ungeheuren sozialen Not wurden »Abtreibungen« spätestens ab 1929 nur dann geahndet, wenn sie durch unqualifizierte Personen vorgenommen wurden oder es zu »Kunstfehlern« kam. Auch nach 1933 zählte das Argument, notleidenden Frauen geholfen zu haben, vor Gericht. Einem Arzt wurden aus diesem Grund offenbar mildernde Umstände zugestanden, seine Strafe fiel niedrig aus. Er bat daher die Universität Halle darum, seinen Doktorgrad behalten zu dürfen. Rektor Weigelt lehnte das rundheraus ab. Die Aberkennung der Akademischen Würde sei »eine notwendige Folge« der Straftat. Und wenn sich der Arzt »mit nationalsozialistischem Gedankengut vertraut gemacht hätte«, setzte Weigelt fort, »so hätte er sich dessen bewusst sein müssen, dass das Verbrechen der Abtreibung als besonders verwerflich anzusehen ist.«[1039]

Übersicht: Entzug akademischer Würden

Degraduierungsverfahren (1933 bis 1945)	56
davon Doktorwürde nicht entzogen	5
Entzug wegen Verlustes der Staatsbürgerschaft	28
(davon politische Emigranten	4)
Schwangerschaftsabbrüche (§ 218)	7
Homosexuelle Handlungen (§ 174, § 175)	6
Finanzdelikte (einschl. Urkundenfälschung)	5
Verstöße gegen Promotionsverfahren	2
Widerstandshandlungen	1
»Rassenschande«	1
nicht ermittelt	1

Name	Datum	Begründung
B*, Max (?)	1941	Vermerk: nicht entzogen §§ 115, 139 MilitärstrafGB § 223 a StGB 6 Monate Gefängnis + Rangverlust
B.*, Walter (23.9.1890 Altona)	1943	Entzug der Staatsbürgerschaft (Emigration wegen rassistischer Verfolgung)
B.*, Gerhard (?)	1943	Dr.-Grad nicht entzogen
B.*, Theodor (15.12.1896 Thorn)	1940	Entzug der Staatsbürgerschaft (Emigration wegen rassistischer Verfolgung)
B.*, Ernst (23. März 1889 Magdeburg)	1936	fortgesetzte schwere Amtsunterschlagung, 2 Jahre 6 Monate Zuchthaus

B.*, Hans (1. August 1876 Stettin)	1937	gewerbsmäßige Abtreibung 8 Jahre Zuchthaus
B.*, Ernst (26.6.1904 Bernburg)	1940	§ 175, ein Jahr sechs Monate Gefängnis
B.*, Heinrich (10.4.1888 Neuss)	1935	verurteilt zu 10 Monaten Gefängnis wegen Beihilfe zur Reichsfluchtsteuerhinterziehung, Flucht nach Frankreich
Brockmann, Felix (16.12.1893 Glesien)	1942	Dr.-Grad nicht entzogen
B.*, Fritz (25.6.1902 Stettin)	1939	Entzug der Staatsbürgerschaft (Emigration wegen rassistischer Verfolgung)
C.*, Paul (8.7.1891 Hamburg)	1935	Diebstahl, zu fünf Monaten Gefängnis verurteilt
C.*, Georg (1.6.1895 Berlin)	1940	Entzug der Staatsbürgerschaft (Emigration wegen rassistischer Verfolgung)
D.*, Werner (5.3.1900 Smartsch bei Breslau)	1941	verurteilt zu 1 Jahr 6 Monaten Zuchthaus wegen so genannter Rassenschande
Fackenheim, Julius (20.4.1884 Halle)	1940	Entzug der Staatsangehörigkeit (Emigration wegen rassistischer Verfolgung)
F.*, Hermann (14.4.1893 Göppingen)	1940	Entzug der Staatsbürgerschaft (Emigration wegen rassistischer Verfolgung)
F.*, Helmut (3. Juli 1909 Klettwitz bei Calau)	1938	Nichtabgabe der Pflichtexemplare, gleichzeitig jedoch Führen des noch nicht zuerkannten Dr.-Titels. 1939 aufgehoben
G.* (früher E.*) Gerhard (23.4.1898 Halle)	1938	§ 175, § 218 Gesamtgefängnisstrafe 4 Jahre drei Monate
G.*, Hans (16.1.1887 Leipzig)	1940	Entzug der Staatsbürgerschaft (Emigration wegen rassistischer Verfolgung)
G.*, Paul (10.3.1890 Euskirchen)	1940	gewerbsmäßige Abtreibung in 37 Fällen, zwei Jahre und neun Monate Zuchthaus

H.*, Elisabeth (10.9.1890 Berlin)	1941	Widerruf der Einbürgerung Entzug der Staatsbürgerschaft (Emigration wegen rassis- tischer Verfolgung)
H*., Erich (25.9.1900 Risa (Polen))	1940	Entzug der Staatsbürgerschaft (Emigration wegen rassistischer Verfolgung)
H*., August (18.8.1880 Hoachanas (Südwestafrika))	1936	§ 175, Gefängnisstrafe 5 Monate
H.*, Kurt (1.11.1884 Mühlhausen)	1940	Entzug der Staatsbürgerschaft (Emigration wegen rassistischer Verfolgung)
H*., Walter von	1934	Wegen Urkundenfälschung zu 3 Monaten Gefängnis verurteilt
Hirschfeld, Georg (14.9.1891 Wittenberg)	1938	Urteil des Sondergerichtes Halle vom 25. Juni 1935 wegen § 8 des Gesetzes über Verrat der deutschen Volkswirtschaft vom 12.6.33 und wegen Vorbe- reitung eines hochverräter- ischen Unternehmens
Hönigswald, Richard (18.7.1875 Altenburg (Ungarn))	1941	Entzug der Staatsbürger- schaft (Emigration wegen rassistischer Verfolgung)
H*., Chiu Ngai (13.5.1909, Kanton)	1938	Pflichtexemplare der Dissertation nicht abgeliefert
J.*, Kurt (8.3.1901 Wronke bei Posen)	1936	Anstiftung zur vollendeten Abtreibung, 1 Jahr Gefängnis 1940 aufgehoben
Kahle, Ernst Paul (21.1.1875 Hohenstein)	1940	Entzug der Staatsbürgerschaft (Emigration aus politischen Motiven)
K.*, Fritz (?)	1934	wegen gewerbsmäßiger Abtreibung zu 6 Jahren Zuchthaus verurteilt
K.*, Paul Hermann. (30.12.1889 Berlin)	1941	Entzug der Staatsbürgerschaft (Emigration wegen rassistischer Verfolgung)
Kerr (früher Kempner), Alfred (25.12.1867 Breslau)	1938	Entzug der Staatsbürgerschaft (Emigration wegen rassistischer Verfolgung)
Krautheimer, Richard (6.7.1897 Fürth)	1939	Entzug der Staatsbürgerschaft (Emigration wegen rassistischer Verfolgung)

K.*, Kurt (18.3.1897 Berlin)	1942	Entzug der Staatsbürgerschaft (Emigration aus politischen Motiven
L.*, Botho (31.7.1901 Chemnitz)	1938	Entzug der Staatsbürgerschaft (Emigration wegen rassistischer Verfolgung)
L.*, Theodor (3.10.1890 Memel)	1937	Untreue, Betrug, vier Jahre Gefängnis
L.*, Max (19.2.1886 Berlin)	1940	Entzug der Staatsbürgerschaft (Emigration wegen rassistischer Verfolgung)
L.*, Fritz (22.1.1873 Elbing)	1941	Entzug der Staatsbürgerschaft (Emigration wegen rassistischer Verfolgung)
L.*, Hans-J. (16.6.1893 Eisleben)	1941	Entzug der Staatsbürgerschaft (Emigration wegen rassistischer Verfolgung)
L.*, Wilhelm (23.1.1873 Frankfurt am Main)	1940	§ 175 Strafverfahren eingestellt, kein Entzug der Dr.-Würde
N.*, Emil (19.9.1891 Jülich)	1940	Abtreibung und Betrug zwei Jahre Gefängnis
O.*, Hermann (früher G.*) (27.2.1896 Kassel)	1938	neun Monate Gefängnis Beihilfe zur Abtreibung 1939 aufgehoben
P.*, Otto (25.10.1912 Godesberg)	1938	fehlendes Diplom
S.*, Fritz (21.6.1891 Berlin)	1939	Entzug der Staatsbürgerschaft (Emigration wegen rassistischer Verfolgung)
S.*, Albert (14.10.1895 Besedau)	1944	nicht nachvollziehbar Vorgang nicht ermittelt
S.*, Hermann (25.7.1886 Sandow)	1939	§ 218, 1937 verurteilt zu 3 Jahren 8 Monaten Gefängnis 1945 aufgehoben
S.*, Erich (28.5.1896 Berlin)	1940	Entzug der Staatsbürgerschaft (Emigration wegen rassistischer Verfolgung)
S.*, Jonas (3.8.1900 Aschersleben)	1940	Entzug der Staatsbürgerschaft (Emigration wegen rassistischer Verfolgung)

Tillich, Paul (20.8.1886 Starsiedel)	1940	Entzug der Staatsbürgerschaft (Emigration aus politischen Motiven)
V.*, Hans-Michael (1.9.1901 Gießen)	1941	Entzug der Staatsbürgerschaft (Emigration aus politischen Motiven)
V.*, Traugott (6.11.1897 Groß-Quenstedt)	1936	§ 174, § 175 StGB 6 Jahre Zuchthaus
W.*, Karl-Siegfried (20.10.1890 Berlin)	1938	Entzug der Staatsbürgerschaft (Emigration wegen rassistischer Verfolgung)
W.*, Karl (23.10.1907 Minden)	1937	§ 175 10 Monate Gefängnis wegen anderer Sache bereits im Konzentrationslager Dachau
W.*, Ernst (10.11.1899 Blankenburg)	1940	§ 175 zehn Monate Gefängnis
W.*, David (13.11.1878 Mönchengladbach)	1940	Entzug der Staatsbürgerschaft (Emigration wegen rassistischer Verfolgung)
W.*, Edgar (10.8.1876 Leobschütz)	1940	Entzug der Staatsbürgerschaft (Emigration wegen rassistischer Verfolgung)

Quelle: Übersicht aller Personen, welchen die akademische Würde entzogen wurde, in: UAH Rep. 4 Nr. 794, ergänzt durch Rep. 4 Nr. 791, 792, 793.

5.6 Der Erwerb von Gebäuden und Grundstücken

Der Erwerb von Grundstücken, landwirtschaftlichen Flächen und wertvollen Immobilien wurde, soweit bekannt, im Zuge der Aufarbeit der Geschichte des NS-Regimes, bisher noch von keiner einzigen Universität zum Thema gemacht. Ganz gleich, ob Universitäten von der »Arisierung«, der Enteignung der Freimaurerlogen und studentischen Verbindungen oder von der »Bodenreform«[1040] profitierten, in allen moralisch zweifelhaften Fällen verwies man auf den Charakter als staatliche Einrichtung. Ohnehin wurde bisher in der Forschung die so genannte »Arisierung« nur selten thematisiert, zu groß war die Zahl der deutschen Profiteure am einstigen jüdischen Eigentum.[1041] Die folgende Auflistung des Landerwerbs folgt den Akten des Kurators der Universität, insbesondere einem Grundstücksverzeichnis der Universität, das 1946 anlässlich der einer Inventur des Vermögens und der Schulden der Provinz Sachsen erstellt wurde.
Die Universität Halle profitierte vom staatlichen Unrecht mehrfach. Nach 1933 wurden wenigstens drei Gebäude erworben, deren Eigentümer zum Verkauf genötigt wurden. 1935 erwarb der Vereinigte Stipendien und Stiftungsfonds der Universität das Grundstück Gustav-Nachtigall-Straße 28 (jetzt Heinrich-und-Thomas-Mann-Straße). Es gehörte der verbotenen Freimaurerloge Deutsch-christlicher Orden St. Johann Konvent genannt Friedrich zur

Standhaftigkeit. Die Universität richtete das Geographische Seminar in dem Haus ein.[1042] 1936 zog das Institut für Pflanzenernährung und Bodenbiologie in die Sophienstraße 17b (jetzt Adam-Kuckhoff-Straße). Die Alten Herren der Turnerschaft Saxo-Thuringia verkauften ihr Haus nach der zwangsweisen Auflösung der Verbindung an die Unterrichtsverwaltung des preußischen Staates.[1043]

1937 ging das Haus der jüdischen Witwe Bianca Benjamin Wilhelmstraße Nr. 8 (jetzt Emil-Abderhalden-Straße) in den Besitz der Unterrichtsverwaltung des preußischen Staates über. Heute befindet sich in dem Gebäude der Zeitschriftenlesesaal der Universitäts- und Landesbibliothek.[1044]

Es gab aber auch Erwerbungen, die in der Rückschau nicht beanstandet werden können. Zwischen 1934 und 1938 kaufte die preußische Unterrichtsverwaltung aus der Konkursmasse des Bankhauses H. F. Lehmann das Haus Große Steinstraße 19. Die Universität baute das Haus zur Zahnklinik um.[1045] 1935 verkaufte die Hingst & Geller GmbH das Grundstück Ludwig-Wucherer-Straße 80 an die Unterrichtsverwaltung, die Universität nutzte das Wohn- und Werkstattgebäude für das Institut für Landwirtschaftliche Maschinenkunde.[1046] 1936 tauschte die preußische Unterrichtsverwaltung von der Stadt Halle einen Teil des Grundstücks Neuwerk 7 ein, hier erhielt das Institut für Leibesübungen einige Räume.[1047] Von dem Grundstück Wilhelmstraße 9, Eigentümer waren die Volkmann'schen Erben, erwarb die preußische Unterrichtsverwaltung einen Zugang zum Grundstück Wilhelmstraße 8.[1048]

Dem Erwerb der Grundstücke in den Jahren 1933 bis 1946 lag ein Konzept zu Grunde, das die Ausdehnung der Universität an mehreren Standorten vorsah. Zum Ersten wurden die verfügbaren Grundstücke am Universitätsplatz erworben, so kaufte die Unterrichtsverwaltung in den 20er Jahren die Gebäude Universitätsplatz 4, 5, 6 und 7. Zum Zweiten versuchte die Universität den Block rund um die viel zu klein gewordene Universitätsbibliothek aufzukaufen. Der Erwerb des Logengebäudes in der Gustav-Nachtigall-Straße und der Kauf des Hauses Benjamin ordneten sich hier ein.[1049]

Zum Dritten ging es um den Erwerb von Flächen für die landwirtschaftlichen Institute der Universität. Von diesen war lediglich das Tierzuchtinstitut mit der Domäne Lettin und den zugehörigen Weiden in den Brandbergen passabel ausgestattet.

Die Universität war bei der Verwirklichung der Pläne nur mäßig erfolgreich. Immer wieder scheiterten in den 20er und 30er Jahren Ankaufpläne an der dürftigen Finanzausstattung des preußischen Staates.[1050] 1935 lehnte die Universität den Kauf des Hauses der Akademischen Turnvereinigung Gothia, Friedrichstraße 49 (August-Bebel-Straße) ab, obwohl das Grundstück direkt neben der Bibliothek lag.[1051] Das von einer Frau Marcuse angebotene Grundstück Louisenstraße 4/5 wurde wegen des hohen Preises nicht erworben.[1052] Ebenso scheiterten der Kauf ehemaliger Logengebäude und der Erwerb der Druckereigebäude des Volksblattes in der Großen Märkerstraße 6/7. Kurator Berthold Maaß befand das einstige Druckhaus zwar für »hervorragend geeignet« um eine theologische Zentralbibliothek der Provinz Sachsen aufzunehmen. Auch das Ministerium erklärte sein Einverständnis. Bibliotheksdirektor Otto Wendel, Otto Eißfeldt als der Verantwortliche für die Theologische Bibliothek der Universität und Rektor Johannes Weigelt waren mit der Wahl des Grundstücks einverstanden und sicherten die sachgerechte Betreuung der in der Provinz auszulösenden kleineren Büchereien zu. Die Einrichtung der Bibliothek scheiterte jedoch am Einspruch des Regierungspräsidenten, der eine »Ausplünderung der sehr wertvollen Büchereien der Provinz« zu Gunsten des Ministeriums und der Universität nicht zulassen wollte. Das Haus wurde also nicht gekauft.[1053]

Auf den Erwerb der Grundstücke Universitätsplatz 1a, 1 und 1b verzichtete die Universität 1938. In der Euphorie nach der Übernahme der Schirmherrschaft Alfred Rosenbergs venti-

lierte man den Plan der Verlegung der Universität nach den Brandbergen. Der stellvertretende Kurator Tromp musste daher auf Anweisung des Ministeriums auch den Kauf der Grundstücke Universitätsplatz 6 und 6a ablehnen.[1054]
Die Initiative zum Ankauf von Grundstücken ging dabei, soweit dies nachvollzogen werden kann, von der Universität aus. Auf das Grundstück der Witwe Benjamin machte erstmals Theodor Roemer aufmerksam, der eigentlich auf das Grundstück der Erbengemeinschaft Volkmann Ecke Wilhelm-/Sophienstraße reflektierte.[1055] Friedrich Tromp konstatierte dann aber, dass der Ankauf des Benjaminschen Grundstücks »sehr viel wertvoller« sei als das Volkmann'sche Haus, da es unmittelbar an die Universitätsbibliothek grenzte. Das Ministerium stimmte dem Erwerb des Grundstücks zu, pikanterweise richtete sich dann Kurator Maaß eine Wohnung in dem Gebäude ein.[1056]
Mochte man beim Erwerb von Grundstücken in der Stadt »günstige Gelegenheiten« wittern, an denen man nicht vorbei konnte, war die Erweiterung des Landbesitzes für die Landwirtschaftlichen Institute eine Notwendigkeit. Seit langem strebten die Professoren der Fakultät eine Erweiterung der ihnen zugeordneten Versuchsflächen an. Doch 1928 lehnte der Universitätskurator die Übernahme der Flächen der bankrotten Engelhardt'schen Brauerei ab. Die Zukunft der Versuchsfelder liege außerhalb der Stadt beschied man die Berliner Behörden.[1057] Gedacht war wohl schon damals an eine Ausweitung der bisher an der Julius-Kühn-Straße liegenden Flächen zwischen den Eisenbahnlinien nach Berlin und Halberstadt. In den 40er Jahren wurden die Planungen konkretisiert. Mehrere städtische Pächter sollten »umgesetzt« werden, um Platz für die Phytopathologie, Pflanzenernährung, das Landmaschineninstitut und einen von Landwirtschaftsminister Darré gestifteten, 25 Hektar großen, Lehrbauernhof zu schaffen.[1058]
Die Pläne führten zu heftigsten Protesten beim neuen Lehrstuhlinhaber für Tierzucht, da er sich einerseits übergangen fühlte und andererseits kein Verständnis dafür aufzubringen vermochte, dass »seine« Domäne Lettin aufgelöst und der Stadt Halle im Gegenzug als Baugrund zur Verfügung gestellt werden sollte. Der neue Ordinarius Robert Gärtner hatte den defizitären Betrieb innerhalb von zwei Jahren wieder in die Gewinnzone geführt, seine Aufrechnung des Wertes der zu tauschenden Ländereien erscheint nachvollziehbar. Von den 150 Hektar Land in Lettin sollten 120 abgegeben werden. Die Schweineställe nicht mitgerechnet, bezifferte Gärtner den Wert der Domäne Lettin auf mehr als eine Million Mark. Als Gegenwert wurde Ackerland im Wert von nicht einmal der Hälfte dieser Summe geboten. Nach heftigem Hin und Her einigte man sich schließlich am 31. Juli 1943 im Beisein des Oberbürgermeisters, von Vertretern des Wissenschaftsministeriums und der Professoren Gärtner, Walter Fuchs, Theodor Roemer, Ludwig Meyer und Wilhelm Knolle auf Folgendes: Die von der landwirtschaftlichen Fakultät erstrebten Ländereien der Gemarkungen Reideburg und Zöberitz werden an die Universität verpachtet. Die Stadt Halle verpflichtet sich, das Eigentum an diesen Ländereien jederzeit dem preußischen Staat, Unterrichtsverwaltung, im Austausch gegen die Domäne Lettin unter Wertausgleich zu übertragen. Diese Übereignung werde jedoch erst dann in die Wege geleitet, »wenn Klarheit darüber besteht, in welcher Weise der Landbedarf des Institutes für Tierzucht und Molkereiwesen durch Verlegung an anderer Stelle gedeckt werden kann …«[1059] Diese Klarheit stellte sich jedoch weder in der Zeit des Nationalsozialismus, noch später ein, so dass das Gut Lettin den Tierzüchtern bis zur Auflösung ihrer Institute im Zug der 3. Hochschulreform 1968 diente.
Der gewaltige Landbedarf der Pflanzenbauer wurde schließlich 1945/46 in der Bodenreform befriedigt. Über deren Verlauf und Ergebnisse in Sachsen-Anhalt sind Forschungen in Gang gekommen, aber noch nicht zum Abschluss gebracht.[1060] Fest steht, dass auch die Universität

im Zuge der so genannten Bodenreform wenigstens 14 Güter und Schlösser »übernahm«, ihr Einheitswert betrug mindestens 6 Millionen Mark.[1061] Beeindruckend ist auch die solide finanzielle Basis der Güter. Schloss Hohenturm etwa wurde mit einem Einheitswert von 1,7 Millionen Mark geschätzt. Das Gut hatte Schulden in Höhe von 53 000 Mark und einen Kassenbestand sowie Außenstände von 155 000 Mark. Zu Buche stand also ein Plus von 102 000 Mark.[1062] Bisher ungeklärt ist das Ausmaß der persönlichen Bereicherung von Professoren und Angestellten der Universität. Nachgewiesenermaßen eigneten sich einige im Zuge der Inbesitznahme der Schlösser und Güter auch Kunstschätze und Möbel an.[1063]

5.7 Auf dem Weg zur Volksgemeinschaft? Die Universität als Betrieb

In seiner Rede zu den Feiern am 1. Mai 1933 in Berlin zog Joseph Goebbels eine Bilanz der ersten Monate der »nationalen Revolution«: »Die Barrieren des Klassenhasses und des Standesdünkels, die bislang über ein halbes Jahrhundert lang Volk von Volk trennten, sind niedergerissen worden, und nun reichen sich die Deutschen aller Stände und Berufe und Konfessionen über die Schranken, die sie trennten, die Hände und legen das Gelöbnis ab, gemeinsam zu leben, zu arbeiten und zu kämpfen für das Vaterland, das uns alle verbindet.«[1064] So deutlich wie diese Worte gegen Äußerlichkeiten der sozialen Auseinandersetzungen der Weimarer Republik gerichtet waren, so wenig versprach Goebbels eine Änderung der Hierarchien in Staat und Wirtschaft. Und auch Adolf Hitler, dem als Führer der NSDAP und als Reichskanzler das entscheidende Wort zustand, verstand unter der von ihm immer wieder postulierten »Volksgemeinschaft« zwar das Ende der Klassenkämpfe, nicht aber der von ihm als notwendig erachteten sozialen Unterschiede. Den sozialistischen Charakter des Staates sah er der Bildung einer »einmalig verschworenen Gemeinschaft« verwirklicht.[1065] Trotz allen Beharrens auf konservativen Positionen[1066] war jedoch der Wille zur Schaffung größerer Gleichheit in der Partei und der neu formierten Einheitsgewerkschaft, der Deutschen Arbeitsfront, vorhanden.[1067] In jedem Fall arbeitete die NSDAP gegen die Fortschreibung der seit der Kaiserzeit noch stark ständisch verfassten Gesellschaft,[1068] auch auf die weitgehende Identität der sozialen Forderungen des Parteiprogramms der NSDAP mit der Weimarer Reichsverfassung ist hingewiesen worden.[1069]

An der Universität wurden mehrfach Anläufe unternommen, überkommene Hierarchien einzuebnen und zugleich neue zu errichten. Mit der Bildung der Dozentenschaft und der Ausschaltung der universitären Selbstverwaltung wurden Privilegien der ordentlichen Professoren abgeschafft, ohne zunächst jedoch den Dozenten und außerordentlichen Professoren größere Rechte einzuräumen.[1070] Faktisch konnte von einer »Egalisierung« jedoch nicht die Rede sein, die ordentlichen Professoren blieben Instituts- bzw. Klinikdirektoren. Zwar erhielt die DAF einen größeren Stellenwert im »Betrieb Universität« und ein Vertrauensrat sollte die Interessen der etwa 300 bis 400 Arbeiter und Angestellten[1071] wahrnehmen.[1072] Von einer derartigen Interessenvertretung war jedoch, sieht man davon ab, dass Kündigungen erschwert waren, nichts zu spüren. DAF und Vertrauensrat arbeiteten an einem »sozialistischen Zusammenleben« im »Betrieb«[1073], vermittelten Streitigkeiten zwischen Professoren- und Arbeiterschaft, eine »verschworene Gemeinschaft« im Sinne Hitlers entstand jedoch nicht.

Die Maßnahmen des Regimes, um diese »Gemeinschaft« herzustellen, waren vielfältig. Betriebsappelle fanden im Auditorium Maximum statt, Rundfunkreden wurden in den Instituten gemeinsam gehört und an den städtischen Feiern zum 1. Mai nahm die Universität geschlossen teil.[1074] Der Konfomitätsdruck war erheblich: Immer wieder wurde zur Teilnahme

an nationalsozialistischen Propagandakundgebungen aufgefordert, wer nicht mit zur »Thingstätte« in den Brandbergen marschieren wollte, hatte ein ärztliches Attest beizubringen.[1075]
Die im Zuge einer Verbeamtung sämtlicher »Alter Kämpfer« der NSDAP an die Universität geholten nationalsozialistischen Aktivisten – sie arbeiteten als Hausmeister, Laboranten oder Krankenschwestern – bespitzelten ihre Kollegen.[1076]
Die Betriebe und Kliniken der Universität waren der üblichen Propaganda der Deutschen Arbeitsfront ausgesetzt. In Schaukästen bzw. an Wandzeitungen wurden die »Monatsparolen« und Flugblätter ausgehängt. Das Personal sollte für den Dienst motiviert werden, nicht zuletzt durch Mitteilungen über soziale Fortschritte und Leistungen des Regimes. Auch bevölkerungspolitische Aufrufe fanden den Weg an die Wandzeitungen, etwa zur Bekämpfung der Kinderlosigkeit.[1077] Der Illustrierte Beobachter und der Völkische Beobachter wurden in den Kliniken bevorzugt verkauft. Um die Propagandabroschüre »Ein Gau baut auf« zum Preis von einer Mark zu vertreiben, schwärmten Parteigenossen in die Institute aus und brachten sie dort an den Mann bzw. an die Frau.[1078]
Kameradschaftsabende – mit Ansprache, Musik, Tanz und Bier – sollten, so formulierte es Kurator Maaß 1935, die »innere Verbundenheit aller Universitätsangehörigen« stärken. Er halte es dabei auch für eine »selbstverständliche Ehrenpflicht für jeden Parteigenossen«, sich an diesen Veranstaltungen zu beteiligen.[1079] Als 1935 die Vertrauensmänner aller Betriebe der Stadt Halle ein feierliches Treuegelöbnis ablegten, nahm die Universität geschlossen an der Feier teil. Anschließend folgte ein gemeinsamer Mittagsimbiss: Erbsen mit Schweinefleisch, Löffel waren mitzubringen. Danach spielte die Universitätskapelle auf, alle männlichen Gefolgschaftsmitglieder erhielten Gutscheine für drei Glas Bier, die weiblichen Gutscheine für Kaffee und Kuchen.
Nicht anders am 1. Mai 1936. Wieder sollte Gemeinschaft demonstriert werden.
An diesem Feiertag wurde jedoch deutlich, dass die Partei Professoren nicht unbedingt zur »Gefolgschaft« zählte. Als der Abstinenzler Emil Abderhalden versuchte, seinen Biergutschein gegen einen für Kaffee und Kuchen zu tauschen, wies ihn das Komitee, welches die Bons verteilte, ab. Die Begründung war, er sei wie alle Professoren von der Liste gestrichen worden. Abderhalden empörte sich, zum einen aus Prinzip, zum anderen, weil er vor der versammelten Gefolgschaft als Schnorrer dastand. Selbstverständlich hätte er sich Kaffee und Kuchen auch kaufen können, schrieb er an den Kurator der Universität, er habe aber angenommen, dass Professoren gleichfalls Teil der Gefolgschaft seien: »Mir scheint ein tieferer Sinn darin zu liegen, dass bei einer solchen Veranstaltung alle Teilnehmer und Teilnehmerinnen vollkommen gleich behandelt werden.« Nun sei wieder ein Unterschied aufgerichtet worden. Falls nicht genug Mittel vorhanden waren, so argumentierte Abderhalden, »wären wir doch alle sehr gern bereit gewesen, zu der Veranstaltung einen Beitrag zu geben, der ein mehrfaches höher gewesen wäre, als die Kosten des Kaffes und Kuchens betragen hätten.« Er bitte um Mitteilung, wer die Streichung der Professoren veranlasst hätte. Diese Maßnahme hatte, so Abderhalden weiter, »ohne Zweifel nicht im Sinne einer wahren Volksgemeinschaft« gelegen.[1080] Der Verantwortliche fand sich selbstverständlich nicht.
Doch auch Professoren waren keineswegs geneigt, dem Gedanken der Volksgemeinschaft allzu große Zugeständnisse zu machen. Johannes Volkmann etwa, Leiter des Krankenhauses Bergmannstrost, strich bei der Gründung von Betriebszellen 1933 sämtliche Nationalsozialisten von der Liste der zu ernennenden Funktionäre. Statt dessen setzte er, ganz durchdrungen vom Führerprinzip, Vertraute und ihm bekannte Aktivisten des Stahlhelm ein. Und noch 1935 musste ein Redner der DAF, der auf einer Betriebsversammlung sprechen sollte, diese Rede vorher Volkmann vorlegen.[1081]

Bedurfte es aber an der Universität der ständigen Beschwörung der Volksgemeinschaft, mussten immer wieder Parolen zur Pflichterfüllung oder Appelle zum Zusammenhalt auffordern? Wohl kaum. Auch die traditionell patriarchalischen Beziehungen zwischen den Professoren und ihren Mitarbeitern gewährleisteten das »Funktionieren« der Universität. Belege über mangelnde Pflichterfüllung finden sich in den Akten so gut wie nicht. Legt man die Beurteilungen zu Grunde, welche Professoren über ihre Angestellten und Arbeiter anfertigten, scheint es sich ausschließlich um mustergültige, eifrige, pflichtbewusste Arbeiter im Dienst der Wissenschaft gehandelt zu haben.[1082]

So ist es sicher nicht gewesen, aber das Ausmaß der »entfremdeten« Arbeit war an der Universität sicher geringer als anderswo. Gerade die von den Professoren der Naturwissenschaftlichen Fakultät beschäftigten Arbeiter und Angestellten waren ausgesprochene Fachleute: Mechanikermeister, Glasbläser oder staatlich geprüfte Tierzüchter waren darunter. Wie unentbehrlich diese Mitarbeiter waren, erwies sich anlässlich der Deportation der Naturwissenschaftler in Juni 1945. Die Professoren achteten darauf, von ihren Mitarbeitern begleitet zu werden, da sie annahmen, ihre Forschungen im Dienst der Amerikaner fortzusetzen.

Attraktiv war die Arbeit an der Universität auch durch die mit dem öffentlichen Dienst verbundene soziale Sicherheit. Lohn wurde stets pünktlich gezahlt, Kündigungen gab es kaum. Höher als in den Betrieben der florierenden Industriestadt Halle waren die Löhne zwar nicht, aber zumindest bis zum Krieg gab es geregelte Arbeitszeiten.

Ausnahme von der Regel waren die Universitätskliniken. An den traditionell sehr straff geführten Anstalten war die Fluktuation hoch, die Professoren sortierten wenig qualifizierte oder undisziplinierte Mitarbeiter rasch aus. Einwände wurden vom Vertrauensrat der DAF dagegen nicht erhoben. Qualifiziertes Personal hingegen erhielt zahlreiche Vergünstigungen, angefangen bei einer besseren Verpflegung, endend mit Einstufung in höhere Lohngruppen. Für ständige Unruhe sorgten jedoch die schlechten Arbeitsbedingungen und die jammervolle sanitäre Situation in den fast durchweg überalterten Gebäuden. Fast überall blätterten Farbe und Putz, Schwestern wohnten in Kellerräumen ohne Tageslicht, Geräte, die die Arbeit erleichtert hätten – etwa Staubsauger – waren rar. Klinikchef Ludwig Nürnberger, der die unhaltbaren Zustände in der Frauenklinik gegenüber einer Inspektion der DAF zu rechtfertigen hatte, stellte jedoch fest, dass die Kommission Feststellungen gemacht habe, »die für alle zuständigen Stellen durchaus keine neuen Erkenntnisse« bedeuteten.[1083]
Kleine Verbesserungen – etwa im Rahmen der DAF-Aktionen »Schönheit der Arbeit« schufen nur selten Abhilfe. Durchweg hofften die Klinikdirektoren auf die Freigabe immer wieder zugesagter Geldmittel, um Um- oder Neubauten vornehmen zu können. Besonders krass waren die Zuständen im Hygienischen Institut, wo Umbauten immer wieder an Geldmangel scheiterten.[1084]

In der Zeit vom 11. bis 14. Oktober 1937 besuchte eine Kommission der Deutschen Arbeitsfront die medizinischen Institute und Kliniken der Universität Halle und kam zu dem Schluss, dass zahlreiche Kliniken jeder »Schönheit der Arbeit« entbehrten. Besonders erschüttert waren die Inspektoren über die Zustände im Hygienischen Institut.

… Das Hygienische Institut bietet einen Anblick, der unbeschreiblich ist. Im Hygienischen Institut befinden sich zu gleicher Zeit das Untersuchungsamt des Regierungsbezirkes Merseburg und das Chemische- und Nahrungsmitteluntersuchungsamt des Regierungsbezirkes Merseburg.

Die Räume, in denen die gesamten Gefolgschaftsmitglieder dort arbeiten müssen, sind seit der Vorkriegszeit nicht mehr renoviert worden. Im Direktorzimmer hängt die Tapete in Fetzen von den Wänden. Im Schreibzimmer für die Techn.[ischen] Assist.[enten/-entinnen] bzw. Sachbearbeiterinnen befindet sich der sogenannte Frühstückstisch. Dicht daneben hängen die Schutzkleidungsstücke, die teilweise infiziert sind. Es fehlt jede Möglichkeit, für diese Sachen Schränke bzw. besondere Räume herzustellen. Im Untersuchungslaboratorium des Hygienischen Instituts und des Untersuchungsamtes müssen die Techn.[ischen] Assist.[enten/-entinnen] unter jeder Entbehrung auf Schönheit der Arbeit ihren schweren, aufreibenden Dienst verrichten. 6 Techn.[ischen] Assist.[enten/-entinnen] müssen insgesamt ca. 130 000 Untersuchungen pro Jahr bearbeiten.
Die Spülküche des Hygienischen Instituts befindet sich auf dem Boden. Die darin arbeitenden Gefolgschaftsmitglieder müssen ständig bei Lampenlicht arbeiten. Die Räume als solche sind in keiner Weise den Anforderungen entsprechend, sie sind zu klein, zu dunkel und ständig feucht und ohne direkte Heizung. Die Gefolgschaftsmitglieder, vom Direktor angefangen bis zur Putzfrau, haben einen sogenannten Feuerwachdienst organisiert, da das Institut ständig in Brandgefahr schwebt. Noch sind teilweise halbverbrannte Balken Zeugen vom letzten Brand.
Aufenthalts- und Umkleideräume sind nicht vorhanden. Das weibliche Personal muss sich in einer Ecke, welche durch Öffnen des daneben stehenden Schranks etwas geschlossen wird, umziehen. Anständige Wasch- und Toilettenräume sind ebenfalls nicht vorhanden. Ein Klosett und ein Pissoir dienen für die gesamte Gefolgschaft einschließlich ca. 50 Hörer. Eine Raumtrennung von Pissoir und Klosett ist nicht vorhanden. Unter dem P. steht eine Blechdose, die mit Sägespänen gefüllt ist, die den Überfluss aus dem P. aufnimmt. Im Nebenraum des P. und der Toilette sind die Versuchstiere des Hygienischen Instituts untergebracht.
Die Bezeichnung »Hygienisches Institut« ist für das Vorgefundene geradezu hohnsprechend.

gez. Krasemann

Kurator Maaß nahm zu dem Bericht am 19. Mai 1938, nach mehrmaliger Aufforderung, Stellung. Die Mängel des Hygienischen Institutes seien bekannt, es werde eine anderweitige Unterbringung des Instituts erfolgen, wenn der geplante Neubau des Physiologischen Instituts durchgeführt werde. Dazu kam es aber nicht, im Krieg wurden keine Institute neu gebaut, immerhin wurde das Hygienische Institut renoviert.

Quelle: UAH Rep. 6 Nr. 2875.

Mit dem Beginn des Krieges fanden sämtliche Überlegungen und Konzepte zur Umgestaltung der Arbeitswelt ihr Ende, jetzt ging es ausschließlich um die Pflichterfüllung, das Dienen und Funktionieren. Ein Bruch war das nicht unbedingt, hatte Hitler doch schon 1936 von der DAF gefordert jedem Einzelnen »einzuhämmern«: »Du bist nur ein Diener an deinem Volke! Du bist allein nichts, nur in der Gesamtheit bist du alles, nur in einer Front bist du die Macht.«[1085] Mit der Einberufung der jungen Männer zum Kriegsdienst mussten die anderen »Gefolgschaftsmitglieder« deren Aufgaben mit übernehmen, Neueinstellungen gestalteten sich wegen des leergefegten Arbeitsmarktes schwierig. Auch die zunehmende Bedrohung durch Luftangriffe verursachte zusätzliche Arbeit. Verdunkelungsanlagen mussten

gebaut, wertvolle Apparate und Bücher verlagert, Keller- und Bodenräume für den Luftschutz hergerichtet werden. Dachböden wurden völlig leergeräumt und mit Löschzeug ausgestattet. Luftschutzkeller stattete man mit allem Überlebensnotwendigen aus. Dass Arbeiter und Angestellte, ebenso wie Studenten und Professoren, außerhalb der Arbeitszeit zu Luftschutzwachen herangezogen wurden, verstand sich von selbst.[1086]
Wie allen anderen Arbeitern und Angestellten in der Industrie und der Landwirtschaft wurde auch den Beschäftigten der Universität – hier 1941 per Ansprache auf einem »Gefolgschaftsappell« – versichert, dass ihr Arbeitsgebiet »ein wichtiger Frontabschnitt« des Kampfes sei. Dann wurden Worte des Gewerkschaftsführers Robert Ley verlesen: »Ihr seid die Soldaten der Arbeit. Eure harte Arbeit ist ständiger Kampf, und eure Leistung ist der Sieg. Ihr seid stolz auf eure Arbeitstat und bleibt euch stets der großen Bedeutung eures persönlichen Einsatzes voll bewusst.«[1087]
In der Realität waren weniger Appelle an das Ehrgefühl, als ein permanenter Druck bestimmend. Kurator Tromp wies am 3. November 1939 die Instituts- und Klinikdirektoren an, ihren Arbeitern und Angestellten bekannt zu geben: »Ein Gefolgschaftsmitglied, das seinen Dienst in der Universitätsverwaltung, hier, ohne berechtigten Grund aufgegeben hatte, ist auf Grund Strafantrages des Sondertreuhänders für den öffentlichen Dienst wegen Vertragsbruches zu einer Gefängnisstrafe von 4 Monaten verurteilt worden.«[1088]
Darüber hinaus drohte immer auch der Dienst in der Wehrmacht. Für sämtliche Mitarbeiter der Universität war gegenüber dem Wehrbezirkskommando zu begründen, warum ihr Verbleib an der Universität »kriegswichtig« war. Nur dann wurde ein Mitarbeiter »unabkömmlich« – »uk.« – gestellt.
Wie groß der Druck – und wie gering der Wille zum Sterben – war, zeigt ein Blick in die Anträge auf Uk.-Stellung. In den mehreren hundert Formularen ist lediglich ein einziger Fall erwähnt, in dem ein Universitätsangehöriger den Kriegsdienst dem Dienst an der Heimatfront vorgezogen hätte. Der Pfleger der Universitätsnervenklinik suchte im November 1944 um seine Einberufung nach, Auseinandersetzungen mit Vorgesetzten hatte es nicht gegeben.[1089]
Unter den uk. Gestellten wurden jedoch immer weitere Jahrgänge, so der zeitgenössische Begriff, »ausgekämmt«. Ab 1941 war die Uk.-Stellung der Jahrgänge 1914 und jünger grundsätzlich ausgeschlossen.[1090] Am 22. Oktober 1943 forderte das Wehrbezirkskommando den Kurator der Universität auf, die Uk.-Stellungen der Wehrpflichtigen der Geburtsjahrgänge 1897 und jünger zu überprüfen.[1091]
Zum Ende des Krieges verhängte das Wissenschaftsministerium eine allgemeine Urlaubssperre, um die »Schlagkraft und Einsatzfähigkeit der Dienststellen … unter allen Umständen« zu gewährleisten. Wenig später wurde die Mindestarbeitszeit auf 60 Stunden erhöht. Doch auch diese Arbeitszeiten wurden in der Regel überschritten, wie Überstundenabrechnungen aus dem Geologischen Institut belegen.[1092]
Einige wenige Akten geben Aufschluss darüber, dass die Uk.-Stellung gelegentlich auch aus disziplinarischen Gründen aufgehoben wurde. So veranlasste Kurator Tromp 1941 die Einberufung eines Assistenzarztes, weil sich dieser »einer groben Disziplinlosigkeit« schuldig gemacht hätte, die ihn, Tromp, »unter anderen Verhältnissen veranlasst hätte, ihn fristlos aus seiner Dienststellung zu entlassen.«[1093] Ein Schlosser des Landmaschineninstitutes wurde 1944 für die Wehrmacht freigegeben, da er, so ist es in einer Aktennotiz verzeichnet, nachteilige »Behauptungen« über die »Verhältnisse beim Landmaschineninstitut« aufgestellt hätte. Damit habe er den »Arbeitsfrieden« im Landmaschineninstitut und in der angegliederten militärischen Dienststelle gestört. Der Schlosser musste erklären: »Ich bedaure, meine Kompetenzen verkannt und überschritten zu haben und ich bitte, von einer Kündigung

absehen zu wollen.«[1094] Ob er von der »Frontbewährung« zurückkehrte, konnte nicht ermittelt werden.
Den Weg zurück an die Universität fand der Verwaltungsangestellte der Kliniken Wilhelm Busch, der 1943 von einer alten Parteigenossin denunziert worden war. Die Stenotypistin Gertrud Kownick versuchte ihn der »Wehrkraftzersetzung« zu bezichtigen. Busch wurde von der Gestapo verhört und anschließend zum Heer eingezogen, um sich dort zu »bewähren«. Die eigentliche Ursache für die Denunziation war jedoch nicht in Äußerungen Buschs zu suchen. Er hatte ein Hausmädchen sexuell belästigt, das sein Zimmer gereinigt hatte. Das Hausmädchen wandte sich an Kownick, wenig später gab diese die vermeintlichen politischen Verfehlungen Buschs bei der Gestapo zu Protokoll.[1095]
Mit den immer neuen Einberufungsaktionen der Wehrmacht nahm die Zahl der unbesetzten Stellen zu, doch erst am 2. Februar 1942 gestand das Wissenschaftsministerium ein, dass nun auch die Stellen des mittleren und gehobenen Verwaltungsdienstes nicht mehr besetzt werden konnten. Es bleibe daher nur übrig, teilte Ministerialdirektor Mentzel den Kuratoren der Universitäten mit, »durch Einstellung ... von weiblichen Angestellten, die bestehenden oder eintretenden Personalschwierigkeiten zu beseitigen oder wenigstens zu mildern.«[1096]
An der Universität versuchte man durchaus, diesem Erlass gerecht zu werden. Es wurden weibliche Bürogehilfen eingestellt, in dem Akten nachweisbar ist ein permanentes Streiten um qualifizierte Laborassistentinnen. Doch hier blieb der Bedarf bis Kriegsende höher als die Zahl der Bewerberinnen.[1097]
Für zahlreiche Tätigkeiten schienen Männer aber unbedingt erforderlich. So stellte Theodor Roemer im Oktober 1943 einen Uk-Antrag für den Gärtner Pittschaft. Pittschaft, Jahrgang 1899, hatte am Ersten Weltkrieg teilgenommen und den Feldzug gegen Frankreich 1940 mitgemacht. Würde er nochmals einberufen, so Roemer fehle im Institut für Pflanzenbau und Pflanzenzüchtung »jede männliche Aufsicht«. Die Wetterstation werde dann nicht mehr richtig abgelesen, die Heizung falsch bedient, die Gewächshäuser entbehrten dann »fachmännischer Betreuung« und der Institutsgarten würde zum »öffentlichen Durchgangs- und Tummelplatz«. Roemer weiter: »Bei der nicht geringen Anzahl weiblicher Belegschaftsmitglieder würde das Fehlen einer männlichen Aufsicht sehr schädlich sein.«[1098]
Ganz gleich ob mangelndes Vertrauen in die Führungsqualitäten von Frauen oder tatsächlich unzureichende Ausbildung der Anlass waren, wegen des Fehlens der Männer verwandte die Universitätsverwaltung große Mühe darauf, Kriegsversehrte oder Verwundete wieder zurück in den Dienst der Universität zu bekommen.[1099]
Oft verbarg sich hinter den nüchternen Uk.-Anträgen eine menschliche Dimension. So stellte Kurator Tromp im Juni 1942 einen Antrag auf Rücküberstellung des im Osten verwundeten Melkermeisters Hermann Böttcher, da der zweite Melker des Tierzuchtinstitutes ebenfalls eingezogen worden war. Böttcher wurde uk. gestellt, den vier Kindern blieb damit ihr Vater erhalten.[1100] Versehrte oder Verletzte wurden in allen Instituten eingesetzt, sie taten als Hausmeister, Handwerker, Schlosser oder Heizer Dienst.
Am stärksten vom Personalmangel betroffen waren jedoch die Landwirtschaftsbetriebe der Universität. Nach wie vor arbeiteten sie, jetzt im Auftrag des Reichsforschungsrates, an der Züchtung neuer Getreidesorten. Sie führten direkte Wehrmachtsaufträge etwa zur Konservierung von Kohl oder Erbsen aus. Außerdem sollten sie neue Bewirtschaftungsmethoden in die Praxis überführen. In die reguläre Ernährungswirtschaft waren sie ohnehin integriert. Fehlende Arbeitskräfte und die nichtfachmännische Führung der Betriebe ließen schon 1941 wertvolles Versuchsmaterial verlorengehen. Institutsdirektor Theodor Roemer beklagte auch, dass keineswegs »die höchstmögliche Leistung in der Produktion« herausgeholt werde.[1101]

Nach einer vorübergehenden Besserung 1942 wurden im April 1943 jedoch der soeben eingearbeitete Betriebsführer sowie sämtliche erfahrenen und körperlich leistungsfähigen Stammarbeiter zum Kriegsdienst eingezogen. Die verbliebenen deutschen Arbeiter waren zwischen 60 und 74 Jahre alt oder schwerbeschädigt. Folgerichtig wurde auf polnische und russische Kriegsgefangene zurückgegriffen.[1102] Als am 8. Oktober 1944 der Reichsverteidigungskommissar für den Bezirk Halle-Merseburg die Einberufung der bis 60 Jahre alten Männer anordnete und befahl, auf ausländische Arbeiter und Kriegsgefangene zurückzugreifen,[1103] war dieser Zustand in den Landwirtschaftsbetrieben der Universität schon längst erreicht.
Die Meldungen über den Einsatz ausländischer Arbeiter zeigen für die gesamte Universität das folgende Bild.
Beschäftigt wurden zum Stichtag[1104]:
1.6.1940[1105] Ausländer: 9; Kriegsgefangene: keine.
1.6.1941[1106] Ausländer: 43 davon 8 Frauen; Kriegsgefangene: 4.[1107]
1.6.1942[1108] Ausländer: 55 davon 13 Frauen; Kriegsgefangene: 5.
1.6.1943[1109] Ausländer: 67 davon 13 Frauen, Kriegsgefangene: 8.
31.5.1944[1110] Ausländer: 94 davon 22 Frauen, Kriegsgefangene: 10.

Fast alle dieser Ausländer und Kriegsgefangenen waren in den Landwirtschaftsbetrieben der Universität beschäftigt. Ob es sich um Zwangsarbeiter oder freiwillige Arbeiter handelte, konnte ebenso wenig ermittelt werden wie die meisten Namen dieser Beschäftigten. Personalakten, die weitere Aufschlüsse über die Arbeiter und Arbeiterinnen geben könnten, existieren nicht.[1111] Bestimmt unfreiwillig war ein französischer Kriegsgefangener an der Universität. Er war in der gerichtlichen Medizin beschäftigt. Er floh 1944, weil er die Arbeit mit den Leichen nicht ertragen konnte.[1112] Auch im Physiologischen Institut Abderhaldens war ein französischer Kriegsgefangener tätig, er reparierte Apparate und Laborgerät. Da im Physiologischen Institut auch Wehrmachtsaufträge bearbeitet wurden, war dies strenggenommen ein Verstoß gegen die Haager Landkriegsordnung. Abderhaldens Personalmangel konnte damit jedoch nicht behoben werden, technische und wissenschaftliche Assistentinnen und Assistenten waren daher auch mit Putzarbeiten beschäftigt, was eigentlich nicht ihre Aufgabe war. Auch Abderhalden säuberte sein Gerät und seinen Arbeitsplatz jetzt selbst.[1113]

Es lohnt, einen Rückblick auf die Eingangsfrage dieses Kapitels zu werden. Gefragt wurde nach der Durchsetzung des Lehrkörpers mit Nationalsozialisten. Die Anwort darauf fiel unentschieden aus. Das Agieren der Hochschule unter den Bedingungen der Diktatur erscheint im Gegensatz dazu eindeutig. Die Universität bereicherte sich an jüdischen Eigentum und beschäftigte Kriegsgefangene. Akademische Würden wurden aberkannt, das Gedenken an Martin Luther diente zur Verbreitung rassistischen Gedankengutes. Die rückhaltlose Verankerung der Spitze der Universität in der nationalsozialistischen Ideologie ließ sie nach einem »Schirmherren« suchen, der die Hochschule weltanschaulich »auf Vordermann« bringen sollte. So vielgestaltig die Probleme auch waren, die Anwort war stets gleich: Immer stärker orientierte sich die Universität an den Vorgaben des Regimes, bis sie schließlich völlig integriert war.

6 Studieren an der Martin-Luther-Universität

Die Studentenfrequenz

In Bezug auf die Zahl der Studenten gehörte Halle in der Zeit des Nationalsozialismus zu den fünf kleinsten Universitäten Deutschlands (Rang 19). Vor dem Ersten Weltkrieg hatte sie noch an 5. Stelle gelegen, hinter den Großstadtuniversitäten. Einerseits war dieser »Abstieg« dem Rückgang des in Halle stets relativ starken Studiums der Theologie geschuldet. Andererseits waren andere Universitäten »aufgestiegen«, etwa die in den 20er Jahren gegründeten Universitäten Frankfurt am Main und Köln.[1114]
Seit jeher war die Universität Halle eine Universität der Preußen, unter den 2 765 Studierenden im Jahr 1931 befanden sich lediglich 387 »Reichsdeutsche«. Von den Preußen kam mehr als die Hälfte aus der Provinz Sachsen selbst, es waren aber auch viele Brandenburger und Schlesier darunter.[1115] Daran änderte sich in der Zeit des Nationalsozialismus nicht viel, die Universität Halle blieb die Hochschule der Provinz. Radikal zurück ging jedoch die Zahl der in Halle studierenden Ausländer. 1931 waren es noch 270, nach 1933 schwankte die Zahl zwischen 20 und 40. Eine Entwicklung, die mit der im Deutschen Reich korrespondierte.[1116]
Ebenfalls dem allgemeinen Trend entsprach der Rückgang der Studentenzahlen. In ganz Deutschland studierten im Sommersemester 1931 103 912 Männer und Frauen an den Universitäten. Im Sommersemester 1936 waren es noch 52 001, ein Rückgang auf recht genau die Hälfte.[1117] In Halle gab es im Sommersemester 1931 2 551 Studierende, im Sommersemester 1936 studierten nur noch 1 126 Männer und Frauen an der Universität (ohne Gasthörer und Examenskandidaten). Ein Rückgang auf 44,1 Prozent war zu verzeichnen.[1118] Das überproportionale Absinken kann mit dem unbefriedigenden Zustand an der juristischen Fakultät erklärt werden, sollte aber insgesamt nicht überinterpretiert werden. Auch in den absoluten Rückgang der Studentenzahlen darf nicht zu viel hineingelesen werden. Denn unsicher ist, ob es sich nicht doch um reguläre zyklische Prozesse handelte. Trotz aller Steuerungsversuche durch den Staat ist die Wahl der Studienrichtung als individuelle und letztlich rationale Entscheidung einem natürlichen Kreislauf unterworfen: Bedarf an Absolventen, Anstieg der Studentenzahlen, Überangebot von Absolventen, Rückgang der Studentenzahlen, Bedarf an Absolventen…[1119]
Der Frauenanteil lag insgesamt aber in etwa konstant bei 10 Prozent für die Zeit von 1930 bis 1940. An der Universität Halle wirkte sich weder der Anstieg der Zahl der weiblichen Studierenden in der Weimarer Zeit, noch die Drosselung in der Zeit des Nationalsozialismus besonders aus. Es war wohl so, wie die Verfasser des Datenhandbuchs zur deutschen Bildungsgeschichte feststellten, dass die Universität Halle von Frauen »in auffälliger Weise« gemieden wurde.[1120] Erst in der Zeit des Krieges nahm der Frauenanteil zu, zum einen durch den Rückgang der männlichen Studierenden, zum anderen durch den erhöhten Bedarf an Ärztinnen oder Chemikerinnen.[1121]
Weitere Trends lassen sich ausmachen. Die Theologie, das für die Universität im 19. Jahrhundert wichtigste Fach, erlebte in der Kriegszeit einen rasanten Niedergang. Wählten in den Jahren 1930 bis 1939 zwischen 15 und 22 Prozent der Studenten dieses Fach, waren es zwischen 1940 und 1945 nur noch zwischen 3 und 6 Prozent.[1122] Dafür, dass der Rückgang der Studentenzahlen hier stärker ausfiel als im gesamten Deutschen Reich, wird wohl der Ruf als »Rosenberg-Universität« verantwortlich gewesen sein. Der Anteil der Jurastudenten ging von 20 bis 25 % in der Zeit der Weimarer Republik auf etwa 8 bis 12 % Mitte der 30er Jahre zurück, eine Folge des Niedergangs der Rechtswissenschaften in der Zeit des Nationalsozialismus. Im Gegensatz dazu verdoppelte sich der Anteil der Medizinstudenten zwischen 1930 und 1940.

Zunächst wurden die Studentenzahlen jedoch bewusst durch einen Numerus clausus für die medizinischen Fächer zurückgeschraubt. 1936 zeichnete sich dann ein künftiger Mangel für das »kriegswichtige« Fach Medizin ab, Wissenschaftsminister Rust teilte allen Hochschulen mit, dass die Begrenzung der Studentenzahlen den gewünschten Effekt gehabt hätte und diese Politik jetzt als »abgeschlossen« gelten könne.[1123] Für die Erhöhung des Anteils der Medizinstudenten kann daher zum einen der Rückgang der Gesamtzahl der Studierenden verantwortlich gemacht werden, in einer Zeit, in der die Zahl der Medizinstudenten in etwa konstant blieb. Zum anderen ist die Erhöhung des Anteils auf die Angehörigen der Studentenkompanien zurückzuführen, zwischen 1940 und 1945 studierten in Halle jährlich zwischen 100 und 200 Soldaten Medizin. Auch unter den Eingezogenen war der Anteil der Medizinstudenten hoch, möglicherweise verbanden Soldaten ja mit dem Beginn eines Medizinstudiums die Hoffnung, von der Front für ein oder zwei Semester beurlaubt zu werden. Der Anteil der Sprach- und Kulturwissenschaften blieb in etwa gleich, hier verlief der Rückgang der Studentenzahlen im Fach parallel zum allgemeinen Absinken der Zahl der Studenten an der Universität Halle. Das Minus beim Anteil der Studierenden der Naturwissenschaften erklärt sich aus der Tatsache, dass die Lehrstühle für Chemie nicht besetzt bzw. nur vertreten wurden. Mit der Berufung von Karl Ziegler zum Ordinarius für Chemie und dem systematischen Ausbau des Faches durch ausgezeichnete Nachwuchskräfte stieg auch die Zahl der Studenten der Naturwissenschaften an. Interessant, aber wenig erstaunlich ist dabei, dass der Anstieg vor allem auf Frauen zurückzuführen ist, die sich für ein Chemiestudium entschieden. Unverändert blieb der Anteil der Landwirtschaftsstudenten, einen geringen relativen Anstieg hatte die eigentliche Wirtschaftswissenschaft in den Jahren von 1935 bis 1940 zu verzeichnen. Dass dieser Anstieg nicht höher ausfiel, war der Nichtetablierung des Fachs Betriebswirtschaft geschuldet. Anläufe dazu wurden immer wieder unternommen, aber nicht mit dem gehörigen Nachdruck verfolgt.[1124]

Übersicht: Studierende an der Universität Halle 1930–1945

Semester bzw. Trimester	Zahl der Studierenden davon weiblich (Quelle: Titze, Datenhandbuch zur deutschen Bildungsgeschichte I/2, S. 270)*	Zahl der Studierenden davon weiblich (Quellen: Vorlesungsverzeichnisse und UAH Rep. 4 Nr. 1308)* In Klammern: Zahl ohne Beurlaubte und Soldaten
SS 1930	2 467 9,81 %	2 868 9,21 %
WS 1930/31	2 492 11,0 %	2 899 10,9 %
SS 1931	2 551 11,72 %	3 016 10,44 %
WS 1931/32	2 461 12,56 %	2 958 12,34 %
SS 1932	2 389 12,64 %	2 981 12,51 %
WS 1932/33	2 386 12,36 %	2 947 12,45 %
SS 1933	2 228 12,70 %	2 821 12,97 %
WS 1933/34	2 095 11,89 %	2 637 12,44 %

SS 1934	1 721	2 244
	10,81 %	11,81 %
WS 1934/35	1 675	2 147
	10,39 %	11,5 %
SS 1935	1 388	1 608
	9,87 %	10,26 %
WS 1935/36	1 403	1 470
	10,48 %	10,34
SS 1936	1 126	1 181
	9,77 %	10,16 %
WS 1936/37	1 063	1 120
	10,63 %	10,71
SS 1937	942	1 000
	9,34 %	9,5 %
WS 1937/38	861	913
	7,2 %	7,34
SS 1938	739	801
	6,9 %	6,74 %
WS 1938/39	717	757
	8,08 %	7,79 %
SS 1939	751	797
	7,32 %	7,4 %
WS 1939/40	1 129	1 395 (1128)
	7,97 %	6,38 %
Trimester 1 1940	891	(1 186 (922)
	8,98 %	6,83 %
Trimester 2 1940	605	971 (604)
	17,02 %	10,5 %
Trimester 3 1940	686	1089 (715)
	24,05 %	15,79 %
Trimester 1 1941	635	660
	28,91 %	27,88 %
SS 1941		552
		32,79%
WS 1941/42		1 221
		keine Angabe
SS 1942		1 322
		15,89 %
WS 1942/43		1 503
		18,16 %
SS 1943		1 559
		keine Angabe
WS 1943/44		1 694
		24,56
SS 1944		1 912
		keine Angabe
WS 1944/45		1 872
		keine Angabe
SS 1945	geschlossen	geschlossen

* *Die hallische Zahl nennt die tatsächlich eingeschriebenen, die Reichsstatistik (Titze) diejenigen, die Vorlesungen in den Fächern belegten. Examenskandidaten oder Beurlaubte sind damit in Titzes Auflistung nicht enthalten. Geprüft an den Vorlesungsverzeichnissen für die Universität Halle.*

Übersicht: Studierende der Universität Halle nach Fachbereichen in Prozent (nach: Titze, Datenhandbuch zur Bildungsgeschichte, I/2, S. 270. 1943/44 in: UAH Rep. 4 Nr. 1308.)

Semester/ Trimester	Evang. Theologie	Jura	Medizin Zahnm.	Sprach- u. Kulturw.	Naturw. Math. u. Chemie	Wirtschafts- wiss. u. Land- wirtschaft
SS 1930	14,75	24,89	17,59	19,29	14,51	8,96
WS 1930/31	15,25	23,35	19,82	18,50	14,97	8,11
SS 1931	16,58	19,80	21,91	18,62	15,56	7,53
WS 1931/32	17,84	20,44	23,20	16,33	15,36	6,83
SS 1932	17,92	18,63	27,08	15,40	14,36	6,61
WS 1932/33	18,36	17,98	27,16	15,76	13,66	7,08
SS 1933	18,76	16,65	29,67	16,38	10,73	7,81
WS 1933/34	19,81	17,52	28,16	16,23	10,74	7,54
SS 1934	17,49	16,56	32,42	15,63	9,53	8,37
WS 1934/35	18,93	17,13	30,57	14,63	9,73	9,01
SS 1935	17,36	14,70	35,30	13,40	9,58	9,65
WS 1935/36	17,96	13,33	34,71	11,69	9,98	12,33
SS 1936	16,43	11,63	38,01	9,77	10,92	13,23
WS 1936/37	20,79	10,07	34,43	11,29	9,41	14,02
SS 1937	22,82	9,02	36,41	10,62	8,28	12,85
WS 1937/38	19,28	11,15	33,22	10,10	9,06	17,19
SS 1938	17,73	11,23	35,32	9,47	9,61	16,64
WS 1938/39	15,62	14,37	31,66	11,44	11,30	15,62
SS 1939	18,91	12,92	32,76	11,05	9,59	14,78
WS 1939/40	3,54	9,12	67,85	3,45	10,27	5,76
T1 1940	1,91	11,11	57,46	9,76	11,45	8,31
T2 1940	3,80	12,73	45,95	14,38	13,39	9,75
T3 1940	6,12	8,45	43,00	17,64	15,16	9,62
T 1 1941	6,61	7,40	44,72	18,27	10,71	12,28
WS 43/44	4,31	11,28	43,63	13,52	14,76	12,46

Jenseits der Statistiken ist eine weitere politisch motivierte Veränderung zu registrieren: Der Anteil der Studenten mit jüdischen Vorfahren wurde radikal begrenzt. Zunächst lag die Initiative bei der Studentenschaft, ein Rundschreiben stellte am 20. Mai 1933 klar: »Der Begriff ›arisch‹ bezieht sich vor allem auf die Ausschließung von Juden ...«[1125] In Halle mussten ab dem Sommersemester 1933 Formulare über die Abstammung ausgefüllt werden. Rektor Stieve stellte sich der Auslegung dieser Fragebögen an der Universitätskasse nicht in den Weg und störte sich auch nicht daran, dass die Frage »Arischer Abstammung Ja-Nein« nach Maßgabe des Beamtengesetzes beantwortet werden musste. Stieve setzte jedoch durch, dass die Antwort auf die Frage nach der Mitgliedschaft bei den »Deutschen Christen« ins Ermessen der Studenten gestellt wurde. Sie würden sonst in ihrer »Gewissens- und Glaubensfreiheit bedrängt« war sein Argument.[1126]
Als Obergrenze für den Anteil jüdischer Studenten hatte das »Gesetz zur Überfüllung und Überfremdung der Hochschulen« 1,5% festgelegt.[1127] Diese Zahl wurde in Halle nicht erreicht, auch nicht wenn man getreu der rassistischen NS-Arithmetik »Halb-« und »Vierteljuden« hinzuzählte. In Halle studierten im Sommersemester 1935 zehn als »nicht arisch« eingestufte Studenten, im Wintersemester 1936/37 waren es ebenfalls zehn.[1128] 1940 gab es

unter den Studentinnen eine als »Mischling« apostrophierte Frau.[1129] Wie viele es in den anderen Semestern waren, konnte nicht ermittelt werden.
Einer der oben genannten jüdischen Studenten war Emil Fackenheim. Geboren 1916 in Halle als Sohn eines Rechtsanwalts und Notars, nahm er 1935 in Berlin ein Studium an der Hochschule für die Wissenschaft des Judentums auf. Im März 1937 schrieb er sich zusätzlich an der Universität Halle ein und studierte hier semitische Philologie, Philosophie und Religionsgeschichte, vor allem bei dem Philosophen Paul Menzer und bei dem Alttestamentler Otto Eißfeldt. Als letzter jüdischer Student der Philosophischen Fakultät musste er die Universität am 2. November 1938 verlassen. Nach der Pogromnacht vom 9. November 1938 wurde er verhaftet und in das Konzentrationslager Sachsenhausen verschleppt. Nach seiner Entlassung im März 1939 gelang ihm die Emigration zunächst nach Schottland, dann nach Kanada. 1960 berief ihn die University of Toronto zum Professor für Philosophie. Seit 1983 lebt Professor Fackenheim in Jerusalem. 1999 verlieh ihm die Philosophische Fakultät der Universität Halle die Ehrendoktorwürde.[1130]
Jüdische Absolventen gab es an der Universität Halle offenbar kaum, die Medizinische Fakultät meldete am 24. Juli 1933 einen einzigen jüdischen Praktikanten, Georg Jacoby, der in der Hautklinik sein praktisches Jahr absolvierte.[1131] Der Strafrechtler Erich Schwinge promovierte nach 1933 zwei jüdische Studenten.[1132] Auch im Robertinum führte man noch rasch zwei Studenten zum Abschluss. Doktorväter waren hier Herbert Koch, nach 1945 Dekan der Philosophischen Fakultät und Richard Laqueur, der als Frontkämpfer des Ersten Weltkrieges zunächst von den Bestimmungen des Gesetzes zur Wiederherstellung des Berufsbeamtentums ausgenommen war.[1133]
Jüdischen Medizinstudenten, die nach dem Oktober 1933 promoviert wurden, konnte die Ausstellung einer Urkunde verweigert werden. Stattdessen sollten sie nur eine Bescheinigung erhalten, die aber nicht das Recht zur Führung des Doktortitels umfasste. Auswandernden Medizinstudenten könnte das Doktordiplom ins Ausland jedoch nachgeschickt werden, mit der Erteilung der Approbation in Deutschland hätten sie ohnehin nicht zu rechnen.[1134] Ab 1937 erhielten »jüdische Mischlinge« keine Zulassung mehr zu ärztlichen Prüfungen[1135], eine Regelung, die offenbar während des Krieges aufgeweicht wurde, da 1944 eine Ärztin promovierte, die eine jüdische Großmutter hatte, nach den Nürnberger Gesetzen also als »Vierteljüdin« zu betrachten war. Beschäftigt wurde sie in der Universitätsohrenklinik, bei dem Dekan der Medizinischen Fakultät Adolf Eckert-Möbius. Er erreichte auch ihre Approbation.[1136]
Aus politischen Gründen wurden an der Universität keine Studenten entfernt. Ein Absolvent der Universität, der sich auf die Promotion vorbereitende Kandidat der Geologie Walter Kühne, wurde jedoch im September 1933 verhaftet. Er war Kommunist, hatte illegale Druckschriften verteilt und Losungen an Häuserwände geschrieben. Er wurde in das Konzentrationslager Lichtenburg gebracht.[1137]

Studieninhalte

An der rein fachwissenschaftlichen Ausbildung der Studenten änderte sich in der Zeit des Nationalsozialismus wenig. Bei Studenten, die im Nebenfach Prüfungen in Philosophie ablegen mussten, vor allem also Lehramtsstudenten, wurden ab 1934 »Weltanschauung« und »Politik« geprüft. Vor allem aber, wie eine Anweisung des Preußischen Wissenschaftsministeriums bestimmte, »Geo- und Wehrpolitik«.[1138] Ab 1938 erhielten Studenten der Medizin und der naturwissenschaftlichen Fächer Unterricht über die Wirkungen von Kampfstoffen und über die Behandlung von Kampfstofferkrankungen.[1139] Auch Vorlesungen in Wehrpsychologie und in Wehrhygiene gehörten zum Curriculum.[1140] Notwendigerweise ordnete sich auch die reguläre Sportausbildung der Studenten in die allgemeine »Wehrhaftmachung« ein. Vor allem wurde Leichtathletik betrieben, auch Schwimmen, Boxen und Fußball standen auf dem Programm. Das Üben von Bewegungsabläufen sollte den Mut schulen und Selbstvertrauen in die eigenen Fähigkeiten stärken. Sogar die Möglichkeit zum Segelfliegen existierte, wurde jedoch bald in die SA-Ausbildung integriert. Im Mittelpunkt des Studentensports stand jedoch immer die Mannschaft, häufige Wettkämpfe stärkten das Zusammengehörigkeitsgefühl.[1141]

Negativ auf die fachliche Ausbildung wirkte die übermäßige Beanspruchung durch den SA-Dienst. Einige Studenten hätten bis zu 25 Wochenstunden SA-Dienst leisten müssen, heißt es in einer Beschwerde, die im Juni 1934 nach Berlin geschickt wurde.[1142] Schließlich griff Emil Woermann als amtierender Rektor ein, da auch er eine »körperliche und seelische Ermüdung« der Studenten konstatierte. Er legte die Dienstzeiten im Rahmen des SA-Hochschulamtes auf 10 Stunden, verteilt auf Unterricht, Sport und Schießen, fest. An die SA appellierte er, den Dienst auf bestimmte Wochentage zu legen. Durch den unregelmäßigen Dienst würde die Fachschaftsarbeit vernachlässigt, da »ausnahmslos« alle Studenten der höheren Semester der SA oder der SS angehörten.[1143] Dass sich diese Überbeanspruchung auch nach der Rückstufung der SA nicht änderte, belegt der 1935 abgefasste Brief des Theologiestudenten Rudolf Heydrich, der sich im Examenssemester befand.[1144] Mehrfach hatte Heydrich insistiert, vom SA-Dienst verschont zu werden, jetzt wurde er ungehalten. Für ihn als Pfarramtskandidat sei die erste Pflicht die Arbeit, »und nicht die halbe Arbeit, zu der ich bei Erfüllung des SA-Dienstes nur noch käme.« Ausführlich beschrieb er seine Verpflichtungen, um dann zu explodieren: »Auf jeden Fall aber verlange ich jetzt Ruhe zu ungestörter Arbeit! Infolge der zahlreichen Befehle der SA bin ich bereits auf einer Grenze angelangt, die zwischen exakter Arbeit und Vernachlässigung liegt. Jeden neuerlichen Fall der Störung und somit Schädigung werde ich dem Herrn Dekan zur Weitergabe an die entsprechende Stelle, die Abhilfe zu schaffen in der Lage ist, zur Kenntnis geben!«[1145] Studentenführer Fritz Nobel reichte die Beschwerde an die Reichsstudentenführung weiter, mit einem Seufzer darüber, »was für ein Gesindel jetzt noch auf Deutschlands Hochschulen sitzt …«[1146]

In der Konsequenz dieser Überbeanspruchung wurden die Studienzeiten immer länger, eine Entwicklung, die so nicht beabsichtigt war. Für den kommenden Krieg fehlte es an Ingenieuren, Ärzten und Naturwissenschaftlern. Im Wissenschaftsministerium entstanden daher immer neue Projekte zu einer »Studienreform«. Die Stellungnahmen der hallischen Professoren auf das 1936 geäußerte Ansinnen, die Studienzeiten zu verkürzen, fielen jedoch einhellig aus. Bei den Theologen sei die Vorverlegung der Prüfung in das 8. Semester schon erfolgt, hieß es. In der Rechtswissenschaft studierte man ohnehin nur noch 6 Semester antwortete der Dekan, möglich sei aber eventuell eine Verkürzung der Vorbereitungszeit der Referendare. Für die Naturwissenschaftliche Fakultät sagte Dekan Jung rundheraus »nein«. Emil Abderhalden forderte als amtierender Dekan der Medizinischen Fakultät die Rückkehr zur »vollen Freiheit« des Studiums. Den offenbar nicht sehr stringenten Ausbildungsplan (Physikum im 5. Semester) wollte er durch ein System von Prüfungen ablösen, was als Nebeneffekt auch eine schärfere Auslese zur Folge gehabt hätte.[1147]

Zum Teil des Studiums wurde – im Rahmen der so genannten »Fachschaftsarbeit« – die Anfertigung von Arbeiten für den Reichsberufswettkampf bzw. Reichsleistungswettkampf. Er sollte Bestandteil der politischen Schulung sein und die Volksverbundenheit der Studenten bestärken. Aus Sicht der Reichstudentenführung handelte es sich um »ein ganz hervorragendes und unersetzliches Erziehungsmittel«.[1148] Die Arbeiten selbst waren auch innerhalb der Kameradschaften für die »politische Erziehung« auszuwerten, wie eine Anweisung der Reichstudentenführung festlegte.[1149] In den Themen, die von den Arbeitsgemeinschaften untersucht wurden, wird dieser Anspruch nur teilweise deutlich.[1150] Erhalten hat sich zum Beispiel die Untersuchung einer Arbeitsgemeinschaft von Geschichtsstudenten, die das »tausendjährige Memleben« untersuchte. Sie wurden dabei durch den Mediävisten Walther Holtzmann unterstützt, der auch für die Veröffentlichung der Studien sorgte. Holtzmann, selbst nicht Parteimitglied, war von der Gauleitung der NSDAP gebeten worden, als Berater für die Feierlichkeiten zum Jubiläum zu fungieren. Als im Wintersemester 1935/36 das deutsche Dorf als ein Thema des Reichsleistungswettkampfes vorgegeben wurde, animierte er die Studenten seines Seminars zum Thema »Memleben« zur Teilnahme. Bearbeitet wurden von den Studenten dann verschiedene Aspekte der Dorfgeschichte, etwa die Reformation, der Bauernkrieg und die Überschwemmungen der Unstrut. Die verfassten Arbeiten kamen dabei ohne Gegenwartsbezüge und ohne »rassische Geschichtsbetrachtung« aus. Holtzmann betonte im Vorwort dann auch, dass »strenge Wissenschaftlichkeit« ein »Erfordernis« gewesen sei. Immerhin nannte er auch das andere »Erfordernis«: »Allgemeinverständlichkeit« um sich mit der »Schilderung der Vergangenheit zum Verständnis der Gegenwart« beim »Dienst am Volksganzen zu bewähren.«[1151]

Die nahezu völlig ideologiefreien, kaum vom Zeitgeist geprägten Arbeiten von Holtzmanns Studenten scheinen nicht allein gestanden zu haben. Der Geschichtsstudent Albrecht Timm, nach 1945 in Halle Dozent für Geschichte, verfasste eine Studie über das Dorf Hainrode. In dem ganzen Text findet sich ein einziger Satz, der Anklänge an den Nationalsozialismus erkennen lässt, aber ganz und gar nicht unzutreffend war: »Heute sind bluthaftes Denken, Brauchtum und Volkssitten, die sich bisher nur noch auf dem Lande erhalten hatten, wieder in das Lebenszentrum der ganzen Nation getreten.«[1152] In der Konsequenz aus der ideologischen Beliebigkeit des ersten Reichsleistungswettkampfes 1936 wurde eine engere Anbindung an die Reichstudentenführung beschlossen.[1153] Durch die zentrale Organisation und Steuerung sollten derartige »Schwächen« künftig vermieden werden, ganz gelang das allerdings nicht, wie auch die weitere Entwicklung an der Universität Halle zeigt. Zwar wurde jedes einzelne Thema der Reichsstudentenschaft zur Bestätigung vorgelegt, trotzdem erwiesen sich viele Arbeiten dann als überraschend unpolitisch.[1154]

So untersuchten hallische Medizinstudenten Betriebsunfälle und Berufserkrankungen, Zahnmediziner die Verbreitung von Karies in der Arbeiterschaft einer Zuckerwarenfabrik. Volkswirte befassten sich mit der Wirtschaftsplanung der Provinz Sachsen. Physikstudenten maßen Kurzwellen zwischen Brocken und Galgenberg. Die Philologen widmeten sich niedersächsischen Sprachelementen in den Geschichtsquellen der Stadt Halle, zugleich aber untersuchten sie auch das Problem »Der Jude in der Stadt Halle.« Eindeutig politisch motiviert waren andere Arbeiten. Eine Arbeitsgemeinschaft unterstützte die Hitlerjugend in der politischen und vormilitärischen Erziehung der Jugend, aus dieser Tätigkeit sollten Arbeiten über die »Führerauslese«, die »nordische Erziehung« und über das künftige nationalsozialistische Arbeitsrecht für die Jugend hervorgehen.[1155] Im Rahmen der »Dorfarbeit« vermaßen Medizinstudenten die Bewohner der Ortschaften Volkstedt und Polleben im Mansfeldischen. Unterstützt wurden sie dabei durch den Dozenten Georg Hinsche und den Assistenten Joachim Mrugowsky, der dem Thema »Volkstedt« später sogar seine Habilitationsschrift widmete.[1156] Eine so genannte Dorfuntersuchung wurde auch in Dubro im Fläming durchgeführt. Der Titel dieser Arbeit lautete »Dubro – Rasse, Blut«.[1157]

Auch in den folgenden Jahren wurden ideologisch motivierte, aber auch unpolitische Arbeiten angefertigt. Jurastudenten gingen der Verwirklichung des »Leistungsprinzips im Baugewerbe des Arbeitsamtbezirks Halle« nach und kamen zu dem Schluss, dass bei der Frage Betriebsordnung oder Einzelvereinbarung, der Einzelvereinbarung der Vorzug gegeben werden müsse, so könne »am ehesten dem Beschäftigten dasjenige Maß an Fürsorge im weitesten Sinne zuteil werden, auf das er nach der Erfüllung seiner Treupflichten Anspruch hat.« Bemerkenswert an der Arbeit ist, dass zwar alle nationalsozialistischen Instrumente zur Leistungssteigerung (Akkordarbeit, Auszeichnungen, Treueprämien, Konformität durch Gefolgschaftsgedanke und Werkschar, Sport und Feierabendgestaltung,) gepriesen, in einzelnen Betrieben aber erhebliche Missstände registriert wurden.[1158]

Eine andere Juristengruppe leitete ihre Untersuchung über eine – fiktive – Aufteilung der Domäne Gatterstedt mit einem Zitat Adolf Hitlers ein: »Haltet das Reich nie für gesichert, wenn es nicht auf Jahrhunderte hinaus jedem Spross unseres Volkes sein eigenes Stück Boden zu geben vermag.«[1159] Am Schluss ihres sozialrevolutionären Sandkastenspieles mussten die angehenden Juristen allerdings konstatieren, dass zur Zeit eine Auflösung bestehender Pachtverträge nicht möglich sei. Sie äußerten jedoch ihre Hoffnung auf entsprechende Regelung seitens des Staates, wenn auch abzusehen sei, dass eine Bodenreform »zunächst einen Abfall in der Leistungsfähigkeit der zur Aufteilung gelangenden landwirtschaftlich genutzten Fläche« bedinge. Diese Einbuße könne jedoch in Kauf genommen werden, da die »damit gebrachten Opfer dem Volke wieder zugute kommen.«[1160]

Von Medizinstudenten wurde 1938/39 die Ernährungslage in einer Ortsgruppe der NSDAP untersucht. Im Arbeiterbezirk Glaucha erhoben sie den Kalorienverbrauch je Familie und untersuchten zugleich die Haushaltsführung. Die Motive waren sozial und ideologisch zugleich. Der Arzt habe in einer Gesellschaft, in der »Arbeitskraft und die Lebenskraft des Einzelnen nicht mehr als dessen alleiniges Eigentum angesehen« würden, besondere Pflichten, etwa eine hygienische Beratung. Er müsse aufklären darüber, »was der Mensch zu tun hat, um seine Gesundheit für sich und sein Volk zu erhalten.«[1161] Stärker sozial als ideologisch gab sich eine Arbeit, die von zwei Medizinstudenten im Wettkampf 1938/39 angefertigt wurde. Die beiden Studenten untersuchten die Sozialeinrichtungen der hallischen Pfännerschaft.[1162] Als »sehr wertvoll« galt der Reichsstudentenführung eine Arbeit zur Heilpflanzenbeschaffung im Gau Halle Merseburg.[1163]

Auch die Theologen beteiligten sich am Reichsberufswettkampf, eine aus sechs Studenten bestehende Gruppe untersuchte 1937 die Stellung der evangelischen Kirche zur »Kriegsschuldlüge«. Detailliert zeichnete die unter Betreuung durch Erich Fascher entstandene Arbeit nach, wie amtliche Stellen, Gruppierungen, Verbände und Vereine, die kirchliche Presse und einzelne Pfarrer gegen die im Versailler Vertrag (§ 231) festgeschriebene Schuld Deutschlands am Weltkrieg polemisierten. Ganz im Geist der Zeit betrachteten die Studenten die politisch-theologischen Äußerungen als einen Abschnitt »der kirchlichen Front«.[1164] Naturgemäß bejubelten die Studenten auch Hitlers demonstratives Zurückziehen der Unterschrift unter den Vertrag bei der Sitzung des Reichstages am 30. Januar 1937.[1165] En passant griffen sich die Theologiestudenten weitere Paragraphen des Versailler Vertrages heraus und stellten ablehnende Äußerungen prominenter Kirchenvertreter entgegen. Mag der kriegerische Tonfall der Arbeit dem Geist der Zeit entsprechen, wirkt in der Rückschau der Beifall bedrückend, den die Studenten dem Bund »Rettet die Ehre« zollten, der die Bevölkerung gegen die beabsichtigte Auslieferung deutscher Kriegsverbrecher an internationale Gerichtshöfe mobilisierte. Denn es verstoße »gegen die elementarsten Begriffe völkischer Moral, wenn ein Kulturvolk sogar seine gefeierten Kriegshelden der Gerichtsbarkeit des Feindes ausliefern

soll.« Außerdem, so die Studenten weiter, »würde man mit dieser Forderung einen ›Präzendenzfall‹ schaffen, der sich bei allen folgenden Kriegen unbedingt wiederholen würde.«[1166]
Im Jahr danach wandten sich Theologiestudenten einem Thema zu, das ganz und gar der Gedankenwelt des Schutzpatrons der Universität Alfred Rosenberg, entsprang. Die Arbeit mit dem Titel »Die Gegenreformation in der Provinz Sachsen und im Land Anhalt von 1918 bis 1938« mutet an wie eine Proskriptionsliste. Die Studenten führten sämtliche katholischen Einrichtung der Provinz auf, also Klöster, Kirchen, Schulen und Institutionen der Caritas. Ausdrücklich bedauerten sie das Einströmen des Katholizismus mit den Arbeitern und Ingenieuren aus dem Rheinland, die seit 1916 die Chemiebetriebe bei Merseburg errichteten und betrieben. Ein ganzes Kapitel war dem Kampf gegen katholische Volksfrömmigkeit und Propaganda gewidmet.[1167] Betreut wurde die Arbeit übrigens durch den Dozenten Walter Bienert, der nach dem Krieg Studienleiter einer theologischen Akademie im Rheinland war und sich stark in der ökumenischen Arbeit engagierte.
Reichssieger in der Kampfsparte Medizin wurde eine Arbeit, die von den »hygienischen Stoßtrupps« geleistet wurde. Die Studenten führten Untersuchungen in Betrieben der Stadt Halle durch und zeigten Mängel und Missstände auf. Aus der Arbeit gingen dann auch mehrere Dissertationen hervor. Mannschaftsführer Ernst Baumhard reichte das von ihm verfasste Kapitel über die Einwirkungen von Strohstaub auf die Arbeiter der Kröllwitzer Papierfabrik als Dissertation ein.[1168] Politisch »ausgewertet« wurde dieser Sieg mehrfach. Die Studenten wurden durch den Gauleiter empfangen, eine umfangreiche Presseberichterstattung schloss sich an. Für Mannschaftsführer Baumhard war dieser Erfolg der Beginn einer nationalsozialistischen Verbrecherkarriere. Er erhielt eine persönliche Audienz beim Gauleiter, wurde von Tagung zu Tagung gereicht, dem Reichsärzteführer[1169] und schließlich auch Adolf Hitler vorgestellt. Nach der Approbation trat er in die so genannte Organisation »T 4« ein, die im Rahmen des »Euthanasie-Programms« die Ermordung von Geisteskranken koordinierte. Im April 1940 wurde er Leiter der Anstalt Grafeneck in Württemberg. Hier wurden durch ihn und zwei andere Ärzte mehr als 9 800 Menschen getötet.[1170]

Halle als »Südostuniversität«

Ganz im Geiste der Jugendbewegung der 20er Jahre führten zahlreiche Studenten »Fahrten« ins Ausland durch. Das Selbstverständliche stand dabei im Vordergrund: Kennenlernen anderer Völker und Kulturen. Es wäre auch kein Wort darüber zu verlieren, wenn die Fahrtenbewegung nicht wie so vieles vom Nationalsozialismus vereinnahmt worden wäre. Hitlerjugend und Studentenbund traten an die Stelle der ehemaligen Jugendbünde, die Deutsche Studentenschaft etablierte an der Universität Halle ein »Auslandsamt«, das die Fahrten von studentischen Gruppen mehrerer Hochschulen koordinieren und organisatorisch unterstützen sollte. Diese Institution, 1934 gegründet, wurde jedoch im Dezember 1936 schon wieder aufgelöst. Im Würzburger Archiv, das die Unterlagen der ehemaligen Reichsstudentenführung verwahrt, fanden sich von diesem Amt nur belanglose Aktensplitter.[1171]
Einiges Material hingegen ist vorhanden von den Fahrten der hallischen Studenten nach dem »Südosten«. Ganz zielgerichtet konzentrierte sich die Studentenschaft auf Reisen nach Ungarn und die Balkanstaaten. Halle sollte zur »Südostuniversität« werden, was auch einschloss, dass sich Studenten aus diesen Ländern, meist Deutsche, vorwiegend in Halle immatrikulieren sollten.[1172] Der Antrag der hallischen Studentenschaft vom 15. November 1933, den formalen Status einer »Südostuniversität« zu erhalten, verrät einiges von dem

Geist, der die Auslandsarbeit der Studenten in den Folgejahren prägte. Ohne weiteres ging der den Antrag verfassende Student namens Schroeter[1173] davon aus, dass Österreich in »irgend einer Form« angegliedert werde. Die Tschechoslowakei würde dann gemeinsam mit Polen Krieg gegen Deutschland führen. Nach dem Sieg über diese Länder müsse dann das »tschechische Element« vom »Boden Böhmens und Mährens« verdrängt werden. Unumgänglich sei die Ansiedlung deutscher Siedler, mit der Germanisierung der Tschechen sei es allein nicht getan.[1174] Den Balkan sah Schroeter hingegen als italienische Einflusssphäre, wo sich die »Romanen« mit den »Slawen« auseinanderzusetzen hätten. Ungarn allerdings betrachtete er mit »restloser Sympathie«.

Für die Arbeit der »Südostuniversität« nannte Schroeter zwei Kernpunkte: a) »Kampf gegen das Tschechentum bis zu seiner endgültigen Vernichtung« und b) Die Erhaltung »deutscher Sprache und deutscher Art« bei den deutschen Minderheiten des Balkans durch »volksdeutsche Arbeit«.[1175]

Dazu müsse, wie erwähnt, der Universität der Status der »Südostuniversität« zugesprochen werden. Außerdem sollte das von der Studentenschaft im Kameradschaftshaus eingerichtete Heim für Auslandsdeutsche finanziell unterstützt werden. Um die organisatorische Arbeit zu steuern, bedürfe es eines »Instituts für auslandsdeutsche Dinge«, für das Schroeter dann auch noch gleich den Leiter des Kreisverbandes des Vereins für das Deutschtum im Ausland in Vorschlag brachte.[1176]

Den Lehrauftrag erhielt allerdings ein anderer, der in der Jugendbewegung und im Arbeitsdienst als Führer bewährte und mit der Auslandsarbeit vertraute Hans Raupach. Raupach, in Prag geboren, gehörte bereits als Schüler verschiedenen Jugendbünden an, studierte Rechtswissenschaften und leitete danach das Boberhaus, das Grenzlandheim der Jugendbewegung in Schlesien. Nach Tätigkeit im Arbeitsdienst[1177] war er Referent der Notgemeinschaft der deutschen Wissenschaft.[1178] Bei einem Vortrag, den er vor Studenten in Halle hielt, wurde Prorektor Emil Woermann auf Raupach aufmerksam. Woermann sah in ihm den geeigneten Kandidaten für den Lehrauftrag für Grenz- und Auslandskunde, jener »Lehre von Volk und Staat«, die, so Woermann, »dem deutschen Volk die Erhaltung seiner Existenz auch unter fremder Staatshoheit sichert und dem Reich die Handhabe für eine föderative staatsrechtlich umfassende Lösung der südosteuropäischen Frage liefert.«[1179] Für den nationalsozialistischen Staat werde sich Raupach bei der Wahrnehmung des Lehrauftrages im Übrigen »rückhaltlos« einsetzen, teilte Woermann dem preußischen Kultusministerium in Berlin mit.[1180] Die Studenten sahen in ihm auf jeden Fall den geeigneten Lehrer, binnen kurzem scharte er einen Kreis von 20 bis 25 Studenten um sich.[1181] Im Seminar widmete sich Raupach, wie eine Studentin, die auf Ungarnfahrt ging, notierte, »volksdeutschen« und »Südostfragen«.[1182] In den Jahren 1935 bis 1938 reiste der als Vertreter einer deutschen »Großraumpolitik« ausgewiesene[1183] mehrmals mit Studenten in die Tschechoslowakei. Zum einen sammelte er Material für seine Habilitationsschrift, die recht ideologiefrei den tschechischen Frühnationalismus untersuchte.[1184] Zum anderen führte er, aus »militärisch-dienstlichen Gründen« zahlreiche Gespräche mit tschechischen Politikern und leitete diese Informationen an das Amt Abwehr im Oberkommando der Wehrmacht weiter. Für seinen Einsatz zur Vorbereitung der Zerschlagung des tschechoslowakischen Staates erhielt Raupach dann auch die Sudentenmedaille. 1939 wurde er hauptamtlicher Mitarbeiter der »Abwehr«, später diente der polyglotte Raupach dann als Sonderführer in Russland.

Bei der Auswahl der Studenten, die ihn in die Tschechoslowakei begleiteten, richtete er sich nach der wissenschaftlichen Bewährung in seinem Seminar, dazu kamen die Auslandsreferenten der Hitlerjugend und der Studentenschaft.[1185]

1934 – hallische Studenten auf Studienfahrt in Sarajewo.

Regelmäßig unternahmen die hallischen Studenten auch Reisen nach Jugoslawien, ein Land, das man nach den ursprünglichen Plänen der Studentenschaft eigentlich Italien hätte überlassen sollen. Der Sinn der Fahrten war jedoch mit dem Wort »Stärkung des Auslandsdeutschtums« hergestellt und so pflegten die Studenten Beziehungen zur Universität Agram (Zagreb) und bereisten die deutschen Siedlungsgebiete in der Batschka besonders intensiv. Die Teilnehmer dieser Fahrten kamen aus dem Kameradschaftshaus und gehörten durchweg der SA und dem NSDStB an. Nicht von allen dieser Reisen haben sich Berichte erhalten, eine im Rahmen des Reichsleistungswettkampfes angefertigte Arbeit gab jedoch einen Überblick über die 1934 durchgeführte Fahrt auf den Balkan.[1186] Sie führte über Budapest und Novi Sad in die Dörfer Bukin und Batschko Dobro Polje, wo sich die Studenten drei Wochen aufhielten. Die Weiterreise erfolgte über Sarajewo und die Adriaküste nach Österreich. In den Dörfern wollten die Studenten aufzeichnen oder in Bildern festhalten, »was an urwüchsiger Sitte« und »gutem alten Brauch« erhalten geblieben war. Sie photographierten den Schmuck an Haus und Hausrat, schrieben ein Liederbuch ab und lernten örtliche Tänze. Medizinstudenten erstellten Sterblichkeitsstatistiken und untersuchten die hygienische Lage in den beiden Dörfern. Dieses ohnehin reichhaltige Pensum ergänzten die Studenten durch anthropologische Messungen an 400 Personen, von denen sie »Körperlänge, Schädellänge und -breite, Jochbogenbreite, Unterkieferwinkelbreite, Haarfarbe und Haargespinst, Augenfarbe«, also das nach eigener Aussage »Mindestprogramm« aufnahmen. Die jugoslawischen Behörden unterstützten das Vorhaben, weil man ihnen weisgemacht hatte, dass die Studenten die sozialhygienischen Einrichtung des Staates kennen lernen wollten.[1187]

Auch in den Folgejahren stand vor allem »Dorfarbeit« auf dem Programm. Mittels standardisierter Fragebögen erhoben die Studenten Angaben zur sozialen Lage der deutschen

Volksgruppe und erarbeiteten Bevölkerungsstatistiken. Der Kontakt zu den Deutschen in den Dörfern war intensiv, gemeinsam arbeiteten sie auf den Feldern, Medizinstudenten berichten davon, dass sie Zähne gezogen hätten.[1188] 1938 fuhren hallische Studenten zum fünften und letzten Mal nach Jugoslawien.[1189]
Wie nicht anders zu erwarten, begrüßten die einstigen »Südslawienfahrer« 1941 die Ausweitung des Krieges nach Jugoslawien, hatten sie doch immer wieder auf tatsächliche oder vermeintliche Repressalien des jugoslawischen Staates gegen die deutsche Volksgruppe hingewiesen. Ganz so wie es dann gekommen war, hatte sich ein ehemaliger hallischer Student die Entwicklung aber »eigentlich nicht gedacht«, gestand er 1941 in einem Feldpostbrief. Froh war er aber doch: »Was sind da mit einem Schlag wieder für Probleme gelöst wurden.« Klar sei »natürlich«, setzte er fort, »dass dies alles nur die Grundlagen für die spätere Arbeit sein können.«[1190] Zu denen, die diese »Arbeit« leisteten, gehörte auch Willi Sattler. Sattler, Mitglied der Gaustudentenführung Halle-Merseburg, hatte mehrere »Südslawienfahrten« organisiert und zeigte sich nun, 1941, angetan von dem, was geschah. »Wir haben in all den letzten Jahren ja immer wieder versucht, alle maßgebenden Stellen davon zu überzeugen, dass es mit dem ›Siegerstaat Jugoslawien‹, vor allem mit Serben und Slowenen, keine friedliche Zusammenarbeit geben kann.« Seine Dienststelle behandle nun »im Rahmen des Chefs der Zivilverwaltung … alle volkspolitischen Fragen.« Einzelheiten teilte Sattler in seinem Brief an Studentenführer Detering zwar nicht mit, aber dieser verstand auch so, was Sattler ihm mitteilen wollte.[1191] Die Chefs der Zivilverwaltung – im angegliederten Slowenien (»Untersteiermark«) war es der Gauleiter der Steiermark Sigfried Uiberreither – hatten den Auftrag, ihre Gebiete innerhalb von zehn Jahren »einzudeutschen«. Folgerichtig wurden »Minderwertige« deportiert, das Schulwesen »germanisiert« und nach rassischen Gesichtspunkten ausgewählte Slowenen »eingedeutscht«.[1192]

Auseinandersetzungen mit den Korporationen

Etwa 1 000 Studenten traten dem Nationalsozialistischen Studentenbund in den ersten Monaten des Jahres 1933 bei. Mitte Mai 1933 verhängte die Hochschulgruppenführung eine Aufnahmesperre. Über zwanzig Verbindungen waren zu diesem Zeitpunkt geschlossen in den NSDStB eingetreten. Die Saale-Zeitung jubelte: »Mit dieser Tatsache … steht die Universität Halle an der Spitze sämtlicher Universitäten!«[1193] Die Bereitschaft, dem NSDStB beizutreten, war bei Verbänden und freien Verbindungen gleich ausgeprägt. Corps und Landsmannschaften waren ebenso darunter wie Turner- und Sängerschaften.[1194] Von den Korps im Kösener SC, Neoborussia, Normannia und Palaiomarchia, trat allerdings nur ein Teil der Aktiven den Nationalsozialisten bei,[1195] obwohl sich der Kösener SC in einer Erklärung am 1. Juni 1933 als Dachverband »ohne jeden Vorbehalt« einzugliedern gedachte »in die nationalsozialistische Bewegung«.[1196]
Fest eingebunden wurden die Korporationen ab Mai 1933, durch die Bildung einer »Bündischen Kammer«.[1197] Sie sollten als »Einzelzellen der studentischen Lebensgemeinschaft« in allen politischen Fragen dem Führer der örtlichen Studentenschaft unterstellt sein. Ziel war, wie es der Reichsführer der Deutschen Studentenschaft, zugleich Reichsführer des NSDStB, Oskar Stäbel 1934 einmal formulierte, eine »zentrale, straffe Führung« aller studentischen Vereinigungen zu schaffen.[1198]
Es blieb bei dem Versuch. In allen Hochschulorten kam es zu Revierkämpfen und aller Art Nicklichkeiten, die meist in willkürlichen Eingriffen der örtlichen Studentenschaftsführer in

das innere Leben der Korporationen ihre Ursache hatten. Für Halle sind derartige Reibereien auch belegt, die sich nicht nur dann zu ernsten Auseinandersetzungen entwickelten, wenn es um Politik ging.[1199] Die politischen Grundeinstellungen waren aber klar definiert: Hier standen die NS-Studenten mit einer Führung des Nationalsozialistischen Studentenbundes, die sich als »sozialistisch« begriff. Dort standen die Erstchargierten der Corps und Landsmannschaften, die das Wort »reaktionär« wegen ihrer Verwurzelung in der Tradition nicht unbedingt als Schimpfwort betrachteten. Es erscheint in diesem Rahmen wenig sinnvoll, sämtliche Auseinandersetzungen zu beschreiben. Einige bezeichnende Vorfälle sollen hier jedoch wiedergegeben werden.

So untersagte der Studentenführer der Universität Alfred Detering am 1. Mai 1934 den Corpsstudenten die Teilnahme an der Demonstration, da die Verbindungen beabsichtigt hatten, in voller Couleur aufzumarschieren. Der Protestbrief des Seniors vom Corps Normannia sprach von einer »Überschreitung der Befugnisse des Führers der Studentenschaft«, zumal es auch den »Bäckern und Schornsteinfegern gestattet war, in den für ihren Stand typischen Trachten und Abzeichen an der Kundgebung teilzunehmen.«[1200] Am 1. Mai 1935 hingegen, als ihre Teilnahme gefragt war, mochten die Corpsstudenten offenbar nicht teilnehmen. Studentenführer Fritz Nobel notierte: »Während die NSDStB-Kameraden im schlechtesten Wetter zur Kundgebung marschierten, standen in einzelnen Korporationshäusern die jungen ›Herren‹ morgens um 11 Uhr ungewaschen, ungekämmt, noch an den Folgen der überstandenen Maikneipe tragend, an den Fenstern und sahen sich den interessanten Zug an.« Es sei wohl eine »Zeiterscheinung«, schrieb Nobel in seinem Bericht weiter, dass »ein faules, arrogantes und sattes Bürgertum bereits wieder glaubt, sich der Idee des Nationalsozialismus verschließen zu können.« Das Fazit war aus seiner Sicht erschütternd: »Wir stehen bei der großen Masse der Studierenden genau auf dem selben Stand, wie im Jahre 1932.«[1201] Tatsächlich betrachteten viele Studenten das Braunhemd nicht unbedingt als »Ehrenkleid«, zumindest schätzten sie den Wert ihrer »Farben« höher ein. Wütende Proteste erhoben sich daher, als zur Langemarckfeier im November 1934 nicht chargiert werden durfte. So formulierte der »Mannschaftsführer«, also Erstchargierte, der Sängerschaft Fridericiana in seiner Beschwerde an den Führer der Deutschen Studentenschaft in Berlin: »… wenn wir unsere Gefallenen ehren, dann ehren wir sie in den Farben, in denen sie die Treue schworen und mit denen sie fielen.«[1202] Der hallische Studentenführer Wilhelm Grimm, auf dessen Schreibtisch die Beschwerde gelangte, argumentierte in seiner Erwiderung, dass jedem Korpsstudenten klar sein musste, dass die Zeiten des Farbentragens ein für alle Mal vorbei seien. »Nachdem das Vermächtnis von Langemarck durch Adolf Hitler und seine Kämpfer im Braunhemd seine Erfüllung gefunden hat«, schrieb er an den Führer des Hallenser Waffenrings, sei es »eine Selbstverständlichkeit, dass wir alle bei einem Anlass, wie ihn die Langemarckfeier darstellt, im Braunhemd, im Kleid, das uns alle eint und das unser Ehrenkleid darstellt, auftreten.«[1203]

Rektor Woermann sah die Sache als einstiger Korpsstudent anders. Er habe es als »unkameradschaftlich« empfunden, dass der Führer der Studentenschaft mit den Korporationen im Vorfeld keine Aussprache herbeigeführt habe, hielt er in seinem Bericht zum Eklat fest. Nachdem jedoch der Führer der Studentenschaft die Anweisung einmal ausgesprochen hatte, sei es »unbedingte Pflicht der Korporationen« gewesen, an der Feier teilzunehmen. Woermann sprach sowohl dem Führer der Studentenschaft als auch dem Vorsitzenden des Waffenrings seine Missbilligung aus.[1204]

Es kam auch zum Verbot einer Korporation. Für die Auflösung des Corps Borussia sorgte Studentenführer Alfred Detering, der sich dazu Rückendeckung von der Führung der Deutschen Studentenschaft holte. Allen Mitgliedern der Deutschen Studentenschaft sei es künf-

209

tig verboten, wie er per Aushang und Pressemitteilung bekannt gab, »dem Corps Borussia in irgendeiner Form anzugehören.« Das Corps habe »gegenüber einem jüdisch versippten Mitgliede nicht die den Arierbestimmungen entsprechenden Folgerungen gezogen«.[1205] Der Erstchargierte des Corps antwortete mit einer Gegendarstellung. Durch den Pressebericht habe der Eindruck entstehen können, die Verbindung habe gegen gesetzliche Bestimmungen verstoßen. Das sei nicht der Fall, versicherte man kühl, es handle sich bei der Anwendung des »Arierparagraphen« auf Angehörige des Corps auf eine den »gesetzlichen Bestimmungen nicht entsprechende« Maßnahme.[1206] Trotzdem wurde das Corps Borussia, gegründet am 6. November 1836, am 12. Juni 1934 auch formal durch den Rektor suspendiert. Außerdem wurde das Corps aus dem Hallenser Waffenring ausgeschlossen, so dass es fortan als »unehrenhaft« galt mit einem Borussen die Klingen zu kreuzen.

Gemeinsam mit den vier anderen Verbindungen, die ebenfalls von derartigen Maßnahmen betroffen waren,[1207] wandte sich das Corps Borussia am 27. Juni 1934 mit einer Petition an das Wissenschaftsministerium. Gegenüber Rust betonten die Petitenten ihre »vaterländische Gesinnung«, von der schon die Namen der im Weltkrieg Gefallenen Zeugnis ablegten. Trotz schwerster Anfeindungen habe man unerschütterlich zu den Idealen Vaterland, Ehre, Treue und Kameradschaft gestanden und sei damit ein »starkes Bollwerk gegen die Ausbreitung internationaler, vaterlandsfeindlicher, marxistischer Gesinnung gewesen.« Auch zahlreiche Corpsstudenten hätten im Braunhemd gekämpft und geblutet, nirgends sei der »Sieg der nationalsozialistischen Revolution« stärker begrüßt worden, als bei den Corps, die seit jeher für »Vaterland, Ehre, Treue, Kameradschaft und Rasseneinheit« gekämpft hätten.[1208] Den Ausschluss der wenigen »nichtarisch versippten Alten Herren« habe man aber abgelehnt, da darin »eine nach den Grundsätzen des Corpsstudententums untragbare Verletzung der Treuepflicht gegenüber diesen Corpsbrüdern erblickt wurde.« Unter fast 2 000 Alten Herren der fünf Corps betreffe das nur neun Mitglieder, argumentierte man weiter. Sämtliche hätten geachtete Lebensstellungen inne, auf keinen würde der Arierparagraph selbst Anwendung finden: »Als diese Corpsbrüder vor 20 bis 40 Jahren Nichtarierinnen heirateten, unternahmen sie einen Schritt, der leider nach der damals herrschenden Auffassung eine unbeanstandete und durchaus private Angelegenheit war.« Außerdem werde der Arierparagraph hier auf Gebiete ausgedehnt, für die er nicht bestimmt gewesen sei. Es handle sich schließlich um eine private Personenvereinigung und die Reichsstudentenführung könne ohnehin lediglich den Studenten Anweisungen erteilen, über die »Philister« könne sie wohl nicht verfügen.[1209]

Die fragwürdig formulierte, aber in der Sache mutige Beschwerde hatte Erfolg, nicht zuletzt wohl deshalb, weil die Führung der Deutschen Studentenschaft bereits mehrfach mit prominenten Alten Herren aneinander geraten war, etwa mit den Reichsministern Wilhelm Frick und Hans-Heinrich Lammers sowie dem Stellvertreter des Führers Rudolf Hess.[1210] Das Corps Borussia rekonstituierte sich am 14. Oktober 1934. Im Corpshaus in der Burgstaße 41 waren bald wieder 12 Mitglieder aktiv, in etwa so viele wie man in jedem Jahr seit dem Ersten Weltkrieg gehabt hatte.[1211]

Der Gedanke, Treue gegenüber den Mitgliedern der eigenen Verbindung höher zu stellen als ideologische Forderungen, konnte jedoch keinen Bestand haben.[1212] Am 11. Oktober 1935 löste sich das Corps Borussia einschließlich seines Altherrenverbandes auf.[1213] Auch alle anderen Corps, sofern sie nicht aus Personalmangel ihre Tätigkeit 1933 eingestellt hatten, verkündeten unter massivem Druck im Wintersemester 1935/36 ihre Selbstauflösung.[1214] Ein Nebeneffekt des Endes der Korporationen war die faktische Arbeitslosigkeit des Universitätsfechtlehrers. Unterrichtete er im Wintersemester 1932/33 noch 180 Studenten, waren es im Wintersemester 1935/36 noch zehn.[1215]

Trotzdem dauerte es noch bis zum Wintersemester 1937/38 bis dem Nationalsozialistischen Studentenbund einige der einstigen Verbindungshäuser übertragen wurden, um aus ihnen »Kameradschaftshäuser« zu machen. Aus dem Dezember 1937 datiert das Eingeständnis des hallischen Studentenführers Wilhelm Grimm, dass man »zum ersten Male« ein »ausgezeichnetes Verhältnis« zu den Alten Herren habe.[1216] Immerhin 23 von 26 Altherrenschaften sagten dem NSDStB in der Folgezeit eine Zusammenarbeit in Bezug auf die Verbindungshäuser zu. Die Altherrenschaften sollten künftig auch eine erzieherische Funktion übernehmen, weshalb sich auch beim »Stammhaus« eine Kameradschaft konstituierte, deren Führung dann Rektor Weigelt persönlich übernahm.

Studentenführer Alfred Detering

Eine maßgebliche Rolle in diesen Auseinandersetzungen, aber auch bei der politischen Indoktrination und der Formierung der Studenten zur Masse spielten die Studentenführer der Universität. Am längsten hatte dieses Amt – und zugleich das des Gaustudentenführers – Alfred Detering inne: Mit Unterbrechungen amtierte er von Ende 1933 bis zum seinem Tod 1943. Geboren wurde Alfred Detering 1909 in Nordhausen als Sohn eines Apothekers. Den Bankrott des Vaters führte er auf »die Konkurrenz jüdischer Häuser« zurück. Durch die Notlage seines Vaters bedingt, begann er zunächst eine Apothekerlehre. Diese brach er aber ab, um ohne Unterstützung der Familie ein Studium aufzunehmen. Die Studiengebühren wurden Detering erlassen, er arbeitete in den Semesterferien und erhielt schließlich – als NS-Aktivist – ein Stipendium des Studentenwerkes. Ab 1930 studierte Detering Theologie, später dehnte er sein Studium auf die Fächer »Stammesgeschichte des Menschen, Rassenhygiene, menschliche Erblichkeitslehre und Auslese, Vorgeschichte, Volks- und Brauchtumskunde« aus.[1217] Kein Zweifel, Detering war in den Bann des charismatischen Hans Hahne geraten. Gemeinsam mit den anderen Studenten im Jugendkreis des Vorgeschichtlers erkundete er germanische Mythen und betrieb Volkskunde als »Volkheitskunde«, was nichts anderes bedeutete, als dass die Studenten nach den germanischen Wurzeln für Feste und Bräuche forschten.[1218] Hahne mochte Detering, kurz vor seinem Tod verschaffte er ihm eine Stelle als wissenschaftliche Hilfskraft am Provinzialmuseum. Aus Sicht seiner Lehrer – Hahnes Nachfolger Walther Schulz hatte Detering übernommen – rechtfertigte er das Vertrauen durchaus. 1936 reichte Detering eine Arbeit zum Reichsleistungswettkampf der Studenten ein, sie wurde als Reichssiegerarbeit in der Sparte Vorgeschichte prämiert. Das Thema der Arbeit lautete: »Einiges über die Erforschung des rassischen Erscheinungsbildes der Bewohner Mitteldeutschlands seit der Zeit des Eindringens der Slawen.«[1219]
Im achten Semester gab Detering sein Theologiestudium auf, er hätte es schon eher getan, wenn er sich nicht Vorwürfe hätte ersparen wollen, im Fall Dehn vor »den weltanschaulichen Schwierigkeiten« zurückzuweichen.[1220]
Der NSDAP und dem Nationalsozialistischen Studentenbund trat Detering 1930 bei. Zugleich wurde er Mitglied der SA, wo er es bis zum Führer des Sturmes 53/36 brachte.[1221] Ab 1932 fungierte er offiziell als Parteiredner, 1932/33 war er Bannreferent der Hitlerjugend, im Wintersemester 1932/33 und dann wieder 1933/34 war er Hochschulgruppenführer des NSDStB. Als Gaustudentenführer gehörte Detering 1934/35 und erneut ab 1936 dem Stab des Gauleiters an. In welchem Sinne er sein Amt verstand, belegt ein Brief, den er am 7. November 1934 an den amtierenden Rektor Emil Woermann schrieb. Er sei jetzt durch den Gauleiter der NSDAP, Staatsrat Jordan, zum Gaustudentenbundsführer ernannt worden. Da-

211

mit wäre er der Partei verantwortlich für alle das Hoch- und Fachschulwesen betreffenden Belange. Zu seiner Aufgabe gehöre es, »den Standpunkt der NSDAP in allen Fragen der Personalpolitik wahrzunehmen.« Im Anschluss an die »bisherige gute Zusammenarbeit« bitte er, künftig wöchentliche Besprechungen mit ihm durchzuführen. Woermann ignorierte diesen Wunsch zunächst, indem er Terminschwierigkeiten vorschob. Als er dann von Detering Ende November aufgefordert wurde, eine Liste mit sämtlichen Personalveränderungen an der Universität einzureichen, stellte Woermann klar, dass es diesen förmlichen Weg nicht geben werde. Er bedauerte in einem Brief an Detering, dass es ihm »wegen starker Inanspruchnahme« nicht möglich gewesen sei, sich mit ihm zu treffen. Er schlage daher ein Treffen der Herren Wagner (Dozentenschaftsführer), Grimm (Studentenführer der Universität) und Detering (Gaustudentenbundsführer) mit ihm vor: »Bei dieser Gelegenheit können auch alle Personalfragen besprochen werden.«[1222]

Welche Forderungen Detering in den Gesprächen mit Woermann stellte, ist nicht protokolliert worden. Was er aber von den akademischen Lehrern seiner Universität hielt, machte er am 6. Mai 1934 deutlich. An diesem Tag hielt Detering eine Rede in einem Schulungslager für jene Studenten, die für ein oder zwei Semester an ausländischen Universitäten studieren sollten, um sie politisch auf ihren Auslandsaufenthalt vorzubereiten. Vehement griff er dabei die »reaktionären Professoren« an und titulierte diese als »Idioten, Weihnachtsmänner und Schweinepack«. Anlässlich einer Führerbesprechung im Kameradschaftshaus bezeichnete Detering einen Teil der Professorenschaft als »reaktionär und verkalkt« und nannte sie erneut »Idioten« und »Weihnachtsmänner«, diesmal aber »mit Holzköpfen«.[1223]

Zu diesen Beleidigungen kamen noch einige – parteiintern durchaus registrierte – Fehlleistungen bei der »Erziehung« der Studenten. Obwohl der Kurs der NSDAP seit dem Herbst 1933 auf Versöhnung mit Bürgertum und Konservativen gerichtet war, riss Detering immer wieder Gräben zwischen dem NSDStB und den Korporationen auf. Die von ihm häufig und ausgiebig beleidigten Korporierten konnten jedoch von ihm nicht »nach waffenstudentischer Art Genugtuung fordern«, wie der Führer des Kösener SC, Max Blunck, in einem Brief beklagte, da Detering keiner Verbindung angehörte. Dann setzte der Alte Herr allerdings fort: »... wobei es mir allerdings zweifelhaft erscheint, ob Herr Detering es überhaupt verdient, dass man sich mit ihm nach waffenstudentischen Grundsätzen auseinandersetzt.«[1224] Immerhin forderte Blunck im Mai 1934 wegen Deterings Konfrontationskurs gegenüber den Korporationen bei der Reichsstudentenführung ultimativ dessen Absetzung: »Es kann meines Erachtens nach den Leistungen des Herrn Detering ... nicht geduldet werden, dass Herr Detering auch nur einen Tag länger die Studentenschaft in ihrer Führung repräsentiert.« Jemand, der so agiere wie Detering, habe »wahrhaft den Geist des Nationalsozialismus und das Wollen unseres Führers nicht erkannt.«[1225]

Natürlich legte man ihm nicht sofort nahe, von seinem Amt zurückzutreten, hätte das doch ein Schuldeingeständnis bedeutet. Es war den Parteistellen aber wohl nicht unlieb, dass sich Detering Anfang 1936 von den Parteiämtern zurückzog, um seine Studien zum Abschluss zu bringen.[1226] Immerhin hielt Hahnes Nachfolger Schulz den Studentenführer in wissenschaftlicher Hinsicht für »vollkommen befähigt«,[1227] ein Eindruck, der sich in der Rückschau nicht unbedingt einstellt. In seiner Dissertation, die 1937 angenommen und 1939 veröffentlicht wurde, beleuchtete Detering die Bedeutung der Eiche seit der Vorzeit. Als »Vorgeschichtler der volkheitskundlichen Arbeitsweise« untersuchte er notwendigerweise nicht nur die Frühgeschichte, sondern spannte den Bogen bis zur Gegenwart. Dem »Fachmann wie dem Laien« sollte das Hans Hahne gewidmete Buch, das sich »nicht nur an den Verstand« wenden wollte, eine möglichst lebendige Vorstellung geben von »dem heiligen Lebensbaum unserer Väter«, dem »deutschen Nationalbaum der Gegenwart«.[1228] Mit erstaunlicher Unverfrorenheit kompilierte Detering Erkenntnisse aus Frühgeschichtsforschung, Sprachwissenschaft und Volkskunde, freilich immer unter dem Blickwinkel der »Ergebnisse« der Rassenkunde. Eine Blütenlese mag das in der Arbeit Dargebotene verdeutlichen. Detering sinnierte zum Beispiel darüber nach, warum an so vielen Bauernhöfen Eichen stünden und gab die Antwort: »Der niederdeutsche Bauer hat noch heute das untrügliche Gefühl, dass es so sein muss.«[1229] Der Gedanke, dass Eicheln für die Haustierfütterung gesammelt wurden, dürfe »als widerlegt gelten«. Vielmehr handle es sich um eine medizinische Nutzung (S. 50), eventuell aber doch um Hühnerfutter (S. 55). Eichen fänden sich über Hünengräbern und dem Grab von Wilhelm Gustloff, denn: »Wo sollte man Kämpfer für ihres Volkes Freiheit wohl würdiger bestatten als unter Eichen?«[1230] In der künstlerischen Darstellung der Eiche gäbe es ganz sicher eine Kontinuität, die von der Vorzeit bis zur Gegenwart reiche. Dass die kosmische Bedeutung der Baumdarstellung dem Künstler dabei nicht bewusst sei, stütze ja nur diese These, denn, so Detering, »es entspricht ja nur dem Wesen der Überlieferungstreue, dass man Überkommenes ›unbewusst‹ aus dem Gefühl heraus weitergibt, dass es so sein muss.«[1231]

Die Konfusion des Gedankenganges wurde ergänzt durch Einbeziehung rassistischer Gedanken. Wütend wies er evolutionistische Ideen und etwaige Vergleiche der deutschen Vorzeit mit dem Entwicklungsstand »primitiver Völker« zurück. Die Indogermanen seien ein »nordrassisches Volk« gewesen, meinte Detering, Zauberei und Schamanismus seien bei ihnen niemals vorgekommen. Die Eiche sei Heilmittel gewesen und nicht zuletzt deshalb als Baum der Götter verehrt worden.[1232] Der Germane an sich glaube an »eigene Macht und Stärke«, die Rassenseelenkunde lehre, »dass die Treue zu den heiligen Hochzielen besonders der nordischen Rasse« gehöre.[1233]

Überhaupt unterschieden sich die Germanen (die er mit den Indogermanen unsinnigerweise gleichsetzte) von den »nichtarischen Völkern«. Denn »Tatkraft und Zähigkeit«, »Einsatzbereitschaft«, »kühles Überlegen und Vorausdenken«, »Erfindungsgabe und Schöpferkraft« seien Eigenschaften der »nordischen Rasse.«[1234]

Erstaunlicherweise wurde Detering 1938 erneut Gaustudentenführer, im Gegensatz zu vielen anderen Studentenfunktionären erhielt er keine verantwortlichere Aufgabe in der Partei. Er blieb in der Funktion bis 1943, erwähnenswert sind hier lediglich seine andauernden Angriffe auf die Professorenschaft. Er forderte die Versetzung oder Zwangsemeritierung zahlreicher Professoren, scheiterte damit aber nicht zuletzt, weil Rektor Weigelt immer seltener Deterings Auffassung über bestimmte Personen teilte. Getrieben wurde Weigelt in diese Fast-Opposition von den Dekanen der Fakultäten. Die Dekane der Theologischen, Medizinischen und Naturwissenschaftlichen Fakultät – Heinzelmann (amtierend), Eckert-Möbius und Jung – führten ihr Amt mit harter Hand, ohne sich auf Debatten über den Wert einzelner Personen einzulassen. Der neue Dekan der Rechts- und Staatswissenschaftlichen Fakultät Gerhard Buchda mühte sich um einen solchen Stand und sah sich folgerichtig genötigt, bei Weigelt gegen Deterings Agieren zu protestieren. Der »Fall« des Dozenten Schachtschabel, der als »Fall Mitscherlich« ja eher ein Fall Detering gewesen ist, brachte Buchda an den Rand seiner Geduld. Am 16. Dezember 1941 schrieb er an Weigelt: »Die Situation ist heute die, dass Detering uns einfach aktionsunfähig macht. Detering entscheidet, ob ein Dozent, der ihm nicht passt, hier liest oder nicht hier liest. Detering informiert und mobilisiert die Gauleitung. Detering läuft notfalls zum Wehrbezirkskommando. Wir aber als akademische Behörden besitzen heute noch nicht schwarz auf weiß, was Detering dem Schachtschabel alles vorzuwerfen hat …«[1235]

Der »Fall« Schachtschabel ging noch einmal zu Deterings Gunsten aus, der Dozent wurde versetzt. Es war jedoch das letzte Mal, dass Detering einen Angehörigen des Lehrkörpers zum »Fall« erklären konnte.

Sogar die Autorität unter den Studenten schien ihm allmählich zu entgleiten. Bei seinen Angriffen auf den Volkswirt Waldemar Mitscherlich erhoben sich protestierende Stimmen. Nur zweimal hatten Studenten für einen Professor gutgesagt: 1938 für Hans Herzfeld und jetzt 1941 für Mitscherlich. Detering wurde im Zuge dieser Auseinandersetzungen sogar als »unfähiger Drückeberger und Zuhausehocker« geschmäht.[1236] Folgerichtig bemühte er sich, zur Wehrmacht eingezogen zu werden. Immer wieder wurde Deterings Einsatz an der Ostfront durch »Uk.-Stellung« unterbrochen, inzwischen war er als geschäftsführender Leiter des Amtes Politische Erziehung in die Reichstudentenführung aufgerückt. 1942 wurde er als Angehöriger einer Panzerbesatzung verwundet, seit dem 21. Oktober 1943 gilt Alfred Detering als vermisst.[1237]

7 Die Universität im Krieg

In einem Leitartikel für die Mitteldeutsche Nationalzeitung musste Rektor Johannes Weigelt am 18. Oktober 1939 erklären – die Wiedereröffnung der Universität stand unmittelbar bevor – warum der Ruf zur Fortführung von Forschung Lehre genau so stark sei, wie der zu den Waffen. Das sei keine andere »Geisteshaltung« als 1914, betonte der Freiwillige des Ersten Weltkrieges. »Wie immer und noch stärker« würden die »Herzen der akademischen Jugend und ihrer Lehrer« zu den Waffen drängen, um »mit Blut und Leben für die Freiheit und Größe Deutschlands zu kämpfen.« Es gelte jetzt, nach dem gewonnenen Feldzug gegen Polen, »Buch« und »Waffe« gleichermaßen zu meistern.[1238] Das entsprach offizieller Doktrin, auch von der Reichsstudentenführung wurden die Studenten aufgefordert, sich nicht zur Wehrmacht zu melden, sondern ihre Studien zügig abzuschließen.[1239] Doch schon 1940 wurde diese Auffassung geändert, vor der schnellen Einberufung waren nur noch Medizinstudenten geschützt. So kostete der Zweite Weltkrieg, im Februar 1940 noch von Senator Wilhelm Hehlmann bei einer Festrede als »das erbitterte, aber siegesgewisse Ringen eines großen Volkes um Raum« apostrophiert,[1240] auch an der Universität Halle erhebliche Opfer. Die Namen der getöteten Angehörigen der Universität wurden im Vorlesungsverzeichnis abgedruckt, die Überschrift dieser Seite lautete: »Für Führer und Reich starben …« Bis zum Dezember 1944 fielen mindestens 200 Angehörige der Universität, davon 170 Studenten. Die anderen gehörten dem Mittelbau oder der Arbeiterschaft an. Auch zwei Professoren waren darunter, der Geograph Adolf Welte, der im Kessel von Stalingrad getötet wurde, und der Pflanzengenetiker Rudolf Freisleben, der im Lazarett Dresden einer nicht näher bestimmten Krankheit erlag.[1241] Diese Zahlen dürften aber nur für einen Teil der tatsächlich Getöteten stehen. Zum einen forderten die letzten Kriegsmonate die höchsten Opfer, zum anderen wurden »Vermisste« nicht mitgezählt.
Die Beileidsschreiben der Universitätsleitung an die Witwen oder Eltern der Gefallenen waren immer gleich. »Tief ergriffen« habe man die Nachricht, dass Ehemann oder Sohn »in höchster Pflichterfüllung auf den Felde der Ehre gefallen« sei, erhalten. Dann folgten Beteuerungen des »herzlichen Beileids« und der »aufrichtigen Anteilnahme« zu dem »schweren, aber stolzen« Verlust.[1242] Für die zahlreichen Professoren, die ihre Söhne verloren hatten, fiel das Schreiben etwas persönlicher aus. Hier war es oft das »allerherzlichste Beileid« für »das größte Opfer, dass das Vaterland fordern kann«. Doch Phrasen finden sich auch in diesen Schreiben. Rektor Weigelt formulierte zum Beispiel, dass der Tod des Sohnes von Johannes Volkmann beitragen werde, »zum Sieg für die deutsche Freiheit«.[1243] Wilhelm Wagner, ab Januar 1945 Rektor der Universität pflegte zum »Heldentod« zu kondolieren und erinnerte dann daran, dass der Gefallene »für die Zukunft unseres Volkes und den Aufbau einer neuen Welt« sein Leben gelassen habe.[1244]
War das geheuchelter Trost, Zynismus oder dachte man wirklich so? Die Antwort ist kaum zu geben. Doch muss festgehalten werden, dass fast alle der Professoren und Dozenten, die in der Kriegszeit an der Universität eine Rolle spielten, NSDAP-Mitglieder und wohl auch überzeugte Nationalsozialisten waren. Die »Revanche« gegen Frankreich dürften sie daher ebenso begrüßt haben, wie Hitlers Ansinnen, den »ewigen Germanenzug nach dem Süden und Westen Europas« zu stoppen und nach dem »Osten« umzuleiten.[1245] Dass diese »Bodenpolitik der Zukunft« (Hitler) ebenso wie der »Wiederaufstieg« Deutschlands Opfer fordern würde, war ihnen klar und wurde von den Teilnehmern des Ersten Weltkrieges wohl ohne Zögern akzeptiert. »Pflichterfüllung« gegenüber Volk und Staat galt mehr als das eigene Leben, folgerichtig ordnete sich die Universität den Anforderungen des Krieges rei-

bungslos und selbstverständlich unter. Studenten und Professoren dienten in Armee, Luftwaffe und Marine. Die in Halle Gebliebenen richteten Forschung und Lehre auf die Bedürfnisse des Krieges aus.

Die Veränderungen in den Studieninhalten waren dabei minimal, insgesamt müssen sie als ein Zurückschrauben von Ansprüchen gesehen werden.[1246] Das Entscheidende war die Umlenkung der Studentenströme in »kriegswichtige« Studienrichtungen, vor allem in die Medizin. Der folgende Abschnitt über die Studierenden ist daher sehr kurz und besteht im Wesentlichen aus einer statistischen Übersicht. Die Suche nach Feldpostbriefen oder ähnlichem Material, das persönliche Sichten auf den Krieg ermöglicht hätte, blieb mit einer Ausnahme erfolglos. Im Archiv der ehemaligen Reichsstudentenführung fanden sich Auszüge aus Briefen von Studenten, jedoch ausnahmslos Naziaktivisten. Da diese Briefe aber ein bezeichnendes Licht auf die Studentenschaft werfen, seien sie hier trotzdem referiert.

Deutlich mehr Material existiert zu den Angehörigen des Lehrkörpers. Hier fanden sich nicht nur Berichte über Einsätze an der Front, sondern auch – und vor allem – Akten über den Beitrag der Wissenschaft zur Kriegführung des NS-Regimes. Fast alle Institute der Naturwissenschaftlichen Fakultät waren in die deutsche Rüstungsindustrie integriert. Zahlreiche Professoren und Dozenten erfüllten ihre »Pflicht«, indem sie sich an der Verwaltung der besetzten Gebiete, teilweise auch an deren Ausplünderung beteiligten.

Nicht verschwiegen werden soll auch die tatsächliche Pflichterfüllung in den medizinischen Kliniken, die sich als hoffnungsloser Kampf gegen den Ärztemangel in den Akten widerspiegelt.

7.1 Studenten in Halle und im Kriegseinsatz

Die Zahl der Studenten an der Universität Halle nahm während des Krieges kontinuierlich zu, im Sommersemester 1939 waren 797 Studierende eingeschrieben, im Sommersemester 1944 waren es 1 912. Von den Immatrikulierten waren jedoch viele Männer eingezogen, der Frauenanteil erhöhte sich während des Krieges auf mehr als ein Viertel, unter den Direktstudenten machten sie etwa ein Drittel aus.[1247]

Irritiert zeigte sich Studentenführer Detering 1942 von der hohen Zahl der Studentinnen, die jetzt die Universität besuchten, aber er versicherte den an der Front stehenden Studenten in einem Rundbrief: »Aber keine Sorge, Drückebergereien werden kurzfristig dem Arbeitsamt gemeldet.«[1248] Diese Siebung wurde – für Frauen wie Männer – ab 1943 sogar ministeriell vorgeschrieben. Wie gründlich diese Auslese geschah, konnte für Halle nicht ermittelt werden.[1249] Reichsweit meldeten die Hochschulen weniger als 1 Prozent der Studenten und Studentinnen, die nicht in der Lage seien ihr Studium geordnet zum Abschluss zu bringen.[1250]

Die Lage war und blieb ohnehin prekär. Am 22. März 1943 gestand Staatssekretär Werner Zschintzsch ein, dass der »noch verfügbare Nachwuchs – trotz der Zunahme des Frauenstudiums – nicht ausreicht, um den in allen akademischen Berufen immer mehr steigenden Nachwuchsbedarf zu decken.«[1251]

Eine Statistik aus dem Jahr 1942 belegt, dass die Nachwuchssorgen unter den Bedingungen des Krieges nicht zu lösen waren. Von 1 322 Studierenden im Sommersemester 1942 waren 680 eingezogen. Ein Teil der Soldaten studierte jedoch in einer für das Fach Medizin eingerichteten Studentenkompanie weiter.[1252] Die anderen waren lediglich eingeschrieben, ihr Studium beschränkte sich – sofern sie dazu Gelegenheit hatten – auf das Durcharbeiten von Lehrbriefen.[1253]

Das Verhältnis der tatsächlich in Halle Studierenden in den einzelnen Fakultäten verschob sich entsprechend den Anforderungen des Krieges. Von den 642 Direktstudenten hatten 392 das Fach Medizin gewählt. Die Zahl der Theologiestudenten schrumpfte auf 27. Nennenswerte Größen stellten noch die Naturwissenschaftler und die »Philosophen«, also wohl Lehramtsstudenten dar.

Übersicht: Kriegsteilnehmer unter den Studenten (Stichtag 14.1.1942)

Theologie	36
Rechtswissenschaft	81
Volkswirtschaft	44
Medizin	186
Zahnmedizin	8
Sprach- und Kulturwissenschaften	76
Naturwissenschaften	113
Landwirtschaft	25

Quelle: UAH Rep. 4 Nr. 1308.

Übersicht: Studienrichtungen im Sommersemester 1942 (mit eingezogenen Studenten und Studentenkompanien)

	männlich	weiblich	Zwischensumme	Soldaten	Gesamtsumme
theol.	17	10	27	47	74
jur./rer. pol.	41	19	60	172	232
med.	291	101	392	187	579
phil.	19	63	82	92	174
nat.	47	34	81	182	263
Σ	415	227	642	680	1322

Quelle: UAH Rep. 4 Nr. 1308.

Alle Studenten und Studentinnen standen spätestens ab 1941 in den Semesterferien im »Rüstungseinsatz«, ausgenommen waren nur die Examenssemester und angehende Ärztinnen, die in den Kliniken Dienst taten.[1254] Medizinstudenten und -studentinnen sollten ab dem Sommersemester 1941 ihr Studium mit »möglichster Beschleunigung« durchführen, wie es in einem Erlass des Reichsinnenministers hieß. Auf die Promotion zum Dr. med. sollte daher möglichst verzichtet werden.[1255] Um den Absolventen für die Zeit nach dem Krieg jedoch gleiche Berufschancen einzuräumen, nahm die Medizinische Fakultät eine Reihe von Notpromotionen vor. Deren wissenschaftlicher Wert war zwar begrenzt, aber ein Rigorosum garantierte doch einen Mindeststandard. Um diesen Mindeststandard gab es immer wieder Auseinandersetzungen zwischen dem Dekan der Medizinischen Fakultät Eckert-Möbius und dem für die Studentenkompanien in Halle und Leipzig zuständigen Wehrmachtsoffizier. Öffentlich setzte sich Eckert-Möbius für ein geordnetes Studium der Studenten-Soldaten ein und erreichte beim Korpsarzt eine Absetzung des Offiziers und die Minderung der militärischen Ansprüche zu Gunsten eines geordneten Studiums.[1256] Ohnehin konzentrierte sich die Ausbildung auf die kriegswichtigen Gebiete der Medizin; Hygiene und Chirurgie nahmen breiten Raum ein. Das Üben von Unterbindungen, Resektionen, Exartikulationen und Amputationen war seit 1942 per Ministerialerlass vorgeschrieben.[1257] Die dazu notwendigen Leichen erhielten die Kliniken aus dem hallischen Zuchthaus.[1258] Unmittelbar nach dem Abschluss des Studiums wurden die jungen Ärzte, sofern sie nicht der Wehrmacht oder der SS angehörten, zur Arbeit in Lazaretten und Kliniken notdienstverpflichtet.[1259]

Als »kriegswichtig« galten auch andere Fächer, so erhielten ab 1941 einige Landwirtschaftsstudenten, wohl erst nach Abschluss des Examens und nach kurzem Kriegseinsatz, eine »Sonderführerausbildung« für Landwirte. Andere Landwirtschaftsstudenten wurden nach sorgfältiger Auswahl zum »Osteinsatz« geschickt, dort sollten sie »Volksdeutsche« bei der Ansiedlung unterstützen.[1260] Alle anderen Absolventen, bzw. Absolventinnen wurden über die Arbeitsämter, die eine Schlüsselstellung in der Kriegswirtschaft innehatten, vermittelt. Chemikerinnen oder Diplombetriebswirte etwa erhielten ihre Stellen zugewiesen.

Studentenführer im Fronteinsatz

Es ist schwierig, den Fronteinsatz von Studenten zu rekonstruieren. Einzig aus Feldpostbriefen ließen sich Aussagen gewinnen, die im unmittelbaren Erleben des Krieges entstanden. Bei meinen Recherchen habe ich Originalbriefe von einstigen Studenten in den Archiven nicht ermitteln können. In den Akten der Reichsstudentenführung fanden sich jedoch von Alfred Detering herausgegebene so genannte »Feldpostbriefe«, Rundschreiben, die an alle ehemaligen Mitglieder der Studentenführung der Martin-Luther-Universität und der Gaustudentenführung gesandt wurden. Detering war lange Zeit Gaustudentenführer, 1941 wurde er in die Reichsstudentenführung nach München berufen, um das Amt für politische Erziehung zu übernehmen. Er zitierte in diesen Rundschreiben ausführlich aus Briefen, die er selbst von einstigen Studentenfunktionären erhalten hatte. Die Überlieferung ist allerdings lückenhaft, in den Akten haben sich offenbar nur diejenigen Manuskripte erhalten, die Detering in München zusammenstellte. Ein ungeschminktes Bild vom Kriegseinsatz hallischer Studenten ergibt sich aus den insgesamt etwa 70 abgedruckten Briefen der Jahre 1941 und 1942 freilich nicht.[1261] Zum einen handelte es sich bei den Autoren um rückhaltlose Gefolgsleute der NSDAP, zum anderen erlegten sich die Verfasser der Briefe selbst eine gewisse Zensur auf, wie an mehreren Stellen deutlich wird. Viktor Gajewski etwa, Gefreiter in einer Wehrmachtseinheit, empfand »Genugtuung«, als »einer, der sich bemüht, Nationalsozialist zu sein« gegen die »Bolschewisten« eingesetzt zu sein. Dann aber flüchtete er in seinem Brief, datiert auf den 10. Juli 1941, ins Ungefähre: »Ich möchte über das, was ich bisher erlebt habe, schweigen, es ist sehr viel, aber zu einem schriftlichen Bericht ungeeignet. Jedenfalls liegen einige schwere Sachen hinter mir.« Helmut Egel, ebenfalls an der Ostfront eingesetzt, berichtete von Weidenkätzchen, die vor ihm in einer ausgeblasenen Granate auf dem Tisch standen, und erörterte das Problem der Läuse, mit dem die Bewohner seiner beschlagnahmten »Panjebude« konfrontiert waren. Dann schrieb er: »Ja, sollen wir Euch daheim aber das Leben noch schwerer machen und die Sorgen um alle an der Front noch größer, indem wir davon schreiben, wie der Russe uns vier Wochen lang ins Freie gesetzt hat, und noch einmal an den Gräbern der gebliebenen Kameraden mit Euch entlang gehen?« Fast alle der zitierten Briefe wurden an der Ostfront verfasst, wo die einstigen Studentenführer als Gefreite, Unteroffiziere oder Offiziere dienten. Naturgemäß finden sich in den Briefen zahlreiche Aussagen zum Gegner Sowjetunion.[1262] Breiten Raum nimmt der erwartete oder glücklich vermiedene Tod ein. Manch einer dachte darüber nach, was einmal nach dem Krieg werden sollte. Reflexionen über die Universität Halle waren weniger wichtig, sie beschränkten sich auf die Besetzung von Funktionen innerhalb der Studentenführung und Hass auf den Professor für Volkswirtschaftslehre Waldemar Mitscherlich.[1263]

Der Eindruck der Studenten-Soldaten von der Sowjetunion war denkbar schlecht. Man könne sich über die Lebensumstände der Bevölkerung »gar nicht so richtig auslassen«, urteilte ein Unteroffizier, aber er könne eins sagen: »Der Sowjet-Bürger lebt schlechter als bei uns zu Haus jedes Tier.« Nahezu alle zogen den Vergleich mit Deutschland, durchweg fiel er negativ für die Sowjetunion aus. Herbert Schade, einst Führer des Kameradschaftshauses Halle, urteilte: »Ich habe jetzt tatsächlich genug gesehen von diesem ›Paradies der Arbeiter und Bauern‹. Von hier kommt bestimmt kein deutscher Soldat als Kommunist in die Heimat zurück, wenn er bis jetzt vielleicht auch noch manchmal mit den roten Ideen geliebäugelt haben sollte.«

Das Bild vom Militär des Gegners war von mangelnder Koordination, schlechter Bewaffnung und einer fast völlig fehlenden Luftwaffe geprägt. Dessen Tapferkeit stand aber meist außer Frage. Kämpfe werden mit fast immer mit den Worten »erbittert« und »verbissen« beschrieben, es ist die Rede von »einem geradezu tierischen Instinkt« und von »Fanatismus«. Der langjährige Führer der juristischen Fachschaft, Helmut Drews, stellte physiognomische Überlegungen an: »Wer sich die Gesichter der beiden hier gegenüberstehenden Gegner ansieht, einmal das Gesicht des russ.[ischen] Soldaten, zum andern das des deutschen Soldaten, der ist von vornherein nicht im geringsten Zweifel, wer siegt.« Weiter urteilte er: »Im Großen und Ganzen erwecken sie den Eindruck von Verbrechertypen; verschlagen, hinterlistig, grausam aber feige.« Bei »noch so großer Überlegenheit an Masse« könne es daher im Kampf nur einen Sieger geben, den »deutschen Soldaten«. Nicht anders lesen sich die Schlussfolgerungen des Luftwaffenpiloten Wilhelm Meissner, verfasst im Juli 1941: »Ich selbst glaube, es wird alles wieder so schnell gehen wie gewohnt und auch der ›Russische Krieg‹ wird militärisch für uns kein größeres Problem sein, als die größten Kämpfe bisher.« Analog der einstige Studentenführer der Universität, Wilhelm Grimm, im Sommer 1942: »Die Erfolge in Russland sind ja gewaltig, und ich bin überzeugt, dass die roten Genossen in kurzer Zeit völlig zerschlagen sein werden.« Und der Gefreite Gajewski sehnte den Tag herbei, an dem »das Hakenkreuz über der Kremlmauer weht und der Rote Platz davor den Aufmarsch deutscher Soldaten erlebt.«

Die zahlreichen Auszeichnungen und rasche Beförderung der meisten einstigen Studentenführer wurden in allen Briefen nur gestreift, weil ihnen die Dekorierungen selbstverständlich erschienen. Alle gaben sich tapfer und todesmutig, und tatsächlich blieb kaum einer von Verwundungen, die sie leichthin abtaten, verschont. Stolz schwingt mit, wenn sie berichten, vom Krieg »meterdick gekostet« zu haben. Bei anderen finden sich Passagen über das vermeintliche Missgeschick, zu spät gekommen zu sein. Wilhelm Grimm schrieb 1941 aus Griechenland: »Als wir am Ziel angelangt waren und zum Sturm auf die feindlichen Stellungen am anderen Ufer antreten wollten, war mittlerweile jedoch der Friede ausgebrochen.« Seine Feuertaufe erhielt Grimm dann 1942 an der Ostfront, er fiel wenige Wochen später.

Grimms Tod wurde, da er 1942 fiel, nur von wenigen kommentiert. Im Sommer 1941 war die Abstumpfung gegenüber dem Sterben noch nicht so ausgeprägt. Zum Tod des einstigen hallischen Studentenführers Gerhard Voigt äußerten sich noch zahlreiche Kameraden. Voigt

war am 22. Juni 1941 als erster Offizier seines Regimentes gefallen. Ein Arzt gab sich lakonisch: »Es ist schade um den Jungen und für uns ein schwerer Verlust. Aber vielleicht wird es noch manch anderen treffen. Dafür ist Krieg.« Viktor Gajewski bedauerte kühl, dass es ausgerechnet Voigt getroffen habe, der »sich so mühevoll in langen Jahren hindurch gebissen hat«. Der Offizier Wolfdietrich Kopelke meinte: »Wer so konsequent ist wie er, darf auch so schön sterben.« Auf die »erbitterten Kämpfe der Weltanschauungen hier im Osten und auf die Gefallenen« könne man ohnehin »sehr stolz sein.« Der Jurist Helmut Drews hingegen zeigte sich von der Nachricht erschüttert. Er erhielt sie in den Stellungen vor den Gräben der Festung Osowiec, in denen viele Soldaten seiner Einheit starben. »In diesem Moment aber stand ich dann, die schwarz umrandete Nachricht in den Händen haltend und kämpfte gegen das Würgen im Halse und das Nasse in den Augen. Gerhard Voigt! Warum gerade immer die besten? Kameraden, ich brauche nicht viele Worte zu machen, jeder von uns weiß, dass er unser bester und edelster Kamerad und der aufrechteste Kämpfer und Führer in unserer Gaustudentenführung war.« Dann schlug Drews vor, eine noch namenlose Kameradschaft nach Voigt zu benennen. Doch innerhalb weniger Sätze wechselte er von Betroffenheit zu Tatendurst, noch im selben Brief ersehnte sich Drews einen weiteren Einsatz. Sein Wunsch ging in Erfüllung: Der Fachschaftsführer der Juristen fiel im Winter 1941/42 an der Ostfront, sein Tod wurde von den Studenten-Soldaten nur noch registriert. Vom Tod dreier weiterer Kameraden aus dem Führercorps des NSDStB zeigte sich Wolfdieter Kopelke immerhin »tief berührt«, wichtiger aber war ihm die Frage, was einmal nach dem Krieg werden sollte, »wenn all die vielen guten Kräfte dem tätigen Leben verloren sind.« Der einstige Führer der Fachschaft Medizin, Heinz Bischoff, äußerte sich in einem Brief reichlich zynisch über den Tod seiner früheren Kameraden: »Doch auch jetzt bewährt sich der alte Grundsatz: was uns nicht umbringt macht uns stärker. Oder, wie wir es im KH (Kameradschaftshaus – H. E.) so oft gesungen haben: wer übrig bleibt, hat recht.« Zwei Sätze später schien Bischoff das Geschriebene jedoch halbherzig entschuldigen zu wollen: »… der Krieg hat uns erschreckend hart gemacht. Oft erschrickt man vor seiner eigenen Härte.«
Der Tod der vielen Kameraden machte aber nicht nur hart, er bestärkte auch die Sehnsucht nach dem Ende des Sterbens. Mit der Bemerkung, »immer sind es Kameraden, auf die man sich nach dem Krieg am meisten gefreut hat«, kommentierte Günter Dudek am 10. Mai 1942 den Tod des einstigen Studentenführers Fritz Nobel. Andere äußerten den Wunsch nach dem Ende des Krieges mit den Kameraden von einst ein »fröhliches Wiedersehen« feiern zu können. Und auch das Danach erschien manchem sinnvoller als der Krieg selbst. Wieder sei Dudek zitiert: »Aber lange wird es wohl nicht mehr dauern, und wir haben es hier in Europa geschafft und können wieder ›Friedensarbeit‹ leisten.« Der bereits mehrfach zitierte Helmut Drews sinnierte über einen möglichen Friedenseinsatz in den künftigen Kolonien nach: »Und doch würde ich persönlich nach diesem Krieg freiwillig in die Einöde des Ostens zurückkehren, denn hier kann man Pionierarbeit für Deutschland leisten. Hier kann man aufbauen. Der Verwaltungsbeamte, oder wer auch herkommt, muss hier Führer und Schöpfer zugleich sein … Hier kann man für Deutschland aufbauen und damit auch für den Wohlstand dieser rückständigen Bevölkerung. Welche Frau wird hierhin folgen wollen? Werden es viele sein? Es wird große Verzichte erfordern, aber gibt es eine schönere Aufgabe, als für Deutschland Pionierarbeit zu leisten? Denn ohne den Deutschen, ohne sein Organisationstalent und seine Schöpferkraft wird aus dem Osten nie etwas.«

7.2 Professoren und Dozenten im Fronteinsatz

Bereits im Jahr 1938 wurden auf Anweisung des Wissenschaftsministers an allen deutschen Universitäten die »militärischen Verhältnisse« der Universitätsangehörigen registriert.[1264] Getrennt nach den einzelnen Statusgruppen (Professoren, einschließlich Dozenten und Lektoren, Assistenten und Hilfskräfte, Beamte, Angestellte und Lohnempfänger) wurde eine »Nachweisung« erstellt, »über die im Falle einer Mobilmachung zur militärischen Verwendung gelangenden Angehörigen der Universität Halle.«[1265]
Die Übersicht wurde mit dem Ausbruch des Krieges, und vor allem durch seine lange Dauer zur Makulatur. Es erwies sich als illusorisch, den Kriegsfall planen zu wollen. Je länger er andauerte, desto schwieriger wurde es, die Arbeitsfähigkeit der Universität zu gewährleisten. Die Universitätsspitze kämpfte beharrlich um jeden einzelnen Dozenten, drang mit den Bitten um Uk.-Stellung oder um Beurlaubung jedoch nicht sehr oft durch. Ein Überblick über die zu jedem Zeitpunkt des Krieges tatsächlich eingezogenen Lehrkräfte ist nur schwer zu gewinnen. Viele Dozenten erhielten Arbeitsurlaub, manche kamen als Versehrte nach Halle zurück, andere, weil sie jetzt »kriegswichtige« Aufgaben zu bearbeiten hatten. Da jedoch immer frühere Jahrgänge einberufen wurden, waren letztlich alle unter 50-Jährigen zum Kriegsdienst verpflichtet. Insgesamt ist wohl zu schätzen, dass etwa 50 Prozent aller Dozenten in der Wehrmacht dienten, von den Professoren waren es etwa 20 Prozent.[1266]
Einige von ihnen dienten in der kämpfenden Truppe, die meisten als Offiziere. Zwei Angehörige der Naturwissenschaftlichen Fakultät dienten als Meteorologen bei der Luftwaffe.[1267] Andere, wie der Dozent für bürgerliches Recht und Rechtsgeschichte Walter Hellebrand, dienten als Dolmetscher.[1268] Geologen nahmen Baugrunduntersuchungen für Bunkerprojekte vor[1269] oder waren als Kriegsverwaltungsräte bei der Plünderung besetzter Länder tätig, wie etwa Kurt Beyer, der Erdgaslagerstätten in Estland erkundete und sich dann mit diesen Kenntnissen habilitierte.[1270] Auch Chemiker erhielten den Status als Kriegsverwaltungsrat, etwa Helmut Harms, der nach Peenemünde zur V-Waffen-Fertigung bzw. zur Heeresversuchsstelle Kummersdorf zu ihrer Erprobung abgeordnet war.[1271]
Der Dozent Rudolf Freisleben, ab 1937 mit der Bearbeitung des Gerstenmaterials der Deutschen Hindukusch-Expedition befasst, leitete 1941 im Auftrag des Oberkommandos der Wehrmacht (Amt Wissenschaft) eine Expedition durch sämtliche Balkanstaaten, um Sämereien zu sammeln.[1272] An einer Expedition, die Aufschluss über die Wichtigkeit der norwegischen Rentierzucht für die deutsche Ernährung bringen sollte, nahm 1942 der Dozent für Zoologie Wolfgang Herre teil.[1273]
Professoren waren aber auch in Verwaltungen besetzter Länder beschäftigt, wie etwa der Pädagoge Wilhelm Hehlmann, der nebenbei Zeit fand, Artikel für die Brüsseler Zeitung, das Zentralorgan der Besatzer in Belgien, zu verfassen.[1274] Der Geologe und Frühgeschichtler Julius Andree plünderte für den Einsatzstab Rosenberg im besetzten Frankreich Museen.[1275]
Bei der »Abwehr« arbeitete Hans Raupach, schon als Lehrbeauftragter für das Grenz- und Auslandsdeutschtum hatte er in der Tschechoslowakei spioniert. 1939 war er in Wien tätig, aber offenbar nicht ausgelastet. Seine Tätigkeit beim Stellvertretenden Generalkommando (Abwehr) würde es ihm gestatten, »1–2 Wochenstunden« an einer Wiener Hochschule zu lesen, schrieb er am 29. Oktober 1939 an Dekan Buchda in Halle. Der gab das Schreiben auf dem Dienstweg nach Berlin, wo man auf das Angebot allerdings nicht einging. Auch für eine Gastprofessur in Pressburg (Bratislava) berücksichtigte man Raupach trotz der Fürsprache der Universität Halle nicht. Die Ursache dafür dürfte darin zu suchen sein, dass man Raupach für einen Anhänger des einstigen Hitler-Rivalen Gregor Strasser hielt.[1276] Auch als

alle Vorwürfe dieser Art ausgeräumt worden waren, gelangte Raupach nicht auf einen Lehrstuhl. Denn jetzt, im Krieg gegen die Sowjetunion, war er als Sonderführer der Abwehr zu wichtig, als dass man ihn wieder für die Wissenschaft freigegeben hätte.[1277] Ein ursprünglich ebenfalls als »unsicherer Kantonist« geltender Dozent der Universität war auch der Betriebswirt Kurt Schmaltz. Er war Katholik und 1933 als Mehrfachverdiener in die Schusslinie des NS-Blattes »Kampf« geraten. Doch 1937 trat er in die NSDAP ein und bewährte sich 1938, indem er Schulungen für die mit einst jüdischem Eigentum befassten Wirtschaftstreuhänder im angeschlossenen Österreich durchführte. Im April 1940 wurde er als Kriegsverwaltungsrat zum Wirtschafts- und Rüstungsamt beim Oberkommando der Wehrmacht eingezogen. Ab 1942 war er Vorstand der Deutschen Revisions- und Treuhand AG, die die Betriebe der besetzten Länder in die deutsche Rüstungsindustrie integrierte.[1278]
Als Fahnenjunker im Heer war der Theologe Walther Bienert eingesetzt, der neben seinem Dienst Propagandaaufsätze verfasste. Bezeichnenderweise war das Thema des Mannes, der Gaudozentenführer Wagner im Kampf gegen die Bekennende Kirche positiv auffiel, der Kampf der Kommunisten gegen die Kirchen. Einen Einblick in seine Mentalität gibt ein Brief, den er am 15. Juni 1942 an Rektor Johannes Weigelt schrieb.

Am 15. Juni 1942 schrieb der Kirchenhistoriker Walther Bienert aus Russland an Rektor Johannes Weigelt.

Hochzuverehrender Herr Rektor!

Euer Magnifizenz erlaube ich mir, als einen Gruß von der Front ein Exemplar eines von mir im Herbst des vergangenen Jahres in Rußland geschriebenen Aufsatzes zu übersenden. Seit ich jene Zeilen schrieb, sind viele und oft nicht leichte Monate vergangen. Aber ich habe den Herbst mit seinem grundlosen Schlamm, die schweren Abwehrkämpfe, den harten Winter mit seinem Bunkerleben in vorderster Linie miterlebt und bis [auf] angefrorene Zehen und die sog. Schützengrabenkrankheit auch ohne nennenswerte Schäden überstanden. Ich bin froh und stolz darauf, zu einer stolzen Waffe und einem stolzen Regiment zu gehören. Jetzt rollen wir wieder auf staubigen Straßen neuen Zielen entgegen.
Uns, die wir Tag für Tag die Unkultur des Bolschewismus und zugleich unsere Fortschritte sehen und erleben und daran beteiligt sind, fällt vielleicht manches leichter als der Heimat, die auf Nachrichten angewiesen ist. Wer hier den Bolschewismus kennengelernt hat, der hat auch die Notwendigkeit und den Sinn dieses Krieges erfasst.
Erst die Nachwelt wird einmal den Entschluss des Führers in seiner ganzen Tragweite ermessen, durch den er Europa und unsere Kultur vor dem Untergang rettet. Möge Gott unseren Führer auch diesen Feldzug zu einem glorreichen Abschluss bringen lassen einer glücklichen Zukunft unseres Volkes entgegen.
Mit den besten Wünschen für Eurer Magnifizenz und Eurer Magnifizenz Familie Wohlergehen

Heil Hitler!

Walther Bienert

Quelle: UAH PA 4519 Bienert.

Die meisten der eingezogenen Professoren und Dozenten gehörten jedoch, wie schon erwähnt, der Medizinischen Fakultät an. Während die Ordinarien ab 1940 wegen ihrer Lehrverpflichtungen uk. gestellt waren, nahmen sie am Polenfeldzug noch teil. Wilhelm Clausen, im Ersten Weltkrieg zunächst Truppenarzt, dann Leiter einer augenärztlichen Station eines Lazarettes, war ab September 1939 beratender Ophtalmologe bei der X. Armee.[1279] Der Ordinarius für Innere Medizin Rudolf Cobet, der ebenfalls bereits im Ersten Weltkrieg als Arzt gedient hatte, wurde 1939 zur Heeressanitätsstaffel Halle eingezogen und diente während des Krieges im Reservelazarett Elbing.[1280] Adolf Eckert-Möbius, der Leiter der Ohrenklinik, diente während des Ersten Weltkrieges als Arzt im Asienkorps. 1939 war er als Oberstabsarzt Chefarzt des Feldlazarettes 275 in Prag, die ersten drei Monate des Jahres 1940 diente er als beratender Otologe der Wehrmacht in Paris.[1281] 1940 kehrten diese Professoren auf ihre Lehrstühle zurück. Jetzt waren es vor allem die Dozenten, die als Leiter von Lazaretten oder Verbandsplätzen, vor allem aber als Hygieniker und Chirurgen Kriegsdienst leisteten. Für die meisten von ihnen bedeutete das einen Bruch in ihrer wissenschaftlichen Karriere, einige publizierten jedoch weiter in wissenschaftlichen Zeitschriften. Als spezielles Forum für die Mediziner im Kriegseinsatz war die Zeitschrift »Der deutsche Militärarzt« ins Leben gerufen worden. Hier veröffentlichten auch Dozenten aus Halle über Seuchenbekämpfung, chirurgische Methoden oder typische Soldatenkrankheiten. Zwei dieser Beispiele seien hier knapp referiert.

Friedrich Klages, Oberarzt der chirurgischen Universitätsklinik wurde 1939 eingezogen und diente als Chirurg in einer Sanitätskompanie, die hauptsächlich auf den Hauptverbandsplätzen unmittelbar hinter der Front eingesetzt wurde. Nach verschiedenen Versuchen im Frankreichfeldzug entwickelte er 1940 ein leicht handhabbares Bluttransfusionsgerät für den Feldgebrauch, das aus drei Gummischläuchen, einer Klemme und einem Erlenmeyerkolben mit weitem Hals und gläsernem Stöpsel bestand. Schlauch eins diente der Füllung des Kolbens mit Spenderblut, Schlauch zwei der Luftzufuhr, Schlauch drei der Infusion in die Empfängervene. Die Gerinnung des Spenderblutes verhinderte Klages durch Zusatz von Natriumcitrat. Zwar enthalte diese Anordnung zur Transfusion keineswegs neue Grundsätze, wie Klages 1941 in einem Aufsatz für die Zeitschrift »Der Deutsche Militärarzt« formulierte. Da sein Gerät jedoch nur 30 Mark koste, einfach zu handhaben und unkompliziert sauber zu halten sei, habe er sich zur Mitteilung dieser »Notlösung, die sich bewährt hat« entschieden.[1282]

Diesen Aufsatz formulierte Klages in der kurzen Pause vor dem Beginn des Krieges gegen die Sowjetunion, auch in diesem Feldzug war er wieder auf einem Verbandsplatz unmittelbar an der Front eingesetzt. Für Tapferkeit erhielt er als erster Angehöriger der Universität im Zweiten Weltkrieg das Eiserne Kreuz I. Klasse, seit dem 7. August 1943 wurde Klages im Osten vermisst.[1283]

Am 2. Juli 1941 schrieb der Chirurg Friedrich Klages an den Sekretär des Rektors Oberinspektor Wilhelm Kurze.

Sehr geehrter Herr Oberinspektor Kurze!

Schon wieder muss ich Sie bemühen, meine Personalien vorzunehmen und nachzutragen, dass mir am 28/6 das E.K.I. nach 4tägigen heftigen Gefechten mit den Russen verliehen worden ist.

Der Krieg ist hart und entbehrungsreich, die Kämpfe mit den vertierten asiatischen Russen hartnäckig und verlustreich. Während ich auf dem Hauptverbandplatz operierte, wurden wir von den Russen angegriffen u. erst nach stundenlangem Herumschießen konnten wir die Gefahr abwenden.
Würden Sie, lieber Herr Kurze, auch dem Herrn Kurator meinen Gruß ausrichten u. ihm die Auszeichnung mitteilen?
Wir sind dauernd am Marschieren durch tiefen, grundlosen Sand.
Daher entschuldigen Sie Kürze u. Art des Schreibens.
Ich bin mit herzlichen Grüßen und Heil Hitler

Ihr F. Klages

Quelle: UAH PA 8880 Klages.

Ebenfalls im »Militärarzt« publizierte Louis-Heinz Kettler, der sich beim Kriegseinsatz bei der Marine irritiert davon zeigte, dass Militärs die Tätigkeit des Pathologen für »überflüssig« hielten. Kettler stellte klar, dass die Kriegspathologie mehrere Aufgaben habe und nannte explizit die »Prüfung der Wirkungsintensität feindlicher Waffen« und die rein wissenschaftlichen Interessen (etwa bei der Erforschung »seltener, bisher kaum bekannter Krankheitsbilder«). Außerdem, so fragte er scheinbar naiv: »Wer könnte wohl unserem Sanitätsoffiziersnachwuchs das so ungemein notwendige Anschauungsmaterial gerade der Kriegsverletzungen vollkommener darbieten als die Pathologie?«[1284]
Anschließend bot Kettler eine Reihe von Erkenntnissen über die unmittelbaren Todesursachen bei Kriegsverletzungen dar, die er bei zahlreichen Sektionen gewonnen hatte. Dabei ging er ausführlich auf das »heikle« Problem des Schocks, auf Embolien und verschiedene Arten der Blutungen ein. Auch Untersuchungen über das lymphatische Gewebe hatte er an den Getöteten vorgenommen, nicht zuletzt deshalb, um die Konstitution von Menschen zu untersuchen, die bestimmten Verletzungen offenbar eher als andere erlagen. Anhand von Fällen möglicherweise vermeidbarer Todesfälle erläuterte der Pathologe den Gedanken der Kombination von Todesursachen und versuchte damit gleichzeitig »beim praktisch tätigen Sanitätsoffizier Interesse und Verständnis für das vielseitige Aufgabengebiet der Kriegspathologie« zu wecken.[1285]
Kettler konnte die Kriegserfahrungen auch für seine Habilitation nutzen. Die Habilitationsschrift widmete sich den resorptiven Leistungen der Lymphknoten unter normalen und krankhaften Verhältnissen. Die wissenschaftliche Aussprache am 18. November 1942 hatte die Rolle des stumpfen Traumas in der Kriegspathologie zum Thema. Seine Lehrprobe hielt Kettler am 20. Januar 1943 zu »Ursache und Wirkung der Fettembolie« ab.[1286]

7.3 Die Universitätskliniken

Am 26. August 1939, die Universität sollte wegen des Krieges im Wintersemester 1939/40 geschlossen bleiben, wurde in Halle das Reservelazarett I des Wehrkreises IV eingerichtet. Es war an die medizinischen Kliniken der Universität angegliedert, Leiter war Wilhelm Clausen, Chef der Augenklinik. Als Räume dienten verschiedene Stationen der Universitätskliniken und die beschlagnahmte Schule in der Friesenstraße. In dem Lazarett dienten vor allem militärisch ausgebildete Assistenzärzte der Universitätskliniken. Auch anderes medizinisches Personal wurde an das Lazarett abgegeben, etwa Krankenpfleger und Zahntechniker.[1287] Durch den für Deutschland zunächst glücklichen Verlauf des Krieges konnte das wenig beanspruchte Lazarett am 30. Oktober 1940 aufgelöst werden.[1288] Die Bettenzahl der Universitätsklinken erhöhte sich um 200.[1289] Doch trotz der Auflösung des Reservelazaretts und der Rückkehr der Ordinarien der Medizinischen Fakultät im Laufe des Jahres 1940 befanden sich die Universitätskliniken während der gesamten Kriegszeit praktisch im Ausnahmezustand.

Der Bedarf der Wehrmacht an Ärzten war immens, darüber hinaus scheinen unterschiedliche Prioritäten von Zivil- und Militärstellen, wohl auch Inkompetenz und übertriebene Bürokratie dauerhafte Übereinkünfte unmöglich gemacht zu haben. Zumindest stellte sich die Lage aus der Sicht des Kurators der Universität, Friedrich Tromp, so dar. Obwohl er mehrfach detaillierte Listen mit unabkömmlichen Ärzten vorlegte, war mit den zuständigen militärärztlichen Stellen nicht zu einer Regelung zu kommen. Ein Fall, der Tromp zu einer drastisch formulierten Beschwerde veranlasste, soll dies illustrieren. Nur unter Druck gab 1940 der Luftgauarzt, der behauptete, mit Einberufungen »sehr gekargt« zu haben, die eingezogenen Augenärzte der Universität frei. Im gleichen Schreiben forderte er dann aber alle Ärzte an, die von der Kinderklinik freigegeben werden könnten.[1290]

Erst im Juni 1941 kam das Wissenschaftsministerium mit den Militärs überein, dass die Belange der Zivilbevölkerung als gleichrangig zu betrachten seien. Jetzt wurden in Abstimmung mit der Heeressanitätsinspektion Richtwerte festgelegt, die nicht unterschritten werden sollten. Auf je dreißig Betten sollte in Universitätskliniken ein Assistenzarzt kommen, bei poliklinischer Tätigkeit sollte ein Arzt 25 Behandlungen täglich durchführen.[1291] Dieser »Ärzteschlüssel« wurde bis 1943 eingehalten, dann war ein Arzt für 50 Betten zuständig oder sollte 100 poliklinische Behandlungen durchführen.[1292] Die Belastung der Ärzte, Krankenschwestern und Pfleger stieg auch mit der zunehmenden Zahl der Verletzten in der Rüstungsindustrie. In der Zahn- und Kieferklinik etwa wurden so viele komplizierte Kieferbrüche von Rüstungsarbeitern behandelt, dass Klinikchef Hans Heinroth bei der Wehrmacht um die Beurlaubung eines darauf spezialisierten Zahntechnikers bat.[1293] In der Augenklinik verschärfte sich die Situation dadurch, dass die einzige ausgebildete Fachärztin der Klinik der Belastung nicht mehr standhielt und zusammenbrach. Ein durch Unfall schwerbeschädigter Arzt sollte Ersatz bieten, war aber ohne Facharztausbildung. Klinikdirektor Wilhelm Clausen übernahm zu seiner regulären Arbeit noch die Augenabteilung eines Reservelazarettes und wurde als beratender Augenarzt für den Wehrkreis IV zu Gutachten herangezogen.[1294] Dazu kam, dass viele Ärzte der Stadt Halle und den umliegenden Gemeinden schwierige Fälle an die Universitätskliniken überwiesen, in der Hoffnung, dort Spezialisten vorzufinden. Aber auch die verbliebenen Fachärzte wurden nach und nach eingezogen. Die statt ihrer eingestellten Frauen befanden sich meist noch in der Facharztausbildung[1295] und die in den Klinken beschäftigten ausländischen Ärzte galten – oder waren es tatsächlich – als nicht ausreichend qualifiziert.[1296] Eine Übersicht der an den einzelnen Kliniken beschäftigten ausländischen Ärzte konnte nicht ermittelt und nicht erstellt werden. Aber vermutlich wurden in der Augenklinik ausländische Ärzte beschäftigt. Wahrscheinlich versahen sie den Dienst in der auf dem Klinikgelände aufgestellten Baracke für die verletzten ausländischen Arbeiter der Rüstungsindustrie.[1297] In der chirurgischen Klinik arbeitete ab Juli 1942 ein thailändischer Arzt und ein Arzt mit dem Namen Sczepanski aus dem Protektorat Böhmen und Mähren.[1298] Auch an der Frauenklinik gab es einen tschechischen Gastarzt, er hieß Friedrich Steidl.[1299]

Doch auch mit ausländischen Ärzten war der Mangel an qualifiziertem Personal nicht zu beheben. So waren der Oberarzt und der erste Assistent der Universitätsklinik eingezogen, Ordinarius Georg Grund selbst diente als Beratender Internist im Wehrkreis IV und war damit oft außerhalb Halles im Einsatz.[1300] Die Nervenklinik wurde über Jahre hinweg vom Assistenzarzt Günter Chichon geleitetet, da neben dem Ordinarius Fritz Flügel[1301] auch der Oberarzt Walter Gärtner eingezogen war. Die mehrfach beantragte Uk.-Stellung Gärtners scheiterte. In der Klinik, die über 140 Plätze verfügte und durchschnittlich mit 160 Personen belegt war, wurde die Richtzahl für die ärztliche Versorgung bis Kriegsende nicht wieder erreicht. Dabei war der Personalbesaz nicht nur bei Ärzten reduziert worden, von 30 männlichen Pflegern arbeiteten 1944 nur noch 15 in der Klinik. Und weibliches Personal war, wie Kurator Tromp konstatierte, »nicht mehr zu erhalten.«[1302]

Die Augenklinik war mit 140 stationären Kranken belegt, dazu kam eine poliklinische Frequenz von 115 Kranken. Planmäßig arbeiteten ein Oberarzt, sechs Assistenzärzte und drei Hilfsärzte in der Klinik. Als einige der Assistenzärzte eingezogen wurden, strich Klinikchef Clausen zunächst jeden Urlaub und ordnete die Verlängerung der Arbeitszeiten an. Als im Dezember 1940 ein weiterer Assistenzarzt eingezogen werden sollte, bat er dringend darum, diesen uk. zu stellen. Alle seien »bis zum Äußersten« angespannt, eine weitere Leistungssteigerung sei »aus rein physischen Gründen nicht mehr möglich.« Noch während Clausen dieses Schreiben verfasste, meldete sich der letzte verbliebene Facharzt der Klinik bei ihm und teilte mit, dass auch er sich umgehend beim Militär zu melden hätte. Clausen fügte ein Postskriptum an und teilte dem Kurator mit, dass er dem Wissenschaftsminister mitteilen möge, dass dann die Universitätsaugenklinik »wegen Mangels an Ärzten vorübergehend geschlossen werden muss.« Auch die Aufrechterhaltung des Lehrbetriebes sei »unter den oben genannten Umständen« nicht mehr möglich.[1303]

Nicht anders war die Lage an der Medizinischen Klinik. Der Ordinarius für Innere Medizin erkrankte, der Dozent Adolf Sylla war eingezogen, für die Lehre blieb nur noch der Dozent Max Ratschow. Daher forderte Kurator Tromp am 6. November 1940 beim Wehrbezirkskommando den in einem Luftwaffenlazarett eingesetzten Assistenten und Dozenten Heinrich Schumann an. Es sei ein »unvereinbarer Widerspruch« schrieb der Kurator, »dass auf der einen Seite Mediziner auf Anordnung des OKW beurlaubt oder zur Universität abkommandiert sind, um ihr Studium durchzuführen und dass auf der anderen Seite den Universitätskliniken gerade die Ärzte genommen werden, welche mit der Ausbildung der Studenten befasst sind.«[1304]

Nach einer kurzfristigen Besserung der Lage musste Tromp 1942 erneut intervenieren. Die Klinik selbst hatte regulär 230 Betten, war jetzt aber mit 280 Kranken belegt. 1939 waren 15 Ärzte an der Klinik beschäftigt, davon wurden bis 1942 11 zum Wehrdienst eingezogen und konnten, wie der Kurator bemängelte, nur »in beschränktem Umfange durch Ersatzkräfte ohne abgeschlossene Fachausbildung ersetzt werden.« 1942 waren noch acht Ärzte an der Klinik, davon waren drei Beschädigte oder Kranke: ein schwerer Asthmatiker, ein Arzt mit Lungentuberkolose und einer mit epileptischen Anfällen. Später kam noch ein Arzt hinzu, dem ein Auge und ein Ohr fehlten. Dieser wurde aber rasch wieder zu einer militärischen Stelle eingezogen.[1305]

In der Chirurgischen Klinik, die von Gaudozentenführer Wilhelm Wagner geleitet wurde, verhielt es sich nicht anders. Im Februar 1941 waren in der planmäßig mit 208 Betten ausgestatteten Klinik 283 Betten aufgestellt, die durchschnittliche Belegung betrug 230 Patienten. Dazu kamen die poliklinischen Abteilungen (Chirurgie, Orthopädie, Urologie und Röntgentherapie) mit einer Frequenz von ca. 175 Kranken täglich. An Ärzten standen außer

Klinikchef Wagner nur Oberarzt Friedrich Klages (im Fronturlaub) und fünf noch nicht vollausgebildete Fachärzte zur Verfügung.[1306]
Einen geharnischten Protest verfasste am 1. November 1940 der amtierende Leiter der Ohrenklinik Johannes Koch. Der eigentliche Chef, Adolf Eckert-Möbius, war eingezogen, gerade eben hatte der zweite Assistenzarzt die Einberufung zur Sanitätsstaffel Leipzig erhalten. Auf seine telefonische Nachfrage beim Wehrkreisarzt für den Wehrbezirk IV antwortete ihm ein Adjutant, er möge doch die Aufgaben der fehlenden Assistenzärzte übernehmen. Koch schrieb an den Kurator der Universität, dass nun nur noch er und ein weiterer Arzt zur Verfügung stünden. In den letzten Monaten seien aber alle »schon bis zur Grenze der zeitlichen und körperlichen Möglichkeit« beansprucht worden. Er sei daher gezwungen, »die in der Ohrenklinik hilfesuchenden Kranken nur noch so weit zu behandeln, als es Herr Dr. Winkler und ich schaffen können«, alle übrigen müssten abgewiesen werden. Kurator Tromp leitete die Beschwerde an das Wissenschaftsministerium weiter und unterfütterte sie mit Zahlen. Planmäßig habe die Klinik 46 Betten, zur Zeit sei sie mit 67 Kranken belegt. Dazu kämen ambulante Behandlungen. Normalerweise sei die Klinik mit dem Direktor, dem Oberarzt und drei wissenschaftlichen Assistenten besetzt. Da die Klinik jetzt nur noch mit Oberarzt Koch und einem Assistenzarzt besetzt sei, müsste man tatsächlich jeden Tag »operationsreife Zivilkranke« abweisen.[1307] Die Einberufung eines Arztes wurde tatsächlich rückgängig gemacht, doch im März 1941 war der Zustand der gleiche, erneut wurden operationsbedürftige Kranke in der Ohrenklinik abgewiesen. Jetzt schaltete sich jedoch Stadtmedizinalrat Schnell ein, der den zurückgekehrten Adolf Eckert-Möbius bat, diesen Sachverhalt der »zuständigen Stelle« mit »allem gebotenen Nachdruck« klarzumachen. Die »hinreichende Versorgung« der Zivilbevölkerung müsse unbedingt durch eine ausreichende Ärztezahl sichergestellt werden.[1308]
Etwas anders war die Lage in der Klinik für Haut- und Geschlechtskrankheiten. Hier waren, als normale Begleiterscheinung des Krieges, schon 1940 die meisten Betten mit Soldaten belegt. Die Fachärzte dieser Klinik waren damit erst einmal von der Einberufung befreit.[1309] Nach der Rückkehr Julius Dörffels vom Polenfeldzug wurden jedoch bis auf einen alle Fachärzte eingezogen. Als 1942 dann die letzten beiden schon vor dem Krieg bei Dörffel tätigen Assistenten ihre Gestellungsbefehle erhielten, drohte Dörffel mit der Schließung von Stationen, 130 stationäre Patienten und 120 poliklinische Fälle, Tendenz steigend, waren nicht mehr zu versorgen.[1310] 1943 stieg die Zahl der Kranken, einschließlich der zu behandelnden »Ostarbeiter« auf durchschnittlich 170 an. Die poliklinische Frequenz lag bei 200. Zur gleichen Zeit wurde Klinikleiter Dörffel außerdem beratender Dermatologe im Wehrkreis IV.[1311]

7.4 Im Einsatz für Rüstung und Ernährungswirtschaft

Die Einbindung der Universität in die Rüstungsindustrie des NS-Regimes vollzog sich nicht im Selbstlauf, sondern wurde von Rektor Johannes Weigelt zielstrebig eingeleitet und vorangetrieben. Seine Ansprache zur Übernahme des Rektorats am 9. Dezember 1936 stellte Weigelt unter das Wort »Wissenschaft im Vierjahresplan« - ohne dass politische Grundsatzerklärungen zu kurz kamen. Die angewandte Forschung sei es, die im Vierjahresplan so vielfältig in Erscheinung trete. Seine eigenen Forschungen, zunächst rein theoretisch, hätten ihn schließlich hin zu Problemen der Rohstoffversorgung Deutschlands geführt. Ziel und Zweck derartiger Forschungen umriss er mit einem Zitat Ernst Moritz Arndts: »Der Gott, der Eisen wachsen ließ, der wollte keine Knechte.«[1312] Dass dazu ein Krieg notwendig sein würde, verschwieg er dabei nicht. Der Kampf um die »deutsche Freiheit« könne schon bald von der Jugend »Einsatz bis zum letzten« erfordern.

Die naturwissenschaftliche Fakultät

Im Zentrum dieser Bemühungen zur Ausrichtung auf die Bedürfnisse des Krieges stand die Naturwissenschaftliche Fakultät. Hier wurden die physikalischen und chemischen Institute, sowie das Zoologische und das Geologische Institut auch formal zu Rüstungsbetrieben erklärt.[1313] Die landwirtschaftlichen Institute nahmen wichtige Aufgaben für die Angliederung und Nutzbarmachung der besetzten Länder wahr.
Für sich selbst nahm Johannes Weigelt die Anforderungen des Vierjahresplanes ernst, der Geologe stellte die Zweckforschung für die Autarkiebestrebungen des Deutschen Reiches in den Mittelpunkt seiner Arbeit. Ohnehin seit langer Zeit Gutachter auf Seiten der Rohstoffindustrie Mitteldeutschlands,[1314] war Weigelt ab 1936 in Raumforschungsfragen involviert. Bei der Kartierung der mitteldeutschen Bodenschätze arbeitete er mit der Arbeitsgemeinschaft Raumforschung, Dienststellen des Vierjahresplanes und der NSDAP, etwa dem Gauwirtschaftsberater, zusammen.[1315] Wichtiger wurde seine Gutachtertätigkeit für die, so der volle Name, Reichswerke Aktiengesellschaft für Erzbergbau und Eisenhütten »Hermann Göring« in Salzgitter. Dabei konferierte regelmäßig mit Paul Pleiger, dem späteren Vorstandsvorsitzenden, und dem Namenspatron.[1316] Weigelt war nicht nur der Entdecker der Eisenvorkommen im Salzgittergebiet, die Reichswerke stimmten die Anlage einzelner Schächte mit ihm ab.[1317] Er erstattete auch Gutachten für Brunnenbohrungen, war die Wasserversorgung der Hochöfen, neben der Personalfrage, doch zum brennendsten Problem geworden.[1318] Weigelt war in die Planung der Siedlungen mit einbezogen, er bestimmte den Ort für Neubauten und wohl auch für die Lager der Fremd- und Zwangsarbeiter, da diese jenseits des Abbaugebietes angelegt werden mussten.[1319]
1940 bereiste Johannes Weigelt die Lothringer Minettegebiete, 1943 erstellte er ein Gutachten über die Ölschiefervorkommen Großdeutschlands, das für die Hermann-Göring-Werke bestimmt war.[1320] Im Geologischen Institut der Universität richtete er ein »mikropaläontologisches Labor« der (!) Hermann-Göring-Werke ein, das gefundene Fossilien bearbeitete und Bohrkerne bemusterte.[1321] Dabei stand nicht die Ergiebigkeit erzführender Schichten im Mittelpunkt, offenbar ging es um knifflige Fragen der Einordnung von Probebohrungen.[1322] In der Endphase des Krieges war der Geologe mit der Prüfung von Höhlen für die Untertageverlagerung der Rüstungsindustrie beschäftigt. So empfahl er, einen Stollen in den Buntsandstein von Nebra zu treiben.[1323]
Doch nicht nur Johannes Weigelt, auch der zweite Geologe der Universität, Hans Scupin, wollte sich in die »Wehrhaftmachung« des deutschen Volkes einbringen. Er erbot sich 1936, eine Vorlesung über Wehr- bzw. Kriegsgeologie anzubieten. Scupin hatte vor, die Lehren aus der Kriegführung des Ersten Weltkrieges den Studenten nahezubringen. Im Einzelnen wollte er über Standortuntersuchungen für schwere Geschütze und beim Bau von Befestigungsanlagen lesen, über Erdtelegraphie und über die Versorgung von Stellungen mit Trinkwasser bzw. über die »Möglichkeiten Abwässer dem Feinde zuzuleiten«. Der Generalstab des Heeres erteilte zu der Vorlesungsreihe seine Genehmigung, obwohl dort ganz sicher abzusehen war, dass es eine Wiederholung des Stellungskrieges nicht geben und man diese Art von Kriegsgeologie vermutlich nicht brauchen würde.[1324] Da Scupin 1937 bei einem Autounfall starb, ist es zu der Vorlesung vermutlich nicht gekommen.

Einen Sonderauftrag des Luftfahrtministeriums zur Verbesserung und Entwicklung von Leichtmetalllegierungen hatte der 1943 nach Halle berufene Mineraloge Fritz Laves übernommen. Der 1939 in Göttingen zum außerordentlichen Professor berufene Laves forschte seit 1940 an Legierungen der Metalle Magnesium, Zinn, Kupfer, Wolfram und, als Schwerpunkt, Aluminium.[1325] Laves stand dabei auch das Labor seines Schweizer Doktorvaters Paul Niggli offen, noch 1943 informierte sich Laves in Zürich über den neuesten Forschungsstand.[1326] Nach Halle wurde Laves auch deshalb versetzt, weil seine Forschungsergebnisse im Leichtmetallwerk Rackwitz (bei Leipzig) in die Produktion überführt wurden.[1327] Laves war dabei einer der wenigen Forscher, die nicht der NSDAP angehörten. Er war Mitglied der Deutschnationalen Volkspartei, als Sportflieger wurde er mit dem Deutschen Luftsportverband in die Flieger-SA überführt. Sonst zahlte er lediglich Beiträge für die NS-Volkswohlfahrt und den Nationalsozialistischen Bund Deutscher Techniker. Der Nichtbeitritt zur NSDAP war eindeutig politisch motiviert, 1933 initiierte Laves gemeinsam mit einem anderen Assistenten des Institutes eine Petition zu Gunsten des jüdischen Ordinarius für Mineralogie und Petrographie Victor Goldschmidt. Das brachte ihm den Ruf notorischer »Unzuverlässigkeit« ein, von dem ihn erst seine Integration in die deutsche Rüstungsindustrie befreite.[1328]

Unmittelbarer waren die Verbindungen hallischer Chemiker zur kriegswichtigen Industrie. Für den modernen Bewegungskrieg unentbehrlich war die Versorgung der Wehrmacht mit Mineralölprodukten, mit Vergaser- und Dieselkraftstoffen ebenso wie mit Schmiermitteln. Etwa ein Drittel des deutschen Bedarfs an Diesel und Benzin wurde von den mitteldeutschen Werken, vor allem in Leuna und Böhlen, gedeckt.[1329]

Seit seiner Berufung nach Halle 1937 arbeitete Karl Lothar Wolf an Problemen der Mineralölindustrie. Etwa Anfang 1938 wurde von »sachverständigen Stellen des Reiches und der Industrie«, so Wolf, das Anliegen an ihn herangetragen, die im Institut betriebenen Forschungen über den Ordnungszustand der Moleküle in Oberflächen und Grenzflächen auf Probleme der technischen Schmierung auszudehnen. Ein erstes Ergebnis war die Habilitationsschrift seines Assistenten Heinz Dunken, den Wolf für dieses Projekt mit einem Hermann-Göring-Stipendium eingestellt hatte.[1330] Auch nach seiner Habilitation beschäftigte sich Dunken weiterhin mit Fragen der technischen Schmierung, insbesondere mit der Haftfähigkeit von Metallen.[1331]

1940 verlängerte das Reichsamt für Wirtschaftsausbau den Vertrag mit Wolf. Der praktische Sinn seiner Arbeiten lag darin, so stellte ein Mitarbeiter dieser Rüstungsstelle heraus, »die für die Schmierung benötigten Ölmengen erheblich herabzusetzen.«[1332] Ab 1942 nahmen die bei Wolf vorangetriebenen Forschungen zur Herstellung synthetischer Schmiermittel auf der Basis von Austauschstoffen einen festen Platz im Mineralölprogramm des Generalbevollmächtigten für Sonderfragen der chemischen Erzeugung beim Beauftragten für den Vierjahresplan ein. Sie wurden bis Kriegsende unter dem Kennwort »Fettaustauschstoffe« fortgeführt. Wolf erhielt für seine »besonderen Verdienste« für die »Durchführung von Kriegsaufgaben« im Januar 1944 das Kriegsverdienstkreuz 1. Klasse.[1333]

Der Leiter des Chemischen Institutes der Universität, der spätere Nobelpreisträger Karl Ziegler, bearbeitete eine Reihe von Rüstungsaufträgen. Ob diese jedoch direkt, wie bei Wolf, von der Industrie verwertet werden konnten, war nicht in Erfahrung zu bringen. Zieglers Forschungen kreisten um das Problem der Herstellung von Kunststoffen, für diesen Zweck stellte ihm das Reichsamt für Wirtschaftsausbau, die Koordinationsstelle für die Rüstung, erhebliche Geldmengen zur Verfügung.[1334] Darüber hinaus bearbeitete Ziegler Aufträge, an denen andere Forscher bereits gescheitert waren – ihn interessierte dabei allein das

Karl Ziegler, Chemiker.
Seit 1937 in die Rüstungsforschung integriert.

wissenschaftliche Problem, nicht die Verwertbarkeit.[1335] Es scheint auch so, als hätte Ziegler Projekte zu »wehrwichtigen Forschungsaufgaben« gemacht, die es im engeren Sinne nicht waren. Sein Assistent Günther Schenck etwa hätte eine Synthese des für Entwurmungen unbedingt notwendigen Chenopoidiumöls[1336] gefunden, teilte er dem Wehrbezirkskommando 1940 mit. Deutschland werde damit auf absehbare Zeit von Importen dieses für die Tropenmedizin unabdingbaren und damit »kriegswichtigen« Rohstoffes unabhängig.[1337] Schenck konnte dadurch seine Habilitationsschrift ungestört fertigstellen. Thema waren verschiedene Verbindungen aus der Reihe der Furane, also einer Gruppe, von der Furanaldehyd (Handelsname Furforol) als billiges Ausgangsmaterial für Kunstharze und Polyamidfasern diente.[1338] Aufschlussreich für die Art des Forschens und das bemerkenswert hohe wissenschaftliche Niveau an Zieglers Institut war, dass Schenck in seiner Habilitationsschrift keine anwendungsorientierten Untersuchungen präsentierte. Schenck lieferte eine, so Ziegler, Experimentalarbeit hoher Qualität, die Probleme der Autooxydation in den Mittelpunkt stellte.[1339] Koreferent Hellmuth Stamm[1340] hielt für besonders beachtenswert, dass Schenck Aufschluss über die nicht isolierbaren Zwischenstoffe der Reaktionen geben konnte, Schenck habe einen großen Schritt »in ein Neuland hinein getan«. Der »kriegswichtigen ›Zweckforschung‹« diene die Arbeit »außerdem auch«.[1341]

Im Institut Karl Zieglers arbeitete auch Theodor Lieser, der spätere Nachkriegsbürgermeister Halles. Lieser hatte Chemie und andere Naturwissenschaften studiert, wurde 1924 in Aachen zum Dr.-Ing. und 1926 in Zürich zum Dr. phil. promoviert. 1930 habilitierte er sich an der Universität Königsberg für das Fach organische Chemie. 1933 wurde er von nationalsozialistischen Studenten denunziert, Lieser hätte Bemerkungen getätigt, die an Hochverrat grenzten. Trotz eines ablehnenden Votums der Parteistellen erhielt Lieser 1934 einen dotierten Lehrauftrag für Chemie der Kohlenhydrate. Da der Dozentenschaftsleiter der Königsberger Universität immer wieder insistierte, Lieser zu versetzen, kam dieser nach Halle. Der neu berufene Karl Ziegler hatte den Wechsel ausdrücklich befürwortet. Ziegler setzte auch Liesers Ernennung zum außerordentlichen Professor durch, der Dozentenschaftleiter der Universität Halle befürwortete den Antrag, da Lieser inzwischen (1937) der NSDAP beigetreten war. Im März 1939 übernahm Lieser einen Auftrag des Reichsamtes für Wirtschaftsausbau, dessen Leiter bat ihn, über Lignin zu forschen. Die Struktur dieses bei der Holzverarbeitung anfallenden Stoffes war damals noch nicht geklärt, technisch fand die Substanz (bzw. fanden ihre Derivate) als Sprengstoffe Verwendung.[1342] Partner für diese Forschungen war die Pulverfabrik Wolff & Co. Walsrode, der unmittelbare Zweck dieser Forschungen war also militärisch.[1343] Wichtiger schienen aber Forschungen zu Holzfasern und Zellulose zu werden, Lieser stand in stetem Kontakt zum Bevollmächtigten für die Faserstoffforschung im Reichsforschungsrat, der wiederum der Vierjahresplanbehörde angegliedert war. Konsequenterweise war Lieser auch an der Forschungen auf dem neuen Gebiet der Kunstfasern beteiligt. Kunstfasern fanden in Deutschland bis Kriegsende lediglich als Fallschirmseide Verwendung, eine zivile Nutzung wurde zurückgestellt.[1344] Wahrscheinlich forschte Lieser an der Anfang der 40er Jahre entwickelten Polyacrylnitrilfaser, denn er führte auch Untersuchungen an Plexiglas durch, einem aus Polyacrylsäureester bestehenden Kunststoff, der wiederum für Flugzeugkanzeln Verwendung fand.[1345]

Das Thema Plexiglas beschäftigte auch den Ordinarius für theoretische Physik Adolf Smekal. Er untersuchte für das Luftfahrtministerium Anfang 1941 das mechanische Verhalten von Trolitul- und Styroflexstäben beim Zugversuch, und gab Auskunft über das Auftreten von Rissbildungen, entweder auf der Oberflächenschicht (streifige feine Oberflächenrissigkeit) oder im Stabinneren (Trennflächen im Trolituol). Daraus leitete er Verbesserungen für das Herstellungsverfahren ab.[1346] Der Folgeauftrag, eindeutig als Kriegsauftrag deklariert, wurde im Juni 1941 wieder vom Reichsluftfahrtministerium erteilt. Das Thema lautete »Untersuchungen über die Temperaturabhängigkeit des mechanischen Verhaltens von Kunststoffen«. Gemeinsam mit der Mitteldeutschen Schweißlehr- und Versuchsanstalt untersuchte ein Assistent Smekals das Verhalten von geschweißtem Plexiglas. Im Laufe des Jahres 1942 wurde dann Plexiglas mit hohem Weichmachergehalt untersucht.[1347]

Ein Dienstreiseantrag Smekals vom 11. September 1942 zeigt die völlige Integration seines Institutes in die deutsche Rüstungswirtschaft, zugleich wird aber auch deutlich, dass es oft eigentlich zivile Betriebe und Forschungseinrichtungen waren, die er aufsuchte. Dieses Paradoxon erklärt sich mit der lückenlosen Indienststellung sämtlicher Betriebe, Laboratorien und Institute in die Kriegsmaschinerie. Smekal war im Herbst 1942 zu Besprechungen im Reichsluftfahrtministerium, bei Porzellanmanufakturen und Glas erzeugenden Betrieben. Er besuchte die Kaiser-Wilhelm-Institute für Chemie und Silikatforschung und das Laboratorium der Metallgesellschaft und traf sich mit einem Professor des Ballistischen Instituts der Luftkriegsakademie. Er nahm an Arbeitskreistagungen zu »Zähigkeit und Plastizität« und »Zerkleinerungsphysik« teil, eine Aussprache war dem Problem der »Schwingmahlung von Hochpolymeren« gewidmet.[1348] Im Oktober 1942 sprach er vor Forschern und Technikern eines neu gegründeten Glasforschungsinstitutes und besuchte ein als Rüstungsbetrieb deklariertes Glaswerk, um dort bei der Flachglasherstellung auftretende Fehler zu untersuchen.[1349] Immer wieder beschäftigten ihn jedoch Probleme der Kunststofferzeugung, noch wenige Monate vor Kriegsende reiste er zu einer kriegswichtigen Besprechung des Reichsforschungsrates über dieses Thema in die Oberpfalz.[1350]

Nichts in Erfahrung zu bringen war über die Rüstungsaufträge des anderen physikalischen Institutes. Doch schon bei der Berufung Wilhelm Kasts auf den Lehrstuhl für Experimentelle Physik 1937 wurde geltend gemacht, dass er künftig mit der Heeresnachrichtenschule in Halle zusammenarbeiten würde. Die drei Aufträge, die in seinem Institut bearbeitet wurden kamen dann vom Oberkommando des Heeres, vom Oberkommando der Marine und vom Generalbevollmächtigten für Sonderfragen der chemischen Erzeugung.[1351] Der Forschungsauftrag der Marine war 1943 abgeschlossen, 1944 erhielt Kast das Kriegsverdienstkreuz aus den Händen eines Admirals.

Die eigentlichen Forschungsgebiete Kasts waren Flüssigkristalle[1352] und Radioaktivität, so forschte er 1939 intensiv an der Wirkung von Radioaktivität auf Eiweiß.[1353] Die bei ihm auf diesem Feld tätigen Assistenten Heinz Pose und Ernst Rexer gab er jedoch 1942 an die Physikalisch-Technische Reichsanstalt Berlin ab, hier waren sie an der Entwicklung der geplanten deutschen Atombombe beteiligt.[1354]

Die beiden verbliebenen Assistenten waren ebenfalls mit »kriegswichtigen«, aber nicht näher beschriebenen Aufgaben befasst. Der Assistent Alfred Faessler habilitierte sich 1939 mit einer Arbeit über die Kristallstrukturen erkaltender Minerale, war aber auch auf anderen Gebieten ausgewiesen, wie seine 1940 abgehaltene Lehrprobe belegt. Faessler referierte über »Die Erzeugung sehr schneller Ionen für Kernumwandlungsversuche«. Spätestens ab 1942 war Faessler nicht mehr zu entbehren, wie sein Chef Wilhelm Kast notierte, »da er zur Zeit mit wehrwichtigen Arbeiten im Auftrage des Reichsamtes für Wirtschaftsausbau beschäftigt ist.«[1355] Ebenfalls uk. gestellt war auch der Assistent Wilhelm Maier, der mit Wehrmachtsaufträgen befasst war. 1943 habilitierte sich Maier mit einer Arbeit über dielektrische kristalline Flüssigkeiten.[1356] 1952 wurde er in Freiburg außerordentlicher Professor für das Fach Röntgen- und Mikrowellenspektroskopie, woran Maier während des Kriegs forschte, ist nicht bekannt.

Gotthilft von Studnitz, Biologe. Er forschte an Hinzurichtenden im hallischen Zuchthaus.

Einen Auftrag des Oberkommandos der Marine bearbeitete der Biologe Gotthilft von Studnitz, der 1942 wegen seiner Rüstungsforschung auf Fürsprache Weigelts den vakanten Lehrstuhl für Zoologie erhielt.[1357] Von Studnitz beschäftigte sich mit der Anpassung des Auges an die Dunkelheit. Auch an anderen Universitäten wurde zum Problem des Nachtsehens geforscht. In Posen etwa arbeitete das Physiologische Institut unter der Leitung von Manfred Monje an der Physiologie des Sehens, sein Institut wurde im Auftrag von Marine und Luftwaffe ebenfalls zum Rüstungsbetrieb erklärt.[1358] Auch der Physiologe Horst Hanson, der nach 1945 den Lehrstuhl Emil Abderhaldens innehatte, forschte im Berliner Labor der Luftwaffe zu diesem Thema. Im August 1944 hielt der Stabsarzt, der bis 1937 Assistent Abderhaldens gewesen war, in Halle seinen Habilitationsvortrag über: »Mangelernährung und Störungen des Vitamin-A-Stoffwechsels als Ursache für herabgesetzte Hell-Dunkel-Adaption der Netzhaut.«[1359] Von Studnitz' Fachkollegen gingen davon aus, dass sich die Dunkeladaption des Auges infolge mangelhafter Ernährung, Erkrankungen der Leber oder durch Vitamin-A-Resorptionsstörungen (Gastritis, Enteritis) verschlechterte,[1360] eine Auffassung, die bis heute gilt.

Er selbst jedoch meinte, durch Verabreichung von Vitamin A – oder anderen Karotinoiden – die Sehfähigkeit von Gesunden verbessern zu können.[1361] Zu diesem Zweck führte er nach erfolglosen Recherchen dann auch ein Experiment an Häftlingen im hallischen Zuchthaus durch. Er verabreichte zum Tode Verurteilten eine dickflüssige, gelbe Emulsion, vermutlich das fettlösliche Vitamin A. Nachdem diese Menschen getötet worden waren, extrahierte von Studnitz die Augen und untersuchte ihre Netzhäute auf anatomische Veränderungen.[1362] Der Deutschen Forschungsgemeinschaft teilte von Studnitz mit, ihm und seinen Mitarbeitern sei es gelungen, die Sehfähigkeit »bis zum zehnfachen Betrag der Norm« zu erhöhen – und zwar nach Forschungen an Meerschweinchen.[1363] Menschen als Meerschweinchen! Die anderen Professoren der Universität wussten davon offenbar nichts, sonst hätte der ahnungslose neue Rektor Otto Eißfeldt der Universität Hamburg 1947 wohl kaum mitgeteilt, »dass kein Grund gegen seine Berufung an die dortige Universität« spreche.[1364] In Hamburg schien man dann aber von den wissenschaftlichen Qualitäten des Herrn von Studnitz nicht überzeugt, ein Ruf blieb aus.

Nach seiner Rückkehr in das heimatliche Bad Schwartau entfaltete von Studnitz eine rege schriftstellerische Tätigkeit. Er verfasste eine viel gelesene Einführung in die Zoologie und ein biologisches Brevier. Mit keinem Wort ging er in seiner 1955 veröffentlichten Geschichte der Naturforschung, die den interessanten Titel »Wahn oder Wirklichkeit« trug, auf irgendwelche Experimente an Menschen oder Medizinverbrechen der nationalsozialistischen Zeit ein.[1365] Außerdem bemühte sich von Studnitz um die Vermarktung seiner Forschungen durch die Pharmaindustrie. Mit Bayer entwickelte er das Medikament Adaptinol. Geringe, aber regelmäßige Einkünfte sicherte ihm eine Beschäftigung an der Lübecker Stadtbibliothek, wo er die naturwissenschaftlichen Kataloge aktualisierte. 1951 betraute ihn der Senat der Hansestadt mit der Leitung der Volkshochschule und dem Neuaufbau des im Krieg völlig zerstörten Naturhistorischen Museums. Diese Aufgabe löste er mit organisatorischem Geschick und großem Sachverstand, so dass in Lübeck ausschließlich positive Erinnerungen an den 1994 Verstorbenen blieben. Ein Nachruf nannte Gotthilft von Studnitz einen Menschen, »der aus dem unerschütterlichen Glauben an Gottes Schöpfung seine Liebe zur Natur und Kreatur erwachsen sah; der in steter Sorge um und mit unendlicher Fürsorge und Liebe für seine Nächsten lebte …«[1366]

Die Landwirtschaftlichen Institute und das Botanische Institut

Die Notwendigkeit des Engagements der universitären Agrarwissenschaft in einem Krieg lag auf der Hand, war doch die Erfahrung des »Kohlrübenwinters« 1916/17 noch nicht vergessen. Folgerichtig ging es bei den nationalsozialistischen Autarkiebestrebungen um die Intensivierung der Forschung, etwa die Züchtung krankheitsresistenter Getreidesorten oder die Ertragssteigerung im Gemüsebau. Auch der Einsatz von Düngemitteln musste optimiert werden, bessere Landmaschinen sollten Arbeitskräfte sparen. Darüber hinaus ging es um die effektive Gestaltung der europäischen Großraumwirtschaft.[1367] Die Landwirtschaftlichen Institute nahmen diese Aufgaben an, stellten sie doch zumeist eine Fortsetzung der Forschungen dar, die sie schon vor dem Krieg betrieben hatten. Die Züchtung krankheitsresistenter Getreidesorten etwa bestimmte die Arbeit an Theodor Roemers Institut für Pflanzenbau seit zwei Jahrzehnten. Auch die Probleme der Mast und der Zucht von Haustieren waren seit jeher Gegenstand wissenschaftlicher Bemühungen. In den ersten Kriegsjahren wurden daher zahlreiche Dozenten und Assistenten dieser Institute »unabkömmlich« gestellt. Ernährung war jetzt »kriegswichtig«, die Haustierforschung nun »geheim«, etwa im Fall des Dozenten für Tierzucht Walter Leydolph, der 1943 drei Forschungsaufträge vom Reichsforschungsrat erhielt.[1368] Direkte Wehrmachtsaufträge nahm der Dozent Walter H. Fuchs an, der seit 1932 zu Pflanzenkrankheiten forschte. Fuchs war zunächst Lektor, habilitierte sich 1937 und nahm ab 1942 eine für ihn geschaffene Professur für Phytopathologie war. Seit 1939 war er wegen seiner Forschungen für die Wehrmacht uk. gestellt.[1369] Fuchs bearbeitete alle Probleme, die mit der für die Ernährung des Soldaten unentbehrlichen Erbse zusammenhingen.

Dabei untersuchte er nicht nur die entsprechenden Pflanzenkrankheiten, sondern nahm auch sofort nutzbare Forschungen, etwa zur Heißwasserbeize der Früchte vor.[1370]
Mit den Forschungen von Fuchs ging die Einrichtung einer Außenstelle der Pflanzenzüchtungsstation der Universität in Emden einher. Dort sollten im Auftrag des Reichsernährungsministers Forschungen über Kohl durchgeführt werden. Ziel war es, Erträge und Geschmack dieses Gemüses zu steigern. Mit der angestrebten Verbesserung der »Volksernährung« war die »kriegswichtige Bedeutung« hinreichend umrissen.[1371]
Der Krieg wies jedoch einigen Forschungen eine Bedeutung zu, die sie in Friedenszeiten nicht hatten. So untersuchte der Professor für Botanik, Camill Montfort, während des Krieges das Wachstum von Faserpflanzen, besonders den Einfluss von UV-Licht auf deren Wachstum. Dazu baute er zum Beispiel Hanf, der auf unterschiedliche Licht»farben« eindeutig reagiert, in Gebirgsregionen an.[1372] Der Dozent Hermann Meusel vom Botanischen Institut erstellte einen Atlas zu seinem Werk über vergleichende Arealkunde. Damit liege, so strich sein Vorgesetzter Wilhelm Troll die Bedeutung dieser Forschungen heraus, erstmals ein zusammenhängendes Material über die Vegetationskunde Europas, »insbesondere auch Rußlands« vor. Dem Buch komme eine »aktuelle Bedeutung« zu, formulierte Troll, das Buch sei »für die wirtschaftliche Erschließung der besetzten russischen Gebiete von größter Wichtigkeit.«[1373]
Eine Aufgabe die ohne Zweifel auch ohne Krieg sinnvoll und förderungswürdig gewesen wäre, ging der 1937 von der Firma Lanz an die Universität als Professor für Landmaschinenkunde berufene Wilhelm Knolle an. Er arbeitete an einer Technologie zur Herstellung einkeimiger Rübensamen. Der Nachteil des herkömmlich verwandten Samens der Zuckerrübe besteht darin, dass er stets zwei bis drei Keime treibt. In mühevoller Arbeit müssen diese überflüssigen Triebe ausgezupft werden. Knolle unterwarf die Rübensamen einem komplizierten mechanischen Zerkleinerungsverfahren, in dessen Ergebnis Samen nur noch einen Keim treiben sollten.[1374] Insgesamt erhoffte man sich eine Arbeitseinsparung von ca. einem Drittel, wie man in einem Uk.-Antrag für das Wehrbezirkskommando formulierte.[1375] Obwohl die Aufgabe nicht befriedigend gelöst werden konnte, arbeitete man daran bis mindestens 1943 weiter. Knolle selbst wurde 1941 als Sonderführer eingezogen. Immer wieder beurlaubt, erprobte er in der Zeit bis 1945 auf den Versuchsgütern der Universität sowjetisches Gerät, etwa Pflüge und Erntemaschinen.[1376] Auftraggeber war der »Sonderstab Ost« des Generalbevollmächtigten für das Kraftfahrwesen.[1377]
In die so genannte Aufbauarbeit in den annektierten Gebieten Osteuropas wurde der Assistent und Lehrbeauftragte Hans Hornitschek einbezogen. Hornitschek, geboren als Sohn eines Schuhmachermeisters, hatte nach der Volksschule zunächst eine Ackerbauschule besucht und das Abitur als Externer abgelegt. Das Landwirtschaftsstudium schloss er wie andere mit der Note »sehr gut« ab, eine Assistentenstelle erhielt er, weil er sich in der SA bewährt hatte und der NSDAP beitrat.[1378] Außerdem war er Stipendiat der Rosenberg-Stiftung und Mitglied der von Rosenberg inspirierten Hallischen Wissenschaftlichen Gesellschaft.[1379] Er betreute die Karakulherde der Universität, der, im Rahmen der Versorgung Deutschlands mit hochwertiger Wolle unter den Bedingungen einer kontinentaleuropäischen Großraumwirtschaft eine wichtige Aufgabe zukommen sollte. In dem ersten Antrag auf »Unabkömmlichkeit« Hornitscheks wies Kurator Tromp am 5. März 1941 darauf hin, dass Hornitschek hauptsächlich die »für unsere künftigen Kolonien hochwertige Karakulherde wissenschaftlich zu betreuen« habe, »sein Ausfall würde unersetzliche Verluste nach sich ziehen.« Ein Ersatz für Hornitschek sei »unmöglich.«[1380]
Hornitschek bildete daher »Sonderführer« für den landwirtschaftlichen Einsatz in den eroberten Gebieten aus und schulte sie speziell für die Karakulzucht. In Kriwoj Rog in der Ukraine baute er eine Zuchtstation für Karakulschafe auf.[1381] Als das Ministerium für die be-

setzten Ostgebiete, also das Ministerium Alfred Rosenbergs, versuchte, Hornitschek völlig für die Karakulzucht im Osten zu vereinnahmen, lehnte die Universität dies ab. Hornitscheks Chef, der neu berufene Professor für Tierzucht Robert Gärtner, erläuterte sämtlichen in Frage kommenden Stellen, dass Hornitschek erstens völlig »unentbehrlich« sei und zweitens die Karakulzucht im Osten selbst »den größten Schaden« habe, wenn man Hornitschek von der Universität Halle irgendwohin versetze. Die Karakulherde des Tierzuchtinstitutes Halle sei »nicht nur die größte und beste Vollblutherde Europas«, sondern habe auch sämtliche veräußerbaren Tiere »nach dem Osten verkauft.« Die Abwesenheit des Zuchtleiters »wäre für alle Beteiligten ... nicht wieder gutzumachen.« Es bedürfe Hornitscheks Anwesenheit nicht, wichtiger wäre es, dass alle »im Osten noch vorhandenen Karakuls vor dem Kochtopf sichergestellt, gekennzeichnet und mit Winterfutter versorgt« würden. Für die züchterische Beurteilung könne Hornitschek dann beurlaubt werden.[1382] Tatsächlich hielt sich Hornitschek dann 1942 im Auftrag des »Rosenbergministeriums« für mehrere Wochen in der Ukraine auf. 1943 bedurfte es der Fähigkeiten Hornitscheks aber offenbar nicht mehr. Gärtner schrieb am 16. August 1943 an den Kurator, dass er es »aus sachlichen Gründen« zwar begrüßen würde, wenn Herr Dr. Hornitschek »auch weiterhin seinen Arbeiten in der Karakulzucht der Ukraine erhalten bliebe«. Da jedoch ein Ersatz eingearbeitet wurde, vermochte Gärtner eine weitere Uk.-Stellung »nicht zu verantworten«. Gärtner: »Nachdem nunmehr sogar die Mitarbeiter des Jahrganges 1894 vor ihrer Einberufung stehen kann es von der Gefolgschaft des Tierzuchtinstitutes nicht länger verstanden werden, dass ein Angehöriger des Jahrganges 1911, für den seit einem halben Jahr ein Ersatz eingearbeitet wurde, erneut uk. gestellt wird.«[1383] Am 24. August 1943 wurde Hornitschek als Grenadier zum Wehrdienst einberufen. Er starb im September 1944 bei den Kämpfen um Lemberg.[1384]

In der Ukraine eingesetzt wurde kurzfristig auch Theodor Roemer, seit 1920 Ordinarius für Pflanzenbau und Pflanzenzüchtung an der Universität Halle. Er reiste auf Anweisung des Beauftragten für den Vierjahresplan im Spätsommer 1941 in die Ukraine, um mit einheimischen Spezialisten Richtlinien für Bestellungspläne zu entwickeln. Auch wenn Roemer den mehrwöchigen Aufenthalt in seinem Entnazifizierungsverfahren bagatellisierte, war sein Auftrag doch eindeutig. Staatssekretär Herbert Backe gab als Richtlinie für den »Sonderauftrag« aus, »das Hauptinteresse Deutschlands«, die »Lieferung von Ölsaaten« durchzusetzen.[1385]

1942 reiste Ludwig Meyer, Professor der Pflanzenernährungslehre und Bodenbiologie, zum ersten Mal in die Ukraine. Meyer, ebenso wie Roemer 1937 der NSDAP beigetreten, außerdem Mitglied der Rosenberg verpflichteten Hallischen Wissenschaftlichen Gesellschaft,[1386] erhielt den Auftrag, Untersuchungen über die Bodenverhältnisse im Schwarzerdegebiet der Ukraine anzustellen. Auftraggeber war die Wirtschaftsinspektion Süd des Wehrmachtsoberkommandos Ost, Ziel die Erstattung eines Gutachtens über die bestmögliche Bewirtschaftungsweise des Gebietes. Darüber hinaus sollte Meyer ein Arbeitsprogramm für das Ukrainische Forschungsinstitut für Acker- und Pflanzenbau in Kiew erstellen. 1943 wurde Meyer zum wissenschaftlichen Beirat der landbauwissenschaftlichen Forschungszentrale für die Ukraine ernannt. Immer wieder führten ihn mehrwöchige Dienstreisen in die besetzten Ostgebiete. Im September 1944 erhielt Meyer das Kriegsverdienstkreuz 2. Klasse.[1387]

Der von Meyer 1941 zu seiner Unterstützung in das Institut für Pflanzenernährung und Bodenbiologie geholte Dozent Wilhelm Stollenwerk konnte diesen nur kurz entlasten. Stollenwerk, NSDAP-Mitglied seit 1933 und mit der Ausarbeitung eines »wehrwirtschaftlich wichtigen Verfahrens« in einem Chemiewerk bei Merseburg betraut, wechselte 1943 ins besetzte Polen. Dort leitete er das chemisch-technische Laboratorium der Ernährungswirtschaft im Generalgouvernement in Krakau.[1388]

Im Protektorat Böhmen und Mähren, also dem annektierten Gebiet der Tschechoslowakei, war der Geflügelzüchter Walter Kupsch eingesetzt. Kupsch, seit 1939 Dozent in Halle, war ab 1941 Direktor der böhmisch-mährischen Ein- und Ausfuhrstelle Prag, einer Institution, die dazu geschaffen worden war, dieses Gebiet wirtschaftlich auszupressen.[1389]
Weißrussland war das Einsatzgebiet von Willi Laatsch, der 1942 mit Forschungen über den Einsatz von Phosphordüngemitteln betraut wurde. Laatsch hatte sich 1937 über Acker- und Waldböden habilitiert, für die »Hebung der Bodenkultur in den besetzten Ostgebieten« wurde er auf Betreiben der IG Farben uk. gestellt.[1390] Laatschs Mentor Weigelt beantragte 1943 den Professorentitel und ein eigenes Institut für Laatsch, ein Plan der erst mit dem Universitätsjubiläum konkretisiert wurde. Weigelt beschaffte dazu 250 000 Mark aus Stiftungsmitteln. Wegen des Krieges verzichtete man aber auf die Einrichtung des Instituts. Daher arbeitete Laatsch bis zum Kriegsende mit dem »Institut für europäische Landbauforschung« zusammen, das für alle besetzten Länder die Bewertung der Böden vornahm.[1391]
Anders gelagert, aber von weitaus größerer Bedeutung als die Arbeit der Fachwissenschaftler, war die Tätigkeit von Emil Woermann für die deutsche Ernährungswirtschaft.
Unmittelbar nach der Niederlegung des Rektorates übernahm er Aufgaben im Rahmen des Vierjahresplanes. Nach der Eroberung Polens befasste sich Woermann mit der Taxation der eroberten Agrargebiete. Im September 1940 übernahm Woermann die Leitung des Landwirtschaftlichen Beirates des Mitteleuropäischen Wirtschaftstages (M.W.T.). Diese Organisation vereinigte Firmen, Organisationen und einzelne Personen, Ziel war die, so Woermann, »Förderung der wirtschaftlichen Beziehungen des Deutschen Reiches und der Länder Mitteleuropas, insbesondere der Balkanstaaten.« Der ursprüngliche Schwerpunkt lag auf dem Vertrieb deutscher Waren, besonders Dünger und Textilien. Erst später wandelte sich der Charakter des M.W.T. zu einem Ausplünderungsinstrument.[1392] Woermann selbst sah seine Aufgabe zunächst darin, die Ausgestaltung der Beziehungen auf dem Gebiet der Landwirtschaft zu optimieren. Er nahm sich vor, »in Zusammenarbeit mit den zuständigen Stellen in den betreffenden Ländern die landwirtschaftlichen Verhältnisse eingehend zu studieren und den Mitgliedern des M.W.T. beratend und anregend zur Seite zu stehen.« In den Ländern selbst wollte Woermann, wie er 1940 schrieb, den Sojaanbau und die Schafhaltung fördern, verstärkte Mechanisierung und künstliche Bewässerung durchsetzen. Mochte das von Woermann initiierte deutsch-bulgarische Landwirtschaftsinstitut noch von diesem letztlich völkerverbindenden Geist getragen sein, waren es andere Projekte, an denen Woermann arbeitete, nicht. Er plante in seinen Ausarbeitungen für das deutsche Ernährungsministerium die Neuordnung der europäischen Landwirtschaft und strebte dazu eine Änderung in der Agrarverfassung der besetzten Länder an. In seinen Planspielen entstand eine auf Deutschland ausgerichtete Agrarwirtschaft, die von großen, effektiv geleiteten Betrieben bestimmt war. Für die kleinteilige Landbearbeitung, die etwa auf dem Balkan üblich war, gab es in seinen von unbedingter Modernität geprägten Konzepten keinen Platz.[1393] Die von ihm angestrebte Beschränkung der Freizügigkeit der Bauern der besetzten Länder und die für sie obligatorische, gemeinsame Nutzung von Maschinen erinnern an das Landwirtschaftskonzept der DDR nach 1960.[1394]
Bei der Umsetzung dieser Pläne arbeitete er mit den Stellen des Beauftragten für den Vierjahresplan zusammen. So reiste er im Mai 1942 nach Frankreich und Holland, um einen, so Woermann in einem Schreiben an den Kurator der Universität, »landwirtschaftlichen Ernährungsplan für Europa« aufzustellen. Derartige Reisen, stets verbunden mit Vorträgen vor deutschen Besatzern und Kollaborateuren, führten ihn 1943 nach Dänemark, in die Slowakei, nach Kroatien und Rumänien. Parallel dazu übernahm er 1943 die nebenamtliche

Leitung des Instituts für europäische Landbauforschung und Ernährungswirtschaft in Berlin. Das Institut war ausdrücklich als Dienstleister für den Vierjahresplan konzipiert.[1395]

Die anderen Fakultäten

In den anderen Fakultäten konnten sich nur wenige Professoren in die deutsche Kriegswirtschaft einbringen, die Klinikdirektoren waren mit anderen Aufgaben befasst, für Philosophen oder Theologen gab es kaum Möglichkeiten für die Nutzung ihrer Fähigkeiten während des Krieges.

Da er keine Klinik, sondern ein Forschungslabor leitete, stellte sich ab 1936 der Physiologe Emil Abderhalden in den Dienst der deutschen Autarkiepolitik. Er entwickelte ein seifenfreies Dispergiermittel (»Antisaprin«) und eine jedoch nicht in die Produktion überführte Rasiercreme, die nicht nur Fett sparen sollte, sondern auch ohne heißes Wasser aufzutragen war. Ein von ihm entwickeltes Verfahren zur Kaffeeenthärtung, das tatsächlich zur Anwendung kam, machte minderwertige Sorten zu gut trinkbarem Kaffee. Außerdem arbeitete er an einem Verfahren zur Desodorierung von Fischmehl, um es für den menschlichen Verzehr genießbar zu machen.[1396] Rein ernährungswissenschaftlich gedacht, ging es ihm damit um die »Schließung der Eiweißlücke«. Am 17. August 1942 schrieb er der Direktion Nordsee AG: »Anregen möchte ich, einen Versuch mit feingemahlenem veredelten Fischmehl zur Herstellung von Brot zu machen. Es unterliegt keinem Zweifel, dass die Versorgung namentlich der Jugendlichen mit Kalk und Phosphor zu wünschen übrig lässt. Es wäre außerordentlich vorteilhaft, wenn man zugleich mit wertvollem Eiweiß die genannten Mineralstoffe zuführen könnte. Ich bin der festen Überzeugung, dass das veredelte Fischmehl sich im Backversuch bewähren wird.«[1397] Tatsächlich ging der Nordsee-Vorstand auf Abderhaldens Vorschlag ein. Die Versuche mit der Produktion des geruchsfreien Fischmehls zogen sich jedoch bis zum Kriegsende hin, da es nicht möglich war, das im Labor erprobte Verfahren in die großtechnische Produktion zu überführen. Immerhin, es gelang 10% Fischmehl in Brot einzubacken, ohne dass dessen Qualität darunter litt.[1398] Wenn der Versuch, Fischmehl in die Nahrung des Menschen »einzubauen«, auch abstoßend erscheint, mit den Experimenten der SS, eine Wurst aus Zellulose zu entwickeln, kann er nicht auf eine Stufe gestellt werden.[1399] Bedenklich, aber wohl ebenfalls nicht verbrecherisch erscheinen die Forschungen von Abderhaldens Schwiegersohn Gerhard Kabelitz. Der Dozent für Innere Medizin forschte im Auftrag des Ernährungsministeriums über »die Aus-

Emil Aberhalden, Physiologe. Seit 1936 in Autarkiebestrebungen des Regimes eingebunden.

nutzung synthetischer Fette bei Gesunden und Kranken«, wie Klinikleiter Cobet im Juli 1942 notierte. Auch diese Forschungen waren eindeutig als »kriegswichtig« apostrophiert.[1400] In den Großversuch am Menschen gelangten diese Forschungen nicht, obwohl der Initiator, der Staatssekretär im Ernährungsministerium Wilhelm Keppler versuchte, die SS dafür zu interessieren. 1944, als Keppler der SS das Angebot unterbreitete, war Kabelitz an der Front als Arzt eingesetzt.[1401]

Der Vollständigkeit halber muss erwähnt werden, dass auch Mitglieder der Theologischen und Philosophischen Fakultät im Krieg Verwendung fanden. So waren die Professoren Gerhard Heinzelmann, Julius Schniewind, Friedrich Karl Schumann und Paul Keyser mit der Lazarettseelsorge in Halle beauftragt. Dozent Otto Michel amtierte als stellvertretender Standortpfarrer. Keiner der Genannten war jedoch, wie Dekan Schmidt dem Rektor mitteilte, daran gehindert, gegebenenfalls sein »akademisches Lehramt an der Universität auszuüben.«[1402]

Aus der Philosophischen Fakultät war der Arabist Johann Fück mit einer ausdrücklich als »kriegswichtig« apostrophierten Aufgabe befasst. Er stellte als Bibliothekar der Deutschen Morgenländischen Gesellschaft Bücher bereit und machte damit die Ausarbeitung eines Neuarabischen Wörterbuches möglich. Auftraggeber war das Auswärtige Amt.[1403] Aus dieser Tätigkeit etwa eine »Verstrickung« in den Raubkrieg des NS-Regimes ableiten zu wollen, wäre unsinnig. Mit voller Absicht hingegen integrierte sich der durch die Vermittlung des Amtes Rosenberg an die Universität Halle gelangte Psychologe Johannes von Allesch in die Kriegsmaschinerie des Deutschen Reiches. Er umriss am 17. Februar 1940, anlässlich der Verhandlungen über den Etat seines Institutes, sein Arbeitsprogramm. In der Lehre konzentriere man sich ganz auf die Ausbildung von Militärpsychologen und Berufsberatern für DAF und Arbeitsämter. In der Forschung arbeite man im Auftrag des Oberkommandos des Heeres an »kriegswichtigen Geheimuntersuchungen« für die Inspektion der Nachrichtentruppe. In der Wehrmachtspsychologie bearbeite er Spezialprobleme für die Eignungsprüfung zum Offizier und für die Spezialtruppen.[1404] Im Rahmen des Vierjahresplanes führte er gemeinsam mit der Siemens-Studiengesellschaft und der DAF Untersuchungen zur Beleuchtung am Arbeitsplatz und »den damit zusammenhängenden Leistungsschwankungen« durch.[1405]

Auch in der Rechts- und Staatswissenschaftlichen Fakultät gab es einen Professor, der versuchte, sich »einzubringen«. Aus eigener Initiative widmete sich der Professor für Statistik und Leiter des Seminars für Verkehrswesen, Hellmuth Wolff, Raumordnungsfragen. 1936 trat er mit einer Schrift hervor, die eine Neuordnung Europas nach »Rasseeinheits- und Rasseerhaltungsfragen« empfahl.[1406] Die siegreichen Feldzüge gegen Polen und Frankreich ließen für ihn die Verwirklichung einer alten Idee wieder in greifbare Nähe rücken: den Ausbau der Saale zum Großschifffahrtsweg und den Anschluss Leipzigs ans Meer. Vor allem für Rohstofftransporte schien Wolff die Saale tauglich zu sein. Doch nicht nur Braunkohle und ihre Derivate könnten transportiert werden, meinte Wolf in einer entsprechenden Denkschrift, nach dem Krieg würde wohl eine umfassende Revision der Frachtsätze für Eisenbahn und Schifffahrt in Kraft treten.[1407] Mamorähnliche Prachtsteine für die Bauten des Dritten Reiches würden demnach in Zukunft ihren Weg über die Saale antreten, wie auch Holz, Zement, Weizen und vor allem Zucker.[1408] Ganz im Geist der Zeit fing Wolff nach diesen Präliminarien an, großdeutsch zu denken und koordinierte theoretische Warenströme vom Balkan bis nach Jütland. Ganz selbstverständlich bezog er das »angegliederte Generalgouvernement« und das Protektorat Böhmen und Mähren in seine Planungen ein und sah die Umleitung der Versorgung vom Seeweg auf Binnenwasserstraßen vor. Auch der Warenstrom aus dem Osten dürfte sich in Zukunft vermehren sagte Wolff, die Ausplünderung Russlands und der Ukraine vorwegnehmend, voraus.[1409]

Vor allem war es aber die naturwissenschaftliche Fakultät, die in die deutsche Kriegführung involviert war. Bis auf das geographische Seminar integrierten sich sämtliche Institute in die Kriegs- und Ernährungswirtschaft. In den Kliniken wurden die Kranken der »Heimatfront« und der kämpfenden Truppe versorgt. Studenten und Professoren leisteten Dienst in der Wehrmacht. Der Wille zur Revision der Ergebnisse des Ersten Weltkrieges führte zur Ausrichtung der Hochschule auf die Ziele des Vierjahresplanes und von der Rüstungsforschung in den Krieg. Zu Recht konnte Rektor Johannes Weigelt in der Festschrift zum 250-jährigen Jubiläum der Universität 1944 konstatieren, dass sie zu einer nationalsozialistischen Gebrauchsuniversität geworden war. Er selbst wurde für »überragende Verdienste von entscheidender Bedeutung für die Durchführung von Kriegsaufgaben« mit dem Ritterkreuz zum Kriegsverdienstkreuz ausgezeichnet.[1410]

8 Die Universität 1944 bis 1946: Von den Jubiläumsfeiern bis zur Wiedereröffnung

Die fortgesetzten Bombenangriffe auf Deutschland zerstörten auch zahlreiche Universitäten und Hochschulen, etwa in Köln und Kiel. Die Professoren der Universität Halle waren sich darüber im Klaren, dass »ihre« Hochschule durch die Lage im mitteldeutschen Industriegebiet nicht weniger gefährdet war. Schon seit 1937 wurden Luftschutzübungen durchgeführt und Bunker gebaut.[1411] Doch Illusionen über den tatsächlich möglichen Schutz gab sich wohl niemand hin. Rektor Weigelt schrieb am 22. Januar 1944 an einen Schüler, der in Lappland stationiert war: »Vorläufig ist uns nichts passiert, wenn auch die Luftkämpfe immer mehr in unseren Bereich hinein rücken. Hoffentlich gelingt es, vorher noch recht viel Kulturgut aus Halle zu bringen.«[1412]

Diese Auslagerungen, seit Kriegsbeginn von den Universitäten angestrebt, wurden per Beschluss der Salzburger Rektorenkonferenz im August 1943 gebilligt. Zunächst sollte begonnen werden, »wertvolles und schwer ersetzbares Gut« gegen Fliegerangriffe zu schützen. Darunter fielen Bücher, Lehrmittel, Apparaturen, Sammlungsteile, Forschungsergebnisse, Akten und anderes. Die Universität begann mit der Auslagerung von Büchern und Drucken des 16., 17. und 18. Jahrhunderts, sie wurden in Höhlen, Schlösser, Bauernhöfe und Pfarrhäuser gebracht. Eine Höhle in Bösenburg (bei Eisleben) nahm 120 000 Bände der Universitätsbibliothek auf. 110 000 Bücher fanden auf Schloss Querfurt Quartier. Das Schloss Trebnitz bot 55 000 Büchern Schutz. In Schulpforta wurden 3 000 Handschriften gelagert.[1413] Die Bibliothek des Physiologischen Instituts wurde gemeinsam mit den privaten Dokumenten, Wertsachen und Erinnerungsstücken Emil Abderhaldens im Kalischacht Wansleben gelagert.[1414] Eine große Anzahl Bücher nahm auch die Moritzburg auf; hier wurden eine medizinische Handbibliothek aufgestellt und Literatur und Fossilien aus dem Geologischen Institut eingelagert.[1415]

Schaden nahmen die Bestände der Bibliotheken erst nach Kriegsende; zu einem geringen Teil durch plündernde einstige Zwangs- und Fremdarbeiter,[1416] zum größeren durch ideologisch motivierte Vernichtungsaktionen.[1417]

Forschung und Lehre sollten aber auch in der Endphase des Krieges »voll arbeitsfähig« bleiben, wie die entsprechenden Akten vermerken. Kurator Tromp wandte sich daher in der folgenden Zeit an die Landräte der Mansfelder Kreise und an die von Querfurt und Bitterfeld. Er bat um die Zuweisung von Räumen in Orten, »die als weniger luftgefährdet angesprochen werden können.«[1418] Regelrechte Außenstellen haben aber wohl nur die Physikalischen Institute eingerichtet, der Plan, in der Nervenheilanstalt Altscherbitz oder der Schule in Pforta Kliniken und Institute unterzubringen, wurde zu Makulatur.[1419] Wohl auch deshalb, weil die Verlegung einer ganzen Universität oder größerer Einheiten nicht in Frage kam, wie das Wissenschaftsministerium auf der am Rande der Jubiläumsfeiern in Königsberg am 9. Juli 1944 abgehaltenen Rektorenkonferenz betonte. Sollte durch den Luftkrieg die Schließung einer Hochschule notwendig werden, würden die Lehrkräfte auf andere Universitäten verteilt, es sei »unzulässig«, dass Professoren aus eigener Initiative um Lehrstuhlvertretungen an anderen Universitäten nachsuchten.[1420]

Das Jubiläum 1944

Vor dieser gespenstischen Kulisse fanden am 1. Juli 1944 die Feiern zum 250-jährigen Gründungsjubiläum der Universität statt. Dass der Jahrestag gefeiert werden müsste, daran zweifelten weder die Professoren und Dozenten der hallischen Hochschule, noch die Verantwortlichen im Wissenschaftsministerium. Trotz der »Rosenberg-Politik« schien der Bestand der Universität keineswegs gesichert, das Jubiläum daher geeignet, die Bedeutung Halles noch einmal herauszustellen. In Berlin begriff man den Jahrestag als Chance, die Wichtigkeit der Wissenschaft an sich in Erinnerung zu rufen. Gerade unter den Bedingungen des Krieges war ihr Stellenwert gesunken.

Die Vorbereitungen für die Festlichkeiten begannen 1940. Der Physikochemiker Karl Lothar Wolf schrieb im November diesen Jahres einen Brief an Rektor Weigelt, in dem er forderte, unbedingt jetzt schon einen Rektor zu »designieren«, der die Universität bei den Feierlichkeiten zum 250-jährigen Jubiläum des hallischen Zweigs der Hochschule zu repräsentieren hätte. In Anbetracht »der Führerrolle, die das Reich in Europa einzunehmen hat«, müsste auch der Rektor bei dieser Feier wissenschaftlich ... hervorragend sein«, meinte Wolf. Mehr als in anderen Fällen, wäre also »die wissenschaftliche Leistung in den Vordergrund zu stellen.« Ihm sei nicht bekannt, wie lange er, Weigelt, sein Rektorat weiterführen wolle, »vorsorglich« aber müsse man die Frage des Rektorats bereits jetzt erörtern.[1421] Ob Wolf an sich selbst gedacht hatte? Oder an einen wissenschaftlich herausragenden Mann, der die Universität von der verhängnisvollen »Rosenberg-Politik« befreit hätte? Das merkwürdige Schreiben lässt keine eindeutige Bewertung zu. Weigelt jedenfalls ignorierte den Brief und ließ ihn zu den Akten nehmen. Immerhin konstituierte sich eine Arbeitsgruppe, die das Jubiläum vorbereiten sollte. Forschungen zur Universitätsgeschichte sollten geleistet und ein Katalog mit Vorstellungen zum weiteren Ausbau der Universität formuliert werden. Der Krieg verhinderte das eine wie das andere. Die Ordinarien Wolf und Otto Geßner waren zwar beide persönlich stark an wissenschaftshistorischen Fragen interessiert, aber von der Rüstungswirtschaft bzw. dem pharmakologischen Unterricht für die Wehrmachtssoldaten zu stark in Anspruch genommen. Die Wünsche der Universität wurden immer wieder ventiliert, alle Planungen wurden jedoch auf die Zeit nach dem Krieg vertagt. Die beiden dringlichsten Bauvorhaben, ein neues, hinreichend großes Institut für Chemie und ein neues Klinikum sollten trotzdem auf »informellem Wege« durchgesetzt werden, was aber nicht gelang.[1422]

Mit dem aus Sicht des Deutschen Reiches zunehmend ungünstigen Kriegsverlauf erschien darüber hinaus fraglich, ob überhaupt Feierlichkeiten zum Jubiläum stattfinden würden. Für Weigelt, mit der Universität nach eigener Aussage »in tiefer Liebe und innerer Teilnahme« verbunden, schien die Nichtbegehung des Datums undenkbar. Immer wieder wies er auf die Bedeutung der Universität hin, verfasste Zeitungsartikel, in denen er ihre historische Rolle in Brandenburg-Preußen herausstrich[1423] und intervenierte beim Wissenschaftsministerium in Berlin.

Minister Rust antwortete am 13. Januar 1944 auf Weigelts Anfrage, dass er »durchaus« mit ihm einer Meinung sei, »dass der 250. Geburtstag der Universität Halle entsprechend den gegenwärtigen Verhältnissen festlich begangen werden soll.« Mit dem Druck einer Festschrift sei er einverstanden, er werde auch an der Feier teilnehmen und sprechen. Weiteres könne man mündlich verhandeln, wenn er wieder einmal in Halle sei.[1424] Dieses Treffen fand offenbar noch im Januar 1944 statt, ein Protokoll ist im Nachlass Weigelts jedoch ebensowenig überliefert, wie in den Akten des Senats. Dass der Zeitpunkt für ein großes Fest nicht günstig war, sah auch Weigelt ein. An einen Schüler schrieb er am 22. Januar 1944: »Solches Planen erscheint aber jetzt klein gegenüber den gewaltigen Ereignissen, die sich abspielen und den noch größeren, die bevorstehen. Aber vielleicht fällt die Feier doch schon in eine Zeit, wo Deutschland wieder die Initiative voll in der Hand hat, und wo die Dinge schon des Messers Schneide überschritten haben.«[1425]

Das hatten sie im Juli 1944 durchaus. Als gefeiert wurde, beherrschte die Intervention der Alliierten die ersten Seiten der Zeitungen. Da dann noch zahlreiche NSDAP-Führer absagten, wurde der Rahmen klein abgesteckt.[1426] Landwirtschaftsminister Walter Darré, wie Wissenschaftsminister Bernhard Rust ein Absolvent der Universität Halle, war in Ungnade gefallen. Rust selbst verzichtete und schickte statt dessen seinen Staatssekretär Werner Zschintzsch, der auch in Halle studiert hatte. Nicht gekommen waren ebenfalls die Finanzminister Johannes Popitz und Johann von Krosigk, obwohl beide in Briefen ihrer Alma Mater die Teilnahme am Fest zugesichert hatten.[1427] Über die Gründe, die Schutzpatron Alfred Rosenberg zum Fernbleiben veranlassten, ist mehrfach spekuliert worden, bekannt sind sie nicht.[1428]

In Halle gab man sich, nachdem das Fernbleiben der NS-Prominenz feststand, als fest in Mitteldeutschland verwurzelte Bürgeruniversität. Die Vortragsreihe im Melanchthonianum (29. Juni bis 18. Juli) wandte sich ausdrücklich an die Bevölkerung der Stadt, nicht an Wissenschaftler.[1429] Der Germanist Ferdinand Josef Schneider sprach über Hölderlin, Philosoph Heinrich Springmeyer über Thomasius und die deutsche Universität. Emil Abderhalden referierte über das Problem der Ermüdung, Pädiater Alfred Nitschke über die Eigenart der frühkindlichen seelischen Struktur. Der Pharmakologe Otto Geßner, der zugleich das Fach Medizingeschichte vertrat, referierte über die »Großtaten deutscher Forscher bei der Bekämpfung gefährlicher Seuchen«. Die Naturwissenschaftler Karl Ziegler und Gotthilft von Studnitz berichteten in populär gehaltenen Vorträgen aus ihren Forschungen. Ziegler sprach über chemische Reaktion und Reaktionsfähigkeit der Stoffe, von Studnitz unter dem Titel »Vom Sein und Werden eines Organs« zum Problem des Sehens. Mit der Universität selbst befassten sich weitere Vorträge, der Theologe Erich Fascher sprach über August Hermann Niemeyers Kampf um die Erhaltung der Universität Halle, Bibliotheksrat Bernhard Weißenborn über die Immatrikulation an den deutschen Universitäten und ihren urkundlichen Niederschlag sowie – volkstümlicher – über »Kulturgeschichtliches von den Universitäten Halle und Wittenberg«. Der Historiker Carl Hinrichs machte den Schluss, er referierte über König Friedrich I. von Preußen, den Begründer der Universität Halle.

Das Presseecho war erfreulich, wohl aber von der Gauleitung gesteuert, da jeder Vortrag in gleichbleibend euphorischem Ton gewürdigt wurde.[1430]

Die Feier selbst fand am 1. Juli in der Aula der Universität statt. Umrahmt wurde sie vom städtischen Orchester, dirigiert von Universitätsmusikdirektor Alfred Rahlwes. Gespielt wurde Strauß (Feierlicher Einzug), Mozart (Erster Satz aus der Jupiter-Sinfonie) und Beethoven (Gratulationsmenuett).[1431] Das Mittagessen war für 80 Personen im Haus an der Moritzburg (heute Tschernischewski-Haus) vorgesehen, an der Kaffeetafel im Haus an der Moritzburg nahmen 450 Personen teil (»Kuchenmarken sind mitzubringen«). Das Abendessen für die nicht abgereisten Gäste fand im Haus am Leipziger Turm statt. Rektor Weigelt organisierte von der Landwirtschaftskammer auch noch Bezugsscheine für 100 Zigarren und 200 Zigaretten sowie für 100 Pfund Aal.[1432]

Die Festrede hielt Weigelt selbst, Staatssekretär Zschintzsch und Gauleiter Eggeling trugen längere Grußworte vor. Landeshauptmann Kurt Otto, der Präsident der Gauwirtschaftskammer Rahm und der Präsident der Förderergemeinschaft der Deutschen Industrie Hermann

Ein Poststempel zum Universitätsjubiläum 1944 zeigt Mars und Athene symbolträchtig Hand in Hand.

von Siemens gratulierten knapp. Dann kamen eine Reihe von Gratulanten anderer Hochschulen kurz zu Wort. Insofern erinnerte nichts an die Realität des Krieges und äußerlich glich die Feier allen vorherigen Festlichkeiten. Doch das *was* die Redner zur Sprache brachten, war anders und verdient genaueres Hinschauen.

Nüchtern und unpolemisch war das Grußwort Rusts – vom Staatssekretär verlesen, brachte es der Universität die erhoffte, offizielle Bestandsgarantie. »Das Gefühl persönlicher Verbundenheit« das er sich als ehemaliger Student für die hallische Hochschule bewahrt habe, verbinde sich »mit der Einsicht des Reichswissenschaftsministers in die Notwendigkeiten der Erhaltung dieser in der Geschichte des deutschen Geisteslebens so bedeutungsvollen Universität.« Sie verkörpere »eine so starke Tradition revolutionären Geistes, dass an ihrem Bestand nicht gerüttelt werden« solle.[1433] Das entsprechende Pendant von Alfred Rosenberg war entschiedener im Ton. Mit Christian Thomasius und Christian Wolff seien der Universität gleich zu Beginn ihres Werdens »Vorkämpfer für die Freiheit der wissenschaftlichen Forschung und Lehre« erwachsen. Dieses Gesetz sei »bis zum heutigen Tage« die Grundlage der stolzen Tradition der Universität Halle geblieben. Jetzt stünde sie wie damals »in der Bewährung, die ein weltgeschichtliches Ringen von ihr« fordere. »Wie einst« unter »den Schrittmachern der *deutschen* [Hervorhebung im Original] Aufklärung« solle sie auch heute und in aller Zukunft ihren Weltruf als »Bahnbrecherin einer modernen Geistigkeit« bewahren.[1434]

Rosenberg sah also, wie nicht anders zu erwarten, in der Emanzipation der Philosophie von der Theologie und in der Einführung des Deutschen als Unterrichtssprache den Beitrag der Universität zur Geistesgeschichte. Eggeling – in seiner Doppelfunktion als Oberpräsident der neuen Provinz Halle-Merseburg und als Gauleiter – legte in seiner Ansprache den Schwerpunkt auf die Gegenwart und die Verwurzelung der Universität im mitteldeutschen Raum. Er beteuerte seine Verbundenheit« mit der Universität, auch wenn ihn in der Kriegszeit andere Dinge sehr beanspruchten. »Sie müssen aber wissen«, teilte er den Anwesenden mit, »dass es nach wie vor mein innigster Wunsch ist, die Arbeit unserer Wissenschaft mit der gesamten Aufbauarbeit der Partei und des nationalsozialistischen Reiches zu verbinden und damit jene dringend notwendige Synthese zu schaffen zwischen Tradition und Revolution.«[1435] Dann zog er Parallelen zwischen einst und jetzt, der »großen weltumspannenden Auseinandersetzung« der Gegenwart und der »Schicksalsstunde« die im allgemeinen Chaos nach dem 30-jährigen Krieg geherrscht hätte. Wenn nun in dem Kampf der Gegenwart »die Kräfte der Wissenschaft aufgerufen« seien, »um an den Kriegsaufgaben mit aller Energie zu arbeiten«, stünde »auch unsere Martin-Luther-Universität hier ebenbürtig mit ihrem Einsatz der Geister neben dem Kampf der Waffen unserer Soldaten.« Aber offenbar wollte

Eggeling die Aufgaben der Universität nicht darauf reduzieren. Wenn jetzt die »alte Welt« zusammenbreche und eine neue geboren werde, bedeute das, hier knüpfte der Gauleiter an Rosenbergs Lehren an, gleichzeitig »auch die Geburt einer neuen Forschungssendung auf Grund der Rassen- und Rassenseelenkunde.« Das Bewusstsein, an einer solchen Wende zu stehen, müsse »immer lebendiger werden« und »tiefe Wurzeln in den Herzen all derer schlagen, die berufen sind, Forscher und Künder der Wissenschaft zu sein«. Gleichzeitig aber müssten alle bereit sein, die Ergebnisse dieser Wissenschaft »in sich selbst aufzunehmen«. Nur dann würden die Deutschen »Wegbereiter« einer großen, stolzen Zukunft. Nur dann hätten sie das Recht, »mit allem Fanatismus nach dem Lorbeer des Sieges zu greifen«. Nur dann dürften sie an die Gerechtigkeit ihrer Sache glauben und vom »Allmächtigen« den Sieg ihrer Waffen erwarten. Der Schluss der Ansprache war folgerichtig: »Möge er uns in diesem unserem größten Existenzkampf seinen Segen nicht versagen. In diesem Sinne beglückwünsche ich auch unsere Martin-Luther-Universität zum heutigen Tage.«[1436]
Und Johannes Weigelt? Der Rektor der geehrten Hochschule nahm Bezug auf das Motto der Feiern »medio bello fundata« und gab einen Rückblick auf die Gründung der Universität, die ja während des Pfälzischen Erbfolgekrieges gegründet worden sei. Doch er arbeitete nicht nur die Nützlichkeit der Universität für die Kriegswirtschaft und auf ideologischem Gebiet heraus. Weigelt entwickelte lange Traditionslinien und brach eine Lanze für die Universitas, seine Rede war zeitgemäß und unzeitgemäß zugleich. Zunächst machte er jedoch noch einmal die Notwendigkeit der Feier selbst deutlich: »Die Gründung der Universität Halle stellt ein geistesgeschichtliches Ereignis von so einmaliger und revolutionärer Bedeutung dar, dass es schlechterdings unmöglich ist, seiner nicht zu gedenken, wenn wir uns auch auf dem Höhepunkt der schwersten Auseinandersetzung dieses unerbittlichen Krieges befinden.«[1437] Sie habe Bedeutung für »den ganzen Erdball« gehabt, und das, obwohl sie in mitten eines »das Deutsche Reich aufs Schwerste bedrohenden Krieges« gegründet worden sei. An »Härte und Grausamkeit« sei der Kampf dem »heutigen durchaus vergleichbar«, betonte Weigelt und zeichnete dann ein Bild, das die Türkenheere mit der Roten Armee verwechselbar erscheinen ließ: »… das was ihrer Mordlust nicht zum Opfer fällt, wird in die Sklaverei verschleppt.« Der Dank des Kaisers Leopold für die Waffenhilfe der Preußen sei das Privileg für die Universität gewesen, die Gründungsfeier also zugleich Siegesfest. »Academia Halensis medio bello fundata« hieß es damals, »Academia Halensis medio bello jubilans heiße es heute: »Der Gründungsfeier im Krieg entspricht die 250-jährige Jubelfeier unter den gleichen Bedingungen«. Das sei »symbolhaft«, setzte Weigelt weiter fort und beschwor die Tradition: »Der Weg unserer Hochschule ist immer ein kämpferischer gewesen, so dass er uns ganz besondere Verpflichtungen auch für die Zukunft auferlegt.«[1438] Immer weiter ging es mit den historischen Rückgriffen, Halle als Reformuniversität der Neuzeit, Luther als Revolutionär, die Reform der Juristenausbildung im Halle des 18. Jahrhunderts sei verknüpft mit dem Gedanken einer konsequenten »totalitären Staatsführung«. Ja, »welthistorisches Resultat« der Gründung der Universität Halle sei gewesen, dass Brandenburg-Preußen »zur Großmacht wurde und einer Welt von Feinden siegreich trotzen konnte.« Die eigentliche Leistung der Universität sei aber die Ablehnung des Lateinischen und des Französischen gewesen: »Die Einführung der deutschen Sprache in das geistige Leben der hallischen Universität war das Fundament für die Gewinnung einer deutschen Eigenkultur und Volkserziehung nach einem Jahrtausend lateinischer Gelehrtensprache.« Das sei, so Weigelt, »das zentrale Ereignis, das wir heute feiern und das ganze deutsche Volk mit uns.«[1439]

Universitätsjubiläum 1944: Einzug der Senatoren und Ehrengäste in die Aula.

Danach folgten Ausführungen des Rektors zur »aktuellen Universitätskrise«, er selbst sah sie als den wichtigsten Teil seiner Rede an und hoffte, dass diese Passagen bald gedruckt würden. In völliger Verkennung der Kriegslage und der Ziele des NS-Regimes glaubte Weigelt mit seinen Thesen zur Universitas eine Debatte über den Sinn von Wissenschaft und über die Wege, die in der Ausbildung von Studenten gegangen werden müssten, initiieren zu können. Ausdrücklich wandte er sich gegen die geforderte »zeitliche und stoffliche Beschränkung aufs Äußerste«, gegen die »Kurzausbildung auf engem Fachgebiet für große Nachwuchszahlen«. Er beklagte die Drohung von Verwaltungsstellen, die Ausbildung von Studenten in Spartenzentren zu verlegen und wandte sich gegen den Irrtum, dass die Vereinigung von Forschung und Lehre nur »Ballast«, bestenfalls tauglich für die »Ausbildung ganz weniger Kräfte« sei. Das sei »Universitätspessimismus«, meinte Weigelt und forderte, von den aktuellen Forderungen des Krieges zu abstrahieren. Denn Letztere seien »zeitbedingt und vorübergehender Natur«, die Neigung aber, auf einen breiten Sockel des Wissens zu verzichten eine weit verbreitete. Eine Aushöhlung des Reservoirs der Wissenschaft, der Universitäten, beschränke zugleich die Fähigkeit des Staates zur Ausgestaltung der Lebensbedingungen des Volkes im nationalsozialistischen Geist.

Der »neue Reformator« habe der deutschen Zukunft schließlich ein weites Tor geöffnet, sagte Weigelt, und leitete daraus neue Aufgaben für die Wissenschaft ab. Die »Ausrichtung der Wissensgebiete auf die neue Staatslenkung, Lebenshaltung und Weltanschauung« sei »die große Bewährungsprobe, die den Universitäten jetzt gestellt ist.« Dazu bedürfe es einer »soliden tragfähigen philosophischen Unterbauung nationalsozialistischen Gedankengutes«. Das, was viele für Ballast hielten, der abzuschaffen sei, werde in Zukunft »nicht nur zu einer Lebensfrage der Universitäten, sondern des Nationalsozialismus überhaupt.« Die Wissenschaften müssten also zurückgeführt werden auf ihre philosophische Dimension, insbe-

sondere die theoretische Physik, die Biologie mit der Genetik und der Evolutionstheorie, aber auch Sprachwissenschaft und Rechtsgeschichte. Die Philosophie habe dabei auch die Aufgabe die »Rassenfrage in allen Konsequenzen« zu beantworten. Sie sei zuständig für die Fragen einer nationalsozialistischen Werteordnung, für die weltanschauliche Erziehung des Nachwuchses, für Geschichtsdeutung und Herausarbeitung von Traditionen. Der »lebendige Organismus« der nationalsozialistischen Universität erfordere also Ur- und Frühgeschichte, Anthropologie und Rassenkunde, Geographie, Pädagogik, Volkskunde, Geschichte und Religionswissenschaft. Die Universität Halle wolle dieses Konzept gern umsetzen, erklärte Weigelt dann: »So wie wir in bestem Sinne eine Gebrauchsuniversität des brandenburgisch-preußischen Staates gewesen sind, beseelt uns der stolze Wunsch, uns als Gebrauchsuniversität für den nationalsozialistischen Staat zur Verfügung zu stellen.«[1440]
Das rückhaltloses Bekenntnis zum Regime war ihn selbstverständlich, doch mit welcher Deutlichkeit Weigelt den Primat der – nationalsozialistisch geprägten – Wissenschaft über die Ideologie anmeldete und zugleich deren Dürftigkeit herausstellte, verwundert. Seine Rede beweist aber auch, dass sein Konzept der »nationalsozialistischen Gebrauchsuniversität« mehr war als ein bloßes Lippenbekenntnis und weiter gehen sollte als die Umwandlung zur Rüstungsschmiede. Zu Ende gedacht, bedeutete dieser Anspruch eine unauflösbare Verschmelzung von Wissenschaft und Ideologie, letztlich die Umformung der traditionellen Universitas in einen modernen, wissenschaftlichen Totalitarismus. Ob die Anwesenden das Spektakuläre in Weigelts Rede wahrgenommen haben? Darüber kann nur spekuliert werden. Die Presse berichtete davon jedenfalls nichts.
Bei der Feier selbst folgte auf Weigelts Rede eine umfangreiche Gratulationscour. Dabei überbrachten die Gratulanten eine bemerkenswert hohe Zahl von Stiftungen und Schenkungen. Oberbürgermeister Weidemann überwies im Namen der Stadt Halle 250 000 Mark. Das Geld war zweckgebunden für den Neubau einer Klinik, die auch der Versorgung der Bevölkerung der Stadt dienen sollte.[1441] Gauleiter Eggeling stiftete, in seiner Funktion als Oberpräsident der neuen preußischen Provinz Halle-Merseburg, 500 000 Mark für seine »Landesuniversität«. Verbunden war das Geschenk mit dem Wunsch, »weiterhin treue, dem Geiste des Nationalsozialismus und der deutschen Wissenschaft rückhaltlos ergebene Lehrer« sowie »eine begeisterte und einsatzfreudige akademische Jugend« vorzufinden. Rektor Weigelt zeigte sich überrascht von »einer so unerwartet hohen Gabe«, die »uns aufs Höchste« verpflichte. Er wolle sie benutzen, »um die Arbeit unserer Hochschule voll auf die Bedürfnisse der nationalsozialistischen Staatsführung auszurichten«, versicherte er dem Gauleiter.[1442]
Die Gauwirtschaftskammer überwies eine Mio. Mark mit der Maßgabe, dass die Verwendung der Mittel im Einvernehmen mit dem Präsidenten der Gauwirtschaftskammer geschehe.[1443] Brauereibesitzer Hans Freyberg, ein Schulfreund Weigelts, überwies 100 000 Mark für den Ankauf von Radium für die medizinischen Kliniken.[1444] Weigelt persönlich erhielt eine Zuwendung von den Siebel-Flugzeugwerken in Höhe von 25 000 Mark, die er für das Geologisch-paläontologische Institut verwenden sollte. Die Fördergemeinschaft der deutschen Industrie übergab 100 000 Mark, ihr Chef von Siemens überreichte den Scheck selbst. Der Landeshauptmann der soeben geteilten Provinz Sachsen stiftete als Vorsitzender der Gesellschaft der Freunde der Martin-Luther-Universität 250 000 Mark für die Einrichtung eines Instituts für Bodenkunde.[1445] Die Gesellschaft der Freunde warb noch weitere Mittel ein, unter anderem richtete sie ein Konto für Spenden von Professoren und Universitätsmitarbeitern ein. Hier überrascht die enorme Spreizung der Dotationen, sie reichte von 5 bis 1 000 Mark. Der einst gemaßregelte Julius Schniewind, der 1945 auch das ihm angetragene Rektorenamt ausschlug, überreichte seiner ungeliebten Universität 5 Mark. Die finanziell

gut gestellten und generösen Klinikleiter Adolf Eckert-Möbius und Alexander Stieda spendeten 1 000 Mark. Alle anderen Professoren gaben zwischen 20 und 100 Mark. Dieses Geld, insgesamt mehr als 15 000 Mark, verteilte Weigelt an studentische Projekte und Angehörige des Lehrkörpers. Dozentenführer Wilhelm Wagner erhielt eine größere Summe für die Förderung der nationalsozialistischen Weltanschauung, für seine weltanschauliche Bibliothek bekam der Philosph Heinrich Springmeyer 2 000 Mark.[1446]

Am Ende der Feier stand dann die obligatorische Führerehrung. Jetzt beschwor Weigelt ein Deutschland, das nie »untergehen« und die europäische Kultur, die sich »behaupten« werde. Aber die Gefahr sei »nahe« gewesen, »dass alles, was uns das Leben lieb und lebenswert macht, vom Chaos des Bolschewismus verschlungen wäre«. Ein Mann, den »die Vorsehung geschickt« habe, hätte jedoch diese »furchtbare Gefahr« erkannt und sei ihr »hoch erhobenen Hauptes entgegengetreten.« Er, Hitler, habe so alle Kräfte »zusammengeführt und dadurch vervielfältigt«. Gerade noch zur rechten Zeit hätte der Führer der NSDAP »den lähmenden Partei- und Kastengeist« hinweggefegt, die deutsche Wehrmacht »aus dem Boden gestampft und ihre Waffen geschmiedet«. Hitler habe sich nicht gescheut, »rechtzeitig den Kampf gegen eine Übermacht aufzunehmen, nachdem alle Mittel des Friedens vergeblich geblieben waren«. Damit nicht genug, Weigelt dankte Hitler – »ihm allein« – dafür, »dass wir überhaupt im Stande sind, für unsere Freiheit und Kultur, für unser Leben zu kämpfen«. Nur ihm sei es zu danken, »dass mitten im Toben der Waffen Forschung und Lehre weiter getrieben werden« könnten. Und weiter: »Ihm gehört unsere Liebe, für ihn schlagen unsere Herzen. Wir folgen ihm, wohin der Weg führt.« Nicht weniger pathetisch formulierte Weigelt dann den eigentlichen Schwur: »Wir alle, die wir hier versammelt sind, die oft bewährten hallischen Studenten, die deutschen Hochschulen in geschlossener Einmütigkeit, die Männer und Frauen des Kampfgaues Halle-Merseburg, wir alle geloben, dass wir uns noch härter einsetzen wollen, noch enger um unseren Führer scharen und mit Gut und Blut für unsere gute Sache geradestehen wollen.« Ein dreifaches »Heil« auf den »heißgeliebten Führer«, dargebracht »aus übervollem dankbaren Herzen«, beschloss die Ehrung.[1447] Unter den Klängen eines Militärmarsches[1448] zogen Lehrkörper und Gäste aus der Aula aus.

Die Festschrift, die alle Teilnehmer der Feier erhielten und von der 2 000 Exemplare an die an der Front stehenden Studenten geschickt wurden, war ebenfalls von dem in der Rückschau paradox erscheinenden Dualismus von Universitas und NS-Ideologie durchdrungen. Als Motto des Buches diente das mehrfach verwandte »Academia Halensis medio bello fundata«.[1449] In dem Geleitwort und seinen Gedanken zur hallischen Universitätsgeschichte begründete Rektor Weigelt noch einmal das Konzept der »Gebrauchsuniversität«, die sie einst gewesen war und nun wieder werden wollte. Sie müsse sich »für die neuen Ausbildungsziele« des nationalsozialistischen Staates ausbauen und bewähren.[1450]

Wieder sparte Weigelt nicht mit kriegerischer Rhetorik. Man feiere im Kriege, »weil das zu unserem Schicksal gehört«. Immer einsatzbereit sei man, erst recht im Lärm der Waffen. Die im Krieg gegründete Gemeinschaft habe immer wieder ihr »Und dennoch« unter Beweis gestellt und tue das jetzt auch. Die Universität erscheine durchaus als »eine kampferprobte Pallas Athene, bei der nicht nur die Stirn, sondern auch der Panzer und die Waffen die Spuren ständigen Gebrauchs zeigen.« Interessant ist auch Weigelts Würdigung des Namenspatrons der Universität, von dem er zwei vermeintliche Leistungen gelten ließ. Luthers Reformation habe den Staat aus der Abhängigkeit von klerikalen Einflüssen und aus der Verkopplung mit der Kirche gelöst, zugleich habe Luther ein neues Konzept der Gesellschaft entwickelt: »Für Luther ist das Verhältnis zwischen Staatsoberhaupt und Untertan das gleiche wie Befehl und Gehorsam, einer Naturnotwendigkeit des gesellschaftlichen Lebens entsprechend.«¹⁴⁵¹ Immer wieder stellte Weigelt Gegenwartsbezüge her, lobte ihre »praktische Arbeit« – damals wie heute – und betonte die Traditionslinie der Verpflichtung der Universität gegenüber dem Staat. Aber zugleich betonte Weigelt, dass angewandte Wissenschaft nur aus der reinen Forschung erwachsen könne, seine Polemik gegen die »Spartenhochschulen« verkniff er sich in dem Text allerdings.¹⁴⁵²

Gaudozentenführer Wilhelm Wagner, 1945 Nachfolger Weigelts im Rektorenamt, betonte die erzieherische Funktion der Universität und beschrieb ihren »völlig neuen, umfassenden Forschungsauftrag.« Dieser erschöpfe sich nicht in der unmittelbaren Verwertbarkeit von Forschung, sondern sei mehr, sei »völlige seelische Neugestaltung« und damit »geistige Auseinandersetzung«. Mit der Inangriffnahme der »Schicksalsfragen des geistigen, seelischen und charakterlichen Lebens« sei die »Einheit der Wissenschaft, ja der gesamten Kultur wieder hergestellt.« Dazu bedürfe es einer »charaktervollen Haltung«, die im – hier bezog sich Wagner auf den zweiten Patron der Universität Alfred Rosenberg – »rassenseelischen Ursprung der Persönlichkeit« wurzele. Dann werde Rosenbergs Hoffnung Wahrheit werden, meinte Wagner und zitierte den Parteiphilosophen mit einem in Halle gesprochenen Satz: »Die deutsche Hochschule wird in diesem großen geistigen Kampf nicht hintenan, sondern entsprechend den Vorbildern der Vergangenheit an der Spitze der Kämpferschar marschieren.«¹⁴⁵³

Diesen gleichsam richtungweisenden Aufsätzen von Weigelt und Wagner folgten die für eine Festschrift typischen Beiträge zu einzelnen Themen, von denen manche durchaus als die im Titel der Festschrift angesprochenen Streifzüge apostrophiert werden können. Einige Beiträge boten mehr, andere weniger. Wissenschaftliche Standards wurden nicht immer gehalten, aber auch nicht vorsätzlich verletzt. Anklänge an die nationalsozialistische Ideologie fanden statt, wurden aber nicht von allen Autoren bewusst hergestellt. Aktuelle Konflikte wurden ausgeblendet, in der Festschrift finden sich Beiträge der gemaßregelten Theologen Ernst Wolf und Julius Schniewind ebenso, wie von Rosenbergs Protegé Heinrich Springmeyer und den Rüstungsforschern Wilhelm Kast und Gotthilft von Studnitz.¹⁴⁵⁴ Meist schrieben Lehrstuhlinhaber über ihre bedeutenden Vorgänger und arbeiteten dabei konsequent die Verwurzelung der Universität in der Region und das Zusammenwirken der einzelnen Wissenschaftsdisziplinen heraus. Einige würdigten den Patriotismus früherer Universitätslehrer, etwa der Systematiker Gerhard Heinzelmann, der Friedrich Schleiermacher attestierte, dass jener Mut, Zuversicht und den Glauben an die Zukunft des Vaterlandes »auch in der dunkelsten Stunde«, der Besetzung Halles durch napoleonische Truppen, nicht verlor.¹⁴⁵⁵ Andere verzichteten auf derartige Bezüge und stellten die wissenschaftliche Leistung des Porträtierten in den Mittelpunkt. So der Alttestamentler Otto Eißfeldt, der mit Wilhelm Gesenius den Autor einer hebräischen Grammatik ehrte.¹⁴⁵⁶ Insgesamt ergab sich ein facettenreiches Bild, dem allerdings ein Aspekt fehlte: das Wirken jüdischer Gelehrter an der hallischen Universität. Ihrer durfte nicht gedacht, sie durften nicht einmal erwähnt werden. Folgerichtig lavierten die Autoren zahlreicher Beiträge vorsichtig um diese Klippe herum. Die Würdigung der Medizinischen Fakultät fiel entsprechend karg aus,¹⁴⁵⁷ Wilhelm Waetzold brach den Text über die Geschichte seines Kunsthistorischen Instituts mit dem Jahr 1903 ab und verschwieg damit die Existenz von Adolph Goldschmidt, der in Halle und Berlin Kunstgeschichte lehrte und für sein Lebenswerk noch im Januar 1933 mit dem Adlerschild, der höchsten Auszeichnung der Republik, geehrt wurde. Folgerichtig war Waetzolds Beitrag zur Festschrift ganze drei Seiten lang und ohne jede Substanz.¹⁴⁵⁸

Eine Ausnahme wurde jedoch gemacht: Eine Würdigung der Mathematik, die ohne Erwähnung Georg Cantors auskam, war schlechterdings nicht vorstellbar. Cantor, in Halle von

1879 bis 1918 ordentlicher Professor der Mathematik, bereicherte das Fach um die Mengenlehre, eine Leistung, die nicht verschwiegen werden konnte. Aber um den Mathematiker erwähnen zu können, erdachte man die Legende, dass Cantor als Sohn unbekannter Eltern auf einem Schiff geboren worden sei.[1459]
Das wiederum fiel dem Verleger der Festschrift, dem Verlagsbuchhändler Hermann Niemeyer auf. Als er das Buch in der Hand hielt, lobte er sich in einem Brief an Rektor Weigelt selbst, es sei »ein schönes Buch von bleibendem Wert geworden.« Zugleich aber benannte er einige Fehler. Unter anderem halte er es nicht für richtig, dass »Geh. Rat Cantor auf einem Schiff geboren ist und seine Eltern unbekannt sind. Es soll vielmehr ein beurkundeter Stammbaum von den Vorfahren Cantors vorhanden sein.«[1460] Weigelt dementierte das nicht und antwortete Niemeyer stattdessen, dass er mit Angaben zu Cantor »vorsichtig« sein solle: »Auf meinen Einwand, dass er lieber wegzulassen sei, weil Zweifel an seiner arischen Herkunft geäußert wären, wurde diese Angabe vom Dekan der Naturwissenschaftlichen Fakultät … gemacht.«[1461]

Kriegsende

Wenige Tage nach den Feiern zum Jubiläum, am 25. Juli 1944, wurde der »Erlass des Führers über den totalen Kriegseinsatz« in Kraft gesetzt. Von jetzt an hatte sich, »das gesamte öffentliche Leben den Erfordernissen der totalen Kriegführung in jeder Beziehung anzupassen.«[1462] Für die Universität bedeutete das die »Auskämmung« der letzten »unabkömmlich« Gestellten aus den Kliniken und den Landwirtschaftlichen Instituten.[1463]
Mit dem Ministererlass vom 12. November 1944 über die »Maßnahmen zum totalen Kriegseinsatz im Bereich der wissenschaftlichen Hochschulen« fand das Theologiestudium sein Ende, das Studium der Geisteswissenschaften wurde eingeschränkt, in den Naturwissenschaften und der Medizin konnten diejenigen weiterstudieren, die bereits das 4. Fachsemester erreicht hatten oder unmittelbar vor dem Abschluss standen.[1464] Die »freigesetzten« Studenten wurden für die Rüstungswirtschaft oder den Dienst in Krankenhäusern und Verwaltungen zwangsverpflichtet. Die Studentenzahl dürfte sich auf etwa 900 halbiert haben.[1465]
Im Dezember 1944 wurden besonders begabte Studenten dann allerdings wieder zum Studium zugelassen, was den amtierenden Studentenführer zu der Forderung brachte, eine »scharfe Begabtenauslese« durchzuführen, um, wie er bei einer Senatssitzung betonte, »Drückeberger dabei auszuschließen«.[1466]
Von den Angehörigen des Lehrkörpers wurden einige zum Volkssturm oder zur Stadtwacht eingezogen, die meisten aber blieben uk. gestellt.[1467] In den Rüstungsbetrieben der Universität, vor allem aber in ihren Außenstellen ging die Forschung ungehindert, vielleicht sogar noch intensiver weiter.[1468] Der im Januar 1945 neu ernannte Rektor der Universität, der langjährige Gaudozentenführer Wilhelm Wagner, fand in seiner Antrittsrede martialische Worte zur Situation. Zu den Mitgliedern des Lehrkörpers, dem Gauleiter und dem amtierenden Gaustudentenbundsführer sprach er über den Sinn des Krieges. Es gehe um nichts anderes »als um die Existenz und die Zukunft unseres Volkes wie der entwicklungsfähigen Kräfte des Ariertums in Europa und der Welt«, protokollierte der Reporter der Mitteldeutschen Nationalzeitung. Die Frage sei, so wird Wagner weiter zitiert: »Wird das Judentum dabei an das Ziel seiner Hoffnungen gelangen? Werden Chaos oder Ordnung, Terror und Verfolgung oder Geistes- und Gewissensfreiheit, Verelendung oder völkischer Sozialismus, Barbarei oder Aufstieg zu höherer Kultur das Ergebnis sein?« Was aber auch bevorstehen

möge, am Ende stünde ohne Zweifel, so Wagner, »der deutsche Endsieg«. Für die Universität gelte es, die »soldatischen Eigenschaften« des Wissenschaftlers zu stärken und weiter »am Ausbau einer umfassenden nationalsozialistischen Wissenschaft mitzuarbeiten.«[1469]
Die Voraussetzungen dafür waren an und für sich noch gegeben. Die Stadt Halle war zwar erheblich zerstört – von 13 000 Gebäuden der Stadt hatten 3 600 Treffer erhalten[1470] – von der Universität wurde aber lediglich die Frauenklinik getroffen.[1471]
Die unzerstörte Universität blieb jedoch arbeitsfähig und bot auch anderen, durch die Kriegseinwirkungen vertriebenen Professoren eine wenn auch eingeschränkte Arbeitsmöglichkeit.
Obwohl für die Universitäten Königsberg und Breslau »Auffangstellen« eingerichtet wurden, kamen auch Forscher dieser Hochschulen nach Halle.[1472] So sollte der einstige Hallenser Wilhelm Nicolaisen hier seine kriegswichtigen landwirtschaftlichen Forschungen durchführen. Im Rahmen der Aktion Osenberg wurde Nicolaisen, der Ende 1944 von Königsberg nach Halle kam, daher uk. gestellt und nicht, wie vorgesehen, im März 1945 zu einem Landesschützenbataillon einberufen.[1473] Das von Emil Woermann verwaltete Stadtgut Seeben bot Raum für das Landwirtschaftliche Hauptforschungsinstitut des Generalgouvernements in Pulawy bei Warschau. Dessen Personal wurde beim Eintreffen der amerikanischen Truppen sofort unter »Schutz« gestellt und wohl wie die Wissenschaftler der Universität deportiert.[1474] Dass es aber insgesamt bald keine Rüstungsforschung mehr geben würde, war den Verantwortlichen in Berlin im März 1945 klar. Per Rundschreiben wurde angewiesen, allen Mitarbeiter der Universität, die aus Forschungsmitteln bezahlt wurden, zum 31. Mai 1945 zu kündigen. In Folge der »Feindannäherung« seien sämtliche Forschungsaufträge als »beendet bzw. abgeschlossen« anzusehen.[1475] Da die amerikanischen Truppen Halle jedoch schon im April erreichten, fanden sie in Personal und Ausstattung arbeitsfähige Institute vor.

Widerstand

Doch nicht alle Wissenschaftler machten weiter wie bisher. Der einstige Rektor Woermann war durch seine Tätigkeit in den besetzen Ländern Europas desillusioniert, und sah, wie er es 1947 rückblickend formulierte, »den verhängnisvollen innen- und außenpolitischen Weg«.[1476] Daher schloss er sich – vermittelt durch den Agrarindustriellen Carl Wentzel – der Verschwörung um den einstigen Leipziger Oberbürgermeister Carl Goerdeler an.[1477] Dieser ließ sich bei seinen umfangreichen Planungen für ein Deutschland nach Hitler von einer ganzen Reihe von Wissenschaftlern der einschlägigen Fachgebiete beraten,[1478] Woermann war wohl bereit, in Goerdelers künftige Regierung als Staatssekretär für Ernährungsfragen einzutreten.[1479] Die Verschwörer wurden im September 1944 von der Gestapo verhaftet. Der Volksgerichtshof verurteilte Wentzel – Mäzen und Ehrensenator der Universität – zum Tode. Er wurde am 20. Dezember 1944 hingerichtet.[1480]
Woermann brachte man in das Gefängnis des Reichssicherheitshauptamtes. Unmittelbar nach der Verhaftung schloss ihn die NSDAP aus. Angeklagt wurde er am 14. April 1945 durch den Vertreter des Oberreichsanwaltes beim Volksgerichtshof, Lautz. Woermann habe in verschiedenen Gesprächen im Laufe des Jahres 1943, zuletzt am 10. November 1943, in Teutschenthal »von dem Verräter Goerdeler zuverlässig erfahren«, dass dieser entschlossen gewesen sei, »die nationalsozialistische Staatsführung mit Gewalt zu stürzen.« Goerdeler habe ihm dabei ein hohes Amt auf ernährungswirtschaftlichem Gebiet angeboten, und da er, so Lautz, seine »Mitwirkung« zugesagt habe, wurde dies als Verstoß gegen die Paragraphen 80

und 81 (Hochverrat) und 91 (Landesverrat) des Strafgesetzbuches gewertet. Darüber hinaus habe er das »hoch- und landesverräterische Vorhaben« in »besonders schwerem Fall« »pflichtwidrig« bei der zuständigen Behörde nicht angezeigt, das sei ein weiteres Verbrechen – gegen § 139 Absatz 1 und 2 des Strafgesetzbuches.[1481] Jede dieser Taten war laut StGB mit dem Tod zu ahnden.[1482] Verurteilt wurde Woermann nicht mehr, nach seiner Befreiung kehrte er an die Universität Halle zurück, die er 1948 in Richtung Westen verließ.[1483]
Mit in den Strudel der Verhaftungen nach dem 20. Juli 1944 gerissen wurde Walter Hülse, ärztlicher Direktor des Elisabeth-Krankenhauses und Professor an der Medizinischen Fakultät. Hülse, der als politisch undurchsichtig galt und nicht der NSDAP angehörte, war der Arzt Carl Wentzels und soll durch ihn von den Attentatsplänen informiert worden sein. Analog wie bei Woermann wäre das Nichtanzeigen der Verschwörung bei der zuständigen Behörde, als mit dem Tod zu bestrafendes Verbrechen zu werten gewesen. Aus der Gestapohaft kam Hülse jedoch – vermutlich durch Bestechung – frei. Nach einer überstandenen Fleckfiebererkrankung stieß er zu der Widerstandsgruppe um den Chemiker Theodor Lieser.[1484]
Lieser, Professor im Chemischen Institut und Leiter einer Arbeitsgruppe die sich mit Rüstungsforschung befasste, galt Gaudozentenführer Wagner trotz seiner Parteimitgliedschaft als »verschlossener, zurückhaltender Mensch« und in politischer Hinsicht als »desinteressiert.«[1485] Zu dieser Zeit hatte er jedoch schon einen Gesprächskreis mit etwa zwei Dutzend Mitgliedern gebildet[1486], dem von der Universität neben Hülse auch der Biologe Ulrich Gerhardt angehörte.[1487] Ein weiteres Mitglied dieses Kreises war Jakob Adolf Heilmann, Stadtbaurat der Stadt Halle und Vater des zur »Roten Kapelle« von Harro Schulze-Boysen und Arvid Harnack gehörenden und 1942 hingerichteten Horst Heilmann.[1488] Gehandelt hat die Gruppe um Theodor Lieser in den Apriltagen des Jahres 1945, sie hatte Anteil an der vorzeitigen Kapitulation der Stadt Halle.
Zu diesem Thema sind bereits zahlreiche Arbeiten vorgelegt worden[1489], so dass die Abläufe nur skizziert werden sollen. Der Marsch der amerikanischen Kampfverbände auf Halle begann am 14. April.[1490] Bereits vorher versuchte Lieser die Sprengung der Saalebrücken zu verhindern, indem er sich mit Heilmann an den Bürgermeister der Stadt wandte. Bürgermeister Paul May verwies die beiden an den Kampfkommandanten der Stadt, Anton Rathke, der lehnte das jedoch ab und die Brücken wurden gesprengt. Da Lieser jedoch den Eindruck hatte, dass Rathke die Sinnlosigkeit der Verteidigung der Stadt erkannte, ließ er ein Flugblatt drucken, dass die Bevölkerung Halles zur Kapitulation aufforderte. Hülse setzte als Chefarzt des Elisabeth-Krankenhauses an diesem Tag bei Rathke wenigstens durch, dass die Verteidigungslinie nicht in der Nähe der Klinik aufgestellt würde. Am 15. April ließ Lieser erneut Flugblätter drucken, immerhin in einer Auflage von 10 000 Exemplaren.

Die Widerstandsgruppe um Theodor Lieser verbreitete am 15. April 1945 ein Flugblatt mit folgendem Text.

Hallenser!

Die Besetzung der Stadt durch die alliierten Truppen steht unmittelbar bevor!
Die nationalsozialistische Führung ist geflohen und hat die Bevölkerung ihrem schweren Schicksal überlassen.
Eines aber müssen wir verhindern: Dass unsere Stadt wie alle anderen großen deutschen Städte zertrümmert wird, dass unsere Frauen und Kinder getötet werden oder im Anschluß

an die Vernichtung der Stadt zu Zehntausenden umkommen.
Das wird mit Sicherheit der Fall sein, wenn Halle unnütz verteidigt wird. Ein Großangriff alliierter Bomber würde die sofortige Folge sein.
Hallenser! Das darf nicht sein! Unsere Stadt, die letzte Deutschlands, soll stehen bleiben. Unsere Familien dürfen nicht sterben.

Nur eine Rettung!
Bei Eindringen der Amerikaner:
Weiße Fahnen heraus!

Quelle: Faksimile in: Nachrichtenamt der Stadt Halle (Hrsg.), Halle an der Saale 1945/46 – Ein Zeitdokument in Bildern, Halle 1947 (Reprint Halle 2001).

Angesichts der rigorosen Verfolgung kapitulationswilliger Deutscher in den letzten Kriegstagen durch die SS oder Feldjäger war dies ebenso wenig ohne Risiko, wie die Kontaktaufnahme mit den Amerikanern am 16. April. Der mit Lieser bekannte Major a. D. Karl Huhold fuhr mit dem bei Hülse wohnenden Graf Felix Luckner[1491], einem auch in Amerika bekannten Helden des Ersten Weltkrieges, zum Kommandostab der 104. amerikanischen Division. Das führte zunächst zur Verlängerung des amerikanischen Ultimatums, die mit der Zerstörung der Stadt durch einen Luftangriff gedroht hatten. Das entsprechende Flugblatt des kommandierenden Generalleutnant Terry de la Mesa Allen, stellte die Bevölkerung vor die Alternative »Übergabe oder Vernichtung«, Allen kündigte an, »falls notwendig, Halle dem Erdboden gleichzumachen.«[1492] Nach erneutem Drängen von Lieser, Luckner und jetzt auch Oberbürgermeister Johannes Weidemann ordnete Rathke schließlich am 17. April den Rückzug seiner Truppen an, Halle konnte am nächsten Tag fast kampflos besetzt werden.[1493] In den nördlichen und südlichen Randbezirken gab es jedoch noch heftige Gefechte.[1494]
Die Zerstörungen an Gebäuden hielten sich in Grenzen. Südflügel und Mittelbau der Frauenklinik waren stark beschädigt, das Haus mit der Direktorwohnung komplett zerstört. In der Nervenklinik fehlten alle Fenster und Türen, Südflügel und Hauptgebäude hatten schwere Schäden davongetragen, wurden aber bereits im Sommer 1945 wieder aufgebaut. Das Hochschulinstitut für Leibesübungen in der Moritzburg war leicht beschädigt, lediglich Gymnastik- und Boxsaal schwerer betroffen. Das Gebäude des Zoologischen Instituts, in dem 1945 Wehrmachtseinheiten stationiert waren, war »reparaturbedürftig«, wie die Akte, in der eine Inventur der Kriegsschäden dokumentiert ist, festhält. Das Chemische Institut nahm (geringen) Schaden bei der Sprengung der Saalebrücken. Am Universitätsplatz verbrannte das Haus, welches das Romanistische Seminar beherbergte, hier fielen dem Brand auch mehrere hundert Bücher zum Opfer. Vom Universitätshauptgebäude wurde das Dach beschädigt, so dass es in die Aula regnete. Alle anderen Gebäude waren mit Glasschäden davongekommen.[1495]
Die Universität Halle war eine der wenigen deutschen Hochschulen, die den Krieg so gut wie unzerstört überstanden hatte. In Anbetracht dessen, dass sich in dem Bunker am Universitätsplatz die Luftwarnzentrale der Stadt befand und die Kliniken nahe am Industriegelände lagen, ein unverdientes Glück.
Weniger glücklich, aber im Vergleich zu anderen Hochschulen immer noch erfolgreich, verlief die Rückführung der Kunstschätze und Bücher der Universität. Die Bücher des Physiologischen Instituts mussten gemeinsam mit den Beständen der Leopoldina als »Totalver-

lust«, so Horst Hanson in einem Brief an den Universitätskurator, gebucht werden. Von den 871 Kisten der Universitätsbibliothek, die in das Schloss Querfurt gebracht worden waren, fehlten 300, vor allem aus der wertvollen Ponickau'schen Sammlung mit Büchern des 18. Jahrhunderts. Durch Feuchtigkeit beschädigt wurden 123 Kisten mit Büchern, Drucken und Handschriften aus der Philosophischen Fakultät. Ein Teil der geologischen Sammlung hatte ebenfalls gelitten, die Höhle bei Bösenburg hatte sich als unzweckmäßig erwiesen. Von den ins Amtsgericht Querfurt verlagerten Sammlungen fehlten vier Schränke samt Inhalt. Sie wurden von plündernden russischen Soldaten mitgenommen.

Immerhin kamen die 123 Kisten der Universitätsbibliothek mit Handschriften und Nachlässen aus Schulpforta unbeschädigt zurück. Ebenso 29 Kisten aus Trebnitz, mehrere Kisten aus Gonna, 20 Kisten vom Rittergut Krosigk in Petersberg und sämtliches im Gut St. Ullrich gelagertes Material. Auch die in der Moritzburg befindlichen Bücher und Sammlungen blieben weitgehend unbeschädigt. Sogar die Schätze des Geiseltalmuseums konnten 1946 zurückgeführt werden. 1948 gelangte die psycho-physikalische Sammlung Theodor Ziehens, ausgelagert nach Schloss Bündorf, zurück.[1496]

Große Lücken in der aktuellen Forschungsliteratur entstanden erst durch die Säuberungsaktionen nach 1945. Betroffen waren hier die Seminarbibliotheken der Philosophischen Fakultät, die bei immer neuen Säuberungswellen Bücher auszusondern hatten. Immerhin konnte ein Teil vor der Vernichtung durch Einstellung in so genannte Giftschränke bewahrt werden.

Die Ausstattung aller Institute, also auch der Forschungseinrichtungen die 1945 geplündert wurden, war im Prinzip auf Vorkriegsstand.[1497] Eine Ausnahme machte das Chemische Institut, das von Karl Ziegler, auf Anweisung und unter Aufsicht des amerikanischen Nachrichtendienstes CIC, komplett geplündert wurde. Ziegler ließ hunderte Kisten packen, mehrere Dutzend Lastwagen transportierten Elektromotoren, Autoklaven, Trockenschränke, Analysewaagen, insgesamt sämtliche Apparate ab. Das Institut, so konstatierte Zieglers Ex-Mitarbeiter Theodor Lieser, war nach dieser Aktion »nicht mehr betriebsfähig.«[1498]

Erste Anläufe zur Restituierung der akademischen Selbstverwaltung

Wichtiger als das Inventarisieren von Kriegsschäden war jedoch der Neuaufbau der akademischen Selbstverwaltung. Mit der Verhaftung von Rektor Wagner (der zugleich als Dekan der Medizinischen Fakultät amtierte) und Dekan Springmeyer (Philosophische Fakultät) existierte diese nicht mehr. Die Amerikaner verfügten am 24. April 1945 die Schließung der Universität, juristisch gesehen war es aber wohl so, dass durch die Besetzung lediglich der ohnehin zum Erliegen gekommene Vorlesungsbetrieb untersagt wurde. Die staatliche Verwaltung, also das Amt des Kurators blieb unangetastet, Friedrich Tromp amtierte weiter.[1499] Sowohl der spätere Rektor Eißfeldt als auch Tromp meinten, dass sich das Universitätsstatut von 1930 »durchaus als Fundament des Neubaus der akademischen Selbstverwaltung« eigne, wie eine Notiz von Otto Eißfeldt ausweist.[1500] Dieser Ansicht neigten ebenfalls die amerikanischen Besatzungsoffiziere zu, die Wiederaufnahme des Lehrbetriebs machten sie jedoch von einer politischen Überprüfung des Universitätspersonals abhängig, auch behielten sie sich die Bestätigung des Rektors vor. Die Genehmigung zu dessen Wahl erteilten sie am 19. Juni 1945.

Vorangegangen waren dieser Neuwahl der akademischen Selbstverwaltung jedoch zahlreiche Besprechungen, informelle Treffen und vorsichtige Sondierungen. Bereits im Februar

1945 suchte Theodor Lieser den Zoologen Ulrich Gerhardt in seiner Wohnung auf, um darüber zu sprechen, was nach dem Krieg aus der Universität werden solle. Am 8. und 9. April trafen sich Lieser und Gerhardt noch einmal. Am 17. April, dem Tag des Einzugs der amerikanischen Truppen, vereinbarten die beiden, für den nächsten Tag ein Treffen mit weiteren Professoren durchzuführen. In der Wohnung Gerhardts kamen dann Lieser, Gerhardt, der Theologe Friedrich Karl Schumann, der Anglist Hans Weyhe, der Mathematiker Heinrich Brandt, der Bodenkundler Ludwig Meyer, der Universitätszeichenlehrer Otto Fischer-Lamberg und Walter Hülse zusammen. Einziger Tagesordnungspunkt war die Wahl eines neuen Rektors für die Universität, um den Besatzungstruppen einen unbelasteten, zu weiteren Handlungen legitimierten Ansprechpartner zu präsentieren.[1501] Von den Amerikanern wurde jedoch die Wahl eines neuen Rektors untersagt.

Unterdessen ging die Suche nach einem Kandidaten für das Rektorenamt weiter, Kurator Tromp etwa brachte Julius Schniewind, den gemaßregelten Theologen ins Gespräch. Dass es ein Theologe sein sollte, befürworteten auch die anderen Mitglieder der informellen Gruppe. Ulrich Gerhardt formulierte am 25. Juli, dem Tag der Rektorwahl, rückschauend: »Die Theologische Fakultät sollte im Hintergrund sein, um jederzeit befragt werden zu können.«

Bei einem weiteren Treffen legten Tromp, Schumann, Eißfeldt, Lieser, Hülse und Gerhard das weitere Vorgehen fest, zunächst sollten erst einmal weitere informelle Gespräche geführt und die Nationalsozialisten zum Verzicht auf ihre Ämter überredet werden. Am 30. Mai, also einen Monat später, legte dann Gotthilft von Studnitz das Amt als Dekan der Naturwissenschaftlichen Fakultät nieder, am 8. Juni wurde Karl Ziegler zum Dekan gewählt. In der Medizinischen Fakultät bestimmte man inzwischen den Pädiater Alfred Nitschke, den wohl einzigen unbelasteten Ordinarius der Fakultät zum Dekan. Am 12. Juni 1945 trafen sich der Geograph Oskar Schmieder, der Chemiker Hellmuth Stamm, Ziegler und von Studnitz in Gerhardts Wohnung, wo Schmieder mit einer Neuigkeit aufwartete. Jetzt, so zitierte er einen Leutnant Perkins, wäre eine baldige Rektorwahl im Sinne der Amerikaner. Die neu gewählten Dekane, sowie Meyer, Lieser und Gerhard trafen sich am 19. Juni in Liesers Wohnung, um – jetzt war die Genehmigung erteilt – die Wahl des Rektors vorzubereiten. Am 23. Juni wurde schließlich der Wahlmodus festgelegt, ordentliche Honorarprofessoren etwa wurden für wahlberechtigt erklärt, Emeriti hatten nach dem Statut von 1930 ohnehin kein Wahlrecht. Stimmberechtigt sollten also die 74 Ordinarien der Universität sein, dazu halb so viele Wahlmänner der Nichtordinarien.[1502] Bevor jedoch das Generalkonzil einberufen werden konnte und damit die Wahl des Rektors möglich wurde, deportierten die amerikanischen Besatzungstruppen den größten Teil der Angehörigen der Naturwissenschaftlichen Fakultät.

Der so genannte Abderhaldentransport

Um dem ungeliebten Verbündeten Sowjetunion kein militärisch-wissenschaftliches Potenzial zu überlassen, entschieden sich amerikanische Besatzungsoffiziere – an welcher Stelle die Entscheidung getroffen wurde, ist noch immer unbekannt – zur Deportation aller Forscher, die Wehrmachts- und Rüstungsaufgaben bearbeitet hatten. Betroffen waren in Mitteldeutschland die Universität Halle, die Flugzeugwerke Dessau und chemische Betriebe in Bitterfeld, Bernburg und Leuna.[1503]

Die für die Deportation vorgesehen Wissenschaftler wurden am 21. Juni aufgesucht und, teils mit Gefangenentransportwagen[1504], zum Sitz des amerikanischen Militärkommandanten gebracht. Dort wurde ihnen eröffnet, dass sie sich am nächsten Tag, nur mit Handgepäck ausge-

stattet, in der Fliederwegkaserne im Süden Halles einzufinden hätten.[1505] Familienangehörige sollten ebenso mitkommen wie Assistenten, Techniker und Hilfskräfte. Einige wurden aufgefordert, ihre Unterlagen und Arbeitsmaterialien mitzubringen. Sie beräumten ihre Institute und die entsprechenden Ausweichstellen unter Aufsicht des CIC am 22. und 23. Juni.[1506] Theodor Roemer erhielt sogar den Befehl, Saatgut zu verpacken. Es schien also, als würden die Wissenschaftler weiterhin in ihrem Beruf beschäftigt, was die amerikanischen Besatzungsoffiziere auch zusicherten.[1507] Dieses Versprechen sorgte für eine gewisse Bereitschaft, die Anordnungen der Amerikaner zu erfüllen, zumal die kommende sowjetische Besatzung zumindest Ungewissheit, wenn nicht Schlimmeres versprach. Von »Freiwilligkeit«, sich dem Transport anzuschließen, konnte jedoch nur bei wenigen die Rede sein. Die amerikanischen Offiziere machten deutlich, dass ihre »Order« in jedem Falle durchgesetzt werden würde.[1508]
Am 24. Juni wurden je 20 Personen – Wissenschaftler, Techniker und ihre Angehörigen – in Güterwaggons verladen. Der Zug mit insgesamt etwa 730 Personen verließ Halle um halb vier Uhr nachmittags. In letzter Minute wurde Emil Abderhalden vom CIC zum Leiter des Transportes ernannt, was dem Treck den Namen »Abderhaldentransport« einbrachte.
In Darmstadt angekommen, gestaltete sich die Unterbringung der Deportierten schwierig. Weder die versprochenen Unterkünfte noch qualifizierte Arbeitsstellen standen bereit.[1509] Abderhalden fand vielmehr einen Militärkommandanten in »fassungsloser Haltung« vor, der ihm etwas von einem »unüberlegten Schritt« erzählte. Aufgefordert, sich selbst um Unterkunft und Verpflegung zu kümmern, wandte sich Abderhalden an den hessischen Regierungspräsidenten, der allerdings jede Unterstützung verweigerte. »Er lehnte zunächst jede Hilfe ab und behauptete, wir hätten uns eher erschießen lassen sollen, als uns abtransportieren«, schrieb Abderhalden im November 1946 an Otto Eißfeldt. »So hat«, resümierte Abderhalden, »offensichtlich eine unüberlegte Tat hunderte von Familien ins Unglück gestürzt und Universitäten schwer geschädigt.«[1510]
Unüberlegt war die Aktion der Amerikaner jedoch keineswegs. Alle Wissenschaftler wurden nach ihren Erkenntnissen und Forschungen befragt. Man erkannte aber rasch, wie sich die Chemikerin Margot Becke-Goehring erinnert, »dass wir von Atomspaltung oder Raketen nichts wussten.«[1511] Im August wurden die Zusicherungen an die hallischen Wissenschaftler dann auch formal als »zu Unrecht erteilt« widerrufen. Die Erlaubnis, wieder nach Halle zurückzukehren, wurde ihnen jedoch ausdrücklich versagt.[1512] Da auch die Universität und die Stadt Halle nur wenige Anstrengungen unternahmen, die deportierten Wissenschaftler zurückzuholen, blieben fast alle in Westdeutschland, wo sie meist ohne größere Schwierigkeiten Fuß fassten und attraktive Stellungen erhielten.[1513]

Übersicht: Mit dem Abderhaldentransport in die amerikanische Besatzungszone verbrachte Personen

Zwei Listen, erstellt vom Kurator der Universität am 22. Juni und am 13. Juli 1945 bilanzierten die Deportation.[1514]

An Menschen und Material wurden weggebracht aus folgenden Instituten:

Seminar für Erdkunde	Professor Oskar Schmieder
	Geographische Unterlagen über Deutschland und Japan

Institut für experimentelle Physik	Professor Wilhelm Kast Dozent Alfred Faeßler Dozent Wilhelm Maier der Werkstattleiter, ein Mechaniker, sechs wissenschaftliche Assistenten, zwei Technikerinnen und ein Lehrling Geräte und Materialien des Röntgenlabors
Institut für theoretische Physik	Professor Adolf Smekal vier Mitarbeiter ein Mikro-Interferometer, Mikroskope Akten und Materialien
Chemisches Institut	Professor Hellmuth Stamm Dozent Günther Schenck, Dozentin Margot Goehring fünf Assistenten und ein Installateur ca. 100 Kisten mit Material
Institut für physikalische Chemie	Professor Lothar Wolf Dozent Heinz Dunken fünf Assistenten, zwei technische Assistenten, ein Mechaniker, ein Institutsdiener
Institut für technische Chemie Geologisch-paläontologisches Institut	zehn wissenschaftliche Mitarbeiter Professor Johannes Weigelt Dozent Willi Laatsch
Mineralogisch-petrographisches Inst.	Professor Dr. Fritz Laves zwei Assistenten Mikroskope
Botanisches Institut	Professor Wilhelm Troll Professor Camill Montfort vier technische Mitarbeiter
Inst. f. Tierzucht und Molkereiwesen	Professor Robert Gärtner Dozent Walter Leydolph ein Assistent einige Kisten mit Akten und Photographien
Institut für Pflanzenbau und Pflanzenzüchtung	Professor Theodor Roemer Professor Walter Fuchs fünf Assistenten, ein Gärtner Saatgut

Institut für landwirtschaftliche Maschinen- und Gerätekunde	Professor Wilhelm Knolle ein Assistent, ein Werkmeister
Institut für Pflanzenernährung und Bodenbiologie	Professor Ludwig Meyer ein Assistent verschiedene Maschinen und Laborgeräte
Anatomisches Institut Physiologisches Institut	Professor Arno Nagel Professor Emil Abderhalden Dozent Rudolf Abderhalden
Hygienisches Institut Pharmakologisches Institut	Professor Adolf Seiser Professor Otto Geßner.

Die Rektorwahlen

Die Deportation der Professoren und Dozenten gefährdete die Rektorwahlen erstaunlicherweise nicht. Am Tag nach dem Abtransport der Kollegen schritt das Konzil nach einigen bedauernden Worten zur Wahl, wohl auch in dem Bewusstsein, dass die Nicht-Existenz einer akademischen Selbstverwaltung weitere Maßnahmen dieser Art nur erleichtern würde.[1515] Keiner sprach es aus, aber den verbliebenen 56 Wahlberechtigten war klar, dass dieser Schlag die Existenz der Universität stärker gefährdet hatte, als irgend ein politischer Eingriff zuvor. Das Procedere selbst war demokratisch, der Wahlvorgang nahm jedoch einige überraschende Wendungen.

37 planmäßige Professoren und 19 Nichtordinarien wurden schließlich für stimmberechtigt erklärt. Im ersten Wahlgang entfielen 28 Stimmen auf den Dekan der medizinischen Fakultät Alfred Nitschke, 20 Stimmen auf den Dekan der Theologen Otto Eißfeldt. Fünf Stimmen erhielt Ulrich Gerhardt, eine Stimme der Pathologe Julius Wätjen, eine der Jurist Wolfgang Hein, eine der Anglist Hans Weyhe. Im zweiten Wahlgang entfielen 27 Stimmen auf Nitschke, 26 auf Eißfeldt, drei auf Gerhardt. Da keine absolute Mehrheit vorlag, wurde schließlich ein drittes Mal gewählt. Jetzt erhielt Eißfeldt 29 Stimmen, auf Nitschke entfielen 27.
Eißfeldt dankte dem Konzil für das ausgesprochene Vertrauen, lehnte dann aber die Wahl ab, da er Dekan der Theologischen Fakultät bleiben wolle. Nitschke dankte der Versammlung ebenfalls und bat darum, dass die Anwesenden bei der nun notwendig gewordenen Neuwahl von seiner Person absehen möchten. Er sei als Klinikdirektor nicht in der Lage, die Geschäfte so zu führen, wie es die jetzige Zeit erfordere. Er schlage Otto Eißfeldt für das Rektorat vor. Dieser erklärte sich jedoch erst nach einer Ansprache des einstigen Dekans der Theologen, Hans Schmidt, bereit zu kandidieren. Schmidt hob in seiner Rede die verdienstvolle Führung der Rektoratsgeschäfte vor 1933 durch Eißfeldt hervor, ein Hinweis auf das Statut von 1930 unterstrich seine Argumentation. Wenn Nitschke Rektor würde, erhalte Eißfeldt automatisch das Amt des Prorektors, in keinem Fall könne er also Dekan bleiben. Eißfeldt stimmte der Übernahme des Amtes nun zu, was Wolfgang Hein zu einem Einspruch veranlasste. Der Jurist forderte Neuwahlen, da je beide Kandidaten der vorigen Wahl die Übernahme des Amtes abgelehnt hatten.

Im ersten Wahlgang entfielen auf Eißfeldt nun 49 Stimmen, Nitschke erhielt zwei, Gerhardt eine, Hein eine, außerdem wurden drei leere Zettel abgegeben. Im zweiten Wahlgang stimmten erneut 49 Anwesende für Eißfeldt, vier für Nitschke, drei Zettel blieben leer. Damit war Eißfeldt zum Rektor für die Zeit vom 12. Juli 1945 bis zum Sommer 1946 gewählt. Das Nitschke angetragene Prorektorat lehnte dieser jedoch ab, das Konzil wählte Ulrich Gerhardt per Akklamation.[1516]

Als Datum der Einsetzung des Rektors wurde der 12. Juli, der Tag des Stiftungsfestes festgelegt. An diesem Datum hatte die Feier immer stattgefunden, lediglich bei der Übergabe des Rektorats an Wilhelm Wagner war man davon abgewichen. Eigentlich sollte die Feier »in größter Schlichtheit« stattfinden. Vertreter der inzwischen amtierenden sowjetischen Militärregierung bzw. der Stadtkommandantur verlangten jedoch einen Amtsantritt »in aller Feierlichkeit«. Die nur wenig beschädigte Aula konnte auch problemlos wieder hergerichtet werden. Es wurde Beethoven und Haydn gespielt, der neue Rektor sprach über »Prophetie und Politik«, gestand Versäumnisse der Vergangenheit ein und verpflichtete Forschung und Lehre auf den unbedingten Grundsatz der Wahrhaftigkeit. Eißfeldt erinnerte an die persönlichkeitsbildende Kraft der Hochschule im, so zitierte ihn das Mitteilungsblatt der Stadt Halle, »Sinne eines tiefen Verantwortungsgefühls und beflügelnder geistiger Freiheit«.[1517]

Zur Wiederaufnahme der Lehre kam es jedoch nicht. Als Termin für den Vorlesungsbeginn war der 24. Juli vorgesehen. Mittlerweile hatte jedoch die Besatzungsmacht in Mitteldeutschland gewechselt; die Amerikaner zogen sich zurück, sowjetische Truppen rückten nach. So erschien am 23. Juli der Kommissar für das Unterrichtswesen in den besetzten deutschen Gebieten, Pjotr Solotuchin, bei dem neugewählten Rektor und erklärte, so Eißfeldt, »dass der Stadtkommandant mit seiner Erlaubnis zur Wiederaufnahme der Vorlesungen seine Kompetenzen überschritten habe.« Die Vorlesungen könnten erst beginnen, wenn folgender Forderungskatalog erfüllt sei:

1. Einreichung einer Liste der im Amt befindlichen Professoren und Dozenten,
2. Säuberung des Lehrkörpers von faschistischen Elementen,
3. Demokratisierung der Unterrichtsverwaltung,
4. Sichtung aller zum Bereich der Universität gehörenden Bibliotheken, namentlich der Universitätsbibliothek, mit dem Ziel, alle faschistische Literatur zu sekretieren,
5. Prüfung aller zum Studium zuzulassenden Studierenden auf ihre demokratische und antifaschistische Zuverlässigkeit,
6. Einreichung von Übersichten über die für das nächste Semester geplanten Vorlesungen mit Angabe der dabei zu erwähnenden Literatur,
7. Meldung der etwaigen Verbindungen zwischen Industrie und Universitätsinstituten.[1518]

Die Punkte 4, 5, 6 und 7 konnte Eißfeldt bereits am nächsten Tag mit Solotuchin, in Anwesenheit des Vizepräsidenten der Provinz Sachsen, Willy Lohmann, hinreichend klären. Zahlreiche Bücher waren unter Verschluss genommen worden, ein Fragebogen für die Studenten ohnehin vorgesehen,[1519] die Einreichung der Vorlesungen nicht problematisch. Die Frage nach den Verbindungen zur Industrie beantworte Theodor Lieser: Die entsprechenden Professoren seien nicht mehr in Halle, teilte er dem sowjetischen Offizier mit und könnten deshalb nicht mehr befragt werden.[1520] Schwierig waren jedoch die Punkte 1–3 der Liste Solotuchiuns. Unter Punkt 3 verstand der sowjetische Kulturoffizier die Einsetzung des Rektors durch die Provinzialverwaltung und die Kooptierung eines, so Eißfeldt, »politischen Aufpassers« in den Senat.[1521]

Eißfeldt konnte Solotuchin jedoch klarmachen, dass die Rektorwahl demokratisch gewesen sei. Auch die Wahlen der Dekane hätten nach dem Statut von 1930 stattgefunden. Mitglieder der NSDAP seien unberücksichtigt geblieben. Das hätte sich »von selbst« verstanden,

Otto Eißfeldt, Theologe.
1945 bis 1947 Rektor der Universität.

heißt es in der bereits erwähnten Notiz Eißfeldts.[1522] Den »Aufpasser«, den die Sowjetische Militäradministration ausgewählt hatte, akzeptierten Rektor und Senat jedoch bereitwillig: es handelte sich um Emil Woermann, der sich der SMA nach seiner Befreiung aus dem Gefängnis als »Spezialist« für Ernährungsprobleme zur Verfügung gestellt hatte.[1523]

Bei den Punkten 1 und 2 der Solotuchin-Liste zeichnete sich eine Einigkeit jedoch nicht ab.

Rektor Eißfeldt reichte immer neue Übersichten mit den an der Universität beschäftigten Professoren und Dozenten ein und obwohl die Säuberung durch den Antifaschistischen Ausschuss der Universität voranschritt, wurde keine dieser Listen akzeptiert.[1524] Immer wieder erwarteten die Vertreter der SMA Änderungen und Streichungen, andererseits bestanden sie auf der Weiterbeschäftigung von »Spezialisten«, wobei auch deren ehemalige Zugehörigkeit zur NSDAP nicht störte. Am Ende dieser Konzeptionslosigkeit – im Dezember 1945 – stand schließlich die Forderung, dass alle einstigen NSDAP-Mitglieder zu entlassen seien, von 195 zum Lehrkörper gehörenden Professoren und Dozenten traf diese Maßnahme 134.[1525]

Bis es zu dieser rigorosen – und später wieder korrigierten – Entscheidung kam, nahm die »Entnazifizierung« als Wechselspiel von Verdächtigung und Inschutznahme ihren Lauf. Nicht selten wurden auch persönliche Rivalitäten ausgetragen. So schwärzte der Archäologe Herbert Koch den überaus erfolgreichen – und politisch dubiosen – Althistoriker Franz Altheim an. Altheim habe sowohl zu Göring wie auch zum Himmler in Beziehung gestanden. Diese hätten, soweit war Kochs Aussage korrekt, Altheims Auslandsreisen finanziert. Altheim hätte darüber hinaus, und dies erwies sich als üble Nachrede, »politische Berichte« an Himmler geliefert und dafür sogar eine »persönliche Geheimnummer« gehabt. Auch Kochs Aussage, dass Altheim nur deshalb nicht in die NSDAP eingetreten sei, weil Himmler dies nicht gewünscht hätte, erwies sich als falsch. Altheim konnte nachweisen, Himmler lediglich einmal auf einem Empfang begegnet zu sein.[1526] Der Theologe Ernst Barnikol sorgte als Mitglied des Antifa-Ausschusses nicht nur für die Entfernung einstiger NSDAP-Mitglieder, sondern auch für die Entlassung ihm unfreundlich gesonnener Fakultätsmitglieder. Erfolgreich protestieren konnte gegen diese Maßnahme jedoch nur Erich Fascher, er wurde als Nichtmitglied der NSDAP auf Anweisung der SMA wieder in sein Amt eingesetzt.[1527] Gerade die »Fälle« Altheim und Fascher machten aber auch deutlich, dass die Denunziationen aus dem Kollegenkreis von den Besatzungsbehörden zwar zur Kenntnis genommen wurden, diese aber – zunächst – nach ihren eigenen Richtlinien verfuhren.[1528]

Nachdem am 27. September 1945 wieder einmal die Wiedereröffnung der Universität abgelehnt worden war, schaltete sich die Verwaltung der Provinz Sachsen ein. Sie verfügte, dass 54 Hochschullehrer gemaßregelt werden sollten. Ein Teil der Belasten sei zu entlassen, hieß es, ein anderer Teil konnte mit Bewährungsmaßnahmen bedacht werden. Rektor Eißfeldt stimmte »trotz der Bedenken gegen eine Reihe der getroffenen Entscheidungen« zu, in der Hoffnung, dass damit nun ein »vorläufiger Abschluss des Verfahrens« erreicht werden könnte.[1529]

Zu denen, die »Bewährungsarbeiten« zu leisten hatten, gehörte der Historiker Carl Hinrichs, der Solotuchin glaubhaft machen konnte, dass er vom NS-Regime gemaßregelt worden sei. Der sowjetische Offizier verfügte daraufhin die Weiterzahlung von Hinrichs Bezügen. Doch bevor er wieder ans Katheder treten durfte, hatte er die Herausgabe der Schriften Thomas Müntzers zu übernehmen.[1530] Allen anderen ehemaligen Nationalsozialisten wurde im Dezember – unter Widerruf des Oktobererlasses – gekündigt. Per Rundschreiben teilte Eißfeldt das allen Angehörigen des Lehrkörpers mit. Es müssten zunächst alle, die nicht von der Provinzialverwaltung, bzw. »vielmehr von der SMA«, erneut in ihrem Amt bestätigt worden sind, als entlassen gelten.[1531] Am 18. Dezember 1945 äußerte sich der Rektor zu dem in München wohnenden Emeritus Ernst Diehl konkreter. Die Eröffnung der Universität lasse auf sich warten, sei aber das unbedingte Ziel, das es zu erreichen gelte. Aber, so Eißfeldt, »gerade jetzt, leider in der Weihnachtszeit, mussten zur Annäherung an dieses Ziel so gut wie alle Kollegen geopfert werden, die einmal Mitglied der NSDAP gewesen sind.«[1532] Mit dem »so gut wie« war es nicht getan, noch im Dezember 1945 beschloss die SMAD, dass »ehemalige Mitglieder der Nazi-Partei für den Lehrbetrieb der Universitäten nicht mehr zugelassen werden.«[1533] Dass man bereits im Januar daran ging, diesen Beschluss erneut zu revidieren, dürfte im Einzelfall als befriedigend, insgesamt aber als chaotisch empfunden worden sein. Jetzt wurden Listen aufgestellt, die wieder einzustellende Professoren nach wissenschaftlicher Bedeutung und Unentbehrlichkeit für die Forschung sortierten. Ab Februar tagte dann ein zweiter Ausschuss der »antifaschistischen Parteien«, der die politische Haltung der Betreffenden erneut überprüfte.[1534] Hier fielen die Urteile fast immer positiv aus, nur wenige der in Halle verbliebenen Professoren und Dozenten wurden für untragbar erklärt. Im Ergebnis führte dieser Wiedereingliederungsprozess zu einer relativen Kontinuität in der Zusammensetzung des Lehrkörpers. Etwa zwei Drittel der im Sommer 1947 an der Martin-Luther-Universität tätigen Ordinarien hatte bereits 1944 hier gelehrt. Von den insgesamt 194 Mitgliedern des Lehrkörpers im Januar 1945 unterrichteten im Sommersemester 1947 noch oder wieder 43 (22,2%) an der hallischen Universität.[1535]

Vor einer Neueröffnung der Universität waren jedoch nicht nur Belastete auszusondern, sondern auch einstmals Verdrängte wieder in ihre Positionen einzusetzen. Am 27. September fasste der Senat den Beschluss, dass Angehörige des Lehrkörpers, »die seit 1933 aus politischen oder rassischen Gründen die Universität verlassen mussten, in ihre Stellungen wieder zurückkehren« konnten.[1536] Im Ergebnis erwies sich auch dieser Versuch, Unrecht wieder gutzumachen, als untauglich, da die SMA die Rückkehr der vertriebenen Gelehrten jüdischer Herkunft rundheraus ablehnte. Aber immerhin wurde den aus politischen Gründen vertriebenen Georg Jahn und Waldemar Mitscherlich der Weg zurück geebnet, auch der Antrag von Rudolf Joerges auf Rückkehr wurde positiv entschieden. Joerges hatte den Antrag bereits am 23. April, sechs Tage nach Einmarsch der amerikanischen Truppen gestellt.[1537]

Am 23. April 1945 wandte sich Rudolf Joerges an den Kurator der Martin-Luther-Universität.

Sehr verehrter Herr Kurator!

Auf Grund der eingetretenen völlig veränderten Verhältnisse ist der Akt der Nichtigkeit verfallen, durch welchen ich aus meinem Universitätsamt und aus dem mir nach Ziffer II Abs. 2 der Satzung als Begründer zustehenden lebenslänglichen Direktorat über das Institut für Arbeitsrecht verdrängt worden bin.
Die Nichtigkeit des erwähnten Aktes steht auch in vollem Einklang mit der Gerechtigkeit. Ich bin im Jahre 1933 ohne Angabe von Gründen und ohne die Möglichkeit einer Verteidigung aus meinem Amt und dem Direktorat entfernt worden. Meine Bitte um Angabe der Gründe ist von dem damaligen Herrn Minister kategorisch abgelehnt worden. Ich habe der Gewalt, nicht dem Recht weichen müssen.
Um Missverständnissen vorzubeugen, hebe ich hervor, dass ich gemäß des mir in der Satzung gegebenen Rechts Herrn Prof. Herschel als Mitdirektor anerkennen und ihn in keiner Weise beeinträchtigen werde, seine Funktionen in der bisherigen Weise weiter auszuüben.
In der Anzeige von Vorlesungen bei Wiederbeginn des Lehrbetriebes werde ich selbstverständlich den Erfordernissen und Wünschen der Fakultät Rechnung tragen. In diesem Zusammenhang erlaube ich mir zu bemerken, dass ich mich in den letzten Jahren sehr eingehend mit Strafrecht beschäftigt habe und daher auch strafrechtliche Vorlesungen und Übungen halten könnte.
In Auswirkung der vorstehenden Darlegungen bitte ich, mich, bis zu meiner Emeritierung, als <u>aktiven</u> ordentlichen Professor behandeln zu wollen.

In vorzüglicher Hochachtung
Ihr Ihnen sehr ergebener Prof. Joerges

Quelle: UAH PA 8459 Joerges.

Wie kompliziert der Neuaufbau der Universität sich auch gestalten mochte, im Januar 1946 – und nur zu diesem Zeitpunkt – war die Universität frei von einstigen Nationalsozialisten und konnte daher – auf Beschluss der Sowjetischen Militäradministration – am 1. Februar 1946 eröffnet werden.
Die Tagesordnung am 1. Februar 1946 folgte formal den üblichen Universitätsfeiern. Die Professoren zogen im Talar ein, Dekane und Rektor trugen die traditionellen Insignien, es wurde Beethoven gespielt.[1538] Sogar die Festreden waren nach dem hergebrachten Muster verfasst. Allerdings wurde nicht von Verdiensten und Leistungen der Wissenschaft gesprochen, stattdessen die Notwendigkeit der Erneuerung betont. Doch trotz der hoffnungslosen Kompromittierung aller Fakultäten durch den Geist des Nationalsozialismus erhob der neue Rektor Otto Eißfeldt wie alle Rektoren vor ihm den selbstbewussten Anspruch, dass die Universität geistige Orientierung vermitteln wolle und dazu auch in der Lage zu sei.[1539]
Auch die Politik kam zu Wort: Im Namen der »antifaschistischen Parteien« forderte der Vizepräsident der Provinzialverwaltung, Ernst Thape (SPD), »neues Leben« zu wecken und sicherte dafür die Unterstützung der Landesregierung zu. Rektor Eißfeldt bestritt die Notwendigkeit der Erneuerung nicht, gab aber, der massiven Eingriffe in den Neuaufbau der

Universität überdrüssig, zu erkennen, dass die Hochschule »unter Anpassung an die neuen Verhältnisse« ihre »akademischen Angelegenheiten weiter selbstständig zu verwalten gedenke«. Trotzdem bedankte er sich bei den anwesenden Politikern und besonders bei den Offizieren der Besatzungsmacht für die gegebene Unterstützung und auch für alle Hinweise »auf Mängel, Fehler und Versäumnisse unserer Universität und die Forderung, dass ein neuer Geist in sie einziehen müsse.« Ein generelles Schuldeingeständnis für die Universität vermied er allerdings. Stattdessen entwickelte er für die Arbeit der Fakultäten ein Programm der Erneuerung aus der Tradition heraus. Seine Wissenschaft, die Theologie, habe es ja »mit einer aus entfernter Vergangenheit in unsere Gegenwart hineinragenden Größe zu tun, der Bibel, die dem Gläubigen zur Offenbarung wird.« Christliche Religion und Theologie hätten daher notwendigerweise ein »rückwärtsgewandtes Gesicht«. Das sei manchem unverständlich und Anlass zu dem Urteil, dass es sich »hier um eine abgestandene Sache handele«, die an einer »erneuerten Universität keinen Platz habe«. Aber die vergangenen zwölf Jahre hätten doch gezeigt, dass die Religion »wirkliche Gegenwartsmacht ist. Wohl sei sie »keine politische und keine wirtschaftliche, geschweige denn eine militärische Macht, aber eine Macht, die Persönlichkeit und Charakter bildet.« Der im Ewigen wurzelnde Christ habe »vielen aus der Zeitlichkeit kommenden Versuchungen Widerstand leisten können, denen andere erlegen sind.« Christliche Kräfte könnten daher »zum Neubau der Welt und zum Wiederaufbau unseres Volkes nicht entbehrt werden.« Es falle doch auf, lausche man den Stimmen, »die in den letzten drei Viertel Jahren zur Erneuerung der deutschen Hochschulen laut geworden sind«, mit welchem Nachdruck »die Hinkehr zu letzten, tiefsten Quellen ethischer und religiöser Art gefordert wird.«

Fiel die Bilanz Eißfeldts für seine Fakultät wohlwollend, der programmatische Anspruch sogar vermessen aus, verschonte der Theologe die anderen Fakultäten nicht. Mit »Beschämung« erinnerte er daran, »dass ein Jahrzehnt und mehr der Grundsatz verkündet werden konnte, Recht sei, was dem Volke oder gar was einer Partei nütze. Und mit »Entsetzen« dachte er an die »furchtbaren Folgen«, die solche Auffassung vom Recht »nach sich gezogen hat und nach sich ziehen musste.« In Anknüpfung an die Traditionen der deutschen Rechtswissenschaft müsse nun die Frage »nach den Beziehungen des geltenden Rechts zu dem Rechtsideal oder zu dem ›richtigen‹ Recht wieder erörtert werden, ebenso wie die nach dem Verhältnis des Rechts zu Macht und Gewalt einerseits und zu Volkssitte und Sittlichkeit andererseits.« Auch das »schmählich vernachlässigte« Völkerrecht bedürfe »neuer eindringlicher Behandlung.«

Auf die Zukunft der Medizinischen Fakultät konnte der neue Rektor nicht eingehen, ohne den Massenmord an den psychisch Kranken, das so genannte »Euthanasie-Programm«, zu erwähnen. Eißfeldt verurteilte die Mordaktion, distanzierte sich aber nicht völlig von der Werteordnung, die zu diesen Tötungen geführt hatte: »Denn wenn es auch vielleicht für einen gewissenhaften Arzt Fälle gibt, wo eine Berechtigung der Verlängerung unwerten Lebens fraglich erscheinen kann, so ist es doch über jeden Zweifel erhaben, dass die bewusste Auslöschung des Lebens tatsächlich oder angeblich Kranker, wie sie die letzten Jahre mit sich gebracht haben, nicht nur ein Vergehen gegen die Menschheit und gegen die Menschlichkeit darstellt, sondern auch eine Verleugnung dessen, was der deutschen medizinischen Wissenschaft und Praxis bis dahin als Ideal vorgeschwebt hat.«

Auch für die Philosophische Fakultät forderte Eißfeldt »Rückkehr« und meinte damit einen Geist, der durch Herders »Stimmen der Völker in Liedern« oder durch Goethes »westöstlichen Diwan« wehe. »Töricht« sei es gewesen, den gesamten Umfang des geistigen Lebens der Menschheit, Sprache und Literatur, Dichtung und Kunst, »mit dem Maßstabe des Ras-

segedankens oder Vorstellung vom Herrenmenschen gerecht werden zu können.« Ähnliches gelte auch für die Erforschung der Geschichte: »Liebe zum eigenen Volk darf nicht den Betrachter blind machen gegen eigene Schwächen, und ihn ebensowenig hindern an dankbarer Anerkennung dessen, was andere Völker geleistet haben und leisten.«
Am »unmittelbarsten« sei aber die Naturwissenschaft in den Dienst der Kriegsvorbereitungen und des Krieges gestellt gewesen, indem sie »zur Vervollkommnung alter und zur Erfindung neuer furchtbarer Waffen beitragen musste.« Die Naturwissenschaften seien danach bewertet worden, inwieweit sie diesem Ziel dienen konnten, sagte Eißfeldt weiter. Für den künftigen Dienst der Naturwissenschaft am friedlichen Wiederaufbau forderte der Theologe »das Erfülltsein des Naturforschers mit tiefem Ethos und mit andachtsvoller Ehrfurcht.« Der Naturforscher müsse das »Große und Gute« wollen, meinte Eißfeldt mit Humboldt. Rückwärtsgewandt, aber mit aktuellem Bezug auf die Entwicklung der Fernrakete und den Abwurf der Atombombe, setzte der Theologe, Kant zitierend fort, »dass überall nicht in der Welt, ja überhaupt auch außer derselben zu denken möglich sei, was ohne Einschränkung für gut könnte gehalten werden als allein ein guter Wille.«
Der neu ins Leben gerufenen Pädagogischen Fakultät schrieb der neue Rektor ebenfalls Worte ins Stammbuch, die Kritik am Vergangenen und Neuorientierung vereinten. Kläglich zusammengebrochen sei eine Pädagogik, »die Drill statt Erziehung, Gewaltanwendung statt Überzeugung, ehrgeiziges Strebertum statt organischen Wachstums, Züchtung von Kindern mit völkisch-rassisch beschränktem Horizont statt Bildung von Menschlichkeit beförderte.« Bewusst müsse angeknüpft werden an »Altes«, meinte Eißfeldt und erwähnte Pestalozzis Ziel der Menschenbildung sowie Franckes »wegweisende große Tradition«. Er erwarte eine »fruchtbare und schöpferische Auseinandersetzung zwischen alten und neuen Geistesmächten«, in der Pädagogik wie in allen anderen Fakultäten der Universität. Noch einmal umriss der neue Rektor, was er sich von der Universität, den Lehrenden und Lernenden in den folgenden Jahren erhoffte: »Weltweite Offenheit, verbunden mit tief eindringender Forschung, pietätvolles Festhalten an bewährter Überlieferung im Verein mit williger Aufgeschlossenheit für neue zukunftsträchtige Mächte, heitere Gelassenheit, wie sie aus dem Bewusstsein, in Lauterkeit und Reinheit allein nach Wahrheit zu streben, quillt, gibt die Gewähr für gutes Gelingen.« An den Schluss seiner Rede stellte Eißfeldt dann ein Goethegedicht. Der Weise aus Weimar, »der in seinem langen Leben manche epochale Wandlung gesehen«, habe
>»gewiss Recht, wenn er sagt:
›Weite Welt und breites Leben,
Langer Jahre redlich Streben,
Stets geforscht und stets gegründet,
Nie geschlossen, oft geründet,
Ältestes bewahrt mit Treue,
Freundlich aufgefasstes Neue,
Heitern Sinn und reine Zwecke,
Nun – man kommt wohl eine Strecke.‹«

9 Ausblick

So elegant es auch wäre, die Geschichte der Universität Halle in der Zeit des Nationalsozialismus mit Eißfeldts Rede und Goethes Worten zu beenden, ist doch gerade das unmöglich. Es gibt kein Ende der Geschichte und die Epoche des Nationalsozialismus lebt im kollektiven Gedächtnis weiter, sowohl in dem des Volkes der Täter, als auch in den zu Opfern oder Gegnern gewordenen Nationen. Zu billig wäre es auch, die Universität der DDR an Eißfeldts Worten vom 1. Februar 1946 zu messen. Sie war nicht weltoffen, tief eindringende Forschung leisteten nur wenige, pietätvoller Umgang war die Sache der SED-Kommunisten ohnehin nicht. Nach Wahrheit strebte die parteiliche Wissenschaft nicht, weil sie Engels folgend,[1540] zwar eine reine Wahrheit nicht kannte, aber ewige Wahrheiten verkündete. Es wäre einfach, den Forderungskatalog des ersten Nachkriegsrektors abzuarbeiten und Defizite herauszustellen. Interessant erscheint jedoch der rasche Übergang zur »Tagesordnung«: Erzwungene Gedächtnisrituale und die Etablierung einer neuen Diktatur verdrängten die Geschehnisse der Jahre 1933 bis 1945 zunächst völlig.

Wie bereits beschrieben, lehnte die Universität auf Druck der Sowjetischen Militäradministration Wiedergutmachungsansprüche und Anträge auf Rehabilitierung bzw. Einsetzung in das verlorene Amt prinzipiell ab. Die zurückgekehrten Rudolf Joerges, Wolfgang Jahn und Waldemar Mitscherlich blieben die Ausnahmen von der Regel.

An die Stelle wirklicher Auseinandersetzung mit der Vergangenheit trat ein ritualisiertes Gedenken, das im Fall der Universität Halle nur auf Druck der Landesregierung zelebriert wurde. Die erste Universitätsfeier zu Ehren der Opfer des Faschismus im September 1947 hatte dann auch die Münchener Studenten Hans und Sophie Scholl zum Thema, der Schriftsteller Erich Weinert las Gedichte über den kommunistischen Widerstand. Immerhin stellte die Rede des Rektors Bezüge zur Universität her. In der Rückschau muss sie jedoch als zeittypisches Konglomerat aus leerer Rhetorik und Verdrängung interpretiert werden. Gern sei die Universität der »Anregung« der Regierung gefolgt. Denn sie lege »größten Wert darauf« formulierte Eißfeldt, »zu bekunden, dass sie mit unserem ganzen Volk, ja mit der Menschheit um die trauert, die ein verderbliches politisches Regime gequält oder in den Tod gehetzt hat, und zu bezeugen, dass sie sich mit ihnen um ihres stellvertretenden Leidens willen verbunden weiß und sich verpflichtet fühlt, durch Pflege des Geistes wahrer Humanität an der Verhinderung der Wiederkehr solcher Geschehnisse mitzuarbeiten.« Reflexionen über Mitschuld von Lehrenden und Studenten der Universität am Leid der Opfer ersparte sich der Theologieprofessor und flüchtete sich stattdessen in die Phrase: »So ziehen Millionen und aber Millionen aus unserem Volk und anderen Völkern an unserem geistigen Auge vorüber, die verleumdet und geschmäht, verfolgt und gejagt, eingekerkert und gemartert worden sind, und wir gedenken in stiller Ehrfurcht der vielen Millionen, die ihr Leben hingeben mussten.« Stellvertretend für die Opfer der Universität nannte Eißfeldt die Namen von Max Fleischmann, Ernst Grünfeld, Martin Kochmann, Arnold Japha, Adhémar Gelb und den Ehrensenator Carl Wentzel. Die Schicksale der Emigranten und derer, die Amt, Beruf oder Doktorwürde verloren hatten, erwähnte Eißfeldt mit wenigen, aber warmen Worten.[1541]

Eißfeldts Rede hätte ein Anfang sein können, zumal von den einzelnen Fakultäten durchaus Material für weitere Recherchen geliefert wurde. Verhindert wurde die »Aufarbeitung« der Geschehnisse jedoch durch die weitere politische Entwicklung. Die neue Diktatur produzierte sofort neue Opfer unter Studenten und Assistenten. Professoren und Dozenten mussten sich den neuen ideologischen Herausforderungen stellen und verloren das ohnehin geringe Interesse am Vergangenen. In die akademische Selbstverwaltung griffen

Landesregierung und SMA massiv ein, zwischen 1946 und 1948 wurden sämtliche Dekane ausgewechselt, unabhängig vom Willen der Fakultät.[1542] Missliebige Professoren erhielten kurzerhand die Kündigung, so der »reaktionäre« Philosoph Paul Menzer und der Öffentlichrechtler Rudolf Schranil, der sich öffentlich gegen eine Streichung des Abtreibungsparagraphen des Strafgesetzbuches ausgesprochen hatte. Darüber hinaus wurde durch die zahlreichen Neuberufungen ein nahezu völliger Bruch mit der Geschichte der Martin-Luther-Universität erreicht. Zwar gehörten auch die neuen Professoren derselben Schicht wie die Emeritierten oder in den Säuberungsmaßnahmen Vertriebenen an; eine höhere Bereitschaft, auf die Forderungen und Anforderung der neuen Diktatur einzugehen, war jedoch zu verzeichnen.[1543]

Der »Fall« Menzer verdient dabei genauere Betrachtung, weil er zeigt, dass die Mechanismen der neuen Diktatur der alten ähnelten. Gegen den Philosophen setzte ein regelrechtes Kesseltreiben ein, das an Vorgänge des Jahres 1933 erinnerte. Der Auslöser war eine Ethikvorlesung Menzers am 18. Oktober 1948, in der er den Einfluss des Verlustes an Religiosität auf die sittliche Frage erörterte. Menzer referierte über Armut und Klassenkampf, Übersteigerung des Nationalgefühls und als »letzte Erschütterung des sittlichen Gefühls« die Berechtigung zum Töten in den beiden Weltkriegen. In Abschweifungen bezog er Stellung gegen den oktroyierten Verlust von Geschichte und nannte die im ersten Weltkrieg gefallenen Kämpfer von Langemarck »Helden der Studentenschaft«[1544] Einige Studenten klatschten dazu Beifall, anwesende, sich selbst so bezeichnende »demokratisch-antifaschistische Studenten« erregten sich und suchten den Kontakt zur SED. Am Abend des 18. Oktober trat eine Studentin in einer SED-Versammlung auf, um die Arbeiterfunktionäre über die »antidemokratischen Agitationsreden« an der Universität zu »informieren«. Ein anderer Student wandte sich an die SED-Fakultätsgruppe. Deren Vorstandsmitglied Burchard Brentjes, ein Geschichtsstudent, stellte aus geschickt verkürzten Vorlesungsmitschriften ein kompromittierendes Papier zusammen und übergab dieses am Morgen des 19. Oktober dem Rektor der Universität.[1545] Um eine sachliche Diskussion unmöglich zu machen, organisierten die SED-Studenten noch am selben Tag eine »Protestversammlung«. Mit einer fertig produzierten Resolution gegen die »antidemokratischen Äußerungen« Menzers und einer Selbstverpflichtung (»Wir werden alles dafür einsetzen, dass unsere Universität nicht wieder zu einem Hort der Reaktion und des Faschismus wird«) sicherten sich die SED-Studenten die Zustimmung der anderen Anwesenden. Doch obwohl jene, die Menzer schätzten, der ausdrücklich als »Protestversammlung« apostrophierten Veranstaltung ferngeblieben waren, stimmten sechs Studenten gegen den Text der Resolution. Der Studentenrat wandte sich am nächsten Tag gegen das unfaire Vorgehen der SED-Studenten, wurde aber von Rektor Eduard Winter zurechtgewiesen. Menzer, ebenfalls am 20. Oktober zu Winter einbestellt, verweigerte den eingeforderten Kotau. Seine Ausführungen seien »durchaus vertretbar« gewesen. Winter bat umgehend Volksbildungsminister Ernst Thape, einem eventuellen Gesuch Menzers um Emeritierung »sofort zu entsprechen«, da Menzer »hochbetagt« sei. Das Gesuch blieb aus, Thape entband Menzer am 22. Oktober 1948 trotzdem von den amtlichen Verpflichtungen. Menzer versuchte erfolglos, seine Tätigkeit im Sommersemester 1949 wieder aufzunehmen. 1950 wurde er formell emeritiert.[1546] Student Brentjes, der Menzer geschickt zum »Fall« gemacht hatte, wurde später Professor für Archäologie an der Martin-Luther-Universität.

Eine systematische Untersuchung darüber, wie die Martin-Luther-Universität zur »Gebrauchsuniversität« des neuen Staates DDR wurde, existiert noch nicht. Dass sie es war, steht außer Frage. Die Unterschiede zur nationalsozialistischen Diktatur sind jedoch offensichtlich. Viele Fächer wurden systematisch entpolitisiert. Vor allem der Medizin und den Naturwissenschaften sprach die SED die gesellschaftliche Dimension ab und versuchte sie zu »dienstleistenden« Disziplinen zu degradieren. Zugleich nahm die Rolle der Universität bei der Vermittlung der Ideologie, auch bei der »Produktion« von Ideologie zu. Die Anbindung an staatliche Stellen war enger, die akademische Selbstverwaltung wurde in ihrer Rolle beschnitten, stand jedoch nicht selten in Opposition zum Regime. Die Konflikte zwischen Partei und Wissenschaft blieben nicht aus, endeten bis 1961 meist aber mit der Flucht der Protagonisten in die Bundesrepublik.

Trotzdem war die Zahl derer, die sich in die DDR-Gesellschaft integrierten, nicht gering. Für den Staat selbst war dabei der Wille zur Anpassung entscheidend, die frühere Mitgliedschaft in der NSDAP sekundär.

Exemplarisch für diese These steht Georg Tartler. Er brachte es zum Rektor der Universität Greifswald, bei seiner Ernennung erhob sich Protest, weil nun – 1965 – schon 15 Jahre hintereinander ehemalige Nationalsozialisten das Rektorat innehatten.[1547] 1934 hatte er in Halle zum Thema »Die hygienische Eroberung der Tropen durch die weiße Rasse« promoviert, offenbar in der Hoffnung, beim künftigen Dienst in den neuen Kolonien berücksichtigt zu werden.[1548] Als Assistent am Hygienischen Institut der Universität Halle absolvierte er bereits ab 1935 Wehrmachtsübungen, 1939 habilitierte sich Tartler mit einer 24 Seiten starken Arbeit über Bleivergiftungen. Seine Antrittsvorlesung hielt er über »kriegshygienische Erfahrungen im Polenfeldzug.«[1549] Seit Sommer 1939 diente Tartler als Armeehygieniker, nach 1945 baute er das Bakteriologische Untersuchungsamt in Schwerin auf. Für seine Tätigkeit als Rektor qualifizierte Tartler vor allem die Emphase, mit der er »Errungenschaften« zu würdigen verstand. In seiner Dissertation erkannte er, dass das »Abendland« in Afrika »eine große Kulturaufgabe« zu erfüllen habe. Ärzten, Krankenpflegern und Missionaren fielen dabei »ganz besonders schöne Aufgaben und gute Arbeitsmöglichkeiten zu.« Außerdem biete die Lösung dieser Kulturaufgabe, so Tartler, »auch Vorteile für die weiße Rasse«. Denn es gelte ja, für die »abströmende Bevölkerung« Europas neuen Raum zu finden.[1550] In seiner Rektoratsrede von 1965 würdigte Tartler die Poliomyelitis-Schutzimpfung als Großtat der prophylaktischen Medizin, als Ergebnis »grandiosen Ringens um Erkenntnisse«. In seiner weiteren Argumentation folgte Tartler der offiziellen Propaganda der SED: »Der sozialistische Charakter der ärztlichen Tätigkeit lenkt die Medizin als Wissenschaft und mit ihr das ganze Gesundheitswesen auf das Lebensglück aller Menschen in einer von den verheerenden Auswirkungen anarchischer gesellschaftlicher Prozesse befreiten sozialistischen Gesellschaft.« Und um jedes Missverständnis auszuräumen, erläuterte Tartler mit einem Rückgriff auf Marx, was er unter Anarchismus verstand: Umwandlungen, die »sich in einer menschenfeindlichen Ausbeutergesellschaft unkontrolliert, blind, hinter dem Rücken des Menschen vollziehen.«[1551]

Anderen Wissenschaftlern fielen Positionen im neuen Staat auf Grund ihrer Qualifikation auf gleichsam »natürlichem« Weg zu. Der Augenarzt Karl Velhagen etwa, 1938 von Halle nach Greifswald berufen, wurde dort Anfang 1946 wegen seiner Mitgliedschaft in der NSDAP entlassen. Velhagen kehrte in seine Heimatstadt Chemnitz zurück, um in der Klinik seines Vaters eine Praxis zu eröffnen. Das Haus war jedoch – wie fast die ganze Stadt – zerstört. Durch den Mangel an Augenärzten bedingt, erhielt er den Auftrag, eine städtische Augenklinik einzurichten. Unter völlig unzureichenden Bedingungen reorganisierte er die augenärztliche Versorgung der Stadt. 1950 erhielt er den Titel »Verdienter Arzt des Volkes« und wurde an die Universität Leipzig berufen. Dort erwartete ihn die zerstörte Augenklinik, deren Wiederaufbau Velhagen leitete. 1959 wechselte Velhagen an die Universität Berlin,

wo er auch als Consiliarius des Regierungskrankenhauses wirkte. Mehrmonatige Reisen führten ihn als Operateur, Dozent und Berater nach Indien, Burma, Ceylon, Japan, Irak, Syrien, Libanon und Ägypten. Neben zweihundert Einzelveröffentlichungen gab Velhagen das siebenbändige Handbuch »Der Augenarzt« heraus.[1552]
Nicht anders in Westdeutschland. Auch hier stellte die frühere Mitgliedschaft in der NSDAP kein Hindernis für die Fortsetzung der akademischen Karriere dar. Es wurde sogar ein regelrechtes Verfahren zur Wiedereingliederung entlassener Universitätslehrer eingeführt. Grundlage dafür war der Artikel 131 des Grundgesetzes, der festlegte, dass die Rechtsverhältnisse aller Personen neu zu regeln seien, die aus »anderen« als beamtenrechtlichen Gründen ausscheiden mussten und bisher keine Wiederverwendung fanden.[1553] Die entsprechenden gesetzlichen Regelungen legten eine bevorzugte Behandlung der aus den deutschen Ostgebieten vertriebenen und den aus der Sowjetischen Besatzungszone geflohenen Professoren und Dozenten fest.[1554] Als Hinderungsgrund für eine Wiedereinsetzung als Ordinarius oder eine Berufung auf einen Lehrstuhl wurde allerdings angesehen, wenn der Betreffende diese Position vor 1945 nicht wegen seiner wissenschaftlichen Qualifikation, sondern wegen seiner Nähe zum Regime erhalten hatte. So gelangten die durch die Protektion des Amtes Rosenberg an die Universität Halle berufenen Heinrich Springmeyer und Wilhelm Brachmann nicht wieder an eine Universität. Die weniger exponierten Dozenten Martin Göhring und Theodor Ballauff allerdings schon. Auch der Historiker Werner Frauendienst fand eine Anstellung an der Universität Mainz als wissenschaftlicher Mitarbeiter. Im Oktober 1945 war er verhaftet worden, bis 1950 wurde er in den Internierungslagern Zinna, Torgau und Buchenwald festgehalten. 1950 verurteilte ihn ein Senat von »Volksrichtern« im Zuchthaus Waldheim wegen »Unterstützung des Naziregimes« zu 15 Jahren Zuchthaus, am 7. Oktober 1952 wurde er amnestiert. Bei der insgesamt sehr großzügigen Regelung nach Artikel 131 des Grundgesetzes erscheinen jedoch einige dieser bruchlos fortgesetzten Universitätskarrieren in der Rückschau als Skandal. So die des SS-Manns Hans Schachtschabel, der als ordentlicher Professor in Mannheim und als Bundestagsabgeordneter tätig war. Oder die des Abwehr-Spions Hans Raupach, der seine Studenten als Deckung benutzte und als Krönung seiner akademischen Laufbahn zum Präsidenten der Bayerischen Akademie der Wissenschaften gewählt wurde. Derartig skandalöse Wieder- oder Weiterbeschäftigung hat es aber auch in der DDR gegeben. Die Mitarbeiter an der deutschen Atombombe Heinz Pose und Ernst Rexer rehabilitierten sich durch eine Tätigkeit in der UdSSR und wurden Professoren an der Universität Dresden. Der in die Rüstungswirtschaft fest eingebundene Physikochemiker Heinz Dunken erhielt einen Lehrstuhl in Jena.
Eine statistische Übersicht verdeutlicht jedoch, dass sich personelle Kontinuitäten und Diskontinuitäten in etwa die Waage hielten. Von 415 Professoren und Dozenten, die zwischen 1933 und 1945 an der Martin-Luther-Universität lehrten, waren nach 1945 noch 296 in einem Alter, das ihnen erlaubte, als Hochschullehrer tätig zu sein. In der DDR hatten von ihnen 69 Lehrstühle inne, Ordinarius in Westdeutschland waren 95. Hierbei sind allerdings einige Professoren, die an mitteldeutschen Universitäten Lehrstühle innehatten und dann in die Bundesrepublik flohen, doppelt gezählt. 184 der oben genannten 296 Professoren und Dozenten waren Mitglied der NSDAP gewesen (71%). Von diesen 184 beriefen die westdeutschen Universitäten 62 zu Ordinarien. In der DDR hatten 34 der einstigen Nationalsozialisten Lehrstühle inne. Lehraufträge und außerordentliche Professuren sind in dieser Statistik weder für die DDR noch die Bundesrepublik berücksichtigt. Mehr als die Hälfte (55 %) der einstigen Nationalsozialisten erhielt also einen Lehrstuhl oder konnte ihn trotz des Umbruchs 1945 weiter bekleiden.[1555] Den dadurch entstandenen langfristigen Prägungen einzel-

ner Wissenschaftszweige oder bestimmter Fächer wäre in separaten Studien nachzugehen. Die »Rahmenbedingung« der nationalsozialistischen Diktatur brachte jedoch eine Wissenschaft hervor, wie es sie in Deutschland später nicht mehr gegeben hat: menschenverachtend und auf die expansiven Ziele des Regimes ausgerichtet.

10 Biographisches Lexikon für die Universität Halle-Wittenberg (1933–1945)

Die folgenden ca. 450 Biographien sollen das im Text der Arbeit gezeichnete Bild abrunden und Grundlage für weitergehende Recherchen sein. Hierbei wurden Gelehrte der Universität andere Personen, die mit der Universität in Verbindung standen, erfasst. Die zum Lehrkörper gehörigen Personen – ordentliche Professoren, außerordentliche Professoren, Privatdozenten, Dozenten sowie Lehrbeauftragte – sind den damals fünf Fakultäten der Universität zugeordnet. Andere Gelehrte, die nicht zum Lehrkörper gehörten – etwa der Universitätsmusikdirektor oder Lektoren und Sprachlehrer – bilden das Kapitel sechs dieser Zusammenstellung. Hier wurden auch Politiker, Studentenfunktionäre oder anderweitig mit der Universität verbundene Personen eingeordnet. In den Biographien standen Karriereverläufe und politische Betätigung im Mittelpunkt, nur in Ausnahmefällen wurden wissenschaftliche Leistungen verzeichnet. Die Berechtigung dafür ergibt sich aus dem Zuschnitt dieses Buches, das eine politische Universitätsgeschichte sein will. Auch muss die fachliche Würdigung einzelner Gelehrter kompetenteren Autoren vorbehalten bleiben. Über einige herausragende Wissenschaftler der Universität, etwa Kurt Mothes oder Wilhelm Troll, wurden bereits Biographien verfasst. Auch der parallel zu diesem Buch veröffentlichte Band »Beiträge zur Geschichte der Martin-Luther-Universität 1502–2002« geht auf die wissenschaftlichen Biographien zahlreicher hier beschriebener Personen ein. Grundlage für diese Zusammenstellung bildeten die Personalakten der Wissenschaftler, sofern mir Einblick in diese Unterlagen gestattet wurde. Darüber hinaus fanden sich biographische Details in der ehemaligen Dozentenkartei oder Berufungsakten. Die Dozentenkartei, im Universitätsarchiv mit der Signatur Rep. 6 Nr. 1407 verzeichnet, gab zum Beispiel Aufschluss über die Mitgliedschaft in Parteien oder über die erhaltenen Orden. Auch die Dissertationen der einzelnen Wissenschaftler wurden eingesehen, um Angaben über Konfession, Herkunft und Studienabläufe zu erhalten. Doch obwohl die Beigabe eines Lebenslaufes üblich war, fand er sich nicht in allen Arbeiten. Die Bezeichnungen der Berufe der Väter oder der Konfession beruhen auf den Auskünften der einzelnen Gelehrten, auch andere Begriffe und Titel sind zeitgenössisch.
Die biographischen Angaben für die Zeit nach 1945 beruhen vor allem auf Kürschners Gelehrtenkalender, er ist deshalb nicht bei jeder einzelnen Biographie als Quelle ausgewiesen. Nachgeschlagen wurde auch in verschiedenen Lexika, etwa der Neuen Deutschen Biographie (NDB), der Deutschen Biographischen Enzyklopädie (DBE) oder »Wer war wer in der DDR«. Die gelegentlich in diesen Lexika verzeichneten unrichtigen Angaben wurden stillschweigend korrigiert. Auch die mittlerweile stattliche Anzahl von Universitätsgeschichten wurde herangezogen, hier seien die Arbeiten über Bonn (von Hans-Paul Höpfner), Marburg (von Anne Christine Nagel) oder Göttingen (von Heinrich Becker u. a.) genannt. Diese Bücher und zahlreiche Aufsätze sind mit dem Namen ihres Verfassers zitiert, die ausführliche Angabe findet sich dann im Literaturverzeichnis. Darüber hinaus schrieb ich zahlreiche Standesämter an. Nicht alle erteilten die gewünschten Auskünfte. Einige, besonders Standesämter aus Nordrhein-Westfalen, verweigerten die Angaben mit Hinweisen auf das Personenstandsgesetz. Andere, etwa das für die ehemaligen Ostgebiete des Deutschen Reiches zuständige Standesamt Berlin I, konnten die gewünschten Angaben nicht zur Verfügung stellen, da offenbar die Erschließung der Bestände keine Recherchen zuließ. Nicht zuletzt halfen Mitarbeiter der Universität Halle sowie Angestellte von Gemeindeverwaltungen oder Krankenhäusern Angaben zu ergänzen.
Wie jedes Lexikon, wird auch dieses falsche oder unvollständige Angaben enthalten. Besonders bedauerlich ist, dass gerade über einige Opfer der nationalsozialistischen Politik wenig in Erfahrung zu bringen war. Ergänzungen und Korrekturen werden daher erbeten und werden bei einer Nachauflage oder einer Veröffentlichung dieses Lexikons im Internet Berücksichtigung finden.

10.1 Theologische Fakultät

Albrecht, Otto
(2. Dezember 1855 Angermünde – 3. Mai 1939 Bethel)
Konfession: evangelisch-lutherisch
Vater: Superintendent
Das Gymnasium Potsdam absolvierte Albrecht 1873, danach studierte er Philosophie und Theologie in Halle und am Predigerseminar Wittenberg. 1880 wurde er in Wittenberg ordiniert und wirkte bis 1912 als Pastor u. a. in Naumburg. 1907/08 war er Verweser einer Superintendentur. Seit 1892 gehörte Albrecht der Kommission zur Herausgabe der Werke Martin Luthers an und wirkte ab 1922 als Honorarprofessor an der Universität Halle.
Organisationen: DNVP, Artamanenbund.
Quellen: UAH PA 3882 Albrecht; Rep. 6 Nr. 1407.

Balthasar, Karl
(9. September 1868 Zaschwitz (Mansfelder Seekreis) – 14. Juni 1937 Halle)
Konfession: evangelisch
Vater: Lehrer und Organist
Bis 1889 besuchte Balthasar das Stiftsgymnasium Zeitz und studierte danach Theologie (Examina 1893 und 1895). Von 1894 bis 1898 war er gräflicher Erzieher, danach Pfarrer in Crüssau, Hohenziatz und Ammendorf. Dort wurde Balthasar nach mehr als 30-jähriger Tätigkeit 1933 in den Ruhestand versetzt. Von 1919 bis 1922 hatte Balthasar noch ein Studium der Musikwissenschaft u. a. bei Robert Franz absolviert, seit 1919 war er beauftragt mit der Abhaltung von Vorlesungen und Übungen zur musikalischen Liturgik. Zugleich war Balthasar Dozent in Organistenkursen. 1920 wurde er zum Professor ernannt, war amtlicher Glockenberater und 1931 Bearbeiter des neuen Gesangsbuches der Provinz Sachsen, wofür er den Dr. h. c. der theologischen Fakultät verliehen bekam.
Organisationen: DNVP von Anfang bis 1930, 1925 bis 1928 Angehöriger der Freimaurerloge »Zu den drei Degen«, NSV, NSDAP von April 1933 bis Juni 1934, Austritt aus persönlichen und finanziellen Gründen.
Quellen: UAH PA 4094 Balthasar; Rep. 6 Nr. 1407; DBE Bd. 1, S. 281.

Barnikol, Ernst
(21. März 1892 Barmen – 4. Mai 1968 Halle)
Konfession: evangelisch
Vater: Wagenfabrikant
Nach dem Schulbesuch in Barmen und Koblenz (dort 1910 Abitur) studierte Barnikol Theologie, Geschichte, Germanistik und Philosophie in Tübingen, Marburg und Berlin. 1914 bis 1916 studierte er in Utrecht. 1916/17 war der nicht Frontverwendungsfähige als Soldat im Wachdienst eingesetzt. Nach dem zweiten theologischen Examen 1917 wurde Barnikol für den Kirchendienst reklamiert, von 1917 bis 1924 war er Hilfsprediger in Wesseling bei Köln. Nach der Promotion zum Dr. phil. promovierte er 1918 an der Universität Marburg zum Lic. theol. 1921 habilitierte er sich an der Theologischen Fakultät der Universität Bonn für das Fach Religionswissenschaft des Urchristentums, 1922 für Kirchengeschichte. 1923 erhielt er hier einen Lehrauftrag für neutestamentliche Zeitgeschichte, ab 1924 wirkte er ausschließlich als Privatdozent. 1928 erhielt Barnikol einen Ruf auf ein planmäßiges Extraordinariat für Kirchengeschichte und Geschichte des Urchristentums an der Universität Kiel, 1929 wurde er, ausgewiesen durch Schriften und Quelleneditionen der frühen Sozialisten (u. a. über Wilhelm Weitling) ordentlicher Professor der Kirchengeschichte an der Universität Halle. 1933 erhielt er nach politisch motivierten Auseinandersetzungen in seiner Gemeinde anlässlich der Kirchenwahlen 1933 wegen »groben Unfugs« eine Geldstrafe, profilierte sich jedoch in den folgenden Jahren durchaus nicht als Gegner der nationalsozialistischen Kirchenpolitik. Im August 1945 gehörte Barnikol dem antifaschistischen Universitätsausschuss zur Säuberung des Lehrkörpers als Vertreter der SPD an. Kurze Zeit war er Vorsit-

zender des Hauptbetriebsrates der Universität. Verdächtigungen, Barnikol habe für den SD gearbeitet, erwiesen sich als unhaltbare Denunziationen, so dass er die Lehrtätigkeit fortsetzen konnte. In den 50er Jahren folgten heftige Auseinandersetzungen mit der SED, trotzdem blieb Barnikol im Amt.
Organisationen: DDP 1918 bis 1930, 1928 bis 1930 Mitglied des Reichsparteiausschusses der DDP, NSV, 1941 NSDDB. 17.5.45 FDGB, 7.7.45 SPD, SED durch Vereinigung, 29.9.48 ausgetreten.
Quelle: UAH PA 4107 Barnikol.

Benz, Ernst
(17. November 1907 Friedrichshafen – 29. Dezember 1978 Meersburg)
Konfession: evangelisch
Vater: Reichsbahn-Ingenieur
Benz besuchte die Lateinschule Friedrichshafen, danach Gymnasien in Ravensburg und Stuttgart. Zunächst absolvierte er ein Studium der klassischen Philologie und der Philosophie in Tübingen, Berlin und Bonn, das er 1929 mit der Promotion zum Dr. phil. in Tübingen abschloss. Von 1929 bis 1931 studierte er in Berlin Theologie, dort wurde er im Februar 1931 zum Lic. Theol. promoviert. Im November 1931 habilitierte er sich für das Fach Kirchen- und Dogmengeschichte an der Universität Halle. Ausgewiesen durch letztlich kirchenkritische Schriften über den Mystiker Jakob Böhme, eine eigenwillige Nietzsche-Interpretation sowie Dienst in der SA und einen freiwilligen »Osteinsatz« an der Luther-Akademie Dorpat erhielt Benz 1935 eine außerordentliche Professor an der Universität Marburg. Hier 1937 zum ordentlichen Professor für Kirchen- und Dogmengeschichte sowie Geschichte der deutschen Mystik ernannt, lehnte er u. a. einen Ruf an die Universität Wien ab. Im Zweiten Weltkrieg diente Benz als Divisionspfarrer an der Ostfront. Nach der Kriegsgefangenschaft kehrte er nach Marburg zurück und wurde 1946 Direktor des Ökumenischen Seminars der Universität.
Organisationen: Eintritt in die SA am 1. November 1933, NSLB (Vortragstätigkeit, Schulungskurse in Danzig und Frankfurt), 1937 NSDAP.
Quellen: UAH Rep. 6 Nr. 1407; DBE Bd. 1, S. 430; UAH PA 4357 Benz; Nagel; Flasche/Geldbach.

Bienert, Walter
(26. August 1909 Köln – 22. März 1994 Köln)
Konfession: evangelisch
Vater: Versicherungskaufmann
Nach dem Besuch eines humanistischen Gymnasiums in Köln (Reifezeugnis 1928) studierte Bienert Theologie und Philosophie an der Universität Bonn bis 1930, danach in Halle. Hier bestand er sein erstes theologisches Examen und wurde wissenschaftliche Hilfskraft bei Ernst Barnikol. 1934 promovierte er zum Dr. phil. und Lic. theol. 1934/35 war Bienert im Arbeitsdienst, 1936 habilitierte er sich an der Theologischen Fakultät der Martin-Luther-Universität für Kirchen- und Dogmengeschichte, 1943 wurde er trotz der Befürwortung der Fakultät nicht zum außerordentlichen Professor ernannt. 1937 fiel er Dozentenbundsführer Wagner im Kampf gegen die Bekennende Kirche positiv auf. 1939 wurde er zur Polizei einberufen, jedoch bald aus gesundheitlichen Gründen entlassen. Danach wirkte Bienert als Pfarrer in Diemitz und war Inspektor des Tholuck-Konviktes. 1940 erneut einberufen, diente er in einem Nachrichten-Ersatz-Bataillon, später als Kanonier. 1942 wurde er Fahnenjunker und für Einsätze im Kaukasus und am Ladogasee mit der Ostmedaille ausgezeichnet und 1944 zum Leutnant befördert. 1945 wurde Bienert von der Universität entlassen. Im August 1946 in die CDU aufgenommen, folgte bald die förmliche Anerkennung seiner »antifaschistischen Haltung«. 1947 Pfarrer in Halle, 1950 Übersiedlung nach Westdeutschland, 1953 Dozent am Berufspädagogischen Institut Köln. 1955 wurde Bienert Studienleiter der Melanchthon-Akademie Köln und Mitarbeiter des Sozialethischen Ausschusses der Evangelischen Kirche des Rheinlandes. Er war (evangelischer) Leiter der gemeinsamen Sozialarbeit der Konfessionen im Braunkohlenbergbau, ab 1963 zugleich Dozent an der Höheren Fachschule für Sozialarbeit Rodenkirchen bei Köln.
Organisationen: 1930 Eintritt in die NSDAP, gestrichen wegen der Nicht-Zahlung von Parteibeiträgen, 1937 erneut Aufnahme in die NSDAP. 1931 Angehöriger des Stahlhelms, im Oktober 1933 Übertritt

zur SA (Dienstgrad Rottenführer), Angehöriger der Hilfspolizei. 1946 CDU.
Quellen: UAH PA 4519 Bienert; Rep. 6 Nr. 1407; Auskunft des Standesamts Köln.

Dehn, Günther
(18. April 1882 Schwerin – 17. März 1970 Bonn)
Konfession: evangelisch
Vater: höherer Postbeamter
Dehn studierte Philologie und Theologie an den Universitäten Halle, Bonn und Berlin und wurde 1908 Domhilfsprediger, 1911 Pfarrer in Berlin. Der Mitbegründer des »Bundes religiöser Sozialisten« wandte sich unter dem Eindruck Karl Barths vom religiösen Sozialismus ab, setzte sich jedoch sehr stark für die proletarische Jugend ein. Für dieses Engagement erhielt er 1926 den Dr. h. c. der Theologischen Fakultät der Universität Münster. 1931 wurde Dehn zum Ordinarius für praktische Theologie an der Universität Halle berufen. Nach überaus heftigen Auseinandersetzungen der Universitätsselbstverwaltung mit protestierenden nationalsozialistischen Studenten wurde Dehn am 6. Oktober 1932 zu »Studienreisen« beurlaubt, am 13. April 1933 nach dem Gesetz zur Wiederherstellung des Berufsbeamtentums entlassen. Seit 1935 lehrte Dehn an der wenig später geschlossenen Kirchlichen Hochschule der Bekennenden Kirche in Berlin. 1941 wurde er wegen verbotener Lehr- und Prüfungstätigkeit verhaftet und zu einem Jahr Gefängnis verurteilt. Von 1942 bis 1945 war er Verweser einer Pfarrstelle in Ravensburg, von 1946 bis 1953 ordentlicher Professor der praktischen Theologie in Bonn.
Autobiographie: Die alte Zeit, die vorigen Jahre 1962
Organisationen: -
Quellen: UAH PA 5296 Dehn; DBE Bd. 2, S. 468.

Dobschütz, Ernst von
(9. Oktober 1870 Halle – 20. Mai 1934 Halle)
Konfession: evangelisch-lutherisch
Vater: Oberst
Von Dobschütz studierte 1888 bis 1892 Theologie in Leipzig, Halle und Berlin u. a. als Schüler Martin Kählers und Adolf von Harnacks. 1893 promovierte er zum Lic. theol. in Berlin und habilitierte sich an der Universität Jena für das Fach Neues Testament. Dort lehrte als Privatdozent, bzw. ab 1899 als außerordentlicher Professor. 1904 zum Ordinarius der Universität Straßburg ernannt folgte er 1910 einem Ruf nach Breslau (als Nachfolger Feines). Ab 1913 war er ordentlicher Professor für Neues Testament an der Universität Halle, 1913/14 Gastprofessor an der Harvard University. Im Ersten Weltkrieg war von Dobschütz als Johanniter Schriftführer der Genossenschaft freiwilliger Krankenpflege in der Stadt Halle, hielt aber die Lehrtätigkeit aufrecht (ausgezeichnet mit der Rot-Kreuz-Medaille 3. und 2. Klasse sowie dem Verdienstkreuz für Kriegshilfe). 1922/23, 1924 und 1925 amtierte er als Rektor der Universität Halle, im Konflikt um seinen Kollegen Dehn stellte er sich – als vorsitzender Alter Herr des Waffenringes – ausdrücklich auf die Seite der Studenten.
Organisationen: DNVP 1919 bis zur Auflösung, 1930 Ehrenvorsitzender der Gefängnisgesellschaft für die Provinz Sachsen.
Quellen: UAH PA 5440 von Dobschütz; DBE Bd. 2, S. 566.

Dörries, Hermann
(17. Juli 1895 Hannover – 2. November 1977 Göttingen)
Konfession: evangelisch
Vater: Theologe und Publizist
Dörries studierte in Tübingen, Göttingen und Marburg, dort promovierte er 1922 zum Dr. theol. 1923 in Tübingen habilitiert, wurde er dort 1926 zum außerordentlichen Professor ernannt. 1928 wurde er ordentlicher Professor für Kirchengeschichte in Halle, von 1929 bis 1963 war Dörries ordentlicher Professor der Kirchengeschichte in Göttingen. 1933 vertrat er den vakanten Lehrstuhl in Halle.

Organisationen: Aufnahme in die NSDAP am 1. Mai 1933 (Mitglied Nr. 2 372 330).
Quellen: DBE Bd. 2, S. 580; BDC.

Eger, Karl
(18. August 1864 Friedberg in Hessen – 3. Juli 1945 Halle)
Konfession: evangelisch
Vater: Hochschulprofessor
Eger schloss das Gymnasium in Darmstadt ab und studierte dann Theologie und Geschichte in Gießen, Leipzig, Berlin sowie am Predigerseminar Friedberg. Ab 1889 war er Hilfsprediger, später Pfarrer in Darmstadt. 1900 promovierte er zum Lic. Theol. an der Universität Gießen und vertrat dort den Lehrstuhl für praktische Theologie. 1901 wurde Eger zum Professor am Predigerseminar Friedberg ernannt, ab 1907 war er dort Direktor und wurde zum hessischen Geheimen Kirchenrat ernannt. 1912 erhielt er das Ritterkreuz 1. Klasse des Verdienstordens Philipp des Großmütigen. 1913 folgte er einer Berufung zum ordentlichen Professor für Praktische Theologie an der Universität Halle und wurde zugleich Universitätsprediger. Im Oktober 1929 von den amtlichen Verpflichtungen entbunden, vertrat er sein Fach bis zur Berufung Dehns. Nach der Beurlaubung Dehns war Eger erneut Lehrstuhlvertreter. Eger war Mitglied der sächsischen Provinzialsynode (1929 bis 1933 Präses), der preußischen Generalsynode und des preußischen Kirchensenats (1925 bis 1933).
Organisationen: DVP, nach deren Zustimmung zum Youngplan ausgeschieden.
Quellen: UAH PA 5668 Eger; Rep. 6 Nr. 1407; NDB 4, S. 326 f.

Eißfeldt, Otto
(1. September 1887 Northeim – 23. April 1973 Halle)
Konfession: evangelisch
Vater: Rechtsanwalt und Notar
Eißfeldt besuchte Schulen in Northeim, Koblenz, Dortmund und Duisburg. Von 1905 bis 1912 studierte er Theologie und orientalische Sprachen an den Universitäten Göttingen und Berlin, 1908 legte er die erste theologische Prüfung in Hannover ab, von 1908 bis 1912 war er Inspektor am Studienhaus Johanneum Berlin. 1911 promovierte er zum Lic. theol., 1912 legte er die zweite theologische Prüfung in Berlin ab. Von 1912 bis 1922 war er Prediger an der Berliner Jerusalems- und Neuen Kirche, 1913 habilitierte er sich in Berlin für das Fach Altes Testament, 1916 promovierte er zum Dr. phil. in Göttingen. 1918 erhielt er den Professorentitel, 1920 einen Lehrauftrag. Von 1922 bis 1945 war Eißfeldt persönlicher Ordinarius, danach Professor mit Lehrstuhl an der Universität Halle, 1927 lehnte er einen Ruf nach Gießen, 1942 einen Ruf nach Göttingen ab. 1929/30 und von 1945 bis 1948 war er Rektor der Universität Halle. Von 1936 bis 1950 gehörte Eißfeldt dem Konsistorium der Kirchenprovinz Sachsen an. In den 50er Jahren hielt er Gastvorlesungen an Universitäten in Hamburg, Kopenhagen, Mainz und Erlangen und war Gastprofessor in Tübingen. 1957 emeritiert, wurde Eißfeldt 1959 und 1962 reaktiviert. 1956 wurde er zum Ehrensenator der Universität Halle ernannt.
Organisationen: 1922 bis 1928 DNVP, 1934 NSV, bis 1937 Mitglied des Rotary-Clubs. 1945 CDU.
Quellen: PA 139 Eißfeldt; DBE Bd. 3, S. 78.

Elliger, Walter
(8. Dezember 1903 in Heppens Krs. Wittmund – 23. Mai 1985 Unna)
Konfession: evangelisch-lutherisch
Vater: nicht ermittelt
Die Reifeprüfung legte Elliger 1923 in Soest ab. Danach studierte er Theologie in Tübingen, Halle und Münster. Dort bestand er 1928 sein erstes theologisches Examen, danach war er Vikar in Kreypau und Halle. 1930 promovierte er mit einer Arbeit zur Stellung der alten Christen zu den Bildern in den ersten vier Jahrhunderten. Noch im selben Jahr habilitierte er sich für das Fach Kirchengeschichte an der Universität Halle. Wegen seines Engagements für die »nationale Revolution« wurde er auf ein Ordinariat an der Universität Kiel berufen, jedoch nach deutlich geäußerter Kritik bereits 1936 nach Greifs-

wald strafversetzt. Von 1939 bis 1945 war Elliger zur Wehrmacht eingezogen, 1950 erhielt er einen Ruf an die Humboldt-Universität Berlin, wo er erneut mit den staatlichen Stellen kollidierte. 1963 nahm er einen Ruf an die Universität Bochum an, dort wurde er 1970 emeritiert.
Organisationen: 1933/34 SA.
Quellen: UAH PA 5912 Elliger (ohne biographische Angaben); Stengel, S. 489 f.

Fascher, Erich
(14. Dezember 1897 Göttingen – 23. Juli 1978 Potsdam)
Konfession: evangelisch-lutherisch
Vater: Kaufmann
Nach dem Abitur 1916 begann Fascher in seiner Heimatstadt Göttingen mit dem Studium der Theologie. Am Krieg nahm er 1917/18 nach einer Artillerieausbildung als Sanitätsgefreiter teil. Nach der Rückkehr setzte er das Theologiestudium in Göttingen fort, 1921/22 war er Kandidat im Predigerseminar Erichsburg, 1923 bis 1923 Assistent am Neutestamentlichen Seminar der Universität Göttingen, wo er 1924 zum Lic. theol. promoviert wurde. 1926 habilitierte er sich für das Fach Neues Testament in Göttingen, wirkte jedoch als Privatdozent in Marburg, wo er eine Assistenzstelle bekleidete. 1930 zum Ordinarius in Jena berufen, geriet er in Konflikt mit nationalsozialistischen Studenten, die er wegen Beleidigung verklagte. 1933/34 akzeptierte die Theologische Fakultät Halle eine Versetzung des als »belastet« geltenden Fascher nicht, stimmte 1936 aber ausdrücklich zu. Während des Krieges wirkte der Ordinarius für Neues Testament zugleich als Lazarettseelsorger im Elisabeth-Krankenhaus und leitete den Sprachenkonvikt. Im September 1945 trat Fascher, der in der NS-Zeit keiner Organisation angehört hatte, in die CDU ein und machte als Landespolitiker Karriere. Zunächst Fraktionsvorsitzender im Provinziallandtag, war er ab 1946 stellvertretender Landesvorsitzender und von 1948 bis 1950 Vorsitzender des CDU-Landesverbandes Sachsen-Anhalt. Auf Grund von Protesten gegen die Dominanz der SED und die Willkür der SMA verlor er im Februar 1950 alle Parteiämter und wurde nach Greifswald versetzt. 1954 nahm er einen Ruf an die Humboldt-Universität Berlin an, wo er bis zur Emeritierung 1964 lehrte.
Organisationen: Im September 1945 Eintritt in die CDU, Mitglied des Zentralvorstandes der DSF.
Quellen: UAH Rep. 6 Nr. 1407; PA 21905 Fascher; Wer war wer; Richter, Ost-CDU.

Feine, Paul
(9. September 1859 Golmsdorf bei Jena – 31. August 1933 Halle)
Konfession: evangelisch
Vater: Mittelschulrektor
Nach dem Studium der klassischen Philologie in Jena und Berlin (dort 1883 Promotion zum Dr. phil.), unterrichtete Feine als Gymnasiallehrer in Jena, war Erzieher in Neuwied und ging 1889 als Lehrer nach Göttingen. Er widmete sich theologisch-philologischen Forschungen; wurde zum Lizentiaten der Theologie promoviert, habilitierte er sich 1893. Bereits 1894 Ordinarius in Wien, nahm Feine 1907 einen Ruf nach in Breslau an, von 1910 bis zu seiner Emeritierung 1927 wirkte er in Halle. Hier veröffentlichte er eine mehrfach aufgelegte Theologie des Neuen Testaments, die den Offenbarungscharakter der Evangelien und frühchristlichen Zeugnisse betonte. Im Januar 1933 erkrankte Feine, sein Vermögen hinterließ er dem Gustav-Adolf-Verein zur Unterstützung auslandsdeutscher Theologiestudenten.
Organisationen: -
Quellen: UAH PA 5968 Feine; DBE Bd. 3, S. 251 f.

Ficker, Johannes
(12. November 1861 Leipzig-Neureudnitz – 19. Juni 1944 Halle)
Konfession: evangelisch-lutherisch
Vater: Pfarrer
Geboren in Leipzig als Sohn eines evangelisch-lutherischen Pfarrers, absolvierte Ficker bis 1880 das Gymnasium in Leipzig und studierte in seiner Heimatstadt von 1880 bis 1884 Theologie. 1884 bis 1886

war er Prediger in Leipzig, 1886 legte er das zweite theologische Examen in Dresden ab und promovierte an der Universität Leipzig zum Dr. phil. mit dem Hauptfach Kunstgeschichte. Als Stipendiat des Deutschen Archäologischen Institutes reiste Ficker nach Rom und Spanien. Im Dezember 1890 wurde er in Halle zunächst zum Lic. theol. promoviert, dann für das Fach Kirchengeschichte habilitiert. 1892 erhielt Ficker eine planmäßige außerordentliche Professur an der Universität Straßburg, 1900 wurde er dort ordentlicher Professor, 1912 amtierte er als Rektor. 1917 nahm er einen Ruf nach Halle an, lehrte jedoch zunächst als Vertriebener 1918/19 vorübergehend in Freiburg. Von 1919 bis zur Emeritierung 1929 nahm er ein kirchengeschichtliches Ordinariat an der Universität Halle wahr. Ficker entdeckte und edierte die Manuskripte der frühen Vorlesungen Luthers über den Römer- und Hebräerbrief. Er war ein entscheidender Protagonist der Luther-Renaissance, 1941 wurde er mit der Goethe-Medaille ausgezeichnet.
Organisationen: -
Quellen: UAH PA 6015 Ficker; Rep. 6 Nr. 1407; NDB 5, S. 134.

Finck, Otto
(28. April 1895 Hettstedt – 7. September 1992 Hettstedt)
Konfession: evangelisch
Vater: Postbeamter
1913 legte Finck die Reifeprüfung an der Latina der Franckeschen Stiftungen ab, ein Studium der Theologie, Germanistik und Musik schloss sich an. Am Krieg nahm Finck als Unteroffizier an der Westfront teil, wo er 1916 in französische Kriegsgefangenschaft geriet. 1920 kehrte er zurück und setzte das Theologiestudium fort. 1921 legte er das erste, 1923 das zweite Examen ab. Im Sommer 1923 arbeitete Finck auf dem Kohleplatz der Pfännerschaft in Halle, im Herbst 1923 konnte er seine erste Pfarrstelle in Breitenstein im Harz antreten. 1924 wurde er nach Saubach bei Eckartsberga versetzt und 1933 zum Leiter der Evangelischen Stadtmission in Halle ernannt. Finck sympathisierte 1933/34 mit den Deutschen Christen, zog sich jedoch 1935 von dieser Bewegung zurück. Laut eigenem Lebenslauf folgten ab 1935 mehrfach Zusammenstöße mit der Gestapo, Finck sei von dieser »ständig verfolgt« und in seiner Arbeit »wesentlich eingeschränkt« worden. Die andauernden »Maßregelungen und Quälereien« der Geheimen Staatspolizei hätten ihn »gesundheitlich schwer geschädigt.« Trotzdem erhielt Finck 1938 einen Lehrauftrag an der Martin-Luther-Universität für musikalische Liturgik. Dieser wurde 1950 durch das Ministerium für Volksbildung der DDR widerrufen.
Organisationen: NSV.
Quelle: UAH PA 6057 Finck.

Gabriel, Paul
(15. Dezember 1883 Steinhorst (Hannover) – 20. April 1964 Wernigerode)
Konfession: evangelisch reformiert
Vater: Pfarrer
Das Abitur legte Gabriel 1902 am Gymnasium in Quedlinburg ab, danach studierte er in Tübingen, Berlin und Halle Theologie. Hier bestand er 1906 die erste theologische Prüfung. Seinen Wehrdienst leistete Gabriel 1906/07 im Garderegiment Berlin, danach war er Erzieher im Evangelischen Johannesstift Plötzensee und setzte seine Studien von 1908 bis 1910 am Predigerseminar Naumburg am Queis fort. 1910 promovierte er an der Universität Erlangen zum Dr. phil. und legte die zweite theologische Prüfung in Magdeburg ab. Nach kurzer Tätigkeit als Hilfsprediger arbeitete Gabriel von 1911 bis 1914 als Studien-Inspektor am Predigerseminar in Wittenberg. 1913 wurde er an der Universität Halle zum Lic. theol. promoviert. Von 1914 bis 1916 war Gabriel Feld- und Lazarettgeistlicher sowie Etappenpfarrer, ausgezeichnet wurde er mit dem Eisernen Kreuz II. Klasse. Danach wirkte er als Pfarrer in Stülpe bei Jüterbog, seit 1921 war Gabriel Domprediger in Halle. 1932 erhielt er einen Lehrauftrag für Kirchenkunde der Provinz Sachsen und des Landes Anhalt, sowie Geschichte des Kirchenliedes. Von 1940 bis 1943 vertrat er den Lehrstuhl des eingezogenen Paul Keysers für Praktische Theologie. 1944 wurde Gabriel Superintendent des reformierten Kirchenkreises Halle und Konsistorialrat, von 1946 bis 1950 vertrat er erneut das Fach Praktische Theologie an der Universität Halle.

1950 wurde der ihm erteilte Lehrauftrag widerrufen, nachdem sich Gabriel gegen die unfreien Studentenratswahlen gewandt hatte. 1952 erhielt Gabriel erneut einem Lehrauftrag, diesmal für Reformierte Kirchengeschichte. 1956 legte er diesen nieder.
Organisationen: 1919 bis 1933 DNVP. 1945 CDU.
Quellen: UAH PA 6434 Gabriel; Rep. 6 Nr. 1407.

Galling, Kurt
(8. Januar 1900 Wilhelmshaven – 12. Juli 1987 in Tübingen)
Konfession: evangelisch
Vater: Marine-Ingenieur
1917 legte Galling das Abitur und das Hebraicum ab, 1918 begann er das Studium der Theologie in Berlin. Nach kurzem Kriegsdienst in Belgien setzte er das Studium in Berlin und Jena fort. Dort promovierte er zum Lic. theol. mit einer Arbeit zum Alten Testament, 1922 legte er das erste theologische Examen ab. Danach studierte Galling Klassische Archäologie und promovierte 1923 zum Dr. phil. Von 1924 bis 1928 war er Assistent am Institutum Judaicum der Universität Berlin, 1925 habilitierte er sich für das Fach Altes Testament. 1928 wurde Galling Oberassistent am Theologischen Seminar der Universität Halle, hier wurde er 1930 zum außerordentlichen Professor ernannt. Zwischen 1926 und 1938 war Galling mehrfach Grabungsleiter in Palästina. 1939 meldete sich Galling freiwillig zur Wehrmacht und war als Ausbilder für Ballistik eingesetzt. 1940 kehrte er an die Universität zurück, 1943 wurde er erneut zur Wehrmacht eingezogen und war tätig als Hilfszollbetriebsassistent in Trzebinia (Oberschlesien). 1945 von der Universität Halle entlassen, wurde Galling kurze Zeit weiterbeschäftigt in der Bibliothek des Theologischen Seminars. Obwohl er 1946 durch den Antifaschistischen Ausschuss der Stadt Halle für »politisch tragbar« erklärt wurde, gelangte er nicht wieder an die Universität. Daher nahm Galling 1946 einen Ruf nach Mainz an, wo er als Ordinarius für Altes Testament und Palästinische Archäologie wirkte. 1955 folgte er einem Ruf nach Göttingen, ab 1962 war er Professor der Biblischen Archäologie an der Universität Tübingen.
Organisationen: Oktober 1933 Eintritt in die SA, im November 1934 Austritt aus gesundheitlichen Gründen, 1934 Unterführer der Dozentenschaft, Aufnahme in die NSDAP zum 1. Januar 1940 (Mitglied Nr. 8 292 216), NSLB, RLB.
Quellen: UAH PA 6465 Galling; Rep. 6 Nr. 1407.

Haußleiter, Gottlob
(14. August 1857 Lößringen Kreis Nördlingen – 24. Oktober 1934 Erlangen)
Konfession: evangelisch-lutherisch
Vater: Lehrer
Nach dem Studium der Theologie war Haußleiter von 1882 bis 1885 als Vikar und Lehrer in München tätig. 1886 wurde er Pfarrer in Sommerhausen in Franken, 1891 Stadtpfarrer und Kurprediger in Bad Kissingen, 1894 Pfarrer in Barmen. Zum Ersten Inspektor der Rheinischen Missionsgesellschaft Barmen wurde Haußleiter 1903 ernannt. 1908 promovierte er zum D. theol. an der Universität Halle und wurde im selben Jahr zum Ordinarius für Missionswissenschaft und praktische Theologie berufen. Seit 1916 lehrte er zugleich an der Universität Erlangen, wo er die Lehrtätigkeit auch nach seiner Entpflichtung in Halle (1925) fortsetzte.
Organisationen: -
Quelle: UAH PA 7403 Haußleiter; Auskunft UA Erlangen.

Heinzelmann, Gerhard
(10. Juni 1884 Coswig – 21. Dezember 1951 Halle)
Konfession: evangelisch
Vater: Pfarrer
Das Abitur legte Heinzelmann 1902 am Gymnasium Bernburg ab, ein Studium der Theologie in Tübingen, Halle, Berlin und wieder Halle schloss sich an. Nach den theologischen Examina, die Hein-

zelmann in Dessau ablegte, war er von 1907 bis 1910 Inspektor am theologischen Studentenstift in Göttingen. 1910 zum Lizentiaten der Theologie promoviert, habilitierte er sich im gleichen Jahr für das Fach Neues Testament und wurde 1914 zum außerordentlichen Professor in Basel berufen. 1914 kurzzeitig tätig als Krankenpfleger im deutschen Heer, war Heinzelmann von Herbst 1914 bis 1916 beurlaubt, um seiner Lehrverpflichtung in Basel nach kommen zu können. 1917 war er Lazarettpfarrer in Kurland, Litauen und Berlin, wurde aber im August 1917 nach Basel zurückbeordert. Dort wurde er 1918 zum ordentlichen Professor ernannt und 1927 zum Rektor gewählt. 1929 nahm er einen Ruf an die Universität Halle an. Den Lehrstuhl für Dogmatik und Neues Testament hatte er bis zu seinem Tod 1951 inne.
Organisationen: NSV, Förderndes Mitglied der SS. 1946 Eintritt in die CDU.
Quellen: UAH PA 7544 Heinzelmann; Rep. 6 Nr. 1407.

Kattenbusch, Ferdinand
(3. Oktober 1851 Kettwig an der Ruhr – 28. Dezember 1935 Halle)
Konfession: evangelisch-uniert
Vater: Fabrikant
Schulen besuchte Kattenbusch in Werden und Soest, Theologie studierte er in Bonn, Berlin und Halle. 1973 wurde er in Göttingen zum Lic. theol. promoviert, hier habilitierte er sich 1876. Nach kurzer Zeit als Privatdozent war er von 1878 bis 1904 Professor der systematischen Theologie in Gießen, dann kurzzeitig in Göttingen und von 1906 bis zu seiner Emeritierung 1922 in Halle. 1913/14 amtierte er hier als Rektor und fachte die Kriegsbegeisterung unter den Studenten an. Im hohen Alter setzte sich Kattenbusch kritisch mit dem Nationalsozialismus auseinander. In einem 1934 veröffentlichten Aufsatz wandte er sich gegen Intoleranz und warb um Nächstenliebe.
Organisationen: -
Quellen: UAH PA 8695 Kattenbusch; Rep. 6 Nr. 1407; www.bautz.de.

Keyser, Paul
(18. Juni 1898 Aschersleben – 1960 Stolberg (Harz))
Konfession: evangelisch
Vater: Kaufmann
Keyser besuchte von 1904 bis 1915 das Gymnasium Aschersleben, meldete sich freiwillig zum Kriegsdienst und war an der Westfront eingesetzt, wo er unter anderem 1916 an der Sommeschlacht teilnahm. Hoch dekoriert (u. a. mit dem Eisernen Kreuz I. Klasse) und zum Leutnant befördert, wurde Keyser im November 1918 an beiden Füßen verwundet; ein Fuß musste abgenommen werden, der andere blieb steif. Von 1919 bis 1921 studierte Keyser in Tübingen, von 1921 bis 1923 in Halle Theologie. Nach dem Vikariat (2. theologische Prüfung 1925) wurde er 1926 Pfarrer in Braunrode, 1930 Dompfarrer in Stendal, 1932 Studiendirektor am Predigerseminar Klein-Neuhof in Ostpreußen. Dort schloss er sich den Deutschen Christen an, im Mai 1934 wurde er zum ordentlichen Professor für Praktische Theologie an die Universität Königsberg berufen. 1935 wechselte er auf die durch das »Ausscheiden« von Günther Dehn freigewordene Professur für Praktische Theologie an die Universität Halle. Hier enthielt er sich jeder parteipolitischen und kirchenpolitischen Tätigkeit. 1939 wurde Keyser Kriegspfarrer einer Division. Als NSDAP-Mitglied 1945 entlassen, wirkte Keyser zunächst als Hilfsprediger in Halle, später als Pfarrer in Halle, ab 1951 als Pfarrer und Konsistorialrat in Roßla, ab 1956 in Lossa.
Organisationen: Aufnahme in die NSDAP am 1. Mai 1933 (Mitglied Nr. 1 905 947).
Quellen: UAH Rep. 6 Nr. 1407; PA 8803 Keyser; Auskunft Standesamt Aschersleben.

Klostermann, Erich
(14. Februar 1870 Kiel – 18. September 1963 Halle)
Konfession: evangelisch
Vater: Universitätsprofessor

Klostermann besuchte bis 1888 das Gymnasium in Kiel, bis 1897 studierte er in Neuchâtel, Leipzig, Kiel und Berlin. Zunächst wandte er sich der klassischen Philologie zu und promovierte 1892 zum Dr. phil. an der Universität Kiel. Nach einem Forschungsaufenthalt in Italien studierte er Theologie und Orientalia, war freiwilliger Hilfsdozent und Hilfsarbeiter für Adolf von Harnack und Theodor Mommsen. Bei der Preußischen Akademie der Wissenschaften arbeitete er an der Edition griechischer christlicher Schriftsteller (besonders Origines) mit.
1901 habilitierte sich Klostermann in Kiel und lehnte wenig später einen Ruf als Graecist an die Jones Hopkins University Baltimore ab. 1905 zum Titularprofessor ernannt, wurde er 1907 außerordentlicher Professor, 1911 ordentlicher Professor in Straßburg. Von 1914 bis 1918 war er zugleich Feldhilfsgeistlicher im Festungslazarett Straßburg und wurde mit der Rot-Kreuz-Medaille und dem Eisernen Kreuz II. Klasse ausgezeichnet. 1918 vertrieben, wirkte Klostermann 1919 in Münster und nahm 1923 einen Ruf nach Königsberg auf ein persönliches Ordinariat an. 1928 wurde er in Halle auf eine ordentliche Professur für Neues Testament und Altchristliche Literatur berufen. 1936 emeritiert, lehrte Klostermann weiter und betreute die Patristische Sammlung der Universität. 1945 noch einmal reaktiviert, setzte er die Lehre bis 1954 fort.
Organisationen: Stahlhelm, überführt in den NSDFB, 1911 freikonservative Partei, Mitbegründer einer »rechts vom Liberalismus stehenden Partei« im Elsaß, die in Folge des Kriegsausbruches nicht zur Wirkung kam, DNVP bis 1928. 1933 lehnte es Klostermann, der entlassene jüdische Kollegen finanziell unterstützte, demonstrativ ab, der NSDAP beizutreten, NSV, 1945 CDU.
Quellen: UAH PA 8993 Klostermann; Rep. 6 Nr. 1407.

Kohlmeyer, Ernst
(27. März 1882 Hänigsen (Hannover) – 6. März 1959 Berchtesgaden)
Konfession: evangelisch-lutherisch
Vater: Pastor
Nach dem Abitur, das Kohlmeyer am Gymnasium Celle ablegte, studierte er von 1901 bis 1906 an den Universitäten Freiburg, Erlangen, Greifswald, Göttingen Theologie und Geisteswissenschaften. Von 1907 bis 1909 besuchte er das Predigerseminar Loccum, 1909/10 wirkte er als Pastor der hannoverschen Landeskirche. 1911 habilitierte sich Kohlmeyer für Kirchengeschichte an der Universität Göttingen, wo er auch als Privatdozent tätig war. Während des Ersten Weltkrieges war Kohlmeyer Marine-Feldgeistlicher, dabei stand er ein Jahr im Fronteinsatz und wurde mit dem Eisernen Kreuz II. Klasse ausgezeichnet. 1916 wurde er zum beamteten außerordentlichen Professor der Universität Kiel ernannt, 1920 wurde er dort ordentlicher Professor für Kirchengeschichte. 1926 folgte er einem Ruf nach Breslau, 1930 kam er nach Halle, wo er insbesondere zur Reformation forschte. 1932/33 war er Dekan der Theologischen Fakultät. 1933 engagierte sich Kohlmeyer für die Deutschen Christen, trat aber 1934 aus dieser Glaubensbewegung aus. 1935 nahm er einen Ruf nach Bonn an (im Austausch gegen Wolf). Während des Zweiten Weltkrieges war Kohlmeyer in Bonn Dekan und galt als Vertreter eines gemäßigten Kurses. Krankheitshalber wurde Kohlmeyer 1944 emeritiert, 1946 kehrte er für ein Semester an die Universität Bonn zurück. Seinen Lebensabend verbrachte Kohlmeyer in Berchtesgaden.
Organisationen: NSLB, später Aufnahme in die NSDAP.
Quellen: UAH Rep. 6 Nr. 1407; Höpfner.

Lang, August
(26. Februar 1867 Huppichterroth (Rheinprovinz) – 24. Dezember 1945 Halle)
Konfession: evangelisch-reformiert
Vater: Landwirt
Nach dem Besuch des Gymnasiums in Dillenburg, studierte Lang in Bonn und Berlin. Die theologischen Examina legte er in Koblenz und Berlin ab. 1890 promovierte er in Bonn zum Lic. theol., 1893 wurde er zum 3. Domprediger in Halle ernannt. Hier habilitierte er sich 1900. 1907 wurde er 2. Domprediger und 1909 Titularprofessor. Von 1915 bis 1919 leistete Lang Kriegsdienst als Seelsorger im

Lazarett Halle. 1918 ernannte ihn die Universität zum ordentlichen Honorarprofessor der Theologie, 1920 war er Moderator des Reformierten Bundes, ab 1921 Superintendent des reformierten Kirchenkreises und 1. Domprediger in Halle. Lang veröffentlichte zahlreiche Arbeiten zur Geschichte des reformierten Protestantismus und war 1914 und 1921 zu Vortragsreisen in den USA.
Organisationen: DNVP.
Quellen: UAH PA 9822 Lang; Rep. 6 Nr. 1407; DBE Bd. 6, S. 222.

Michel, Otto
(28. August 1903 in Elberfeld – 28. Dezember 1993 Tübingen)
Konfession: evangelisch-lutherisch
Vater: Handelsvertreter
Das Abitur legte Michel 1922 am Gymnasium Elberfeld ab, ein Studium der Theologie in Tübingen und Halle schloss sich an. 1926/27 absolvierte er das Predigerseminar Wittenberg, von 1927 bis 1930 war er Inspektor des Tholuck-Konviktes in Halle. 1928 wurde Michel an der Universität Halle mit einer bedeutenden Arbeit über den Apostel Paulus promoviert, 1929 für das Fach Neues Testament habilitiert. Von 1929 bis 1934, unterbrochen durch einen Aufenthalt am Palästinainstitut, lehrte er als Privatdozent in Halle. Ab Ende 1930 bis 1933 war Michel Studentenpfarrer, dieses Amt verlor er nach Auseinandersetzungen mit der SA. Michel wurde Mitglied der Bekennenden Kirche und gehörte dem Lutherischen Rat an, trat jedoch später aus der Bekennenden Kirche aus. 1934/35 war er Pfarrer in Lüdenscheid, ab dem Sommersemester 1935 wieder Dozent an der Universität Halle, 1937 vertrat er die Professur des beurlaubten Julius Schniewind. 1939 wurde er nebenamtlicher Standortpfarrer, seine freiwillige Meldung als Feldgeistlicher wurde ignoriert. Von 1940 bis 1943 vertrat er einen Lehrstuhl an der Universität Tübingen, im Herbst 1943 wurde Michel als Schütze zum Landsturm eingezogen und geriet 1945 in französische Kriegsgefangenschaft. 1945 in Abwesenheit von der Universität Halle entlassen, vertrat er ab Dezember 1945 erneut einen Lehrstuhl in Tübingen, wo er 1946 als ordentlicher Professor des Neuen Testaments berufen wurde. Später war Michel auch Professor für das »nachbiblische Judentum« an der Universität Tübingen, wo er 1957 das Institutum Judaicum gründete.
Organisationen: 1930 vorübergehend Mitglied der NSDAP, 2. Aufnahme in die NSDAP am 1. Mai 1933 (Mitglied Nr. 2 261 132), Eintritt in die SA am 1. November 1933, schied 1936 aus gesundheitlichen Gründen aus der SA aus, NSLB.
Autobiographie: Anpassung oder Widerstand, 1989
Quellen: UAH PA 11446 Michel; Rep. 6 Nr. 1407; DBE Bd. 7, S. 222.

Ruttenbeck, Walter
(23. Mai 1890 Solingen – 27. Februar 1964 Bonn)
Konfession: evangelisch
Vater: Fabrikant
Ruttenbeck schlug die übliche Laufbahn des Universitätstheologen ein und habilitierte sich 1924 an der Universität Bonn, wo er 1930 zum nichtbeamteten außerordentlichen Professor ernannt wurde. Im Wintersemester 1932/33 vertrat er den Lehrstuhl für Systematische Theologie in Halle, 1935 bis 1936 den kirchenhistorischen Lehrstuhl der Universität Bonn. 1939 verhinderte das Wissenschaftsministerium seine Berufung nach Wien, die von der dortigen Fakultät gewünscht war, wegen Ruttenbecks zurückhaltender, neutraler Haltung im Kirchenkampf. Während des Zweiten Weltkrieges war er Verfasser von zahlreichen Feldunterrichtsbriefen für das theologische Fernstudium. 1945 wurde Ruttenbeck entlassen und war danach als Krankenhausseelsorger tätig.
Organisationen: 1933 SA, 1934 NSLB, 1935 NSDDB, 1937 Aufnahme in die NSDAP, Blockleiter.
Quellen: Höpfner; Auskunft des Standesamtes Bonn.

Schlier, Heinrich
(31. März 1900 Neuburg/Donau – 26. Dezember 1978 Bonn)
Konfession: evangelisch-lutherisch, später katholisch
Vater: Generalarzt
Schlier besuchte Gymnasien in Landau (Pfalz) und Ingolstadt, von Juni bis November 1918 tat er Militärdienst als Kanonier. Sein Abitur holte er 1919 nach, danach war er Mitglied des freiwilligen Grenzschutzes. Ab 1919 studierte Schlier in Leipzig und Marburg Theologie. 1925/26 war er Assistent in Marburg, wo er 1926 promovierte. Von 1927 bis 1930 wirkte Schlier als Pfarrer, 1928 habilitierte er sich an der Universität Jena. Dort war er Privatdozent bis 1930, dann hatte er einen Lehrauftrag in Marburg inne. 1934/35 vertrat er den Lehrstuhl für Neues Testament in Halle. Da sich der stets parteilose Schlier 1935 der Bekennenden Kirche anschloss, wurde seine Berufung in Halle nicht in Erwägung gezogen. 1935 wurde er hauptamtlicher Dozent am Wuppertaler Predigerseminar. Nach dessen Schließung 1936 war Schlier in Wuppertal bis 1945 Pfarrer der lutherischen Bekenntnisgemeinde. Als Ordinarius in Bonn seit Ende 1945 geriet er in wachsende Distanz zum Protestantismus. 1952 emeritiert, konvertierte er 1953 zum Katholizismus. Seine Lehrtätigkeit setzte er als Honorarprofessor an der Philosophischen Fakultät der Bonner Universität fort und arbeitete in mehreren bischöflichen und päpstlichen Kommissionen mit.
Organisationen: NSLB
Quellen: UAH Rep. 6 Nr. 1407; DBE Bd. 8, S. 678.

Schmidt, Hans
(10. Mai 1877 Wolmirstedt – 20. Januar 1953 Halle)
Konfession: evangelisch
Vater: Baurat
Nach dem Abitur, das Schmidt 1896 am Gymnasium Seehausen (Altmark) ablegte, diente er als Einjährig-Freiwilliger. Ein Studium der Theologie in Tübingen, Berlin und Halle schloss sich an, zugleich wurde Schmidt bei Übungen militärisch weiter ausgebildet und 1901 zum Leutnant der Reserve befördert. 1901 legte er die erste theologische Prüfung ab, von 1901 bis 1903 absolvierte er das Predigerseminar Wittenberg, 1903 folgte die zweite theologische Prüfung. 1904 promovierte er an der Universität Berlin zum Lic. theol. Von 1904 bis 1907 war Schmidt Studieninspektor am Predigerseminar in Naumburg, von 1907 bis 1914 Pfarrer in Breslau. 1909 habilitierte er sich an der Universität Breslau für alttestamentliche Wissenschaft, 1910/11 war er Mitarbeiter des Deutschen evangelischen Instituts für Altertumswissenschaft in Jerusalem, wo er arabische Volkserzählungen sammelte. 1914 wurde er zum außerordentlichen Professor in Tübingen ernannt. 1914 meldete sich Schmidt freiwillig zum Kriegsdienst. Er wurde an der Ostfront als Kompanieführer eingesetzt, verwundet und mit dem Eisernen Kreuz II., später I., Klasse sowie dem Ritterkreuz des königlichen Hausordens von Hohenzollern ausgezeichnet. 1916 zum Hauptmann befördert, war Schmidt 1918 Batterieführer, im September 1918 wurde er mit der Führung des Landwehr-Infanterie-Regiments 382 betraut. Im Oktober 1918 erneut verwundet, geriet er in englische Kriegsgefangenschaft. Im Offiziersgefangenenlager Lofthouse Park hielt er Vorlesungen und predigte. 1920 zurückgekehrt erhielt er 1921 ein Ordinariat an der Universität Gießen, 1928 nahm der als Mythenforscher und feinsinniger Exeget Geschätzte einen Ruf nach Halle an. Rufe nach Bonn, Göttingen und Berlin lehnte Schmidt ab. Von 1936 bis 1945 war er Dekan der Theologischen Fakultät und zugleich Präsident des Fakultätentages der evangelischen theologischen Fakultäten Deutschlands. Von 1939 bis 1944 leistete er, erneut freiwillig, Kriegsdienst als Major, unter anderem als Leiter der Abteilung Wissenschaft der Wirtschaftsinspektion Süd. 1945 wurde Schmidt emeritiert und im Entnazifizierungsverfahren mit dem Entzug der Altersversorgung bestraft. Von 1946 bis 1948 wirkte er als Pfarrer in Diemitz und Brachwitz, 1949 erhielt Schmidt einen Lehrauftrag an der Universität Halle für Hebräisch.
Organisationen: Aufnahme in die NSDAP am 1. Mai 1933 (Mitglied Nr. 2 255 405), bis 1936 Mitglied der Deutschen Christen, Mitglied der Gefängnisseelsorgerischen Vereinigung, einer der beiden deutschen Vertreter im Weltbund gegen den Alkoholismus. 1949 CDU.
Quellen: UAH PA 13915 H. Schmidt; DBE Bd. 9, S. 9.

Schniewind, Julius
(28. Mai 1883 Elberfeld – 7. September 1948 Halle)
Konfession: evangelisch-lutherisch
Vater: Fabrikant
Schniewind besuchte das Gymnasium Elberfeld, von 1901 bis 1906 studierte er in Bonn, Halle, Berlin und Marburg Theologie. Die theologischen Examina legte er 1905 und 1910 ab, 1910 wurde er an der Universität Halle zum Lic. Theol. promoviert, 1914 für das Fach Neues Testament habilitiert. Bis 1915 war er Inspektor des Schlesischen Konvikts. Von 1915 bis 1918 leistete Schniewind Kriegsdienst als freiwilliger Feldgeistlicher und wurde mit dem Eisernen Kreuz II. Klasse ausgezeichnet. 1919 zum nichtbeamteten außerordentlichen Professor ernannt, erhielt Schniewind 1921 einen Lehrauftrag für neutestamentliche und patristische Philologie und Schriftenkunde. 1926 vertrat er den Lehrstuhl für Neues Testament. 1927 erhielt er einen Ruf als persönlicher Ordinarius an die Universität Greifswald, 1929 wurde er persönlicher Ordinarius an der Universität Königsberg. 1935 sollte Schniewind wegen seines Engagements für die Bekennende Kirche Ostpreußens nach Kiel versetzt werden, die Universität Halle sprach sich jedoch für seine Versetzung nach Halle aus. 1937 wurde Schniewind vom Dienst suspendiert und durch ein Dienststrafverfahren zur Kürzung der Bezüge um ein Fünftel verurteilt. Ab 1938 war er wieder als Professor, ab 1939 zugleich als Lazarettseelsorger tätig. 1945/46 lehnte er Rufe an die Universitäten Münster, Mainz und Berlin ab. Von 1946 bis 1948 war er zugleich Propst von Halle-Merseburg.
Organisationen: NSV.
Quellen: UAH PA 14109 Schniewind; Rep. 6 Nr. 1407; Rep. 4 Nr. 896; DBE Bd. 9, S. 64.

Schöttler, Hans
(22. Februar 1861 Gütersloh – 6. Dezember 1945 Buchschlag bei Frankfurt am Main)
Konfession: evangelisch
Vater: Gymnasialprofessor
Schöttler besuchte das Gymnasium Gütersloh und studierte von 1879 bis 1882 Naturwissenschaften in Bonn, Berlin und Münster, danach bis 1885 Theologie in Bonn und Greifswald. Das theologische Examen legte er nach den Wehrdienst 1887 ab. Von 1886 bis 1888 war Schöttler Lehrer an der höheren Töchterschule Bielefeld, 1889 Garnisions-Hilfsprediger und bis 1891 Divisionspfarrer in Frankfurt. Danach wirkte er als Pfarrer in Barmen, Düsseldorf und Berlin-Schöneberg. Dort wurde er zum Superintendenten ernannt, von 1912 bis 1917 war er Generalsuperintendent und 1. Hofprediger an der Schloßkirche zu Königsberg. Wegen seiner Verdienste um den Wiederaufbau der zerstörten Kirchen Ostpreußens erhielt er das Eiserne Kreuz II. Klasse am weißen Band. Von 1917 bis 1931 war Schöttler Generalsuperintendent von Sachsen (Magdeburg) und Honorarprofessor der Theologie an der Universität Halle (Lehrauftrag für Liturgik, Kirchenmusik und kirchliche Kunst). Gründer des Forschungsheims für Weltanschauungskunde in Wittenberg. 1931 ausgeschieden wegen Erreichens der Altersgrenze. In den Dozentenfragebogen trug er 1934 ein: »Während seiner Amtszeit Vertreter des Nationalen Gedankens und Werbe-Redner für alle nationalen Verbände, die der Losung folgen: Weder Schwarz noch rot, sondern Schwarz-Weiß-Rot!« Nach 1933 engagierte sich Schöttler für eine gemäßigte Abspaltung der Deutschen Christen u.a. als Senior einer Bremer Bibelschule. Während des II. Weltkrieges verwaltete er eine Pfarrstelle in Buchschlag bei Frankfurt am Main.
Organisationen: -
Quellen: UAH PA 14164 Schöttler; Rep. 6 Nr. 1407; Meier, Die Deutschen Christen, S. 282.

Schomerus, Hilko Wiardo
(7. Januar 1879 Marienhafe (Ostfriesland) – 13. November 1945 Halle)
Konfession: evangelisch
Vater: Sanitätsrat
Nach dem Besuch der Volksschule erhielt Schomerus Privatunterricht und absolvierte dann das Gymnasium Emden. Bis 1901 studierte er an den Missionsseminaren und Universitäten Leipzig und Kiel,

ein Vikariat in Ebersdorf (Thüringen) schloss sich an. Von 1902 bis 1912 war Schomerus Missionar der Leipziger Missionsgesellschaft in Ostindien, danach setzte er das Studium Leipzig fort. 1913 promovierte er zum Lic. theol. an der Universität Kiel, 1914 folgte ein Studienaufenthalt in England und Schottland. 1914 bis 1920 war er Pfarrer an der Garnisionskirche zu Rendsburg. Ab 1918 lehrte Schomerus Missionswissenschaft in Kiel, 1923 habilitierte er sich dort und wurde 1925 zum nichtbeamteten außerordentlichen Professor ernannt. 1926 erhielt er den Ruf auf ein persönliches Ordinariat für Missionswissenschaften und Religionsgeschichte an der Universität Halle. 1929/30 reiste Schomerus zu Studienzwecken in den Fernen Osten (Indien, Niederländisch Indien, China und Japan). 1933 setzte er sich für jüdische Kollegen ein, das Dekanat der Theologischen Fakultät gab er aus gesundheitlichen Gründen auf.
Organisationen: 1919 Mitglied der Nationalversammlung für die DVP, VDA, Kolonialgesellschaft, NSDFB.
Quellen: UAH PA 14210 Schomerus; Rep. 6 Nr. 1407.

Schumann, Friedrich Karl
(15. Juni 1886 Messkirch (Baden) – 21. Mai 1960 Münster)
Konfession: evangelisch
Vater: Pfarrer
Schumann besuchte Gymnasien in Wertheim und Lörrach. Danach studierte er Theologie in Basel, Berlin, Greifswald und Würzburg. Die theologischen Prüfungen legte er 1907 und 1908 in Karlsruhe ab. 1909/10 leistete er Militärdienst und wurde als Unteroffizier der Reserve entlassen. Danach war Schumann Stadtvikar in Mannheim, 1911 promovierte er an der Universität Greifswald zum Dr. phil. Von 1914 bis 1924 war er Pfarrer und nahm von 1914 bis 1918 als Felddivisionspfarrer bei der 29. Infanteriedivision am Ersten Weltkrieg teil. Ausgezeichnet wurde er mit dem Eisernen Kreuz I. und II. Klasse sowie dem Ritterkreuz. 1919 war er Mitglied der verfassungsgebenden Synode Badens. 1923 promovierte Schumann zum Dr. theol. an der Universität Tübingen, 1924 habilitierte er sich. 1928 wurde er zum nicht beamteten Professor ernannt. 1929 erhielt er einen Ruf an die Universität Gießen, 1932 wechselte er nach Halle. Hier lehrte er systematische und praktische Theologie. 1933 war er zeitweilig Mitglied der Deutschen Christen und Berater des Reichsbischofs Ludwig Müller, und wurde herangezogen zur Erarbeitung einer neuen Verfassung der Evangelischen Kirche Deutschlands. Nach Zerwürfnissen kehrte er an die Universität Halle zurück. 1945 wurde er von der Universität Halle entlassen, 1946 auf Antrag der CDU entnazifiziert, jedoch nicht wieder an der Universität Halle beschäftigt. Er war tätig im Konsistorium der Kirchenprovinz Sachsen, ab 1948 leitete er die Evangelische Forschungsakademie Christophorusstift in Hemer in Westfalen. 1951 wurde er Honorarprofessor der Universität Münster, ab 1955 war dort Ordinarius für systematische Theologie.
Organisationen: 1919 bis 1933 DNVP, Aufnahme in die NSDAP am 1. Mai 1933 (Mitglied Nr. 2 255 336).
Quellen: UAH PA 14480 Schumann; Rep. 6 Nr. 1407; DBE Bd. 9, S. 206.

Stauffer, Ethelbert
(8. Mai 1902 Friedelsheim (Pfalz) – 1. August 1979 Erlangen)
Konfession: evangelisch
Vater: Mennonitenpastor
Die Schule besuchte Stauffer in Worms, ab 1921 studierte er Theologie in Halle, Berlin, Tübingen und wieder Halle. 1925 legte er das erste theologische Examen ab. 1925 war er Vikar und Hilfsprediger in Hamburg, ab 1927 wirkte er in der Provinz Sachsen. 1928 legte er das zweite theologisches Examen ab und wurde Assistent an der Theologischen Fakultät der Universität Halle, wo er sich 1930 habilitierte. 1933 verfasste er eine nationalsozialistische Bekenntnisschrift (»Unser Glaube und unsere Geschichte – Zur Begegnung zwischen Kreuz und Hakenkreuz«). 1933 vertrat er einen Lehrstuhl für neues Testament an der Universität Bonn. Stauffer engagierte sich für die Deutschen Christen und profilierte sich als Gegner der Theologie Karl Barths, so dass er schon 1934 zum ordentlichen Pro-

fessor für Neues Testament berufen wurde. 1943 wurde Stauffer nach einem mit lockeren Sprüchen gewürzten Vortrag mit Redeverbot belegt. 1945 wurde er nicht entlassen, war aber 1946 Angriffen wegen seines Engagements für die DC ausgesetzt. 1948 erhielt er einen Ruf an die Universität Erlangen für das Fach Neues Testament sowie antike Numismatik. 1967 wurde Stauffer emeritiert.
Organisationen: -
Quellen: Catalogus Professorum (Erlangen); Höpfner.

Thulin, Oskar
(13. Oktober 1898 Aschersleben – 18. Februar 1971 Wittenberg)
Konfession: evangelisch
Vater: Rentier
Das Abitur legte Thulin 1917 am Stadtgymnasium Halle ab, danach studierte er bis 1921 an der Universität Halle. 1922/23 war er Erzieher in Holland, von 1923 bis 1925 Assistent an der Sammlung für christliche Archäologie und kirchliche Kunst an der Universität Halle. 1925/26 war er Vikar, 1927 legte er das zweite theologische Examen ab und wurde Pastor in Schkeuditz. Durch ein Stipendium der Notgemeinschaft der Wissenschaft gefördert, führte er von 1927 bis 1929 archäologische Studien in Italien, Dalmatien und auf Malta durch. 1930 wurde er Direktor der Lutherhalle Wittenberg und erhielt einen Lehrauftrag am Predigerseminar. 1933 habilitierte er sich in Halle für Christliche Archäologie und Reformationskunde, 1935 erhielt er einen Lehrauftrag an der Universität Halle, 1940 wurde er zum außerplanmäßigen Professor ernannt. Im Oktober 1945 von der Universität Halle entlassen, war er aber weiterhin als Stellvertreter des neuen Direktors an der Lutherhalle (wissenschaftlicher Leiter«) sowie als Dozent am Predigerseminar Wittenberg tätig. 1947 für »politisch tragbar« erklärt, gehörte er zum Leiterkreis der evangelischen Akademie Sachsen-Anhalt. 1952/53 erhielt er einen Forschungsauftrag der Universität Halle, von 1955 bis 1964 nahm er einen Lehrauftrag für Christliche Archäologie an der Theologischen Fakultät der Universität Leipzig war. 1957 scheiterte die Verleihung eines Extraordinariats an der Leipziger Universität. Seit den fünfziger Jahren war Thulin jedoch auch formell wieder Direktor der Lutherhalle Wittenberg.
Organisationen: Bund Oberland 1919 bis 1923, Freicorps Halle 1918 bis 1920, Eintritt in die SA am 1. November 1933, Eintritt in die NSDAP am 1. April 1933 (Mitglied Nr. 3 492 818).
Quellen: UAH PA 16007 Thulin; Rep. 6 Nr. 1407; www.bautz.de.

Trillhaas, Wolfgang
(31. Oktober 1903 Nürnberg – 24. April 1995 Göttingen)
Konfession: evangelisch
Vater: Pfarrer
Dem Schulbesuch in Nürnberg schloss sich ab 1922 ein Studium der Philosophie in München an. Ab 1923 studierte er Theologie in Erlangen, Göttingen und wieder Erlangen. 1926 legte er das landeskirchliche Examen in Ansbach ab und wurde Stadtvikar in Regensburg, ab 1928 in Erlangen (Neustadt). 1931 promovierte er zum Dr. phil. und 1932 zum Lic. theol. an der Universität Erlangen. 1933 habilitierte sich Trillhaas in Erlangen für praktische Theologie, vertrat 1935/36 den Lehrstuhl in Halle, wurde jedoch als Anhänger der Bekennenden Kirche nicht weiter an der Fakultät geduldet. Trillhaas kehrte nach Erlangen zurück, wo er von 1937/38 einen Lehrstuhl vertrat, aber vor allem als Pfarrer wirkte. 1945 wurde er zum ordentlicher Professor für Praktische Theologie, Pädagogik und Didaktik berufen und war Mitglied der Entnazifizierungskommission der Universität. 1946 nahm er einen Ruf nach Göttingen auf einen Lehrstuhl für praktische Theologie an, ab 1954 lehrte er das Fach Systematische Theologie. In Göttingen war Trillhaas von 1950 bis 1952 Rektor. Von 1963 bis 1970 war er Mitglied der Theologischen Kommission des Lutherischen Weltbundes, 1972 wurde Trillhaas emeritiert.
Organisationen: 1948 Eintritt in die CDU.
Autobiographie: Aufgehobene Vergangenheit – Aus meinem Leben, 1976.
Quellen: DBE Bd. 10, S. 89; Autobiographie.

Völker, Walther
(1. Juli 1896 Landsberg (Warthe) – 3. Oktober 1988 Wiesbaden)
Konfession: evangelisch
Vater: Kaufmann
Das Gymnasium besuchte Völker in Stettin, danach begann er ein Studium der Theologie in Halle. 1916 bis 1919 stand er im Heeresdienst. Das Studium setzte Völker in Tübingen und Berlin fort, 1922 promovierte er in Halle zum Lic. theol., 1923 in Leipzig zum Dr. phil. 1927 habilitierte er sich in Halle für das Fach Kirchengeschichte. 1934 wurde ein Antrag auf Ernennung zum nichtbeamteten außerordentlichen Professor durch das Kultusministerium abgelehnt. 1939 wurde Völker zum Dozenten ernannt. Von 1942 bis zum Kriegsende vertrat er den kirchengeschichtlichen Lehrstuhl an der Universität Tübingen. 1943 wurde die Ernennung zum Professor erneut abgelehnt, obwohl sich die Fakultäten in Halle und Tübingen für ihn einsetzen. 1946 zum Ordinarius für Kirchen- und Dogmengeschichte an die Universität Mainz berufen wurde er zwar 1961 emeritiert, setzte die Lehre aber bis zu seinem Tod fort.
Organisationen: NSV.
Quellen: UAH PA 16431 Völker; Rep. 6 Nr. 1407; Bautz XV, Sp. 1400 bis 1405.

Voigt, Heinrich
(29. Juni 1860 Stade – 20. September 1933 Halle)
Konfession: evangelisch
Vater: Pastor
Voigt studierte 1878 bis 1881 in Königsberg, Leipzig und Berlin Theologie, war dann seelsorgerisch tätig und wurde 1890 in Königsberg zum Lic. theol. promoviert. 1892 in Berlin für das Fach Kirchengeschichte habilitiert, wurde er 1894 zum außerordentlichen Professor in Königsberg berufen. 1899 wechselte er nach Kiel, 1901 nach Halle. Seit 1903 litt Voigt an Depressionen, konnte seine Lehrtätigkeit nach einem Klinikaufenthalt jedoch fortsetzen. 1914 wurde er zum ordentlichen Honorarprofessor und ab 1921 zum Ordinarius für das Fach Kirchengeschichte ernannt. 1925 von dem amtlichen Verpflichtungen entbunden.
Organisationen: -
Quellen: UAH PA 16482 Voigt; DBE Bd. 10, S. 237.

Windisch, Hans
(25. April 1881 Leipzig – 8. November 1935 Halle)
Konfession: evangelisch-lutherisch
Vater: Universitätsprofessor
Bürgerschule und Gymnasium absolvierte Windisch in Leipzig, danach studierte er Theologie und Philosophie an den Universitäten Leipzig, Marburg und Berlin. 1904/05 leistete er seinen Wehrdienst (entlassen als Unteroffizier). 1906 promovierte Windisch zum Dr. phil. an der Universität Leipzig, 1908 zum Lic. theol., im selben Jahr folgte die Habilitation für Neutestamentliche Theologie. 1914 wurde Windisch ordentlicher Professor an der Universität Leiden, 1929 folgte er einem Ruf nach Kiel, 1935 wurde er als Nachfolger von Erst von Dobschütz nach Halle berufen, starb jedoch noch vor Beginn des Wintersemesters.
Organisationen: -
Quellen: UAH PA 17106 Windisch; Rep. 6 Nr. 1407; DBE Bd. 10 S. 524; www.bautz.de

Wolf, Ernst
(2. August 1902 Prag – 11. September 1971 Garmisch-Partenkirchen)
Konfession: evangelisch-lutherisch
Vater: Pfarrer
Wolf besuchte Schulen in Prag, Pressburg und Wien. Danach studierte er Theologie in Wien, Rostock, Leipzig, Wien, wieder Rostock und Göttingen. Die theologischen Examina legte er 1924 in Wien ab,

wurde 1925 in Rostock zum Lic. theol. promoviert und habilitierte sich dort im selben Jahr für Kirchengeschichte. Nach einer Lehrstuhlvertretung in Tübingen (1930/31) wurde Wolf 1931 als persönlicher Ordinarius für Kirchengeschichte und christliche Archäologie an die Universität Bonn berufen. Einen Ruf nach Erlangen lehnte Wolf 1932 ab, im April 1935 wurde er auf Grund § 3 des Gesetzes über Entpflichtung und Versetzung von Hochschullehrern vom 21.1.1935 zwangsweise nach Halle versetzt. Grund war eine Weigerung Wolfs im Auftrag des Konsistoriums Koblenz Prüfungen abzuhalten. Die von staatlichen Stellen neu zusammengestellte Prüfungskommission rühre an »Sinn und Geist« der Kirche. Folgerichtig wurde Wolf 1934 auch vom Dekan der Theol. Fakultät der Universität Bonn mit Vorlesungsverbot belegt. In Halle wurde Wolf mehrfach denunziert, jedoch nicht gemaßregelt. 1942 eingezogen als Sanitätssoldat, kam er zum Luftwaffenlazarett Dölau und hielt weiterhin Vorlesungen. Da seine Bemühungen, aus der amerikanischen Kriegsgefangenschaft in die SBZ entlassen zu werden scheiterten, wechselte Wolf nach Göttingen und vertrat dort zunächst einen Lehrstuhl. Rasch berufen lehrte er in Göttingen Kirchen- und Dogmengeschichte, seit 1957 systematische Theologie.
Organisationen: NSV.
Quellen: UAH PA 17234 Wolf; Rep. 6 Nr. 1407; DBE Bd. 10, S. 564.

10.2 Rechts- und Staatswissenschaftliche Fakultät

Anderssen, Walter
(31. Dezember 1882 Breslau – 27. Februar 1965 Berlin)
Konfession: evangelisch
Vater: Fabrikbesitzer
Nach der Abiturprüfung, die Anderssen 1901 in Breslau ablegte, studierte er in seiner Heimatstadt, Freiburg und Berlin Rechtswissenschaften. 1906 legte er die erste juristische Staatsprüfung ab und promovierte 1907 zum Dr. jur. an der Universität Heidelberg. 1910 wurde Anderssen Privatdozent an der Universität Neuenburg (Schweiz) und dort 1914 zum außerordentlichen Professor ernannt. Während des Ersten Weltkrieges wurde Anderssen mit dem Eisernen Kreuz II. Klasse ausgezeichnet und zum Oberleutnant befördert. Danach lehrte er an der Universität Berlin, von 1937 bis 1940 nahm er einen Lehrauftrag für öffentliches Recht an der Universität Halle inne. Nach einer Meldung der Gestapo über »homosexuelle Verfehlungen« Anderssens wurde der Lehrauftrag widerrufen. Ab 1945 war er Lehrbeauftragter für öffentliches Recht und Rechtsphilosophie an der Universität Berlin.
Organisationen: Mitglied der NSDAP, bis 1933 Propagandaleiter der Ortsgruppe Lindow (Mark).
Quelle: UAH PA 3919 Anderssen.

Aubin, Gustav
(13. März 1881 Reichenberg (Böhmen) – 15. September 1938 München)
Konfession: Protestant
Vater: Teppichfabrikant
Der aus einer französischen Hugenottenfamilie stammende Aubin besuchte die Schulen seiner Heimatstadt Reichenberg und absolvierte seinen Militärdienst in der k. u. k. Armee. Danach studierte er Rechts- und Staatswissenschaften in Berlin, Leipzig, Freiburg und München. 1905 Promotion in Freiburg zum Dr. jur., 1907 in München zum Dr. oec. publ. 1911 habilitierte sich Aubin in Erlangen für das Fach Nationalökonomie. Auf Bitten von Johannes Conrad habilitierte er sich 1912 an die Universität Halle um und fungierte als Redaktionssekretär der Conrad'schen Jahrbücher. Zugleich hatte er einen Lehrauftrag für Staatsbürgerkunde und Sozialversicherung. Im Mai 1915 trat er ins preußische Heer als Oberleutnant ein, für seinen Einsatz an der Front wurde er mit dem Eisernen Kreuz I. und II. Klasse dekoriert und erhielt das österreichische Militärverdienstkreuz. 1919 wurde Aubin zum Ordinarius für wirtschaftliche Staatswissenschaften an der Universität Halle berufen, 1927 lehnte er Rufe nach Jena und Frankfurt am Main ab. 1930 bis 1932 hatte Aubin das Amt des Rektors inne und wur-

de massiv von nationalsozialistischen Studenten angegriffen. Am 20. April 1933 trat er vom Amt des Prorektors zurück, für das Sommersemester 1933 wurde er beurlaubt. Im Wintersemester 1933/34 vertrat Aubin einen Lehrstuhl in Köln, 1934 wurde er im Austausch gegen Waldemar Mitscherlich an die Fakultät für Staatswissenschaften der Göttinger Universität versetzt. Bereits da ein gebrochener Mann, stellte der Wirtschaftshistoriker noch eine Arbeit über Leinenerzeugung und Leinenabsatz im östlichen Mitteldeutschland zur Zeit der Zunftkäufe fertig, die 1940 postum veröffentlicht wurde.
Organisationen: -
Quellen: UAH PA 4006 Aubin; DBE Bd. 1, S. 212; Heiber 1, S. 144–147.

Beham, Peter
(29. August 1904 Faistenhaar (Oberbayern) – seit 1945 vermisst)
Konfession: gottgläubig, 1937 katholisch
Vater: Gürtler und Zimmermann
Das Abitur legte Beham 1924 am humanistischen Gymnasium Freising ab. Im Sommersemester 1924 begann er ein Philosophiestudium an der Theologischen Hochschule Freising, trat jedoch in den Benediktinerorden ein und studierte dann von 1925 bis 1931 katholische Theologie, Philosophie und Staatswissenschaften an der Universität München. 1930/31 machte er ein kaufmännisches Praktikum, 1931 promovierte er an der Universität München zum Dr. oec. publ. mit einer Arbeit über den »religiösen Sozialismus«. Von 1931 bis 1934 studierte Beham Betriebswirtschaftslehre und Geographie an der TH München, 1933 legte er die kaufmännische Diplomprüfung ab. 1934/35 absolvierte er die beiden Lehramtsprüfungen und wurde Studienassessor. Mitte 1935 trat er aus dem Benediktinerorden aus und arbeitete als Gehilfe eines Wirtschaftsprüfers. 1935/36 war er Assistent am Wirtschaftswissenschaftlichen Seminar der Universität Jena, von März bis Juni 1936 Referent in der Reichsführung SS, von 1936 bis 1938 Referent beim Institut für Wirtschaftsprüfer. Hier leitete Beham die Fachlehrgänge für Prüfungs- und Treuhandwesen bei der Reichskammer der Wirtschaftstreuhänder, zugleich war er Hauptschriftleiter der Fachzeitschrift »Der Wirtschaftstreuhänder«. 1939 habilitierte er sich an der Universität Jena, im November 1943 legte er die Lehrprobe an der Universität Halle ab, sein Thema war: »Die Entwicklung des betrieblichen Rechnungswesens von einem Instrument der privaten Wirtschaft zu einem Lenkungsmittel des Staates«. Trotz geäußerter Bedenken über die Lehrbegabung Behams erhielt er im März 1944 die Ernennung zum Dozenten für Betriebswirtschaftslehre an der Universität Halle. Beham wurde jedoch 1943 zu einer Nachrichtenabteilung in Potsdam einberufen, ab Januar 1944 diente er beim Stab der SS-Nachrichten-Ersatz-Abteilung in Nürnberg. Seit den Kämpfen um Berlin im Frühjahr 1945 gilt Beham als vermisst.
Organisationen: 1936 Eintritt in die SS (Oberscharführer im Reichssicherheitshauptamt), 1937 NSRB, 1941 Mitglied des Reichsverbandes der Deutschen Presse.
Quellen: UAH PA 4293 Beham; Rep. 6 Nr. 1407; Auskunft der Gemeinde Faistenhaar.

Berger, Georg
(3. August 1897 Halle – 5. Januar 1967 Frankfurt am Main)
Konfession: nicht ermittelt
Vater: nicht ermittelt
Die Reifeprüfung legte Berger 1914 ab, wurde zum Kriegsdienst eingezogen und studierte dann sechs Semester Rechts- und Staatswissenschaften an der Universität Halle. 1920 promovierte er zum Dr. oec. publ. mit einer Arbeit über die Marx'sche Lehre vom Klassenkampf. Durchaus gegenwartsbezogen schrieb Berger über die Lehre von der Diktatur des Proletariats, analysierte den Bolschewismus und kritisierte die »sozialrevolutionäre« Orientierung der USPD. In den 20er Jahren war Berger tätig als Syndikus eines Gewerbeverbandes und als beratender Volkswirt des Bergbauindustriearbeiterverbandes in Bochum, zuletzt als Leiter der volkswirtschaftlichen Abteilung des Industrieverbandes Bergbau. Von 1924 bis 1933 war er Dozent für Wirtschaftskunde an der Staatlichen Fachschule für Wirtschaft und Verwaltung Düsseldorf. 1933 wurde Berger als Sozialdemokrat aus beiden Tätigkeiten entlassen. Er ließ sich in Halle als Wirtschaftsprüfer und Steuerberater nieder, zugleich war er Unter-

richtsleiter der betrieblichen Buchführungslehrgänge der DAF. 1935 wurde er Sachverständiger für Buch- und Rechnungsführung und Mitglied des Meisterprüfungsausschusses bei der Handwerkskammer Halle. Außerdem schrieb er für die Wirtschaftsseite der Hallischen Nachrichten. 1939 als Hauptmann der Reserve eingezogen, wurde Berger 1943 verwundet und entlassen. Er erhielt einen Lehrauftrag für Handelsbetriebslehre an der Universität Halle. 1945 wurde er auf eigenen Antrag aus gesundheitlichen Gründen beurlaubt, 1946 erweiterte die Landesregierung den Lehrauftrag, im Dezember 1946 zog Berger jedoch plötzlich nach Dortmund um. Bis 1949 war er Abteilungsleiter in der Hauptverwaltung der IG Bergbau Dortmund (später Bochum). Die IG Bergbau kündigte den Arbeitsvertrag, da Berger seine Tätigkeit als Wirtschaftsprüfer fortsetzte. Ab 1952 war er Wirtschaftsprüfer beim Verband der Bayerischen Wohnungsunternehmen. Später wurde er Aufsichtsrat der Mannesmann AG, wegen fortgesetzter Auseinandersetzung mit der IG Bergbau legte er dieses Mandat nieder.
Organisationen: Vor 1933 SPD und Verband der Bergarbeiter Deutschlands, 1933 bis 1937 NS Juristenbund, 1945 Wiedereintritt in die SPD, überführt in die SED; in Westdeutschland wurde Berger wieder Mitglied der SPD.
Quellen: UAH PA 4370 Berger; Auskunft der IG Bergbau.

Bilfinger, Carl
(21. Juli 1879 Ulm – 2. Dezember 1958 Heidelberg)
Konfession: evangelisch
Vater: Pfarrer
Nach dem Abitur (1887 in Ulm) studierte Bilfinger in Tübingen, Straßburg, Berlin und wieder Tübingen Rechtswissenschaft. Nach dem Referendariat und einer kurzen Tätigkeit als Gerichtsassessor wurde Bilfinger 1911 zum Amtsrichter ernannt. 1915 wurde er Landrichter, 1918 Legationsrat. 1922 habilitierte sich Bilfinger an der Universität Tübingen. Nach einer Lehrstuhlvertretung in Bonn, wurde er 1924 auf einen Lehrstuhl für öffentliches Recht und Völkerrecht an die Universität Halle berufen, nebenamtlich war er Studienleiter der Verwaltungsakademie der Provinz Sachsen. 1935 erhielt er einen Ruf nach Heidelberg, wo er unter anderem als Prorektor amtierte. 1943 nahm Bilfinger einen Ruf an die Universität Berlin an, wo er zugleich das Kaiser-Wilhelm-Institut für ausländisches öffentliches Recht und Völkerrecht leitete. 1945 entlassen, erhielt er 1949 einen Ruf nach Heidelberg, wo er zugleich das Max-Planck-Institut für Völker-, Staats- und Verwaltungsrecht leitete.
Organisationen: 1933 Eintritt in die NSDAP (Mitglied Nr. 2 260 247), 1933 Mitglied der Akademie für Deutsches Recht.
Quelle: UAH Rep. 6 Nr. 1407.

Boehmer, Gustav
(7. April 1881 Körlin bei Kolberg – 22. November 1969 Kirchzarten bei Freiburg)
Konfession: nicht ermittelt
Vater: nicht ermittelt
Das Studium der Rechtswissenschaft schloss Boehmer 1907 mit der Promotion zum Dr. jur. ab. 1909 habilitierte er sich an der Universität Greifswald. 1913 wurde er außerordentlicher Professor in Neuenburg (Schweiz), 1919 in Halle. Hier erhielt er 1920 ein Ordinariat für bürgerliches Recht. 1934 folgte Boehmer einem Ruf nach Frankfurt, 1935 wechselte er nach Marburg. Hier war er einem Dienststrafverfahren ausgesetzt, da er 1933 eines seiner Werke nach nationalsozialistischen Gesichtspunkten aktualisierte, ohne die Veränderungen kenntlich zu machen. Nach der »Rehabilitierung« war er 39/40 Dekan der juristischen Fakultät der Universität Marburg. 1941 erhielt er einen Ruf nach Freiburg, wo er bis zu seiner Emeritierung wirkte.
Organisationen: 1933 Eintritt NSDAP.
Quellen: Heiber 1, S. 345; DBE Bd. 1, S. 622; UAH PA 4682 Boehmer; Nagel.

Buchda, Gerhard
(22. Oktober 1901 Stadtroda – 20. Dezember 1977 Stadtroda)
Konfession: evangelisch-lutherisch
Vater: Verwaltungsamtmann der Landesheilanstalten Stadtroda
Nach dem Besuch der Schule in Eisenberg absolvierte Buchda von 1921 bis 1923 eine kaufmännische Lehre in Hannover. Von 1923 bis 1926 studierte er Jura an der Universität Jena. Nach dem Referendariat promovierte er 1929 an der Universität Jena zum Dr. jur. 1931 bestand er die Assessorprüfung. Von 1931 bis 1934 war Buchda Assistent an der Rechts- und Wirtschaftswissenschaftlichen Fakultät der Universität Jena, wo er sich 1934 habilitierte. Von 1934 bis 1937 war Buchda als Hilfsrichter in Kahla tätig, 1937 scheiterte die Ernennung zum Landgerichtsrat an der Nicht-Mitgliedschaft in der NSDAP. Im selben Jahr wurde Buchda jedoch auf ein planmäßiges Extraordinariat für deutsche Rechtsgeschichte und das deutsche Bürgerliche Recht an die Universität Halle berufen. 1938 war er kommissarischer Dekan, nach der Ernennung zum ordentlicher Professor von 1939 bis 1945 Dekan der Rechts- und Staatswissenschaftlichen Fakultät. Von 1941 bis 1943 war er kommissarischer Prorektor, im März 1943 wurde Buchda eingezogen und diente als Gefreiter im Heer. 1945 von der Universität Halle entlassen, bemühte er sich um Wiedereinsetzung, erhielt jedoch 1949 einen Ruf als Professor mit Lehrstuhl an die Universität Jena wo er das Institut für Staats- und Rechtsgeschichte leitete. Wenig später wechselte er an die Humboldt-Universität Berlin.
Organisationen: 1933 Eintritt in den NSRB, 1934 in die NSV und den RLB, 1935 in den NSLB; NSDAP-Anwärter seit 1.5.1937, Aufnahme in die Partei 1939; seit Juli 1937 SA-Mann, 1946 LDPD.
Quellen: UAH PA 5009 Buchda; Rep. 6 Nr. 1407.

Finger, August
(2. April 1858 Lemberg – 2. September 1935 Halle)
Konfession: katholisch
Vater: Arzt, Universitätsprofessor
Finger besuchte das Gymnasium in Lemberg und studierte Rechtswissenschaften an den Universitäten Prag, Wien und Leipzig. Nach der Promotion zum Dr. jur. in Prag (1881) war Finger im österreichischen Gerichts- und Verwaltungsdienst tätig und habilitierte sich 1890 in Prag. 1891 wurde er dort zum außerordentlichen Professor für das Fach Strafrecht berufen und 1894 zum Ordinarius ernannt. 1900 folgte er einem Ruf nach Würzburg, 1902 wechselte er nach Halle und hatte hier bis zu seiner Emeritierung 1926 den Lehrstuhl für Strafrecht, Rechtsphilosophie und Zivilrecht inne. 1916 bot sich Finger an, eine Professur in Warschau zu übernehmen, da er des Polnischen und des Russischen mächtig sei. Das wurde abgelehnt, Strafrecht werde in Warschau nicht gelesen. Finger war Autor bedeutender Lehrbücher und wurde hoch geehrt (Geheimer Justizrat, Roter Adlerorden III. Klasse). Er amtierte lange Jahre als Universitätsrichter und war unbesoldeter Stadtrat in Halle.
Organisationen: 1918 bis 1932 Deutsche Volkspartei.
Quellen: UAH PA 6052 Finger; Rep. 6 Nr. 1407; DBE Bd. 3, S. 301; NDB 5, S. 157f.

Fleischmann, Max
(5. Oktober 1872 Breslau – 14. Januar 1943 Berlin (Selbsttötung))
Konfession: evangelisch, vorher mosaisch
Vater: Kaufmann
Fleischmann besuchte das Gymnasium in Breslau, von 1891 bis 1894 studierte er Rechts- und Staatswissenschaften sowie Neuere Geschichte an der Universität seiner Vaterstadt. Von 1894 bis 1899 war er Referendar, 1896 promovierte er an der Universität Halle zum Dr. jur. Nach dem Assessorexamen wurde er 1900 Hilfsrichter am Landgericht Halle, 1902 habilitierte er sich mit einer Arbeit über den Weg der Gesetzgebung in Preußen für Staats- und Verwaltungsrecht. 1908 erhielt er den Professorentitel und einen Lehrauftrag für Kolonialrecht, den ersten an einer preußischen Universität. 1910 wurde er zum beamteten außerordentlichen Professor an die Universität Königsberg berufen. 1914 wurde seine Freiwilligmeldung wegen eines Herzfehlers abgelehnt. So war Fleischmann in der Kriegszeit un-

ter anderem Staatsanwalt in Königsberg beim Gericht des Belagerungszustandes, wofür er mit dem Eisernen Kreuz II. Klasse am schwarz-weißen Band ausgezeichnet wurde. 1915 wurde er zum ordentlichen Professor in Königsberg ernannt, von 1917 bis 1919 war er Senatsvorsitzender des Reichsschiedsgerichtes für die Kriegswirtschaft. 1921 nahm er einen Ruf an die Universität Halle an, 1925/26 war er ihr Rektor. Mehrfach vertrat Fleischmann Preußen und das Deutsche Reich in nationalen und internationalen Rechtsstreitigkeiten, u. a. bei den Vermögensauseinandersetzungen zwischen Preußen und den Hohenzollern sowie 1930 bei der Haager Konferenz für die Kodifikation des Völkerrechts. 1933 wurde Fleischmanns Gehalt gekürzt, die Lehrbefugnis verlor der durch die Frontkämpferklausel zunächst Geschützte 1935. 1941 zog Fleischmann nach Berlin, wo er Kontakte zu späteren Mitgliedern des militärischen Widerstands hatte. Am 14. Januar 1943 wurde er im Haus des ehemaligen Justizministers Eugen Schiffer von der Gestapo gestellt und wegen seiner Weigerung, den Judenstern zu tragen, verhaftet. Seine Bitte, noch einmal seine Wohnung betreten zu dürfen, um einige Sachen zu holen, wurde ihm gewährt. Hier nahm er eine große Dosis Veronal, die seinen Tod herbeiführte. (Quelle dafür: Rede Eißfeldts am 13. September 1947. In: UAH Rep. 4 Nr. 2090.) Nach anderer Darstellung vergifte sich Fleischmann bereits im Haus Eugen Schiffers.
Organisationen: -
Quellen: UAH PA 6121 Fleischmann; Rep. 6 Nr. 1407; Pauly, Max Fleischmann.

Gemmingen-Hornberg, Hans-Dieter Freiherr von
(18. August 1902 Neckarzimmern (Baden) – nach 1944 in Osteuropa)
Konfession: evangelisch
Vater: Offizier, Fideikommisbesitzer
Die Reifeprüfung legte von Gemmingen-Hornberg 1920 in Karlsruhe ab. Er studierte Philosophie, ab 1923 Rechtswissenschaft in München, 1924/25 in Heidelberg und 1926 in Göttingen. Seit 1927 war er Referendar in Karlsruhe. 1929 wurde er Fakultätsassistent in Berlin, von 1930 bis 1934 war er nichtplanmäßiger Assistent an der Universität Greifswald. Dort habilitierte er sich 1931 für Strafrecht, Strafprozess und Rechtsphilosophie. 1933 profilierte er sich mit einer Huldigungsschrift für die NSDAP (»Strafrecht im Geiste Adolf Hitlers«), Lehrstuhlvertretungen schlossen sich an: Im Sommersemester 1934 war er in Bonn, im Sommersemester 1936 in Greifswald, vom Wintersemester 36/37 bis Sommersemester 38 in Halle tätig. Im Juli 1938 erhielt er persönliches Ordinariat, 1940 wurde er planmäßiger Ordinarius. 1939/40 leistete er Kriegsdienst in einer Landsturmeinheit und wurde zum Gefreiten befördert. 1943 erneut einberufen, gilt von Gemmingen-Hornberg seit 1944 als vermisst, 1949 wurde er für tot erklärt.
Organisationen: Aufnahme in die NSDAP am 1. Mai 1933 (Mitglied Nr. 2 147 007), 1936 Politischer Leiter (Presseamtsleiter), 1933 Eintritt in die SA, 1935 NSKK.
Quellen: UAH Rep. 6 Nr. 1407; UAH PA 6564 von Gemmingen-Hornberg.

Grünfeld, Ernst
(11. September 1883 Brünn – 10. Mai 1938 Berlin (Selbsttötung))
Konfession: evangelisch, früher römisch-katholisch
Vater: Großindustrieller
Die Reifeprüfung legte Grünfeld am Gymnasium Brünn ab, 1901/02 diente er als Einjährig-Freiwilliger in einem Dragonerregiment, danach war er Volontär auf einem Gut bei Troppau. Ein Studium der Landwirtschaft an der Hochschule für Bodenkultur Wien schloss sich an, später studierte er zusätzlich Staatswissenschaften an der Universität Halle. Unterbrochen wurde das Studium durch Arbeit in der Landwirtschaft und in der väterlichen Fabrik. 1906 legte er in Halle das landwirtschaftliche Diplomexamen ab und promovierte 1908 zum Dr. phil. Danach setzte er das Studium (Volkswirtschaftslehre und verwandte Gebiete) in Leipzig und Wien fort. Von 1910 bis 1912 war er Assistent im Ostasiatischen Wirtschaftsarchiv der Südmandschurischen Eisenbahn AG in Tokio. Von Japan aus bereiste er China, Korea und die Mandschurei. 1913 habilitierte sich Grünfeld an der Universität Halle mit einer Arbeit über die Hafenkolonien in China. Kriegsdienst leistete er im österreichischen Landsturm, wo

er an der montenegrinischen Front eingesetzt, zum Rittmeister befördert und hoch dekoriert wurde (Karls-Truppenkreuz, bronzene Militärverdienstmedaille mit Schwertern, Franz-Josephs-Orden). 1919 erhielt Grünfeld einen Lehrauftrag an der Universität Halle, ab 1920 baute er das Seminar für Genossenschaftswesen auf, 1922 wurde er zum nichtbeamteten außerordentlichen Professor der Volkswirtschaft ernannt. 1925 eingebürgert, erhielt er 1929 eine für ihn eingerichtete Professur für Genossenschaftswesen. Im Mai 1933 wurde Grünfeld wegen seiner jüdischen Vorfahren beurlaubt, im September 1933 auf Grund von § 4 des Gesetzes zur Wiederherstellung des Berufsbeamtentums entlassen. Grünfeld zog nach Berlin um, er erhängte sich, weil ihm als »Nichtarier« die Adoptivtochter genommen wurde.
Organisationen: Deutsche Demokratische Partei, später Staatspartei.
Quellen: UAH PA 6968 Grünfeld; DBE Bd. 4, S. 216.

Hartung, Fritz
(4. April 1884 Homberg (Hessen) – 14. Mai 1973 Göttingen)
Konfession: evangelisch
Vater: Taubstummenlehrer
Hartung besuchte Schulen in Homberg und Kassel, nach der Reifeprüfung (1903) studierte er Rechtswissenschaft in Marburg und Leipzig, war Referendar und leistete seinen Militärdienst ab. 1912 wurde er Gerichtsassessor und war komissarisch als Richter tätig. 1913 trat er in die Rechtsabteilung des Reichspostamtes ein. Von 1914 bis 1918 leistete Hartung Kriegsdienst, zunächst in einem Infanterieregiment an der Westfront und in Serbien, nach einer Erkrankung ab 1916 als Adjutant im Stabsdienst (ausgezeichnet mit dem Eisernen Kreuz I. Klasse). Während des Krieges (1915) wurde Hartung zum Amtsgerichtsrat in Frankfurt ernannt. Dort war er ab 1919 als Amtsrichter in einem Strafsenat tätig. Seit 1920 war er wissenschaftlicher Hilfsarbeiter im preußischen Justizministerium, 1921 wurde er zum Oberjustizrat, 1922 zum Ministerialrat befördert. Hartung arbeitete an verschiedenen Gesetzen und Verordnungen mit, etwa zur Gerichtsverfassung und Strafrechtspflege. Von 1929 bis 1945 war er Reichsgerichtsrat am Reichsgericht Leipzig. 1930 zum Doktor h. c. der Universität Münster ernannt, habilitierte ihn die Universität Halle 1930 ohne Vorlage weiterer Arbeiten für Strafrecht und Strafprozessrecht. Von 1931 bis 1933 lehrte Hartung als Privatdozent an der Universität Halle, die Ernennung zum Honorarprofessor scheiterte. Im Herbst 1933 verzichtete der vorübergehend an einen Zivilsenat Versetzte auf die Venia Legendi. 1934 kehrte er in den Strafsenat des Reichsgerichtes zurück, 1937 – nach dem Eintritt in die NSDAP – wurde er stellvertretender Vorsitzender des vom Reichsgerichtspräsidenten geführten 3. Strafsenates. Von 1946 bis 1948 war er Lehrbeauftragter an der Universität Marburg, dort wegen Mitgliedschaft in der NSDAP entlassen, danach war er vor allem schriftstellerisch tätig.
Organisationen: Demokratischer Club, Republikanischer Richterbund, ab 1937 NSDAP, Blockleiter.
Autobiographie: Jurist unter vier Reichen, 1971.
Quellen: UAH PA 7328 Hartung; Autobiographie.

Hein, Wolfgang.
(31. Oktober 1883 Schmiegel, Kreis Posen – Frankfurt am Main 16. Mai 1976)
Konfession: evangelisch
Vater: Mittelschulrektor
Hein besuchte Schulen in Weißensee und Nordhausen, von 1901 bis 1904 studierte er Rechtswissenschaft in Leipzig, Genf und Halle. 1906 promovierte er in Halle zum Dr. jur. Nach Referendarprüfung und Vorbereitungsdienst (u. a. am OLG in Naumburg) wurde Hein 1909 Gerichtsassessor. 1910 habilitierte er sich in Halle für bürgerliches Recht und Zivilprozessrecht. 1914 leistete er für wenige Wochen Kriegsdienst als Armierungsarbeiter. 1916 erhielt er den Professorentitel, 1918 ein planmäßiges Extraordinariat, 1921 wurde er zum persönlichen ordentlichen Professor der Universität Halle ernannt. 1925 lehnte er einen Ruf nach Greifswald ab. 1940 wurde das persönliche in ein planmäßiges Ordinariat umgewandelt. Nach 1945 war Hein Dekan der Juristischen Fakultät der Universität Halle. 1950

emeritiert, siedelte er 1951 nach Frankfurt am Main über und setzte die Vorlesungstätigkeit an der Universität fort.
Organisationen: 1918 bis 1922 und 1925 bis 1930 Deutsche Volkspartei, Stahlhelm, überführt in den NSDFB, NSV, NSRB, NSLB, NS-Altherrenbund, RLB, VDA.
Quellen: UAH PA 7478 Hein; Rep. 6 Nr. 1407.

Hellebrand, Walter
(11. Juni 1907 Wien – um 1998 Londy (Schweiz))
Konfession: evangelisch-lutherisch
Vater: Universitätsprofessor
Hellebrand studierte die Rechte in Wien wo er 1931 zum Dr. jur. promovierte. Nach dem Justizdienst studierte er Geschichte in Innsbruck und München. 1934 emigrierte er nach Deutschland, da ihm als Mitglied der NSDAP die Habilitation in Österreich verweigert wurde. Von 1934 bis 1936 war Hellebrand außerplanmäßiger Assistent an der Juristischen Fakultät der Universität Leipzig, 1936 habilitierte er sich hier mit einer Arbeit über die Stellung der Zeugen im Zivilprozess der Ptolemäerzeit. Von 1936 bis 1939 arbeitete er als wissenschaftliche Hilfskraft am Institut für Rechtsgeschichte des alten Orients der Universität Berlin und wurde 1937 zum Dozenten für Juristische Papyrologie, griechisch-hellenistisches und römisches sowie bürgerliches Recht ernannt. Lehrstuhlvertretungen in Kiel und Rostock waren wenig erfolgreich. Ab 1940 vertrat er einen vakanten Lehrstuhl in Halle und wurde formell 1941 an die Universität Halle überstellt. 1941 eingezogen, war Hellebrand in der Dolmetscher-Ersatzabteilung des Oberkommandos des Heeres tätig, 1944 wurde er zum außerordentlichen Professor ernannt. 1945 von der Universität Halle entlassen, kehrte Hellebrand aus der Kriegsgefangenschaft nach Österreich zurück. Als ehemaliger planmäßiger außerordentlicher Professor zur Wiederverwendung mit Lehrberechtigung für Rechtsgeschichte des Altertums an der Juristischen Fakultät Heidelberg wurde er 1958 zum außerordentlichen Professor der Universität Heidelberg ernannt und 1972 emeritiert.
Organisationen: 1. 12. 1930 Eintritt in die NSDAP, 1934 NSRB, NSDDB, 1935/36 Politischer Leiter der Ortsgruppe Leipzig, aus gesundheitlichen Gründen Entbindung von dieser Funktion.
Quelle: UAH PA 7575 Hellebrand.

Herschel, Wilhelm
(17. Oktober 1895 Bonn – 7. Januar 1986 Bad Honnef)
Konfession: katholisch
Vater: Landwirt
Herschel besuchte das Gymnasium in Bonn, danach studierte er von 1914 bis 1919 Rechts- und Staatswissenschaften sowie Philosophie in Bonn, 1917/18 unterbrochen durch Dienst im Landsturm. 1919 legte er die Referendarprüfung in Köln ab, 1920 wurde er Gerichtsreferendar in Königswinter, im Wintersemester 1920/21 war Herschel Assistent des staatswissenschaftlichen Seminars an der Universität Bonn. Von 1921 bis 1925 arbeitete er als Justiziar, später Geschäftsführer beim Gesamtverband der christlichen Gewerkschaften Deutschlands. Von 1925 bis 1931 war er wissenschaftlicher Angestellter, dann Studienrat an der Staatlichen Fachschule für Wirtschaft und Verwaltung Düsseldorf, zugleich von 1927 bis 1931 ehrenamtlicher Landesarbeitsrichter Düsseldorf. 1931 promovierte er zum Dr. jur. an der Universität Köln und wurde Professor am staatlichen Berufspädagogischen Institut bzw. dessen Nachfolgern in Köln und Frankfurt am Main. 1940 wurde Herschel mit der Wahrnehmung der freien Professur für Arbeitsrecht in Halle beauftragt. 1941 auf Grund seiner vorliegenden Arbeiten zum Erbhofeigentum und zum Arbeitsrecht habilitiert, wurde er 1943 förmlich zum Direktor des Instituts für Arbeitsrecht und zum ordentlichen Professor ernannt. Im März 1945 wich Herschel mit dem Institut für Arbeitsrecht nach Sonneberg aus. In Sonneberg amtierte er als Richter und wirkte an Säuberungsmaßnahmen mit. Im Oktober 1945 kehrte Herschel nach Halle zurück, siedelte jedoch 1946 in die britische Besatzungszone über, um Leiter der Abteilung für Arbeitsrecht, Tarifwesen und Gewerbeaufsicht im Range eines Ministerialrates im Hauptamt für Arbeitsverwaltung für die britische Zone

zu werden. 1947 wurde er Ministerialdirektor im Zentralamt für Arbeit in der britischen Besatzungszone Lemgo, später im Bundesministerium für Arbeit. Ab 1950 lehrte Herschel als Honorarprofessor für Arbeitsrecht an der Universität Köln.
Organisationen: 1930 bis 1933 Zentrum, NSLB, Block- und Zellenwalter der NSV, 1938 NSRB, seit 1941 ehrenamtlicher Lektor beim Zentrallektorat der DAF. Aus einem Lebenslauf: »Am 30.10.1937 zur NSDAP angemeldet. Infolge Teilung der Ortsgruppe und mehrfachem Wohnungswechsel bisher noch nicht erledigt.«. 1945 CDU.
Quellen: UAH PA 7786 Herschel; Rep. 6 Nr. 1407.

Hertz, Friedrich
(26. März 1878 Wien – 20. November 1964 London)
Konfession: katholisch
Vater: Kaufmann
Hertz studierte Rechtswissenschaft und Volkswirtschaftslehre an den Universitäten Wien, München und London und promovierte zum Dr. oec. publ. 1906 wurde er Sekretär des Bundes österreichischer Industrieller, 1919 Ministerialrat im Bundeskanzleramt Wien. 1929 berief ihn die Universität Halle zum ordentlichen Professor der wirtschaftlichen Staatswissenschaften und der Soziologie der Universität Halle. Nach einem Boykott nationalsozialistischer Studenten suchte Hertz am 20. April 1933 um seine Entlassung nach. Auf Grund des § 3 des Berufsbeamtengesetzes wegen seiner jüdischen Abstammung entlassen, kehrte Hertz nach Wien zurück. 1938 emigrierte er nach London, wo er als wissenschaftlicher Schriftsteller arbeitete.
Quellen: UAH PA 7793 Hertz; DBE Bd. 4, S. 652 f.

Isele, Hellmut-Georg
(2. März 1902 Konstanz – 7. März 1987 Pully (Schweiz))
Konfession: römisch-katholisch
Vater: Jurist (Senatspräsident)
Nach dem Besuch des Gymnasiums in Karlsruhe studierte Isele Rechts- und Wirtschaftswissenschaften an den Universitäten Heidelberg, Berlin und Freiburg. 1924 bestand er das erste, 1928 das zweite juristische Staatsexamen. Ebenfalls 1928 promovierte Isele zum Dr. jur. an der Universität Freiburg. Von 1928 bis 1932 war er Gerichtsassessor im badischen Justizdienst, gleichzeitig von 1925 bis 1932 Fakultätsassistent an der Universität Freiburg. 1932 dort habilitiert, wurde er wenig später Privatdozent der Universität Kiel und dort formal zum Dozenten ernannt. 1935 vertrat er den Lehrstuhl für Arbeitsrecht an der Universität Frankfurt. 1936 erhielt er einen Lehrauftrag in Halle und wurde mit der Vertretung der Professur für Arbeitsrecht betraut, 1937 dann zum beamteten außerordentlichen Professor berufen. Von 1940 bis 1945 war Isele Ordinarius an der Hochschule für Welthandel in Wien, ab 1946 Professor für Handelsrecht, Wirtschaftsrecht, Arbeitsrecht und Bürgerliches Recht an der Universität Mainz. In Mainz amtierte er 1949/50 als Rektor, 1959 nahm er einen Ruf an die Universität Frankfurt am Main an.
Organisationen: SA, NSRB, NSDAP.
Quellen: UAH Rep. 6 Nr. 1407; PA 8324 Isele; PA 13857 Schmelzeisen.

Jahn, Georg
(28. Februar 1885 Leipzig – 18. Mai 1962 Berlin (West))
Konfession: evangelisch-lutherisch
Vater: Schuldirektor
1904 nahm Jahn ein Studium der Philosophie und Staatswissenschaften an der Universität Jena auf, leiste jedoch zunächst 1904/05 Militärdienst als Einjährig-Freiwilliger. Das Studium setzte er von 1906 bis 1909 in Leipzig fort, wo er sich stärker auf die Nationalökonomie konzentrierte. 1909 wurde Jahn Geschäftsführer und Syndikus des Verbandes deutscher Bureaubeamten, später zusätzlich für weitere Berufsverbände (Wirtschaftsverein deutscher Lehrer, Wirtschaftsverband deutscher Künstler).

Von 1914 bis 1916 war er Unteroffizier des Heeres, von 1916 bis 1918 leitete er die Heeresstelle für Rohstofferhebung in Belgien. 1919 habilitierte er sich in Leipzig, im August 1919 wurde er außerordentlicher Professor der Technischen Hochschule Braunschweig. Im Januar 1923 nahm er den Ruf auf ein Ordinariat der Technischen Hochschule Dresden an. 1924 wechselte er als ordentlicher Professor der wirtschaftlichen Staatswissenschaften und Statistik an die Universität Halle. Hier war er Direktor des Seminars für Staatswissenschaften, im Juni 1937 wurde er auf Grund des § 6 des Berufsbeamtengesetzes wegen seiner jüdischen Ehefrau in den Ruhestand versetzt. Jahn siedelte nach Berlin-Charlottenburg über, wo er weiterhin wissenschaftlich arbeitete. Am 1. Oktober 1945 wurde er wieder zum ordentlichen Professor in der Rechts- und Staatswissenschaftlichen Fakultät der Universität Halle berufen, 1946 nahm er einen Ruf an die TH Berlin-Charlottenburg an.
Organisationen: Als Student engagierte sich Jahn in der nationalsozialen Bewegung von Friedrich Naumann, 1909 wechselte er mit diesem zu den »Freisinnigen« bzw. zur Fortschrittlichen Volkspartei und betätigte sich öffentlich auf derem sozialliberalen Flügel. Nach 1918 DDP bzw. Staatspartei, nach 1933 RLB.
Quellen: UAH PA 8387 Jahn; Rep. 6 Nr. 1407.

Jecht, Horst
(7. Januar 1901 Görlitz – Oktober 1965 Nancy (Frankreich))
Konfession: evangelisch
Vater: Professor, Archivar
Jecht studierte Wirtschafts- und Staatswissenschaften an den Universitäten Leipzig und Halle. Hier promovierte er 1923 zum Dr. rer. pol. Halle, und wurde Assistent am Staatswissenschaftlichen Seminar. Er setzte seine Studien in Berlin fort und habilitierte sich 1928 an der Universität Halle. 1930 erhielt er einen Lehrauftrag für Finanzwissenschaft. 1933/34 vertrat er Lehrstühle in Berlin, sowohl an der Universität als auch an der Handelshochschule. 1934 wurde er zum außerordentlichen Professor ernannt und an die Universität Berlin versetzt, 1936 erhielt er ein planmäßiges Extraordinariat an der Wirtschaftshochschule Berlin, 1938 wurde der Spezialist für Kriegsfinanzen Ordinarius für Volkswirtschaftslehre, Finanzwissenschaft und Wirtschaftsgeschichte an beiden Hochschulen. 1942 nahm er einen Ruf an die Universität Heidelberg an, 1945 wurde er entlassen. 1947 durch ein Spruchkammerverfahren als Mitläufer eingestuft, erhielt er 1949 einen Lehrauftrag an der Universität Göttingen, im Wintersemester 1949/50 vertrat er einen Lehrstuhl an der Hochschule für Arbeit, Politik und Wirtschaft Wilhelmshaven. 1951 wurde er auf den Lehrstuhl für Nationalökonomie an der Universität Münster berufen. 1959 erhielt Jecht einen Ruf an die Universität München. Hier war er Direktor des Institutes für Finanzwissenschaft und zugleich Vorstand des wissenschaftlichen Beirates beim Bundesminister der Finanzen. Jecht starb bei einem Unfall.
Organisationen: Eintritt in die NSDAP am 26. April 1933 (Mitglied Nr. 2 260 777), 1935-1939 Blockleiter, NSD Dozentenbund, 1933–1935 SA.
Quellen: UAH Rep. 6 Nr. 1361; BDC; Auskunft UA München.

Joerges, Rudolf
(19. Juli 1868 Altenkirchen (Rheinland) – 4. Dezember 1957 Halle)
Konfession: evangelisch
Vater: Philologe, Schulrektor
Das Abitur legte Joerges 1887 am Gymnasium Elberfeld ab, danach studierte er neuere Philologie, Philosophie und Germanistik an den Universitäten Bonn, Straßburg, Marburg und wieder Bonn. 1896 gründete er eine private Lehranstalt. 1898 hielt er sich in Paris und London »zur Vervollkommnung in der französischen und englischen Sprache« auf, wie er selbst rückblickend schrieb. 1901 promovierte er an der Universität Bonn zum Dr. phil. mit einer Arbeit über die »Empfindungen bei Descartes«, ab 1905 studierte er Rechtswissenschaften in Bonn und vor allem bei Rudolf Stammler in Halle. 1909 legte er das Referendarexamen ab, 1910 promovierte er in Halle zum Dr. jur. Von 1909 bis 1913 war er im Vorbereitungs- und Justizdienst, 1912 habilitierte sich Joerges mit einer rechtsphilosophischen

Arbeit über die eheliche Lebensgemeinschaft. 1913 wurde er auf eigenen Antrag aus dem Justizdienst entlassen, um als Privatdozent an der Universität Halle tätig zu sein. 1918 erhielt er den Professorentitel, 1919 wurde er zum nichtbeamteten außerordentlichen Professor in Halle ernannt und erhielt einen Lehrauftrag für Rechtsmethodologie. Von 1928 bis 1933 war er ordentlicher Professor für Rechtsphilosophie, Rechtsmethodologie, Römisches und Bürgerliches Recht sowie Arbeitsrecht, von 1929 bis zu seiner Beurlaubung 1933 Direktor des von ihm selbst gegründeten Instituts für Arbeitsrecht. Am 19. Mai 1933 wurde Joerges mit sofortiger Wirkung beurlaubt und im September 1933 nach § 6 des Berufsbeamtengesetzes in den Ruhestand versetzt. Im September 1945 wieder eingestellt, widmete er sich dem Neuaufbau des Instituts für Arbeitsrecht. Von 1948 bis 1950 war er Dekan der Juristischen Fakultät und wurde 1950 emeritiert.

Joerges hatte zahlreiche Ehren- und Nebenämter: von 1915 bis 1918 leitete er die städtische Rechtsauskunftsstelle und war Vorsitzender des Gewerbe- und Kaufmannsgerichtes, von 1918 bis 1933 war er Vorsitzender des staatlichen Schlichtungsausschusses Halle-Merseburg, von 1922 bis 1933 Vorsitzender des Reichskalischiedsgerichtes.

Organisationen: 1918 bis 1921 DDP; 1935 RLB. 1945 FDGB.
Quelle: UAH PA 8459 Joerges.

Kisch, Guido
(22. Januar 1889 Prag – 7. Juli 1985 Basel)
Konfession: ohne, früher jüdisch
Vater: Gymnasialprofessor
Nach dem Abitur studierte Kisch Rechtswissenschaften an der Universität Prag. 1912 wurde er Referendar und legte die erste juristische Staatsprüfung ab. 1913 promovierte er an der Deutschen Universität Prag zum Dr. jur. 1914 wurde er k. u. k. Gerichtsauskultant (Gerichtsassessor). 1915 erhielt er eine Assistentenstelle an der Universität Leipzig wo er sich 1915 für Zivilprozeßrecht und deutsche Rechtsgeschichte habilitierte. 1920 erhielt er einen Ruf als planmäßiger außerordentlicher Professor für Rechtsgeschichte an die Universität Königsberg. 1922 erhielt er einen Ruf nach Halle, im selben Jahr und 1924 lehnte Kisch Rufe nach Prag ab. Im Mai 1933 wurde Kisch beurlaubt und im Januar 1934 in den Ruhestand versetzt. Anschließend wirkte er als Professor am Jüdischen Theologischen Seminar Breslau, 1935 erhielt er ein Forschungsstipendium in den USA. Vorübergehend nach Deutschland zurückgekehrt, arbeitete Kisch ab 1937 als Professor für jüdische Geschichte an verschiedenen Colleges und Akademien in New York. 1949 wurde er Gastprofessor an der Universität Lund (Schweden), ab 1953 lehrte er an der Universität Basel (Schweiz), wo er sich 1962 niederließ.
Organisationen: -
Autobiographie: Der Lebensweg eines Rechtshistorikers, 1975
Quellen: UAH PA 8861 Kisch; DBE Bd. 5, S. 558; Autobiographie.

Kitzinger, Friedrich
(8. November 1872 Fürth – 15. Juli 1943 Palästina)
Konfession: jüdisch
Vater: Kaufmann
Nach dem Studium der Rechte und der Promotion zum Dr. jur. war Kitzinger von 1895 bis 1898 Referendar im bayrischen Justizdienst. 1902 habilitierte er sich für Strafrecht und Strafprozessrecht an der Universität München. 1908 erhielt er den Professorentitel, doch erst 1921 wurde der jüdische Gelehrte zum planmäßigen außerordentlichen Professor der Universität München ernannt. 1926 erhielt er einen Ruf nach Halle auf ein persönliches Ordinariat für Strafrecht, Strafprozessrecht und kriminalistische Hilfswissenschaften. 1931 wurde er planmäßiger Ordinarius. Im September 1933 auf Grund des § 3 des Berufsbeamtengesetzes in den Ruhestand versetzt, emigrierte Kitzinger nach England, behielt jedoch einen Wohnsitz in Deutschland. Im November 1938 wurde Kitzinger ins KZ Dachau gebracht, ihm dann jedoch die Ausreise gestattet. Von England siedelte er nach Palästina über.
Organisationen: -
Quellen: UAH PA 8875 Kitzinger; Pauly, Hallische Rechtsgelehrte.

Koch, Waldemar
(25. September 1880 Harzburg – 15. Mai 1963 Berlin)
Konfession: ohne
Vater: Schiffsingenieur
1897 erwarb Koch die Primareife am Realgymnasium Bremerhaven, von 1897 bis 1900 volontierte er bei einer Schiffsbaugesellschaft. Nach dem Militärdienst bei der Marine legte Koch 1903 das Abitur als Externer ab und begann das Studium des industriellen Verwaltungswesens an der TH Berlin, das er 1904 als Diplomingenieur abschloss. Von 1905 bis 1907 arbeitete er bei der AEG und studierte zugleich Volkswirtschaft, Philosophie und Geschichte an der Universität Berlin. 1907 promovierte er mit einer Arbeit über die Konzentrationsbewegung in der deutschen Elektroindustrie zum Dr. phil. Zwischen 1907 und 1909 führten ihn Studienreisen in die USA, nach China und Russland. 1909 promovierte er zum Dr. ing. mit einer Arbeit über die Industrialisierung Chinas. Von 1910 bis 1914 war er Direktor eines AEG-Betriebs in London. 1914/15 leistete Koch Militärdienst, von 1915 bis 1918 war er Abteilungsleiter, später stellvertretender Direktor am Institut für Seeverkehr und Weltwirtschaft der Universität Kiel. 1918 trat er in die DDP ein und war 1918/19 Vorsitzender des Bürgerausschusses von Groß-Berlin. In dieser Funktion unterstütze er die Brigade Reinhard bei der Niederschlagung des Spartakistenaufstandes maßgeblich. Von 1919 bis 1930 war Koch in verschiedenen Industrieunternehmen tätig. Zwischen 1930 und 1945 arbeitete er als freiberuflicher Wirtschaftsprüfer. 1930 habilitierte er sich für Betriebswirtschaftslehre an der TH Berlin, 1934 wurde er nach § 6 Berufsbeamtengesetzes als Privatdozent entlassen. Der Grund: Koch vertrat als Wirtschaftsprüfer die Interessen des jüdischen Großaktionärs der Engelhardt-Brauerei gegen die »arisierungswillige« Dresdner Bank und wurde deswegen in »Schutzhaft« genommen. Als er nach der dreiwöchigen Haft an die Hochschule zurückkehren wollte, bedeutete man ihm dies sei »nicht angängig« und entzog ihm die Lehrbefugnis. 1939 erhielt Koch jedoch die Venia Legendi zurück. 1942/43 nahm er einen Lehrauftrag an der Universität Halle war. 1945 war er Mitbegründer der DDP bzw. LDPD und von Juli bis November 1945 ihr 1. Vorsitzender. Unter anderem wegen der Bodenreform trat er von dem Amt zurück. 1948 wurde er aus der LDPD ausgeschlossen und siedelte nach Westberlin über. Von 1949 bis 1953 war er Professor für Betriebswirtschaftslehre an der TH Berlin, im Juli 1956 trat er aus der FDP aus.
Organisationen: 1918 DDP. 1945 LDPD, später FDP.
Autobiographie: Aus den Lebenserinnerungen eines Wirtschaftsingenieurs, Köln und Opladen 1962.
Quellen: Wer war wer; Heiber 1, S. 218 f., Autobiographie.

Kuhr, Theodor
(21. Januar 1899 Straßburg – nach 1946)
Konfession: evangelisch
Vater: Verlagsbuchhändler
Nach dem Abitur leistete Kuhr Kriegsdienst und wurde 1918 verwundet. Von 1919 bis 1925 studierte er Philosophie, später Staatswissenschaften an der Universität Berlin. 1926 promovierte er zum Dr. phil. Danach war er als Statistiker beim Deutschen Industrie und Handelstag angestellt, 1927 wurde er wissenschaftlicher Hilfsarbeiter beim Statistischen Amt der Stadt Berlin. Ab 1928 setzte er das Studium fort, u. a. gefördert durch die Notgemeinschaft der deutschen Wissenschaft. In Berlin wurde seine Habilitation abgelehnt, 1936 jedoch an der Universität Freiburg genehmigt. 1937 erhielt er einen Lehrauftrag für Volkswirtschaftslehre, speziell Wirtschaftspolitik an der Universität Halle. Zunächst von der Alfred-Rosenberg-Stiftung unterstützt, stellte die Universität jedoch rasch fest, dass Kuhr, so Dekan Buchda, »nicht förderungswürdig« sei. Trotzdem erhielt er Beihilfen des Wissenschaftsministeriums und – gegen Weigelts Votum – mit der Ernennung zum Dozenten neuer Ordnung im Herbst 1939 eine Diätenstelle. 1940 wurde Kuhr für den Dienst im Generalgouvernement beurlaubt, wo er Arbeit bei der Raumordnungsstelle des Generalgouverneurs in Krakau fand. 1945 wurde er von der Universität Halle entlassen. 1946 lebte er in Regensburg. Weitere Angaben konnten nicht ermittelt werden.
Organisationen: SA November 1933, Rottenführer, NSV, NSDAP ab 1. Mai 1937 (Mitglied Nr. 4 834 233).
Quellen: UAH PA 9664 Kuhr; Rep. 6 Nr. 1407.

Langer, Gottfried
(18. März 1896 Dresden – 2. August 1979 Halle)
Konfession: evangelisch-lutherisch
Vater: Stabsarzt
Das Abitur legte Langer in Dresden ab, ein Studium der Rechts- und Staatswissenschaften in Freiburg und München schloss sich an. Er nahm als Fahnenjunker, später Leutnant, am Ersten Weltkrieg teil. 1916 wurde er an beiden Armen verwundet, 1917 erlitt er eine Schädelverletzung (schwerkriegsbeschädigt zu 50 %, ausgezeichnet u. a. mit dem Eisernen Kreuz I. und II. Klasse). Aus der englischen Kriegsgefangenschaft wurde Langer in die Schweiz überstellt. Nach der Rückkehr setzte er das Studium in Leipzig fort. 1919 bestand er die erste, 1920 die zweite Staatsprüfung, 1921 promovierte er zum Dr. jur. 1922 wurde Langer Gerichtsassessor in Leipzig, arbeitete dann bei der Staatsanwaltschaft Bautzen und 1923 im Finanzamt Dresden. 1924 wurde er Regierungsassessor in Bautzen. Nebenher studierte Langer von 1922 bis 1924 an der TH Dresden. 1925 zum Regierungsrat ernannt war er in der Folgezeit in den Finanzämtern Dresden, Freital und Leipzig tätig. Von 1926 bis 1928 war er für wissenschaftliche Arbeiten beurlaubt, 1928 habilitierte er sich für Staatsrecht, Kirchenrecht und Deutsche Rechtsgeschichte an der Universität Leipzig. Erneut am Finanzamt Leipzig tätig, habilitierte sich Langer 1930 noch zusätzlich für Völkerrecht. Zunächst für Dozententätigkeit in Riga beurlaubt, wurde Langer 1931 zum nichtplanmäßigen außerordentlichen Professor in Leipzig und zugleich zum ordentlichen Professor des Deutschen und öffentlichen Rechts an der Herderhochschule zu Riga ernannt. 1935 vertrat er den Lehrstuhl für öffentliches Recht an der Universität Halle und wurde 1937 zum persönlichen, später planmäßigen ordentlichen Professor berufen. Von 1937 bis 1939 leitete er die akademische Auslandsstelle der Universität. 1935 überführt in die neue Wehrmacht, war Langer von September 1939 bis Mai 1940 im Auftrag des OKW als Oberleutnant zur besonderen Verfügung zum Amt Ausland Abwehr abgeordnet. Ab August 1940 war Langer Gaubeauftragter für das militärische Vortragswesen im Wehrkreis IV, 1941 musste er dieses Amt nach Auseinandersetzung mit Mitarbeitern der Gauleitung abgeben. Im Dezember 1945 wurde Langer von der Universität Halle entlassen. Zunächst war er in der Weiterbildung von Mitarbeitern des Finanzamtes Halle tätig, von 1946 bis 1950 arbeitete er in der Universitätsbibliothek. Zugleich war er von 1945 bis 1951 Mitherausgeber des von der Provinzial- bzw. Landesregierung herausgegebenen Loseblattwerkes »Das Recht in der Provinz Sachsen/im Land Sachsen-Anhalt« und Gutachter der Landesregierung. 1950 erhielt er einen Forschungsauftrag zu den Quellen des Wirtschaftsrechtes im Merkantilismus. Dieser wurde nicht verlängert. Nach einer Aushilfstätigkeit als Buchhalter war Langer arbeitslos. Ab 1951 arbeitete Langer dann erneut in der Universitäts- und Landesbibliothek Halle.
Organisationen: 1925 bis 1933 DNVP, Stahlhelm, 1934 Übertritt zur SA-Reserve, VDA, im November 1933 Eintritt in die NSDAP (Mitglied Nr. 3 391 291), RDB, NSRB, NSDDB, NS-Reichskriegerbund, NSKOV, NSV. Mitglied des Nationalitätenausschusses der Akademie für Deutsches Recht, NSDAP-Gaubeauftragter für das militärische Vortragswesen, Mitarbeiter der Gaupropagandaleitung, Mitarbeiter des Gaurechtsamtes. 1945 FDGB, 1946 bis 1951 SED, 1950 DSF.
Quellen: UAH PA 24566 Langer; Rep. 6 Nr. 1407.

Lindrath, Hermann
(29. Juni 1896 Eisleben – nach 1946)
Konfession: evangelisch
Vater: Fleischermeister
Das Reifezeugnis erwarb Lindrath 1914 in Eisleben. In den Ersten Weltkrieg zog er als Kriegsfreiwilliger. Befördert zum Unteroffizier, wurde er mit dem Eisernen Kreuz I. und II. Klasse ausgezeichnet. 1916 geriet er in französische Kriegsgefangenschaft, aus der er erst 1920 zurückkehrte. Von 1920 bis 1922 studierte er Rechts- und Staatswissenschaften an der Universität Halle, danach war er in einer Privatbank tätig. 1926 wechselte er zur Stadtbank, dann in die Kommunalverwaltung. Nach der Reorganisation der Versorgungs- und Verkehrsbetriebe baute Lindrath eine städtische Buch- und Betriebsprüfstelle auf, 1930 übernahm er die Leitung der städtischen Steuerverwaltung, während des Krieges war er Stadtkämmerer und Leiter des Treuhandamtes der Stadt. 1945 wurde er in den Ruhestand ver-

setzt. Nebenamtlich war Lindrath von 1925 bis 1932 Dozent an der hallischen Handelsfachschule, ab 1929 Dozent der Verwaltungsschule und Verwaltungsakademie Halle, ab April 1933 beauftragter Dozent für Revisionswesen an der Universität Halle. 1940 wurde der Lehrauftrag auf Finanzrecht und Buchführung erweitert. 1945 entzog ihm die Universität den Lehrauftrag. Als der Lehrauftrag 1946 erneuert werden sollte, lehnte Lindrath ab. Weitere Angaben konnten nicht ermittelt werden.
Organisationen: 1928 bis 1933 DVP, 1933 Stahlhelm, 1934 Überführung in die SA, 1937 Aufnahme in die NSDAP. 1945 CDU.
Quellen: UAH PA 10154 Lindrath; Rep. 6 Nr. 1407; Sterbetag und Sterbeort nicht beim Standesamt Eisleben registriert.

Mackenroth, Gerhard
(14. Oktober 1903 Halle – 17. März 1955 Kiel)
Konfession: evangelisch-lutherisch
Vater: Oberstadtsekretär
Mackenroth besuchte die Vorschule und die Lateinische Hauptschule der Franckeschen Stiftungen (Reifeprüfung 1922). Danach studierte er Rechts- und Staatswissenschaften an den Universitäten Leipzig, Berlin und Halle. In Halle legte er 1926 die Diplomprüfung für Volkswirte ab und promovierte zum Dr. rer. pol. mit einer Arbeit über die Wirkung von Zöllen. Von 1928 bis 1931 war er Fellow der Rockefeller-Foundation an den Universitäten Stockholm, London, Cambridge, außerdem reiste er zu Studienzwecken nach Wien und Genf. 1932 habilitierte er sich an der Universität Halle mit der Arbeit »Theoretische Grundlagen der Preisbildungsforschung und Preispolitik« für das Fach Nationalökonomie. 1932/33 war er gemeinsam mit Kurt Mothes Initiator des Freiwilligen Arbeitsdienstes der Universität Halle. 1934 wurde Mackenroth planmäßiger außerordentlicher Professor am Weltwirtschaftlichen Institut der Universität Kiel. Von 1940 bis 1942 war er Ordinarius in Kiel, hier leitete er die Forschungsgruppe Marktordnung und Außenwirtschaft am Kieler Institut für Weltwirtschaft. Von 1942 bis 1945 hatte er einen Lehrstuhl an der Reichsuniversität Straßburg inne, konnte wegen des Kriegsdienstes nur unregelmäßig unterrichten. 1945 arbeitete Mackenroth als Tischler, hielt jedoch schon ab 1946 Gastvorlesungen in Kiel. Hier wurde er 1948 wieder zum Ordinarius ernannt, diesmal für Sozialwissenschaft, Soziologie und Statistik.
Organisationen: nicht ermittelt.
Quellen: UAH Rep. 4 Nr. 1438 (Arbeitsdienst); NDB 15, S. 620f.; Karteikarte im BDC nicht ermittelt.

Mitscherlich, Waldemar
(22. März 1877 Hannoversch Münden – 31. Juli 1961 Bad Godesberg)
Konfession: evangelisch
Vater: Universitätsprofessor
Zunächst studierte Mitscherlich von 1898 bis 1900 Naturwissenschaften in Göttingen, von 1900 bis 1907 jedoch Philosophie, Geschichte und Nationalökonomie in Freiburg, Kiel und Berlin. 1904 promovierte er an der Universität Berlin zum Dr. phil., 1908 habilitierte er sich an der Universität Kiel für wirtschaftliche Staatswissenschaften. 1908 erhielt er ein persönliches Ordinariat für wirtschaftliche Staatswissenschaften an der königlichen Akademie zu Posen, 1915 erhielt er einen Ruf an die Universität Greifswald, 1917 wechselte er nach Breslau, 1928 nach Göttingen. Nach einem Studentenboykott wurde er beurlaubt und 1934 im Austausch gegen Gustav Aubin nach Halle versetzt. 1941 wurde er nach Zusammenstößen mit nationalsozialistischen Studenten nach Leipzig versetzt und 1942 emeritiert. Mitscherlich zog nach Freiburg, dann Coburg, später nach Marburg um. 1946 kehrte er zurück nach Halle, eine Wiederberufung scheiterte am Einspruch des neuen Universitätskurators Friedrich Elchlepp, der Mitscherlich eine »kapitalistisch-reaktionäre« Haltung vorwarf. Vertretungsweise hielt er bis 1947 Vorlesungen und Übungen ab, 1949 siedelte er nach Westdeutschland über.
Organisationen: Austritt aus der Deutschen Burschenschaft 1933; NSV, NSRB, RLB, 1933/34 Förderndes Mitglied der SS.
Quellen: UAH PA 11499 Mitscherlich; Rep. 6 Nr. 1407.

Muhs, Karl
(23. Dezember 1891 Berlin – 17. Oktober 1954 Berlin)
Konfession: evangelisch
Vater: Kaufmann
Nach dem Abschluss der Volksschule besuchte Muhs ein Lehrerseminar. Von 1911 bis 1914 arbeitete er als Lehrer, studierte dann aber an der Universität Berlin Wirtschafts- und Sozialwissenschaften. 1917 legte er die Reifeprüfung ab und immatrikulierte sich an der Universität Jena, dort promovierte er 1918. Im selben Jahr wurde er Assistent, 1921 habilitierte sich Muhs. 1923 wurde er auf ein Extraordinariat an die Handelshochschule Nürnberg berufen. Im Dezember 1923 erhielt Muhs ein Ordinariat an der Universität Greifswald. 1933 wurde er mit der Vertretung des vakanten staatswissenschaftlichen Lehrstuhles an der Universität Halle beauftragt und 1934 berufen. Hier war er Direktor des Staatswissenschaftlichen Seminars und mehrfach Dekan der Rechts- und Staatswissenschaftlichen Fakultät. Für seine Vortragstätigkeit bei der Luftwaffe erhielt er 1944 das Kriegsverdienstkreuz II. Klasse. Im Oktober 1945 wurde Muhs von der Universität Halle entlassen. Zunächst als Schriftsteller, dann mit Forschungsauftrag wissenschaftlich tätig, erhielt Muhs ab 1947 Angebote für Lehrstühle in den westlichen Besatzungszonen. Doch erst 1951 nahm er den Ruf auf eine Professur für Wirtschaftswissenschaften an der Universität Berlin-Dahlem an.
Organisationen: 1918 Eintritt in die DDP, von 1929 bis 1933 Mitglied der DVP, Aufnahme in die NSDAP am 1. Mai 1937 (Mitglied Nr. 4 979 096). Im August 1945 Eintritt in die LDPD.
Quellen: UAH PA 11776 Muhs; Rep. 6 Nr. 1407.

Noack, Erwin
(11. Februar 1899 Spandau – 11. Juli 1967 Kellsee)
Konfession: evangelisch
Vater: Zahlmeister
Noack besuchte Schulen in Jauer und Cottbus, von 1917 bis 1918 stand er im Kriegseinsatz, wo er rasch befördert wurde (1917 Gefreiter, 1918 Unteroffizier, Fähnrich, Leutnant). Für seine Tapferkeit erhielt Noack das Eiserne Kreuz I. und II. Klasse. Obwohl er bei einer Verwundung schwere Schädigungen an beiden Beinen davongetragen hatte, wurde Noack Mitglied der Organisation Escherich (2. Bataillon Halle), nahm am Kapp-Putsch teil und war Führer einer Polizei-Studenten-Hundertschaft gegen den kommunistischen Aufstand in Mitteldeutschland. Außerdem studierte Noack Rechts- und Staatswissenschaften an der Universität Halle. 1922 wurde er Referendar, 1924 promovierte er zum Dr. jur., 1926 legte er das Assessorexamen ab und ließ sich in Halle als Rechtsanwalt nieder. 1933 erhielt er die Zulassung zum Notar. Auf Verlangen des preußischen Kultusministeriums wurde Noack im April 1934 ein Lehrauftrag erteilt, im Juli des selben Jahres ernannte ihn die Universität Halle zum Honorarprofessor. Noack hatte zahlreiche Ehren- und Parteiämter inne. So war er Senatspräsident des 2. Senats des Ehrengerichtshofes für Rechtsanwälte, Vizepräsident der Reichsrechtsanwaltskammer, Mitglied der Akademie für Deutsches Recht, Mitglied der »Nationalsynode«, ab 1937 Leiter des Amtes für Rechtswahrer im Reichsrechtsamt der NSDAP. Von der Universität Halle beurlaubt, erhielt er 1938 einen Lehrauftrag an der Universität Berlin. Noack wohnte jedoch weiterhin in Halle und blieb Angehöriger des Lehrkörpers der Martin-Luther-Universität. Im Mai 1945 wurde er durch amerikanisches Militär verhaftet.
Organisationen: Angehöriger der Organisation Escherich, Stahlhelm bis 1931. Am 1. März 1931 Eintritt in die NSDAP (Mitglied Nr. 438 978), politischer Amtwalter, Abteilungsleiter der Rechtsabteilung der Reichsleitung der NSDAP, Funktionen bei den Deutschen Christen, 1932 SA. 1934 entschied das Parteigericht, dass Noack trotz der einstigen Zugehörigkeit zur Freimaurerloge »Burg am Saalestrande« und der »Schlaraffia« weiterhin als politischer Leiter Verwendung finden konnte.
Quellen: UAH Rep. 6 Nr. 1407; PA 12028 Noack; Auskunft des Standesamtes Berlin-Spandau, BDC.

Oeschey, Rudolf
(1. Juli 1879 Landshut – 13. September 1944 Leipzig)
Konfession: katholisch
Vater: Apotheker

Oeschey habilitierte sich 1915 an der Universität Leipzig, 1920 wurde er zum nichtbeamteten außerordentlichen Professor ernannt. 1934 wurde er planmäßiger außerordentlicher Professor für Staats-, Verwaltungs- und Kirchenrecht an der Universität Leipzig. 1936/37 vertrat er den Lehrstuhl für Öffentliches Recht an der Universität Halle. Die Fakultät setzte Oeschey für das vakante Ordinariat wegen seiner Spezialisierung auf Kirchenrecht mit auf die Berufungsliste. Ernannt wurde jedoch Gottfried Langer.
Organisationen: BNSDJ.
Quellen: UAH Rep. 4 Nr. 898; Auskunft des Standesamtes Landshut.

Raupach, Hans
(10. April 1903 Prag – 12. Januar 1997 München)
Konfession: evangelisch
Vater: Heilgehilfe, schwerkriegsbeschädigter Rentenempfänger
Zunächst besuchte Raupach das Stadtgymnasium in Prag, ab 1919 die Oberrealschule Hirschberg. Nach dem Abitur (1923) studierte er Volkswirtschaft und Rechtswissenschaft in Breslau und Berlin, 1927 wurde er mit einer rechtsgeschichtlichen Arbeit in Breslau zum Dr. jur. promoviert. 1928 legte er in Breslau die erste juristische Staatsprüfung ab, im Herbst 1928 wurde er wissenschaftlicher Mitarbeiter in der Rechtsabteilung des Osteuropainstituts Breslau. 1929 begann er mit dem Referendariat am Oberlandesgericht Breslau. Raupach war ein Aktivist der Jugendbewegung: zunächst im Großdeutschen Jugendbund, wurde er 1919 Führer der Warmbrunner Gruppe der Adler und Falken, dann trat er mit der Gruppe zum Alt-Wandervogel über. 1921 trat er in die Schlesische Jungenschaft ein, 1923 in die Akademische Freischar Breslau, 1925 in die Märkische Spielgemeinde Berlin. 1926 wurde er Jungenschaftsführer in Schlesien. 1928 war er Leiter der Studienfahrt zum Studium der Arbeitsdienstpflicht in Bulgarien. Er führte Fahrten ins östliche Grenzland und nach Südosteuropa (Böhmen, Slowakei, Polen, Ungarn, Siebenbürgen, Bessarabien, Banat, Bulgarien, Österreich) sowie kleinere Reisen in die nordischen Länder, die Schweiz, nach Oberitalien und Südfrankreich durch. Von 1930 bis 1932 war er hauptamtlicher Leiter des Grenzschulheims Boberhaus in Löwenberg (Schlesien). Hier nahm er an der Grenzschutzausbildung teil und arbeitete beim Aufbau der ersten Arbeitslager mit. Im Herbst 1932 war er als Stipendiat der Lincoln-Stiftung Leiter der »Mittelstelle für Arbeitsdienst in Volkslagern«, also der zentralen Koordinationsstelle der bündischen und Freikorpsarbeitsdienstverbände Berlin. Im Mai 1933 folgte die Übergabe an den nationalsozialistischen Arbeitsdienst. Nach dem Dienst als einfacher Arbeitsfreiwilliger wurde Raupach Ende 1933 zum Unterfeldmeister befördert und zum Gruppenschulungsleiter im Arbeitsdienst ernannt. Ab 1. Januar 1934 war er Referent bei der Notgemeinschaft der deutschen Wissenschaft, ab dem Wintersemester 1934/35 nahm er einen Lehrauftrag für Volkstheorie des Grenz- und Auslandsdeutschtums und praktische Auslandskunde an der Universität Halle wahr. 1937 habilitierte er sich für das Fach Wirtschafts- und Sozialgeschichte, später wurde er für das Fach Volkswirtschaftslehre umhabilitiert. Schon 1938 arbeitete Raupach in Böhmen für die deutsche »Abwehr« (Sudetenmedaille 1939). Ab 1939 war er offiziell als Soldat Mitarbeiter des Amtes Ausland der Abwehr im Oberkommando der Wehrmacht, im Russlandfeldzug diente er bei einer Sonderformation und erhielt das Eiserne Kreuz II. Klasse. 1942 wurde er Sonderführer. Im April 1944 erhielt er in Abwesenheit die Ernennung zum außerplanmäßigen Professor, 1945 wurde er von der Universität Halle entlassen. In amerikanische Kriegsgefangenschaft gelangt, wurde er der Ausfragehaft in England unterzogen. 1946 entlassen, war er zunächst tätig als Kunsthandwerker, und nach eigener Angabe in der »sozialen Arbeit«. Zugleich verfasste er ein Buch über »Das wahre Bildnis Johann Sebastian Bachs«. Von 1949 bis 1953 vertrat er einen Lehrstuhl an der TH Braunschweig, 1951 wurde er zum ordentlichen Professor der Volkswirtschaftslehre und Leiter des Instituts zum Studium der Sowjetwirtschaft an der Hochschule für Sozialwissenschaften in Wilhelmshaven ernannt. 1958/59 amtierte er dort als Rektor. Von 1961 bis 1971 war Raupach ordentlicher Professor für Wirtschaft und Gesellschaft Osteuropas an der Universität München und zugleich Direktor des Osteuropainstituts. Von 1971 bis 1976 war er Präsident der Bayerischen Akademie der Wissenschaften.
Organisationen: Nach eigener Aussage Eintritt in die NSDAP am 8. März 1933. Aufnahmeantrag laut Karteikarte BDC: 23. November 1937, Aufnahme rückwirkend zum 1. Mai 1937 (Mitglied Nr. 5 535 637).
Quellen: UAH PA 12834 Raupach; Rep. 6 Nr. 1407; BDC, Borchardt.

Reinhardt, Rudolf
(7. Juni 1902 Mühlhausen (Rheinland) – 23. Dezember 1976 Marburg)
Konfession: nicht ermittelt
Vater: nicht ermittelt
1924 wurde Reinhardt mit einer Arbeit über die Amortisationshypothek an der Universität Köln zum Dr. jur. promoviert. 1930 habilitierte er sich ebenfalls an der Universität Köln. 1935 wurde er zum beamteten außerordentlichen Professor der Universität Halle ernannt, wo er vor allem Arbeitsrecht lehrte. Nach wenigen Semestern mit der Vertretung des vakanten Lehrstuhles in Königsberg betraut, wurde er dort 1938 zum ordentlichen Professor für bürgerliches Recht, Handels-, Wirtschafts- und Arbeitsrecht ernannt. 1940 folgte er einem Ruf an die Universität Marburg. Zunächst Dekan der Juristischen Fakultät, amtierte er von 1942 bis 1945 als Rektor. Nach der Entnazifizierung wurde er ab 1947 am Institut für Genossenschaftswesen der Universität Marburg beschäftigt, 1954 wurde er erneut zum ordentlichen Professor des Bürgerlichen Rechts, sowie des Handels-, Wirtschafts- und Arbeitsrechtes ernannt.
Organisationen: 1933 Eintritt in die NSDAP.
Quellen: Nagel.

Rive, Richard Robert
(26. Dezember 1864 Neapel – 23. November 1947 Halle)
Konfession: evangelisch
Vater: Kaufmann
Nach dem Tod des Vaters zog Rives Mutter mit den vier Kindern nach Breslau, wo sie eine Pension betrieb. Er besuchte das Gymnasium in Breslau und studierte dann an der Breslauer Universität Rechtswissenschaft. 1888 promovierte er zum Dr. jur. und begann das Referendariat. Nach dem Militärdienst als Einjährig-Freiwilliger und dem zweiten juristischen Examen wurde er 1893 Gerichtsassessor. Von 1893 bis 1899 war er Rechtsanwalt am Landgericht Breslau, von 1899 bis 1906 besoldeter Stadtrat in Breslau. Oberbürgermeister in Halle war Rive vom 2. April 1906 bis zum 31. März 1933. Zugleich gehörte Rive von 1906 bis 1918 dem Preußischen Herrenhaus an, danach war er Mitglied des Preußischen Staatsrates und gehörte dem Provinziallandtag als zunächst parteiloser Abgeordneter für die DNVP an. Geehrt wurde Rive u. a. mit dem Preußischen Adlerorden III. Klasse, dem Preußischen Kronenorden III. Klasse, dem Eisernen Kreuz II. Klasse am schwarz-weißen Band und dem Verdienstkreuz für Kriegshilfe. Am Tag seiner Entpflichtung aus Altersgründen ernannte ihn die Stadt Halle zum Ehrenbürger, die Universität am 6. April 1933 zum Honorarprofessor in der Rechts- und Staatswissenschaftlichen Fakultät. Von den Lehrverpflichtungen entbunden wurde Rive im Sommer 1935, erneut machte man das Alter geltend.
Organisationen: Mitgründer und Mitglied der Deutschen Vaterlandspartei 1917 bis 1919, ab 1928 DNVP.
Autobiographie: Lebenserinnerungen eines deutschen Oberbürgermeisters, 1960.
Quellen: UAH PA 13141 Rive; Rep. 6 Nr. 1407; Rupieper 1998.

Rudolph, Albert
(4. Februar 1901 Saarburg (Lothringen) – ?)
Konfession: evangelisch
Vater: Landjägermeister
Rudolph besuchte von 1907 bis 1918 Volks-, Real- und Oberrealschule in Straßburg. Von 1919 bis 1921 wurde er am Lehrerseminar Halberstadt ausgebildet. Von 1922 bis 1924 studierte er an den Universitäten Halle, Berlin und Leipzig Wirtschaftswissenschaften. Danach arbeitete er als Kaufmann in Berlin und in Halle. Von 1925 bis 1927 studierte er an der Handelshochschule Berlin, 1926 bestand er dort die Diplomprüfung für das Handelslehramt. Von 1927 bis 1929 war er Handelslehrer an der Berufsschule Bitterfeld, von 1929 bis 1936 mit Unterbrechungen Handelslehrer an der Höheren Handelsschule Halle. 1931 promovierte er an der Handelshochschule Berlin mit einer Arbeit zur Wirt-

schaftsgeographie des Kreises Bitterfeld. Ab 1934 zur Gauleitung Halle-Merseburg beurlaubt, war Rudolph seit 1936 Landesverwaltungsrat in der Provinzialverwaltung Merseburg, in der Gauleitung jedoch weiterhin für Raumforschung und Raumordnung zuständig. Außerdem war er Mitglied des Beirates für den Vierjahresplan. Als Herausgeber des Buches »Ein Gau baut auf« kam er in näheren Kontakt zu den Professoren der Universität. Ab 1937 hatte Rudolph einen Lehrauftrag an der Universität Halle für Wirtschaftskunde, Raumforschung und Statistik inne. 1941 leitete er vorübergehend das Akademische Auslandsamt der Universität. Von 1939 bis 1941 war er Sachbearbeiter für Werkschutz im Rüstungskommando Halle, außerdem als Beauftragter der Gauleitung zuständig u.a. für Luftschutz, Verdunkelung, Arbeitsschutz. Am 1. Juli 1941 wurde er zum Landrat in Quedlinburg ernannt. 1945 entzog ihm die Universität den Lehrauftrag. Weiteres konnte nicht ermittelt werden.
Organisationen: Eintritt in die NSDAP am 1. September 1932 (Mitglied Nr. 1 325 796), 1933 Blockleiter in Halle-Glaucha, 1935 Gaustellenleiter (Gauwirtschaftsberatung), ab 1936 Leiter des Gauarchivs.
Quellen: UAH PA 27991 Rudolph; Rep. 6 Nr. 1407; Rep. 6 Nr. 1349; BDC.

Ruth, Rudolf
(21. Juli 1888 Büdingen (Hessen) – 1. Dezember 1942 Frankfurt am Main)
Konfession: evangelisch
Vater: Oberreallehrer
1906 legte Ruth das Abitur in Büdingen ab und studierte in Freiburg, Berlin und Gießen Rechtswissenschaften. Dort machte 1909 das Referendarexamen und promovierte 1910 zum Dr. jur. 1910 bis 1913 war Ruth Referendar, 1913 Gerichtsassessor und von 1913 bis 1920 Assistent der Juristischen Fakultät der Universität Gießen. Am Weltkrieg (Karpatenfront, Russland) nahm er als Freiwilliger teil, wurde zum Leutnant befördert und mit dem Eisernen Kreuz I. und II. Klasse ausgezeichnet. 1920 wechselte Ruth zur Staatsanwaltschaft Gießen, 1921 wurde er Amtsgerichtsrat in Offenbach. Im gleichen Jahr habilitierte er sich an der Universität Frankfurt für Deutsche Rechtsgeschichte, Handels- und bürgerliches Recht. 1924 zum nichtbeamteten außerordentlichen Professor ernannt, vertrat er im Sommersemester 1925 einen Lehrstuhl in Göttingen und erhielt im November 1925 Ruf als Ordinarius an die Universität Halle. 1928 lehnte Ruth einen Ruf nach Prag ab, 1935 wechselte er an die Universität Frankfurt am Main, wo er zum nationalsozialistischen Wirtschaftsrecht forschte und historische Arbeiten über »Wucher und Wucherrecht der Juden im Mittelalter« veröffentlichte.
Organisationen: Stahlhelm bis 1934; Aufnahme in die NSDAP am 1. Mai 1933 (Mitglied Nr. 1 881 189).
Quelle: UAH Rep. 6 Nr. 1407.

Sattelmacher, Paul
(13. April 1879 Osnabrück – Frühjahr 1947 Buchenwald bei Weimar)
Konfession: evangelisch
Vater: Bergwerksdirektor
1902 promovierte Sattelmacher an der Universität Freiburg zum Dr. jur., ab 1914 war er Landrichter in Halle. Im Ersten Weltkrieg leistete er Militärdienst als Kriegsrichter und wurde mit dem Eisernen Kreuz I. und II. Klasse ausgezeichnet. Nach dem Krieg wurde er in das preußische Justizministerium berufen, u. a. war er Vizepräsident des Landesprüfungsamtes. Am 1. Juni 1933 ernannte ihn der preußische Justizminister zum Oberlandesgerichtspräsidenten in Naumburg, 1940 wurde Sattelmacher Honorarprofessor der Martin-Luther-Universität. Hier las er vor allem über Zivilrecht und über Gerichtspraxis. Im Zweiten Weltkrieg war Sattelmacher Kriegsgerichtsrat und erhielt das Kriegsverdienstkreuz 2. Klasse. Am 25. August 1945 wurde er in den Ruhestand versetzt, am 28. August verhaftet. Sattelmacher starb im NKWD-Speziallager Buchenwald.
Organisationen: 1902 Eintritt in den VDA, 1908 Reichskolonialbund, 1933 RDB, 1933 NSRB, 1934 NSV, Förderndes Mitglied der SS, RLB, Aufnahme in die NSDAP am 15. September 1937.
Quellen: UAH PA 13510 Sattelmacher; Auskunft des Oberlandesgerichtes Naumburg.

Schachtschabel, Hans
(16. März 1914 Dessau – 29. Oktober 1993 Mannheim)
Konfession: nicht ermittelt
Vater: Stadtinspektor
Schachtschabel besuchte zunächst die Höhere Handelsschule zu Dessau, dann die Oberrealschule zu Köthen und erhielt 1933 das Reifezeugnis. Nach der Absolvierung des Arbeitsdienstes begann er in Leipzig ein Studium der Staats- und Rechtswissenschaften. 1934 wechselte Schachtschabel durch Vermittlung der Deutschen Studentenschaft nach Wien, wo er, so Schachtschabel selbst, »gleichzeitig am damaligen volksdeutschen Kampf teilnehmen konnte.« Ab 1935 setzte er das Studium zunächst in Gießen, dann wieder in Leipzig fort. 1936 bestand er das volkswirtschaftliches Examen, 1937 promovierte er zum Dr. rer. pol. Nach einem Praktikum bei der IHK Leipzig war Schachtschabel 1937/38 für die Landesplanungsgemeinschaft Rheinland tätig. 1938 wurde er Assistent am Weltwirtschaftlichen Institut der Universität Kiel, 1939 planmäßiger Assistent am Staatswissenschaftlichen Seminar der Universität Halle. 1940 habilitierte er sich an der Universität Halle mit der Arbeit »Ein System der Wirtschaftslehre – ein Beitrag zur Frage nach der Wirtschaftslehre der gestalteten und geordneten Wirtschaft«. 1940 wurde Schachtschabel Dozent. 1941 als Funker zur Heeresnachrichtenschule eingezogen, konnte er seine Lehrtätigkeit an der Universität fortsetzen. 1941/42 arbeitete Schachtschabel für die Archivkommission des Auswärtigen Amtes in Paris. Seit 1940 in die Konflikte um seinen Mentor Mitscherlich hineingezogen, wurde Schachtschabel 1943 an die Universität Marburg versetzt. Nach 1945 war er neben der Dozententätigkeit in Marburg Direktor des Instituts für sozialwissenschaftliche Forschung Darmstadt (Darmstadt Community Survey). 1949 ermittelte die Oberstaatsanwaltschaft Marburg wegen »Meldebogenfälschung« gegen Schachtschabel, was zu seiner Entfernung von der Universität führte. Ab Ende 1949 lehrte Schachtschabel Volkswirtschaftslehre an der Wirtschaftshochschule (später Universität) Mannheim, ab 1952 als außerordentlicher, ab 1962 als ordentlicher Professor.
Organisationen: Eintritt in die SA am 1. November 1933, 1935 SS (bis mindestens 1940), Aufnahme in die NSDAP am 1. Mai 1937, NSRB, 1946 Eintritt in die SPD, 1953 bis 1970 Stadtrat in Mannheim, 1969 bis 1983 Mitglied des Bundestages, ab 1974 auch des Europäischen Parlaments.
Quellen: UAH PA 13556 Schachtschabel; DBE Bd. 8, S. 541.

Schmaltz, Kurt
(14. Juli 1900 Saargemünd (Lothringen) – 16. Februar 1995 Heidelberg)
Konfession: katholisch
Vater: Lokomotivführer
Schmaltz besuchte die Volksschule in Saargemünd und Luxemburg, danach Gymnasien in Virton (Belgien) und Straßburg. Im Juli 1918 trat er in das Infanterieregiment 132 in Straßburg ein, gelangte jedoch nicht mehr zum Fronteinsatz. 1919 aus Straßburg ausgewiesen, nahm er das Studium der Wirtschaftswissenschaften in Freiburg auf, wo er 1919/20 der Einwohnerwehr angehörte. Das Studium setzte er in Mannheim, Frankfurt am Main und Berlin fort. 1921 legte er die kaufmännische Prüfung ab, 1921/22 war er Assistent an der Handelshochschule Berlin, 1922 promovierte er zum Dr. rer. pol. an der Universität Frankfurt am Main. Danach hatte Schmaltz verschiedene Stellen inne, u. a. war er Mitarbeiter im Reichswirtschaftsministerium. Von 1925 bis 1928 leitete er die Zentral-Seminar-Bibliothek der Handelshochschule Berlin und war Schriftleiter der Zeitschrift »Handelswissenschaft und Handelspraxis« (ab 1930 »Die Betriebswirtschaft«). Ab 1926 hielt er betriebswirtschaftliche Vorlesungen an der Universität Halle und habilitierte sich hier 1928 für Betriebswirtschaftslehre. Er erhielt einen Lehrauftrag und war Mitarbeiter der Industrie- und Handelskammer. Seit 1932 arbeitete er als Wirtschaftsprüfer. 1935 wurde er zum nichtbeamteten außerordentlichen Professor ernannt. Im Herbst 1938 führte er Schulungen für Wirtschaftstreuhänder der Ostmark (Österreich) durch, im April 1940 wurde Schmaltz als Kriegsverwaltungsrat eingezogen. Er war im Wirtschafts- und Rüstungsamt beim Oberkommando der Wehrmacht tätig, als Sonderführer integrierte er Betriebe besetzter Länder in die deutsche Rüstungswirtschaft. 1941 erhielt Schmaltz einen Lehrauftrag für Wirtschaftsprüfung an der

Wirtschaftshochschule Berlin, hielt jedoch bis 1945 weiterhin Vorlesungen in Halle. 1942 wurde Schmaltz Vorstand der zum Zweck der Ausplünderung der eroberten Gebiete geschaffenen Deutschen Revisions- und Treuhand AG. Da die Hauptverwaltung der Deutschen Revisions- und Treuhand auf Schmaltz' Betreiben 1944 nach Naumburg verlegt wurde, geriet er 1945 in amerikanische Gefangenschaft. Als Nationalsozialist erhielt er in der amerikanischen Besatzungszone keine Anstellung an einer Hochschule. 1950 wurde er Vorstandsmitglied der Portland Zementwerke Heidelberg AG, nach 1950 war er auch Lehrbeauftragter an der Wirtschaftshochschule Mannheim.
Organisationen: November 1933 Eintritt in die SA, NSRB, Aufnahme in die NSDAP am 1. Mai 1937 (Mitglied Nr. 5 535 795).
Quellen: UAH PA 13853 Schmaltz; Rep. 6 Nr. 1407; DBE Bd. 8, S. 692.

Schmelzeisen, Gustav Klemens
(27. Juni 1900 Düsseldorf – 29. April 1982 Baden-Baden)
Konfession: katholisch
Vater: Postinspektor
Das Reifezeugnis erhielt Schmelzeisen 1918 in Düsseldorf, die Rechte studierte er in Heidelberg, Kiel und Bonn. 1922 legte er in Köln die erste juristische Staatsprüfung ab und wurde Gerichtsreferendar in Ratingen und Düsseldorf. 1924 promovierte er an der Universität Münster mit einer Arbeit über das Privatrecht im Jülicher Landrecht von 1537. 1926 legte er die zweite juristische Prüfung ab und wurde Gerichtsassessor in Düsseldorf. 1929/30 lehnten die Universitäten Tübingen, Marburg, Heidelberg, Bonn, Halle und Köln seine Habilitation ab. 1931 zum Amts- und Landrichter ernannt, bemühte er sich 1933 von der Universität Köln mit einem Lehrauftrag betraut zu werden, was jedoch abgelehnt wurde. 1934 wechselte er als Amtsgerichtsrat zum Amtsgericht Hechingen, 1938 wurde er Landgerichtsrat beim Landgericht Hechingen. Durch Bekenntnisschriften ausgewiesen (»Die Überwindung der Starrheit im neuzeitlichen Rechtsdenken« Berlin 1933, »Das Recht im nationalsozialistischen Weltbild«, Leipzig 1934) habilitierte schließlich die Universität Tübingen Schmelzeisen 1934 mit einer Arbeit zur Rechtsstellung der Frau in der deutschen Stadtwirtschaft. 1937 vertrat er einen Lehrstuhl in Tübingen, 1938 erhielt er einen Lehrauftrag in Kiel, 1939 in Jena. 1940 vertrat er einen Lehrstuhl in Freiburg, danach verwaltete er kommissarisch den Lehrstuhl für deutsche Rechtsgeschichte an der Universität Wien. 1940/41 war er Lehrstuhlvertreter an der Handelshochschule Königsberg, 1941 an der Universität Heidelberg. Im April 1942 erhielt er schließlich einen Ruf an die Universität Halle auf das planmäßige Extraordinariat für deutsche Rechtsgeschichte, bürgerliches Recht und Handelsrecht. Anfang 1945 nach Hechingen zurückgekehrt, wurde er im Oktober 1945 von der Universität Halle in Abwesenheit entlassen. Da Schmelzeisen erfolgreich gegen den für ihn ungünstigen Beschluss einer Spruchkammer klagte, wurde er wieder im öffentlichen Dienst beschäftigt und erhielt 1956 einen Ruf auf ein Ordinariat der Hochschule für Sozialwissenschaften Wilhelmshaven. Ab 1961 war er ordentlicher Professor der TH Karlsruhe.
Organisationen: Eintritt in die NSDAP am 4. Februar 1933 (Mitglied Nummer 1 484 490), Kulturstellenleiter der Ortsgruppe Stetten bei Hechingen, 1933 NSRB, 1934 NSV, 1935 NSDDB, NS-Kulturgemeinde, RLB, 1936 Kolonialbund (ab 1937 Kreisverbandsleiter), 1937 Fachschaftsleiter der Fachgruppe Richter im Landgerichtsbezirk Hechingen, 1937 VDA.
Quellen: UAH PA 13857 Schmelzeisen; Golczewski.

Schmidt, Rudolf
(29. April 1886 Oberstein an der Nahe – 6. Januar 1965 Köln)
Konfession: evangelisch
Vater: Fabrikant
Nach dem Besuch des Gymnasiums Koblenz studierte Schmidt Rechtswissenschaft in Köln und Bonn. Nach den juristischen Examina und dem Vorbereitungsdienst wurde er 1912 Gerichtsassessor. 1910 promovierte er an der Universität Bonn zum Dr. jur. Von 1912 bis 1914 war er Assistent an der Universität Bonn und habilitierte sich dort 1913 für bürgerliches Recht. Nach kurzem Kriegsdienst im

Landsturm war Schmidt von 1916 bis 1918 Gerichtsassessor beim Amtsgericht Bonn. Im April 1918 erhielt er einen Ruf auf eine planmäßige außerordentliche Professur für bürgerliches und römisches Recht an die Universität Jena, 1923 wurde er zum persönlichen Ordinarius ernannt. 1924/25 war er zugleich Oberlandesgerichtsrat in Jena. 1925 nahm er einen Ruf an die Universität Halle an. Da ihm die Universität Halle 1935 bescheinigte, dass er »zu manchen Fragen des Nationalsozialismus« nur »langsam und schwer eine innere Stellung« habe finden können, scheiterten Berufungen an die Universität Erlangen (1935) und Greifswald (1936). 1938 taktierte die hallische Universitätsspitze anders, mit einem freundlichen Gutachten wurde Schmidt an die Universität Köln weggelobt. Hier lehrte er von 1940 bis zu seiner Emeritierung.
Organisationen: -
Quellen: UAH PA 13988 R. Schmidt; Rep. 6 Nr. 1407.

Schranil, Rudolf
(21. Januar 1885 Nixdorf, Kreis Schluckenau (Böhmen) – 22. Juli 1957 Brühl)
Konfession: römisch-katholisch
Vater: k.u.k. Zollinspektor
Das Reifezeugnis erhielt Schranil 1903 in Prag, ein Studium an der deutschen Universität Prag schloss sich an. Von 1903 bis 1907 war er an der Rechts- und Staatswissenschaftlichen Fakultät eingeschrieben, zwischen 1907 und 1911 hörte er Philosophie, Geographie und Geschichte. Zum Dr. jur. promovierte er 1909. Von 1908 bis 1911 war er Mitarbeiter der Finanzlandesdirektion in Prag, von 1911 bis 1913 war er zum Studium an die juristischen Fakultät der Universität Berlin beurlaubt. Von 1913 bis 1917 war er Mitarbeiter der Landesfinanzdirektion Prag, von 1917 bis 1921 Finanzrat im Finanzministerium Wien. Ab 1918 lehrte er als Privatdozent an der Universität Wien öffentliches Recht, 1921 erhielt er einen Ruf an die Universität Prag auf ein Extraordinariat für Verwaltungsrecht und Finanzrecht. 1927 wurde er dort zum ordentlichen Professor ernannt, nach 1933 setzte er sich für vertriebene jüdische Professoren ein, 1937/38 war er Rektor der Universität Prag, so dass er ab 1939 lediglich auf Honorarbasis weiterbeschäftigt wurde. 1941 wies ihn das Wissenschaftsministerium der Universität Halle zu. Hier lehrte er bis 1947 öffentliches Recht. Entlassen wurde Schranil, da er sich öffentlich gegen eine Neuregelung des § 218 StGB aussprach. Zunächst ging Schranil nach Hamburg, 1948 wechselte er an das Saar-Institut für Höhere Studien Homburg. An der neugegründeten Universität Saarbrücken, lehrte er von 1948 bis 1952 als ordentlicher Professor Öffentliches Recht.
Organisationen: 1929 bis 1935 Deutsch-Demokratische Freiheitspartei (Deutsche Arbeits- und Wirtschaftsgemeinschaft in der Tschechoslowakei) Mitglied des Tschechoslowakischen Wahlgerichtes für die sudetendeutsche Partei 1935 bis 1938, Tätigkeit für das Rechtsamt der Sudetendeutschen Partei ohne Mitglied dieser Partei zu sein; NSKK, NSV.
Quellen: UAH PA 3577 Schranil; Rep. 6 Nr. 1407.

Schwinge, Erich
(15. Januar 1903 Jena – 30. April 1994 Marburg)
Konfession: evangelisch
Vater: Handwerkermeister und Händler
Schwinge besuchte von 1909 bis 1921 die Oberrealschule in Jena, von 1921 bis 1924 studierte er Rechtswissenschaft an den Universitäten Jena, Berlin und München. Den juristischen Vorbereitungsdienst leistete er in Jena, Weimar, Camburg (Saale), Berlin und Hamburg. 1926 promovierte er zum Dr. jur., 1929 wurde er Gerichtsassessor. Von 1929 bis 1932 war Schwinge Assistent bei der Rechts- und Staatswissenschaftlichen Fakultät in Bonn, dort habilitierte er sich 1930 für Strafrecht, Strafprozessrecht, Zivilprozessrecht und Rechtsphilosophie. 1931/32 vertrat er einen vakanten Lehrstuhl in Kiel, auf Betreiben von Friedrich Kitzinger wurde Schwinge 1932 an die Universität Halle berufen und zum persönlichen Ordinarius ernannt. 1936 erhielt er einen Ruf nach Marburg, im Herbst 1940 wechselte er nach Wien. Ab 1941 amtierte Schwinge als Militärrichter. Für die von ihm verhängten Todesurteile wies er jede Verantwortung von sich, sie seien von seinem militärischen Vorgesetzten an-

geordnet worden. 1945 war er in Tirol Kriegsgefangener, von der Universität Wien entlassen und ausgewiesen. 1948 wurde Schwinge erneut an die Universität Marburg berufen, wo er 1954/55 als Rektor amtierte. Neben seiner Lehrtätigkeit war Schwinge zehn Jahre lang als Strafverteidiger in Kriegsverbrecherprozessen tätig. Seine wissenschaftliche Arbeit galt vor allem dem Prozessrecht, dem Militärstrafrecht (Kommentar zum Militärstrafgesetzbuch 1936, 6. Auflage 1944) und der Geschichte der Wehrgerichtsbarkeit. Die 1962 bis 1974 unter dem Pseudonym Maximilian Jacta veröffentlichten 12 Bände »Berühmte Strafprozesse« wurden mehrfach übersetzt.
Organisationen: Mitglied des Jungdeutschlandbundes 1912 bis zu dessen Auflösung, DNVP, freiwilliger Arbeitsdienst, nach 1945 FDP, Stadtverordneter in Marburg, kurzfristig stellvertretender Landesvorsitzender der FDP in Hessen.
Autobiographie: Ursula Schwinge-Stumpf (Hrsg.), Erich Schwinge – Ein Juristenleben im zwanzigsten Jahrhundert, Frankfurt am Main 1997
Quellen: UAH Rep. 6 Nr. 1407; Cohn.

Siebert, Wolfgang
(11. April 1905 Meseritz – 25. November 1959 Heidelberg)
Konfession: nicht ermittelt
Vater: Staatsanwalt
Siebert besuchte Schulen in Meseritz, Danzig und Halle. Nach dem Reifezeugnis (1923) studierte er Rechts- und Staatswissenschaften an den Universitäten Halle, München und wieder Halle. 1926 legte er die erste juristische Staatsprüfung ab und löste eine Preisaufgabe der Rechts- und Staatswissenschaftlichen Fakultät zum strafrechtlichen Besitzbegriff, 1927 wurde er mit einer daraus hervorgegangenen Arbeit promoviert. 1932 habilitierte er sich an der Universität Halle. Im Dezember 1935 wurde er als beamteter außerordentlicher Professor an die Universität Kiel berufen, dort erhielt er 1937 ein Ordinariat. 1938 nahm er einen Ruf auf den Lehrstuhl für Arbeitsrecht und bürgerliches Recht der Universität Berlin an. Hier amtierte er auch als Dekan der Rechts- und Staatswissenschaftlichen Fakultät. 1945 entlassen, erhielt er 1950 einen Lehrauftrag an der Universität Göttingen und wurde 1953 dort zum ordentlichen Professor ernannt.
Organisationen: Aufnahme in die NSDAP am 1. Mai 1933 (Mitglied Nr. 2 255 445), in Kiel Bannführer der HJ.
Quellen: Heiber 1, S. 369; BDC.

Stock, Ulrich
(8. Mai 1896 Leipzig – 12. Dezember 1974 Würzburg)
Konfession: nicht ermittelt
Vater: nicht ermittelt
Die Reifeprüfung legte Stock 1914 in Dresden ab. Nach dem Kriegsdienst studierte er Rechts- und Staatswissenschaften an den Universitäten Leipzig, München und wieder Leipzig. 1921 wurde er zum Dr. jur., später zum Dr. rer. pol. promoviert. Danach war er als Ministerialbeamter in Sachsen tätig, 1931 habilitierte er sich in Leipzig mit einer Arbeit über »Amtsverbrechen«, 1934 vertrat er den vakanten Lehrstuhl für Strafrecht in Halle. 1936 wurde er Dozent an der Universität Berlin und Reichskriegsgerichtsrat. 1938 zum nichtbeamteten außerordentlichen Professor ernannt, wurde er 1941 auf ein Ordinariat an der Universität Marburg berufen. Hier amtierte er von 1942 bis 1945 als Dekan der juristischen Fakultät. 1945 entlassen, wurde er 1948 an die Universität Saarbrücken berufen. 1951 nahm er einen Ruf auf eine Professur für Strafrecht an der Universität Würzburg an. 1962 wurde er emeritiert.
Organisationen: DNVP, Februar 1933 NSDAP, 1936 NSDB.
Quelle: Nagel.

Streller, Rudolf
(3. Dezember 1895 Leipzig – 28. März 1963 Nordhorn)
Konfession: evangelisch-lutherisch
Vater Buchhändler
1914 legte Streller das Notabitur in Leipzig ab. Als Freiwilliger nahm er am Ersten Weltkrieg teil, 1917 zum Leutnant befördert, erhielt er das Eiserne Kreuz II. Klasse und wurde verwundet. 1919/20 studierte er an der Universität und der Handelshochschule in Leipzig, 1921 in Frankfurt am Main und 1921/22 wieder in Leipzig. Dort promovierte er 1922 zum Dr. rer. pol. und habilitierte sich 1926 für Volkswirtschaftslehre. Im selben Jahr erhielt er einen Lehrauftrag für Geschichte der Volkswirtschaftslehre, 1930 wurde er zum nichtbeamteten außerordentlichen Professor ernannt. Ab 1937 vertrat der Protagonist einer ständischen Wirtschaft (»Der Begriff des Standes und seine Funktionen in Staat und Volk« – 1934 preisgekrönt von der Akademie für Deutsches Recht) die wirtschaftlichen Staatswissenschaften an der Universität Halle. 1939 schließlich zum planmäßigen außerordentlichen Professor und Direktor des Seminars für Genossenschaftswesen ernannt, wurde Streller 1939 als Hauptmann eingezogen. Zunächst war er Führer einer schweren Flakbatterie bei Berlin, wechselte jedoch bald zum Rüstungskommando Potsdam. Eine Uk-Stellung lehnte er ab, dachte aber daran, bei der Universität Halle gemeinsam mit dem Leiter des Rüstungskommandos Halle, Schlossberger, ein Seminar für Wehrwirtschaft aufzubauen. Dieser Plan scheiterte, Streller wurde zum Flakschießplatz Stolpmünde kommandiert und 1942 zum Major befördert. 1943 wurde er auf das Ordinariat für theoretische Volkswirtschaftslehre (Nachfolge Mitscherlich) berufen, jedoch von der Wehrmacht nicht freigegeben. Im Oktober 1945 wurde er in Abwesenheit von der Universität Halle entlassen. Nach 1945 war er Leiter der Volkshochschule in Bentheim und Studienleiter der Verwaltungs- und Wirtschaftsakademie Osnabrück. Kürschners Gelehrtenkalender führte ihn als ordentlichen Professor der Staatswissenschaften zur Wiederverwendung, einen Lehrstuhl erhielt Streller jedoch nicht.
Organisationen: 1921 bis 1924 Deutsche Volkspartei, 7. Juli 1933 Eintritt in den Stahlhelm, 15.2.1934 Übernahme in die SA, dort Truppführer, Aufnahme in die NSDAP am 1. Mai 1937 (Mitglied Nummer 5 823 955).
Quellen: UAH PA 15756 Streller; Rep. 6 Nr. 1407; Auskunft der Stadtverwaltung Osnabrück.

Trautmann, Walter
(6. März 1906 Hettstedt – 1983 Frankfurt am Main)
Konfession: evangelisch
Vater: Marineingenieur
Trautmann besuchte Gymnasien in Wilhelmshaven, Freienwalde und Halle, 1922 erwarb er die Obersekundareife. Eine kaufmännische Lehre in der Kolonialwarengroßhandlung Braun & Wiegand Halle schloss sich an. Neben der Ausbildung besuchte Trautmann Sprachkurse sowie volkswirtschaftliche Vorlesungen an der Universität Halle. Die Höhere Handelsschule Halle schloss er mit »gut« ab. Von 1926 bis 1929 studierte Trautmann an der Handelshochschule Leipzig und erwarb das kaufmännische Diplom. Gleichzeitig arbeitete er bei der Firma Gottfried Lindner AG, Wagen- und Waggonbau Ammendorf. Danach studierte Trautmann an der Universität Frankfurt am Main, 1930 legte er die Reifeprüfung ab und promovierte zum Dr. rer. pol. mit einer Arbeit über die betriebliche Rechnungslegung. 1931 wurde er Wirtschaftsredakteur des »Fränkischen Kuriers« Nürnberg, 1932 Schriftleiter der parteiamtlichen NS-Zeitung des Gaus Südhannover-Braunschweig »Niedersächsische Tageszeitung«. Im November 1932 mit der Schriftleitung der Mitteldeutschen Nationalzeitung betraut, blieb er deren Chefredakteur bis zum November 1934. 1933 war er Gauwirtschaftsberater im Gau Halle-Merseburg sowie Gaufachberater für ständischen Aufbau. 1934 erhielt er einen Lehrauftrag für Betriebswirtschaftslehre an der Universität Halle. Zum Wintersemester 1934/35 wurde der Lehrauftrag auf Zeitungsbetriebslehre, ab Sommersemester 1935 auf Raumwirtschaft und Landesplanung ausgedehnt. Von Gauleiter Rudolf Jordan für die Kontakte zwischen NSDAP-Gauleitung und Universität beauftragt, trieb Trautmann seine wissenschaftliche Laufbahn voran und begann ein »Archiv für mitteldeutsche Raumwirtschaft und Landesplanung« aufzubauen. Trautmann wechselte jedoch 1936 zur

Parteipresse nach Schlesien, 1937 wurde er Mitarbeiter der Gauleitung Magdeburg-Anhalt. In den vierziger Jahren war er Hauptschriftleiter der Pariser Zeitung.
Organisationen: 1922 Eintritt in den Bismarckbund, nach eigener Angabe »seit 1927 der NSDAP nahestehend, seit 1929 aktiv in der Propaganda für NSDAP«, Eintritt in die Partei am 1. März 1932 (Mitglied Nr. 1 395 232), aus der Partei gestrichen, Wiederaufnahme am 29. Juli 1933. 1939 wurde Trautmann wegen »nichtarischer Abstammung« aus der NSDAP ausgeschlossen.
Quellen: UAH PA 16098 Trautmann; Rep. 6 Nr. 1407; BDC.

Wegner, Arthur
(25. Februar 1900 Berlin – 29. Juni 1989 Halle)
Konfession: evangelisch, ab 1942 katholisch
Vater: Tischlermeister
Nach dem Kriegsdienst in einem Artillerieregiment holte Wegner die Reifeprüfung im Februar 1919 nach und studierte von 1919 bis 1922 an der Universität Berlin. Dort legte er die erste juristische Prüfung ab. Von 1921 bis 1924 war er Assistent am Kriminalistischen Institut der Universität Berlin und promovierte 1923 zum Dr. jur., 1924 folgte die Habilitation in Hamburg. 1926 erhielt er eine ordentliche Professur an der Universität Breslau für Straf- und Strafprozeßrecht. 1934 nach Halle strafversetzt, wurde Wegner am 11. Juni 1937 wegen seiner jüdischen Ehefrau auf Grund des § 6 des Berufsbeamtengesetzes in den Ruhestand versetzt. Nach Denunziationen verhaftete ihn die Gestapo, angeklagt wurde Wegner wegen »Heimtücke« vor einem Sondergericht. Nach Einstellung des Verfahrens im Herbst 1938 emigrierte Wegner Ende 1938 nach England. Seit den 20er Jahren betrieb Wegner theologische Studien mit dem Ziel, Missionar zu werden. In Halle studierte Wegner daher bei Schomerus, Schniewind und Stammler. 1939 setzte er seine Studien in England (Chichester) fort. Von 1940 bis 1945 war Wegner in England bzw. Kanada interniert. Nach der Rückkehr nach Deutschland arbeitete er in einer Rechtsanwaltskanzlei in Hamburg und lehrte in Hamburg und Kiel. Eine Rückberufung nach Halle, die von der Fakultät und von Rektor Eißfeldt betrieben wurde, scheiterte zunächst an der Nichtausstellung eines Passierscheines durch die britischen Behörden, dann am Einspruch des Kurators Elchlepp, der Wegner auf Grund früherer monarchistischer Äußerungen für untragbar hielt. 1946 Ordinarius für Kirchenrecht, Strafrecht, Völkerrecht und Rechtsphilosophie in Münster, 1948 Direktor des Instituts für Kirchenrecht. 1959 nahm Wegner an einer Tagung des Nationalrates in Ostberlin teil, wo er die Sozial- und Friedenspolitik der DDR lobte. Nach Einleitung eines Dienststrafverfahrens und der Ankündigung, Wegner auf seine geistige Gesundheit untersuchen zu lassen, emigrierte Wegner in die DDR, wo er 1963 ein persönliches Ordinariat an der Universität Halle erhielt.
Organisationen: Konservativer Hauptverein bis zur Auflösung, 1930 Stahlhelm.
Quellen: UAH PA 26025 Wegner; Rep. 6 Nr. 1407; DBE Bd. 10, S. 374.

Weidemann, Johannes
(15. August 1897 Pförten, Kreis Sorau – 21. August 1954 Hamm/Westfalen)
Konfession: evangelisch
Vater: Oberpostkassenrendant i. R.
Nach der Reifeprüfung (Kassel 1915) leistete Weidemann von 1915 bis 1919 Kriegsdienst. Entlassen wurde er als Unteroffizier, an Auszeichnungen erhielt er das Eiserne Kreuz II. Klasse und das Bulgarische Tapferkeitskreuz 4. Klasse. Weidemann studierte Rechts- und Staatswissenschaften, Philosophie und Kunstgeschichte an den Universitäten Marburg und Berlin, 1922 promovierte er zum Doktor der Staatswissenschaften, 1923 legte er die erste juristische Staatsprüfung ab und promovierte zum Dr. jur. 1926 absolvierte er die zweite juristische Staatsprüfung in Berlin. Nach Verwaltungsdienst und Parteiarbeit in Kassel wurde Weidemann am 1. April 1933 zum Oberbürgermeister Halles ernannt. Als Jurist war Weidemann ebenso profiliert wie als Nationalsozialist, so war er Herausgeber der »Schriften zur deutschen Gemeindepolitik« (in Verbindung mit dem Hauptamt für Kommunalpolitik der Reichsleitung der NSDAP) und Mitherausgeber eines Kommentars zur Deutschen Gemeindeordnung. 1937 Ernennung zum Honorarprofessor in Halle, Initiator der »Rosenberg-Politik«. 1945 verhaftet

und von der Universität Halle entlassen. 1948 wurde Weidemann von einem Spruchgericht in Bielefeld verurteilt und damit »entnazifiziert«.
Organisationen: Mitglied der NSDAP seit 1. August 1931 (Nr. 593 845), förderndes Mitglied der SS, seit 1937 reguläres Mitglied im Rang eines Obersturmbannführers, stellvertretender Vorsitzender des Deutschen Städte- und Gemeindetages, Vorsitzender des Ausschusses für Kommunalrecht und Kommunalverfassung in der Akademie für Deutsches Recht, Vertreter des Leiters des Hauptamtes für Kommunalpolitik in der Reichsleitung der NSDAP.
Quellen: UAH PA 16758 Weidemann; UAH Rep. 6 Nr. 1362 und 1407.

Wolff, Hellmuth
(10. April 1876 Frankfurt/Oder – 20. Februar 1961 Halle)
Konfession: evangelisch
Vater: Ingenieur
Nach dem Abitur (1895 Frankfurt/Oder) studierte Wolff in Berlin, Freiburg, Würzburg, München, Kiew und St. Petersburg. 1902 promovierte er zum Dr. rer. pol. an der Universität in Freiburg, danach war er Volontär im Statistischen Amt der Stadt München. 1906 wurde Wolff Adjunkt im Statistischen Amt der Stadt Zürich, von 1908 bis 1933 war er Direktor des Statistischen Amtes der Stadt Halle. 1909 habilitierte er sich an der Universität Halle für das Fach Statistik, 1914 erhielt er den Professorentitel, 1921 wurde er zum nichtbeamteten außerordentlichen Professor ernannt. 1933 versetzte ihn die Stadt Halle auf Grund des § 6 des Berufsbeamtengesetzes in den Ruhestand, da das Statistische Amt der Stadt Halle mit dem bisherigen Verkehrsamt und dem bisherigen Wahlbüro zum Amt für Wirtschaft, Verkehr und Statistik zusammengelegt wurde. 1933 zum Direktor des drittmittelfinanzierten Seminars für Verkehrswesen der Universität Halle ernannt, wurde Wolff 1934 Gaubeauftragter für den Radwegebau, Mitglied der Landesplanungsabteilung beim Regierungspräsidium Merseburg und der Landesplanungsgemeinschaft Sachsen-Anhalt beim Oberpräsidium Magdeburg.
Später war er Mitglied der Reichsarbeitsgemeinschaft für Raumforschung und bearbeitete Aufträge über Vorkommen und Nutzung von Steinen und Erden sowie für den Reichskommissar zur Festigung Deutschen Volkstums. 1945 entließ ihn die Universität, beauftragte ihn jedoch mit der Neuordnung und Katalogisierung der im Krieg beschädigten Bibliothek des Seminars. 1946 auch aus dieser Position entfernt, ernannte ihn die Universität nach der Entnazifizierung 1947 zum Kustos der Sammlungen der Wirtschaftswissenschaftlichen Fakultät. Daneben war er Gutachter für staatliche Stellen. 1949 erhielt Wolff einen Lehrauftrag für Statistik und die Wirtschaft der Sowjetunion an der Martin-Luther-Universität. 1950 lehnte er einen Ruf an die Humboldt-Universität Berlin, wo er Verkehrswesen lehren sollte, ab. 1952 wurde Wolff pensioniert, jedoch mit Untersuchungen über den Berufsverkehr der Leuna-Werke beauftragt.
Organisationen: 1917/18 Hallescher Verband für die Erforschung der mitteldeutschen Bodenschätze und ihrer Verwertung, Antrag auf Aufnahme in die NSDAP im April 1933 wird abgewiesen, da Wolff 1930 ein NSDAP-Plakat entfernen ließ. Mitglied der NSDAP seit 1. April 1940 (Nr. 7 986 957), BNSDJ, RDB, NSLB.
Quellen: UAH PA 17253 Wolff; Rep. 6 Nr. 1407; Nachlass Weigelt Nr. 318; DBE Bd. 10, S. 573.

10.3 Medizinische Fakultät

Abderhalden, Emil
(9. März 1877 in Oberuzwil (Kanton St. Gallen) – 5. August 1950 Zürich)
Konfession: evangelisch
Vater: Lehrer
Abderhalden studierte Medizin in Basel, 1902 promovierte er zum Dr. med. und trat in das Laboratorium des Chemie-Nobelpreisträgers Emil Fischer in Berlin ein. 1904 habilitierte er sich an der Universität Berlin für das Fach Physiologie. 1908 wurde er zum Professor und Direktor des Physiologi-

schen Instituts an der Berliner Tierärztlichen Hochschule ernannt. 1911 folgte Abderhalden einem Ruf an die Medizinische Fakultät der Universität Halle, weitere Berufungen nach Wien (unico loco 1913), Zürich (1916) und Bern (1935) schlug er aus. Im ersten Weltkrieg wurde er vom stellvertretenden Generalkommando Magdeburg mit dem Transport von Verwundeten in Halle betraut (ausgezeichnet mit dem Eisernen Kreuz II. Klasse am weißen Band und dem Verdienstkreuz für Kriegshilfe). Nach dem Krieg entfaltete Abderhalden neben seiner wissenschaftlichen Tätigkeit (vor allem Arbeiten zur physiologischen Chemie des Stoffwechsels) eine umfangreiche soziale Tätigkeit, die von patriotischen und eugenischen Leitlinien bestimmt war. Trotz seiner antidemokratischen und deutschfreundlichen Haltung war sein Verhältnis zum Nationalsozialismus keineswegs konfliktfrei. Sowohl als Wissenschaftler wie auch als Präsident der Akademie der Naturforscher Leopoldina (1931–1950) agierte er jedoch systemkonform. So wandte er sich ab 1936 kriegswichtigen Forschungen über Ersatzstoffe und Lebensmittel zu, für die er 1944 das Kriegsverdienstkreuz 2. Klasse erhielt. Am 23. Juni 1945 wurde er mit dem nach ihm irreführend benannten »Abderhaldentransport« in die Amerikanische Besatzungszone deportiert, gelangte dann aber in die Schweiz. 1946/47 hatte er den Lehrstuhl für Physiologische Chemie an der Universität Zürich inne. Einen Ruf nach Leipzig lehnte Abderhalden im Oktober 1947 mit Rücksicht auf seine in die Schweiz nachgereiste Familie ebenso ab, wie eine Rückkehr nach Halle.
Organisationen: 1919 DDP.
Autobiographie: Zum Abschied. In: Ethik, 14. Jg., H. 6, Halle 1938, S. 3–31.
Quellen: UAH Rep. 6 Nr. 1407; PA 3826 E. Abderhalden; Kaasch, Sensation; Kaasch und Kaasch, Auseinandersetzung.

Abderhalden, Rudolf
(8. Oktober 1910 in Berlin – 23. August 1965 in Meran)
Konfession: evangelisch
Vater: Universitätsprofessor Emil Abderhalden
Nach der Reifeprüfung am Reformrealgymnasium Halle studierte Rudolf Abderhalden Medizin und wurde 1936 zum Dr. med. promoviert. Da er nach spinaler Kinderlähmung körperbehindert war, erhielt er nur dank massiver Intervention seines Vaters eine Assistentenstelle an dessen Institut. Nach der Habilitation 1940 war Rudolf Abderhalden Oberassistent am Physiologisch-chemischen Institut. Sowohl der Habilitation als auch der Ernennung zum Dozenten und der Übertragung der Oberassistentenstelle stellte sich der Dozentenführer der Universität, Wilhelm Wagner, entgegen, da er die körperlichen Voraussetzungen für eine Lehrtätigkeit bei Rudolf Abderhalden nicht gegeben sah. Erst durch Fürsprache seines Vaters und anderer Professoren sowie ein, dank persönlicher Beziehungen günstig ausgefallenes, amtsärztliches Zeugnis konnte er die Stelle antreten. Rudolf Abderhalden wurde 1945 mit seinem Vater deportiert und gelangte in die Schweiz. In Abwesenheit als NSDAP-Mitglied von der Universität Halle entlassen, war er in der Pharmaindustrie tätig und leitete später das Institut für endokrine Diagnostik in Binningen bei Basel.
Organisationen: Aufnahme in die NSDAP am 1. Mai 1937 (Mitglied Nr. 5 537 290), NSDDB, NS-Altherrenschaft, NSV.
Quellen: UAH Rep. 6 Nr. 1407; PA 3827 R. Abderhalden; DBE Bd. 1, S. 2.

Alverdes, Kurt
(27. März 1896 in Hamburg – 17. November 1955 Leipzig)
Konfession: evangelisch
Vater: Ingenieur und Fabrikbesitzer
1914 meldete sich der Abiturient als Kriegsfreiwilliger und wurde in einer Maschinengewehrabteilung der bayerischen Kavallerie eingesetzt. Anlässlich eines Fronturlaubs legte er 1915 Kriegsreifeprüfung in Eutin ab. Zum Leutnant befördert wurde er 1918 Kompanieführer (ausgezeichnet mit dem Eisernen Kreuz I. und II. Klasse, dem Bayerischen Militärverdienstorden IV. Klasse mit Schwertern sowie dem Hamburger Hanseatenkreuz). 1919 begann er das Studium der Medizin in Halle, als Zeitfreiwilliger

nahm er im Freicorps Maercker bzw. Freicorps Halle an den mitteldeutschen Kämpfen teil. 1923 bestand er das medizinische Staatsexamen, erhielt die Approbation und promovierte zum Dr. med. 1923/24 wurde er außerplanmäßiger Assistent im Anatomischen Institut. 1924 wechselte er nach Königsberg, dort war er von 1925 bis 1929 planmäßiger Assistent, von 1929 bis 1937 Oberassistent am Anatomischen Institut. 1926 hielt er sich als Rockefeller-Fellow zehn Monate in Yale (USA) auf, eine Assistenzprofessur lehnte er ab. 1928 habilitierte er sich, 1934 wurde er zum nichtbeamteten außerordentlichen Professor ernannt. 1937 vertrat er den vakanten Lehrstuhl in Kiel, im selben Jahr erhielt er einen Ruf auf ein planmäßiges Extraordinariat an der Universität Halle. 1939/40 wurde er zur Heeres- Sanitätsstaffel Leipzig als Stabsarzt einberufen. 1943 vertrat er einen Lehrstuhl an der Universität Marburg. Im Oktober 1945 wurde er von der Universität Halle entlassen. Nach der Entnazifizierung wurde Alverdes 1947 zum Professor mit Lehrstuhl und Direktor des Anatomischen Instituts an die Universität Leipzig berufen.
Organisationen: 1919/20 Stahlhelm, 1934 Förderndes Mitglied der SS, Eintritt in die NSDAP am 1. Mai 1937 (Mitglied Nr. 5 343 850), 1946 LDP.
Quellen: UAH PA 3908 Alverdes.

Anton, Gabriel
(28. August 1858 Saaz (Böhmen) – 4. Januar 1933 Halle)
Konfession: katholisch
Vater: Baumeister
Nach dem Schulbesuch in Saaz und Prag studierte Anton in Prag Medizin und wurde hier 1882 zum Dr. med. promoviert. Als Praktikant an den Irrenanstalten in Dobrzan und Prag sammelte er Erfahrungen in der Arbeit mit geistig behinderten Menschen. Von 1887 bis 1891 war er Assistent an der Psychiatrischen Klinik Wien und habilitierte sich hier 1889 für Psychiatrie und Neurologie. 1891 wurde er zum Extraordinarius der Universität Innsbruck ernannt, 1894 erhielt Anton ein Ordinariat in Graz. 1905 wechselte Anton ins preußische Halle, wofür ihm König Wilhelm einen Dispens nach § 4 der Universitätsstatuten erteilte. Als Direktor der Universitäts- und Nervenklinik wurde Gabriel durch den »Balkenstich«, eine neurochirurgische Methode bekannt. 1906 zum Geheimrat ernannt erhielt Anton, der während des I. Weltkrieges Chef des hallischen Lazarettes für Nervenkranke und beratender Arzt des IV. Armeekorps war, das Eiserne Kreuz II. Klasse am schwarz-weißen Band und die Rot-Kreuz-Medaille III. Klasse. 1926 wurde Anton emeritiert.
Organisationen:-
Quelle: UAH PA 3941 Anton.

Beneke, Rudolph
(22. Mai 1861 Marburg – 1. April 1946 Marburg)
Konfession: evangelisch
Vater: Professor der Medizin
Nach dem Abitur (1879 Marburg), studierte Beneke Medizin in Tübingen, Marburg, Leipzig, wieder Marburg und Straßburg. Dort 1885 approbiert und zum Dr. med. promoviert, erhielt er eine Assistentenstelle an der Medizinischen Klinik, dann am pathologischen Institut der Universität Leipzig. Hier habilitierte er sich 1889 für das Fach Pathologie. Von 1890 bis 1903 war Beneke Prosektor in Braunschweig, 1892 erfolgte die Umhabilitierung nach Göttingen. Von 1903 bis 1906 war er ordentlicher Professor in Königsberg, von 1906 bis 1911 in Marburg und von 1911 bis zur Emeritierung 1928 in Halle. Nach seiner Emeritierung lehrte und forschte Beneke in Marburg. Im Ersten Weltkrieg war Beneke beratender Pathologe im Wehrkreis IV (Heimat) und wurde mit dem Eisernen Kreuz II. Klasse ausgezeichnet und zum Geheimrat ernannt. Beneke wurde als Meckel-Biograph und Verfasser medizinhistorischer Miszellen bekannt.
Organisationen: Stahlhelm.
Quellen: UAH PA 4346 Beneke, Rep. 6 Nr. 1407.

Blümel, Karl
(11. März 1880 Neu Buckow – 28. November 1934)
Konfession: evangelisch
Vater: nicht ermittelt
Nach den Studium der Medizin absolvierte Blümel eine Facharztausbildung in Breslau und Dresden und ließ sich 1907 als Facharzt für Lungenkrankheiten in Halle nieder. 1912 wurde er zum Leiter der Tuberkolosefürsorgestelle Halle ernannt. Blümels Sohn war Mitglied im NSDStB und mit dessen Leiter Joachim Mrugowsky befreundet, Blümel selbst stand im Briefwechsel mit Baldur von Schirach und stellte diesem sein Landhaus im Harz für Treffen des NSDStB zur Verfügung. 1927 lehnte die Medizinische Fakultät die Erteilung eines Lehrauftrages über Tuberkolosefürsorge ab, im Mai 1934 wurde der Lehrauftrag trotz ablehnender Stellungnahme der Fakultät erteilt.
Organisationen: Bis zur Auflösung Führer des Deutschvölkischen Schutz- und Trutzbundes in Halle, vor 1933 Eintritt in die NSDAP.
Quellen: UAH Rep. 4 Nr. 888; PA 4604 Blümel.

Blumensaat, Carl
(13. Oktober 1900 Linnich (Rheinland) – 11. Januar 1993 München)
Konfession: katholisch
Vater: Arzt
Nach dem Schulbesuch in Paderborn erhielt Blumensaat von Sommer 1918 bis Februar 1919 eine Ausbildung zum Fahnenjunker. 1919 legte er das Abitur ab und studierte Medizin in Würzburg, Greifswald und Berlin (Staatsexamen und Promotion 1924). 1925 war Blumensaat Praktikant an der medizinischen Universitätsklinik Münster, von 1926 bis 1929 Volontärassistent, später Assistent am Pathologischen Institut der Universität Berlin. 1928 forschte er für fünf Monate am Institut für Gewebezüchtung und am Radiuminstitut Paris. 1929 wurde Blumensaat Assistent an der chirurgischen Universitätsklinik Münster, 1935 habilitierte er sich und wurde zum Dozenten ernannt. 1936 erhielt Blumensaat die Stelle des Chefarztes der Chirurgischen Abteilung am Elisabethkrankenhaus Halle, 1943 wurde er zum Dozenten an der Medizinischen Fakultät der Universität Halle ernannt, jedoch noch im selben Jahr zum Wehrdienst eingezogen. Nach 1945 war Blumensaat Chefarzt des Knappschaftskrankenhauses Bottrop und habilitierte sich an die Universität Münster um, wo er 1952 zum außerordentlichen Professor ernannt wurde.
Organisationen: Eintritt in die NSDAP am 30. April 1933 (Mitglied Nr. 2 467 805).
Quellen: UAH PA 4613 Blumensaat, Auskunft des Standesamtes Linnich.

Brandt, Georg
(2. Oktober 1895 in Neustrelitz – 7. Mai 1968 Mainz)
Konfession: evangelisch-lutherisch
Vater: Kaufmann und Schmiedemeister
Nach dem Abitur (1914) stand der Kriegsfreiwillige bis zur Erkrankung an Gelenkrheumatismus 1915 im Feld (ausgezeichnet mit dem Eisernen Kreuz II. Klasse und dem Mecklenburg-Strelitzer Kreuz. Danach war er Sanitätsunteroffizier in Rostock, wo er an der Universität medizinische Vorlesungen hörte. 1917 bestand er die ärztliche Vorprüfung und wurde zum Feldunterarzt befördert. 1918/19 war er im Reservelazarett Parchim und als Revierarzt beim Dragonerregiment 18. eingesetzt. Das Studium setzte er in Rostock fort, 1920 bestand er das Staatsexamen und erhielt die Approbation. 1920 wurde er Assistent am anatomischen Institut der Universität Rostock, 1921 an der Chirurgischen Klinik der Universität Halle. Hier habilitierte er sich 1928, seine Antrittsvorlesung hielt er über »Operationen am Herzen«. Im selben Jahr wurde der Schwiegersohn Friedrich Voelckers Oberarzt, 1935 erhielt er die Ernennung zum nichtbeamteten außerordentlichen Professor. Mit Voelcker musste auch Brandt die Klinik verlassen, im Dezember 1935 erhielt er die Stelle des Chefarztes der chirurgischen Abteilung des städtischen Krankenhauses Mainz. Die Umhabilitierung an die Universität Frankfurt wurde vom Wissenschaftsministerium 1937 abgelehnt, Brandt wurden Lehrbefugnis und Professorentitel entzo-

gen. 1948 berief ihn die Universität Mainz zum ordentlichen Professor für Chirurgie und Orthopädie.
Organisationen: Eintritt in die NSDAP am 1. April 1933 (Mitglied Nr. 1 834 671), NSKK (Motorbrigadearzt).
Quellen: UAH PA 4852 Brandt; Rep. 6 Nr. 1407; Auskunft Universitätsarchiv Mainz.

Brauer, Rudolf
(4.12.1907 Briesen in Westpreußen – nach 1945)
Konfession: evangelisch
Vater: Musiker und Friseur
Brauer besuchte Schulen in Briesen und Merseburg, danach war er Volontär in einer Maschinenfabrik und begann ein Studium an der Gewerbehochschule Köthen mit dem Berufsziel Ingenieur. 1929 legte er das Abitur an der Oberrealschule Halle ab. Das Studium des Maschinenbaus setzte er in Danzig fort, im Wintersemester 1929/30 wechselte er jedoch zur Zahnmedizin an die Universität Halle. Hier bestand er 1933 das Staatsexamen und promovierte zum Dr. med. dent. mit einer Arbeit über »Die Korrosion und ihre Erscheinungsformen an sogenannten Goldersatzmetallen in der Zahnheilkunde«. Von 1934 bis 1936 war er Assistent und von 1936 bis 1945 wissenschaftlicher Hilfsarbeiter an der Universitätszahn- und Kieferklinik, nebenbei betrieb er eine Privatpraxis. 1943 habilitierte er sich mit der von Johannes Weigelt angeregten Arbeit »Anatomisch-histologische und pathologische Untersuchungen an Zähnen der ersten tertiären Säugetierfauna Deutschlands« und wurde zum Dozenten ernannt. Im Oktober 1945 wurde Brauer von der Universität Halle entlassen, jedoch in Leipzig politisch rehabilitiert und als »Antifaschist« anerkannt. Weitere Angaben konnten nicht ermittelt werden.
Organisationen: Am 1. April 1933 Eintritt in NSDAP und am 1. Mai 1933 SA.
Quellen: UAH PA 4875 Brauer; Rep. 29 C Nr. 7.

Brugsch, Theodor
(11. Oktober 1878 in Graz – 11. Juli 1963 Berlin (Ost))
Konfession: evangelisch
Vater: Ägyptologe, Universitätsprofessor
Nach dem Reifezeugnis, studierte Brugsch von 1898 bis 1903 Medizin an der Universität Berlin, legte dort 1902 das Staatsexamen ab und wurde 1903 in Leipzig promoviert. Von 1903 bis 1905 war er Sekundärarzt am Krankenhaus Altona, 1905 wurde er Assistent bei Friedrich Kraus an der II. Medizinischen Klinik der Berliner Charité, habilitierte sich 1909 und erhielt 1911 den Professorentitel. Von 1912 bis 1917 war er Oberarzt an der II. Medizinischen Klinik der Berliner Charité, von 1914 bis 1916 leistete er Kriegsdienst als beratender Internist beim Gardekorps, von 1917 bis 1919 war er Internist (Dienstgrad: Stabsarzt) der 9. Armee in Rumänien (ausgezeichnet unter anderem mit dem Eisernen Kreuz I. und II. Klasse). Ab 1919 arbeitete Brugsch wieder an der Charité. 1926 scheiterte eine Berufung nach Prag, 1927 wurde er gegen das Votum der Medizinischen Fakultät zum Ordinarius in Halle berufen und als Leiter der medizinischen Universitätsklinik eingesetzt. 1935 wegen seiner jüdischen Ehefrau, die er in einem Fragebogen nicht ermittelt hatte, beurlaubt, wurde Brugsch 1936 entlassen. Trotz Scheidung wurde er nicht wieder eingesetzt. Von 1935 bis 1945 betrieb er eine Privatpraxis in Berlin, im Februar 1945 wurde er im Zusammenhang mit der Verfolgungswelle nach dem 20. Juli 1944 kurzzeitig inhaftiert und von der Gestapo verhört. 1945 an die Universität Berlin berufen, war er bis zur Emeritierung 1957 Ordinarius für Innere Medizin und Direktor der I. Medizinischen Klinik der Berliner Charité. Von 1946 bis 1949 war Brugsch Vizepräsident der Deutschen Zentralverwaltung für Volksbildung, prägte in dieser Funktion maßgeblich die Gesundheitspolitik der SBZ und hatte erheblichen Einfluss auf die personelle Erneuerung bzw. Nicht-Erneuerung der Hochschulmedizin. 1946 war er Mitbegründer des Clubs der Kulturschaffenden, 1947 Gründer und Präsident der Sozialhilfe Groß-Berlin, 1948/49 Mitglied des Deutschen Volksrates, 1949 des Nationalrates, von 1949 bis 1954 Abgeordneter der Volkskammer. 1957 wurde er zum Vizepräsidenten, 1963 zum Ehrenpräsidenten des Kulturbundes ernannt.
Autobiographie: Arzt seit fünf Jahrzehnten, 1957

Organisationen: NSKK, NSV, Förderndes Mitglied der SS.
Quellen: UAH PA 4999 Brugsch; Rep. 6 Nr. 1407; Wer war wer.

Buadze, Severian
(9. Januar 1894 Bugneuli, Kreis Tiflis (Georgien) – 27. Februar 1934 Halle)
Konfession: griechisch-katholisch
Vater: Landwirt
Buadze absolvierte das Adelsgymnasium zu Kutais und immatrikulierte sich 1916 an der Kaiserlichen Militärmedizinischen Akademie St. Petersburg. 1917 kehrte er nach Georgien zurück, von 1920 bis 1925 studierte er Medizin in Halle, Marburg und wieder Halle, wo er 1925 zum Dr. med. promovierte. Seine Ausbildung setzte er im Physiologischen Institut Emil Abderhaldens fort, zunächst als Stipendiat der Universität Tiflis, dann als Privatassistent Abderhaldens. Ab 1929 verwaltete er eine Assistentenstelle, 1931, nach dem Erwerb der preußischen Staatsangehörigkeit, wurde er planmäßiger Assistent und konnte sich habilitieren. Proteste der NS-Presse wurden von der Universität ignoriert. 1933 erhielt Buadze einen Ruf an die Universität Tiflis, die Berufung scheiterte jedoch an der Verweigerung der Einreise durch die sowjetischen Behörden. Buadze verstarb nach kurzer Krankheit (Pneumonie).
Organisationen: –
Quelle: UAH PA 5007 Buadze.

Budde, Werner
(1. September 1886 Konstantinopel – 28. August 1960 Halle)
Konfession: evangelisch
Vater: Physiker, Redakteur, dann Direktor und Vorstandsmitglied der Siemens & Halske AG
Das Abitur legte Budde 1907 am Humanistischen Gymnasium Klosterschule Ilfeld ab. Ein Studium der Medizin in Berlin, München und Bonn schloss sich an. Das Staatsexamen bestand er 1912, 1913 promovierte er zum Dr. med. und erhielt die Approbation. Ab Oktober 1913 war er Volontär an der Chirurgischen Universitätsklinik Halle. Von 1914 bis 1918 arbeitete er als vertraglich verpflichteter Zivilarzt. 1919 wurde er Assistent an der Chirurgischen Universitätsklinik Halle und habilitierte sich 1920. 1924 erhielt er die Oberarztstelle, 1925 wurde er zum nichtbeamteten außerordentlichen Professor ernannt. Von 1926 bis 1945 war er Leitender Arzt der Chirurgischen Abteilung des St. Barbarakrankenhauses Halle. Am 1. Juli 1937 entzog ihm das Wissenschaftsministerium Lehrbefugnis und Professorentitel wegen seiner jüdischen Ehefrau. Von August 1939 bis zur Schließung im Oktober 1939 war Budde Chefarzt des Reservelazarettes Wurzen. Am 12. Mai 1945 setzten ihn die Amerikaner als Leiter der Chirurgischen Universitätsklinik ein, mit Wirkung vom 1. Oktober 1945 wurde er zum ordentlichen Professor und Direktor der Klinik ernannt. 1946 war er Dekan der Medizinischen Fakultät und hatte heftige Auseinandersetzungen mit der Landesregierung zu bestehen. 1947 erkrankte er an Tuberkolose und wurde vom Dekanat entbunden. Emeritiert wurde Budde 1956.
Organisationen: NSV 1934 bis 1945, Deutsche Jägerschaft.
Quellen: UAH PA 394 Budde.

Camerer, Joachim
(26. Dezember 1910 München – 17. September 1991 München)
Konfession: gottgläubig, früher evangelisch
Vater: Universitätsprofessor
Nach dem Abitur war Camerer ein Jahr als Kaufmann in Hamburg tätig, danach studierte er Medizin an der Universität München. 1935 bestand er das Staatsexamen, 1936 erhielt die Approbation und promovierte zum Dr. med. Von 1936 bis 1942 war er wissenschaftlicher Assistent am Institut für gerichtliche Medizin und Kriminalistik in München. 1939 zum Militär einberufen, wurde der als Gerichtsarzt bei Heer Tätige rasch zum Stabsarzt befördert. 1942 wurde Camerer Assistent in Halle, seine Habilitation behandelte postmortale Veränderungen am Zentralnervensystem, insbesondere an den Ganglienzellen. Dabei belegte er die Existenz der postmortalen Hirnschwellung, Gutachter Schrader

erkannte das Ergebnis an: »Einige Zellveränderungen waren bei Hingerichteten schon unmittelbar nach den Tode zu finden.« Zum Dozenten wurde Camerer 1943 ernannt, jedoch nicht für die Universität Halle freigegeben. Er unterstützte jedoch Gerhard Schrader bei der Untersuchung des Massenmordes von Winniza, nach dem Abschluss dieser Arbeiten wurde er weiterhin an der Ostfront eingesetzt und geriet dort vermutlich in Gefangenschaft. Weitere Angaben konnten nicht ermittelt werden.
Organisationen: 1930 Eintritt in die SA, Sanitäts-Sturmführer, 1931 Eintritt in die NSDAP, Mitglied des NSDDB.
Quellen: UAH PA 5135 Camerer; Rep. 29 C Nr. 10.

Clausen, Wilhelm
(23. Dezember 1878 Wahnebergen, Regierungsbezirk Hannover – 28. April 1961 Halle)
Konfession: evangelisch
Vater: Landwirt
Das Abitur legte Clausen 1898 am Domgymnasium Verden ab, von 1898 bis 1903 studierte er Medizin in Greifswald, Berlin und Jena. 1903 erhielt er die Approbation, 1904/05 war er Assistenzarzt in Essen. Von 1905 bis 1907 hatte er eine Assistentenstelle an der Augenklinik der Charité inne, wechselte jedoch nach Königsberg. Dort habilitierte er sich 1912 und wurde Oberarzt der Universitätsaugenklinik. Von 1914 bis 1918 leistete er Kriegsdienst zunächst als Frontarzt, dann als Leiter der Augenstation Wilna (Dienstgrad: Oberstabsarzt, ausgezeichnet mit dem Eisernen Kreuz II. Klasse und dem Österreichischen Ehrenzeichen II. Klasse mit Kriegsdekoration). 1915 habilitierte er sich, seinem Mentor folgend, nach Halle um, 1916 erhielt er den Professorentitel. 1919 wurde Oberarzt der Universitätsaugenklinik Halle und 1921 zum außerordentlichen Professor ernannt. 1924/25 vertrat er den vakanten Lehrstuhl an der Universität Würzburg und leitete kommissarisch die dortige Universitätsaugenklink. 1925 wurde er als Ordinarius an die Universität Halle berufen. Durch Spenden von Industriellen, Großagrariern und ehemaligen Patienten gelang ihm der Neubau der Augenklinik. 1937 lehnte er einen Ruf nach Bonn ab. Während des Polenfeldzuges war Clausen beratender Ophtalmologe bei der X. Armee, danach bis zum November 1940 Chefarzt des Reservelazarettes I Halle, von 1941 bis 1945 Leiter des Reservelazarettes III in der Augenklinik der Martin-Luther-Universität (ausgezeichnet mit dem Kriegsverdienstkreuz 2. Klasse). Am 28. September 1945 wurde Clausen von den amtlichen Verpflichtungen entbunden, am 10. Oktober 1945 jedoch beauftragt, die Lehrtätigkeit mit dem Beginn des kommenden Semesters wieder aufzunehmen. 1946 entließ ihn die Universität auf Druck der Landesregierung, die SMA ordnete seine Weiterbeschäftigung als »Spezialist« an und untersagte ihm die Lehrtätigkeit. Im April 1946 wurde er als ordentlicher Professor erneut berufen und als Direktor der Augenklinik eingesetzt. 1953 trat er aus gesundheitlichen Gründen zurück, vertrat sich jedoch noch selbst bis 1955.
Organisationen: Aufnahme in die NSDAP am 1. Mai 1933, (Mitglied Nr. 2 260 390), 1946 Eintritt in die CDU, Rotary-Club bis 1937.
Quellen: UAH PA 24434 Clausen; Rep. 6 Nr. 1407.

Cobet, Rudolf
(2. März 1888 Laasphe (Westfalen) – 27. Juli 1964 Halle)
Konfession: evangelisch
Vater: Apotheker
Cobet studierte Medizin in Jena, Tübingen, München, Marburg, Gießen und wieder Jena. Dort promovierte er 1913 zum Dr. med. Von 1914 bis 1918 leiste er Kriegsdienst als Arzt in verschiedenen Feldlazaretten (Dienstgrad: Oberarzt, ausgezeichnet mit dem Eisernen Kreuz II. Klasse). Nach dem Krieg wurde er Assistenzarzt in Greifswald und habilitierte sich dort 1920. 1921 wechselte er als Oberarzt und Privatdozent nach Jena, 1923 erhielt er den Titel eines nichtbeamteten außerordentlichen Professors. Mit seinem Mentor ging er 1926 nach Breslau und wurde dort Oberarzt an der Universitätsklinik. Von 1930 bis 1934 war er ärztlicher Direktor der Lungenheilstätten Beelitz, 1931 habilitierte er sich an die Universität Berlin um. Von 1934 bis 1936 amtierte er als ärztlicher Direktor der Inneren

Abteilung des Rudolf-Virchow-Krankenhauses Berlin, ab 1936 vertrat er den vakanten Lehrstuhl für Innere Medizin an der Universität Halle, wurde jedoch erst nach heftigen Auseinandersetzungen berufen, da die NSDAP den bis 1934 in Halle tätigen NS-Aktivisten Heinz Kürten installieren wollte. Erst 1938 erhielt Cobet die Ernennung zum ordentlichen Professor und Direktor der Medizinischen Universitätsklinik Halle. 1939 zur Heeressanitätsstaffel Halle eingezogen, war er bis zum Mai 1940 Oberarzt im Reservelazarett Elbing. Im Oktober 1945 als Professor entlassen, wurde er 1946 erneut berufen und erst 1956 emeritiert.
Organisationen: Aufnahme in die NSDAP am 1. Mai 1933 (Mitglied Nr. 2 768 486), NSV, NS-Ärztebund, NS-Dozentenbund. 1946 Aufnahme in die LDP.
Quellen: UAH PA 5189 Cobet; Leopoldina-Archiv MM 4466.

David, Oskar
(5. März 1880 Köln – ?)
Konfession: jüdisch
Vater: nicht ermittelt
David war Assistenzarzt an der Medizinischen Klinik der Universität Halle, 1914 wurde er mit einem Dispens nach § 4 der Universitätsstatuten zur Habilitation zugelassen. Kriegsdienst leistete er als Truppenarzt (u.a. ausgezeichnet mit dem Eisernen Kreuz I. Klasse). 1918 tatsächlich habilitiert erhielt er 1922 die Ernennung zum außerordentlichen Professor. Im selben Jahr wurde David Leiter der röntgenologischen Abteilung des Israelitischen Krankenhauses in Frankfurt am Main und wurde von den Pflichten eines Privatdozenten beurlaubt. Seit 1929 gab es Überlegungen, David wegen Nichtabhaltens von Vorlesungen die Venia Legendi zu entziehen. 1934 wurde ihm die Lehrbefugnis entzogen, weitere Angaben konnten nicht ermittelt werden.
Quellen: UAH PA 5288 David. Kürschner 1950, 1954 ohne Eintrag, auch nicht im Nekrolog. Kein Sterbeeintrag beim Standesamt der Stadt Köln, dort nur Geburtsurkunde registriert.

Denker, Alfred
(19. April 1863 Rendsburg – 21. Oktober 1941 München)
Konfession: evangelisch
Vater: Spediteur
Denker studierte Medizin an den Universitäten Kiel, Tübingen und München, 1890 promovierte er in Kiel zum Dr. med. 1890/91 war er Volontärarzt in München, von 1891 bis 1902 niedergelassener Facharzt in Hagen. 1902 berief ihn die Universität Erlangen auf ein planmäßiges Extraordinariat für Hals-Nasen-Ohrenheilkunde, nach Ablehnung eines anderen Rufes erhielt er 1905 ein persönliches Ordinariat. 1911 nahm er den Ruf an die Universität Halle als Nachfolger Hermann Schwartzes an und wurde Leiter der Klinik für Ohren-, Nasen- und Kehlkopfkrankheiten. Von 1914 bis 1918 stand er als Oberstabsarzt später Generaloberarzt im Kriegseinsatz (ausgezeichnet u.a. mit dem Roten Adlerorden IV. Klasse, der Rot-Kreuz-Medaille III. Klasse und dem Eisernen Kreuz II. Klasse). 1919/20 war er Rektor der Universität, 1928 wurde er von den amtlichen Verpflichtungen entbunden. Ein Forschungsaufenthalt in Neapel schloss sich an, danach zog er nach München um wo er als Honorarprofessor an der Universität lehrte.
Organisationen: Förderndes Mitglied der SS seit 1933, Stahlhelm, überführt in den NSDFB
Quellen: PA 5324 Denker; Rep. 6 Nr. 1407.

Dörffel, Julius
(10. Mai 1900 Heidelberg – 19. April 1953)
Konfession: evangelisch
Vater: Bankdirektor
Dörffel besuchte Schulen in Heidelberg, nach dem Notabitur wurde er zum Kanonier ausgebildet, jedoch nicht mehr eingesetzt. 1919/20 war er Mitglied der Einwohnerwehr Heidelberg, zugleich studierte er Medizin in Heidelberg, später München. Das Staatsexamen legte er 1924 in Heidelberg ab,

im selben Jahr promovierte er zum Dr. med. 1925 war er Assistent am Pathologischen Institut Darmstadt, 1926 an der Universitätshautklinik Köln, ab Oktober 1926 an der Universitätshautklinik Königsberg. Hier habilitierte er sich 1930 für Dermatologie. 1931/32 war er Rockefeller-Fellow an der Mayo-Clinic in den USA. 1934 wurde Dörffel Oberarzt an der Universitätshautklinik Königsberg. Ab Januar 1937 vertrat er den vakanten Lehrstuhl in Halle und wurde rasch zum planmäßigen außerordentlichen Professor und Direktor der Hautklinik ernannt. Da ihn Johannes Weigelt zum Prorektor ernannte, erhielt er im August 1939 auch den Titel eines ordentlichen Professors. 1939 einberufen wurde er 1940 von der Wehrmacht entlassen. Auf Betreiben der Gauleitung trat Dörffel vom Amt des Prorektors zurück, er hätte – in den Akten nicht dokumentierte – »Angriffe gegen den Gauamtsleiter Professor Dr. Wagner« gerichtet. Ab Mai 1943 wurde er als beratender Hautfacharzt im Wehrkreis IV tätig (Dienstgrad: Oberstabsarzt). Im Mai 1945 von amerikanischen Militärs verhaftet, entließ ihn die Universität Halle. Nach der Freilassung ließ sich Dörffel als Facharzt in Halle nieder. 1948 wurde er Facharzt in Heidelberg. Dörffel starb bei einem Autounfall auf der Autobahn Heidelberg-Karlsruhe.
Organisationen: Am 1.4. 1933 Eintritt in die SA (Sanitätsobersturmführer), Dienststellung: Sturmbannarzt und Standartenarzt, seit Mai 1935 Brigadearzt der Brigade 4, seit 1. 4. 1937 2. Brigadearzt der Brigade 38 Halle. Am 1. 4. 1933 Eintritt in die NSDAP (Mitglied Nr. 1 840 269), ab Oktober 1933 Dozentenschaftsführer an der Universität Königsberg, Gaufachberater der NSV für Geschlechtskrankheiten, Mitarbeiter des rassenpolitischen Amtes.
Quellen: UAH PA 5460 Dörffel, Leopoldina-Archiv MM 4699 Dörffel.

Drigalski, Wilhelm von
(21. Juni 1871 Dresden – 12. Mai 1950 Wiesbaden)
Konfession: evangelisch
Vater: Hauptmann der preußischen Armee
Von Drigalski besuchte Schulen in Hirschberg, Stargard, Ratibor und Detmold, dort erwarb er 1890 Reifezeugnis. Danach studierte er an der Kaiser-Wilhelm-Akademie für militärärztliches Bildungswesen in Berlin und wurde 1895 an der Universität Berlin zum Dr. med. promoviert. 1896 legte er die Staatsprüfung als Militärarzt ab. Von 1895 bis 1907 diente von Drigalski als Sanitätsoffizier, zunächst als Assistent Robert Kochs an der Charité, später als Armeebakteriologe. Von 1902 bis 1904 war er im Auftrag Kochs an leitender Stelle bei der staatlichen Typhusbekämpfung eingesetzt. 1905 zum Titularprofessor ernannt, habilitierte er sich 1906 Habilitation an der TH Hannover für wissenschaftliche Technik und Hygiene, hier erhielt er auch einen Lehrauftrag zum Thema Geschlechtskrankheiten. 1907 wurde er Stadtarzt in Halle und habilitierte sich an die Universität Halle um. Im Ersten Weltkrieg war er in der Seuchenbekämpfung auf dem Balkan und an der Westfront eingesetzt. 1915/16 vorübergehend Gouvernementsarzt in Brüssel, diente er von 1916 bis 1918 als beratender Hygieniker einer Armee. 1925 erhielt er die Ernennung zum Medizinalrat und wurde Leiter des öffentlichen Gesundheitswesens in Berlin, die Vorlesungstätigkeit in Halle stellte er ein. 1933 in Berlin entlassen, war er nach der Pensionierung von 1937 bis 1939 Schiffsarzt, danach Betriebsarzt und praktischer Arzt. 1937 wurde ihm in Halle die Lehrbefugnis wegen Ortsabwesenheit entzogen. 1942 zog von Drigalski nach Wiesbaden, nach dem Ende des Zweiten Weltkrieges war er als Ministerialrat Leiter des öffentlichen Gesundheitswesens im hessischen Innenministerium.
Organisationen: 1919 Eintritt in die DDP.
Quellen: PA 5556 Wilhelm von Drigalski; BDC (RÄK); Hirschinger; Klee 2001.

Drigalski, Wolf[gang] von
(2. November 1907 Halle – vermisst seit 19. Januar 1943 Stalingrad)
Konfession: evangelisch-lutherisch
Vater: Stadtmedizinalrat Wilhelm von D.
Das Abitur legte von Drigalski 1925 am Stadtgymnasium Halle ab, danach studierte er Medizin an den Universitäten Marburg, Freiburg, Heidelberg und Berlin. Dort legte er 1930 das Staatsexamen ab und promovierte nach dem praktischen Jahr an der II. Medizinischen Universitätsklinik der Charité 1932

zum Dr. med. 1932 wurde er Assistenzarzt an einer Universitätsklinik in Königsberg. Von 1932 bis 1935 war er an der Universität Leipzig, 1935 bis 1938 an der Medizinischen Akademie Danzig beschäftigt. 1938 habilitierte er sich in Halle und erhielt die Oberarztstelle an der Medizinischen Universitätspoliklinik, 1939 wurde er zum Dozenten ernannt. Seit 1936 erhielt er eine militärische Ausbildung in Lehrgängen und Übungen (Dienstgrad: Unterarzt). Im August 1939 zur Wehrmacht eingezogen, wurde von Drigalski im Oktober 1939 freigestellt und als kommissarischer Leiter der Inneren Abteilung des Stadtkrankenhauses Posen eingesetzt, jedoch nach Zerwürfnissen mit dem Gesundheitsführer des Gaues Wartheland im Januar 1942 fristlos entlassen. Er kehrte nach Halle zurück und wurde im März 1942 erneut zur Wehrmacht einberufen, um sich dort »zu bewähren«. Seit Januar 1943 in Stalingrad vermisst, wurde er auf Grund der Verordnung über die Ernennung von Beamten während des Krieges vom 23. September 1942 rückwirkend zum 1. Januar 1943 zum außerplanmäßigen Professor ernannt.
Organisationen: Seit 11.7.1933 Mitglied der Motor-SA, später NSKK. Am 30. März 1933 Eintritt in die NSDAP (Mitglied Nr. 2 984 708), NSDÄB, NSV, tätig für das Hauptamt für Volksgesundheit.
Quellen: Rep. 29 F II Nr. 3 Bd. 2 Dozenten; UHA PA 5557 Wolfgang von Drigalski; Rep. 6 Nr. 1407; BDC.

Eckert-Möbius, Adolf
(4. Dezember 1889 Breslau – 31. März 1976 Halle)
Konfession: evangelisch
Vater: Landwirt
Eckert studierte nach dem Militärdienst in Breslau von 1908 bis 1913 Medizin, Praktika leistete er 1914 an der Chirurgischen Universitätsklinik Breslau und am Allgemeinen Krankenhaus Hamburg-Eppendorf ab. Im gleichen Jahr erhielt er die Approbation und promovierte an der Universität Breslau zum Dr. med. Zwischen 1914 und 1917 wurde er als Truppenarzt an der Ost- und Westfront eingesetzt. Ab 1917 war er am Kriegslazarett Damaskus tätig und wurde mit dem Asienkorps in der Türkei interniert. (Dienstgrad: Oberarzt, ausgezeichnet mit dem Eisernen Kreuz I. und II. Klasse, Hanseatenkreuz sowie dem Türkischen Halbmond). Nach dem Krieg war er Volontär in Kiel, dann Assistent am Pathologischen Institut der Universität Hamburg und von 1921 bis 1923 planmäßiger Assistent an der Universität Jena. 1923 heiratete er die Witwe eines ehemaligen Frontkameraden, adoptierte dessen Kinder und nahm den Doppelnamen Eckert-Möbius an. 1923 wurde er Assistent an der Universität Halle und habilitierte sich 1924 für Hals-Nasen-Ohrenkrankheiten. 1926 erhielt er die Oberarztstelle der Ohrenklinik, im August 1928 wurde er zum nichtbeamteten außerordentlichen Professor ernannt. Im selben Jahr erhielt er den Ruf auf den Lehrstuhl der Hals-Nasen-Ohrenheilkunde als Nachfolger Denkers und wurde zum ordentlichen Professor ernannt. Von 1928 bis 1958 war er Direktor der HNO-Klinik, außerdem fünf Mal Dekan der medizinischen Fakultät. 1939 wurde er als Chefarzt des Feldlazaretts 275 (Prag) eingezogen, 1940 diente er drei Monate als beratender Otologe in Paris, 1941 wurde er uk. gestellt. 1945 von der Universität entlassen, wurde er als »Spezialist« in Assistentenstellung weiterbeschäftigt, im Oktober 1948 erneut berufen und 1958 emeritiert.
Organisationen: 1. Mai 1933 Aufnahme in die NSDAP (Mitglied Nr. 2 261 133), NSLB, NSV, NSDDB, NS-Altherrenbund, Reichsluftschutzbund, Mitglied der Reiter-SS.
1946 FDGB.
Quellen: UAH PA 24430 und 5649 Eckert-Möbius; Rep. 6 Nr. 1407.

Eigler, Gerhard
(14. September 1900 Neumark (Pommern) – 30. Juli 1975 Gießen)
Konfession: evangelisch
Vater: Landwirt
Eigler besuchte die Oberrealschule in Stargard. 1918/19 leistete er Kriegsdienst als Infanterist und Flieger, das Abitur legte er 1919 ab. 1920 trat er in ein Freicorps ein und nahm am Kapp-Putsch teil. Von 1920 bis 1926 studierte er Medizin (mit Unterbrechungen zur Bewirtschaftung des elterlichen Ho-

fes) in Marburg, Berlin, München, Greifswald, Freiburg, Rostock und Hamburg. 1927 erhielt er die Approbation und promovierte in Hamburg zum Dr. med. Er war als Landarzt und Schiffsarzt tätig, 1928/29 wurde er Volontärassistent am Pathologischen Institut der Universität Halle. 1929/30 arbeitete er in der bakteriologischen Abteilung eines Krankenhauses. Ab 1931 war er Assistent, später Oberarzt an der Universitätsohrenklinik Halle. 1935 habilitierte er sich mit einer Arbeit zur Funktion des lymphatischen Rachenrings und wurde zum Dozenten ernannt. 1936 versetzt nach Königsberg, erhielt er dort die Oberarztstelle der HNO-Klinik. 1937 wurde er entlassen und verlor die Dozentur. 1939 zur Wehrmacht eingezogen, wurde er 1942 erneut Dozent in Königsberg und dort 1944 zum außerplanmäßigen Professor ernannt. Nach dem Zweiten Weltkrieg wirkte er an der Marburger Klinik für Hals-, Nasen- und Ohrenkrankheiten, später in Gießen, wo er zunächst kommissarischer Leiter der Universitäts-HNO-Klinik war. 1951 wurde er dort zum Ordinarius berufen.
Organisationen: VDA, Sommer 1933 Eintritt in die SA, Aufnahme in die NSDAP am 1. Mai 1937 (Mitglied Nr. 4 926 111).
Quellen: UAH PA 5724 Eigler; Rep. 29 F II Nr. 3 Bd. 1; Rep. 6 Nr. 1407; Bernhardt.

Eisler, Paul
(17. Februar 1862 Schilfa bei Erfurt – 31. Oktober 1935 Halle)
Konfession: evangelisch
Vater: Gendarmerie-Leutnant
Eisler besuchte die Schule in Schleusingen und studierte Medizin in Halle. Hier promovierte er 1885 zum Dr. med. Von 1886 bis 1927 war er Prosektor am Anatomischen Institut der Universität. 1889 habilitierte er sich, 1900 wurde er zum außerordentlichen Professor, 1921 auf Antrag der Fakultät zum persönlichen Ordinarius ernannt. Durch über 90° Krümmung der Brustwirbelsäule war Eisler stark behindert. 1924 erkrankt, wurde er 1927 emeritiert.
Organisationen: -
Quelle: UAH PA 5744 Eisler.

Emmrich, Josef-Peter
(5. Januar 1909 Neunkirchen (Saar) – 28. November 1963 Magdeburg)
Konfession: katholisch
Vater: Baumeister
Nach dem Abitur (1928 in Neunkirchen) studierte er in Freiburg, Kiel, Wien, Düsseldorf und Hamburg Medizin. 1933 bestand er das Staatsexamen, nach dem praktischen Jahr am Universitätskrankenhaus Hamburg-Eppendorf erhielt er 1934 die Approbation. Danach war er Volontärarzt in der Pharmakologie, von 1935 bis 1939 Assistenzarzt an der Universitätsfrauenklinik Hamburg-Eppendorf. Ab 1. September 1939 war er an der Universitätsfrauenklinik Halle angestellt, 1940 erhielt er nach der Habilitation die Oberarztstelle. Zunächst war Emmrich jedoch eingezogen. Seit Kriegsbeginn diente er bei der Sanitätsersatzabteilung Neumünster und nahm am Frankreichfeldzug, später am Krieg gegen die Sowjetunion teil (ausgezeichnet mit dem Eisernen Kreuz I. und II. Klasse sowie der Ostmedaille). Nach einer Erkrankung trat Emmrich seinen Dienst an der Universität 1942 an, im Oktober 1945 wurde er entlassen. Er wurde jedoch an der Universitätsfrauenklinik unter Kürzung des Gehalts weiterbeschäftigt und 1947 zum Professor mit Lehrauftrag ernannt. 1948/49 war er kommissarischer Leiter der Universitätsfrauenklinik Halle, 1950 wurde er Chefarzt der Hebammenlehranstalt Magdeburg, lehrte aber weiter an der Martin-Luther-Universität.
Organisationen: Seit Januar 1934 SA, Sanitätssturmführer der Marinestandarte I, NSDAP seit 1. Mai 1937 (Mitglied Nr. 4 602 083), ab 1936 zugelassener Arzt des Amtes für Volksgesundheit der NSDAP.
Quellen: UAH Rep. 29 C Nr. 2; UAH PA 5790 Emmrich; Rep. 6 Nr. 1407.

Enke, Willi
(6. März 1895 St. Gallen – 24. Dezember 1974 Marburg)
Konfession: gottgläubig (evangelisch getauft)
Vater: Kaufmann

Die Schule besuchte Enke in Plauen, 1914 war er Kriegsfreiwilliger, wurde rasch zum Unteroffizier befördert und mit dem Eisernen Kreuz II. Klasse ausgezeichnet. Von 1918 bis 1922 studierte er Medizin in Leipzig, zugleich gehörte er einem Zeitfreiwilligenregiment an. Das medizinische Praktikum absolvierte er 1922 am Johannstädter Krankenhaus Dresden. 1923 erhielt er die Approbation und promovierte zum Dr. med. Im selben Jahr wurde er Hilfsarzt an der Städtischen Heil- und Pflegeanstalt Dresden. 1923/24 war er Volontärarzt an der Universitätsnervenklinik in Tübingen, 1924 Assistenzarzt in Schkeuditz und von 1926 bis 1937 Abteilungsarzt an der Universitätsnervenklinik in Marburg. Dort habilitierte er sich 1929. Seit 1935 gehörte er Erbgesundheitsgerichten an. Seit 1936 absolvierte er militärische Übungen und wurde 1937 zum Stabsarzt der Reserve befördert. Ab 1. Januar 1938 war er Direktor der Landesheilanstalt und Anhaltischen Nervenklinik Bernburg. 1938 wurde er zum außerordentlichen Professor der Universität Halle ernannt. Enke war Mitwisser der Krankenmorde in der »Euthanasie«-Anstalt Bernburg, für die Kranken seiner Klinik füllte er die Meldebögen, die sie zum Tod bestimmten, aus. Im April 1945 wurde er in Bernburg von amerikanischer Polizei verhaftet und nach Hessen gebracht. In Abwesenheit wurde er von der Universität Halle entlassen. 1948 in Darmstadt entnazifiziert war er kurzfristig an der Universität Marburg tätig. Bis zur Pensionierung leitete er das Hessische Diakoniezentrum Hephata bei Treysa.
Organisationen: Eintritt in die NSDAP am 24. April 1933 (Aufnahme am 1. Mai 1933, Mitglied Nr. 2 828 291) gleichzeitig NSDÄB, im Mai 1933 Eintritt in die Motor-SA (später NSKK), 1934 NSFK, 1934 NSDDB, NSLB, NS-Studentenkampfhilfe, VDA, Reichskolonialbund, seit 16. März 1934 Mitarbeiter des rassenpolitischen Amtes der NSDAP, Gauschulungsredner, seit 8. Juni 1937 Mitarbeiter im Amt für Volksgesundheit der NSDAP.
Quellen: UAH Rep. 6 Nr. 1407; Rep. 29 I Nr. 291 Bd. 3c; Schulze.

Fikentscher, Richard
(2. April 1903 Augsburg – 16. Juni 1993 München)
Konfession: evangelisch
Vater: Sanitätsrat
Das Abitur legte Fikentscher 1922 am Gymnasium Augsburg ab, danach studierte er Medizin an den Universitäten München, Kiel und wieder München. 1928 erhielt er die Approbation und promovierte zum Dr. med. an der Universität München. Er war am Städtischen Krankenhaus Augsburg, dann am Pathologischen Institut der Universität München tätig. 1931 wurde er Assistenzarzt an der Universitätsfrauenklinik Halle, er habilitierte sich 1935 und erhielt die Oberarztstelle der Klinik. 1936 wurde er zum Dozenten ernannt. 1938 trat er an die Medizinische Fakultät der Universität München und wurde Oberarzt an der II. Frauenklinik sowie 1942 zum außerplanmäßigen Professor ernannt. Im Dezember 1945 durch die amerikanische Militärregierung entlassen, wurde er 1949 als außerplanmäßiger Professor wieder eingestellt. 1950 erhielt Fikentscher die Leitung der II. Universitätsfrauenklinik München übertragen. 1962 zum persönlichen Ordinarius ernannt wurde er 1971 emeritiert.
Organisationen: NSDAP (Mitglied Nr. 2 241 663), SA (1. Sturmbannarzt des Sturmes III/36 Halle); NSDDB, NSDÄB, Mitarbeiter des Hauptamtes für Volksgesundheit.
Quellen: UAH PA 6043 Fikentscher; Rep. 29 C Nr. 2; Rep. 29 F II Nr. 3 Bd. 1; Rep. 6 Nr. 1407; DBE Bd. 11/1 S. 59; Auskunft des UA München aus E-II-01305.

Flügel, Fritz
(20. März 1897 Dresden – 23. April 1971 Erlangen)
Konfession: evangelisch-lutherisch
Vater: Architekt
Nach dem Besuch des Drei-Königs-Gymnasiums in Dresden meldete sich Flügel 1914 als Kriegsfreiwilliger, wurde an der Westfront eingesetzt und 1918 als Leutnant entlassen (ausgezeichnet mit dem Eisernen Kreuz II. Klasse und dem Albrechtskreuz 2. Klasse mit Schwertern). Er studierte Medizin in Leipzig, Freiburg, Breslau, Würzburg und München. Das Staatsexamen bestand er 1922 und promovierte an der Universität München zum Dr. med. Dort war er Volontärassistent, von 1925 bis 1927 volontierte er an der Klinik Charcot Salpetriere Paris und erhielt dort eine neurologische Ausbildung.

1927 wurde er Assistent, später Oberarzt an der Psychiatrischen und Nervenklinik der Universität Leipzig. Hier habilitierte er sich 1932 mit einer Arbeit über Hirntumoren. 1938 wurde er zum außerordentlichen Professor ernannt. Im Januar 1939 wurde er mit der Leitung der Nervenklinik der Stadt Chemnitz betraut, im September 1939 erhielt er einen Ruf an die Universität Halle und wurde zum Direktor der Universitätsnervenklinik ernannt. Ab 1940 war er beratender Psychiater im Wehrkreis IV (ausgezeichnet mit dem Kriegsverdienstkreuz 1. und 2. Klasse). Im Dezember 1945 wurde Flügel verdächtigt, an der Tötung von Geisteskranken beteiligt gewesen zu sein. Trotz völliger Entlastung von diesen Vorwürfen wurde er im Januar 1946 wegen der Mitgliedschaft in der NSDAP als Professor und Klinikdirektor entlassen, aber als unentbehrlicher Fachmann weiterbeschäftigt. 1949 floh er nach Westdeutschland und war zunächst in Tübingen tätig. 1951 erhielt er einen Ruf auf ein Ordinariat der Universität Erlangen, hier war er Direktor der Psychiatrischen und Nervenklinik. 1965 wurde Flügel emeritiert.
Organisationen: SA, Dienst als Sanitätsoberscharführer, Überführung in das NSKK, Aufnahme in die NSDAP am 1. Mai 1937 (Mitglied Nr. 4 301 376), 1946 CDU.
Quellen: UAH PA 6135 Flügel; Auskunft UA Erlangen.

Frese, Otto
(15. Mai 1871 Bremen – 27. Juni 1955 Halle)
Konfession: evangelisch
Vater: Senator
Frese besuchte die Schule in Bremen. Nach dem Militärdienst studierte er Medizin in Heidelberg, Berlin und Straßburg. Dort wurde er 1896 approbiert und promovierte zum Dr. med. Er war als Volontärassistent an der psychiatrischen Universitätsklinik Heidelberg tätig, als Schiffsarzt beim Norddeutschen Lloyd reiste er nach Ostasien und Amerika. 1898 wurde er Assistenzarzt an der Medizinischen Universitätspoliklinik Halle, später in Königsberg und ab 1900 an der Medizinischen Universitätsklinik Halle. Hier habilitierte er sich 1902, von 1904 bis 1908 war er Oberarzt der Klinik, danach betrieb er eine private Praxis. 1908 erhielt er den Professorentitel, 1921 wurde er zum nichtbeamteten außerordentlichen Professor ernannt. Von 1914 bis 1918 diente er als Stabsarzt, später Oberstabsarzt in einer Sanitätskompanie (ausgezeichnet mit dem Eisernen Kreuz I. und II. und dem Hanseatenkreuz). Von 1919 bis 1921 war er Mitglied der Bürgerwehr zur Bekämpfung kommunistischer Unruhen. 1923 wurde er leitender Arzt der Heilanstalt Weidenplan, mehrere Jahre lang war im Senat der Universität Vertreter der Nichtordinarien. 1937 wurde Frese von den Lehrverpflichtungen entbunden.
Organisationen: 1933 Mitglied des Stahlhelm, überführt in den NSDFB.
Quellen: UAH PA 6253 Frese; Rep. 6 Nr. 1407.

Froböse, Hans
(17. Juni 1902 in Breslau – 1939 (Selbsttötung))
Konfession: evangelisch
Vater: Magistratsbaurat
Die Schule unterbrach Froböse 1919 um Grenzschutzdienst im Preußischen Füsilierregiment Generalfeldmarschall Graf Moltke Nr. 38 zu leisten (ausgezeichnet mit dem Schlesischen Adler I. und II. Klasse). Die Reifeprüfung legte er 1921 ab und studierte dann Medizin in Breslau. 1926 bestand er die Staatsprüfung, 1926/27 absolvierte er das Praktikum an der Anatomischen Anstalt der Universität Würzburg, hier wurde er 1927 Hilfsassistent und promovierte 1928 zum Dr. med. Von 1928 bis zum April 1934 war er planmäßiger Assistent am Anatomischen Institut der Universität Halle und habilitierte sich 1932. 1934 wurde er Assistenzarzt an der Landesheilanstalt Neuhaldensleben. 1936 gab er in einem Fragebogen »nichtarische« Vorfahren an, blieb jedoch Beamter, da er den Ariernachweis gemäß der Nürnberger Gesetze erbrachte. 1936 wurde er ihm die Lehrbefugnis entzogen. 1939 wohnte er in Leipzig und bewarb sich um eine Stelle an der Landes-Siechenanstalt Hoym. Froböse verschwand zu Weihnachten 1939 spurlos, es wurde Selbsttötung vermutet.

Organisationen: 1. Mai 1933 Aufnahme in die NSDAP (Mitglied Nr. 2 678 064), 1. November 1933 SA (Sanitätsobertruppführer, Sturmbannarzt), NSV, RDB.
Quellen: UAH PA 6344 Froböse; Rep. 6 Nr. 1407.

Frommolt, Günther
(23. Februar 1892 Oschatz – nach 1966)
Konfession: evangelisch-lutherisch
Vater: Sanitätsrat
Nach dem Abitur auf der Fürstenschule St. Afra in Meißen absolvierte Frommolt 1911/12 den Militärdienst als Einjährig-Freiwilliger und studierte an den Universitäten Genf, Jena, München, Kiel und Leipzig. Im Krieg war er Feldunterarzt, wurde verwundet und mit dem Eisernen Kreuz II. Klasse, der Silbernen Militär St. Heinrichsmedaille und dem Albrechtskreuz mit Schwertern ausgezeichnet. 1919 in Leipzig promoviert, war er 1920/21 Assistent an der dortigen Universitätskinderklinik, 1922 bis 1926 an der Universitätsfrauenklinik. 1926 wechselte er nach Berlin und habilitierte sich dort für Frauenheilkunde. Von 1927 bis 1930 lehrte er als Dozent an der Sun-Yat-Sen-Universität Kanton, von 1930 bis 1934 an der Universität Berlin, wo er 1931 zum nichtbeamteten außerordentlichen Professor ernannt wurde. 1934 übernahm Frommolt die Leitung der geburtshilflich-gynäkologischen Abteilung des evangelischen Diakonissenhauses Halle und wurde trotz des Widerspruchs der Medizinischen Fakultät und des Dozentenführers zum Dozenten ernannt. Ab 1938 gehörte er dem Erbgesundheitsobergericht Naumburg an, 1939 erhielt Frommolt einen Lehrauftrag für Erb- und Rassenkunde und den Titel eines außerplanmäßigen Professors. Am 30. August 1945 wurde die Ernennung zum Dozenten und Professor von der Universität Halle widerrufen. Nach 1945 siedelte Frommolt nach Westdeutschland über und wurde 1953 Chefarzt der Frauenklinik Dr. Bohnen in Helmstedt.
Organisationen: SA seit August 1933, NSKK seit 1934, (letzter Rang: Sturmführer), NSDAP seit dem 1. Mai 1933 (Mitglied Nr. 2 172 732). Für die NSDAP fungierte Frommolt 1934 als »Vertrauensmann«.
Quellen: PA 6373 Fommolt, Rep. 6 Nr. 1407.

Gärtner, Walter
(10. Mai 1899 Oehringen – 5. Juni 1952 Tübingen)
Konfession: evangelisch
Vater: Amtmann
Die Reifeprüfung bestand Gärtner 1917 in Schwäbisch Hall. Von 1917 bis 1919 leistete er Kriegsdienst (ausgezeichnet mit der Silbernen Militärdienstmedaille), entlassen wurde er als Unteroffizier. Gärtner studierte Medizin in Würzburg, Freiburg und München. 1926 erhielt er die Approbation und promovierte zum Dr. med. 1926/27 war er Assistent an der Chirurgischen Universitätspoliklinik München, ab 1928 an der Psychiatrischen und Nervenklinik Halle. Hier erhielt er zunächst ein Stipendium der Notgemeinschaft der deutschen Wissenschaft, später eine reguläre Assistentenstelle. 1936 habilitierte sich Gärtner mit einer experimentellen Arbeit über Nervenkrankheiten bei Affen und wurde zum Dozenten ernannt. 1937 wurde er Oberarzt der Nervenklinik und war Gutachter für das Erbgesundheitsgericht Magdeburg und das Erbgesundheitsgericht Halle. Im Sommersemester 1939 vertrat er den vakanten Lehrstuhl. Seit 1936 in Übungen ausgebildet und zum Oberarzt der Reserve ernannt, wurde Gärtner im August 1939 eingezogen und war zunächst in Polen, später an der Ostfront eingesetzt (1943 befördert zum Oberstabsarzt).
Organisationen: November 1933 Eintritt in die SA (2. Arzt der Standarte 75; Obertruppführer, 1941 Sturmführer, zuletzt Sturmbannarzt), Aufnahme in die NSDAP am 1. Mai 1937 (Mitglied Nr. 4 048 286)
Quellen: UAH Rep. 29 F II Nr. 3 Bd. 2, PA 6453 W. Gärtner, Auskunft des Standesamtes Öhringen.

Gellhorn, Ernst
(7. Januar 1893 Breslau – 1973)
Konfession: evangelisch
Vater: Kaufmann
Nach dem Besuch verschiedener Schulen in Berlin studierte Gellhorn von 1909 bis 1911 an der Philosophischen Fakultät der Berliner Universität. 1911 legte er das Abitur ab und wechselte zur Medizinischen Fakultät. Im August 1914 meldete er sich als Kriegsfreiwilliger, und war als Unterarzt an der Front eingesetzt (Auszeichnung mit dem Eisernen Kreuz II. Klasse). Das Medizinstudium schloss Gellhorn in Heidelberg ab und promovierte im März 1919 zum Dr. phil. in Münster, im Juni 1919 zum Dr. med. in Heidelberg. Im selben Jahr erhielt Gellhorn eine Assistentenstelle am physiologischen Institut der Universität Halle und habilitierte sich hier 1921. 1925 zum außerplanmäßigen außerordentlichen Professor ernannt, schied Gellhorn 1929 aus dem Physiologischen Institut aus, da das preußische Kultusministerium die Dotierung eines Lehrauftrages ablehnte. Für die Wahrnehmung eines Forschungs- und Lehraufenthaltes in den USA (University of Oregon in Eugene) wurde Gellhorn von den Lehrverpflichtungen in Halle beurlaubt. 1931 erhielt er eine ordentliche Professur an der University of Oregon, und nahm 1932 einen Ruf an die Medical School der University of Illinois in Chicago (USA) an. Im Juni 1933 entzog ihm Medizinische Fakultät der Universität Halle die Mitgliedschaft, mit der vermutlich vorgeschobenen Begründung, Gellhorn sei ordentlicher Professor an einer auswärtigen Universität. (Gemeinsam mit Gellhorn wurde der Jude Oskar David gestrichen, was für eine Entfernung aus rassistischen Motiven spricht.) 1935 wurde Gellhorn in den USA naturalisiert, 1943 erreichte ihn ein Ruf auf den Lehrstuhl für Neurophysiologie der University of Minnesota.
Quellen: UAH PA 6562 Gellhorn; Who is who in America, 60th Edition, Chicago 1958.

Geßner, Otto
(23. August 1895 Elberfeld – 30. Mai 1968 Freiburg)
Konfession: evangelisch
Vater: Zeichenlehrer
Das Abitur legte Geßner 1913 in Elberfeld ab, danach studierte er Mathematik und Naturwissenschaften in Münster, später Medizin in Marburg und Straßburg. Von 1915 bis 1918 leistete er Kriegsdienst an der Westfront als Feldunterarzt bzw. Feldhilfsarzt und wurde mit dem Eisernen Kreuz II. Klasse ausgezeichnet. Nach dem Krieg setzte Geßner das Studium in Marburg fort, 1920 bestand er das Staatsexamen und promovierte zum Dr. med. mit einer Arbeit über Echinokokken. Von 1920 bis 1923 praktizierte Geßner als niedergelassener Arzt im Lippischen. Von 1923 bis 1935 war er Assistent in Marburg, dort habilitierte er sich 1926 mit einer Arbeit über Amphibiengifte. 1926/27 vertrat er den Lehrstuhl für Pharmakologie in Gießen. 1932 wurde er zum nichtbeamteten außerordentlichen Professor ernannt. Obwohl Geßner in Deutschland auf Berufungslisten nie an erster Stelle genannt wurde, schlug er Rufe nach Shanghai (1931) und Kanton (1935) aus. Im November 1935 wurde er nach Halle versetzt, wo er vertretungsweise als Direktor des Pharmakologischen Instituts amtierte. 1936 wurde er zum Ordinarius und Leiter des Institutes ernannt. Von Dezember 1936 bis Februar 1938 war er Dekan der Medizinischen Fakultät. Seit 1940 hielt er den Unterricht über Kampfstoffe ab. Im Mai 1945 wurde Geßner durch amerikanisches Militär verhaftet und von der Universität Halle entlassen. Kürschners Gelehrtenkalender verzeichnet für ihn nach 1945 Wohnsitze in Bielefeld und Marburg, einen Ruf an eine deutsche Universität hat er nicht erhalten. Formell wurde Geßner 1959 von der Universität Freiburg emeritiert.
Organisationen: 1919 Mitglied des Deutschvölkischen Schutz- und Trutzbundes bis zu dessen Auflösung durch die Regierung, Eintritt in die NSDAP am 20.4.1933 (Mitglied Nr. 2 828 327), 1934-1943 SA (Sachbearbeiter für Rassefragen im Stab der SA Brigade 38 Halle), 1933-1936 NSFK, NSDDB (Arbeitsgemeinschaftsleiter), NSDÄB, NSV, Arbeitsdank, Luftschutzbund.
Quellen: PA 6639 Geßner; Rep. 6 Nr. 1407; Leopoldina MM 4528 Geßner.

Goebel, Fritz
(3. Juni 1888 Bielefeld – 1. September 1950 München)
Konfession: evangelisch
Vater: Privatmann in Berlin-Zehlendorf
Goebel besuchte Schulen in Weinheim und Frankfurt am Main, dort legte er 1907 das Abitur ab. Er studierte Medizin in Bonn, Freiburg und München, die Praktika leistete er an Münchner Kliniken und an der Universitätspoliklinik Halle ab. 1913 promovierte er in München zum Dr. med., 1913/14 war Goebel Volontärassistent am Gisela-Kinderspital München, 1914 Volontärassistent am Pathologischen Institut der Charité Berlin. Von 1914 bis 1919 leistete er Kriegsdienst, zunächst als Musketier, später als Arzt bzw. Oberarzt am Festungslazarett Koblenz. 1919 wurde er Assistent an der Universitätskinderklinik Jena und habilitierte sich 1922 für das Fach Kinderheilkunde. 1924 zum nichtbeamteten außerordentlichen Professor ernannt, erhielt Goebel 1925 einen Ruf an die Universität Halle, wo er die Klinik für Kinderheilkunde leitete. 1937 nahm er einen Ruf an die Medizinische Akademie Düsseldorf an, ab 1938 war er zusätzlich ärztlicher Direktor der Städtischen Krankenanstalten. 1944 sagte Goebel als Zeuge der Verteidigung im Prozess gegen den wegen »Wehrkraftzersetzung« angeklagten Hamburger Ordinarius für Kinderheilkunde Rudolf Degkwitz vor dem Volksgerichtshof aus. Nach 1945 war er Rektor der Akademie.
Organisationen: Stahlhelm, später NSDBF.
Quellen: UAH PA 6716 Goebel; Rep. 6 Nr. 1407; DBE Bd. 4, S. 49.

Grävinghoff, Walter
(1. Juni 1891 in Stroebeck (Harz) – 18. März 1975 Halle)
Konfession: evangelisch
Vater: Arzt
Grävinghoff legte das Abitur 1909 am Stadtgymnasium Halle ab und studierte dann Medizin in Halle und Heidelberg. Unmittelbar nach dem Staatsexamen meldete er sich 1914 freiwillig zum Kriegsdienst. Von 1914 bis 1918 war er Truppenarzt und wurde mit dem Eisernen Kreuz I. und II. Klasse ausgezeichnet. 1918 wurde er verwundet. Nach der Genesung wurde Grävinghoff Assistent am pathologischen Institut Magdeburg, 1919 Assistent, später Oberarzt an der städtischen Kinderklinik Magdeburg, 1920 promovierte er an der Universität Leipzig zum Dr. med. 1925 wechselte Grävinghoff mit seinem Mentor an die Universität Münster, wo er sich 1927 habilitierte. 1933/34 war er Dozentenschaftsführer der Universität Münster, 1934 wurde er nichtbeamteter außerordentlicher Professor. Grävinghoff war maßgeblich beteiligt an dem Kesseltreiben gegen Paul Krause, den Direktor der Medizinischen Universitätsklinik Münster, das mit Krauses Selbsttötung endete. Wegen dieser Vorgänge als Dozentenschaftsführer abgesetzt, schied Grävinghoff 1936 nach einem Streit über seine einstige Zugehörigkeit zu einer Freimaurerloge aus der Medizinischen Fakultät der Universität Münster aus und ließ sich in Halle nieder. Hier wurde er 1937 Dozent der Universität und lehnte einen Ruf nach Istanbul ab. 1946 verzichtete Grävinghoff auf eine weitere Tätigkeit an der Universität, als er 1954 vom Dekan der Medizinischen Fakultät um Wiederaufnahme der Lehrtätigkeit gebeten wurde, stimmte Grävinghoff zu, jedoch lehnte das Staatssekretariat für Hochschulwesen eine erneute Aufnahme in den Lehrkörper der Martin-Luther-Universität ab.
Organisationen: 1921 bis zur Auflösung Mitglied des Stahlhelms, Antrag auf Mitgliedschaft in der NSDAP am 1. Mai 1933, rückgängig gemacht im April 1934, vorübergehend politischer Leiter. 1924 bis 1933 der Freimaurerloge Ferdinand zur Glückseligkeit in Magdeburg (III. Grad).
Quellen: UAH PA 6837 Grävinghoff; Rep. 6 Nr. 1407; BDC; Heiber 1, S. 175-179.

Grieshammer, Walter
(3. Juli 1905 in Mülheim/Ruhr – 7. September 1967 Bochum)
Konfession: gottgläubig, früher evangelisch
Vater: Oberingenieur (gest. 1922)
Nach der Reifeprüfung 1924 in Mülheim war Grieshammer zunächst Fabrikarbeiter. 1925 immatriku-

lierte er sich an der TH Dresden, 1927 wechselte er an die Universität Leipzig. Dort sowie später in Wien studierte er Medizin. Praktika leistete Grieshammer in Wien, Leipzig und Halle ab, die Approbation erhielt er 1933, 1934 promovierte er in Leipzig zum Dr. med. Zunächst außerplanmäßiger, dann planmäßiger Assistent am Pathologischen Institut der Universität Halle wurde er 1938 Oberassistent und habilitierte sich 1941 mit einer Arbeit zur Frage des Verhaltens der Lungen gegenüber Braunkohlenstaub. 1942 wurde er zum Dozenten ernannt. 1944 als Matrose eingezogen, war er bis September 1945 noch nicht zurückgekehrt und wurde daher in Abwesenheit von der Universität Halle entlassen. 1947 fragte die Landesregierung Mecklenburg-Vorpommerns nach einer möglichen politischen Belastung Grieshammers, dort scheint er aber nicht tätig geworden sein. Einen Ruf an eine deutsche Universität erhielt Grieshammer nicht.
Organisationen: 1925 bis 1927 Technische Nothilfe, NSDÄB, NSV, NSDDB, SA. Aufnahme in die NSDAP am 1. Mai 1933 (Mitglied Nr. 2 260 595), ab 1937 Gauhauptstellenleiter im Amt für Volksgesundheit des Gaues Halle-Merseburg, Leiter der Gauhauptabteilung Gesundheit und Volksschutz der DAF.
Quelle: UAH PA 6895 Grieshammer.

Grote, Louis
(19. April 1886 Bremen – 15. März 1960 Siensbach/Schwarzwald)
Konfession: evangelisch-lutherisch
Vater: Zoologe
Grote studierte zunächst Kunstwissenschaften, dann Medizin an den Universitäten Freiburg, Rostock, München, Göttingen und Berlin, dort promovierte er 1912 zum Dr. med. 1914 wurde er Assistent an der Medizinischen Universitätsklinik in Halle. Kriegsdienst leistete er als Truppen- später Lazarettarzt (ausgezeichnet mit dem Eisernen Kreuz II. Klasse und dem Bulgarischen Civildienstorden IV. Klasse). 1918 habilitierte er sich in Halle, wurde Oberarzt der Medizinischen Universitätsklinik und 1922 zum nichtbeamteten außerordentlichen Professor ernannt. 1924 erhielt er die Stelle des Chefarztes im Sanatorium Weißer Hirsch in Dresden und wurde von der Lehrtätigkeit in Halle beurlaubt. 1930 Leitete er ein Krankenhaus in Frankfurt am Main. Ab Januar 1934 war er Klinikdirektor in Zwickau. Die medizinische Fakultät Halle beschloss bereits 1930, Grote die Venia Legendi zu entziehen, da er dauerhaft eine Stellung außerhalb der Universität bekleidete. Sie nahm jedoch davon Abstand und befürwortete seine Umhabilitierung nach Frankfurt am Main. 1934 verzichtete Grote jedoch auf Druck der Fakultät auf die Lehrberechtigung. Seit Mitte der 30er Jahre wurde der Spezialist für Naturheilkunde leitender Arzt des Rudolf-Hess-Krankenhauses in Dresden. Nach dem Krieg leitete er das Stadtkrankenhaus Wetzlar, später das Sanatorium Glotterbad bei Freiburg.
Organisationen: -
Quellen: UAH PA 6952 Grote; DBE Bd. 4, S. 200f.

Grouven, Karl
(21. Januar 1872 Düren – 21. Juni 1936 Bad Nauheim)
Konfession: evangelisch-lutherisch, bis 1913 katholisch
Vater: Fabrikant
Grouven studierte Medizin in München und Bonn, legte 1895 das Staatsexamen ab und promovierte im selben Jahr zum Dr. med. Zunächst Assistent an der Chirurgischen Klinik der Universität Bonn, wechselte er später zur Hautklinik und habilitierte sich 1900 für das Fach Haut- und Geschlechtskrankheiten. 1910 zum nichtbeamteten außerordentlichen Professor ernannt, erhielt Grouven einen dotierten Lehrauftrag in Halle und wurde Direktor der Universitätspoliklinik für Haut- und Geschlechtskrankheiten. 1911 eröffnete er eine Privatklinik. 1914 zum Reservelazarett Halle eingezogen, war er 1915/16 im Kriegslazarett Lodz und als stellvertretender Corpsarzt des IV. Armeekorps tätig (ausgezeichnet mit dem Eisernen Kreuz II. Klasse sowie der Rot-Kreuz-Medaille III. Klasse). 1920 erhielt Grouven ein planmäßiges Extraordinariat, 1921 wurde er zum persönlichen Ordinarius ernannt. Seine Klinik wurde in den Verband der Universitätskliniken überführt, er jedoch 1926 zum Direktor ernannt.

Seit 1931 erkrankt, wurde er lange Jahre durch seinen Oberarzt Theodor Grüneberg vertreten. Grouven verstarb während eines Kuraufenthaltes.
Organisationen: Stahlhelm, Alldeutscher Verband, DNVP, NSV. 30 Jahre Mitglied der Loge zu den 3 Degen (VI. Grad) und Angehöriger des Freimaurerordens Friedrich der Große von 1920 bis zur Selbstauflösung des Ordens 1934.
Quellen: UAH PA 6954 Grouven; Rep. 6 Nr. 1407; Leopoldina-Archiv MM 3769 Grouven.

Grüneberg, Theodor
(5. März 1901 Halle – 1. Dezember 1979 Saarbrücken)
Konfession: evangelisch-reformiert
Vater: Sanitätsrat
Das Abitur legte Grüneberg 1920 am Stadtgymnasium Halle ab, von 1920 bis 1925 studierte er Medizin an den Universitäten Marburg, München und Halle. 1920 gehörte er Freikorps in Marburg und Halle an. 1921/22 war er 3. Vorsitzender des Hochschulringes deutscher Art in Halle, 1926 erhielt er die Approbation und promovierte an der Universität Halle zum Dr. med. 1926/27 war er Assistent an der Universitätshautklinik München, ab April 1927 in Halle. Von 1930 bis 1939 war er Oberarzt der Hautklinik, 1932 habilitierte er sich für Haut- und Geschlechtskrankheiten mit einer Arbeit über Psoriasis. Wegen seiner unklaren Abstammungsverhältnisse, sein Vater wurde unehelich geboren, wurde Grüneberg trotz der Fürsprache zahlreicher Kollegen und der Dozentenschaft nicht zum Professor ernannt. Als die Forscher des Reichssippenamtes schließlich »ein Achtel jüdischen Bluteinschlag« feststellten, musste Grüneberg die Universität verlassen. Da ihm die Behörden in Halle die Übernahme der väterlichen Praxis verweigerten, ließ sich Grüneberg 1939 als Facharzt in Berlin nieder. nach Fürsprache von Adolf Eckert-Möbius wurde er jedoch trotzdem zum Dozenten neuer Ordnung ernannt und 1940 der Medizinischen Fakultät der Universität Berlin zugewiesen. 1942 erhielt er den Titel eines außerplanmäßigen Professors. Ab September 1945 war er im Auftrag der Roten Armee Seuchenkommissar im Kreis Prenzlau. Am 8. September 1945 bat er um Wiederaufnahme in die Medizinische Fakultät der Universität Halle. Dem stand jedoch Grünebergs vorübergehende Mitgliedschaft in der NSDAP entgegen. Von 1946 bis 1949 war er daher niedergelassener Facharzt in Halle, zugleich Mitarbeiter des Gesundheitsamtes der Stadt. 1948 entnazifiziert, wurde er 1949 Direktor der Universitätshautklinik und zum Professor mit Lehrauftrag ernannt. 1966 emeritiert, siedelte er 1970 zu seiner Tochter nach Saarbrücken über.
Organisationen: Im April 1933 Eintritt in die NSDAP (Mitglied Nr. 2 784 138), Eintritt in die SA am 4. November 1933, NSDDB, NSDÄB, NSV, NS-Altherrenbund. Sämtliche Mitgliedschaften wurden später für ungültig erklärt.
Quellen: UAH Rep. 29 F II Nr. 3 Bd. 2; PA 6964 Grüneberg; Rep. 6 Nr. 1407.

Grund, Georg
(6. Juni 1878 Breslau – 21. März 1944 Halle)
Konfession: evangelisch
Vater: Baurat und Fabrikdirektor
Das Abitur legte Grund 1897 am Elisabeth-Gymnasium Breslau ab, danach folgte ein Studium der Medizin in Heidelberg, München, Breslau und Berlin, 1903 promovierte er zum Dr. med. an der Universität Heidelberg. Militärdienst leistete Grund als Einjährig-Freiwilliger 1899 und 1903, nach mehreren Übungen wurde er 1913 zum Stabsarzt befördert. Von 1904 bis 1908 war Grund Assistenzarzt an der Universitätsklinik Heidelberg, von 1908 bis 1915 an der Medizinischen Universitätsklinik Halle, hier habilitierte er sich 1910. 1914/15 war er Bataillons-, dann Regimentsarzt (ausgezeichnet mit dem Eisernen Kreuz II. Klasse). 1915 erhielt er den Professorentitel und wurde fachärztlicher Beirat der Reservelazarette im Wehrkreis IV. Von 1916 bis Kriegsende war er Arzt im Reservelazarett Halle. 1921 wurde Grund zum außerordentlichen Professor, 1922 zum ordentlichen Professor für Innere Medizin an der Universität Halle ernannt, zugleich leitete er die Medizinische Universitätspoliklinik. Im II. Weltkrieg war er als Oberstabsarzt des Heeres beratender Internist im Wehrkreis IV (ausgezeichnet

mit dem Kriegsverdienstkreuzes 1. Klasse mit Schwertern). 1943 wurde Grund wegen einer Herzkrankheit von der Dienstpflicht befreit und uk. gestellt.
Organisationen: DNVP 1925 bis 1930, 1933; Volkskonservative Bewegung 1930 bis 1932, SA-Reserve II 1. Juli 1934 bis zur Aufhebung 31. Dezember 1935.
Quellen: UAH PA 6982 Grund; Leopoldina-Archiv MM 3653.

Grunke, Wilhelm
(5. Juni 1895 Rostow – 24. Februar 1975 Halle)
Konfession: evangelisch-lutherisch
Vater: Ingenieur, verstorben
Von 1912 bis 1914 studierte Grunke der Medizin in Moskau, von 1914 bis 1918 war er als Zivilgefangener in Russland interniert. Ab 1918 setzte er das Studium in Berlin fort. 1921 erhielt er die Approbation. Von 1921 bis 1926 hatte er eine Assistentenstelle an der Städtischen Krankenanstalt Berlin-Moabit inne, 1926/27 war er dort Oberarzt. Von 1927 bis 1929 war Grunke außerplanmäßiger Assistent an der Medizinischen Universitätsklinik Halle, ab 1929 planmäßiger Assistent. 1931 habilitierte er sich für Innere Medizin. 1935 Oberarzt, leitete er nach der Entlassung Brugschs die Klinik vertretungsweise. 1937 wurde er Chefarzt der 1. Städtischen Medizinischen Klinik im Krankenhaus Allerheiligen in Breslau und gleichzeitig zum außerordentlichen Professor der Universität Breslau ernannt. 1945 siedelte er in die SBZ über. Zunächst war er Seuchenkommissar und Leiter der Inneren Abteilung des Kreiskrankenhauses Burg bei Magdeburg. 1954 wurde er zum Professor mit Lehrstuhl für Innere Medizin an der Universität Halle berufen. Zugleich leitete er die II. Medizinische Universitätsklinik und –poliklinik. 1962 emeritiert, leitete er nach der Emeritierung Robert Marks die I. Medizinischen Universitätsklinik Halle kommissarisch.
Organisationen: 1. April 1933 Eintritt in die NSDAP (Mitglied Nr. 1 834 940), 1933 bis 1937 Motor-SA (später NSKK), dort Obertruppführer und Staffelarzt, nach 1945 FDGB.
Quellen: UAH PA 24427 Grunke (Die Personalakte vor 1945 ist in PA 12801 Ratschow abgeheftet.); Rep. 6 Nr. 1407.

Haasler, Friedrich
(4. Dezember 1863 Insterburg – 7.(?) Mai 1948 Halle)
Konfession: evangelisch
Vater: Kaufmann
Das Gymnasium besuchte Haasler in Insterburg, danach studierte er in Jena, München, Berlin und Bonn Medizin, hier promovierte er 1886. Die Approbation erhielt er 1887. Zunächst Assistent am Pathologischen Institut, wurde er 1891 Assistent an der Chirurgischen Universitätsklinik Halle. Ab 1895 Oberarzt, leitete er die Klinik vertretungsweise und erhielt 1900 den Professorentitel. Militärisch ausgebildet wurde Haasler 1884/85, 1887 und 1900/01. Er leistete Kriegsdienst als Stabsarzt im Lazarett Tientsin (China). 1909 ließ er sich als Arzt für Chirurgie und Orthopädie in Halle nieder (Teilhaber der Heilanstalt Weidenplan). Im Ersten Weltkrieg wurde er als beratender Chirurg im Rang eines Oberstabsarztes, dann Generaloberarztes eingesetzt (ausgezeichnet mit dem Eisernen Kreuz I. und II. Klasse, dem Ritterkreuz I. Klasse und dem Roten Adlerorden IV. Klasse). 1921 wurde er zum nichtbeamteten außerordentlicher Professor ernannt, 1935 stellte er die Lehrtätigkeit ein.
Organisationen: Reichskolonialbund, Stahlhelm.
Quellen: UAH PA 7121 Haasler; Rep. 6 Nr. 1407.

Haller von Hallerstein, Victor Graf
(22. März 1887 Retesdorf (Siebenbürgen) – 1953 eventuell 1959 Berlin)
Konfession: evangelisch
Vater: Universitätsprofessor
Nach dem Abitur 1906 in Heidelberg trat Haller von Hallerstein in die Kaiser-Wilhelm-Akademie ein, wurde zum Militärarzt ausgebildet und 1914 zum Dr. med. promoviert. Vor dem Krieg diente Haller

von Hallerstein im 1. Garde-Feldartillerieregiment, während des Ersten Weltkrieges an der Ostfront und in Palästina. 1915 wurde er zum Oberarzt befördert, 1917 mit dem Eisernen Kreuz II. Klasse und Ritterkreuz des Zähringer Löwenordens mit Schwertern ausgezeichnet. 1919 entlassen, erhielt er eine Assistentenstelle am Anatomischen Institut der Universität Berlin und habilitierte sich 1921. 1928 wurde er Oberassistent und zum außerordentlichen Professor ernannt. Nur durch Absprachen mit Stieve erhielt er den Ruf zum Nachfolger Stieves als Leiter des Anatomischen Institutes der Universität Halle. Nach heftigen Auseinandersetzungen wurde Haller von Hallerstein krankheitshalber 1938 in den Ruhestand versetzt. Der Gedanke, Haller von Hallerstein 1949 an die Humboldt-Universität zu berufen, zerschlug sich nach Einsicht in die Personalakten.
Organisationen: 1920 bis 1926 DNVP, Eintritt in die NSDAP am 1. September 1932 (Mitglied Nr. 1 100 535).
Quelle: UAH PA 7235 Haller von Hallerstein.

Hamann, Ehrhardt
(13. Januar 1900 Güsten (Anhalt) – um 1958)
Konfession: gottgläubig
Vater: Gymnasialoberlehrer
Das Abitur legte Hamann 1918 am Gymnasium Greiz ab, von Juni 1918 bis Dezember 1918 war er als Kanonier eingezogen. Von 1919 bis 1923 studierte er Medizin in Halle, Jena und Leipzig, 1924 erhielt er die Approbation und promovierte mit der 21 Seiten umfassenden Arbeit »Forensische Begutachtung zweifelhafter Fälle von syphilogener Erkrankung des Centralnervensystems« zum Dr. med. 1925 ließ er sich als praktischer Arzt in Halle-Trotha, 1927 in der Innenstadt als praktischer Arzt nieder. 1929 trat er in die NSDAP ein und gründete 1930 den NS-Ärztebund im Gau Halle-Merseburg. 1933 wurde er zum Kommissar der ärztlichen Spitzenverbände Sachsen-Anhalt ernannt, 1934 wurde er Leiter der Ärztekammer der Provinz Sachsen, seit ihrer Gründung 1936 der Ärztekammer Sachsen-Anhalt. Ab 1934 war er Gauamtsleiter des Amtes für Volksgesundheit der NSDAP im Gau Halle-Merseburg, von Oktober 1938 bis Mai 1939 Kreisärzteführer im Sudentenland (Sudetenmedaille). 1940 wurde er zum SS-Standartenführer ernannt. Auf »Anregung« des Reichsärzteführers hatte er ab dem Sommersemester 1941 einen Lehrauftrag an der Universität Halle für ärztliche Standeskunde inne. Wie er den Beruf des Arztes verstand, zeigte sein Plädoyer für die Einschränkung der ärztlichen Behandlung polnischer Arbeiter. Am 27. April 1945 von amerikanischen Truppen verhaftet, entzog ihm die Universität den Lehrauftrag. Nach der Entnazifizierung ließ er sich 1947 als praktischer Arzt in Marburg nieder.
Organisationen: 1924/25 Mitglied der Deutschvölkischen Freiheitsbewegung, Eintritt in die NSDAP am 1. Dezember 1929 (Mitglied Nr. 176 698), 1934 Gauamtsleiter, 1942 Bereichsleiter, 1940 SS-Standartenführer.
Quellen: UAH PA 5605 Hamann; Rep. 6 Nr. 1407; BDC; Hirschinger.

Hanson, Horst
(5. Juni 1911 Lauchhammer – 3. Juli 1978 Halle)
Konfession: evangelisch
Vater: Postbeamter
Nach der Reifeprüfung begann Hanson ein Studium der Naturwissenschaften und der Mathematik an der Universität Halle, wechselte jedoch rasch zur Medizin. 1934 bestand er die ärztliche Staatsprüfung, war dann Praktikant in Zwickau und Halle und erhielt 1935 die Approbation. Im selben Jahr promovierte er zum Dr. med. und erhielt ein Forschungsstipendium der DFG. Er war zunächst außerplanmäßiger, dann planmäßiger Assistent am Physiologischen Institut, von 1937 bis 1939 hatte er die Stelle eines Oberassistenten inne. Von Januar 1939 bis zur Einberufung im März 1940 war Hanson wissenschaftlicher Mitarbeiter im Reichsgesundheitsamt, Abteilung Ernährungsphysiologie. 1941 war er Oberarzt bei der Luftwaffe, im Winter 1941/42 diente Hanson als Truppenarzt in Russland und Finnland. Im Dezember 1941 habilitierte er sich an der Universität Halle. Ab November 1942 war Hanson Sachbearbeiter für Ernährungsphysiologie und Ernährungsfragen des fliegenden Personals am

luftfahrtmedizinischen Forschungsinstitut des RLM, 1945 arbeitete er für den Inspekteur für Truppenverpflegung im Oberkommando des Heeres. Die Zulassung zum Dozenten an der Universität Halle beantragte Hanson 1944. Ende Juni 1945 aus der Kriegsgefangenschaft zurückgekehrt, wurde er als Assistent am Physiologischen Institut wieder eingestellt, am 15. Dezember 1945 jedoch entlassen. Am 12. Januar 1946 wurde er durch den Präsidenten der Provinz Sachsen erneut eingestellt, jedoch befristet, »bis geeigneter Ersatz zur Verfügung steht.« Auch die Lehrbefugnis erhielt Hanson bald zurück, das Physiologisch-chemische Institut leitete er kommissarisch. Am 8. November 1948 ernannte die Landesregierung Hanson zum Professor mit Lehrauftrag, wenig später zum Professor mit Lehrstuhl für Physiologische Chemie sowie zum Direktor des Physiologisch-chemischen Universitätsinstitutes Halle. 1958 trat er gemeinsam mit dem Leiter der Zahnklinik, Erwin Reichenbach, und Kurt Mothes dem SED-Generalsekretär Walter Ulbricht entgegen und verwahrte sich gegen Übergriffe der SED.
Organisationen: 1933 SA, zunächst SA-Mann, dann Sanitätssturmführer, NSDAP seit 1. Mai 1937 (Mitglied Nr. 4 220 378), NSV, NSDÄB.
Quellen: UAH Rep. 29 C Nr. 1; Auskunft aus UAH PA 23498 Hanson; BDC; Leopoldina-Archiv NL Abderhalden, Nr. 354; UAH Rep. 6 Nr. 2639.

Haring, Wilhelm
(1. Januar 1900 Gerbstedt – 16. Juni 1975 Bautzen)
Konfession: evangelisch
Vater: praktischer Arzt
Nach dem Abitur wurde Haring 1918/19 in Torgau zum Fahnenjunker ausgebildet. Nach der Entlassung aus dem Heer studierte er von 1918 bis 1921 Medizin in Halle. 1919/20 gehörte er dem studentischen Freicorps Halle (unter General Maercker) an und kämpfte während der mitteldeutschen Unruhen gegen die Kommunisten. Von 1921 bis 1923 setzte er das Studium in München und Freiburg fort. 1924 erhielt er die Approbation. Von 1923 bis 1926 war er Volontär am Pathologischen Institut der Universität Breslau, 1927 wurde er außerplanmäßiger Assistent an der Medizinischen Universitätsklinik Halle. Hier habilitierte er sich 1931 für innere Medizin und Röntgenologie. 1933 erhielt er eine planmäßige Assistentenstelle, trat jedoch 1937 die Chefarztstelle eines Sanatoriums in Bad Godesberg bei Bonn an. 1939 wurde Haring zum außerplanmäßigen Professor ernannt und an die medizinische Fakultät der Universität Bonn übergeben, 1939 leistete er für drei Monate Kriegsdienst, danach wurde er uk. gestellt. Als er Chefarzt des Sanatorium Kreischa (Heilstätte der Reichsversicherungsanstalt für Angestellte) wurde, überstellte ihn das Wissenschaftsministerium 1941 von Bonn wieder nach Halle, beurlaubte ihn jedoch »bis zum Ende des Krieges« von der Lehrtätigkeit. 1943 wurde Haring zum Reservelazarett Dresden eingezogen, Mitte 1943 trat er die Nachfolge Georg Grunds als beratender Internist im Bereich der Sanitätsabteilung Leipzig an. 1945 kehrte er zunächst nach Kreischa, war jedoch dort nicht tätig, da im Gebäude die Frauenklinik der Universität Dresden untergebracht war. Von der Universität Halle entlassen, wurde er zunächst in der Seuchenbekämpfung eingesetzt. Gleichzeitig baute er eine eigene Röntgenpraxis auf. Später wurde Haring Chefarzt der Städtischen Krankenanstalt Bautzen, nach einer Neugliederung des Krankenhauses war er Direktor der Inneren Abteilung und der Poliklinik des Kreiskrankenhauses Bautzen.
Organisationen: Im April 1933 Eintritt in die NSDAP (Mitglied Nr. 1 881 095), November 1933 Eintritt in die SA.
Quellen: UAH PA 7284 Haring, Auskunft des Standesamtes Bautzen.

Hauptmann, Alfred
(29. August 1881 Gleiwitz – 5. April 1948 Boston
Konfession: evangelisch
Vater: Sanitätsrat, Kreisphysikus
Hauptmann besuchte Gymnasien in Gleiwitz und Frankfurt am Main, dort legte er 1900 das Abitur ab. Ein Studium der Medizin in Heidelberg, München und wieder Heidelberg schloss sich an, 1905 bestand er das Staatsexamen und wurde zum Dr. med. promoviert. 1905/06 diente er in einem Jägerba-

tallion, 1907/08 als einjährig-freiwilliger Arzt. 1908/09 war Hauptmann Assistent an der medizinischen Universitätspoliklinik Heidelberg, von 1909 bis 1911 an der Neurologisch-psychiatrischen Universitätsklinik in Hamburg-Eppendorf, 1912 an der Psychiatrischen Universitätsklinik Freiburg. Dort habilitierte er sich 1912. Von 1914 bis 1918 war er als Truppenarzt bei der Artillerie, nach einer Verwundung als Leiter einer Beobachtungsstation für Nervenkranke eingesetzt (ausgezeichnet mit dem Eisernen Kreuz II. Klasse, dem Ritterkreuz II. Klasse des Zähringer Löwenordens mit Eichenlaub und Schwertern) 1918 zum außerordentlichen Professor ernannt, erhielt er im gleichen Jahr einen Lehrauftrag für gerichtliche Psychiatrie. 1926 berief ihn die Universität Halle zum Ordinarius für Psychiatrie und Nervenheilkunde und zum Direktor der Universitätsnervenklinik. Wegen jüdischer Vorfahren wurde Hauptmann 1935 auf Grund des Berufsbeamtengesetzes entlassen. Da seine Niederlassung als Arzt in Halle scheiterte zog er 1938 nach Freiburg um, konnte jedoch auch dort keine Praxis eröffnen. Kurzzeitig in das Konzentrationslager Dachau verbracht, emigrierte Hauptmann 1939 nach England, 1940 nach Boston (USA). Dort war er Arzt und Forscher in einer Nervenklinik.
Organisationen: Kyffhäuserbund.
Quellen: UAH PA 7386 Hauptmann; Rep. 6 Nr. 1407; Leopoldina-Archiv MM 3791; Gerstengarbe 1993.

Heinroth, Hans
(8. Juni 1895 Eisleben – 25. Dezember 1983 Baden-Baden)
Konfession: evangelisch
Vater: Kaufmann, Rentner
Das Abitur legte Heinroth in Halle ab, danach studierte er Medizin in Königsberg, Berlin und Halle. 1914 meldete er sich freiwillig, ab 1915 war er Infanterieoffizier und wurde wiederholt verwundet. Ausgezeichnet wurde er mit dem Eisernen Kreuz II. Klasse sowie der Ungarischen und Österreichischen Militärverdienstmedaille. 1920 erhielt er die Approbation als Arzt und Zahnarzt und wurde Assistent am Zahnärztlichen Institut der Universität Halle. 1922 zum wissenschaftlichen Hilfslehrer ernannt, habilitierte er sich 1925 für das Fach Zahnheilkunde und wurde Oberarzt. 1927 vertrat er den hallischen Lehrstuhl, 1928 erhielt er die Ernennung zum persönlichen Ordinarius und zum Direktor des Zahnärztlichen Instituts.
Im Oktober 1945 wurde er von der Universität Halle entlassen, jedoch am 27. November 1945 vom Antifa-Ausschuss der Stadt Halle wegen der Unterstützung von Juden rehabilitiert, jedoch an der Universität nicht wieder eingestellt. Nach 1945 war er in Stuttgart als niedergelassener Arzt tätig.
Organisationen: Eintritt in die NSDAP am 22. April 1933, Oberbannfeldarzt der HJ.
Quellen: UAH PA 7517 H. Heinroth; Rep. 6 Nr. 1407.

Heinroth, Otto
(21. März 1892 Eisleben – 30. August 1961 Halle)
Konfession: evangelisch
Vater: Kaufmann
Heinroth besuchte Schulen in Eisleben und Halle. Danach nahm er ein Studium der Chemie und Nationalökonomie an den Universitäten Leipzig und München auf. Von 1914 bis 1919 leistete er Kriegsdienst als Artillerieoffizier und erhielt das Eisernes Kreuz I. und II. Klasse, den Bayerischen Militärverdienstorden und das Ritterkreuz der Österreichischen Ehrenlegion. Nach den Kämpfen gegen die Räterepublik in Bayern wurde Heinroth zu 40 % kriegsbeschädigt entlassen. Nach dem Krieg studierte er Medizin und Zahnheilkunde in Königsberg, München und Halle. 1921 erhielt er die Approbation und wurde Assistent am zahnärztlichen Institut der Universität Halle, ab 1922 war er dort Abteilungsleiter. 1923 promovierte er zum Dr. med. dent., 1926 habilitierte er sich für Zahnheilkunde, 1928 wurde er wissenschaftlicher Hilfslehrer mit der Dienstbezeichnung Oberarzt. 1934 erhielt Heinroth die Ernennung zum nichtbeamteten außerordentlichen Professor, 1937 wurde er Oberassistent und im Dezember 1937 zum planmäßigen außerordentlichen Professor ernannt. 1945 durch die Universität entlassen, rehabilitierte ihn der Ausschuss des Antifaschistischen Blocks der Stadt Halle, da er in der NS-

Zeit Juden und Kommunisten unterstützt hatte. 1954 erhielt Otto Heinroth das zahnärztliche Ordinariat an der Universität Leipzig, 1957 wurde er emeritiert.
Organisationen: 1935 Aufnahme in die NSDAP, Mitglied des SA-Fliegersturms.
Quelle: PA 7518 O. Heinroth.

Hertz, Wilhelm
(6. Januar 1901 Hettstedt – 10. Mai 1985 Heilbronn)
Konfession: evangelisch-lutherisch
Vater: Chemiker, 1908 verunglückt
Als Abiturient diente Hertz im Freicorps Bahrenfeldt bei Altona, war jedoch bei Kämpfen nicht eingesetzt. Nach dem Abitur studierte er Medizin in Freiburg, Kiel, München, Jena und wieder Kiel. 1924 legte er das Staatsexamen in Kiel ab, das praktisches Jahr absolvierte Hertz an der Medizinischen Klinik der Universität Kiel, dem Barmbecker Krankenhaus in Hamburg und an der Universitätskinderklinik Jena. 1926 erhielt er in Kiel die Approbation und promovierte zum Dr. med., im gleichen Jahr wurde er Hilfsassistent in Jena. 1926/27 war er Rockefellerstipendiat am Physiologisch-chemischen Institut der Universität Leipzig, 1928 an der Kinderklinik der Universität Marburg. 1928 erhielt er eine planmäßige Assistenten-, 1931 die Oberarztstelle an der Universitätskinderklinik Halle. Bereits anlässlich seiner Habilitation 1934 wurden Hertz wegen eines jüdischen Urgroßvaters Probleme bereitet. Sie wurde ihm jedoch nicht versagt, da er als »arisch« im Sinne des Berufsbeamtengesetzes und des Reichsbürgergesetzes galt. 1936 vertrat er den erkrankten Leiter der Universitätskinderklinik, auf Veranlassung des Wissenschaftsministeriums wurde Hertz jedoch 1937 entlassen. Unter erheblichen Schwierigkeiten gelang ihm die Niederlassung als Kinderarzt in Heilbronn, wo er auch an der evangelischen Heilanstalt Ebenezer tätig war. 1938 wurde Hertz auch formal die Venia Legendi entzogen. Im Zweiten Weltkrieg diente er als Stabsarzt, nach der Rückkehr aus der Kriegsgefangenschaft im Juli 1945 eröffnete er seine Praxis wieder, ab 1946 leitete er die Kinderabteilung der Städtischen Krankenanstalten Heilbronn. Von 1949 bis 1982 war Hertz erneut als niedergelassener Kinderarzt tätig.
Organisationen: November 1933 Eintritt in die SA, 1935 für nichtig erklärt.
Quellen: UAP Rep. 6 Nr. 1407; PA 7794 Hertz; Auskunft des Stadtarchivs Heilbronn.

Hett, Johannes
(15. August 1894 Taucha bei Leipzig – 10. September 1986 Ansbach)
Konfession: evangelisch-lutherisch
Vater: Bürgermeister
Hett besuchte Schulen in Taucha und Leipzig, dort legte er 1914 das Abitur ab. 1914/15, 1916/17, 1919/20 studierte er Medizin, von 1915 bis 1919 war er im Sanitätsdienst, ab 1917 als Feldhilfsarzt an der Front (ausgezeichnet mit dem Eisernen Kreuz II. Klasse). 1920 bestand er das Staatsexamen, promovierte zum Dr. med. und erhielt die Approbation als Arzt. 1920 wurde er bei Stieve Volontärassistent am Anatomischen Institut der Universität Leipzig. Mit seinem Mentor wechselte er 1921 als Assistent an das Anatomische Institut der Universität Halle, ab 1922 war er hier Oberassistent. 1923 habilitiert, erhielt Hett 1926 einen Lehrauftrag für Biologie der Leibesübungen. 1928 wurde er zum nichtbeamteten außerordentlichen Professor ernannt, 1936 erhielt Hett ein planmäßiges Extraordinariat für Gewebelehre und Entwicklungsgeschichte an der Universität Erlangen und wurde Vorstand der Histologischen Abteilung des Anatomischen Instituts der Universität Erlangen. Im August 1945 wurde Hett durch die amerikanische Militärregierung entlassen, im November 1945 jedoch wieder als kommissarischer Direktor des Anatomischen Instituts eingesetzt, aber 1947 erneut entlassen. 1948 erhielt er die Lehrbefugnis wieder, 1949 wurde er Oberassistent am Anatomischen Institut, 1959 emeritiert. 1951 wurde Hett für einen Vorfall aus dem Jahr 1944 verantwortlich gemacht. Im März 1944 wurde ein polnischer Kriegsgefangener in das Anatomische Institut gebracht, um hingerichtet zu werden. Angeblich hatte Hett die »lebendige Leiche« bestellt. Getötet wurde der Gefangene jedoch nicht im Institut, sondern im Wald, erst dann erhielt die Anatomie den Leichnam.

Organisationen: Aufnahme in die NSDAP am 1. Mai 1933 (Mitglied Nr. 2 260 015), ab 1. März 1934 NSLB, später NSDDB.
Quellen: UAH Rep. 6 Nr. 1407, Auskunft aus UA Erlangen A 2/1 Nr. H 97, Wendehorst, S. 237 f.

Hildebrandt, Alwin
(5. Januar 1906 Hanau-Kesselstadt – 29. Mai 1959 Frankfurt am Main)
Konfession: evangelisch
Vater: landgräflicher Angestellter
Nach dem Abitur studierte Hildebrandt Medizin in Frankfurt, dort bestand er 1930 das Staatsexamen und promovierte zum Dr. med. Praktika machte er an der Universitätsfrauenklinik Frankfurt am Main und am Pathologischen Institut Dresden. In der Dresdner Pathologie war er von 1931 bis 1934 Assistenzarzt, später Oberarzt. Von 1934 bis 1936 hatte er die Stelle eines Assistenzarztes am Stadtkrankenhaus Dresden-Friedrichstadt inne. 1936 wechselte er an die Universitätsfrauenklinik Halle. Ab 1935 diente Hildebrandt in der Wehrmacht in Übungen, 1937 wurde er Assistenzarzt der Reserve. 1939 eingezogen, leistete er Kriegsdienst in Polen, Holland, Belgien und Frankreich und wurde 1940 zum Oberarzt befördert. 1940 habilitierte er sich während eines Arbeitsurlaubes, 1941 wurde er zum Dozenten für Frauenheilkunde und Geburtshilfe ernannt. 1941 wegen des Ärztemangels in der Universitätsfrauenklinik Halle für mehrere Monate uk. gestellt, wurde er im Januar 1942 zum Reservelazarett Dresden eingezogen. 1943 war er dort an der Hygienischen Untersuchungsstelle, 1943/44 forschte er über den Vitamingehalt von Frauen- und Kuhmilch. Im Oktober 1945 wurde Hildebrandt in Abwesenheit von der Universität Halle entlassen, ab 1952 war er außerplanmäßiger Professor der Universität Frankfurt für Gynäkologie und Geburtshilfe.
Organisationen: Eintritt in die NSDAP am 1. April 1933 (Mitglied Nr. 2 434 738), Eintritt in die SA im November 1933, Sturmbannarzt, Sanitätsobertruppführer, NSDÄB, NSDDB, NSV, als Ortsgruppen-Filmstellenleiter mit dem Bild des Gauleiters »Für treue ehrenamtliche Mitarbeit« ausgezeichnet. Februar 1938 Ortsgruppenamtsleiter (Schulungsleiter) und seit November 1938 Kreisredner der NSDAP.
Quellen: UAH Rep. 6 Nr. 1407; PA 7889 Hildebrandt.

Hilpert, Paul
(26. Dezember 1893 Gehren (Thüringen) – 13. März 1939 Halle)
Konfession: evangelisch-lutherisch
Vater: Kaufmännischer Angestellter bei der Reichspostreklamegesellschaft
Die Reifeprüfung legte Hilpert 1912 in Sonneberg ab, ein Studium der Medizin an der Universität Leipzig schloss sich an. 1914 meldete er sich freiwillig zum Fronteinsatz wurde jedoch, da er die ärztliche Vorprüfung schon bestanden hatte, einem Lazarett zugeteilt. 1915 wurde er Feldunterarzt, ab 1916 stand er als Truppenarzt im Einsatz an der Westfront (ausgezeichnet mit dem Eisernen Kreuz II. Klasse und dem Sächsischen Albrechtskreuz mit Schwertern). 1919 bestand er das Staatsexamen und erhielt die Approbation. Hilpert wurde Volontärarzt an der Psychiatrischen Universitätsklinik Leipzig und promovierte 1920 zum Dr. med. Von 1920 bis 1923 war er Assistenzarzt an einem Sanatorium in Bad Freienwalde, 1923 wechselte er an die Psychiatrische Universitätsklinik Jena, dort habilitierte er sich 1927 und wurde 1930 zum außerordentlichen Professor ernannt. 1934 erhielt er die Oberarztstelle der Klinik. 1935 vertrat er einen vakanten Lehrstuhl in Greifswald, ab 1. Januar 1937 vertrat er die Professur für Psychiatrie und Neurologie an der Universität Halle (Nachfolge Hauptmann.) Im April 1937 wurde er mit Wirkung vom 1. Februar formell zum Direktor der Universitätsnervenklinik und zum persönlichen Ordinarius ernannt. Ab Februar 1938 war er Dekan der Medizinischen Fakultät und trat öffentlich für die Ausmerzung der »Minderwertigen« ein. Von Johannes Weigelt zum Nachfolger vorgesehen, wurde Hilpert Ende 1938 zum Prorektor und im Januar 1939 zum planmäßigen Ordinarius ernannt. Einen Ruf nach Köln lehnte er ab. Hilpert starb an Lungenentzündung infolge einer Grippeerkrankung.

Organisationen: 1912 bis 1923 Mitglied des Alldeutschen Verbandes, Februar 1931 Förderndes Mitglied der SS, Mai 1933 NSDAP (Mitglied Nr. 3 136 470), 1933 bis 1935 in der SS aktiv (Unterscharführer), danach in der Fliegerlandesgruppe des DLV.
Quellen: UAH PA 7920 Hilpert; Rep. 6 Nr. 1407; Rep. 6 Nr. 1365.

Hinsche, Georg
(25. September 1888 Halle – 14. November 1951 Halle)
Konfession: evangelisch, später gottgläubig
Vater: Großkaufmann
Das Reifezeugnis erwarb Hinsche 1908, danach studierte er Erdkunde, Ökonomie, Sprachen und Psychologie an den Universitäten Halle und Innsbruck. Von 1910 bis 1912 war er Hilfskraft am Psychologischen Institut der Universität Halle, 1912 promovierte er zum Dr. phil., setzte jedoch die philologischen Studien fort. 1914 eingezogen, erkrankte er jedoch bald und wurde Lehrer an der Latina der Franckeschen Stiftungen. Hier unterrichtete er bis 1945 Deutsch, Geschichte und Erdkunde. Nach dem Ersten Weltkrieg studierte Hinsche auch Medizin. 1928 promovierte er zum Dr. med. und habilitierte sich 1930 für das Fach Entwicklungsmechanik. Hinsche wurde mehrfach denunziert, jedoch 1939 trotzdem zum Dozenten ernannt. 1944 trat er zur naturwissenschaftlichen Fakultät als Dozent für Zoologie über. Am 10. Juni 1945 beantragte er selbst seine Ernennung zum Professor, im August 1945 wurde er zum außerordentlichen Professor für Biologie ernannt, 1949 erhielt er einen Lehrstuhl Pädagogik.
Organisationen: 1933 NSLB, 1939 NSV.
Quellen: UAH Rep. 29 F II Nr. 3 Bd. 2; PA 7929 Hinsche.

Horsters, Hans
(22. März 1887 Krefeld – 18. März 1957 Berlin)
Konfession: evangelisch
Vater: Kaufmann und Hotelbesitzer
Das Abitur legte Horsters 1908 in Duisburg-Meiderich ab, danach studierte er Naturwissenschaften an den Universitäten Göttingen, München und Bonn. 1913 promovierte er dort mit einer chemischen Arbeit und legte das Staatsexamen für die Fächer Chemie, Physik und Biologie ab. 1913/14 war Privatassistent an der Universität Bonn. 1914 meldete er sich freiwillig zum Kriegsdienst und diente zunächst bei der Artillerie, später als Funker, 1918 wieder bei der Artillerie eingesetzt. Entlassen wurde er als Leutnant. Von 1919 bis 1924 studierte Horsters Medizin in Berlin. 1924 legte er das Staatsexamen ab, promovierte zum Dr. med. und erhielt die Approbation. Von 1924 bis 1927 war er Volontärassistent bei Theodor Brugsch an der II. Medizinischen Klinik der Charité Berlin, von 1927 bis 1935 planmäßiger Assistent an der Medizinischen Universitätsklinik Halle. Hier habilitierte er sich 1928, 1933 wurde er Oberarzt, nach Absolvierung des SA-Lagers Borna erhielt er den Titel eines nichtbeamteten außerordentlichen Professors. 1935 wurde er Leitender Arzt des Krankenhauses Berlin-Weißensee, und habilitierte sich an die Universität Berlin um. 1937 erhielt er die Stelle des Leitenden ärztlichen Direktors des Rudolf-Virchow-Krankenhauses. Nach 1945 war er Chefarzt der Inneren Abteilung des Rudolf-Virchow-Krankenhauses.
Organisationen: Aufnahme in die NSDAP am 1. Mai 1933 (Mitglied Nr. 1 835 171), Im Mai 1933 Eintritt in den DLV, Übernahme zum SA-Fliegersturm Halle, Standortarzt, Sanitätsreferent im SA-Hochschulamt, leitender Arzt des Studentenwerkes, NSLB, NSD Ärztebund
Quellen: UAH Rep. 6 Nr. 1407, Rep. 29 F II Nr. 3 Bd. 1.

Hülse, Walter
(16. August 1887 Guttenfeld, Kreis Groß Eylau – 1958 Westdeutschland)
Konfession: evangelisch
Vater: Hauptlehrer
Hülse studierte Medizin in Königsberg. Die medizinischen Praktika absolvierte er in Karlsruhe und Konstanz, danach leistete er Wehrdienst als Einjährig-Freiwilliger. 1914 promovierte er zum Dr. med.

an der Universität Königsberg. 1914 eingezogen, wurde Hülse im Oktober 1914 verwundet und mit dem Eisernen Kreuz ausgezeichnet. Nach der Genesung war er bis 1918 als Heeresangehöriger Assistent am Pathologischen Institut Breslau. 1919 als Oberarzt der Reserve entlassen, war er von 1919 bis 1923 Assistenzarzt an der Medizinischen Universitätsklinik Halle. Hier habilitierte er sich 1922, von 1923 bis 1932 war er Oberarzt der Klinik und wurde 1926 zum nichtbeamteten außerordentlichen Professor ernannt. Seit 1933 leitete er die Innere Abteilung am Elisabethkrankenhaus Halle. 1936 wurde er ärztlicher Direktor des Krankenhauses. 1944 verhaftete ihn die Gestapo, da er Kontakte zu den Verschwörern vom 20. Juli hatte, zu seinen Patienten gehörte auch der Großagrarier Carl Wentzel. Durch Bestechung wieder auf freiem Fuß, nahm er nach einer überstandenen Fleckfiebererkrankung im April 1945 Kontakt zur Gruppe um Theodor Lieser auf. 1945 maßgeblich an der »Rettung der Stadt Halle« beteiligt, wurde er nach Kriegsende zum Vizepräsidenten der Provinz Sachsen ernannt. 1946 schied Hülse aus allen politischen Ämtern aus und war nur noch als Professor mit Lehrauftrag an der Martin-Luther-Universität Halle tätig. 1951 floh er aus der DDR, bis zu seinem Tod, wahrscheinlich 1958, soll er ein Sanatorium geleitet haben.
Organisationen: 1929 bis 1932 Mitglied der DVP, NSDFB (Stahlhelm) seit 4. Mai 1933.
Quellen: UAH PA 8237 Hülse; Rep. 6 Nr. 1407; Bock.

Kabelitz, Gerhard
(12. Januar 1908 Reitwein Kreis Lebus)
Konfession: evangelisch
Vater: Lehrer in Berlin
Nach dem Besuch der Volksschule übte Kabelitz von 1922 bis 1927 eine kaufmännische Tätigkeit aus. Von 1927 bis 1930 besuchte er die Königstädtische Oberrealschule Berlin und legte dort 1930 die Reifeprüfung ab. Danach studierte er Medizin an der Universität Berlin. 1936 bestand er das Staatsexamen und promovierte zum Dr. med. 1937 erhielt er die Approbation. 1937/38 war er Assistent der Ernährungsphysiologischen Abteilung des Reichsgesundheitsamtes Berlin und führte Untersuchungen im Rahmen des Vierjahresplanes durch. 1938 wurde er Assistent an der medizinischen Universitätsklinik Halle, 1939 leistete er Kriegsdienst im Reservelazarett IV (Leipzig St. Georg), 1940 wurde er zur Medizinischen Klinik Halle, 1942 habilitierte er sich mit einer Arbeit über das Chromatophorenhormon der Hypophyse, andere Untersuchungen über die Ausnutzung synthetischer Fette bei Gesunden und Kranken wurden aus Gründen der Geheimhaltung nicht veröffentlicht. 1943 Dozent, wurde er im Mai 1944 erneut eingezogen. 1945 von der Universität Halle entlassen, wurde er 1948 Privatdozent der Universität Frankfurt. Seit 1948 betreibt Kabelitz eine Praxis in Bensheim an der Bergstraße.
Organisationen: 1937 Aufnahme in die NSDAP (Mitglied Nr. 4 832 160), am 1. Oktober 1933 Eintritt in die SA, Oberscharführer.
Quellen: UAH PA 8539 Kabelitz.

Kairies, Albrecht
(23. April 1902 Memel – 1944)
Konfession: evangelisch
Vater: Lehrer, Schulrektor
Das Abitur erwarb Kairies am Gymnasium Insterburg. Er studierte Medizin an den Universitäten Königsberg, Freiburg und Berlin. Das Staatsexamen bestand er 1926 in Königsberg, das praktisches Jahr leistete er am Krankenhaus Berlin-Moabit ab. 1927 approbiert, promovierte er 1928 zum Dr. med. an der Universität Berlin, 1929 wurde er Hilfsassistent am Medizinaluntersuchungsamt beim Hygienischen Institut der Universität Halle, 1931 außerplanmäßiger Assistent am Hygienischen Institut, 1935 schließlich Oberassistent. 1937 habilitierte er sich mit einer Arbeit über Erkrankungen von Frettchen an Influenza und wurde zum Dozenten ernannt. 1936 und 1937 absolvierte Kairies Wehrmachtsübungen und wurde zum Sanitätsoffiziersanwärter ernannt. 1939 eingezogen als Armeebakteriologe baute er ein Feldlaboratorium auf. 1940 wurde er beratender Hygieniker der XVI. Armee, dann beim Wehrkreis IV und ab 1941 an der Ostfront. Hier war er bei der Bekämpfung von Fleckfieber und Tularae-

mie eingesetzt und wurde mit dem Eisernen Kreuz II. Klasse ausgezeichnet. 1943 erhielt Kairies den Titel eines außerplanmäßigen Professors. Im April 1944 sollte er als Oberassistent zum Hygienischen Institut der Universität Straßburg wechseln, starb jedoch, bevor er die Stelle antreten konnte.
Organisationen: Aufnahme in die NSDAP am 1. Mai 1933 (Mitglied Nr. 2 187 719), 1934 Eintritt in NSLB, NSV, 1936 NSD Ärztebund, 1937 NS-Studentenkampfhilfe, Mitarbeit im Hauptamt für Volksgesundheit, Reichskolonialbund, RLB.
Quellen: UAH PA 8587 Kairies; Rep. 6 Nr. 1407; Rep. 29 F II Nr. 3 Bd. 2

Kettler, Louis-Heinz
(13. Dezember 1910 Halle – 21. Oktober 1976 Berlin (Ost))
Konfession: gottgläubig, früher evangelisch
Vater: Kaufmann
Kettler besuchte Schulen in Halle, die Reifeprüfung legte er 1929 ab. Er studierte Medizin, bestand 1934 das Staatsexamen und promovierte mit einer Arbeit über Entwicklungsstörungen des Herzens zum Dr. med. Die Approbation erhielt er nach dem Praktikum am Pathologischen Institut der Universität 1935. 1936 diente er freiwillig als Sanitätskadett bei der Kriegsmarine. Seine Ausbildung vervollkommnete er am Berliner Pathologischen Institut, seit 1936 war er Assistent an der hallischen Pathologie. Nach zwei Reserveübungen zum Sanitätsoffizier ernannt, wurde Kettler im August 1939 als Marineassistenzarzt einberufen. 1940 wurde der Pathologe zum Marineoberassistenzarzt, 1941 zum Marinestabsarzt befördert (ausgezeichnet mit dem Kriegsverdienstkreuz 2. Klasse mit Schwertern). 1942 habilitierte er sich mit einer Arbeit über die resorptiven Leistungen der Lymphknoten. Im Februar 1943 wurde Kettler zum Dozenten ernannt. Im Austausch gegen den Dozenten Grieshammer kehrte er im Sommer 1944 an die Universität zurück. 1945 zunächst entlassen, erhielt er nach der Aufnahme in die SED 1946 die Wiederzulassung als Dozent. Im November 1948 wurde er Professor mit vollem Lehrauftrag. 1949 absolvierte er einen Dreimonatslehrgang auf der SED-Parteischule Drei Annen Hohne und wurde Studentendekan der Martin-Luther-Universität. Im März 1951 erhielt er einen Ruf an die Humboldt-Universität Berlin. Dort war er von 1953 bis zur Emeritierung 1976 Direktor des pathologischen Instituts.
Organisationen: 1933 NSKK, bis zum Kriegsbeginn Sturmarzt (San. Obertruppführer) beim NSKK-Motorsturm 1/1138, Aufnahme in die NSDAP am 1. Mai 1937, NSDÄB, NSDDB, NS-Altherrenschaft, NSV. 1945 Hospitanz bei der CDU, 1946 Eintritt in die SPD, überführt in die SED.
Quellen. UAH Rep. 29 C Nr. 9, PA 8793 Kettler, Wer war wer.

Klages, Friedrich
(2. Januar 1903 Dannenberg/Elbe – seit dem 7. August 1943 im Osten vermisst)
Konfession: evangelisch-lutherisch
Vater: Schuhmacher-Obermeister
Klages besuchte Schulen in Danneberg und Lüneburg. Nach dem Abitur (1922) studierte er Medizin und Zahnmedizin in Göttingen, München, wieder Göttingen und Hamburg. Dort bestand er 1927 das Staatsexamen und promovierte zum Dr. med. Das Praktikum absolvierte er am Krankenhaus Berlin-Lichterfelde, die Approbation erhielt er 1928. Von 1928 bis 1930 war er am Pathologischen Institut der Universität Genf tätig. Seit 1930 war er außerplanmäßiger Assistent an der Chirurgischen Universitätsklinik Halle. 1933 hatte er die Habilitationsschrift (»Die Einheilung und Funktion der Voelckerschen Spiralfedern, ein Beitrag zur Behandlung der spinalen Kinderlähmung«) fertiggestellt. Trotz des erfolgreichen Besuchs des Wehrsportlagers Borna und der Dozentenakademie Kiel wurde Klages Habilitation durch Dozentenschaftsführer Wagner hintertrieben. 1935 doch habilitiert und zum Dozenten ernannt, konzentrierte sich Klages auf die militärische Ausbildung. 1939 wurde er als Oberarzt einer Sanitätskompanie eingezogen und nahm am Westfeldzug teil (ausgezeichnet mit dem Eisernen Kreuz II. Klasse). 1940 war er vorübergehend Oberarzt der Chirurgischen Klinik. 1941 erneut eingezogen, erhielt er am 28. Juni 1941 als erster Angehöriger der Universität das Eiserne Kreuz I. Klasse. Wegen angeblicher »geldlicher Verfehlungen« wurde Klages nicht zum außerplanmäßigen Professor ernannt.

Seit dem 7. August 1943 gilt er als vermisst.
Organisationen: Aufnahme in die NSDAP am 1. Mai 1933 (Mitglied Nr. 2 678 158), im Mai 1933 Eintritt in die Motor-SA (später NSKK), NSDÄB, Mitarbeiter des Amtes für Volksgesundheit.
Quellen: UAH PA 8880 Klages; Rep. 6 Nr. 1407; Rep. 29 F II Nr. 3 Bd. 2.

Klingmüller, Manfred
(11. August 1893 Strehlen/Schlesien – ?)
Konfession: evangelisch
Vater: Kreismedizinalrat
1913 bestand Klingmüller die Reifeprüfung in Strehlen, 1913/14 studierte er Medizin in Kiel. 1914 Kriegsfreiwilliger, wurde er 1915 krankheitshalber entlassen, jedoch 1916 zum Sanitätsdienst eingezogen. Bis 1919 war er in verschiedenen Lazaretten tätig, gleichzeitig setzte er das Studium der Medizin fort. 1920 legte er das Staatsexamen ab und erhielt die Approbation. Als Volontär an der medizinischen Universitätsklinik Halle erkrankte er 1921 schwer an Typhus, so dass er erst 1922 zum Dr. med. promoviert wurde. 1924 erhielt er eine planmäßige Assistentenstelle und habilitierte sich 1927. 1929 wechselte er zur AOK und wurde 1933 ärztlicher Direktor des Krankenhauses des Verbandes der Allgemeinen Ortskrankenkassen der Stadt Berlin, später Chefarzt am Krankenhaus des Verbandes der Krankenkassen Berlin. 1936 wurde Klingmüller aus dem Personalverzeichnis der Universität Halle gestrichen, 1937 entzog ihm das Wissenschaftsministerium die Lehrbefugnis. Weitere Angaben konnten nicht ermittelt werden.
Organisationen: NSDAP seit April 1933 (Mitglied Nr. 1 835 205)
Quellen: UAH PA 8968 Klingmüller; UAH Rep. 6 Nr. 1407.

Kneise, Otto
(9. August 1875 Hamma bei Heringen – 4. Januar 1953 Halle)
Konfession: evangelisch
Vater: Pastor
Nach dem Abitur am Gymnasium Sangerhausen leistete Kneise Militärdienst in einem Pionierbataillon. Ein Studium der Medizin in Halle, Berlin, München und wieder Halle schloss sich an. 1900 legte er das Staatsexamen ab, 1901 promovierte er zum Dr. med. und wurde Assistent an der Universitätsfrauenklinik. 1905 gründete er eine Privatklinik, aus der 1911 die Heilanstalt Weidenplan entstand. Von 1914 bis 1918 stand er als Stabsarzt der Marine im Kriegseinsatz in der Türkei (ausgezeichnet u. a. mit dem Eisernen Kreuz II. Klasse) und war behandelnder Arzt der Königin von Bulgarien. 1918 habilitiert, erhielt der Chirurg und Urologe 1922 den Professorentitel. Nach eigener Aussage war Kneise »Feind des Nazi-Regimes«, wurde mehrfach von der Gestapo verhört, »wegen Heimtücke gegen den Führer angeklagt« und sei »nur um Haaresbreite am Konzentrationslager vorbeigegangen«. 1947 erneuerte die Universität Kneises Lehrauftrag, ab 1949 erhielt er eine Ehrenpension.
Organisationen: 1922 Stahlhelm, 1934 überführt in SA-Reserve II, bis 1933 Mitglied der DNVP.
Quellen: UAH PA 9034 Kneise; UAH Rep. 6 Nr. 1407

Koch, Alfred
(23. Juni 1907 in Münster)
Konfession: katholisch
Vater: Studienrat
Das Abitur absolvierte Koch 1926 am Realgymnasium Münster, danach studierte er Medizin. 1928 bestand er die staatliche Prüfung als Turn- und Sportlehrer, 1929 trat er in die Kriegsmarine als Sanitätsoffiziersanwärter ein. 1931 legte er das medizinische Staatsexamen ab und promovierte zum Dr. med. Danach war er Unterarzt in den Marinelazaretten Wilhelmshaven und Kiel, absolvierte 1932 eine fliegerische Ausbildung in Warnemünde und wurde 1933 an die Universitätskliniken Hamburg-Eppendorf abgeordnet, um hier eine Ausbildung in Luftfahrtmedizin und Innerer Medizin zu erhalten. 1934/35 war er Leiter der Sonderuntersuchungsstelle am Marinelazarett Kiel-Wiek, von 1935 bis 1937 Flie-

gerhorstarzt und Arzt bei der Erprobungsstelle Travemünde. Von 1937 bis 1939 setzte er seine wissenschaftliche Ausbildung an der Medizinischen Universitätsklinik Köln fort. 1939/40 war er als Leitender Sanitätsoffizier beim Kommando der Luftwaffe beim Armeeoberkommando I eingesetzt. Von 1940 bis 1942 war er Fliegerkorpsarzt an der West- und Ostfront. Nach einer Verwundung war er von August bis Dezember 1942 an der Medizinischen Universitätsklinik Köln tätig. Von Januar 1943 bis Oktober 1943 leitete er das Luftwaffenlazarett Bukarest, im Mai 1943 habilitierte er sich in Köln mit einer Arbeit zur Endoskopie der Bauchhöhle. Von Oktober 1943 bis Februar 1944 war er Luftgauarzt in Köln. Im Februar 1944 wurde Koch Chefarzt des Luftwaffenlazarettes Halle-Dölau, wo er zugleich Nationalsozialistischer Führungsoffizier war. Im November 1944 wurde Koch der Medizinischen Fakultät der Martin-Luther-Universität zugewiesen. 1945 geriet der hochdekorierte Offizier (Sudetenmedaille, Kriegsverdienstkreuz 2. Klasse mit Schwertern, Ostmedaille, Eisernes Kreuz I. und II. Klasse, Krimschild, Frontflugspange (Bronze), verschiedene Rumänische Auszeichnungen) in amerikanische Kriegsgefangenschaft. 1951 wurde er Privatdozent an der Universität Münster und Chefarzt der Abteilung für Innere Medizin im Clemenshospital Münster. 1956 erhielt er den Titel eines außerplanmäßigen Professors, 1972 wurde er emeritiert. Koch veröffentlichte nach dem Zweiten Weltkrieg zahlreiche Untersuchungen zur Luftfahrtmedizin und Sportmedizin und war Mitherausgeber des Journal of Sportmedicine and Physical Fitness. Er lebt in Münster.
Organisationen:-
Quellen: UAH PA Nr. 9088 A. Koch; UAH Rep. 6 Nr. 1407.

Koch, Johannes
(23. August 1901 Halle – 17. Januar 1969 Groß Reken (Westfalen))
Konfession: evangelisch
Vater: Kaufmann
Nach dem Besuch des Reform-Realgymnasiums Halle absolvierte Koch eine Ausbildung als Krankenpfleger, 1919/20 nahm er als Angehöriger eines Freicorps an den Kämpfen in Halle teil. Die Reifeprüfung legte er 1920 als Externer ab, um Medizin studieren können. Das Staatsexamen bestand Koch 1925, 1926 promovierte er an der Universität Halle zum Dr. med. Praktika absolvierte er am Elisabethkrankenhaus und an Pathologie der Universität. 1926 wurde er Volontärassistent, 1928 planmäßiger Assistent und 1929 Oberarzt an der Universitätsklinik für Ohren-, Nasen- und Kehlkopfkrankheiten. Er habilitierte sich 1934. Im selben Jahr verletzte er sich beim SA-Dienst an der Wirbelsäule schwer, so dass er untauglich für den Militärdienst wurde. Im August 1939 zum außerordentlichen Professor ernannt, erhielt er 1941 die Leitung der städtischen HNO-Klinik in Essen übertragen. 1945 wurde er ärztlicher Direktor der Städtischen Krankenanstalten Essen.
Organisationen: Eintritt in die NSDAP am 26. April 1933 (Mitglied Nr. 2 260 893), NSDÄB, NSFK (Standartenarzt der Standarte 36).
Quelle: UAH PA 9117 J. Koch.

Kochmann, Martin
(7. Februar 1878 Breslau – 11. September 1936 Halle (Selbsttötung))
Konfession: evangelisch
Vater: Kaufmann
Kochmann studierte nach der Reifeprüfung, die er 1896 in Breslau ablegte, Medizin in Berlin und Breslau. 1901/02 diente er als Einjährig-Freiwilliger. 1902 wurde er in Jena zum Dr. med. promoviert und erhielt eine Assistentenstelle am Pharmakologischen Institut der Universität. Von 1904 bis 1906 arbeitete er am Institut de Pharmacodynamie et de Therapie in Gent, von 1906 bis 1914 als Assistent an der Universität Greifswald. Dort habilitierte er sich 1907 für das Fach Pharmakologie und erhielt 1911 den Professorentitel. 1914 wurde Kochmann Oberassistent in Halle und wenig später als Stabsarzt zum Kriegsdienst eingezogen, den er als Arzt teils an der Front, teils in Feldlazaretten leistete (ausgezeichnet mit dem Eisernen Kreuz II. Klasse). 1921 wurde er zum ordentlichen Professor und Direktor des Pharmakologischen Instituts Halle ernannt. 1935 in den Ruhestand versetzt, verhaftete ihn

1936 die Gestapo unter dem Verdacht der »Begünstigung staatsfeindlicher und hochverräterischer Bestrebungen«. Kochmann tötete sich in der Haft selbst.
Organisationen:-
Quellen: UAH PA 6193 Kochmann, Rep. 6 Nr. 1406, Leopoldina-Archiv MM 3508.

Koeppe, Leonhard
(20. November 1884 Torgau – 18. März 1969 Halle)
Konfession: evangelisch
Vater: Kreisarzt
Das Abitur legte Koeppe 1905 in Torgau ab. Er studierte Medizin in Freiburg und Halle. Das Staatsexamen bestand er 1910, Praktika in Halle und Berlin schlossen sich an. 1912 wurde er in Halle zum Dr. med. promoviert. Danach war Koeppe Volontärassistent in Breslau und Leipzig und arbeitete als praktischer Arzt in Dommitzsch. Ab Mai 1914 war er Assistent an der Universitätsaugenklinik Halle und habilitierte sich 1918. Zugleich studierte er Mathematik und Physik. Durch diese Kenntnisse gelangen ihm entscheidende Verbesserungen der Methoden zur Mikroskopie des lebenden Auges. 1921 zum Professor honoris causa der Universität Madrid ernannt, erhielt er auf Drängen der hallischen Medizinischen Fakultät 1921 auch den preußischen Titel eines nichtbeamteten außerordentlichen Professors. Koeppe hielt Gastvorlesungen an verschiedenen spanischen Universitäten, sowie u. a. in Prag, Zagreb, Italien, den Niederlanden, den USA und Kanada. Von 1923 bis 1925 war er wissenschaftlicher Mitarbeiter der Bausch and Lomb Optical Co. in Rochester (USA). 1926 kehrte er nach Halle zurück und konzentrierte sich auf optische Forschungen. 1930/31 war er Research-Professor für Ophtalmo-Mikroskopie an der State University Iowa (USA). Desillusioniert zurückgekehrt, nahm er seinen Lehrauftrag an der Universität Halle wieder wahr. Ende der 30er Jahre arbeitete er gemeinsam mit der physikalischen Abteilung der Heeres-Nachrichtenschule an der Lösung von optischen Problemen für die Luft- und die Unterseebootwaffe. Im Dezember 1945 wurde er von der Universität entlassen und intensivierte seine augenärztliche Praxis.
Organisationen: Aufnahme in die NSDAP am 1. Mai 1933 (Mitglied Nummer 1 881 628)
Quellen: UAH PA 9203 Koeppe; Leopoldina-Archiv MM 4093 Koeppe.

Kok, Friedrich
(25. August 1890 Borkum (Ostfriesland) – 5. März 1952 Hamburg-Wandsbek)
Konfession: evangelisch
Vater: Sanitätsrat in Osnabrück
Kok besuchte Schulen auf Borkum und in Emden, die Reifeprüfung legte er 1910 ab. Ein Studium der Medizin in Göttingen, Kiel und Freiburg schloss sich an. 1914 meldete er sich als Kriegsfreiwilliger und wurde Hilfsarzt in einem Lazarett. 1917 wurde er zur Beendigung des Studiums nach Gießen beurlaubt, dort promovierte er auch zum Dr. med. 1917/18 stand er im Fronteinsatz als Assistenz-, später Bataillonsarzt auf verschiedenen Kriegsschauplätzen und wurde mit dem Eisernen Kreuz II. Klasse ausgezeichnet. 1919/20 war er Assistent an der Medizinischen Universitätsklinik Freiburg, 1920 am pharmakologischen Institut der Universität Göttingen und von 1920 bis 1925 an der Universitätsfrauenklinik Freiburg. 1925 kam er an die Universitätsfrauenklinik Hamburg-Eppendorf, wo er sich habilitierte. Von 1926 bis zum März 1933 war er Oberarzt der Universitätsfrauenklinik Halle, 1930 wurde er zum nichtbeamteten außerordentlichen Professor ernannt. Ab März 1933 war er Chefarzt der geburtshilflich-gynäkologischen Abteilung des Martin-Luther-Krankenhauses Berlin-Grunewald, 1935 wurde er außerordentlicher Professor der Universität Berlin.
Organisationen: Stahlhelm, später NSDFB.
Quellen: UAH Rep. 6 Nr. 1407; Auskunft des Standesamtes Borkum.

Kraas, Ernst
(5. Dezember 1900 Berlin – Sommer 1962 Frankfurt am Main)
Konfession: evangelisch
Vater: Bildgießereibesitzer

Nach der Kriegsreifeprüfung wurde Kraas zum Militärdienst eingezogen, jedoch nicht mehr an der Front eingesetzt. Er studierte Medizin an den Universitäten Jena, München und Berlin, das Staatsexamen legte er 1923 ab. Das Praktikum absolvierte er am Pathologischen Institut des Krankenhauses Berlin-Friedrichshain, 1925 promovierte er in Berlin zum Dr. med. Von 1926 bis 1934 war er Assistent an der Chirurgischen Universitätsklinik Frankfurt am Main, 1929 hielt er sich zu Forschungszwecken in Turin auf, 1931 wurde er Oberarzt der Klinik in Frankfurt. 1932/33 volontierte er als Rockefellerstipendiat an Kliniken in den USA (New York, Chicago, Rochester, Baltimore und Philadelphia). 1934 zog Kraas nach Halle um und wurde Leiter der urologischen Abteilung in der Chirurgischen Universitätsklinik. Er habilitierte sich 1936 und wurde zum Dozenten ernannt. Nach Einberufung des Direktors leitete er die Klinik kommissarisch. 1940 wurde Kraas zum Feldheer eingezogen. Zunächst war er Zugführer einer Sanitätskompanie und nahm am Frankreichfeldzug und am Krieg gegen die Sowjetunion teil (ausgezeichnet mit dem Eisernen Kreuz II. Klasse und dem Kriegsverdienstkreuz 2. Klasse mit Schwertern). 1943 wurde er zum außerordentlichen Professor ernannt. Im April 1945 kehrte er an die Chirurgische Universitätsklinik zurück, wurde jedoch noch im selben Monat inhaftiert und im Oktober 1945 von der Universität entlassen. Durch verschiedene Lager geschleust, wurde Kraas 1948 entnazifiziert und erhielt die Stelle des Chefarztes der chirurgischen Abteilung im Bethanienkrankenhauses in Frankfurt am Main. Dem Lehrkörper der Universität Frankfurt gehörte er als außerordentlicher Professor an.
Organisationen: 1934 SS-Reitersturm 1 im SS-Oberabschnitt Rhein (Mitglied Nr. 223 855), in Halle Führer einer SS-Sanitätsstaffel. Aufnahme in die NSDAP am 1. Mai 1937 (Mitglied Nr. 4 174 695)
Quellen: PA 9340 Kraas; Rep. 29 F II, Nr. 3, Bd. 2; Auskunft Prof. Dr. Ernst Kraas (Berlin).

Kürten, Heinz
(29. Mai 1891 Lüneburg – 16. Dezember 1966 München)
Konfession: evangelisch
Vater: Privatmann
Bemerkungen: Die Stammakte Prof. Dr. Kürten im UAM wurde 1945 von Mitarbeitern der amerikanischen Militärregierung abgeholt und ist seitdem unauffindbar.
Das Reifezeugnis erwarb Kürten 1911, ein Studium der Medizin in Heidelberg und Leipzig schloss sich an. 1914 meldete er sich als Kriegsfreiwilliger, wegen einer bakteriell verursachten Nierenentzündung wurde er zum Sanitätsdienst in das Lazarett Chemnitz kommandiert. 1916 bestand er das Staatsexamen, 1917 erhielt er die Approbation. 1918 promovierte er an der Universität Heidelberg, 1919 wurde Kürten Assistent am physiologischen Institut Emil Abderhaldens, 1921 wechselte er zur Universitätsklinik Halle wo er sich 1925 habilitierte. 1929 kündigte Theodor Brugsch Kürten, da seine wissenschaftlichen Leistungen »nicht ausreichen«. Am 13. Februar 1934 meldete ein Zeitungsbericht die Ernennung zum außerordentlichen Professor, ein entsprechender Erlass ging jedoch nicht beim Kurator ein, erst nach der Berufung an die Universität München wurde Kürten zum Professor ernannt. 1936 scheiterte die von der Partei gewünschte Berufung auf den Lehrstuhl der Inneren Medizin der Universität Halle am Einspruch der Fakultät. Am 27. Juni 1945 wurde Kürten des Amtes enthoben, ab 1951 war er Empfänger von Übergangsgeld gem. § 63 Abs. 1 des Gesetzes zur Regelung der Rechtsverhältnisse der unter Artikel 131 des Grundgesetzes fallenden Personen. Obwohl damit als Professor zur »Wiederverwendung« eingestuft, lehrte Kürten nicht wieder an der Universität München. Ruhestandsbezüge erhielt Kürten in der Höhe eines emeritierten Ordinarius, da eine Überprüfung der einstigen Verbindungen Kürtens zum Nationalsozialismus zu folgendem Urteil kam: »Die Vermutung, dass diese Verbindungen über eine gewisse Einflussnahme nicht der ausschlaggebende Grund für Ihre damalige Ernennung war ...«
Organisationen: Eintritt in die NSDAP am 1. Februar 1931 (Mitglied Nr. 420 586), Amtsleiter in der Gauleitung München, 1944 wurde Kürten von seinem Gauamtsleiterposten enthoben und schied aus der NSDAP aus.
Quellen: UAH PA 9626 Kürten; für gescheiterte Berufung 1936: UAH PA 5189 Cobet; BDC; Auskunft des UA München aus E-II-2161 Kürten.

Kuhlmann, Fritz
(23. Juni 1902 Dortmund – nach 1983)
Konfession: evangelisch
Vater: Bäckermeister
Als Schüler des Dortmunder Realgymnasiums nahm Kuhlmann als Kompanieführer einer Freiwilligenformation der Dortmunder Einwohnerwehr an den Kämpfen gegen die Rote Ruhrarmee teil. Nach dem Abitur studierte er von 1920 bis 1927 Medizin, finanziert durch Tätigkeit als Repetitor, Wald- und Fabrikarbeiter. Das Staatsexamen legte Kuhlmann 1927 ab, 1929 promovierte er an der Universität Bonn zum Dr. med. Danach war er Volontär- und Assistenzarzt in verschiedenen Krankenhäusern und Universitätskliniken, von 1933 bis 1935 arbeitete er als Röntgenologe bei der AOK in Berlin wo er einen Leitfaden zur Durchleuchtungstechnik der inneren Organe verfasste. Von 1935 bis 1937 war er Arzt an der Universitätsklinik Münster, dort habilitierte er sich 1936 mit einer Untersuchung über den Dünndarm. 1937 wurde er Assistent und Dozent an der Medizinischen Universitätsklinik in Halle, 1940 erhielt er eine Oberarztstelle an der Medizinischen Universitätsklinik Breslau, dort wurde er 1944 zum außerplanmäßigen Professor ernannt. Nach dem Zweiten Weltkrieg war Kuhlmann Chefarzt des Evangelischen Krankenhauses Essen-Werden bzw. Essen-Bredeney.
Organisationen: 1934 Eintritt in die SS, 1937 Aufnahme in die NSDAP (Mitglied Nr. 4 444 803)
Quellen: UAH PA 9643 Kuhlmann, Auskunft über das Sterbedatum vom Standesamt Dortmund verweigert.

Lehnerdt, Friedrich
(25. Oktober 1881 Berlin – 30. Mai 1944 Karlsbad (Böhmen))
Konfession: evangelisch
Vater: Sanitätsrat
Das Abitur legte Lehnerdt 1900 in Berlin ab. Danach studierte er Medizin an den Universitäten Berlin, Straßburg und Leipzig. 1905 bestand er das Staatsexamen, 1905/06 leistete er Praktika am Kinderkrankenhaus Leipzig und am Urbankrankenhaus Berlin ab. 1906 erhielt er die Approbation, 1907 promovierte er zum Dr. med. Danach war er Assistenzarzt an der Universitätskinderklinik Halle. Von 1914 bis 1918 leistete er Kriegsdienst als Stabs- und Bataillonsarzt (ausgezeichnet mit dem Eisernen Kreuz I. und II. Klasse). 1918 erhielt er den Professorentitel. 1923 wurde ihm ein Lehrauftrag für Kinderheilkunde erteilt, den Lehnerdt auch noch wahrnahm, als er 1925 dirigierender Arzt der Säuglingsabteilung am St. Barbara-Krankenhaus (ab 1927 gleichzeitig am Diakonissenhaus) wurde. Wegen eines jüdischen Urgroßvaters wurde Lehnerdt 1938 die Lehrbefugnis entzogen, er starb an einem Herzschlag.
Organisationen: DNVP 1921 bis 1933, 1933 Eintritt in den Stahlhelm (NSDFB).
Quellen: UAH PA 9990 Lehnerdt; Rep. 6 Nr. 1407.

Leydhecker, Friedrich
(7. Juli 1911 Darmstadt – 8. Februar 1944 Bobruisk an der Beresina)
Konfession: evangelisch
Vater: Arzt
Leydhecker studierte Medizin in Berlin, Heidelberg und Düsseldorf. 1936 legte er dort die staatliche Prüfung ab und erhielt 1937 die Approbation als Arzt. Nach kurzer Vertretung eines Landarztes war er ab Mai 1937 Volontärassistent an der Universitätsaugenklinik Halle. Mit einem Forschungsstipendium der DFG unterstützt, habilitierte sich Leydhecker 1940 mit der Arbeit »Zur Entfernung nichtmagnetischer Fremdkörper aus dem Augeninneren« und wurde zum Dozenten ernannt. Am 4. Oktober 1940 wurde Leydhecker als Sanitätsfeldwebel zur Wehrmacht eingezogen, 1942 wurde er zum Assistenzarzt, 1943 zum Oberarzt befördert. Er starb durch eine fieberhafte, septische Erkrankung.
Organisationen: 1937 Eintritt in den NSDÄB.
Quellen: UAH PA 10071 Leydhecker; Rep. 29 F II Nr. 3 Bd. 2 Dozenten.

Lindemann, Walter
(22. März 1886 Halle – 31. August 1940 Halle)
Konfession: evangelisch
Vater: Kaufmann
Lindemann legte das Abitur 1905 an der Latina der Franckeschen Stiftungen ab und studierte dann Medizin in Halle. 1907 bestand er die ärztliche Vorprüfung, 1907/08 leistete er seinen Wehrdienst, 1910 legte er das medizinische Staatsexamen ab. Praktika absolvierte er in Halle, München und Mannheim, 1911 erhielt er die Approbation. 1911/12 tat er Dienst im Lazarett Halle, 1912 wurde er Assistent an der Universitätsfrauenklinik Halle. 1914/15 war er als Frontarzt eingesetzt und mit dem Eisernen Kreuz II. Klasse ausgezeichnet. 1915 wurde er als Oberarzt für die Frauenklinik reklamiert, im selben Jahr habilitierte er sich mit einer Arbeit über »Die Rolle der Lipoide in der Sexualfunktion des Weibes«. Nach dem Tod des Ordinarius war Lindemann provisorischer Klinikleiter, nach Neubesetzung des Lehrstuhles wurde er bei einem Landsturmregiment als Arzt eingesetzt. 1919 kehrte Lindemann nach Halle zurück und eröffnete eine Praxis für Geburtshilfe. Zugleich arbeitete er am Elisabethkrankenhaus. 1923 erhielt er die Chefarztstelle am Barbarakrankenhaus und wurde zum außerordentlichen Professor ernannt. Von der Vermögensverwaltung für jüdische Vermögen kaufte Lindemann das Haus Advokatenweg 7 und richtete eine Praxis darin ein. 1937 ereilte Lindemann ein erster Herzinfarkt, 1940 ein zweiter, tödlicher Herzinfarkt.
Organisationen: Vor 1933 DVP, Eintritt in die NSDAP am 1. April 1933 (Mitglied Nr. 1 776 619), 1934 Truppenarzt der HJ, NSDÄB, NSLB, NSV, Förderndes Mitglied der SS, Mitarbeiter der Reichsärztekammer (Gutachter und Vertrauensmann für das Krankenhauswesen).
Quellen: UAH PA 10141 Lindemann; Rep. 6 Nr. 1407.

Linnert, Gerhard
(11. Mai 1888 Kremkau Kreis Stendal – 1948 Halle)
Konfession: evangelisch
Vater: Pastor
Die Reifeprüfung bestand Linnert 1907 am Gymnasium Unser Lieben Frauen in Magdeburg, von 1907 bis 1912 studierte er in Halle Medizin. 1908 leistete er seinen Wehrdienst im Füsilierregiment Halle. 1912/13 war er Praktikant an der Universitätspoliklinik, 1913/14 Assistenzarzt an der Frauenklinik. Von 1914 bis 1917 nahm er als Truppenarzt am Ersten Weltkrieg teil und wurde mit dem Eisernen Kreuz II. Klasse dekoriert. Von September bis November 1914 war er in französischer Kriegsgefangenschaft. 1917 wurde Linnert erneut Assistenzarzt an der Universitätsfrauenklinik Halle und habilitierte sich 1919. Von 1919 bis 1924 war er Oberarzt der Klinik, ab 1925 hatte er eine Privatpraxis. 1938 wurde ihm die Lehrbefugnis auf Antrag der Fakultät entzogen, da Vorlesungen über Jahre hinweg nicht zustande kamen.
Organisationen: Eintritt in die SA am 8. Juli 1933, stellvertretender Sturmbannarzt.
Quellen: UAH PA 10177 Linnert; Rep. 6 Nr. 1407.

Litzner, Stillfried
(10. Mai 1897 Berlin-Rosenthal – 14. August 1972 Wolfenbüttel)
Konfession: evangelisch
Vater: Oberlandesinspektor
Nach dem Abitur 1914 meldete sich Litzner zur Kriegsmarine und nahm als Obermaat am Weltkrieg auf verschiedenen Kriegsschauplätzen, insbesondere aber an der Verteidigung der Dardanellen teil (ausgezeichnet mit dem Eisernen Halbmond und der Türkischen Iftiharmedaille). Von 1919 bis 1922 studierte er Medizin, die Approbation erhielt er 1923. Im selben Jahr wurde er Assistent am Pathologischen Institut Berlin-Westend. Von 1924 bis 1934 war er Assistent an der Medizinischen Klinik der Universität Halle, wo er sich 1929 habilitierte. 1934 wurde Litzner Chefarzt der Inneren Abteilung am Heinrich-Braun-Krankenhaus der Stadt Zwickau. Die Universität Halle entzog Litzner 1936 die Lehrbefugnis, da er länger als zwei Semester keine Vorlesungen mehr gehalten hatte. Eine Intervention des sächsischen Innenministeriums, Litzner wieder in den Lehrkörper der Universität Halle aufzunehmen

und ihm den Professorentitel zu verleihen, wurde von der Medizinischen Fakultät zurückgewiesen. 1942 wurde er von der sächsischen Regierung zum Professor ernannt. Nach 1945 war er Chefarzt der Inneren Abteilung des Städtischen Krankenhauses Wolfenbüttel.
Organisationen: 1920 bis 1924 Mitglied der Deutsch-Völkischen Freiheitspartei, 1922 bis 1924 Ortsgruppenvorsitzender Berlin-Nord. Im April 1933 Eintritt in die NSDAP (Mitglied Nr. 2 261 025), später NSKK.
Quellen: UAH PA 10194 Litzner; Rep. 6 Nr. 1407.

Loeffler, Friedrich
(13. September 1885 Berlin – nach 1970)
Konfession: evangelisch
Vater: Universitätsprofessor, Arzt
Nach dem Besuch des Gymnasiums in Greifswald studierte Loeffler Medizin in Würzburg und Greifswald. 1910 legte er das Staatsexamen ab, 1911 promovierte er in Greifswald zum Dr. med. Seinen Militärdienst leistete er bei der Marine. Von 1912 bis 1914 war er Assistent an einer orthopädischen Privatklinik in Halle, von 1914 bis 1923 Assistent an der Chirurgischen Universitätsklinik Halle, gleichzeitig leitender Arzt der Orthopädischen Abteilung dieser Klinik. Während des I. Weltkrieges diente Loeffler als Arzt in einem Marinelazarett in Flandern, dann als Schiffsarzt der 3. U-Boot-Halbflotille, später als Stationsarzt am Marine-Lazarett Hamburg. 1916 wurde er für die Chirurgische Universitätsklinik Halle reklamiert. Hier habilitierte er sich 1919, 1922 erhielt er den Titel des nichtbeamteten außerordentlichen Professors. Von 1917 bis 1923 war Loeffler beratender Arzt des Regierungspräsidenten zur Behandlung von Kriegsverletzten (Leiter der so genannten Prothesen-Kommission), 1921 übernahm er die orthopädische Klinik seines ersten Mentors und leitete zugleich ein Krüppelheim. Von 1932 bis 1945 war er Durchgangsarzt für die Mitteldeutschen Berufsgenossenschaften. 1942 verurteilte das Sondergericht Halle Loefflers Ehefrau wegen Verbrechens gegen die Kriegswirtschaftsordnung zu zwei Jahren Gefängnis, sie hatte seit Kriegsbeginn aus der Privatklinik ihres Mannes fortlaufend Lebensmittel über die der Familie zustehenden Mengen hinaus entnommen. 1945 wurde Loeffler von der Universität Halle entlassen, jedoch 1950 erneut zum Professor mit Lehrauftrag für Orthopädie ernannt. 1951 erhielt Loeffler einen Ruf an die Humboldt-Universität Berlin, wo er 1957 emeritiert wurde. Von 1953 bis 1955 war kommissarischer Direktor der Orthopädischen Klinik Leipzig, von 1958 bis 1960 Chefarzt der Orthopädischen Klinik Berlin-Kaulsdorf.
Organisationen: Eintritt in die NSDAP am 1. April 1936 (Mitglied Nr. 3 729 266), NSDFB, NSLB, RLB, Förderndes Mitglied der SS.
Quellen: UAH PA 21636 Loeffler; BDC.

Mair, Rudolf
(20. April 1889 Hötting bei Innsbruck – 21. Juni 1940 Innsbruck)
Konfession: katholisch
Vater: Privatmann
Ab 1910 studierte Mair Medizin in Innsbruck, danach war er Assistent am anatomischen Institut dieser Universität Innsbruck. 1913 leistete er Militärdienst in der k.u.k. Armee. 1914 zum Kriegsdienst eingezogen, wurde er 1915 verwundet und geriet in italienische Gefangenschaft. 1917 ausgetauscht leistete er bis Kriegsende Garnisionsdienst in Innsbruck. 1918 promovierte er zum Dr. med. in Innsbruck, 1919 erhielt er eine außerplanmäßige Assistentenstelle an der Universität Berlin. Hier habilitierte er sich 1929. Von 1921 bis 1935 lehrte er zugleich an der Hochschule für Leibesübungen, 1930 erhielt er einen dotierten Lehrauftrag für Anatomie für Studierende der Leibesübungen. 1935 wurde Mair zum nichtbeamteten außerordentlichen Professor ernannt und als Oberassistent nach Halle versetzt, jedoch 1938 in einem Dienststrafverfahren wegen ungerechtfertigter Denunziation Graf Haller von Hallersteins mit einer »scharfen Rüge« bestraft und fristlos entlassen. 1939 erhielt er einen Lehrauftrag am anatomischen Institut der Universität Innsbruck.

Organisationen: Mitbegründer des Kampfbundes der Deutsch-Österreicher. Eintritt in die SA am 1. November 1933, Aufnahme in die NSDAP im September 1937, NSV, RLB, RDB, NSLB.
Quelle: UAH PA 10425 Mair.

Martin, Richard
(4. Juni 1908 Frankfurt am Main – nach 1966)
Konfession: katholisch
Vater: Hotelier
Nach der Reifeprüfung (1927) studierte Martin Medizin in Frankfurt, Wien und wieder Frankfurt. 1932/33 war er Medizinalpraktikant an der Medizinischen Universitätsklinik, 1933/34 Assistent am Anatomischen Institut, 1934 Assistent am Institut für gerichtliche Medizin an der Universität Frankfurt am Main. Von 1934 bis 1937 hatte er eine Assistentenstelle am Institut für physiologische Chemie an der Universität Leipzig inne, von 1937 bis 1939 war er planmäßiger Assistent an der Medizinischen Universitätsklinik Halle. Zugleich absolvierte Martin mehrere militärische Übungen bei der Luftwaffe. Ab 1939 diente er als Truppenarzt (Dienstgrad: Oberarzt) im Jagdgeschwader »Lützow« (ab 1942 »Ernst Udet«). 1940 erhielt er das Kriegsverdienstkreuz 2. Klasse mit Schwertern. 1942 habilitierte sich Martin mit einer Arbeit über Stoffwechselprobleme an der Universität Halle (»Die Bedeutung der Fruktose im Vergleich zur Glukose für den gesunden und zuckerkranken Menschen«). Im Oktober 1945 wurde Martin von der Martin-Luther-Universität entlassen. Nach 1945 war er als Facharzt für innere Krankheiten in Bad Homburg tätig.
Organisationen: Am 1.9.32 Eintritt in die HJ als Bannarzt, 1. 10. 33 Oberbannarzt, am 1. Februar 1934 mit den anderen Führern des Frankfurter Oberbannbezirkes feierlich in die NSDAP aufgenommen, 1937 Hauptarzt der HJ im Bann Leipzig, auch in Halle als Arzt der HJ verwandt.
Quellen: UAH Rep. 29 C Nr. 5; PA 11157 Martin.

Mrugowsky, Joachim
(15. August 1905 Rathenow – 2. Juni 1948 Landsberg am Lech)
Konfession: evangelisch
Vater: praktischer Arzt, gefallen
Nach dem Abitur, 1923 in Rathenow, absolvierte Mrugowsky eine Banklehre. Von 1925 bis 1931 studierte er Medizin und von 1926 bis 1930 Biologie, speziell Botanik, an der Universität Halle, 1930 promovierte er zum Dr. sc. nat., 1931 bestand er das ärztliche Staatsexamen. 1930/31 leitete er als Hochschulgruppenführer des NSDStB die ersten Aktionen gegen den Theologen Dehn. 1931/32 war Mrugowsky Medizinalpraktikant in Küstrin, 1932 nach der Approbation Assistenzarzt an der Abteilung für Innere Medizin der städtischen Krankenanstalten in Küstrin. 1933 wurde er Assistent am Hygienischen Institut der Universität Halle, im Februar 1934 erhielt er einen Lehrauftrag für »Menschliche Erblichkeitslehre und Rassenhygiene« für Mediziner. Seit 1931 Angehöriger der SS wurde Mrugowsky 1935 hauptamtlich SS-Führer und war beim SD-Oberabschnitt Nord-West (Hannover) tätig, nebenamtlich nahm er einen Lehrauftrag an der TH Hannover für »Menschliche Erblichkeitslehre und Rassenhygiene« wahr. 1937 wurde Mrugowsky von Heinrich Himmler zum Leiter des im Aufbau befindlichen Hygiene-Instituts der Verfügungstruppe der SS (später Waffen-SS) ernannt (Dienstgrad: SS-Sturmbannführer), zugleich war er Standartenarzt der Leibstandarte Adolf Hitler. Im selben Jahr habilitierte er sich an der Universität Halle mit einer hygienischen Untersuchung über ein mansfeldisches Bergmannsdorf. Als Dozent wurde er jedoch der Universität Berlin zugewiesen. Als Chef des Hygiene-Instituts der Waffen-SS und ab 1943 Oberster Hygieniker und Amtchef III beim Reichsarzt SS und Polizei war Mrugowsky in zahlreiche Humanexperimente an KZ-Häftlingen involviert. 1946 wurde er vor dem amerikanischen Militärgerichtshof Nr. I im so genannten Nürnberger Ärzteprozess angeklagt, der Verbrechen gegen die Menschlichkeit für schuldig befunden und 1948 gehenkt.
Organisationen: 1930 Eintritt in die NSDAP (Mitglied Nr. 210 049), 1930/31 Hochschulgruppenführer des NSDStB, 1930/31 SA, dabei 1/4 Jahr Standartenarzt, 1931/32 Angehöriger der SS-Standarte

Küstrin, zuletzt Führer dieser Standarte, 1933 trat er in den Sicherheitsdienst der SS ein (Dienstgrad SS-Untersturmführer).
Quellen: UAH PA 11613 Mrugowsky; Rep. 29 F II Nr. 3 Bd. 1; Rep. 6 Nr. 1407, Ebbinghaus/Dörner.

Müller, Otto
(8. Februar 1885 Magdeburg – 29. August 1964 Darmstadt)
Konfession: evangelisch
Vater: Amtsgerichtsrat
Nach dem Besuch des humanistischen Gymnasiums studierte Müller von 1903 bis 1909 (mit Unterbrechungen) Mathematik und Physik in Halle. 1909 promovierte er mit einer Arbeit zur drahtlosen Telegraphie. 1910/11 war er bei der AEG-Hochspannungsfabrik Berlin tätig, 1911 wurde er Assistent am Polytechnikum Köthen. Hier erhielt er 1913 einen Lehrauftrag, 1917 wurde er ordentlicher Dozent für Fernmeldetechnik und theoretische Elektrotechnik. 1921 ernannte ihn die Medizinische Fakultät der Universität Halle zum Honorarprofessor für die Technik der Elektromedizin. 1922 erhielt er einen Lehrstuhl für elektrische Fernmeldetechnik und Messtechnik in Köthen. Da die Vorlesungen etwa ab 1927 nicht mehr zustande kamen, wurde der Lehrauftrag 1937 gestrichen. 1945 in Köthen entlassen, siedelte Müller nach Darmstadt über, wo er kurze Zeit an der Technischen Hochschule unterrichtete.
Organisationen: DVP bis zur Auflösung, im Oktober 1933 Eintritt in den NSLB, 1934 in die NSV, ab 1934 Förderndes Mitglied der SS.
Quelle: UAH PA 11737 Müller.

Nagel, Arno
(20. November 1896 Kleve – Januar 1947 Schweiz)
Konfession: evangelisch
Vater: Hochschulprofessor
Bemerkungen: Nagel hatte die Schweizer Staatsbürgerschaft
Nagel besuchte das Realgymnasium Darmstadt, unmittelbar nach der Reifeprüfung im August 1914 meldete er sich als Kriegsfreiwilliger. In Polen sowie den Stellungskämpfen in der Champagne und vor Verdun eingesetzt, geriet er 1916 in französische Gefangenschaft. Nach der Rückkehr 1920 studierte er Medizin in Heidelberg und Göttingen, 1924 promovierte er zum Dr. med. an der Universität Heidelberg. Eine chemisch-pharmakologische Ausbildung in Wien und München schloss sich an, die anatomische Ausbildung setzte er in Kiel fort. 1928 wurde er Hilfsassistent, 1929 etatmäßiger Assistent am anatomischen Institut der Universität Freiburg. Hier habilitierte er sich 1931, 1934 wurde er Prosektor und 1936 zum nichtbeamteten außerordentlichen Professor ernannt. 1938 vertrat er den vakanten Lehrstuhl für Anatomie an der Universität, 1939 wurde er zum ordentlichen Professor und Leiter des anatomischen Instituts ernannt (Nachfolge Haller). Im Juni 1945 wurde er durch die amerikanische Militärregierung deportiert, später in Abwesenheit von der Universität Halle entlassen. Nagel starb überraschend im Januar 1947 in der Schweiz, das genaue Sterbedatum und der Sterbeort konnten nicht ermittelt werden.
Organisationen: Eintritt in die NSDAP am 1. Mai 1933 (Mitglied Nr. 3 126 227), NSV, NSDDB, NSDÄB.
Quelle: UAH PA 11814 Nagel.

Neidhart, Karl
(8. August 1898 Hamburg – 11. Mai 1963 Ludwigsburg)
Konfession: evangelisch
Vater: Pastor
Neidhardt besuchte Gymnasien in Hamburg und Berlin, 1916 legte er die Notreifeprüfung. Zum Kriegsdienst eingezogen erhielt er 1917 in Ypern einen Brustschuss. Die Wunde schloss sich wegen Vereiterung nicht, so dass Neidhardt bis nach dem Kriegsende im Lazarett verbleiben musste und dauernde Schäden zurückblieben (ausgezeichnet mit dem Eisernen Kreuz II. Klasse). Nach der Genesung

studierte er Medizin in Freiburg, München und Berlin, das praktisches Jahr absolvierte er in Rostock. Hier legte er auch das Staatsexamen ab und promovierte 1923 zum Dr. med. Vorübergehend als Landarzt und Landarbeiter in Thüringen tätig, wurde er 1924 Assistenzarzt im Knappschaftskrankenhaus Neurode in Schlesien, und 1925/26 Arzt an der Städtischen Krankenanstalt Remscheid. Neidhardt schied aus, um die akademische Laufbahn einzuschlagen. 1926 wurde er außerplanmäßiger, 1928 planmäßiger Assistent an der Medizinischen Universitätspoliklinik Halle. Nach der Habilitation erhielt er 1935 die Oberarztstelle der Klinik. Offenbar durch die Nichtmitgliedschaft in der NSDAP an der Fortsetzung der Karriere gehindert, wurde Neidhardt im April 1938 leitender Arzt der Inneren Abteilung des Kreiskrankenhauses Ludwigsburg. Im August 1939 eingezogen, erhielt er 1940 die Ernennung zum Dozenten und wurde an die Universität Tübingen überwiesen. Auch nach 1945 war Neidhardt Chefarzt des Kreiskrankenhauses Ludwigsburg.
Organisationen: Eintritt in die SA am 5. November 1933.
Quellen: UHA PA 11872 Neidhardt; Rep. 6 Nr. 1407; Rep. 29 F II Nr. 3 Bd. 2 Dozenten.

Nitschke, Alfred
(1. August 1898 Freiburg – 19. Oktober 1960 Tübingen)
Konfession: evangelisch
Vater: Zahnarzt
Nitschke besuchte Schulen in Freiburg, 1917/18 leistete er Kriegsdienst als Leutnant im 2. Gardereservefußartillerieregiment (ausgezeichnet mit dem Eisernen Kreuz II. Klasse und dem Ehrenkreuz des Ordens vom Zähringer Löwen). Er studierte an der Universität Freiburg Medizin. Nach der Approbation und der Promotion zum Dr. med. war er Assistenzarzt in Freiburg, Altona, der Universitätsklinik Breslau und der Universitätskinderklinik Freiburg. Hier habilitierte er sich 1928 und wurde 1929 Oberarzt der Klinik. 1933 erhielt er den Titel eines nichtbeamteten außerordentlichen Professors. Ab 1933 war er Chefarzt der Kinderabteilung des Krankenhauses Berlin-Lichtenberg, 1938 erhielt er einen Ruf an die Universität Halle und wurde zum ordentlichen Professor und Direktor der Universitätskinderklinik ernannt. 1945 Dekan der Medizinischen Fakultät unterlag er bei den Rektorwahlen und nahm 1946 einen Ruf an die Universität Mainz an. 1948 wechselte er nach Tübingen, dort war er Dekan und Rektor.
Organisationen: -
Quellen: UAH PA 12008 Nitschke; Leopoldina-Archiv MM 4702 Nitschke.

Nühsmann, Theodor
(8. März 1885 Celle – 1. Februar 1962 Oberaudorf)
Konfession: katholisch
Vater: Oberzahlmeister
Nach dem Abitur (Braunschweig 1903) trat Nühsmann in die Kaiser-Wilhelm-Akademie für das militärärztliche Bildungswesen ein. 1903 absolvierte er beim 4. Garderegiment eine militärische Ausbildung. 1908 wurde er zum Unterarzt ernannt und an die Charité zur weiteren Ausbildung kommandiert. 1909 bestand er die ärztliche Staatsprüfung und promovierte mit einer Arbeit über Techniken zur Operation in der Bauchhöhle. Nach dem Kriegsdienst kam Nühsmann an die Universität Halle, wo er sich als Assistent Denkers 1921 für Hals-, Nasen- und Ohrenheilkunde habilitierte. Ab 1926 leitete er die HNO-Klinik Dortmund. Ohne die Mitwirkung der Medizinischen Fakultät wurde er 1934 zum Ordinarius und Direktor der Universitäts-Hals-Nasen-Ohrenklinik in Bonn ernannt. 1941 wechselte er an die Reichsuniversität Straßburg. 1945 entlassen, wurde er 1958 formal als Professor der Universität Würzburg emeritiert.
Organisationen: SA, seit 1930 finanzielle Unterstützung der NSDAP, jedoch nicht Mitglied.
Quellen: Höpfner.

Nürnberger, Ludwig
(17. Juli 1884 Aschbach bei Bamberg – 3. April 1959 München)
Konfession: evangelisch-lutherisch
Vater: Pfarrer und Kirchenrat

Nürnberger studierte an den Universitäten Erlangen und München Medizin. Dort promovierte er 1910 zum Dr. med. Nach den Praktika war er 1910/11 Assistent am Pathologischen Institut Erlangen, von 1911 bis 1919 Assistent an der Münchner Universitätsfrauenklinik. 1914/15 leistete er Kriegsdienst als Truppen- und Lazarettarzt (Dienstgrad: Oberarzt, ausgezeichnet mit dem Eisernen Kreuz II Klasse, dem Bayerischen Militärverdienstorden mit Schwertern und der Prinzregent-Luitpold-Medaille). 1915 wurde er von seiner Klinik reklamiert, war aber weiterhin nebenamtlich als Arzt in einer Nachrichtenersatzabteilung tätig. Von 1919 bis 1926 war er Sekundärarzt an der Hamburger Universitätsfrauenklinik. Hier habilitierte er sich 1920 und wurde 1924 zum außerordentlichen Professor ernannt. Von 1926 bis 1945 leitete er als ordentlicher Professor die Universitätsfrauenklinik Halle. Im Oktober 1945 entlassen, wurde ihm im April 1946 auf Befehl der SMA die Lehrbefugnis wieder erteilt. Im Juni 1947 schrieb er einen Abschiedsbrief aus Köln. Hier leitete er die Universitätsfrauenklinik. 1957 emeritiert, siedelte er nach München über.
Organisationen: Bis 1930 Mitglied der DNVP, 1938 Eintritt in die NSDAP. Nach 1945 LDP.
Quellen: UAH PA 5632 Nürnberger; Rep. 6 Nr. 1407; Leopoldina-Archiv MM 3773 Nürnberger; DBE Bd. 7, S. 447.

Petry, Gerhard
(31. Juli 1913 Ludwigshafen)
Konfession: nicht ermittelt
Vater: Gewerbestudienrat
Die Reifeprüfung legte Petry 1933 in Ludwigshafen ab. Von April bis August 1933 leistete er freiwilligen Arbeitsdienst im Lager Obernach am Walchensee. Im November 1933 nahm er ein Medizinstudium in Berlin auf, wechselte nach Heidelberg wo er zusätzlich eine Sportlehrerausbildung absolvierte. Hier gehörte er dem SA-Hochschulamt an. 1936 legte er die ärztliche Vorprüfung ab. Nach Absolvierung eines »Ausleselagers« der Reichsstudentenführung erhielt er die Genehmigung zum Österreichstudium. 1936/37 studierte er an der Universität Graz, wo er vom Reichsstudentenführer mit der Führung der Reichsdeutschen Studentengruppe betraut war. Er setzte das Studium in Freiburg fort. 1939 bestand er das Staatsexamen und erhielt die Approbation. 1940 promovierte er zum Dr. med. mit einer Arbeit zur Geburtshilfe. Während des Studiums arbeitete Petry vor allem als wissenschaftlicher Zeichner aber auch als Violinlehrer. Wegen einer rechtsseitigen habituellen Luxation des Schultergelenkes nicht wehrdiensttauglich. 1939 erhielt er eine Assistentenstelle am Anatomischen Institut der Universität Halle. 1944 habilitierte er sich mit der Schrift »Die Konstruktion des Eierstockbindegewebes, ihre Bedeutung für den ovariellen Cyclus« bei Rind und Mensch. Im Juli 1944 wurde er zum Dozenten ernannt, Ende Juni 1945 floh er in die britische Besatzungszone. Nach der Entnazifizierung wurde er Prosektor am Anatomischen Institut der Universität Freiburg. Den Titel eines außerplanmäßigen Professors erhielt er 1952. 1954 lehnte Petry einen Ruf nach Halle ab, 1955 wechselte er als planmäßiger außerordentlicher Professor an die Universität Marburg. Hier wurde er 1963 zum ordentlichen Professor und Direktor des Anatomischen Universitätsinstitutes ernannt und 1978 emeritiert. Petry lebt in Kaltenleutgeben (Österreich).
Organisationen: 1933 in Berlin Eintritt in den NSDStB, SA (Oberscharführer im SA-Sturm III/110 Heidelberg), 1. Mai 1937 Aufnahme in die NSDAP (Mitglied Nr. 5 749 453), NSDÄB.
Quellen: UAH PA 5604 Petry; Rep. 29 C Nr. 11.

Pfeifer, Berthold
(23. Juli 1871 Karlsruhe – 5. August 1942 München)
Konfession: evangelisch
Vater: Architekt
Pfeifer studierte Medizin an den Universitäten Heidelberg, München, Berlin und Freiburg, dort promovierte er 1897 zum Dr. med. Nach einer Tätigkeit als praktischer Arzt und Schiffsarzt war er von 1900 bis 1903 Assistent von Max Nonne in Hamburg-Eppendorf. 1903 arbeitete er in einem Schweizer Sanatorium, ab 1904 an der Nervenklinik in Halle. 1906 für Neurologie und Psychiatrie habilitiert,

wurde Pfeifer 1907 Oberarzt an der Nervenklinik und erhielt 1910 den Professorentitel. 1911 reiste er zu Studienzwecken nach England und in die USA. 1912 wurde er Leiter der Landesheilanstalt Nietleben bei Halle. Im Ersten Weltkrieg war Pfeifer Stabsarzt im Lazarett Merseburg und von 1917 bis 1923 Leiter des Sonderlazarettes für Hirnverletzte an der Landesheilanstalt Nietleben. Zum 1. Juli 1935 trat er in den Ruhestand infolge, so Pfeifer, »Auflösung der Landesheilanstalt Nietleben im Reichsinteresse«. Pfeifer zog nach München und starb nach langer schwerer Krankheit.
Organisationen: Alldeutscher Verband.
Quellen: UAH PA 12404 Pfeifer; DBE Bd. 7, S. 638 f.

Pönitz, Karl
(27. Februar 1888 Leipzig – 4. Oktober 1973 Gundelfingen)
Konfession: evangelisch-lutherisch
Vater: Oberlehrer
Nach dem Abitur (1907 in Leipzig) studierte Pönitz Medizin, Philosophie, Geschichte und Rechtswissenschaften an der Universität Leipzig. Die Praktika leistete er an den Universitätsnervenkliniken in Hamburg-Eppendorf und München ab. 1913 erhielt er die Approbation und promovierte zum Dr. med. mit einer chirurgischen Arbeit. 1913 wurde er Assistent an der Universitätsnervenklinik Halle. Von 1915 bis 1919 war er Kriegsassistenzarzt in Lazaretten und Gefangenenlagern u. a. in Polen, Galizien und im Reservelazarett Halle (ausgezeichnet mit der Rot-Kreuz-Medaille und dem Verdienstkreuz für Kriegshilfe). 1921 habilitierte er sich an der Universität Halle für Psychiatrie und Neurologie und wurde Oberarzt der Universitätsnervenklinik. 1925 erhielt er den Titel eines außerordentlichen Professors. Nach der Entlassung Hauptmanns leitete Pönitz die Klinik von 1935 bis 1937 kommissarisch. Mit der Berufung Hilperts schied er aus dem Dienst in der Nervenklinik aus und wurde 1937 Medizinalrat der Stadt Halle. Er war Leiter der Erbbiologischen und Psychiatrisch-neurologischen Abteilung im Gesundheitsamt, Inspekteur der Provinzial-Heilanstalten, Obergutachter für Schwangerschaftsabbrüche sowie Obergutachter in Erbgesundheitsfragen. Im Oktober 1945 von der Universität entlassen, blieb er im Dienst der Stadt und wurde 1946 durch den Antifa-Ausschuss Halle für tragbar erklärt. 1950 wurde er auf den Lehrstuhl für Psychiatrie und Neurologie berufen und zum Leiter der Universitätsnervenklinik bestellt. 1956 emeritiert, gab er die Klinikleitung erst zwei Jahre später ab. 1961 siedelte er nach München über, zog in den Schwarzwald, dann nach Würzburg und schließlich nach Gundelfingen bei Freiburg.
Organisationen: Eintritt in die NSDAP im April 1933, SA, DLV, darin Sturmarzt, 1946 Aufnahme in die LDP.
Quelle: PA 213 Pönitz

Pohle, Konrad
(6. September 1899 Leipzig – 1. Februar 1988 Halle)
Konfession: evangelisch-lutherisch bis 1931, deutsch-völkische Glaubensbewegung bis zum Verbot, dann ohne
Vater: Universitätsprofessor
Pohle legte 1917 in Frankfurt am Main das Notabitur ab und wurde eingezogen. Eingesetzt an Ost- und Westfront wurde er mit dem Eisernen Kreuz II. Klasse ausgezeichnet. 1919 begann er das Medizinstudium in Leipzig, unterbrach es aber durch Einsätze in Freicorps (1919 Angehöriger der Brigade Reinhard, Kampf gegen den Spartakusaufstand, 1920 Zeitfreiwilligenregiment Leipzig, Teilnahme am Kapp-Putsch). Er setzte das Studium in Würzburg, München und wieder Leipzig fort. 1923 trat er erneut in das Zeitfreiwilligenregiment Leipzig ein und nahm an der Reichsexekution gegen Sachsen teil. Das praktische Jahr absolvierte Pohle 1923 am Pathologischen Institut und an der Medizinischen Klinik der Universität Leipzig. 1924 erhielt er die Approbation, 1925 promovierte er an der Universität Leipzig. Von 1924 bis 1926 war er Assistent an der Medizinischen Poliklinik der Universität Würzburg, von 1926 bis 1929 am Physiologischen Institut der Universität Frankfurt als Stipendiat der Notgemeinschaft. 1929 arbeitete er als Arzt in einer Lungenheilstätte. 1930 erhielt er eine Assistenten-

stelle am Pharmakologischen Institut der Universität Halle und habilitierte sich 1934 für Pharmakologie. Ab 1936 nahm er an Wehrmachtsübungen teil. 1939 zum außerordentlichen Professor ernannt, wurde Pohle im selben Jahr eingezogen und diente als beratender Pharmakologe in Polen, Frankreich, Russland, Rumänien, Ungarn (letzter Dienstgrad: Oberstabsarzt, ausgezeichnet mit dem Kriegsverdienstkreuz II. Klasse mit Schwertern). 1945 geriet er in amerikanische Kriegsgefangenschaft, im Juli 1945 kehrte er nach Halle zurück und wurde Leiter des Pharmakologischen Instituts. 1946 entließ ihn die Universität nach heftigen Auseinandersetzungen mit dem Vorsitzenden des Hauptbetriebsrates, stellte ihn jedoch später wieder ein. 1949 vertrat er zugleich den vakanten Lehrstuhl in Leipzig. 1950 wurde er drei Mal verhaftet und wegen seiner »militaristischen Einstellung« verhört. 1951 ernannte ihn die Landesregierung zum Professor mit vollem Lehrauftrag.
Organisationen: 1930/31 Mitglied der NSDAP, 1934 NSV.
Quellen: UAH PA 974 Pohle (Teil I); Rep. 6 Nr. 1407.

Ponsold, Albert
(22. April 1900 Libau (Kurland) – 14. Februar 1983 Münster)
Konfession: evangelisch-lutherisch
Vater: Stadtsekretär
Ponsold besuchte das Gymnasium Birkenruh in Livland. Das Abitur legte er 1918 Petrograd ab. Das Studium der Medizin begann er in Dorpat zur Zeit der Besetzung Estlands durch deutsche Truppen. 1918/19 war er Freiwilliger in einem Stoßtrupp der Baltischen Landwehr und nahm an der Befreiung Rigas von der Roten Armee teil. Im April 1919 gehörte er als Unteroffizier eines Fliegerkampfgeschwaders zu den Truppen, die gegen die Ulmanis-Regierung putschten (ausgezeichnet mit dem Baltenkreuz). Ab 1919 studierte Ponsold Medizin an der Universität Berlin. 1924 bestand er das Staatsexamen, Praktika absolvierte er am Augusta-Spital und der Chirurgischen Universitätsklinik Berlin. 1926 erhielt er die Approbation und promovierte zum Dr. med. 1927/28 war er Assistenzarzt an verschiedenen Krankenhäusern. Von 1928 bis 1930 hatte er eine planmäßige Assistentenstelle am Anatomischen Institut der Universität Marburg inne. 1930/31 arbeitete er als Pathologe am Stubenrauch-Krankenhaus Berlin, 1931 besuchte er für drei Monate die Sozialhygienische Akademie Berlin, 1932/33 war er Assistenzarzt in der Universitätsnervenklinik Kiel, 1934 bestand er das Kreisarztexamen und wurde Assistent am Institut für Gerichtliche und soziale Medizin der Universität Halle. 1935 habilitierte er mit einer experimentellen Arbeit über die Verpflanzung von Kaninchenföten mit Rückschlüssen auf so genannte Steinkinder (»Intraabdominale Skelettierung und Mumifizierung von Föten bei experimentellem extrauterinen Abort«). Zum Dozenten ernannt wurde Ponsold 1936. Ausgebildet in militärischen Übungen, trat er 1939 in die Luftwaffe ein und diente als Luftgaupathologe im Wehrkreis IV. 1941 wurde er an die Universität Posen als planmäßiger außerordentlicher Professor für das Fach »Gerichtliche Medizin und Kriminalistik« berufen und uk. gestellt. Wieder eingezogen war Ponsold 1944/45 Pathologe bei der Heeresgruppe West. Nach 1945 arbeitete er in der Landwirtschaft, war tätig in der Seuchenbekämpfung und wurde als gerichtlicher Gutachter in Düsseldorf beschäftigt. 1948 wurde er zum Ordinarius für Gerichtlichen Medizin an der Universität Münster ernannt und 1968 emeritiert.
Organisationen: Aufnahme in die NSDAP am 1. Mai 1937 (Mitglied Nr. 4 047 408), Sturmführer im NSFK, NSDÄB, NSV.
Autobiographie: Der Strom war die Newa – Aus dem Leben eines Gerichtsmediziners, St. Michael 1980.
Quellen: UAH Rep. 6 Nr. 1407; Rep. 29 F II Nr. 3 Bd. 2 Dozenten; PA 12581 Ponsold, Autobiographie, Mallach.

Ratschow, Max
(7. August 1904 Rostock – 8. November 1964 Darmstadt)
Konfession: evangelisch-lutherisch
Vater: Kaufmann (Bankvorstand)

Als Schüler gehörte Ratschow einem Freiwilligenverband an, nahm jedoch nicht an Kämpfen teil. Nach einer Forstlehre (Abschluss als Revierjäger) studierte Ratschow von 1924 bis 1929 zunächst Forstwissenschaften, dann Medizin in Rostock, Freiburg, Wien, München, Berlin und Breslau. 1926 bestand er die Forstverwaltungsprüfung in Schwerin, 1930 promovierte er zum Dr. med. an der Universität Breslau. Von 1930 bis 1932 war er Assistent an den Medizinischen Universitätskliniken Frankfurt am Main, 1932 wurde er Assistenz-, 1934 Oberarzt am Stadtkrankenhaus Hamburg-Altona. Zugleich war er Mitglied des Hansischen Erbgerichtes. 1936 habilitierte er sich an der Universität Kiel für Physiologie. 1939 erhielt er eine Assistentenstelle an der Medizinischen Universitätsklinik Halle. Von 1939 bis 1940 leistete er Kriegsdienst als Abteilungsleiter im Reservelazarett Halle. 1941 erhielt er die Oberarztstelle an der Medizinischen Universitätsklinik. 1943 wurde Ratschow zum außerplanmäßigen Professor ernannt und erneut eingezogen. Er diente als Sanitätssoldat in Eilenburg sowie als Truppenarzt in Zittau und Rouen. Im April 1945 wurde er erkrankt entlassen. Im Oktober 1945 entließ ihn die Universität, auf Anweisung der SMA wurde Ratschow jedoch wieder eingestellt. Im August 1946 übertrug ihm die Landesregierung die Leitung der Medizinischen Universitätspoliklinik, 1948 wurde er zum ordentlichen Professor der Pathologischen Physiologie berufen. 1952 siedelte er nach Westdeutschland über, um in Nordrhein-Westfalen eine Forschungsklinik für Gefäßkrankheiten einzurichten. 1953 wurde er Gastprofessor der Universität Köln, schließlich Ordinarius für Innere Medizin und Direktor der Medizinischen Klinik Darmstadt. Ratschow starb an einem Herzinfarkt.
Organisationen: 1921 Eintritt in den Deutschvölkischen Schutz- und Trutzbund, 1933 Eintritt in die NSDAP (Mitglied Nr. 2 817 843), 1941 Leiter der Auslandsarbeit der Dozentenschaft an der Universität Halle. Nach 1945 CDU.
Quellen: UAH PA 12801 Ratschow; DBE Bd. 8, S. 153.

Rothmann, Hans
(5. August 1899 Berlin – ?)
Konfession: mosaisch
Vater: Universitätsprofessor
Rothmann besuchte Schulen in Berlin und Rostock. 1917 legte er die Reifeprüfung ab und immatrikulierte sich an der Universität Rostock für Medizin. Zum Kriegsdienst eingezogen, war er 1917/18 Sanitäter in einem Seuchenlazarett. Von 1919 bis 1923 studierte er an den Universitäten Münster, Rostock und Berlin. Das praktische Jahr leistete er an der II. Medizinischen Klinik der Charité ab. Ein mehrmonatiger Forschungsaufenthalt am Zentralinstitut für Hirnforschung in Amsterdam schloss sich an. 1924 erhielt er die Approbation und promovierte zum Dr. med. an der Universität Berlin. Zunächst Volontär, dann Assistent an der II. Medizinischen Klinik der Charité, ging er 1927 als Privatassistent mit Theodor Brugsch nach Halle. Er wurde Stationsarzt an der Medizinischen Universitätsklinik Halle und habilitierte sich 1930 für Innere Medizin. Im Mai 1933 auf eigenen Antrag beurlaubt. Im September 1933 wurde ihm die Lehrbefugnis auf Grund § 3 des Berufsbeamtengesetzes entzogen. Rothmann zog nach Berlin, weitere Angaben konnten nicht ermittelt werden.
Organisationen:-
Quelle: UAH PA 13333 Rothmann.

Schaetz, Georg
(7. August 1887 Forstinning (Oberbayern) – 1965 Berlin (West))
Konfession: katholisch
Vater: Staatsrat im bayerischen Kultusministerium
Die Reifeprüfung bestand Schaetz 1907 in München. Ein Studium der Medizin an der Universität München schloss sich an. Die Praktika absolvierte Schaetz im Sanatorium Lohr am Main und in der Landesheil- und Pflegeanstalt Bernburg. 1914 volontierte er an der von Müllerschen Klinik München. Kriegsdienst leistete er zunächst als Freiwilliger an der Front, später als Bataillonsarzt und Oberarzt beim Pathologen der 6. Armee Nord (letzter Dienstgrad: Stabsarzt, ausgezeichnet mit dem Eisernen Kreuz I. und II. Klasse sowie dem Bayerischen Militärverdienstorden IV. Klasse mit Schwertern). Von

1918 bis 1923 war er Assistenzarzt am Pathologischen Institut München-Schwabing, 1922 promovierte er zum Dr. med. 1923 wechselte er an das Pathologische Institut der Universität Halle. Hier habilitierte sich Schaetz 1925 und wurde zum Oberarzt ernannt. 1931 erhielt er die Leitung des Pathologischen Instituts am Auguste-Victoria-Krankenhaus Berlin-Schöneberg übertragen. Da eine Umhabilitierung nach Berlin scheiterte, wurde Schaetz 1935 die Lehrbefugnis entzogen.
Organisationen: 1933 Eintritt in die SA, Sturmarzt des NSKK, NSV, Förderndes Mitglied der SS.
Quellen: UAH PA 13594 Schaetz; Rep. 6 Nr. 1407.

Schmidt, Paul
(23. November 1872 Neustadt (Sachsen) – 17. März 1950 Halle)
Konfession: evangelisch-lutherisch
Vater: Drahtwarenfabrikant
Schmidt besuchte Schulen in Neustadt, Zittau und Leipzig. Er studierte Medizin an den Universitäten in Leipzig, Würzburg, Berlin, München und Freiburg. Zum Dr. med. promovierte er 1897 in München. Er volontierte an der Frauenklinik und am Pathologischen Institut der Universität München, von 1899 bis 1902 arbeitete er als Schiffsarzt. 1902 wurde er Assistent am Institut für Tropenhygiene in Hamburg, wechselte aber rasch zur Bayerischen Bakteriologischen Untersuchungsstation in Landau. Von 1903 bis 1906 war er Assistent am Hygienischen Institut der Universität Leipzig, hier habilitierte er sich 1907. 1913 zum außerordentlichen Professor ernannt, erhielt er 1914 einen Ruf auf das Ordinariat für Hygiene an der Universität Gießen. Er leistete Kriegsdienst als Hygieniker in Gefangenenlagern und in der Festung Metz (ausgezeichnet mit dem Hessischen Ehrenzeichen für Kriegsverdienste, dem Hessischen Militär-Sanitätskreuz am Kriegsbande und dem Eisernen Kreuz II. Klasse). Von 1917 bis zur Emeritierung 1939 war er ordentlicher Professor in Halle und Leiter des Hygienischen Instituts. Seit den 20er Jahren las er neben der Bakteriologie auch Rassenhygiene, zu seinen Schülern gehörten die SS-Ärzte Mrugowsky und Weyrauch. Schmidt schuf die studentischen »hygienischen Stoßtrupps«, die sozial- und arbeitshygienischen Fragen bearbeiteten, aber vor allem anthropologische Messungen der Bevölkerung der Provinz Sachsen vornahmen. Von 1939 bis 1944 diente Schmidt als beratender Hygieniker im Wehrkreis IV (Dienstgrad: Stabsarzt). 1945 wurde er nach der Verhaftung Seisers wieder Direktor des Hygienischen Instituts und 1949 emeritiert.
Organisationen: 1903 Kolonialbund, 1925 Verein »Deutschland zur See«, im September 1933 Eintritt in den NSDFB (Stahlhelm) 1935 bis 1945 NSV, 1946 FDGB.
Quellen: UAH PA 13980 P. Schmidt; Rep. 6 Nr. 1407; DBE Bd. 9, S. 17.

Schnell, Walter
(10. März 1891 Schmalkalden – zwischen 1957 und 1960 in Hessen)
Konfession: evangelisch
Vater: Corpsstabsapotheker
Schnell besuchte Schulen Straßburg und Marburg, dort legte er 1910 die Abiturprüfung ab. Nach dem Militärdienst studierte er Medizin in Marburg. Ab 1914 leistete er Kriegsdienst, zunächst als Feldunterarzt in einem Lazarett, dann als leitender Arzt der Luftstreitkräfte der I. Armee (ausgezeichnet mit dem Eisernen Kreuz I. und II. Klasse sowie dem Oldenburger Friedrich-August-Kreuz I. und II. Klasse). 1919 wurde Schnell Assistent an der Medizinischen Universitätsklinik Frankfurt am Main, später Assistent im Physiologischen Institut der Universität Münster und 1920 Stadtassistenzarzt im Gesundheitsamt der Stadt Halle. 1922 erhielt er die Stelle eines Stadtmedizinalrates in Frankfurt am Main, ab 1923 nahm er einen Lehrauftrag für Biologie und Hygiene der Leibesübungen an der Universität Frankfurt wahr. 1925 wurde er Stadtmedizinalrat und Leiter des Stadtgesundheitsamtes in Halle. 1928 habilitierte er sich für das Fach Sozialhygiene an der Universität Halle. 1935 erhielt er einen Lehrauftrag für Luftfahrtmedizin an der Universität Halle und wurde zum außerordentlichen Professor ernannt. 1937 begann er auf Bitten Johannes Weigelts mit Vorlesungen über Rassenhygiene und Bevölkerungspolitik sowie Erbgesundheitspflege, 1939 erhielt er formell einen Lehrauftrag für Rassenhygiene und Bevölkerungspolitik. Qualifiziert hatte sich Schnell dafür mit dem im parteiamtlichen

Eher-Verlag veröffentlichen Buch »Volksgesundheitspflege mit Rassen- und Erblehre«. 1940 war Schnell mehrere Monate als Kommissar für das Gesundheitswesen in Litzmannstadt, hier bekämpfte er das Fleckfiebers durch »besondere Maßnahmen« gegen Juden, trieb also in Abstimmung mit der NSDAP-Gauleitung die Ghettoisierung voran und bereitete Deportationen vor. 1941 wurde Schnell als Arzt zur Luftwaffe eingezogen. Von Ende 1941 bis März 1943 beurlaubt, zog ihn die Luftwaffe 1943 erneut ein. 1945 geriet er in amerikanische Gefangenschaft und wurde 1946 in Marburg entnazifiziert. Schnell ließ sich als Arzt nieder und wurde Geschäftsführer des Grünen Kreuzes.
Organisationen: Vor 1933 Stahlhelm und DVP. Eintritt in die NSDAP am 25. März 1933 (Mitglied Nr. 2 758 499) Gebietsarzt der HJ, Mitglied des Präsidiums des DLV, gleichzeitig ehrenamtlicher Leiter der Sanitätsabteilung beim DLV und Leiter der Fliegeruntersuchungsstelle Halle.
Quellen: UAH PA 14100 Schnell, Rep. 6 Nr. 1407, Hirschinger.

Schrader, Gerhard
(9. Juli 1900 Oppeln – 10. Mai 1949 Bonn-Beuel)
Konfession: evangelisch
Vater: Arzt
Nach dem Besuch von Schulen in Loslau, Rybnik und Beuthen, studierte Schrader von 1919 bis 1924 Medizin. Als Werkstudent arbeitete er am Mittellandkanal, im Hochofenwerk Julienhütte und der Grube Johannschacht. 1924 bestand er die ärztliche Staatsprüfung. Von 1924 bis 1930 war er Praktikant, Volontär und Assistent am Knappschaftslazarett in Hindenburg, dann am Pathologischen Institut der Universität Breslau, an der Universitätsnervenklinik Frankfurt am Main und am Gerichtsmedizinischen Institut Halle. 1931 erhielt er eine planmäßige Assistentenstelle am Gerichtsmedizinischen Institut der Universität Bonn, wo er sich noch im selben Jahr habilitierte. Am 1. November 1934 erhielt er einen Ruf auf ein planmäßiges Extraordinariat an die Universität Marburg, hier war er Direktor des Institutes für Gerichtliche und soziale Medizin. 1937 nahm er einen Ruf in gleicher Stellung nach Halle an. Hier war er Mitglied des Gerichtsärztlichen Ausschusses der Provinz Sachsen und des Erbgesundheitsgerichtes Halle. 1941 lehnte er einen Ruf nach Straßburg ab, daraufhin wurde seine Stelle in Halle in ein planmäßiges Ordinariat umgewandelt. 1942 wurde Schrader zum Vorsitzenden der Deutschen Gesellschaft für gerichtliche Medizin und Kriminalistik ernannt. 1943 war er in Winniza (Ukraine) tätig, wo er einen Massenmord des NKWD untersuchte. 1945 wurde er von der Universität Halle entlassen. Er war Arzt in Leverkusen, 1949 starb er in Bonn an einem angeborenen Herzfehler.
Organisationen: 1. Mai 1933 Aufnahme in die NSDAP (Mitglied Nr. 2 117 844), im November 1933 Eintritt in die SA, 1934 Sanitäts-Rottenführer im NSKK, 1941 Beförderung zum Sanitäts-Obersturmführer, stellvertretender Standartenarzt, bis 1937 Mitarbeiter des Rassenpolitischen Amtes Gau Kurhessen.
Quellen.: UAH PA 14227 Schrader; Rep. 6 Nr. 1407; Mallach.

Schröder, Paul
(19. Mai 1873 Berlin – 7. Juni 1941 Leipzig)
Konfession: nicht ermittelt
Vater: nicht ermittelt
Schröder studierte Medizin an den Universitäten Berlin und Graz. 1897 promovierte er an der Universität Berlin zum Dr. med. Er hatte Assistentenstellen in Breslau, Heidelberg, Königsberg und Berlin u. a. bei Emil Kraepelin und Karl Bonhoeffer inne. 1905 habilitierte er sich für Psychiatrie und Neurologie. Im selben Jahr zum außerordentlichen Professor ernannt, wurde er 1913 Ordinarius und Direktor der Psychiatrischen und Nervenklinik Greifswald. Von 1925 bis 1938 war er ordentlicher Professor in Leipzig und Direktor der Universitätsnervenklinik. Von 1939 bis zu seinem überraschenden Tod leitete er vertretungsweise die Psychiatrische und Nervenklinik der Universität Halle.
Organisationen: nicht ermittelt.
Quellen: DBE Bd. 9, S. 150; keine Karteikarte im BDC.

Schultz, Willi
(26. November 1900 Duisburg – 18. Oktober 1969 Hamburg)
Konfession: evangelisch
Vater: Rechtsanwalt und Notar
Nach dem Besuch von Schulen in Duisburg erhielt Schultz 1918 eine militärische Ausbildung bei der Artillerie, wurde aber nicht mehr an der Front eingesetzt. 1919 legte er die Abiturprüfung in Moers ab, 1920 war er Mitglied der Duisburger Bürgerwehr (Stoßtrupp Schmitz) und nahm an den Kämpfen um das Duisburger Rathaus teil (ausgezeichnet mit dem Schlageterschild). Er studierte Medizin in Tübingen, München und Würzburg, dort legte er 1925 das Staatsexamen ab und promovierte zum Dr. med. Danach war er Volontärassistent in Berlin und Schiffsarzt. 1927/28 volontierte er am Pathologischen Institut der Universität Freiburg. Von 1928 bis 1930 war er Assistenzarzt an der III. Medizinischen Klinik und Poliklinik Hamburg-Eppendorf, von 1930 bis 1933 Assistenzarzt an der Universitätsfrauenklinik Hamburg-Eppendorf. Im August 1933 wechselte er an die Universitätsfrauenklinik Halle. 1935 habilitierte er sich, wurde zum Dozenten ernannt und erhielt die Oberarztstelle. 1940 wechselte er an die Universitätsfrauenklinik Hamburg und wurde zum außerordentlichen Professor ernannt. 1941 war er Stellvertreter des Direktors der Frauenklinik der Medizinischen Akademie Danzig, Von 1943 bis 1945 Direktor der Universitätsfrauenklinik Posen. Von 1947 bis 1969 betrieb er eine Praxis in Hamburg, zugleich war er Chefarzt der Frauenklinik Altona.
Organisationen: Eintritt in die SS am 1. September 1933, SS-Oberscharführer, 26. SS-Standarte Halle im SS-Oberabschnitt Mitte Halle.
Quellen: UAH Rep. 6 Nr. 1407; Auskunft der Ärztekammer Hamburg.

Schumann, Heinrich
(19. Februar 1911 Kassel – 7. August 1988 Rinteln)
Konfession: evangelisch
Vater: Reichsbahnarzt
Schumann besuchte Schulen in Kassel sowie Landerziehungsheime in Buchenau und Schloss Bieberstein (Röhn), dort legte er 1931 die Reifeprüfung ab. Er studierte Medizin an den Universitäten Heidelberg, Marburg, München und Berlin. 1936 bestand er das Staatsexamen. 1937 absolvierte er Praktika an der Medizinischen Klinik und am Physiologischen Institut der Universität Halle, 1938 promovierte er zum Dr. med. an der Universität Berlin. 1938 wurde er außerplanmäßiger, 1939 planmäßiger Assistent an der Medizinischen Universitätsklinik Halle. 1942 habilitierte er sich mit einer Arbeit über den Muskelstoffwechsel des Herzens von Ratten. Nach militärischer Grundausbildung 1939 wurde Schumann 1940 zur Luftwaffe eingezogen. Er war Oberarzt im Luftwaffenlazarett Gotha, 1943 wurde er zum Stabsarzt befördert. 1945 geriet er in amerikanische Kriegsgefangenschaft, im Oktober 1945 wurde er von der Universität Halle entlassen. 1950 war er Leiter des Kreiskrankenhauses Bad Nenndorf, später Arzt in Rinteln an der Weser.
Organisationen: Eintritt in die NSDAP am 1. Mai 1932 (Mitglied Nr. 1 123 410), 1932 Eintritt in den NSDStB, am 15. Mai 1933 in die SS, zuletzt Führer der SS-Sanitätsabteilung XVIII im Rang eines SS-Oberscharführers.
Quellen: UAH PA 14517 H. Schumann; Rep. 6 Nr. 1407.

Siefert, Ernst
(9. Oktober 1874 Gerstungen – 15. Oktober 1940 Halle)
Konfession: evangelisch
Vater: Erster Staatsanwalt in Weimar
Siefert besuchte Schulen in Eisenach und Weimar, ein Studium der Medizin an der Universität Jena schloss sich an. 1897 promovierte er zum Dr. med. 1898 erhielt er die Approbation. Militärdienst leistete er 1898/99 als einjährig-freiwilliger Arzt bei der Marine in Kiel. Von 1899 bis 1903 war er Assistenzarzt an der Universitätsnervenklinik Halle, 1903/04 Zweiter Arzt bei der Städtischen Nervenheilanstalt Dresden. Von 1904 bis 1929 leitete er die Irrenabteilung am Strafgefängnis Halle. 1907

habilitierte er sich für gerichtliche Psychiatrie, 1913 erhielt er den Professorentitel. Im Ersten Weltkrieg diente Siefert als Oberarzt der II. Marinedivision Wilhelmshaven, als Schiffsarzt auf S.M.S. »Von der Tann«, danach bis Kriegsende als Oberarzt im Kriegslazarett Brügge (ausgezeichnet mit dem Eisernen Kreuz I. und II. Klasse sowie dem Bayerischen Verdienstorden). Nach 1918 entfaltete Siefert eine ausgedehnte gerichtsärztliche Tätigkeit als psychiatrischer Sachverständiger. Als Publizist kritisierte Siefert Strafvollzugsreformen und veröffentliche Studien über »Minderwertige«. 1921 wurde er zum außerordentlichen Professor ernannt. 1939 stellte er die Lehrtätigkeit ein.
Organisationen: DNVP bis zur Auflösung der Partei, Stahlhelm, überführt in den NSDFB, Förderndes Mitglied der SS.
Quellen: UAH PA 14735 Siefert; Rep. 6 Nr. 1407.

Seiser, Adolf
(26.4.1891 Würzburg – 3. Juli 1971 München)
Konfession: ohne (früher katholisch)
Vater: Oberstudienrat
Seiser besuchte Gymnasien in München und Freising und begann ein Medizinstudium in München. 1913 leistete er Militärdienst, von 1914 bis 1918 Kriegsdienst als Truppenarzt und in Lazaretten. 1917 wurde er verwundet und nahm das Studium an der Universität Marburg wieder auf. 1918 bestand er das medizinische Staatsexamen, ab März 1918 stand er wieder im Feld (ausgezeichnet mit dem Eisernen Kreuz II. Klasse, sowie dem bayerischen Militärverdienstkreuz II. Klasse mit Krone und Schwertern). 1918 wurde er Truppenarzt beim Freicorps Epp, laut eigenem Lebenslauf »für die Dauer der Sanierung der politischen Verhältnisse«. 1919 promovierte er in Marburg zum Dr. med., danach war er praktischer Arzt in Breitbrunn und zugleich Mitglied der Chiemgauer Einwohnerwehr. Von 1922 bis 1926 war Seiser in München Assistent, von 1926 bis 1929 hatte er eine Assistentenstelle am Hygienischen Institut der Universität Halle inne, wo er sich 1927 habilitierte. 1929 wechselte er wieder nach München. 1933 zum außerordentlichen Professor ernannt, erhielt er 1935 einen Ruf auf die Professur für Hygiene an der Universität Gießen. 1939 nahm er den Ruf nach Halle an, wo er seinem Lehrer Paul Schmidt auf der ordentlichen Professur für Hygiene folgte. Von den Amerikanern verhaftet, sagte er in den Nürnberger Prozessen u. a. gegen Joachim Mrugowsky aus. 1948 wurde er Seuchensachverständiger am Gesundheitsamt Altötting, 1950 Sachbearbeiter für Hygiene und Seuchenbekämpfung beim Bayerischen Staatsministerium des Innern. Von 1952 bis 1956 leitete er die Staatliche Bakteriologische Untersuchungsanstalt Erlangen. 1956 in den Ruhestand versetzt, erhielt er 1958 die Rechte eines emeritierten ordentlichen Professors der Universität Erlangen.
Organisationen: 10.9.1020 bis 9.11.1923 NSDAP (alte Kartei-Nr. 2020), Wiederaufnahme am 1. Mai 1933 (Mitglied Nr. 3 213 259), 1933 SA, ab 1934 Schulungsredner für Weltanschauung bei der SA-Brigade 86, NSDB, NSLB, RLB, NSV.
Quellen: PA 14672 Seiser; Auskunft UA Erlangen.

Siemens, Wilhelm
(22. Juni 1897 Leopoldshall (Anhalt) – 5. Mai 1959 Kiel)
Konfession: evangelisch
Vater: Bergrat und Generaldirektor
Siemens besuchte die Lateinschule der Franckeschen Stiftungen bis zur Unterprima, 1914 meldete er sich als Kriegsfreiwilliger. Zunächst diente er bei der Artillerie, dann bei der Infanterie. Rasch zum Leutnant befördert, war er als Zugführer, Adjutant und Kompanieführer eingesetzt (ausgezeichnet mit dem Eisernen Kreuz I. und II. Klasse). Die Abiturprüfung legte er 1918 nach der Teilnahme am Kriegsbeschädigten und Verwundetenkurs des Stadtgymnasiums Halle ab. Siemens begann das Medizinstudium in Halle, 1919/20 kämpfte er als Angehöriger des Freicorps Halle gegen die Spartakisten. Das Studium setzte er in München fort. Das Staatsexamen bestand er 1922 in Halle, hier erhielt er auch die Approbation und promovierte 1923 zum Dr. med. Danach volontierte Siemens an den Universitätskliniken in Halle, Königsberg und Freiburg, 1925 wurde er Assistent an der Chirurgischen Uni-

versitätsklinik Kiel. Dort habilitierte er sich 1935. 1937 ließ er sich als praktizierender Chirurg in Halle nieder. Siemens absolvierte Übungen bei der neuen Wehrmacht und wurde im August 1939 eingezogen. 1940 ernannte ihn das Wissenschaftsministerium zum Dozenten neuer Ordnung und wies ihn der Universität Halle zu. Er diente als Chirurg in Feldlazaretten an der Ost- und Westfront, dann an den Reservelazaretten Bautzen und Chemnitz, (ausgezeichnet mit der Spange zum Eisernen Kreuz II. Klasse, dem Kriegsverdienstkreuz mit Schwertern 1. und 2. Klasse sowie der Ostmedaille). 1942 wurde Siemens zum Oberstabsarzt befördert und im Mai 1944 zum außerplanmäßigen Professor ernannt. Im Oktober 1945 wurde er von der Universität entlassen. Nach 1945 war er Arzt in Kiel.
Organisationen: 1933 (evtl. vor) Scharführer und Staffelarzt der SS, Aufnahme in die NSDAP am 3. November 1933 (Mitglied Nr. 3 95 99 72), 1919 bis 1925 Stahlhelm.
Quellen: UAH PA 14747 Siemens, Auskunft Standesamt Staßfurt.

Sowade, Johann
(26. Februar 1878 Berlin – 12. Januar 1944 Halle)
Konfession: evangelisch
Vater: Bankbeamter
Sowade studierte Medizin in Berlin, zum Dr. med. wurde er 1904 an der Universität Heidelberg promoviert. Von 1901 bis 1908 leistete er Militärdienst als Sanitätsoffizier, 1905 bis 1907 während des Herero-Aufstandes bei den Kolonialtruppen in Deutsch-Südwestafrika (ausgezeichnet mit dem Kronen-Orden IV. Klasse mit Schwertern am schwarz-weißen Bande und der Südwestafrika-Gedenkmünze). Von 1908 bis 1910 war er Assistent an der Universitätshautklinik Bonn, von 1910 bis 1919 Assistent der an Universitätshautpoliklinik Halle. 1912 habilitierte er sich für Dermatologie und Syphilidologie. Während des Ersten Weltkrieges diente er als Stabsarzt an Frontlazaretten, später im Lazarett für Geschlechtskrankheiten Halberstadt (ausgezeichnet mit dem Eisernen Kreuz II. Klasse). 1918 erhielt er den Professorentitel. 1920 eröffnete er eine Privatpraxis und wurde 1921 zum nichtbeamteten außerordentlichen Professor ernannt. 1922 erhielt er einen Lehrauftrag für Dermatologie für Studierende der Zahnheilkunde. 1933 wurde die Dotierung des Lehrauftrages gestrichen, trotzdem setzte er die Vorlesungstätigkeit bis zu seinem Tod fort. Außerdem war er Lupusbeauftragter im Gau Halle-Merseburg.
Organisationen: 1919 Eintritt in den Stahlhelm, überführt in NSDFB. DNVP bis 1930.
Quellen: UAH PA 14838 Sowade, Rep. 6 Nr. 1407.

Stieda, Alexander
(30. Mai 1875 Dorpat – 12. August 1966 Holz bei Gmund am Tegernsee)
Konfession: evangelisch
Vater: Universitätsprofessor
Stieda besuchte Schulen in Dorpat und Königsberg. Er studierte Medizin in Freiburg und Königsberg, dort promovierte er 1898 zum Dr. med. Militärdienst leitete er als einjährig freiwilliger Arzt. 1899 wurde Stieda Assistent am Pathologisch-Hygienischen Institut Chemnitz, von 1900 bis 1919 hatte er eine Assistentenstelle an der Chirurgischen Universitätsklinik Halle inne. Hier habilitierte er sich 1906 für Chirurgie und wurde 1909 Oberarzt der Klinik und zum Professor ernannt (1913 ausgezeichnet mit dem Roten Adlerorden IV. Klasse). Kriegsdienst leistete er als Chefarzt eines Feldlazarettes, dann als beratender Chirurg beim Generalkommando des IV. Armeekorps (ausgezeichnet mit dem Ritterkreuz I. Klasse des Sachsen-Ernestinischen Hausordens, dem Anhaltischen Friedrichskreuz sowie dem Eisernen Kreuz I. und II. Klasse). 1918 wurde er für die Universitätsklinik Halle reklamiert. 1919 bezog er eine Praxis in der Heilanstalt Weidenplan. Nach der Ablehnung eines Rufes nach Dorpat wurde er 1920 zum ordentlichen Honorarprofessor ernannt. 1931 hielt er sich zu Forschungszwecken in den USA auf. Nach dem Weggang Voelckers übernahm der profilierte Hirnchirurg mehrfach die chirurgische Hauptvorlesung. 1941 wurde er Beratender Chirurg im Wehrkreis IV (ausgezeichnet mit dem Kriegsverdienstkreuz 2. Klasse). 1946 erhielt Stieda eine Professur mit vollem Lehrauftrag. 1950 emeritiert, ernannte ihn die Martin-Luther-Universität zum Ehrensenator, Übersiedelung an den Tegernsee.

Organisationen: DNVP von 1919 bis zur Auflösung, Kyffhäuserbund, VDA, Alldeutscher Verband, Bund Deutscher Osten, Reichsverband Deutscher Offiziere, 1922 Stahlhelm, verweigert 1934 Übertritt zur SA, 1923 bis 1933 Angehöriger der Loge zu den drei Degen, Förderndes Mitglied der SS, NSLB. Am 31. August 1945 Eintritt in die CDU.
Quellen: UAH PA 14998 Stieda; Rep. 6 Nr. 1407; Leopoldina-Archiv MM 3433 Stieda.

Stieve, Hermann
(22. Mai 1886 München – 6. September 1952 Berlin)
Konfession: evangelisch
Vater: Universitätsprofessor
Nach dem Schulbesuch in München studierte Stieve Medizin an den Universitäten München und Innsbruck. Den Militärdienst leistete er als einjährig-freiwilliger Arzt, 1912 promovierte er in München zum Dr. med. Die Praktika absolvierte er am Pathologischen Institut des Krankenhauses rechts der Isar und an der 2. Medizinischen Universitätsklinik München. 1913 wurde er Assistent am Anatomischen Institut München. Von 1914 bis 1917 diente er als Frontarzt, danach an der Militärärztlichen Akademie München (ausgezeichnet u.a. mit dem Eisernen Kreuz II. Klasse, dem Königlich bayerischen Militärverdienstorden IV. Klasse mit Schwertern, dem Ritterkreuz des Franz-Joseph-Ordens mit Kriegsdekoration), 1918 habilitierte er sich in München für Anatomie. Im selben Jahr erhielt er eine Stelle als Prosektor an der Universität Leipzig, wo er als Privatdozent neben der Anatomie auch Anthropologie lehrte. 1919/20 gehörte er einem Freicorps in Leipzig an und nahm am Kapp-Putsch teil. 1920 promovierte er zum Dr. phil. an der Universität München. 1921 wurde Stieve zum ordentlichen Professor und Direktor des Anatomischen Instituts an die Universität Halle berufen. Von 1923 bis 1928 war er Leiter des deutschen Hochschulausschusses für Leibesübungen. Am 3. Mai 1933 wurde Stieve durch das Generalkonzil der Universität zum Rektor gewählt. Im November 1933 trat er von dem Amt wegen des andauernden Zerwürfnisses mit der Studentenschaft zurück. 1935 erhielt er einen Ruf an die Universität Berlin. Erfreut kommentierte Stieve 1938 die Zunahme der Todesurteile durch den Volksgerichtshof, da er so einen »Werkstoff« erhielt, »wie ihn kein anders Institut der Welt besitzt.« Seit jeher an der Anatomie der weiblichen Geschlechtsorgane interessiert, intensivierte er seine Forschungen, indem er aus politischen Motiven zum Tode verurteilte Frauen untersuchte und unmittelbar nach der Hinrichtung ihre Organe entnahm. Eine Veröffentlichung Stieves aus dem Jahr 1942 sei angegeben: »Die Wirkung von Gefangenschaft und Angst auf den Bau und die Funktion der weiblichen Geschlechtsorgane«, in: Zentralblatt für Gynäkologie 66/2, S. 1456 f. Da Stieve nicht der NSDAP angehörte, setzte er seine Lehrtätigkeit an der Humboldt-Universität Berlin nach 1945 unbehelligt fort. Er starb an einem Schlaganfall.
Organisationen: 1918/19 DNVP, 1920 bis zur Auflösung Organisation Escherich, 1919/21 Angehöriger des Zeitfreiwilligenregimentes Leipzig, 1921 Stahlhelm, 1934 in die SA-Reserve II überführt.
Quellen: UAH PA 15008 Stieve; Rep. 6 Nr. 1407; Leopoldina-Archiv Matrikel Nr. 3466; Klee 1997.

Stockert, Franz-Günther von
(9. Januar 1899 Wien – nach 1966)
Konfession: römisch-katholisch
Von Stockert besuchte Schulen in Wien und Krensmünster. 1917/18 leistete er Kriegsdienst als Fähnrich in einem Artillerieregiment. Nach dem Studium der Medizin an der Universität Wien war er 1923/24 Arzt in einer Trinkerheilstätte, von 1924 bis 1926 Assistenzarzt an der Psychiatrischen Klinik Wien. Von 1926 bis 1935 war er Assistent an der Psychiatrischen und Nervenklinik der Universität Halle, im April 1935 wurde er zum nichtbeamteten außerordentlichen Professor ernannt. Im November 1935 kündigte er, um sich neurochirurgischer Arbeit an der Universität Würzburg zu widmen. 1937 wurde er Leiter der psychiatrischen Kinderstation der Universitätsnervenklinik Frankfurt am Main. 1938 entzog ihm die Universität Halle die Venia Legendi, da er keine Vorlesungen hielt. 1939 wurde von Stockert jedoch zum außerplanmäßigen Professor für Psychiatrie und Neurologie an der Universität Frankfurt ernannt. 1954 folgte von Stockert einem Ruf auf eine Professur mit Lehrstuhl an

die Universität Rostock, zugleich leitete er die Universitätsnervenklinik. 1958 wechselte er als Ordinarius an die Universität Frankfurt am Main.
Organisationen: Eintritt in die SA am 1. November 1933, NSLB.
Quelle: UAH PA 15015 Stockert.

Sylla, Adolf
(11. März 1896 Stooßnen, Kreis Lyck – 14. Juli 1977 Berlin (West))
Konfession: evangelisch-lutherisch, früher Babtist
Vater: Bauer
1914 wurde Sylla nach Russland verschleppt und dort interniert. Nach der Rückkehr 1918 setzte er den Schulbesuch fort und legte 1920 in Königsberg die Reifeprüfung ab. Er studierte Medizin an den Universitäten Königsberg, Berlin, Freiburg und wieder Königsberg. 1924 bestand er das Staatsexamen und promovierte zum Dr. med., die Approbation erhielt er 1925. Danach war er Volontärassistent am Hygienischen Institut der Universität Königsberg, 1926 Pathologe in Zwickau, 1927 in Altona, von 1927 bis 1929 außerplanmäßiger Assistent an der Medizinischen Klinik der Universität Königsberg, von 1929 bis 1934 außerplanmäßiger Assistent an der Medizinischen Universitätsklinik Halle. Nach der Habilitation 1934 hatte er eine planmäßige Assistentenstelle inne. 1935 zum Dozenten ernannt, wurde er 1937 Oberarzt der Klinik. 1939 war er im Reservelazarett Halle tätig. 1940 erhielt er die Ernennung zum außerordentlichen Professor. 1941 wurde er eingezogen und war beratender Internist an der Ostfront. Nach dem Tod Georg Grunds wurde er zur Medizinischen Universitätspoliklinik abkommandiert. Die Ernennung zum Nachfolger Grunds, und damit zum ordentlichen Professor und Klinikleiter, wurde von Dekan Eckert-Möbius aus fachlichen Gründen blockiert. Im März 1945 geriet Sylla in amerikanische Kriegsgefangenschaft, im Oktober 1945 entließ ihn die Universität in Abwesenheit. Sylla wurde im befreiten KZ Buchenwald als Arzt eingesetzt, dann war er Leiter des für einstige Häftlinge eingerichteten Tuberkuloselazarettes in Blankenhain (Thüringen). Von 1946 bis 1948 war er als Leiter der Inneren Abteilung des Kreiskrankenhauses Waren (Müritz) tätig, 1948 wurde er Chefarzt der Inneren Abteilung und der Poliklinik Städtischen Krankenhauses Cottbus (später Bezirkskrankenhaus). 1965 endete seine Tätigkeit als Chefarzt, jetzt baute Sylla eine neuen Abteilung für Allergie und Lungenkrankheiten am Bezirkskrankenhaus auf. 1967 trat er in den Ruhestand, 1974 siedelte er nach Westberlin über.
Organisationen: Eintritt in die NSDAP am 1. April 1933 (Mitglied Nr. 1 776 916), Gaukassenwalter des NSD-Dozentenbundes, Gauhauptstellenleiter.
Quellen: Rep. 29 F II Nr. 3 Bd. 2 Dozenten; UAH Rep. 6 Nr. 1407; PA 15785 Sylla; Auskunft des Carl-Thiem-Klinikums Cottbus.

Tartler, Georg
(23. März 1899 Nussbach (Siebenbürgen) – 30. Oktober 1976 Greifswald)
Konfession: evangelisch-sächsisch
Vater: Schulrektor
Tartler besuchte die Volksschule in Nussbach und das Gymnasium in Kronstadt. 1917 trat er in die Offiziersschule Wien ein und wurde auf den italienischen Kriegsschauplatz kommandiert. Hier geriet er in Gefangenschaft. 1919 kehrte er nach Hause zurück, wurde aber sofort als nun rumänischer Staatsbürger eingezogen und nahm an den Kämpfen gegen die ungarische Rote Armee teil. 1921 begann er ein Studium der Landwirtschaft in Halle, nach der Diplomprüfung studierte er Medizin in Gießen und Halle. 1932 erwarb er die deutsche Staatsbürgerschaft. 1933 bestand Tartler das Staatsexamen und wurde 1934 zum Dr. med. mit der Arbeit: »Die hygienische Eroberung der Tropen durch die weiße Rasse« promoviert. Von 1934 bis 1939 war er Assistent am Medizinaluntersuchungsamt beim Hygienischen Institut der Martin-Luther-Universität. Seit 1935 absolvierte Tartler Wehrmachtsübungen. 1938 einberufen, war er Standortarzt während der Besetzung der Tschechoslowakei. Nach der Rückkehr wurde er 1939 Oberassistent am Hygienischen Institut und habilitierte sich mit einer Arbeit über Bleigiftungen. Im August 1939 erneut einberufen, war er bis Kriegsende als Armeehygieniker (Dienstgrad: Oberstabsarzt) eingesetzt. Nach 1945 war er maßgeblich am Aufbau des Bakteriologi-

schen Untersuchungsamtes in Schwerin beteiligt, 1952 wurde er zum Professor mit vollem Lehrauftrag an die Universität Greifswald berufen. Hier war er Direktor des Institutes für Medizinische Mikrobiologie und Epidemologie und wurde 1955 zum Professor mit Lehrstuhl ernannt. Als Tartler 1964 Rektor der Universität Greifwald wurde, erhob sich Protest, weil nun schon 15 Jahre hintereinander ehemalige Nationalsozialisten das Rektorat innehatten.
Organisationen: 3. November 1933 SA, Standartenarzt, 1934 NSV, RLB, NS-Ärztebund (Amt für Volksgesundheit), Reichskolonialbund, 1937 NSDDB, am 1. Mai 1937 Aufnahme in die NSDAP (Mitglied Nr. 4 340 402).
Quellen: UAH PA 15843 Tartler; Rep. 29 F II Nr. 3 Bd. 2 Dozenten; DBE Bd. 9, S. 659.

Vahlen, Ernst
(14. Februar 1865 Wien – 9. Mai 1941 Halle)
Konfession: römisch-katholisch
Vater: Arzt, Universitätsprofessor
Bemerkungen: Ernst Vahlens Bruder Theodor war Mathematikprofessor, Rektor der Universität Greifswald, Gauleiter der NSDAP in Pommern, wurde entlassen und erhielt einen Lehrstuhl an der TH Wien. 1933 kehrte Theodor Vahlen nach Deutschland zurück, wurde 1934 Leiter der Hochschulabteilung im Kultusministerium und Präsident der Preußischen Akademie der Wissenschaften. Ernst Vahlen war mit einer Tochter Georg Cantors verheiratet. Da diese Halbjüdin war, wurde der gemeinsame Sohn Reinhard Vahlen 1938 vom Studium ausgeschlossen.
Ernst Vahlen besuchte Schulen in Berlin und Oppeln. 1885 nahm er ein Studium der Medizin in Berlin auf, wechselte 1887 nach in Genf und promovierte 1890 in Berlin zum Dr. med. 1891 bestand er das Staatsexamen. 1891 wurde er Assistent am Physiologisch-chemischen Institut der Universität Straßburg, 1896 am Pharmakologischen Institut der Universität Halle. Hier habilitierte er sich 1897 für Pharmakologie und physiologische Chemie. 1903 erhielt er den Professorentitel, 1921 den eines außerordentlichen Professors. Er hatte einen Lehrauftrag für pathologische Chemie inne, wurde jedoch nie auf einen Lehrstuhl berufen. 1937 wurde Vahlen emeritiert und erhielt eine Gnadenpension.
Organisationen: DVP.
Quellen: UAH PA 16383 Vahlen; Rep. 6 Nr. 1407; für Theodor Vahlen: DBE Bd. 10, S. 176.

Velhagen, Karl
(22. September 1897 Chemnitz – 19. Dezember 1990 Berlin)
Konfession: evangelisch
Vater: Augenarzt
Velhagen schloss das Gymnasium in Chemnitz 1916 mit dem Notabitur ab und diente von 1916 bis 1918, zuletzt als Vizewachtmeister in einem Artillerieregiment. (ausgezeichnet mit dem Eisernen Kreuz II. Klasse). Ab 1919 studierte Velhagen Medizin in München, Freiburg und Leipzig, wurde 1922 mit einer anatomischen Arbeit in Halle promoviert und absolvierte Praktika in Chemnitzer Kliniken. Von 1924 bis 1927 war er Volontär- bzw. Assistenzarzt an der Universitätsaugenklinik Freiburg, von 1927 bis 1929 an den Pharmakologischen Instituten in Freiburg und Berlin. Ab 1929 hatte er die Stelle des Oberarztes an der Universitätsaugenklinik Halle inne. Hier habilitierte er sich 1930. 1936 zum nichtbeamteten außerordentlichen Professor ernannt, lehnte er einen Ruf nach Ankara ab. 1937/38 vertrat er den vakanten Lehrstuhl in Köln und leitete die dortige Universitätsaugenklinik. 1938 erhielt er einen Ruf an die Universität Greifswald und wurde 1940 zum persönlichen Ordinarius ernannt. 1946 entlassen, ließ er sich als Augenarzt in Chemnitz nieder. Ab 1947 baute er die städtische Augenklinik neu auf. 1950 nahm er einen Ruf an die Universität Leipzig an. Von 1958 bis zur Emeritierung 1967 war er Professor mit Lehrstuhl und Klinikleiter an der Humboldt-Universität Berlin.
Organisationen: November 1933 bis Juli 1934 SA, DLV, später NSFK (Fliegersturmarzt), RLB, NSLB, Vertrauensarzt des SA-Hochschulamtes. 1938 SA-Sanitätshauptsturmführer, Aufnahme in die NSDAP am 1. Mai 1937 (Mitglied Nr. 4 482 514).

Autobiographie: Karl Velhagen, Ein Leben für die Augenheilkunde. In: Günter Albrecht und Wolfgang Hartwig (Hrsg.), Ärzte – Erinnerungen, Erlebnisse, Bekenntnisse, Berlin (Ost) 1976.
Quelle UAH PA 16399 Velhagen; Rep. 6 Nr. 1407; Autobiographie.

Viethen, Albert
(23. November 1897 Mönchengladbach – 27. März 1978 Berchtesgaden)
Konfession: katholisch
Vater: Architekt
Viethen besuchte Schulen in Mönchengladbach, von 1916 bis 1918 leistete er Kriegsdienst. Er studierte Medizin in Bonn, Freiburg, Köln und wieder Freiburg. Hier legte er 1923 das Staatsexamen ab. Die Praktika absolvierte er an der Medizinischen Klinik und der Frauenklinik der Universität. 1925 erhielt er die Approbation und promovierte 1926 zum Dr. med. Er war Assistent und Leiter der Röntgenabteilung an der Universitätskinderklinik zugleich leitete er die Kinder-Tuberkolose-Fürsorge Oberbaden. 1932 habilitierte er sich an der Universität Freiburg für das Fach Kinderheilkunde und Röntgenologie. 1933 wurde er Oberarzt, 1936 vertrat er einen Lehrstuhl in Heidelberg, 1937 wurde er zum außerordentlichen Professor ernannt. 1937 mit der Vertretung des Lehrstuhles und der Leitung der Universitätskinderklinik in Halle beauftragt, stellte Viethen am 4. Februar 1938 einen Antrag auf Rückkehr nach Freiburg, weil die Beziehungen zur Medizinischen Fakultät der Universität Halle nicht so geartet seien, »dass eine gedeihliche und erfolgreiche Zusammenarbeit gewährleistet erscheint.« 1938 lehnte er Rufe nach Danzig und Shanghai ab, 1939 nahm er den auf ein Ordinariat an die Universität Erlangen an. Im April 1945 entlassen, wurde er verhaftet und durch verschiedene Internierungslager geschleust. 1948 ließ er sich als Kinderarzt in Erlangen nieder, 1949 wurde er Chefarzt des Kinderkrankenhauses Felicitas in Berchtesgaden. 1962 in den Ruhestand versetzt, arbeitete er weiterhin als Kinderarzt.
Organisationen: 1933 bis 1934 Stahlhelm, 1934 SS, NS-Ärztebund, NSV, NSKOV, NS-Altherrenbund, NSDOB, 1937 Aufnahme in die NSDAP.
Quellen: UAH PA 16420 Viethen; Auskunft aus UA Erlangen A2/1 Nr. V 13.

Voelcker, Friedrich
(22. Juni 1872 Speyer – 19. März 1955 Mainz)
Konfession: evangelisch
Vater: Goldschmied
Voelcker besuchte Schulen in Speyer und erhielt eine musikalische Ausbildung, außerdem arbeitete er im väterlichen Handwerk mit. Nach dem Militärdienst als Einjährig-Freiwilliger studierte er Medizin in München, Berlin und wieder München. Dort wurde er 1895 mit einer Arbeit über einen Fall von brandiger Pneumonie promoviert. 1895/96 war er Assistenzarzt an der Kreiskrankenanstalt Frankenthal, 1897 bis 1906 Assistenzarzt an der Chirurgischen Universitätsklinik Heidelberg. Hier habilitierte er sich 1902 für Chirurgie. Ein Forschungsaufenthalt in Paris schloss sich an, außerdem vertrat er einen Chirurgen in einem Aachener Krankenhaus. 1906 wurde er Oberarzt der Chirurgischen Universitätsklinik Heidelberg und erhielt den Professorentitel. Zugleich baute er eine Privatklinik auf. Von 1914 bis 1918 leistete er Kriegsdienst als Stabsarzt der Landwehr und in Feldlazaretten (ausgezeichnet mit dem Eisernen Kreuz II. Klasse und dem Badischen Kriegsverdienstkreuz). 1919 zum Ordinarius in Halle berufen, leitete er die Chirurgische Universitätsklinik bis zu seiner Emeritierung 1937. 1940 siedelte er nach Berlin, später nach Heidelberg, 1944 nach Bühl bei Immenstadt (Allgäu) über. Außerdem nahm er zahlreiche Urlaubsvertretungen in Krankenhäusern seiner Schüler wahr. Voelcker, der mit seinen Arbeiten die Grundlagen für die moderne Urologie schuf, entfaltete eine weitreichende karitative Tätigkeit. Die Universität verdankte ihm die reich ausgestattete Hackfeld-Voelcker-Stiftung, dem jüdischen Hilfswerk spendete er Mitte der 30er Jahre 5000 Mark, um Verfolgten die Emigration zu ermöglichen.
Organisationen: Ab 1921 Vorsitzender der Deutschen Urologischen Gesellschaft und seit 1925 auch der Deutschen Gesellschaft für Chirurgie. Aufnahme in die NSDAP am 1. Mai 1933, völlig desillusioniert trat er 1934 aus.
Quellen: UAH PA 16427 Voelcker, Rep. 6 Nr. 1407, Leopoldina-Archiv MM 3510 Voelcker, darin Autobiographie für die Jahre bis 1906.

Volkmann, Johannes
(26. September 1889 Waldheim – 14. Oktober 1982 Hannover)
Konfession: evangelisch-lutherisch
Vater: Oberpfarrer
Nach dem Schulbesuch in Zwickau, studierte Volkmann Medizin in Erlangen, Grenoble, Kiel und Leipzig. Nach Praktika in Zwickau und Heilbronn erhielt er 1914 in Leipzig die Approbation und promovierte zum Dr. med. 1910 diente er als einjährig-freiwilliger Arzt, von 1914 bis 1918 stand er als Sanitätsoffizier im Feld und wurde mit dem Eisernen Kreuz I. und II. Klasse sowie dem Ritterkreuz II. Klasse mit Schwertern vom Württembergischen Friedrichsorden ausgezeichnet. 1918/19 war Volkmann Pathologe am Landeskrankenhaus Braunschweig, ab 1919 Volontär und Assistent, ab 1926 Oberarzt an der Chirurgischen Universitätsklinik Halle. Hier habilitierte er sich 1923 mit einer Arbeit über die Chirurgie der Milz, und wurde 1928 zum nichtbeamteten außerordentlichen Professor ernannt. Von 1931 bis 1933 war Volkmann Chefarzt des evangelischen Krankenhauses Münster, 1933 übernahm er die Leitung des Krankenhauses Bergmannstrost. Im Oktober 1941 wurde der profilierte Kriegschirurg erneut eingezogen und zum Stabsarzt befördert (ausgezeichnet mit der Ostmedaille und dem Kriegsverdienstkreuz II. Klasse mit Schwertern). Ab 1943 war er beratender Chirurg einer Armee, wurde zum Oberstabsarzt befördert und leitete er das Reservelazarett Lemberg (ehemalige Universitätsklinik). 1944 war er in Krakau eingesetzt, noch 1945 wurde er zum Oberfeldarzt befördert. Im Oktober 1945 von der Universität Halle entlassen, erhielt er rasch eine Chefarztstelle in Schkeuditz und wurde 1952 zum ordentlichen Professor der Chirurgie an der Universität Greifswald berufen. 1956 emeritiert.
Organisationen: Alldeutscher Verband, 1922 Eintritt in den Stahlhelm, DNVP bis zur Annahme des Youngplanes 1923. 1933 Eintritt in die SA, 1938 zum Sanitätssturmführer, 1941 zum Sanitätsobersturmführer befördert. Unterführer der Dozentenschaft in der Medizinischen Fakultät. Aufnahme in die NSDAP am 1. Mai 1937 (Mitglied Nr. 4 040 558)
Quellen: UAH PA 6154 Volkmann; Rep. 6 Nr. 1407.

Wätjen, Julius
(19. Dezember 1883 Bremen – 28. Februar 1968 Blankenburg/Harz)
Konfession: evangelisch
Vater: Kaufmann und Senator
Nach dem Besuch des humanistischen Gymnasiums in Bremen, studierte Wätjen Medizin an den Universitäten Heidelberg, Göttingen, München und Freiburg. Die Praktika leistete er am pathologischen Institut der Universität Freiburg und am Städtischen Krankenhaus Charlottenburg ab, 1910 bestand er das Staatsexamen und promovierte 1911 zum Dr. med. 1911 erhielt er die Approbation und wurde zum Militärarzt ausgebildet. Von 1912 bis 1914 war er Assistent am Pathologischen Institut der Universität Freiburg, von Mai 1914 bis zum Ausbruch des Krieges Oberarzt des Pathologischen Institutes im Krankenhaus Dresden-Friedrichstadt. Kriegsdienst leistete er als Arzt in einer Sanitätskompanie, später in Lazaretten und als Armeepathologe (ausgezeichnet mit dem Eisernen Kreuz II. Klasse und dem Bremer Hanseatenkreuz). Von 1918 bis 1922 war Wätjen erneut Assistent am Pathologischen Institut der Universität Freiburg, dort habilitierte er sich 1920 für pathologische Anatomie und gerichtliche Medizin. 1922 wechselte er an die Universität Berlin, wo er Prosektor wurde und 1924 eine Stelle als beamteter außerordentlicher Professor erhielt. 1930 erhielt er einen Ruf an die Universität Halle, wo er zugleich das Pathologische Institut leitete. 1936 beschrieb er zum ersten Mal die Mansfelder Staublunge. 1939/40 war er als beratender Pathologe eingezogen, 1943 lehnte er einen Rufes nach Jena ab. 1945 entlassen, wurde er erneut berufen, aber von Januar 1946 bis November 1947 nach verschiedenen Denunziationen durch die SMA suspendiert. 1947 zum Professor mit Lehrstuhl ernannt, wurde er 1955 emeritiert.
Organisationen: Aufnahme in die NSDAP am 1. Mai 1933 (Mitglied Nr. 2 255 660), Förderndes Mitglied der SS (Nr. 1 041 145), 1946 Aufnahme in die CDU.
Quellen: UAH PA 16540 Wätjen; Leopoldina-Archiv MM 4114 Wätjen.

Wagner, Wilhelm
(14. April 1899 Eisleben – 26. Februar 1976 Goslar)
Konfession: evangelisch
Vater: Revierfahrsteiger
Wagner besuchte die Bürgerschule und das Gymnasium in Eisleben, die Kriegsreifeprüfung bestand er 1917. Er leistete Kriegsdienst an der Ost- und der Westfront und wurde mit dem Eisernen Kreuz II. Klasse ausgezeichnet. Bereits zum Offizierskursus kommandiert, geriet er im September 1918 in französische, dann amerikanische Kriegsgefangenschaft. Nach der Entlassung studierte er von 1919 bis 1923 Medizin an der Universität Halle, 1920 gehörte er dem Freicorps Halle bzw. der Organisation Escherich an und nahm an den mitteldeutschen Kämpfen teil. Nach der Promotion war er 1923/24 Praktikant am Stadtkrankenhaus Brandenburg, die Approbation erhielt er 1924. Von 1924 bis 1926 war er Assistent am Pharmakologischen Institut der Universität Halle, 1926 wurde er Assistenzarzt an der Chirurgischen Universitätsklinik, seit 1929 leitete er die Röntgenabteilung der Klinik. 1934 habilitierte er sich mit der Arbeit »Das Rectum im Röntgenbild«. Nach dem Abschluss des Dozentenlehrgangs des Reichs-SA-Hochschulamtes und einem Lehrgang an der Dozentenakademie wurde er 1934 Hochschulgruppenleiter des NSD-Dozentenbundes, im Oktober 1935 Gauamtsleiter des NSD-Dozentenbundes und Gaudozentenführer. Erst 1936, nach dem Ausscheiden Brandts, wurde er Oberarzt der Klinik, 1937 nach der Entpflichtung Voelckers wurde er mit der Wahrnehmung der Geschäfte der Chirurgischen Klinik betraut. Im Januar 1939 zum nichtbeamteten außerordentlichen Professor ernannt, erhielt er am 23. August 1939 nach einem langwierigen Berufungsverfahren das Ordinariat für Chirurgie. Im September 1939 eingezogen, kehrte er im Juli 1940 an die Universität zurück. Von Januar 1945 bis April 1945 war er Rektor der Universität und gleichzeitig Dekan der Medizinischen Fakultät. Im April 1945 durch amerikanisches Militär inhaftiert, wurde er im Oktober 1945 von der Universität Halle in Abwesenheit entlassen. 1948 entnazifiziert, war er bis 1956 als Arzt am Evangelischen Krankenhaus Wanne-Eickel tätig. 1956 übernahm er einen Lehrstuhl an der Universität Kabul (Afghanistan), 1960 wurde Wagner in Bonn emeritiert.
Organisationen: Eintritt in die NSDAP am 13. Februar 1933 (Mitglied Nr. 1 480 045), SA-Arzt, seit Oktober 1933 Führer der Dozentenschaft der Universität, 1934 Hochschulgruppenleiter des NSDDB, seit Oktober 1935 Gauamtsleiter des NSDDB und Gaudozentenführer.
Quellen: UAH PA 16579 Wagner; Rep. 6 Nr. 1407; BDC.

Walcher, Kurt
(23. Oktober 1891 Stuttgart – 20. März 1973 Diessen am Ammersee)
Konfession: evangelisch
Vater: Landrichter
Walcher besuchte die Lateinschule Blaubeuren, dann die niederen evangelischen theologischen Seminare in Maulbronn und Blaubeuren. 1909 legte er die Reifeprüfung in Reutlingen ab. Nach dem Militärdienst (1909/10) studierte er Medizin in München, Freiburg, Kiel, Erlangen und wieder München. Die Approbation erhielt er 1917. Von 1914 bis 1918 stand Walcher im Kriegseinsatz, zunächst im Festungslazarett Ulm, dann als Truppenarzt an der Westfront, wo er verwundet wurde (ausgezeichnet mit dem Eisernen Kreuz I. und II. Klasse sowie dem Württembergischen Friedrichsorden II. Klasse mit Schwertern). 1919 war er Assistenzarzt an der Heil- und Pflegeanstalt Schüssenried (Württemberg), 1920/21 Pathologe am Stubenrauch-Krankenhaus Berlin-Lichterfelde. Von 1922 bis 1932 hatte er eine Assistentenstelle am Gerichtlich-medizinischen Institut der Universität München inne. 1923 legte er das bayerisches Physikatsexamen ab, 1927 habilitierte er sich für gerichtliche Medizin und wurde als Sachverständiger zugelassen. 1932 erhielt er einen Ruf an die Universität Halle und wurde Direktor des Instituts für Gerichtliche und soziale Medizin. 1936 nahm er einen Ruf an die Universität Würzburg an. Im Juli 1945 wurde er auf Weisung der amerikanischen Militärregierung entlassen. Ab November 1949 war er stellvertretender Landgerichtsarzt in Amberg, ab Oktober 1950 Landgerichtsarzt beim Landgericht München II. 1956 wurde Walcher in den Ruhestand versetzt.
Organisationen: Aufnahme in die NSDAP am 1. Mai 1933 (Mitglied 2 187 041), NSLB
Quellen: UAH PA 16590 Walcher, Rep. 6 Nr. 1407, Mallach.

Weisbach, Walter
(29. September 1889 Berlin – 2. September 1962 Den Haag)
Konfession: evangelisch (uniert), später jüdisch
Vater: Kursmakler
Weisbach besuchte Schulen in Berlin und legte 1908 die Reifeprüfung ab. Danach studierte er Medizin an den Universitäten Freiburg und Berlin, wurde 1914 promoviert und verwaltete eine Assistentenstelle am Hygienischen Institut der Universität Freiburg. 1910/11 und 1914 leistete er Militärdienst als einjährig-freiwilliger Arzt, von 1914 bis 1918 war er als Truppenarzt an der Westfront und auf dem Balkan eingesetzt (ausgezeichnet mit dem Eisernen Kreuz II. Klasse, der Österreichischen Offiziersehrung vom Roten Kreuz mit Kriegsdekoration sowie dem Bulgarischen Militärverdienstorden mit Krone und Schwertern). Von 1918 bis 1920 war er Assistent am Pathologisch-anatomischen Institut des Städtischen Krankenhauses Berlin-Charlottenburg, unter anderem an der Untersuchungsstelle für ansteckende Krankheiten. Von 1920 bis 1925 hatte Weisbach eine Assistentenstelle am Hygienischen Institut der Universität Halle in. 1921 habilitiert, erhielt er 1922 einen Lehrauftrag für Soziale und Gewerbehygiene, 1925 wurde er zum außerordentlichen Professor ernannt. Im selben Jahr erhielt er die Stelle des wissenschaftlichen Direktors des Deutschen Hygiene-Museums in Dresden, ab 1926 leitete er auch die Hygiene-Akademie. Der Lehrauftrag für Soziale Hygiene wurde Weisbach wegen seiner jüdischen Abstammung 1933 entzogen. Im Januar 1934 kündigte er Vorlesungen an, doch obwohl Weisbach im Vorlesungsverzeichnis als Angehöriger des Lehrkörpers verzeichnet blieb, kamen sie nicht zustande. Ab 1934 arbeitete er für das Grüne Kreuz der Niederlande in Utrecht, formal behielt er den Wohnsitz in Halle bei, so dass ihm die Lehrbefugnis zunächst erhalten blieb. 1936 wurde ihm die Venia Legendi jedoch auf Grund der Ausführungsbestimmungen zum Reichsbürgergesetz entzogen. Weisbach emigrierte in die Niederlande, während des Zweiten Weltkrieges wurde er in das Konzentrationslager Westerbork verbracht.
Organisationen: 1919 bis 1921 DVP, 1921 Stahlhelm.
Quellen: UAH PA 16804 Weisbach; Rep. 6. Nr. 1407; DBE Bd. 10, S. 401; Biograph. Handb. der deutschsprachigen Emigration, Bd. 2, S. 1226.

Wertheimer, Ernst
(24. August 1893 Bühl (Baden) – 23. März 1978 Jerusalem)
Konfession: jüdisch
Vater: Kaufmann
Wertheimer besuchte Schulen in Bühl und Baden-Baden. Nach der Reifeprüfung (1912) studierte er Medizin in Heidelberg, Kiel und Bonn. Von 1914 bis 1918 leistete er Kriegsdienst, zunächst als Arzt auf einem Verbandsplatz in Flandern, dann als Batteriearzt der Feldartillerie. Ausgezeichnet wurde er mit dem Eisernen Kreuz II. Klasse und der badischen Verdienstmedaille. 1919/20 setzte er das Studium der Medizin in Heidelberg fort, dort legte er 1920 das Staatsexamen ab und promovierte zum Dr. med. 1920/21 war er Arzt am Waisenhaus der Stadt Berlin, 1921 erhielt er eine Assistentenstelle am Physiologischen Institut der Universität Halle. 1923 habilitiert, wurde er 1929 Oberassistent und zum nichtbeamteten außerordentlichen Professor ernannt. 1933 beantragte Emil Abderhalden routinemäßig die Verlängerung der Stelle Wertheimers, was jedoch vom Kultusministerium nicht genehmigt wurde. Wertheimer erhielt ein Stellenangebot aus Moskau (Leiter eines biochemischen Laboratoriums), einen Ruf auf den Lehrstuhl der Physiologie an der Sun-Yat-Sen-Universität in Kanton und das Angebot zur Leitung des pathologisch-chemischen Laboratoriums des Hadassah-Krankenhauses der Universität Jerusalem (Rothschild Hospital). Obwohl die Stelle in Jerusalem nur befristet war, nahm er an und verzichtete auf seine Venia Legendi. Von 1934 bis 1963 war er in Jerusalem Professor der pathologischen Physiologie, zugleich leitete er von 1942 bis 1950 die pharmazeutische Sektion, und von 1953 bis 1963 die Abteilung für Biochemie des Menschen des Hadassah Krankenhauses.
Organisationen: -
Quellen: UAH PA 16946 Wertheimer, DBE Bd.:-, Biographisches Handbuch der deutschsprachigen Emigration nach 1933, Bd. 2, S. 1238

Wetzel, Georg
(29. Dezember 1871 Wittenberge – 13. September 1951 Halle)
Konfession: evangelisch, später Deutsche Gotterkenntnis
Vater: Sanitätsrat
Das Abitur legte Wetzel 1891 in Berlin ab. Ein Studium der Medizin in München und Berlin schloss sich an. 1896 promovierte er in Berlin zum Dr. med., 1897 bestand er das Staatsexamen und erhielt die Approbation. 1900 habilitierte er sich an der Universität Berlin für Anatomie, 1903 wurde er nach Breslau umhabilitiert. Dort war er Prosektor, 1909 erhielt er den Professorentitel und 1913 einen Lehrauftrag Anatomie für Zahnärzte. Nach kurzem Kriegsdienst als Arzt in einem Reservelazarett vertrat Wetzel von 1914 bis 1918 den anatomischen Lehrstuhl in Marburg. 1918 erhielt ein planmäßiges Extraordinariat an der Universität Halle, wo er Abteilungsvorsteher im Anatomischen Institut wurde. 1922 zum persönlichen Ordinarius in Halle ernannt, erhielt er 1924 einen Lehrauftrag für Entwicklungsmechanik an der Universität Greifswald. Wetzel wurde zwar dauerhaft von der Universität Halle beurlaubt, blieb aber Angehöriger des Lehrkörpers, auch nachdem er 1930 in Greifswald zum Direktor des Instituts für Entwicklungsmechanik ernannt wurde. 1937 von den amtlichen Verpflichtungen entbunden, entließ ihn die Universität Halle 1945. Wetzel arbeitete jedoch ohne Besoldung, dann gegen eine geringe Entlohnung im Anatomischen Institut der Universität Halle weiter, um die anatomische Sammlung neu zu ordnen.
Organisationen: Vor 1914 Mitglied der Erneuerungsgemeinde von Theodor Fritsch (Leipzig), die, so Wetzel, »ein reines Deutschtum auf bäuerlicher Grundlage u. unter staatlichem Ausschluss aller Nichtarier anstrebte.« Kampfring der Deutsch-Österreicher. Nach 1933 NSLB, NSDÄB, NSV, RLB, 1934 Deutsche Gesellschaft für Rassenhygiene, Aufnahme in die NSDAP am 1. Mai 1937 (Mitglied Nr. 5 639 245). 1946 Aufnahme in die LDPD.
Quelle: UAH PA 16968 Wetzel.

Weyrauch, Friedrich
(21. März 1897 Oberstein an der Nahe – 16. November 1940 Jena (Selbsttötung))
Konfession: evangelisch
Vater: Professor
Das Abitur legte Weyrauch am Gymnasium Rathenow ab. Im Ersten Weltkrieg diente er als Offizier im Sächsischen Fußartillerieregiment Nr. 12 und bei einer Artillerieeinheit an der Westfront. Von 1919 bis 1923 studierte Weyrauch Medizin in Berlin und Marburg, dort legte er 1923 das Staatsexamen ab und promovierte 1924 mit einer bakteriologischen Arbeit. Von 1923 bis 1925 war er Assistent im Institut für Experimentelle Therapie Marburg, von 1925 bis 1928 im Bakteriologischen Institut Jena. In dieser Zeit legte Weyrauch auch die Kreisarztexamen für Thüringen und – nach dem Besuch der Sozialhygienischen Akademie in Berlin-Charlottenburg – für Preußen ab. 1928 war er Kreisarztkandidat an der Psychiatrischen Klinik der Charité, 1928/29 Gewerbehygieniker in Danzig, und 1929 bis 1934 wissenschaftlicher Assistent am Hygienischen Institut der Universität Halle. Nach der Kündigung der Lehraufträge von Wilhelm von Drigalski und Walter Weisbach, erhielt Weyrauch einen Lehrauftrag für Gewerbehygiene. 1934 erhielt er einen Ruf als außerordentlicher Professor an die Universität Jena, 1935 vertrat er den vakanten Lehrstuhl für Hygiene an dieser Universität. 1936 zum ordentlichen Professor ernannt, war er zugleich Leiter des Bakteriologischen Instituts Jena und der Thüringischen Zentralstelle für Gewerbehygiene. Nach Paratyphuserkrankungen von SS-Angehörigen des Konzentrationslagers Buchenwald wurde Weyrauch mit hygienischen Untersuchungen im KZ betraut. Immer wieder zu derartigen Arbeiten herangezogen, erschoss sich Weyrauch, der sich nach einem Nervenzusammenbruch in ärztliche Behandlung begeben hatte, in seinem Arbeitszimmer.
Organisationen: Aufnahme in die NSDAP am 1. Mai 1933, Angehöriger der SS.
Quellen: UAH PA 16976 Weyrauch; BDC; Zimmermann, S. 183.

Wicht, Edo von
(27. Dezember 1909 Buenos Aires – 27. März 1985 Planegg)
Konfession: evangelisch
Vater: Seemannspfarrer

Von Wicht besuchte die Dorfschule in Garstedt bei Hamburg, danach ein Gymnasium in Berlin, wo er 1928 die Reifeprüfung ablegte. Er studierte Medizin in Berlin, Wien und wieder Berlin. Das praktische Jahr absolvierte von Wicht an der Charité, hier wurde er promoviert und war nach der Approbation bis 1938 als Volontärassistent, bzw. Betreuer der Infektionsbaracken tätig. 1938 wurde er planmäßiger Assistent an der Medizinischen Universitätspoliklinik in Halle und schloss 1939 die Facharztausbildung ab. In mehreren Wehrübungen ausgebildet, wurde von Wicht im August 1939 Sanitätsoffizier. Die Untersuchungen für die Habilitationsschrift (»Kreislauffunktionsprüfung an Jugendlichen und Soldaten – Erkennung von Frühschäden«) führte er mit Unterstützung der Deutschen Forschungsgemeinschaft, Fachsparte Wehrmedizin, durch. 1940 zum Dozenten ernannt, erhielt von Wicht 1941 einen kurzen Arbeitsurlaub, wurde jedoch wieder eingezogen. Ab 1943 war er Chefarzt (Dienstgrad: Stabsarzt) im Reservelazarett IV Prag. Hier blieb er bis Oktober 1945, da das Lazarett »Abwicklungslazarett« für deutsche Kriegsgefangene und Internierte wurde. Im Oktober 1945 entließ ihn die Universität Halle, so dass er zunächst Abteilungsleiter im Staatskrankenhaus Bad Liebenstein wurde. Im Oktober 1946 versuchte Rudolf Cobet von Wicht als Assistent an die Medizinischen Universitätsklinik Halle zu holen, die SMA verweigerte jedoch die Zustimmung. Nach 1946 arbeitete von Wicht als Chefarzt eines Klinikums in Münster am Stein. Seit 1977 veröffentlichte er Gedichte und war Mitherausgeber eines Literaturalmanachs.
Organisationen: 1934 HJ-Arzt, NSDÄB, NSV, Mitarbeiter des Amtes für Volksgesundheit der NSDAP, Aufnahme in die NSDAP am 1. Mai 1937 (Mitglied Nr. 5 854 011).
Quellen: UAH PA 16985 von Wicht; Rep. 29 F II Nr. 3 Bd. 2; Kürschners Literatur-Kalender, Nekrolog 1971-1998.

Winternitz, Hugo
(30. Juli 1868 Neveklau (Böhmen) – 14. September 1934 Halle)
Konfession: katholisch
Vater: praktischer Arzt
Nach der Matura, die Winternitz in Linz ablegte, studierte er Medizin in Prag, Wien, Straßburg und wieder Wien. 1894 promovierte er an der Universität Wien zum Dr. med., 1894/95 war er Assistent am physiologisch-chemischen Institut der Universität Straßburg, 1895 bis 1897 Assistent am Hygienischen Institut der Universität Berlin und von 1897 bis 1900 Assistent an der Medizinischen Universitätspoliklinik Halle. Von 1900 bis 1904 hatte er eine Assistentenstelle an der Medizinischen Klinik inne, für seine Habilitation für innere Medizin und Hydrotherapie (1902) wurde dem Katholiken ein Dispens nach § 4 der Universitätsstatuten erteilt. Die Ernennung zum Oberarzt lehnte das Kultusministerium (Althoff) jedoch wegen der katholischen Konfession Winternitz' ab. Die medizinische Fakultät schlug Winternitz mehrfach für ein Extraordinariat und die Leitung der medizinischen Poliklinik vor, auch das wurde dem Katholiken verweigert. Von 1904 bis zu seinem Rücktritt aus gesundheitlichen Gründen zum 31. Dezember 1932 war Winternitz Oberarzt der Inneren Abteilung des Elisabeth-Krankenhauses Halle und wurde 1908 doch zum Titularprofessor ernannt. Im Krieg wirkte Winternitz als Beratender Facharzt des IV. Armeekorps, 1916 erhielt er das Eiserne Kreuz II. Klasse. Den Lehrstuhl für Innere Medizin an der hallischen Universität vertrat Winternitz mehrfach, 1919 wurde er zum ordentlichen Honorarprofessor ernannt. In dem Fragebogen zum Berufsbeamtengesetz gab Winternitz seine Großeltern nicht an. 1940, nach seinem Tod, ermittelte die Gestapo seine jüdische Herkunft, wodurch seine Kinder als »Halbjuden« galten und Repressalien ausgesetzt waren.
Organisationen: -
Quelle: UAH PA 17148 Winternitz.

10.4 Philosophische Fakultät

Allesch, Johannes von
(25. Oktober 1882 in Graz – 11. Juni 1967 Göttingen)
Konfession: katholisch
Vater: k.u.k. Oberst
Nach dem Besuch des humanistischen Gymnasiums Graz studierte von Allesch Geisteswissenschaften in Graz, München und Berlin. 1905/06 leistete er seinen Militärdienst, 1909 promovierte er in Berlin zum Dr. phil. Aufenthalte in Italien, Frankreich, Belgien, Holland und Skandinavien folgten. 1912 wurde er außerplanmäßiger Assistent am Psychologischen Institut der Universität Berlin, 1914 meldete sich von Allesch als Freiwilliger, diente als Leutnant und erlitt während der serbischen Offensive 1916 einen Nervenzusammenbruch. Später zum Oberleutnant befördert, war er Kompanieführer, u. a. an der Isonzofront. Im November 1918 entlassen, ging von Allesch zurück nach Deutschland und wurde 1921 planmäßiger Assistent am Psychologischen Seminar der Universität Berlin, wo er sich 1924 habilitierte. 1927 erhielt er einen Lehrauftrag an der Universität Greifswald. Dort folgte 1931 die Ernennung zum außerordentlichen Professor. Durch das Amt Wissenschaft in der Reichsleitung der NSDAP kam von Allesch 1938 im Zuge der »Rosenberg-Politik« an die Universität Halle, um als ordentlicher Professor der Psychologie zu wirken. 1941 folgte er einem Ruf nach Göttingen, dort war er bis zur Emeritierung 1948 Direktor des Instituts für Psychologie und Pädagogik. Ab 1942 war von Allesch zugleich tätig als Wehrmachtspsychologe in der Personalprüfstelle des Wehrkreises XI (Hannover).
Organisationen: NSLB.
Quellen: UAH Rep. 6 Nr. 1407; PA 3891 von Allesch.

Altheim, Franz
(6. Oktober 1898 Frankfurt am Main – 17. Oktober 1976 Münster)
Konfession: evangelisch
Vater: Kunstmaler
Nach der Abiturprüfung am humanistischen Gymnasium Frankfurt nahm Altheim 1917/18 am Ersten Weltkrieg teil. Danach studierte er klassische Philologie, Archäologie und Sprachwissenschaften an der Universität Frankfurt. Hier promovierte er 1921 zum Dr. phil. und arbeitete zunächst in einer Bank. 1925 erhielt er ein Stipendium der Notgemeinschaft der Deutschen Wissenschaft und habilitierte sich 1928 für klassische Philologie. Als Privatdozent der Universität Frankfurt gehörte er dem »George-Kreis«, einem misstrauisch betrachteten und nach 1933 zerschlagenen Gelehrtenzirkel, an. 1936 zum außerordentlichem Professor der Universität Frankfurt ernannt, vertrat er ab dem Wintersemester 1936 den altphilologischen Lehrstuhl (Latein) in Halle. 1937/38 reiste Altheim zu Forschungszwecken auf den Balkan und nach Italien. Diese und spätere Forschungsreisen wurden durch das SS-Ahnenerbe finanziert. Weitere Reisen führten Altheim in die USA und nach England. Zum Ordinarius der Universität Halle wurde Altheim erst 1943 ernannt, 1944 erhielt er das Kriegsverdienstkreuz 2. Klasse. Am 28. September 1945 wegen seiner Beziehungen zur SS entlassen, wurde Altheim am 28. Dezember 1945 auf Verfügung der SMA erneut als Ordinarius eingesetzt. Im Dezember 1949 siedelte Altheim nach Westberlin über und lehrte von 1950 bis zu seiner Emeritierung 1965 an der Freien Universität Berlin.
Organisationen: 1934 bis 1936 SA, NSLB, seit 1943 NSV.
Quellen: UAH PA 3900 Altheim, Rep. 6 Nr. 1407, DBE Bd. 1, S. 100.

Anthes, Rudolf
(1. März 1896 Hamburg – 5. Januar 1985 Berlin (West))
Konfession: Protestant
Vater: Superintendent
Die Reifeprüfung legte Anthes 1914 in Schulpforta ab. Er begann das Studium der Alten Geschichte in Tübingen, meldete sich als Kriegsfreiwilliger, wurde verwundet und mit dem Eisernen Kreuz II. Klasse

ausgezeichnet. Erneut im Fronteinsatz, wurde er 1918 als Vizefeldwebel entlassen. 1919 studierte er in Greifswald, von 1919 bis 1923 an der Universität Berlin. Dort promovierte er 1923 zum Dr. phil. Von 1920 bis 1927 war er Hilfsarbeiter am »Wörterbuch der Ägyptischen Sprache«. Von 1927 bis 1929 war Anthes Assistent am Institut für Ägyptenkunde in Kairo und nahm an den Ausgrabungen in Luxor teil. Von 1929 bis 1932 war er Hilfsarbeiter bei den Staatlichen Museen zu Berlin, nach der Habilitation in Halle wurde er 1932 zum Kustos bei den Staatlichen Museen ernannt. Auf Grund von Arbeitsüberlastung wurde Anthes mehrfach von der Vorlesungstätigkeit beurlaubt, die Umhabilitierung zur Berliner Universität lehnte das Wissenschaftsministerium 1938 ab. Anthes bat daraufhin um Aufhebung des Dozentenstatus. 1939 wurde er wegen seiner einstigen Mitgliedschaft in einer Freimaurerloge vom Dienst suspendiert. Rasch zur Wehrmacht eingezogen, geriet Anthes in Kriegsgefangenschaft. 1945 wurde er mit der Leitung der ägyptischen Abteilung der Staatlichen Museen in Berlin betraut und erhielt 1946 einen Lehrauftrag, 1949 eine Professur für ägyptische Archäologie an der Humboldt-Universität. 1950 folgte Anthes einem Ruf als Professor und Kurator des Universitätsmuseums an die University of Pennsylvania in Philadelphia (USA), 1963 emeritiert, war er danach als Mitarbeiter des Deutschen Archäologischen Instituts tätig.
Organisationen: 1931 bis 1935 Angehöriger der Loge Feßler zur ernsten Arbeit im Verband der Großen Loge von Preußen genannt zur Freundschaft.
Quellen: UAH Rep. 6 Nr. 1407; PA 3940 Anthes; DBE Bd. 1, S. 149.

Baesecke, Georg
(13. Januar 1876 Braunschweig – 1. Mai 1951 Halle)
Konfession: evangelisch-lutherisch,
Vater: Apotheker
Von 1894 bis 1899 studierte Baesecke Germanistik und Alte Philologie an den Universitäten Göttingen, Berlin, Heidelberg und wieder Göttingen. 1899 promovierte er in Göttingen mit einer Arbeit über die Sprache der Opitz'schen Gedichtsammlungen. Von 1902 bis 1904 war er Mitarbeiter der Weimarer Lutherausgabe, 1905 habilitierte er sich in Berlin, 1911 erhielt er den Professorentitel. 1913 wurde er auf eine außerplanmäßige Professur an der Universität Königsberg berufen, 1914 erhielt er dort ein Ordinariat. 1921 nahm er einen Ruf nach Halle auf den Lehrstuhl für Germanistik an. Seit 1933 widmete sich Baesecke der Runenkunde und der Vorgeschichte des deutschen Schrifttums. 1944 erhielt er das Kriegsverdienstkreuz 2. Klasse und wurde in den Senat der Deutschen Akademie berufen. Im Oktober 1945 im Zuge der Säuberung der Universität von den amtlichen Verpflichtungen entbunden, beauftragte ihn die SMA am 1. November, die bisherige Lehrtätigkeit wieder auszuüben. Von Kommunisten denunziert, bat Baesecke 1948 um seine Emeritierung, vertrat jedoch seinen eigenen Lehrstuhl bis zu seiner Erkrankung 1950.
Organisationen: Bis 1932 Mitglied der Deutschen Volkspartei, 1. Mai 1933 Aufnahme in die NSDAP (Mitglied Nr. 2 260 356). 1946 Eintritt in die LDP.
Quelle: UAH PA 4068 Baesecke.

Bahrfeldt, Max von
(6. Februar 1856 Wilmin bei Lebus – 11. April 1936 Halle)
Konfession: evangelisch-lutherisch
Vater: Rittergutsbesitzer
Von Bahrfeldt besuchte die Kadettenanstalt Wahlstadt, dann die Kadettenanstalt Berlin bis 1873. Er schlug die Offizierslaufbahn ein und studierte von 1882 bis 1885 an der Kriegsakademie Berlin. 1904 wurde er zum Oberst, 1908 zum Generalmajor, 1911 zum Generalleutnant befördert. Im Ersten Weltkrieg war er Divisionskommandeur an der Westfront und schied 1916 hochdekoriert aus. Seit 1880 gab er das »Numismatische Literaturblatt« heraus. Von Bahrfeldt war Mitglied diverser numismatischer Gesellschaften und reiste als Sammler u. a. nach Paris, Madrid, Wien, Budapest, Moskau, St. Petersburg, Kopenhagen und London. 1911 ernannte ihn die Universität Gießen zum Dr. phil. h. c., 1921 wurde er Honorarprofessor (ohne Bezüge) für Münzkunde an der Universität Halle.
Organisationen: Deutsche Vaterlandspartei, DNVP, Stahlhelm, überführt in die SA-Reserve.
Quellen: UAH PA 4080 v. Bahrfeldt; Rep. 6 Nr. 1407.

Ballauff, Theodor
(14. Januar 1911 in Magdeburg – 20. Dezember 1995 Mainz)
Konfession: evangelisch
Vater: Oberlehrer
Nach dem Besuch von Schulen in Kassel studierte Ballauff Chemie, Biologie, Philosophie, Psychologie und Religionswissenschaft an den Universitäten Göttingen, Wien und Berlin. Im Januar 1938 promovierte er an der Universität Berlin zum Dr. phil. mit dem Thema: »Über den Vorstellungsbegriff bei Kant«. Im Mai 1938 bestand er die Prüfung für das höhere Lehramt und wurde Referendar an der Universitätsbibliothek Halle. Nebenamtlich war er für das Amt Wissenschaft der NSDAP tätig. 1940 eingezogen, wurde er Oberfunker in der Fernschreiblehrkompanie des Nachrichtenregiments Halle. Während des Kriegseinsatzes wurde er formell zum Bibliothekar an der Preußischen Staatsbibliothek ernannt. 1943 habilitierte er sich an der Universität Berlin. Im Zuge der »Rosenberg-Politik« vermittelte ihn sein Mentor Alfred Bäumler 1944 als Dozent an die Universität Halle. 1946 versuchte Ballauff vergeblich, wieder in den Lehrkörper der MLU aufgenommen zu werden. Als Bibliotheksassistent auf Burg Wahn im Rheinland tätig, trat er als Privatdozent in den Lehrkörper der Universität Köln ein. 1952 zum außerordentlichen Professor der Universität Köln ernannt, erhielt er 1955 ein planmäßiges Extraordinariat an der Universität Mainz. 1956 wurde er dort zum ordentlichen Professor und Direktor des Pädagogischen Seminars ernannt. 1979 wurde Ballauff emeritiert.
Organisationen: Blockwalter der NSV, 1937 Aufnahme in die NSDAP
Quelle: UAH PA 4090 Ballauff, Auskunft des UA Mainz.

Bauer, Hans (Johannes)
(16. Januar 1878 Graßmannsdorf (Oberfranken) – 6. März 1937 Halle)
Konfession: katholisch
Vater: Bauer
Bauer legte das Abitur 1897 am Gymnasium Bamberg ab, widmete sich von 1897 bis 1904 philosophischen und theologischen Studien in Rom und wurde 1903 zum Priester geweiht. Von 1904 bis 1906 war er, laut Lebenslauf, »im geistlichen Amte tätig«. Ab 1906 studierte er Philosophie, Geschichte und orientalische Sprachen in Berlin und Leipzig, 1910 promovierte er in Berlin zum Dr. phil. 1911 hielt er sich zu Studienzwecken in Syrien und Ägypten auf und übersetzte die Schriften von Al Ghazali. Nach Erteilung einer Ausnahmegenehmigung von § 4 der Universitätsstatuten erhielt er 1912 die Venia Legendi für semitische Philologie an der Universität Halle. 1916 wurde er zur Feldartillerie eingezogen, 1917/18 war er im Generalstab, Abteilung Kriegsakten, beschäftigt. Im Januar 1922 ernannte ihn das Kultusministerium zum nichtbeamteten außerordentlichen Professor, im Oktober 1922 wurde Bauer ordentlicher Professor für vergleichende semitische Sprachwissenschaft und Islamkunde. Bekannt wurde Bauer durch die Entzifferung der neu entdeckten ugaritischen Keilschrift von Ras Schamra im Norden Syriens.
Organisationen: VDA, Angehöriger der Loge zu den drei Degen 1913 bis 6. März 1933.
Quellen: UAH Rep. 6 Nr. 1407; PA 4184 Bauer; DBE Bd. 1, S. 325.

Bischoff, Karl
(19. Mai 1905 Aken – 25. November 1983 Mainz)
Konfession: evangelisch
Vater: nichtselbstständiger Schmiedemeister
Nach dem Abitur an der Oberrealschule Köthen (1925) studierte Bischoff in Leipzig, Tübingen und Marburg die Sprachen Deutsch und Englisch sowie Geschichte und Volkskunde. In Marburg arbeitete er am Deutschen Sprachatlas mit und promovierte 1930 mit einer Arbeit zur »Dialektgeographie der Kreise Calbe (Saale) und Zerbst (Anhalt)«. Im gleichen Jahr legte er die Prüfung für das höhere Lehramt ab, absolvierte das Referendariat in Halberstadt und bestand 1932 die zweite Staatsprüfung. Danach war Bischoff Studienassessor in Halberstadt, Elbingerode, Salzwedel und Magdeburg, erst 1939 erhielt er dort die Stelle eines Studienrates. Ab 1935 bearbeitete er das Mundartwörterbuch für den Re-

gierungsbezirk Magdeburg und für Anhalt und verfasste die sprachgeschichtliche Abhandlung »Zur Sprache des Sachsenspiegels des Eike von Repgow«. Bischoffs Habilitation an der Universität Halle erfolgte jedoch erst 1943 nach Rückfrage bei der Gauleitung. Nach Einholung von Gutachten hatte sie keine Einwände, den Schwager des wegen Widerstandes hingerichteten Martin Schwantes zum Dozenten zu ernennen. Im September 1945 wurde Bischoff vom Antifa-Ausschuss der Stadt Magdeburg überprüft. Wegen seiner Unterstützung der Familie von Schwantes wurden »keinerlei Bedenken« gegen seinen Verbleib im Schuldienst erhoben, trotzdem verlor Bischoff auf Betreiben des Kurators Elchlepp die Venia Legendi. Nach Fürsprache der Philosophischen Fakultät wurde Bischoff im Mai 1948 wieder Dozent an der Universität Halle und noch im selben Jahr zum Professor mit Lehrauftrag ernannt. 1953 schlug Bischoff einen Ruf nach Göttingen aus, 1959 kehrte er von einer Reise in die Bundesrepublik nicht zurück. Diesen Schritt begründete er in seinem Abschiedsbrief mit »versuchten Entwürdigungen, Brüskierungen, Bedrohungen« während der Auseinandersetzungen um den »Spirituskreis« sowie mit »Eingriffen in die Glaubens-, Gewissens- und Lehrfreiheit«. Von 1959 bis 1970 wirkte Bischoff als Professor für deutsche Philologie und Volkskunde in Mainz.
Organisationen: SA 1933 bis 1937, Aufnahme in die NSDAP am 1. Mai 1937 (Mitglied Nr. 4 985 425), NSV, NSLB, VDA, 1945 bis 1952 CDU.
Quellen: UAH PA 4552 Bischoff, DBE Bd. 11, S. 22.

Bosch, Clemens (Emin)
(6. Oktober 1899 Köln – 22. Juli 1955 Istanbul)
Konfession: ohne
Vater: Kanzleiinspektor
1917 eingezogen, leistete Bosch Kriegsdienst in der Infanterie. 1919 entlassen, legte er 1920 die Reifeprüfung am Gymnasium Darmstadt ab. Er studierte Alte Geschichte, klassische Philologie und Archäologie an den Universitäten Heidelberg, Berlin und wieder Heidelberg. 1925 promovierte er zum Dr. phil., 1930 wurde Bosch Oberassistent am Institut für Altertumswissenschaft an der Universität Halle. 1932 habilitiert, wurde ihm 1937 wegen seiner jüdischen Ehefrau die Lehrbefugnis entzogen. Bosch war jedoch schon – nach mehreren Forschungsaufenthalten – seit 1935 dauerhaft in die Türkei emigriert. Von 1935 bis 1939 arbeitete er als Numismatiker im Archäologischen Museum Istanbul, von 1940 bis zu seinem Tod war er Professor der Alten Geschichte an der Universität Istanbul.
Organisationen: -
Quellen: UAH Rep. 6 Nr. 1407, DBE Bd. 2, S. 41.

Brachmann, Wilhelm
(19. Juli 1900 Brieg (Schlesien) – 30. Dezember 1989 München)
Konfession: evangelisch
Vater: Gymnasialprofessor
Die Reifeprüfung legte Brachmann 1918 ab. Kriegsdienst leistete er von Juni 1918 bis November 1918 in der Nachrichtenersatzabteilung Breslau. Von 1919 bis 1922 studierte er Theologie in Königsberg und Breslau. 1923 bestand er das erste theologische Examen und war dann als Vikar in Bunzlau und Muskau tätig. 1925 legte er das zweite theologische Examen ab und wurde Hilfsprediger. Von 1926 bis 1929 war er Pfarrer in Hertigswaldau bei Sagan, 1929 bis 1933 Missionsinspektor bei der Ostasienmission. Im November 1933 zum Studiendirektor im Ostpreußischen Predigerseminar ernannt, wurde er 1936 vom altpreußischen Kirchenausschuss aus »Glaubensgründen« abberufen. Danach arbeitete er als Lektor in der Reichsstelle zur Förderung des deutschen Schrifttums, 1937 wurde er mit dem Referat Protestantismus und Religionswissenschaft in der Reichsleitung der NSDAP (Dienststelle Rosenberg) betraut. Im November 1937 wurde das Referat in die Hauptstelle Religionswissenschaft umgewandelt. Für Rosenbergs »Handbuch der Romfrage« verfasste Brachmann mehrere Artikel, außerdem schrieb er Schulungshefte für die SS. 1938 erhielt er einen Lehrauftrag an der Universität Halle. 1940 promovierte Brachmann mit einer Arbeit über Ernst Troeltschs historische Weltanschauung, 1941 habilitierte er sich mit der Arbeit »Glaube und Geschichte im deutschen Protestantismus. Eine

religionswissenschaftliche Untersuchung« und wurde zum Dozenten ernannt. Ab 1942 vertrat er den für ihn neu geschaffenen Lehrstuhl für Religionswissenschaft an der Philosophischen Fakultät der Universität Halle. Zugleich baute Brachmann in Halle das Institut für Religionswissenschaft der Hohen Schule der NSDAP auf. Am 30. Januar 1943 wurde er zum ordentlichen Professor ernannt. Am 23. Februar 1945 floh er zur Ausweichstelle der Hohen Schule Oberheimbach (Kreis Öhringen), seine beiden Mitarbeiterinnen töteten sich beim Einmarsch der Amerikaner selbst. Im Mai 1945 wurde Brachmann in Abwesenheit von der Universität Halle entlassen. Er war in den Lagern Ludwigsburg und Kornwestheim interniert, am 8. Mai 1948 wurde er von einer Spruchkammer als »Mitläufer« (Gruppe IV) eingestuft. Brachmanns Versuch, wieder an der Universität Halle Fuß zu fassen, scheiterte. Er wurde nicht wieder als Universitätslehrer beschäftigt, publizierte aber gelegentlich in philosophischen Zeitschriften.
Organisationen: Aufnahme in die NSDAP am 1. Mai 1933 (Mitglied Nr. 2 579 738), 1934 bis 1936 Schulungsleiter einer Ortsgruppe.
Quellen: UAH Rep. 6 Nr. 1407. PA 4823 Brachmann.

Bremer, Otto
(22. November 1862 Stralsund – 12. August 1936 Halle)
Konfession: evangelisch
Vater: Buchhändler
Bemerkungen: Bremer ist ein angenommener Name
Das Gymnasium besuchte er in Stralsund, von 1881 bis 1886 studierte Bremer deutsche Philologie und der vergleichende Sprachwissenschaft an den Universitäten Leipzig, Berlin und Heidelberg. 1885 promovierte er zum Dr. phil. in Leipzig, 1888 habilitierte er sich in Halle. Zum außerordentlichen Professor ernannt wurde Bremer 1899. Forschungsreisen führten ihn mehrmals nach Nordfriesland. Während des Ersten Weltkrieges verfasste Bremer im Auftrag Ludendorffs eine Denkschrift für eine neue Sprachpolitik in Litauen. Nach dem Krieg war er in der hallischen Bürgerwehr aktiv. Vor der Abstimmung in Nordschleswig wurde er wegen Propaganda für die deutsche Seite von der Internationalen Kommission ausgewiesen. Im März 1928 ernannte das Kultusministerium Bremer zum persönlichen Ordinarius und emeritierte ihn zugleich. Obwohl zunächst durch sein Dienstalter von den Bestimmungen des Berufsbeamtengesetzes befreit, hielt der als »Jude« Apostrophierte ab 1934 keine Vorlesungen mehr. Bremer starb an einer Krebserkrankung. DBE Bd. und NDB geben als Todesdatum den 8. August 1936 an.
Organisationen: Vaterlandspartei, VDA, DNVP.
Quellen: UAH Rep. 6 Nr. 1407; PA 4915 Bremer; NDB 2, S. 581.

Brodnitz, Georg
(18. November 1876 Berlin – ermordet nach 1941 im Osten)
Konfession: evangelisch
Vater: Fabrikbesitzer in Posen
Brodnitz habilitierte sich 1902 in Halle, 1907 beantragte die Universität für ihn ein planmäßiges Extraordinariat für Statistik. Das wurde vom preußischen Kultusministerium abgelehnt, es verlieh dem Staatswissenschaftler aber 1909 den Professorentitel. 1914 trat er nicht in die neu gebildete Rechts- und Staatswissenschaftliche Fakultät über. Kriegsdienst leistete Brodnitz 1917/18 als volkswirtschaftlicher Sachverständiger im Reichs-Marine-Amt. Mit seiner 1918 erstmals veröffentlichten »Englischen Wirtschaftsgeschichte« wurde er bekannt, jedoch nie auf einen Lehrstuhl berufen. 1927 erhielt er an der Universität Halle ein planmäßiges Extraordinariat. Im Mai 1933 musste Brodnitz, der jüdische Vorfahren hatte, die Lehrtätigkeit einstellen und wurde im Oktober 1933 auf Grund des Berufsbeamtengesetzes in den Ruhestand versetzt. Am 18. Oktober 1941 wurde Brodnitz nach Litzmannstadt deportiert und starb später vermutlich in einem Vernichtungslager.
Organisationen: 1910 bis 1918 Nationalliberale Partei.
Quelle: UAH PA 4957 Brodnitz.

Diehl, Ernst
(9. Juni 1874 Emmerich – 2. Februar 1947 München)
Konfession: evangelisch
Vater: Gymnasialdirektor
Diehl besuchte von 1884 bis 1893 das Gymnasium Bedburg (Rheinische Ritterakademie). Er studierte von 1893 bis 1898 an den Universitäten Bonn, Genf und Berlin. Außerdem reiste er längere Zeit durch Frankreich und Italien. 1897 promovierte er in Bonn zum Dr. phil. und legte ein Jahr später das Staatsexamen für die Fächer Latein, Griechisch und Französisch ab. Von 1899 bis 1904 war er Assistent und Konservator an der Universität Göttingen, später in München sowie Lehrer an verschiedenen Gymnasien. 1905 erhielt er eine Assistentenstelle an der Universität Freiburg und habilitierte sich dort 1906. Noch im selben Jahr erhielt der Altphilologe ein planmäßiges Extraordinariat an der Universität Jena. Von 1911 bis 1925 war er Ordinarius in Innsbruck und hatte dort auch das Rektorenamt inne. Während des Ersten Weltkrieges leistete er Sanitätsdienst (ausgezeichnet mit dem K. K. Ehrenzeichen II. Klasse vom Roten Kreuz mit Kriegsdekoration). 1925 nahm er einen Ruf nach Halle an. 1936 erkrankt, wurde er zum 1. Oktober 1937 von den amtlichen Verpflichtungen entbunden. Diehl zog nach München um, versuchte jedoch, nachdem er seine gesamte Habe bei einem Bombenangriff verloren hatte, nach Halle zurückzukehren. Das scheiterte 1944 und nach Kriegsende 1945. Er starb an den Folgen eines Unfalles.
Organisationen: NSV, RLB.
Quellen: UAH PA 5364 Diehl; Rep. 6 Nr. 1407.

Fester, Richard
(20. September 1860 Frankfurt am Main – 5. Januar 1945 Garmisch-Partenkirchen)
Konfession: evangelisch-lutherisch
Vater: Rechtsanwalt und Notar
Bis 1881 besuchte Fester das Gymnasium in Frankfurt am Main, danach leistete er Militärdienst als Einjährig-Freiwilliger. Er studierte an den Universitäten München, Berlin, Straßburg. Dort promovierte er 1886 zum Dr. phil. und legte das Staatsexamen für die Fächer Geschichte, Deutsch und Geographie ab. Von 1887 bis 1892 war er Hilfsarbeiter am Generallandesarchiv in Karlsruhe und Mitarbeiter der badischen historischen Kommission. 1893 habilitierte er sich an der Universität München. 1896 erhielt Fester einen Ruf auf ein planmäßiges Extraordinariat an der Universität Erlangen, 1899 wurde er dort zum Ordinarius ernannt. 1907 folgte er einem Ruf nach Kiel, 1908 einem nach Halle. Während des Ersten Weltkrieges baute er eine Kriegssammlung am Historischen Seminar auf. Für die »aufopfernde Tätigkeit« als ehrenamtlicher Begutachter deutscher Druckschriften »auf Ausfuhrfähigkeit in das Ausland« wurde er mit dem Verdienstkreuz für Kriegshilfe ausgezeichnet. 1925 erstattete er ein Gutachten im sogenannten »Dolchstoßprozess«, in dem er die Sozialdemokratie des Vaterlandsverrates bezichtigte. Am 1. Oktober 1926 wurde er emeritiert. In der NS-Zeit war Fester Mitglied des Sachverständigenbeirates des Reichsinstitutes für Geschichte des Neuen Deutschland, 1938 erhielt er die Goethe-Medaille, 1941 veröffentlichte Fester eine Schrift über »Das Judentum als Zersetzungselement der Völker«.
Organisationen: 1917/18 Mitglied der Vaterlandspartei.
Quellen: UAH PA 6000 Fester, Rep. 6 Nr. 1407, DBE Bd. 3, S. 275.

Frankl, Paul
(22. April 1878 Prag – 30. Januar 1962 Princeton)
Konfession: katholisch
Vater: Kaufmann
Nach dem Studium der Baukunst und ihrer Geschichte an den Technischen Hochschulen Prag, München und Charlottenburg arbeitete Frankl als Architekt in einem Büro. 1907 begann er ein Studium der Kunstgeschichte in München, das er 1910 mit der Promotion abschloss. 1914 habilitiert, wurde er 1920 zum außerordentlichen Professor ernannt und 1921 als ordentlicher Professor der Kunstge-

schichte nach Halle berufen (Nachfolger Waetzoldts). Im April 1933 wurde er wegen seiner jüdischen Vorfahren auf Grund § 6 des Berufsbeamtengesetzes beurlaubt. Im Oktober 1933 wurde er reaktiviert, aber am 5. April 1934 erneut in den Ruhestand versetzt. 1938 unternahm er eine Vortragsreise durch die USA. Durch Krankheit war ihm die Rückkehr nicht möglich, 1939 emigrierte er auch formell. 1940 wurde er Mitglied des Institute for advanced Study in Princeton, 1948 war er kurzfristig Gastprofessor an der Universität Berlin.
Quellen: UAH PA 6208 Frankl, Biogr. Handb. der deutschsprachigen Emigration, Bd. 2, S. 321 f., Wendland, S. 155 ff.

Frauendienst, Werner
(5. Februar 1901 Berlin – 24. August 1966 Mainz)
Konfession: evangelisch
Vater: Lehrer
Die Reifeprüfung legte Frauendienst 1921 in Berlin ab. Von 1921 bis 1926 studierte er Geschichte, Germanistik, Geographie und Philosophie an der Universität Berlin. 1925 promovierte er zum Dr. phil., 1926 wurde er wissenschaftlicher Mitarbeiter des Auswärtigen Amtes. Zunächst war er in der Abteilung Britisches Reich, Amerika, Orient, dann in der Abteilung West, Süd- und Südosteuropa tätig. 1932 habilitierte er sich an der Universität Greifswald für Neuere Geschichte. 1934 wurde Frauendienst Legationssekretär in der Personal- und Verwaltungsabteilung des AA, nebenberuflich war er Dozent an der Universität Berlin. Von März 1937 bis November 1938 leitete er das Politische Archiv und das Historische Referat des AA. 1938 wurde er zum ordentlichen Professor für Neuere Geschichte an die Universität Halle berufen. Ab April 1939 war er Mitglied des Sachverständigenbeirates des »Reichsinstitutes für Geschichte des neuen Deutschlands«. Im Oktober 1939 zum Auswärtigen Amt eingezogen, arbeitete er in der Deutschen Informationsstelle (Auslandspropaganda). Aus den Archiven besetzter Staaten montierte er Publikationen, welche die Kriegsschuld dieser Länder belegen sollten. 1942 erhielt er einen Ruf an die Auslandswissenschaftliche Fakultät der Universität Berlin, bis 1943 nahm er seinen Lehrstuhl in Halle vertretungsweise wahr. Am 3. Oktober 1945 durch sowjetische Polizei verhaftet, war er bis 1950 in Zinna, Torgau und Buchenwald interniert. Am 3. Juni 1950 wurde er in Waldheim wegen »Unterstützung des Naziregimes« zu 15 Jahren Zuchthaus verurteilt, jedoch am 7. Oktober 1952 amnestiert. Im Februar 1953 erhielt er einen Forschungsauftrag an der Universität Halle, floh jedoch wenig später nach Westdeutschland. Von 1954 bis 1964 war er wissenschaftlicher Mitarbeiter des Instituts für Europäische Geschichte in Mainz. 1959 wurde er emeritiert.
Organisationen: 1933 Eintritt in die NSDAP (Mitglied Nr. 2 224 576).
Quellen: UAH PA 6228 Frauendienst; Biographisches Handbuch des deutschen Auswärtigen Dienstes 1871-1945.

Friedländer, Paul
(21 März 1882 Berlin – 10. Dezember 1968 Los Angeles)
Konfession: evangelisch
Vater: Spediteur
Bis 1900 besuchte Friedländer Schulen in Berlin. Danach studierte er klassische Philologie und Archäologie an den Universitäten Berlin und Bonn. Hier promovierte er 1905 zum Dr. phil. 1907/08 war er Stipendiat des Kaiserlichen Deutschen Archäologischen Instituts, 1909 nahm er eine Oberlehrerstelle am Humboldtgymnasium in Berlin an. 1911 habilitierte er sich an der Universität Berlin und wurde hier 1914 planmäßiger außerordentlicher Professor. Friedländer meldete sich freiwillig zum Kriegsdienst, er wurde zum Leutnant befördert und u. a. mit dem Eisernen Kreuz II. Klasse ausgezeichnet. 1920 erhielt er eine ordentliche Professur an der Universität Marburg, 1932 folgte er einem Ruf nach Halle. 1935 als Jude entlassen, emigrierte er 1939 in die USA. Dort lehrte er zunächst an der John Hopkins University in Baltimore, von 1940 bis 1949 an der University of California in Los Angeles.
Organisationen:-
Quellen: UAH PA 6289 Friedländer; Rep. 6 Nr. 1407; DBE Bd. 3, S. 453.

Fück, Johann
(8. Juli 1894 Frankfurt am Main – 24. November 1974 Halle)
Konfession: evangelisch
Vater: Schreiner
Nach der Reifeprüfung studierte Fück von 1913 bis 1916 klassische und semitische Philologie an den Universitäten Halle, Berlin und Frankfurt. 1916/17 leistete er Kriegsdienst.
Im Februar 1918 wurde er Studienreferendar, 1920 Studienassessor. 1921 promovierte er an der Universität Frankfurt zum Dr. phil. Von 1921 bis 1930 nahm er einen Lehrauftrag für Hebräisch an der Universität Frankfurt wahr, 1929 habilitierte er sich dort für semitische Philologie und Islamkunde. Von 1930 bis 1935 war er Professor an der Universität Dakka (Ostbengalen), zugleich Direktor des Department of Arabic and Islamic Studies. Von 1935 bis 1938 hatte er einen Lehrauftrag für Arabistik und Islamkunde an der Universität Frankfurt. 1936 wurde er zum nichtbeamteten außerordentlichen Professor ernannt, 1938 erhielt er einen Ruf an die Universität Halle und wurde zugleich Direktor der Bibliothek der Deutschen Morgenländischen Gesellschaft. 1942/43 diente er 10 Tage monatlich bei der Heimatflak, wurde jedoch 1943 uk. gestellt. 1949 lehnte Fück einen Ruf nach Leipzig ab, 1962 wurde er emeritiert.
Organisationen: 1919 bis 1921 DNVP.
Quellen: UAH PA 6398 Fück; Rep. 6 Nr. 1407.

Galéra, Siegmar Baron von
(6. Januar 1865 in Magdeburg – 15. September 1945 Nietleben bei Halle)
Konfession: evangelisch
Vater: Regierungsrat
Bemerkungen: Geboren als Siegmar Schultze, 1904 von Baron Arthur von Galéra adoptiert.
Das Abitur legte Schultze 1884 am Pädagogium Unser Lieben Frauen in Magdeburg ab. Er studierte Geschichte, Germanistik, alte Sprachen und Rechtswissenschaft. 1887 promovierte er in Halle zum Dr. phil. Das Probejahr absolvierte er am Stadtgymnasium Halle und war danach als Lehrer tätig. 1892 habilitierte er sich für Germanistik. Nach wenig erfolgreicher wissenschaftlicher Tätigkeit in seinem eigentlichen Fach wandte er sich der Heimatgeschichte zu. 1932 stellte er die Vorlesungstätigkeit ein und wurde 1937 formal von den amtlichen Verpflichtungen entbunden. 1943 wurde seine Dozentur wegen »nichtarischer Abstammung« für »erloschen« erklärt. Gelegentlich wird Siegmar von Galéra mit seinem Sohn Karl Siegmar, einem nationalsozialistischen Bestsellerautor verwechselt.
Organisationen: -
Quellen: UAH PA 6464 Schultze-Galéra, Rep. 6 Nr. 1407.

Gelb, Adhémar
(18. November 1887 Moskau – 7. August 1936 Schömberg bei Calw)
Konfession: evangelisch-lutherisch
Vater: Direktor einer Versicherungsgesellschaft
Nach dem Besuch des Peter-und-Paul-Gymnasiums in Moskau begann Gelb 1906 ein Studium der Philosophie in München. Von 1909 bis 1912 war er als Volontärassistent am Psychologischen Institut der Universität Berlin tätig, hier promovierte er 1910 zum Dr. phil. Ab 1912 war er Assistent am Psychologischen Institut der Akademie für Sozialwissenschaften in Frankfurt am Main. Während des Krieges war Gelb wissenschaftlich und praktisch psychologisch im Frankfurter Hirnverletzten-Lazarett tätig. 1919 habilitierte er sich an der Universität Frankfurt für Philosophie und Psychologie und erhielt eine planmäßige Assistentenstelle. 1924 erhielt er den Titel eines außerordentlichen Professors. 1929 wurde er Direktor des Frankfurter Psychologischen Instituts. Da er jedoch weiterhin nur als Assistent besoldet wurde, nahm er 1931 einen Ruf nach Halle an, wo er persönlicher Ordinarius für Philosophie und Direktor des Psychologischen Seminars wurde. 1933 wurde auf Grund seiner jüdischen Herkunft entlassen, erhielt jedoch ein Rockefellerstipendium und emigrierte in die Niederlande. Einen Ruf an die Universität Stockholm konnte Gelb 1934 wegen einer Tuberkoloseerkrankung nicht wahrnehmen. 1935 hielt er Gastvorträge an der Universität Lund. Wegen der Erkrankung musste sich Gelb

in ein Sanatorium begeben, den Aufenthalt finanzierten Herbert Koch, Paul Friedländer, Richard Laqueur, Erich Klostermann und Alexander Stieda. Im Sanatorium Schömberg hatte Gelb, so formulierte es sein Freund Herbert Koch am 8. September 1947, »unter Taktlosigkeiten und Provokationen nazistischer Mitpatienten schwer zu leiden, so dass er nicht im Sanatorium bleiben [konnte], sondern in das benachbarte Dorf ziehen musste.« Obwohl ihm die Ärzte den Beistand nicht verweigerten, starb Gelb nach wenigen Monaten. Wenig später tötete sich sein Sohn selbst.
Organisationen: -
Quellen: PA 6557 Gelb; Rep. 4 Nr. 2090; NDB 6, S. 168f.

Gerstenberg, Kurt
(23. Juli 1886 Chemnitz – 2. November 1968 Würzburg)
Konfession: evangelisch-lutherisch
Vater: Kaufmann
Nach dem Abitur am Kaiser-Wilhelm-Gymnasium Hannover studierte Gerstenberg von 1905 bis 1912 in Berlin, unterbrochen durch eine Forschungsreise zu den Burgen Italiens. Von 1912 bis 1914 war er Assistent am Kunsthistorischen Institut der Universität München. 1913 promovierte er an der Universität Berlin zum Dr. phil. Kriegsdienst leistete er als Leutnant im Bayerischen Infanterieregiment 14 (ausgezeichnet mit dem Bayerischen Militärverdienstorden IV. Klasse mit Schwertern und dem Eisernen Kreuz II. Klasse). Nach der Habilitation 1919 in Halle vertrat er hier 1920 den vakanten Lehrstuhl für Kunstgeschichte. 1921 erhielt er einen Lehrauftrag, 1924 wurde er zum nichtbeamteten außerordentlichen Professor ernannt. 1927 lehnte Gerstenberg einen Ruf nach Madison (Wisconsin, USA) ab. Von 1932 bis 1934 vertrat er einen Lehrstuhl in Kiel, 1934 in Halle. 1937 an der Universität Würzburg, 1940 erhielt er eine ordentliche Professur. 1945 entlassen, lehrte er von 1949 bis 1954 erneut als Professor für Mittlere und Neuere Kunstgeschichte an der Universität Würzburg.
Organisationen: Eintritt in die NSDAP im März 1933 (Mitglied Nr. 2 78 41 20)
Quellen: UAH PA 6625 Gerstenberg, Rep. 6 Nr. 1407.

Giesau, Hermann
(30. April 1883 Magdeburg – 22. November 1949 Halle)
Konfession: evangelisch
Vater: Ingenieur, Fabrikbesitzer
Nach dem Besuch des Realgymnasiums in Magdeburg studierte Giesau zunächst Medizin an den Universitäten Leipzig und Jena, Kunstgeschichte in Leipzig, Straßburg und Halle. 1910/11 leistete er Militärdienst als Einjährig-Freiwilliger. 1912 promovierte er an der Universität Halle zum Dr. phil. Bis 1914 war er wissenschaftlicher Hilfsarbeiter beim Deutschen Verein für Kunstwissenschaft Berlin. Von 1914 bis 1918 stand er im Fronteinsatz, wurde zum Leutnant befördert und mit dem Eisernem Kreuz I. und II. Klasse ausgezeichnet. Von Oktober 1918 bis Ende 1919 war er in Kriegsgefangenschaft. 1920 wurde er wissenschaftlicher Hilfsarbeiter beim Konservator der Provinz Sachsen, 1922 Provinzialbaurat und ab 1930 Provinzialkonservator. 1927 habilitierte er sich für das Fach Kunstgeschichte. 1933 wurde er zum außerordentlichen Professor ernannt. 1945 verhaftet, erhielt er 1948 von der Landesregierung einen Forschungsauftrag.
Organisationen: Am 15. November 1933 Eintritt in die SA, 1937 Aufnahme in die NSDAP (Mitglied Nr. 3 974 692).
Quellen: UAH PA 24789 Giesau; Rep. 6 Nr. 1407.

Giese, Wilhelm
(20. Februar 1895 Metz – um 1992 Hamburg)
Konfession: nicht ermittelt
Mutter: Opernsängerin, Vater nicht ermittelt
Giese besuchte verschiedene Volks- und Mittelschulen, dann die Oberrealschule Kaiserslautern. Er immatrikulierte sich an der Universität München, leistete jedoch ab 1915 Kriegsdienst, u. a. in Serbi-

en, Rumänien und Frankreich. 1918 geriet er in französische Kriegsgefangenschaft, aus der er 1920 zurückkehrte. Er studierte romanische, englische und keltische Philologie, Sprachwissenschaft, Völkerkunde und Philosophie. Ab 1923 war er Bibliothekar des Seminars für Romanische Sprachen und Kultur bzw. des Iberoamerikanischen Instituts Hamburg. 1924 promovierte er mit einer Arbeit über »Waffen nach der spanischen Literatur des 12. und 13. Jahrhunderts« zum Dr. phil. 1930 habilitierte er sich an der Universität Hamburg mit einer volkskundlichen Arbeit über das Gebiet der Hochalpen des Dauphiné. 1935 vertrat er den Lehrstuhl für Romanistik an der Universität Halle. 1938 wurde er zum nichtbeamteten außerordentlichen Professor ernannt. 1939 erhielt er in Hamburg die Stelle eines außerplanmäßigen Professors und wurde 1960 emeritiert.
Organisationen: Aufnahme in die NSDAP am 1. Mai 1937.
Quellen: UAH Rep. 4 Nr. 898; BDC.

Göhring, Martin
(21. November 1903 Ostdorf (Württemberg) – 8. März 1968 Mainz)
Konfession: evangelisch
Vater: Landwirt
Nach der Entlassung von der Volksschule lebte Göhring bis 1920 in seiner Heimatgemeinde, wo er in der Landwirtschaft tätig war. Er verließ das Dorf und bereitete sich extern auf das Abitur vor. Nach dem Abitur (1927 in Esslingen) studierte er Geographie, Deutsch und Geschichte an den Universitäten in Tübingen, Paris, Halle und Kiel. 1932 promovierte er in Kiel zum Dr. phil. Von 1933 bis 1937 hielt er sich zu Forschungszwecken in Frankreich auf. 1938 habilitierte er sich an der Universität Kiel, bat um Überstellung nach Halle und erhielt hier nach Fürsprache Martin Lintzels 1939 eine Dozentur für Mittlere und Neuere Geschichte. 1939 eingezogen, wurde er 1940 von der Universität Halle reklamiert, jedoch zur Archivkommission des Auswärtigen Amtes beurlaubt, um das archivalische Material des französischen Außenministeriums in Paris zu bearbeiten. Eine Rückkehr nach Halle lehnte Göhring ab. Von 1942 bis 1944 war er planmäßiger außerordentlicher Professor der politischen Auslandskunde, insbesondere für Geschichte Westeuropas. 1945 erhielt er einen Lehrauftrag für Neuere französische Geschichte an der Universität Tübingen, 1947 wurde er Gastprofessor an der TH Stuttgart. 1951 wurde er außerordentlicher Professor und Direktor der universalhistorischen Abteilung des Mainzer Instituts für europäische Geschichte, ab 1961 war er Ordinarius an der Universität Gießen.
Organisationen: Eintritt in die NSDAP in Paris im April 1934 (Mitglied Nr. 3 592 606), politischer Leiter (Zellenleiter), 1937 Schulungskurs an der Gauführerschule Rötenbach bei Nagold, Kolonialbund.
Quellen: UAH PA 6730 Göhring; Rep. 6 Nr. 1407.

Grimm, Paul
(18. August 1907 Torgau – um 1993)
Konfession: evangelisch
Vater: Zahlmeister
Das Abitur legte Grimm 1925 in Aschersleben ab. Er studierte Vorgeschichte, Geschichte, Germanistik, Anglistik, klassische Archäologie, Kunstgeschichte, Geographie und Geologie an der Universität Halle. Seit 1927 nahm er an Grabungen Hans Hahnes teil. 1929 wurde er wissenschaftlicher Hilfsarbeiter an der Landesanstalt für Vorgeschichte, 1931 promovierte er zum mit einer Arbeit über die Besiedlung des Unterharzes zum Dr. phil. Er baute Vorgeschichtsabteilungen in den Museen Wernigerode, Aschersleben, Querfurt und Artern auf. 1935 wurde er Kustos und Stellvertreter des Direktors der Landesanstalt für Vorgeschichte, zugleich war er Schriftleiter der Zeitschrift »Mitteldeutsche Volkheit – Hefte für Vorgeschichte, Rassenkunde und Volkskunde«. 1938 habilitierte er sich mit einer Arbeit über die Salzmünder Kultur. Von 1939 bis 1945 Dozent der Universität Halle, wurde Grimm 1940 einberufen und zu Studienzwecken in die Ukraine kommandiert. Unter anderem leitete er das Bezirksamt für Vor- und Frühgeschichte Kiew. 1945 entlassen, war er ab 1951 wissenschaftlicher Mitarbeiter der Kommission für Vor- und Frühgeschichte der Akademie der Wissenschaften Berlin (Ost) und erhielt 1952 einen Lehrauftrag an der Humboldt-Universität Berlin. 1955 wurde er Professor mit Lehrauftrag,

zugleich war er stellvertretender Direktor des Instituts für Vor- und Frühgeschichte der Akademie der Wissenschaften der DDR.
Organisationen: Aktiv in der Jugendbewegung, zunächst im Wandervogel, 1922 bis 1926 im völkischen Jugendbund Adler und Falke, zuletzt Gauwart, Rücktritt wegen der Tätigkeit im Jugendkreis des Provinzialmuseums, Mitglied der Mannus-Gesellschaft für arische Vorgeschichte, Eintritt in die NSDAP am 1. Februar 1933 (Mitglied Nr. 1 447 316), 1933/34 Blockleiter, Rücktritt wegen dienstlicher Reisetätigkeit. 1937 kommissarischer Schulungsleiter in der Ortsgruppe Giebichenstein. Ab Sommer 1932 Mitarbeit in der Fachgruppe für deutsche Vorgeschichte im Kampfbund für Deutsche Kultur, NSV, RLB.
Quelle: PA 6904 Grimm.

Hahne, Hans
(18. Mai 1875 Piesdorf bei Belleben (Mansfelder Seekreis) – 2. Februar 1935 Halle)
Konfession: evangelisch
Vater: Zuckerfabrikdirektor
Hahne besuchte Schulen in Artern, Berlin und Magdeburg, 1894 bestand er die Reifeprüfung am Domgymnasium Magdeburg. Von 1894 bis 1899 studierte er Naturwissenschaften und Medizin an den Universitäten Jena, München und Leipzig. Dort promovierte er 1899 zum Dr. med. Eine Fachausbildung in Bern, Berlin und Leipzig schloss sich an. 1902 ließ er sich als praktischer Arzt für innere und Nervenkrankheiten in Magdeburg nieder. 1905 gab Hahne die Praxis auf, um sich, wie er in einem Lebenslauf schrieb, »fortan völlig der Vorgeschichtswissenschaft zu widmen, mit der ich bereits seit meiner Schülerzeit in immer enger werdende Verbindung getreten war.« Von 1905 bis 1907 studierte er an der Universität Berlin, vor allem Vorgeschichte bei Gustaf Kossinna. Von 1907 bis 1912 war Hahne Assistent, ab 1908 Direktorialassistent am Provinzialmuseum zu Hannover. Zugleich wirkte er als Privatdozent für Vorgeschichte an der TH Hannover. 1912 wurde er zum Direktor des neuen Provinzialmuseums in Halle ernannt. Im Februar 1918 promovierte er an der Universität Halle mit einer Arbeit über Moorleichen zum Dr. phil. Im Mai 1918 erhielt er den Professorentitel, im November 1918 habilitierte er sich für das Fach Vorgeschichte. 1921 wurde er zum außerordentlichen Professor ernannt. Am 16. November 1933 erhielt er per Telegramm die Ernennung zum ordentlichen Professor für Vorgeschichte, zwei Tage später wurde er zum Rektor ernannt. Im Februar 1934 erlitt Hahne einen Schlaganfall und war fortan linksseitig gelähmt, so dass er die meisten Arbeiten auf den von ihm zum Prorektor ernannten Emil Woermann übertragen musste.
Organisationen: NSDAP vor 1933, stellvertretender Gaukulturwart, Schulungsleiter für Rassenkunde im Gau Mitteldeutschland des Rasse- und Siedlungshauptamtes der SS, 1933 Leiter des NS-Museums.
Quellen: UAH PA 7219 Hahne; Ziehen.

Hamann(-McLean), Richard
(19. April 1908 Charlottenburg – 19. Januar 2000 Mainz)
Konfession: evangelisch
Vater: Universitätsprofessor Richard Hamann
Nach der bestandenen Reifeprüfung studierte Hamann von 1927 bis 1934 Kunstgeschichte, Archäologie und romanische Philologie an den Universitäten Marburg, München, Berlin, Paris und Frankfurt. 1934 promovierte er an der Universität Frankfurt zum Dr. phil. Von 1934 bis 1938 war er Lehrer für Kunstgeschichte an der Städelschule Frankfurt, gleichzeitig hielt er Vorträge an Volkshochschulen und führte Exkursionen für die NS-Gemeinschaft »Kraft durch Freude« durch. Außerdem arbeitete er als Fotograf bei der Inventarisierung der Kunstdenkmäler in Hohenzollern und machte ca. 15 000 Aufnahmen für das kunstgeschichtliche Seminar Marburg. 1939 habilitierte er sich an der Universität Halle. 1939/40 eingezogen, wurde er 1940 zum Dozenten ernannt. 1940 von der Universität Halle beurlaubt, war er für die für die Stiftung Ahnenerbe tätig, für die er das baltendeutsche Kunstgut inventarisierte und fotografierte. Ende 1940 wurde er zum Kriegsverwaltungsassessor in der Militärverwaltung Frankreich (Abteilung Kunstschutz) ernannt. Ende 1941 entlassen, wurde Hamann im Mai

1942 zur Flak eingezogen, so dass er in Halle wohl keine einzige Vorlesung hielt. Nach der Entlassung aus der Kriegsgefangenschaft 1945 habilitierte sich Hamann an die Universität Marburg um. 1949 zum außerordentlichen Professor ernannt, erhielt er 1967 einen Ruf auf eine ordentliche Professur an der Universität Mainz und wurde 1973 emeritiert.
Organisationen: 1925 Technische Nothilfe, 1934 SA, 1938 NSKK, NSV.
Quellen: UAH PA 7239 Hamann.

Hehlmann, Wilhelm
(23. Oktober 1901 Magdeburg – 23. Dezember 1997 Weinheim)
Konfession: evangelisch, später gottgläubig
Vater: Tischler
Hehlmann besuchte von 1908 bis 1916 die Volksschule in Magdeburg, von 1916 bis 1918 leistete er freiwilligen Hilfsdienst. Von 1919 bis 1922 absolvierte er eine Volksschullehrerausbildung am Lehrerseminar Delitzsch. 1923 erlangte er das Reifezeugnis und studierte von 1922 bis 1927 Mathematik, Physik, Chemie, Volkswirtschaft, Philosophie und Pädagogik an der Universität Halle. Zugleich unterrichtete er an Volks- und Mittelschulen. 1925 bestand er die Prüfung zum Mittelschullehrer und promovierte 1927 mit einer pädagogischen Arbeit zum Dr. phil. Ab 1927 war er außerplanmäßiger Assistent am Pädagogischen Seminar, 1929/30 erhielt er ein Förderstipendium der Notgemeinschaft. 1930 habilitierte er sich für das Fach Pädagogik. In den folgenden Jahren war Hehlmann unter anderem Leiter des Akademischen Auskunftsamtes der Studentenschaft, Berufsberater für Abiturienten und in Arbeitslagern sowie Mitglied diverser Ausschüsse und Gremien. 1935 erhielt er einen Lehrauftrag für Jugendkunde. Obwohl Hehlmann dem Typ des »nationalsozialistischen Dozenten« mustergültig entsprach, wurde er nicht zum Leiter des Pädagogischen Seminars der Martin-Luther-Universität ernannt, da das Seminar in den Lehrstuhl für Philosophie integriert blieb. Im Sommer 1939 war er am Erzieherseminar der Adolf-Hitler-Schulen in Sonthofen mit der Abhaltung von pädagogischen und psychologischen Vorlesungen und Übungen beauftragt. 1939 wurde er auch zum nichtbeamteten außerordentlichen, dann außerplanmäßigen Professor ernannt. Seit 1935 leistete Hehlmann Wehrdienst in Übungen, 1940 wurde er als Regierungsrat bei der Luftwaffe (Wehrmachtspsychologe im Stab des Luftgaukommandos Dresden) einberufen. Später war er in Verwaltungen besetzter Länder beschäftigt. Nach 1945 war Hehlmann zunächst wissenschaftlicher Berater, dann Chefredakteur bei der Fa. F. A. Brockhaus sowie Herausgeber der Brockhausenzyklopädie. Die von ihm verfassten Wörterbücher der Pädagogik und der Psychologie erreichten hohe Auflagen und werden bis heute in aktualisierten Neuauflagen gedruckt.
Organisationen: NSDAP seit 1. Mai 1933 (Mitglied Nr. 2 784 153), 1933–1935 Motor-SA (NSKK), NSLB, NS-Kulturgemeinde (Blockwart), Vertrauensmann der Dozentenschaft seit 1933, 1934 politischer Leiter, Amtsleiter im NSDDB seit seiner Gründung, 1938 Gauhauptstellenleiter, 1935 Absolvierung der Gauführerschule Seeburg und der Stammschule für Geländesport in Neustrelitz, 1939 amtierte Hehlmann als Stellvertreter des Gaudozentenführers. Mitarbeiter des Lektorates des Rassepolitischen Amtes der NSDAP (Reichsleitung) und ab 1938 der Parteiamtlichen Prüfungskommission zum Schutze des NS-Schrifttums. Mitarbeiter der Reichsjugendführung.
Quellen: UAH PA 7439 Hehlmann; UAH Rep. 6 Nr. 1407; Auskunft des Standesamtes Magdeburg.

Heimann, Betty
(29. März 1888 Wandsbek bei Hamburg – 19. Mai 1961 Sirmione (Italien))
Konfession: mosaisch
Vater: Kaufmann und Inhaber eines Bankhauses
Heimann studierte in Kiel und Heidelberg, 1919 bestand sie das Staatsexamen für klassische Philologie. 1920/21 war sie Assistentin an der Universität Kiel, hier promovierte sie 1921 mit einer Arbeit über das Sanskrit zum Dr. phil. 1921 wechselte sie nach Halle und habilitierte sich hier 1923 für Indologie. 1926 erhielt sie einen Lehrauftrag für Indische Philosophie, 1931 wurde sie zur nichtbeamteten außerordentlichen Professorin ernannt. 1931/32 hielt sie sich, finanziert durch ein britisches Sti-

pendium, zu Forschungszwecken in Indien auf. Anfang September 1933 unternahm sie eine Vortragsreise nach England, dort erreichte sie die Mitteilung über den Entzug der Lehrbefugnis und die Einstellung ihrer Bezüge. Heimann kehrte nicht zurück. Von 1933 bis 1935 wirkte sie als Dozentin für Indische Philosophie an der Universität London, 1935 in Rom, von 1936 bis 1944 erneut in London. Von 1945 bis 1949 war sie Professorin für Sanskrit an der Universität in Colombo (Ceylon). Nach der Versetzung in den Ruhestand 1949 setzte sie ihre Forschungen zur indischen Religion und Philosophie fort.
Quellen: UAH PA 7469 Heimann, DBE Bd. 4, S. 501, Biogr. Handb. der Dt. Emigration Bd. 2, S. 477.

Heldmann, Karl
(19. September 1869 Viermünden (Hessen) – 12. März 1943 Kassel-Wilhelmshöhe)
Konfession: evangelisch-lutherisch
Vater: Pfarrer
Nach der Reifeprüfung 1888 studierte Heldmann Geschichte, klassische und deutsche Philologie sowie Erdkunde in Marburg, Berlin und wieder Marburg. Von 1894 bis 1898 war er Hilfsarbeiter an der städtischen Bibliothek Kassel. 1895 promovierte er zum Dr. phil. 1896 legte er das Staatsexamen ab. 1897 war er beurlaubt für Archivreisen nach Süddeutschland und Tirol. 1899 habilitierte er sich an der Universität Halle für Mittlere und Neuere Geschichte sowie Hilfswissenschaften. 1903 wurde Heldmann zum beamteten außerordentlichen Professor mit vollem Lehrauftrag für Geschichte und historische Hilfswissenschaften ernannt. Von 1908 bis 1912 war er zugleich Sekretär des Thüringisch-Sächsischen Geschichtsvereins. Ab 1917 wurde er wegen pazifistischer Überzeugungen in verschiedene Verfahren, u. a. wegen Geheimbündelei, verwickelt und vom Dienst suspendiert. 1918 erhielt er eine Haftstrafe wegen Majestätsbeleidigung, wurde jedoch im November 1918 amnestiert. Noch vor dem Gerichtsbeschluss verurteilte die Philosophische Fakultät Heldmanns Äußerungen »auf das schärfste« und stellte fest, dass sie »ihn wissenschaftlich und moralisch nicht für geeignet« halte, »weiterhin an einer deutschen Universität Geschichte zu lehren.« Das Kesseltreiben der Fakultät setzte sich auch nach 1918 fort, da Heldmann für eine föderale Neuordnung Deutschlands eintrat. Auf eigenes Gesuch vom 29. April 1933 wurde Heldmann zum 31. Dezember 1933 von den amtlichen Pflichten entbunden.
Organisationen: 1919 Mitglied der Christlichen Volkspartei.
Quellen: UAH PA 7571 Heldmann, Rep. 6 Nr. 1407.

Herzfeld, Hans
(22. Juni 1892 Halle – 16. Mai 1982 Berlin (West))
Konfession: evangelisch
Vater: Sanitätsrat
Nach dem Abitur an der Latina der Franckeschen Stiftungen studierte Herzfeld Geschichte und Germanistik an den Universitäten Freiburg (1911/12) und Halle (1912 bis 1914). 1914 trat er als Freiwilliger in das Infanterieregiment 94 Dessau ein. An der Westfront eingesetzt, wurde er 1915 zum Leutnant befördert und mit dem Eisernen Kreuz II. Klasse ausgezeichnet. 1916 erhielt er das Eiserne Kreuz I. Klasse und das Sachsen-Meiningensche Ehrenkreuz. Von 1917 bis 1920 war er in französischer Kriegsgefangenschaft. Er setzte das Studium in Halle fort, legte 1920 die Prüfung für das höhere Lehramt ab und wurde Studienreferendar am Reformrealgymnasium Halle. 1921 promovierte er mit einer Arbeit über die deutsch-französische Kriegsgefahr des Jahres 1875 zum Dr. phil., 1923 habilitierte er sich mit einer Arbeit zum Thema »Die deutsche Heeresverstärkung von 1913 – Geschichte und Bedeutung« (1923 veröffentlicht unter dem Titel »Die deutsche Rüstungspolitik vor dem Weltkriege«). 1923 erhielt Herzfeld ein Stipendium des preußischen Kultusministeriums, 1926 bekam er einen Lehrauftrag an der hallischen Universität. Trotz seines angefeindeten Buches über »Die deutsche Sozialdemokratie und die Auflösung der nationalen Einheitsfront im Weltkriege« (1928) wurde Herzfeld 1929 zum nichtbeamteten außerordentlichen Professor ernannt und vertrat einen Lehrstuhl in Göttingen. Zwischen 1931 und 1937 brachte ihn die Philosophische Fakultät der hallischen Universität

mehrmals für die Besetzung des vakanten Lehrstuhles der Neueren Geschichte in Vorschlag. Berufen wurde er vor 1933 auf Grund seiner politischen Überzeugungen nicht, nach 1933 erhielt er keinen Lehrstuhl, da er wegen eines jüdischen Großvaters als »nichtarisch« galt. Am 15. Juni 1938 wurde Herzfeld die Lehrbefugnis entzogen. 1938 erhielt er nach Fürsprache Richard Festers eine Stelle bei der Heeresgeschichtlichen Forschungsanstalt in Potsdam. 1943 denunziert, wurde er von der Gestapo wegen des Verdachtes auf »Äußerungen wehrkraftzersetzenden Chararakters« kurzzeitig inhaftiert. Trotz der Widerlegung der Vorwürfe verlor Herzfeld seine Anstellung, bis zum Ende des Krieges war er als freier Schriftsteller tätig. 1946 zum außerordentlichen Professor an der Universität Freiburg ernannt, war er von 1950 bis zur Emeritierung 1960 ordentlicher Professor an der Freien Universität Berlin.
Organisationen: Bis 1933 Mitglied der DNVP, 1933 Stahlhelm, überführt in die SA, 1936 ehrenvoller Abschied aus der SA.
Quellen: PA 7804 Herzfeld; DBE Bd. 4, S. 661.

Heselhaus, Clemens
(18. Juli 1912 Burlo in Westfalen – 2. Januar 2000 Pohlheim)
Konfession: katholisch
Vater: Volksschullehrer
Heselhaus besuchte Schulen in Recklinghausen und Münster (Reifezeugnis 1932). Er studierte Germanistik, Geschichte, Kunstgeschichte und Philosophie an den Universitäten München und Münster, unterbrochen 1935 durch die Arbeitsdienstpflicht. 1938 arbeitete er als Lehrer in Paris, 1939 promovierte er zum Dr. phil. 1940 habilitierte er sich an der Universität Münster. 1941/42 arbeitete er als Lektor für deutsche Sprache an der Universität Pisa und 1942/43 an der Universität Mailand. 1944 bei einer Wehrmachtsbehörde in Naumburg tätig, hielt er im März 1944 die Lehrprobe an der Universität Halle und wurde im August 1944 zum Dozenten für Neuere Deutsche Sprache und Literatur an der Universität Halle ernannt. Da er im Oktober 1944 in München kriegsdienstverpflichtet wurde, lehrte er nicht mehr in Halle. 1946 wurde er Dozent an der Universität Münster, 1952 erhielt er hier die Ernennung zum außerplanmäßigen Professor. 1961 wurde er auf ein Ordinariat für Deutsche Sprache und Literatur an die Universität Gießen berufen, wo er 1966/67 das Rektorenamt bekleidete.
Organisationen: 1933 bis 1937, 1938 bis 1940 SA, Aufnahme in die NSDAP am 1. Mai 1937, Schulungsleiter in der Ortsgruppe Livorno und in der Ortsgruppe Mailand (NSDAP-AO).
Quellen: UAH PA 7836 Heselhaus.

Hinrichs, Carl
(30. April 1900 Emden – 6. März 1962 Berlin (West))
Konfession: evangelisch-lutherisch
Vater: Kaufmann
Bis 1919 besuchte Hinrichs Volksschule und Gymnasium in Emden. Von 1919 bis 1926 studierte er Geschichte, Germanistik, Kunstgeschichte und französische Sprache an den Universitäten Jena, Heidelberg, Tübingen, Marburg, Bonn und Köln. 1925 promovierte er in Jena zum Dr. phil. und legte dort auch 1926 die Prüfung für das höhere Lehramt ab. Das Referendariat absolvierte er in Jena und Altenburg. Von 1927 bis 1932 war er Mitarbeiter der Acta Borussica bei der Preußischen Akademie der Wissenschaften, 1928/29 absolvierte er den Vorbereitungsdienst für die höhere Archivlaufbahn, 1930 wurde er wissenschaftlicher Hilfsarbeiter am Geheimen Staatsarchiv in Berlin-Dahlem. (1931 Archivassistent, 1934 Archivrat). 1938 habilitierte er sich an der Universität Berlin. Ohnehin nur tauglich für die Landwehr, wurde er 1941 uk. gestellt zur Vollendung einer größeren wissenschaftlichen Arbeit (»Friedrich Wilhelm I, König in Preußen«). 1942 wurde er gegen seinen Willen an das Königsberger Archiv versetzt, aber zugleich zum Dozenten an der Universität Königsberg ernannt. Hier vertrat er 1943/44 den Lehrstuhl für Neuere Geschichte. Ab April 1944 vertrat er den vakanten Lehrstuhl für Neuere Geschichte in Halle. Im Oktober 1944 wurde er zum außerordentlichen Professor ernannt. Ab November 1944 diente Hinrichs im Volkssturm. Im Oktober 1945 entlassen, erteilte ihm die SMA

1946 einen Forschungsauftrag zu Thomas Müntzer. Die seit 1946 betriebene Rückberufung bzw. die Neuberufung auf einen Lehrstuhl für Historische Hilfswissenschaften scheiterte am Einspruch des Kurators bzw. später der SED. 1951 wurde er zum ordentlicher Professor an der Freien Universität Berlin berufen.
Organisationen: NSDAP seit 1. Mai 1933 (Mitglied Nr. 2 637 372), 1934 RDB, RLB, NSV (1939 bis 1941 Blockwart), 1938 VDA. 1946 CDU.
Quellen: UAH PA 568 Hinrichs; Rep. 6 Nr. 1407; DBE Bd. 5, S. 54.

Hoffmann-Kutschke, Arthur
(24. Juni 1882 Hansdorf, Kreis Sagan – nach 1947)
Konfession: evangelisch
Vater: Eisenbahnstationsassistent
Bemerkungen: Hoffmann gab sich den Beinamen Kutschke wegen eines angeblich von seinem Großvater Kutschke verfassten Spottliedes aus dem Krieg 1870/71 (»Was kraucht da im Gebüsch herum, ich glaub es ist Napoleum …«)
Hoffmann studierte Geschichte, Religionsgeschichte und alte Sprachen, 1908 promovierte er in Jena mit einer Arbeit über altpersische Keilschriften. 1909/10 diente er als Einjährig-Freiwilliger. 1914 eingezogen, kam er 1915 zum Einsatz an der Westfront und wurde zum Leutnant befördert (ausgezeichnet mit dem Eisernen Kreuz II. Klasse). Nach einem Unfall wurde er zu den rückwärtigen Diensten versetzt und arbeitete als Versorgungsoffizier, Redakteur einer Heereszeitung, zuletzt als Werbeoffizier. Seit 1910 betätigte er sich in der völkischen Bewegung. 1923 wurde er wegen Beleidigung Walther Rathenaus zu 9 Monaten Gefängnis verurteilt, 1924 war er Reichstagskandidat in Leipzig für die Deutsch-Völkische Freiheitspartei. Hoffmann-Kutschke profilierte sich nach dem Ersten Weltkrieg mit antijüdischen Hetzschriften (1919 »Sonnenwende«, 1920 »Deutschland den Deutschen«, 1922 »Dolchstoß durch das Judentum«, mehrere Auflagen bis 1936). Finanziell lohnte sich dieses Engagement für ihn nicht, zumal er auch seine Stelle als Hilfsarbeiter am Museum für Völkerkunde Berlin verlor. Da sich Hoffmann-Kutschke für die NSDAP als Wahlredner betätigt hatte, versuchte die Partei, ihn mit einem Lehrauftrag sicherzustellen. 1933 und 1934 konnte dieses Ansinnen abgelehnt werden, 1936 erhielt er dann aber doch einen Lehrauftrag für »Geschichte des Judentums im Altertum«. Im Mai 1945 wurde er durch die Amerikaner verhaftet, aber offensichtlich wieder entlassen. Die letzte Mitteilung in seiner Personalakte datiert von 1947.
Organisationen: Gauwart des Deutschvölkischen Schutz- und Trutzbundes, Stahlhelm, Alldeutscher Verband, Deutschvölkische Freiheitspartei, nach eigener Aussage Mitglied der NSDAP vor 1933, laut Karteikarte im BDC Aufnahme in die NSDAP am 1. Mai 1937 (Mitglied Nr. 4 047 591).
Quelle: PA 8089 Hoffmann.

Holtzmann, Walther
(31. Dezember 1891 Eberbach (Baden) – 25. November 1963 Bonn)
Konfession: evangelisch
Vater: Gymnasialprofessor
Nach dem Besuch des Gymnasiums in Karlsruhe leistete Holtzmann 1910/11 Militärdienst als Einjährig-Freiwilliger und wurde zum Funker ausgebildet. 1912 und 1913 absolvierte er Offiziersaspirantenübungen. Von 1914 bis 1919 stand er im Kriegseinsatz, zuletzt als Kommandeur der Divisionsfunkerabteilung 5 bei der 13. Infanteriedivision (ausgezeichnet mit dem Eisernen Kreuz II. Klasse und dem Ritterkreuz 2. Klasse mit Schwertern des Zähringer Löwenordens). Holtzmann studierte von 1911 bis 1914 und 1919/20 Geschichte, Germanistik und Latein an den Universitäten Straßburg und Heidelberg. 1920 legte er die Prüfung für das höhere Lehramt ab, 1921 promovierte er zum Dr. phil. Von 1922 bis 1926 war er Assistent am Preußischen Historischen Institut Rom, 1926 habilitierte er sich an der Universität Berlin und erhielt einen Lehrauftrag für mittelalterliche Geschichte. 1931 erhielt er einen Ruf auf eine ordentliche Professor an der Universität Halle. Hier setzte er sich als Dekan der Philosophischen Fakultät (1935/36) gegen die Berufung nationalsozialistischer, aber fachlich nicht aus-

gewiesener Wissenschaftler zur Wehr. 1936 nahm er einen Ruf nach Bonn an. Von 1953 bis 1961 war Holtzmann Direktor des Deutschen Historischen Instituts in Rom.
Organisationen: Am 1. November 1933 Eintritt in den Stahlhelm, überführt in SA-Reserve.
Quellen: UAH Rep. 6 Nr. 1407; DBE Bd. 5, S. 157; Rep. 4 Nr. 896-900.

Jordan, Karl
(26. Juli 1907 Cottbus – 27. Februar 1984 Kiel)
Konfession: evangelisch
Vater: Oberstaatsanwalt
Jordan besuchte Schulen in Berlin und Stargard, 1926 legte er die Reifeprüfung ab. Er studierte Geschichte, Germanistik und klassische Philosophie an den Universitäten Tübingen, Erlangen, Berlin und Göttingen. 1930 promovierte er in Göttingen mit einer Arbeit über »Das Eindringen des Lehnswesens in das Rechtsleben der römischen Kurie« zum Dr. phil. 1931 bestand er die Lehramtsprüfung. Von 1930 bis 1932 war er Assistent am Historischen Seminar Göttingen. Als Mitarbeiter der Monumenta Germaniae Historica in Berlin (1932 bis 1935) bearbeitete er die Urkunden Karls III. und Arnulfs von Kärnten. 1935/36 erhielt er ein Stipendium der Deutschen Forschungsgemeinschaft und wurde 1936 Mitglied des Reichsinstituts für ältere deutsche Geschichtskunde. Hier war er, mit einem Stipendium des Reichsführers SS versehen, mit der Sammlung, Bearbeitung und Herausgabe der Urkunden Heinrichs des Löwen beauftragt. Einen ersten Versuch der Habilitation lehnte die Philosophische Fakultät der Universität Halle ab, nahm die Schrift über Heinrich dann aber doch an, wobei die Zurückhaltung in den Problemen der Kolonisationsgeschichte und der Verzicht auf leichtfertige Geschichtsdeutungen wohlwollend registriert wurden. Folgerichtig bemängelte Gaudozentenführer Wagner die »Enge der traditionellen Fragestellung«. Zum Dozenten wurde Jordan trotzdem ernannt. 1940 vertrat er den Lehrstuhl für Mittelalterliche Geschichte in Jena, 1940/41 den für Historische Hilfswissenschaften in Leipzig. 1941 wurde er an der Universität Kiel zum außerordentlichen Professor und Direktor des Historischen Seminars ernannt. 1943 erhielt er Titel und Rechte eines ordentlichen Professors für Mittlere und Neuere Geschichte sowie Historische Hilfswissenschaften. 1972 wurde Jordan emeritiert.
Organisationen: NSV (Amtswalter seit 1937), NS-Altherrenbund, Eintritt in die NSDAP am 1. April 1940 (Mitglied Nr. 7 986 744).
Quellen: UAH PA 8475 Jordan; BDC.

Kaehler, Siegfried
(4. Juni 1885 Halle – 25. Januar 1963 Göttingen)
Konfession: evangelisch
Vater: Universitätsprofessor
Kaehler absolvierte Vorschule, Gymnasium und Lateinhauptschule der Franckeschen Stiftungen und studierte von 1903 bis 1914 Rechtswissenschaft, romanische Sprachen, Germanistik, Philosophie und Geschichte an den Universitäten Lausanne, Halle und Freiburg. Dort wurde er bei Friedrich Meinecke 1914 mit einer Arbeit zu Wilhelm von Humboldts Entwurf einer ständischen Verfassung für Preußen zum Dr. phil. promoviert. 1914/15 war er freiwilliger Krankenpfleger, dann im Kriegseinsatz. Nach der Demobilisierung im Dezember 1918 kehrte er nach Halle zurück und trat 1919 als Zeitfreiwilliger in eine Studentenkompanie ein. 1921 wurde Kaehler an der Universität Marburg für Mittlere und Neuere Geschichte habilitiert, war vorübergehend im Reichsarchiv tätig und wurde 1922 Assistent in der Philosophischen Fakultät der Universität Marburg. 1927 zum außerordentlichen Professor ernannt, erhielt er 1928 einen Ruf an die Universität Breslau. 1932 wechselte als ordentlicher Professor der Mittleren und Neueren Geschichte nach Halle. 1935 nahm Kaehler einen Ruf nach Jena, 1936 einen nach Göttingen an, wo er bis zu seiner Emeritierung 1953 lehrte.
Organisationen: 1919 Stahlhelm, 1925 bis 1928 DVP.
Quellen: UAH Rep. 6 Nr. 1407, DBE Bd. 11/1, S. 99, Becker.

Kern, Otto
(14. Februar 1863 Schulpforta – 31. Januar 1942 Halle)
Konfession: evangelisch
Vater: Gymnasialprofessor und -direktor
Nach dem Besuch von Gymnasien in Stettin und Berlin studierte Kern von 1883 bis 1888 klassische Philologie und Archäologie an den Universitäten Berlin und Göttingen. 1888 promovierte er in Berlin zum Dr. phil. 1889 legte er das Staatsexamen ab. Als Stipendiat reiste er nach Italien, Hellas und Kleinasien, wo er u.a. Carl Humann bei den Ausgrabungen in Magnesia am Maeander assistierte. 1894 habilitierte er sich an der Universität Berlin. Von 1895 bis 1897 war Kern Hilfsarbeiter in der Skulpturenabteilung der Königlichen Museen Berlin, 1897 erhielt er einen Ruf auf ein planmäßiges Extraordinariat an die Universität Rostock. Dort wurde er 1900 zum Ordinarius ernannt, daneben war er von 1904 bis 1907 Oberbibliothekar. 1907 nahm er einen Ruf nach Halle an. 1915/16 amtierte er als Rektor. 1922 lehnte er einen Ruf an die Universität Hamburg ab. 1931 emeritiert, vertrat er seinen Lehrstuhl bis zur Berufung Richard Laqueurs. Von 1922 bis 1934 war er einer der beiden Vorsitzenden der Gesellschaft der Freunde der Universität.
Organisationen: Vaterlandspartei, dann DNVP.
Quellen: UAH PA 8774 Kern; Rep. 6 Nr. 1407; NDB 11, S. 522.

Kirsten, Ernst
(2. September 1911 Chemnitz – 11. Februar 1987 Bonn)
Konfession: evangelisch-lutherisch
Vater: Landgerichtsdirektor
Die Reifeprüfung legte Kirsten 1930 in Plauen ab. Er studierte klassische Philologie, Geschichte und Archäologie an den Universitäten Greifswald, Göttingen, München und Leipzig. Hier promovierte er 1934 zum Dr. phil. 1934/35 war er Stipendiat der Notgemeinschaft der deutschen Wissenschaft (Ordnung der Vasensammlung der Universität Leipzig, Studienaufenthalt in Griechenland). 1937 erhielt er eine Assistentenstelle in Leipzig. 1939 war er am Deutschen Archäologischen Institut Athen tätig. 1940 habilitierte er sich in Heidelberg und wurde als Dozent an die Universität Halle überstellt. Von 1941 bis 1945 leistete er Kriegsdienst als Soldat, später Unteroffizier der Luftwaffe. 1942/43 war er als Sonderführer zur Erstellung von Luftaufnahmen griechischer Altertümer kommandiert. 1946 wurde Kirsten Dozent an der Universität Göttingen, 1949 wechselte er nach Bonn. Dort war er ab 1951 außerplanmäßiger, ab 1962 außerordentlicher und ab 1965 ordentlicher Professor der historischen Geographie. 1970 wurde er zum ordentlichen Professor für griechische Geschichte, Altertumskunde und Epigraphik ernannt.
Organisationen: 1933 SA, NSDStB, Aufnahme in die NSDAP am 1. Mai 1937 (Mitglied Nr. 5 333 663) 1938 Schulungsleiter der Ortsgruppe der NSDAP Leipzig-Knauthain, später Blockhelfer in Leipzig-Zentrum.
Quellen: UAH PA 8855 Kirsten; DBE Bd. 11/1, S. 105.

Kleinknecht, Hermann
(12. Januar 1907 Marbach a. N. – 13. März 1960 Münster)
Konfession: evangelisch
Vater: Gymnasialdirektor, 1917 gefallen
Bis 1921 besuchte Kleinknecht die Elementarschule und das Progymnasium in Öhringen, danach die evangelisch-theologischen Seminare in Maulbronn und Blaubeuren. Nach der Reifeprüfung (1925) studierte er klassische Philologie und Geschichte an den Universitäten Tübingen und Berlin. 1929 promovierte er zum Dr. phil. an der Universität Tübingen, 1931 legte er die Prüfung für das höhere Lehramt ab. 1931/32 war er Studienreferendar am Karlsgymnasium Stuttgart, von 1932 bis 1935 Lektor für Griechisch an der Universität Tübingen. Von 1935 bis 1937 verwaltete er eine Oberassistentenstelle am Institut für Altertumswissenschaft an der Universität Halle. 1937 auch formal mit der Stelle betraut, habilitierte er sich 1939 und wurde zum Dozenten ernannt. Von September 1940 bis Novem-

ber 1941 diente er als Funker im Nachrichtenregiment 4 Dresden. 1941/42 vertrat er einen Lehrstuhl in Leipzig, 1943 einen in Rostock. 1944 wurde er zum planmäßigen außerordentlichen Professor an der Universität Rostock ernannt, 1947 wurde er dort Professor mit Lehrstuhl. Nach 1949 wirkte er als planmäßiger außerordentlicher Professor der klassischen Philologie an der Universität Münster.
Organisationen: 1933 NSLB, 1934 NSV (ab 1939 Blockwalter)
Quellen: UAH PA 8930 Kleinknecht; Rep. 6 Nr. 1407.

Koch, Herbert
(1. Juli 1880 Reichenbach/Eulengebirge – 25. September 1962 Hamburg)
Konfession: evangelisch
Vater: Kaufmann
Koch besuchte Schulen in Reichenbach, Schweidnitz und Dresden. Er studierte Germanistik, Archäologie und Kunstwissenschaft an den Universitäten Leipzig und München. Dort promovierte er 1903 mit einer germanistischen Arbeit (Geschichte bei Hebbel) zum Dr. phil. Seine archäologische Ausbildung setzte er in Berlin fort und unternahm langjährige Studienreisen in Länder des Mittelmeerraumes besonders Italien und Griechenland. 1909/10 war er wissenschaftlicher Hilfsarbeiter am Deutschen Archäologischen Institut in Rom, 1912/13 in Athen, 1914/15 wieder in Rom. 1913 habilitierte er sich an der Universität Bonn für das Fach Archäologie. Kriegsdienst leistete er in einer Fernsprech-Abteilung, später als Dolmetscher (Dienstgrad: Gefreiter). 1918 wurde er beamteter außerordentlicher Professor an der Universität Jena, 1923 erhielt er dort ein persönliches Ordinariat. 1929 folgte er einem Ruf nach Leipzig, 1931 nahm er einen Ruf nach Halle an. 1946 lehnte er einen Ruf nach Mainz ab, 1950 wurde er emeritiert. 1951 war er Gastprofessor in Leipzig und leitete dort kommissarisch das Archäologische Institut. 1953 in Leipzig entpflichtet, setzte er die Lehrtätigkeit in Halle bis zu seiner Flucht aus der DDR 1959 fort.
Organisationen: 1945 CDU.
Quellen: UAH PA 9108 H. Koch; Rep. 6 Nr. 1407.

Kranz, Walther
(23. November 1884 Georgsmarienhütte – 18. September 1960 Bonn)
Konfession: evangelisch
Vater: Rentner
Nach dem Besuch von Gymnasien in Berlin studierte Kranz von 1903 bis 1907 in Göttingen und Berlin klassische Philologie. Militärdienst leistete er 1908/09 als Einjährig-Freiwilliger im 5. Garde-Regiment, 1910 promovierte er an der Universität Berlin zum Dr. phil. 1911 wurde er Studienrat. Ab 1914 leistete er Kriegsdienst als Offiziersstellvertreter, später Leutnant. 1915 schwer verwundet, erhielt er seinen Abschied und wurde mit dem Eisernen Kreuz II. Klasse geehrt. 1928 erhielt er den Titel Oberstudiendirektor und wurde Leiter der Internatsschule Pforta. 1932 ernannte ihn die Universität Halle zum Honorarprofessor für Didaktik der alten Sprachen. 1935 wurde Kranz an eine Hauptschule in Halle versetzt, im Juli 1937 verlor er wegen seiner jüdischen Ehefrau die Lehrberechtigung und wurde in den Ruhestand versetzt. 1943 erhielt Kranz einen Ruf an die Universität Istanbul und erreichte mit seiner Frau, so formulierte er es selbst, »den Notausgang in letzter Minute«. Bis 1950 war er Professor für Geschichte der Philosophie und klassische Philologie an der Universität Istanbul. Die von Kranz erhoffte Rückberufung nach Halle scheiterte zunächst an den bürokratischen Hemmnissen der SMA, dann an der Verweigerung der Ausreise in die SBZ durch die türkischen Behörden. Wieder in Deutschland, lehrte er von 1950 bis 1955 als Honorarprofessor Didaktik der alten Sprachen an der Universität Bonn.
Organisationen: NSV, RLB.
Quellen: UAH PA 9384 Kranz; Rep. 6 Nr. 1407; DBE Bd. 6, S. 71 f.

Laqueur, Richard
(27. März 1881 Straßburg – 25. November 1959 Hamburg)
Konfession: evangelisch
Vater: Universitätsprofessor, Arzt

1889 bis 1898 Gymnasium Straßburg, 1898 bis 1903 Studium der klassischen Philologie und der Geschichte in Straßburg, Bonn und wieder Straßburg. Dort war er 1903/04 Assistent am Klassisch-philologischen Seminar und promovierte 1904 zum Dr. phil. Von 1904 bis 1906 unternahm er Studienreisen nach Italien, Griechenland, Kleinasien, Spanien und Frankreich. 1907 habilitierte er sich für klassische Philologie und Hilfswissenschaften an der Universität Göttingen. 1908 erhielt er einen Lehrauftrag an der Universität Kiel. 1909 wurde er planmäßiger außerordentlicher Professor an der Universität Straßburg, 1912 erhielt er dort eine ordentliche Professur. 1912 folgte er einem Ruf nach Gießen. 1899/1900 hatte Laqueur als Einjährig-Freiwilliger im Feldartillerieregiment Straßburg gedient. 1904 wurde er zum Leutnant, 1913 zum Oberleutnant befördert. Von 1914 bis 1918 leistete er Kriegsdienst, zunächst als Batterieoffizier, 1915 als Batterieführer, 1918 als Abteilungsführer. Im November 1918 wurde der Hauptmann mit der Führung des Feldartillerieregimentes 18 beauftragt (ausgezeichnet mit dem Eisernen Kreuz I. und II. Klasse, der Hessischen Tapferkeitsmedaille, dem Mecklenburgischen Verdienstkreuz und dem Hanseatenkreuz). 1919 kehrte er nach Gießen zurück und stellte dort eine Studentenkompanie auf. 1922/23 war er Rektor der Universität Gießen. 1930 wurde er nach Tübingen berufen, 1932 folgte er einem Ruf an die Universität Halle. 1933 als Frontkämpfer zunächst von den Regelungen des Berufsbeamtengesetzes ausgenommen, wurde er 1936 wegen seiner jüdischen Abstammung in den Ruhestand versetzt. 1939 emigrierte Laqueur in die USA. Dort arbeitete er in einer Handelsgesellschaft und fand keinen Zugang zur etablierten Wissenschaft. Ein von ihm in den Abendstunden verfasstes Buch über »Science and Imagination« blieb ungedruckt. Seit Kriegsende bemühte sich Laqueur an die Universität Halle zurückzukehren. Obwohl sich Rektor Otto Eißfeldt vehement für ihn einsetzte, scheiterte die Rückkehr zunächst an bürokratischen Hemmnissen der Besatzungsmacht. 1947 hintertrieben Kollegen die Rückberufung. 1952 siedelte Laqueur nach Hamburg über und wurde dort 1959 zum Honorarprofessor ernannt.
Organisationen: bis 1930 Mitglied der DVP, Mitglied SA-Reserve II.
Quellen: UAH PA 9893 Laqueur; Rep. 6 Nr. 1407; DBE Bd. 6, S. 252; Vogt.

Lintzel, Martin
(28. Februar 1901 Magdeburg – 15. Juli 1955 Halle (Selbsttötung))
Konfession: evangelisch
Vater: Superintendent
Lintzel besuchte von 1911 bis 1915 das Domgymnasium Merseburg, von 1915 bis 1919 die Landesschule Pforta. 1919/20 studierte er Geschichte und angrenzende Fächer an der Universität Halle und war Angehöriger eines Zeitfreiwilligenregimentes. Das Sommersemester 1920 verbrachte er an der Universität Greifswald, kehrte jedoch schon zum Wintersemester 1920/21 zurück. 1924 promovierte er an der Universität Halle zum Dr. phil., 1925 legte er das Staatsexamen ab, 1927 habilitierte er sich für das Fach Mittelalterliche Geschichte. 1931 vertrat er den vakanten Lehrstuhl an der Universität Halle, 1934 erhielt er einen Lehrauftrag. Obwohl er sich in die Debatte um Karl den Großen einbrachte und sich dabei gegen »romanhafte Umdeutungen« wandte, wurde er im März 1935 auf den Lehrstuhl für Mittelalterliche und Neuere Geschichte an der Universität Kiel berufen. Nach Konflikten mit der Kieler Parteipresse und der Studentenschaft bat Lintzel das Wissenschaftsministerium um Beistand. Im Ergebnis der Kontroverse wurde Lintzel nach Halle versetzt. Zunächst vertrat er den vakanten Lehrstuhl für Mittelalterliche Geschichte, dann wurde er planmäßiger Extraordinarius. Während des Krieges wurde er zum ordentlichen Professor ernannt. 1944 diente er für zwei Monate in einem Landesschützenbataillon, erkrankte jedoch an Depressionen. Durch eine Behandlung in der Universitätsnervenklinik wurde seine Arbeitsfähigkeit wieder hergestellt. Der Tod seiner Frau und der Selbstmord seines Freundes Karl Griewank brachten ihn jedoch erneut aus dem Gleichgewicht, so dass sich Lintzel selbst tötete.
Organisationen: 1934 NSV, 1936 RLB.
Quellen: UAH PA 10179 Lintzel; Rep. 6 Nr. 1407; Hausherr; Zöllner 1975.

Menzer, Paul
(3. März 1873 Berlin – 21. Mai 1960 Halle)
Konfession: evangelisch
Vater: Oberpostsekretär
Die Reifeprüfung legte Menzer 1891 in Berlin ab. 1891/92 leistete er Militärdienst als Einjährig-Freiwilliger, von 1892 bis 1896 studierte er Germanistik und Philosophie an den Universitäten Berlin, Straßburg und wieder Berlin. Dort promovierte er 1897 zum Dr. phil. Von 1897 bis 1915 war er Sekretär der Kant-Ausgabe der Berliner Akademie der Wissenschaften. 1900 habilitierte sich Menzer an der Universität Berlin, 1906 wurde er an der Universität Marburg zum außerordentlichen Professor ernannt. 1908 nahm er den Ruf auf die ordentliche Professur für Philosophie an der Universität Halle an. 1919 war er Mitglied der Einwohnerwehr Halle-Nord gegen den, so Menzer, »Kommunistenaufruhr in Mitteldeutschland«. In der Folgezeit entfaltete Menzer eine weitreichende soziale Tätigkeit, u. a. rief er eine Studentenhilfe ins Leben und sorgte für den Umbau der »Tulpe« zum Studentenhaus. Durch die nationalsozialistischen Studenten wurde er 1933 zur Aufgabe des Vorsitzes des hallischen Studentenwerkes genötigt. Auch in seiner wissenschaftlichen Arbeit erfuhr er Zurücksetzungen, so verlor er 1933 den Vorsitz der Kant-Gesellschaft. Nach Erreichen der Altersgrenze wurde Menzer im März 1938 von den amtlichen Verpflichtungen entbunden. Da sämtliche Kollegen im Sommer 1945 ausfielen übernahm Menzer nach der Wiedereröffnung der Universität erneut die Philosophievorlesungen. 1948 bat er – nach Krawallen der SED-geführten Studentenschaft – um seine Emeritierung.
Organisationen: 1934 Eintritt in die NSV.
Quellen: UAH PA 11326 Menzer; Rep. 6 Nr. 1407.

Mertner, Edgar
(13. Dezember 1907 Gurten, Kreis Posen-West – 19. Oktober 1999 Münster)
Konfession: evangelisch
Vater: Volksschullehrer, Konrektor
Mertner besuchte Schulen in Schlehen, Posen und Aschersleben. 1926 legte er die Reifeprüfung am Gymnasium Aschersleben ab. Ein Studium der Sprachen Englisch, Deutsch, Französisch sowie der Philosophie an den Universitäten Marburg, Breslau, Berlin und Halle schloss sich an. 1930 promovierte er in Halle zum Dr. phil., 1931 bestand er das Staatsexamen. Von 1931 bis 1933 war er im Vorbereitungsdienst für die höhere Schule in Erfurt, unterbrochen im Sommersemester 1932 durch Studien in Exeter (England). 1933 wurde er Assessor am Reform-Realgymnasium Merseburg, von 1934 bis 1937 arbeitete er als Lektor für Deutsch an der Universität Cardiff (Wales). Dort erwarb er 1937 den Master of Arts und kehrte nach Deutschland zurück. Zunächst wurde er Lehrer an der Mädchenoberschule Halle. 1938 habilitierte er sich mit einer Arbeit über Rudyard Kipling, 1939 wurde er zum Dozenten ernannt. 1940/41 nahm er einen Lehrauftrag an der Universität Greifswald für englische Philologie wahr. 1941 wurde er als wissenschaftlicher Hilfsarbeiter zum Auswärtigen Amt abgeordnet. 1941/42 hatte er einen Lehrauftrag an der Universität Innsbruck inne. 1943 wurde er nach kurzer Ausbildung bei der Wehrmacht zur Rundfunkpolitischen Abteilung des Auswärtigen Amtes (Sektor England) versetzt. Er setzte die Lehre in Greifswald fort, 1944 wurde er in Innsbruck zum Extraordinarius ernannt. Aus englischer Kriegsgefangenschaft entlassen, wurde er 1946 Lektor der Universität Kiel für Englisch. 1947 erhielt er ein Extraordinariat in Kiel, 1951 nahm er einen Ruf als ordentlicher Professor für englische Philologie an die Universität Münster an. 1976 wurde Mertner emeritiert.
Organisationen: 1933 NSLB, 1. November 1933 Eintritt in die SA, 1934 überführt in das NSKK, NSDAP ab 1. Mai 1937 (Mitglied Nr. 5 727 713).
Quellen: UAH PA 11345 Mertner; Rep. 6 Nr. 1407; Rep. 4 Nr. 169; Auskunft des UA Münster.

Metzger, Wolfgang
(22. Juli 1899 Heidelberg – 20. Dezember 1979 Bebenhausen bei Tübingen)
Konfession: evangelisch
Vater: Gymnasialprofessor

Metzger besuchte Schulen in Heidelberg und Karlsruhe. Nach dem Kriegsabitur 1917, leistete er Kriegsdienst im Heer. 1918 wurde er schwer verwundet (Verlust des linken Auges) und geriet in französische Gefangenschaft. Ab 1920 studierte er Germanistik, Anglistik, Geschichte und Kunstgeschichte in Heidelberg mit dem Ziel, Oberlehrer zu werden. Er setzte das Studium in München fort, wechselte aber 1922 an die Universität Berlin, um Psychologie zu studieren. Ab 1923 arbeitete er im Psychologischen Institut der Universität Berlin, 1926 promovierte er mit der Arbeit »Über Vorstufen der Verschmelzung von Figurenreihen, die vor dem ruhenden Auge vorüberziehen« zum Dr. phil. 1932 habilitierte er sich an der Universität Frankfurt am Main und wurde stellvertretender Leiter des Frankfurter Instituts für Psychologie. Ab 1937 vertrat er den vakanten Lehrstuhl in Halle, die Fakultät setzte ihn auf Platz eins der Berufungsliste. Im Zuge der »Rosenberg-Politik« erhielt Metzger den Lehrstuhl jedoch nicht. 1939 wurde er außerordentlicher, 1942 ordentlicher Professor der Universität Münster und baute hier ein psychologisches Institut auf. Emeritiert wurde er 1968.
Organisationen: 1933 SA, 1937 NSDAP.
Quellen: UAH PA 11367 Metzger; NDB 17 S. 256 f.; Geuter, S. 507.

Möllenberg, Walter
(1. Juni 1879 Warsleben, Kreis Neuhaldensleben – 29. Dezember 1951 Heiligenstadt)
Konfession: evangelisch
Vater: Hauptlehrer
Nach dem Besuch des Gymnasiums Stendal studierte Möllenberg von 1899 bis 1902 Geschichte, Germanistik, Philosophie, Nationalökonomie und Latein. 1902 promovierte er an der Universität Halle zum Dr. phil. Von 1902 bis 1905 war er Volontärassistent an den Staatsarchiven Magdeburg und Marburg. 1905/6 arbeitete er als Archivar eines Bergbaubetriebes (der späteren Mansfeld AG) in Eisleben. Von 1906 bis 1912 war er Hilfsarbeiter und Assistent an Staatsarchiven in Münster und Königsberg, 1912 wurde er zum Staatsarchivar in Magdeburg ernannt. Ab 1923 leitete er das Staatsarchiv in Magdeburg. 1937 erhielt er einen Lehrauftrag für Geschichtliche Hilfswissenschaften an der Universität Halle. 1938 wurde Möllenberg zum Honorarprofessor der Martin-Luther-Universität ernannt. Zugleich war er Leiter der Historischen Kommission für die Provinz Sachsen. 1945 aus dem Archivdienst entlassen, wurde der Lehrauftrag aufgehoben.
Organisationen: Mitglied der NSV, RLB, RDB, 1933 NSDAP (Mitglied Nr. 1 984 886).
Quellen: UAH PA 11540 Möllenberg; Rep. 6 Nr. 1407; DBE Bd. 7, S. 166.

Mulertt, Werner
(23. Februar 1892 Halle – 26. Dezember 1944 Halle)
Konfession: evangelisch-reformiert
Vater: Kaufmann
Nach dem Abitur am Stadtgymnasium Halle studierte Mulertt von 1910 bis 1914 romanische Philologie an den Universitäten Halle, Berlin und wieder Halle und reiste für längere Zeit durch Frankreich. 1914/15 war er als Armierungssoldat eingezogen, von 1915 bis 1918 als Krankenpfleger dienstverpflichtet. 1918 promovierte er zum Dr. phil. und reiste für längere Zeit nach Frankreich, Spanien und Italien. 1920 in Halle habilitiert, erhielt er 1922 einen Lehrauftrag. 1927 wurde er zum nichtbeamteten außerordentlichen Professor ernannt. 1928 lehrte er an der Technischen Hochschule Danzig, 1930 wurde er zum ordentlichen Professor für romanische Philologie an der Universität Innsbruck berufen. 1936 erhielt Mulertt einen Ruf an die Universität Halle als Nachfolger seines Mentors Karl Voretzsch. 1939 vertrat er einen Lehrstuhl an der Universität Wien. Obwohl sich bei einem Parteiverfahren gegen einen Vetter herausstellte, dass Mulertt eine jüdische Urgroßmutter hatte, konnte er an der Universität bleiben und wurde 1943 mit der Vertretung der Professur für Romanische Literaturwissenschaft der Universität Berlin betraut, erkrankte jedoch Mitte 1944.
Organisationen: -
Quelle. UAH PA 11777 Mulertt; Rep. 6 Nr. 1407.

Noack, Ulrich
(2. Juni 1899 Darmstadt – 14. November 1974 Würzburg)
Konfession: evangelisch
Vater: Archäologe, Universitätsprofessor
Noack studierte Geschichte und Philosophie an den Universitäten Berlin, Göttingen und München. Hier promovierte er 1925 zum Dr. phil. 1929 habilitierte er sich an der Universität Frankfurt. Nach 1933 war er mehrfach in universitäre bzw. politische Konflikte verwickelt. 1937/38 vertrat er den Lehrstuhl für Mittlere und Neuere Geschichte in Halle. Da Noack lediglich Handbuchwissen vortrug und Martin Lintzel ein ungünstiges Urteil über Noack abgab (»im Stoff völlig versandet«) kehrte er an die Universität Frankfurt zurück, wurde jedoch rasch an die Universität Greifswald als Dozent für nordische Geschichte versetzt. 1946 erhielt er einen Ruf auf ein Ordinariat für Mittlere und Neuere Geschichte an der Universität Würzburg, wo er 1964 emeritiert wurde. 1946 in Greifswald der CDU beigetreten, gründete er 1948 den »Nauheimer Kreis« der sich für die Neutralisierung eines wiedervereinigten Deutschlands, Österreichs, der Schweiz und Finnlands einsetzte und gegen die geplante Wiederbewaffnung der Bundesrepublik Deutschland eintrat. 1951 aus der CSU ausgeschlossen, gründete er die Gruppe »Freie Mitte«. Von 1956 bis 1960 war er Mitglied der FDP, danach näherte er sich der SPD an.
Organisationen: -
Quellen: UAH PA 12034 Noack, DBE Bd. 7, S. 428.

Praechter, Karl
(17. Oktober 1858 Heidelberg – 18. Februar 1933 Halle)
Konfession: evangelisch
Vater: Kaufmann
Praechter studierte ab 1877 Theologie in Lausanne, später klassische Philologie in Tübingen, Leipzig, Bonn und Marburg, wo er 1885 zum Dr. phil. promovierte. Von 1881 bis 1887 war er Gymnasiallehrer in Durlach und Bruchsal. Von 1887 bis 1889 setzte er seine Studien in Berlin fort. 1889 habilitierte er sich für klassische Philologie in Bern. Hier wurde er 1897 zum außerordentlichen, 1899 zum ordentlichen Professor ernannt. 1907 folgte er einem Ruf als Ordinarius nach Halle. 1926 wurde Praechter von den amtlichen Verpflichtungen entbunden.
Organisationen: -
Quellen.: UAH PA 12607 Praechter; DBE Bd. 8, S. 49.

Printz, Wilhelm
(9. August 1887 Karlsruhe – 23. Februar 1941 Halle)
Konfession: konfessionslos, früher evangelisch uniert
Vater: Kaufmann
Die Reifeprüfung legte Printz 1905 am Gymnasium Mannheim ab. Von 1905 bis 1911 studierte er Sanskrit, vergleichende Sprachwissenschaften und Germanistik an den Universitäten in Leipzig, Göttingen und Berlin. 1910 promovierte er zum Dr. phil. Von 1911 bis 1920 war er Bibliothekar an der Bibliothek Warburg in Hamburg bzw. an der Universitätsbibliothek Hamburg. 1914 wurde er zum Landsturm eingezogen. 1915 leistete er Garnisionsdienst, von Januar 1917 bis Dezember 1918 war er zunächst Unteroffizier bei einem Artillerie-Messtrupp, später Dolmetscher (ausgezeichnet mit der Badischen Silbernen Kriegsmedaille und dem Eisernen Kreuz II. Klasse). 1919 wurde er Privatdozent in Frankfurt, ab 1920 nahm er dort einen Lehrauftrag wahr. 1924 stellte ihn die Deutsche Morgenländische Gesellschaft als Bibliothekar ein, die Universität Halle übertrug ihm einen Lehrauftrag. 1925 wurde er an der Universitätsbibliothek angestellt. 1928 erhielt Printz den Titel eines Bibliotheksrates, 1929 den eines nichtbeamteten außerordentlichen Professors. Im selben Jahr erkrankte er schwer. Da er sich nur noch im Rollstuhl bewegen konnte, hielt er die Vorlesungen in seiner Wohnung ab. 1937 leitete er vertretungsweise das Orientalische Seminar.
Organisationen: 1920 bis 1924 DDP.
Quellen: UAH PA 12653 Printz; Rep. 6 Nr. 1407; DBE Bd. 8, S. 72.

Rasch, Wolfdietrich
(20. April 1903 Breslau – 7. September 1986 Meran)
Konfession: evangelisch
Vater: Lyzeal-Oberlehrer
Das Abitur erwarb Rasch 1921 in Berlin, von 1921 bis 1928 studierte er Germanistik an den Universitäten München, Heidelberg, Berlin, München, wieder Berlin und Breslau. 1927 promovierte er zum Dr. phil. 1933 habilitierte sich Rasch an der Universität Halle. Zunächst erhielt er eine Wirtschaftsbeihilfe, 1939 eine dotierte Dozentenstelle. Ab diesem Jahr vertrat er den vakanten Lehrstuhl in Würzburg. 1941 wurde zum außerplanmäßigen Professor an der Universität Würzburg ernannt. 1954 erhielt er ein Ordinariat an der Universität Münster, wo er auch Direktor des Germanistischen Universitätsinstitutes war.
Organisationen: 1.11.1933 Eintritt in die SA, NSLB, Aufnahme in die NSDAP am 1. Mai 1937 (Mitglied Nr. 4 085 326).
Quellen: UAH Rep. 6 Nr. 1407; UAH PA 12785 Rasch; BDC.

Reiner, Hans
(19. November 1896 Waldkirch – 4. September 1991 Freiburg)
Konfession: katholisch
Vater: Brauereidirektor
Der Schulbesuch wurde 1914 durch Arbeitsdienst unterbrochen. 1915 legte er die Abiturprüfung ab und wurde Soldat (letzter Dienstgrad: Leutnant, ausgezeichnet mit dem Eisernen Kreuz I. und II. Klasse, dem Ritterkreuz 2. Klasse mit Schwertern Zähringer Löwenordens). Von 1919 bis 1922 gehörte er der Einwohnerwehr Freiburg an. Von 1919 bis 1926 studierte Reiner Philosophie, Theologie, Volkswirtschaftslehre und Griechisch an den Universitäten Freiburg, München und wieder Freiburg. Dort promovierte er 1926 zum Dr. phil. 1927/28 war er Assistent an der Universität Marburg, 1928/29 an der Universität Freiburg und 1930/31 an der Universität Halle. Hier habilitierte er sich 1931. 1939 wurde er zum außerplanmäßigen Professor ernannt. Seinem Antrag, an die Universität Straßburg überwiesen zu werden, gab das Wissenschaftsministerium nicht statt. Von 1941 bis 1943 vertrat er den Lehrstuhl für Psychologie und Philosophie an der Universität Freiburg. 1945 nahm er auf eigenes Betreiben am »Abderhaldentransport« teil, 1946 wurde er Lehrbeauftragter in Freiburg und 1951 hier Gastprofessor. 1957 erhielt er an der Universität Freiburg eine planmäßige außerordentliche Professur für Ethik.
Organisationen: 1924 bis 1927 Reichsbanner »Schwarz-Rot-Gold«, 1. Juni 1933 Eintritt in den NSLB, 1. November 1933 Eintritt in den Stahlhelm, 1934 in die SA überführt, Aufnahme in die NSDAP am 1. Mai 1937 (Mitglied Nr. 4 345 279)
Quellen: UAH PA 12922 Reiner; Rep. 6 Nr. 1407; Leaman.

Reitzenstein, Erich
(30. August 1897 Straßburg – 27. Februar 1976 Mainz)
Konfession: evangelisch
Vater: Universitätsprofessor
Reitzenstein besuchte Schulen Straßburg, Freiburg und Göttingen. 1916 begann er ein Studium der klassischen Philologie und des Französischen in Göttingen. Von 1916 bis 1919 leistete er Kriegsdienst (letzter Dienstgrad: Leutnant, ausgezeichnet mit dem Eisernen Kreuz II. Klasse). Das Studium, unter Einbeziehung der Ägyptologie, setzte er in Göttingen, Freiburg, Heidelberg, Berlin und wieder Heidelberg fort. 1922 legte er in Heidelberg das Staatsexamen ab und promovierte zum Dr. phil. 1923 absolvierte er das Probejahr am Gymnasium Heidelberg und wurde Studienassessor. Von 1924 bis 1926 arbeitete Reitzenstein als Lektor für deutsche Sprache an der Universität Bologna, ab 1926 war er Hilfsassistent an der Universität Bonn. Hier habilitierte er sich 1929. 1933 erhielt er die Stelle des Oberassistenten am Philologischen Seminar. 1937 zum nichtbeamteten außerordentlichen Professor ernannt, vertrat der Graecist 1937/38 einen Lehrstuhl für klassische Philologie in Halle, 1938 wurde

er zum Ordinarius ernannt. Nach Ableistung von militärischen Übungen zum Leutnant der neuen Wehrmacht ernannt, leistete Reitzenstein von August 1939 bis Oktober 1940 und von August 1941 bis August 1944 Kriegsdienst (ausgezeichnet mit dem Kriegsverdienstkreuz II. Klasse). Er war Sachbearbeiter in verschiedenen Kommandanturen in Rumänien und Italien. Nach 1945 zum Professor mit Lehrstuhl umberufen, lehnte er 1948 einen Ruf an die Universität Leipzig ab. 1952 wurde Reitzenstein Mitglied des wissenschaftlichen Beirates beim Staatssekretariat für Hoch- und Fachschulwesen der DDR. Nach einer Aussprache mit Staatssekretär Girnus floh er 1958 nach Westberlin. Nach einiger Zeit zum persönlichen ordentlichen Professor der Universität Mainz ernannt, wurde er 1965 emeritiert.
Organisationen: NSV, NSLB, RLB, 1945 CDU, nach den Maßnahmen gegen den »Spirituskreis« im April 1958 Austritt aus der CDU.
Quellen: UAH PA 12962 Reitzenstein, Rep. 6, Nr. 1407. Stengel.

Ritter, Otto
(9. Januar 1876 Berlin – 17. April 1963 Halle)
Konfession: evangelisch
Vater: höherer Schulmann
Die Reifeprüfung legte Ritter 1894 in Berlin ab. Er studierte Sprachwissenschaften und Anglistik an den Universitäten Berlin und Halle, 1899 promovierte er zum Dr. phil. 1903 habilitierte er sich für Englische Sprach- und Literaturwissenschaft. 1911 erhielt er den Professorentitel, 1912 einen Lehrauftrag an der Universität Halle. Ritter vertrat mehrfach Lehrstühle, so 1908/09 in Halle, 1918/19 in Marburg, 1921/22 in Königsberg, 1928/29 in Halle. 1921 wurde er zum nichtbeamteten außerordentlichen Professor ernannt, jedoch nicht auf einen Lehrstuhl berufen. 1941 verlängerte das Wissenschaftsministerium Ritters Tätigkeit über die Altersgrenze hinaus. Nach 1945 war er Professor mit Lehrauftrag an der Universität Halle, 1953 wurde Ritter entpflichtet.
Organisationen: NSV, VDA.
Quellen: UAH PA 13136 Ritter; Rep. 6 Nr. 1407.

Ruville, Albert von
(7. Juni 1855 Potsdam – 5. Juni 1934 Halle)
Konfession: evangelisch, später katholisch
Vater: Hauptmann
Von Ruville besuchte Schulen in Niesky, Halle und Verden, die Reifeprüfung legte er 1875 ab. Er wurde Offiziersaspirant in einem Artillerieregiment, absolvierte die Kriegsschule Anklam und wurde zum Leutnant befördert. Als Stabsoffizier reiste er zu Studienzwecken in die USA und nach Mexiko, war aber auch im Truppendienst eingesetzt. 1888 nahm er seinen Abschied wegen Invalidität. Er studierte Geschichte und Nationalökonomie in Berlin und promovierte 1892 in Berlin mit einer Arbeit über die Auflösung des englisch-preußischen Bündnisses im Jahre 1862, die auf Archivstudien im Public Record Office beruhte. 1896 habilitierte er sich in Halle mit der Arbeit: »Die kaiserliche Politik auf dem Regensburger Reichstag von 1653/54«. 1905 wurde er zum Titular-, 1921 zum außerordentlichen Professor ernannt. Im ersten Weltkrieg diente von Ruville freiwillig als Kommandeur einer Munitionskolonne. Aufsehen erregte von Ruvilles Übertritt zur katholischen Kirche. Sein Bekenntnisbuch »Zurück zur heiligen Kirche – Erlebnisse und Bekenntnisse eines Convertiten« (1909) erschien in hoher Auflage und wurde in acht Sprachen übersetzt. Der Dispens nach § 4 der Universitätsstatuten wurde von Ruville nachträglich und stillschweigend erteilt, ohne dass er darum nachsuchte. Kurator Meyer kommentierte das Buch im Dezember 1909 mit den Worten: »Was nun die vorliegende Schrift anlangt, so ist sie aus der Feder eines hier zugelassenen Katholiken ein starkes Stück und direkt ein Schlag ins Gesicht der Universität Melanchthons.«
Organisationen: -
Quellen: UAH PA 13442 von Ruville; DBE Bd. 8, S. 479.

Schardt, Alois
(28. Dezember 1889 Frickhofen, Kreis Limburg – 24. Dezember 1955 Los Alamos (USA))
Konfession: katholisch
Vater: Landwirt
Nach dem Abitur leistete Schardt 1910/11 Militärdienst als Einjährig-Freiwilliger in Darmstadt. Von 1911 bis 1914 und 1916/17 studierte er Philosophie, Germanistik, Kunstgeschichte und Archäologie in Marburg, Münster, Berlin und Würzburg. Dort promovierte er 1917 zum Dr. phil. 1914 wurde er Offiziersstellvertreter im Reserve-Infanterie-Regiment 87 und nahm an der Marneschlacht teil. Nach einem Nervenzusammenbruch wurde er als dienstuntauglich entlassen. Von 1918 bis 1920 war er wissenschaftlicher Hilfsarbeiter an der ägyptischen Abteilung der Staatlichen Museen Berlin, von Frühjahr bis Sommer 1920 am Kaiser-Friedrich-Museum Berlin, von Sommer 1920 bis 1924 an der Nationalgalerie Berlin. 1924/25 war er Direktor der Bildungsanstalt Hellerau. 1926 wurde er in Halle Direktor des Städtischen Moritzburgmuseums. 1930 ernannte ihn die Universität Halle zum Honorarprofessor für Museumskunde und Kunstgeschichte. Von Juli bis November 1933 leitete er kommissarisch die Nationalgalerie Berlin. Dabei war Schardt an heftigen Auseinandersetzungen um die expressionistische Kunst beteiligt. 1934 kehrte er nach Halle zurück und begann die Arbeit an einer Monographie über Franz Marc. 1936 wurde er anlässlich einer Rede zur Eröffnung einer Franz-Marc-Ausstellung in Berlin verhaftet. Nach der Entlassung im November 1936 versetzte ihn das Kultusministerium auf eigenen Wunsch in den Ruhestand. 1937 entzog ihm das Wissenschaftsministerium den Lehrauftrag. Bis 1939 widmete er sich in Berlin schriftstellerischer Tätigkeit. Im November 1939 reiste er mit der Familie nach Los Angeles, um dort eine deutsche Propagandaausstellung aufzubauen. Die Schau wurde nie eröffnet, wohl mit Rücksicht auf sein behindertes Kind kehrte Schardt nicht zurück. Er arbeitete als Sprachlehrer, Kulissenbauer und Vortragsredner. Ab 1946 war er Direktor des Art Department der Olive Hill Foundation und lehrte an der University of Southern California sowie an verschiedenen Colleges.
Organisationen: Leiter der Ortsgruppe des Kampfbundes für Deutsche Kultur, Mitglied der NSDAP seit 1. Mai 1933 (Nr. 3 492 038), Mitglied des Rotary Clubs.
Quellen: UAH PA 13616 Schardt; Rep. 6 Nr. 1407; DBE Bd. 8, S. 566; Wendland.

Schnabel, Paul
(5. September 1887 Steinach, Kreis Sonneberg – 23. März 1947 Schkeuditz)
Konfession: evangelisch
Vater: Lehrer
Nach dem Schulbesuch in Hildburghausen und Eisenach leistete Schnabel 1906/07 Militärdienst als Einjährig-Freiwilliger in einem Artillerieregiment. Er studierte alte Geschichte und klassische Philologie an den Universitäten Leipzig und Jena. Dort wurde er 1911 zum Dr. phil. promoviert. Von 1912 bis 1914 war er als Lehrer tätig. Von 1914 bis 1918 stand er im Kriegseinsatz als Feuerwerker, vor allem bei den Dardanellen (ausgezeichnet mit dem Eisernen Kreuz II. Klasse, dem Eisernen Halbmond und der Silbernen Liakatmedaille mit Schwertern). 1920 habilitierte er sich an der Universität Halle für das Fach Alte Geschichte. Er erhielt ein Stipendium des preußischen Kultusministeriums und wurde 1926 zum nichtbeamteten außerordentlichen Professor ernannt. 1927 vertrat er einen Lehrstuhl an der Universität Greifswald. 1930 wurde das Stipendium gestrichen, 1934 erhielt er einen Lehrauftrag für Geschichte des Alten Orients. Sein besonderes Forschungsinteresse gab Schnabel in einem Fragebogen wie folgt an: »Rassische Universalgeschichte, Rassische Kulturgeschichte der Menschheit«. Durch eine nicht ausgeheilte Malariaerkrankung geistig gestört, entzog ihm das Wissenschaftsministerium auf Betreiben von Gaudozentenführer Wagner und Rektor Weigelt die Lehrbefugnis. Ab 1937 war er in Behandlung der Universitätsnervenklinik, wo Klinikchef Hilpert hirnaantomische Veränderungen feststellte. Die Einweisung nach Bethel war geplant, vermutlich starb Schnabel jedoch in der Landesheilanstalt Altscherbitz.
Organisationen: DVP, später DNVP, 1933 Aufnahme in die NSDAP (Mitglied Nr. 1 792 959)
Quellen: UAH PA 14031 Schnabel; Rep. 6 Nr. 1407; Auskunft des Standesamtes der Stadt Steinach.

Schneider, Ferdinand Josef
(6. Dezember 1879 Mariaschein (Böhmen) – 4. November 1954 Halle)
Konfession: römisch-katholisch
Vater: Kaufmann
Das Abitur legte Schneider 1898 in Teplitz-Schönau ab. Danach studierte er Germanistik und angrenzende Fächer an der Deutschen Universität Prag. 1902/03 leistete er Militärdienst, 1903 promovierte er mit einer Arbeit zu Jean Pauls Altersdichtung. Von 1903 bis 1906 setzte er seine Ausbildung an der Universität Berlin fort, 1907 habilitierte er sich an der Universität Prag. 1914 wurde ihm der Titel eines außerordentlichen Professors verliehen. Von 1914 bis 1918 leistete Schneider Kriegsdienst als Offizier in verschiedenen Garnisionen der Doppelmonarchie, zuletzt beim k. u. k. Militärkommando Prag (ausgezeichnet mit dem Goldenen Verdienstkreuz mit der Krone am Bande der Tapferkeitsmedaille). 1920 wurde er in Prag zum wirklichen außerordentlichen Professor ernannt, 1921 erhielt er einen Ruf auf das Ordinariat für Literaturwissenschaft an der Universität Halle. Rufe nach Innsbruck und Prag lehnte er ab. 1933/34 war er Dekan der Philosophischen Fakultät. 1953 wurde Schneider emeritiert.
Organisationen: NSV, VDA.
Quellen: UAH PA 14057 F. J. Schneider; Rep. 6 Nr. 1407; DBE Bd. 9, S. 52.

Schneider, Max
(20. Juli 1875 Eisleben – 5. Mai 1967 Halle)
Konfession: evangelisch
Vater: Buchdruckereibesitzer, Verleger
Schneider besuchte Gymnasien in Eisleben und Weimar. 1896/97 studierte er Musik in Leipzig. Von 1897 bis 1901 war er als Musiker, vor allem aber als Dirigent tätig, u.a. als 2. Kapellmeister in Halle. Ein Engagement in München scheiterte, da der bayerische König den nach überstandener Kinderlähmung Behinderten nicht am Pult stehen sehen wollte. Schneider setzte das Studium fort (1901 bis 1904 Leipzig, 1904/05 Berlin). Von 1905 bis 1915 war er Assistent am musikwissenschaftlichen Seminar der Universität Berlin, zugleich wissenschaftlicher Hilfsarbeiter an der Königlich-Preußischen Bibliothek, später am Institut für Kirchenmusik. 1913 erhielt er den Professorentitel. 1915 erhielt er einen Ruf auf ein planmäßiges Extraordinariat an der Universität Breslau und promovierte 1917 zum Dr. phil. 1920 lehnte er einen Ruf nach Halle ab und wurde zum persönlichen Ordinarius in Breslau ernannt. Zugleich war er ab 1927 Direktor der Evangelischen Kirchenmusikschule Schlesien. 1928 folgte er dem Ruf nach Halle, wo er bis zur Emeritierung 1950 als persönlicher Ordinarius, ab 1947 als ordentlicher Professor bzw. Prof. mit Lehrstuhl lehrte. Von 1936 bis zum Dezember 1938 war er Dekan der Philosophischen Fakultät, wegen der Konsequenzen der »Rosenberg-Politik« trat er von dem Amt zurück. 1950 emeritiert, lehrte er bis 1962 weiter.
Organisationen: NSV, NSLB, NS-Altherrenbund, RLB, nach 1945 FDGB.
Quellen: UAH PA 26017 M. Schneider; Rep. 6 Nr. 1407; DBE Bd. 9, S. 58.

Schole, Heinrich
(2. September 1886 Habbrügge i.O. – 1945 Greifswald (Selbsttötung))
Konfession: evangelisch
Vater: Hauptlehrer
Schole besuchte die Volksschule in Driefel, dann das Lehrerseminar in Oldenburg. Nach der militärischen Ausbildung als Einjährig-Freiwilliger war Schole von 1907 bis 1912 Volksschullehrer. Ein Studium des Englischen, Französischen und der Philosophie an der Universität Gießen schloss sich an, zugleich bereitete sich Schole auf das Abitur vor. Nach dem Abitur (1913) studierte Schole Germanistik, Anglistik, Philosophie, Mathematik und Physik. 1916 promovierte er in Kiel mit einer Untersuchung über die Wahrnehmung und Zusammensetzung der Vokale U, O, A zum Dr. phil. 1921 legte er das philologische Staatsexamen ab, 1922 habilitierte er sich an der Universität Königsberg. 1923 erhielt er einen Lehrauftrag. Dieser wurde ihm 1931 entzogen, daher habilitierte sich Schole nach Göttingen um. Dort 1933 zum nichtbeamteten außerordentlichen Professor ernannt, vertrat er 1935/36 den

vakanten Lehrstuhl für Psychologie in Halle. Nach einer vernichtenden Beurteilung durch die Philosophische Fakultät erhielt Schole den Lehrstuhl nicht, lehrte jedoch in Königsberg und Göttingen weiter. 1938 wurde er außerordentlicher, 1939 außerplanmäßiger Professor in Greifswald und war dort Leiter des Psychologischen Instituts. Schole soll sich 1945 wegen einer drohenden Verhaftung selbst getötet haben.
Organisationen: Am 1. August 1932 Eintritt in die NSDAP (Mitglied Nr. 1 249 608).)
Quellen: UAH PA 14170 Schole (darin keine biographischen Angaben); Heiber 1, S. 395; Geuter; BDC.

Schürer, Oskar
(22. Oktober 1892 Augsburg – 29. April 1949 Heidelberg)
Konfession: protestantisch
Vater: Fabrikdirektor
1911 legte Schürer das Abitur in Augsburg ab. 1911/12 studierte er Kunstgeschichte an der Universität München. 1912/13 leistete er Militärdienst als Einjährig-Freiwilliger. 1913 setzte er das Studium in Berlin fort, 1914 wechselte er nach Marburg. Von 1914 bis 1918 stand er im Kriegseinsatz als Führer einer Flakbatterie (ausgezeichnet mit dem Eisernen Kreuz I. und II. Klasse sowie dem Bayerischen Militärverdienstorden und dem Bayerischen Militärverdienstkreuz) Nach dem Ersten Weltkrieg setzte er das Studium in München, Freiburg und Marburg fort. Dort promovierte er 1921 zum Dr. phil. und wurde Lehrer an der Neuen Schule Dresden-Hellerau. Ab 1929 lebte er als Schriftsteller in Prag, 1930 scheiterte ein Versuch zur Habilitation an der Universität Prag. 1932 habilitierte sich Schürer in Halle. Bis 1937 unternahm er mehrere Reisen in die Slowakei zur Dokumentation deutscher Kunst in der Zips. Doch schon vorher geriet Schürers Karriere ins Stocken, da er mit einer deutsch-böhmischen Sportlehrerin verheiratet war, die unter anderem von Gaudozentenführer Wagner als »tschechische Balletttänzerin« verleumdet wurde. Außerdem scheiterte ein Ruf nach Stuttgart an politischen Bedenken. Expressionistische Gedichte, die Schürer unter dem Eindruck des Kriegsgeschehens verfasst hatte, wurden als »kommunistische Betätigung« gewertet. 1937 vertrat Schürer einen Lehrstuhl für Kunstgeschichte an der Universität München und wurde dort 1939 zum außerordentlichen Professor ernannt. 1942 erhielt er einen Ruf auf ein Ordinariat an die TH Darmstadt, wo er bis zu seinem Tode lehrte.
Organisationen: Angehöriger des Stahlhelms, überführt in den NSDFB.
Quellen: UAH PA 14359 Schürer; Rep. 6 Nr. 1407; DBE Bd. 9, S. 173.

Schultze, Otto
(9. Oktober 1872 Merseburg – 11. Januar 1950 Frankfurt am Main)
Konfession: nicht ermittelt.
Vater: Bankier
Nach dem Schulbesuch in Merseburg studierte Schultze Medizin an den Universitäten Kiel, Heidelberg und München. Das Staatsexamen bestand er 1898 in Heidelberg. Danach war er Arzt in Merseburg und an der Universitätsklinik Jena, dort promovierte er 1899 zum Dr. med. mit einer Arbeit über den Wärmestich beim Kaninchen. Als Schiffsarzt reiste er mehrfach nach Nordamerika. Ab 1900 studierte er Psychologie in München, ab 1904 war er in Würzburg experimentell tätig. Bildungsreisen nach England und Schottland, Italien und Sizilien schlossen sich an. 1906 promovierte er an der Universität Würzburg zum Dr. phil. (Rigorosum in den Fächern Philosophie, Archäologie, Zoologie) mit einer Arbeit über einige Hauptgesichtspunkte der Beschreibung in der Elementarpsychologie. Von 1906 bis 1908 war er Assistent an der Universität Frankfurt am Main, wo er sich 1908 habilitierte. Von 1908 bis 1912 lehrte Schultze als Professor der Philosophie in Buenos Aires. 1915 wurde er außerordentlicher Professor in Frankfurt, 1922 zum ordentlichen Professor der Pädagogik, Philosophie und experimentellen Psychologie in Königsberg berufen. 1934/35 vertrat er den vakanten Lehrstuhl in Halle, wurde aber 1935 zurück nach Königsberg versetzt und emeritiert. Nach 1945 nahm Schultze einen Lehrauftrag für Philosophie, Psychologie und Pädagogik an der Universität Frankfurt am Main wahr.
Organisationen: 1934 Eintritt in den NSLB.
Quellen: Geuter, BDC.

Schulz, Walther
(20 November 1887 Bromberg – 12. März 1982 Weimar)
Konfession: evangelisch
Vater: Oberpostkassenrendant
Die Reifeprüfung legte Schulz 1907 in Minden ab. Er studierte Geschichte, Germanistik und Vorgeschichte an den Universitäten Göttingen, Münster und Berlin. 1912 promovierte er dort bei Gustaf Kossinna. Nach kurzer Tätigkeit als wissenschaftlicher Hilfsarbeiter am Museum Posen erhielt Schulz eine Anstellung an der Landesanstalt für Vorgeschichte (Provinzialmuseum) Halle. Von 1914 bis 1918 nahm er am Ersten Weltkrieg teil, 1918 wurde er verwundet (letzter Dienstgrad: Leutnant, ausgezeichnet mit dem Eisernen Kreuz I. und II. Klasse). 1925 wurde Schulz Kustos des Provinzialmuseums, 1928 habilitierte er sich für das Fach Nordeuropäische Vorgeschichte. 1935 erhielt er den Titel eines nichtbeamteten außerordentlichen Professors und wurde zum Nachfolger seines Mentors Hans Hahne zum Direktor der Landesanstalt für Volkheitskunde bestellt. 1936 ernannte ihn das Wissenschaftsministerium zum persönlichen Ordinarius für Vorgeschichte (den von Hahne eingeführten Begriff der Volkheitskunde lehnte er für sich ab.) 1937/38 war er Prorektor der hallischen Universität, trat jedoch nach einem Zerwürfnis mit Rektor Johannes Weigelt von dem Amt zurück. Als Museumspfleger der Provinz Sachsen stellte er sich zahlreichen ideologisch motivierten Grabungsprojekten in den Weg, konnte sie jedoch nicht immer verhindern. Von November 1944 bis April 1945 diente er im Volksturm. 1945 als Professor und als Leiter des Provinzialmuseums entlassen, war er als Hilfsarbeiter in einer Druckerei tätig. 1947 wurde er von der Akademie der Wissenschaften Leipzig mit der Erstellung einer Bibliographie zur Vorgeschichte Mitteldeutschlands beauftragt. Ab 1951 leitete er im Auftrag der Sächsischen Akademie der Wissenschaften eine Grabung in Wahlitz (Kreis Burg). Außerdem vertrat er einen Lehrstuhl an der Pädagogischen Hochschule Potsdam. 1953 erhielt er einen Lehrauftrag an der Universität Halle, den er bis zur Verrentung wahrnahm.
Organisationen: 1911 bis 1914 Mitglied des Deutsch-Völkischen Studentenverbandes, im Juni 1932 Eintritt in den Kampfbund für deutsche Kultur, im August 1932 Mitglied des Opferringes der NSDAP, Aufnahme in die Partei am 1. Mai 1933 (Mitglied Nr. 2 255 352), von November 1933 bis 1937 SA.
Quellen: UAH PA 14376 W. Schulz; Rep. 6 Nr. 1407.

Serauky, Walter
(20. April 1903 Halle – 20. August 1959 Halle)
Konfession: evangelisch
Vater: Versicherungsagent
Das Abitur legte Serauky 1922 an der Latina der Franckeschen Stiftungen ab. Er studierte Musikwissenschaft, Germanistik, Geschichte und Philosophie an den Universitäten Halle, Leipzig und wieder Halle. 1929 promovierte er zum Dr. phil., ab 1929 war er außerplanmäßiger Assistent am Musikwissenschaftlichen Seminar der Universität Halle. 1932 habilitierte er sich mit dem ersten Band einer »Musikgeschichte der Stadt Halle«. Zunächst nur mit kleineren Beihilfen und Stipendien ausgestattet, wurde er 1940 zum außerplanmäßiger Professor ernannt. 1941/42 stand er als Landesschütze im Kriegseinsatz und wurde als Versehrter entlassen. 1943/44 vertrat er den Lehrstuhl für Musikwissenschaft an der Universität Leipzig. Im Oktober 1945 von der Universität Halle entlassen, verwaltete er die Bibliothek des Musikwissenschaftlichen Seminars ohne Vergütung und half dem versehrten Max Schneider bei den alltäglichen Verrichtungen. 1947 erhielt er einen Forschungsauftrag über Händel, 1948 wurde er Lektor für Musikwissenschaftliche Propädeutik und Neuere Musikgeschichte an der Universität Halle. Da die Universität Halle ihm keine angemessene Vergütung zahlen wollte, nahm Serauky 1949 einen Ruf nach Leipzig an, wo er bis zu seinem Tod als ordentlicher Professor der Musikwissenschaft wirkte. Hier war er mit der Rekonstruktion und Neuordnung des Leipziger Musikinstrumentenmuseums beschäftigt, außerdem stellte er drei Bände einer Händel-Biographie fertig.
Organisationen: 1933 SA, im Dezember 1933 Austritt aus gesundheitlichen Gründen, NSLB, RLB, Eintritt in die NSDAP am 1. Mai 1937. Ab Juli 1945 LDP.
Quellen: UAH PA 14696 Serauky; Rep. 6 Nr. 1407; DBE Bd. 9, S. 291.

Sommerlad, Theo
(7. Februar 1869 Frankfurt am Main – 4. Juli 1940 Halle)
Konfession: evangelisch
Vater: Schulrektor
Nach dem Reifezeugnis (1887) studierte Sommerlad an den Universitäten Bonn, Berlin und Halle klassische Philologie, Geschichte und Staatswissenschaften. 1891 in Halle promoviert, wurde ihm 1893 die licentia privatim docendi für mittelalterliche Geschichte und Wirtschaftsgeschichte zugesprochen. 1903 stellen Johannes Conrad und Theodor Lindner den Antrag, Sommerlad einen Professorentitel zu verleihen. Erhalten hat er ihn erst 1908. Ab 1912 war er Sekretär des Thüringisch-Sächsischen Geschichtsvereins. 1919 ernannte ihn die Universität Halle zum ordentlichen Honorarprofessor. Von 1911 bis 1924 nahm Sommerlad einen Lehrauftrag am Polytechnikum Köthen war. 1923 erhielt er einen Lehrauftrag für Landesgeschichte an der Universität Halle. Trotz verschiedener Lehrstuhlvertretungen erhielt Sommerlad kein Ordinariat. 1935 wurde er von den amtlichen Verpflichtungen entbunden.
Organisationen: bis 1933 Mitglied der DNVP, am 1. Mai 1933 Aufnahme in die NSDAP (Mitglied Nr. 2 255 230).
Quellen: UAH PA 14812 Sommerlad; Rep. 6 Nr. 1407.

Specht, Franz
(1. November 1888 Roßlau – 13. November 1949 Mainz)
Konfession: evangelisch
Vater: Fabrikant
Das Abitur legte Specht 1908 in Dessau ab. Er studierte Germanistik, Geschichte und klassische Philologie in Berlin, Leipzig und wieder Berlin. 1912 legte er die Turnlehrerprüfung ab, 1913 das Staatsexamen für die Fächer Deutsch, Griechisch und Latein. Danach war er Studienassessor. Am 1. August 1914 meldete er sich als Kriegsfreiwilliger zum Heer (ausgezeichnet mit dem Eisernen Kreuz II. Klasse und dem Anhaltischen Friedrichskreuz). Nach der Genesung von einer Verwundung (Bauchschuss) setzte er seine Ausbildung 1915 am pädagogischen Seminar in Dessau fort. 1915/16 war er Hilfslehrer am Gymnasium Köthen, von 1916 bis 1923 dort Oberlehrer bzw. Studienrat. 1918 promovierte er mit einer Arbeit zum Litauischen. 1922 veröffentlichte er das erfolgreiche Buch »Die Sprache und ihr Ursprung«. Daher wurde er ohne Habilitation 1923 zum ordentlichen Professor für vergleichende Sprachwissenschaft in Halle berufen. 1927 hielt sich der Spezialist für baltische Sprachen zu Forschungszwecken in Litauen auf, was zu erheblicher öffentlicher Erregung führte. Specht spürte vor allem indogermanischen Wurzeln der Sprache nach und arbeitete dabei mit dem Vorgeschichtler Walther Schulz zusammen. 1937 erhielt er einen Ruf nach Breslau, 1943 wurde er als Nachfolger Wilhelm Schulzes an die Universität Berlin berufen. 1945 entlassen, erhielt er 1946 einen Ruf an die Universität Mainz.
Organisationen: 1918 Eintritt in den Alldeutschen Verband, später VDA, 1918 bis 1933 DNVP, 1933 Stahlhelm, Aufnahme in die NSDAP am 1. Februar 1940 (Mitglied Nr. 7 454 596).
Quellen: UAH Rep. 6 Nr. 1407; BDC.

Springmeyer, Heinrich
(27. Mai 1898 Köln – 27. Juni 1971 Marburg)
Konfession: evangelisch
Vater: Kaufmann
Nach dem Besuch von Volksschulen in und bei Köln absolvierte Springmeyer von 1913 bis 1917 die Lehrerbildungsanstalt Mettmann. 1922 erwarb er das Reifezeugnis eines Realgymnasiums. Von 1923 bis 1928 studierte er Philosophie, Germanistik und Soziologie an der Universität Köln. Dort promovierte er 1929 zum Dr. phil. Von 1929 bis 1931 setzte er die Studien in Heidelberg, Freiburg, Köln und Paris fort. Von 1931 bis 1936 war er Assistent mit Ministerialstipendium am Philosophischen Seminar an der Universität Berlin. 1933 habilitiert, erhielt er 1936 die Stelle eines Oberassistenten am Philosophischen

Seminar der Universität Berlin und 1937 einen Lehrauftrag für Geschichte der Neueren Philosophie. 1938 vertrat er den Lehrstuhl für Philosophie (in Verbindung mit Pädagogik) an der Universität Halle. Obwohl sich zwei Mitglieder der Philosophischen Fakultät (Martin Lintzel, Werner Mulertt) in Sondervoten gegen eine Berufung Springmeyers aussprachen, wurde er 1939 auf Betreiben des Amtes Rosenberg zum planmäßigen außerordentlichen Professor ernannt. Ab 1942 arbeitete Springmeyer nebenamtlich als Hauptlektor für Philosophie im Amt Rosenberg und wurde deshalb uk. gestellt und 1944 mit dem Kriegsverdienstkreuz II. Klasse ausgezeichnet. 1942 zum ordentlichen Professor ernannt, amtierte er von 1943 bis 1945 als Dekan der Philosophischen Fakultät, von Februar 1945 bis Mai 1945 als Prorektor. 1945 verhaftet, lebte er nach 1945 in Rattlar bei Willingen. Einen Ruf an eine deutsche Universität erhielt er nicht, formal wurde er als Professor der Universität Marburg emeritiert.
Organisationen: 1936 NSLB und NSDDB (Vertrauensmann an der Universität Berlin), Aufnahme in die NSDAP am 1. Mai 1937 (Mitglied Nr. 5 711 616).
Quellen: UAH PA 14912 Springmeyer; Rep. 6 Nr. 1407; Rep. 4 Nr. 898; Leaman.

Stammler, Gerhard
(3. Mai 1898 Halle – 20. Februar 1971 Schönebeck)
Konfession: evangelisch
Vater: Universitätsprofessor
Nach der Reifeprüfung am Stadtgymnasium Halle studierte der wegen einer Netzhautablösung nicht militärdiensttaugliche, fast blinde Stammler in Berlin. 1921 promovierte er dort zum Dr. phil. mit einer Arbeit über Berkeleys Philosophie der Mathematik. 1924 habilitierte er sich an der Universität Halle für Philosophie. Obwohl sich Dozentenführer Wagner 1934 wegen dessen Behinderung gegen die Ernennung Stammlers zum Dozenten aussprach, erhielt dieser von 1934 bis 1937 ein Dozentenstipendium. Die 1936 beantragte Ernennung zum nichtbeamteten außerordentlichen Professor wurde von Parteistellen hintertrieben. Spätestens ab 1937 war er für die Bekennende Kirche tätig, blieb trotzdem weiterhin Empfänger eines Dozentenstipendiums nach positiver Beurteilung durch andere Parteistellen (Stab des Stellvertreters des Führers). 1938 wurde er zum nichtbeamteten außerordentlichen Professor mit dotiertem Lehrauftrag für die Philosophie der exakten Wissenschaften ernannt. Ab 1940 hielt er Vorlesungen für die nun vorgeschriebene philosophisch-weltanschauliche Ausbildung von Lehramtsstudenten in der philosophischen und in der naturwissenschaftlichen Fakultät. 1942 scheiterte ein Ruf nach Jena auf Grund von Stammlers konfessioneller Bindung, 1943 wurde er wegen eines Vortrages über »Gerechtigkeit in der Volksgemeinschaft« kritisiert. Im Oktober 1945 entlassen, stellte ihn die Universitätsbibliothek als Hilfsarbeiter ein. Im Januar 1946 wurde er dort entlassen, aber als Lohnempfänger wieder zu Katalogisierungsarbeiten eingestellt. Ab April 1947 war er als freier Schriftsteller tätig. 1949 wurde er Dozent am Oberseminar in Naumburg, später war er stellvertretender Leiter der Evangelischen Akademie Sachsen-Anhalt.
Organisationen: Aufnahme in die NSDAP am 1. Mai 1933 (Mitglied Nr. 2 255 456), 1934 Politischer Leiter (Zellenfunkwart), 1. Juni 1934 Eintritt in die NSV, NSDDB.
Quellen: UAH PA 16177 Stammler; Rep. 6 Nr. 1407; Leaman.

Stenzel, Julius
(9. Februar 1883 Breslau – 26. November 1935 Halle)
Konfession: katholisch
Vater: Eisenbahnbetriebssekretär
Stenzel legte die Reifeprüfung 1902 in Breslau ab. Er studierte an der Universität seiner Heimatstadt klassische Philologie. 1907 bestand er das Staatsexamen, 1908 promovierte er an der Universität Breslau zum Dr. phil. Von 1909 bis 1925 arbeitete er als Studienrat bzw. Oberlehrer an Gymnasien in Breslau und Neiße. Von 1916 bis 1918 leistete er Kriegsdienst als Funker (ausgezeichnet mit dem Eisernen Kreuz II. Klasse). 1920 habilitierte er sich an der Universität Breslau für Philosophie, 1923 erhielt er einen Lehrauftrag. 1925 wurde er zum ordentlichen Professor der Philosophie an die Universität Kiel berufen. 1931 lehnte er einen Ruf nach Basel ab. Nach Denunziation durch einen Studenten wurde Stenzel beurlaubt, jedoch politisch rehabilitiert. Trotzdem versetzte ihn das Kultusministerium auf

Grundlage des § 5 des Berufsbeamtengesetzes am 1. November 1933 nach Halle. Stenzel starb plötzlich nach kurzem schweren Leiden. Seine jüdische Ehefrau emigrierte 1939 in die USA, ihre Mutter tötete sich selbst, um der Deportation zu entgehen.
Organisationen: -
Quellen: UAH PA 14976 Stenzel; Leaman.

Storost, Joachim
(26. Dezember 1905 Schönebeck/Elbe – 13. Februar 1981 Regensburg)
Konfession: evangelisch
Vater: Studienrat
Das Abitur legte Storost 1924 am Gymnasium Schönebeck ab. Er studierte Germanistik, Neuere Sprachen und Philosophie in Halle, Berlin und wieder Halle, sowie 1927 in Poitiers. 1930 promovierte er an der Universität Halle zum Dr. phil. Von 1931 bis 1933 arbeitete er als Lektor in Bologna und Rom. 1933 habilitierte er sich an der Universität Halle für romanische Philologie. 1941 zum außerplanmäßigen Professor ernannt, wurde er 1944 beamteter außerordentlicher Professor an der Universität Innsbruck. Aus Österreich ausgewiesen, ernannte ihn die Landesregierung 1948 zum Professor mit vollem Lehrauftrag an der Universität Halle. 1949 wurde er Ordinarius für Romanische Philologie an der Universität Greifswald, floh jedoch wenig später in die Bundesrepublik. 1953/54 war er Lehrbeauftragter an der Philosophisch-theologischen Hochschule Bamberg, danach außerplanmäßiger, ab 1958 ordentlicher Professor der Universität Würzburg.
Organisationen: Aufnahme in die NSDAP am 1. Mai 1937 (Mitglied Nr. 4 341 069), Zellenpropagandawart
Quellen: UAH Rep. 6 Nr. 1407.

Stranders, Vivian
(8. April 1881 London - 20. Mai 1959 Schwerte/Ruhr)
Konfession: protestantisch
Vater: Universitätsprofessor
Nach dem Besuch einer Public School in London studierte Stranders von 1900 bis 1903 klassische Philologie und Geschichte an der Universität London. 1903 erhielt er das Baccalaureat, 1904 den Master of Arts. Von 1904 bis 1911 im Schuldienst, erhielt er 1911 das Patent als Offizier der Pioniertruppen. Er nahm als Hauptmann am Ersten Weltkrieg teil und erhielt vier britische Kriegsauszeichnungen. Ab 1920 in Deutschland, wurde er später in Frankreich Generalvertreter der deutschen Flugzeugindustrie. Hier verhaftet, verbrachte er 1 1/2 Jahre in französischer Untersuchungshaft. Gesundheitlich und finanziell ruiniert, war er nach der Entlassung in Deutschland als Übersetzer tätig. 1933 eingebürgert, ernannte ihn die Universität Bonn zum planmäßigen Lektor. Ab 1935 Lektor in Halle erhielt er hier einen Lehrauftrag. 1936 promovierte Stranders an der Universität Bonn zum Dr. phil. Der Autor eines Buches über Wirtschaftsspionage der Entente trat 1939 an die Universität Berlin über, wurde jedoch schon bald wieder der Universität Halle zugewiesen. 1940 lehnte die Philosophische Fakultät der Universität Halle jedoch die Habilitation Standers' ab. Zugleich blockierte die Dozentenschaft die Verleihung des Titels Honorarprofessor wegen einer Anzahl nicht näher beschriebener »Vorkommnisse und Beobachtungen«. Während des Zweiten Weltkrieges arbeitete Stranders für den deutschen Rundfunks und die Reichspressestelle, 1944 trat er in die Waffen-SS ein.
Organisationen: 1932 NSDAP.
Quelle: UAH PA 16240 Stranders.

Strauch, Philipp
(23. April 1852 Hamburg – 20. September 1934 Halle)
Konfession: evangelisch
Vater: Kaufmann

Strauch studierte zunächst Rechtswissenschaft, später Germanistik an den Universitäten Heidelberg, Berlin und Straßburg. Dort promovierte er 1876 zum Dr. phil. Nach Studienaufenthalten in München, Wien und Berlin habilitierte sich Strauch 1878 in Tübingen für Germanistik. 1883 wurde er zum außerordentlichen Professor ernannt, 1887 erhielt er ein planmäßiges Extraordinariat. 1893 wechselte der Kenner der mittelalterlichen Mystik an die Universität Halle und erhielt hier 1895 ein Ordinariat. 1921 wurde Strauch verabschiedet, war jedoch noch lange Zeit Ephorus der Wittenberger Benefizien.
Organisationen: -
Quellen: UAH PA 16248 Strauch; DBE Bd. 9, S. 573.

Thieme, Paul
(18. März 1905 Berlin – 24. April 2001 London)
Konfession: evangelisch
Vater: Pfarrer
Thieme besuchte Schulen in Mechelroda, Neuenhof bei Eisenach und Eisenach, hier legte er 1923 die Abiturprüfung ab. Ein Studium der Indologie, vergleichenden Sprachwissenschaft und Iranistik an den Universitäten Göttingen und Berlin schloss sich an. 1928 promovierte er in Göttingen zum Dr. phil. Ein Stipendium der Notgemeinschaft der Deutschen Wissenschaft ermöglichte ihm 1932 die Habilitation an der Universität Göttingen. Von 1932 bis 1935 arbeitete er als Lektor für Deutsch und Französisch an der Universität Allahabad (Britisch Indien), zugleich studierte er die Grammatik des Sanskrit. Nach Göttingen zurückgekehrt, vertrat er von 1936 bis 1940 einen Lehrstuhl in Breslau. 1940 wurde er zum außerplanmäßigen Professor ernannt. 1941 erhielt er einen Ruf als außerordentlicher Professor für vergleichende Sprachwissenschaft und Indologie an die Universität Halle. Seit 1938 absolvierte er militärische Übungen und wurde 1941 eingezogen. Zunächst war er in einer Feldkommandantur, dann in einer Dolmetscherersatzabteilung beschäftigt. 1945 geriet er in Württemberg in amerikanische Kriegsgefangenschaft. 1946 entlassen, lehnte er einen Ruf nach München ab und kehrte an die Universität Halle zurück. 1953 nahm er einen Ruf auf ein Extraordinariat für indogermanische Spachwissenschaft an der Universität Frankfurt an. Sein Umzug glich einer Flucht, da ihm die DDR-Behörden die Übersiedlung verweigerten. 1954 folgte er einem Ruf nach Yale (USA), 1960 erhielt er an der Universität Tübingen einen Lehrstuhl für Indologie und vergleichende Religionswissenschaften.
Organisationen: 1936 Eintritt in die NSV.
Quellen: UAH PA 15956 Thieme; www.uni-tuebingen.de/uni/qvo/Tun/Tun101-24.html.

Thierfelder, Andreas
(15. Juni 1903 Zwickau – 3. April 1986 Mainz)
Konfession: evangelisch-lutherisch
Vater: praktischer Arzt
Thierfelder besuchte Schulen in Zwickau, das Abitur legte er 1922 am Gymnasium St. Afra in Meißen ab. Er studierte klassische Philologie, alte Geschichte sowie Archäologie an den Universitäten Leipzig und Kiel. 1930 promovierte er in Leipzig mit der Arbeit »De rationibus interpolationum Plautinarum« zum Dr. phil. 1934 habilitierte er sich für Klassische Philologie. Im Sommersemester 1936 vertrat er den vakanten Lehrstuhl für Griechisch an der Universität Halle. 1937 wurde er zum planmäßigen außerordentlicher Professor an der Universität Rostock berufen. 1941 erhielt er ein Ordinariat an der Universität Gießen. 1950 nahm er einen Ruf an die Universität Mainz an und wurde dort 1971 emeritiert.
Organisationen: Aufnahme in die NSDAP 1937.
Quellen: UAH PA 15960 Thierfelder; Chroust, S. 319.

Utitz, Emil
(27. Mai 1883 Prag – 2. November 1956 Jena)
Konfession: evangelisch, früher jüdisch, später ohne
Vater: Lederwarenfabrikant

Utitz studierte Philosophie an den Universitäten Prag, München und Leipzig, wurde 1906 promoviert und habilitierte sich 1910 an der Universität Rostock. 1916 erhielt er den Professorentitel, 1921 den eines nichtbeamteten außerordentlichen Professors. 1925 nahm er einen Ruf als ordentlicher Professor für Philosophie an die Universität Halle an. Hier befasste er sich vor allem mit psychologischen Fragen. Am 29. April 1933 beurlaubt, wurde er am 23. September 1933 nach § 3 des Berufsbeamtengesetzes in den Ruhestand versetzt. Utitz emigrierte nach Prag und wurde dort nach Fürsprache des Germanisten Ferdinand Josef Schneider mit der Ordnung des Nachlasses des Phänomenologen Franz Brentano betraut. 1934 erging an ihn ein Ruf der Deutschen Universität Prag auf den Lehrstuhl für Philosophie (unico primo loco). Nach dem Einmarsch der Wehrwacht verhaftet, wurde Utitz in das Konzentrationslager Theresienstadt verbracht. 1945 wurde er erneut Professor an der Universität Prag.
Organisationen: 1919 DDP, später ausgetreten. Mitglied des Rotary Clubs. Austritt im Mai 1933, da der hallische Club im April eine Erklärung in die Schweiz gesandt hatte, die sich gegen die von der ausländischen Presse behaupteten »Greueltaten« an Juden wandte.
Quellen: UAH PA 16380 Utitz; DBE Bd. 10, S. 172; Leaman; Protokoll der Zusammenkunft des Rotary Clubs Halle, 30. März 1933. In: Leopoldina-Archiv Nachlass Abderhalden Nr. 803.

Vaihinger, Hans (Johannes)
(25. September 1852 Nehren bei Tübingen – 17. Dezember 1933 Halle)
Konfession: evangelisch
Vater: Pfarrer
Vaihinger studierte Philosophie, Theologie und Philologie an den Universitäten Tübingen, Leipzig und Berlin. 1874 zum Dr. phil. promoviert, verfasste er 1876 in Straßburg seine »Logischen Forschungen über die Fiktion« (Philosophie des Als-ob), die 1877 als Habilitationsschrift anerkannt wurden. 1883 zum außerordentlichen Professor ernannt, wechselte er 1884 nach Halle, wo er 1894 ein Ordinariat für Philosophie erhielt. Wegen Erblindung 1906 emeritiert, blieb der Mitbegründer und langjährige Vorsitzende der Kantgesellschaft als Herausgeber der »Annalen der Philosophie« aktiv. 1920 bildete sich eine Gesellschaft der Freunde der Philosophie des Als-ob, 1930 die Vaihingergesellschaft.
Organisationen:-
Quellen: UAH PA 16386 Vaihinger; DBE Bd. 10, S. 177.

Voretzsch, Karl
(17. April 1867 Altenburg – 15. Januar 1947 Naumburg)
Konfession: evangelisch
Vater: Architekt
Das Abitur legte Voretzsch 1886 am Gymnasium Altenburg ab. 1886/87 leiste er Militärdienst als Einjährig-Freiwilliger, danach studierte er an den Universitäten Tübingen, Freiburg und Halle. Hier promovierte er 1890 und erhielt 1891 die Venia Legendi für romanische Philologie. 1892 wurde er auf ein planmäßiges Extraordinariat für Romanistik in Tübingen berufen. 1903 dort zum Ordinarius ernannt, nahm er 1909 einen Ruf nach Kiel, 1913 einen nach Halle an. Von 1914 bis 1917 leistete er als Oberleutnant Kriegsdienst im Heer (ausgezeichnet mit dem Eisernen Kreuz II. Klasse, dem Ritterkreuz 2. Klasse mit Schwertern des Württembergischen Friedrichsordens sowie dem Ritterkreuz II. Klasse des Sachsen-Ernestinischen Hausordens). Von den amtlichen Verpflichtungen entbunden wurde Voretzsch 1935, er vertrat den Lehrstuhl für Romanistik jedoch noch mehrmals. 1942 erhielt er zum goldenen Professorenjubiläum die Goethe-Medaille. Nach dem Tod Mulertts wurde Voretzsch im Januar 1945 reaktiviert, auch 1946 hielt er noch Vorlesungen.
Organisationen: Alldeutscher Verband, VDA, 1918 DNVP, Mitbegründer des Stahlhelms, Kolonialbund, NSV, RLB, NSKOV.
Quellen: UAH PA 29651 Voretzsch (Erinnerungen der Tochter), PA 16520 Voretzsch (eigentliche Personalakte); Rep. 6 Nr. 1407; DBE Bd. 10, S. 254.

Waetzoldt, Wilhelm
(21. Februar 1880 Hamburg – 5. Januar 1945 Halle)
Konfession: evangelisch
Vater: Geheimer Oberregierungsrat im Preußischen Kultusministerium, Schriftsteller
Waetzoldt besuchte Schulen in Hamburg, Berlin und Magdeburg, 1899 legte er das Abitur am Gymnasium Unser Lieben Frauen Magdeburg ab. Er studierte Kunstgeschichte, Philosophie und Literaturgeschichte an den Universitäten Berlin und Marburg, 1903 wurde er mit einer Dissertation über Hebbel promoviert. Ausgedehnte Reisen schlossen sich an. 1908/09 war er Assistent am Kunsthistorischen Institut Florenz, von 1909 bis 1911 an der Bibliothek Warburg in Hamburg. 1911/12 arbeitete er als Bibliothekar bei den Staatlichen Museen Berlin. 1912 wurde Waetzoldt zum Ordinarius für Neuere Kunstgeschichte an der Universität Halle berufen. 1914 meldete er sich freiwillig zum Kriegsdienst. An der Westfront eingesetzt, wurde er zweimal schwer verwundet (ausgezeichnet mit dem Eisernen Kreuz II. Klasse, dem Anhaltischen Friedrichskreuz, dem Hanseatenkreuz sowie dem Oldenburgischen Friedrich-August-Kreuz II. Klasse). 1915 diente er als Adjutant des Kommandeurs des Offiziersgefangenenlagers Magdeburg, 1916 wurde er zur Landwehr versetzt und setzte die Lehrtätigkeit in Halle fort. 1919 nahm er an den Kämpfen gegen die Spartakisten in Halle teil. Ende 1919 wurde er Hilfsarbeiter im Preußischen Kultusministerium, führte die Lehrtätigkeit jedoch bis zur Ernennung zum Vortragenden Rat im Preußischen Kultusministerium (1920) weiter. Von 1927 bis 1933 war Waetzoldt Generaldirektor der Staatlichen Museen Berlin, unter anderen verantwortete er den Neubau des Pergamonmuseums. Zugleich wirkte er als Honorarprofessor der Universität Berlin. Anfang Juli 1933 wurde er seines Amtes enthoben, weil er Juden angestellt und die moderne Kunst gefördert hatte. Die ebenfalls erhobenen Vorwürfe finanzieller Unregelmäßigkeiten konnte Waetzoldt ausräumen, den ihm offerierten Eintritt in die NSDAP und die Wiedereinsetzung in sein früheres Amt lehnte er ab. Im September 1934 wurde er gegen den Willen des Rektorates zum Ordinarius an der Philosophischen Fakultät der Universität Halle ernannt. Von November 1938 bis März 1940 war er kommissarisch Dekan der Philosophischen Fakultät. 1944 erhielt er das Kriegsverdienstkreuz 2. Klasse.
Organisationen: Im September 1933 Eintritt in das NSKK.
Quellen: UAH PA 16543 Waetzoldt; DBE Bd. 10, S. 273.

Wagner, Kurt
(21. Dezember 1890 Schweidnitz – 17. September 1973 Mainz)
Konfession: evangelisch
Vater: Oberpostsekretär
Das Abitur legte Wagner 1910 am Gymnasium Schweidnitz ab. Danach studierte er Germanistik und klassischen Philologie in Breslau, im August 1914 legte er das Staatsexamen für die Fächer Deutsch, Latein und Griechisch ab. Von September bis November 1914 stand er im Kriegseinsatz, erkrankte schwer und wurde im Februar 1915 vom Heer entlassen. 1916 promovierte er in Breslau mit einer Arbeit zu Schlesiens mundartlicher Dichtung. Ab 1917 Studienassessor, arbeitete er als Lehrer in Liegnitz. Von 1919 bis 1927 war er Assistent an der Universität Marburg und arbeitete am Deutschen Sprachatlas mit. 1920 habilitierte er sich für Deutsche Sprach- und Literaturwissenschaften, 1926 wurde er zum nichtbeamteten außerordentlichen Professor ernannt. 1927/28 vertrat er einen Lehrstuhl an der Universität Münster. Ab 1928 leitete er die organisatorischen Arbeiten für den Volkskundeatlas in Berlin. 1934 erhielt er einen Lehrauftrag für Mundarten- und Volkskunde an der Universität Halle und leitete hier die phonetische Sammlung. 1935 nahm er einen Ruf an die Pädagogische Hochschule für Lehrerbildung Weilburg, 1936 einen auf ein planmäßiges Extraordinariat der Universität Gießen an. 1946 wurde er planmäßiger außerordentlicher, 1949 ordentlicher Professor für Deutsche Philologie und Volkskunde an der Universität Mainz.
Organisationen: 1.4.1933 Kampfbund für deutsche Kultur, 1.10.33 NSLB, 1.11.33 SA, Aufnahme in die NSDAP am 1. Mai 1937 (Mitglied Nr. 4 375 190).
Quellen: UAH PA 16566 K. Wagner; Rep. 6 Nr. 1407; DBE Bd. 10, S. 284; BDC.

Wais, Kurt
(9. Januar 1907 Stuttgart – 13. September 1995)
Konfession: nicht ermittelt
Vater: nicht ermittelt
Nach der Promotion – 1931 über Henrik Ibsen – habilitierte sich Wais 1933 für vergleichende Sprachwissenschaft und Romanische Philologie. 1936/37 vertrat er den Lehrstuhl für Romanische Philologie an der Universität Halle, 1939 wurde er in Tübingen zum beamteten außerordentlichen Professor ernannt und erhielt 1942 ein Ordinariat an der Reichsuniversität Straßburg. 1946 wurde er Lehrbeauftragter für Romanische Philologie an der Universität Tübingen, 1952 erhielt er den Status eines Gastprofessors an der Tübinger Universität, 1954 erhielt er an derselben Universität ein Ordinariat.
Organisationen: 1934 Eintritt in den NSLB
Quelle: Karteikarte BDC.

Walser, Fritz
(29. Dezember 1899 Ulm – 1945)
Konfession: katholisch
Vater: Landgerichtsrat
Nach der Habilitation mit einer Arbeit zu den spanischen Zentralbehörden und dem Staatsrat bei Karl V. (1935, postum veröffentlicht 1959), lehrte Walser Neuere Geschichte an der Universität Göttingen. Dort erhielt er einen Lehrauftrag, im Wintersemester 1942/43 vertrat er den vakanten Lehrstuhl für Neuere Geschichte in Halle, wurde aber nach Einsprüchen der Dozentenschaft und des Amtes Rosenberg nicht berufen. 1943 eingezogen, fiel Walser 1945, Sterbetag und -ort sind nicht bekannt.
Organisationen: -
Quellen: UAH PA 16599 Walser; Becker, Auskunft des UA Göttingen.

Wellek, Albert
(16. Oktober 1904 Wien – 27. August 1972 Mainz)
Konfession: nicht ermittelt
Vater: Jurist
Wellek studierte Musik, neuere Literaturwissenschaft und Philologie in Prag und Wien. Am Staatskonservatorium in Prag absolvierte er die Fächer Komposition und Dirigieren. 1928 promovierte er in Wien mit einer Arbeit über die Wahrnehmung von Musik. Er wechselte nach Leipzig und studierte dort Psychologie, ab 1933 war er dort Assistent am psychologischen Seminar. 1938 habilitierte er sich für Psychologie mit der Arbeit »Typologie der Musikbegabung im deutschen Volk« und wurde 1939 zum Dozenten ernannt. 1940 eingezogen, leiste Wellek zunächst Kriegsdienst als Heerespsychologe, später als Sanitäter im Lazarett für Hirnverletzte Schkeuditz (Reservelazarett Leipzig II). Im November 1942 wurde Wellek uk. gestellt und mit der Vertretung der Professor für Psychologie an der Universität Halle beauftragt. Im Sommersemester 1943 wurde er gleichzeitig mit der Vertretung des Lehrstuhles für Psychologie in Breslau beauftragt. 1943 erhielt er das planmäßige Extraordinariat für Psychologie an der Universität Breslau. Ab 1946 lehrte Wellek, der als Begründer der modernen Musikpsychologie gilt, als Ordinarius an der Universität Mainz.
Organisationen: 1937 Eintritt in den NSLB.
Quellen: Weber 1981; DBE Bd. 10, S. 424; BDC.

Wessel, Karl
(16. Juli 1909 Frankenberg in Hessen – 4. Oktober 1994 Hann. Münden)
Konfession: evangelisch-reformiert
Vater: Regierungsrat
Die Schule besuchte Wessel in Frankenberg und Pforta bei Naumburg, dort legte er 1927 das Abitur ab. Freiwilligen Arbeitsdienst leistete er in einem Lager der Artamanen, danach studierte er Indogermanistik, Germanistik und Altphilologie in Halle und München. 1933 legte er das Staatsexamen für

das höhere Lehramt in Halle ab, 1934 promovierte Wessel zum Dr. phil. mit einer Arbeit über altchristliche griechische Inschriften. Im gleichen Jahr wurde seine Lösung der Preisaufgabe der Theologischen Fakultät prämiert, Thema war »Die Religiosität der vorchristlichen und christlichen Nordgermanen nach den isländischen Sagen«. Von Januar bis März 1935 arbeitete Wessel am deutschen Sprachatlas in Marburg mit, von April bis Oktober 1935 war er am Nordischen Institut in Kiel, seit November 1935 außerplanmäßige wissenschaftliche Hilfskraft am Deutschen Seminar Halle. Im Oktober 1936 habilitierte er sich über »Saga-Frömmigkeit« und wurde 1937 zum Dozenten ernannt. Im Mai 1939 eingezogen, leistete Wessel in Polen und Frankreich Kriegsdienst als Soldat. 1940 war er beurlaubt zur Überarbeitung und Drucklegung der Arbeit über Inschriften. 1941 wieder eingezogen, wurde Wessel 1941 an der Ostfront verwundet. Während der Rekonvaleszenz lehrte er wieder in Halle, bis er 1942 erneut zur Ostfront eingezogen wurde. 1945 geriet er als Obergefreiter in amerikanische Kriegsgefangenschaft und wurde nach wenigen Wochen als Versehrter entlassen.
Organisationen: April bis Oktober 1927 Bund der Artamanen, am 5. November 1933 Eintritt in die SA, 1937 Aufnahme in die NSDAP (Mitglied Nr. 4 340 404)
Quellen: UAH PA 16954 Wessel; Rep. 6 Nr. 1407.

Weyhe, Hans
(7. April 1879 Ballenstedt – 20. Februar 1955 Halle)
Konfession: evangelisch
Vater: Geheimer Hofrat, Hofbibliothekar Dessau
Nach dem Abitur (1897 in Dessau) studierte Weyhe Philologie in München, Leipzig, Berlin und wieder Leipzig. Dort promovierte er 1905 zum Dr. phil., ein Studienaufenthalt in der französischen Schweiz schloss sich an. 1906 legte Weyhe die Prüfung für das höhere Lehramt ab, von 1907 bis 1910 war er Associate Professor für Germanistik und vergleichende Sprachwissenschaft am Bryn Mawr Woman's College bei Philadelphia. 1910 erhielt er in Leipzig die Venia Legendi für Englische Philologie, 1911 wurde er zum etatmäßigen außerordentlichen Professor an der dortigen Universität ernannt. Kriegsdienst leistete Weyhe von 1915 bis Kriegsende als Unteroffizier eines Artilleriebataillons an der Westfront, ausgezeichnet wurde er mit dem Anhaltischen Friedrichskreuz und dem Eisernen Kreuz II. Klasse. 1920 erhielt Weyhe ein Ordinariat an der Universität Halle. Zwischen 1938 und 1940 war er drei Dienststrafverfahren ausgesetzt. 1945 bis 1947 amtierte er als Dekan der Philosophischen Fakultät, 1949 wurde er emeritiert. 1950 erneut Direktor des Seminars, stellte Weyhe die Lehrtätigkeit erst 1953 aus gesundheitlichen Gründen ein.
Organisationen: Mitbegründer und Vorsitzender des Deutsch-Englischen Kulturaustausches Halle, NSV.
Quellen: UAH PA 16975 Weyhe; Rep. 6 Nr. 1407.

Wilde, Kurt
(12. Juni 1909 Eldena in Pommern – 28. Mai 1958 Hamburg)
Konfession: evangelisch
Vater: Postmeister
Die Reifeprüfung legte Wilde 1928 in Greifswald ab, danach studierte er Psychologie, Philosophie und Naturwissenschaften an der Universität Greifswald. 1934 promovierte er hier mit einer Arbeit zur Phänomenologie des Wärmeschmerzes. Von 1934 bis 1936 war er wissenschaftliche Hilfskraft am psychologischen Laboratorium der Universität Greifswald, von 1936 bis 1938 planmäßiger Assistent am Kaiser-Wilhelm-Institut für Anthropologie, menschliche Erblehre und Eugenik in Berlin-Dahlem. 1939 habilitierte er sich mit der Arbeit »Mess- und Auswertungsmethoden in erbpsychologischen Zwillingsuntersuchungen« an der Universität Halle und erhielt hier eine Dozentenstelle. Wegen eines Untersuchungsauftrages für die Inspektion der Nachrichtentruppen wurde Wilde vom Kriegsdienst zurückgestellt. Im Sommersemester 1942 vertrat er den vakanten Lehrstuhl für Psychologie. Im Januar 1943 wurde er zum beamteten außerordentlichen Professor ernannt und folgte seinem Mentor von Allesch als Direktor des Psychologischen Instituts der Universität Halle nach. 1943 eingezogen, dien-

te er als Unteroffizier beim Heer an der Ostfront. 1944 erkrankt, wurde er aus der Wehrmacht entlassen, kehrte jedoch nicht an die Universität Halle zurück. Nach 1945 war er außerplanmäßiger Professor an der Universität Göttingen und in der Nachfolge von Alleschs ab 1953 ordentlicher Professor. Organisationen: Eintritt in die SA am 1. Juni 1933, Scharführer, NSV, NSDDB, Aufnahme in die NSDAP am 1. Mai 1937 (Mitglied Nr. 5 387 460), ab 1940 Vertretung des Amtes Presse im NSDDB, kommissarisch tätig als örtlicher Dozentenführer. Ab 1941 formell Stellvertreter Wilhelm Wagners als Dozentenführer der Universität.
Quellen: UAH PA 17058 Wilde; Rep. 6 Nr. 1407.

Windelband, Wolfgang
(31. August 1886 Straßburg – 27. November 1945)
Konfession: evangelisch
Vater: Universitätsprofessor und Philosoph
Die Reifeprüfung legte Windelband 1903 am Gymnasium Straßburg ab. Danach studierte er Geschichte und angrenzende Fächer an den Universitäten Heidelberg, Berlin, Straßburg und Freiburg, promoviert wurde Windelband 1907 in Heidelberg. Hier habilitierte er sich noch vor dem Ersten Weltkrieg. Ab 1914 leistete Windelband Kriegsdienst im Landsturm, wurde zum Gefreiten befördert und mit dem Preußischen Verdienstkreuz für Kriegshilfe ausgezeichnet. 1922 ernannte das badische Kultusministerium Windelband zum nichtbeamteten außerordentlichen Professor, im selben Jahr erhielt er einen Lehrauftrag an der TH Darmstadt. Später berief ihn die Universität Königsberg zum ordentlichen Professor für Mittlere und Neuere Geschichte. 1926 wurde Windelband Ministerialrat im preußischen Unterrichtsministerium und Honorarprofessor der Universität Berlin. Im Mai 1933 erhielt er die Ernennung zum ordentlichen Professor der Universität Berlin, im November 1935 wurde er nach Halle versetzt. Noch im selben Monat wurde Windelband aus gesundheitlichen Gründen beurlaubt, 1936 von den amtlichen Verpflichtungen entbunden. 1942 war er für die Archivkommission des Auswärtigen Amtes in Paris tätig.
Organisationen: Bis 1925 Mitglied der Deutschen Volkspartei.
Quellen: UAH PA 17104 Windelband; Rep. 6 Nr. 1407.

Wißmann, Wilhelm
(27. Februar 1899 Berlin – 21. Dezember 1966 München)
Konfession: evangelisch
Vater: Oberbankrat
Das Abitur legte Wißmann 1917 am Luisengymnasium in Berlin ab. Von 1917 bis 1919 diente er in der Landwehr, von 1918 bis 1928 studierte er vergleichende Sprachwissenschaft, Germanistik und klassische Philologie an der Universität Berlin. 1930 promovierte er in Berlin zum Dr. phil., ab 1930 war er Mitarbeiter am Deutschen Wörterbuch. Von 1933 bis 1939 arbeitete Wißmann als Vorlesungsassistent am Germanistischen Seminar der Universität Berlin, hier habilitierte er sich 1938 und wurde zum Dozenten ernannt. 1939 wurde er Dozent neuer Ordnung und auf Betreiben der Philosophischen Fakultät der Universität Halle zugewiesen, jedoch im November 1939 eingezogen. 1940 zum Dozenten für Indogermanische Sprachwissenschaft in Freiburg ernannt, erhielt er 1942 einen Ruf auf ein planmäßiges Extraordinariat an der Universität Königsberg. Ab 1945 und – nach Entlassung – wieder ab 1947 in Berlin. 1953 wurde Wißmann Ordinarius an der Universität München und initiierte als Mitglied der Bayerischen Akademie der Wissenschaften zahlreiche lexikographische Projekte.
Organisationen: 1918 bis zur Auflösung Mitglied des deutsch-völkischen Schutz- und Trutzbundes, NSV, RLB, Kolonialbund.
Quellen: UAH PA 17165 Wißmann; Rep. 6 Nr. 1407.

Witte, Arthur
(16. Februar 1901 Wilhelmshaven – 23. Juni 1945 Jena (Selbsttötung))
Konfession: evangelisch
Vater: Marinewerkmeister

Ab 1917 war Witte Werftarbeiter, das Abitur legte er als Externer ab. Von 1921 bis 1925 studierte er in Kiel und München Germanistik, Philosophie, Astronomie, Kunstgeschichte, Geschichte sowie Romanistik an den Universitäten Kiel und München. 1926 wurde Witte in München mit einer Arbeit über die Parzivalhandschrift D promoviert. 1928 habilitierte er sich an der Universität Halle für das Fach Germanistik, 1933 wurde er zum beamteten außerordentlichen Professor der Deutschen Philologie an die Universität Jena berufen. 1934 hielt er den Festvortrag bei der Namensgebung »Friedrich-Schiller-Universität«. Häufig erkrankt (nekrotisierendes Geschwür im Rachen, Medikamentenmissbrauch, neurotische Störungen), vergiftete sich der in Behandlung der Universitätsnervenklinik befindliche Witte unmittelbar vor dem Einzug der sowjetischen Besatzungstruppen, da er die »Freiheit der Wissenschaft« in Gefahr sah.
Organisationen: 1933 Eintritt in den NSLB, NSV. Den Eintritt in die NSDAP lehnte Witte ab, da er nicht als Karrierist gelten wollte. Bereits als Student fühlte er sich jedoch zur NSDAP hingezogen und wählte, wie er in einen Lebenslauf 1938 versicherte, stets die NSDAP, da diese Partei die einzige gewesen sei, »die bedingungslos die Juden bekämpfte«.
Quellen: Auskunft aus UAJ Bestand D Nr. 3130; BDC.

Wittsack, Richard
(9. September 1887 Köthen – 6. März 1952 Halle)
Konfession: evangelisch
Vater: Kaufmann
Die Abiturprüfung legte Wittsack 1909 am Ludwigsgymnasium Köthen ab, danach studierte er Theologie, Philosophie, Linguistik, Germanistik, Kunst- und Theatergeschichte an den Universitäten Halle, Berlin und Greifswald. 1913 promovierte er in Greifswald zum Dr. phil. Von 1913 bis 1915 studierte Wittsack Vortragskunst, Logopädie und Phoniatrie in Berlin. 1915/16 war er Hilfslehrer an einer Realschule, 1916 Dozent am Victoria-Studienhaus Berlin. 1917 wurde er zum Landsturm eingezogen und als Redner des »Vaterländischen Unterrichts« eingesetzt. 1918 diente er in einer Fernsprechabteilung an der Westfront. 1919 wurde Wittsack Lektor für Vortragskunst an der Universität Halle, 1925 richtete er die Abteilung für Sprechkunde ein, die er zu einem selbstständigen Institut ausbaute. 1937 wurde Wittsack zum Honorarprofessor ernannt, im Zweiten Weltkrieg betreute er vor allem Kriegsgeschädigte. 1945 erhielt er Lehrverbot, blieb aber Direktor des Instituts für Sprechkunde und schulte die Redner der KPD. Auf Bitten der Studenten wurde das Lehrverbot aufgehoben, 1947 erhielt Wittsack einen Lehrauftrag an der Universität Halle. 1951 wurde er zum Professor mit vollem Lehrauftrag ernannt.
Organisationen: Von 1925 bis zur Auflösung Mitglied des sozialistischen Lehrerbundes, 1933 Eintritt in die NSDAP (Mitglied Nr. 1 881 771), 1934 NSV, 1935 NS-Dozentenbund, 1945 FDGB, 1946 Eintritt in die SED.
Quellen: UAH PA 17184 Wittsack; Rep. 6 Nr. 1407.

Zacharie, Theodor
(3. Februar 1851 Großkmehlen (Kreis Liebenwerda) – 5. Mai 1934 Halle)
Konfession: evangelisch
Vater: nicht ermittelt
Nach dem Schulbesuch in Pforta studierte Zacharie klassische und orientalische Philologie in Leipzig und Göttingen. 1872/73 diente er als Einjährig-Freiwilliger, 1874 wurde er zum Dr. phil. promoviert (»De Dictione Babriana«) und hielt sich 1875 bis 1878 zu Studien in Oxford und London auf. Danach war er tätig als Bibliothekar in Greifswald. 1879 in Greifswald habilitiert, wurde er 1883 dort außerordentlicher Professor. 1890 erhielt er einen Ruf auf ein planmäßiges Extraordinariat für Indische Philologie an der Universität Halle. 1921 wurde Zacharie zum persönlichen Ordinarius ernannt und 1924 emeritiert.
Organisationen: -
Quellen: UAH PA 17348 Zacharie; DBE Bd. 10, S. 610.

Zastrau, Alfred
(28. Juni 1906 Golzow/Oderbruch – 28. Juli 1981 Berlin (West))
Konfession: evangelisch-lutherisch, 1938 Kirchenaustritt
Vater: Gartenarchitekt
Die Reifeprüfung bestand Zastrau 1924 in Berlin. Ein Studium der evangelischen Theologie schloss sich an, 1925 brach er das Studium aus, wie er in einem Lebenslauf schrieb, »grundsätzlichen Erwägungen« ab. Von 1925 bis 1927 studierte er Musik und Musikwissenschaft in Berlin, dieses Studium brach er »aus wirtschaftlichen Gründen infolge des Todes der Mutter« ab, der Vater war im Ersten Weltkrieg gefallen. Danach arbeitete Zastrau als Landarbeiter, Kanalisationsarbeiter, Siedlungshelfer, Bergwerksarbeiter, Kraftdroschkenfahrer, Hauslehrer, Redaktionsgehilfe, Privatsekretär usw. 1928 begann er erneut ein Studium, diesmal der Germanistik, Musikwissenschaft, Geschichte und Philosophie an den Universitäten Berlin und Königsberg. Von 1929 bis 1933 wurde er durch die Studienstiftung des deutschen Volkes unterstützt, später erhielt er ein Darlehen vom Studentenwerk. 1935 promovierte er mit einer Arbeit über das Rolandslied zum Dr. phil. 1933/34 war Zastrau Mitarbeiter des Grenzland- und Volkstumswerkes Ostpreußen, später Landesamtsleiter des Bundes Deutscher Osten in Königsberg. Ab Mai 1935 arbeitete Zastrau als Gauvolkstumswart für Ostpreußen und Hauptabteilungsleiter der Nationalsozialistischen Kulturgemeinde in Ostpreußen. Ab März 1936 war er Mitarbeiter der Gaupropagandaleitung (Hauptstelle Kultur) in der Gauleitung Ostpreußen. 1937 siedelte er nach Zerwürfnissen mit NSDAP-Führern nach Göttingen über. Obwohl er von einem Königsberger Professor für »politisch untragbar« erklärt wurde, erhielt Zastrau Beihilfen der DFG und des Wissenschaftsministeriums. Nach Auseinandersetzungen mit Parteistellen in Göttingen kam Zastrau nach Halle und erhielt hier ein Stipendium der Hallischen Wissenschaftlichen Gesellschaft aus den Mitteln der Alfred-Rosenberg-Stiftung. Als »politisch untragbar« wurde er von einem Forschungsvorhaben des SS-Ahnenerbes ausgeschlossen. 1939 eingezogen, diente Zastrau zunächst als Kommandant eines Stabsquartiers. Später war er auf den Nordseeinseln Hörnum und Sylt eingesetzt und nahm an Feldzügen in Nordafrika und Sizilien teil. Durch Einsprüche des Anglisten Hans Weyhe konnte sich Zastrau erst 1943 habilitieren. 1944 wurde er zum Dozenten für Sprachwissenschaften ernannt, jedoch nicht beurlaubt. 1945 verwundet, wurde er im Juni 1945 aus der Gefangenschaft entlassen. Im Januar 1946 von der Universität Halle entlassen, erhielt er nach kurzer Tätigkeit als Lehrer 1951 einen Lehrauftrag für deutsche Sprach- und Literaturgeschichte an der PH Berlin-Lankwitz. 1954 wurde er Privatdozent an der TU Berlin und dort 1956 zum außerplanmäßigen Professor ernannt. 1961/62 war er Professor in Ankara.
Organisationen: Im Mai 1933 Eintritt in die SA, 1937 Aufnahme in die NSDAP (Mitglied Nr. 4 610 451), RLB.
Quelle: UAH PA 17439 Zastrau.

Ziehen, Theodor
(12. November 1862 Frankfurt am Main – 29. Dezember 1950 Wiesbaden)
Konfession: evangelisch
Vater: Schriftsteller
Nach der abgelegten Reifeprüfung (1881) studierte Ziehen Medizin in Würzburg und Berlin, 1885 promovierte er zum Dr. med. und erhielt die Approbation. Danach war er Arzt an der Privat-Anstalt für Nerven- und Gemütskranke in Görlitz, später Assistenzarzt und Oberarzt an der Nervenklinik der Universität Jena. Dort habilitierte er sich 1887 für Psychiatrie und Nervenheilkunde, 1892 wurde Ziehen zum außerordentlichen Professor ernannt. Von 1900 bis 1903 war er ordentlicher Professor der Psychiatrie in Utrecht, 1903 Ordinarius der Psychiatrie und Neuropathologie in Halle, wo er das neue Gebiet der Psychologie lehrte. 1904 wurde Ziehen an die Universität Berlin berufen und wurde Direktor der Nervenklinik der Charité. 1912 bat er um seine Entlassung, um sich, wie er in einem Fragebogen angab, »ganz der Philosophie zu widmen.« Im Krieg war er wegen seiner Kenntnis des Flämischen in der Zivilverwaltung Brüssel und in Gent eingesetzt, hier war er mit Angelegenheiten der Universität beauftragt. 1917 erhielt Ziehen die Ernennung zum Ordinarius für Philosophie – insbe-

sondere Psychologie – an der Universität Halle. Er baute das Psychologische Institut auf, war als Lehrer überaus erfolgreich und machte sich einen Namen mit »charakterologischen« Studien. 1930 wurde Ziehen emeritiert, jedoch 1944 als Arzt dienstverpflichtet. Da das ihm zustehende Ruhegehalt aus der SBZ nicht überwiesen wurde, praktizierte der Ausgebombte ab 1945 als Nervenarzt in Wiesbaden. 1947 stimmte Ziehen der Rückkehr nach Halle (als lehrender Emeritus) zu, erhielt jedoch zunächst keine Ausreisegenehmigung aus der amerikanischen Zone. 1948 erkrankte Ziehen, so dass eine Rückkehr nicht in Frage kam.
Organisationen: Angehöriger des Opferrings der SA der NSDAP, NSV, RLB, VDA.
Quellen: PA 17439 Ziehen; Rep. 6 Nr. 1407; DBE Bd. 10, S. 657.

10.5 Naturwissenschaftliche Fakultät

Andree, Julius
(2. April 1889 Berlin – 20. November 1942 Paris)
Konfession: evangelisch
Vater: Regierungsbaumeister und Professor
Andree besuchte Schulen in Groß-Lichterfelde bei Berlin und Gartz an der Ostsee, von 1910 bis 1914 schloss sich ein Studium der Naturwissenschaften, speziell der Geologie und Paläontologie in Greifswald und Münster an. Im August 1914 war er Kriegsfreiwilliger, ab 1917 tätig als Heeresgeologe. 1918 wurde er als Unteroffizier entlassen. 1917 promovierte er bei einem Fronturlaub zum Dr. rer. nat. Ab 1919 war Andree Volontärassistent am Geologischen Institut der Universität Münster, für 1 1/2 Jahre wurde er für das Studium der Urgeschichte bei Gustaf Kossinna in Berlin beurlaubt. Ab 1920 war er außerplanmäßiger Assistent, ab 1922 planmäßiger Assistent in Münster, dort habilitierte er sich 1924. Nach erfolgreichen Grabungen in westfälischen Höhlen folgte 1931 die Ernennung zum außerordentlichen Professor. Im Januar 1933 wurde Andree allerdings vom Direktor des Geologisch-paläontologischen Instituts der Universität Münster wegen Unfähigkeit zur Kündigung der Assistentenstelle genötigt, aber sofort von Berlin mit einem Lehrauftrag für Urgeschichte versorgt. 1934/35 war Andree einem Verfahren wegen falscher Anschuldigung ausgesetzt, er hatte Mitarbeiter des Landesmuseums Münster denunziert. Ab 1935 führte er Grabungen an den Externsteinen im Auftrag Heinrich Himmlers, später im Auftrag der Landesanstalt für Volkheitskunde Halle durch. Eine Umhabilitierung nach Halle scheiterte am Einspruch des Ordinarius für Vorgeschichte Walther Schulz, der Übertritt wurde im Dezember 1938 jedoch angeordnet. In Halle lehrte Andree vor allem rassische Vorgeschichte, 1941 wurde er beurlaubt, um steinzeitliche Funde in Belgien und Frankreich zu untersuchen. Zugleich war er für den Einsatzstab von Reichsleiter Rosenberg tätig, für das Amt Rosenberg sollte er auch ein Buch über die Unterschiede der französischen und deutschen Vorzeit verfassen, verstarb jedoch überraschend.
Organisationen: Eintritt in die NSDAP am 1. Mai 1932 (Mitglied Nr. 1 154 501), Blockleiter in der Ortsgruppe Münster-Süd, 1933 NSLB, NS-Kulturgemeinde, Förderndes Mitglied der SS.
Quellen: UAH PA 3924 Andree; UAH Nachlass Weigelt Nr. 318.

Asinger, Friedrich
(26. Juni 1907 Freiland/Niederdonau (Österreich) – 7. März 1999 Aachen)
Konfession: gottgläubig, früher römisch-katholisch
Vater: Betriebsleiter
1926 legte Asinger die Reifeprüfung an der Oberrealschule Krems ab und studierte dann bis 1932 Chemie und andere Naturwissenschaften an der TH Wien. 1929 legte er die 1. Staatsprüfung, 1931 die 2. Staatsprüfung ab, 1932 promovierte er zum Dr. techn. Von 1932 bis 1935 war er außerplanmäßiger Assistent am Institut für Organische Chemie der TH Wien, 1935/36 Abteilungsleiter der Fa. Kareska Wien, einer Fabrik für chemisch präparierte Papiere, 1936/37 Chemiker bei der Vacuum Oil Company AG Wien-Kagvan. 1937 wechselte er als Chemiker in das Versuchslabor des Ammoniakwerkes Mer-

seburg (Leuna-Werke). Schon bald Gruppenleiter im Versuchslabor, erhielt Asinger 1941 das Kriegsverdienstkreuz II. Klasse. 1943 habilitierte er sich an der Reichsuniversität Graz durch die Einreichung von 17 Einzelarbeiten (kumulative Habilitation). Im Januar 1944 wurde er zum Dozenten für Organisch-chemische Technologie an der Universität Halle ernannt (Spezialist für fettfreie Waschmittel), sulfochlorierte Kohlenwasserstoffe und Aliphate (Paraffinkohlenwasserstoffe, Benzin). Nach der Deportation der Werksleitung wurde er 1945 Leiter des Hauptlaboratoriums der Leuna-Werke, von der Universität Halle jedoch als Dozent entlassen. Am 22. Oktober 1946 wurde Asinger bei der »Aktion Ossoawiachim« in die Sowjetunion verschleppt. Dort war er wissenschaftlicher Leiter für das Ministerium für chemische Industrie der UdSSR in Dsherschinsk (Nishni Nowgorod), von 1947 bis 1950 beschäftigte er sich – laut Personalakte im Universitätsarchiv – mit Monoolefinen. 1949 wurde Asinger von der Martin-Luther-Universität für den Nationalpreis vorgeschlagen, ein 1950 formulierter Antrag der Universität Halle, für ihn einen Lehrstuhl der Speziellen organischen Chemie einzurichten, scheiterte an seiner verzögerten, erst 1954 erfolgten, Rückkehr. Daher nahm er seine Tätigkeit in den Leuna-Werken wieder auf, 1955 wurde er Professor mit vollem Lehrauftrag an der Universität Halle, 1958 folgte er einem Ruf auf den Lehrstuhl der Organischen Chemie der Technischen Hochschule Dresden. 1959 nahm er einen Ruf an die TH Aachen an und siedelte nach Westdeutschland über. 1972 wurde Asinger in Aachen emeritiert.
Organisationen: Eintritt in die NSDAP am 1. April 1933 in Wien, 1937 nach Leuna überstellt (Mitglied Nr. 6 199 462), 1938 NSBDT, 1937 DAF, 1941 NSV, 1934/35 Mitglied der Vaterländischen Front. 1945 Eintritt in die SPD, Mitglied bis zum Entzug des Wahlrechtes als Ausländer.
Quellen: UAH PA 3994 Asinger; Rep. 6 Nr. 1407.

Baer, Reinhold
(22. Juli 1902 Berlin – 22. Oktober 1979 Zürich)
Konfession: evangelisch, bis 1920 mosaisch
Vater: Fabrikant
Nach der Absolvierung des Gymnasiums studierte Baer Mathematik an der TH Hannover und an den Universitäten Freiburg, Göttingen und Kiel. 1925 promovierte er in Göttingen zum Dr. phil. Nach Lehrtätigkeit in Schulen in Wyk auf Föhr und in der Odenwaldschule erhielt Baer eine Assistentenstelle an der Universität Freiburg. Hier habilitierte er sich 1928 und wirkte als Privatdozent. Noch im selben Jahr erhielt Baer einen Lehrauftrag für Analysis an der Universität Halle und wurde umhabilitiert. Am 29. April 1933 wurde Baer auf Grund § 3 des Gesetzes zur Wiederherstellung des Berufsbeamtentums beurlaubt. Da ihn diese Nachricht auf einer Urlaubsreise in Tirol erreichte, kehrte er nicht zurück. Nach der Einstellung seiner Gehaltsbezüge im September emigrierte Baer nach England, wo er an der Universität Manchester eine Anstellung im Department of Mathematics fand. 1935 reiste er in die USA aus und wirkte dort am Institute for Advanced Study in Princeton (1935 bis 1937), an der University of North Carolina in Chapel Hill (1937) und an der University of Illinois in Urbana (1938 bis 1944) als Assistant Professor bzw. Associate Professor. An der University of Illinois wurde er 1944 zum Full Professor ernannt und war von 1950 bis 1956 Mitherausgeber des American Journal of Mathematics. 1957 wechselte Baer als ordentlicher Professor für Mathematik an die Universität Frankfurt am Main.
Organisationen: -
Quellen: UAH PA 4062 Baer; DBE Bd. 1, S. 261.

Behmann, Heinrich
(10. Januar 1891 Aumund bei Bremen – ?)
Konfession: evangelisch
Vater: Maurermeister
Das Abitur legte Behmann 1909 am Realgymnasium in Vegesack ab, von 1909 bis 1914 studierte er Mathematik und Physik an den Universitäten Tübingen, Leipzig und Göttingen. 1914 war er Kriegsfreiwilliger, 1915 bekam er an der russischen Front einen Schuss in den Kopf, der einen Gehirnabszess auslöste. 1916 wurde Behmann als dauernd kriegsunfähig und zu 40 % schwerbeschädigt, aber

ausgezeichnet mit dem Eisernen Kreuz II. Klasse und dem Bremer Hanseatenkreuz, entlassen. Er setzte das Studium an der Universität Göttingen fort und promovierte 1918 zum Dr. phil. 1919 legte er die Prüfung für das höhere Lehramt ab, wurde 1920 Studienreferendar, und dann als Lehrer angestellt. 1921 habilitierte er sich in Göttingen für das Gebiet der Mathematik. Von 1922 bis 1925 war Behmann planmäßiger Assistent am Institut für angewandte Mathematik an der Universität Göttingen, 1925 folgte die Umhabilitierung nach Halle. Obwohl Behmann als Spezialist für mathematische Logik galt, nahm er einen Lehrauftrag für angewandte Mathematik wahr. 1926/27 war er Rockefellerstipendiat in Rom. Erst 1938 wurde er zum nichtbeamteten außerordentlichen Professor ernannt, im Oktober 1945 jedoch wegen seiner Mitgliedschaft in der NSDAP entlassen. Im November 1945 wurde er mit der Verwaltung der Bibliothek des Mathematischen Instituts beauftragt, verzog jedoch recht bald in seine Heimatstadt Bremen.
Organisationen: 1933 NSLB, NSKOV, NSV, 1935 Opferring der NSDAP, RLB, 1937 Deutsche Christen, nach Aufforderung durch den Ortsgruppenleiter Kröllwitz Aufnahme in die NSDAP am 1. Mai 1937 (Mitglied Nr. 4 047 354), 1938 Blockleiter, 1942 Zellenleiter, 1942 Bund Deutscher Osten.
Quellen: UAH PA 4295 Behmann; Rep. 6 Nr. 1407.

Berndt, Erhardt
(8. Mai 1900 Dresden – nach 1954)
Konfession: evangelisch
Vater: Kaufmann
Die Reifeprüfung legte Berndt 1918 ab und begann mit der praktischen Tätigkeit in der Landwirtschaft. Ab Juni 1918 war er als Soldat im Fronteinsatz. 1919 zurückgekehrt, beendete Berndt die landwirtschaftliche Lehre. Von 1920 bis 1924 studierte er Landwirtschaftswissenschaften in Hohenheim, Göttingen und Leipzig. 1924 promovierte er zum Dr. phil. in Leipzig, war Assistent am Rasseschafstall der Universität, später Assistent am Tierzuchtinstitut. 1929 habilitierte er sich mit einer biochemischen Arbeit über das Rind. Als Privatdozent der Universität Leipzig war er zugleich Geschäftsführer des Milchversorgungsverbandes Leipzig bzw. des Milchwirtschaftsverbandes Sachsen. Ab Februar 1934 bis Sommer 1936 wirkte Berndt als Gastprofessor am Herder-Institut Riga. 1936 zum außerordentlichen Professor der Universität Leipzig ernannt, vertrat er 1936/37 den Lehrstuhl für Tierzucht in Halle. 1938 wurde Berndt ordentlicher Professor in Riga, von 1940 bis 1942 lehrte er an der Universität Sofia. Kürschners Gelehrtenkalender führte ihn nach 1945 als Privatgelehrten in Halle (Westfalen).
Organisationen: Am 1. Dezember 1930 Eintritt in die NSDAP (Mitglied Nr. 381 638), bereits vor 1933 Mitarbeiter der kulturpolitischen Abteilung der Kreisleitung der NSDAP Leipzig, 1933/34 milchwirtschaftlicher Referent im Amt für Agrarpolitik bei der Gauleitung Sachsen.
Quellen: UAH PA 4413 Berndt; Heiber 1, S. 402; UAH Rep. 4 Nr. 899/900; BDC.

Bernstein, Rudolf
(3. Januar 1880 Halle – 13. März 1971 Kilchberg bei Zürich)
Konfession: evangelisch
Vater: Medizinalrat, Universitätsprofessor
Die Schule besuchte der Sohn jüdischer Eltern in Halle, studierte dann Maschinenbau an den Technischen Hochschulen von Braunschweig, München, Berlin und Danzig sowie Physik und Mathematik an den Universitäten Heidelberg und Halle. Tätigkeiten in den Eisenbahnwerkstätten Halle und in der Borsig'schen Maschinenfabrik Tegel schlossen sich an. 1906/07 leistete er Militärdienst als Einjährig-Freiwilliger. 1907 legte Bernstein in Danzig die Diplomprüfung zum Ingenieur ab, 1909 promovierte er in Halle zum Dr. phil. mit einer Arbeit über den Magnetismus von Gasen. Von 1909 bis 1916 war er Assistent an der Maschinenabteilung des Landwirtschaftlichen Instituts der Universität Halle, 1911 habilitierte er sich für Maschinenlehre. Wegen Konstruktionsarbeiten für einen kleinen Motorpflug war Bernstein im Ersten Weltkrieg uk. gestellt. Danach war Bernstein, der als Leiter einer Forschungsstelle unentgeltlich an der Universität Halle lehrte, Berater und Konstrukteur u.a. für MAN. Im Sommersemester 1933 wurde er beurlaubt, im September 1933 verlor er die Lehrbefugnis. 1939 emigrierte er nach Baden in die Schweiz, 1969 verzog er nach Zürich.

Organisationen: 1917/18 Hallescher Verband für die Erforschung der mitteldeutschen Bodenschätze und ihrer Verwertung.
Quellen: UAH PA 4433 Bernstein; Auskunft Stadtbüro Baden; Personenmeldeamt Zürich.

Beyer, Albert Kurt
(15. August 1907 Delitzsch – 16. Januar 1956 Greifswald)
Konfession: evangelisch
Vater: Oberrentmeister
Schulen besuchte Beyer in Torgau und Halle, hier bestand er 1928 das Abitur. Ein Studium der Geologie und Paläontologie, Mineralogie und Petrographie, Zoologie, Botanik, Geographie, Mathematik, Philosophie und Pädagogik an der Universität Halle schloss sich an. In den Semesterferien reiste er nach Böhmen, Finnland und Estland, 1933 promovierte Beyer zum Dr. sc. nat. Nach kurzer Tätigkeit als Geologe in Jugoslawien, legte er Ende 1933 die Prüfung für das Lehramt an höheren Schulen ab und wurde Studienreferendar in Zeitz. Von 1934 bis 1937 war Beyer Assistent an der preußischen geologischen Landesanstalt Berlin, 1936 absolvierte die 2. geologische Staatsprüfung, 1937 wurde er zum außerplanmäßigen Geologen, 1940 zum planmäßigen Bezirksgeologen im Reichsamt für Bodenforschung ernannt. 1940 wurde Beyer als Pionier zur Wehrmacht einberufen, 1941 war er Technischer Kriegsverwaltungsrat, 1941/42 Geologe im Stab einer Armee an der Ostfront. 1942 folgte die Versetzung in die Mineralölstelle der Wehrwirtschaftsersatzabteilung, hier war er tätig beim Reichsbeauftragten für Mineralöl, für den er Erkundungen von Erdgasfeldern in Estland und im hannoverschen Erdölgebiet durchführte. 1943 habilitierte sich Beyer an der Universität Halle, im Mai 1944 wurde er zum Dozenten für Allgemeine und Angewandte Geologie ernannt. Im Juni 1945 wurde er auf Betreiben Johannes Weigelts planmäßiger Assistent am Geologischen Institut der Universität Halle. Im Oktober 1945 wurde sein Gehalt um 20 % gekürzt, die Entlassung folgte im Dezember 1945. Beyer kehrte an die Geologische Landesanstalt Halle zurück und unterstützte das Lehmbauprogramm. In dieser Zeit untersuchte Beyer auch die Trümmerfelder der Stadt Halle, um Lagerstätten der Braunkohle zu bestimmen. Im Sommer 1948 wurde er nebenamtlicher, im April 1949 regulärer Dozent an der Naturwissenschaftlichen Fakultät der Universität Halle. 1950 nahm er einen Ruf nach Leipzig an, 1951 wechselte Beyer nach Greifswald.
Organisationen: Eintritt in die SA im November 1933, Aufnahme in die NSDAP am 1. Mai 1937 (Mitglied Nr. 4 830 664), 1938 RDB, RLB.
Quellen: UAH PA 4488 Beyer; Rep. 6 Nr. 1407.

Bleier, Hubert(us)
(30. Mai 1896 Bruchsal – 1. Dezember 1979 Königswinter)
Konfession: nicht ermittelt
Vater: nicht ermittelt
Ausgebildet wurde Bleier in Wien und Kiel, 1928 habilitierte er sich an der Hochschule für Bodenkultur Wien. In den 30er Jahren war Bleier an der Landwirtschaftshochschule Wageningen in den Niederlanden, um sich bei führenden Chromosomenforschern weiterzubilden. 1936 ernannte ihn die Universität Jena zum Dozenten. Im Sommersemester 1937 wurde er in Halle mit dem Abhalten einer Vorlesung über Chromosomenforschung beauftragt. In Jena 1940 zum außerplanmäßigen Professor ernannt, wechselte Bleier 1941 als beamteter außerordentlicher Professor an die Hochschule für Bodenkultur Wien, wo er Direktor des Instituts für Pflanzenzüchtung wurde. Nach 1945 war Bleier planmäßiger außerordentlicher Honorarprofessor der Landwirtschaftlichen Hochschule Hohenheim, 1959 wurde er emeritiert.
Organisationen: Aufnahme in die NSDAP am 1. Mai 1933 (Mitglied Nr. 1 585 882)
Quelle: UAH PA 4589 Bleier.

Blohm, Georg
(25. Oktober 1896 Thürkow (Mecklenburg) – 9. Mai 1982 Kiel)
Konfession: evangelisch
Vater: Landwirt
Blohm besuchte Schulen in Teterow und Lübeck, hier bestand er 1914 die Notreifeprüfung. Als Kriegsfreiwilliger wurde er im Westen eingesetzt, schwer verwundet und hoch dekoriert (Mecklenburgisches Verdienstkreuz I. und II. Klasse). Nach der Genesung erneut im Fronteinsatz, geriet er 1917 in Gefangenschaft und wurde als Schwerkriegsbeschädigter entlassen. Von 1919 bis 1921 studierte Blohm Landwirtschaft an den Universitäten Kiel und Halle. Hier legte er 1921 die Diplomprüfung ab und promovierte 1923. Von 1923 bis 1926 war er Bibliotheksassistent der Landwirtschaftlichen Institute, 1926 habilitierte er sich. Von 1927 bis 1930 war er Oberassistent am Institut für Acker- und Pflanzenbau der Universität Halle. Blohm konnte Studienreisen nach England, die USA und Kanada durchführen, ein einsemestriger Lehrauftrag in Hamburg schloss sich an. 1930 wurde Blohm Leiter der betriebswirtschaftlichen Abteilung der Landwirtschaftskammer, später der Landesbauernschaft Pommern in Stettin, blieb aber Angehöriger des Lehrkörpers der Universität Halle. 1931 wurde er Prokurist der Landberatung Pommern GmbH, 1933 Geschäftsführer dieser Gesellschaft. Blohm baute ein landwirtschaftliches Beratungswesen in Pommern auf. 1934 habilitierte sich Blohm an der Landwirtschaftlichen Hochschule Berlin zusätzlich für das Fach für Betriebslehre, 1936 wurde er auf den Lehrstuhl für Landwirtschaftliche Betriebslehre und Agrarpolitik der TH Danzig-Langfuhr berufen. Von hier aus hielt er Kontakt zu Organisationen der Auslandsdeutschen in Polen, den baltischen Ländern und Rumänien. 1941 erhielt er den Ruf auf ein Ordinariat für Landwirtschaftliche Betriebs- und Arbeitslehre der Reichsuniversität Posen, nebenamtlich beriet er hier Fachverbände und Parteistellen zur künftigen Arbeitsverfassung des Bauernhofes im Osten. Im Januar 1945 floh Blohm auf seinen Bauernhof in Spiegelsdorf, Kreis Greifswald, am 15. Juni 1945 erhielt er einen Ruf an die Universität Greifswald als ordentlicher Professor mit der Aufgabe, eine landwirtschaftliche Fakultät aufzubauen, zugleich entfaltete er eine umfangreiche Beratungstätigkeit für Neubauern. 1949 nahm er einen Ruf nach Halle als Nachfolger Emil Woermanns an. 1951 erhielt er einen Ruf nach Kiel, hier war er bis zur Emeritierung 1965 Direktor des Universitätsinstitutes für landwirtschaftliche Betriebslehre.
Organisationen: 1934 bis 1936 Förderndes Mitglied der SS, 1933 NSKOV, 1943 NSDDB. 1945 CDU.
Quelle: UAH PA 4601 Blohm.

Bode, Hugo
(24. Juli 1851 Groß-Salze (jetzt Salzelmen) – 15. Januar 1937)
Konfession: evangelisch
Vater: Pfarrer
Bode besuchte Schulen in Groß-Salze und Oschersleben, das Abitur legte er 1873 am Gymnasium Halle ab. Auf einer königlichen Domäne absolvierte er eine Ausbildung zum Landwirt und war danach in der Praxis tätig. Von 1877 bis 1881 studierte er Landwirtschaft an der Universität Halle und promovierte 1882 zum Dr. phil. Er kaufte ein Gut bei Würzburg und war dort als Landwirt tätig. 1897 erhielt er eine Assistentenstelle im Laboratorium des Landwirtschaftlichen Instituts der Universität Halle. 1902 zum Privatdozenten ernannt, wurde Bode 1905 beamteter außerordentlicher Professor und Abteilungsvorsteher am Landwirtschaftlichen Institut. Hier nahm er einen Lehrauftrag für Bodenkunde, -taxierung und -kartierung wahr. Parallel zur wissenschaftlichen absolvierte Bode eine militärische Ausbildung. 1874 diente er als Einjährig-Freiwilliger, absolvierte Übungen und wurde 1909 als Hauptmann entlassen. 1914 wurde er für die Landwehr reaktiviert, allerdings 1915 als Major entlassen. 1921 wurde Bode emeritiert.
Organisationen: Kyffhäuserverband, Bund deutscher Offiziere.
Quellen: UAH PA 4625 Bode, Rep. 6 Nr. 1407.

Brandt, Heinrich
(8. November 1886 Feudingen (Westfalen) – 9. Oktober 1954 Halle)
Konfession: evangelisch
Vater: Volksschulrektor
Nach der Volksschule trat Brandt in die Präparandenanstalt Holzwickede ein, von 1904 bis 1907 besuchte er das Lehrerseminar in Herdecke. 1907/08 arbeitete er als Volksschullehrer, 1909 legte er das Abitur ab. 1909/10 studierte Brandt Mathematik und Naturwissenschaften an der Universität Göttingen und von 1910 bis 1913 an der Universität Straßburg, 1912 promovierte er dort zum Dr. phil. 1913 legte er die Prüfung für das höhere Lehramt (Mathematik, Physik, Botanik, Zoologie) ab. 1913 wurde er Assistent an der TH Karlsruhe. 1913/14 leistete er Militär-, dann Kriegsdienst. Im Oktober 1914 wurde er verwundet und mit dem Eisernen Kreuz II. Klasse ausgezeichnet. Bis 1916 musste Brandt im Lazarett bleiben, er wurde 70 % erwerbsunfähig entlassen (beinamputiert). Nach Karlsruhe zurückgekehrt, habilitierte er sich 1917 für die Fächer Mathematik und Mechanik. 1921 erhielt er eine ordentliche Professur für Darstellende Geometrie und Angewandte Mathematik an der TH Aachen. 1930 nahm er einen Ruf auf den Lehrstuhl für Mathematik an der Universität Halle an. 1950 emeritiert, lehrte er bis zu seinem Tod weiter. Nach dem Zweiten Weltkrieg wurde Brandt zum Dekan gewählt.
Organisationen: NSKOV, NSV, Förderndes Mitglied der SS.
Quellen: UAH PA 4853 Brandt; Rep. 6 Nr. 1407; DBE Bd. 2, S. 69.

Brüel, Ludwig
(8. Januar 1871 Langen (Hessen) – 20. Mai 1949 Halle)
Konfession: evangelisch
Vater: praktischer Arzt
Nach dem Besuch von Schulen in Darmstadt studierte Brüel von 1888 bis 1895 Zoologie und Chemie an den Universitäten Leipzig, Freiburg und wieder Leipzig. 1897 promovierte er zum Dr. phil. Ein Forschungsaufenthalt in der Zoologischen Station Neapel schloss sich an. 1902 wurde er Assistent am Zoologischen Institut der Universität Halle und habilitierte sich hier 1904. 1911 erhielt er den Professorentitel, 1918/19 vertrat er einen Lehrstuhl an der Universität Freiburg. 1924 wurde er zum Kustos der zoologischen Sammlungen der Universität Halle und zugleich zum nichtbeamteten außerordentlichen Professor ernannt. 1934 leitete er vertretungsweise das Zoologische Institut, im Oktober 1936 wurde Brüel in den in den Ruhestand versetzt. Er setzte die Lehrtätigkeit bis zu seinem Tod fort, nach 1945 wurde er mit der Hauptvorlesung Biologie betraut, 1948 erhielt er einen Forschungsauftrag.
Organisationen: 1917/18 Deutsche Vaterlandspartei, NSLB, ab 1940 NSDDB.
Quellen: UAH PA 4990 Brüel; Rep. 6 Nr. 1407.

Buddenbrock-Hettersdorf, Wolfgang von
(25. März 1884 Bischdorf (Schlesien) – 11. April 1964 Mainz)
Konfession: evangelisch
Vater: Landrat, Gutsbesitzer
Die Reifeprüfung legte von Buddenbrock 1902 am Gymnasium Oels ab. Von 1902 bis 1906 studierte er an der TH Charlottenburg, 1906 wechselte er zur Zoologie und studierte an den Universitäten Jena und Heidelberg. Hier promovierte er 1910, 1914 habilitierte er sich an der Universität Heidelberg für Zoologie. 1914 eingezogen, wurde von Buddenbrock rasch zum Leutnant befördert, 1915 und 1916 erhielt er Verwundungen (ausgezeichnet mit dem Eisernen Kreuz II. Klasse und dem Zähringer Löwenorden). Ab 1916 war er Adjutant in einem Lazarett und politischer Aufklärungsoffizier. 1919 entlassen, wurde er 1920 in Heidelberg zum nichtbeamteten außerordentlicher Professor ernannt, noch im gleichen Jahr ging er als Erster Assistent an das Zoologische Institut der Universität Berlin. 1923 folgte er einem Ruf als Ordinarius an die Universität Kiel, Rufe nach Wien (1926) und Leipzig (1933) lehnte er ab. 1936 wurde von Buddenbrock nach Halle strafversetzt, da er dem NSDAP-Gauleiter und Oberpräsidenten Hinrich Lohse im Bezug auf seine Personalpolitik »Konnexionswirtschaft« vorgeworfen hatte.

1942 nahm er einen Ruf an die Universität Wien an. Dort 1945 ausgewiesen, war er kurz in Marburg tätig und erhielt 1946 eine Professur an der Universität Mainz, wo er 1952 emeritiert wurde.
Organisationen: Stahlhelm bis 1933
Quellen: UAH PA 5031 von Buddenbrock-Hettersdorf; Rep. 6 Nr. 1407; Leopoldina MM 4351 von Buddenbrock. DBE Bd. 2, S. 192.

Dietzel, Karl H.
(16. August 1893 Dresden – 3. November 1951 Marburg)
Konfession: nicht ermittelt
Vater: nicht ermittelt
1934 habilitierte sich Dietzel an der Universität Leipzig für Geographie. 1938 wurde er dort zum beamteten außerordentlichen Professor und Direktor des Kolonialgeographischen Universitätsinstituts ernannt. Er veröffentlichte zur Geschichte der deutschen Kolonien und zu Politik und Geographie Afrikas, arbeitete am Handwörterbuch des Grenz- und Auslandsdeutschtums mit und gab gemeinsam mit Oskar Schmieder die Buchreihe »Lebensraumfragen europäischer Völker« heraus. 1944 vertrat er den vakanten Lehrstuhl an der Universität Halle. 1945 in Leipzig entlassen, wurde Dietzel 1946 Professor der Universität Marburg.
Organisationen: Eintritt in die NSDAP am 23. November 1937 (Mitglied Nr. 5 336 214).
Quelle: BDC.

Dunken, Heinz
(12. Dezember 1912 Metz – 14. Januar 1974 Jena)
Konfession: gottgläubig, früher evangelisch
Vater: Telegrapheninspektor
Das Abitur legte Dunken 1931 an der Oberrealschule in Landsberg (Warthe) ab. Er studierte von 1931 bis 1934 Chemie, physikalische Chemie und Geologie an der Universität Kiel und legte das Verbandsexamen ab. Von November 1934 bis Oktober 1935 absolvierte er eine freiwillige militärische Ausbildung, entlassen wurde er als Gefreiter und Rerserveoffiziers-Anwärter. 1935 setzte er das Studium in Kiel, 1936/37 in Würzburg fort. 1937 kam er nach Halle. Hier wurde er 1938 promoviert. 1938 war er zunächst Hermann-Göring-Stipendiat, dann Verwalter einer Assistentenstelle im Institut für Physikalische Chemie der Universität Halle. Später wurde er zum planmäßigen Assistenten ernannt. Von August 1939 bis Oktober 1939 diente er im Ersatzheer. 1940 habilitierte er sich mit einer Arbeit über die Grenzflächenspannung von Lösungen gegen Quecksilber und wurde zum Dozenten ernannt. Mit dem »Abderhaldentransport« deportiert, entließ ihn die Universität Halle in Abwesenheit. In die Sowjetische Besatzungszone zurückgekehrt, war er nach 1945 zunächst Professor mit vollem Lehrauftrag, später mit Lehrstuhl an der Universität Jena. Zugleich leitete er das Institut für Physikalische Chemie.
Organisationen: NSV, Aufnahme in die NSDAP am 1. Mai 1937 (Mitglied Nr. 4 576 265).
Quellen: UAH PA 5589 Dunken; Rep. 6 Nr. 1407.

Eckardt, Theo
(16. Oktober 1910 Treuchtlingen (Bayern) – 20. Januar 1977 Berlin (West))
Konfession: evangelisch-lutherisch
Vater: Oberpostmeister
Eckardt besuchte Schulen in Weißenburg und Nürnberg, dort legte er 1930 das Abitur ab. Er studierte in München und Halle Naturwissenschaften, vor allem Botanik. 1935 wurde er im Botanischen Institut der Universität Halle als wissenschaftliche Hilfskraft beschäftigt, 1937 promovierte er hier zum Dr. sc. nat. Von 1937 bis 1939 war er außerplanmäßiger, ab 1939 planmäßiger Assistent. 1939 legte er die Prüfung für das höhere Lehramt ab. 1940 habilitierte er sich an der Universität Halle und erhielt die Ernennung zum Dozenten. 1940 zu einer Artillerieeinheit eingezogen, wurde er rasch zum Leutnant befördert. Im Mai 1944 nahmen ihn sowjetische Truppen bei Sewastopol gefangen. Im Juli 1944

trat er in den Bund Deutscher Offiziere im Rahmen des NKFD ein, nach dessen Auflösung war er Angehöriger der Antifaschistischen Vereinigung Deutscher Kriegsgefangener. Eckardt lehrte an einer Antifa-Schule, 1949 wurde er aus der Kriegsgefangenschaft entlassen. Im selben Jahr ernannte ihn die Landesregierung Sachsen-Anhalts zum Dozenten für Biologie an der Universität Halle. 1950 wurde er Professor mit Lehrauftrag an der Brandenburgischen Landeshochschule Potsdam, 1952 dort Professor mit vollem Lehrauftrag. 1955 wechselte er an die Freie Universität Berlin und wurde zum außerplanmäßigen Professor ernannt. 1959 erhielt er eine ordentliche Professur, ab 1964 war er Direktor des Botanischen Gartens und ab 1971 zugleich Leiter des Botanischen Museums.
Organisationen: Eintritt in die SA im Mai 1933, 1934 NSV, am 1. Mai 1937 Aufnahme in die NSDAP (Mitglied Nr. 5 068 988).
Quelle: UAH PA 5643 Eckardt.

Eickschen, Karl
(22. August 1901 Rheydt (Rheinland) – ?)
Konfession: evangelisch
Vater: Konrektor
Nach dem Besuch von Schulen in Rheydt (Reifeprüfung 1920), absolvierte Eickschen eine landwirtschaftliche Ausbildung. 1922/23 besuchte er das Seminar für praktische Landwirte Helmstedt, anschließend studierte er an der Universität Halle. Gleichzeitig war er als kaufmännischer Angestellter tätig. 1925 legte er das Diplomexamen für Landwirte ab und promovierte. Zunächst Landwirtschaftslehrer in Lauenburg, war Eickschen ab April 1926 planmäßiger Assistent am Institut für landwirtschaftliche Betriebslehre an der Universität Halle. 1929 habilitierte er sich für landwirtschaftliche Betriebslehre. 1930 wurde er Leiter der Buchführungs- und Wirtschaftsberatungsstelle der sächsischen Landschaft Halle. Im Sommersemester 1932 vertrat er den vakanten Lehrstuhl in Halle. 1935 übernahm er die Leitung eines Komplexes landwirtschaftlicher Güter, hielt jedoch weiterhin Vorlesungen über angewandte Betriebslehre. 1936 wurde er Vorstand der Holzwerke Zapfendorf AG in Nürnberg. 1936 brachte ihn die Universität Breslau für einen Lehrstuhl in Vorschlag. Die Berufung scheiterte trotz der Fürsprache Emil Woermanns an der Beurteilung des Gaudozentenführers. Wissenschaftlich sei er hochbegabt, verfüge über eine gute pädagogische Veranlagung, auf politischem Gebiet sei er aber »sehr vorsichtig zu nehmen« formulierte Wilhelm Wagner. Denn Eickschen stehe »von Haus aus der liberalistischen Ideenwelt sehr nahe«. Die Universität Breslau verzichtete, Eickschen verlegte seinen Wohnsitz nach Nürnberg und verzichtete auf die Lehrberechtigung. Weitere Angaben konnten nicht ermittelt werden.
Organisationen: Motor-SA ab 1.11.1933, überführt in das NSKK.
Quellen: UAH PA 5721 Eickschen; Rep. 6 Nr. 1407; Auskunft über den Sterbeort vom Standesamt Mönchengladbach (Rheydt) verweigert.

Faeßler, Alfred
(25. November 1904 Hechingen (Hohenzollern) – 22. April 1987 München)
Konfession: evangelisch
Vater: Kaufmann
Nach dem Abitur am Reformrealgymnasium Hechingen studierte Faeßler Physik, Chemie und Mineralogie an den Universitäten Tübingen und Freiburg. Er legte das Chemieverbandsexamen ab und wurde Hilfsassistent im Physikalisch-chemischen Institut der Universität Freiburg. 1929 promovierte er hier mit einer Arbeit über die quantitative röntgenspektrographische Analyse zum Dr. phil. nat. Von 1931 bis 1933 war er Rockefellerstipendiat am California Institute of Technology in Pasadena. Von Juni 1933 bis Januar 1938 hatte er eine Assistentenstelle am Institut für Physikalische Chemie der Universität Freiburg inne. 1935 und 1936 absolvierte er militärische Übungen (ROA). Ab Februar 1938 war er Assistent am Institut für Experimentelle Physik der Universität Halle, 1939 habilitierte er sich mit einer Arbeit zu den Kristallstrukturen erkaltender Minerale. 1940 wurde Faeßler zum Dozenten ernannt, die Lehrprobe hielt er über »Die Erzeugung sehr schneller Ionen für Kernumwandlungsversu-

che«. Faeßler war für das Heereswaffenamt tätig und spätestens ab 1942, so formulierte es sein Institutsleiter Wilhelm Kast, war er »nicht zu entbehren, da er zur Zeit mit wehrwichtigen Arbeiten im Auftrage des Reichsamtes für Wirtschaftsausbau beschäftigt ist.« Mit dem »Abderhaldentransport« deportiert, wurde Faeßler in Abwesenheit von der Universität Halle entlassen. 1946 durch die Spruchkammer Dieburg/Hessen entnazifiziert, wurde er 1948 zum außerordentlichen Professor der Universität Freiburg ernannt. Von 1956 bis zur Emeritierung war er ordentlicher Professor für Experimentalphysik an der Universität München.
Organisationen: Im November 1933 Eintritt in die SA, 1934 NSLB, am 1. Mai 1937 Aufnahme in die NSDAP (Mitglied Nr. 5 061 240).
Quellen: UAH PA 5926 Faeßler; Rep. 6 Nr. 1407.

Freisleben, Rudolf
(11. März 1906 Dresden – 9. Oktober 1943 Dresden)
Konfession: evangelisch
Vater: Fabrikbesitzer
Von 1925 bis 1930 studierte Freisleben an den Universitäten München und Leipzig sowie an der TU Dresden Naturwissenschaften. 1930 legte er die Staatsprüfung für das höhere Lehramt ab. Danach war er Studienreferendar und -assessor, später Hilfsassistent an der Universität Dresden. Dort promovierte er 1932. Danach arbeitete er an der Forstschule Tharandt über die Mykorrhizen der Waldbäume und Ericaceen. 1934/35 erhielt er im Rahmen der Akademikerhilfe der Notgemeinschaft der Deutschen Wissenschaft ein Stipendium für die Arbeit am Institut für Pflanzenbau und Pflanzenzüchtung der Universität Halle, im Juli 1935 wurde er hier planmäßiger Assistent. 1936 habilitierte er sich mit einer genetischen Arbeit und wurde zum Dozenten ernannt. Ab 1937 bearbeitete er das Gerstensortiment der Deutschen Hindukusch-Expedition und setzte seine genetischen Forschungen vor allem zu polyploiden Rassen von Kulturpflanzen fort. Seit 1935 absolvierte Freisleben Wehrmachtsübungen, 1939 wurde er eingezogen. 1941 war er Leiter einer Expedition in das zentrale Massiv des Balkan zur Sammlung von Sämereien im Auftrag des Reichsforschungsrates und des Oberkommandos der Wehrmacht (Amt Wissenschaft). 1942 leitete er eine Exkursion nach Griechenland. Im April 1943 zum außerplanmäßigen Professor ernannt, erging an ihn wenig später ein Ruf an die Universität Würzburg. Bevor Freisleben die Stelle antreten konnte, starb er nach kurzer Krankheit im Lazarett Dresden.
Organisationen: Im Mai 1933 Eintritt in die SA, 1937 Aufnahme in die NSDAP.
Quelle: PA 6237 Freisleben.

Frölich, Gustav
(2. Februar 1879 Oker/Harz – 23. August 1940 Dummerstorf bei Rostock)
Konfession: evangelisch
Vater: Hütteninspektor
Frölich besuchte Schulen in Oker und Goslar, das Abitur legte er 1897 ab. Er studierte Natur- und Landwirtschaftswissenschaften in Braunschweig, Göttingen und Bonn-Poppelsdorf. Ab 1899 besuchte er die Molkereischule Hameln. Neben dem Abschluss als Diplomlandwirt legte er verschiedene Prüfungen u.a. als Tierzüchter ab. 1900 trat er eine Stelle am Versuchsfeld der Universität Göttingen an, 1904 wurde er mit einer Arbeit über das »so genannte umlaufende Betriebskapital« promoviert. Von 1905 bis 1909 leitete er die Saatgutzucht der Domäne Friedrichswerth in Thüringen, wo ihm die Zucht der widerstandsfähigen Friedrichswerther Berg-Wintergerste gelang. Zugleich beschäftigte er sich mit der Edelschweinezucht und reiste zu Studienzwecken in die USA. Nach kurzer Tätigkeit als Generalsekretär des Land- und forstwirtschaftlichen Hauptvereins zu Göttingen folgte Frölich 1910 einem Ruf als Professor für Tierzucht und Taxationslehre nach Jena. 1912 wechselte er als Ordinarius für allgemeine Landwirtschaftslehre und Tierzucht an die Universität Göttingen, 1915 übernahm er die Leitung des Instituts für Tierzucht und Molkereiwesen an der Universität Halle. Ab 1916 arbeitete er für das Landesfleischamt Berlin und erhielt das Verdienstkreuz für Kriegshilfe. Nach dem Ersten Weltkrieg führten ihn Studienreisen nach Turkestan sowie Südwest- und Südafrika. Im Juli 1932 zum Rektor der

Universität Halle gewählt, lavierte er – vor allem als Vorsitzender der Deutschen Rektorenkonferenz – vorsichtig, aber vergeblich, um nationalsozialistische Eingriffe in das Hochschulsystem abzuwenden. Ab 1938 widmete sich Frölich dem Aufbau des neugegründeten Kaiser-Wilhelm-Instituts für Tierzucht in Dummerstorf bei Rostock, das zugleich mit einem Ordinariat der Universität Rostock verbunden werden sollte. Nach Dummerstorf überführte er auch die Karakulherde der Universität, die nach seinem plötzlichen Tod an die Universität Halle zurückversetzt wurde.
Organisationen: Mitglied des Alldeutschen Verbandes, 1933 Förderndes Mitglied der SS, 1934 NSV, RLB, Mitglied der NSDAP seit 1. Mai 1937, Angehöriger des Landesbauernrates, 1938 in den Reichsbauernrat berufen.
Quellen.: UAH PA 6354 Frölich; Rep. 6 Nr. 1407; DBE Bd. 3, S. 505.

Fuchs, Walter H.
(29. Februar 1904 Wien – 11. September 1981 Göttingen)
Konfession: römisch-katholisch
Vater: Kaiserlicher Rat und Ministerialrat im k. u. k. Handelsministerium
Fuchs studierte in Wien Naturwissenschaften, vor allem Botanik und Chemie, 1928 promovierte er zum Dr. phil. 1928/29 arbeitete er als Privatassistent Theodor Roemers an der Universität Halle, von 1929 bis 1932 war er hier wissenschaftliche Hilfskraft am Institut für Pflanzenzüchtung und Pflanzenbau, 1932 wurde er zum außerplanmäßigen Lektor für Pflanzenkrankheiten ernannt. 1937 habilitiert, wurde er 1938 Dozent und erhielt den Titel eines nichtbeamteten außerordentlichen Professors. Im Januar 1942 wurde er mit der Vertretung der für ihn neu eingerichteten Professur für Phytopathologie am Institut für Pflanzenzüchtung und Pflanzenbau betraut und zum beamteten außerordentlichen Professor ernannt. Fuchs bearbeitete zahlreiche Wehrmachtsaufträge, vor allem zur Haltbarmachung von Gemüse, besonders Erbsen. Mit dem »Abderhaldentransport« in die Amerikanische Besatzungszone deportiert, wurde er in Abwesenheit von der Universität Halle entlassen. 1946 nahm er die wissenschaftlichen Tätigkeit in Bickenbach (Hessen) wieder auf und wurde dort entnazifiziert. Ab 1948 leitete er die Zweigstelle Baden des Max-Planck-Institutes für Züchtungsforschung in Ladenburg. 1952 wurde er planmäßiger außerordentlicher Professor für Pflanzenpathologie und Pflanzenschutz an der Universität Göttingen und noch im selben Jahr zum Ordinarius ernannt.
Organisationen: 18. Dezember 1933 Eintritt in den Kampfring der Deutsch-Österreicher, nach der Umbildung in den Hilfsbund der Deutsch-Österreicher im November 1934 im Gau Stellvertreter und Leiter der Geschäftsstelle Halle, Förderndes Mitglied der SS, NSV, Aufnahme in die NSDAP 1937 (Mitglied Nr. 4 041 044), Blockleiter der Ortsgruppe Halle-Roßplatz.
Quellen: UAH PA 6395 Fuchs; Rep. 6 Nr. 1407.

Gärtner, Robert
(9. Januar 1894 Freiburg/Schlesien – 8. November 1951 Göttingen)
Konfession: evangelisch
Vater: Generaldirektor der Schlesischen Leinenindustrie AG
Das Abitur legte Gärtner 1912 in seiner Heimatstadt Freiburg ab. Von 1912 bis 1914 studierte er Volkswirtschaft und Landwirtschaft an den Universitäten Freiburg im Breisgau, Leipzig und Marburg. 1914 meldete er sich als Kriegsfreiwilliger, 1915 schied er aus dem Heer aus und begann eine landwirtschaftliche Lehre. 1916/17 studierte er Landwirtschaft an der Universität Leipzig. 1917/18 arbeitete er als Wirtschaftsdirektor auf einer Domäne, 1918 promovierte er an der Universität Leipzig zum Dr. phil. Danach war er in der von Seydlitzschen Güterverwaltung und in verschiedenen anderen Landwirtschaftsbetrieben angestellt. 1920 legte er die Prüfung zum Diplomlandwirt, 1921 zum Tierzuchtinspektor ab. Von 1921 bis 1931 war er Assistent, später Oberassistent am Institut für Tierzucht und Milchwirtschaft der Universität Breslau. Hier habilitierte er sich 1928, 1931 erhielt er ein planmäßiges Extraordinariat an der Universität Jena. 1932 wurde er zum ordentlichen Professor ernannt und übernahm die Leitung der Thüringer Landesanstalt für Tierzucht. 1940 lehnte er die ihm angetragene Nachfolge Gustav Frölichs ab, musste aber auf Anordnung des Wissenschaftsministeriums den Lehrstuhl vertretungsweise wahrnehmen. 1941 nahm

Gärtner den Ruf nach Halle an, 1942 wurde er zum Ordinarius für Tierzucht und Molkereiwesen der Universität Halle ernannt. 1945 von der Universität entlassen, siedelte er nach Göttingen über.
Organisationen: 1933 Eintritt in die NSDAP.
Quelle: UAH PA 6452 R. Gärtner.

Gerhardt, Ulrich
(11. Oktober 1875 Würzburg – 8. Juni 1950 Halle)
Konfession: evangelisch
Vater: Universitätsprofessor, Arzt
Gerhardt studierte Medizin und Naturwissenschaften an den Universitäten Heidelberg, Berlin und Straßburg. 1898 erhielt er die Approbation als Arzt, 1899 promovierte er an der Universität Berlin zum Dr. med. Von 1901 bis 1903 war er als Assistent im Physiologischen Institut der Universität Breslau, wandte sich jedoch der Zoologie zu. 1903 promovierte er an der Universität Breslau zum Dr. phil. mit der Arbeit: »Morphologische und biologische Studien über die Copulationsorgane der Säugethiere«. Von 1903 bis 1905 war er am Zoologischen Institut der Universität Breslau tätig und habilitierte sich hier 1905. 1911 erhielt er den Professorentitel. Kriegsdienst leistete er als Arzt in Lazaretten und als Bataillonsarzt, 1921 wurde er zum nichtbeamteten Professor ernannt. 1924 erhielt er einen Ruf an die Universität Halle als Ordinarius für vergleichende Anatomie und Physiologie der Haustiere. Zwar wurde er 1945 aus Altersgründen in den Ruhestand versetzt, jedoch 1946 zum Ordinarius und zugleich Direktor des Instituts für Anatomie und Physiologie der Haustiere und Leiter der Tierklinik ernannt. Seit Februar 1945 in die Planungen zur Neugestaltung der Universität nach Kriegsende einbezogen amtierte er von 1946 bis 1948 als Prorektor. 1948 wurde er emeritiert und zugleich mit der Vertretung seines Lehrstuhles und mit Vorlesungen über die Zoologie der Haustiere betraut. Im Mai 1949 erkrankte er schwer.
Organisationen: 1932 für zwei Monate Mitglied der Deutsch-Nationalen Front, 1934 bis 1939 Förderndes Mitglied SS, 1934 NSV, 1945 LDP.
Quellen: UAH PA 6599 Gerhardt; Rep. 6 Nr. 1407; DBE Bd. 3, S. 644.

Goehring, Margot
(10. Juni 1914 Allenstein)
Konfession: evangelisch
Vater: Militärintendantursekretär
Nach Besuch des Gymnasiums Gera absolvierte Goehring von 1927 bis 1933 die Studienanstalt Erfurt und legte 1933 die Reifeprüfung ab. Sie studierte Chemie, Physik und Mineralogie in Halle und München, 1936 erhielt sie das Verbandszeugnis als Diplom-Chemiker. Von 1937 bis 1941 war Goehrig außerplanmäßige Assistentin am Chemischen Institut der Universität Halle, wo sie 1939 zum Dr. sc. nat. promovierte. Von 1941 bis 1945 war sie wissenschaftliche Assistentin, im Januar 1944 habilitierte sie sich mit einer Arbeit über die Sulfoxylsäure und wurde im April 1944 zur Dozentin ernannt. Da das Chemische Institut als Rüstungsbetrieb eingestuft war, deportierte man sie 1945 mit den anderen Angehörigen der Naturwissenschaftlichen Fakultät nach Hessen. Nach kurzem Verhör entlassen, wohnte Goehring zunächst in Gundernhausen bei Dieburg. Ab 1946 vertrat sie an der Universität Heidelberg das Fach Anorganische Chemie. Die Rückkehr nach Halle scheiterte 1947 an dem Unwillen der Besatzungsbehörden, Goehring in ihre formalen Rechte als Dozentin und Assistentin wieder einzusetzen. In Heidelberg wurde sie noch 1947 zur planmäßigen außerordentlichen Professorin ernannt, ab 1959 war sie ordentliche Professorin der Universität Heidelberg für Anorganische und Analytische Chemie. Von 1966 bis 1968 amtierte sie als Rektorin der Universität Heidelberg, von 1969 bis 1979 war Professor Becke-Goehring zugleich Direktorin des Gmelin-Institutes für anorganische Chemie und Grenzgebiete in der Max-Planck-Gesellschaft Frankfurt am Main. Sie lebt in Heidelberg.
Organisationen: Als Mitglied des Vereins Deutscher Chemiker in den NSBDT überführt, 1937 NSV, Reichskolonialbund, 1941 RLB, 1941 Deutsches Frauenwerk, 1937 DAF.
Quellen: UAH PA 6729 Goehring; UAH Rep. 6 Nr. 1407; Leopoldina-Mitteilungen der Deutschen Akademie der Naturforscher, Reihe 3, Jg. 15, 1969.

Grell, Heinrich
(3. Februar 1903 Lüdenscheid – 21. August 1974 Berlin (Ost))
Konfession: evangelisch-uniert
Vater: Metzgermeister
Das Abitur legte Grell 1922 in seiner Vaterstadt ab, von 1922 bis 1927 studierte er Mathematik, Physik und Astronomie in Göttingen. 1926 promovierte er dort bei Emmy Noether zum Dr. phil. (»Beziehungen zwischen den Idealen verschiedener Ringe«). 1927/28 war Grell Hilfsassistent am Mathematischen Institut der Universität Göttingen, danach Stipendiat der Notgemeinschaft der Deutschen Wissenschaft und von 1928 bis 1930 Assistent am Mathematischen Institut der Universität Jena. Dort habilitierte er sich 1930 mit der Arbeit »Verzweigungstheorie in beliebigen Ordnungen algebraischer Zahl- und Funktionskörper«. Von 1930 bis 1934 hatte er einen Lehrauftrag in Jena inne, 1934 habilitierte er sich nach Halle um, wo er einen Lehrauftrag für Analysis und analytische Geometrie erhielt. 1935 wurde Grell in Haft genommen wegen Verstoßes gegen § 175 StGB. Im September 1935 entlassen, wurde gegen ihn lediglich ein Zivilprozess durchgeführt. Auf Grund von § 18 der Reichshabilitationsordnung wurde Grell noch 1935 die Lehrbefugnis entzogen. Von 1935 bis 1939 war Grell arbeitslos bzw. mit Gelegenheitsarbeiten beschäftigt, von 1939 bis 1944 hatte er die Stelle eines Arbeitsgruppenleiters im Entwicklungsbüro der Messerschmidt Flugzeugwerke in Augsburg inne. 1944/45 war Grell Mathematiker beim Reichsforschungsrat in Erlangen. Von 1945 bis 1948 arbeitete Grell als wissenschaftlicher Assistent an der Universität Erlangen und an der Hochschule Bamberg, im Dezember 1948 wurde er als Professor mit Lehrauftrag an die Humboldt-Universität Berlin berufen. Von 1959 bis 1962 war Grell geschäftsführender Direktor des Instituts für Reine Mathematik der Deutschen Akademie der Wissenschaften, von 1964 bis 1972 stellvertretender Generalsekretär der DAW. 1968 wurde Grell emeritiert.
Organisationen: Aufnahme in die NSDAP am 1. Mai 1933 (Mitglied Nr. 1 083 113), Bezirksleiter der Dozentenschaft der Universität Jena, NSV, RLB, von Mai bis November 1933 SA-Dienst, ab Dezember 1933 Scharführer im SA-Segelfliegersturm Jena, Stellvertreter des Ortsgruppenführers, 1934 Übertritt zum SA-Motorfliegersturm. Flugreferent im Oberbann 1/17 der HJ.
Quellen: UAH PA 6887 Grell; Rep. 6 Nr. 1407; Wer war wer.

Guenther, Ekke
(14. Juli 1907 Freiburg im Breisgau – 19. März 1995 Lehenhof bei Freiburg im Breisgau)
Konfession: evangelisch
Vater: Universitätsprofessor
Nach der bestandenen Reifeprüfung 1928 absolvierte Guenther eine Lehre im Buchhandel. Er studierte Geologie, Mineralogie und Geographie an den Universitäten Göttingen, München und Freiburg. 1935 war er als Geologe in der Tonindustrie tätig. Ende 1935 wurde er Assistent am Geologischen Institut der Universität Freiburg, 1936 promovierte er hier zum Dr. rer. nat. Von 1936 bis 1938 war er Assistent am Geologischen Institut der Universität Köln, ab November 1938 hatte er eine planmäßige Assistentenstelle am Geologisch-paläontologischen Institut der Universität Halle inne. Im Oktober 1939 zur Wehrmacht einberufen, habilitierte er sich während eines Fronturlaubs 1940 mit der Arbeit »Die jüngeren tektonischen Bewegungen im südwestlichen Deutschland«. Zwar zum Dozenten für Geologie und Paläontologie ernannt, wurde Guenther bis zum Kriegsende nicht für die Universität beurlaubt. Nach der Ausbildung bei der Flak war er als Wehrgeologe bzw. Regierungsbaurat im Luftgau Berlin tätig, später in Finnland. Nach 1945 arbeitete er als Bauer in Schleswig-Holstein. Er wurde Dozent an der Universität Kiel, 1953 hier außerplanmäßiger Professor. 1958 erhielt er eine Stelle als Abteilungsleiter am Geologisch-paläontologischen Institut der Universität Kiel. Im selben Jahr wurde er zum Präsidenten der Hugo-Obermeier-Gesellschaft für die Erforschung des Eiszeitalters und der Steinzeit ernannt. 1971 wurde Guenther emeritiert.
Organisationen: Aufnahme in die NSDAP am 1. Mai 1933, ab 1936 politischer Leiter, 1933 SA.
Quellen: UAH PA 7026 Guenther; BDC.

Hahne, Alfons
(26. August 1909 Olsberg/Westfalen – 1. Oktober 1962 Münster)
Konfession: katholisch
Vater: Lehrer
Hahne besuchte Schulen in Olsberg und Brilon, 1932 bestand er die Reifeprüfung. 1932/33 studierte er Landwirtschaft und legte das Vorexamen ab. Von 1933 bis 1935 arbeitete er auf der Domäne Gernrode und dem Gut Th. Hanse in Hübitz (Mansfelder Seekreis). Er setzte das Studium an der Universität Halle fort und legte 1937 die landwirtschaftliche Diplomprüfung ab. Er fand eine Anstellung in der Wentzel'schen Saatzuchtwirtschaft Salzmünde und promovierte an der Universität Halle zum Dr. sc. nat. 1939 erhielt er eine Assistentenstelle im Institut für landwirtschaftliche Betriebslehre und einen Lehrauftrag für Landeskultur. 1939 eingezogen, wurde er 1940 beurlaubt. 1941 erneut eingezogen, erhielt er 1942 auf Betreiben Emil Woermanns, den er bei seinen nahrungswirtschaftlichen Planungen unterstützte, Arbeitsurlaub. Wieder zum Heer einberufen, wurde er im Januar 1943 zum Kriegsverwaltungsrat ernannt. Im Oktober 1944 erhielt er Arbeitsurlaub und kam wieder an die Universität. Im Oktober 1945 kehrte er von einer Dienstreise in die britische Besatzungszone nicht zurück. 1950 zog er nach Münster um.
Organisationen: Aufnahme in die NSDAP am 1. Mai 1937 (Mitglied Nr. 4 048 292).
Quelle: UAH PA 7218 A. Hahne.

Harms, Helmut
(3. April 1912 Kiel)
Konfession: evangelisch
Vater: Kaufmann
Die Reifeprüfung legte Harms 1931 an der Oberrealschule Lübeck ab. Er studierte Naturwissenschaften, insbesondere Chemie und Physik an den Universitäten Göttingen (1931 bis 1933), Kiel (1933 bis 1935) und Würzburg (1935 bis 1937), hier promovierte er 1937 zum Dr. sc. nat. Er wurde Hilfskraft bzw. außerplanmäßiger Assistent bei Karl Lothar Wolf und folgte diesem an die Universität Halle. Mit einem Stipendium der Deutschen Forschungsgemeinschaft gefördert, entwickelte Harms im Auftrag Wolfs Schmiermittel für die Luftwaffe. 1939 erhielt er eine planmäßige Assistentenstelle am Institut für Physikalische Chemie und einen Lehrauftrag zur mathematischen Behandlung physikalisch-chemischer Probleme. Im September 1939 wurde er in ein Labor des Heereswaffenamtes einberufen, aber im Dezember 1939 uk. gestellt. 1940 habilitierte er sich mit einer Arbeit über hochverdünnte Lösungen und wurde zum Dozenten ernannt. Ab Juni 1940 war er technischer Kriegsverwaltungsrat an der Versuchsstelle Kummersdorf. 1942 wechselte er zum Institut für Luftfahrtforschung der Universität Straßburg. Nach 1945 betrieb Harms die Physikalisch-technische Lehranstalt Lübeck-Schlutup und wurde zum Professor ernannt. Er lebt in Lübeck.
Organisationen: Eintritt in die SA am 10. Juli 1933, Rottenführer, NSV, RLB.
Quellen: UAH PA 7288 Harms; Rep. 6 Nr. 1407.

Herre, Wolf[gang]
(3. Mai 1909 Halle – 12. November 1997 Kiel)
Konfession: evangelisch, später gottgläubig
Vater: Regierungsbauoberinspektor
Das Abitur legte Herre 1927 am Reformrealgymnasium Halle ab. Er studierte Naturwissenschaften, besonders Biologie an den Universitäten Halle, Graz und wieder Halle. 1932 promovierte er hier zum Dr. sc. nat. 1933 wurde er außerplanmäßiger Assistent am Tierzuchtinstitut Halle, 1934 erhielt er eine planmäßige Assistentenstelle. Nach Absolvierung von Dozentenlager und -akademie habilitierte er sich 1935 mit einer Arbeit über Schwanzlurche unter Einschluss ihrer fossilen Formen. Dabei wertete er auf Anregung Johannes Weigelts zahlreiche Funde aus dem Geiseltal aus. 1936 wurde er zum Dozenten für Zoologie und Vergleichende Anatomie ernannt. Im August 1939 zum Kriegsdienst in einem Infanterieregiment einberufen, wurde er 1940 zum Unteroffizier befördert und auf Grund seiner als kriegswichtig eingestuften Forschungen an Haustieren (Mast, Vitamingaben) aus der Wehrmacht ent-

lassen. 1942 wurde er als Kriegsverwaltungsrat erneut eingezogen und nahm an einer Expedition nach Norwegen teil die Aufschluss über die Wichtigkeit der Rentierzucht für die deutsche Ernährung bringen sollte. Im selben Jahr wurde er zum außerplanmäßigen Professor ernannt. Im September 1942 trat Herre wieder in das Heer ein, wurde wenig später zum Leutnant befördert und nahm an Kämpfen an der Ostfront teil. (ausgezeichnet mit dem Eisernen Kreuz I. und II. Klasse). Im Mai 1945 geriet er in britische Kriegsgefangenschaft, im Juli 1945 wurde er in die britische Zone entlassen. Zunächst leitete er kommissarisch das Zoologische Museum der Universität Kiel und vertrat den inhaftierten Lehrstuhlinhaber. Ab 1947 war er Direktor des Instituts für Haustierkunde an der Universität Kiel und wurde 1951 zum Ordinarius ernannt. 1977 wurde Herre emeritiert.
Organisationen: Im November 1933 Eintritt in die SA, 1936 in die NSV, am 1. Mai 1937 Aufnahme in die NSDAP. Mitglied, ab 1936 Vorsitzender des Naturwissenschaftlichen Vereins Halle.
Quellen: UAH PA 7752 Herre; Rep. 6 Nr. 1407.

Hilkenbäumer, Friedrich
(26. Februar 1909 Dortmund-Wickede – 17. Juni 1976 Bonn)
Konfession: evangelisch
Vater: Maschinensteiger
Hilkenbäumer besuchte Schulen in Unna und Gelsenkirchen, hier legte er 1928 die Reifeprüfung ab. Er arbeitete in verschiedenen Gartenbaubetrieben, u. a. in Stuttgart und Glarus (Schweiz) und legte die Prüfung als Gärtnergehilfe ab. Ab 1930 studierte er Gartenbau an der Landwirtschaftlichen Hochschule Berlin, 1934 legte er die Prüfung zum Diplomgärtner ab. Er erhielt ein Stipendium der Notgemeinschaft der deutschen Wissenschaft und war als Hilfsassistent, später außerplanmäßiger Assistent am Institut für Pflanzenbau der Universität Halle tätig. 1936 promovierte er in Berlin mit einer Arbeit über die Keimung des Steinobstes. Ab 1938 war er als planmäßiger Assistent wissenschaftlicher Leiter der Obstversuchsstation Schraderhof der Universität Halle in Groß Ottersleben. 1942 habilitierte er sich an der Universität Berlin mit einer Arbeit über Obstveredelung, 1943 wurde er zum Dozenten für Obst- und Gemüsebau an der Universität Halle ernannt. 1945 als Dozent entlassen, war er weiterhin auf den Gütern der Universität tätig. 1946 zog er nach Prussendorf bei Halle um und baute hier ein neues Versuchsgut auf. Im selben Jahr erhielt er – nach dem Eintritt in die SED – einen Forschungsauftrag durch die SMA zum Thema Zwergobst. Nach Ablehnung eines Rufes nach Hamburg wurde er im Juli 1947 zum ordentlichen Professor der Universität Halle für Obstbau ernannt. 1951 siedelte er nach Westdeutschland über, um eine ordentliche Professur für Obstbau an der Universität Bonn zu übernehmen.
Organisationen: 1933 Stahlhelm, überführt in die SA, dort Scharführer, NSV, NS-Altherrenbund, Aufnahme in die NSDAP am 1. Mai 1935 (Mitglied Nr. 4 639 776). 1946 Eintritt in die SED.
Quellen: UAH PA 7902 Hilkenbäumer; Rep. 6 Nr. 1407.

Hinsche, Georg
(25. September 1888 Halle – 17. November 1951 Halle)
erst 1944 zur Naturwissenschaftlichen Fakultät übergetreten. Vgl. Medizinische Fakultät.

Hock, Lothar
(12. November 1890 Berlin – 9. September 1978 Gießen)
Konfession: evangelisch
Vater: Ingenieur
Die Reifeprüfung legte Hock 1910 an einem Berliner Realgymnasium ab. Er studierte Chemie an der Universität und an der Technischen Hochschule Berlin. 1914 wurde er zu einer Pioniereinheit eingezogen. 1915 zum Unteroffizier befördert, wurde er zur Inspektion der Kraftfahrtruppen in Berlin kommandiert. 1918 war er bei der Kaiser-Wilhelm-Gesellschaft für Kriegsforschung tätig, hier forschte er über Schmiermittel. 1919 trat er als Chemiker in die Mitteldeutsche Gummiwarenfabrik Peters Union AG Corbach ein. 1922 promovierte er an der Universität Gießen zum Dr. phil. Von 1923 bis 1936 war er Assistent am Physikalisch-chemischen Institut der Universität Gießen. Hier habilitierte er sich 1924

und wurde 1929 zum nichtbeamteten außerordentlichen Professor ernannt. 1936 erhielt er einen Lehrauftrag für Technische Chemie an der Universität Halle, der Dienstantritt wurde wegen dringender Rüstungsaufträge für das Luftfahrtministerium jedoch verschoben (Flugzeugbereifung). 1937 erhielt Hock einen Lehrauftrag in Gießen, so dass der Lehrauftrag in Halle zurückgezogen wurde. Während des Krieges entfaltete Hock eine umfangreiche Gutachter- und Beratertätigkeit. 1946 wurde er außerplanmäßiger Professor der Universität Marburg, 1953 Honorarprofessor der Universität Gießen für Kolloidchemie und physikalische Chemie.
Organisationen: nicht ermittelt.
Quellen: UAH PA 7973 Hock; Rep. 6 Nr. 1407.

Hoffmann, Gerhard
(4. August 1880 Lübeck – 18. Juni 1945 Halle)
Konfession: evangelisch-lutherisch
Vater: Gymnasialprofessor
Nach dem Besuch des Gymnasiums in Lübeck studierte Hoffmann Physik, Chemie und Mathematik an den Universitäten Göttingen, Leipzig und Bonn. 1906 promovierte er mit einer Arbeit zur Radioaktivität und wurde 1906 Hilfsassistent, 1907 planmäßiger Assistent an der Universität Bonn. Von 1908 bis 1910 war er Assistent an der Universität Königsberg, dort habilitierte er sich 1911 für reine und angewandte Physik. Seit 1910 lehrte er zugleich an der Handelshochschule Königsberg. Von 1914 bis 1919 leistete er freiwilligen Dienst als Krankenpfleger und Leiter einer Röntgenstation in Königsberg. 1917 erhielt er den Professorentitel, 1921 wurde er zum außerordentlichen Professor ernannt. 1928 folgte er einem Ruf an die Universität Halle als Ordinarius für Physik und Direktor des Physikalischen Instituts der Universität Halle. 1937 nahm er nach Auseinandersetzungen mit Adolf Smekal einen Ruf an die Universität Leipzig an.
Organisationen: 1920 bis 1922 DNVP, 1933 Eintritt in den Stahlhelm, 1934 in die SA-Reserve überführt.
Quellen: UAH PA 8065 Hoffmann; Rep. 6 Nr. 1407; DBE Bd. 5, S. 118.

Hoffmeister; Johannes
(11. April 1894 Rixdorf bei Berlin – 19. Februar 1974 Berlin)
Konfession: evangelisch
Vater: Lehrer
Das Abitur legte Hoffmeister 1912 in Neukölln ab, ein Studium der Naturwissenschaften an der Universität Berlin schloss sich an. Von 1914 bis 1918 leistete er Kriegsdienst in einem Artillerieregiment. 1917 wurde er zum Leutnant befördert und mit dem Eisernen Kreuz II. Klasse ausgezeichnet. Ab 1919 setzte er das Studium in Berlin fort. Im April 1920 legte er die Prüfung für das höhere Lehramt ab, absolvierte die nötigen Praktika und wurde 1922 Studienassessor. 1926 promovierte er an der Universität Berlin zum Dr. phil. 1927 trat er in das Preußische Meteorologische Institut ein, wo er 1932 Observator wurde. 1935 trat er in die neue Wehrmacht ein, nach mehreren Übungen wurde er zum Oberleutnant der Reserve befördert. Zugleich wurde Hoffmeister Regierungsrat beim Reichsamt für Wetterdienst im Luftfahrtministerium. 1936 habilitierte er sich – kumulativ – an der Universität Berlin, wurde zum Oberregierungsrat befördert und als Dozent der Universität Halle zugewiesen. Hier unterrichtete er Meteorologie für Landwirte. 1940 eingezogen, diente er u. a. an der Wetterdienstschule Wittingau (Böhmen). 1946 wurde er Dozent an der Universität Berlin und dort 1949 zum Professor der Meteorologie und Klimatologie ernannt. 1954 wurde er Professor mit vollem Lehrauftrag und 1959 emeritiert.
Organisationen:-
Quelle: UAH PA 8112 Hoffmeister.

Holdefleiß, Paul
(15. September 1865 Salzmünde – 15. März 1940 Halle)
Konfession: evangelisch
Vater: Kleinbauer und Gutsinspektor
Holdefleiß besuchte Schulen in Salzmünde, Halle und Breslau, hier legte er 1886 die Reifeprüfung ab. Er studierte Naturwissenschaften, Nationalökonomie, Philosophie und Landwirtschaft an der Universität Breslau. 1888/89 arbeitete er auf landwirtschaftlichen Betrieben in Schlesien, 1889/90 in der Steiermark. Ab 1890 studierte er Landwirtschaft an der Universität Halle, ab 1892 war er Assistent Julius Kühns und promovierte 1894 mit der Arbeit: »Die Bedeutung des verdauten Anteils der Rohfaser für die tierische Ernährung«. 1895 legte er die Staatsprüfung ab, 1897 habilitierte er sich für Landwirtschaft. 1902 wurde Holdefleiß zum außerordentlichen, 1904 zum planmäßigen außerordentlichen Professor mit einem Lehrauftrag für Pflanzenanbau und -züchtung ernannt. 1921 erhielt er eine ordentliche Professur. 1933 emeritiert, vertrat er seinen Lehrstuhl bis 1935, auch danach setzte er seine agrarmeteorologischen Forschungen fort.
Organisationen: vor 1918 Konservative Partei, 1934 Förderndes Mitglied der SS.
Quellen: UAH PA 8136 Holdefleiß; Rep. 6 Nr. 1407; DBE Bd. 5, S. 147.

Hollrung, Max
(25. Oktober 1858 Hosterwitz bei Dresden – 5. Mai 1937 Halle)
Konfession: evangelisch-lutherisch
Vater: Maurermeister
Nach Abschluss seiner naturwissenschaftlichen Studien und der Promotion 1883 in Leipzig wurde Hollrung Assistent an der agrikulturchemischen Versuchsstation in Halle und nahm von 1886 bis 1888 an der deutschen Expedition nach Neuguinea teil. Anschließend zum Leiter der neugeschaffenen Versuchsstation für Pflanzenkrankheiten berufen, wurde er 1889 zum Professor ernannt und erhielt 1905 ein neu eingerichtetes Lektorat. 1910 gab er die Leitung der Versuchsstation ab und lehrte und forschte als erster außerordentlicher Professor für Pflanzenschutz im deutschsprachigen Gebiet an der Universität Halle. Kriegsdienst leistete er in der Landwehr (ausgezeichnet mit der Sächsischen Militärdienstauszeichnung I. Klasse und dem Eisernen Kreuz II. Klasse). 1930 emeritiert, stellte er die Vorlesungstätigkeit 1936 ein.
Organisationen: -
Quellen: UAH PA 8148 Hollrung; DBE Bd. 5, S. 152.

Hornitschek, Hans
(3. Juli 1911 Braunschweig – September 1944 bei Lemberg)
Konfession: evangelisch, früher katholisch
Vater: Schuhmachermeister
Nach Volks- und weiterbildender Schule besuchte Hornitschek die Ackerbauschule Klostergut Badersleben und legte 1932 die Reifeprüfung an einer privaten Lehranstalt in Braunschweig ab. Nach einem Jahr landwirtschaftlicher Praxis begann er im November 1933 ein Studium der Landwirtschaft, das er 1936 mit dem Diplom abschloss. 1937 wurde er Assistent am Institut für Tierkunde und Molkereiwesen und promovierte 1938 zum Dr. sc. nat. Für seine Dissertation über »Bau und Entwicklung der Locke des Karakulschafes« erhielt er 1938 den Julius-Kühn-Preis. 1940 wechselte Hornitschek mit seinem Mentor Gustav Frölich zum Kaiser-Wilhelm-Institut in Dummerstorf bei Rostock, um dort die von der Universität Halle umgesetzte Karakulherde zu betreuen. Als die Herde nach dem Tod Frölichs im September 1940 nach Halle zurückgeführt wurde, wechselte Hornitschek erneut als planmäßiger Assistent an die Universität Halle. 1941 erhielt er einen Lehrauftrag für Karakulzucht, 1942 wurde er im Auftrag des Ministeriums für die besetzten Ostgebiete für mehrere Wochen in die Ukraine abgestellt, um dort Schafzuchtbetriebe aufzubauen. Im August 1943 zur Wehrmacht eingezogen, gilt Hornitschek seit September 1944 als vermisst und wurde später für tot erklärt.

Organisationen: Aufnahme in die NSDAP am 1. Mai 1937 (Nr. 5 070 969), November 1933 Eintritt in die SA, NS-Altherrenbund.
Quelle: UAH PA 8203 Hornitschek.

Isenbeck, Karl
(11. April 1904 Wiescherhöfen bei Hamm/Westfalen – 24. Januar 1945 Gut Hellau bei Grätz)
Konfession: evangelisch
Vater: Landwirt
Nach Volks- und Oberrealschule arbeitete Isenbeck in landwirtschaftlichen Betrieben. Von 1925 bis 1930 studierte er Landwirtschaft, 1928 legte er in Halle das Diplomexamen ab. 1929 wurde er Saatzuchtassistent am Institut für Pflanzenbau und -züchtung Halle, 1930 promovierte er zum Dr. sc. nat. an der Universität Halle. 1930/31 war er als Austauschassistent an der University of Minnesota tätig, ab Herbst 1931 hatte er eine planmäßige Assistentenstelle an der Saatzuchtstation der Universität Halle inne. 1935 erhielt er die Stelle des Oberassistenten. 1937 habilitierte er sich mit einer Arbeit über die Resistenz verschiedener Sommergersten und erhielt den Dozentenstatus. 1939 eingezogen, wurde er 1940 zum Professor ernannt, uk. gestellt und mit der Leitung der Reichsforschungsanstalt für alpine Landwirtschaft in Admont (Steiermark) betraut. Als Militärverwaltungsrat wieder einberufen, starb er bei den Kämpfen in Schlesien.
Organisationen: Im April 1933 Eintritt in die NSDAP (Mitglied Nr. 1 881 042), im November 1933 Eintritt in die Motor-SA, überführt in das NSKK, NSDDB.
Quelle: UAH PA 8330 Isenbeck.

Japha, Arnold
(12. September 1877 Königsberg – 16. Mai 1943 Halle (Selbsttötung))
Konfession: evangelisch
Vater: Großkaufmann und Stadtrat
Das Abitur legte Japha 1896 am Wilhelmsgymnasium Königsberg ab. Er studierte an den Universitäten Freiburg und Königsberg Naturwissenschaften und Medizin. 1901 bestand er das medizinische Staatsexamen und promovierte zum Dr. med. an der Universität Königsberg. 1901/02 leistete er Militärdienst als einjährig-freiwilliger Arzt, danach war er als Schiffsarzt tätig. Von 1903 bis 1907 hatte Japha eine Assistentenstelle am Zoologischen Museum der Universität Königsberg, 1907 promovierte er hier zum Dr. phil. Von 1907 bis 1909 war er Assistent am Zoologischen Institut Tübingen, von 1910 bis 1919 planmäßiger Assistent am Zoologischen Institut Halle. Hier habilitierte er sich 1910 für Zoologie. Parallel zur wissenschaftlichen Ausbildung absolvierte Japha militärische Übungen, 1903 wurde er Unterarzt, 1905 Oberarzt, 1912 Stabsarzt. Während des Ersten Weltkrieges diente er als Stabs- und Bataillonsarzt und wurde mit dem Eisernen Kreuz I. und II. Klasse ausgezeichnet. 1916 erhielt er den Professorentitel. 1921 zum nichtbeamteten außerordentlichen Professor ernannt, fand er eine Anstellung als Magistratsmedizinalrat am Stadtgesundheitsamt Halle. 1923 erhielt er einen Lehrauftrag für Anthropologie an der Universität Halle. Im September 1933 strich das Kultusministerium die Lehrauftragsvergütung, im Oktober 1933 wurde er wegen seiner jüdischen Vorfahren von der Tätigkeit an der Universität beurlaubt, 1935 entzog ihm das Wissenschaftsministerium die Lehrbefugnis. Als Japha 1943 von der Gestapo mit der Einweisung in ein Konzentrationslager bedroht wurde, tötete er sich selbst.
Organisationen: -
Quellen: PA 8428 Japha, UAH Rep. 6 Nr. 1407.

Jung, Heinrich
(4. Mai 1876 Essen – 12. März 1953 Halle)
Konfession: evangelisch
Vater: Oberbergrat
Jung besuchte Schulen in Dortmund und Rinteln. Nach dem Abitur (1895) studierte er Mathematik und Physik an den Universitäten Marburg, Berlin und wieder Marburg. 1899 promovierte er in Marburg zum Dr. phil. und legte die Staatsprüfung für die Fächer Mathematik, Physik und Chemie ab.

1900/01 war er Seminarkandidat in Bonn und absolvierte das Probejahr in Düsseldorf. Jung trat jedoch zunächst nicht in den Schuldienst ein. 1902 habilitierte er sich für Mathematik an der Universität Marburg. Er wirkte als Privatdozent, wurde 1908 aber doch Oberlehrer in Hamburg. 1913 erhielt er einen Ruf auf ein Ordinariat für Mathematik an der Universität Kiel. 1917 wurde er als Landsturmmann eingezogen, nach kurzer militärischer Ausbildung war er an einer Dolmetscherschule in der Auswertungsstelle beim Nachrichtenchef A im Großen Hauptquartier tätig. (Laut Wehrpass war er in einer Funker-Abteilung tätig, die andere Angabe ist seinem Lebenslauf entnommen.) Im September 1918 wurde er als ordentlicher Professor an die Universität Dorpat kommandiert. 1920 erhielt er einen Ruf an die Universität Halle. Von 1936 bis zum Januar 1945 war er Dekan der Naturwissenschaftlichen Fakultät. 1948 emeritiert, stellte er die Lehrtätigkeit 1951 ein.
Organisationen: Alldeutscher Verband, NSDFB (Stahlhelm), 1938 NSV, 1939 NS-Altherrenbund, 1940 NSDDB. 1945 CDU.
Quellen: UAH PA 8503 Jung; Rep. 6 Nr. 1407; Leopoldina-Archiv MM 3448; DBE Bd. 5, S. 379 f.

Karsten, George
(3. November 1863 Rostock – 7. Mai 1937 Halle)
Konfession: evangelisch
Vater: Rechtsanwalt und Notar
Das Studium der Naturwissenschaften begann Karsten an der Universität seiner Heimatstadt Rostock und setzte es an der ETH Zürich fort. 1882/83 diente er als Einjährig-Freiwilliger. 1885 promovierte er an der Universität Straßburg zum Dr. phil. 1892 habilitierte er sich an der Universität Leipzig für Botanik. 1895 wechselte er an die Universität Kiel. Hier wurde er 1898 zum nichtbeamteten außerordentlichen Professor ernannt. 1899 erhielt er eine Stelle als planmäßiger außerordentlicher Professor in Bonn. 1909 erhielt er einen Ruf an die Universität Halle auf eine ordentliche Professur für Botanik. Zugleich wurde er Direktor des Botanischen Gartens. 1914/15 diente er in der Landwehr, schied jedoch wegen eines Augenleidens aus. Von 1919 bis 1921 war er Angehöriger der Einwohnerwehr Halle. 1929 von den amtlichen Verpflichtungen entbunden, setzte er die Lehrtätigkeit bis zur Berufung Wilhelm Trolls fort. Danach arbeitete Karsten an einer Geschichte des Botanischen Gartens.
Organisationen: 1917/18 Hallescher Verband für die Erforschung der mitteldeutschen Bodenschätze und ihrer Verwertung, NSV, RLB.
Quellen: UAH PA 8673 Karsten, Rep. 6 Nr. 1407.

Kast, Wilhelm
(8. Februar 1896 Halle – 9. Januar 1980 Freiburg)
Konfession: evangelisch
Vater: Bergrat
Nach dem Abitur am Stadtgymnasium Halle leistete Kast von 1917 bis 1919 Kriegsdienst als Funker. Er studierte Mathematik und Naturwissenschaften an der Universität Halle. 1922 promovierte Kast mit einer Arbeit über Flüssigkristalle zum Dr. phil. 1923 erhielt er eine planmäßige Assistentenstelle am Physikalischen Institut der Universität Halle, 1924 wechselte er mit seinem Lehrer Gustav Mie an die Universität Freiburg. Hier habilitierte er sich 1927 für Physik. 1932/33 hielt er sich als Rockefellerstipendiat zu Forschungszwecken in den Niederlanden auf. 1933 wurde Kast zum nichtbeamteten außerordentlichen Professor ernannt. 1935/36 vertrat er einen Lehrstuhl an der Universität Freiburg, 1937 erhielt er einen Ruf an die Universität Halle. Als Ordinarius war er zugleich Direktor des Instituts für experimentelle Physik. Kast arbeitete mit der Heeresnachrichtenschule Halle zusammen, Dienstreisen führten ihn u. a. nach Peenemünde. Ab 1942 wurde sein Institut auf Veranlassung des Oberkommandos der Marine als Rüstungsbetrieb geführt, außerdem stand er in Kontakt mit dem Generalbevollmächtigten für Sonderfragen der chemischen Erzeugung. 1944 erhielt er das Kriegsverdienstkreuz II. Klasse. Mit dem »Abderhaldentransport« nach Hessen deportiert, wurde er in Abwesenheit von der Universität Halle entlassen. Von 1947 bis 1965 war Kast wissenschaftlicher Mitarbeiter der Farbenfabriken Bayer. 1948 wurde er Gastdozent der Technischen Akademie des Bergischen Landes Wuppertal, 1954 Ho-

norarprofessor der Universität Köln, 1957 der Universität Freiburg. 1959 zum ordentlichen Professor der Universität Freiburg ohne amtliche Verpflichtungen ernannt, trat er 1967 in den Ruhestand.
Organisationen: 1921 bis 1924 und ab 1933 Stahlhelm, Ausbilder für Nachrichtentechnik, Übertritt zur SA, technischer Leiter bei einem Nachrichtensturm, 1936 befördert zum Obertruppführer. Am 1. Mai 1937 Aufnahme in die NSDAP.
Quellen: UAH PA 8685 Kast; Rep. 6 Nr. 1407.

Klatt, Berthold
(4. April 1885 Berlin – 4. Januar 1958 Hamburg)
Konfession: evangelisch
Vater: Oberlehrer
Nach dem Reifezeugnis (1904) begann Klatt das Studium der Naturwissenschaften in Berlin, 1908 promovierte er zum Dr. phil. mit einer zoologischen Arbeit und wurde Assistent an der Landwirtschaftlichen Hochschule Berlin. 1913 habilitierte er sich für theoretische Zoologie an der Universität Berlin. Aus dem Ersten Weltkrieg kehrte Klatt 1918 als Versehrter zurück. Er wurde Assistent bei Erwin Baur am Institut für Vererbungsforschung. Wegen der Beschlagnahme seiner zu Kreuzungsversuchen mit Hunden benutzten Wohnung habilitierte er sich 1919 an die Universität Hamburg um. Hier 1923 zum außerordentlichen Professor ernannt, ordnete er die Säugetiersammlung des Zoologischen Museums neu. 1928 erhielt er einen Ruf als ordentlicher Professor für Zoologie an die Universität Halle. Im Oktober 1933 erhielt er einen Ruf nach Hamburg, den er zum April 1934 annahm. Von 1934 bis 1938 war er in Hamburg Dekan der Mathematisch-naturwissenschaftlichen Fakultät, 1954 wurde Klatt emeritiert.
Organisationen: -
Autobiographie: Wesen, Streben und Wirken – Eine Rückschau auf das Leben, Leipzig 1958.
Quellen: Autobiographie; Christian Hünemörder, Biologie und Rassenbiologie in Hamburg 1933 bis 1945. In: Krause, Huber, Fischer.

Knolle, Wilhelm
(20. März 1900 Amsterdam – nach 1956)
Konfession: evangelisch-lutherisch
Vater: Kaufmann
Das Abitur legte Knolle 1917 in den Niederlanden ab. 1918 leistete er Kriegsdienst in einem Pionierbataillon. Von 1919 bis 1926 studierte er Schiffsmaschinenbau und allgemeinen Maschinenbau in Delft, Hannover und Berlin-Charlottenburg. 1926 bestand er die Diplomhauptprüfung an der TH Hannover, 1929 promovierte er zum Dr.-Ing. Ab 1926 war er für die Firma Lanz in Mannheim tätig, seit den 30er Jahren leitete ihre Konstruktionsabteilung für Dreschmaschinen und Strohpressen. 1937 erhielt er einen Ruf auf das Ordinariat für Landwirtschaftliche Maschinen- und Gerätekunde an der Universität Halle. 1939 leistete er Kriegsdienst in einer Pioniereinheit, 1940 wurde er auf Betreiben des Reichskuratoriums für Technik in der Landwirtschaft uk. gestellt, 1941 jedoch als Sonderführer wieder einberufen. Die Vorlesungstätigkeit und seine Forschungen zur Herstellung einer Maschine zur Erzeugung einkeimigen Rübensamens setzte er jedoch fort. 1945 wurde er von der Universität entlassen und kehrte nach Mannheim zurück. Von 1948 bis 1956 war er technischer Vorstand der Heinrich Lanz AG, zuständig für die Erweiterung und Aktualisierung des Produktionsprogrammes. Zugleich wirkte er als Vizepräsident von Lanz-Iberica und leitete die Errichtung eines Montagewerkes für Traktoren und Schlepper in Spanien. 1956 in den Ruhestand getreten, zog er nach Bad Dürkheim, ein Sterbedatum ist jedoch beim Standesamt Bad Dürkheim nicht registriert.
Organisationen: 1931 Eintritt in die NSDAP (Mitglied Nr. 838 750).
Quellen: UAH PA 9064 Knolle; Rep. 6 Nr. 1407; Auskunft der Fa. John Deere, Mannheim.

Kuhn, Oskar
(7. März 1908 München – ?)
Konfession: katholisch
Vater: Studienprofessor

Nach dem Besuch von Schulen in Dinkelsbühl und Bamberg (Reifezeugnis 1927) studierte Kuhn Naturwissenschaften, vor allem Geologie und Paläontologie, an der Universität München. 1932 promovierte er hier zum Dr. phil. Er war am Geologischen Institut der Universität München tätig, unter anderem arbeitete er am Fossilium Catalogus mit. 1938 wechselte er als Stipendiat der Deutschen Forschungsgemeinschaft an die Universität Halle, wo er mit der Bearbeitung der Geiseltalfunde betraut wurde. 1939 habilitierte er sich mit einer Arbeit über die Halberstädter Keuperfauna, 1940 wurde er zum Dozenten für Geologie und Paläontologie ernannt. Nach heftigen, politisch motivierten Auseinandersetzungen mit seinem Mentor Johannes Weigelt musste Kuhn die Universität Halle verlassen, im November 1941 entzog ihm das Wissenschaftsministerium die Lehrbefugnis. Sofort zum Kriegsdienst eingezogen, schied Kuhn im Februar 1942 wegen einer Lungenkrankheit aus der Wehrmacht aus. 1947 wurde er außerordentlicher Professor an der Philosophisch-theologischen Hochschule Bamberg, verließ diese Hochschule jedoch wenig später. Weiteres konnte nicht in Erfahrung gebracht werden.
Organisationen: 1933 bis 1936 SA, Austritt aus gesundheitlichen Gründen, NSV.
Quellen: UAH PA 9654 Kuhn; Auskunft der Otto-Friedrich-Universität Bamberg.

Kunitz, Wilhelm
(2. Juni 1894 Halle-Giebichenstein – 27. Juni 1983 Aachen)
Konfession: evangelisch
Vater: Pfarrer
Kunitz besuchte Schulen in Giebichenstein und Halle, 1913 legte er die Reifeprüfung ab. Er studierte Mathematik und Naturwissenschaften an den Universitäten Marburg und Halle, 1914 meldete er sich als Kriegsfreiwilliger. An West- und Ostfront eingesetzt, wurde er zum Offizier befördert. 1918 erkrankte er an Gehirngrippe. Von 1919 bis 1921 diente er als Zeitfreiwilliger in der Einwohnerwehr Halle und nahm an den Kämpfen in Mitteldeutschland teil. Zugleich setzte er das Studium der Mineralogie und Chemie fort. 1920 legte er das Chemikerverbandsexamen ab, 1922 promovierte er mit einer mineralogischen Arbeit zum Dr. sc. nat. 1922/23 war er als Chemiker in einer Fabrik in Ammendorf bei Halle, dann in einem Bergwerksbetrieb in Sondershausen tätig. Von 1923 bis 1926 war er planmäßiger Assistent am Chemischen Institut der Bergakademie Clausthal, 1926/27 Volontärassistent am Mineralogischen Institut Halle. Von 1927 bis 1935 hatte er hier eine planmäßige Assistentenstelle inne. 1930 habilitierte er sich für Mineralogie und Petrographie. Die Assistentenstelle wurde nicht verlängert, auch den Professorentitel erhielt Kunitz nicht, da er 1934 die Ermordung der SA-Führung nicht guthieß und darüber hinaus als »Sonderling« galt. 1937 wurde Kunitz ein Forschungsauftrag erteilt, Rektor Weigelt und Gaudozentenführer Wagner verhinderten jedoch die weitere Lehrtätigkeit. Nach Absolvierung von Übungen wurde Kunitz 1938 als Oberleutnant der Reserve in die neue Reichswehr übernommen. 1939 eingezogen, lehrte er Sprengstoffkunde an der Feuerwerkerschule des Heeres, 1940 war er Batterieführer in Frankreich und wurde zum Hauptmann befördert. Nach einem Unfall schwerbeschädigt, lehrte er als Dozent an der Waffentechnischen Schule des Heeres, 1943 wurde er zu einer Artillerieeinheit in die Ägäis strafversetzt und 1944 zur Reichsbahn kommandiert. 1945 nach der Entlassung aus politischen Gründen war Kunitz in der Landwirtschaft tätig. 1946/47 bearbeitete er einen Forschungsauftrag des Bauministeriums der UdSSR, 1948/49 war er Mitarbeiter der SMA. 1949 erhielt er einen Forschungsauftrag der Landesregierung Sachsen-Anhalt. 1958 siedelte er nach Westdeutschland über und wurde 1961 mit den Bezügen eines außerplanmäßigen Professors pensioniert.
Organisationen: 1924 bis 1927 Stahlhelm, im April 1933 Eintritt in die NSDAP (Mitglied Nr. 1 835 253), tätig 1933/34 als politischer Leiter (Blockwart und Schulungswart), ab Januar 1935 NSV. 1934 wegen Kritik an der Ermordung Ernst Röhms gemaßregelt und aus den Parteifunktionen entlassen. 1943 Blockwart, gemaßregelt, Entzug des Amtes.
Quellen: UAH PA 9693 Kunitz; Rep. 6 Nr. 1407; Auskunft der RWTH Aachen.

Kupsch, Walter
(9. August 1901 Charlottenburg – nach 1967)
Konfession: evangelisch
Vater: Stadtobersekretär
Die Reifeprüfung legte Kupsch 1923 an einer Oberrealschule in Berlin-Charlottenburg ab. Er studierte an der Landwirtschaftlichen Hochschule Berlin. 1925 bestand er die Diplomprüfung, 1926 promovierte er zum Dr. agr. an der Universität Berlin. Von 1926 bis 1928 arbeitete er in einer Reihe von Geflügelzuchtbetrieben in den USA und studierte dort an landwirtschaftlichen Instituten. 1929 wurde er Assistent am Tierzuchtinstitut der Landwirtschaftlichen Hochschule Hohenheim. Von 1930 bis 1935 leitete Kupsch die Redaktion der Deutschen Landwirtschaftlichen Geflügelzeitung, zugleich war er Berater von Zucht- und Gartenbetrieben. 1935 organisierte er den 6. Weltgeflügelkongress in Berlin (angestellt im Reichsministerium für Ernährung und Landwirtschaft). Später war er Abteilungsleiter in der Reichsstelle für Tiere und tierische Erzeugnisse und zugleich Schriftleiter der Zeitschrift »Der Kleintierhof«. Außerdem arbeitete er als Reichsfachberater für Kleintierzucht und als ehrenamtlicher Reichsschulungsleiter für Kleintierzucht beim Reichsverband deutscher Kleingärtner (später Deutscher Siedlerbund). 1938 habilitierte er sich für das Fach Kleintierzucht an der Universität Berlin, das Wissenschaftsministerium wies ihn 1939 der Universität Halle als Dozent zu. 1941 wurde Kupsch Direktor der böhmisch-mährischen Ein- und Ausfuhrstelle beim Reichsprotektor in Prag. 1945 entließ ihn die Universität Halle in Abwesenheit. Eine Anstellung an einer Hochschule fand Kupsch nicht, veröffentlichte jedoch bei einem Verlag in Stuttgart einen sehr erfolgreichen Leitfaden für die Geflügelzucht. Beim Standesamt Berlin-Charlottenburg befindet sich kein Hinweis auf Sterbedatum oder Sterbeort.
Organisationen: Eintritt in die NSDAP am 1. August 1932 (Mitglied Nr. 1 257 022), NSV.
Quellen: UAH PA 9739 Kupsch.

Laatsch, Willi
(18. Oktober 1905 Vorwerk bei Demmin – 12. Mai 1997 München)
Konfession: evangelisch
Vater: Brennereiverwalter
Nach der Volksschule in Demmin besuchte Laatsch die Präparandenanstalt und das Lehrerseminar Franzburg. 1926 legte er die Volksschullehrerprüfung ab. Von 1926 bis 1929 war er Lehrer an einer Privatschule, gleichzeitig nahm er im Wintersemester 1927/28 ein Studium der Geographie, Germanistik und Anglistik auf. Im Sommersemester 1928 studierte er Naturwissenschaften, besonders Geologie an der Universität Greifswald. 1929 legte er die Reifeprüfung am Provinzialschulkolleg Breslau ab. Von 1929 bis 1934 setzte er das Studium der Geologie und der Chemie an der Universität Halle fort. Hier promovierte er 1934 zum Dr. sc. nat. 1935/36 war Laatsch wissenschaftlicher Angestellter am Institut für Bodenkunde der Preußischen Geologischen Landesanstalt für die Bodenkartierung im Saarland. Von 1936 bis 1938 hatte er ein Stipendium der Deutschen Forschungsgemeinschaft inne und war am Geologischen Institut der Universität Halle tätig. 1937 habilitierte er sich mit einer Arbeit über das System der Acker- und Waldböden in Deutschland, 1938 wurde er zum Dozenten für Bodenkunde ernannt. 1941 eingezogen, leistete er Kriegsdienst als Marineartillerist, später war er zur Durchführung von Baugrunduntersuchungen abkommandiert. Anfang 1942 wurde Laatsch uk. gestellt und mit Forschungen zur besseren Ausnutzung von Phosphordüngemitteln und zur Hebung der Bodenkultur in den besetzten Ostgebieten beauftragt, unter anderem analysierte er die Böden Weißrusslands. 1944 erhielt er das Kriegsverdienstkreuz. Mit dem »Abderhaldentransport« deportiert, wurde Laatsch in Abwesenheit von der Universität Halle entlassen. Von 1945 bis 1954 leitete er das Labor für Erdbereitung Hamburg, 1948 wurde er zum ordentlicher Professor der Universität Kiel berufen und wurde hier Direktor des Instituts für Pflanzenernährung und Bodenkunde. 1954 nahm er einen Ruf an die Forstliche Forschungsanstalt München an und wurde Direktor des Universitätsinstitutes für Bodenkunde und Standortlehre. 1971 wurde Laatsch emeritiert.
Organisationen: Aufnahme in die NSDAP am 1. Mai 1933 (Mitglied Nr. 1 881 106), 1936 NSDDB.
Quellen: UAH PA 9782 Laatsch; Rep. 6 Nr. 1407.

Laves, Fritz
(27. Februar 1906 Hannover – 12. August 1978 Laigueglia bei Alassio (Italien))
Konfession: evangelisch-lutherisch
Vater: Landrichter
Die Reifeprüfung legte Laves 1924 in Göttingen ab. Er studierte Naturwissenschaften, speziell Mineralogie in Innsbruck, Göttingen und Zürich. Während des Studiums war er Assistent am mineralogischen Institut der TH Zürich. 1929 promovierte er an der Universität Zürich mit einer Arbeit über »Bauzusammenhänge innerhalb der Kristallstrukturen« zum Dr. phil. Von 1930 bis 1936 hatte er eine Assistentenstelle am Mineralogisch-petrographischen Institut der Universität Göttingen inne und habilitierte sich 1932. Laves beschäftigte sich vor allem mit der Röntgen-Struktruranalyse von Kristallen sowie der Analyse und Herstellung von Metallegierungen. 1933 initiierte er gemeinsam mit seinen Assistentenkollegen eine Petition zu Gunsten ihres jüdischen Ordinarius Victor Moritz Goldschmidt, um den Verbleib Goldschmidts in Göttingen zu erreichen. 1935 vertrat er den Lehrstuhl des vertriebenen Goldschmidt in Göttingen. 1936 erhielt er einen Lehrauftrag für Kristallstrukturlehre, 1939 wurde er zum außerplanmäßigen Professor ernannt. Während des Frankreichfeldzuges leistete Laves Kriegsdienst als Unteroffizier. Von 1940 bis 1945 bearbeitete er Aufträge des Luftfahrtministeriums zur Verbesserung und Entwicklung von Leichtmetallegierungen. 1943 vertrat er den Lehrstuhl für Mineralogie und Petrographie an der Universität Halle, 1944 wurde er zum planmäßigen Extraordinarius ernannt. Im selben Jahr erhielt er das Kriegsverdienstkreuz II. Klasse. 1945 wurde er mit dem »Abderhaldentransport« deportiert. 1946 nahm Laves den Ruf auf ein Ordinariat an der Universität Marburg an. 1948 wechselte er nach Chicago. Von 1954 bis zur Emeritierung 1976 war Laves Professor für Kristallographie und Petrographie an der ETH und Universität Zürich.
Organisationen: 1919 bis 1923 Deutschnationaler Jugendbund und Knappenschaft, DNVP bis 1933, DLV, überführt in das NSFK, Sturm 12/50, 1936 Jugendpfleger in der NSV, 1937 NSBDT.
Quellen: UAH PA 9930 Laves; DBE Bd. 6, S. 276; Szabó, S. 73.

Leydolph, Walter
(6. Januar 1903 Sulza (Kreis Stadtroda) – 16. April 1969 in Göttingen)
Konfession: evangelisch
Vater: Bauer
Nach dem Besuch von Volks- und Realschule arbeitete Leydolph in der Landwirtschaft. Ab 1922 studierte er Landwirtschaft an der Universität Jena, 1925 legte er die Diplomprüfung und das Saatgutinspektorexamen ab. 1926/27 setzte er das Studium an der Universität Halle fort, von 1927 bis 1929 arbeitete er im Institut für Anatomie und Physiologie der Haustiere in Halle. 1929 promovierte er zum Dr. sc. nat. mit einer Arbeit über die Geschlechtsdrüsen der Kaninchen. 1929 legte Leydolph in Jena die Sonderreifeprüfung für Landwirte ab. 1929/30 war er Volontärassistent an der Lehr- und Versuchsanstalt für Geflügelzucht Halle, 1930 am Institut für Tierzucht und Molkereiwesen Halle. 1931 bestand er die Prüfung für Tierzuchtbeamte. Von 1931 bis 1936 war er Assistent, von 1936 bis 1941 Oberassistent an der Anstalt für Tierzucht an der Universität Jena. 1937 habilitierte er sich hier mit einer Arbeit über stereophotogrammetrische Bewertung von Tieren und wurde 1938 zum Dozenten ernannt. 1941 wechselte er mit Robert Gärtner an die Universität Halle und erhielt die Oberassistentenstelle am Institut für Tierzucht und Molkereiwesen. Seit 1935 absolvierte Leydolph freiwillige militärische Übungen. 1938 Reserveoffiziersanwärter, nahm er am Einmarsch in das »Sudetenland« teil, 1939/40 stand er im Kriegseinsatz an der Westfront. 1941 uk. gestellt, wurde er vom Reichsforschungsrat mit kriegswichtigen Forschungen zur Ernährung betraut. 1945 von der Universität Halle entlassen, wechselte er mit Gärtner an die Universität Göttingen, erhielt dort eine Oberassistentenstelle und wurde 1948 zum außerplanmäßigen Professor ernannt. 1968 wurde Leydolph emeritiert.
Organisationen: Aufnahme in die NSDAP am 1. Mai 1933, 1933 Eintritt in einen SS-Fliegersturm, überführt in das NSFK (Segelflieger).
Quelle: UAH PA 10072 Leydolph.

Lieser, Theodor
(30. August 1900 Ferschweiler, Regierungsbezirk Trier – 6. August 1973 Darmstadt)
Konfession: katholisch
Vater: Lehrer
Nach dem Besuch des Gymnasiums leistete Lieser 1918 Kriegsdienst als Kanonier. Von 1919 bis 1923 studierte er an der Universität Bonn und an der TH Aachen. 1922 legte er die Prüfung zum Diplomingenieur ab, 1924 promovierte er zum Dr.-Ing. an der TH Aachen. 1924/25 setzte er das Studium an den Universitäten Köln, Leipzig und Zürich fort. 1925/26 war er Assistent an der TH Darmstadt, 1926 promovierte er in Zürich zum Dr. phil. 1927/28 war er als Stipendiat der Notgemeinschaft der deutschen Wissenschaft an der Universität und der TH München tätig. Von 1929 bis 1934 hatte Lieser eine planmäßige Assistentenstelle am Chemischen Institut der Universität Königsberg inne, dort habilitierte er sich 1930 für organische Chemie. Trotz politischer Denunziation von Studenten und einem ablehnenden Votum der Parteistellen erhielt er 1934 einen Lehrauftrag für die Chemie der Kohlehydrate. Auf Anregung Karl Zieglers habilitierte sich Lieser nach Halle um und erhielt hier 1937 einen Lehrauftrag. 1938 wurde er zum nichtbeamteten außerordentlichen Professor ernannt. Ein Angebot, das Labor eines kanadischen Papierherstellers zu übernehmen, lehnte Lieser ab. Seit März 1939 forschte er für die Rüstungsindustrie, etwa zu Spreng- und natürlichen Faserstoffen, Hochpolymeren und zur Herstellung von Kunstfasern. Auf Antrag des Beauftragten für Sonderfragen der chemischen Erzeugung erhielt er das Kriegsverdienstkreuz II. Klasse. Etwa ab 1942 bildete sich um Lieser ein Gesprächskreis mit etwa zwei Dutzend Mitgliedern, rückwirkend wurde er als Widerstandsorganisation (»Anti-Nationalsozialistische Bewegung ANB«) beschrieben. Im April 1945 hatte die Gruppe Anteil an der Kapitulation der Stadt Halle. Seit Februar 1945 sondierten ihre Mitglieder, wie die Selbstverwaltung der Universität nach einem verlorenen Krieg wieder in Gang gebracht werden könnte. Am - 17. Mai 1945 wurde Lieser zum Oberbürgermeister ernannt, nach dem Wechsel der Besatzungsmacht geriet er in scharfe Auseinandersetzungen mit den Kommunisten über die Bodenreform und den Fortgang der Entnazifizierung. Am 22. Oktober 1945 wurde er aus dem Amt entlassen. Am 1. März 1946 ernannte ihn die Landesregierung zum ordentlichen Professor der Universität Halle und Direktor des Instituts für Technische Chemie. Rufe nach Dresden, Leipzig und hessische Universitäten lehnte er ab. Da sich Lieser den Demontagen und Plünderungen der Universitätsinstitute durch die SMA widersetzte, wurde er am 7. Juni 1946 verhaftet. Trotz der Fürsprache des Ministerpräsidenten Erhard Hübener und des Rektors Otto Eißfeldt ließen die sowjetischen Behörden von den falschen Anschuldigungen nicht ab. Am 16. Juli 1946 gelang ihm die Flucht aus dem Polizeigefängnis. Noch 1946 erhielt er eine Professur an der TH Darmstadt, später lehrte er als ordentlicher Professor an der Universität Frankfurt am Main.
Organisationen: Im Februar 1934 Eintritt in die SA, 1938 überführt in das NSKK, im April 1934 in die NSV, 1935 RLB. Aufnahme in die NSDAP am 1. Mai 1937 (Mitglied Nr. 4 861 100).
Quellen: UAH PA 10115 Lieser; Rep. 6 Nr. 1407; Auskunft des Standesamtes Ferschweiler; Jacob.

Lintzel, Wolfgang
(28. Februar 1896 Brandenburg (Havel) – 1962 Krefeld-Bockum)
Konfession: evangelisch
Vater: Studiendirektor
Lintzel besuchte Schulen in Brandenburg, Crossen und Langensalza. 1914 legte er das Abitur ab und begann ein Medizinstudium an den Universitäten Jena und Berlin. Von 1915 bis 1918 leistete er Kriegsdienst in einem Jägerregiment. Er wurde zweimal verwundet, zum Unteroffizier befördert und mit dem Eisernen Kreuz II. Klasse ausgezeichnet. Er setzte das Studium an den Universitäten Marburg, Würzburg und München fort. Das Praktikum absolvierte er an der II. Medizinischen Klinik der Universität München, 1921 erhielt er die Approbation, 1922 promovierte er zum Dr. med. Von 1922 bis 1928 war Lintzel Assistent am Physiologischen Institut der Universität München. 1928 wechselte er an das Tierphysiologische Institut der Landwirtschaftlichen Hochschule Berlin. Hier habilitierte er sich 1929 und erhielt eine Oberassistentenstelle. 1931 bekam er einen Lehrauftrag für erste Hilfe bei

Unglücksfällen, 1934 wurde er zum außerordentlichen Professor ernannt. Ab 1934 war er mit der Vertretung des Lehrstuhles für Tierernährung und Milchwirtschaft an der Universität Halle beauftragt, 1936 erhielt er einen Ruf an die Universität Jena auf den Lehrstuhl für Physiologische Chemie.
Organisationen: 1920 Angehöriger eines Zeitfreiwilligenregimentes (»Marschgruppe Würzburg«), Einsatz im Vogtland. 1922 Angehöriger der Einwohnerwehr München. 1932 Eintritt in die NSDAP (Mitglied Nr. 1 299 926), Amtswalter, 1933 Eintritt in die SA, Sturmarzt im Marinesturm Halle.
Quellen: UAH Rep. 6 Nr. 1407; Auskunft des Standesamtes Brandenburg.

Lippmann, Edmund Oskar Ritter von
(9. Januar 1857 Wien – 24. September 1940 Halle)
Konfession: evangelisch, bis 1882 mosaisch
Vater: Fabrikbesitzer
Nach dem Besuch von Schulen in Wien studierte von Lippmann Chemie an der ETH Zürich. Von 1874 bis 1877 arbeitete er in der väterlichen Zuckerfabrik. 1878 promovierte er an der Universität Heidelberg bei Robert Bunsen und entwickelte als Mitarbeiter der Braunschweiger Maschinenbauanstalt das so genannte »Steffenverfahren« zur Entzuckerung von Melasse. 1881 übernahm er die Direktion einer Duisburger Zuckerraffinerie, ab 1884 leitete er einen Betrieb in Rositz bei Altenburg und stand von 1889 bis 1926 in Halle einer der größten deutschen Zuckerfabriken vor. 1901 erhielt von Lippmann den Professorentitel. 1926 zum Honorarprofessor der Universität Halle ernannt, lehrte er ohne Vergütung an der Universität Halle bis 1933 Geschichte der Chemie. Als 1933 die Fragebögen zur Feststellung jüdischer Vorfahren ausgegeben wurden, trat er von dem Lehrauftrag zurück, füllte den Fragebogen später aber doch aus. 1935 wurde von Lippmann die Lehrbefugnis entzogen.
Organisationen: 1917/18 Hallescher Verband für die Erforschung der mitteldeutschen Bodenschätze und ihrer Verwertung.
Autobiographie: Guntwin Bruhns (Hrsg.), Aus den Lebenserinnerungen von E. O. von Lippmann. In: Zuckerindustrie 107. bis 119. Jg., 1982–1994.
Quellen: UAH PA 10183 von Lippmann; Rep. 6 Nr. 1407; Autobiographie; Leopoldina-Archiv MM 3105 (I+II), DBE Bd. 6, S. 419.

Löwe, Hans
(25. Oktober 1903 Alt-Bertkow (Altmark) – 18. November 1989 Hannover)
Konfession: evangelisch
Vater: Landwirt
Löwe erhielt von 1909 bis 1912 Privatunterricht, von 1912 bis 1921 besuchte er das humanistische Gymnasium in Stendal. Von 1922 bis 1924 machte er eine Ausbildung in der Landwirtschaft, zunächst beim Vater, dann in anderen Betrieben. Von 1924 bis 1926 studierte er Landwirtschaft in Halle und legte 1926 die Diplomprüfung ab. Die Arbeit als Tierzuchtleiter eines landwirtschaftlichen Betriebes ließ ihm Zeit, an einer Dissertation zu arbeiten, 1929 wurde Löwe an der Universität Halle zum Dr. sc. nat. promoviert. Ab 1929 war er Volontärassistent am Tierzuchtinstitut der Universität, 1931 legte er die Tierzuchtbeamtenprüfung ab und wurde zum planmäßigen Assistenten, 1933 zum Oberassistenten am Tierzuchtinstitut ernannt. Löwe setzte das Studium der Naturwissenschaften fort und habilitierte sich 1938 mit einer Arbeit über die Fruchtbarkeit des Rindes, 1939 erhielt eine Dozentur für Tierzucht und Fütterung. 1940 wechselte er mit seinem Lehrer Gustav Frölich an das Kaiser-Wilhelm-Institut für Tierzuchtforschung in Dummerstorf bei Rostock. Dorthin umhabilitiert, wurde er bald zum außerplanmäßigen Professor ernannt. Nach 1945 war Löwe Lehrbeauftragter der Universität Göttingen, im Hauptamt arbeitete er im Niedersächsischen Ministerium für Ernährung, Landwirtschaft und Forsten Hannover. Dort war er von 1954 bis 1968 Oberregierungs- und Landwirtschaftsrat, zuletzt Regierungsdirektor.
Organisationen: Im November 1933 Eintritt in die SA, Übertritt das NSKK, Aufnahme in die NSDAP am 1. Mai 1937 (Mitglied Nr. 5 859 312).
Quellen: UAH PA 10227 Löwe; Rep. 6 Nr. 1407; Auskunft des Niedersächsischen Ministeriums für Ernährung, Landwirtschaft und Forsten.

Ludwig, Wilhelm
(20. Oktober 1901 Asch (Böhmen) – 23. Januar 1959 Leipzig)
Konfession: evangelisch
Vater: Bürgerschullehrer
Nach dem Schulbesuch in Asch studierte Ludwig ab 1919 Chemie, Zoologie und Mathematik in Leipzig, Kiel, Freiburg und wieder Leipzig. Dort wurde er 1925 mit einer Arbeit über den »Copulationsapparat der Baumwanzen« zum Dr. phil. promoviert. 1926 bis 1929 verwaltete er eine Assistentenstelle am Zoologischen Institut der Universität Leipzig. 1929 erneut Verwalter, dann aber nach der Einbürgerung 1930 Inhaber einer Assistentenstelle am Zoologischen Institut der Universität Halle. Ludwig habilitierte sich 1930 in Halle, 1936 erhielt er die Stelle eines Kustos am Museum des Zoologischen Institutes. Obwohl Ludwig als politisch unzuverlässig galt, wurde er 1939 zum nichtbeamteten außerordentlichen Professor ernannt. Von 1942 bis Ende 1944 leistete er seinen Kriegsdienst als Obergefreiter an der Agrarmeteorologischen Forschungsstelle Gießen, danach war er als Funker eingesetzt und geriet in britische Kriegsgefangenschaft. In Abwesenheit 1945 entlassen, wurde Ludwig nach seiner Rückkehr 1946 politisch rehabilitiert, jedoch trotz Bitten der Universität Halle nicht zurückberufen. Ludwig nahm daher 1946 eine Stelle als außerordentlicher Professor am Zoologischen Institut Mainz, also bei von Buddenbrock, an. 1948 wurde Ludwig, der wichtige Beiträge zur Theorie der Evolution, zur Humangenetik und zur Sinnesphysiologie leistete, ordentlicher Professor der Universität Heidelberg und Direktor des zoologischen Instituts der Universität.
Organisationen: vor 1933 Mitglied des Vereins der Deutschen in Böhmen, später RLB, 1937 NSV (Blockwart), Aufnahme in die NSDAP am 1. Mai 1937 (Mitglied Nr. 5 537 474).
Quellen: UAH PA 10311 Ludwig; DBE Bd. 6, S. 510.

Lüthge, Heinrich
(9. November 1899 Hannover – ?)
Konfession: evangelisch
Vater: Beamter (Obertelegraphensekretär)
Nach der Reifeprüfung (1917 in Hannover) arbeitete Lüthge in der Landwirtschaft. 1918 trat er als Fahnenjunker in ein Füsilierregiment ein. Im September 1918 an die Front kommandiert, wurde er zweimal leicht verwundet und mit dem Eisernen Kreuz II. Klasse ausgezeichnet. 1919 demobilisiert, trat er in ein Zeitfreiwilligenregiment ein und nahm am Kampf gegen den kommunistischen Aufstand im Ruhrgebiet teil. Von 1920 bis 1923 studierte Lüthge Landwirtschaft an der Universität Göttingen und der Hochschule für Bodenkultur in Wien. 1922 bestand er die Diplomprüfung, 1923 die Tierzuchtbeamtenprüfung. Im selben Jahr promovierte er an der Universität Göttingen zum Dr. phil. Von 1923 bis 1933 war er Assistent, später Oberassistent am Institut für Tierzucht an der Universität Halle, 1929 habilitierte er sich für die Fächer Tierzucht und Fütterungslehre. Im Oktober 1933 wurde er als Sachbearbeiter für Landestierzucht in das Landwirtschaftsministerium berufen. Hier war er Mitautor des Reichstierzuchtgesetzes und seiner Verordnungen und wurde zum Oberregierungsrat und Landesökonomierat ernannt. Die Vorlesungstätigkeit in Halle setzte er sporadisch fort, 1942 trat er zur Landwirtschaftlichen Fakultät der Universität Berlin über.
Organisationen: 1924 bis 1933 Stahlhelm, 1933 Eintritt in die SS (Mitglied Nr. 122 208), Mitarbeiter des Rasse- und Siedlungshauptamtes, stellvertretender Hauptschulungsleiter der SS-Abschnitte 3 und 23, NSDAP (Mitglied Nr. 1 776 596).
Quellen: UAH PA 10339 Lüthge; Rep. 6 Nr. 1407; Auskunft über den Sterbetag vom Standesamt Hannover verweigert.

Maier, Wilhelm
(3. Oktober 1913 Villingen (Baden) – 25. April 1964 Monterosso, Provinz Spezia (Italien))
Konfession: evangelisch
Vater: Reichsbahnoberinspektor
Die Reifeprüfung legte Maier 1932 in Villingen ab. Von 1932 bis 1936 studierte er Naturwissenschaf-

ten, vor allem Physik an der Universität Freiburg, 1934 unterbrochen durch freiwilligen Arbeitsdienst. 1936/37 war er Hilfsassistent am physikalischen Institut der Universität Freiburg. Er folgte seinem Lehrer Wilhelm Kast und wurde 1937 außerplanmäßiger Assistent am Institut für experimentelle Physik der Universität Halle. 1938 promovierte er hier zum Dr. rer. nat. In der Folgezeit bearbeitete Maier zahlreiche Wehrmachtsaufträge, 1943 habilitierte er sich mit einer Arbeit über kristalline Flüssigkeiten und wurde 1944 zum Dozenten ernannt. 1945 wurde er mit Kast im so genannten »Abderhaldentransport« in die Amerikanische Besatzungszone deportiert und in Abwesenheit von der Universität Halle entlassen. 1946 entnazifiziert, kehrte er 1946 nach Freiburg zurück. Hier wurde er Dozent, 1952 außerordentlicher Professor und 1962 ordentlicher Professor für Physik.
Organisationen: Im August 1933 Eintritt in die SA, Scharführer. Aufnahme in die NSDAP am 1. Mai 1937 (Mitglied Nr. 4 141 562).
Quellen: UAH PA 10432 Maier; Rep. 6 Nr. 1407; Auskunft Standesamt Villingen-Schwenningen.

Martiny, Benno
(14. März 1871 Scharfenort bei Danzig - 1953 Göttingen)
Konfession: evangelisch seit 1899, vorher ohne
Vater: Landwirt, Privatgelehrter, Verbandspolitiker
Martiny besuchte Schulen in Litzelhof (Kärnten) und Berlin. Von 1891 bis 1897 studierte er Maschinenbau an der TH Berlin. Danach war er Fachlehrer an den Maschinenbauschulen Ilmenau und Einbeck, von 1901 bis 1908 Oberlehrer an den Maschinenbauschulen Einbeck und Duisburg. 1908 erhielt er einen Ruf auf ein planmäßiges Extraordinariat für Landmaschinenkunde an die Universität Halle, 1921 wurde die Stelle in eine ordentliche Professur umgewandelt. 1911 promovierte Martiny mit einer Schrift über die Zugkraftmessung an Bodenbearbeitungsgeräten an der Universität Gießen zum Dr. phil. Martiny führte 1911 die ersten Motorpflügungen in Deutschland durch, widmete sich milchwirtschaftlichen und prüftechnischen Problemen im Bereich der Landtechnik und setze sich für die Einführung von Melkmaschinen in der Landwirtschaft ein. 1936 von den amtlichen Verpflichtungen entbunden, vertrat er den Lehrstuhl bis zur Berufung des Nachfolgers. 1937 lehnte er einen Ruf nach Ankara ab, 1939 siedelte er nach Göttingen über.
Organisationen: 1917/18 Hallescher Verband für die Erforschung der mitteldeutschen Bodenschätze und ihrer Verwertung, Aufnahme in die NSDAP am 1. Mai 1933 (Mitglied Nr. 2 187 724), NSV, NSBDT.
Quellen: UAH PA 11166 Martiny; Rep. 6 Nr. 1407; DBE Bd. 6, S. 641.

Menner, Erich
(27. September 1900 Schneidemühl – um 1975)
Konfession: evangelisch, später gottgläubig
Vater: Taubstummenlehrer
Menner besuchte Volksschule, Realschule und Präparandenanstalt, von 1918 bis 1921 wurde er an den Lehrerseminaren Bromberg und Cottbus ausgebildet. Zunächst war er Lehrer an Privatschulen, von 1925 bis 1928 studierte er Zoologie, Botanik und Paläontologie an der Universität München. 1928 legte er das Staatsexamen und, als Ergänzungsprüfung am Domgymnasium Magdeburg, das Abitur ab. Im gleichen Jahr promovierte er an der Universität München zum Dr. phil. 1927/28 verwaltete er eine Assistentenstelle am Zoologischen Institut der Universität Halle, 1928 wurde er planmäßiger Assistent. 1936 habilitierte er sich hier für Zoologie und erhielt 1937 die Ernennung zum Dozenten. Von 1941 bis 1945 leistete er Kriegsdienst als Unteroffizier der Luftwaffe, u. a. als technischer Inspektor bei der Fliegerschule Dresden-Klotzsche. 1945 geriet er in amerikanische Kriegsgefangenschaft, nach der Rückkehr kam er wieder an die Universität Halle und leitete hier vertretungsweise das Zoologische Institut. 1946 wurde er zum außerplanmäßigen Professor und Leiter des zur Universität Halle gehörigen Instituts für Praktische Biologie Schloss Ostrau (Saalkreis) ernannt. 1947 folgte die Ernennung zum außerordentlichen Professor mit vollem Lehrauftrag, 1953 nahm er einen Ruf als Professor mit Lehrstuhl an die Allgemeinwissenschaftliche Fakultät der PH Potsdam an. Hier war er Direktor

des Instituts für Zoologie und wurde 1965 emeritiert.
Organisationen: Truppführer im NSKK, 1938 Wehrsportreferent im Stab der Motorstandarte 38/II (Saalkreis). 1946 CDU.
Quellen: UAH PA 11308 Menner; Rep. 6 Nr. 1407.

Meusel, Hermann
(2. November 1909 Coburg – 3. Januar 1997 Halle)
Konfession: evangelisch-lutherisch
Vater: Bildhauer
Die Reifeprüfung legte Meusel 1930 in Coburg ab. Er studierte Naturwissenschaften, insbesondere Botanik und Geologie an den Universitäten Würzburg, Innsbruck, München und Halle. 1934 wurde er Hilfskraft am Botanischen Garten Halle, 1935 promovierte er zum Dr. phil. und legte das Staatsexamen für die Fächer Biologie, Geographie und Geologie ab. Von 1935 bis 1937 war er außerplanmäßiger, von 1937 bis 1945 planmäßiger Assistent am Botanischen Institut Halle. 1939 habilitierte er sich hier für Botanik und wurde 1940 zum Dozenten ernannt. Von 1942 bis 1945 leistete er Kriegsdienst als nautischer Hilfsinspektor beim Marinewetterdienst. Von 1945 bis 1975 war er Direktor des Botanischen Gartens der Martin-Luther-Universität. 1946 wurde er zum außerplanmäßigen Professor, 1948 zum Professor mit vollem Lehrauftrag, 1951 zum ordentlichen Professor ernannt. Ab 1952 wirkte er als Direktor des neu gegründeten Instituts für Systematische Botanik und Pflanzengeographie, von 1953 bis 1963 als Direktor des neu gegründeten Instituts für Landschaftsforschung und Naturschutz der Deutschen Akademie der Landwirtschaftswissenschaften. Nach der Emeritierung nahm Meusel Gastprofessuren in Österreich wahr.
Organisationen: Im November 1933 Eintritt in die SA, Aufnahme in die NSDAP am 1. Mai 1937 (Mitglied Nr. 5 069 439). Nach 1945 Mitglied der SED.
Quellen: Wer war wer; UAH Rep. 6 Nr. 2640 und Nr. 1407; Einsicht in die PA im UAH verweigert.

Meyer, Ludwig (Louis)
(29. Januar 1894 Niederbronn Kreis Hagenau (Elsaß) – 25. März 1964 Stuttgart-Hohenheim)
Konfession: evangelisch
Vater: Arzt
Nach dem Besuch von Schulen in Hagenau und Straßburg studierte Meyer von 1912 bis 1914 Medizin an der Universität Straßburg. 1914 meldete er sich als Kriegsfreiwilliger, wurde zum Leutnant befördert und mit dem Eisernen Kreuz 1. und 2. Klasse ausgezeichnet. Nach dem Ersten Weltkrieg arbeitete Meyer in der Landwirtschaft, ab 1919 studierte er an der Landwirtschaftshochschule Hohenheim. 1922 legte er die Prüfung zum Diplomlandwirt ab. 1922/23 war er Mitarbeiter der Württembergischen Versuchsanstalt für landwirtschaftliche Chemie, dann Assistent am Institut für Pflanzenernährung Hohenheim. Von 1924 bis 1936 hatte er die Oberassistentenstelle am Institut für Pflanzenernährung Hohenheim inne. 1926 promovierte er hier zum Dr. agr. 1926/27 hielt er sich als Rockefellerstipendiat zu Forschungszwecken in Kalifornien auf. 1929 habilitierte er sich an der Landwirtschaftshochschule Hohenheim für Pflanzenernährungslehre und Bodenkunde. 1933/34 war er mit Bodenkartierungsarbeiten in Bayern und in Berlin befasst. 1936 wurde er zum nichtbeamteten außerordentlichen Professor ernannt und vertrat an der Universität Halle die neu geschaffene Professur für Pflanzenernährungslehre und Bodenbiologie, 1937 erhielt er das Ordinariat. Während des Zweiten Weltkrieges führte Meyer im Auftrag des Wirtschaftsstabes Ost Bodenuntersuchungen in der Ukraine durch, 1943 wurde er wissenschaftlicher Beirat der Landbauwissenschaftlichen Forschungszentrale für die Ukraine 1944 erhielt er das Kriegsverdienstkreuz 2. Klasse. Mit dem »Abderhaldentransport« deportiert, wurde Meyer in Abwesenheit von der Universität Halle entlassen. 1947 erhielt er einen Ruf auf die ordentliche Professur für Bodenkunde und Geologie an der Landwirtschaftlichen Hochschule Hohenheim.
Organisationen: Eintritt in die SA im November 1933, 1933 NSLB, 1935 NSV, VDA, 1937 NS-Altherrenbund, Aufnahme in die NSDAP 1937, 1939 NSDDB.
Quellen: UAH PA 11419 Meyer, Rep. 6 Nr. 1407, Leopoldina-Archiv MM 4537 Meyer.

Montfort, Camill
(9. Februar 1890 Zell i. W. (Baden) – 19. September 1956 Jugenheim/Bergstraße)
Konfession: altkatholisch
Vater: Gutsbesitzer
Der Abkömmling französischer Flüchtlinge besuchte Schulen in Zell und Lörrach (Reifeprüfung 1909). Er studierte Chemie und Geologie, später Biologie an den Universitäten München und Bonn. Von 1914 bis 1923 war er Assistent am Botanischen Institut der Universität Bonn, leistete jedoch von 1914 bis 1916 Kriegsdienst. 1918 promovierte er an der Universität Bonn zum Dr. phil. und habilitierte sich dort 1920. 1923 wurde er an der Universität Halle zum persönlichen Ordinarius ernannt. 1926 schlug er einen Ruf an die Forsthochschule Eberswalde aus. Ab 1940 bearbeitete Montfort verschiedene Aufträge des Reichsforschungsrates, vor allem zum Wachstum von Faserpflanzen. Mit dem »Abderhaldentransport« deportiert, wurde er in Abwesenheit von der Universität Halle entlassen. 1945/46 vertrat er den Lehrstuhl für Botanik an der TH Darmstadt, ab August 1946 war er kommissarischer Direktor des Botanischen Instituts der Universität Frankfurt, 1949 wurde er zum ordentlichen Professor ernannt.
Organisationen: 1934 NSLB, NSV, später NSDDB, RLB, Aufnahme in die NSDAP am 1. Mai 1937 (Mitglied Nr. 4 047 407).
Quellen: UAH PA 11575 Montfort; Rep. 6. Nr. 1407; Leopoldina-Archiv MM 3535 Montfort; Ball/Wild.

Mothes, Kurt
(3. November 1900 Plauen – 12. Februar 1983 Ribnitz-Damgarten)
Konfession: evangelisch-lutherisch
Vater: Ratsoberinspektor
Mothes besuchte Schulen in Plauen und legte 1918 das Kriegsabitur ab. Er erhielt eine militärische Ausbildung, kam jedoch nicht mehr zum Kriegseinsatz. Von 1918 bis 1920 absolvierte er eine Apothekerlehre, 1920 war er Soldat in einem Zeitfreiwilligenregiment und nahm am Kampf gegen den »Hoelz-Aufstand« teil. 1920/21 arbeitete er als Apothekergehilfe in Plauen. Er studierte an der Universität Leipzig, zunächst von 1921 bis 1923 Pharmazie und Chemie und legte 1923 das Pharmazeutisches Staatsexamen ab. Von 1923 bis 1925 setzte er das Studium der Chemie fort und ergänzte es durch die Fächer Physiologie und Pharmakologie. 1925 promovierte er mit einer Arbeit über den Stickstoffwechsel höherer Pflanzen zum Dr. phil. 1924 wurde er studentischer Vorsitzender der Leipziger Mensa academica. Von 1925 bis 1934 war er außerplanmäßiger Assistent am Botanischen Institut der Universität Halle, hier habilitierte er sich für allgemeine und pharmazeutische Botanik. 1927 erhielt er die Approbation als Apotheker. 1932/33 initiierte er gemeinsam mit den Volkswirt Gerhard Mackenroth den Freiwilligen Arbeitsdienst der Universität Halle, 1933 übernahm er den Vorsitz des hallischen Studentenwerkes. Im selben Jahr erhielt er einen Lehrauftrag für Pflanzenphysiologie, Rufe an die Universitäten Bern und Ankara lehnte er ebenso ab, wie ein Rockefellerstipendium und eine Anstellung bei der IG Farben. 1934 wurde Mothes zum nichtbeamteten außerordentlichen Professor ernannt. Ab November 1934 leitete er vertretungsweise das Botanische Institut und den Botanischen Garten der Universität Königsberg und nahm die Professur für Botanik wahr. 1935 berufen, war er bis 1945 ordentlicher Professor der Botanik und Pharmakologie an der Universität Königsberg. Seit 1937 absolvierte er militärische Übungen. 1939/40 leistete er Kriegsdienst als Feldapotheker (Dienstgrad: Stabsapotheker). Von Januar bis April 1945 war er im freiwilligen Sanitätsdienst zuständig für die Versorgung Königsbergs mit Arzneimitteln und Verbandszeug. Im April 1945 geriet er in sowjetische Gefangenschaft. Zunächst arbeitete er als Waldarbeiter, dann als Apotheker in einem Hospital. Im September 1949 wurde er in die SBZ entlassen. Von 1949 bis 1957 war Mothes Abteilungsleiter für Chemische Physiologie am Institut für Kulturpflanzenforschung der Deutschen Akademie der Wissenschaften in Gatersleben, ab 1950 lehrte er nebenamtlich, von 1951 bis 1962 als ordentlicher Professor an der Universität Halle. Von 1951 bis 1956 war er kommissarischer Leiter des Pharmazeutischen Instituts, von 1951 bis 1963 Direktor des Institutes für Pharmakognosie. 1963 gründete er einen Lehrstuhl für Biochemie der Pflanzen, den ersten dieser Art in Deutschland. Von 1958 bis 1967 leite-

te er als Direktor das Institut für Biochemie der Pflanzen der DAW in Halle. Von 1954 bis 1974 war Mothes Präsident der deutschen Akademie der Naturforscher Leopoldina. Neben zahlreichen Auszeichnungen, u. a. dem Orden Pour le Mérite für Wissenschaft und Künste (1968) wurde er 1975 zum Ehrensenator der Universität Halle ernannt.
Organisationen: Deutsche Freischar (Großdeutscher Bund), Gauführer und Mitglied der Bundesführung bis zur Auflösung 1933, VDA, 1933 Referent für das studentische Werkhalbjahr im Arbeitsamtsbezirk Erfurt-Halle, 1933 Eintritt in die NSDAP, im September 1933 Eintritt in die SA.
Quellen: Auskunft aus UAH PA 24710 Mothes; UAH Rep. 6 Nr. 1407; Wer war wer; UAH Rep. 4 Nr. 1438 (Arbeitsdienst); NDB 18, S. 223 f.; Parthier.

Müller, August
(9. Januar 1889 Kückebusch Kreis Calau – 9. Oktober 1945 Halle (Selbsttötung))
Konfession: evangelisch
Vater: Rittergutsbesitzer
Müller besuchte Schulen in Hannover, Berlin und Eilenburg. Er arbeitete in einer Apotheke, von 1911 bis 1913 studierte er an der Universität Halle. 1913 bestand er die pharmazeutische Staatsprüfung, 1914 erhielt er die Approbation als Apotheker. Bis 1923 als Apotheker tätig, legte er 1924 das Abitur an der Oberrealschule Halle ab und nahm ein Studium der Chemie auf. 1926 legte er das Verbandsexamen, 1927 die Staatsprüfung für Lebensmittelchemiker ab. Von 1928 bis 1933 war Müller Assistent im Institut für Pharmazie und Lebensmittelchemie der Universität Halle, 1932 habilitierte sich Müller für pharmazeutische und Nahrungsmittelchemie. Von 1932 bis 1934 hatte er eine Assistentenstelle am Institut für Angewandte Chemie an der Universität Erlangen inne. 1933 habilitierte er sich nach Erlangen um. 1934 wurde er Leiter der wissenschaftlichen Abteilung der Drogengroßhandlung Caesar & Loretz in Halle und habilitierte sich wieder nach Halle um. Ab 1935 leitete er das Nahrungsmitteluntersuchungsamt beim Hygienischen Institut der Universität Halle, nach Überführung des Amtes in die Trägerschaft der Stadt 1939 war er Abteilungsleiter beim Städtischen Untersuchungsamt Halle. Nach einigem Hin und Her, die Pharmazie wurde inzwischen abgewickelt, ernannte ihn das Wissenschaftsministerium 1939 zum Dozenten für Nahrungsmittelchemie. Zunächst uk. gestellt, diente Müller im Winter 1944/45 im Volkssturm. Am 31. August 1945 wurde die Ernennung zum Dozenten auf Grund des »politischen Verhaltens« widerrufen und Müller aus dem Dienst der Stadt entlassen. Nachdem das von ihm selbst erbaute Eigenheim durch einen kommunistischen Polizeioffizier beschlagnahmt wurde, tötete sich Müller gemeinsam mit seiner Ehefrau selbst. In seinem Abschiedsbrief an die Universität schrieb er: »Ohne Heim, ohne Existenz hat das Leben für uns seinen Sinn verloren.«
Organisationen: 1919 bis 1924 DNVP, Eintritt in die NSDAP am 1. Mai 1932 (Mitglied Nr. 1 154 365), 1933 NSLB, 1934 NSV, NSBDT, 1936 NSDDB (Referent für Nachwuchsförderung), Reichskolonialbund.
Quellen: UAH PA 11642 A. Müller; Gahl.

Neiß, Friedrich
(1. Oktober 1883 Dietzenbach (Hessen) – 3. September 1952 Berlin)
Konfession: evangelisch
Vater: Arzt
Neiß besuchte Schulen in Friedberg in Hessen. Das Abitur legte er 1905 ab. Er begann das Studium der Naturwissenschaften und der Mathematik an der Universität Gießen, setzte es an der Universität Berlin fort und legte hier 1910 das Examen ab. 1908/09 diente er als Einjährig-Freiwilliger. Ab 1911 war Neiß im Schuldienst. Zunächst war er Lehrer in Friedberg, später in Berlin-Charlottenburg. Von 1914 bis 1918 leistete er Kriegsdienst im Heer (Dienstgrad: Leutnant, ausgezeichnet mit dem Eisernen Kreuz II. Klasse). 1926 wurde er zum Oberstudienrat ernannt, später leitete er das Charlottenburger Gymnasium. 1930 habilitierte er sich für Mathematik an der Universität Halle. 1935 habilitierte er sich an die Universität Berlin um, 1942 wurde er zum außerplanmäßigen Professor ernannt.
Organisationen: NSLB.
Quelle: Rep. 6 Nr. 1407.

Nicolaisen, Wilhelm
(4. März 1901 Flensburg – 23. Januar 1973 Heide (Holstein))
Konfession: nicht ermittelt
Vater: nicht ermittelt
Nach einem Studium der Natur- und Landwirtschaftswissenschaften promovierte Nicolaisen zum Dr. sc. nat. 1933 habilitierte er sich an der Universität Halle. 1935 wurde er zum Direktor der Forschungsanstalt für Milchwirtschaft in Kiel ernannt und wurde außerordentlicher Professor der Universität Kiel. 1941 wechselte er als außerplanmäßiger, ab 1942 als ordentlicher Professor an die Universität Königsberg. Zugleich war er Sonderbeauftragter für den Ölfruchtanbau in Deutschland. Ende 1944, nach der Besetzung Königsbergs, kam Nicolaisen an die Universität Halle. 1949 wurde er Professor der Hochschule für Gartenbau Hannover und als ordentlicher Professor für Gemüsebau in die TH Hannover überführt. 1967 wurde Nicolaisen emeritiert.
Organisationen: Aufnahme in die NSDAP am 1. Mai 1933 (Mitglied Nr. 2 261 197), Dozentenführer der Universität Königsberg.
Quellen: UAH Rep. 6 Nr. 1334 Bd. 5; Leopoldina-Archiv NL Abderhalden Nr. 767; BDC.

Nitzsch, Werner von
(22. September 1901 Würzburg – 1947 Bautzen)
Konfession: evangelisch
Vater: Ministerialrat
Die Notreifeprüfung legte von Nitzsch in Würzburg ab. Danach leistete er freiwilligen vaterländischen Hilfsdienst und setzte die Schulausbildung in einem Landerziehungsheim fort. Er war in der Landwirtschaft tätig und studierte ab 1921 an der Landwirtschaftlichen Hochschule Hohenheim und an der TH München. 1924 legte er das Diplomexamen ab und wurde Hilfsassistent in der Versuchs- und Lehranstalt für Bodenfräskultur der Siemens-Schuckert-Werke Gieshof bei Neubarnim. Später war er Assistent an der Universität Leipzig und promovierte dort 1933 zum Dr. phil. mit einer Arbeit über die Porosität im Boden. Im selben Jahr wurde er mit der Leitung der Forschungsstelle für Bodenbearbeitung des Reichskuratoriums für Technik in der Landwirtschaft (RKTL) in Berlin-Dahlem betraut. Ab 1936 war die RKTL-Forschungsstelle beim Pflanzenbau-Institut Halle angesiedelt, 1939 habilitierte sich von Nitzsch daher an der Universität Halle. 1940 zog die RKTL-Forschungsstelle für Bodenbearbeitung nach Pillnitz in Sachsen um und wurde Teil der Sächsischen Staatlichen Versuchs- und Forschungsanstalt für Pflanzenbau und Bodenkunde. Von Nitzsch blieb Leiter der Institution, wurde jedoch als Kriegsverwaltungsrat zum Einsatz in Osteuropa verpflichtet (ausgezeichnet mit dem Kriegsverdienstkreuz 2. Klasse). So war er ab 1944 Bezirksoberrat beim Generalkommissar in Minsk. 1944 kehrte er an die Versuchs- und Forschungsanstalt Pillnitz zurück. 1945 wurde er als Dozent der Universität Halle entlassen. 1946 von sowjetischer Polizei verschleppt, starb von Nitzsch in einem Lager, vermutlich Bautzen. Ein genaues Todesdatum ist nicht bekannt.
Organisationen: NSDAP von Februar 1923 bis zur Auflösung. Wiedereintritt in die NSDAP am 1. Mai 1933 (Mitglied Nr. 2 990 638), NSV.
Quellen: UAH PA 12018 von Nitzsch; Rep. 6 Nr. 1407.

Pose, Heinz
(10. April 1905 Königsberg – 13. November 1975 Dresden)
Konfession: evangelisch
Vater: Kaufmann
Die Reifeprüfung legte Pose 1923 in Königsberg ab. Er studierte Mathematik, Physik und Chemie an den Universitäten Königsberg, München, Göttingen und Halle, hier promovierte er 1928 zum Dr. sc. nat. Von 1928 bis 1930 war er Volontärassistent, von 1930 bis 1934 planmäßiger Assistent am Physikalischen Institut der Universität Halle. 1934 erhielt er einen Lehrauftrag für Atomphysik, als besonderes Forschungsgebiet gab er in der Dozentenkartei »Kernphysik, Atomzertrümmerung« an. 1938 ernannte ihn das Wissenschaftsministerium zum außerordentlichen, 1939 zum außerplanmäßigen Professor. 1942 wur-

431

de er gemeinsam mit Ernst Rexer zur Physikalisch-Technischen Reichsanstalt abgeordnet, 1943 erhielt er das Kriegsverdienstkreuz II. Klasse. Im Juni 1944 war Pose am Physikalischen Institut der Universität Leipzig tätig. 1946 wurde er in die UdSSR deportiert. Dort leitete er eine Forschungsgruppe, ab 1955 war er Mitarbeiter am Kernforschungszentrum Dubna. 1957 wurde er Professor mit vollem Lehrauftrag an der TH Dresden, von 1959 bis 1970 hatte er dort den Lehrstuhl für Experimentelle Kernphysik inne.
Organisationen: Im November 1933 Eintritt in die SA, Aufnahme in die NSDAP am 1. Mai 1937 (Mitglied Nr. 4 340 498).
Quellen: UAH Rep. 6 Nr. 1407; Rep. 4 Nr. 167; Catalogus Professorum auf www.uni-dresden.de.

Rauterberg, Eduard
(26. Februar 1898 Klein Wanzleben – 16. November 1977 Berlin (West))
Konfession: evangelisch
Vater: Chemiker
Rauterberg studierte, 1917/18 unterbrochen durch Kriegsdienst in der Landwehr, Naturwissenschaften in Kiel, promovierte hier 1923 mit einer chemischen Arbeit und wurde Assistent am Chemischen Institut, später am Institut für Pflanzenbau der Universität Kiel. 1931 für Agrikulturchemie habilitiert, vertrat er 1935/36 den Lehrstuhl für Pflanzenernährung und Bodenbiologie an der Universität Halle und habilitierte sich nach Halle um. Von 1936 bis 1946 leitete er das Labor an der landwirtschaftlichen Versuchsstation des Deutschen Kalisyndikats in Berlin. Da die Umhabilitierung an die Landwirtschaftliche Fakultät der Universität Berlin vom Wissenschaftsministerium abgelehnt wurde, verlor Rauterberg 1939 die Lehrbefugnis. Ab 1939 stand er im Kriegseinsatz. Nach 1945 war er an der TU Berlin tätig, von 1952 bis zur Emeritierung 1966 als ordentlicher Professor und Direktor des Instituts für Pflanzenernährung, Bodenchemie und Bodenbiologie.
Organisationen: 1933 NSDAP
Quellen: UAH PA 12846 Rauterberg; DBE Bd. 8, S. 166.

Reinhold, Hermann
(13. November 1893 Lieberhausen, Kreis Gummersbach – 10. März 1940 Aschaffenburg)
Konfession: evangelisch
Vater: Pfarrer
Reinhold besuchte Schulen in Lieberhausen, Krens und Schleusingen, ab 1913 studierte er an der Universität Erlangen. 1913/14 diente er als Einjährig-Freiwilliger, von 1914 bis 1918 leistete er Kriegsdienst. Mehrfach verwundet, wurde der Oberleutnant mit dem Eisernen Kreuz I. und II. Klasse und dem Bayerischen Militärverdienstorden IV. Klasse mit Schwertern ausgezeichnet. Von 1919 bis 1921 diente Reinhold als Zeitfreiwilliger in der Reichswehrbrigade 16. Zugleich studierte er Chemie an der Universität Halle und promovierte hier 1922 zum Dr. phil. Er war in chemischen Betrieben tätig, 1923 wurde er planmäßiger Assistent am Institut für Physikalische Chemie Halle. Hier habilitierte er sich 1928 und wurde 1934 zum nichtbeamteten außerordentlichen Professor ernannt. 1936 erhielt er einen Ruf auf eine ordentliche Professur an der Universität Gießen.
Organisationen: Eintritt in die NSDAP am 1. April 1933 (Mitglied Nr. 1 818 855), im November 1933 Eintritt in die SA, Ausbilder.
Quellen: UAH Rep. 6 Nr. 1407; Auskunft Standesamt Bergneustadt.

Remane, Adolf
(10. August 1898 Krotoschin – 22. Dezember 1976 Plön (Holstein))
Konfession: nicht ermittelt
Vater: nicht ermittelt
Von 1916 bis 1918 leistete Remane Kriegsdienst und wurde verwundet. Er studierte ab 1919 an der Universität Berlin Biologie, Anthropologie, Paläontologie und Völkerkunde. 1921 promovierte er mit einer Arbeit zur Morphologie des Androidengebisses und erhielt eine Hilfskraftstelle. Eine Festanstellung am Zoologischen Museum zerschlug sich durch den Tod seines Mentors. 1923 wurde Remane Assistent an der

Universität Kiel und habilitierte sich dort 1925 für Zoologie. 1936 übernahm er den Lehrstuhl seines nach Halle strafversetzten Lehrers von Buddenbrock-Hettersdorf in Kiel. Dort begründete er das Institut für Meereskunde, war Direktor des Zoologischen Museums sowie des Museums für Völkerkunde. 1944 wurde das Institut für Meereskunde zerstört und Remane mit der vertretungsweisen Leitung des Leipziger Zoologischen Institutes beauftragt. Er kehrte jedoch nach Kiel zurück, um die biologische Ausbildung der Medizinstudenten weiterzuführen. 1945 verhaftet, wurde er später erneut auf den Lehrstuhl für Zoologie berufen. Gleichzeitig leitete er das Zoologische Museum der Universität. 1966 wurde Remane emeritiert.
Organisationen: Aufnahme in die NSDAP am 1. Mai 1937 (Mitglied Nr. 5 098 559)
Quellen: DBE Bd. 8, S. 238; Heydemann; BDC.

Rexer, Ernst
(2. April 1902 Stuttgart – 14. Mai 1983 Dresden)
Konfession: evangelisch
Vater: Gewerbeschulrat
Das Abitur legte Rexer 1921 in Stuttgart ab. Von 1921 bis 1923 war er in der Holzwirtschaft als Arbeiter und Büroangestellter tätig. 1923 begann er ein Studium der Chemie und Physik an der Universität Freiburg. 1926 legte er das Chemikerverbandsexamen ab. Von 1926 bis 1929 arbeitete Rexer in den glastechnischen Laboratorien der Osram-Werke in Weißwasser und Berlin, 1929 promovierte er an der Universität Berlin zum Dr. phil. Im selben Jahr wurde er außerplanmäßiger Assistent am Institut für Theoretische Physik der Universität Halle, 1936 habilitierte er sich mit einer Arbeit zur Kristallphysik. 1937 wurde Rexer zum Dozenten ernannt. Ab 1938 führte er Arbeiten für die Rüstungsindustrie, vor allem Untersuchungen an Kunststoffen durch. 1939 eingezogen, wurde Rexer 1942 gemeinsam mit Heinz Pose zur Physikalisch-Technischen Reichsanstalt abgeordnet und aus der Wehrmacht entlassen. Zum Professor ernannt, war er 1944 am Physikalischen Institut der Universität Leipzig tätig. 1946 in Thüringen tätig, wurde er – vermutlich – im Oktober 1946 bei der »Aktion Ossoawiachim« in die Sowjetunion deportiert. In die DDR zurückgekehrt, wurde er 1956 zum Professor mit vollem Lehrauftrag und Direktor des Institutes für die Anwendung radioaktiver Isotope an der Universität Dresden ernannt.
Organisationen: Eintritt in die NSDAP am 29. Juli 1932, im November 1933 Eintritt in die SA, ab Juni 1935 Stellvertreter des Dozentenschaftsleiters der Universität Halle, später des Gaudozentenbundsführers. Leiter der Dozentenschaft in der Naturwissenschaftlichen Fakultät.
Quellen: UAH PA 13005 Rexer; Rep. 4 Nr. 167.

Roemer, Theodor
(20. November 1883 Pfrondorf bei Tübingen – 3. September 1951 Halle)
Konfession: evangelisch
Vater: Pfarrer
Roemer besuchte das Karlsgymnasium in Stuttgart und absolvierte eine landwirtschaftliche Lehre in Ostpreußen. Danach war er ein Jahr Domänenverwalter in Warpke bei Hannover und diente als Einjährig-Freiwilliger. Von 1904 bis 1907 studierte er an der Landwirtschaftlichen Hochschule Hohenheim, von 1908 bis 1910 war er Assistent an der Universität Jena und promovierte dort 1910 zum Dr. phil. Danach arbeitete er bis 1912 als landwirtschaftlicher Sachverständiger im Kaiserlichen Gouvernement Deutschostafrika Daressalam und errichtete eine Baumwollversuchsstation in Myombo bei Kylossa. 1913/14 leitete er das Gregor-Mendel-Institut in Eisgrub in Mähren. Von 1914 bis 1918 war er Abteilungsleiter für Pflanzenzüchtung am Kaiser-Wilhelm-Institut Bromberg. 1917/18 leistete er Kriegsdienst an der Westfront bei der Flugabwehrartillerie (ausgezeichnet mit dem Eisernen Kreuz II. Klasse). 1919 wurde er Direktor einer Saatgutwirtschaft in Schlanstedt bei Halberstadt, 1920 wurde er zum ordentlichen Professor für Pflanzenbau und Pflanzenzüchtung an der Universität Halle berufen. 1924 schlug er ein Angebot, Vorstandsmitglied des Kalisyndikats zu werden, aus. 1925 reiste er zu Studienzwecken in die USA. In der Folgezeit trieb Roemer in enger Zusammenarbeit mit der Notgemeinschaft der deutschen Wissenschaft (später Deutsche Forschungsgemeinschaft) die Züchtungsforschung

voran und förderte zahlreiche Projekte der Genetik. Während des Zweiten Weltkrieges war er Mitglied der deutsch-rumänischen und der deutsch-ungarischen Saatgutkommission und erstellte ab 1941 für das Reichsernährungsministerium Anbaupläne für die besetzten Gebiete Osteuropas. 1944 erhielt er das Kriegsverdienstkreuz 2. Klasse. Mit dem »Abderhaldentransport« deportiert, wurde er in Abwesenheit von der Universität Halle entlassen. 1945 war er Bieberau bei Darmstadt, dann an der Landwirtschaftshochschule Hohenheim bei Stuttgart tätig. 1946 kehrte er nach Halle zurück und wurde erneut Direktor des Instituts für Pflanzenbau und Pflanzenzüchtung und lehrte hier bis zu seinem Tod.
Organisationen: Stahlhelm Halle 1932 bis 1934, 1934 Förderndes Mitglied der SS, 1941 NSDDB, 1938 Aufnahme in die NSDAP.
Quellen: PA 13184 Roemer; Rep. 6 Nr. 1407; Leopoldina-Archiv MM 3506 Roemer; DBE Bd. 8 S. 353.

Rojahn, Carl August
(23. September 1889 Duisburg – 1. Mai 1938 Halle)
Konfession: evangelisch
Vater: Kaufmann
Von 1907 bis 1910 absolvierte Rojahn eine Apothekerlehre. 1910/11 war er Apothekenassistent in Düsseldorf. 1912 bis 1914 studierte er Pharmazie an der Universität Marburg und der Hochschule Braunschweig. 1913 legte er den pharmazeutischer Abschluss ab, 1914 das Chemiker-Verbandsexamen. Von 1914 bis 1916 studierte er Chemie an der Universität Rostock und promovierte 1916 zum Dr. phil. Außerdem legte er das Staatsexamen für Nahrungsmittelchemie ab. Von 1917 bis 1919 leistete er Kriegsdienst als Militärchemiker im Versuchsamt Berlin-Plötzensee. Während der Spartakusunruhen in Berlin war er Zeitfreiwilliger in der 1. Garde-Landesschützenabteilung. Von 1919 bis 1923 hatte er eine Assistentenstelle am Chemischen, später Pharmazeutischen Institut der Universität Frankfurt am Main inne. 1922 legte er die Abiturprüfung ab. Von 1923 bis 1926 war er Assistent an der Hochschule Braunschweig, dort habilitierte er sich 1923. 1926 erhielt er einen Ruf auf ein Extraordinariat an der Universität Freiburg zugleich leitete er die pharmazeutische Abteilung. 1927 erhielt er einen Ruf als persönlicher Ordinarius an die Universität Halle. 1931 wurde er Direktor des von ihm aufgebauten Instituts für Pharmazie und Nahrungsmittelchemie. Da die Abwicklung der Pharmazie an der Universität Halle vom Wissenschaftsministerium angeordnet wurde, suchte Rojahn nach einem neuen Betätigungsfeld. Ein möglicher Ruf an die Universität Teheran zerschlug sich jedoch. Im Dezember 1937 wurde er auf Grund von § 3 des Gesetzes über die Entpflichtung und Versetzung von Hochschullehrern an die Philosophische Fakultät der Universität Breslau versetzt. Rojahn verstarb, bevor er die Stelle antreten konnte.
Organisationen: Stahlhelm, überführt in NSDFB, NSV, RLB.
Quellen: UAH PA 13245 Rojahn; Rep. 6 Nr. 1407; Gahl.

Roth, Heinrich
(18. Juli 1900 Osterwieck, Kreis Halberstadt – 2. Juni 1973 Jena)
Konfession: evangelisch
Vater: Landgerichtsrat
Roth besuchte Gymnasien in Halberstadt und Naumburg. Von 1917 bis 1920 arbeitete er in verschiedenen landwirtschaftlichen Betrieben. 1918 leistete er Militärdienst als Kanonier. Das Abitur legte er nach der Rückkehr aus dem Ersten Weltkrieg am Stadtgymnasium Halle ab. 1921 schloss er sich den freiwilligen Selbstschutzverbänden in Oberschlesien an und wurde mit dem Schlesischen Adlerorden I. und II. Klasse ausgezeichnet. Von 1920 bis 1923 studierte er Landwirtschaft an der Universität Halle, 1923 bestand er die Diplomprüfung. Von 1923 bis 1935 war er Mitarbeiter der Landwirtschaftskammer bzw. der Landesbauernschaft Sachsen-Anhalt. Zunächst wissenschaftlicher Mitarbeiter, wurde er bald Leiter der Buch- und Wirtschaftsberatungsstelle, zuletzt leitete er die betriebswirtschaftlichen Abteilung. 1925 promovierte Roth zum Dr. phil., 1930 habilitierte er sich für Landwirtschaftliche Betriebslehre. 1931/32 vertrat er den vakanten Lehrstuhl an der Universität Halle. Ab 1935 arbeitete Roth als öffentlich bestellter Wirtschaftsprüfer. 1939 wurde er zum Dozenten

neuer Ordnung, 1942 zum außerplanmäßigen Professor ernannt (Spezialgebiet Taxationslehre). Im Oktober 1945 entzog ihm die Universität den Lehrauftrag. Nach Gutsagung zahlreicher einstiger Mitarbeiter (unter ihnen ein Sozialdemokrat mit Berufsverbot) wurde er im März 1946 durch den politischen Kreisausschuss der Antifaschistischen Parteien für »tragbar« erklärt, so dass er weiterhin als freiberuflicher Landwirtschaftlicher Sachverständiger und Wirtschaftsprüfer tätig sein konnte. Mehrfach denunziert, wurde Roth in drei weiteren Entnazifizierungsverfahren freigesprochen. Erst 1949 wurde Roth in einem fünften »Entnazifizierungsverfahren« verboten, eine leitende Stelle in öffentlichen oder privaten Betrieben auszuüben, womit auch seine Tätigkeit als Wirtschaftsprüfer ein Ende fand. 1951/52 war er Verlagsleiter der Tageszeitung »Der Morgen« in Berlin, 1953 erhielt er einen Lehrauftrag an der Universität Halle für Landwirtschaftliches Rechnungswesen. Im selben Jahr ernannte ihn das Staatssekretariat für Hoch- und Fachschulwesen zum Professor mit Lehrstuhl an der Universität Jena und zum Direktor des Instituts für Landwirtschaftliche Betriebslehre. Ende der 60er Jahre wurde er dort emeritiert.
Organisationen: 1920 bis 1928 DNVP, Eintritt in die NSDAP am 1. April 1933 (Mitglied Nr. 1 818 800), 1933 bis 1935 NSKK, NSDDB, NSRB (ab 1942 Gaugruppenwalter für Buchprüfer und Wirtschaftsprüfer.). 1946 LDP.
Quellen: UAH 13309 Roth; Rep. 6 Nr. 1407; Auskunft des Standesamtes Osterwieck.

Rudorf, Wilhelm
(30. Juni 1891 Rotingdorf, Kreis Halle in Westfalen – 26. März 1969 Oberalting-Seefeld)
Konfession: evangelisch
Vater: Landwirt
Das Studium an der Landwirtschaftlichen Hochschule Berlin schloss Rudorf 1923 als Diplomlandwirt ab. 1926 wurde er promoviert, 1929 habilitierte er sich für Pflanzenbau und Pflanzenzüchtung an der Universität Halle. Von 1929 bis 1933 war er Direktor des Instituto fitotecnico der Universität La Plata (Argentinien). Nach kurzer Lehrtätigkeit in Halle erhielt er 1934 einen Ruf auf ein Ordinariat an der Universität Leipzig, wo er zugleich Direktor des Instituts für Pflanzenbau und Pflanzenzüchtung wurde. 1936 berief ihn die Kaiser-Wilhelm-Gesellschaft zum Direktor des Instituts für Züchtungsforschung in Müncheberg, als Professor wurde er an die Universität Berlin überstellt. Als Verfasser eines Buches über die politischen Aufgaben der Pflanzenzüchtung (1937) profiliert, arbeitete Rudorf während des Zweiten Weltkrieges eng mit dem Konzentrationslager Auschwitz zusammen, wo für sein Institut eine asiatische Kautschukpflanze (Koksaghyz) angebaut wurde. In Müncheberg entlassen, baute Rudorf im Auftrag der Max-Planck-Gesellschaft ein Institut für Züchtungsforschung (Erwin-Baur-Institut) in Voldagsen (Kreis Hameln) auf. Das Institut kam später nach Köln-Vogelsang, Rudorf leitete es bis 1961. Die Vorlesungstätigkeit setzte er nach 1945 in Göttingen, ab 1956 in Köln fort.
Organisationen: Aufnahme in die NSDAP am 1. Mai 1937 (Mitglied Nr. 5 716 883).
Quellen: Standesamt der Stadt Werther, DBE Bd. 8, S. 442, BDC, Klee 2001.

Scheffer, Fritz
(20. März 1899 Haldorf, Bez. Kassel – 1. Juli 1979 Göttingen)
Konfession: evangelisch-reformiert
Vater: Landwirt
Die Reifeprüfung legte Scheffer 1917 in Kassel ab. 1917/18 leistete er Kriegsdienst in einer Fernsprechabteilung, zunächst in Mazedonien, später in Frankreich. 1918/19 diente er beim Grenzschutz im Memelgebiet. Er studierte Chemie, Mathematik und Physik an den Universitäten Marburg und Breslau, später Landwirtschaft und Agrikulturchemie an der Universität Göttingen. 1924 promovierte er hier zum Dr. phil. und legte 1925 das landwirtschaftliche Staatsexamen ab. 1925/26 war er außerplanmäßiger Assistent in Göttingen, von 1926 bis 1931 hatte er eine Assistentenstelle am Institut für Pflanzenbau und Pflanzenzüchtung der Universität Halle inne. 1931 hielt er sich zu Forschungszwecken in den USA auf und habilitierte sich an der Universität Halle. Ab 1931 nahm er einen Lehrauftrag für Pflanzenernährungslehre wahr. 1935 wurde er von der Universität Halle beurlaubt, um die

Leitung der Landwirtschaftlichen Versuchsanstalt der Landesbauernschaft Kurhessen in Harleshausen bei Kassel zu übernehmen. 1936 promovierte an der Universität Göttingen zum Dr. phil. und erhielt einen Ruf an die Universität Jena auf den Lehrstuhl für landwirtschaftliche Chemie. Hier war er von 1938 bis 1945 Dekan der Mathematisch-naturwissenschaftlichen Fakultät. In Jena entlassen, wurde er im Oktober 1945 Ordinarius für Agrikulturchemie und Bodenkunde an der Universität Göttingen. 1952/53 war er erster Dekan der neugegründeten Landwirtschaftlichen Fakultät der Universität Göttingen, von 1955 bis 1969 Präsident der Deutschen Bodenkundlichen Gesellschaft. 1967 wurde er emeritiert.
Organisationen: 1933 SA, Eintritt in die NSDAP im April 1933 (Mitglied Nr. 2 255 344).
Quellen: UAH PA 13652 Scheffer; Rep. 6 Nr. 1407.

Schenck, Adolf
(4. April 1857 Siegen – 15. September 1936 Halle)
Konfession: evangelisch-reformiert
Vater: Arzt
Schenck besuchte Schulen in Siegen und Soest (Abitur 1877). Er studierte Naturwissenschaften und Geographie an den Universitäten Bonn, Berlin und wieder Bonn. 1884 promovierte er in Bonn zum Dr. phil. 1884 wurde er Assistent am mineralogischen Museum der Universität Bonn. Von 1884 bis 1887 war er im Auftrag von Lüderitz' als Geograph in Deutsch-Südwestafrika tätig, Forschungsreisen führten ihn durch das südliche Afrika. 1889 habilitierte er sich für Erdkunde an der Universität Halle. 1899 erhielt er den Professorentitel und nahm einen Lehrauftrag für Kolonialgeographie war. 1918 wurde er zum ordentlichen Honorarprofessor ernannt, 1922 von den amtlichen Verpflichtungen entbunden. Die Vorlesungstätigkeit setzte er bis 1932 fort.
Organisationen: Nationalliberale Partei, später DVP (bis 1931). Ehrenmitglied des Kolonialkriegervereins der Schutztruppe »General Maercker«, bis 1928 Vorsitzender der Abteilung Halle der Deutschen Kolonialgesellschaft, seitdem Ehrenvorsitzender, Vorstandsmitglied der Deutschen Kolonialgesellschaft, 1934 Förderndes Mitglied der SS, RLB.
Quellen: UAH PA 13682 A. Schenck; Rep. 6 Nr. 1407.

Schenck, Günther
(14. Mai 1913 Lörrach)
Konfession: evangelisch
Vater: Universitätsprofessor Otto Schenck
Nach dem Schulbesuch in Lörrach und Heidelberg (Reifezeugnis 1932) studierte Schenck Physik, Mathematik und Chemie an der Universität Heidelberg. Das Studium unterbrach er für den Arbeitsdienst und Tätigkeiten in Chemiebetrieben. Von 1935 bis 1937 war er Hilfsassistent am Chemischen Institut der Universität Heidelberg, 1937 legte er das Verbandsexamen ab. 1937 wechselte er als Assistent mit seinem Mentor Karl Ziegler an die Universität Halle. 1939 promovierte er zum Dr. rer. nat. mit einer Arbeit über Substanzen mit dem Kohlenstoffgerüst des Cantharidins, 1943 habilitierte er sich für Organische Chemie mit einer Arbeit zur »Autoxydation und Photoxydation in der Furanreihe« und wurde zum Dozenten ernannt. Seit 1938 absolvierte er militärische Übungen bei der Luftwaffe. 1939 für vier Wochen eingezogen, wurde er später uk. gestellt. Gemeinsam mit Karl Ziegler deportiert, entließ ihn die Universität Halle in Abwesenheit. 1950 erhielt er eine Stelle als Abteilungsleiter am organisch-chemischen Institut der Universität Göttingen und wurde zum beamteten außerordentlichen Professor ernannt. Von 1960 bis 1968 war er Direktor der Abteilung Strahlenchemie am Max-Planck-Institut für Kohlenforschung in Mülheim/Ruhr. 1961 wurde er Honorarprofessor der Universität Bonn, 1967 wirkte er als Gastprofessor an einer französischen Universität, 1974/75 war er Gastprofessor der Universität Salford (Großbritannien). Schenck lebt ihn Mülheim.
Organisationen: In November 1933 Eintritt in die SA, Aufnahme in die NSDAP am 1. Mai 1937 (Mitglied Nr. 5 069 439). NSDDB, NSV, NSBDT, RLB, Bund Deutscher Osten, VDA.
Quellen: UAH PA 13683 G. Schenck; Rep. 6 Nr. 1407.

Schlüter, Otto
(12. November 1872 Witten a. d. Ruhr – 12. Oktober 1959 Halle)
Konfession: evangelisch
Vater: Rechtsanwalt und Notar
Schlüter absolvierte das Burggymnasium in Essen und legte 1891 die Reifeprüfung ab. Er studierte Geschichte und Germanistik, später Geographie, Geologie, Mineralogie und Petrographie an den Universitäten Freiburg und Halle. 1896 promovierte er in Halle zum Dr. phil., danach leistete er Militärdienst als Einjährig-Freiwilliger. Von 1898 bis 1900 war er Assistent bei der Berliner Gesellschaft für Erdkunde und arbeitete zur Geographie des nördlichen Thüringens. 1906 habilitierte er sich an der Universität Berlin für Geographie. Er wirkte dort als Privatdozent und zugleich als Dozent an Handelshochschulen in Berlin und Köln. 1910 habilitierte er sich an die Universität Bonn um und arbeitete am Rheinischen Geschichtsatlas mit. 1911 erhielt er einen Ruf an die Universität Halle auf das Ordinariat für Geographie. Hier beschäftigte er sich vor allem mit Siedlungsgeographie und historischer Geographie. Von 1914 bis 1916 leistete er Kriegsdienst in der Landwehr. 1938 wurde Schlüter emeritiert, vertrat den Lehrstuhl jedoch mehrmals und setzte die Lehrtätigkeit bis 1951 fort. Von 1942 bis 1952 war er Vizepräsident, 1952/53 Präsident der Akademie der Naturforscher Leopoldina. 1956 wurde er Ehrensenator der Universität Halle.
Organisationen: 1912 Reichskolonialbund, 1915 Alldeutscher Verband, später Deutschvölkischer Schutz- und Trutzbund, 1917/18 Hallescher Verband für die Erforschung der mitteldeutschen Bodenschätze und ihrer Verwertung, 1918 bis 1928 und 1931 bis 1933 DNVP; 1935 NSV, NS-Altherrenbund. 1945 CDU.
Quellen: UAH 12165 Schlüter; Rep. 6 Nr. 1407; Wer war wer.

Schmid, Günther
(12. August 1888 Braunschweig – 17. Juli 1949 Halle)
Konfession: evangelisch-lutherisch
Vater: Zollbeamter
Die Reifeprüfung legte Schmid 1907 in Hamburg ab. Er studierte Naturwissenschaften, vor allem Botanik und Zoologie, sowie Philosophie und Deutsche Literaturgeschichte an den Universitäten Freiburg und Jena. Seit 1909 Assistent am Botanischen Institut der Universität Jena, promovierte er hier 1912 zum Dr. phil. 1913/14 leistete er Militärdienst als Einjährig-Freiwilliger. Da er erkrankte, leistete er im Ersten Weltkrieg Dienst als Zahlmeister beim Landsturm. Von 1920 bis 1935 war er Assistent am Botanischen Institut der Universität Halle. Hier habilitierte er sich 1921 für Botanik, 1928 wurde er zum nichtbeamteten außerordentlichen Professor ernannt. Von 1928 bis 1930 nahm er an der Universität Greifswald einen Lehrauftrag für Botanik und Pharmakognosie wahr. Ab 1935 wurde er als wissenschaftlicher Hilfsarbeiter im Botanischen Institut der Universität Halle beschäftigt, wo er vor allem zur Geschichte der Naturwissenschaften arbeitete. 1945 diente er im Volkssturm. Im Juni 1945 wurde er kommissarischer Leiter des Botanischen Instituts und wirkte an der Entnazifizierung der Universität mit. 1946 ernannte ihn die Landesregierung zum ordentlichen Professor für Geschichte der Naturwissenschaften und Pharmakognosie.
Organisationen: 1933 SA bzw. NSDFB, 1934 NSV, 1934/35 NSLB. 1945 LDP.
Quellen: UAH PA 12164 Schmid; Rep. 6 Nr. 1407.

Schmidt, Fritz
(24. Juni 1889 Jersleben, Kreis Wolmirstedt – 1967 Berlin (West))
Konfession: evangelisch
Vater: Landwirt
Schmidt besuchte Schulen in Luben und Graudenz (Abitur 1909). Danach leistete er Kriegsdienst als Einjährig-Freiwilliger. Von 1910 bis 1914 absolvierte er eine Ausbildung zum Militär-Veterinär an der Tierärztlichen Hochschule Berlin und promovierte 1914 zum Dr. med. vet. Im Ersten Weltkrieg diente er als Tierarzt, 1920 schied er als Oberveterinär aus dem Heer aus. 1920/21 war er Assistent an der Ve-

terinäranstalt der Universität Jena, von 1921 bis 1925 arbeitete er als Dozent an der Technischen Hochschule Pôrto Alegre (Brasilien). Von 1925 bis 1928 arbeitete im Bakteriologischen Institut der Landwirtschaftskammer Halle. 1928 habilitierte er sich an der Universität Halle für Zoologie. 1929 ernannte die Stadt Halle Schmidt zum Direktor des Zoologischen Gartens und 1933 gleichzeitig auch zum Leiter des Schlacht- und Viehhofes der Stadt Halle. 1934 erhielt er den Titel eines nichtbeamteten außerordentlichen Professors. Im Zweiten Weltkrieg diente er als Leitender Veterinär im Afrikacorps. 1945 von der Stadt Halle und von der Universität entlassen, siedelte er später nach Westberlin über.
Organisationen: Ab November 1933 Sturmveterinär beim SS-Reitersturm 2/10 (letzter Dienstgrad SS-Oberscharführer), Aufnahme in die NSDAP am 1. Mai 1933 (Mitglied Nr. 3 492 039).
Quellen: UAH Rep. 6 Nr. 1407; Auskunft Standesamt Wolmirstedt; Auskunft Daniel Bohse.

Schmidt, Karl
(5. September 1862 Hannover – 14. Oktober 1946 Gut Haiming bei Rosenheim)
Konfession: evangelisch
Vater: Offizier
Nach dem Schulbesuch in Münster studierte Schmidt ab 1882 Physik an den Universitäten Göttingen und Berlin. 1886 promovierte er zum Dr. phil. in Berlin. 1886/87 war er Assistent am physikalischen Institut der Universität Straßburg, 1887 bis 1889 in selber Stellung an der Universität Königsberg. 1889 habilitierte er sich an der Universität Halle, 1895 wurde er hier zum planmäßigen außerordentlichen Professor der Theoretischen Physik ernannt. Von 1912 bis zu seiner Emeritierung 1927 bekleidete er ein persönliches Ordinariat für Physik.
Organisationen: 1917/18 Hallescher Verband für die Erforschung der mitteldeutschen Bodenschätze und ihrer Verwertung, 1920 Stahlhelm, überführt in den NSDFB, DNVP.
Quellen: UAH PA 13954 K. Schmidt; DBE Bd. 9, S. 14.

Schmieder, Oskar
(27. Januar 1891 Bonn – 12. Februar 1980 Schleswig)
Konfession: evangelisch
Vater: nicht ermittelt
Schmieder studierte Geographie an den Universitäten Bonn, Königsberg und Heidelberg, 1915 promovierte er in Heidelberg mit einer Arbeit über die glazialen Formen der Sierra de Gredos. Er nahm am Ersten Weltkrieg teil und wurde mit dem Eisernen Kreuz I. und II. Klasse sowie dem Oldenburgischen Friedrich-August-Kreuz I. und II. Klasse ausgezeichnet. 1919 habilitierte er sich an der Universität Bonn. 1920 wurde er zum Professor der Nationaluniversität Córdoba (Argentinien) ernannt, zugleich leitete er hier das Museum für Mineralogie und Geologie. 1925 war er Visiting Professor der University of California in Berkeley, 1926 dort Associate Professor. 1930 erhielt er einen Ruf als ordentlicher Professor an die Universität Kiel. Hier widmete er sich »Lebensraumfragen europäischer Völker« und war Vorsitzender der Geographischen Gesellschaft. 1942 erhielt er das Kriegsverdienstkreuz II. Klasse. Im April 1944 erhielt er einen Ruf an die Universität Halle. Mit dem »Abderhaldentransport« deportiert, wurde er in Abwesenheit von der Universität Halle entlassen. 1946 kehrte er nach Kiel zurück und wirkte als Ordinarius bis zur Emeritierung 1956. Von 1953 bis 1955 war er Gastprofessor in Karachi (Pakistan), 1958/59 nahm er einen Lehrauftrag in Santiago de Chile wahr.
Organisationen: Aufnahme in die NSDAP am 1. Juli 1941 (Mitglied Nr. 8 869 053)
Quellen: UAH PA 14010 Schmieder; DBE Bd. 9, S. 28.

Scholder, Rudolf
(15. Juni 1896 Winterlingen (Württemberg) – 20. Dezember 1973 Pforzheim)
Konfession: evangelisch
Vater: Pfarrer

Scholder besuchte die Schule in Crailsheim, später evangelischen Seminare in Schönthal und Urach. Die Reifeprüfung legte er 1914 ab und trat in das Evangelisch-theologische Stift in Tübingen ein. Von 1914 bis 1918 leistete er Kriegsdienst als Freiwilliger, 1917 wurde er zum Leutnant befördert und verwundet. Ab 1918 war er Batterieführer (ausgezeichnet mit dem Eisernen Kreuz I. und II. Klasse sowie der Württembergischen Militärverdienstmedaille). 1919 begann er das Studium der Chemie an der Universität Tübingen, zugleich war er Zeitfreiwilliger bei der Tübinger Studentenwehr und nahm am Einsatz gegen aufständische Spartakisten in Stuttgart teil. 1922 promovierte er an der Universität Würzburg zum Dr. phil. Zunächst in der Industrie tätig, erhielt er 1924 eine Assistentenstelle an der Universität Greifswald, ab 1925 war er planmäßiger Assistent an der Universität Erlangen. Hier habilitierte er sich 1927. 1932 erhielt er die Oberassistentenstelle am Chemischen Institut der Universität Halle und habilitierte sich nach Halle um. 1934 wurde er zum nichtbeamteten außerordentlichen Professor ernannt, 1935/36 vertrat er den vakanten Lehrstuhl für Chemie. 1936/37 wurde er als Lehrstuhlvertreter an der Universität Königsberg, 1937 an der TH Karlsruhe eingesetzt. Im Dezember 1937 wurde er dort zum Ordinarius ernannt und 1961 emeritiert. 1954/55 amtierte er als Rektor der TH Karlsruhe.
Organisationen: März 1933 Eintritt in die NSDAP, Aufnahme am 1. Mai 1933 (Mitglied Nr. 2 255 343), NSV (Blockwalter).
Quellen: UAH PA 14169 Scholder, DBE Bd. 11, S. 171.

Schott, Carl
(12. Februar 1905 Jena – 22. Dezember 1990 Marburg)
Konfession: nicht ermittelt
Vater: nicht ermittelt
Schott promovierte 1931 an der Universität Berlin zum Dr. phil. 1937 habilitierte er sich an der Universität Kiel für Geographie und wurde hier 1942 zum außerplanmäßigen Professor ernannt. 1944 kam er mit seinem Mentor Oskar Schmieder nach Halle und war 1945 kurzfristig als Dozent an der Universität Halle tätig. 1945 kehrte er nach Kiel zurück. 1954 erhielt er ein planmäßiges Extraordinariat an der RWTH Aachen. 1955 erhielt er ein Ordinariat für Geographie an der Universität Marburg.
Organisationen: nicht ermittelt.
Quelle: DBE Bd. 9, S. 120.

Schwarz, Georg
(28. Juni 1896 Königsberg – 14. November 1979 Stuttgart)
Konfession: nicht ermittelt
Vater: nicht ermittelt
Schwarz studierte Natur- und Landwirtschaftswissenschaften und promovierte zum Dr. phil. 1928 habilitierte er sich an der Universität Königsberg, 1929 habilitierte er sich an die Universität Halle um, 1934 wurde er zum nichtbeamteten außerordentlichen Professor der an der Universität Berlin ernannt. Ab war er Direktor des Chemischen Instituts der Preußischen Versuchs- und Forschungsanstalt für Milchwirtschaft Kiel und lehrte zugleich als außerordentlicher Professor an der Universität Kiel. 1947 erhielt dort ein persönliches Ordinariat. 1950 nahm er einen Ruf an die Landwirtschaftshochschule Hohenheim bei Stuttgart an und wurde dort Direktor des Instituts für landwirtschaftliche Technologie.
Organisationen: Aufnahme in die NSDAP am 1. Mai 1937 (Mitglied Nr. 4 666 248).
Quelle: BDC.

Scupin, Hans
(29. April 1869 Ottendorf (Schlesien) – 22. November 1937 Seddin bei Potsdam)
Konfession: evangelisch
Vater: Rittergutsbesitzer
Nach dem Schulbesuch in Breslau (Reifeprüfung 1888) studierte Scupin zunächst Naturwissenschaften und Mathematik an der Universität Breslau. Er setzte das Studium an den Universitäten Heidelberg und Berlin fort und konzentrierte sich auf die Fächer Geologie und Paläontologie. 1895 promovierte er zum

Dr. phil. Nach kurzer Tätigkeit als Volontärassistent erhielt er eine Assistentenstelle am Geologischen Institut der Universität Breslau. 1899 habilitierte er sich an der Universität Halle, 1908 erhielt er den Professorentitel. 1917/18 war er als Kriegsgeologe an der Ost- und an der Westfront eingesetzt und wurde mit dem Eisernen Kreuz II. Klasse ausgezeichnet. Im September 1918 wurde er als Ordinarius für Geologie und Mineralogie an die Universität Dorpat abgeordnet. Ende 1918 verließ Scupin Estland, wurde jedoch 1919 erneut berufen und zugleich zum Honorarprofessor der Universität Halle ernannt. Von 1920 bis 1927 lehrte er in Dorpat, von 1928 bis 1935 in Halle. Neben seiner Lehrtätigkeit arbeitete Scupin als Gutachter für die Kaliindustrie und den Braunkohlenbergbau. 1936 unterbreitete er einen Vorschlag für eine Vorlesungsreihe für Wehrgeologie, starb jedoch vor Vorlesungsbeginn in Folge eines Autounfalles. Organisationen: 1917/18 Hallescher Verband für die Erforschung der mitteldeutschen Bodenschätze und ihrer Verwertung, DNVP von der Gründung bis zur Auflösung, Alldeutscher Verband, VDA, 1924 Stahlhelm.
Quellen: UAH PA 14599 Scupin; Rep. 6 Nr. 1407; Gutachten und Manuskripte im UAH (Nachlass Weigelt).

Seifert, Hans
(24. April 1893 Altona – 16. April 1976 Steinfurt)
Konfession: evangelisch-lutherisch
Vater: Kaufmann
Seifert besuchte Schulen in Altona und studierte ab 1911 Naturwissenschaften, speziell Mineralogie und Geologie sowie Mathematik an den Universitäten Marburg, Heidelberg, Berlin, Kiel und – nach dem Ersten Weltkrieg – Frankfurt am Main. 1914 meldete er sich als Kriegsfreiwilliger, wurde 1915 zum Leutnant befördert und als Kompanieführer an der Ostfront eingesetzt (ausgezeichnet mit dem Eisernen Kreuz I. und II. Klasse) 1918 demobilisiert, bestand er 1920 die Prüfung für das Lehramt und wurde Assistent am Mineralogisch-petrographischen Institut der Universität Frankfurt. 1922 wechselte er an das Mineralogisch-petrographische Institut der Universität Berlin und promovierte dort 1923 zum Dr. phil. mit einer Arbeit über Wachstum und Auflösung von Kristallen. 1928 habilitierte er sich für Mineralogie und Petrographie und erhielt 1932 die Stelle des Kustos am Mineralogisch-petrographischen Institut und Museum der Universität Berlin. 1935 erhielt er den Titel eines außerordentlichen Professors, 1939 wurde er zum außerplanmäßigen Professor ernannt. 1941 wurde er als Nachfolger Ferdinand von Wolffs planmäßiger Extraordinarius an der Universität Halle. 1943 nahm er einen Ruf auf ein Ordinariat an der Universität Münster an, zugleich war er Direktor des Mineralogisch-petrographischen Instituts dieser Universität. 1961 wurde er emeritiert.
Organisationen: 1933 Kyffhäuserbund, 1933 Stahlhelm, überführt in die SA, ausgeschieden 1935 wegen der Tätigkeit für den Luftschutz, 1933 Eintritt in den Reichsluftschutzbund dort Amtsträger, an der Universität Berlin Obmann des NS-Dozentenbundes, Aufnahme in die NSDAP am 1. Mai 1937 (Mitglied Nr. 5 377 060).
Quellen: UAH PA 14658 Seifert; DBE Bd. 9, S. 270.

Siedentop, Irmfried
(2. April 1902 Hohenwestedt (Schleswig-Holstein) – 1. November 1995 Vallendar)
Konfession: evangelisch
Vater: Pfarrer, Schuldirektor
Die Reifeprüfung legte Siedentop 1922 in Eisenach ab. Er studierte Naturwissenschaften, besonders Geographie an den Universitäten Hamburg, Jena, Frankfurt am Main und München. Hier promovierte er 1928 zum Dr. phil. Von 1928 bis 1934 war er Assistent am Geographischen Seminar der Universität Halle, und habilitierte sich 1931. Da er seit 1933 als Fachberater des Hauptamtes der Studentenschaft für Grenz- und Auslandsdeutschtum tätig war, erhielt er 1934 einen Lehrauftrag für Wirtschafts- und Verkehrsgeographie. Die Ernennung zum nichtbeamteten außerordentlichen Professor wurde 1937 vom Institutsleiter Otto Schlüter nicht befürwortet, daher suchte Siedentop 1938 um die Versetzung nach Graz nach. Das Wissenschaftsministerium entsprach dem Antrag nicht, auch eine Dozen-

tenbeihilfe wurde ihm 1939 nicht bewilligt. Daher trat Siedentop am 1. Juli 1939 zum Reichswetterdienst über. Am 1. September wurde er als Meteorologe zum Militärbeamten (Regierungsrat) auf Kriegsdauer ernannt. Unter anderem war Siedentop auf dem Fliegerhorst Westerland auf Sylt eingesetzt. 1940 entzog ihm das Wissenschaftsministerium die Lehrbefugnis. Eine Rückkehr an die Universität Halle wurde 1946 vom neuen Kurator Elchlepp abgelehnt. Nach 1945 war Siedentop Dozent für Wirtschaftsgeographie an der Staatlichen Ingenieurschule für Maschinenwesen in Hagen.
Organisationen: November 1933 bis März 1934 SA-Marinesturm. Aufnahme in die NSDAP am 1. Mai 1933 (Mitglied Nr. 2 757 034), 1934 Blockleiter, Ortsgruppenkulturwart. Ab Dezember 1934 Referent des NSLB für Geopolitik.
Quellen: UAH PA 14731 Siedentop; Rep. 6 Nr. 1407; Auskunft des Standesamtes Hohenwestedt.

Smekal, Adolf
(12. September 1895 Wien – 7. März 1959 Graz)
Konfession: evangelisch, später katholisch
Vater: Feldzeugmeister
Smekal besuchte Schulen in Brünn und Olmütz (Reifeprüfung 1912) Seit 1912 studierte Smekal Physik, Mathematik, Chemie, Astronomie und Pädagogik an der TH Wien und der Universität Graz, wo er 1917 zum Dr. phil. promoviert wurde. Seine Studien setzte er von 1917 bis 1919 in Berlin fort. 1919/20 war er Assistent am Institut für Experimentelle Physik an der TH Wien, 1920 habilitierte er sich für Physik an der Universität Wien, 1921 an der TH Wien. Hier erhielt er 1921 einen Lehrauftrag. 1927 wurde zum außerordentlichen Professor an der Universität Wien ernannt, 1928 nahm er einen Ruf an die Universität Halle als Ordinarius und Direktor des Instituts für Theoretische Physik an. Rufe nach Würzburg und München lehnte er ab. Trotz aller Anfeindungen des Nationalsozialistischen Dozentenbundes übernahm er ab 1938 zahlreiche Rüstungsaufträge, die mit seinem Arbeitsgebiet, der Kristallforschung, verbunden waren. So beriet er Firmen zur Herstellung von Plexiglas, die Widia-Abteilung von Krupp sowie Glas- und Zementhersteller. Im Reichsforschungsrat leitete er den Arbeitskreis Zerkleinerungsphysik. 1945 wurde Smekal mit dem »Abderhaldentransport« deportiert und in Abwesenheit von der Universität entlassen. 1946 entnazifiziert, vertrat er einen Lehrstuhl an der TH Darmstadt, ab 1949 wirkte er an der Universität Graz.
Organisationen: 1933/34 Mitglied der Deutschen Christen, Austritt. Aufnahme in die NSDAP im November 1937 (Mitglied Nr. 5 531 553), 1933 Förderndes Mitglied der SS, 1933 NSLB, 1934 NSBDT, NSV, Vereinsführer des Deutschen Alpenvereins in Halle.
Quellen: UAH PA 14785 Smekal; Rep. 6 Nr. 1407; DBE Bd. 9, S. 352.

Spöttel, Walter
(28. Mai 1892 Weißenfels – 4. Juli 1953 Halle)
Konfession: evangelisch
Vater: Reichsbahnoberinspektor
1910 legte Spöttel das Abitur an der Oberrealschule der Franckeschen Stiftungen ab. Von 1910 bis 1914 studierte er Naturwissenschaften an der Universität Halle, 1914 promovierte er zum Dr. phil. Von 1914 bis 1918 leistete er Kriegsdienst zunächst als Freiwilliger in einem Schallmesstrupp der Artillerie (ausgezeichnet mit dem Eisernen Kreuz II. Klasse). Später war er Beamtenstellvertreter. 1917 legte er das Staatsexamen für das höhere Lehramt für die Fächer Chemie, Physik, Zoologie und Botanik ab. 1918/19 war er Assistent an der Landwirtschaftlichen Kontrollstation Halle. Von 1919 bis 1932 hatte er eine Assistentenstelle am Tierzuchtinstitut der Universität Halle inne. Hier habilitierte er sich 1924. 1927/28 hielt er sich zu Forschungszwecken in der Schweiz auf. 1930 wurde er zum nichtbeamteten außerordentlichen Professor ernannt. Von 1932 bis 1934 nahm er einen Lehrauftrag an der Universität Halle wahr. Von 1934 bis 1939 wirkte er als ordentlicher Professor an der Universität Ankara, hier war er Direktor der Institute für Tierzucht und Molkereiwesen. 1939 vertrat er an der Universität Halle den Lehrstuhl für das Fach Tierernährung, 1940 wurde er zum beamteten außerordentlichen Professor ernannt. 1944 erhielt er das Kriegsverdienstkreuz 2. Klasse. Im Oktober 1945

verfügte die Provinzialregierung eine dreijährige »Bewährungsfrist« und Gehaltskürzung, am 31. Dezember 1945 wurde Spöttel entlassen. 1946 vom Antifa-Ausschuss für tragbar erklärt, arbeitete er im Tierzuchtinstitut weiter. 1946 erhielt Spöttel einen Forschungsauftrag durch die SMA (Zubereitung von Harzer Käse und Camembert). Aufgrund seines Buches über »Honig und Trockenmilch« (1950) betrieben auch die zentralen Stellen der DDR, insbesondere das Gesundheitsministerium, eine Wiederanstellung Spöttels an der Universität Halle. Zur Errichtung eines geplanten Instituts kam es jedoch nicht.
Organisationen: Eintritt in die NSDAP 1933 (Mitglied Nr. 2 255 249). 1946 SPD.
Quellen: UAH PA 14896 Spöttel; Auskunft Standesamt Weißenfels.

Stamm, Hellmuth
(7. September 1901 Eckertsberga – 7. Juni 1977 Essen)
Konfession: evangelisch
Vater: Amtsgerichtsrat
Stamm besuchte Schulen in Halle, 1919/20 war er Mitglied der Einwohnerwehr. 1920 legte er die Reifeprüfung am Stadtgymnasium ab. Von 1920 bis 1926 studierte er Chemie an der Universität Halle und promovierte 1926 zum Dr. rer. nat. 1925 wurde er Volontärassistent, 1927 außerplanmäßiger Assistent, 1935 planmäßiger Assistent im Chemischen Institut der Universität Halle. Hier habilitierte er sich 1937 für anorganische Chemie und erhielt 1938 den Dozentenstatus. Seit 1938 bearbeitete er Forschungsaufträge des Generalwaffenamtes. 1940 wurde seine Lehrbefugnis auf das Gesamtgebiet der Chemie ausgedehnt, 1941 erhielt er ein planmäßiges Extraordinariat. Mit dem »Abderhaldentransport« deportiert, entließ ihn die Universität Halle in Abwesenheit. Nach 1945 war er Laborleiter der Th. Goldschmidt AG Essen. Ab 1951 lehrte er zugleich als Gastprofessor an der Universität Münster anorganische und analytische Chemie, 1960 wurde er zum Honorarprofessor ernannt.
Organisationen: Eintritt in die SA im November 1933 (höchster Dienstgrad Rottenführer), NSDDB, NSBDT, Aufnahme in die NSDAP am 1. Mai 1937 (Mitglied Nr. 4 048 218), kommissarischer Hauptstellenleiter im Amt für Technik bei der Kreisleitung der NSDAP Halle.
Quellen: UAH PA 16176 Stamm; Rep. 6 Nr. 1407.

Stollenwerk, Wilhelm
(19. November 1891 Düsseldorf – 4. Juni 1952 Bonn)
Konfession: katholisch
Vater: Rektor
Nach dem Besuch von Schulen in Düsseldorf studierte Stollenwerk von 1912 bis 1914 an der Universität Freiburg Naturwissenschaften. Von 1914 bis 1916 leistete er Kriegsdienst und wurde verwundet (ausgezeichnet mit dem Eisernen Kreuz II. Klasse). 1917/18 setzte er das Studium in Bonn fort. 1919 war er Referendar an der Oberrealschule Remscheid, von 1919 bis 1921 Assistent an der Bergakademie Clausthal. Hier habilitierte er sich 1920 für Anorganische Chemie. Von 1924 bis 1928 hatte er eine Assistentenstelle an der Landwirtschaftlichen Hochschule Hohenheim, 1926 habilitierte er sich hier für Agrikulturchemie. Von 1928 bis 1941 lehrte der für die Industrie tätige nebenamtlich als Dozent in Bonn. 1941 siedelte Stollenwerk nach Merseburg über, wegen, so ist es in der Personalakte vermerkt, »der technischen Ausnutzung eines von ihm ausgearbeiteten wehrwirtschaftlich wichtigen Verfahrens in einem Reichswerk in Merseburg«. Gleichzeitig wurde er der Universität Halle als Dozent zugewiesen und als Assistent im Institut für Pflanzenernährung und Bodenbiologie beschäftigt. Ab 1943 war Stollenwerk Leiter des chemisch-technischen Laboratoriums der Ernährungswirtschaft im Generalgouvernement in Krakau. 1945 bot er seine Rückkehr nach Halle an, was jedoch wegen seiner Mitgliedschaft in der NSDAP abgelehnt wurde. 1947 wurde Stollenwerk zum außerordentlichen Professor der Universität Bonn ernannt.
Organisationen: 1933 Aufnahme in die NSDAP (Mitglied Nr. 3 144 196), NSV, RLB.
Quellen: UAH PA 16262 Stollenwerk; Rep. 6 Nr. 1407.

Studnitz, Gotthilft von
(3. Januar 1908 Kiel – 11. März 1994 Bad Schwartau)
Konfession: evangelisch-lutherisch
Vater: Kapitän zur See
Von Studnitz erhielt Privatunterricht und besuchte die Oberrealschule in Kiel. Dort bestand er 1926 die Reifeprüfung. Er studierte Zoologie, Botanik, Physiologie und Geologie an den Universitäten Kiel und Breslau, 1930 promovierte er an der Universität Kiel zum Dr. phil. Bis 1934 arbeitete er als Stipendiat der Notgemeinschaft, von 1934 bis 1936 als außerplanmäßiger Assistent am Zoologischen Institut der Universität Kiel. Hier habilitierte er sich 1935. 1936 kam er mit seinem Mentor von Buddenbrock-Hettersdorf an die Universität Halle und erhielt eine Assistentenstelle. Auf Antrag der Naturwissenschaftlichen Fakultät Halle wurde von Studnitz 1941 zum außerplanmäßigen Professor ernannt. 1941 erhielt er wegen seiner Arbeiten zum Farbensehen einen Forschungsauftrag der Farbenfabrik Wolfen (Entwicklung des Farbfilms). 1942 setzte ihn die Naturwissenschaftliche Fakultät auf Platz eins der Liste für den Lehrstuhl für Zoologie. Zu dieser Zeit bearbeitete von Studnitz bereits einen Forschungsauftrag des Oberkommandos der Marine, er unternahm Versuche zur Verbesserung der Dunkelanpassung und Reduzierung von Blendwirkungen. Um auch Forschungsergebnisse am Menschen vorweisen zu können, führte er Experimente an zum Tode Verurteilen im hallischen Zuchthaus durch. Nachdem er den Delinquenten eine ölige Flüssigkeit eingeflößt hatte – vermutlich Vitamin A oder andere Karotinoide – entnahm er die Augen der Hingerichteten und prüfte Veränderungen der Zapfensubstanz. Im Januar 1945 ernannte ihn Rektor Wagner zum Dekan der Naturwissenschaftlichen Fakultät. 1945 durch die Amerikaner deportiert, war von Studnitz kurze Zeit am Luftfahrtforschungsinstitut Farnborough (England) tätig. Nach 1945 wohnte von Studnitz in Bad Schwartau. In Zusammenarbeit mit der pharmazeutischen Industrie entwickelte er Medikamente zur Verbesserung der Hell-Dunkel-Adaption des Auges. Zugleich arbeitete er an den naturwissenschaftlichen Katalogen der Lübecker Stadtbibliothek, 1951 wurde er mit der Leitung der Volkshochschule der Hansestadt Lübeck betraut. Außerdem baute er ein Naturkundemuseum für die Stadt auf.
Organisationen: Stahlhelm, überführt in den NSDFB, NSV, NS-Studentenkampfhilfe, NSDDB, Aufnahme in die NSDAP am 1. Mai 1937 (Mitglied Nr. 4 041 051).
Quellen: UAH PA 15821 von Studnitz; Rep. 6 Nr. 1407; UAH Rep. 6 Nr. 2750; Viebig; Diehl.

Tänzer, Ernst
(18. Oktober 1891 Merseburg – 14. September 1933 Halle)
Konfession: evangelisch
Vater: Lehrer
Das Abitur legte Tänzer 1910 am Domgymnasium Merseburg ab. Von 1910 bis 1914 studierte er Mathematik und Naturwissenschaften an der Universität Halle. Im Ersten Weltkrieg leiste er freiwillig Dienst als Krankenpfleger. 1918/19 studierte er Medizin. 1920 promovierte Tänzer mit einer Arbeit über die Speicheldrüsenkerne einiger Dipterenlarven zum Dr. phil. 1919/20 war er Assistent an der agrikulturchemischen Kontrollstation der Landwirtschaftskammer Halle. 1920 erhielt er eine Assistentenstelle am Institut für Tierzucht und Molkereiwesen der Universität Halle. 1927 habilitierte er sich mit einer Arbeit über das Karakulschaf für angewandte Zoologie, Haustiermorphologie und Kleintierzucht. Tänzer starb an einer im Institut bei einem Unfall erlittenen Kopfverletzung.
Organisationen: -
Quellen: UAH PA 15830 Tänzer.

Threlfall, William
(25. Juni 1888 Dresden – 4. April 1949 Oberwolfach)
Konfession: evangelisch
Vater: Professor
Threlfall studierte von 1910 bis 1914 an den Universität Jena, Göttingen, Leipzig und »im Ausland«. Am Ersten Weltkrieg nahm der Sohn eines Engländers als Feldphotogrammeter auf deutscher Seite

teil. Bis 1927 wirkte Threlfall als Privatgelehrter und widmete sich auf seinem eigenem Gut der Landwirtschaft. 1926 promovierte er am der Universität Leipzig, 1927 habilitierte er sich für Mathematik an der TH Dresden. Dort wurde er 1933 zum außerordentlichen Professor ernannt. Da das sächsische Kultusministerium dem mittlerweile mit deutscher Staatsbürgerschaft ausgestatteten Threlfall Schwierigkeiten wegen seiner »Anglophilie« bereitete, trat er 1936 nach Halle über. 1938 vertrat er einen Lehrstuhl an der Universität Frankfurt am Main, wo er später zum Ordinarius ernannt wurde. Während des Zweiten Weltkrieges arbeitete er für die Luftforschungsanstalt Braunschweig. In Frankfurt wegen wehrkraftzersetzender Äußerungen denunziert, stellte die Gestapo die Ermittlungen wegen tadelloser Leumundszeugnisse 1943 ein. 1946 wurde er ordentlicher Professor der Universität Heidelberg.
Organisationen: Stahlhelm.
Quellen: UAH PA 15998 Threlfall; Rep. 6. Nr. 1407; DBE Bd. 10, S. 24; Heiber 1, S. 298 f.

Troll, Wilhelm
(3. November 1897 München – 28. Dezember 1978 Mainz)
Konfession: »christlich«, bis 1919 katholisch
Vater: Oberarzt
Troll besuchte Schulen in Wasserburg am Inn, Rosenheim und München. 1916 legte er das Abitur ab. Er leistete Kriegsdienst an der Westfront, wurde zum Leutnant befördert und mit dem Eisernen Kreuz II. Klasse und dem Militärverdienstkreuz mit Krone und Schwertern ausgezeichnet. Von 1918 bis 1922 studierte er Naturwissenschaften, vor allem Botanik an der Universität München. 1921 promovierte er mit einer Arbeit »Über Staubblatt und Griffelbewegungen und ihre teleologische Bedeutung«. 1922 bestand er die Prüfung für das höhere Lehramt. Von 1923 bis 1932 war Troll Assistent am Botanischen Institut der Universität München, hier habilitierte er sich 1925 mit einer Arbeit über »Die natürlichen Wälder im Gebiete des Isarvorlandgletschers. Der pflanzengeographische Typus einer nordalpinen Glaziallandschaft«. Troll befasste sich in der Folgezeit vor allem mit morphologischen Studien, seine zwischen 1937 und 1942 veröffentlichte vergleichende Morphologie der höheren Pflanzen verstand er als Kritik an einem mechanistischen und »richtungslosen« Verständnis der Evolutionstheorie. Von 1928 bis 1930 nahm er an der Sundaexpedition teil. 1931 wurde er zum nichtbeamteten außerordentlichen Professor ernannt, 1932 erhielt er einen Ruf an die Universität Halle als ordentlicher Professor der Botanik, zugleich leitete er das Botanische Institutes und den Botanischen Garten der Universität. 1943 erhielt er einen Forschungsauftrag über die Struktur von Fasern vom Zellwolle- und Kunstseide-Ring beim Reichsforschungsrat. 1945 mit dem »Abderhaldentransport« deportiert, gelang ihm die Rückkehr nicht, so dass er vorübergehend als Gymnasialdirektor in Kirchheimbolanden wirkte. 1946 nahm er einen Ruf als ordentlicher Professor und Leiter des Botanischen Gartens der Universität Mainz an.
Organisationen: 1933 Meldung zur NSDAP, 1934 Ablehnung der Aufnahme in die NSDAP durch die Ortsgruppe Halle-Moritzburg.
Quellen: UAH PA 16126 Troll; Rep. 6 Nr. 1407; Nickel.

Tubandt, Carl
(3. Dezember 1878 Halle – 17. Januar 1942 Berlin)
Konfession: evangelisch
Vater: Tischlermeister
Das Abitur legte Tubandt 1900 an der Oberrealschule der Franckeschen Stiftungen ab. Er studierte Naturwissenschaften an der Universität Halle und promovierte 1904 zum Dr. phil. Von 1903 bis 1908 war er Assistent am Chemischen Institut der Universität Halle. Hier habilitierte er sich 1907, 1908 arbeitete er für mehre Monate im Labor des Begründers der physikalische Chemie und späteren Nobelpreisträgers Walther Nernst. Im Oktober 1908 wurde er Abteilungsvorsteher am Chemischen Institut der Universität Halle und Leiter des von ihm aufgebauten Physikalisch-chemischen und elektrochemischen Laboratoriums. 1912 erhielt er den Professorentitel, 1915 wurde er zum planmäßigen außer-

ordentlichen Professor ernannt. 1921 erhielt er eine ordentlicher Professur. 1931 wurde er formal zum Direktor des von ihm geschaffenen Instituts für Physikalische Chemie an der Universität Halle bestellt. 1937 entließ ihn die Universität wegen seiner jüdischen Ehefrau auf Grund von § 6 des Berufsbeamtengesetzes. Zwei Jahre nach seinem Tod tötete sich Tubandts Ehefrau selbst, da sie in ein Konzentrationslager verbracht werden sollte.
Organisationen: 1934 Förderndes Mitglied der SS, NSV, 1935 RLB.
Quellen: UAH PA 16155 Tubandt; Rep. 6 Nr. 1407; Leopoldina-Archiv MM 3500 Tubandt; Gerstengarbe 1994.

Voigt, Ehrhard
(28. Juli 1905 Schönebeck/Elbe)
Konfession: evangelisch
Vater: Chemiker
Voigt besuchte Schulen in Gießen und Dessau, dort legte er 1924 die Abiturprüfung ab. Er studierte Geologie, Paläontologie, Mineralogie, Chemie, Zoologie an den Universitäten Halle und München. Als Volontärassistent folgte er seinem Mentor Johannes Weigelt nach Greifswald und Halle. 1929 promovierte er hier zum Dr. sc. nat. mit einer geologischen Arbeit. 1929 wurde er außerplanmäßiger Assistent am Geologisch-paläontologischen Institut der Universität Halle. Von 1930 bis 1934 leitete er die Grabungen im Geiseltal, dabei entwickelte er neue Bergungs- und Präparationsmethoden (»Lackfilmmethode«). 1934 absolvierte er Wehrsportlager und Dozentenakademie, habilitierte sich daher erst 1935 mit einer Arbeit über die Fische aus der mitteleozänen Braunkohle. 1936 wurde er zum Dozenten ernannt. Mehrfach auf Platz eins auf Berufungslisten genannt, wurde er 1939 zunächst vertretungsweise mit der Wahrnehmung des Lehrstuhles für Geologie und Paläontologie an der Universität Hamburg betraut. Wenig später zum planmäßigen außerordentlichen Professor ernannt, wurde er 1942 ordentlichen Professor. 1939 eingezogen, war er als Wehrmachtsgeologe tätig. Aus der Kriegsgefangenschaft kehrte er 1946 zurück und widmete sich dem Wiederaufbau des 1943 vollständig zerstörten Geologischen Institutes. 1969 wurde er Direktor des Geologischen Staatsinstitutes und 1970 emeritiert. Voigt lebt in Hamburg.
Organisationen: Aufnahme in die NSDAP am 1. Mai 1933, im November 1933 Eintritt in die SA.
Quellen: UAH PA 16472 Voigt; Rep. 6 Nr. 1407; Jürgen Ehlers, Das Geologische Institut der Hamburger Universität in den dreißiger Jahren. In: Krause, Huber, Fischer.

Vorländer, Daniel
(11. Juni 1867 Eupen – 8. Juni 1941 Halle)
Konfession: evangelisch-reformiert
Vater: Oberlehrer, später Fabrikdirektor
Nach der Reifeprüfung (1886) studierte Vorländer Naturwissenschaften, besonders Chemie an den Universitäten Kiel, München und Berlin. Zum Dr. phil. promovierte er 1890 an der Universität Halle. 1887/88 leistete er Militärdienst als Einjährig-Freiwilliger. 1891 wurde Vorländer Assistent am Chemischen Institut der Universität Halle, wo er sich 1896 habilitierte. 1897 wurde er zum Abteilungsvorsteher des Chemischen Institutes ernannt, 1902 erhielt er den Titel eines außerordentlichen Professors. 1908 ernannte ihn das preußische Kultusministerium zum ordentlichen Professor und Direktor des Chemischen Institutes der Universität Halle. Von 1914 bis 1917 leistete er Kriegsdienst als Hauptmann der Artillerie, später war er Stabsoffizier für den Gaskrieg bei den Armeeoberkommandos in Galizien und Frankreich (ausgezeichnet mit dem Eisernen Kreuz II. Klasse und dem Österreichischen Militärverdienstkreuz III. Klasse mit Kriegsdekoration). 1935 emeritiert, übernahm er 1939 die Führung eines wehrwirtschaftlichen Betriebes in Radeburg (Sachsen).
Organisationen: 1917/18 Hallescher Verband für die Erforschung der mitteldeutschen Bodenschätze und ihrer Verwertung.
Quellen: UAH PA 16523 Vorländer; Rep. 6 Nr. 1407; DBE Bd. 10, S. 255.

Walther, Johannes
(20. Juli 1860 Neustadt/Orla – 4. Mai 1937 Hofgastein (Österreich))
Konfession: evangelisch
Vater: Superintendent
Walther besuchte Schulen in Dernbach und Eisenach. Er studierte von 1879 bis 1882 Botanik, Zoologie und Philosophie an der Universität Jena. 1882 promovierte er zum Dr. phil. Walther setzte die Studien in Leipzig und München fort, vor allem widmete er sich den geologisch-paläontologischen Disziplinen. 1883 arbeitete er an der Zoologischen Station in Neapel, 1884 unternahm er eine Studienreise nach Nordafrika und Sizilien. 1886 habilitierte er sich an der Universität Jena für die Fächer Geologie und Paläontologie. Weitere Forschungsreisen führten ihn u. a. nach Ägypten, Griechenland, Schottland, Ostindien und Ceylon. 1890 zum außerordentlichen Professor ernannt, reiste er für längere Zeit nach Nordamerika, vor allem Arizona. 1894 wurde er zum ordentlichen Professor für Geologie und Paläontologie an der Universität Jena ernannt (Haeckel-Professur). In den folgenden Jahren reiste er zu Studienzwecken in den Ural, den Kaukasus und die turkmenische Wüste. 1906 nahm er einen Ruf an die Universität Halle an, zahlreiche andere Rufe lehnte er ab, wirkte jedoch 1913/14 als Gastprofessor in London. Während des Ersten Weltkrieges war er freiwilliger Helfer im Schreibdienst. 1927 nahm er eine Gastprofessur an der John Hopkins University Baltimore wahr. 1929 wurde er emeritiert. Walther verfasste 1908 eine Geschichte der Erde und des Lebens, zwischen 1919 und 1927 ein vierbändiges Werk zur Paläontologie. Außerdem initiierte er die Beschäftigung der Akademie der Naturforscher Leopoldina mit Goethe als Naturforscher. Er starb bei einem Kuraufenthalt.
Organisationen: 1917/18 Hallescher Verband für die Erforschung der mitteldeutschen Bodenschätze und ihrer Verwertung.
Quellen: UAH PA 16629 Walther.

Wangerin, Albert
(18. November 1844 Greifenberg (Pommern) – 25. Oktober 1933 Halle)
Konfession: evangelisch
Vater: nicht ermittelt
Wangerin studierte Mathematik und Physik an der Universität Halle. 1866 promovierte er an der Universität Königsberg zum Dr. phil. Danach war er als Lehrer an höheren Schulen in Posen und Berlin tätig. 1876 wurde er zum außerordentlicher Professor für Mathematik an der Universität Berlin ernannt. 1882 folgte er einem Ruf an die Universität Halle, wo er bis 1919 als ordentlicher Professor der Mathematik lehrte.
Organisationen: -
Quellen: UAH PA 16648 Wangerin; DBE Bd. 10, S. 330.

Weigelt, Johannes
(24. Juli 1890 Reppen bei Frankfurt/Oder – 22. April 1948 Klein-Gerau bei Darmstadt)
Konfession: evangelisch
Vater: Amtsgerichtsrat
Nach dem Besuch von Schulen in Halle und Blankenburg studierte Weigelt Naturwissenschaften (Zoologie, Botanik, Geologie, Paläontologie, Geographie, Physik, Chemie) und Vorgeschichte an der Universität Halle. 1913 wurde er Assistent am Geographischen Seminar der Universität, 1914 verfasste er eine geologisch-archäologische Arbeit über eine altsteinzeitliche Werkstätte, wurde formell aber erst im Dezember 1917 promoviert, da er sich mit dem Ausbruch des Krieges als Freiwilliger meldete. Rasch zum Gefreiten befördert, wurde Weigelt 1915 durch Granatsplitter schwer verwundet (ausgezeichnet mit dem Eisernen Kreuz II. Klasse). Er musste zweieinhalb Jahre im Lazarett verbringen. Nach der Genesung habilitierte er sich im Dezember 1918 mit einer geologisch-paläontologischen Arbeit. Er wurde Sammlungsassistent am Geologischen Institut der Universität Halle und führte geologische Erkundungen u. a. 1923/24 in Ungarn und Siebenbürgen, von 1924 bis 1926 in Texas, Louisiana, Oklahoma, 1928 in Schweden durch. 1924 in Halle zum außerordentlichen Professor ernannt,

erhielt er 1926 einen Lehrauftrag an der Universität Greifswald. 1928 wurde er als ordentlicher Professor für Geologie und Paläontologie an die Universität Greifswald berufen. 1929 erhielt er einen Ruf nach Halle als Nachfolger seines Mentors Johannes Walther und wurde Direktor des Geologisch-paläonthologischen Instituts. 1931 lehnte er einen Ruf an die Universität Hamburg ab. 1933 richtete er das Geiseltalmuseum (Museum für mitteldeutsche Erdgeschichte) ein. Von 1936 bis 1944 amtierte er als Rektor der Universität. Dabei trieb er die Umgestaltung der Universität voran, sein Ziel war eine »nationalsozialistische Gebrauchsuniversität«, die ihre Schwerpunkte einerseits in ideologischen Fächern und andererseits in rüstungsrelevanter Forschung haben sollte. Weigelt selbst arbeitete ab 1938 als geologischer Berater für die »Reichswerke Hermann Göring«. 1942 erhielt er das Kriegsverdienstkreuz 2. Klasse, später 1. Klasse und 1945 das Ritterkreuz zum Kriegsverdienskreuz. Nach dem Rektorwechsel 1945 wurde er zum Gaudozentenführer ernannt. 1945 mit dem »Abderhaldentransport« deportiert, wurde er in Abwesenheit von der Universität entlassen. In Hessen gegen eine Verwaltungsgebühr entnazifiziert, erhielt er jedoch keine Anstellung.
Organisationen: 1917/18 Hallescher Verband für die Erforschung der mitteldeutschen Bodenschätze und ihrer Verwertung, bis 1928 DNVP, im Mai 1933 Aufnahme in die NSDAP (Mitglied Nr. 2 255 659), SA Reserve II.
Quellen: UAH PA 16768 Weigelt; Leopoldina-Archiv 3736 Weigelt; DBE Bd. 10, S. 388.

Welte, Adolf
(15. Oktober 1901 Saal in Mainfranken – 10. Januar 1943 bei Stalingrad)
Konfession: katholisch
Vater: praktischer Arzt
Welte besuchte Schulen in Würzburg und Münnerstadt. 1919 trat er in eine Artillerieregiment ein, mit dem Ziel Offizier zu werden. 1920 demobilisiert, legte er im gleichen Jahr die Reifeprüfung ab. 1920/21 war er Angehöriger des Bundes Oberland (»Sturmfahne Würzburg«) und nahm an den Kämpfen in Oberschlesien teil. Danach studierte Welte Germanistik, Vorgeschichte, Geschichte, Geologie und Geographie an den Universitäten Würzburg, Berlin und Königsberg. 1923/24 fuhr er als Leichtmatrose auf einem Dampfer nach Westindien. 1925 promovierte er zum Dr. phil., 1926 legte er die Staatsprüfung für das höhere Lehramt ab. Im selben Jahr wurde Welte Assistent am Geographischen Institut der Universität Würzburg und habilitierte sich hier 1929 für Geographie. 1935 erhielt er einen Lehrauftrag für Wehrwissenschaften, vertrat den vakanten Lehrstuhl in Würzburg und wurde zum außerordentlichen Professor der Erdkunde ernannt. 1938 erhielt er einen Ruf an die Universität Halle und wurde hier ordentlicher Professor für Geographie. Seit 1934 in der neuen Wehrmacht ausgebildet, wurde Welte 1939 eingezogen. Er nahm am Frankreichfeldzug und am Krieg gegen die Sowjetunion teil (ausgezeichnet mit dem Eisernen Kreuz I. und II. Klasse). Im Kessel von Stalingrad eingeschlossen, wurde der Bataillonsadjutant von einer russischen Granate getroffen und auf dem Soldatenfriedhof Barbukin beigesetzt.
Organisationen: Bund Oberland, 1933 SA (Scharführer im Reitersturm Würzburg), Aufnahme in die NSDAP am 1. Mai 1933 (Mitglied Nr. 3 561 129), 1933 NSLB, 1934 NSV, RLB.
Quellen: UAH PA 16860 Welte, Rep. 6 Nr. 1407.

Wigger, Heinz
(30. März 1912 Oldenburg – 18. April 1996 Bremen)
Konfession: gottgläubig, früher evangelisch
Vater: Hauptlehrer
Die Abiturprüfung legte Wigger 1932 in Brake in Oldenburg ab. Er studierte Naturwissenschaften (Zoologie, Botanik, Chemie, Geographie) und Philosophie an den Universitäten Marburg, Kiel und Halle. 1937 promovierte er hier mit einer zoologischen Arbeit, von 1937 bis 1943 war er Assistent am Tierzuchtinstitut der Universität Halle. 1940 bis 1943 leistete er Kriegsdienst, vor allem an der Ostfront (ausgezeichnet mit dem Eisernen Kreuz II. Klasse und der Ostmedaille) 1943 wurde der an Gelenkrheumatismus Erkrankte uk. gestellt, um Gotthilft von Studnitz bei den Forschungsarbeiten für

das Oberkommando der Marine zu unterstützen. Von 1943 bis 1945 hatte er daher eine Assistentenstelle am Zoologischen Institut der Universität Halle inne. 1943 wurde er kumulativ für Zoologie habilitiert, auf Grund dreier vorgelegter Aufsätze und zweier Gemeinschaftsarbeiten. 1944 zum Dozenten ernannt, wurde Wigger im November 1944 zum Volkssturm eingezogen. Im Oktober 1945 entließ ihn die Universität. Weitere Angaben konnten nicht ermittelt werden.
Organisationen: Im Mai 1933 Eintritt in die SA, Aufnahme in die NSDAP am 1. Mai 1937 (Mitglied Nr. 5 069 517), 1944 NSDDB.
Quellen: UAH PA 17042 Wigger; Rep. 6 Nr. 1407; Auskunft des Standesamtes Oldenburg.

Witt, Max
(22. April 1899 Ammerswurth bei Meldorf (Dithmarschen) – 22. Dezember 1979 Neustadt am Rübenberge)
Konfession: evangelisch
Vater: Bauer
Die Abiturprüfung legte Witt 1917 ab. Von 1917 bis 1919 leistete er Kriegsdienst (letzter Dienstgrad: Unteroffizier, ausgezeichnet mit dem Eisernen Kreuz II. Klasse). 1919 begann er das Studium der Landwirtschaft an der Universität Rostock. 1920 diente er in einer Freikorpsformation und war an der Niederwerfung des kommunistischen Aufstandes im Ruhrgebiet beteiligt. Er setzte das Studium an der Universität Göttingen fort. 1922 wurde er Volontärassistent am Pflanzenbauinstitut der Universität Göttingen, 1923 bestand er das Examen als Diplomlandwirt und promovierte zum Dr. rer. pol. Später legte er Examina als Saatzuchtinspektor und Tierzuchtinspektor ab. 1923/24 war er Assistent am Tierzuchtinstitut Göttingen, 1925/26 Leiter der Lehrwirtschaft der Lüneburger Herdbuchgesellschaft, von 1927 bis 1929 Assistent am Tierzuchtinstitut Halle. Von 1930 bis 1938 leitete er die Melkerschule Bertkow (Mark). 1938 habilitierte sich Witt an der Universität Halle mit einer Arbeit über die Futterverwertung des schwarzbunten Tieflandrindes und erhielt eine Stelle als Referent für Tierzucht im Reichsernährungsministerium. 1939 wurde er Dozent, jedoch 1940 »für die Dauer des Krieges« von der Lehrverpflichtung beurlaubt. 1943 erhielt er das Ordinariat für Tierzuchtlehre an der Universität Jena. Nach 1945 war er Direktor des Max-Planck-Institutes in Mariensee über Neustadt am Rübenberge.
Organisationen: Am 1. Mai 1933 Aufnahme in die NSDAP (Mitglied Nr. 2 055 071), im Juni 1933 Eintritt in die SS (Oberscharführer im Rasse- und Siedlungshauptamt), Schulungsleiter der 42. SS-Standarte Berlin.
Quellen: UAH PA 17171 Witt; Rep. 6 Nr. 1407.

Woermann, Emil
(12. Dezember 1899 Hoberge bei Bielefeld – 15. September 1980 Göttingen)
Konfession: evangelisch
Vater: Bauer
Woermann besuchte nach Volksschule das Lehrerseminar Gütersloh. 1917 meldete er sich als Kriegsfreiwilliger. An der Westfront eingesetzt, erhielt er das Eiserne Kreuz II. Klasse. 1920 bestand er die Lehramtsprüfung, von 1920 bis 1922 arbeitete er als Buchhändler und legte 1921 die Reifeprüfung als Externer ab. Nach praktischer Tätigkeit in der Landwirtschaft studierte er Naturwissenschaften und Landwirtschaft in Münster, Berlin und Halle. Hier bestand er 1925 die Prüfung zum Diplomlandwirt und promovierte im selben Jahr mit einer Arbeit über die landwirtschaftlichen Betriebsverhältnisse in Ravensberg. Er wurde planmäßiger Assistent am Institut für Landwirtschaftliche Betriebslehre der Universität Halle, 1926 an dem neu eingerichteten Institut für Bodenkunde des Freistaates Danzig an der TH Danzig. Dort habilitierte er sich 1928 für das Fach Agrarökonomik mit einer Arbeit über die Ausgestaltung der Danzig-polnischen Zollunion. 1930 wurde er zum nichtbeamteten außerordentlichen Professor ernannt, 1931 erhielt er ein planmäßiges Extraordinariat für Betriebslehre an der TH Danzig. 1933 erhielt er einen Ruf nach Halle auf das Ordinariat für Landwirtschaftliche Betriebslehre. 1933 zum Prorektor ernannt, amtierte er nach der Erkrankung Hans Hahnes als Rektor. 1935 nach einem Votum des Lehrkörpers zum Rektor ernannt, trat er 1936 wegen anderer Verpflichtungen von dem Amt zurück. Für

das Reichslandwirtschaftsministerium entwickelte Woermann Autarkiekonzepte, ab 1938 war er in die Planung und Organisation der europäischen Großraumwirtschaft involviert. So stand er ab 1940 dem landwirtschaftlichen Beirat beim Mitteleuropäischen Wirtschaftstag vor. 1943 übernahm er nebenamtlich die Leitung des Instituts für Europäische Landbauforschung und Ernährungswirtschaft in Berlin. 1944 wurde Woermann wegen Verbindungen zu den Verschwörern des 20. Juli verhaftet und angeklagt, durch das Kriegsende jedoch nicht mehr vor Gericht gestellt. 1945 war er als Sachverständiger für Ernährungsfragen für die SMA tätig und wurde wieder in sein Lehramt eingesetzt. 1948 floh er in die britische Besatzungszone. Von 1948 bis 1968 war er Ordinarius und Direktor des Instituts für Landwirtschaftliche Betriebslehre an der Universität Göttingen. 1955/56 amtierte er als Rektor der Universität.
Organisationen: 1933 Eintritt in die SA, überführt in das NSKK, Eintritt in die NSDAP am 23. August 1937, ausgeschlossen 1944.
Quellen: UAH PA 17209 Woermann; DBE Bd. 10, S. 559; Auskunft BA Dahlwitz-Hoppegarten.

Wolf, Karl Lothar
(14. Februar 1901 Kirchheimbolanden – 3. Februar 1969 in Marienthal über Rockenhausen)
Konfession: ohne, bis 1926 evangelisch
Vater: Postbeamter
Den Besuch der Schule musste Wolf unterbrechen, um militärischen Hilfsdienst in den IG Farben-Werken Ludwigshafen zu leisten. Nach der bestandenen Reifeprüfung (1920) studierte er Mathematik, Physik und Chemie an den Universitäten Bonn, Gießen, Heidelberg und München. Er legte das Chemische Verbandsexamen ab und promovierte 1926 zum Dr. phil. mit einer Arbeit aus dem Gebiet der theoretischen Physik. Von 1925 bis 1927 war er Assistent am astrophysikalischen Observatorium im Einsteinturm Potsdam, von 1927 bis 1929 planmäßiger Assistent am Chemischen Institut der Universität Königsberg. Hier habilitierte er sich 1928. 1928/29 vertrat er den Lehrstuhl für Physikalische Chemie an der Universität Kiel, 1930 wurde er Abteilungsvorsteher am Institut für Physikalische Chemie an der TH Karlsruhe, im Oktober 1930 erhielt er einen Ruf nach Kiel und wurde zum persönlichen Ordinarius für Physikalische Chemie ernannt. 1933 lehnte er einen Ruf nach Karlsruhe ab. Seit 1934 lehrte er auch die Geschichte der Naturwissenschaften. Von 1933 bis 1935 amtierte er als Rektor der Kieler Universität. Dabei trieb er die nationalsozialistische Umgestaltung der Universität energisch voran und zerstörte zielstrebig die Karrieren ihm aus politischen Gründen suspekt erscheinender Gelehrter. Nach erheblichen Protesten im Lehrkörper der Universität wurde der, so sein Nachfolger im Amt Georg Dahm, »überaus streitsüchtige« Wolf abberufen und schließlich nach Würzburg strafversetzt. Eigentlicher Anlass für die Versetzung war die Liebesaffäre des verheirateten Wolf mit der Tochter eines Kollegen. 1937 wurde er auf Betreiben Karl Zieglers nach Halle versetzt. Zunächst vertrat er den Lehrstuhl für Physikalische Chemie, 1938 wurde er formell zum Inhaber des Lehrstuhles ernannt. Seit 1938 übernahm Wolf Rüstungsaufträge des Reichsamtes für Wirtschaftsausbau, vor allem widmete er sich der Entwicklung synthetischer Schmiermittel. 1942 erhielt er das Kriegsverdienstkreuz 2. Klasse. Ab 1943 war er neben seiner Tätigkeit an der Universität zugleich Direktor des Vierjahresplan-Institutes für Grenzflächenphysik. 1944 erhielt er für seine Forschungen über Fettaustauschstoffe das Kriegsverdienstkreuz 1. Klasse. 1945 wurde er mit dem »Abderhaldentransport« deportiert und in Abwesenheit von der Universität Halle entlassen. Nach der Entnazifizierung als Professor zur Wiederverwendung eingestuft, leitete er von 1948 bis 1954 das Gymnasium Kirchheimbolanden, ab 1955 baute er ein Laboratorium für Physik und Chemie der Grenzflächen in Kirchheimbolanden und Marienthal auf, das aus Spenden der Industrie und Zuwendungen der DFG finanziert und schließlich in die Fraunhofer-Gesellschaft überführt wurde. 1959 erhielt Wolf die formale Stellung eines emeritierten ordentlichen Professors der Physikalischen Chemie an der Universität Mainz.
Organisationen: Aufnahme in die NSDAP am 1. Mai 1933 (Mitglied Nr. 2 729 714), 1937 in Würzburg zeitweilig Zellenleiter, NSLB, NS-Dozentenbund.
Quellen: UAH PA 17240 Wolf, Rep. 6 Nr. 1407, Leopoldina-Archiv MM 4538 Wolf.

Wolff, Ferdinand von
(13. September 1874 Glogau – 7. April 1952 Halle)
Konfession: evangelisch
Vater: Oberst
Nach dem Besuch von Schulen in Metz, Koblenz und Weimar studierte von Wolff ab 1894 in Leipzig zunächst Studium der Rechtswissenschaft, dann Naturwissenschaften. Von 1895 bis 1899 studierte er Mineralogie und Geologie in Berlin, dort promovierte er 1899 zum Dr. phil. 1899/1900 war er wissenschaftlicher Hilfsarbeiter am Museum für Naturkunde in Berlin, ab 1900 Assistent am Mineralogischen Institut der Universität Berlin, wo er sich 1903 für Mineralogie und Petrographie habilitierte. 1907 wurde er zum ordentlichen Professor für Mineralogie und Geologie an der Technischen Hochschule Danzig berufen. Zu Beginn des Ersten Weltkrieges diente er im Johanniter-Orden (Verwundetentransport). Ab November 1914 wirkte er als Ordinarius für Mineralogie und Petrographie an der Universität Halle. 1915/16 leistete er Kriegsdienst im Landsturm, 1916/17 war er als Kriegsgeologe an der Westfront eingesetzt. 1919 wurde er Mitglied der Einwohnerwehr Halle und nahm am Kapp-Putsch teil. Im Zentrum seiner Forschungen standen der Vulkanismus und die Aufklärung von mineralischen Strukturen. 1939 emeritiert, vertrat er 1943 den Lehrstuhl erneut. 1945 wurde er wieder mit der Leitung des Mineralogischen Instituts beauftragt und 1946 zum Ordinarius ernannt.
Organisationen: 1917/18 Hallescher Verband für die Erforschung der mitteldeutschen Bodenschätze und ihrer Verwertung, DNVP von der Gründung bis zur Auflösung, 1923 Stahlhelm (überführt in den NSDFB), 1934 NSV, 1945 CDU. 1925 Vorsitzender des Halleschen Verbandes zur Erforschung der mitteldeutschen Bodenschätze und ihrer Verwertung. 1912 Ehren-, 1923 Rechtsritter des Johanniter-Ordens.
Autobiographie: Selbstbiographie des Mineralogen Prof. Dr. Ferdinand von Wolff in Halle (Saale), Nova Acta Leopoldina 1944.
Quellen: UAH PA 12162 von Wolff; Rep. 6. Nr. 1407; Leopoldina-Archiv MM 3376 von Wolff; DBE Bd. 10, S. 572; Autobiographie.

Ziegler, Karl
(26. November 1898 Helsa bei Kassel – 11. August 1973 Mülheim/Ruhr)
Konfession: evangelisch
Vater: Pfarrer
Ziegler besuchte Schulen in Kassel und Marburg. Von 1916 bis 1918 studierte er Chemie an der Universität Marburg. 1918/19 leistete er Kriegsdienst u. a. an der Westfront. Ab 1919 setzte er das Studium in Marburg fort, 1920 promovierte er zum Dr. phil. 1919 verwaltete er eine Assistentenstelle, von 1920 bis 1925 war er planmäßiger Assistent am Chemischen Institut der Universität Marburg und habilitierte sich hier 1923 mit einer Arbeit über dreiwertigen Kohlenstoff. 1925/26 nahm er einen Lehrauftrag an der Universität Frankfurt am Main wahr, von 1926 bis 1936 hatte er eine Assistentenstelle am Chemischen Institut der Universität Heidelberg inne, 1928 wurde er zum nichtbeamteten außerordentlichen Professor ernannt. 1936 wirkte er als Gastprofessor an der University of Chicago. Trotz heftiger Auseinandersetzungen Zieglers mit der NSDAP in Heidelberg sprach sich Rektor Woermann für den Wechsel des Chemikers nach Halle aus. Ab 1936 vertrat er den Lehrstuhl für Chemie an der Universität Halle, 1938 wurde er zum ordentlichen Professor berufen. Den Ausbau des Chemischen Instituts trieb er mit dem Reichsamt für Wirtschaftsausbau voran, auch später bestimmte die Rüstungsforschung das Profil des Instituts. 1940 erhielt Ziegler das Kriegsverdienstkreuz II. Klasse. Seit 1943 leitete er gleichzeitig das Kaiser-Wilhelm-Institut für Kohleforschung (später Max-Planck-Institut) in Mülheim/Ruhr. Dort wurde ihm vollkommene Freiheit bei der Wahl der Themen eingeräumt, so dass sich Ziegler der Erforschung von Verbindungen von Metallen und organischen Stoffen widmete. 1953 meldete er ein erstes Patent für einen metallorganischen Mischkatalysator an, für die geglückte Polymerisation von Äthylen bei Normaldruck erhielt er 1963 gemeinsam mit Giulio Natta den Nobelpreis. Ab 1948 lehrte Ziegler als Honorarprofessor an der TH Aachen, 1969 wurde er emeritiert.
Organisationen: NSV, Förderndes Mitglied der SS.
Quellen: DBE Bd. 10, S. 655. UAH PA 17435 Ziegler.

10. 6 Andere Biographien

Busch, Wilhelm
(19. Oktober 1899 Bitterfeld – ?)
Vater: Postassistent
Nach dem Besuch der Volksschule absolvierte Busch eine Lehre in einer Rechtsanwaltskanzlei. 1917 wurde er zum Heer eingezogen. Nach der Rückkehr wurde er Sekretär in der Landwirtschaftskammer. Von 1930 bis 1936 war Busch arbeitslos, unterbrochen 1934 durch eine kurze Tätigkeit bei der DAF und 1935 bei der Centralgenossenschaft und beim Bankhaus Lehmann. 1936 war er beim Deutschen Ring tätig. 1936 erhielt er eine Stelle in der Verwaltung der Universitätskliniken. Nachdem er eine Reinigungskraft sexuell belästigt hatte, wurde er 1944 aus politischen Motiven denunziert. Nach einem Verhör bei der Gestapo hob die Universität die Uk.-Stellung Buschs auf, da er sich an der Front »bewähren« sollte. 1945 aus der Gefangenschaft zurückgekehrt erhielt er 1946 die Stelle eines Universitätsinspektors. Ab 1950 war er in der Hauptverwaltung der Universität, u. a. als Rechnungsrevisor tätig. 1952 wurde Busch wegen zögerlicher Zustimmung zu einer politischen Erklärung entlassen.
Organisationen: 1920–1933 Deutscher Handlungsgehilfenverband, 1933-1945 DAF, 1942 NSV. Ab 1945 FDGB, 1945/46 SPD, danach SED, Vorstandsmitglied der Betriebsgruppe von 1945 bis 1949, 1950 Sechs-Wochen-Lehrgang Kreisparteischule Dölau.
Quellen: UAH PA 5103 Busch.

Ebel, Walter
(16. Februar 1902 Treuenbriezen –31. Januar 1942 bei Wjasma)
Konfession: evangelisch
Vater: städtischer Beamter
Ebel besuchte die Volksschule in Treuenbriezen und die Präparandenanstalt Joachimsthal. Von 1919 bis 1922 studierte er am Lehrerseminar Cottbus und 1923/24 an der Preußischen Hochschule für Leibesübungen in Spandau. 1925/26 war er Turn- und Sportlehrer an der Hochschule für Leibesübungen Spandau, das Reifezeugnis legte er 1927 ab. Von 1926 bis 1931 studierte er Leibesübungen, Geschichte und Germanistik an der Universität Frankfurt am Main. Von 1926 bis 1934 war er dort Assistent, zugleich nahm er als Zehnkämpfer an Meisterschaften teil. 1934 promovierte Ebel zum Dr. phil. 1934/35 war er Assistent am Hochschulinstitut für Leibesübungen Berlin, ab 1935 Oberassistent am Hochschulinstitut für Leibesübungen Halle. 1936 wurde er zum Leiter des Institutes ernannt, 1938 erhielt er den Titel Regierungsrat. Seit 1937 absolvierte er militärische Übungen, im Mai 1939 wurde er zur Wehrmacht eingezogen. Im selben Jahr trat er eine Stelle beim Hochschulinstitut für Leibesübungen Berlin an behielt aber die Leitung des hallischen Instituts bei. Am Polenfeldzug nahm er als Gefreiter teil, im Frankreichfeldzug wurde er mit dem Eisernen Kreuz II. Klasse ausgezeichnet und zum Leutnant befördert. Ebel starb auf dem Ostfeldzug in einem Feldlazarett an einem Kopfschuss, der ihm am 24. Januar 1942 beigebracht wurde. Er wurde postum zum Oberregierungsrat befördert.
Organisationen: SA, 1933 Eintritt in die NSDAP (Mitglied Nr. 1 821 813), RLB, NSV.
Quellen: UAH PA 5610 Ebel; Rep. 6 Nr. 1407.

Eggeling, Joachim Albrecht
(30. November 1884 Blankenburg – 15. April 1945 Halle (Selbsttötung))
Der Sohn eines Landwirtes besuchte Bürgerschule und Gymnasium in Blankenburg. Von 1898 bis 1904 wurde Eggeling in den Kadettenanstalten Oranienstein und Groß-Lichterfelde ausgebildet. Anschließend diente er als Leutnant im Hannoverschen Jäger-Bataillon Nr. 10, 1913 wechselte er zu einer Maschinengewehrabteilung. Während des Ersten Weltkrieges führte er als Hauptmann eine Maschinengewehrabteilung und wurde mit dem Eisernen Kreuz I. und II. Klasse, dem Oldenburgischen Friedrich-August-Kreuz I. und II. Klasse sowie dem Österreichischen Militärverdienstkreuz mit Kriegsdekoration ausgezeichnet. Nach dem Abschied vom Heer studierte er Landwirtschaft an der Universität Halle und arbeitete in verschiedenen landwirtschaftlichen Betrieben. 1922 übernahm er die

Leitung der Domäne Frose in Anhalt. 1925 trat er in die NSDAP ein (Mitglied Nr. 11 579). Seit 1926 beriet er den anhaltischen Gauleiter Wilhelm Friedrich Loeper in Landwirtschaftsfragen, ab 1930 baute er den agrarpolitischen Apparat der NSDAP im Gau Magdeburg-Anhalt auf. 1933 wurde er zum anhaltischen Staatsrat und zum Landesbauernführer für die Provinz Sachsen und Anhalt ernannt. Nach dem Tod Loepers wurde er mit der Geschäftsführung des Gaues Magdeburg-Anhalt betraut. 1936 trat er in die SS ein und erhielt den Rang eines Brigadeführers. 1937 wurde er als Nachfolger Rudolf Jordans zum Gauleiter Halle-Merseburg ernannt. Zur Universität, besonders zu ihrem Rektor Johannes Weigelt, hatte Eggeling ein ausgezeichnetes Verhältnis, Weigelt bezeichnete ihn mehrfach als den »getreuen Ekkehard« der Universität. 1942 wurde Eggeling auch Reichsverteidigungskommissar. Nach der Teilung der Provinz Sachsen ernannte ihn der preußische Ministerpräsident Hermann Göring zum Oberpräsidenten der Provinz Halle-Merseburg. Unmittelbar vor dem Einmarsch der amerikanischen Truppen tötete sich Eggeling durch einen Schuss in den Kopf selbst.
Quellen: Karl Höffkes, Hitlers politische Generale – Die Gauleiter des Dritten Reiches, Tübingen 1997, S. 58 ff.; UAH Rep. 4 Nr. 170.

Elchlepp, Friedrich
(18. März 1897 Stendal – ?)
Als Schüler meldete sich Elchlepp 1914 freiwillig zu Kriegsdienst. Er wurde in einem Flak-Regiment eingesetzt, mit dem Eisernen Kreuz II. Klasse ausgezeichnet und zum Leutnant befördert. Er studierte Geschichte und Germanistik an der Universität Halle, 1922 legte er das Staatsexamen ab. 1922/23 war er Studienreferendar an den Franckeschen Stiftungen. Von 1923 bis 1929 leitete er die Hartsteinwerke Heyrothsberge, 1929/30 war er Studienassessor an der Oberschule Oschersleben. 1930 bekam er die Stelle des 2. Direktors der Strafanstalt Wolfenbüttel, 1931 wurde er Lehrer an der Polizeiberufsschule Berlin. Dort 1933 aus politischen Gründen entlassen, eröffnete er ein Kinderheim in Bad Suderode, das er bis zum Ende des Krieges leitete. Nach dem Einmarsch der Roten Armee wurde Elchlepp zum Landrat von Quedlinburg ernannt. Im Dezember 1945 übertrug ihm die Landesregierung die Stelle des Kurators der Martin-Luther-Universität, um die »antifaschistische« Säuberung der Universität voranzutreiben. Elchlepp füllte das Amt in der vorgegebenen Weise aus, führte jedoch die Wirtschaftsbetriebe der Universität unglücklich. 1948 verschaffte er sich den Dr.-Titel. Nach Korruptionsvorwürfen von dem Amt entbunden, wurde er jedoch zum Hauptabteilungsleiter für Unterricht und Erziehung im Volksbildungsministerium des Landes Sachsen-Anhalt ernannt. 1950 inhaftiert, rehabilitierte ihn die Zentrale Parteikontrollkommission der SED wenig später. 1951 wurde er Sachbearbeiter in einem Bau- und Planungsbetrieb, 1953 stellte ihn die Universität als Lehrer für Deutsch und Geschichte an der Arbeiter-und-Bauern-Fakultät ein. Ab August 1953 leitete er die Oberschule Waldsieversdorf im Bezirk Frankfurt/Oder.
Organisationen: 1920 bis 1933 SPD, 1945 Eintritt in die KPD, überführt in die SED.
Quelle: UAH PA 824 Elchlepp.

Fischer-Lamberg, Otto
(3. Januar 1886 Mitau – 25. November 1963 Halle)
Konfession: evangelisch
Vater: Professor an der Kriegsakademie
Fischer besuchte Schulen in Berlin und Charlottenburg, 1904 legte er die Abiturprüfung ab. Er studierte an der Hochschule für die bildenden Künste Berlin-Charlottenburg, der Königlichen Kunstschule Berlin und der Hochschule für bildende Kunst Weimar. 1907 legte er die Zeichenlehrerprüfung für höhere Schüler ab. Von 1912 bis 1945 war er Akademischer Zeichner der Universität Halle. In Ersten Weltkrieg war er bei den Luftschifftruppen eingesetzt (ausgezeichnet mit dem Eisernen Kreuz I. und II. Klasse). 1941 einberufen, diente er als Hauptmann in verschiedenen Militärverwaltungen, ab 1944 war er Major in einem Luftgaukommando. 1945 wurde er von der Universität entlassen.
Organisationen: bis 1930 DNVP. Ab 1. Mai 1933 NSDAP (Mitglied Nr. 3 065 263), 1946 CDU.
Quellen: UAH PA 6093 Fischer-Lamberg, Rep. 6 Nr. 1407.

Gericke, Wolfgang
(28. März 1914 Fürstenwalde – ?)
Konfession: evangelisch-lutherisch
Vater: Mittelschullehrer
Die Reifeprüfung legte Gericke 1932 in Finsterwalde ab, Ergänzungsprüfungen für Hebräisch und Griechisch folgten in Halle. Er studierte Theologie an den Universitäten Halle, Bonn und wieder Halle. 1936 legte er die erste theologische Prüfung ab. 1937 wurde er zum Wehrdienst eingezogen und war bis 1945 Soldat. In einer Nachrichteneinheit eingesetzt, diente er auf allen Kriegsschauplätzen und wurde mit dem Kriegsverdienstkreuz 2. Klasse ausgezeichnet. 1939 promovierte er zum Dr. theol. 1940 legte er das zweites theologische Examen ab. 1942 habilitierte er sich mit einer Arbeit zur Kirchengeschichte. Den Auseinandersetzungen in der Theologischen Fakultät geschuldet, wurde er nicht zum Dozenten ernannt. Nach Rückkehr aus der Kriegsgefangenschaft erhielt er 1946 eine Pfarrstelle in Laucha. Ab 1946 nahm er einen Lehrauftrag für Kirchengeschichte an der Universität Halle wahr. Nach heftigen Auseinandersetzungen in der Theologischen Fakultät kündigte Gericke 1950 und wurde Pfarrer in Finsterwalde.
Organisationen: 1933 bis 1937 SA.
Quelle: UAH PA 6605 Gericke.

Grasshoff, Kurt
(geb. 4. März 1911 Jena – ?)
Konfession: evangelisch
Vater: Lokführer
Die Reifeprüfung legte Grasshoff 1930 in Zeitz ab. Er studierte Erdkunde, Deutsch und Leibesübungen an den Universitäten Leipzig, Innsbruck und Halle, gleichzeitig nahm er an Wettkämpfen teil, u. a. wurde er Deutscher Meister im Hürdenlauf. 1937 legte er das wissenschaftliche Staatsexamen ab und absolvierte die Reichsakademie für Leibesübungen, Turn- und Sportlehrerprüfung. 1938 wurde er Hilfsassistent am Institut für Leibesübungen an der Universität Halle, wenig später Assessor in Salzwedel. 1940 bestand er das pädagogische Staatsexamen. Von 1940 bis 1946 war er wissenschaftlicher Assistent am Institut für Leibesübungen an der Universität Halle, 1943 wurde er zum Studienrat ernannt. 1940 diente er als Soldat bei einer Luftwaffenbaukompanie, 1942 als Soldat bei einer Luftwaffenbauersatzabteilung. Von 1943 bis 1945 war er Unteroffizier bei der Heimatflak. Im Januar 1946 von der Universität entlassen, wurde Grasshoff im April 1946 für politisch tragbar erklärt und erhielt eine Stelle als Lehrer an einer Schule in Bitterfeld. 1949 wurde er Lehrer an einer Schule in Halle. Zugleich war er Trainer der HSG Wissenschaft und Angehöriger des Trainerrates der DDR. 1953 erhielt er einen Lehrauftrag für Leichtathletik am Institut für Körpererziehung an der Universität Halle.
Organisationen: 1935 HJ, 1937 NSDAP, 1945 FDGB, 1945 LDP, 1949 FDJ, 1950 DSF.
Quellen: UAH PA 6862 Grasshoff.

Grimm, Wilhelm
(31. März 1913 Lübeck – 1942 in Russland)
Im Sommersemester 1932 begann Grimm das Studium der Theologie in Halle und trat in den NSDStB und in die NSDAP ein. Ab dem Sommersemester 1933 war er Stellvertreter des Amtsleiters Wissenschaft der Studentenschaft. Im Dezember 1936 wurde er zum Gaustudentenführer und Studentenführer der Universität Halle ernannt. 1938 gab er das Amt wieder an seinen Vorgänger Alfred Detering ab, blieb jedoch als Leiter des Gauarchives Parteifunktionär. 1940 eingezogen nahm er am Balkanfeldzug teil und fiel später an der Ostfront.
Organisationen: Eintritt in die NSDAP und den NSDStB am 1. April 1932.
Quellen: StaWü RSF I*00g 254; Erwähnungen in den Akten der Universität.

Hagedorn, Karl
(2. Mai 1914 Großbartloff – ?)
Hagedorn besuchte Schulen in Großbartloff, Verdroft (Niederlande) und Heiligenstadt, dort legte er 1933 die Reifeprüfung ab. Er absolvierte ein freiwilliges Werkhalbjahr und studierte Geschichte, Leibesübungen, Erdkunde und Latein an der Universität Halle. 1935 bestand er die Turn- und Sportlehrerprüfung und wurde Hilfsassistent am Institut für Leibesübungen der Universität Halle. 1939 bestand er die wissenschaftliche Prüfung für das Lehramt an höheren Schulen. 1939 eingezogen, nahm er an den Kämpfen in Holland und Belgien teil. Durch einen Lungenschuss verwundet, bereitete er sich nach der Genesung für das Lehramt vor. 1941 legte er die pädagogische Prüfung ab. 1942 wurde er wissenschaftlicher Assistent und kommissarischer Leiter des Instituts für Leibesübungen an der Universität Halle. Im November 1945 verließ er Halle.
Quelle: UAH PA 7198 Hagedorn.

Hattenhauer, Hermann
(21. März 1906 Nordhausen – ?)
Nach der Mittelschule absolvierte Hattenhauer eine Lehre als Maschinenschlosser. Von 1924 bis 1929 arbeitete er als Schlosser in Nordhausen und Berlin. Von Dezember 1929 bis Juli 1933 arbeitslos, war er von 1933 bis 1937 Lagerarbeiter in der Verwertungsstelle Nordhausen der Reichsmonopolverwaltung für Branntwein. Dort war er auch Vertrauensrat. 1937 wurde er als Hausinspektor bzw. Hausmeister an der Universität Halle angestellt und erhielt Beamtenstatus. 1944 wurde er Beamter auf Lebenszeit. Von 1939 bis 1945 leistete er Kriegsdienst als Leutnant. Nach der Rückkehr aus der Kriegsgefangenschaft wurde Hattenhauer im August 1945 von der Universität entlassen.
Organisationen: 1926/27 NDSAP (Mitglied Nr. 59 640), ab März 1931 erneut NSDAP. 1930 Eintritt in die SA, nach Lehrgängen befördert zum Obertruppführer.
Quelle: UAH PA 7356 Hattenhauer.

Heubach, Eva
(25. Oktober 1909 Brattendorf bei Hildburghausen – ?)
Heubach besuchte das Lyzeum und eine Frauenschule. Danach absolvierte sie eine Ausbildung zur medizinisch-technischen Assistentin (Examen 1929). 1930 wurde sie Röntgenassistentin bei der AOK Halle, 1931 technische Assistentin in der medizinischen Universitätspoliklinik. Im August 1945 wurde sie entlassen.
Organisationen: 1930 Eintritt in die NSDAP, 1932 Förderndes Mitglied der SS.
Quelle: UAH PA 7841 Heubach.

Jordan, Rudolf
(21. Juni 1902 Großlüder Kreis Fulda – nach 1984 München)
Der Sohn eines Kaufmannes und Kleinbauern leistete nach dem Besuch der Volksschule freiwilligen Arbeitseinsatz in Rüstungsbetrieben. Außerdem schloss er sich der katholischen Jugendbewegung (Bund Neudeutschland) an. Von 1918 bis 1924 besuchte er die Präparandenanstalt und das Lehrerseminar Fulda. 1920 war er Zeitfreiwilliger, 1921 trat er dem Bund Oberland bei. Nach dem Examen als Volksschullehrer arbeitete Jordan bei Verlagen und in der Werbebranche. 1925 trat er in die NSDAP ein (Mitglied Nr. 4 871). 1927 wurde er Lehrer an der Heeresfachschule für Wirtschaft Fulda sowie an der Fuldaer Berufsschule. 1929 wurde er in die Stadtverordnetenversammlung Fulda und den Provinziallandtag Hessen-Nassau gewählt. Wegen seiner politischen Aktivitäten musste er aus dem Schuldienst ausscheiden. 1929 gründete er den Fuldaer Beobachter, 1930 wurde er Chefredakteur der Wochenzeitung »Der Sturm« in Kassel. 1931 ernannte ihn Adolf Hitler zum Gauleiter von Halle-Merseburg. 1932 wurde er in den Provinziallandtag und den preußischen Landtag gewählt. 1933 erhielt er den Titel Staatsrat und wurde zum SA-Gruppenführer ernannt. 1935/36 opponierte er massiv gegen Pläne, die Universität Halle zu schließen. 1937 wechselte er als Gauleiter nach Magdeburg-Anhalt, zugleich wurde er Reichsstatthalter für Braunschweig und Anhalt. Ab 1939 war er Reichsver-

teidigungskommissar für den Wehrkreis XI (Hannover), ab 1942, nach der Neuordnung der Reichsverteidigungsbezirke, für den Gau Magdeburg-Anhalt. Nach der Teilung der Provinz Sachsen ernannte ihn der preußische Ministerpräsident Hermann Göring zum Oberpräsidenten der Provinz Magdeburg. Im Mai 1945 floh er in amerikanisches Besatzungsgebiet, wurde verhaftet und im Juli 1945 an die sowjetischen Behörden ausgeliefert. Durch verschiedene Gefängnisse in der SBZ geschleust, wurde er 1949 nach Moskau gebracht und 1950 zu 25 Jahren Strafarbeit verurteilt. 1955 entlassen, war er in Westdeutschland als Handels- und Verlagsvertreter, schließlich als Sachbearbeiter in der Flugzeugindustrie tätig.
Autobiographie: Rudolf Jordan, Erlebt und erlitten – Weg eines Gauleiters von München bis Moskau, Leoni am Starnberger See 1971.
Quellen: Höffkes, S. 166 ff.; Autobiographie.

Klostermann, Max
(20. Juni 1868 Deutz am Rhein – 18. Oktober 1967 Friedrichroda)
Konfession: evangelisch
Vater: Zollrat
Nach dem Abitur absolvierte Klostermann eine Apothekerlehre. 1892/93 studierte er an der Universität Marburg Pharmazie und legte die Staatsprüfung ab. 1894/95 leistete er Militärdienst als einjährigfreiwilliger Apotheker. Von 1895 bis 1897 studierte Klostermann Chemie in Marburg und promovierte zum Dr. phil. 1897 wurde er Hilfsassistent am Hygienischen Institut der Universität Halle, 1901 erhielt er die Approbation als Lebensmittelchemiker und wurde Leiter des Chemischen Untersuchungsamtes des Instituts. 1917 erhielt er den Professorentitel, 1929 wurde er zum Oberassistenten ernannt und 1933 in den Ruhestand versetzt.
Organisationen: DNVP
Quelle: UAH PA 8994 Klostermann.

Kownick, Gertrud
(27. Januar 1908 Bad Lauchstädt – ?)
Kownick besuchte Schulen bis 1922, danach war sie in der Kinderpflege tätig. 1928 absolvierte sie eine Ausbildung zur Kontoristin und arbeitete in diesem Beruf. Von 1930 bis 1934 war sie arbeitslos, in dieser Zeit aber als Stenotypistin aushilfsweise bei der NSDAP-Gauleitung und im NSDAP-Verlag »Der Kampf« beschäftigt. 1934 wurde sie Lernpflegerin in einer Heil- und Pflegeanstalt. Von 1935 bis 1937 arbeitete sie als Stationsmädchen in der Chirurgischen Universitätspoliklinik, danach als Kanzlistin in der Verwaltung der Universitätskliniken. 1939 erhielt sie Beamtenstatus. 1945 wurde sie wegen mehrerer Denunziationen (u. a. des Verwaltungsangestellten Wilhelm Busch) entlassen.
Organisationen: 1930 Eintritt in die NSDAP (Mitglied Nr. 337 873), 1932/33 Blockleiterin in Halle-Glaucha, 1944 Blockleiterin in der Ortsgruppe Franckeplatz.
Quelle: UAH PA 9336 Kownick.

Krefft, Siegfried
(6. April 1916 in Bobau/Westpreußen – 16. Oktober 1981 Fürstenfeldbruck)
Konfession: evangelisch
Vater: Angestellter
Da Kreffts Eltern, die nach dem Frieden von Versailles ihre Heimat verlassen mussten, verarmten, absolvierte Krefft nach dem Abitur zunächst eine kaufmännische Lehre. Ab 1939 studierte er Medizin in Berlin. 1941 zum Wehrdienst eingezogen, wurde er 1943 zur Fortsetzung des Studiums nach Leipzig, 1944 in eine Studentenkompanie nach Halle kommandiert. Er war als Hilfskraft im Institut für Gerichtliche und soziale Medizin bei Gerhard Schrader tätig und begann 1944 mit der Arbeit an einer Dissertation. Die Approbation erhielt er am 12. April 1945, promoviert wurde er am 8. April 1946 in Halle mit der Arbeit »Über die Genese der Halsmuskelblutungen beim Tod durch Erhängen«. 1948 bestand er das Amtsarztexamen in Berlin, 1950 habilitierte er sich an der Universität Leipzig mit einer

Arbeit über morphologische, chemische und physikalische Untersuchungen an Leichenhaaren. 1954 wurde er Professor mit Lehrauftrag in Leipzig, 1956 dort Ordinarius und Direktor des Institutes für Gerichtliche Medizin und Kriminalistik. 1958 beurlaubt, wurde er nach Einsicht in seine Dissertation fristlos entlassen. Nach der Übersiedlung nach Westdeutschland trat er 1961 in die Bundeswehr als Oberstabsarzt ein. 1964 wurde er Leiter der Abteilung Flugunfallmedizin am Flugmedizinischen Institut der Luftwaffe in Fürstenfeldbruck und 1976 in den Ruhestand versetzt. 1973 erhielt er das Verdienstkreuz 1. Klasse des Verdienstordens der Bundesrepublik Deutschland.
Organisationen: 1930 HJ (Träger des goldenen HJ-Abzeichens), NSFK.
Quellen: UAH PA 9443 Krefft; Mallach.

Lemp, August
(7. August 1894 Kalkofen (Pfalz) – 17. August 1960 Halle)
Nach dem Besuch der Schule absolvierte Lemp eine Maschinenschlosserlehre. Von 1914 bis 1918 leistete er Kriegsdienst als Unteroffizier und wurde mehrfach dekoriert. Nach dem Krieg arbeitete er als Monteur, von 1923 bis 1931 war er Schlosser in den Leuna-Werken, von 1931 bis 1933 arbeitslos. 1934 fand er eine Anstellung als Heizer im Tierzuchtinstitut und wurde zum Institutsgehilfen befördert. Er wurde 1942 verbeamtet. 1945 entlassen, wurde er wegen »Unentbehrlichkeit« wieder eingestellt. 1946 stufte ihn die Universität zum Hofarbeiter herab, wenig später wurde er zum Hausmeister befördert. Am 12. Februar 1954 wurde er verhaftet und zu einer Strafe von 1 1/2 Jahren auf Grund der Kontrollratsdirektive 38 verurteilt. 1955 wegen guter Arbeitsleistung vorfristig entlassen, stellte ihn das Tierzuchtinstitut als Landarbeiter wieder ein. 1956 wurde er Heizer, später betreute er die Skelettsammlung.
Organisationen: 1908 bis 1914 und 1919 bis 1933 Metallarbeiterverband. Im März 1932 Eintritt in die NSDAP (Mitglied 975 321), 1936 bis 1944 Blockleiter, 1944/45 vertretungsweise Leitung der NSDAP-Ortsgruppe Halle-Steintor, 1933 bis 1936 SA, 1933 bis 1945 DAF. 1945 FDGB, SPD, überführt in die SED, 1947 bis 1954 Parteiorganisator, 1950 bis 1954 DSF.
Quelle: UAH PA 10016 Lemp.

Lübeck, Elisabeth
(24. Mai 1904 Halle – nach 1964)
Lübeck wurde vorzeitig aus der Volksschule entlassen. 1924 heiratete sie und brachte vier Kinder zur Welt. 1934 schuldlos geschieden, fand sie eine Anstellung als Waschmädchen in den Universitätskliniken. Später wurde sie mit der Wäscheausgabe betraut. 1939 verbeamtet, begann sie eine Ausbildung zur Stenotypistin. 1945 wurde sie entlassen.
Organisationen: 1927 Eintritt in die NSDAP (Mitglied Nr. 72 803), Austritt wegen der Unmöglichkeit Mitgliedsbeiträge aufzubringen. 1930 Wiedereintritt. Hilfsstellenleiterin der NSV.
Quelle: UAH PA 10313 Lübeck

Lüddecke, Theodor
(17. November 1900 Gnadau – ?)
Konfession: evangelisch
Vater: Landwirt
Nach dem Besuch des Realgymnasiums in Schönebeck erhielt Lüddecke 1918 eine militärische Ausbildung. 1919 demobilisiert, trat er in das Freicorps Oberland ein und nahm an den Kämpfen am Annaberg teil (ausgezeichnet mit dem Schlesischen Adler). Er studierte vor allem Staats- und Wirtschaftswissenschaften an den Universitäten Halle, Berlin, Innsbruck und wieder Halle, 1922 promovierte er zum Dr. rer. pol. Ab 1923 reiste er durch die USA und Mexiko, hier arbeitete er als Bergmann, Sprengtechniker in Silberminen, Zeitungsredakteur und war in der Propagandaabteilung einer Bank angestellt. 1928 wurde er Assistent am Institut für Zeitungswesen an der Universität Halle und 1934 mit der Leitung des Instituts beauftragt. 1939 eingezogen, war er während des Zweiten Weltkrieges als Chefredakteur der ukrainischen Propagandazeitung »Ukrainska Semlja« tätig. 1945 wurde er in Abwesenheit von der Universität entlassen.

Organisationen: NSDAP (Mitglied Nr. 233 183), ab 1930 Wahlredner, ab 1933 Schulungswart in SA-Führerschulen, ab 1934 Kreisredner der NSDAP und Redner der DAF.
Quellen: UAH PA 10318 Lüddecke; Rep. 6 Nr. 1407.

Maaß, Berthold
(22. August 1884 Hamburg – ?)
Nach dem Studium der Rechtswissenschaften absolvierte Maaß Militärdienst und Referendariat und trat in den hamburgischen Staatsdienst ein. Hier wurde er vom Assessor zum Regierungsrat und schließlich zum Oberregierungsrat befördert. Ab 1. Oktober 1935 fungierte er als stellvertretender Kurator der Universität Halle, ab 1. Dezember 1936 als regulär bestallter Kurator. 1937/38 bei der Installierung der Schirmherrschaft Rosenbergs über die Universität übergangen, nutzte Rektor Johannes Weigelt die Nichtteilnahme an einer Feier aus, um den überaus unbeliebten Maaß für politisch »untragbar« zu erklären und seine Abschiebung zu veranlassen. In den Akten der Universität taucht Maaß als Kurator ab 1939 nicht mehr auf. Im Juli 1943 wurde Maaß per Erlass des Reichsministeriums des Inneren an das Regierungspräsidium Lüneburg versetzt, wohin auch seine Personalakte geschickt wurde. Vermutlich später in der Behörde des Reichsverteidigungskommissars Halle-Merseburg beschäftigt, war er 1945 jedoch als Leiter der Personalstelle im Polizeipräsidium Halle tätig.
Quellen: UAH Rep. 6 Nr. 1002; Rep. 6 Nr. 2583; Rep. 6 Nr. 2886; Heiber.

Meyer, Gottfried
(23. Dezember 1855 Marienburg (Westpreußen) – 4. Juni 1933 Bonn)
Nach dem Studium der Rechtswissenschaften wurde Meyer Referendar am Amtsgericht Berlin. Später war er als Gerichtsassessor und Regierungsassessor in Stralsund und Merseburg tätig. Als Regierungsrat und Staatskommissar beaufsichtigte er die Versicherungsanstalt Sachsen und Anhalt. Von 1899 bis 1902 war er Verwaltungsgerichtsdirektor in Königsberg, zugleich fungierte er nebenamtlich als Universitätsrichter. Von 1902 bis 1924 war er Kurator der Universität Halle. Ab 1925 nahm er das Kuratorenamt immer wieder vertretungsweise wahr, so auch 1932/33. Er starb beim Besuch seiner Tochter in Bonn an einem Schlaganfall.
Quellen: UAH Rep. 6 Nr. 868.

Nietzold, Walter
(? – ?)
Nach der Volksschule absolvierte Nietzold eine Tischlerlehre und wurde Tischler in einer Thüringer Möbelfabrik. Hier war er u. a. Vorarbeiter und Expedient. Von 1929 bis 1931 war er arbeitslos, dann in Kurzarbeit beschäftigt. Später war er Feuerwehrmann in Magdeburg. 1937 erhielt er eine Laborantenstelle im Hygienischen Institut der Universität Halle. 1939 wurde er eingezogen, beurlaubt und wieder eingezogen. Er leistete Kriegsdienst als Sanitäter und wurde mit dem Kriegsverdienstkreuz II. Klasse mit Schwertern und der Ostmedaille ausgezeichnet. Im August 1945 entließ ihn die Universität, aber auf Anweisung der sowjetischen Behörden wurde er bis zum Abklingen der Typhusepidemie 1946 weiterbeschäftigt.
Organisationen: Deutsche Glaubensbewegung, 1930 Eintritt in die NSDAP (Mitglied Nr. 274 151) nach Suizid des ebenfalls arbeitslosen Bruders. 1933 Blockleiter in der Ortsgruppe Zeulenroda.
Quelle: UAH PA 11989 Nietzold

Rahlwes, Alfred
(23. Oktober 1878 Wesel am Rhein – 20. April 1946 Halle)
Konfession: evangelisch
Vater: Musiklehrer und Organist
Nach dem Besuch von Schulen in Wesel studierte Rahlwes von 1893 bis 1898 Musik an der Hochschule für Musik in Köln. 1898 legte er die Reifeprüfung ab. 1899 begann er eine Kapellmeisterausbildung am Hoftheater Stuttgart. Er war Dirigent in Liegnitz, Königsberg und Elbing. 1911 wurde er

Universitätsmusikdirektor in Halle, zugleich arbeitete er als Lektor für die musikwissenschaftlichen Fächer. 1917 erhielt Rahlwes den Professorentitel. 1917/18 war er zum Hilfsdienst verpflichtet. Nach dem ersten Weltkrieg leitete er zugleich die Robert-Franz-Singakademie. Im August 1945 in den Ruhestand versetzt, wurde er im September 1945 wieder eingesetzt und verstarb nach kurzer Krankheit. Organisationen: NSDAP (Mitglied Nr. 1 776 831), 1908 bis 1913 Angehöriger der Freimaurerloge Constantia zur gekrönten Eintracht in Elbing (II. Grad).
Quellen: UAH PA 12763 Rahlwes; Rep. 6 Nr. 1407.

Rathke, Anton
(12. Januar 1888 bei Danzig –Juli/August 1945 Moskau)
Nach der Kadettenausbildung wurde Rathke 1907 zum Leutnant befördert. Im Ersten Weltkrieg war er als Artillerieoffizier eingesetzt und wurde in die neue Reichswehr übernommen. 1934 war er Oberstleutnant und Kommandeur des 1. Artillerieregimentes Schwerin, 1935 Oberst und Kommandeur des 2. Artillerieregimentes. 1939 wurde Rathke zum Generalmajor befördert und gehörte zur Führerreserve. 1942 Generalleutnant, erhielt er 1943 den Posten des Inspekteurs der Wehrwirtschaftsinspektion Königsberg. 1945 war er Kampfkommandant der Stadt Halle, die er nach kurzen Kämpfen räumen ließ. Am 8. Mai 1945 geriet Rathke in sowjetische Kriegsgefangenschaft und starb wenig später, im Juli oder August 1945, in Moskau.
Quelle: BA MA MSg 109.

Rooks, Gerhard
(23. Juli 1901 Cesis (Lettland) – 5. Juli 1975 Tallin (Estland))
Nach dem Besuch des Gymnasiums in Narva (1910–1918) setzte Rooks 1919/20 seine Ausbildung an der Abendzentralschule Tallin fort und begann in Tartuu (Dorpat) ein Studium der Medizin, das er 1925 abschloss. 1926 wurde er Volontärassistent am Gerichtsmedizinischen Institut der Universität Dorpat und 1928 Oberassistent. 1933 erhielt er die Lehrbefugnis und wurde 1934 formell zum Dozenten, 1937 zum außerordentlichen Professor ernannt. 1940 erhielt er ein Ordinariat und leitete das Gerichtsmedizinische Institut. Von 1940 bis 1942 war er Dekan der Medizinischen Fakultät, durch die Kriegsereignisse kam er 1944 nach Halle. Ab dem 15. Dezember 1944 war er am Institut für Gerichtliche und soziale Medizin tätig, nach der Verhaftung des Ordinarius vertrat er die Geschäfte des Instituts. 1945 zum ordentlichen Professor der Universität Halle ernannt, schied Rooks im Juli 1947 aus, um nach Estland zurückzukehren. Zunächst Lehrbeauftragter am Anatomischen Institut der Universität Tartuu, wurde er 1954 Dozent und 1955 zum Inhaber des Anatomischen Lehrstuhles ernannt. 1964 pensioniert, setzte er die Lehrtätigkeit am Pädagogischen Institut Tallin fort. Rooks verfasste ein mehrfach aufgelegtes Lehrbuch der Gerichtsmedizin.
Quellen: Auskunft des Leiters des Gerichtsmedizinischen Instituts der Universität Tartuu an Wiebke Janssen (13. Februar 2001), Eesti Entsüklopeedia, UAH PA Rooks.

Schimmerohn, Heinz
(22. Januar 1911 Chemnitz – ?)
Vater: Professor
Das Abitur legte Schimmerohn 1931 an der Oberrealschule auf dem Kassberg in Chemitz ab. Er begann das Studium der Rechtswissenschaften zum Sommersemester 1931 an der Universität Halle, zugleich besuchte er zeitungswissenschaftliche Vorlesungen. Im Wintersemester 1932/33 war er Führer der Studentenschaft der Universität Halle, nach Auseinandersetzungen mit Rektor Stieve unterbrach er das Studium und arbeitete als Redakteur bei der »Chemnitzer Tageszeitung« und beim »Freiheitskampf« in Dresden. 1934 nahm er das Studium in Halle wieder auf und promovierte hier 1936 mit einer Arbeit zum Thema »Gemeinnutz und Eigennutz im Textteil der Zeitung«. Ab 1936 war er Mitarbeiter der Gestapo Halle, wahrscheinlich Adjutant des örtlichen Chefs. Bis 1943 in Halle tätig, wurde er danach Führer des SD-Leitabschnittes Stettin im Rang eines SS-Sturmbannführers.
Quellen: Diss.; StaWü diverse Signaturen; UAH diverse Signaturen u. a. PA Schniewind, das letzte Schreiben Schimmerohns an Rektor Weigelt findet sich in Rep. 4 Nr. 166.

Siems, Harald
(7. Februar 1900 Groß-Flottbeck – nach 1945)
Konfession: evangelisch-lutherisch
Vater: Mitinhaber einer Kaffeehandlung
Siems besuchte Schulen in Groß-Flottbeck, Altona und St. Moritz, das Abitur legte er 1918 in Altona ab. 1918/19 leistete er Kriegsdienst bei den Besatzungstruppen in der Ukraine. Nach der Demobilisierung studierte er Medizin an den Universitäten Kiel, Freiburg, München und Hamburg. 1923 legte er das Staatsexamen ab. Die Praktika absolvierte er in Halle und Hamburg. Nach der Approbation war er ab 1925 als außerplanmäßiger Assistent an der Medizinischen Universitätspoliklinik Halle tätig. Von 1926 bis 1929 war er Assistent an der Medizinischen Klinik Hamburg, dann wieder in Halle. Ab 1931 hatte er die Oberarztstelle an der Medizinischen Universitätspoliklinik inne. Obwohl sich sein Mentor Georg Grund und Emil Abderhalden für ihn einsetzten, wurde die Habilitation Siems' 1933 nicht genehmigt. Auch nachdem er Dozentenlager und -akademie absolviert hatte, hintertrieb der NS-Dozentenbund die Habilitation aus politischen Gründen. Erst 1935, nachdem klar wahr, dass Siems die Universität verlassen würde, um Chefarzt des Krankenhauses Aschersleben zu werden, wurde ihm der Titel Dr. habil. verliehen. Die Zulassung zum Dozenten erhielt er jedoch nicht. Das Krankenhaus Aschersleben leitete Siems auch nach dem Krieg, eine Universitätskarriere blieb ihm verwehrt.
Organisationen: -
Quelle: UAH PA 14748 Siems.

Strobel, August
(14. März 1905 Boll bei Hechingen – ?)
Strobel besuchte die Volksschule und eine Fortbildungsschule. Er war Arbeiter auf Burg Hohenzollern, 1926 legte er die Prüfung für Kraftfahrzeuge ab. Von 1927 bis 1931 arbeitete er als Kraftwagenführer. Von 1932 bis 1934 war er mit Gelegenheitsarbeiten beschäftigt, später arbeitslos. Von 1934 bis 1937 arbeitete er als Kraftfahrer im staatlichen Forstamt Hechingen. 1937 erhielt er eine Stelle im Labor im Institut für Pflanzen- und Bodenbiologie der Universität Halle, 1944 wurde er verbeamtet. 1943 eingezogen, geriet er in amerikanische Kriegsgefangenschaft. Im August 1945 wurde er von der Universität Halle entlassen. Nach 1945 war er Waldarbeiter in der Stadtverwaltung Sigmaringen.
Organisationen: 1928 Eintritt in SA und NSDAP (Mitglied Nr. 80 070).
Quelle: UAH PA 15741 Strobel.

Tromp, Friedrich
(15. März 1875 Salzwedel – 7. März 1954 Halle)
Tromp studierte Rechtswissenschaften und absolvierte die staatliche juristische Ausbildung. Am Ersten Weltkrieg nahm er als Hauptmann teil und wurde mehrfach schwer verwundet. 1921 erhielt er eine Stelle als Amtsgerichtsdirektor in Salzwedel, 1926 wurde er im Kuratorium der Universität eingestellt. Ab Mai 1933 vertrat er das Amt des Kurators auf Veranlassung des preußischen Kultusministeriums, er amtierte auch als Universitätsrichter und Syndikus der Universität. Im Sommer 1945 war seine Versetzung in den Ruhestand beabsichtigt, er erhielt jedoch von der Provinzialverwaltung einen neuen Dienstvertrag und blieb bis zum 31. Dezember 1945 im Amt. Im April 1946 auf Beschluss der Antifaschistischen Parteien für »politisch tragbar« erklärt, war Tromp weiterhin für die Universität tätig, etwa bei der Ordnung von Grundstücksangelegenheiten. 1947 erkrankte er schwer.
Organisationen: NSDAP, Angehöriger einer Freimaurerloge
Quelle: UAH PA 16129 Tromp.

Tschizewsky, Dimitry
(23. März 1894 Alexandria, Gouvernement Cherson (Russland) – 1977 Heidelberg)
Konfession: griechisch-orthodox
Vater: adliger Gutsbesitzer

Tschizewsky besuchte ein klassisches Gymnasium, und studierte dann in St. Petersburg und Kiew Mathematik, Philosophie sowie slawische Philologie, wo er 1917 die Staatsprüfung ablegte. 1920 war er Dozent an der Frauenhochschule Kiew, 1921 kurze Zeit Dozent für Philosophie an der Pädagogischen Fakultät der Universität Kiew. Nach der Emigration 1921 studierte Tschizewsky Philosophie in Heidelberg und Freiburg, 1924 wurde er Lektor am Ukrainischen Pädagogischen Institut in Prag und dort 1927 zum Professor ernannt. Ab 1929 war er Privatdozent an der Ukrainischen Universität Prag. Wohl unfreiwillig verließ er Prag 1930. 1931 erhielt er ein Lektorat an der Universität Halle, ausschlaggebend war die Fürsprache eines Berliner Slawisten: »Ich halte diesen Mann in jeder Beziehung für diese Stelle für geeignet. Wenn er für Halle gewonnen werden könnte, dann wäre bei ihnen für die slawische Philologie und Literaturgeschichte in einer Weise gesorgt, um die Sie jede deutsche Universität beneiden könnte.« Obwohl Tschizewsky mehr als 50 Veröffentlichungen, darunter 6 Bücher, vorweisen konnte, versuchte 1932 der Polizeipräsident in Halle den Staatenlosen auszuweisen. Durch Fürsprache der Universität blieb Tschizewsky im Land und promovierte 1933 zum Thema »Hegel in Russland«. 1934 erhielt er zugleich ein Lektorat an der Universität Jena. Tschizewsky entdeckte die Handschriften des Comenius und war Mitglied mehrerer wissenschaftlicher Gesellschaften, da er jedoch nicht habilitiert war, scheiterte seine Rangerhöhung; auch den Prager Professorentitel durfte er nicht führen. 1936 wurde zudem bekannt, dass Tschizewskys Ehefrau jüdische Eltern hatte. Am 26. Juni 1945 setzte sich Tschizewsky in die westlichen Besatzungszonen ab. In Marburg leitete er kommissarisch das Slawistische Institut. Von 1949 bis 1956 lehrte Tschizewsky als Gastprofessor in Harvard. Von 1956 bis 1965 wirkte er an der Universität Heidelberg.
Quellen: PA 16152 Dimitriy Tschizewsky, Angela Richter, Ein Ukrainer an der halleschen Universität: Dimitrij Tschizewsski (1894–1977). In: Scientia Halensis 1/1997, S. 13.

Winckler, Vera
(31. März 1913 Bitterfeld – ?)
Vater: Volksschullehrer
Winckler besuchte das Lyzeum II in Halle, das sie 1933 mit dem Abitur abschloss. Seit 1925 aktive Turnerin, schrieb sie sich an der Universität Halle für die Fächer Leibesübungen, Biologie und Chemie ein und trat zum Ende des Sommersemesters 1933 in ein Arbeitsdienstlager ein. Hier wurde sie »Vertrauensstudentin«. Im Wintersemester 1933/34 war sie Sportreferentin der Deutschen Studentenschaft in Halle und übernahm zugleich das Referat Arbeitsdienst. Hier arbeitete sie eng mit dem Arbeitsamt Erfurt zusammen, schied aus dem Amt aber zum Semesterende aus.
Quelle: StaWü RSF I 84 g 553.

Weber, Carl
(6. November 1858 in Halle – 13. Dezember 1935 Halle)
Konfession: evangelisch
Vater: Fleischermeister
Nach dem Abitur 1877 an der Latina der Franckeschen Stiftungen studierte Weber Neuere Sprachen in Halle, Berlin, Genf und wieder Halle, hier promovierte er 1882 zum Dr. phil. Von 1882 bis 1884 und 1886 bis 1888 war Weber Hauslehrer in Florenz. 1885 legte er das Staatsexamen ab und absolvierte ein Probejahr in Erfurt. 1888 wurde er Hilfslehrer, 1889 Lehrer an der städtischen Oberrealschule Halle, 1906 bekam er den Professorentitel verliehen, 1924 wurde er in den Ruhestand versetzt. Von 1930 bis 1932 verwaltete er das Lektorat für Italienisch an der Universität, wo er bis zu seinem Tod Vorlesungen und Übungen abhielt. Weber gehörte formal nicht dem Lehrkörper der Universität an, so dass ihm seine Zugehörigkeit zur Loge zu den drei Degen, er war Oberredner und Ältester bis zur Auflösung der Loge am 1. April 1933, nicht vorgeworfen wurde.
Organisationen: Mitglied der DNVP seit ihrer Gründung.
Quellen: UAH PA 16682 Weber; Rep. 6 Nr. 1407.

Wentzel, Carl
(9. Dezember 1876 Teutschenthal – 20. Dezember 1944 Berlin-Plötzensee)
Aus einer alten Bauernfamilie stammend, formierte Carl Wentzel durch Zukäufe von Gütern, eine glückliche Heirat und geschickte Investitionen ein landwirtschaftliches Unternehmen von etwa 9 000 Hektar Größe. Angegliederte Saatzuchtbetriebe, Zuckerfabriken und Brennereien sowie zahlreiche Bergbaubetriebe (Braun- und Steinkohle, Kalk, Kaolin) machten das Unternehmen zu einem der leistungsfähigsten Agrar-Industriekonzerne Deutschlands. Die Universität Halle ernannte Wentzel für seine zahlreichen Dotationen zum Ehrensenator, eine Würde, die der Agrarier als Verantwortung begriff, wie sein andauerndes Engagement für die Hochschule belegte. Ohnehin konservativ eingestellt, geriet Wentzel in scharfen Gegensatz zum NS-Regime. Er nahm an Zusammenkünften des Kreises um den Industriellen Paul Reusch teil. Eines dieser Treffen fand im November 1943 auf Wentzels Schloss in Teutschenthal statt. Hier bot der Ex-Oberbürgermeister Leipzigs, Carl Goerdeler, Wentzel das Amt des Landwirtschaftsminister in einer Regierung nach Hitler an. Der Agrarier lehnte ab, machte Goerdeler aber mit Emil Woermann bekannt, der dieses künftige Amt akzeptierte. Denunziert wurde Wentzel von einem Nachbarn, mit dem er geschäftliche Beziehungen unterhielt. Am 30. Juli 1944 verhaftete ihn die Gestapo, am 13. November 1944 wurde er vom Volksgerichtshof zum Tode verurteilt und am 20. Dezember 1944 hingerichtet.
Quelle: Zeitzeugenaussage von Carl-Friedrich Wentzel. In: Fikentscher, Schmuhl, Breitenborn, Bodenreform, S. 201–208.

Wörner, Rolf
(? – 10. Januar 1943 in Russland)
Konfession: katholisch
Vater: Fabrikdirektor
Die Reifeprüfung legte Wörner 1931 in Ulm ab. Er studierte Psychologie, Philosophie, Biologie, Geographie und Geologie an den Universitäten Tübingen und Greifswald. 1935 promovierte er in Greifswald zum Dr. phil. mit einer Arbeit über »Die Leistungsgrenze beim Auffassen figuraler Gestalten durch Mäuse«. 1936 wurde er wissenschaftlicher Hilfsarbeiter bei Johannes von Allesch am Psychologischen Institut der Universität Greifswald. 1938 wechselte er mit seinem Mentor nach Halle und erhielt ein Stipendium der Hallischen Wissenschaftlichen Gesellschaft. 1939 bekam er eine Assistentenstelle am Psychologischen Institut, hier war er mit Wehrmachtsaufgaben betraut. Am 30. Mai 1940 als Schütze einberufen, fiel er an der Ostfront.
Organisationen: Eintritt in die NSDAP am 1. Februar 1931 (Mitglied Nr. 477 366), im September 1931 Eintritt in die Motor-SA (später NSKK).
Quelle: UAH PA 17210 Wörner.

Woskin, Mojssej
(16. Dezember 1884 Kolonie Nahartaw, Gouvernement Cherson (Ukraine) – ?)
Konfession: mosaisch
Vater: Landwirt
Woskin besuchte die Schule in Nahartaw und studierte das nachhebräische Schrifttum an litauischen Lehranstalten. 1903/04 absolvierte er die Vorbereitungsschule für den rabbinischen Beruf in Frankfurt am Main. Von 1905 bis 1908 studierte er an einem Lehrerseminar und war danach tätig als Lehrer. 1912 legte er in Berlin die Reifeprüfung ab. Von 1912 bis 1914 studierte er Geschichte des Altertums und des deutschen Mittelalters an der Berliner Universität und gleichzeitig hebräische Literatur an der Hochschule für die Wissenschaft des Judentums. Von 1915 bis 1918 erneut tätig als Lehrer, studierte er von 1918 bis 1923 orientalische Philologie an der Universität Halle und promovierte hier 1923 zum Dr. phil. Im selben Jahr gründete er in Leipzig die Schule für hebräische Sprachen und Literatur »Techijja«. Seit 1926 war er nebenamtlich Lektor für rabbinische Literatur und Sprache an der Theologischen und der Philosophischen Fakultät der Universität Halle. Eine hauptamtliche Bestallung Woskins an der Universität Halle lehnte das preußische Kultusministerium ab. Im September 1933 wurde ihm

auf Grund § 3 des Berufsbeamtengesetzes die Lehrbefugnis entzogen. Nach Protest der Theologischen und der Philosophischen Fakultät setzte er die Lehre in den Räumen der Deutschen Morgenländischen Gesellschaft fort. Da Woskin die Staatsbürgerschaft entzogen wurde, musste er die Lehrtätigkeit 1934 einstellen, 1936 emigrierte er in die Tschechoslowakei.
Quellen: UAH PA 17293 Woskin.

Anmerkungen

1 Vgl. Heinrich Becker, Hans-Joachim Dahms, Cornelia Wegeler (Hrsg.), Die Universität Göttingen unter dem Nationalsozialismus, München 1998, S. 22.
2 Die »Spezialia«-Akten zur Universität Halle sind Doppelungen der im Universitätsarchiv vorhandenen Akten.
3 Es besteht immer die Schwierigkeit, sich in einer Debatte zu verorten, die oft im »rhetorischen Schlingerkurs von der historischen auf die moralische Diskursebene« verlagert wird, wie Frank Ebbinghaus zu Recht in der FAZ konstatierte. Vgl. Frank Ebbinghaus, Der Forscher in der weißen Weste und die dunkle Vergangenheit seiner Kollegen. In: FAZ, 4. Juni 2001, S. 19.
4 Hannah Arendt, Elemente und Ursprünge totaler Herrschaft – Antisemitismus, Imperialismus, Totalitarismus, München und Zürich 2000, S. 703.
5 Würdigungen in: Hartmut Haubold, Wirbeltiergrabung und -forschung im Geiseltaleozän. In: Hallesches Jahrbuch für Geowissenschaften, Reihe B: Geologie, Paläontologie, Mineralogie, Bd. 17, Halle 1995, S. 7; Hans Gallwitz und Werner Matthes, Die Entwicklung der Paläontologie an der Martin-Luther-Universität Halle-Wittenberg (mit Bibliographie). In: 450 Jahre Martin-Luther-Universität Halle-Wittenberg, Bd. II, Halle 1952, S. 427–448. Kritisch: Henrik Eberle, Johannes Weigelt (1890–1948) – Führerrektor der Martin-Luther-Universität in der Zeit des Nationalsozialismus. In: Hermann-Josef Rupieper, Beiträge zur Geschichte der Martin-Luther-Universität Halle-Wittenberg 1502–2002, Halle 2002.
6 UAH Nachlass Weigelt Nr. 318.
7 Die Saga geht jedoch weiter. Die Erde stirbt in den gewaltigen Brand, den der Feuerriese Surt entfacht. Der Fenriswolf wird jedoch von Odins Sohn Widar getötet und die Erde wird in Frieden neu geboren. Vgl. Die Edda – Götterdichtung, Spruchweisheit und Heldengesänge der Germanen, übertragen von Felix Genzmer, eingeleitet von Kurt Schier, München 1997.
8 Vgl. Irene Ziehe, Hans Hahne (1875 bis 1935) sein Leben und Wirken – Biographie eines völkischen Wissenschaftlers, Halle 1996. Johannes Weigelt hatte in seiner Dissertation eine altsteinzeitliche Werkstätte untersucht, wohl inspiriert durch Hahne. Später wurden die beiden Nachbarn und verkehrten freundschaftlich miteinander. Das macht jedoch zugleich die Vagheit der Aussagen deutlich, von persönlichen Treffen existieren ja keine Protokolle und Aktennotizen. Vgl. UAH PA 16768 Weigelt.
9 Vgl. Alfred Rosenberg, Der Mythus des 20. Jahrhunderts – Eine Wertung der seelisch-geistigen Gestaltenkämpfe unserer Zeit, München 1938 (Erstauflage 1930).
10 Die Weigeltsche Forderung nach einer Verschmelzung von Wissenschaft und Weltanschauung korrespondiert dabei mit der Vorstellung von einer Gebrauchsuniversität. Ist eine Ideologie doch nichts anderes, so Arendt, als »ein Instrument«. Vgl. Arendt, Elemente und Ursprünge, S. 963.
11 UAH PA 13184 Roemer.
12 Ermittelt an Hand der Vorlesungsverzeichnisse und der Berufungsakten im Universitätsarchiv UAH Rep. 4 Nr. 896, 897, 898, 899/900.
13 Zum Selbstverständnis der Wissenschaftler noch immer maßgeblich: Fritz K. Ringer, Die Gelehrten – Der Niedergang der deutschen Mandarine 1890–1933, Stuttgart 1983.
14 Vgl. dazu vor allem Ringer, Die Gelehrten, S. 350–358.
15 Liebevoll ist die Beschreibung seiner Universität durch einen von der SED vertriebenen: Albrecht Timm, Die Universität Halle-Wittenberg – Herrschaft und Wissenschaft im Spiegel ihrer Geschichte, Frankfurt am Main 1960.
16 Eigentlich Reichs- und Preußisches Ministerium für Wissenschaft, Erziehung und Volksbildung. Der Begriff »Wissenschaftsministerium« wird hier wie bei Hammerstein gebraucht. Zeitgenössisch, und nicht selten abwertend, wurde die Behörde als »Erziehungsministerium« tituliert. Zur Entstehung des Reichsministeriums für Wissenschaft, Erziehung und Volksbildung vgl. Notker Hammerstein, Die Deutsche Forschungsgemeinschaft in der Weimarer Republik und im Dritten Reich – Wissenschaftspolitik in Republik und Diktatur 1920–1945, München 1999, S. 284 ff.
17 UAH, Rep. 6 Nr. 875.
18 Vgl. Hellmut Seier, Der Rektor als Führer – zur Hochschulpolitik des Reichserziehungsministeriums. In: Vierteljahrshefte für Zeitgeschichte, Heft 2 1964, S. 113.
19 Rust, Vorläufige Maßnahmen zur Vereinfachung der Hochschulverwaltung, UAH Rep. 6 Nr. 875.
20 Maaß holte politische Beurteilungen ein, u.a. über den Kinderarzt Alfred Nitschke. Dieses Recht hatten aber allein die Gaudozentenführer und die Rektoren. Vgl. UAH PA 12008 Nitschke.
21 Vgl. Helmut Heiber, Universität unterm Hakenkreuz, Teil II Bd. 2: Die Kapitulation der Hohen Schulen – Das Jahr 1933 und seine Themen, München u.a. 1992, S. 470.
22 Vgl. UAH PA Herzfeld, PA 16098 Trautmann.
23 Die Geschäftsakten der NSDAP-Gauleitung wurden 1945 vernichtet. Das Bundesarchiv-Zwischenarchiv Dahlwitz-Hoppegarten besitzt lediglich Personalakten der NSDAP-Gauleitung Halle.
24 UAH Rep. 6 Nr. 1612.

25 Vgl. Seier, Führerrektor. Auch Helmut Heibers Bände über die Universität im NS-Regime handeln über weite Strecken von Kompetenzstreitigkeiten und Intrigen.
26 In Anlehnung an Lundgreen. Vgl. Peter Lundgreen, Hochschulpolitik und Wissenschaft im Dritten Reich. In: Ders. (Hrsg.), Wissenschaft im Dritten Reich, Frankfurt am Main 1985, S. 10.
27 Ebd., S. 12.
28 UAH Rep. 4 Nr. 671.
29 UAH PA 394 Budde.
30 Bernd Faulenbach, Die DDR als antifaschistischer Staat. In: Rainer Eckert und Bernd Faulenbach (Hrsg.), Halbherziger Revisionismus – Zum postkommunistischen Geschichtsbild, München und Landsberg 1996, S. 50.
31 Der Bruder des Professors für Tierzucht Joachim Friedrich Langlet. Vgl. UAH PA 9876 Langlet.
32 UAH Rep. 4 Nr. 2090.
33 Antonia Grunenberg, Antifaschismus – Ein deutscher Mythos, Reinbek bei Hamburg 1993, S. 11. Die andauernde Instrumentalisierung des Begriffes durch linke Extremisten untersuchte Helmut Roewer, bis 2001 Leiter des Thüringer Landesamtes für Verfassungsschutz. Ders., Antifaschismus – Zur Karriere eines politischen Kampfbegriffs. In: Katrin Brandenburg u.a., In guter Verfassung – Erfurter Beiträge zum Verfassungsschutz, Erfurt 1997, S. 145–163.
34 Und zwar sind wohl jene besonders empfänglich, so scheint es, die erwartungsgemäß vom Glauben an den Mythos wesentlich zu profitieren haben, sei es im Hinblick auf Status oder auf Geld. Sie sind geneigt, so formulierte es der amerikanische Politikwissenschaftler Murray Edelman 1976, »ihre Status- und Geldinteressen in einen Mythos zu übersetzen, der z.B. ihr Verhalten als Dienst am Gemeinwohl definiert.« Vgl. Murray Edelman, Politik als Ritual – Die symbolische Funktion staatlicher Institutionen und politischen Handelns, Frankfurt am Main und New York 1990, S. 108.
35 Vgl. Peter Reichel, Vergangenheitsbewältigung in Deutschland – Die Auseinandersetzung mit der NS-Diktatur von 1945 bis heute, München 2001, S. 89.
36 Nationalrat der Nationalen Front des demokratischen Deutschland (Hrsg.), Strauß und Brandt mobilisieren die SS – Drahtzieher der Revanchehetze um Westberlin, Berlin (Ost) 1962. Detaillierter, aber in der Aussage gleich: F. H. Gentzen und E. Wolfgramm, »Ostforscher« – »Ostforschung«, Berlin (Ost) 1960. Vgl. auch Henrik Eberle, Kopfdressur – Zur Propaganda der SED in der DDR, Asendorf 1994.
37 Vgl. Reichel. Vor allem aber Jeffrey Herf, Zweierlei Erinnerung – Die NS-Vergangenheit im geteilten Deutschland, Berlin 1998.
38 Vgl. dazu den zynischen Kommentar von Heiber, Universität unterm Hakenkreuz, Teil 1: Der Professor im dritten Reich – Bilder aus der akademischen Provinz, München u.a. 1991, S. 151.
39 Frank Golczewski, Kölner Universitätslehrer und der Nationalsozialismus – Personengeschichtliche Ansätze, Köln und Wien 1988, S. 2.
40 Andreas Flitner (Hrsg.), Deutsches Geistesleben und Nationalsozialismus, Tübingen 1965; Die deutsche Universität im Dritten Reich – Eine Vortragsreihe der Universität München, München 1966; Nationalsozialismus und die deutsche Universität (Universitätstage 1966), Berlin (West) 1966.
41 Walter von Baeyer, Die Bestätigung der NS-Ideologie in der Medizin unter besonderer Berücksichtigung der Euthanasie. In: Universitätstage 1966, S. 63. Bezeichnend ist auch, dass bei der gleichen Ringvorlesung der Germanist Eberhard Lämmert die »faschistoiden Züge des DDR-Kommunismus« herausarbeitete, zur Vergangenheitsbewältigung aber nichts beitrug. Eberhard Lämmert, Germanistik – Eine deutsche Wissenschaft. In: Ebd., S. 90.
42 Hans Herzfeld, Der Nationalstaat und die deutsche Universität. In: Universitätstage 1966, S. 10 und 23.
43 Wolfgang Kunkel, Der Professor im Dritten Reich. In: Die deutsche Universität im Dritten Reich – Eine Vortragsreihe der Universität München, S. 107 und 109.
44 Ebd., S. 114. Der Begriff des Revisionismus wurde erst in der Auseinandersetzung mit der zweiten Diktatur nachdrücklich geschärft, lässt sich aber auch auf Beiträge der Geschichtsdebatte über den Nationalsozialismus projizieren. Revisionistische Autoren leugnen oft nicht die unbestreitbaren Fakten oder Verbrechen einer Diktatur, sondern transportieren Vorurteile, Legenden und Ideologeme im Interesse ihrer Klientel. Vgl. Eckert und Faulenbach (Hrsg.), Halbherziger Revisionismus, S. 7. Die von dem Jenenser Historiker Egon Serén entwickelte Vorstellung eines Thüringen umspannenden Netzwerkes in der PDS und im Dunstkreis dieser Partei das ausschließlich zur revisionistischen Geschichtsarbeit genutzt wird, ließe sich als Modell eventuell ebenfalls auf die westdeutsche Vergangenheitsdebatte nutzbringend übertragen. Vgl. Egon Serén, Revisionistische Tendenzen und sinnstiftende Publizistik seit 1989 auf dem Gebiet der ehemaligen DDR – Organisationen, Meinungen und Literatur. In: Katrin Brandenburg u.a., In guter Verfassung, S. 33–108 und Egon Serén, Linker Revisionismus? Allgemeines, Theoretisches, Organisatorisches, Argumentativ-Exemplarisches – mit einem Blick auf Thüringen. In: Andreas Dornheim u.a., In guter Verfassung II – Erfurter Beiträge zum Verfassungsschutz, Erfurt 1998, S. 179–276.
45 U.a. Hans-Peter Bleuel, Deutschlands Bekenner – Professoren zwischen Kaiserreich und Diktatur, Bern, München und Wien 1968; Hans-Peter Bleuel und Ernst Klinnert, Deutsche Studenten auf dem Weg ins Dritte Reich – Ideologien, Programme, Aktionen 1918–1935.

46 Ursula Schwinge-Stumpf (Hrsg.), Erich Schwinge – Ein Juristenleben im zwanzigsten Jahrhundert, Frankfurt am Main 1997.
47 Vgl. Seier, Der Rektor als Führer. Wichtiger noch: Ders., Die Hochschullehrerschaft im dritten Reich. In: Klaus Schwabe, Deutsche Hochschullehrer als Elite 1815–1945, Boppard 1988, S. 247–296.
48 Vgl. Hans-Wolfgang Strätz, Die studentische »Aktion wider den undeutschen Geist« im Frühjahr 1933. In: Vierteljahrshefte für Zeitgeschichte H. 16, 1968, S. 347–372.
49 Albrecht Götz von Olenhusen, Die »nichtarischen« Studenten an den deutschen Hochschulen. In: Vierteljahrshefte für Zeitgeschichte, H. 2 1966, S. 175–206.
50 Uwe Dietrich Adam, Hochschule und Nationalsozialismus – die Universität Tübingen im Dritten Reich, Tübingen 1977.
51 Genannt seien: Hellmut Seier, Niveaukritik und partielle Opposition – Zur Lage an den deutschen Hochschulen 1939/40. In: Archiv für Kulturgeschichte; Fridolf Kudlien (und Mitarbeiter), Ärzte im Nationalsozialismus, Köln 1985; Volker Losemann, Nationalsozialistische Weltanschauung und Herrschaftspraxis (1933–1935). In: Klaus Malettke (Hrsg.), Der Nationalsozialismus an der Macht, Göttingen 1984; Notker Hammerstein, Das Beispiel Frankfurt am Main. In: Karl Strobel (Hrsg.), Die deutsche Universität im 20. Jahrhundert – Die Entwicklung einer Institution zwischen Tradition, Autonomie, historischen und sozialen Rahmenbedingungen, Vierow 1994; Karl-Heinz Ludwig, Ingenieure im Dritten Reich (1933–1945). In: Peter Lundgreen, André Grelon (Hrsg.), Ingenieure in Deutschland 1770–1990, Frankfurt am Main und New York 1994; Michael H. Kater, Professoren und Studenten im Dritten Reich. In: Archiv für Kulturgeschichte, Jg. 67, H. 2, Köln und Wien 1985.
52 Manfred Heinemann (Hrsg.), Erziehung und Schulung im Dritten Reich, Bd. 2, Stuttgart 1980.
53 Peter Lundgreen (Hrsg.), Wissenschaft im Dritten Reich, Frankfurt am Main 1985.
54 Notker Hammerstein, Die Deutsche Forschungsgemeinschaft in der Weimarer Republik und im Dritten Reich – Wissenschaftspolitik in Republik und Diktatur 1920–1945, München 1999.
55 Notker Hammerstein, Antisemitismus und deutsche Universitäten, Frankfurt am Main und New York 1995.
56 Michael Grüttner, Studenten im Dritten Reich, Paderborn u.a. 1995.
57 Hartmut Titze u.a., Wachstum und Differenzierung der deutschen Universitäten 1830–1945, Datenhandbuch zur deutschen Bildungsgeschichte Bd. I/2, Göttingen 1995.
58 Hartmut Titze, Der Akademikerzyklus – Historische Untersuchungen über die Wiederkehr von Überfüllung und Mangel an akademischen Karrieren, Göttingen 1990.
59 Ringer, Die Gelehrten.
60 Thomas Ellwein, Die deutsche Universität – Vom Mittelalter bis zur Gegenwart, Wiesbaden 1997; anregender: Hartmut Boockmann, Wissen und Widerstand – Geschichte der deutschen Universität, Berlin 1999.
61 Vgl. Becker u.a. (Hrsg.), Universität Göttingen, S. 5.
62 »Nur aus der höchsten Kraft der Gegenwart dürft ihr das Vergangne deuten...«, Friedrich Nietzsche, Unzeitgemäße Betrachtungen – Zweites Stück: Vom Nutzen und Nachteil der Historie für das Leben. In: Friedrich Nietzsche, Werke in drei Bänden, Bd. 1, Darmstadt 1997, S. 250.
63 Besonders gravierend: Joachim Mallach (Hrsg.), Geschichte der Gerichtlichen Medizin im deutschsprachigen Raum, Lübeck 1996. Aus der von ihm vorgenommenen Würdigung des Beitrages einzelner Gelehrten zum Ausbau der organisatorischen Grundlagen ein schiefes Bild, da Mallach die Nähe dieser Personen zum jeweils herrschenden Regime nicht hinterfragte. Deutlich wird auch dies den Biographien zweier hallischer Gerichtsmediziner. So ging Mallach auf Gerhard Schraders Plädoyer für die Todesstrafe und seine Schulungstätigkeit für NSDAP-Amtswalter ebensowenig ein, wie auf Schraders Gutachtertätigkeit bei sowjetischen Massenmorden. Auch dass Schrader, wie Mallach schreibt, seit Frühjahr 1945 »infolge Kriegseinwirkung« nicht mehr im Amt war, erscheint als bedauerliche Ungenauigkeit. Vgl. Mallach, S. 214. Zu Schrader vgl. Abschnitt 4 vorliegender Arbeit. Die kritiklose Übernahme autobiographischer Angaben führte in Mallachs Buch auch zu falschen Angaben. Siegfried Krefft etwa, dessen 1944 angefertigte Dissertation aus akribischen Beobachtungen von Hinrichtungen im hallischen Zuchthaus bestand, gab an, er sei 1958 als Ordinarius in Leipzig »infolge politischer Dissonanzen« entlassen worden. Tatsächlich aber wurde Krefft die Art der Entstehung seiner Dissertation angelastet. Mallach, S. 319, Zur Dissertation Krefft Abschnitt 4 vorliegender Arbeit.
64 Als Beleg führt Rasch einen Brief Albert Vöglers, des Aufsichtsratsvorsitzenden der Vereinigten Stahlwerke, an, in dem jener argumentiert »reine Zweckforschung« dürfe nicht Platz greifen. Manfred Rasch, Geschichte des Kaiser-Wilhelm-Instituts für Kohleforschung 1913–1943, Weinheim 1989, S. 306.
65 UAH Rep. 6 Nr. 1407 und UAH PA 17435 Ziegler.
66 Eher erfolgreich 1992 in Braunschweig. Vgl. Hochschullehrer an Technischen Hochschulen und Universitäten: Sozialgeschichte, soziodemographische Strukturen und Karrieren im Vergleich, Braunschweig 1993.
67 Alan Beyerchen, Wissenschaftler unter Hitler – Physiker im Dritten Reich, Köln 1980.
68 Ute Deichmann, Biologen unter Hitler, Frankfurt am Main 1993.

69 Karen Schönwalder, Historiker und Politik – Geschichtswissenschaft im Nationalsozialismus, Frankfurt am Main 1992.
70 Brauchbar vor allem wegen der immensen Recherche und der Angaben über Bäumler: Monika Leske, Philosophen im »Dritten Reich«, Berlin (Ost) 1990.
71 Kurt Meier, Die Theologischen Fakultäten im Dritten Reich, Berlin und New York 1996; Leonore Siegele-Wenschkewitz und Carsten Nicolaisen, Göttingen 1993.
72 George Leaman, Heidegger im Kontext – Gesamtüberblick zum NS-Engagement der Universitätsphilosophen, Hamburg 1993.
73 Ulfried Geuter, Die Professionalisierung der deutschen Psychologie im Nationalsozialismus, Frankfurt am Main 1984.
74 Volker Losemann, Nationalsozialismus und Antike – Studien zur Entwicklung des Faches Alte Geschichte 1933–1945, Hamburg 1977.
75 So nannte Götz Aly den Namen Julius Wätjens in einem Aufsatz unter der Rubrik »Forschen an Opfern«. Bei Wätjen sollten Ärzte, die während des »Euthanasie-Programms« Menschen ermordeten, Grundlagen der Anatomie erlernen, gab er anhand von Notizen eines des Organisatoren der »T 4« an. Vgl. Götz Aly, Der saubere und der schmutzige Fortschritt. In: Götz Aly u.a., Reform und Gewissen – »Euthanasie« im Dienst des Fortschritts, Berlin (West) 1985, S. 60. Aus den im Universitätsarchiv vorliegenden Akten konnte das weder bestätigt noch widerlegt werden. Eine Untersuchung der Kriminalpolizei, die sich über zwei Jahre erstreckte und auf Druck der SMAD sehr ernsthaft betrieben wurde, blieb im Hinblick auf mögliche Verbrechen oder das Forschen an Opfern ohne Ergebnis. UAH PA 16540 Wätjen. Gravierendere Unkorrektheiten finden sich bei Ernst Klee, Deutsche Medizin im Dritten Reich – Karrieren vor und nach 1945, Frankfurt am Main 2001. Bedeutender ist sein Buch über die Verbrechen der Medizin: Ders., Auschwitz, die NS-Medizin und ihre Opfer, Frankfurt am Main 1997.
76 Als Beispiel für eine Abhandlung die eben diese Verfahrensweise durchbricht sei erwähnt: Michael Kaasch, Sensation, Irrtum, Betrug? Emil Abderhalden (1877–1950) und die Geschichte der Abwehrfermente. In: Wieland Berg, Sybille Gerstengarbe, Andreas Kleinert, Benno Parthier (Hrsg.) Vorträge und Abhandlungen zur Wissenschaftsgeschichte 1999/2000, Halle 2000, S. 145–210.
77 Helmut Böhm, Von der Selbstverwaltung zum Führerprinzip – Die Universität München in den ersten Jahren des Dritten Reiches (1933–1936), Berlin 1995.
78 Vgl. ebd., S. 133.
79 Christian Jansen, Professoren und Politik – Politisches Denken und Handeln der Heidelberger Hochschullehrer 1914–1935, Göttingen 1992, besonders S. 69. Aufschlussreicher für die ersten Jahre der NS-Diktatur hingegen: Birgit Vezina, Die »Gleichschaltung« der Universität Heidelberg im Zuge der nationalsozialistischen Machtergreifung, Heidelberg 1982.
80 Hermann Weber u.a. (Hrsg.), Tradition und Gegenwart – Studien und Quellen zur Geschichte der Universität Mainz mit besonderer Berücksichtigung der Philosophischen Fakultät, Teil II, in zwei Halbbänden, Wiesbaden 1977 und 1981.
81 Andreas Thierfelder, Das Seminar für Klassische Philologie 1946–1972. In: Hermann Weber u.a. (Hrsg.), Tradition und Gegenwart – Studien und Quellen zur Geschichte der Universität Mainz mit besonderer Berücksichtigung der Philosophischen Fakultät, Teil II, erster Halbband, Wiesbaden 1977, S. 23.
82 UAH PA 15960 Thierfelder.
83 Peter Chroust, Gießener Universität und Faschismus – Studenten und Hochschullehrer 1918–1945, Bd. 1, Münster und New York 1994 S. 319.
84 Anne Christine Nagel (Hrsg.), Die Philipps-Universität Marburg im Nationalsozialismus – Dokumente zu ihrer Geschichte, Stuttgart 2000.
85 Alfred Wendehorst, Geschichte der Universität Erlangen-Nürnberg 1743–1993, München 1993.
86 Frank Golczewski, Kölner Universitätslehrer und der Nationalsozialismus, Köln und Wien 1988.
87 Ebd., S. 9 und 5.
88 Dieter Langewiesche etwa, hervorgetreten mit einem 29-seitigen Aufsatz über die Universität Tübingen, der noch dazu auf den Recherchen einer Mitarbeiterin beruhte, schimpfte Heibers 2000-seitiges Werk »monumental, aber konturlos«. Vgl. Dieter Langewiesche, Die Universität Tübingen in der Zeit des Nationalsozialismus – Formen der Selbstgleichschaltung und Selbstbehauptung. In: Geschichte und Gesellschaft – Zeitschrift für Historische Sozialwissenschaft, 23. Jg., Göttingen 1997, S. 618–646.
89 Helmut Heiber, Universität unterm Hakenkreuz, Teil 1: Der Professor im Dritten Reich – Bilder aus der akademischen Provinz, München u.a. 1991; Helmut Heiber, Universität unterm Hakenkreuz, Teil II/1 und 2: Die Kapitulation der Hohen Schulen – Das Jahr 1933 und seine Themen, München u.a. 1992.
90 Theodor Brugsch, Arzt seit fünf Jahrzehnten, Berlin (Ost) 1957, S. 285.
91 UAH PA 4999 Brugsch.
92 Brugsch, Arzt, S. 138 und 323.
93 Schwinge, Juristenleben.
94 Wolfgang Trillhaas, Aufgehobene Vergangenheit – Aus meinem Leben, Göttingen 1976; Günther Dehn, Die alte Zeit, die vorigen Jahre – Lebenserinnerungen, München 1962.

95 Exemplarisch: Karl-Heinz Eulner und Wolfram Kaiser, Die Geschichte der Medizinischen Universitäts-Poliklinik (II. Medizinische Klinik) in Halle. In: Wissenschaftliche Zeitschrift der Martin-Luther-Universität Halle-Wittenberg, Mathematisch-naturwissenschaftliche Reihe, Nr. 8, 1959.
96 Wolfgang Wiefel, Im Zeichen der Krise – Zur Geschichte der neutestamentlichen Arbeit an der Universität Halle-Wittenberg 1918–1945, Halle 1977.
97 Ethelbert Stauffer, Unser Glaube und unsere Geschichte – Zur Begegnung zwischen Kreuz und Hakenkreuz, Berlin 1933.
98 Wiefel, Im Zeichen der Krise, S. 13.
99 Peter Thal und Reinhard Pschibert, Das Studium der Ökonomie an der Martin-Luther-Universität in Vergangenheit und Gegenwart 1727 bis 1977, Halle 1978, S. 26 f.
100 Wolfram Kaiser und Axel Simon, Die Geschichte der Gerichtsmedizin an der Universität Halle-Wittenberg, Halle 1978, S. 62.
101 Wolfhard Frost, Die Entwicklung der Sportwissenschaft an der Martin-Luther-Universität in Halle – Ein Beitrag zur Universitas litterarum als Widerspiegelung des humanistischen Charakters der sozialistischen Gesellschaft. In: Hans Hübner, Burchard Thaler (Hrsg.), Die Universität Halle-Wittenberg in Vergangenheit und Gegenwart, Halle 1983, S. 99. Zur Rolle der FDJ bei der Militarisierung in der DDR vgl. Michael Buddrus, Die Organisation Dienst für Deutschland – Arbeitsdienst und Militarisierung in der DDR, Weinheim und München 1994.
102 Karlheinz Renker und Kurt Knoblich (Hrsg.), Das Hygiene-Institut der Martin-Luther-Universität Halle-Wittenberg. Eine Betrachtung – 20 Jahre Hygiene-Institut neuen Typs, Halle 1978, S. 9.
103 Zu Joachim Mrugowsky vgl. Abschnitt 4. 2 der vorliegenden Arbeit.
104 So war es aus orthodox-marxistischer Sicht nicht abwegig, zu urteilen, dass die Rektoren die Universität »im Interesse des deutschen Imperialismus« führten. Zumindest für Johannes Weigelt mit seinen Verbindungen zu den Hermann-Göring-Werken erscheint die Schlussfolgerung evident. Vgl. Elke Stolze, Die Martin-Luther-Universität Halle-Wittenberg während der Herrschaft des Faschismus (1933 bis 1945), Phil. Diss., Halle 1982, S. 47.
105 Werner Prokoph, Der Lehrkörper der Universität Halle-Wittenberg zwischen 1917 und 1945, Halle 1985.
106 Werner Prokoph, Die Universität Halle-Wittenberg in Hochschulpolitik und Wissenschaftsorganisation der Weimarer Republik, Dissertation B (Dr. sc. phil.), Halle 1980.
107 Prokoph, Lehrkörper, S. 139–141.
108 Heike Zimmermann, Klinik für Psychiatrie und Neurologie der Martin-Luther-Universität Halle-Wittenberg am Wendepunkt deutscher Geschichte bis zur Gegenwart, Diss. med., Halle 1993, S. 17.
109 Die Gedenkstätte für die Opfer der NS-Euthanasie in Bernburg wurde 1989 eingeweiht.
110 Zimmermann, S. 24.
111 Kairies impfte Frettchen mit Viren und stellte fest, dass einige der Tiere starben, andere nicht. Er führte das auf die Verunreinigung des Impfstoffes zurück, den Gedanken der Wandelbarkeit von Krankheitserregern zog er nicht in Betracht. Vgl. UAH Rep. 29 F II Nr. 3 Bd. 2.
112 Joachim Mrugowsky, Biologie eines Mansfeldischen Bergmannsdorfes, Berlin 1938.
113 Nelly Elstermann, Zur Geschichte des Instituts für Hygiene an der Universität Halle-Wittenberg im Zeitraum 1915 bis 1945 und zum Wirken der Ordinarien Paul Römer, Paul Schmidt und Adolf Seiser – Eine medizinhistorische Studie, Diss. med., Halle 1993.
114 Frank Hirschinger, »Zur Ausmerzung freigegeben« – Halle und die Landesheilanstalt Altscherbitz 1933–1945, Köln u.a. 2001.
115 Brita Gahl, Die Entwicklung der Pharmazie an der Universität Halle zwischen 1838 und 1938 – Ein Beitrag zu ihrer Institutionalisierung als pharmazeutisches Hochschulfach, Diss. rer. nat., Halle 1991, S. 132.
116 Vgl. die Würdigung Rojahns ebd., S. 128–131.
117 Gahl, S. 136.
118 Rojahn am 24. April 1937 an den Dekan der Naturwissenschaftlichen Fakultät: »Ich gedenke den Ruf anzunehmen, da sich hier für mich nach Aufhebung des Hallischen Institutes zunächst doch keine besonderen Aussichten bieten« Gahl, Anhang S. 50. Nicht anders an den Rektor am 24. April 1937: »… da sich mir in den nächsten Jahren in Deutschland keine Aussichten bieten …« Im Oktober 1937 nahm die iranische Regierung jedoch von einer Berufung Rojahns Abstand. UAH PA 13245 Rojahn.
119 Gahl, S. 137.
120 Gisela Nickel, Wilhelm Troll (1897–1978) – Eine Biographie, Halle 1996.
121 Markus Vonderau, Deutsche Chemie – Der Versuch einer deutschartigen, ganzheitlich-gestalthaft schauenden Naturwissenschaft während der Zeit des Nationalsozialismus, Diss. rer. nat., Marburg 1994.
122 Ziehe, Hans Hahne.
123 Walter Zöllner, Karl oder Widukind? Martin Lintzel und die NS-»Geschichtsdeutung« in den Anfangsjahren der faschistischen Diktatur, Halle 1975.
124 Benno Parthier, Kurt Mothes (1900–1983) – Gelehrter, Präsident, Persönlichkeit. Gedenkrede am Vorabend seines 100. Geburtstages sowie anmerkenswerte Details zu seinem Leben und Wirken, Halle 2001.

125 Günter Mühlpfordt und Günter Schenk in Verbindung mit Regina Meyer und Heinz Schwabe, Der Spirituskreis (1890–1958) – Eine Gelehrtengesellschaft in neuhumanistischer Tradition. Vom Kaiserreich bis zum Verbot durch Walter Ulbricht im Rahmen der Verfolgungen an der Universität Halle 1957 und 1958, Bd. 1: 1890–1945, Halle 2001.
126 Peter Chroust, Gießener Universität und Faschismus, Bd. 1, S. 171. Damit übernahm Chroust die Einschätzung Kurt Sontheimers, der jedoch noch weiter ging: »Die meisten der rechtsstehenden Professoren hielten gar ihre politischen Meinungsäußerungen für transpolitisch; sie wähnten sich oberhalb aller Politik, allein dem Ganzen verpflichtet. Sie meinten das wahre politische Interesse der Nation zu erkennen und darlegen zu können. Politik in einer Demokratie, das war für sie widerlicher Parteienhader und böse Manifestation der deutschen Zwietracht ...« Vgl. Kurt Sontheimer, Zur Haltung der deutschen Universitäten zur Weimarer Republik. In: Universitätstage 1966, S. 34.
127 Nach außen gab sich die DNVP als »neue Rechtspartei«, hatte ihre Wurzeln aber im alten konservativen Lager, dort saßen die Geldgeber der neuen Unternehmung. Anneliese Thimme, Flucht in den Mythos – Die Deutschnationale Volkspartei und die Niederlage von 1918, Göttingen 1969, S. 12–17. Zur Politik der DNVP 1927–1929 vgl. Helmut Heiber, Die Republik von Weimar, München 1990, 186–202. Mit ihrer Parteinahme für die DNVP entsprach die Professorenschaft wohl dem Durchschnitt des hallischen Bürgertums, das auf die Saale-Zeitung abonniert war. Die zum Hugenberg-Konzern gehörende Saale-Zeitung verstand sich als »parteilos national«. Tatsächlich aber wurde sie als Teil der Mitteldeutschen Verlags-AG 1919 mit dem Ziel gegründet, den beiden bürgerlichen Rechtsparteien DVP und DNVP eine Stimme zu verschaffen. Finanziert wurde die Gründung mit Kapital aus den A. Riebeck'schen Montanwerken (Stinnes) und dem Halleschen Bergwerksverein. Im ersten Aufsichtsrat saßen Politiker beider Parteien neben den Managern dieser Großbetriebe. Die Industriebeteiligung ging jedoch schrittweise zurück, die Deutsche Volkspartei büßte ohnehin an Einfluss ein. Ab 1931 bestimmte die DNVP ganz offen die Linie der Saale-Zeitung. Vgl. Heidrun Holzbach, Das »System Hugenberg« – Die Organisation bürgerlicher Sammlungspolitik vor dem Aufstieg der NSDAP, Stuttgart 1981, S. 266–268.
128 Diskutiert wurde die Frage der Affinitäten u.a. von Ernst Nolte, der dabei eher das Trennende als das Einende betont. Vgl. Ernst Nolte, Streitpunkte – Heutige und künftige Kontroversen um den Nationalsozialismus, Frankfurt am Main 1994, S. 89–104.
129 UAH Rep. 6 Nr. 1611.
130 Zit. nach: Sontheimer, Zur Haltung der deutschen Universitäten, S. 31.
131 Zahlreiche Beispiele gibt: Prokoph, Die Universität Halle-Wittenberg in Hochschulpolitik und Wissenschaftsorganisation der Weimarer Republik. Wenn dem Marxisten-Leninisten in seinen Wertungen nicht gefolgt werden kann, so sind seine Aktenauszüge jedoch korrekt. An dieser Einschätzung ändert auch nichts, dass Prokoph als Leiter des Gesellschaftswissenschaftlichen Grundstudiums an der Theologischen Fakultät von 1969 bis 1983 mehr oder weniger offiziell mit dem MfS zusammen arbeitete. Friedemann Stengel entdeckte einen Ordner (260 Blatt) mit Berichten des GMS »Kurt«, also Prokophs. Vgl. Friedemann Stengel, Die theologischen Fakultäten in der DDR als Problem der Kirchen- und Hochschulpolitik des SED-Staates bis zu ihrer Umwandlung in Sektionen 1970/71, Leipzig 1998, S. 325.
132 Ignaz Wrobel in der Weltbühne 18/1, Charlottenburg 1922. (Zit. nach Georg Usadel, Zeitgeschichte in Wort und Bild, 1920–1923, Oldenburg 1937, S. 81.)
133 Hans Schmidt, Kaisers Geburtstag. In: Ders., Aus der Gefangenschaft – Predigten gehalten im Offiziers-Gefangenenlager Lofthousepark bei Wakefield in England, Göttingen 1919, S. 118.
134 Trillhaas, Aufgehobene Vergangenheit, S. 144.
135 So auch in seiner Predigt zum Kaisergeburtstag. Hans Schmidt, Kaisers Geburtstag. In: Aus der Gefangenschaft, S. 120.
136 Veröffentlicht unter dem Titel »Die deutsche Rüstungspolitik vor dem Weltkriege«.
137 Hans Herzfeld, Die deutsche Sozialdemokratie und die Auflösung der nationalen Einheitsfront im Weltkriege, Leipzig 1928, S. 21, 39, 17.
138 Ebd., S, 193 f.
139 Ebd., S. 195.
140 Willy Real (Hrsg.), Hans Herzfeld, Aus den Lebenserinnerungen, Berlin und New York 1992, S. 181.
141 UAH PA Hartung.
142 Ernst Siefert, Neupreußischer Strafvollzug – Politisierung und Verfall, Halle 1933.
143 UAH PA Siefert.
144 So der Tenor von fünf Vorträgen eines Gedenkkolloquiums aus Anlass des 100. Geburtstages. In Memoriam Emil Abderhalden, Halle 1977.
145 Sein Schüler Horst Hanson sah durchaus den Pioniercharakter der abderhaldenschen Arbeiten, sein wohlwollendes Porträt nannte die Leistungen und ließ die Defizite durchblicken. Vgl. Horst Hanson, Emil Abderhalden als Lehrer, Forscher und Präsident der Leopoldina. In: Ebd., S. 17.
146 So von Andreas Frewer, Medizin und Moral in Weimarer Republik und Nationalsozialismus – Die Zeitschrift »Ethik« unter Emil Abderhalden, Frankfurt am Main 2000. Eine nahezu identische Bewertung erfuhr der Berliner Sozialhygieniker Alfred Grotjahn. Michael Hubenstorf schrieb 1987: »Gestern noch der Heros eines ›sozialistischen Gesundheitswesens‹ geriet er unversehens auf die Anklagebene als intellek-

tueller Förderer des Nationalsozialismus.« Hubenstorf ordnete Grotjahns Wirken in seine Zeit ein und korrigierte dieses Bild. Analog wird diese Historisierung auch im »Fall« Abderhalden stattfinden müssen, zumal von diesem derartig menschenverachtende Aussagen wie von Grotjahn nicht bekannt sind. Vgl. Michael Hubenstorf, Alfred Grotjahn. In: Wilhelm Treue und Rolf Winau, Berlinische Lebensbilder, Bd. 2, Mediziner, Berlin (West) 1987, besonders S. 357.
147 Aus marxistisch-leninistischer Sicht war dies natürlich der falsche Weg zu Verbesserung der Gesellschaft. Vgl. Ernst Luther, Ethische Aspekte im Leben und Werk Emil Abderhaldens. In: In Memoriam, besonders S. 31.
148 Sybille Gerstengarbe und Eduard Seidler, »… den Erfordernissen der Zeit in vollem Ausmaß angepasst« – Die Leopoldina zwischen 1932 und 1945. (Festschrift der Leopoldina zum 300-jährigen Gründungsjubiläum. Halle 2002, nach dem Manuskript).
149 Sontheimer, Die Haltung der Universitäten, S. 31.
150 Der § 4 der Universitätsstatuten erlaubte einen Dispens von dieser Regelung, den aber nur der preußische König aussprechen durfte. Wilhelm II. hat ihn nicht selten erteilt, aber auch verweigert.
151 UAH PA 14057 F. J. Schneider, darin Brief Festers.
152 Richard Fester, Das Judentum als Zersetzungselement der Völker – weltgeschichtliche Betrachtungen, Hamburg 1941, S. 12 und 18.
153 Ebd., S. 65 f.
154 Heiber, Universität unterm Hakenkreuz II Bd. 2, S. 461.
155 Ausführlich und mühelos auf die geistige Welt der Protagonisten der Universität Halle übertragbar: Stefan Breuer, Ordnungen der Ungleichheit – Die deutsche Rechte im Widerstreit ihrer Ideen 1871–1945, Darmstadt 2001.
156 Es soll nicht geleugnet werden, dass bei diesen Übertritten auch naive Begeisterung für die Person Hitler mitspielte und das Programmatische der NSDAP in den Hintergrund trat. So zitierte die Parteizeitung der NSDAP, der »Kampf«, am 28. Oktober 1932 ein Urteil des Lektors für Sprechkunde Richard Wittsack. Der Rhetoriklehrer hätte in einem seiner Sprechkurse den Hörern empfohlen, »Hitlers ›Kampf‹ zu lesen, gleich, ob man für oder gegen« diesen sei. Denn, so wurde Wittsack wiedergegeben, »dieses Buch enthalte eine so wundervolle Rhetorik und einen derartig fabelhaften Stil, dass jeder Sprachlernende ungeheuren Nutzen und Vorteil daraus profitieren würde.« Der NS-Redakteur jubelte: »Wieder ein Beweis, dass unser Hitler nicht nur ein großer Staatsmann und Redner, sondern auch ein großer Schriftsteller ist.« UAH PA 17184 Wittsack.
157 UAH Rep. 6 Nr. 1407.
158 Theo Sommerlad, König Heinrich I. als Gegner des politischen Klerikalismus. In: Germanien – Monatshefte für Germanenkunde zur Erkenntnis deutschen Wesens, Offizielles Organ des Ahnenerbes e. V. Berlin, Vorsitzender des Kuratoriums: Reichsführer SS Heinrich Himmler, Heft 2, Februar 1938, S. 39.
159 UAH PA 14812 Sommerlad.
160 UAH PA 15008 Stieve. Zur Abrundung seines Weltbildes sei berichtet, dass er sämtliche Latinisierungen ablehnte, also Pinzetten »Greifer« und den Oktober »Weinmond« nannte und seine Tochter Kriemhild getauft hatte. Zu Stieves Charakter sei angemerkt, dass er auf die Hunde seines Nachbarn mit dem Schrotgewehr schoss, die Katze seines Hausmeisters verbrannte und der Vivisektion von Versuchstieren verdächtigt wurde.
161 UAH PA 15008 Stieve.
162 Briefwechsel Haller von Hallerstein/Stieve in: UAH PA 10425 Mair.
163 Aly, Das Posener Tagebuch des Anatomen Hermann Voss, S. 61. Detaillierter Ernst Klee, Auschwitz, S. 97–111. Und direkt: Hermann Stieve, Die Wirkung von Gefangenschaft und Angst auf den Bau und die Funktion der weiblichen Geschlechtsorgane. In: Zentralblatt für Gynäkologie 1942, S. 1456 f.
164 Vgl. dazu für das Reich: Anselm Faust, Professoren für die NSDAP – Zum politischen Verhalten der Hochschullehrer 1932/33. In: Heinemann (Hrsg.), Erziehung und Schulung, Bd. 2, S. 31–49.
165 Kater, Professoren und Studenten, bes. S. 467.
166 StaWü RSF II 17.
167 Zit. nach StaWü RSF II 21 bzw. Bärbel Dusik (Hrsg.), Hitler, Reden, Schriften, Anordnungen – Februar 1925 bis Januar 1933, Bd. II, Teil 1: Juli 1926–Juli 1927, München u.a. 1992, S. 143.
168 Ebd., S. 145.
169 UAH Rep. 4 Nr. 1800.
170 StaWü RSF II 5.
171 Vgl. Dusik und ebd.
172 Fehlender Text vgl. Dusik (Hrsg.), Hitler, Bd. II, Teil 2: August 1927–Mai 1928, S. 670, Notizen in StaWü RSF II 21.
173 Bemerkenswerterweise beginnt der völkische Denker sein Buch mit den Worten: »Den Charakter dieses Buches bedingt der Umstand, dass sein Verfasser ein ungelehrter Mann ist.« Trotz des eingestandenen Dilettantismus machte das Buch Furore. Vgl. Houston Stewart Chamberlain, Die Grundlagen des neunzehnten Jahrhunderts, München 1912, S. IX f.

174 StaWü RSF II 21.
175 Am 10. und 11. November 1914 starben in den Kämpfen um das belgische Dorf Langemarck Tausende von Kriegsfreiwilligen, unter ihnen viele Studenten. Die Deutsche Studentenschaft übernahm die »Patenschaft« über den später angelegten Soldatenfriedhof. Ab 1931, nach der Übernahme der Leitung der DSt. durch die Nationalsozialisten, wurde der Friedhof zur Weihestätte ausgebaut. Über dem martialisch anmutenden Tor findet sich der Spruch des Arbeiterdichters Heinrich Lersch: »Deutschland muss leben, und wenn wir sterben müssen.« Im hinteren Teil des Friedhofes wurden große Betonblöcke aufgestellt, die zur Niederlegung von Kränzen gedacht waren und diesem Zweck noch heute dienen. Jeder Studentenverband hat dort »seinen« Block. Zur Schlacht selbst vgl. Karl Unruh, Langemarck – Legende und Wirklichkeit, Bonn 1987. Zur Bedeutung von Heldenmythen für die NSDAP vgl. Sabine Behrenbeck, Der Kult um die toten Helden – Nationalsozialistische Mythen, Riten und Symbole, Vierow 1996.
176 Organisatorischer Mittelpunkt war ein Stammtisch in der Mensa, für die straffe Organisation sorgten Zellenobleute. Hier funktionierte die Zellenorganisation reibungslos, beim politischen Gegner scheiterte sie auf der ganzen Linie, obwohl sie Walter Ulbricht den Kommunisten immer und immer wieder nahebrachte. Zum Spott über den »Genossen Zelle« vgl. Carola Stern, Ulbricht – Eine politische Biographie, Köln und Berlin (West) 1964, S. 43–53.
177 O.A., Bist Du zuerst Korporationsstudent oder Mitglied des NSDStB? In: Die Sturmfahne – Hochschule und Nationalsozialismus, 1. Novembernummer, Jahrgang 1931.
178 StaWü RSF II 5.
179 Ebd.
180 Blümel an Schirach über Ludendorff am 30. Dezember 1930:»Naturgemäß leben er und ich uns auseinander, nur weil er das Neidische zu sehr hervorkehrt.« StaWü RSF II 5.
181 StaWü RSF II 5.
182 Ebd.
183 Ebd.
184 UAH Rep. 4 Nr. 1800.
185 Ebd.
186 StaWü RSF II 518.
187 Später wurde dann Günther Stöve Chefredakteur der Hallischen Universitätszeitung, er wurde vom Studium wegen Beleidigung des Rektors relegiert, musste jedoch zum Studium wieder zugelassen werden, wie ein Gericht entschied. Verteidiger Stöves war der Rechtsanwalt Erwin Noack, später Honorarprofessor in der Rechts- und Staatswissenschaftlichen Fakultät. Verlag und Anzeigenabteilung übernahm 1932 Alfred Detering, später Gaustudentenführer. Vgl. Hallische Universitätszeitung, Nr. 5, 15. Februar 1932 und Die Sturmfahne, Januarnummer, Jahrgang 1932.
188 StaWü RSF II 5.
189 Dazu ausführlich Grüttner, Studenten im Dritten Reich und Anselm Faust, Der Nationalsozialistische Deutsche Studentenbund, Düsseldorf 1973.
190 UAH Rep. 4 Nr. 893.
191 UAH Rep. 4 Nr. 1800.
192 StaWü RSF II 5.
193 UAH Rep. 4 Nr. 1800.
194 Hans Börner: Der Fall Dehn. In: Die Sturmfahne, 1. Novembernummer, Jahrgang 1931.
195 Ebd.
196 Vgl. Heiber, Universität unterm Hakenkreuz, Bd. 1, S. 82–108.
197 StaWü RSF I 00 p 165.
198 UAH PA 5296 Dehn; Dehn, Die alte Zeit.
199 UAH PA 5296 Dehn.
200 StaWü RSF I 00 p 165.
201 Zit. nach einer Denkschrift über Dehn, hier Abschrift des Vortrages vom 6. November 1928. In: StaWü RSF I 00 p 165.
202 UAH PA 5296 Dehn, Rep. 4 Nr. 894.
203 Dehn, Die alte Zeit, S. 270.
204 StaWü RSF I 00 f 165.
205 UAH PA 5296 Dehn.
206 Die selten gesungene dritte Strophe des Liedes lautet: »Burschen, heraus! Burschen, heraus! Lasset es schallen von Haus zu Haus! Wenn es gilt für's Vaterland, treu die Klingen dann zur Hand, und heraus mit mut'gem Sang, wär' es auch zum letzten Gang! Burschen, heraus!« Vgl. www.homepage.swissonline.ch/zod/lieder/burschen.htm
207 UAH PA 5296 Dehn.
208 Vgl. Ebd. Nicht exakt gleich ist die Darstellung in Dehns Lebenserinnerungen. Vgl. Dehn, Die alte Zeit, S. 269.

209 StaWü RSF I 00 p 165, UAH Rep. 4 Nr. 703.
210 Günther Dehn, Kirche und Völkerversöhnung – Dokumente zum Halleschen Universitätskonflikt, Berlin 1932, S. 90. Sein Wille, die irregeleiteten Studenten wieder zu »Gehorsam gegenüber Gott« zurückzuführen, führte zu folgendem Kommentar von nationalsozialistischer Seite: »Mag Herr D. Dehn sich noch so oft von Gott auf den Lehrstuhl berufen fühlen, wir können nur feststellen, es ist tief betrüblich, dass man bereits Gott mit Herrn Grimme verwechselt.« StaWü RSF I 00 p 165.
211 UAH PA 5296 Dehn.
212 Vgl. StaWü RSF I 07 p 371.
213 Günther Dehn, Die zehn Gebote Gottes – Nach Luthers Kleinem Katechismus für Kinder erklärt, Göttingen 1939, S. 33.
214 Ebd., S. 51.
215 Gustav Boehmer, Der deutsche Staatsgedanke und die Ideen von 1914, Halle 1933, S. 3 f.
216 Hier zitierte Boehmer Carl Schmidt. Vgl. ebd., S. 4.
217 Ebd., S. 18.
218 Ebd., S. 29.
219 UAH Rep. 4 Nr. 688.
220 Vgl. Stolze, Martin-Luther-Universität, S. 22.
221 Vgl. Martin Broszat und Norbert Frei, Das Dritte Reich im Überblick – Chronik, Ereignisse, Zusammenhänge, München 1999, S. 201 ff.
222 Vgl. dazu ausführlich Abschnitt 3.2 dieser Arbeit.
223 RSF I 21 C 14/3, Blatt 173–175.
224 UAH Rep. 6 Nr. 1612.
225 StaWü RSF I 01 p 37.
226 UAH PA 7793 Hertz.
227 UAH PA 7469 Heimann.
228 UAH PA 7793 Hertz.
229 UAH PA 7571 Heldmann.
230 UAH PA 4006 Aubin.
231 UAH Rep. 4 Nr. 670.
232 UAH Rep. 4 Nr. 703.
233 Ein Rust-Erlass vom 23. Juli 1933 legte fest, dass der Rektor nach dem Führerprinzip seinen Prorektor bestimmen könne. UAH Rep. 4 Nr. 670.
234 StaWü RSF I 21c 14/3.
235 Vgl. Hans-Wolfgang Strätz, Die studentische »Aktion wider den undeutschen Geist« im Frühjahr 1933. In: Vierteljahrshefte für Zeitgeschichte Nr. 16, 1968, S. 347–372.
236 Strätz geht davon aus, dass die Aktion im Propagandaministerium geplant wurde und die Zusammenstellung der Liste der zu verbrennenden Bücher in der zweiten Märzhälfte und unter Beteiligung des Kampfbundes für deutsche Kultur erfolgte. Vgl. Strätz, S. 348.
237 Gemeint ist die massivem Pressekampagne amerikanischer Zeitungen, in der auch zum Boykott gegen deutsche Erzeugnisse aufgerufen wurde. Vorangegangen waren aber seit dem Januar 1933 zahlreiche Übergriffe gegen Juden, besonders jüdische Geschäftsinhaber in Deutschland. Darüber hinaus wurden ohne gesetzliche Grundlage jüdische Ärzte entlassen, jüdische Richter hatten sich als pensioniert zu betrachten. Vgl. Avraham Barkai, Vom Boykott zur »Entjudung« – Der wirtschaftliche Existenzkampf der Juden im Dritten Reich 1933–1943, Frankfurt am Main 1988, S. 27; analog Karlheinz Weißmann, Der Weg in den Abgrund – Deutschland unter Hitler 1933–1945, München 1997, S. 55.
238 StaWü RSF I 21 c 14/2.
239 StaWü RSF I 01 p 37.
240 Ebd.
241 StaWü RSF I 01 p 37. Aus dem Rundschreiben: »Für die ›Weltbühne‹ dürften zweizöllige Nägel geeignet sein. Für Herrn Stefan Zweig könnten Reißzwecken genügen. Ebenso für Herrn Ludwig und ähnliche Cohns. Für Herrn Tucholsky wären Vierzöller zu empfehlen.«
242 Vgl. Strätz, S. 358.
243 Eingehend ebd., S. 348.
244 StaWü RSF I 21c 14/3.
245 Kerr wurde von der Universität später noch die Doktorwürde aberkannt. Vgl. dazu Abschnitt 5.5.
246 StaWü RSF I 21c 14/3.
247 Saale-Zeitung vom 9. Mai 1933. Ausriss in: Ebd.
248 StaWü RSF I 01 p 37. Aus dem Rundschreiben: »1. Gegen Klassenkampf und Materialismus! Für Volksgemeinschaft und idealistische Lebenshaltung. Marx, Kautsky. 2. Gegen Dekadenz und moralischen Verfall! Für Zucht und Sitte in Familie und Staat. Heinrich Mann, Ernst Gläser, Erich Kästner. 3. Gegen Ge-

sinnungslumperei und politischen Verrat! Für Hingabe an Volk und Staat. F. W. Förster. 4. Gegen seelenzerfressende Überschätzung des Trieblebens! Für den Adel der menschlichen Seele. Freudsche Schule, Zeitschrift Imago. 5. Gegen Verfälschung unserer Geschichte und Herabwürdigung ihrer großen Gestalten! Für Ehrfurcht vor unserer Vergangenheit. Emil Ludwig, Werner Hegemann. 6. Gegen volksfremden Journalismus demokratisch-jüdischer Prägung! Für verantwortungsbewusste Mitarbeit am Werk des nationalen Aufbaus. Theodor Wolff, Georg Bernhard. 7. Gegen literarischen Verrat am Soldaten des Weltkrieges! Für Erziehung des Volkes im Geist der Wehrhaftigkeit. Erich Maria Remarque. 8. Gegen dünkelhafte Verhunzung der deutschen Sprache! Für Pflege des kostbarsten Gutes unseres Volkes. Alfred Kerr. 9. Gegen Frechheit und Anmaßung! Für Achtung und Ehrfurcht vor dem unsterblichen deutschen Volksgeist. Tucholsky, Ossietzky.« In der Berliner Bücherverbrennung verzichtete man auf die Nennung der Zeitschrift Imago und nannte Freud, nicht die Freudsche Schule. Polizeipräsident Roosen sprach: »Verbrennt ihr Flammen, was faul und schlecht! Es steigt aus der Asche, was deutsch ist echt! Vgl. Stolze, Martin-Luther-Universität, S. 83.

249 UAH PA 4006 Aubin.
250 Zu den Verhandlungen mit Aubin im Kultusministerium vgl. Heiber, Universität unterm Hakenkreuz, Bd. 1, S. 144–147.
251 UAH PA 9626 Kürten.
252 UAH PA 13333 Rothmann.
253 Heiber, Universität unterm Hakenkreuz, Bd. 1, S. 325.
254 Ebd.
255 Leopoldina-Archiv NL Abderhalden, Nr. 300.
256 Ebd.
257 Schon am 5. Februar 1920 skizzierte er seine politischen Vorstellungen über den Parlamentarismus in einem Brief an Adolf Damaschke, den Bundesvorsitzenden des Bundes Deutscher Bodenreformer. Mit den gegenwärtigen Parlamenten könne das Deutsche Reich »ganz unmöglich zu einem raschen Wiederaufbau kommen«, schrieb er damals in dem Brief. Stattdessen forderte er Fachausschüsse, in denen Experten mit Entscheidungsbefugnis vertreten seien. Am allerschlimmsten fände er es aber, »dass jeder Posten vom Standpunkt der Parteipolitik aus besetzt wird.« Damit seien sie den Fraktionen verantwortlich und in keiner Weise frei, um bestimmte notwendige Aufgaben durchzuführen. Die Abgeordneten wiederum würden, so Abderhalden weiter, nur »scheu auf ihre Wählermassen« blicken, damit »um Gottes willen keine Interessen verletzt werden.« Durch diese Rücksichten bedingt, gewinne das »ganze Handeln der Parlamente und Minister etwas unfreies.« Fortschritt sei damit unmöglich. Denn, so Abderhalden: »Wo würde der Handel, die Industrie und die Wissenschaft bleiben, wenn stets Rücksicht genommen werden müsste auf die herrschende Meinung?« Zwar gäbe es gegen diese Vorstellungen »große Bedenken« schrieb Abderhalden an Damaschke, er glaube aber, dass diese kleineren Parlamente, die nur aus Sachverständigen bestehen würden, »viel leistungsfähiger« wären, als die jetzigen Parlamente. Und vor allen Dingen würde, so Abderhalden 1920, »ohne Zweifel dem jetzigen Parteiengezänk der Boden entzogen.« Vgl. Leopoldina-Archiv Nachlass Abderhalden 266.
258 UAH PA 16946 Wertheimer.
259 UAH PA 6562 Gellhorn.
260 Leopoldina-Archiv NL Abderhalden, Nr. 300.
261 Ebd.
262 Die Medizinische Fakultät der Universität Halle hatte sogar Kürtens Ernennung zum außerordentlichen Professor abgelehnt. Dafür seien »Gründe rein sachlicher Natur« maßgeblich gewesen, schrieb Dekan Wätjen am 8. Dezember 1933, »besonders im Hinblick auf die nach der Habilitation von Ihnen vorgelegten Arbeiten.« UAH PA 9626 Kürten.
263 Vgl. Stolze, Martin-Luther-Universität, S. 27.
264 Auffällig ist, dass die meisten Personen, die mit der Reaktivierung der Wittenberger Tradition in Verbindung gebracht werden können, zum Sprituskreis gehörten.
265 UAH Rep. 4 Nr. 176. Marcks überließ die Büsten der Universität zum Sonderpreis von 2 000 Mark pro Stück. Die Melanchthon-Skulptur wurde sogar anlässlich der Olympischen Spiele auf einer kirchlichen Propagandaschau gezeigt. Danach versagte Rektor Woermann das weitere Verleihen der Büsten mit dem Hinweis auf akademische Feierlichkeiten.
266 Vgl. Stolze, Martin-Luther-Universität, S. 28.
267 UAH Rep. 4 Nr. 688.
268 Stolze, Martin-Luther-Universität, S. 31.
269 Elke Stolze, die den Vorgang in ihrer 1982 veröffentlichten Dissertation akribisch untersuchte, kam völlig zu Recht zu folgendem Urteil: »Für den in der Literatur wiederholt zu findenden Hinweis, die Wahl des Luther-Namens sei eine Maßnahme zur Abwehr faschistischer Bestrebungen, der Universität den Namen Alfred Rosenberg zu verleihen, und zeuge von hohem Verantwortungsbewusstsein der Wissenschaftler, lassen sich keine Anhaltspunkte finden.« Stolze, Martin-Luther-Universität, S. 32; UAH Rep. 4 Nr. 688.
270 UAH Rep. 6 Nr. 875.
271 Stolze, Martin-Luther-Universität, S. 34.

272 UAH Rep. 6 Nr. 868.
273 Stolze, Martin-Luther-Universität, S. 35.
274 UAH Rep. 6 Nr. 952.
275 Ebd.
276 Stolze, Martin-Luther-Universität, S. 37.
277 Preußische Studentenrechtsverordnung vom 12. April 1933 bzw. Gesetz über die Bildung von Studentenschaften an den wissenschaftlichen Hochschulen vom 22. April 1933, RGBl. 1, S. 215.
278 Vgl. Grüttner, Studenten, S. 63.
279 UAH Rep. 4 Nr. 1439.
280 UAH Rep. 4 Nr. 688.
281 StaWü RSF I 00g 254.
282 StaWü RSF I 254. Ein weiterer Gedanke, der jedoch nicht zum Tragen kam, war die Überprüfung von Berufungen durch die Fachschaftsleiter. Sie sollten »negative Instanz« sein, also »nicht tragbare« Hochschullehrer verhindern. Vgl. StaWü RSF 01 g 37.
283 StaWü RSF 01 g 37.
284 UAH Rep. 6 Nr. 1612.
285 Ebd.
286 UAH Rep. 6 Nr. 1400.
287 StaWü RSF 01 p 37.
288 UAH Rep. 6 Nr. 1400. Er fand eine Anstellung bei der Deutschen Studentenschaft.
289 UAH Rep. 6 Nr. 1612.
290 UAH Rep. 6 Nr. 1400.
291 StaWü RSF I 70 g 398/1.
292 Ebd.
293 UAH Rep. 4 Nr. 1439.
294 So Joachim Storost. UAH Rep. 6 Nr. 1407.
295 UAH Rep. 6 Nr. 1202.
296 Genannt wurden dabei Kleinkaliberschießen, Reiten, Fahren, Segelfliegen, Rudern, Schwimmen, Fechten, Selbstverteidigung, Orientierung im Gelände. Also ebenfalls militärisch verwertbare Qualifikationen. Auch eine Hindernisbahn befand sich auf dem Sportplatz auf der Ziegelwiese. UAH Rep. 6 Nr. 1400.
297 UAH Rep. 6 Nr. 1719.
298 Kurt Mothes, Leiter des Studentenwerkes ab Oktober 1933, räumte für die Studenten auch noch ein weiteres Hindernis aus dem Weg. Die Deutsche Hypothekenbank hatte der KPD das Geld für das Haus geliehen und eine Hypothek in Höhe von 100 000 Mark eingetragen. Mothes schlug vor die Hypothek auf Grund des Gesetzes über die Enteignung kommunistischer Vermögen zu tilgen. Mothes am 8. März 1934: »Wenn auch vielleicht die Hypothek nicht in der Absicht gegeben wurde, den Kommunismus zu fördern, sondern in der Absicht eine Geldanlage zu finden, so bleibt doch die Tatsache bestehen, dass durch die Hergabe des Geldes eine Förderung der staats- und volksfeindlichen Organisationen erfolgt ist. Wenn man gegen diese Auffassung einwendet, dass die Interessen der Einleger der Deutschen Hypothekenbank geschützt werden müssten, so will uns doch nicht einleuchten, dass dies auf Kosten der Öffentlichkeit oder auf Kosten einer so wertvollen Einrichtung geschehen soll, wie es das Kameradschaftshaus ist ...« Es wurde so verfahren, wie Mothes vorschlug. UAH Rep. 6 Nr. 1719.
299 UAH Rep. 6 Nr. 1612.
300 UAH Rep. 6 Nr. 1719.
301 StaWü RSF II 359.
302 StaWü RSF I 03 g 64/1.
303 StaWü RSF I 00 g 216/1.
304 StaWü RSF II 109.
305 UAH Rep. 4 Nr. 703.
306 UAH Rep. 4 Nr. 670.
307 UAH PA 7219 H. Hahne.
308 Vgl. Ziehe, Hahne, S. 17.
309 Zur wissenschaftlichen Wertung vgl. ebd., S. 22–42.
310 UAH PA 7219 Hahne.
311 Ziehe, Hahne, S. 72f.
312 MNZ 19. Januar 1934. Ausriss in: UAH Rep. 6 Nr. 998.
313 Heiber, Universität, Teil II, Bd. 2, S. 464.
314 Hans Hahne, Volkheit als Gegenstand von Forschung und Lehre und Mittel zur Erziehung zum heroischen Volksbewusstsein – Festrede zum 18. Hartung 1934, Halle 1935, S. 4.

315 Ebd., S. 7f.
316 Ebd., S. 16.
317 Ebd., S. 10.
318 Am profiliertesten war wohl der Tübinger Privatdozent für Biologie Gerhard Heberer, der bei Hahne studiert hatte. Hahne betonte, dass Heberer »außer anerkannten Leistungen auf zoologischem Fachgebiet auch ausgezeichnete Befähigung aufzuweisen hat für menschliche Rassenforschung, gerade auf dem Gebiete der ur- und vorgeschichtlichen Anthropologie, was eine sehr erwünschte, ja notwendige Ergänzung der Arbeiten meines Lehrstuhles für Volkheitskunde bedeuten würde …« UAH Rep. 4 Nr. 670. SS-Mann Heberer wurde nach Jena berufen, es dürfte Hans Hahnes Einfluss geschuldet sein, wenn er »unser mitteldeutsches Gebiet« als das »Kernland des Indogermanentums« definierte. Klee, Deutsche Medizin, S. 233.
319 UAH PA 17209 Woermann.
320 UAH PA 7219 Hahne.
321 Zum Prozedere der Wahlen vgl. Seier, Rektoren, S. 123 ff. und Heiber. Für Halle war die angedrohte »Wichtung« der Voten irrelevant, da man sich zu fast 100 % auf Woermann einigte.
322 BA Berlin R 4901 Nr. 705, Blatt 346.
323 Woermanns Bedenken waren offenbar taktischer Natur, Clausen besaß mit Karl Velhagen einen überaus tüchtigen und für ein Ordinariat reifen Oberarzt. BA Berlin R 4901 Nr. 705, Blatt 348. Zu Velhagen UAH PA 16399 Velhagen und autobiographische Skizze in: Günter Albrecht und Wolfgang Hartwig (Hrsg.), Ärzte – Erinnerungen, Erlebnisse, Bekenntnisse, Berlin (Ost) 1976.
324 BA Berlin R 4901 Nr. 705, Blatt 348.
325 UAH PA 14480 Schumann, vor allem Dokumente zur Entnazifizierung sowie Meier, Die Theologischen Fakultäten, S. 238.
326 Vgl. Klaus Scholder, Die Kirchen und das Dritte Reich – Vorgeschichte und Zeit der Illusion 1918–1934, München 2000.
327 BA Berlin R 4901 Nr. 705, Blatt 347.
328 Ebd., Blatt 352.
329 UAH PA 16768 Weigelt.
330 UAH Rep. 4 Nr. 687 und 688.
331 Johannes Weigelt, Das Problem der Speicherung und die mitteldeutschen Eisenerze, Halle 1937, S. 13–15.
332 Christian von Ferber, Die Entwicklung des Lehrkörpers der deutschen Universitäten und Hochschulen 1864–1954, Göttingen 1956.
333 Vgl. Klaus Fischer, Die Emigration von Wissenschaftlern nach 1933 – Möglichkeiten und Grenzen einer Bilanzierung. In: Vierteljahrshefte für Zeitgeschichte 1991, S. 535–549, Seier, Hochschullehrerschaft, S. 252.
334 Eigene Berechnungen auf Grund der Angaben in den Personalakten.
335 UAH PA 10425 Mair.
336 UAH Rep. 6 Nr. 1407.
337 UAH PA 14031 Schnabel.
338 UAH PA 9693 Kunitz.
339 Ebd.
340 Vgl. Seier, Hochschullehrerschaft, S. 252.
341 Von Friedländer wurde die deutsche Variante der Judenfeindschaft wegen ihrer religiösen Komponente als »Erlösungsantisemitismus« beschrieben. Vgl. Saul Friedländer, Das Dritte Reich und die Juden. Die Jahre der Verfolgung 1933–1939, München 2000, S. 101.
342 Vgl. Böhm, München, S. 105–135.
343 »Alle Deutschen sind vor dem Gesetz gleich. … Öffentlich-rechtliche Vorrechte oder Nachteile der Geburt oder des Standes sind aufzuheben …« Zit. nach Erich Fischer und Werner Künzel, Verfassungen deutscher Länder und Staaten – Von 1816 bis zur Gegenwart, Berlin (Ost) 1989, S. 244.
344 Gesetz zur Wiederherstellung des Berufsbeamtentums. RGBl. I, Nr. 34, Jg. 1933, S. 175–177.
345 Zitiert nach: Felix Ekke, Die braunen Gesetze – Über das Recht im Unrechtsstaat, Berlin (Ost) 1990, S. 95.
346 Gesetz zur Wiederherstellung des Berufsbeamtentums, a.a.O., S. 175.
347 Merkblatt in: UAH PA 9822 Lang.
348 Abschrift des Schreibens von Tromp an die Dekane in: UAH PA 4062 Baer.
349 Die Namen der Assistenzärzte: Rosemarie Braun, Franz Eichbaum, Alfred Gallinek, Paul Edler von Gara, Hermann Jastrenitz, Siegfried Lachs. Vgl. UAH Rep. 6 Nr. 1339.
350 Vgl. Seier, Hochschullehrerschaft, S. 254.
351 UAH PA 24430 Eckert-Möbius.
352 UAH PA 8875 Kitzinger.
353 Unmittelbarer Anlass war eine Erklärung des Clubs zu dem April-Pogrom, die der hallische Club in die Schweiz gesandt hatte, um gegen von der ausländischen Presse behauptete Greueltaten Stellung zu nehmen: »In unserem Bezirk ist keinem Deutschen jüdischen Glaubens das geringste körperliche Leid ge-

schehen.« Protokoll der Zusammenkunft des Rotary Clubs Halle, 30. März 1933. In: Leopoldina-Archiv NL Abderhalden Nr. 803.
354 Protokoll der Zusammenkunft des Rotary Clubs Halle, 4. Mai 1933. In: Ebd.
355 UAH Rep. 6 Nr. 1215.
356 UAH Rep. 6 Nr. 1219.
357 Auch eine Tätigkeit als Repetitor blieb ihnen versagt. Am Schwarzen Brett war im November 1935 auf Anweisung des Reichs- und Preußischen Ministers für Wissenschaft, Erziehung und Volksbildung folgender Text auszuhängen: »Es verstößt gegen Würde und Ansehen der Hochschule, wenn Studenten deutscher Abstammung bei jüdischen oder jüdisch versippten Repetitoren hören. Zuwiderhandlungen werde ich gemäß der Strafordnung für Studenten vom 1. April 1935 ahnden. In die neue Prüfungsordnung für Diplomvolkswirte, Diplomkaufleute und Diplomhandelslehrer habe ich die Bestimmung aufgenommen, dass nur noch solche Kandidaten zur Prüfung zugelassen werden, die die Versicherung abgeben, dass sie nicht bei jüdischen oder jüdisch versippten Repetitoren gehört haben. Gleichzeitig habe ich den Herrn Reichsjustizminister gebeten, eine entsprechende Bestimmung in die juristischen Prüfungsordnungen aufzunehmen. Die Leiter der Studentenschaften werden durch Anschlag bekannt geben, welche Repetitoren unter diesen Erlass fallen.« UAH Rep. 6 Nr. 1210.
358 Neben den Personalakten vgl. UAH Rep. 6 Nr. 1339.
359 UAH PA 16380 Utitz. Zur Biographie vgl. Josef Zumr, Emil Utitz (1883–1956) Ästhetiker – Für den humanistischen Sinn der Kultur. In: Monika Glettler und Alena Míšková, Prager Professoren 1938–1948 – Zwischen Wissenschaft und Politik, Essen 2001, S. 237–248.
360 Hindenburg hatte die Frontkämpferregelung bei Hitler durchgesetzt. Vgl. Werner Maser, Hindenburg – Eine politische Biographie, Rastatt 1990, S. 338–340.
361 Die Entlassungen selbst wurden mit dem § 3 des Reichsbürgergesetzes begründet, der die politischen Rechte der Nicht-»Reichsbürger« beschnitt. UAH Rep. 6 Nr. 1339. Als Staatsangehöriger, nicht aber Reichsbürger galt, wer vier oder drei, in bestimmten Fällen zwei jüdische Großeltern hatte. Vgl. Ekke, Die braunen Gesetze, S. 103.
362 Vgl. UAH PA 9990 Lehnerdt.
363 Hier Theodor Roemer. In: UAH PA 13184 Roemer.
364 Gerettet wurde lediglich eine Thora-Rolle, sie wurde von Wilhelm Printz, dem Bibliothekar der Deutschen Morgenländischen Gesellschaft in die Handschriftenabteilung der Bibliothek eingeordnet. Susanne Meincke und Clemens Krause, »Kristallnacht« und Judenverfolgung – Zur Geschichte der jüdischen Gemeinde Halle. In: Brentjes, Wissenschaft, S. 172.
365 Lothar Mertens, Halle. In: Jutta Dick und Marina Sassenberg (Hrsg.), Wegweiser durch das jüdische Sachsen-Anhalt, Potsdam 1998, S. 104.
366 Nach 1945 bestätigte ein Erbe gegenüber der Universität den Tod von Georg Brodnitz. Vgl. UAH PA 4957 Brodnitz.
367 UAH Rep. 6 Nr. 2952.
368 UAH Rep. 6 Nr. 2882.
369 UAH Rep. 6 Nr. 2882.
370 Zu den geringen Chancen zur Emigration vgl. Friedländer, Das Dritte Reich und die Juden sowie Walter Laqueur, Geboren in Deutschland – Der Exodus der jüdischen Jugend nach 1933, Berlin und München 2000, bes. S. 271 ff.
371 UAH PA 8861 Kisch.
372 UAH PA 10183 von Lippmann.
373 Meyers Lexikon, achte Auflage, Bd. 7, Leipzig 1939, Spalte 583. Dort findet sich lediglich ein anderer Lippmann, der Physiker Gabriel L. »Jude«.
374 DBE Bd. 4, S. 652f, UAH PA 7793 Hertz.
375 UAH PA 6968 Grünfeld.
376 Ebd.
377 UAH Rep. 4 Nr. 2090.
378 UAH PA 8875 Kitzinger.
379 Vgl. Rolf Lieberwirth, Der Lehrkörper zwischen den beiden Weltkriegen. In: Walter Pauly (Hrsg.), Hallesche Rechtsgelehrte jüdischer Herkunft, Köln u.a. 1996, S. 26
380 Es spricht für den Historiker Kisch, dass er seine Niederlagen, und nur bescheiden Erfolge, unprätentiös in seiner Autobiographie beschrieben hat. Vgl. Guido Kisch, Der Lebensweg eines Rechtshistorikers – Erinnerungen, Sigmaringen 1975, bes. S. 126–153.
381 Vgl. die wissenschaftliche Würdigung durch Heiner Lück. Ders., Der Rechtshistoriker Guido Kisch (1889–1985) und sein Beitrag zur Sachsenspiegelforschung. In: Pauly, S. 53–66.
382 Aus »prinzipiellen« Gründen fragte die Universität im Kultusministerium nach, aus »grundsätzlichen Erwägungen« bestätigte Ministerialdirektor Haupt die Entscheidung des Bibliotheksdirektors. UAH PA 8861 Kisch.

383 Kisch, Lebensweg, S. 126.
384 UAH PA 5288 David. In einschlägigen Nachschlagewerken ist David nicht verzeichnet, beim Standesamt in Köln sind Sterbetag und -ort nicht registriert. Nach der Auflösung des Jüdischen Krankenhauses wurden die Patienten mit ihren Ärzten nach Auschwitz deportiert. In den mittlerweile veröffentlichten Listen der deportierten Frankfurter Juden ist David jedoch nicht enthalten. Vgl. Beate Gohl, Jüdische Wohlfahrtspflege im Nationalsozialismus, Frankfurt am Main 1933–1943, Frankfurt am Main 1997 und Adolf Diamant, Deportationsbuch der von Frankfurt am Main aus gewaltsam verschickten Juden in den Jahren 1941 bis 1944, Frankfurt am Main 1984.
385 UAH PA 13333 Rothmann.
386 UAH PA 16946 Wertheimer.
387 Biographisches Handbuch der deutschsprachigen Emigration nach 1933, Bd. 2, S. 1238.
388 Meyers Lexikon, Bd. 6, Sp. 320.
389 UAH PA 17148 Winternitz.
390 Saale-Zeitung, 18. September 1934. In: Ebd.
391 Hallische Nachrichten, 15. September 1934. In: Ebd.
392 UAH PA 17148 Winternitz.
393 UAH PA 4957 Brodnitz.
394 Hilko Wiardo Schomerus, der den Bericht über die Versammlung auf Verlangen des Rektors erstattete, schloss sich Heimanns Ausführungen aus eigener Kenntnis Indiens an und schrieb, dass ihre »objektive Feststellung« kaum beanstandet werden könnte. Schomerus weiter: »Von einer rassemäßigen Zugehörigkeit der heutigen Inder zur arischen Rasse zu sprechen, erscheint mir persönlich nicht minder sinnlos, als die Deutschen der semitischen Rasse zuzuzählen, weil unter ihnen etwa 500 000 Juden wohnen.« Dass Heimann in dieser »durch die Aufrollung der Rassenfrage erregten Versammlung« als »Jüdin« geredet habe, sei nach seinem Empfinden »wohl unklug« gewesen. Das Gesagte aber, »in keiner Weise aggressiv oder das Deutschtum herabsetzend«. UAH PA 7469 Heimann.
395 Biographisches Handbuch der deutschsprachigen Emigration nach 1933, Bd. 2, S. 477
396 Die handschriftlichen Notizen in der Personalakte Frankls sind schlecht lesbar und schwer zu deuten.
397 Zur Wichtigkeit Frankls für die Kunstgeschichtsschreibung vgl. u.a. Heinrich Dilly, Deutsche Kunsthistoriker 1933–1945, München und Berlin (West) 1988.
398 UAH PA 6208 Frankl.
399 UAH PA 6557 Gelb.
400 Ebd. Zur wissenschaftlichen Bedeutung Gelbs vgl. Neue Deutsche Biographie, Bd. 6, S. 168 f.
401 UAH Rep. 4 Nr. 2090.
402 UAH PA 16380 Utitz.
403 UAH Rep. 4 Nr. 703.
404 UAH PA 10183 Lippmann.
405 Über seine Vorlesungstätigkeit schrieb er: »… Nach Schluß des Vortrages traten fast jedesmal mehrere der Studenten an mich heran, um nähere Auskunft über diesen oder jenen Punkt zu erbitten; das erfreute mich als Zeichen der Teilnahme, gab mir aber auch Gelegenheit zu ersehen, wie tief schon damals die Allgemeinbildung der jungen Leute gesunken war, auch die der Gymnasialabiturienten … Gerade diese Befragungen, so willkommen sie an sich waren, setzten mich aber infolge zunehmenden Versagens meines Gehöres in immer größere Verlegenheit, denn meistens konnte ich keine Silbe ihres Wortlautes verstehen, und wenn ich bat, recht langsam und deutlich zu sprechen, so fruchtete das meist nur für einen Satz, zumal die Hörer offenbar glaubten, es sei unschicklich, den Professor anzuschreien. Unter diesen Umständen erwog ich ernstlich, schon seit Eintritt in das 75. Lebensjahr, also seit 1931, die Niederlegung des Lehrauftrages und führte diese Absicht nach Beendigung des Wintersemesters 1932/33, also im Frühjahre 1933, auch aus. Um so mehr als hierzu die Ankündigung des bevorstehenden ›Dritten Reiches‹ und der von ihm geplanten Maßregeln, den genannten Zeitpunkt als den naturgemäß gegebenen erscheinen ließ. In der Tat wurde bald darauf auch ich aus der Fakultät ausgeschlossen und des Rechtes, Vorlesungen zu halten, verlustig erklärt. Anläßlich einer Unterredung mit dem damaligen Kurator-Stellvertreter sagte mir dieser persönlich seinen Dank für die geleisteten Dienste und sprach sein großes Bedauern darüber aus, dass es nun wieder ganz an einer naturwissenschaftlich-geschichtlichen Vorlesung fehlen werde; aber an der im Interesse der Lehranstalt so wünschenswerten Berufung einer geeigneten Kraft, der man ein Gehalt anbieten müsste, seien Mittel nicht vorhanden und derzeit zu solchem Zwecke auch keinesfalls zu erlangen.« Zit. nach: Guntwin Bruhns (Hrsg.), Aus den Lebenserinnerungen von E. O. von Lippmann (fertiggestellt 1937). In: Zuckerindustrie, Jg. 107 bis 119, 1982–1994. Hier 119/1994, S. 937.
406 Ebd.
407 UAH PA 4062 Baer.
408 Deutsche Biographische Enzyklopädie, Bd. 1, S. 261.
409 UAH PA 4433 Bernstein.
410 Auskunft des Stadtbüros Baden (Schweiz) und des Personenmeldeamtes Zürich.
411 UAH Rep. 4 Nr. 118.

412 Eine wissenschaftliche Würdigung des Werkes nahm Walter Pauly vor. Ders., Max Fleischmann (1872–1943) und das Öffentliche Recht in Halle. In: Pauly, Rechtsgelehrte, S. 33–52.
413 UAH PA 10318 Lüddecke.
414 UAH PA 6121 Fleischmann.
415 Angabe der Ehefrau Fleischmanns an den ersten Nachkriegsrektor Otto Eißfeldt. UAH Personalia D-F.
416 Zur Biographie Hauptmanns vgl. Sybille Gerstengarbe, »Evangelisch, als Jude geboren« – Dokumente eines deutschen Schicksals. In: Deutsche Akademie der Naturforscher Leopoldina, Jahrbuch 1992, Halle 1993, S. 317–344.
417 So vom 8. bis zum 16. Januar 1934 an einem erbbiologisch-rassehygienischen Lehrgang für Psychiater in München. UAH PA 7386 Hauptmann.
418 Ebd.
419 Ebd.
420 Die genauen Daten ermittelte Katleen Hauck, Alfred Hauptmann – Schicksal eines deutschen Psychiaters und Neurologen jüdischer Herkunft, Manuskript ohne Datum (2001).
421 UAH PA 7386 Hauptmann.
422 Gerstengarbe, S. 339.
423 Vgl. Hirschinger, S. 65.
424 UAH PA 16804 Weisbach.
425 Biographisches Handbuch der deutschsprachigen Emigration nach 1933, Bd. 2, S. 1226.
426 UAH Rep. 6 Nr. 1407.
427 UAH PA 6193 Kochmann, Leopoldina-Archiv Matrikelmappe 3508.
428 UAH PA 6193 Kochmann.
429 Ebd.
430 Ebd.
431 UAH PA 6344 Froböse.
432 UAH PA 7219 H. Hahne.
433 UAH PA 6344 Froböse.
434 UAH PA 6289 Friedländer und DBE Bd. 3, S. 453.
435 Chroust, Gießen, S. 171.
436 UAH Rep. 6 Nr. 1407.
437 Dekan Koch notierte am 5. Mai 1947 penibel: »Die Situation hat sich insofern geändert, als Professor Reitzenstein neuerdings seine graezistische Professur beizubehalten wünscht. Professor Altheim beabsichtigt Latinist zu bleiben und die alte Geschichte nur noch nebenamtlich zu vertreten.« UAH PA 9893 Laqueur.
438 Der von Joseph Vogt, ab 1940 Ordinarius der Universität Tübingen, verfasste Nachruf ist typisch für den Geist der Zeit. Laqueur sei ein Historiker »von einzigartiger Begabung zur Textanalyse« gewesen, dazu ein »akademischer Lehrer von hoher Autorität«. Und für diesen Mann war kein Platz an einer westdeutschen Universität? Historische Zeitschrift, Bd. 197, München 1963, S. 789. Der Nachruf erschien bezeichnenderweise erst 1963. Die Historische Zeitschrift wurde zu dieser Zeit von Theodor Schieder geleitet, er war ein fanatischer Nationalsozialist und befasste sich zwischen 1939 und 1945 mit der ethnischen Säuberung Polens. Vgl. Akten der Abwehr BA-MA RW 49 Nr. 50 bis 52, sowie ausführlich bei Ingo Haar, Historiker im Nationalsozialismus – Deutsche Geschichtswissenschaft und der »Volkstumskampf« im Osten, Göttingen 2000.
439 UAH PA 4915 Bremer.
440 Eine wohl überholte Würdigung bieten: Horst Heindorf und Heinz Schwabe, Arnold Japha (1877–1943) zu seinem 25. Todestag. In: WZ der Universität Halle XVII, 1968 Heft 1, S. 125–142.
441 Hirschinger, S. 56, nennt den Namen nicht.
442 Arnold Japha, Gertrud Herzog, Die Aufwendungen der öffentlichen Fürsorge für unterwertige Familien. In: Zeitschrift für Gesundheitsverwaltung und Gesundheitsfürsorge, 4. Jg., Heft 5, S. 5. März 1933, S. 97–102. Der Vater einer von Japha als »minderwertig« bezeichneten und damit sterilisierungswürdigen Familie (sieben Kinder) war während der Weltwirtschaftskrise vom Fell- zum Lumpenhändler abgestiegen und litt an Tbc. Die Kinder waren kleinwüchsig, rachitisch und tuberkolosegefährdet. Der Vater fing an, formulierten Japha und Herzog, »sich als arbeitsfähig zu bezeichnen, trotzdem er längst gelähmter Hand und dem Lungenleiden regelmäßig gearbeitet hat, ohne dass sich letzteres verschlechtert hatte. Dauernd wird Unterstützung beantragt ...« Frank Hirschinger verzichtete leider auf eine Auswertung dieses bezeichnenden Aufsatzes. Generell sparte er die jüdischen Eugeniker in seiner materialreichen Arbeit praktisch aus. Vgl. Hirschinger, »Zur Ausmerzung freigegeben«, v. a. S. 45–65.
443 UAH PA 8428 Japha.
444 UAH Rep. 4 Nr. 2090.
445 Zur Entstehung des Beamtengesetzes vgl. Hans Mommsen, Beamtentum im Dritten Reich – Mit ausgewählten Quellen zur nationalsozialistischen Beamtenpolitik, Stuttgart 1966, S. 91–123.

446 UAII PA 7794 Hertz.
447 Ebd.
448 Auskunft des Stadtarchivs Heilbronn.
449 Friedrich Lehnerdt, Der Einfluß des Strontiums auf die Entwicklung des Knochengewebes wachsender Tiere bei verschiedenem Kalkgehalt der Nahrung, Habilitationsschrift Universität Halle, Zeitschrift für die gesamte experimentelle Medizin, Bd. 1, Heft 2, Berlin 1913, vgl. insbesondere S. 81 bis 91.
450 Tagesbefehl der 10. Landwehrdivision vom 1. August 1918 in: UAH PA 9990 Lehnerdt.
451 UAH PA 9990 Lehnerdt.
452 UAH PA 7804 Herzfeld.
453 Der unterzeichnende Student Walter Nissen erwähnt in dem Schreiben auch Herzfelds »antisemitische Einstellung«. Auch wenn man den Quellen einen hohen Wahrheitsgehalt zubilligt, ist dies doch nicht glaubhaft. Die von Nissen als Belege angeführten Bücher Herzfelds sind antiliberal und antimarxistisch, judenfeindliche Töne finden sich in ihnen jedoch nicht, nicht einmal in den drastischen Urteilen, die Herzfeld über die russischen Revolutionäre abgab. UAH PA 7804 Herzfeld sowie Herzfeld, Auflösung der Einheitsfront.
454 UAH PA 7804 Herzfeld.
455 Haar, Historiker, S. 200 f.
456 UAH PA 14057 F. J. Schneider, darin ein Brief Festers.
457 Vgl. Herzfeld, Lebenserinnerungen. Deutsche Biographische Enzyklopädie, Bd. 4, S. 661
458 Die Urteile über Herzfelds Bedeutung als Historiker fielen unterschiedlich aus. Eine Würdigung gibt Hermann-Josef Rupieper, Der Historiker Hans Herzfeld (1892–1982) in Halle (AT), In: Rupieper (Hrsg.), Beiträge (nach dem Manuskript). Ingo Haar, der 2000 eine Arbeit über den Einsatz der Historiker beim »Volkstumskampf« im Osten veröffentlichte, hielt Herzfeld einerseits für »sehr mutig«, weil sich dieser für das rankesche Objektivitätsideal und damit indirekt gegen das Prinzip der »kämpfenden Wissenschaft« ausgesprochen habe. Andererseits konstatierte Haar zu Recht, dass Herzfeld »rückhaltlos« für die Beseitigung der Weimarer Republik eintrat. Haar, Historiker, S. 200 f.
459 Karl Siegmar von Galéra (1894–1969) wird häufig mit seinem Vater verwechselt. So wurde der Vater oft zu Unrecht beschuldigt, nationalsozialistische Werke verfasst zu haben. Die Habilitation des Sohnes scheiterte 1936/37 an angeblich jüdischen Vorfahren, obwohl sich die Gauleitung zunächst für Karl Siegmar von Galéra einsetzte. Nachvollziehbar ist all das anhand der Akten im Universitätsarchiv nur schwierig, zumal Siegmar von Galéra adoptiert wurde. Vgl. UAH PA 6464 Schultze-Galéra, in dieser Akte sind beide Galéras abgeheftet.
460 Der Begriff kann trotz aller Bedenken verwandt werden, gibt es doch, so François Furet, »keinen Grund, den Faschismus unter dem Vorwand, er kämpfe unter dem Banner der Nation oder der Rasse, vom Segen oder vom Fluch der revolutionären Idee auszunehmen.« Vgl. François Furet, Das Ende der Illusion – Der Kommunismus im 20. Jahrhundert, München 1998, S. 50.
461 Gesetz zur Wiederherstellung des Berufsbeamtentums. RGBl. I, Nr. 34, Jg. 1933, S. 175.
462 Urteil in: UAH PA 5296 Dehn.
463 Vgl. Dehn, Die alte Zeit.
464 UAH PA 8459 Joerges.
465 UAH Rep. 6 Nr. 1215.
466 Ebd.
467 UAH PA 7328 Hartung. Als Äquivalent für die Habilitation wurde aus dem umfangreichen wissenschaftlichen Werk Hartungs die von ihm überarbeitete Preußische Schiedsmannsordnung genannt. Vgl. Die Preußische Schiedsmannsordnung in der vom 1. Januar 1925 an geltenden Fassung, erläutert von F. Hartung, Ministerialrat im Preußischen Justizministerium, Berlin und Mannheim 1925.
468 UAH PA 7328 Hartung.
469 Vgl. Fritz Hartung, Jurist unter vier Reichen, Köln u.a. 1971.
470 UAH PA 17104 Windelband.
471 UAH PA 4999 Brugsch.
472 In seinen Erinnerungen berichtet er, dass er einem Nazi Prügel mit der Reitpeitsche angedroht habe. Vgl. Brugsch, Arzt seit fünf Jahrzehnten, S. 275.
473 UAH Rep. 6 Nr. 1407.
474 UAH PA 4999 Brugsch.
475 Ebd.
476 Vgl. Brugsch, Arzt seit fünf Jahrzehnten. Diese Angabe konnte jedoch nicht nachgeprüft werden.
477 UAH PA 13616 Schardt.
478 Unrichtig sind die Angaben in der Deutschen Biographischen Enzyklopädie. Vgl. Ulrike Wendland, Biographisches Handbuch deutschsprachiger Kunsthistoriker im Exil, München 1999, S. 599 f.
479 UAH PA 5721 Eickschen.

480 UAH PA 3940 Anthes. Per Erlass des Reichsinnenministeriums vom 6. Juni 1939 waren Beamte von der Anstellung »ausgeschlossen« die »erst nach dem 30.1.1933 aus einer Freimaurerloge usw. ausgeschieden sind und während ihrer Logenzugehörigkeit einen höheren als den dritten Grad ... bekleidet haben ...« Erlass in: UAH Rep. 6 Nr. 2882.
481 UAH PA 3940 Anthes.
482 Vgl. Ekke, Die braunen Gesetze, S. 95.
483 Vgl. Mommsen, Beamtentum, S. 199.
484 Indirekt zitiert in UAH PA 9990 Lehnerdt.
485 Für ganz Deutschland anhand der Philosophen untersucht durch: George Leaman, Heidegger im Kontext – Gesamtüberblick zum NS-Engagement der Universitätsphilosophen, Hamburg 1993, S. 23.
486 UAH Rep. 6 Nr. 1365.
487 UAH PA 11776 Muhs.
488 UAH PA 394 Budde.
489 UAH PA 11776 Muhs.
490 UAH PA 8387 Jahn.
491 UAH PA 16155 Tubandt.
492 Vgl. Sybille Gerstengarbe, Die Leopoldina und ihre jüdischen Mitglieder im Dritten Reich. In: Deutsche Akademie der Naturforscher Leopoldina Jahrbuch 1993, Halle 1994, S. 402.
493 UAH PA 9384 Kranz.
494 Ebd.
495 DBE Bd. 6, S. 71 f.
496 Heiber, Teil 1, S. 266.
497 Völlig erhärten ließen sich diese Vorwürfe allerdings nicht, so dass es nicht zu einem Dienststrafverfahren kam. Da Wegner jedoch zum Konservativen Hauptverein Ewalds von Kleist-Schmenzin (hingerichtet 1945) gehörte, ist der Vorwurf einer monarchistischen Gesinnung nicht von der Hand zu weisen. Fest steht jedenfalls, dass Wegner in der Notverordnungspolitik keinen Ausweg sah, wohl aber in dem Rückgriff auf das Vergangene. Zu von Kleist-Schmenzin vgl. Ekkehard Klausa, Politischer Konservatismus und Widerstand. In: Peter Steinbach und Johannes Tuchel (Hrsg.), Widerstand gegen den Nationalsozialismus, Bonn 1994, besonders S. 221–227.
498 UAH PA 26025 Wegner.
499 Vgl. Heiber, Teil 1, S. 266.
500 Georg Jahn und Wolfgang Hein erfuhren erst 1945, als die beiden eine Initiative zur Wiederberufung Wegners starteten, von dem Schreiben. Beide formulierten am 7. März 1946: »Wir würden es insbesondere abgelehnt haben, Herrn Professor Wegner deswegen für untragbar zu erklären, weil er im nationalsozialistischen Sinne nicht hinreichend zuverlässig sei.« UAH PA 26025 Wegner, Teil 1.
501 UAH PA 26025 Wegner.
502 Rudolf Ruth, Wucher und Wucherrecht der Juden im Mittelalter. In: Deutsche Rechtswissenschaft, 1936.
503 UAH PA 11776 Muhs.
504 Nach § 6 des Berufsbeamtengesetzes. UAH PA 26025 Wegner, Bd. 1.
505 Ebd.
506 Ebd.
507 Verordnung des Reichspräsidenten zur Abwehr heimtückischer Angriffe gegen die Regierung der nationalen Erhebung vom 21. März 1933. In: Heribert Ostendorf, Dokumentation des NS-Strafrechts, Baden-Baden 2000, S. 57.
508 UAH PA 26025 Wegner.
509 Eine Berufung nach Halle scheiterte am Einspruch des neuen Kurators Friedrich Elchlepp, der sich an den reaktionären Äußerungen Wegners aus dem Jahr 1930 rieb. UAH PA 26025 Wegner.
510 Ebd. und Gerhard Dengler, Die Bonner Masche, Berlin (Ost) 1960.
511 UAH PA 26025 Wegner.
512 Vgl. Real (Hrsg.), Hans Herzfeld, Aus den Lebenserinnerungen, S. 91.
513 Der Verein stellte seine Arbeit wenige Jahre später ein.
514 UAH PA 16975 Weyhe. Aus dieser Akte sind auch alle folgenden Äußerungen zitiert.
515 Ebd.
516 Ebd. und identisch UAH PA 16177 Stammler.
517 UAH PA 16975 Weyhe.
518 Ebd.
519 Johannes Weigelt †, überarbeitet von Gerhard Heberer, Paläontologie als stammesgeschichtliche Urkundenforschung. In: Gerhard Heberer (Hrsg.), Die Evolution der Organismen, Stuttgart 1959, S. 205.
520 Johannes Weigelt, Johannes Walther († 4. Mai 1937). In: Zeitschrift der Deutschen Geologischen Gesellschaft, Bd. 89, Jg. 1937, H. 10, S. 652.

521 Weigelt/Heberer, S. 225.
522 Weigelt führte die Schwierigkeiten, in die Kuhn geraten war, auf unglückliche Zufälle zurück. Doch auch nach dem Krieg reüssierte dieser nicht. Zwar wurde Kuhn 1947 zum außerordentlichen Professor der Philosophisch-theologischen Hochschule Bamberg ernannt. Doch aus Bamberg fragte man 1949 an, ob Kuhn in seiner Hallenser Zeit etwa Schwierigkeiten mit Vorgesetzten gehabt habe. In Kürschners Gelehrtenkalender taucht Kuhn nach 1945 nicht mehr auf. Weitere Angaben zu seiner Biographie konnten nicht ermittelt werden. UAH PA 9654 Kuhn, Kürschner 1950, 1954.
523 UAH PA 9654 Kuhn.
524 Oskar Kuhn, Ein neuer Panzerlurchschädel aus dem oberen Keuper von Halberstadt. In: Forschungen und Fortschritte, Nr. 16, 1940.
525 UAH PA 9654 Kuhn.
526 Ebd.
527 Ebd.
528 Vgl. dazu den biographischen Anhang des vorliegenden Bandes.
529 Leopoldina-Archiv Nachlass Emil Abderhalden Nr. 300.
530 Ebd.
531 Nickel, Troll, S. 110.
532 Troll am 28. Februar 1946: »Wahrscheinlich bin ich ... durch einen ehrgeizigen jüngeren Kollegen, der so Vorteile für sich erwartete, empfohlen worden.« UAH PA 16126 Troll.
533 Nickel, Troll, S. 107 und 115 bis 119.
534 Leopoldina-Archiv Nachlass Emil Abderhalden Nr. 300.
535 Ebd.
536 UAH Rep. 6 Nr. 2953.
537 BA Berlin NS 6 Nr. 129, Blatt 50–54. Ob dieses Schreiben von Weigelt initiiert wurde ist nicht klar, aber wahrscheinlich. Der ihm sehr verbundene SD-Offizier Heinz Schimmerohn, Studentenführer der Universität 1932/33, verließ Halle erst im Herbst 1943 um Führer des SD-Leitabschnittes Stettin zu werden. Weigelt und Schimmerohn verkehrten offenbar privat miteinander, wie ein anlässlich des 44er Jubiläums von Schimmerohn an Weigelt geschriebener Brief vermuten lässt. UAH Rep. 4 Nr. 166.
538 Nickel, Troll, S. 100f.
539 Ebd., S. 99.
540 UAH Rep. 6 Nr. 2953.
541 Nickel befragte für ihre Darstellung einstige Teilnehmer der Kolloquien und Angehörige der »Gestaltler«. Vgl. Nickel, Troll, S. 97–105.
542 UAH Rep. 6 Nr. 2953.
543 Markus Vonderau, »Deutsche Chemie«.
544 UAH PA 17240 Wolf.
545 Leopoldina-Archiv NL Emil Abderhalden Nr. 300.
546 Ergebnis von Weigelts Hass auf die Gesamtheit der Theologen an sich war auch die 1942 erfolgte Ablehnung der Wiederwahl zum stellvertretenden Vorsitzenden der Deutschen Akademie der Naturforscher Leopoldina. Er störte sich an den Plänen zur Herausgabe der theologischen Schriften des Paracelsus durch die Akademie, die von zwei Professoren der Theologie vorgenommen werden sollte. Die »Kontrolle« der Theologen sei nicht gewährleistet, monierte Weigelt, da es sich bei den Ansprechpartnern der Theologen um die zum »Gestaltkreis« gehörenden Naturwissenschaftler Lothar Wolf und Wilhelm Troll handelte. UAH Rep. 6 Nr. 2953.
547 Ebd.
548 Heiber, Universität unterm Hakenkreuz, Bd. 1, S. 188. Zu denken wäre hier wohl an den Freiburger Gesprächskreis der Volkswirte und Geisteswissenschaftler, von dem Verbindungen bis zu Goerdelers Verschwörer»kreis« reichten.
549 UAH PA 11499 Mitscherlich. Mitscherlich selbst nahm beide Begriffe für seine Lehre in Anspruch.
550 Matthias Groß macht Streit um eine Assistentenstelle für die Vorgänge verantwortlich. Warum aber der den Boykott auslöste, vermochte er auch nicht zu beurteilen. Über Mitscherlichs Wissenschaftsgebäude urteilt er leider zu knapp, dass es »sehr eigenwillig« gewesen sei. Vgl. Matthias Groß, Die nationalsozialistische »Umwandlung« der ökonomischen Institute. In: Becker u.a. (Hrsg.), Die Universität Göttingen unter dem Nationalsozialismus, S. 159.
551 UAH PA 11499 Mitscherlich.
552 Ebd.
553 Hermann Schloßberger, Auftragslenkung und Arbeitseinsatz im Bereich des Rüstungskommandos Halle, Diss. rer. pol., Halle 1941. In BA-MA RW 21–25, Nr. 20.
554 UAH PA 11499 Mitscherlich. Gemeint ist: Walter Frielingsdorf, Gemeindeverwaltung und Presse, Halle 1938 zugleich Diss. rer. pol., Halle 1939.

555 UAH PA 11499 Mitscherlich. Zu Deterings Auffassung »endgültig« Friedrich Nietzsche: »Die Tatsache, dass etwas alt geworden ist, gebiert jetzt die Forderung, dass es unsterblich sein müsse …« Vgl. Friedrich Nietzsche, Vom Nutzen und Nachteil der Historie für das Leben, Bielefeld und Leipzig 1932, S. 24.
556 UAH PA 11499 Mitscherlich.
557 StaWü RSF I 00 p 266.
558 Ebd.
559 UAH PA 11499 Mitscherlich.
560 Ebd.
561 StaWü RSF I 00 p 266.
562 UAH PA 11499 Mitscherlich.
563 UAH PA 15756 Streller.
564 Heiber, Teil 1, S. 219.
565 Waldemar Koch, Aus den Lebenserinnerungen eines Wirtschaftsingenieurs, Köln und Opladen 1962, S. 122 f. Für 1943 erwartete Koch einen Ruf an die Universität Pilsen, sollte dieser nicht erfolgen, vertrete er gern weiterhin in Halle. UAH Rep. 4 Nr. 896.
566 UAH Rep. 4 Nr. 896 und UAH PA 15756 Streller.
567 StaWü RSF I 00 p 266.
568 UAH PA 13556 Schachtschabel.
569 Das Desiderat der Arbeit wurde 1938 veröffentlicht. Hans Schachtschabel, Gebundener Preis – Gerechter Preis. In: Finanzarchiv, Bd. 6, Heft 3, Tübingen 1938, S. 468–513.
570 Veröffentlicht als: Hans Georg Schachtschabel, Ein System der Wirtschaftslehre – Ein Beitrag zur Frage nach der Wirtschaftslehre der gestalteten und geordneten Wirtschaft, Jena 1940.
571 UAH PA 13556 Schachtschabel.
572 Buchda noch einmal am 2. Februar 1942 an das Wissenschaftsministerium: »Ich unterbreite das Material, ohne vom Studentenführer die für einen Teil seiner Anschuldigungen noch notwendigen Belege zu fordern, weil die Atmosphäre bereits derart gespannt ist, dass ein friedlicher Ausgleich ausgeschlossen erscheint. Schachtschabel hat hier ohne Zweifel auch Fehler gemacht. Dass er eine Aussprache mit dem Studentenführer von der Schreibhilfe des Staatswissenschaftlichen Seminars hat nachschreiben lassen wollen, hat den Studentenführer selbstverständlich auf das Äußerste reizen müssen …« UAH PA 13556 Schachtschabel.
573 UAH PA 13556 Schachtschabel.
574 Am 12. Dezember schrieb Kurator Elchlepp an den Minister für Volksbildung, Kultur und Wissenschaft in Halle: »Zu dem Antrag des Dekans der Rechts- und Staatsw. Fakultät auf Verleihung eines ordentlichen Lehrstuhles an Professor Mitscherlich nehme ich wie folgt Stellung: Prof. Dr. Mitscherlich ist 69 Jahre alt. Obwohl er niemals Mitglied der NSDAP gewesen ist und sich auch von ausgesprochen nazistischen Gedanken in seiner Lehrtätigkeit frei hält, ist er der typische Vertreter großbürgerlich-kapitalistischer Gedankengänge. So nimmt er in seinen Vorlesungen Stellung gegen die Forderung, dass gleicher Leistung gleicher Lohn entsprechen müsse. Vor einigen Tagen hat er in seiner Vorlesung zu den Betrieben Krupps Stellung genommen und zwar in dem Sinne nach geäußert: Wenn Krupp jährlich einen Reingewinn von 50 Millionen gehabt habe, so würde bei einer Verteilung dieser Summe unter die Arbeiter der einzelne Arbeiter und Angestellte täglich 20 Rpfg. mehr verdient haben. Er hat dann hinzugefügt ›was ist für die Volkswirtschaft wichtiger: Neuinvestition von 50 Millionen, oder dass jeder einzelne Arbeiter 3 Zigaretten am Tage mehr raucht.‹ Ich habe die Studentenschaft, die seine Kollegs hört, gebeten, mir entsprechendes Material zusammenzustellen. Bei dem Alter des Prof. Mitscherlich und seiner politischen Haltung, die zwar nazistisch einwandfrei, aber kapitalistisch reaktionär ist, bin ich außerstande, den Antrag des Rektors zu befürworten, bitte vielmehr, den Antrag abzulehnen.« UAH PA 11499 Mitscherlich.
575 Ebd., Deutsche Biographische Enzyklopädie, Bd. 7, S. 155.
576 UAH PA 13556 Schachtschabel.
577 Deutsche Biographische Enzyklopädie, Bd. 8, S. 541.
578 Zur Sache allgemein vgl. Burkhard Jellonnek, Homosexuelle unter dem Hakenkreuz, Paderborn 1990.
579 Manche Professoren, etwa Ferdinand Sauerbruch an der Charité, duldeten Verheiratete als Assistenten und Volontäre aus Prinzip nicht. Sie befürchteten mangelndes Engagement für die wissenschaftliche Karriere.
580 Zumal Bordellbesuche nicht als anstößig empfunden wurden. Kam es zu Auseinandersetzungen zwischen Prostituierten und Akademikern, zog selbstverständlich die sozial schlechter gestellte Prostituierte den Kürzeren. Vgl. UAH PA 14735 Siefert.
581 Auf eine Erhebung der Familienverhältnisse wurde hier jedoch verzichtet, da sich nicht in allen Personalakten entsprechende Angaben fanden.
582 Eine Analyse der Strafrechtspraxis nahm Jellonnek vor, der auch zahlreiche Gründe anführte, warum die Anwendung des Paragraphen 175 nicht konsequent erfolgte. Insgesamt wurden die Lebensmöglichkeiten Homosexueller jedoch existenziell beschnitten. Vgl. Jellonnek, S. 57–69 und 332. Vgl. dazu auch den Abschnitt 5.5 dieser Arbeit.

583 Jellonnek, S. 327. Unter einer homosexuellen Handlung wurde im juristischen Sinne das Einführen des Gliedes in eine Körperöffnung eines anderen Mannes verstanden.
584 Für die nach § 174 verurteilten Lehrer der Landesschule Pforta wurden empfindliche Haftstrafen ausgesprochen. Der Lateinlehrer Traugott V. erhielt 6 Jahre Haft. Vgl. UAH Rep. 4 Nr. 791 und Abschnitt 5.5 vorliegender Arbeit.
585 UAH PA 6887 Grell.
586 Ebd.
587 Helmut Müller-Enbergs, Jan Wielgohs, Dieter Hoffmann (Hrsg.), Wer war wer in der DDR? Ein biographisches Lexikon, Bonn 2000, S. 273.
588 UAH PA 3919 Anderssen.
589 Walter Anderssen, Die portugiesische Diktatur. In: Archiv für öffentliches Recht, Neue Folge 26, 1934. Ders., Die Entwicklung des öffentlichen Rechts in Rumänien. In: Jahrbuch für öffentliches Recht, 1938.
590 UAH PA 3919 Anderssen.
591 Wer war wer, S. 273.
592 Vgl. Rekapitulierung der Debatte: Hammerstein, Die Deutsche Forschungsgemeinschaft, S. 118 und 284 ff.
593 Vgl. Beyerchen, Physik; ders. Der Kampf um die Besetzung der Lehrstühle für Physik im NS-Staat. In: Heinemann (Hrsg.), Erziehung und Schulung, Bd. 2, S. 77–86.
594 Vgl. Meier, Theologische Fakultäten.
595 Zum Hass Hitlers auf die Juristen und dem wohl daraus abgeleiteten Scheitern einer nationalsozialistischen Umgestaltung der Justiz mehrfach Heiber. Doch wäre auch zu fragen, wozu es überhaupt einer Rechtswissenschaft in einem revolutionär totalitären Staat bedarf. Erst mit dem Ende der Revolution, ihrer Institutionalisierung braucht es die Justizförmigkeit des Terrors.
596 Vgl. Leaman, Heidegger im Kontext; Leske, Philosophen.
597 Vgl. Geuter, Professionalisierung.
598 Hammerstein, Die Deutsche Forschungsgemeinschaft, S. 298.
599 Vgl. Seier, Niveaukritik, S. 227–246.
600 Vgl. Aharon F. Kleinberger, Gab es eine nationalsozialistische Hochschulpolitik? In: Heinemann (Hrsg.), Erziehung und Schulung, Bd. 2, S. 14.
601 Dies und die Bewertungen des Prozederes vor allem nach: UAH Rep. 4 Nr. 896–900.
602 Adolf Eckert-Möbius etwa, von 1939 bis 1945 Dekan der Medizinischen Fakultät, besprach Fakultätsangelegenheiten ausführlich mit seinen Fachkollegen, wie Protokolle belegen. Nicht selten traf man sich dazu bei Pottel und Broskowski im Haus am Leipziger Turm.
603 UAH Rep. 4 Nr. 688.
604 Das wird so allerdings nicht gesagt, vgl. UAH Rep. 4 Nr. 896.
605 Das Beurteilungswesen der »Heimathochschule« ist für diese Darstellung ohne Belang, in Halle gab man wenig auf die Urteile der anderen, sorgte im Gegenzug aber dafür, mit exzellenten Beurteilungen Missliebige wegzuloben. Zwei Fälle: Emil Woermann setzte sich über die miserablen Voten Heidelbergs über Karl Ziegler hinweg. Dem in Halle wegen seines konservativen Gestus wenig beliebten Ordinarius für bürgerliches Recht Rudolf Schmidt stellte Woermann folgendes Gutachten aus: »… Schmidts politische Einstellung vor dem Umbruch war etwa rechtsliberal mit starker Hinneigung zu den Deutschnationalen. Demokratisch gefärbter Liberalismus ist ihm fremd. Zu manchen Fragen des Nationalsozialismus hat Professor Schmidt nur langsam und schwer eine innere Stellung finden können. Er ist zwar ein loyaler Kollege und Mitarbeiter, kommt aber für politische Führung innerhalb der Universität kaum in Frage …« Der Ruf nach Erlangen zerschlug sich. Als Köln 1938 anfragte, beschrieb Johannes Weigelt ihn folgendermaßen: »gründlicher und guter Gelehrter von ruhiger Lebenshaltung«, bei Studenten »zweifellos« beliebt, »immer für ein hohes Niveau der Hochschule eingetreten«, »persönlich und menschlich angenehm«, »Es hat nie Schwierigkeiten mit ihm gegeben. Im politischen Leben ist er nicht besonders hervorgetreten. Ich persönlich schätze Herrn Prof. Dr. Schmidt als offenen Menschen.« Schmidt erhielt den Ruf. UAH PA 13988 R. Schmidt.
606 Weigelt, Das Problem der Speicherung, S. 14 f.
607 Seier konstatierte, dass viele Dozentenbundsfunktionäre in den Gruppengeist ihrer Kollegien hineinwuchsen und damit der Parteieinfluss »ineffektiver« wurde. Für Halle kann dies nicht festgestellt werden. Vgl. Seier, Hochschullehrerschaft, S. 271.
608 Vgl. dazu den Erlass des Reichs- und Preußischen Wissenschaftsministers vom 14. Mai 1938, der das gängige Verfahren festschrieb. UAH Rep. 6 Nr. 2952.
609 Mit seiner Wissenschaftspolitik hat sich der selbstherrliche, aber klug agierende Staatssekretär Friedrich Althoff bleibende Meriten erworben. Durch seinen direkten Zugang zu Kaiser Wilhelm II. oktroyierte er den Universitäten manchen Quertreiber auf. In der Weimarer Republik waren die Akteure eher unglückliche Figuren, die zahlreiche Fehlentscheidungen zu verantworten hatten. In der NS-Zeit waren der Kompetenzstreit immens, wie Heiber eindrucksvoll beschrieben hat. Dass Eingriffe von außen jedoch notwendig sind, kann nicht bestritten werden, da wissenschaftliche Revolutionen nur gegen Widerstände durchsetzbar sind. Vgl. dazu besonders Thomas S. Kuhn, Die historische Struktur wissenschaftlicher Entdeckungen

sowie Die grundlegende Spannung – Tradition und Neuerung in der wissenschaftlichen Forschung. In: ders., Die Entstehung des Neuen – Studien zur Struktur der Wissenschaftsgeschichte, Frankfurt am Main 1997, S. 239–253 und 308–326; sowie ders., Die Struktur wissenschaftlicher Revolutionen, Frankfurt am Main 1973.

610 Der Vorschlag, den ausgewiesenen USA-Forscher Friedrich Luckwaldt zu berufen, kam tatsächlich vom Wissenschaftsministerium. UAH Rep. 4 Nr. 897.

611 Eine medizinische Fakultät als Organismus beschrieben hat unlängst Susanne Zimmermann. Ihr Buch verdeutlicht, wie vielschichtig Wissenschaft und Politik verwoben sind. Vgl. dies., Die Medizinische Fakultät der Universität Jena während der Zeit des Nationalsozialismus, Berlin 2000.

612 UAH Rep. 4 Nr. 896.

613 Ein gequälter Aufschrei war die Folge. Dass ein Professor sich gegen die NS-Studenten zur Wehr setzte, ging den verklagten Hochschulgruppenführern des NSDStB in Jena zu weit. Folgerichtig stellten sie ihn auf eine Stufe mit den Fällen Dehn und Gumbel, was jedoch in der Substanz falsch war. Fascher bewies später, als Fraktionsvorsitzender der CDU im Landtag Sachsen-Anhalts, dass er Diktaturen an sich aufgeschlossen gegenüber stand. Zu Jena: Die Sturmfahne, Januar-Nummer 1932. In: StaWü RSF I 07 p 371.

614 UAH Rep. 4 Nr. 896.

615 UAH PA 6564 von Gemmingen-Hornberg.

616 Mit dieser Arbeit wollte er eine »Auflockerung« (!) der Strafrechtsnormen anregen. Hans-Dieter Freiherr von Gemmingen, Strafrecht im Geiste Adolf Hitlers, Heidelberg 1933, S. 26.

617 UAH PA 24566 Langer.

618 Herschel hielt am 15. Mai 1930 einen Vortrag im Institut für Arbeitsrecht. Vgl. Rudolf Joerges, Bericht über die Eröffnung und Entwicklung des Instituts, Halle 1931, S. 20.

619 UAH PA 7786 Herschel.

620 Sein Schüler Wolfgang Abendroth hielt die notwendigerweise einhergehende Diffamierung als »Faschist« für unerklärlich, da er bei Schranil »niemals irgendeine reaktionäre Tendenz oder eine Neigung zu abfälligen Bemerkungen über den heutigen Staat« habe bemerken können. UAH PA 3577 Schranil.

621 Eine Debatte der Juristischen Fakultät Tübingen spricht Bände. Es wurde diskutiert, ob man Schmelzeisen für den Professorentitel vorschlagen sollte. Der Sinn der Verleihung des Titels sei doch der, so der Dekan, »dass bewährten Dozenten, welche die volle Reife für die Professur erlangt haben, aber aus äußeren Gründen (Überfüllung des Faches etc.) noch nicht zum Zuge gekommen sind, von der eigenen Fakultät die fehlende äußere Anerkennung zuteil werde.« Weiter: »Treten wir jetzt von uns aus für seine Ernennung ein, so kann das höheren Orts gar nicht anders ausgelegt werden, als dass wir ihn für eine Professur qualifiziert halten, angesichts bevorstehender Vakanzen eine für uns gefährliche Konsequenz, mit Rücksicht auch auf die Haltung der vier auswärtigen Fakultäten, an denen Sch. in den letzten Jahren tätig war. Tübingen muss unter diesen Umständen vor allem auf seinen eigenen Ruf bedacht sein und darf einem Aufrücken von eigenen Dozenten, die auswärts nicht den vollen Erfolg gehabt haben, unter keinen Umständen Vorschub leisten. Unsere Dozenten müssen sich die Sporen auswärts verdienen, ehe wir daran denken können, ihnen die volle Qualifikation zu geben oder gar sie zu berufen.« UAH PA 13875 Schmelzeisen.

622 Ebd.

623 In seinem Buch 1938 veröffentlichten Buch »Der Fremdling in Ringveda«. UAH PA 15956 Thieme,

624 Eindeutig: Walther Schulz, Führer und Volk in germanischer Vorzeit, Halle 1937.

625 UAH PA 14376 Schulz.

626 UAH PA 17435 Ziegler.

627 UAH PA 12008 Nitschke.

628 UAH PA 16420 Viethen. In der im UAE befindlichen Personalakte ist eine Abschrift des zitierten Schriftstückes vorhanden, aber keine weitere Information über den Sachverhalt. Auskunft aus: UAE A2/1 Nr. V 13.

629 Auch im Archiv der Universität Erlangen, hier erhielt Viethen dann das Ordinariat, fanden sich weitere Angaben nicht. Auskunft des UA Erlangen.

630 Der Verdacht, dass Haller und Stieve gegenseitiges Eintreten füreinander vereinbart hatten, konnte auch – als das im Dienststrafverfahren gegen Mair wieder zur Sprache kam – nicht ausgeräumt werden. Tatsächlich standen die beiden in Briefverkehr. Haller, der als Vertreter der Extraordinarien in der Fakultät nicht ohne Einfluss und bei der Berufung stimmberechtigt war, gab Stieve am 8. Februar 1934 den Hinweis, dass der Vertrauensmann der Partei für die Universität eine Anzahl »doch recht bedenklicher Gutachten« über Stieve erhalten habe: »Diese würden genügen, bei der Parteileitung Einspruch gegen Ihre Berufung zu erheben«. Zum einen lägen die bekannten Berichte der Studentenschaft in Halle vor, zum anderen werde die Befürchtung erhoben, »dass Sie sich hier in Berlin mit den Kreisen verbinden könnten, von denen wir nicht glauben, dass sie mit ganzem Herzen für unsere Bestrebungen eintreten«. Und das werde für um so bedenklicher gehalten, »als jeder von der Kraft ihrer Persönlichkeit überzeugt ist.« Haller empfahl Stieve, nach Berlin zu kommen und in einem Gespräch mit dem Vertrauensmann der Partei, das er gerne arrangieren wolle, »die Bedenken zu zerstreuen«. Zwar dauerte es noch bis zum Januar 1935, bis formell der Ruf an Stieve erging, doch Stieve revanchierte sich, indem er die Berufung Hallers in Halle durchsetzte. Bezeichnenderweise erhielt Stieve die Mitteilung über seine Berufung (»streng vertraulich«) am 3. Januar 1935 per Brief von Eugen Fischer, dem Leiter des Kaiser-Wilhelm-Institutes für Anthropologie,

menschliche Erblehre und Eugenik: »Herr Jansen versicherte mir, dass Sie die Berufung bekommen sollen. Es müssen noch einige Widerstände bei der sog. Berufungskommission, d. h. hier wohl Partei oder Dr. [Gerhard] Wagner, beseitigt werden. Er sagte aber, er berufe auch gegen einen etwa noch bleibenden Widerspruch ...« UAH PA 10425 Mair. (Der Briefwechsel lag als Anlage dem Dienststrafverfahren gegen Mair bei).

631 UAH Rep. 29 F I Nr. 3 Bd. 3.
632 UAH PA 9626 Kürten.
633 Ebd.
634 Sein Amt als Dekan der Medizinischen Fakultät der Universität München 1935 führte er von Anfang an im Sinne der Partei. Er regelte viele Personal- und Sachangelegenheiten allein und ohne Beteiligung der Fakultät, aber fast immer im Einvernehmen mit der Dozentenschaft und Parteistellen. Letztlich scheiterte er doch, so schätzte Böhm ein, mit seinem Ziel, die Fakultät »zu einer Arbeitsgemeinschaft im weltanschaulich nationalsozialistischen Sinn zu erweitern«. Das Dekanat gab Kürten daher 1937 ab und konzentrierte sich auf seine Tätigkeit als Hauptstellenleiter in der Reichsleitung des NS-Ärztebundes und als Gauamtsleiter im Rassenpolitischen Amt der NSDAP München. Vgl. Böhm, München, S. 398.
635 Auskunft des Universitätsarchivs München an Dietmar Schulze.
636 UAH PA 5189 Cobet.
637 Versammelt in: Leopoldina-Archiv MM 4466.
638 UAH PA 10311 Ludwig, identisch UAH Rep. 6 Nr. 2835.
639 UAH PA 14100 Schnell.
640 Ebd.
641 Günter Frommolt, Rassefragen in der Geburtshilfe und Gynäkologie, Leipzig 1936, Vorwort.
642 Heute steht dies zweifelsfrei fest. Vgl. Luigi Luca Cavalli-Sforza, Gene, Völker und Sprachen – Die biologischen Grundlagen unserer Zivilisation, Darmstadt 1996, S. 22–26.
643 Frommolt, Rassefragen, S. 1.
644 Ebd., S. 2f.
645 Ebd., S. 62.
646 Ebd., S. 76, 77 und 81.
647 Ebd., S. 86 und 89.
648 UAH PA 16579 Wagner.
649 Ebd.
650 Ebd.
651 UAH PA 16759 Wagner.
652 Rep. 29 F II Nr. 2a.
653 Ebd.
654 Helmut Heiber, Universität unterm Hakenkreuz, Teil 1: Der Professor im Dritten Reich – Bilder aus der akademischen Provinz, München u.a. 1991, S. 742. Die aber sträubten sich durchweg, wie sich schon Halle verweigert hatte. Also blieb Strauß formal Professor in Prag, gewissermaßen im »Nebenamt« leitete er ein Forschungsinstitut der Arbeitsfront für Berufsgeschädigte mit dazu gehörigem Sanatorium. Dazu kam noch der Chefarztposten in einem angeschlossen Lazarett mit 1 000 Betten. Dass Strauß damit nicht nur Doppel- sondern Dreifachverdiener war, reichte ihm nicht. Auf Anordnung von Strauß verkleinerte der Verpflegungsinspektor des Lazaretts die Rationen der Verwundeten und lieferte einen Teil der Lebensmittel, insgesamt 500 Kilogramm, beim Chefarzt ab. Der Verwaltungsinspektor wurde hingerichtet, Strauß im April 1944 verhaftet. Ob der Professor ebenfalls mit dem Tode bestraft wurde, konnte Helmut Heiber, der auch diese haarsträubende Geschichte recherchierte, nicht ermitteln. Ebd., S. 474. In Kürschners Gelehrtenkalendern jedenfalls ist ein Sterbedatum nicht verzeichnet.
655 UAH Rep. 4 Nr. 896.
656 UAH PA 16759 Wagner.
657 Leopoldina-Archiv Nachlass Abderhalden Nr. 22a.
658 1939 veröffentliche Smekal in den Glastechnischen Berichten eine Stellungnahme mit dem Titel »Bemerkungen zur Veröffentlichung von E. Rexer«. Er sehe sich zu einigen »Feststellungen« veranlasst, formulierte Smekal und demontierte danach seinen Assistenten komplett. Die von Rexer beschriebenen spiralen Bruchlinien an Biegebruchflächen seien durch eine Veröffentlichung seines Mitarbeiters Helmut Wallner bereits bekannt. Die Wallnerschen Mikro-Aufnahmen von Bruchflächen habe er, mit Zustimmung Wallners, bereits 1938 bei einem Kolloquium gezeigt. Die gedankliche Verknüpfung mit den Fragen der Bruchausbreitung komme eindeutig Wallner zu. Das Auftreten radial gerichteter Feinstrukturen in kreisbandförmigen Streifen an Zugbruchflächen sei im Institut seit Jahren bekannt und 1934 bzw. 1932 auch schon in Publikationen beschrieben worden. Rexer komme allein die Priorität der Untersuchungen über Detonationszerstörungen von Glas zu, da nur er zu diesem Problem gearbeitet habe. Vgl. Sonderdruck aus »Glastechnische Berichte« in: UAH PA 14785 Smekal, Bd. 2.
659 UAH PA 14785 Smekal.

660 Wilhelm Wagner, Vom Adel deutscher Arbeit/Die Befreiung des deutschen Wesens, Halle 1939.
661 Ebd., S. 4.
662 Ebd., S. 10 und 4.
663 Ebd., S. 11 und 22.
664 Ebd.
665 Senatssitzung am 20. Juli 1944, UAH Rep. 4 Nr. 688.
666 UAH Rep. 4 Nr. 671.
667 UAH Rep. 6 Nr. 2579.
668 Gerhard Schrader, Wunde und Werkzeug – Tödliche Schädelverletzung durch Fußtritte. In: Archiv für Kriminologie 1933, S. 229 f.
669 Gerhard Schrader, Die Todesstrafe. (Nach Vorträgen in Fortbildungskursen des NSD-Ärztebundes Gau Köln-Aachen in Köln am 20.1. und in Bonn am 21.2.34. Manuskript in: UAH PA 14227 Schrader.
670 UAH PA 14227 Schrader.
671 UAH Rep. 6 Nr. 1333 Bd. 4.
672 UAH Rep. 29 F I Nr. 3, Bd. 2.
673 Amtliches Material zum Massenmord von Winniza – Im Auftrage des Reichsministers für die besetzten Ostgebiete auf Grund urkundlichen Beweismaterials zusammengestellt, bearbeitet und herausgegeben, Berlin 1944.
674 UAH PA 14227 Schrader.
675 Amtliches Material zum Massenmord von Winniza, S. 17.
676 Ebd., S. 28.
677 Ebd., S. 143.
678 Ebd., S. 148 f.
679 Ebd., S. 202.
680 Vgl. Omer Bartov, Hitlers Wehrmacht – Soldaten, Fanatismus und die Brutalisierung des Krieges, Reinbek 1999, S. 137. Zur Diskussion um die »Aufrechnung« von Völkermorden: Herbert Jäger, Über die Vergleichbarkeit staatlicher Großverbrechen – Der Historikerstreit aus kriminologischer Sicht. In: Eckard Jesse (Hrsg.), Totalitarismus im 20. Jahrhundert – Eine Bilanz der internationalen Forschung, Bonn 1996, bes. S. 354. Heinsohns Lexikon der Völkermorde gibt für die Ukraine folgende Zahlen an: Zwischen 1919 und 1950 ca. 11 Millionen Ermordete oder durch künstliche Hungerkatastrophen Getötete. 1932/33 starben 6 bis 7 Millionen Menschen, während des II. Weltkrieges durch die Deutschen 3,5 Millionen Menschen, 1945 1,35 Millionen. Vgl. Gunnar Heinsohn, Lexikon der Völkermorde, Reinbek 1998, S. 336 f.
681 Amtliches Material, S. 6.
682 Die Dissertation Kreffts wurde jetzt auch von Ernst Klee erwähnt. Meine Recherchen erfolgten offenbar zur gleichen Zeit. Das von Klee präsentierte Zitat über die Hinrichtung Nr. 4 wurde auch von mir ausgewählt, da es aussagekräftiges Material war. Diese Auswahl traf ich ebenfalls vor dem Erscheinen von Klees Buch. Vgl. Klee, Deutsche Medizin im Dritten Reich, S. 146.
683 Siegfried Krefft, Über die Genese der Halsmuskelblutungen beim Tod durch Erhängen, Diss., Halle 1944, S. 4 f.
684 Ebd., S. 36.
685 Ebd., S. 13 f.
686 Eingestellt wurde Krefft, der im Reservelazarett IV (Friesenstraße) Dienst getan hatte im Juni 1945 als Assistent. Die Vorlesungen übernahm 1946 Gerhard Rooks, der Gerichtsmediziner der Universität Dorpat, der 1944 nach Halle geflohen war. Krefft wurde kommissarischer Direktor des Instituts, da der staatenlose Rooks offenbar ein Institut nicht führen durfte. Promoviert wurde Krefft nicht durch Rooks, wie Klee schreibt, sondern auf Grund der bereits erstatteten Gutachten. Vgl. Klee, Deutsche Medizin im Dritten Reich, S. 147. UAH PA 9443 Krefft.
687 UAH Rep. 29 D I Nr. 10, Bd. 1.
688 Siegfried Krefft, Morphologische, chemische und physikalische Untersuchungen an Leichenhaaren, Leipzig 1949.
689 Zum Disziplinarverfahren wurde die Personalakte Kreffts aus Halle hinzugezogen. Vgl. UAH PA 9443 Krefft.
690 Hans Joachim Mallach, Geschichte der Gerichtlichen Medizin im deutschsprachigen Raum, Lübeck 1996, S. 318 f. Mallachs Recherchen verdanken wir nicht nur die Information, dass Krefft aus »politischen Gründen« floh, sondern auch die Angabe, dass er 1973 das Verdienstkreuz 1. Klasse des Verdienstordens der Bundesrepublik Deutschland erhielt.
691 Heiber vermutete bereits 1937 einen maßgeblichen Einfluss. Indirekt hat es ihn immer gegeben, direkte Eingriffe in die Universität jedoch nicht. Vgl. Heiber, Universität unterm Hakenkreuz, Bd. 2/II, S. 472. Zum Einfluss des Amtes Rosenberg vgl. auch Reinhard Bollmus, Das Amt Rosenberg und seine Gegner – Studien zum Machtkampf im nationalsozialistischen Herrschaftssystem, Stuttgart 1970 sowie Leske, Philosophen.

692 Diese Zahl findet sich in der Abschiedsrede Weigelts als Rektor, doch schon 1939 muss sie kolportiert worden sein. Vgl. Heiber, Universität unterm Hakenkreuz, Bd. II/2, S. 479.
693 Biographischer Anhang in Kapitel 10 dieses Buches und UAH Rep. 4 Nr. 896, 897, 898, 899/900.
694 UAH PA 3891 von Allesch.
695 Ebd.
696 UAH PA 11367 Metzger.
697 UAH PA 17210 Wörner.
698 UAH PA 17058 Wilde.
699 UAH PA 6228 Frauendienst.
700 Ebd.
701 UAH Rep. 4 Nr. 897.
702 Biographisches Handbuch des deutschen Auswärtigen Dienstes 1871–1945, Bd. 1, Paderborn u.a. 2000, S. 596 f.
703 Werner Frauendienst, Die Überwindung von Versailles – Öffentliche Antrittsvorlesung gehalten am 17. November 1938 nach der Berufung auf den Lehrstuhl für neuere Geschichte, Halle 1939, S. 3 f.
704 Ebd., S. 28.
705 Werner Frauendienst, Ein ungehörter Warner – Aus polnischen Akten. In: Monatshefte für auswärtige Politik 7 (1940) und Werner Frauendienst, Jugoslawiens Weg zum Abgrund, Berlin 1941.
706 UAH Rep. 6 Nr. 1407.
707 UAH PA 6730 Göhring.
708 UAH Rep. 4 Nr. 688.
709 UAH Rep. 4 Nr. 898.
710 UAH Rep. 4 Nr. 688.
711 Ebd.
712 UAH PA 4823 Brachmann.
713 Vgl. Heiber, Universität unterm Hakenkreuz, Bd. II/2, S. 473.
714 UAH PA 4823 Brachmann.
715 Ebd.
716 Ebd.
717 Vgl. dazu Reinhard Bollmus, Zum Projekt einer nationalsozialistischen Alternativ-Universität – Alfred Rosenbergs »Hohe Schule«. In Heinemann (Hrsg.), Erziehung und Schulung im Dritten Reich, Bd. 2, S. 125–152.
718 UAH Rep. 4 Nr. 897.
719 UAH PA 4823 Brachmann.
720 Vgl. dazu die trotz allem immer wieder erfolgten Einträge in Kürschners Gelehrtenkalender.
721 UAH PA 4090 Ballauff.
722 Vgl. Seier, Hochschullehrerschaft, S. 261.
723 Vgl. Reichshabilitationsordnung und Ausführungsbestimmungen in: UAH Rep. 6 Nr. 1348.
724 Vgl. UAH Rep. 6 Nr. 1002. Hierzu wurden vor allem »Vertrauensmänner« befragt, aus diesen Beurteilungen erstellte Dozentenführer Wagner dann sein Gutachten. Obwohl wenig über das Vertrauensmännersystem an der Universität in Erfahrung gebracht werden konnte, waren nachweisbar der Pädagoge Wilhelm Hehlmann, der Philosoph Gerhard Stammler und der Gynäkologe Günther Frommolt Ansprechpartner Wagners. Andere lehnten diese Zuträgerdienste als Spitzelei ab.
725 Vgl. Seier, Hochschullehrerschaft, S. 261. In Halle erwies sich besonders die Beurteilung des Rektors als entscheidend, insbesondere Johannes Weigelt setzte sich nicht selten über andere Voten hinweg.
726 Vgl. UAH Rep. 6 Nr. 1339.
727 Vgl. Volker Losemann, Zur Konzeption der NS-Dozentenlager. In: Manfred Heinemann, Erziehung und Schulung im Dritten Reich, Teil 2: Hochschule und Erwachsenenbildung, Stuttgart 1980, S. 87–109.
728 Das als Ersatz gedachte Beamtenlager in Bad Tölz wurde von den Dozenten der Universität Halle nicht mehr besucht, obwohl zahlreiche Anmeldungen dafür vorlagen. UAH Rep. 6 Nr. 2952.
729 Neben den Verlusten durch Emigration und Krieg dürfte auch darin eine der Ursachen für den Niedergang der deutschen Wissenschaft zu suchen sein.
730 UAH PA 9782 Laatsch.
731 UAH PA 16176 Stamm.
732 UAH PA 6395 Fuchs.
733 Vgl. Seier, Hochschullehrerschaft, S. 262.
734 Karl-Heinz Eulner und Wolfram Kaiser, Die Geschichte der Medizinischen Universitäts-Poliklinik (II. Medizinische Klinik) in Halle. In: Wissenschaftliche Zeitschrift der Martin-Luther-Universität Halle-Wittenberg, Mathematisch-naturwissenschaftliche Reihe, Nr. 8, 1959, S. 477.

735 Ein Arzt stellte fest, dass der mittelgroße Gericke noch 52 Kilogramm wog und konstatierte »Schwäche«. UAH PA 6605 Gericke.
736 UAH Rep. 29 F II Nr. 3 Bd. 1.
737 UAH PA 14731 Siedentop.
738 UAH PA 9664 Kuhr.
739 Leopoldina-Archiv NL Abderhalden Nr. 22a.
740 UAH PA 3827 R. Abderhalden.
741 Ebd.
742 Ebd.
743 UAH Rep. 6 Nr. 3365.
744 Dafür sind organisatorische Schwächen und unzureichende Qualifikation des Personals verantwortlich gemacht worden. Doch man muss schon sehr »systemimmanent« argumentieren, um die prinzipiellen Mängel der NS-Wissenschaftspolitik zu übersehen. So: Reece C. Kelly, Die gescheiterte nationalsozialistische Personalpolitik und die mißlungene Entwicklung der nationalsozialistischen Hochschulen. In: Heinemann, Erziehung und Schulung, Teil 2, S. 61–74.
745 So in der Diskussion um die Habilitation Edo von Wichts 1940. UAH PA 16985 von Wicht.
746 Dies und alle folgenden Angaben aus: UAH PA 17439 Zastrau.
747 Alexander Mitscherlich und Fred Mielke, Medizin ohne Menschlichkeit, Frankfurt am Main 1976, S. 281; Angelika Ebbinghaus und Klaus Dörner, Vernichten und heilen – Der Nürnberger Ärzteprozess und seine Folgen, Berlin 2001, S. 19 und S. 636.
748 Joachim Mrugowsky, Die Formation der Gipspflanzen – Beiträge zu ihrer Soziologie und Ökologie, Leipzig 1931.
749 Joachim Mrugowsky, Über fossile Bakterien aus dem Mitteleozän des Geiseltales. In: Nova Acta Leopoldina Neue Folge, Bd. 3, Nr. 17 (1931).
750 UAH Rep. 4 Nr. 1800.
751 Weigelt und Hahne luden regelmäßig talentierte Studenten in ihre Wohnungen ein und besprachen mit ihnen nicht nur wissenschaftliche Fragen.
752 Brugsch gibt in seinen Erinnerungen an, dass sich Mrugowsky 1945 »selbst gerichtet« habe. Sollte Brugsch tatsächlich nicht erfahren haben, dass Mrugowsky im Nürnberger Ärzteprozess angeklagt war und zum Tode verurteilt wurde? Die Unterstützung Brugschs für Mrugowsky wirft außerdem ein Licht auf Brugsch selbst. In seinen Memoiren betont Brugsch mehrfach und ausdrücklich, dass er immer wieder gegen nationalsozialistische Studenten Stellung bezogen habe. In den Akten ist davon jedoch nichts erfasst. Vgl. Brugsch, Arzt seit fünf Jahrzehnten, S. 275 und 296.
753 UAH PA 11613 Mrugowsky.
754 Ebd.
755 Joachim Mrugowsky, Über den Bakteriengehalt von Anatomieleichen, Diss. med., Halle 1935.
756 Die Gründe für den Wechsel vom SD zum SS-Truppendienst erschlossen sich aus den Akten des Universitätsarchivs Halle nicht. Vgl. UAH Rep. 29 F II Nr. 3 Bd. 1.
757 Joachim Mrugowsky, Biologie eines Mansfeldischen Bergmannsdorfes, Berlin 1938, S. 9.
758 Ebd., S. 86.
759 Ebd., S. 106.
760 Ebd., S. 127.
761 Ebd., S. 103.
762 UAH Rep. 29 F II Nr. 3 Bd. 1.
763 Joachim Mrugowsky (Hrsg.), Das ärztliche Ethos – Christoph Wilhelm Hufelands Vermächtnis einer fünfzigjährigen Erfahrung, München u.a. 1939. Dass sich »ausgerechnet« Mrugowsky mit der ärztlichen Ethik Hufelands befasste, ist irritiert zur Kenntnis genommen worden, verwundert aber nach einem Blick in die Schriften dieses Arztes wohl nicht. Vgl. Klaus Dörner, »Ich darf nicht denken« – Das medizinische Selbstverständnis der Angeklagten. In: Ebbinghaus und Dörner, Vernichten und heilen, S. 357.
764 Joachim Mrugowsky, Untersuchung und Beurteilung von Wasser und Brunnen an Ort und Stelle, Berlin und Wien 1944. Die kleine Schrift, die auch Vorgaben für eine zweckmäßige Zusammenstellung eines Reagenzienkastens für den Feldgebrauch enthielt, war Heft 1 der von ihm selbst herausgegebenen Arbeitsanweisungen für Klinik und Laboratorium des Hygiene-Institutes der Waffen-SS.
765 Vgl. Klee, Auschwitz, S. 282.
766 Mitscherlich und Mielke, Medizin ohne Menschlichkeit, S. 97.
767 Ebd., S. 98.
768 Ein Serum gegen Gasbrand sollte überprüft werden. Es enthielt Phenol. Vgl. Klee, Auschwitz, S. 151 f.
769 Ebd., S. 161.
770 Zit. nach: Dokumente des Verbrechens – Aus Akten des Dritten Reiches 1933–1945, Bd. 3: Dokumente Juni 1941–1945, Berlin 1993, S. 235 f.

771 Wolf von Drigalski, Über Gesundheitspflege auf dem Lande, Diss. med., Berlin 1932.
772 Ders., Untersuchungen über den Vitaminstoffwechsel, Breslau 1938.
773 UAH PA Rep. 29 F II Nr. 3 Bd. 2, Wolf von Drigalski, Behandlung innerer Krankheiten, neubearbeitet von Erwin Schliphake und Ludwig Meuwsen, Stuttgart 1950.
774 UAH Rep. 6 Nr. 1407.
775 Wolf von Drigalski, Zur Klinik des Typhus abdominalis. In: Klinische Wochenschrift, 1942, Heft 21.
776 Wolf von Drigalski, Vitamin A-Mangelzustände und die therapeutische Anwendung des Vitamin A. In: Therapie der Gegenwart, 1941, Heft 12.
777 Ernst Klee, Auschwitz die NS-Medizin und ihre Opfer, Frankfurt am Main 1997.
778 Wolf von Drigalski, Bestimmung des Vitamin-Bedarfs (A, B1, C) durch Mangelversuche am Menschen. In: Deutsche medizinische Wochenschrift 1942, Nr. 24, S. 605–608.
779 Zitiert nach: Helma Kaden u.a. (Hrsg.), Dokumente des Verbrechens – aus Akten des Dritten Reiches 1933–1945, Bd. 2: Dokumente 1933–Mai 1941, Berlin 1993, S. 176.
780 UAH PA 5557 Wolfgang von Drigalski.
781 Med. Fak. Rep. 29 F I Nr. 3, Bd. 2.
782 UAH PA 5557 Wolfgang von Drigalski.
783 Vgl. Dokumente des Verbrechens, Bd. 2, S. 118 f.
784 UAH PA 5557 Wolfgang von Drigalski.
785 UAH Rep. 29 F I Nr. 3, Bd. 3.
786 Grundlage war die Verordnung über die Ernennung von Beamten während des Krieges vom 23. September 1942 RGBl. I S. 563
787 Adam Schneider, NSKK-Standartenführer, Ratsherr der Stadt Darmstadt, 10. Juni 1936, UAH PA 10071 Leydhecker.
788 UAH Rep. 29 F Nr. 3 Bd. 3.
789 UAH PA 10071 Leydhecker.
790 Rudolf Freisleben, Die Gersten der Deutschen Hindukusch-Expedition, Kühn-Archiv, Bd. 54, Halle 1940.
791 Vgl. Akten der Deutschen Hindukusch Expedition, Leopoldina-Archiv sowie UAH PA 6237 Freisleben.
792 UAH PA 6237 Freisleben.
793 Ebd.
794 Ebd.
795 Ebd.
796 Boockmann, Wissen und Widerstand, S. 224.
797 Zum Frauenstudium allgemein: Lothar Mertens, Vernachlässigte Töchter der Alma Mater – Ein sozialhistorischer und bildungssoziologischer Beitrag zur strukturellen Entwicklung des Frauenstudiums seit der Jahrhundertwende, Berlin 1991.
798 Eigene Berechnungen. Zum Numerus clausus vom 28. Dezember 1933 vgl. Rita R. Thalmann, Zwischen Mutterkreuz und Rüstungsbetrieb – Zur Rolle der Frau im Dritten Reich. In: Karl Dietrich Bracher, Manfred Funke, Hans-Adolf Jacobsen (Hrsg.), Deutschland 1933–1945 – Neue Studien zur nationalsozialistischen Herrschaft, Bonn 1993, S. 202.
799 UAH PA 14057 F. J. Schneider, darin Brief Festers.
800 Zit. nach: Thalmann, Mutterkreuz, S. 199.
801 UAH Rep. 29 C Nr. 12.
802 UAH PA 16985 von Wicht.
803 UAH Rep. 29 C Nr. 12.
804 Vgl. Kürschners Gelehrtenkalender.
805 UAH PA Goehring.
806 Brief von Professor Dr. Margot Becke(-Goehring) an den Autor, 24. Juli 2001. Goehring gehörte lediglich der NSV, der DAF, dem Reichsluftschutz- und dem Kolonialbund sowie als Standesorganisation dem Nationalsozialistischen Bund Deutscher Techniker an. In die Rubrik des Dozentenfragebogens, in der nach politischer Betätigung gefragt wurde, setzte sie einen Strich. UAH Rep. 6 Nr. 1407.
807 UAH PA 6729 Goehring.
808 Brief von Professor Dr. Margot Becke(-Goehring) an den Autor, 24. Juli 2001.
809 UAH PA 6729 Goehring.
810 Ebd.
811 Auf meine Frage nach politischen Gründen antwortete Frau Professor Becke: »Nun, ich war von dem freien Geist, der im ›Westen‹ herrschte, sehr angetan; mit Halle verbindet mich nur noch die Mitgliedschaft in der Akademie der Naturforscher Leopoldina.« Brief von Professor Dr. Margot Becke(-Goehring) an den Autor 24. Juli 2001.
812 Auskunft des Bundesarchivs Berlin.

813 Eigene Berechnungen.
814 Ermittelt nach dem Vorlesungsverzeichnis für das Sommersemester 1939 und nach den im Anhang abgedruckten Kurzbiographien.
815 Erhebungen anhand der Personalakten und Entnazifizierungsunterlagen, sowie der Mitgliederkartei der NSDAP im ehemaligen Berlin Document Center, jetzt Bundesarchiv.
816 Nicht bekannt ist die Mitgliedschaft des Assistenten am Geographischen Institut Carl Schott. Vgl. zu der Statistik auch Daniel Bohse und Henrik Eberle, Entnazifizierung und Elitenaustausch an der Martin-Luther-Universität Halle-Wittenberg 1945–1948. In: Rupieper, Beiträge (nach dem Manuskript).
817 Vgl. Höpfner, Bonn, S. 18; Seier, Hochschullehrerschaft, S. 265.
818 Dusik (Hrsg.), Hitler – Reden, Schriften, Anordnungen, Bd. 2, Teil 1 (Juli 1926–Juli 1927), S. 114.
819 Wilhelm Hehlmann, Pädagogisches Wörterbuch, Stuttgart 1942. Die erste Ausgabe des Lexikons erschien 1930, auch nach dem Zweiten Weltkrieg wurden weitere Auflagen gedruckt.
820 UAH PA 7439 Hehlmann.
821 Wilhelm Hehlmann, Persönlichkeit und Haltung, Halle 1940, S. 4 f. und 18.
822 UAH PA 3924 Andree.
823 Albert Krewaldt, Regierungsrat beim Generalkommando I, Psychologische Prüfstelle, 30.12.1935 an Harmjanz, Leiter der Dozentenschaft der Universität Königsberg. UAH Rep. 4 Nr. 898.
824 UAH Rep. 4 Nr. 898. Anders liest sich die Beurteilung durch Prorektor Woermann vom 22. September 1936. Der pries ihn dem Rektor von Hamburg an. In Halle hätte sich Schole »als Lehrer sehr bewährt« und durch »offene und kameradschaftliche Art« rasch »Vertrauen seiner Studenten gewonnen«. Der Mann sei »von ernstem wissenschaftlichen Wollen erfüllt« und nur deshalb nicht berufen worden, weil von den drei philosophischen Lehrstühlen einer nicht wieder besetzt werde und »wir darauf bedacht sein müssen, für den zweiten Lehrstuhl eine Persönlichkeit zu gewinnen, die in der Lage ist, die Philosophie mit zu vertreten«. Halle konnte Schole also, »der bisher fast ausschließlich auf psychologischem Gebiet gearbeitet hat« nicht »in Vorschlag bringen«. UAH PA 14170 Schole.
825 Geuter, Professionalisierung, S. 579.
826 Ausführlich dazu Hirschinger, »Zur Ausmerzung freigegeben«, S. 65–74.
827 Stolze, Martin-Luther-Universität, S. 179.
828 Vgl. Hirschinger, »Zur Ausmerzung freigegeben«, S.75.
829 Vgl. ebd. und Dietmar Schulze, Die »Euthanasie«-Anstalt Bernburg – Ein Beitrag zur Geschichte der Landesheil- und Pflegeanstalt Bernburg/Anhaltische Nervenklinik in der Zeit des Nationalsozialismus, Essen 1999.
830 Als Notwendigkeit für die Existenz einer ausgedehnten Privatpraxis wurde immer wieder angeführt – diese Argumentationslinie ist in den Akten von 1933 bis 1942 nachweisbar –, dass sich die Behandlung in den Universitätskliniken ausschließlich auf Kassen- und Fürsorgepatienten erstreckte. Dies sei im Bezug auf die Studentenausbildung zu »einseitig« der Direktor der Ohrenklinik, Adolf Eckert-Möbius, am 20. Januar 1934 gegenüber dem Kurator der Universität versicherte, vor allem mancherlei für die Beurteilung des kranken Menschen wesentliche Persönlichkeits- und Umweltauswirkungen« blieben so unberücksichtigt. Außerdem müsse der Hochschullehrer »mit der Gesamtheit seiner Volksgenossen« in Berührung kommen, jede Beschränkung in seiner ärztlichen Tätigkeit würde, so stellte Eckert-Möbius nicht ohne Berechtigung klar, »seinen Wert als Arzt und Lehrer in gleicher Weise herabsetzen. UAH PA 24430 Eckert-Möbius.
831 Von den Nebeneinnahmen der Klinikdirektoren waren bis zu jährlich 30 000 Mark abgabefrei. Zwischen 30 000 und 50 000 Mark gingen 5 % an die Staatskasse, ab 50 000 Mark 10 %. Assistenzärzte hatten kein Recht auf selbstständige Liquidation, wurden aber vom Professor entlohnt. Die Abrechnungen für 1939 weisen folgende Beträge aus: Cobet 26 820 RM, Grund 20 931 RM, Wagner 43 290, 10 RM, Flügel 3 105 RM, Nürnberger 46 207, 18 RM, Clausen 106 374 RM, Nitschke 14 100 RM, Dörffel 39 270,89 RM, O. Heinroth 18 275 RM, H. Heinroth 18 275 RM, Schrader 8 236 RM, Eckert-Möbius 37 350 RM, Wätjen 49 750,32 RM, Grüneberg 853,63 RM, Gärtner 6 225,50 RM. Ein Vergleich: Der Professor für das Alte Testament Otto Eißfeldt verzeichnete im selben Jahr 60 Mark Einnahmen aus Prüfungsgebühren. UAH Rep. 6 Nr. 2858a., UAH Rep. 6 Nr. 2859.
832 UAH PA 6465 Galling.
833 Kurt Galling, Das Bild vom Menschen in biblischer Sicht, Mainz 1947, S. 5.
834 UAH PA 10311 Ludwig.
835 UAH PA 7517 H. Heinroth.
836 UAH Rep. 4 Nr. 703.
837 UAH PA 7517 H. Heinroth.
838 UAH PA 7518 O. Heinroth.
839 Ebd. und UAH PA 7517 H. Heinroth.
840 UAH PA 7517 H. Heinroth.
841 PA 7518 O. Heinroth.

842 1947 schrieb er: »Im Jahre 1933 … bin ich beigetreten, in dem Wunsche, zum Wohle des großen Ganzen mitzuhelfen, wurde aber sehr bald bitter enttäuscht und sah, dass der Karren den falschen Weg lief. Meine Überzeugung war, dass ich wieder austreten müsse.« UAH PA 16427 Voelcker.
843 Ebd.
844 UAH PA 4293 Beham.
845 UAH Rep. 6 Nr. 1407, Kürschner 1950.
846 UAH PA 4107 Barnikol.
847 Vgl. Falko Schilling, Das kirchen- und gesellschaftspolitische Engagement Ernst Barnikols unter Berücksichtigung seines theologischen Denkens in der Weimarer Republik und im NS-Staat (1918–1945), Hauptseminararbeit, Sektion Theologie, Halle 1990, S. 42 f.
848 UAH NL Weigelt Nr. 344.
849 Der Blockleiter wollte das durch »Zufall« erfahren haben. UAH PA 7929 Hinsche.
850 Hinsche gehörte zu dieser Zeit jedoch der SPD an. Mitte März 1938 fand er einen Zettel in seinem Briefkasten, der unzweifelhaft auf seine politische Überzeugung gemünzt war: »Achtung! Einwohner von Cröllwitz! Am 12. März 1938 ist in Cröllwitz ein Verein gegründet worden. In diesen können alle diejenigen eintreten, welche nicht mit ›Heil Hitler‹ grüßen oder zu keiner Sammlung eine Spende geben. Als Vorsitzender hat sich der Holzhändler Richter, Saarbrückerstrasse 17 bestellen lassen, da dieser sich als solcher Lump schon jahrelang gezeigt hat und auch der beste Kenner auf diesem Gebiete ist. Wir bitten alle Lumpen, sich bei dem Oberlump Richter, Halle/S., Saarbrückerstrasse 17, in die Mitgliederliste eintragen zu lassen. Eintritt frei. Verein für Lumpen. Vorsitzender Holzhändler Richter, Saarbrückerstrasse 17, Oberlump« UAH PA 7929 Hinsche.
851 Die Memoirenliteratur ist voll mit angeblichen Beispielen derartiger Widersetzlichkeiten. Nachweisbar ist davon nur weniges. Heiber führt jedoch zahlreiche verbürgte Fälle an, meist von den Großstadtuniversitäten und der Universität Freiburg. Vgl. Heiber, Universität unterm Hakenkreuz.
852 Das bescheinigte ihm Rektor Otto Eißfeldt 1948 rückblickend. UAH PA 7478 Hein.
853 Albert Wellek, Typologie der Musikbegabung im deutschen Volke – Grundlegung einer psychologischen Theorie der Musik und Musikgeschichte mit allgemeinpsychologischen Beiträgen zur »Tonhöhen«-Unterschiedsempfindlichkeit, München 1939, S. 280–282.
854 Zöllner, Karl oder Widukind?, S. 21 f.
855 UAH PA 10179 Lintzel.
856 Artur Schellbach; Die Auswirkungen der antijüdischen Rassenpolitik im Lehrkörper der Universität Halle-Wittenberg in der Zeit der NS-Diktatur. In: Jüdische Gemeinde zu Halle (Hrsg.), 300 Jahre Juden in Halle – Leben, Leistung, Leiden, Lohn, Halle 1993, S. 308; auch Mühlpfordt, Schenk u.a., Der Spirituskreis, S. 457; sogar von Heiber, Universität unterm Hakenkreuz, Bd. II/2, S. 489.
857 Vgl. Nagel, Philipps-Universität, S. VIII.
858 Vgl. Titze, Akademikerzyklus.
859 UAH Rep. 6 Nr. 868.
860 Ebd.
861 Im Wintersemester 1926/27 studierten 121 Frauen an der Universität Halle, im Sommersemester 1927 waren es 150, ebd.
862 UAH Rep. 6 Nr. 1575.
863 UAH Rep. 4 Nr. 894.
864 UAH PA 17234 E. Wolf.
865 Vgl. UAH Rep. 4 Nr. 183.
866 UAH Rep. 4 Nr. 688. Zwei Theologen, gegen die sich Dekan Hans Schmidt erfolgreich sträubte, seien erwähnt: Wilhelm Caspari (Kiel), Hans von Campenhausen (Göttingen). Bei Caspari wurden fachliche Gründe, bei von Campenhausen eine bestehende Überrepräsentation der Kirchengeschichte in Halle genannt. UAH Rep. 6 Nr. 1357.
867 UAH PA 9893 Laqueur.
868 UAH Rep. 6 Nr. 1361.
869 UAH Rep. 6 Nr. 877.
870 Dieses Argument hatte Emil Abderhalden Woermann nahegelegt, bemerkenswerterweise war er der einzige Professor der Universität, der so dachte. Vgl. dazu die Zuarbeiten für die Denkschrift in: UAH Rep. 4 Nr. 184. Im Universitätsarchiv sind sämtliche Immatrikulationsunterlagen aufbewahrt, wurden jedoch noch nicht ausgewertet. Hier ist auch die soziale Herkunft der Studenten erfasst. Für 1940 kann nach einer oberflächlichen Durchsicht ein Anteil von etwa 80 % aller Studenten, deren Väter keinen Hochschulabschluss hatten, angegeben werden. Vgl. UAH Rep. 4 Nr. 1358.
871 UAH Rep. 6 Nr. 877.
872 UAH Rep. 4 Nr. 184.
873 UAH Rep. 6 Nr. 877.

874 Darré hatte seine Abschlussarbeit bei Gustav Frölich geschrieben (»Die Domestikation der Haustiere mit besonderer Berücksichtigung des Schweins«, Note: gut.) Die Prüfung zum Diplomlandwirt legte er am 16. Februar 1925 mit der Note: »ziemlich gut« ab. UAH Personalia D-F.
875 UAH Rep. 4 Nr. 183.
876 Dort kam es, wie Heiber vermerkt, zu erheblichem Unmut. Man sah sich aber in der schwächeren Position. Vgl. Heiber, Universität unterm Hakenkreuz, Bd. II/1, S. 152.
877 UAH Rep. 4 Nr. 183.
878 Die seit 1524 existente Vereinigung der Halloren, die »Brüderschaft der Salzwirker im Thale zu Halle«, wurde als Korporation durch das Allgemeine Preußische Landrecht von 1794 anerkannt. Diese Privilegierung durch den Landesherrn wurde mit einem jährlichen Zins – später einer symbolischen Gabe – entgolten. Das Dienen beim Besuch des »Landesvaters« erklärt sich aus dieser eingegangenen Verpflichtung.
879 Rudolf Jordan, Erlebt und erlitten – Weg eines Gauleiters von München bis Moskau, Leoni am Starnberger See 1971, S. 145.
880 Göring–Biograph Werner Maser rekurriert mehrfach auf die große Eitelkeit und den Eigensinn des preußischen Ministerpräsidenten. Vgl. Werner Maser, Hermann Göring – Hitlers janusköpfiger Paladin – Die politische Biographie, Berlin 2000.
881 UAH Rep. 4 Nr. 183.
882 Ebd.
883 UAH Rep. 6 Nr. 868.
884 UAH Rep. 6 Nr. 877.
885 Frankfurt, Greifswald, Kiel, Marburg, Erlangen, Würzburg, Tübingen, Jena, Gießen, Hamburg, Rostock.
886 UAH Rep. 4 Nr. 897.
887 Vgl. UAH Rep. 4 Nr. 671. Für diese Überlegungen spricht die Schaffung einer eigenständigen Landwirtschaftlichen Fakultät 1947. Als Mitinitiatoren müssen hier Woermann und Roemer genannt werden.
888 UAH Rep. 4 Nr. 671.
889 Meier, Fakultäten, S. 436ff
890 Helmut Heiber (Hrsg.), Akten der Parteikanzlei – Rekonstruktion eines verlorenen Bestandes, Regesten Nr. 32243, München 1983.
891 Die Zahl ist deshalb ungefähr angegeben, weil die Ernennung der Lehrstuhlvertreter nicht immer genau zu datieren war. Ermittelt nach UAH Rep. 4 Nr. 896–900.
892 UAH PA 16758 Weidemann.
893 Es konnte nur eine »Art« Schirmherrschaft sein, da nach wie vor das Wissenschaftsministerium Träger der Universität war. Rosenberg war Reichsleiter der NSDAP und versuchte, eine eigenständige »Hohe Schule« ins Leben zu rufen. Die Universität Halle war nicht, wie gelegentlich zu lesen, der erste Schritt zu dieser Parteihochschule gewesen. Vgl. dazu klarstellend: Reinhard Bollmus, Zum Projekt einer nationalsozialistischen Alternativ-Universität – Alfred Rosenbergs »Hohe Schule«. In Heinemann (Hrsg.), Erziehung und Schulung im Dritten Reich, Bd. 2, S. 125–152. Zur Biographie Rosenbergs knapp ders., Alfred Rosenberg »Chefideologe« des Nationalsozialismus. In: Ronald Smelser, Enrico Syring, Rainer Zitelmann, Die braune Elite 1, Darmstadt 1999, S. 223–235. Ausführlich ders., Das Amt Rosenberg.
894 So zum Universitätsjubiläum 1944. Geforscht wurde über den scheinbar blassen Eggeling jedoch bisher nicht.
895 Eine Dissertation zur Geschichte der Stadt Halle von 1933–1945 ist in Arbeit.
896 UAH PA 16758 Weidemann.
897 Frank-Lothar Kroll, Utopie als Ideologie – Geschichtsdenken und politisches Handeln im Dritten Reich, Paderborn u.a. 1998, S. 102.
898 Die aus der »Schirmherrschaft« folgenden Auseinandersetzungen zwischen den Parteistellen und dem Wissenschaftsministerium beschreibt Heiber ausführlich und genüsslich, auch das Abkühlen der Beziehung zwischen Rosenberg und Halle. Vgl. Universität unterm Hakenkreuz, Bd. II/2, S. 472–489.
899 Festreden zum 75-jährigen Jubiläum der Landwirtschaftlichen Institute der Martin-Luther-Universität Halle-Wittenberg am 27. Mai 1938, Halle 1939, S. 4.
900 Biographischer Anhang in Kapitel 10 dieses Buches und UAH Rep. 4 Nr. 896, 897, 898, 899/900.
901 Vgl. UAH Rep. 6 Nr. 1980.
902 Bienert bat 1940 um Unterstützung für sein Werk über das »Arbeitsethos im Abendland« Dekan Hans Schmidt reichte den Antrag an Rektor Weigelt weiter und befürwortete ihn. Bienert sei ein Mann von »untadeliger Gesinnung und Haltung – in politischer wie persönlicher Hinsicht«. Außerdem entspreche das Werk, das Bienert in einem Vortrag im Rahmen des NS-Dozentenlagers bereits skizziert habe, »dem Grundgedanken der Rosenbergstiftung in besonderem Maße.« UAH PA 4519 Bienert.
903 Von dem Kuchen, der verteilt werden sollte, gedachten auch die Studentenfunktionäre ein Stück abzubekommen. Es gelte, so notierte Studentenführer Detering, »aufklärend zu wirken gegenüber der Meinung, dass man es erst vom Assistenten an mit dem wissenschaftlichen Nachwuchs zu tun habe.« Mit der Berufung von Detering in den Vorstand der Hallischen Wissenschaftlichen Gesellschaft schien diese Frage jedoch beantwortet. StaWü RSF II 117.

904 [Vorname nicht genannt] Noack, Wiedergeburt der Wissenschaft aus dem Geiste des Nationalsozialismus. In: Erzieher im Braunhemd, Jg. 6, H. 4, S. 82.

905 Mitgliederliste und Berichte in: Leopoldina-Archiv Nachlass Abderhalden Nr. 621. Ausgereift war das Konzept dabei weder in der Form noch was die Inhalte anging. In der Ausgabe des Gaublattes »Erzieher im Braunhemd«, die der Gesellschaft gewidmet war, wurde auf die Disziplinen Soziologie und Psychologie eingeprügelt und gleichzeitig durch den im Zuge der »Rosenberg-Politik« von der Universität verdrängten Psychologen Wolfgang Metzger eine Rehabilitierung dieser Wissenschaft abgedruckt. Vgl. Wolfgang Metzger, Ganzheit und Gestalt – Ein Blick in die Werkstatt der Psychologie. In: Erzieher im Braunhemd, Jg. 6, H. 4, S. 90.

906 UAH Rep. 6. Nr. 1980.

907 UAH Rep. 4 Nr. 2029 und Nr. 2030. In das Goldene Buch der Universität trug sich Rosenberg ein am 16. Februar 1938, 27. April 1938, 4. November 1938 und am 19. April 1939. UAH Rep. 4 Nr. 199.

908 So die Wiedergabe im Völkischen Beobachter, der Berichterstatter der Saale-Zeitung ließ das »dröhnend« weg und formulierte schöner, dass die Welt aufhorchen »möge«. UAH Rep. 6 Nr. 1980.

909 Ähnlich hatte er sie bereits 1934 anlässlich der Eröffnung des Wintersemesters 1934/35 an der Universität München gehalten, das Gesagte in Halle ist als Abschwächung zu interpretieren. Vgl. Alfred Rosenberg, Gestaltung der Idee – Blut und Ehre II. Bd. – Reden und Aufsätze von 1933–1935, München 1943, S. 196–218.

910 Vgl. Rosenberg, Mythus, S. 21–144.

911 Alfred Rosenberg, Der Kampf um die Freiheit der Forschung, Halle 1938, S. 13. Dies war der erste Band der Schriften der Hallischen Wissenschaftlichen Gesellschaft. Band 2 war die Rede Rosenbergs über Klages. Weitere Bände konnten nicht ermittelt werden.

912 Ebd., S. 16 f.

913 Ebd., S. 12.

914 StaWü RSF II 117.

915 Für die Reichsparteitage der NSDAP hat dies detailliert nachgewiesen Siegfried Zelnhefer, Die Reichsparteitage der NSDAP – Geschichte, Struktur und Bedeutung der größten Propagandafeste im nationalsozialistischen Feierjahr, Nürnberg 1991.

916 Alfred Rosenberg, Gestalt und Leben, Halle 1938, bes. S. 7 und 29

917 Die Medienresonanz im totalitären Staat kann nicht als Indikator dafür gewertet werden, was die Bevölkerung als wesentlich ansah, wohl aber dafür, was das Regime selbst für wichtig hielt. Vgl. Presse in Fesseln – Eine Schilderung des NS-Pressetrusts, Berlin o. J. (1948); aus nationalsozialistischer Sicht: Helmut Sündermann, Tagesparolen – Deutsche Presseanweisungen 1939–1945 – Hitlers Propaganda und Kriegführung, Leoni am Starnberger See 1973.

918 UAH Rep. 4 Nr. 2030.

919 UAH Rep. 4 Nr. 2033.

920 UAH Rep. 4 Nr. 2034. Als noch immer aktuellen Vordenker würdigte Evola der Rechtsextremist Jürgen Hatzenbichler. Vgl. Ders., Querdenker – Konservative Revolutionäre, Engerda 1996, S. 41–56.

921 UAH Rep. 4. Nr. 184.

922 Heiber, Universität unterm Hakenkreuz, Bd. II/1, S. 153.

923 UAH Rep. 4 Nr. 688.

924 UAH Rep. 29 F I Nr. 3, Bd. 2.

925 UAH Rep. 4 Nr. 1444.

926 UAH Rep. 4 Nr. 166.

927 UAH Rep. 4 Nr. 271.

928 UAH Rep. 4 Nr. 688.

929 Im Juli 1944 hatte es noch geheißen, dass demnächst 1 000 Medizinstudenten und 150 Studenten der Zahnmedizin nach Halle kommen würden. UAH Rep. 29 F I Nr. 3 Bd. 5.

930 UAH Rep. 4 Nr. 688.

931 Ebd., auch UAH Rep. 4 Nr. 183.

932 Walter Zöllner, Die Universität Halle am Ende der Weimarer Demokratie und unter der NS-Diktatur. In: Gunnar Berg und Hans-Hermann Hartwich, Martin-Luther-Universität – Von der Gründung bis zur Neugestaltung nach zwei Diktaturen, Opladen 1994, S. 95.

933 Werner Maser, Das Regime – Alltag in Deutschland 1933–1945, Berlin 1990, S. 370.

934 Vgl. Geschichte der Christian-Albrechts-Universität Kiel 1665–1965 Bd. 1, Teil 2, Neumünster 1965.

935 Zöllner, Unter der NS-Diktatur. In: Berg und Hartwich, Martin-Luther-Universität, S. 86.

936 Klaus Scholder, Die Kirchen und das Dritte Reich, Bd. 1: Vorgeschichte und Zeit der Illusion 1918–1934, München 2000.

937 Kirchenhistoriker Ernst Barnikol forschte über das frühe Christentum und beeinflusste seine Schüler entsprechend. Der für die NSDAP sehr stark engagierte Ernst Kohlmeyer wechselte nach Bonn. Der bis 1945

nicht arrivierte Walther Völker befasste sich mit den mittelalterlichen Mystikern und – selbst in mönchischer Askese lebend – mit den katholischen Orden. Vgl. PA der entsprechenden Gelehrten.
938 Zu diesen Bestrebungen äußerte sich kritisch der nach Halle strafversetzte Kirchenhistoriker Ernst Wolf. Ders., Barmen – Kirche zwischen Versuchung und Gnade, München 1957, bes. S. 21–28. Wolf selbst sah Luther – und die Luther-Renaissance kritisch und hat an ihr in Halle nie mitgewirkt. Obwohl er keine systematische Auseinandersetzung mit der Instrumentalisierung Luthers suchte, wandte er sich 1946 ausdrücklich gegen die »Lutheromanie« urteilte rückschauend über die Funktion des Reformators: »Wo die hier entzündete Leidenschaft die kritische Zurückhaltung überwältigt, da wollte und konnte man von diesem Luther alles haben, was man brauchte und sich wünschte. Luther begann von da aus eine nicht unbedenkliche Rolle im Weltanschauungskampf der Gegenwart zu spielen.« Ernst Wolf, Luthers Erbe. In: Evangelische Theologie, Heft 2/3 1946, S. 95.
939 Hermann Stieve, Luthers Einfluss auf die Entwicklung naturwissenschaftlicher Erkenntnis, Halle 1933, S. 5.
940 Ebd., S. 15.
941 Der Thesenanschlag an der Schlosskirche zu Wittenberg ist ebenso apokryph wie der Ausspruch auf dem Reichstag zu Worms.
942 Stieve, Luthers Einfluss, S. 17.
943 In Bezug auf die akademische Freiheit ließ Stieve dann auch die Universität Halle glänzen. Man habe hier allen Versuchen der SPD getrotzt politische Veränderungen an der Universität zu erzwingen, etwa durch Zurückweisung solcher, »die nicht zu uns gehörten«. Das schäbige Verhalten gegenüber Günther Dehn deutete er dann in Pflichterfüllung um, »getreu dem Beispiel, das uns Luther gab.« Ebd., S. 23.
944 Ebd., S. 27.
945 Hans Schmidt, Führer und Gefolgschaft nach dem Regentenspiegel Martin Luthers vom Jahre 1534, Halle 1935, S. 4.
946 David: »Herrsche inmitten deiner Feinde! Dein Volk ist [voller] Willigkeit am Tage deiner Macht ... Der Herr zu deiner Rechten zerschmettert Könige am Tag seines Zorns. Er wird richten unter den Nationen, er füllt [Täler] mit Leichen. Das Haupt über ein großes Land zerschmettert er ...« Die Bibel (Elberfelder Bibel), Bielefeld 1989, S. 763.
947 Schmidt, Führer und Gefolgschaft, S. 16 f.
948 Ebd., S. 25.
949 1902 bis 1904. UAH PA 4068 Baesecke.
950 Georg Baesecke, Luther als Dichter, Halle 1935.
951 Ebd., S. 6 f.
952 Ebd., S. 11 f.
953 »Aus tiefer Not schrei ich zu dir, Herr Gott, erhör mein Rufen. Dein Gnädig Ohren kehr zu mir und meiner Bitte sie öffen; denn so du willst das sehen an, was Sünd und Unrecht ist getan, wer kann, Herr vor dir bleiben? ... Darum auf Gott will hoffen ich, auf mein Verdienst nicht bauen; auf ihn mein Herz soll lassen sich und seiner Güte trauen ...« Evangelisches Kirchengesangbuch, Ausgabe für die Evangelische Kirche der Kirchenprovinz Sachsen, Leipzig 1953, S. 195.
954 Baesecke, Luther als Dichter, S. 14 f.
955 Das Baesecke dann auch in den Fußnoten kräftig demontierte. Ebd., S. 18 f.
956 Ebd., S. 15.
957 Ebd., S. 17.
958 Ebd., S. 16 f. In Luthers Text finden sich Passagen mit bemerkenswertem Zeitbezug. Gegnerlokalisierung in der 1. Strophe: »Ein feste Burg ist unser Gott, ein gute Wehr und Waffen. Er hilft uns frei aus aller Not, die uns jetzt hat betroffen. Der alt böse Feind, mit Ernst ers jetzt meint; groß Macht und viel List sein grausam Rüstung ist, auf Erd nicht seinsgleichen.« Missdeutbares in der 2. Strophe: »... es streit für uns der rechte Mann, den Gott hat selbst erkoren ...« Selbstbewusstes in der 3. Strophe. »Und wenn die Welt voll Teufel wär und wollt uns gar verschlingen, so fürchten wir uns nicht so sehr, es soll uns doch gelingen ...« Und Opferbereitschaft in der 4. Strophe: »... Nehmen sie den Leib, Gut, Ehr, Kind und Weib, lass fahren dahin, sie habens kein Gewinn, das Reich muss uns doch bleiben.« Evangelisches Kirchengesangbuch, S. 201.
959 Vgl. Wilhelm Waetzold, Deutsche Kunsthistoriker, Bd. 1: Von Sandrart bis Rumohr, Berlin 1986.
960 Aby Warburg hatte das Ordinariat, das ihm die Fakultät 1912 angetragen hatte, abgelehnt.
961 Wilhelm Waetzold, Die Kunst als geistige Waffe, Halle 1936.
962 Paul Hilpert, Die rassehygienische Forderung, Halle 1937, S. 13.
963 Ebd., S. 25.
964 Ebd., S. 26 ff. Eine Zahl, die trotz der Bemühungen seiner Fachkollegen, der städtischen Gesundheitsämter und der Erbgesundheitsgerichte nicht erreicht wurde. Bis Kriegsende waren ca. 360000 Menschen vom Gesetz zu Verhütung erbkranken Nachwuchses betroffen. Vgl. Broszat und Frei, Das Dritte Reich im Überblick, S. 218.
965 Hilpert, Die rassehygienische Forderung, S. 1937.
966 Gerhard Buchda, Deutsches Bergrecht im Südosten, Halle 1939, S. 3.

967 Ebd., S. 14.
968 Ebd., S. 10.
969 Ebd., S. 15.
970 Die Mehrzahl dieser Reden blieb allerdings ungedruckt.
971 UAH Rep. 6 Nr. 1213.
972 Artikel 149 der Weimarer Reichsverfassung, die in der NS-Zeit nicht außer Kraft gesetzt wurde, besagte: »Die theologischen Fakultäten an den Hochschulen bleiben erhalten«. Darüber hinaus existierten Verträge zwischen allen Einzelstaaten und den jeweiligen evangelischen Landeskirchen. Vgl. Eike Wolgast, Nationalsozialistische Hochschulpolitik und die evangelisch-theologischen Fakultäten. In: Leonore Siegele-Wenschkewitz und Carsten Nicolaisen, Theologische Fakultäten im Nationalsozialismus, Göttingen 1993, S. 45.
973 Zu Schliers Rolle in der Bekennenden Kirche vgl. Kurt Meier, Die Theologischen Fakultäten im dritten Reich, Berlin und New York 1996, u.a. S. 173 ff.
974 Er schrieb: »Ich denke an die etwas behäbige Gescheitheit des kraftvollen Friedrich Karl Schumann, der oft mit den Fakultäten so brisanten kirchenpolitischen Dingen seltsam genüßlerisch spielte, oder an Gerhard Heinzelmann, geistvoll im Gespräch, liebenswert und witzig in Gesellschaft, eindrucksvoll als der wohl beste Prediger der Fakultät.« Trillhaas, Aufgehobene Vergangenheit, S. 143.
975 Ebd., S. 146 und 143.
976 Kurt Meier, Die Deutschen Christen – Das Bild einer Bewegung im Kirchenkampf des Dritten Reiches, Halle 1964, S. 48.
977 Meier, Die Theologischen Fakultäten, S. 239 f.
978 UAH PA 14480 Schumann.
979 UAH PA 16579 Wagner.
980 Vgl. auch die Senatsverhandlungen Ende 1944. In: UAH Rep. 4 Nr. 688.
981 Vgl. Kurt Meier, Kreuz und Hakenkreuz – Die evangelische Kirche im Dritten Reich, München 2001.
982 Ebd., S. 35.
983 Ebd., S. 48.
984 UAH PA 14210 Schomerus.
985 UAH Rep. 6 Nr. 1604.
986 UAH Rep. 6 Nr. 1604.
987 Peter hatte Wolf schon einmal bezichtigt, sich nicht in das reguläre Prüfungswesen der Provinz Sachsen zu integrieren, sondern stattdessen an »Unternehmen der sogenannten Bekenntniskirche« teilzunehmen. Dekan Schumann antwortete am 11. September 1935 kühl, dass zunächst eine Rehabilitierung Wolfs erforderlich sei. Dessen, »wie heute wohl allgemein zugestanden« sei, »unrechtmäßige Entfernung« aus dem Theologischen Prüfungsausschuss der Rheinprovinz müsse formell zurückgenommen werden, das sei »für einen Mann von Ehre selbstverständlich«. Vgl. UAH Rep. 6 Nr. 1213.
988 UAH PA 17234 E. Wolf.
989 Ebd.
990 Ebd.
991 Meier bringt diese Vorgänge mit dem Eintreten des Inspektors des Tholuck-Konviktes Reinhard Ring für die Bekennende Kirche in Verbindung und bezieht die Verweisung der Studenten aus dem Konvikt auf Vorgänge im Wintersemester 1936/37. Vgl. Meier, Theologische Fakultäten, S. 260 f. Mir hat sich der Fall wie beschrieben dargestellt, eindeutig ist die Aktenlage jedoch an der Universität ebenso wenig wie im Bundesarchiv.
992 UAH Rep. 6 Nr. 1575.
993 Ebd.
994 BA Berlin R 4901 Nr. 1833.
995 Ebd. Der Pfarrer der Laurentiusgemeine Walter Gabriel war Obmann der Bekennenden Kirche in Halle. 1943 wurde er in das Konzentrationslager Dachau gebracht, aus dem er jedoch 1945 zurückkehrte. Ein Gang über den Friedhof von St. Laurentius zeigt, dass dieser Gemeinde zahlreiche Universitätsprofessoren angehörten. u.a.: Wilhelm Clausen, Gerhard Stammler, Ferdinand Kattenbusch, Philipp Strauch, Gerhard Heinzelmann.
996 BA Berlin R 4901 Nr. 1833; UAH Rep. 4 Nr. 1801.
997 UAH PA 14109 Schniewind.
998 UAH Rep. 4 Nr. 896. Aufschlussreich für Schniewinds Anspruch an die Theologie ist folgender Aufsatz: Julius Schniewind, Theologie und Seelsorge. In: Evangelische Theologie, Heft 7/8, 1947, S. 363–367. Eine interessante, persönlich gefärbte Würdigung, die aber auch das theologische Konzept des Gelehrten wiedergibt, ist: Hans-Joachim Kraus, Julius Schniewind – Charisma der Theologie, Neukirchen-Vluyn 1965.
999 UAH PA 14109 Schniewind Teil VII.
1000 UAH PA 14109 Schniewind Teil VI.
1001 Ebd.

1002 UAH PA 14109 Schniewind Teil VII.
1003 Ebd.
1004 Eine andere Liste nennt 103 Namen. Ebd.
1005 Die Studierenden waren seit 1933 einem strikten disziplinarischen Regime unterworfen. Zum Studentenrecht vgl. Grüttner, Studenten, S. 63.
1006 Zit. nach Wiefel, Im Zeichen der Krise, S. 19.
1007 Vgl. Kraus, Schniewind, S. 15.
1008 Unterzeichnet wurde einer dieser Berichte von dem bereits erwähnten Herbert Werkmeister, unter einem anderen Schreiben finden sich jedoch noch weitere Namen. UAH PA 14109 Schniewind Teil VI.
1009 UAH PA 14109 Schniewind Teil VII.
1010 Ebd.
1011 Es wird auch die Zahl 57 genannt. Die hier genannte Zahl beruht auf den in den Akten Rep. 4 Nr. 791 bis 794 dokumentierten Fällen.
1012 Ohne den Entzug der Staatsbürgerschaft war die Aberkennung von Doktorgraden »nicht angängig« notierte Rektor Weigelt am 7. Juni 1940. UAH Rep. 4 Nr. 791.
1013 Dieses Urteil fand sich in den Akten leider nicht, so dass die Widerstandshandlungen, die zur Verurteilung führten, nicht nachvollzogen werden konnten.
1014 Anders etwa in Leipzig. Eine Dissertation zu diesem Thema wird voraussichtlich 2002 fertiggestellt.
1015 UAH Rep. 4 Nr. 792.
1016 Vgl. § 4 »Unwürdigkeit«, Gesetz über die Führung akademischer Grade vom 7. Juni 1939, RGBl. I, S. 985.
1017 Vgl. Walter Zöllner, »Unwürdige an unserer Universität. In: Scientia Halensis, Nr. 3/1995.
1018 UAH Rep. 4 Nr. 792. Vater des bekannten jüdischen Gelehrten Emil Julius Fackenheim (1916).
1019 UAH Rep. 4 Nr. 793. Richard Hönigswald (1875–1947) wurde 1904 in Halle promoviert. Er war ordentlicher Professor der Universitäten Breslau (1919–1930) und München (1930–1933). 1938 wurde er ins Konzentrationslager Dachau gebracht, 1939 emigrierte er in die USA.
1020 UAH Rep. 4 Nr. 792. Richard Krautheimer (1897–1994), 1923 in Halle promoviert, lehrte ab 1935 als Professor of Fine Arts an der Universität von New York, er war Spezialist für christliche und byzantinische Architektur.
1021 UAH Rep. 4 Nr. 791. Alfred Kerr (1867–1948), 1894 in Halle promoviert, arbeite seit der Jahrhundertwende für die wichtigen Berliner Zeitungen und Zeitschriften, ab 1917 für die wichtigste Hauptstadtzeitung, Mosses Berliner Tageblatt. Als Theaterkritiker war er eine Institution. Kerr emigrierte bereits im Februar 1933. Auf den Scheiterhaufen der Berliner Bücherverbrennung flogen seine Werke mit dem Spruch: »Gegen dünkelhafte Verhunzung der deutschen Sprache!« Als Mitarbeiter von Emigrantenzeitschriften und der BBC wandte er sich gegen das nationalsozialistische Deutschland. Der 81-jährige unternahm 1948 im Auftrag des Foreign Office eine Vortragsreise durch Deutschland, er erlag auf der ersten Station, Hamburg, einem Schlaganfall.
1022 UAH Rep. 4 Nr. 792. Paul Kahle (1875–1964) kehrte 1945 zurück und widmete sich der Vortragstätigkeit.
1023 UAH Rep. 4 Nr. 793. Tillich (1886–1965) wurde 1937 Associate Professor am Union Theological Seminary New York, 1955 erhielt er einen Ruf nach Harvard. Er starb 1965 auf einer Vortragsreise in Chicago. Vgl. Paul Tillich, Against the Third Reich – Paul Tillichs wartime adresses to Nazi Germany, Louisville 1998.
1024 UAH Rep. 4 Nr. 793.
1025 Die Dekane waren einverstanden, einzig Eckert-Möbius tat jedoch vorher einem Blick in das Urteil des Militärgerichts. UAH Rep. 4 Nr. 793.
1026 UAH Rep. 4 Nr. 791.
1027 UAH Rep. 4 Nr. 792.
1028 UAH Rep. 4 Nr. 791.
1029 Ebd.
1030 Der Fall ist in den Akten nicht dokumentiert, Brockmanns Verurteilung nach § 1 und 2 der Heimtückeverordnung lediglich erwähnt. Brockmann hätte danach die Uniform oder das Abzeichen einer Parteiorganisation getragen und dabei sogar eine strafbare Handlung begangen. Vgl. Verordnung des Reichspräsidenten zur Abwehr heimtückischer Angriffe gegen die Regierung der nationalen Erhebung vom 21. März 1933. In: Ostendorf, Dokumentation des NS-Strafrechtes, S. 57.
1031 Davon gehen aus: Kaiser und Simon, Gerichtsmedizin, S. 63.
1032 UAH Rep. 4 Nr. 793. Stabsarzt der Reserve Dr. Felix Brockmann, geb. 16. Dezember 1893 Glesien, gefallen 1944.
1033 Kaiser und Simon, Gerichtsmedizin, S. 63.
1034 Ein Einziger erhielt unmittelbar nach dem Ende des NS-Regimes seinen Doktorgrad zurück: Der Arzt Hermann S., der von 1937 bis 1940 eine Freiheitsstrafe wegen § 218 verbüßte, bekam im November 1945 auf seinen Antrag hin den Doktortitel wieder zuerkannt. Der in der NS-Zeit nicht arrivierte außerordentliche

Professor Kurt Galling beantragte 1945 die Wiederzuerkennung des Dr. h. c. an Paul Tillich. Galling wurde jedoch Ende 1945 entlassen und nahm wenig später einen Ruf nach Mainz an. Der Dekan der Theologischen Fakultät Gerhard Heinzelmann, der von 1930 bis 1950 ununterbrochen als Dekan oder Prodekan der Theologen amtierte, sah sich nicht veranlasst, in dieser Sache etwas zu unternehmen. Er hatte als Mitglied der Kommission, welche die akademischen Würden aberkannte, selbst zahlreiche Degraduierungen mitverantwortet. UAH Rep. 4. Nr. 791 und 793. In der Zeit des SED-Regimes wurden an der Universität Halle mindestens vier Degraduierungen durchgeführt. Auch diese Fälle bezog der Akademische Senat in seine Erklärung vom 27. Juli 1995 ein. Vgl. Zöllner, »Unwürdige«, S. 25.

1035 Der Text der Erklärung ist abgedruckt in: Scientia Halensis, Nr. 3 1995, S. 25.

1036 Ab 1929 sollte mit Gefängnis nicht unter sechs Monaten bestraft werden, wer »einen anderen Mann unter Missbrauch einer durch Dienst- oder Arbeitsverhältnis begründeten Abhängigkeit nötigt, sich zur Unzucht missbrauchen zu lassen; gewohnheitsmäßig zum Erwerb mit einem Mann Unzucht treibt oder sich dazu anbietet; einen männlichen Minderjährigen verführt, sich zur Unzucht missbrauchen zu lassen.« Vgl. Till Bastian, Homosexuelle im Dritten Reich – Geschichte einer Verfolgung, München 2000, S. 22. Diese Nichtverfolgung war übrigens auch mit Rücksicht auf die Kriegsteilnehmer, unter denen dauerhafte Kameradschaften und Liebesbeziehungen entstanden, mehr als geboten.

1037 In Kraft trat das neue Gesetz im Juli 1935:»Ein Mann, der mit einem anderen Mann Unzucht treibt oder sich von ihm zur Unzucht missbrauchen lässt, wird mit Gefängnis bestraft ...« Vgl. Bastian, S. 54.

1038 UAH Rep. 4 Nr. 792.

1039 Ebd.

1040 Dass die Bodenreform mittlerweile juristisch sanktioniert wurde ändert nichts an ihrem Gehalt. Sie war Teil der in der Sowjetischen Besatzungszone durchgeführten kommunistischen Revolution, ihr Ziel war die Auslöschung der »Klasse« der adligen Junker und Großgrundbesitzer. Vgl. dazu die maßgebliche ideologische Richtschnur: J. W. Stalin, Fragen des Leninismus, Berlin (Ost) 1955.

1041 Vgl. Fritz-Bauer-Institut (Hrsg.), »Arisierung« im Nationalsozialismus – Volksgemeinschaft, Raub und Gedächtnis, Darmstadt 2000.

1042 UAH Rep. 6 Nr. 3103.

1043 Ebd.

1044 Ebd.

1045 Ebd.

1046 Ebd.

1047 Ebd.

1048 Ebd.

1049 Das in der Gustav-Nachtigall-Straße liegende Grundstück Alexander Stiedas verbuchte man insgeheim bereits als Stiftung. Rep. 6 Nr. 2042. Stieda spendete der Universität bereits die Orgel in der Aula, Geld zu zahlreichen Gelegenheiten und nach mehrmals die Cotheniusmedaille der Leopoldina. 1943 richtete er ein Stipendium ein.

1050 So beim erhofften Ankauf des Hauses Universitätsplatz 3. UAH Rep. 6 Nr. 2042.

1051 Ebd.

1052 Nach gemeinsamer Besichtigung mit Vertretern des Wissenschaftsministeriums am 15. Januar 1937. Ebd.

1053 Ebd.

1054 Ebd.

1055 Der Kauf dieses Grundstücks wurde durch das Ministerium abgelehnt.

1056 UAH Rep. 6 Nr. 2042.

1057 Ebd.

1058 UAH Rep.6 Nr. 2759, die Satzung der Darré-Stiftung befindet sich in UAH Rep. 4 Nr. 511. Der Betrieb sollte »Erbhofgröße« haben und von einem Pächter unter Anleitung des Leiters der Landwirtschaftlichen Institute geführt werden.

1059 UAH Rep. 6 Nr. 2759.

1060 Ein Anfang wurde gemacht mit einem 1997 in Stendal veranstalteten Symposion, das zumindest die ganze, bisher stets unterschätzte Dimension dieses revolutionären Aktes aufzeigte. Vgl. Rüdiger Fikentscher, Boje Schmuhl, Konrad Breitenborn (Hrsg.), Die Bodenreform in Sachsen-Anhalt – Durchführung, Zeitzeugen, Folgen, Halle 1999.

1061 UAH Rep. 6 Nr. 3103.

1062 Ebd.

1063 Die Akten sind voll mit Inventarlisten, die Fehlstellen verzeichnen. Einiges von dem Besitz derer von Wuthenau (Schloss Hohenturm) ging an Rektor Eduard Winter, der so wohl seine Vertreibung aus der Tschechoslowakei kompensierte. Der Rest (Teppiche, 15 Kisten Porzellan) wurde im Auftrag des Volksbildungsministeriums abtransportiert. Vgl. UAH Rep. 6 Nr. 2710. Im Schloss Ostrau gab es Möbel, wieder wurden sie Winter zugestellt. Vgl. Ebd. Kurator Elchlepp war ohnehin korrupt bis auf die Knochen, wie ein Parteiverfahren der SED an das Tageslicht brachte. Auch er bereicherte sich persönlich, zum Verhängnis wurde ihm aber das Missmanagement eines von ihm für die Universität angekauften Sägewerksbetriebes im Harz. Im Zuge der »Bodenreform« fielen zahlreiche Bibliotheken an, etwa die des Besitzers von Schloss Bündorf. 21 Bücher, wahrscheinlich die, die nicht verbrannt wurden, kamen von Schloss Schochwitz. 1 110 Bände landwirtschaftlicher Literatur wurden in die Bibliothek der landwirtschaftlichen Fakultät eingestellt. Die Biologen interessierten sich massiv für eine Käfersammlung. Der neu berufene Professor Schilder ging sogar Gerüchten über angeblich zu enteignende Naziaktivisten nach, um sich »vorsorglich« Sammlungen und Bibliotheken zu sichern. Das Schloss Ostrau wurde der Universität einschließlich Mobiliar als Institut für angewandte Biologie zugeschlagen, das Inventar »versickerte« in den Folgejahren in den klinischen Anstalten, den Landwirtschaftsinstituten und bei verschiedenen Universitätsangehörigen. Vgl. Rep. 6 Nr. 2710 und 2750. Dass Denkmalpflege und Volkbildungs- (mithin Kultus-)ministerium nicht alle Kunstschätze bergen konnten, wird nach den Ausführungen von Konrad Breitenborn in dem angesprochen Band zum 1997er Symposion klar. Konrad Breitenborn, »Eigentum des Volkes« – Kunst- und Kulturgutenteignungen durch die Bodenreform. In Fikentscher, Breitenborn, Schmuhl, Bodenreform, S. 117–152.

1064 Zit. nach: Michael Schneider, Unterm Hakenkreuz – Arbeiter und Arbeiterbewegung 1933 bis 1939, Bonn 1999, S. 94.
1065 Vgl. Rainer Zitelmann, Hitler – Selbstverständnis eines Revolutionärs, München 1998, S. 206 und 221.
1066 Stefan Breuer, Ordnungen der Ungleichheit – Die deutsche Rechte im Widerstreit ihrer Ideen 1871–1945, Darmstadt 2001, v. a. S. 229 bis 233.
1067 Vgl. Nolte, Streitpunkte, S. 129. Der von Nolte, Zitelmann folgend, in diesem Zusammenhang angesprochene revolutionäre Charakter des NS-Regimes ist abwegig, da hier die Grenzen zwischen Reform und Revolution verwischt werden. Nicht der Anspruch, sondern das Ergebnis sollte für den Historiker als Kennzeichen für eine Revolution entscheidend sein.
1068 Martin Broszat, Der Staat Hitlers – Grundlegung und Entwicklung seiner inneren Verfassung, München 1969, S. 144.
1069 Werner Maser, Der Sturm auf die Republik – Frühgeschichte der NSDAP, Düsseldorf u. a., 1994, S. 472 ff.
1070 Erst ab 1939 erhielten Dozenten und außerordentliche Professoren – jetzt als außerplanmäßige Professoren – Beamtenstatus und dotierte Stellen.
1071 Eigene Schätzungen nach UAH Rep. 6 Nr. 998. Der Kurator meldete der NSDAP am 1. Mai 1934 ca. 600 Teilnehmer am Aufmarsch, darunter seien der »gesamte Lehrkörper, Beamte, Assistenten, Angestellte und Lohnempfänger (einschl. weibliches Personal)«, jedoch nicht das Personal auf den Gütern der Universität. Am 1. Mai 1936 übernahm der Kurator die Rechnung für 626 Tassen Kaffee und 627 Stück Kuchen. Bezahlt wurde die Rechnung aus dem Fonds »Kurse für staatswissenschaftliche Fortbildung der Universität Halle«.
1072 Vgl. UAH Rep. 6 Nr. 2876. Eine Personalakte von August Treunert (geboren 1877) ist im UAH nicht überliefert, 1945 wurde er verhaftet, weiteres ist nicht bekannt.
1073 UAH Rep. 6 Nr. 2876.
1074 UAH Rep. 6 Nr. 998.
1075 Für die Professoren lockerte sich diese Regelung ab 1936. Ebd.
1076 Vgl. die Biographien des Hausmeisters Hermann Hattenhauer, der Stenotypistin Gertrud Kownick, des Heizers August Lemp, des Wäschemädchens Elisabeth Lübeck, des Laboranten Walter Nietzold und des Laborarbeiters August Strobel im biographischen Anhang, Teil VI. Dass jedoch auch diese Kontrollen nicht reibungslos funktionierten, zeigt ein – unpolitischer – Zwischenfall. Als Lübeck wieder einmal die Näherinnen der Universitätskliniken wegen überzogener Pausen anschwärzte, boten diese ihr kollektiv Prügel an. Lübeck gab folgende Aussage zu Protokoll: »Du bekommst von der ganzen Nähstube eine in die Fresse.« UAH PA 10131 Lübeck.
1077 UAH Rep. 6 Nr. 2876.
1078 UAH Rep. 6 Nr. 888.
1079 Rundschreiben gerichtet an die Professoren. UAH Rep. 6 Nr. 999.
1080 UAH Rep. 6 Nr. 998.
1081 Durchgestellt über die Innere Gauinspektion der Gauleitung. UAH PA 6154 Volkmann.
1082 Diese Beurteilungen wurden erstellt, als diese Arbeiter und Angestellten eingezogen werden sollten. Ziel der Beurteilungen war, eine Uk.-Stellung dieser Mitarbeiter zu erreichen. Wenn ihr Aussagewert daher sicher als gering einzuschätzen ist, muss andererseits konstatiert werden, dass diese Mitarbeiter eben tatsächlich für die Professoren »unabkömmlich« waren.
1083 UAH Rep. 6 Nr. 2875.
1084 Ebd. und Elstermann, Zur Geschichte des Instituts für Hygiene.
1085 Zit. nach Zitelmann, Hitler, S. 221.
1086 UAH Rep. 29 F I Nr. 3, Bd. 2. Dass diese Wachen eine besondere Verantwortung hatten, wird aus den Anweisungen des Dekans der Medizinischen Fakultät deutlich. Bei Bombenangriffen hätten die Wachen die Obergeschosse der Gebäude ständig zu kontrollieren, wies Eckert-Möbius an, da bei rechtzeitiger Entdeckung von Brandbomben die Möglichkeit bestünde, »sie am Stiel gefasst ins Freie zu werfen.« Seine An-

weisungen an die Belegschaft beschloss der Dekan – am 20. Dezember 1943! – nicht mit »Heil Hitler!«, sondern mit den Worten: »Lobet Gott den Herrn!«

1087 UAH Rep. 6 Nr. 2876.
1088 UAH Rep. 6 Nr. 1333 Bd. 5, Rückseite eines anderen Dokuments. Vgl. Marie-Luise Recker, Zwischen sozialer Befriedung und materieller Ausbeutung – Lohn und Arbeitsbedingungen im Zweiten Weltkrieg. In: Wolfgang Michalka, der Zweite Weltkrieg – Analysen, Grundzüge, Forschungsbilanz, Weyarn 1997, S. 430–444.
1089 UAH Rep. 6 Nr. 1336.
1090 UAH Rep. 6 Nr. 1333 Bd. 1
1091 UAH Rep. 6 Nr. 1336.
1092 UAH Nachlass Weigelt Nr. 408.
1093 UAH Rep. 6 Nr. 1333 Bd. 1.
1094 UAH Rep. 6 Nr. 1333 Bd. 2.
1095 In dem Protokoll über den Vorfall vom 8. Juni 1943 gestand Busch ein, dass der Vorfall »im Allgemeinen richtig dargestellt« sei und nahm Zuflucht zur Rhetorik aller Sexualtäter. Das Hausmädchen habe ihn »durch ihr ganzes Verhalten« zu dieser Verhaltensweise nicht nur »angeregt«, sondern »offenbar herausgefordert«. Dass sie auf sein Angebot nicht einging, habe ihn »höchst überrascht«. Busch trat nach der Rückkehr 1945 in die SPD ein, wurde in die SED überführt und zum Verwaltungsinspektor befördert. Er verlor seine Anstellung 1952, da er zögerte, einer politischen Resolution zuzustimmen. UAH PA 5103 Busch.
1096 UAH Rep. 6 Nr. 2882.
1097 Vgl. u.a. Leopoldina-Archiv, Nachlass Emil Abderhalden Nr. 300.
1098 UAH Rep. 6 Nr. 1334 Bd. 5.
1099 So z.B. der Techniker Richard Ey (geboren 1913). Ey arbeitete bei den Siebel Flugzeugwerken als Klempner, Vorarbeiter, Meister und schließlich als technischer Angestellter. Im Kriegseinsatz wurde er an der Wirbelsäule verletzt (55% Erwerbsminderung), ab 1943 arbeitete er im Institut für Landmaschinentechnik als Handwerker. Nach 1945 war er Hausmeister am Institut für Acker- und Pflanzenbau und schied 1951 aus. Ey gehörte der NSDAP nicht an, 1933 war er vom Metallarbeiterverband in die DAF übernommen worden, 1946 trat er der SPD bei. Auskunft aus: PA 5909 Ey.
1100 UAH Rep. 6 Nr. 1333 Bd. 1.
1101 UAH Rep. 6 Nr. 1334 Bd. 7.
1102 UAH Rep. 6 Nr. 1333 Bd. 3.
1103 UAH Rep. 6 Nr. 1336.
1104 Die Kriegsstatistik der Beschäftigten weist für jedes Institut auf, wie viele Angehörigen welcher Besoldungsgruppen im Feld standen. Außerdem waren beschäftigte Juden, Ausländer und Kriegsgefangenen anzugeben. Eine Gesamtübersicht wurde jedoch auf Veranlassung des Reichsministers für Wissenschaft, Erziehung und Volksbildung nicht erhoben, da dies nicht »notwendig« sei. UAH Rep. 6 Nr. 2591. Die folgenden Zahlen wurden von mir nach den Einzelmeldungen errechnet, Arbeiter jüdischer Abstammung beschäftigte die Universität nicht.
1105 UAH Rep. 6 Nr. 2591.
1106 Ebd.
1107 Der größte Teil der Ausländer war auf den Versuchsgütern Radegast und Lettin beschäftigt. Die vier Kriegsgefangenen waren auf dem von Theodor Roemer geleiteten »Schraderhof« beschäftigt.
1108 UAH Rep. 6 Nr. 2594.
1109 UAH Rep. 6 Nr. 2593.
1110 UAH Rep. 6 Nr. 2595, das ist die letzte Erhebung.
1111 Wenigstens seien einige Namen genannt: Auf den Gütern der MLU beschäftigt waren u.a. Iwan Gromnik, Eudoki Kirilenko, Priska Kirilenko, Kazys Labanauskas und Marie Pelich.
1112 UAH Rep. 6 Nr. 1333 Bd. 2. Dazu der Kommentar Gerhard Schraders: »Aushilfen durch Kriegsgefangene sind, wie die Erfahrungen gelehrt haben, infolge Flucht oder Arbeitsvertragsbruch kein vollwertiger Ersatz.«
1113 UAH Rep. 29 F Nr. 3 Bd. 3.
1114 Titze, Datenhandbuch, Bd. 1/2, S. 263.
1115 UAH Rep. 6 Nr. 1609.
1116 Ebd.
1117 Titze, Datenhandbuch Bd. 1/1, S. 30.
1118 Ebd., Bd. 1/2, S. 270.
1119 Vgl. ausführlich Titze, Akademikerzyklus.
1120 Gemeinsam mit Tübingen, Würzburg und Erlangen. Vgl. Titze, Datenhandbuch, I/2, S. 44.
1121 Fachschulabsolventen hatten allerdings noch eine »Sonderreifeprüfung« abzulegen, die für Kriegsteilnehmer auf wenige Fächer beschränkt wurde. Vgl. UAH Rep. 29 I Nr. 2, Bd. 3.

1122 Titze, Datenhandbuch I/2, S. 270.
1123 UAH Rep. 6 Nr. 1610.
1124 Vgl. PA 13853 Schmaltz.
1125 StaWü RSF 01 p 37.
1126 UAH Rep. 6 Nr. 1612.
1127 Ebd.
1128 UAH Rep. Nr. 1615.
1129 StaWü RSF II 533.
1130 www.uni-halle.de; vgl. Lothar Mertens, Halle. In: Jutta Dick und Marina Sassenberg, Wegweiser durch das jüdische Sachsen-Anhalt, Potsdam 1998, S. 104.
1131 UAH Rep. 6 Nr. 1217.
1132 Schwinges Angaben in seinen Memoiren sind korrekt. Der eine war jedoch Halbjude, dazu Sohn eines Norwegers. Vgl. Schwinge, Juristenleben, S. 37. Vgl. Berthold Simonsohn, Der Hochverrat in Wissenschaft, Gesetzgebung und Rechtsprechung von der französischen Revolution bis zum Reichsstrafgesetzbuch – Eine rechtsgeschichtliche Untersuchung des Verbrechens in der Epoche des Liberalismus in seinem Zusammenhang mit dem Zeitgeschehen, Diss. jur., Halle 1934, Berlin 1934; Gunnar Dybwand, Theorie und Praxis des fascistischen Strafvollzugs, Diss. jur., Halle 1934, Bonn 1934.
1133 UAH Rep. 4 Nr. 2090.
1134 UAH Rep. 6 Nr. 1219.
1135 UAH Rep. 29 F I Nr. 2 Bd. 3.
1136 Grein promovierte im September 1944 mit der Arbeit »Über die Fehlerquellen bei der chemischen Blutuntersuchung im Stuhl«. Referenten der mit »gut« bewerteten Arbeit waren Rudolf Cobet und Adolf Seiser, beide NSDAP-Mitglieder. Die ärztliche Prüfung bestand Grein, die 1921 in Hamburg als Tochter eines Arztes geboren wurde, mit der Note »sehr gut«. Rep. 29 D I Nr. 8, Bd. 1 und UAH PA 24430 Eckert-Möbius.
1137 UAH Rep. 4 Nr. 1506. Dass in der marxistisch-leninistischen Geschichtsschreibung aus Kühne eine ganze kommunistische Studentenfraktion wurde, erstaunt nicht. Werner Prokoph, Eine Kommunistische Studentenfraktion (KOSTUFRA) an der Universität Halle-Wittenberg zur Zeit der Weltwirtschaftskrise. In: Hans Hübner und Burchard Thaler, Die Universität Halle-Wittenberg in Vergangenheit und Gegenwart, Halle 1983
1138 UAH Rep. 6 Nr. 1210.
1139 UAH Rep. 29 F I Nr. 2, Bd. 3.
1140 UAH Rep. 29 F I Nr. 2 Bd. 5.
1141 Susanne Grehl, Die Methodik der schulischen Leibesübungen während der Zeit der faschistischen Diktatur in Deutschland (1933–1945), Diss. phil., Halle 1991.
1142 StaWü RSF I 03 f 356.
1143 UAH Rep. 6 Nr. 1575.
1144 Möglicherweise ein Verwandter von Reinhard Heydrich, allerdings wohnte Reinhard Heydrichs Vater in der Gütchenstraße 19, Rudolf Heydrich gab als Adresse die Gütchenstraße 8 an.
1145 StaWü RSF II 109.
1146 Ebd.
1147 UAH Rep. 6 Nr. 1584.
1148 StaWü RSF II 62.
1149 StaWü RSF II 359.
1150 Der entsprechende Bestand im Staatsarchiv Würzburg ist lückenhaft.
1151 Walther Holtzmann, Geleitwort zu: Das tausendjährige Memleben. In: Forschungen zur thüringisch-sächsischen Geschichte, Halle 1936, Heft 11, S. 3. In: StaWü RSF III A-0-5.
1152 Albrecht Timm, Geschichte des Dorfes Hainrode, Halle 1936. In: StaWü III-B2-192.
1153 StaWü RSF II 179.
1154 StaWü RSF III A 2/2.32.
1155 Leopoldina-Archiv Nachlass Emil Abderhalden Nr. 1061 sowie StaWü RSF III B2-195, III B2-171.
1156 Vgl. UAH PA 7929 Hinsche und PA 11613 Mrugowsky. Es scheint bei den Vermessungen in Polleben und Volkstedt auch zu Auseinandersetzungen zwischen NS-Aktivisten und anderen Studenten gekommen zu sein. Genaueres konnte jedoch nicht ermittelt werden. Vgl. StaWü RSF III A 2-1.2. Nr. 3.
1157 Die Arbeit fand sich im Nachlass von Emil Abderhalden, da einige Versuche mit der Abderhaldenschen Reaktion gemacht wurden. Leopoldina-Archiv Nachlass Abderhalden Nr. 1061. Nicht vorhanden war sie in Würzburg. StaWü III*A 2-2.32 Nr. 178.
1158 Das Leistungsprinzip im Baugewerbe des Arbeitsamtsbezirks Halle, Mannschaftsführer Wilhelm Bormann. StaWü RSF III B 3 Nr. 207, S. 50.
1159 Neuschaffung deutschen Bauerntums durch Aufgliederung von Domänen dargestellt an der Domäne Gatterstedt, Mannschaftsführer Wolfgang Kunze, StaWü RSF III B 3 Nr. 208, S. 4.

1160 Ebd., S. 85.
1161 Untersuchungen über die Ernährungslage in einer Ortsgruppe des Stadtkreises Halle II, Mannschaftsführer Dr. phil. cand. med. Kurt Madlung. StaWü III B-4 Nr. 230.
1162 Die Entwicklung der sozialen medizinischen Einrichtungen bei der hallischen Pfännerschaft, Mannschaftsführer Ernst Stranzenberg. StaWü III B-4 Nr. 237.
1163 Nicht im StaWü vorhanden, die entsprechende Signatur hätte lauten müssen III*A 2/2.32 Nr. 185. Die Arbeiten von Halle waren registriert unter den Nummern 171–187 und 190–197.
1164 Die deutsche evangelische Kirche in ihrer Stellung zur Kriegsschuldlüge, Mannschaftsführer Ludwig Kayser, StaWü III B 3-216, S. 4.
1165 Ebd., S. 104.
1166 Ebd., S. 54.
1167 Die Gegenreformation in der Provinz Sachsen und im Land Anhalt von 1918–1938, Mannschaftsführer Heinrich Kraatz. StaWü III B-4 Nr. 250.
1168 Ernst Baumhard, Die Einwirkungen von Strohstaub auf den menschlichen Organismus und Maßnahmen zur Verhütung von Schädigungen durch diesen (Untersuchungsergebnisse aus der Cröllwitzer Papierfabrik), Diss. med., München und Berlin 1940.
1169 StaWü RSF II 117.
1170 Vgl. Hirschinger, »Zur Ausmerzung freigegeben«, S. 237 f.
1171 Die Unterlagen des Auslandsamtes im Staatsarchiv Würzburg sind lückenhaft, vermutlich wurden sie von Anbeginn schlecht geführt. Notizen in: StaWü I 33 g 187/1.
1172 StaWü RSF I 03 g 64/1.
1173 Biographische Angaben zu Schroeter konnten nicht ermittelt werden.
1174 UAH Rep. 6 Nr. 868. Dabei nahm der Verfasser explizit Bezug auf das griechisch-türkische Beispiel, auf das – Ironie der Geschichte – 1945 dann ebenfalls zurückgegriffen wurde.
1175 UAH Rep. 6 Nr. 868.
1176 Ebd.
1177 Raupach war 1928 Leiter der Studienfahrt eines Jugendbundes zum bulgarischen Arbeitsdienst, den er als Muster für eine derartige Einrichtung in Deutschland empfahl. Im Juni 1932 verfasste Raupach gemeinsam mit dem neuen Bundesführer der Deutschen Freischar, Helmut Kittel, eine Erklärung der DF zum Arbeitsdienst. Der Arbeitsdienst sei ein Mittel, so formulierten Raupach und Kittel, »den Verfall aller natürlichen Gliederungen der deutschen Jungmannschaft zu überwinden und zu einer Neuordnung der jungen Generation des Volkes zu kommen.« Diese Neuordnung müsse im »Geist der Selbstverantwortung der Jugend« geschehen, Freiwilligkeit sei unabdingbar, an ihre Stelle im Führerstab für die »völlig neuartige Praxis des Arbeitsdienstes« aufgebaut werden. Außerdem dürften die Lager nicht einzelnen weltanschaulichen und politischen Gruppen »als Stätte eigener Nachwuchsschulung« überlassen werden, denn immerhin sei das Arbeitslager der Arbeiter, Bauern und Studenten die »Keimzelle aller der Kräfte, die der Arbeitsdienst für eine Neuordnung des Volkes wecken kann.« Dass die Lager auch ein militärisches Element beinhalten müssten, schien den Verfassern der Erklärung selbstverständlich: »Der Arbeitsdienst ist eine natürliche Grundlage aller Bemühungen, die deutsche Jugend innerlich und äußerlich zur Verteidigung der Heimat bereit zu machen.« Zit. nach Kindt, S. 1190. Kittel, Jahrgang 1902, Professor für Religionspädagogik, führte die DF von 1931 bis 1933. Von 1939 bis 1945 und von 1963 bis zur Emeritierung 1970 war er Ordinarius an der Universität Münster. Raupach übergab die von ihm ab 1932 geleitete »Mittelstelle für Arbeitsdienst in den Volkslagern« (Koordinationsstelle der bündischen und Freicorpsarbeitsdienstverbände) an den nationalsozialistischen Arbeitsdienst. Gemeinsam mit anderen Arbeitsdienstmännern trat er am 8. März 1933 demonstrativ in die NSDAP ein. Obwohl der Völkische Beobachter diesen Beitritt meldete, schien der Antrag jedoch verloren gegangen zu sein, so dass Raupach erst ab 1. Mai 1937 formal Mitglied der NSDAP war. UAH PA 12834 Raupach.
1178 Sehr wohlwollend über diese Zeit der Nachruf der Bayerischen Akademie der Wissenschaften, die Raupach von 1971 bis 1976 leitete. Vgl. Knut Borchardt, Hans Raupach 10.4.1903–12.1.1997. In: Jahrbuch der Bayerischen Akademie der Wissenschaften, München 1997.
1179 UAH PA 12834 Raupach.
1180 Da Raupach als einstiger Angehöriger der Jugendbewegung für »unzuverlässig« gehalten wurde, sagte die Universität noch mehrfach ihn gut. So Woermann am 9. November 1935: »Wir haben trotz sorgfältigster Beobachtungen keinen Anlass zu irgend welchen Beanstandungen seiner politischen Haltung gefunden. Dr. Raupach ist zwar nicht Parteimitglied, aber seiner ganzen Haltung und Arbeit nach Nationalsozialist.« Ebd.
1181 Das hielt Rektor Woermann für umso bemerkenswerter, als diese Lehrveranstaltungen in keinem Fachstudium »anrechenbar« waren und machte für den beachtlichen Lehrerfolg die menschlichen und fachlichen Qualitäten Raupachs geltend. Der Leiter des Dozentenlagers Tännich, Georg Gerullis, nannte Raupach in seinem Gutachten am 28. August 1937 knapp eine »Führernatur«. Dozentschaftsführer Wagner bescheinigte Raupach am 21. Dezember 1937, er könne »in souveräner Stoffbeherrschung und fesselnder Darstellung seinen Hörern auch komplizierte Sachverhalte klarmachen.« Ebd.

1182 StaWü RSF I 03 g 64/1.
1183 So das Gutachten vom Stab des Stellvertreters des Führers 1940. UAH PA 12834 Raupach.
1184 Vgl. Hans Raupach, Der tschechische Frühnationalismus in Böhmen – Ein Beitrag zur Gesellschafts- und Ideengeschichte des Vormärz in Böhmen, Essen 1939. Ein Gutachter war der strafversetzte einstige Rektor der Universität Halle Gustav Aubin. Seine Antrittsvorlesung hielt Raupach über »Probleme der sozialgeschichtlichen Entwicklung des Streudeutschtums« am 30. November 1937. UAH PA 12834 Raupach.
1185 Selbstauskunft 1940. Ebd.
1186 StaWü RSF III B 2.
1187 Ebd.
1188 StaWü I 33 g 187/1.
1189 StaWü RSF II 117.
1190 StaWü RSF I 00 p 266.
1191 Ebd.
1192 Hans Umbreit, Die deutsche Herrschaft in den besetzten Gebieten 1942–1945. In: Das deutsche Reich und der Zweite Weltkrieg, Bd. 5, Halbband 2, Kriegsverwaltung, Wirtschaft und personelle Ressourcen 1942–1944/45, Stuttgart 1999, S. 111–117.
1193 Saale-Zeitung vom 23. Mai 1933. Ausriss in: UAH Rep. 4 Nr. 1800
1194 Ebd. Die Zeitung nannte: Vitebergia, Alemannia, Gothia, Tuiskonia, Frankonia, Fridericiana, Germania, Hercynia, Marchia, Neoborussia (Deutsche Landsmannschaft), Paläomarchia, Pommerania, Palatia, Rhenania, Salia, Salingia, Saxo-Vandalia, Saxo-Thuringia, Thuringia, Askania, Hubertia, Markomannia, Wartburgia.
1195 Ebd.
1196 StaWü RSF I 04 C 3.
1197 Vgl. StaWü RSF 01 p 37.
1198 StaWü RSF I 04 C 6.
1199 Für steten Anlass zu Kritik sorgte auch der übermäßige Alkoholgenuss. Studentenführer Fritz Nobel notierte 1935: »Man erhebt ein fürchterliches Geschrei, wenn zu einer unpassenden Gelegenheit einmal nicht chargiert werden soll, aber man selbst beschmutzt man seine Farben bei allen Gelegenheiten, insbesondere bei denen es Freibier gibt. Als kürzlich der Rektor der Universität Halle zu einem Gartenfest eingeladen hatte, erschienen u.a. auch 25 Vertreter der einzelnen hallischen Korporationen. Bereits um 23 Uhr waren 90 % dieser Vertreter besoffen und zwar z. T. in einem solchen Umfang, dass sie schwankend und wankend ihre so hoch gehaltene Couleur an den verschiedensten Stellen der Scheißhäuser zusammensuchen mussten. Diese 25 Vertreter waren zum größten Teil Erstchargierte, d. h. die Führer des Hallenser Korporationsstudentums.« StaWü RSF II 109. In der Akte finden sich noch zwei ähnlich plastisch geschilderte Vorfälle.
1200 StaWü RSF I 04 C 7/3.
1201 StaWü RSF II 109. Nobel wusste, wovon er sprach. Als er 1932 als Fuchsmajor den Besuch einer Hitlerkundgebung für die Füchse zur Pflicht machen wollte, wurde ihm das vom Konvent verboten.
1202 StaWü RSF I 03 g 13/3.
1203 Ebd.
1204 UAH Rep. 6 Nr. 1612.
1205 Mitteldeutsche Nationalzeitung vom 2./3. Juni 1934. Ausriss in: UAH Rep. 4 Nr. 1617.
1206 Saale-Zeitung vom 4. Juni 1934. Ausriss in: UAH Rep. 4 Nr. 1617 und StaWü I 03g 13/3.
1207 Suevia zu München, Suevia zu Tübingen, Vandalia zu Heidelberg, Rhenania-Straßburg zu Marburg.
1208 UAH Rep. 4 Nr. 1617.
1209 Ebd.
1210 Briefwechsel im StaWü. Hess schaltete sich offenbar persönlich ein, er richtete einen Brief an seinen Onkel, einen Münchner Schwaben, und gab wohl so vorab Rückendeckung. StaWü I 03 g 13/3.
1211 12.11.1926 – 18 Mitglieder, davon Studenten: 6 agr., 10 jur., 1 med., 1 phil.; 14.11.1933 – 10 Mitglieder, davon 1 agr., 4 med., 3 jur., 1 chem., 1 rer. nat.; 28.4.1935 – 12 Mitglieder, davon 5 med., 4 jur., 1 chem., 2 rer. nat. UAH Rep. 4 Nr. 1617 und 1618.
1212 An der Landwirtschaftlichen Hochschule Hohenheim gestand der Studentenführer am 3. Nebelung (!) 1934 ein: »Ohne die Auflösung der Verbände wird die Studentenschaft die absolute Autorität, welche sie zur Durchführung ihrer Anordnungen unbedingt notwendig hat um ihren Aufgaben gerecht zu werden, wahrscheinlich niemals erreichen.« StaWü RSF I 03 g 13/3.
1213 UAH Rep. 4 Nr. 1617.
1214 Akte Rep. 4 Nr. 1611 im UAH verzeichnet für die Zeit von 1826 bis 1937 214 studentische Vereine, im Januar 1933 waren immerhin 72 als aktiv registriert. 24 Corps, Burschenschaften, Turner- und Sängerschaften stellten zwischen 1934 und 1936 ihre Aktivitäten ein.
1215 UAH Rep. 6 Nr. 1390.
1216 StaWü RSF II 117. In diesen Kontext gehört auch die Gründung der NS-Studentenkampfhilfe, die in Halle jedoch, so scheint es, nach einer pompösen Konstituierung in der Aula der Universität, nicht tätig wurde. UAH Rep. 6 Nr. 1717.

1217 Als besuchte Vorlesungen gab Detering an: Erblichkeitslehre, Auslese (Kürten), Menschliche Auslese und Rassenhygiene (Mrugowsky), Stammesgeschichte des Menschen (Stieve), Weltgeschichte auf rassischer Grundlage (Schnabel), Germanen und Wikinger (Schulz/Specht), Vorzeit und Gegenwart (Hahne), Allgemeine Rassenkunde (Hahne), Rassenkunde Europas (Hahne), Der Jahreslauf als heilige Geschichte (Hahne), Deutscher Volksbrauch seit der Vorzeit (Hahne), Volkheitskunde (Hahne). Einzig Stieve gehörte von den Dozenten nicht der NSDAP an, Specht allerdings erst ab 1940. UAH PA 5337 Detering.

1218 Hahne-Biographin Ziehen konstatiert: »Als ›Vater Hahne‹ wurde er von seinem Jugendkreis am Museum vergöttert.« Ziehen, Hahne, S. 17.

1219 Ebd., S. 79.

1220 UAH PA 5337 Detering.

1221 Ebd.

1222 UAH Rep. 4 Nr. 1800.

1223 Detering wurde von Corpsstudenten deshalb bei der Reichsstudentenführung denunziert. StaWü RSF I 04 C 7/3.

1224 Ebd.

1225 Ebd.

1226 UAH Rep. 6 Nr. 1612.

1227 UAH PA 5337 Detering.

1228 Alfred Detering, Die Bedeutung der Eiche seit der Vorzeit, Leipzig 1939, Vorwort.

1229 Ebd., S. 105.

1230 Ebd., S. 106.

1231 Ebd., S. 128.

1232 Ebd., S. 45, 48.

1233 Ebd., S. 116.

1234 Ebd., S. 46.

1235 UAH PA 13556 Schachtschabel.

1236 UAH PA 11499 Mitscherlich.

1237 Grüttner, Studenten, S. 507.

1238 UAH Rep. 4 Nr. 151.

1239 StaWü I 90 p 127.

1240 Hehlmann, Persönlichkeit und Haltung, S. 3. Offizielle Stellungnahmen, etwa des Senats oder des Rektors scheinen nicht überliefert.

1241 Personal- und Vorlesungsverzeichnis für das Sommersemester 1945.

1242 Hier Kurator Tromp an die Ehefrau des am 21. Juli 1944 gefallenen Assistenzarztes Gerhard Rothe. UAH PA 13318 Rothe.

1243 UAH PA 6154 Volkmann.

1244 UAH PA 14100 Schnell.

1245 Hitler, Mein Kampf, S. 742.

1246 Vgl. Grüttner, Studenten, S. 370–386.

1247 Vgl. Titze, Datenhandbuch und UAH Rep. 4 Nr. 1308.

1248 StaWü RSF I 00 p 266.

1249 UAH Rep. 29 I Nr. 2, Bd. 3.

1250 UAH Rep. 4 Nr. 1449.

1251 UAH Rep. 4 Nr. 1449. Zu den Diskussionen um die Nachwuchskrise in akademischen Berufen vgl. Grüttner, Studenten im Dritten Reich, S. 370–386.

1252 Deren Stärke betrug je 75 Mann. In Halle unterhielten Heer und Luftwaffe jeweils eine Studentenkompanie. Vgl. UAH PA 11814 Nagel.

1253 Im Rahmen der »Wehrmachtskurse zur Berufsförderung« erhielt die Universität Halle gemeinsam mit anderen Universitäten die »Patenschaft« über Außenstellen der Hochschulen von Kiew und Dnjepropetrowsk. Die Landwirtschaftliche Fakultät betreute sämtliche Landwirtschaftsstudenten in Norwegen. In Frage kamen für den Unterricht in den vorgesehenen ein- bis zweiwöchigen Kursen allerdings nur Dozenten und Professoren, die selbst eingezogen und in der entsprechenden Region stationiert waren. Ob der Erlass des Wissenschaftsministeriums also tatsächlich umgesetzt werden konnte, erscheint fraglich. Vgl. UAH Rep. 29 F Nr. 3 Bd. 3.

1254 StaWü RSF I 00 p 266.

1255 UAH Rep. 29 F I Nr. 2 Bd. 3.

1256 UAH PA 24430 Eckert-Möbius.

1257 UAH Rep. 29 F. I Nr. 2, Bd. 3.

1258 Vgl. dazu Michael Viebig, Das Zuchthaus Halle/Saale als Richtstätte der nationalsozialistischen Justiz 1942–1945, Magdeburg 1998.

1259 UAH Rep. 29 I Nr. 2, Bd. 3.
1260 StaWü RSF I 00 p 266.
1261 Alle weiteren Zitate aus den Feldpostbriefen Nr. 25, 26 und 30 aus den Jahren 1941 und 1942. In: StaWü RSF I 00 p 266.
1262 Insgesamt zur Mentalität des deutschen Soldaten, speziell zum Bild vom sowjetischen »Untermenschen« vgl. Omer Bartov. Hitlers Wehrmacht, bes. S. 231–248.
1263 Zu Mitscherlich vgl. Abschnitt 3.2 dieser Arbeit.
1264 UAH Rep. 6 Nr. 1410.
1265 UAH Rep. 6 Nr. 1338.
1266 Schätzungen auf Grund von Angaben in UAH Rep. 6 Nr. 1337.
1267 Irmfried Siedentop und Johannes Hoffmeister.
1268 UAH Rep. 6 Nr. 1333 Bd. 3.
1269 So Ekke Guenther und Willi Laatsch. Vgl. UAH PA 7026 Guenther, UAH PA 9782 Laatsch.
1270 UAH PA 4488 Beyer.
1271 UAH PA 7288 Harms.
1272 UAH PA 6237 Freisleben. Vgl. auch Arnold Scheibe (Hrsg.), Deutsche im Hindukusch – Bericht der Deutschen Hindukusch-Expedition der Deutschen Forschungsgemeinschaft, Berlin 1937.
1273 UAH PA 7752 Herre.
1274 UAH PA 7439 Hehlmann.
1275 UAH PA 3924 Andree.
1276 Das tat man auch deshalb, weil man eine Verbindung zu Kurt Mothes unterstellte. Mothes wiederum gab am 30. September 1940 eine Ehrenerklärung ab. Er halte es für »beschämend«, dass »Männer wie Dr. Raupach« nur auf Grund derartig »trauriger« Verdächtigungen »an einer großen Wirkungsmöglichkeit gehindert werden.« Für sich selbst erklärte Mothes: »Ich war niemals Strasser-Anhänger, habe keinerlei direkte oder indirekte Beziehungen zu ihm unterhalten.« Er sei Strasser zweimal begegnet, erläuterte Mothes: »Strasser besuchte mich dabei – wie viele andere politische Persönlichkeiten – und äußerte in Gegenwart von mehreren Zeugen den Wunsch, die Jungmannschaft der Deutschen Freischar in seine Organisation überzuführen. … Diese Aufforderung habe ich strikt und eindeutig abgelehnt …« Zu ausführlicheren Erörterungen in dieser Sache stehe er zur Verfügung. UAH PA 12834 Raupach. Für Kurt Mothes führten die Verdächtigungen – ihm unterstellte man, was als noch gravierender bewertet wurde, Anhänger Otto Strassers zu sein – dazu, dass er in Königsberg weder Rektor noch Dekan wurde. Vgl. Parthier, Kurt Mothes (1900–1983), S. 74.
1277 UAH PA 12834 Raupach. Immerhin wurde sein Lehrgebiet auf die gesamten wirtschaftlichen Staatswissenschaften ausgedehnt, was ihn – für die Zeit nach dem Krieg – zu einem Anwärter für einen volkswirtschaftlichen Lehrstuhl machte. Raupach erhielt ihn 1951 in Wilhelmshaven.
1278 UAH PA 13853 Schmaltz.
1279 UAH PA 24434 Clausen.
1280 UAH PA 5189 Cobet.
1281 UAH PA 24430 Eckert-Möbius.
1282 Friedrich Klages, Behelfsmäßiges Bluttransfusionsgerät für den Feldgebrauch. In: Der Deutsche Militärarzt, 6. Jg., H. 8, August 1941.
1283 Für die Beurlaubung von der Front kam Klages wegen eines heftigen Zerwürfnisses mit Dozentenführer Wagner nicht in Frage. Klages hatte, wohl versehentlich, 38 Mark für Behandlungen vereinnahmt, die Wagner zustanden. Doch schon 1935 hatte Wagner versucht, Klages' Habilitation zu hintertreiben. UAH Rep. 29 F I Nr. 3, Bd. 2; UAH PA 8880 Klages.
1284 Louis-Heinz Kettler, Über die unmittelbare Todesursache bei Kriegsverletzungen. In: Der Deutsche Militärarzt, 7. Jg., H. 8, August 1942, S. 511.
1285 Ebd., S. 516.
1286 UAH Rep. 29 C Nr. 9.
1287 Rep. 6 Nr. 1333 Bd. 3.
1288 Als 1942 die Frage im Raum stand, ob das Reservelazarett noch einmal neu »errichtet« werden sollte, waren die Professoren nicht begeistert. Rudolf Cobet erklärte, beeinflusst durch die Erfahrungen der Jahre 1939/40, »dass bei der Belegung von Teilen einer Klinik durch die Wehrmacht eine sachgemäße ärztliche Versorgung der Zivilbevölkerung unmöglich gemacht wird. Hr. Cobet wird einen diesbezüglichen Antrag bei der Ärztekammer stellen.« UAH Rep. 29 F I Nr. 3, Bd. 2.
1289 UAH PA 14517 Schumann, auch UAH PA 9340 Kraas, UAH PA 12801 Ratschow.
1290 UAH Rep. 6 Nr. 1335.
1291 Ebd.
1292 UAH Rep. 29 F I Nr. 3 Bd. 3.
1293 UAH Rep. 6 Nr. 1333 Bd. 3.

1294 UAH Rep. 6 Nr. 1333 Bd. 2. Dr. Rüger wurde 1940 nur als »halbe« Kraft gewertet, da sie ihr Kind noch stillte. Als 1942 das Kind erkrankte, war sie der Belastung nicht mehr gewachsen, konstatierte Klinikleiter Clausen.

1295 Zwei Beispiele: Charlotte Haselhorst, Tochter eines Ingenieurs, geboren 1914 in Charlottenburg, legte 1933 in Halle die Reifeprüfung ab und wurde im Sommersemester für Zahnheilkunde immatrikuliert. Die Approbation erhielt sie 1936, danach war sie Assistentin an der Zahnklinik und promovierte 1938, mit einer »gut« bewerteten Arbeit über Kiefertumoren. Rep. 29 D/I/Nr. 2/Bd. 1. Gisela Canon, Tochter eines Arztes, hugenottischer Herkunft, geboren 1910 in Berlin, legte die Reifeprüfung 1930 in Berlin ab. Danach studierte sie in Berlin, Freiburg, Berlin und Halle. 1938 wurde sie promoviert mit der Arbeit »Der Gasbrand am menschlichen Auge – erörtert an Hand von sechs neuerdings in der Universitätsaugenklinik Halle a. d. Saale beobachteten Erkrankungsfällen«, Note: »sehr gut«. Sie arbeitete seit 1937 als Volontärassistentin in der Augenklinik. Rep. 29 D/I/Nr. 2/Bd. 1. Bei beiden schloss sich jedoch eine siebenjährige Facharztausbildung an, so dass sie nicht als vollwertige Arbeitskräfte gewertet wurden. Systematische Untersuchungen zum – überaus langsamen – Aufstieg der Frauen in den medizinischen Berufen stehen zumindest für Halle noch aus.

1296 UAH Rep. 6 Nr. 1333 Bd. 3.
1297 UAH Rep. 6 Nr. 1333 Bd. 2.
1298 UAH Rep. 6 Nr. 1333 Bd. 2.
1299 UAH Rep. 6 Nr. 1333 Bd. 2.
1300 UAH Rep. 6 Nr. 1333 Bd. 1.
1301 Flügel erhielt zwar für das Wintersemester 1941/42 beurlaubt, war dann aber wieder als Hirnchirurg für die Wehrmacht tätig, u.a. in Lublin. UAH Rep. 6 Nr. 1333 Bd. 1.
1302 Ebd.
1303 UAH Rep. 6 Nr. 1335.
1304 UAH PA 14517 Schumann. Ergänzt durch Angaben aus einem Schreiben vom 29. November an das Wissenschaftsministerium. Ebd.
1305 UAH Rep. 6 Nr. 1333 Bd. 2.
1306 UAH Rep. 6 Nr. 1333 Bd. 3.
1307 UAH Rep. 6 Nr. 1335.
1308 UAH Rep. 6 Nr. 1333 Bd. 4.
1309 UAH Rep. 6 Nr. 2613 Bd. 1.
1310 UAH Rep. 6 Nr. 1334 Bd. 7.
1311 UAH Rep. 6 Nr. 1333 Bd. 3.
1312 Und setzte nicht fort, weil das Gedicht allen geläufig war: »Drum gab er Säbel, Schwert und Spieß dem Mann in seine Rechte ... Wir wollen heute Mann für Mann mit Blut das Eisen röten, mit Henkersblut, Franzosenblut – O süßer Tag der Rache.« Johannes Weigelt, Das Problem der Speicherung und die mitteldeutschen Eisenerze – Rede gehalten beim Antritt des Rektorats der Martin-Luther-Universität Halle-Wittenberg am 9. Dezember 1936, Halle 1937, S. 5.
1313 Die Betreuung lag dabei nicht allein bei der Rüstungsinspektion Dresden (Rüstungskommando Halle). Offenbar lief der Kontakt zu den Forschern direkt über die entsprechenden Abteilungen in den Oberkommandos der Wehrmachtsteile. Akten konnten dazu nur für Adolf Smekal ermittelt werden. Vgl. BA-MA RW 20-4 Nr. 1 bis 20 und 27. (Rü In IV), RW 20-11 Nr. 34 bis 38 und 40 (Rü In XI b).
1314 Die Parteinahme ist eklatant, wie zahlreiche Gutachten im Nachlass Weigelts im Universitätsarchiv beweisen.
1315 Briefwechsel, Anträge und Entwürfe in: UAH Nachlass Weigelt Nr. 404.
1316 Gerhard Mollin, Montankonzerne und »Drittes Reich« – Der Gegensatz zwischen Monopolindustrie und Befehlswirtschaft in der deutschen Rüstung und Expansion 1936–1944, Göttingen 1988, S. 75.
1317 Karten in: UAH Nachlass Weigelt Nr. 156.
1318 UAH Nachlass Weigelt Nr. 242.
1319 Geologische Karten im UAH Nachlass Weigelt Nr. 156. Zum Stichtag 2. Januar 1942 lebten in den Reichswerkegemeinden der Landkreise Goslar und Wolfenbüttel 52 782 polizeilich gemeldete Personen in Wohnungen und 35 607 in Lagern. Durch den erst dann massiv einsetzenden Zustrom von Fremdarbeitern und KZ-Häftlingen verschob sich das Verhältnis weiter. Vgl. Dieter Münk, Die Organisation des Raumes im Nationalsozialismus – Eine soziologische Untersuchung ideologisch fundierter Leitbilder in Architektur, Städtebau und Raumplanung des Dritten Reiches, Bonn 1993, S. 363.
1320 UAH Nachlass Weigelt Nr. 155.
1321 Die Angestellten waren Werksangehörige der Reichswerke.
1322 Rechnungen des Labors: UAH Nachlass Weigelt Nr. 243. Briefwechsel und Lieferscheine in: UAH Nachlass Weigelt Nr. 155.
1323 UAH Nachlass Weigelt Nr. 145.
1324 UAH PA 14599 Scupin.

1325 Publikationsliste in: UAH Rep. 4 Nr. 899/900.
1326 Zum Problem der scheinbar neutralen Schweiz vgl. Stefan Schäfer, Hitler und die Schweiz – Deutsche militärische Planungen 1939–1943 und die »Raubgold«-Frage, Berlin 1998, S. 197–221.
1327 UAH PA 9930 Laves.
1328 Vgl. Berufungsverhandlungen in: UAH Rep. 4 Nr. 899/900.
1329 Percy Ernst Schramm, Die Treibstofffrage vom Herbst 1943 bis Juni 1944. In: Mensch und Staat in Recht und Geschichte (Festschrift für Herbert Kraus), Kitzingen 1954, S. 419.
1330 UAH PA 5589 Dunken.
1331 UAH Rep. 6 Nr. 1333 Bd. 1.
1332 UAH PA 17240 Wolf.
1333 UAH Rep. 4 Nr. 118.
1334 Inwieweit Ziegler damit seinen eigenen Interessen – speziell der Katalyseforschung – nachging, konnte nicht ermittelt werden.
1335 Telefonische Mitteilung von Professor Dr. Günther Schenck am 19. Juni 2001.
1336 Öl aus den vor allem in Südamerika beheimateten Gänsefußgewächsen Chenopodium ambrosiodes und Chenopodium ambrosiodes anthelminticum, bekannt als amerikanisches Wurmsamenöl. Vgl. Meyers Lexikon, 8. Auflage, Bd. 2, Leipzig 1937, Sp. 480.
1337 UAH PA 13683 G. Schenck.
1338 Kennzeichnend für Furan ist der Fünfring mit vier Kohlenstoffatomen und einem Sauerstoffatom. Vgl. Meyers Neues Lexikon, Bd. 3, Leipzig 1962, S. 469.
1339 UAH PA 13683 G. Schenck. Allerdings mit dem Schwerpunkt auf photochemischen Veränderungen des Furfurols.
1340 Auch Stamm bearbeitete Forschungsaufträge des Heereswaffenamtes, genaueres konnte nicht ermittelt werden. UAH Rep. 6 Nr. 1333 Bd. 2 (Uk-Antrag für Stamms Hilfsassistenten Günther Fiedeler).
1341 UAH PA 13683 G. Schenck.
1342 Lignose, ein Dynamit aus nitriertem Holzmehl und Nitroglyzerin; Lignosit, ein Ammonsalpetersprengstoff. Vgl. Meyers Lexikon, Bd. 7, Leipzig 1939, Sp. 544 f.
1343 UAH Rep. 6 Nr. 1333 Bd. 1 (Uk-Antrag für Liesers Hilfsassistenten Dr. Ernst-August Glitscher) und Rep. 6 Nr. 1333 Bd. 2 (Uk-Antrag für Liesers Hilfsassistenten Franz Fichten).
1344 1934 wurde in der amerikanischen Firma Du Pont das Superpoliamid 66 (Nylon) entwickelt. In den Labors der IG Farben fand man 1938 ein Polyamid mit außerordentlicher Reißfestigkeit (Igamid B bzw. Perlon). Anfang der vierziger Jahre entstanden bei der IG weitere Synthesefasern, so die Polyacrylnitrilfaser (PAN bzw. Dralon). Vgl. Hans-Joachim Braun, Konstruktion, Destruktion und der Ausbau technischer Systeme zwischen 1914 und 1945. In: Ders. und Walter Kaiser, Energietechnik, Automatisierung, Information (Propyläen Technikgeschichte Bd. 5), Berlin 1997, S. 41.
1345 Die Focke-Wulff 189 (Projekt 1937) hatte eine verglaste, kleinteilige Vollsichtkanzel, die Heinkel He 176, das erste eigenstartfähige Raketenflugzeug der Welt, eine großflächig gekrümmte Kanzel aus Plexiglas. Wichtiger aber war der Schnellbomber Ju 88 mit seiner verglasten Vollsichtkanzel. Wilfried Kopenhagen und Rolf Neustädt, Das große Flugzeugtypenbuch, Berlin (Ost) 1982, S. 99, 114, 125.
1346 BA MA RL 3/91.
1347 Die durch Wasserschaden schwer beschädigte Akte bricht hier ab. BA MA RL 3/91.
1348 UAH PA 14785 Smekal, Bd. 1.
1349 Ebd.
1350 Ebd.
1351 UAH Rep. 6/1337.
1352 Vgl. Glückwunsch der Akademie der Naturforscher Leopoldina zu Kasts 80. Geburtstag. In: Leopoldina, Mitteilungen der Deutschen Akademie der Naturforscher Leopoldina, Reihe 3, Jg. 24, 1978, Halle 1981, S. 20.
1353 Vgl. Briefe an Emil Abderhalden, der die bestrahlten Eiweißpräparate untersuchen sollte in: Leopoldina Nachlass Abderhalden Nr. 737.
1354 1946 wurden sie in die Sowjetunion deportiert, um hier an der Entwicklung einer Atombombe mitzuarbeiten. Später erhielten sie Lehrstühle an der TU Dresden. Vgl. biographisches Lexikon in Kapitel 10 dieses Buches.
1355 UAH PA 5926 Faessler.
1356 UAH PA 19432 Maier.
1357 Freilich erst nach Rücksprache mit der Reichsleitung der NSDAP, Vgl. UAH PA 15821 von Studnitz und Rep. 4 Nr. 899/900.
1358 Teresa Wróblewska, Die Rolle und Aufgaben einer nationalsozialistischen Universität in den sogenannten östlichen Reichsgebieten am Beispiel der Reichsuniversität Posen 1941–1945. In: Pädagogische Rundschau, Kastellaun 1978, S. 184.
1359 UAH Rep. 29 F I Nr. 3, Bd. 2.

1360 Karl vom Hofe, Über die Störungen des Sehens im Dunkeln – Ihr Wesen und ihre Behandlung. In: Therapie der Gegenwart 82 (1941), Heft 6, S. 238. Vom Hofe war Ordinarius in Köln und Direktor der dortigen Universitätsaugenklinik.

1361 Dabei saß er jedoch einem Denkfehler auf: Für das Farbensehen verantwortlich sind die 6–7 Millionen Zapfen, für das Dämmerungssehen hingegen die 120 Millionen Stäubchen. Die Zapfensubstanz besteht aus einer Eiweißkomponente, an die eigentlichen Sehstoffe, die Retinine (Vitamin-A-Aldehyde) gebunden sind. In seiner Habilitationsschrift ging von Studnitz davon aus, dass innerhalb der Zapfensubstanz, des »Sehpurpurs«, drei verschiedene Substanzen für die selektive Absorption des Lichts im roten, grünen und blauen Spektralbereich verantwortlich waren. Heute ist bekannt, dass es tatsächlich drei verschiedene Typen von Zapfen gibt. Vgl. Wolfgang Leydhecker, Franz Grehn, Augenheilkunde, Berlin u.a. 1993, S. 12. J. Rohen, Morphologie. In: Karl Velhagen (Hrsg.), Der Augenarzt, Bd. 1, Leipzig 1969, S. 25 f.

1362 Viebig, Zuchthaus Halle/Saale, S. 59f.

1363 Zit. nach Ernst Klee, Deutsche Medizin im Dritten Reich, S. 144.

1364 UAH PA 15821 von Studnitz.

1365 Gotthilft von Studnitz, Wahn oder Wirklichkeit? Eine Geschichte der Naturforschung, Frankfurt am Main 1955. Auch in anderen, autobiographisch gefärbten Büchern erwähnte er eigene Forschungen nicht. Vgl. Gotthilft von Studnitz, Mein Jagdbuch, Graz und Stuttgart 1996.

1366 Manfred Diehl, Gotthilft von Studnitz 1908–1994. In: Die Heimat – Zeitschrift für Natur- und Landeskunde von Schleswig-Holstein und Hamburg, 103. Jg., Nr. 11/12 Husum 1996. Eine Kopie des Nachrufes verdanke ich dem Naturhistorischen Museum der Stadt Lübeck.

1367 Vgl. Horst Gies, Die Rolle des Reichsnährstandes im nationalsozialistischen Herrschaftssystem. In: Gerhard Hirschfeld und Lothar Kettenacker (Hrsg.), Der »Führerstaat« – Mythos und Realität – Studien zur Struktur und Politik des Dritten Reiches, Stuttgart 1981, S. 270–304 sowie Rolf-Dieter Müller, Die Konsequenzen der »Volksgemeinschaft« – Ernährung, Ausbeutung und Vernichtung. In: Michalka, Der Zweite Weltkrieg, S. 240–248. Verallgemeinernd dazu die Wertung Hans Mommsens: »Bei genauerer Hinsicht waren es eben nicht nur der SS-Apparat und die Dienststellen anderer Ressorts sowie die Wehrmacht die ihm zusammenarbeiteten, die für diesen Komplex verantwortlich waren, sondern weite Teile der Funktionsleiten, wenngleich sie mit dem Vernichtungsprogramm vielfach nur indirekt in Berührung traten.« Vgl. Hans Mommsen, Von Weimar nach Auschwitz – zur Geschichte Deutschlands in der Weltkriegsepoche, Stuttgart 1999, S. 294.

1368 UAH PA 10072 Leydolph.

1369 UAH Rep. 6 Nr. 1333 Bd. 2.

1370 UAH PA 6395 Fuchs.

1371 UAH Rep. 6 Nr. 1333 Bd. 1.

1372 UAH PA 11575 Montfort. Vgl. Rafael Ball und Aloysius Wild, Camill Montfort und sein Werk im Spannungsfeld von Ökologie und Physiologie. In: Palmarum Hortus Francofurtensis, Wissenschaftliche Berichte Nr. 4, Frankfurt am Main 1994.

1373 UAH Rep. 6 Nr. 1334 Bd. 5.

1374 Pressebericht der Mitteldeutschen Nationalzeitung vom 27. März 1941. In: UAH PA 9064 Knolle.

1375 UAH Rep. 6 Nr. 1333 Bd. 2.

1376 UAH PA 9064 Knolle und Rep. 6 Nr. 2580. Auf den Versuchsgütern Wallwitz und Noitzsch fanden sich zahlreiche Landmaschinen sowjetischer Bauart, die der Universität zur Erprobung überstellt wurden, darunter zwei Pflüge, zwei Kartoffellegemaschinen, ein Pulverzerstäuber, eine Kartoffelerntemaschine, eine Sämaschine und ein Achsenschlepper.

1377 UAH Rep. 6 Nr. 1333 Bd. 1 (Uk-Antrag des Schlossers Karl Au).

1378 Diesen Schritt verweigerte zum Beispiel Joachim-Friedrich Langlet, woraufhin ihm Rektor Weigelt die Qualifikation für den Beruf des Hochschullehrers absprach. Langlet habilitierte sich 1937 mit einer Arbeit über Merinoschafe und ging dann als Zuchtleiter des Schafzuchtverbandes nach Transvaal. Dort wurde er bei Kriegsausbruch interniert und 1944 ausgetauscht. Ab Dezember 1944 amtierte Langlet als Hauptgeschäftsführer des Reichsverbandes Deutscher Schafzüchter. Im Juni 1945 wurde er mit der Geschäftsführung des Tierzuchtinstitutes betraut. 1946 Ordinarius für Tierzucht, floh er 1950 nach Westdeutschland, nachdem sein Bruder von sowjetischer Polizei verhaftet und ermordet worden war. UAH PA 9876 Langlet.

1379 UAH PA 8203 Hornitschek.

1380 UAH Rep. 6 Nr. 1333 Bd. 3.

1381 UAH Rep. 6 Nr. 1334 Bd. 7. Es wird auch der Name Ragotschik genannt.

1382 UAH PA 8203 Hornitschek.

1383 UAH Rep. 6 Nr. 1333 Bd. 3.

1384 UAH PA 8203 Hornitschek.

1385 UAH PA 13184 Roemer. 1942 argumentierte Roemer gegenüber dem Wissenschaftsministerium und dem Wehrbezirkskommando Halle mit der Wichtigkeit seines »Osteinsatzes« im Rahmen des Vierjahresplanes. UAH Rep. 6 Nr. 1334 Nr. 7.

1386 UAH PA 11419 Meyer.

1387 Ebd.
1388 UAH PA 16262 Stollenwerk.
1389 UAH PA 9739 Kupsch.
1390 UAH PA 9782 Laatsch.
1391 Ebd.
1392 1941 war der M.W.T. z.B. mit der Ausarbeitung einer Rohstoffbilanz der Südostländer betraut. Vgl. Wolfgang Schumann (Hrsg.), Griff nach Südosteuropa – Neue Dokumente über die Politik des deutschen Imperialismus und Militarismus gegenüber Südosteuropa im Zweiten Weltkrieg, Berlin (Ost) 1973, S. 159. Zu Jugoslawien vgl. Hans Umbreit, Auf dem Weg zur Kontinentalherrschaft. In: Militärgeschichtliches Forschungsamt (Hrsg.), Das Deutsche Reich und der Zweite Weltkrieg, Bd. 5, Organisation und Mobilisierung des deutschen Machtbereichs, Erster Halbband, Kriegsverwaltung, Wirtschaft und personelle Ressourcen 1939–1941, Stuttgart 1988, S. 240 f.
1393 Exemplarisch 1941 sein Vortrag auf der Kriegstagung des Forschungsdienstes für die deutsche Landwirtschaftswissenschaft. Vgl. Emil Woermann, Ernährungswirtschaftliche Probleme Kontinentaleuropas und die Aufgaben der deutschen Landwirtschaft. In: Forschungsdienst, Bd. 11, Heft 3/4, März/April 1941, S. 326.
1394 Ebd., S. 332. Woermann war gerade auch deshalb Gegner der Bodenreform in der SBZ, weil sie nicht lebensfähige Betriebsgrößen hervorbrachte. Der Streit über die Bodenreform war der Anlass für seine Flucht aus der SBZ. UAH PA 17209 Woermann.
1395 Ebd.
1396 UAH Rep. 4 Nr. 118. Vgl. dazu auch zahlreiche Akten im Nachlass Abderhaldens.
1397 Leopoldina-Archiv Nachlass Abderhalden Nr. 244.
1398 Leopoldina-Archiv Nachlass Abderhalden Nr. 765.
1399 Zur Wurst aus der Papierfabrik vgl. Klee, Auschwitz, S. 183. Als ausgiebigster Versuch, aus Abderhalden einen NS-Täter zu machen, ist die Dissertation Andreas Frewers zu werten. Vgl. Frewer, Medizin und Moral.
1400 UAH PA 8539 Kabelitz.
1401 Vgl. Klee, Auschwitz, S. 162.
1402 UAH PA 14480 Schumann.
1403 UAH Rep. 6 Nr. 1333 Bd. 2.
1404 Wehrmachtspsychiater und -psychologen sollten bei der Beurteilung von Offiziersnachwuchs Personen mit geistigen Störungen auslesen und den »Wert« der »Sippe« künftiger militärischer Führer beurteilen. Neben Bewährung an der Front sollten zur Auswahl von Offizieren maßgeblich sein: 1. (!) Rasseneinheit, 2. Gesundheit, 3. Erbgesundheit. Vgl. E. Illing, Psychiatrische Hinweise zur militärischen Führerauslese. In: Der Deutsche Militärarzt Heft 6/1942, S. 354.
1405 In: UAH PA 17058 Wilde.
1406 Hellmuth Wolff, Volk und Raum – Gedanken zur Bevölkerungspolitik, Halle 1936, S. 7.
1407 Ders., Der Ausbau der mittleren Saale zu einem Großschifffahrtsweg, Halle 1940, S. 7.
1408 Ebd., S. 21–29.
1409 Ebd. S. 29, 50 und Karte nach S. 52. Die ökologische Komponente von Wolfs Forderungen kann hier nur gestreift werden: Wolff sah den Anstau der Saale durch mehrere Stufen vor, visionär erhoben sich mehrere Großkraftwerke an ihren Ufern. Gleichzeitig werde sich wohl die Saale-Fischerei wieder intensivieren ...
1410 UAH Rep. 4 Nr. 118, UAH PA 16768 Weigelt.
1411 Vgl. UAH Rep. 6 Nr. 2613. In den Hörsälen 34, 35, 38 und 39 im ersten Stock des Universitätshauptgebäudes wurde 1941 die Luftschutzwarnzentrale für Halle eingerichtet. Die Universität verzichtete auf die Miete, ließ sich dafür aber bei der Beschaffung von Heizmaterial unterstützen. UAH Rep. 6 Nr. 2613/1.
1412 UAH Nachlass Weigelt Nr. 318.
1413 UAH Rep. 6 Nr. 2614.
1414 UAH PA 3826 E. Abderhalden.
1415 UAH Nachlass Weigelt Nr. 408.
1416 UAH Rep. 6 Nr. 2614.
1417 Ein Teil der Bücher, so die 71 Kisten von Abderhaldens Bibliothek, aber auch aus den Beständen des Historischen Seminars, wurde 1945 in die Sowjetunion gebracht.
1418 UAH Rep. 6 Nr. 2614.
1419 Die Außenstelle des Physikalischen Instituts befand sich in Zörbig. Zu den Kliniken vgl. UAH Rep. 29 F I Nr. 3, Bd. 2.
1420 UAH Rep. 4 Nr. 2090.
1421 UAH Rep. 4 Nr. 688.
1422 Karl Ziegler verhandelte über den Aus- bzw. Neubau des Chemischen Instituts mit verschiedenen Stellen der Rüstungswirtschaft, eine neue Klinik wäre für die Teilung des Lehrstuhles für Innere Medizin Voraussetzung gewesen, die Medizinische Poliklinik erwies sich von Anbeginn als zu klein.
1423 U.a. Hallische Nachrichten, 31. Dezember 1943. Ausriss in: Rep. 4 Nr. 170.

1424 UAH Rep. 4 Nr. 169.
1425 UAH Nachlass Weigelt Nr. 318.
1426 Dass die hallischen Feiern so vergleichsweise bescheiden stattfanden, verdankte die Universität auch der Konkurrenz Königsbergs. Die NSDAP favorisierte das 450-jährige Jubiläum der ostpreußischen Universität wegen des erwarteten höheren Propagandaeffektes. Entsprechend offiziell lief die Feier in Königsberg ab. Auf dem Programm standen Grußworte, offizielle Empfänge, Sportwettbewerbe und ähnliches mehr. An die Stelle der hallischen Theateraufführung trat ein Festkonzert, eine Rede des Historikers Theodor Schieder über Bismarck wurde ausdrücklich als Vortrag zur »Lage der Zeit« apostrophiert. Im damals noch unzerstörten Königsberger Dom gedachte man des örtlichen Geistesheroen Immanuel Kant, in Halle war eine Nietzsche-Feier als eigenständige Veranstaltung avisiert. Für Königsberg gab es eine Sondermarke der Reichspost, in Halle musste ein Sonderstempel hinreichen. Königsberg wurde von den Ministern Rust und Funk besucht, wobei Rust in seiner Festrede die Beziehung zwischen Kant und der bolschewistischen Bedrohung herstellte, eine Aufgabe, der sich in Halle Rektor Weigelt adäquat entledigte, indem er von Thomasius über den totalen Staat zum Durchhaltewillen kam. In der Königsberger Aula wurde eine 25 Zentner schwere Hitlerbüste aufgestellt, die für Halle vorgesehene Kopernikus-Plastik Thoracks war deutlich kleiner und noch nicht fertig, sollte aber im Oktober noch durch eine Nietzsche-Büste ergänzt werden. Vgl. UAH Rep. 4 Nr. 688, darin ein Bericht von Kurt Alverdes über das Königsberger Jubiläum mit zahlreichen Interna; sowie Kasimir Lawrynowicz, Albertina – Zur Geschichte der Albertus-Universität zu Königsberg in Preußen, Berlin 1999, S. 15–18. Bezeichnenderweise zerstörte ein Blindgänger, der am 29. August 1944 das Dach der Königsberger Aula zerschlug die Hitlerbüste, nicht aber die ebenfalls dort befindlichen Bildnisse Kopernikus' und Kants. Ebd., S. 25. Ein Bild der unfertigen Kopernikusbüste für Halle befindet sich in UAH Rep. 4 Nr. 170.
1427 UAH Rep. 4 Nr. 166.
1428 Es wurde von Heiber gemutmaßt, dass Rosenberg nicht an der Feier teilnahm, da die theologische Fakultät Ehrendoktortitel verlieh. Die Ehrenpromotionen gingen an Walther Holtzmann und Paul Gabriel, Historiker der eine, Theologe der andere. Beide waren langjährige Angehörige der Universität. Die Naturwissenschaftliche Fakultät überreichte die Urkunden an Walter Cossel und Oberstleutnant von Lucanus.
1429 UAH Rep. 4 Nr. 171.
1430 Ebd.
1431 UAH Rep. 4 Nr. 170.
1432 UAH Rep. 4 Nr. 172.
1433 UAH Rep. 4 Nr. 166.
1434 UAH Rep. 4 Nr. 170.
1435 UAH Rep. 4 Nr. 167.
1436 Ebd.
1437 Ebd.
1438 Ebd.
1439 UAH Rep. 4 Nr. 167.
1440 Ebd.
1441 Halle verfügte nicht über ein städtisches Klinikum.
1442 UAH Rep. 4 Nr. 167.
1443 UAH Rep. 4 Nr. 166.
1444 Freyberg übergab das Geld aus Anlass seines (!) 25-jährigen Geschäftsjubiläums. UAH Rep. 4 Nr. 167.
1445 Ebd.
1446 Ebd.
1447 UAH Rep. 4 Nr. 167.
1448 Richard Strauß: Militärmarsch op. 57 Nr. 1.
1449 250 Jahre Universität Halle – Streifzüge durch ihre Geschichte in Forschung und Lehre, Halle 1944.
1450 Johannes Weigelt, Geleitwort. In: Ebd., S. 3.
1451 Johannes Weigelt, Gedanken zur Universitätsgeschichte. In: Ebd., S. 7f.
1452 Ebd., S. 20.
1453 Wilhelm Wagner, Universität Halle einst und jetzt. In: Ebd., S. 42f.
1454 Ernst Wolf, August Hermann Franke 1663–1727; ders., Sigmund Jakob Baumgarten 1706–1757; Heinrich Springmeyer, Zur Philosophie Christian Thomasius'; Wilhelm Kast, Zur Geschichte des physikalischen Lehrstuhles; Gotthilft von Studnitz, Die Zoologie in 250 Jahren hallischer Universitätsgeschichte. Alle in: Ebd.
1455 Gerhard Heinzelmann, Friedrich Schleiermacher 1768–1834. In: Ebd., S. 85f.
1456 Otto Eißfeldt, Wilhelm Gesenius 1786–1842. In: Ebd., S. 88ff.
1457 Otto Geßner, 250 Jahre Medizinische Fakultät Halle. In: Ebd., S. 156ff.
1458 Wilhelm Waetzold, Zur Geschichte des Kunsthistorischen Seminars. In: Ebd., S. 264.
1459 Heinrich Brandt, Übersicht über die Mathematiker in Halle. In: Ebd., S. 276.

1460 UAH Rep. 4 Nr. 169.
1461 Vgl. ebd. Tatsächlich wurde die Herkunft Cantors schon einmal überprüft. Als der Mathematiker Heinrich Behmann im Frühjahr 1944 von Dekan Jung gebeten wurde, einen Lehrbrief für die im Feld stehenden Studenten zu verfassen, wählte dieser den berühmten hallischen Mathematiker, der ihm als »Revolutionär und Bahnbrecher« imponierte und dem sich Behmann, sein Spezialgebiet war die mathematische Logik, auch wissenschaftlich verbunden fühlte. Behmanns Aufsatz mit dem Titel »Die Mengenlehre Georg Cantors, ein hallischer Beitrag zur modernen Mathematik« blieb ungedruckt, da Heinrich Springmeyer, der Dekan der Philosophischen Fakultät Bedenken anmeldete. Für den Fall einer späteren Verwendung fragte die Universität jedoch beim Sippenamt in Berlin nach. Als Behmann im Januar 1945 noch einmal einen Schritt zur Würdigung Cantors unternahm, er dachte an ein Presseartikel zu dessen 100. Geburtstag am 3. März 1945, wurde ihm jedoch von Oberinspektor Kurze, dem Sekretär des Rektors, mitgeteilt, »dass gemäß der Feststellung des Sippenamtes Cantor Volljude und eine Würdigung in irgendeiner Form damit ausgeschlossen sei.« Die Ausführungen Behmanns wurden irrtümlich in der Akte von Kurt Beyer abgeheftet. Vgl. daher UAH PA 4488 Beyer.
1462 RGBl. I Nr. 34, 27. Juli 1944, Bl. 161.
1463 UAH Rep. 6 Nr. 1336.
1464 Vgl. Stolze, Martin-Luther-Universität, S. 107.
1465 Stolze gibt hier die reichsweite Zahl von –56 % an, für Halle schätzt sie 700 Studenten, wobei sie vermutlich nur die tatsächlichen Hörer meint. Eine zuverlässige Angabe für die Universität Halle fand sich nicht. Vgl. ebd., S. 108.
1466 UAH Rep. 4 Nr. 688.
1467 Der Anglist Hans Weyhe musste in der Stadtwacht dienen, der Historiker Carl Hinrichs wurde im November 1944 zum Volkssturm eingezogen, Otto Eißfeldt dagegen auf Drängen von Hans Schmidt wegen seiner Kenntnis des Phönizischen für unabkömmlich erklärt.
1468 Über die Aktion Osenberg war aus den Akten der Universität wenig zu erfahren. Rektor Weigelt erhielt das Telegramm Osenbergs, das die Sicherstellung der Naturwissenschaftler vor dem Fronteinsatz anwies, im Juli 1944 und gab den Inhalt in der Senatssitzung am 20. Juli 1944 bekannt. UAH Rep. 4 Nr. 688 und 874. In den Personalakten fand sich eine Freistellung lediglich bei Walther Leydolph. Emil Abderhalden erhielt einen entsprechenden Auftrag zur »Seuchenbekämpfung« am 8. November 1944. Leopoldina-Archiv NL Abderhalden Nr. 752.
1469 UAH Rep. 4 Nr. 671.
1470 Ernst Ludwig Bock, Übergabe oder Vernichtung – Eine Dokumentation zur Befreiung der Stadt Halle im April 1945, Halle 1993, S. 7 und 49. Andere Zahlen sprechen von 3000 zerstörten oder beschädigten Wohngebäuden und 400 gewerblichen Betriebsstätten. Vgl. Matthias J. Maurer, Our Way to Halle – Der Marsch der »Timberwölfe« nach Halle, Halle 2001, S. 14.
1471 In der Frauenklinik war – in Erwartung dieses Schicksals – ein bombensicherer Operationsbunker eingerichtet worden. Ziel des Bombenangriffes war das Industriegelände am Bahnhof (Maschinenfabrik), die Frauenklinik lag am Rand des Treffergebietes. Kurze Zeit nach ihrer Zerstörung nahm sie den Betrieb in der Helene-Lange-Schule in Giebichenstein wieder auf.
1472 UAH Rep. 6 Nr. 2583. Der Plan der Universität Berlin, in Halle eine Außenstelle für ihre Wehrforschungsinstitute einzurichten, blieb allerdings unverwirklicht.
1473 UAH Rep. 6 Nr. 1334 Bd. 5.
1474 UAH Rep. 6 Nr. 2583.
1475 Ebd.
1476 UAH PA 17209 Woermann.
1477 Zur Verschwörung, speziell zum gelegentlich bei Carl Wentzel in Teutschenthal tagenden »Reuschkreis«, vgl. Gerhard Ritter, Carl Goerdeler und die deutsche Widerstandsbewegung, Stuttgart 1954, S. 413.
1478 Heiber nennt Theodor Litt (Leipzig) für Erziehungsfragen, Rudolf Smend (Göttingen) für juristische, Gerhard Albrecht für wirtschaftliche Fragen. Und natürlich den Freiburger Kreis um den Nationalökonomen Walter Eucken und den Historiker Gerhard Ritter. Vgl. Heiber 1, S. 189.
1479 Die Darstellungen gehen auseinander, mal soll es ein Ministeramt gewesen sein, mal »nur« eine Beratertätigkeit. Im Bundesarchiv, speziell dem Bestand NS-Justiz, fanden sich Akten zu dem Vorgang nicht, wie von dort mitgeteilt wurde.
1480 Zeitzeugenaussage von Carl-Friedrich Wentzel. In: Fikentscher, Schmuhl, Breitenborn, Bodenreform, S. 201–208.
1481 Abschrift der Anklage in: UAH PA 17209 Woermann.
1482 Strafgesetzbuch, Strafprozessordnung, Gerichtsverfassungsgesetz nebst einigen ergänzenden Vorschriften in der vom 1.6.1934 ab geltenden Fassung, [Berlin 1934].
1483 Er nahm einen Ruf an die Universität Göttingen an. UAH PA 17209 Woermann.
1484 Ernst Ludwig Bock, Übergabe oder Vernichtung, S. 13.
1485 UAH PA 10115 Lieser.

1486 Ebd. Ob Liesers Gruppe tatsächlich mit Kommunisten und Sozialdemokraten Kontakt hatte, ist unklar. Möglicherweise gehört diese Mutmaßung in den Bereich der marxistisch-leninistischen Geschichtsmythologie. Vgl. Stolze, Martin-Luther-Universität, S. 112. In einem Zeitungsartikel von Heinz Fellenberg ähnelte die Kapitulation Halles sogar der ebenfalls mythologisch überhöhten Selbstbefreiung des Konzentrationslagers Buchenwald. In allen Vierteln Halles erhoben sich Kommunisten um Brücken und Industriebetriebe zu retten, die »bürgerlichen Hitlergegner« erschienen – ganz im Stil der achtziger Jahre – als Getriebene im Strom einer revolutionären Bewegung. Fellenbergs Artikel erscheint als verkleisternde Rechtfertigung des Versagens der KPD im Jahre 1933: »Das Herz der Kommunistischen Partei hat auch in dieser schweren Zeit, in der es täglich um Leben und Tod ging, nie aufgehört zu schlagen.« Vgl. Freiheit, 15. Februar 1985, Seite 12.
1487 Vgl. UAH PA 6599 Gerhardt.
1488 Zur Roten Kapelle vgl. Peter Steinbach, Johannes Tuchel, Lexikon des Widerstandes 1933–1945, München 1998, S. 165 mit Literaturangaben. Die Gruppe um Lieser firmiert in den Akten 1945 als »Anti-Nationalsozialistische Bewegung Halle – ANB«, so war ein Flugblatt der Gruppe vom 13. April 1945 unterzeichnet. Jakob Heilmann war Stadtbaurat in Halle und Honorarprofessor der TU Dresden. 1933 wurde er auf Grund § 6 (Vereinfachung der Verwaltung) in den Ruhestand versetzt. Die Tätigkeit seines Sohnes für die Rote Kapelle war ihm bekannt. 1944 wurde er erneut Stadtbaurat von Halle und schloss sich der Gruppe Lieser an. UAH Rep. 6 Nr. 2639.
1489 Vgl. Bock, Übergabe oder Vernichtung sowie Maurer, Our Way to Halle und die Aufzeichnungen des Majors Huhold in: Wolfgang Seilkopf (Hrsg.), Felix Graf von Luckner – Aus dem Leben des »Seeteufels« – Briefe und Aufzeichnungen, Halle 2000.
1490 Es ist daher ausgeschlossen, dass schon am 11. April die ersten Kontakte zu den Amerikanern bestanden, wie Bock vermutete. Vgl. Maurer, Our Way to Halle, S. 103.
1491 Dass sich Luckner nach dem Krieg als alleiniger »Retter der Stadt Halle« feiern ließ, macht ihn unsympathisch. Es ist jedoch versucht worden, Luckners Anteil an der Kapitulation zu verdrängen, was ebenfalls nicht richtig ist. Vgl. Maurer, Our Way to Halle, S. 106–111 (mit Abbildungen). Aus den von Wolfgang Seilkopf edierten Notizen Huholds geht zweifelsfrei hervor, dass Luckners Mission zu den amerikanischen Truppen den ohne den geplanten Bombardement der Stadt abhielt, in diesem Sinne Luckner tatsächlich Retter von Zehntausenden war. Vgl. Seilkopf (Hrsg.), Luckner, S. 147–196.
1492 »Entweder Halle wird bedingungslos übergeben oder vernichtet. Beim jetzigen Stand des Krieges ist Übergabe das Gebot der Stunde ... Falls der militärische Befehlshaber und die Parteiführer jedoch Blutvergießen nicht vermeiden wollen, so bleibt uns als einziger Ausweg nur die restlose Vernichtung von Halle ...« Faksimile in: Nachrichtenamt der Stadt Halle (Hrsg.), Halle an der Saale 1945/46 – Ein Zeitdokument in Bildern, Halle 1947 (Reprint Halle 2001).
1493 Kreisleiter Julius Dohmgoergen der bis zum Schluss eine Kapitulation ablehnte, gab sich, wie Eggeling, am 15. April 1945 in den Gewölben der Moritzburg den Tod. Eggeling hatte zuvor, so wird berichtet, versucht am 13. April in Berlin die kampflose Übergabe der Stadt Halle auszuhandeln, erhielt aber dort den Befehl, die Stadt zu verteidigen. Vgl. Höffkes, Hitlers politische Generale, S. 59.
1494 Detailliert: Maurer, Our Way to Halle, S. 88–100 und 111–120.
1495 UAH Rep. 6 Nr. 2589.
1496 UAH Rep. 6 Nr. 2710.
1497 UAH Rep. 4 Nr. 53.
1498 UAH PA 17435 Ziegler.
1499 UAH Rep. 4 Nr. 671.
1500 Ebd.
1501 UAH Rep. 4 Nr. 703.
1502 UAH Rep. 4 Nr. 671.
1503 Vgl. Michael und Joachim Kaasch, Intelligenztreck gen Westen. In: Scientia Halensis 3/1995, S. 19.
1504 So die Erinnerung von Frau Professor Margot Becke(-Goehring), Brief an den Autor vom 24. Juli 2001.
1505 So Emil Abderhalden. Vgl. Kaasch und Kaasch, Intelligenztreck, S. 20.
1506 So Adolf Smekal, der unter Bewachung durch den CIC ein Zeiss-Mikro-Interferometer, einige Mikroskope und mehrere Kisten mit Unterlagen aus der Ausweichstelle seines Instituts in Zörbig holte. UAH Rep. 6 Nr. 2598.
1507 UAH PA 13184 Roemer.
1508 Brief von Professor Margot Becke(-Goehring) an den Autor, 24. Juli 2001.
1509 Kaasch und Kaasch, Intelligenztreck, S. 19.
1510 UAH PA 3826 E. Abderhalden.
1511 Brief von Professor Margot Becke(-Goehring) an den Autor vom 24. Juli 2001.
1512 UAH PA 13184 Roemer.
1513 Vgl. dazu den biographischen Anhang in Kapitel 10 dieses Buches.

1514 UAH Rep. 6 Nr. 2638 und 2598. In Rep. 6 Nr. 2638 wird auch Gotthilft von Studnitz als deportiert registriert. Er setzte sich jedoch selbst mit seinem Assistenten Heinz Wigger und sämtlichen wertvollen Geräten seines Institutes ab (Fluoreszensmikroskop, Nyktometer, Anomaloskop, Binokular, Gefriermikrotron, Pulfrich-Photometer). Vgl. UAH Rep. 6 Nr. 2598.
1515 Mühlpfordts Aussagen über die Rivalitäten zwischen Philosophischer und Naturwissenschaftlicher Fakultät lassen freilich auch die Vermutung zu, dass man den Deportierten keine Träne nachweinte. Vgl. Mühlpfordt, Schenk u.a., Der Spirituskreis, bes. S. 456.
1516 UAH Rep. 4 Nr. 703.
1517 UAH Rep. 4 Nr. 671.
1518 Ebd.
1519 Der Senat der Universität beschloss am 27. September 1945 eine negative Frauenquote: »Hinsichtlich des Studiums von Frauen und Mädchen war der Senat der Auffassung, dass deren Zahl hinter der der männlichen Studierenden wesentlich zurücktreten müsse, und dass die Zahl der weiblichen Studierenden höchstens 1/4 der männlichen betragen dürfe.« Ob diese Quote tatsächlich durchgesetzt wurde, konnte nicht ermittelt werden. UAH Rep. 4 Nr. 688.
1520 Ebd.
1521 Eißfeldts Intention war, wie er am 6. November 1945 an seinen Rektorkollegen Zucker in Jena schrieb, die 1930, »also im demokratischen Zeitalter« erhaltene Universitätssatzung nur moderat abzuwandeln. Anpassungen an die gegenwärtigen Verhältnisse seien wohl nötig, aber unter den Änderungen, die von der Provinzialverwaltung vorgesehen seien, befinde sich auch die Ersetzung der Wahl von Rektor und Dekanen durch die Ernennung seitens des Präsidenten der Provinz, wie er Zucker empört mitteilte. Dagegen habe er »die allerschwersten Bedenken«, umso mehr, »als damit etwas wiederholt würde, was das nat.-soz. Regime 1933 zum Schaden der Universität getan hat.« UAH Rep. 4 Nr. 2090.
1522 UAH Rep. 4 Nr. 671.
1523 UAH Rep. 4 Nr. 688.
1524 Ebd.
1525 Die verschiedenen Phasen der Entnazifizierung wurden beschrieben in: Bohse und Eberle, Entnazifizierung und Elitenaustausch.
1526 UAH PA 3900 Altheim.
1527 UAH Rep. 4 Nr. 688.
1528 Vgl. dazu Friedemann Stengel, Entnazifizierung und Neuaufbau der Theologischen Fakultät Halle 1945–1950. In: Rupieper, Beiträge (Nach dem Manuskript).
1529 UAH Rep. 4 Nr. 688.
1530 UAH Rep. 6 Nr. 2640.
1531 Indirekt zitiert in: UAH PA 13857 Schmelzeisen.
1532 UAH PA 5364 Diehl.
1533 Vgl. Bohse und Eberle, Entnazifizierung und Elitenaustausch.
1534 UAH Rep. 4 Nr. 688.
1535 Vgl. Bohse und Eberle, Entnazifizierung und Elitenaustausch. War folgendes Geschehnis symptomatisch? Im August 1946 fanden sich zwei Hitler-Büsten aus Bronze auf einem Dachboden an. Otto Halle, Referent in der Regierung der Provinz Sachsen, wies am 13. August 1946 an, die Büsten »unverzüglich im Beisein des Rektors und des Kurators der Universität zu zerschlagen.« Die Trümmer seien sicherzustellen, wies Halle an, »damit das Bronzematerial produktiv wieder verwandt werden kann.« Rektor Eißfeldt griff selbst zum Hammer, wie Kurator Elchlepp an Halle schrieb. Der habe jedoch die Büsten nur »beschädigt, da ein Zerschlagen unmöglich war.« Hitler wurde schließlich unzerstört der Altmetallverwertung zugeführt. UAH Rep. 6 Nr. 2639.
1536 UAH Rep. 4 Nr. 688.
1537 Ebd.
1538 Dem sowjetischen Kulturoffizier Wladimir Gall erschien das Zeremoniell, wie er in seinen Memoiren schrieb, »mittelalterlich« und machte auf alle seine anwesenden Offizierskollegen einen »eigenartigen Eindruck«. Vgl. Wladimir Gall, Moskau-Spandau-Halle – Etappen eines Lebensweges, Schkeuditz 2000, S. 139.
1539 Alle folgenden Zitate nach: UAH Rep. 4 Nr. 197.
1540 Friedrich Engels, Herrn Eugen Dührings Umwälzung der Wissenschaft (»Anti-Dühring«), Abschnitt IX. Moral und Recht. Ewige Wahrheiten. In: Karl Marx, Friedrich Engels, Ausgewählte Werke in sechs Bänden, Bd. 5, Berlin (Ost) 1979, S. 94–107, besonders S. 98.
1541 UAH Rep. 4 Nr. 2090.
1542 Vgl. Hermann-Josef Rupieper, Wiederaufbau und Umstrukturierung der Universität 1945–1949. In: Berg und Hartwich, Martin-Luther-Universität, bes. S. 104–108.
1543 Vgl. Ralph Jessen, Akademische Elite und kommunistische Diktatur – Die ostdeutsche Hochschullehrerschaft in der Ulbricht-Ära, Göttingen 1999.
1544 So die Vorlesungsmitschrift eines Studenten. In: UAH PA 11326 Menzer.

1545 Ebd.
1546 Ebd.
1547 Stengel, Die theologischen Fakultäten, S. 417.
1548 Georg Tartler, Die hygienische Eroberung der Tropen durch die weiße Rasse, Diss. med., Halle 1934.
1549 UAH PA 15843 Tartler.
1550 Tartler, Eroberung, S. 15 ff. Darüber hinaus referierte Tartler das Verlangen des Negers nach dem Regenschirm und die Pigmentierung der Haut (analog einer Thermosäule durch ihre Rußschicht). Und noch ein Zitat: »Würden sie [die Eingeborenen] gefesselt den tropischen Sonnenstrahlen hinreichend ausgesetzt, dann würden sie ebenso wie gefesselte Tiere, von denen es experimentell bekannt ist, zu Grunde gehen.« Ebd., S. 11.
1551 Georg Tartler, Die Poliomyelitis-Schutzimpfung – eine Großtat der prophylaktischen Medizin, Rede bei der Übernahme des Rektorats am 17. März 1965, Greifswald 1965, S. 4 f.
1552 Vgl. Albrecht und Hartwig, Ärzte, S. 525 ff.
1553 Fischer und Künzel (Hrsg.), Verfassungen, S. 437.
1554 Sehr kritisch: Anikó Szabo, Vertreibung, Rückkehr, Wiedergutmachung – Göttinger Hochschullehrer im Schatten des Nationalsozialismus, Göttingen 2000, S. 270–293.
1555 Eigene Berechnungen anhand des biographischen Lexikons in Kapitel 10.

Quellen- und Literaturverzeichnis

Ungedruckte Quellen

Universitätsarchiv Halle

Bestand Rektor; Rep. 4 Nr. 53, 69, 85, 118, 141, 150, 151, 152, 166, 167, 168, 169, 170, 171, 172, 176, 177, 183, 184, 197, 198, 199, 271, 511, 670, 671, 687, 688, 703, 710, 712, 744, 745, 791, 792, 793, 794, 874, 875, 893, 894, 895, 896, 897, 898, 899/900, 1358, 1429, 1435, 1438, 1439, 1440, 1443, 1444, 1445, 1446, 1449, 1506, 1573, 1610, 1611, 1615, 1616, 1617, 1618, 1619, 1620, 1621, 1622, 1623, 1624, 1800, 1801, 1847, 1848, 2003, 2029, 2030, 2031, 2032, 2033, 2034, 2046, 2090

Bestand Kurator; Rep. 6 Nr. 868, 875, 877, 888, 893, 894, 895, 907, 952, 997, 998, 999, 1000, 1001, 1002, 1202, 1204, 1210, 1213, 1215, 1217, 1219, 1333, 1334, 1335, 1336, 1337, 1338, 1339, 1340, 1356, 1357, 1358, 1361, 1362, 1365, 1390, 1392, 1400, 1407, 1410, 1483, 1575, 1584, 1609, 1610, 1611, 1612, 1615, 1617, 1618, 1717, 1718, 1719, 1720, 1912, 1958, 1980, 2042, 2504, 2506, 2541, 2571, 2579, 2580, 2583, 2589, 2591, 2592, 2593, 2594, 2595, 2598, 2603, 2613, 2614, 2638, 2639, 2640, 2641, 2657, 2710, 2712, 2750, 2759, 2835, 2847, 2858a, 2859, 2875, 2876, 2880, 2881, 2882, 2883, 2884, 2885, 2886, 2887, 2888, 2952, 2953, 3103, 3106, 3365

Bestand Medizinische Fakultät; Rep. 29 I Nr. 2 Bd. 1, I Nr. 2 Bd. 3, I Nr. 291 Bd. 3c, F Nr. 3 Bd. 3, F I Nr. 2 Bd. 3, F I Nr. 2 Bd. 5, F I Nr. 3 Bd. 2, F I Nr. 3 Bd. 3, F II Nr. 3 Bd. 3, C Nr. 1, C Nr. 2, C Nr. 3, C Nr. 5, C Nr. 7, C Nr. 8, C Nr. 9, C Nr. 10, C Nr. 11, C Nr. 12, D Nr. 2 Bd. 1, D Nr. 8 Bd. 1

Personalia D-F

Personalakten Nr. 139 Eißfeldt, 213 Pönitz, 394 Budde, 568 Hinrichs, 824 Elchlepp, 974 Pohle (Teil 1), 3577 Schranil, 3826 E. Abderhalden, 3827 R. Abderhalden, 3882 Albrecht, 3891 von Allesch, 3900 Altheim, 3908 Alverdes, 3919 Anderssen, 3924 Andree, 3940 Anthes, 3941 Anton, 3919 Anderssen, 3994 Asinger, 4006 Aubin, 4062 Baer, 4068 Baesecke, 4080 von Bahrfeldt, 4090 Ballauff, 4094 Balthasar, 4107 Barnikol, 4184 Bauer, 4293 Beham, 4295 Behmann, 4346 Beneke, 4357 Benz, 4370 Berger, 4431 Berndt, 4433 Bernstein, 4488 Beyer, 4519 Bienert, 4552 Bischoff, 4589 Bleier, 4601 Blohm, 4604 Blümel, 4613 Blumensaat, 4625 Bode, 4682 Boehmer, 4799 Bosch, 4823 Brachmann, 4852 G. Brandt, 4853 H. Brandt, 4875 Brauer, 4915 Bremer, 4957 Brodnitz, 4990 Brüel, 4999 Brugsch, 5007 Buadze, 5009 Buchda, 5031 von Buddenbrock-Hettersdorf, 5103 Busch, 5135 Camerer, 5189 Cobet, 5288 David, 5296 Dehn, 5324 Denker, 5337 Detering, 5364 Diehl, 5440 von Dobschütz, 5460 Dörffel, 5556 Wilhelm von Drigalski, 5557 Wolfgang von Drigalski, 5589 Dunken, 5604 Petry, 5605 Hamann, 5610 Ebel, 5632 Nürnberger, 5643 Eckardt, 5649 Eckert-Möbius, 5668 Eger, 5721 Eickschen, 5724 Eigler, 5744 Eisler, 5790 Emmrich, 5909 Ey, 5912 Elliger, 5926 Faeßler, 5968 Feine, 6000 Fester, 6015 Ficker, 6043 Fikentscher, 6052 Finger, 6057 Finck, 6093 Fischer-Lamberg, 6121 Fleischmann, 6135 Flügel, 6154 Volkmann, 6163 Kochmann, 6208 Frankl, 6228 Frauendienst, 6237 Freisleben, 6253 Frese, 6289 Friedländer, 6344 Fröböse, 6354 Frölich, 6373 Frommolt, 6395 Fuchs, 6398 Fück, 6434 Gabriel, 6452 R. Gärtner, 6453 W. Gärtner, 6464 von Galéra, 6465 Galling, 6557 Gelb, 6562 Gellhorn, 6564 von Gemmingen-Hornberg, 6599 Gerhardt, 6605 Gericke, 6625 Gerstenberg, 6639 Geßner, 6716 Goebel, 6729 Goehring, 6730 Göhring, 6837 Grävinghoff, 6862 Grasshoff, 6887 Grell, 6895 Grieshammer, 6904 Grimm, 6952 Grote, 6954 Grouven, 6954 Grüneberg, 6968 Grünfeld, 6982 Grund, 7026 Guenther, 7121 Haasler, 7198 Hagedorn, 7218 A. Hahne, 7219 H. Hahne, 7235 Haller von Hallerstein, 7239 Hamann, 7284 Haring, 7288 Harms, 7328 Hartung, 7356 Hattenhauer, 7386 Hauptmann, 7403 Hausleiter, 7439 Hehlmann, 7469 Heimann, 7478 Hein, 7517 H. Heinroth, 7518 O. Heinroth, 7544 Heinzelmann, 7571 Heldmann, 7575 Hellebrand, 7752 Herre, 7786 Herschel, 7793 F. Hertz, 7794 W. Hertz, 7804 Herzfeld, 7836 Heselhaus, 7841 Heubach, 7889 Hildebrandt, 7902 Hilkenbäumer, 7920 Hilpert, 7929 Hinsche, 7973 Hock, 8065

Hoffmann, 8089 Hoffmann-Kutschke, 8112 Hoffmeister, 8136 Holdefleiß, 8148 Hollrung, 8203 Hornitschek, 8237 Hülse, 8324 Isele, 8330 Isenbeck, 8387 Jahn, 8428 Japha, 8459 Joerges, 8475 Jordan, 8503 Jung, 8539 Kabelitz, 8587 Kairies, 8673 Karsten, 8685 Kast, 8695 Kattenbusch, 8774 Kern, 8793 Kettler, 8803 Keyser, 8855 Kirsten, 8861 Kisch, 8875 Kitzinger, 8880 Klages, 8930 Kleinknecht, 8968 Klingmüller, 8993 E. Klostermann, 8994 M. Klostermann, 9034 Kneise, 9064 Knolle, 9088 A. Koch, 9108 H. Koch, 9117 J. Koch, 9203 Koeppe, 9336 Kownick, 9340 Kraas, 9384 Kranz, 9443 Krefft, 9626 Kürten, 9643 Kuhlmann, 9654 Kuhn, 9664 Kuhr, 9693 Kunitz, 9739 Kupsch, 9782 Laatsch, 9822 Lang, 9876 Langlet, 9893 Laqueur, 9930 Laves, 9990 Lehnerdt, 10016 Lemp, 10071 Leydhecker, 10072 Leydolph, 10115 Lieser, 10131 Lübeck, 10141 Lindemann, 10154 Lindrath, 10177 Linnert, 10179 Lintzel, 10183 von Lippmann, 10194 Litzner, 10227 Löwe, 10313 Lübeck, 10318 Lüddecke, 10311 Ludwig, 10339 Lüthge, 10425 Mair, 10432 Maier, 11157 Martin, 11166 Martiny, 11306 Menner, 11326 Menzer, 11345 Mertner, 11367 Metzger, 11419 Meyer, 11446 Michel, 11499 Mitscherlich, 11540 Möllenberg, 11575 Montfort, 11613 Mrugowsky, 11642 A. Müller, 11737 O. Müller, 11776 Muhs, 11777 Mulertt, 11814 Nagel, 11872 Neidhardt, 11989 Nietzold, 12008 Nitschke, 12018 von Nitzsch, 12028 E. Noack, 12034 U. Noack, 12164 Schmid, 12162 von Wolff, 12165 Schlüter, 12220 Paabo, 12404 Pfeifer, 12581 Ponsold, 12607 Praechter, 12653 Printz, 12763 Rahlwes, 12785 Rasch, 12801 Ratschow, 12834 Raupach, 12846 Rauterberg, 12922 Reiner, 12962 Reitzenstein, 13005 Rexer, 13136 Ritter, 13141 Rive, 13442 von Ruville, 13184 Roemer, 13245 Rojahn, 13309 Roth, 13318 G. Rothe I, 13333 Rothmann, 13510 Sattelmacher, 13556 Schachtschabel, 13594 Schaetz, 13616 Schardt, 13652 Scheffer, 13682 A. Schenck, 13683 G. Schenck, 13853 Schmaltz, 13857 Schmelzeisen, 13915 H. Schmidt, 13954 K. Schmidt, 13980 P. Schmidt, 13988 R. Schmidt, 14010 Schmieder, 14031 Schnabel, 14057 F. J. Schneider, 14100 Schnell, 14109 Schniewind, 14164 Schöttler, 14169 Scholder, 14170 Scholè, 14210 Schomerus, 14227 Schrader, 14359 Schürer, 14376 Schulz, 14480 F. K. Schumann, 14517 H. Schumann, 14785 Smekal, 14599 Scupin, 14658 Seifert, 14672 Seiser, 14696 Serauky, 14731 Siedentop, 14735 Siefert, 14747 Siemens, 14784 Siems, 14812 Sommerlad, 14838 Sowade, 14896 Spöttel, 14912 Springmeyer, 14976 Stenzel, 14998 Stieda, 15002 Stieve, 15015 von Stockert, 15741 Strobel, 15756 Streller, 15785 Sylla, 15821 von Studnitz, 15830 Tänzer, 15843 Tartler, 15956 Thieme, 15960 Thierfelder, 15998 Threlfall, 16007 Thulin, 16098 Trautmann, 16126 Troll, 16129 Tromp, 16152 Tschizewsky, 16155 Tubandt, 16176 Stamm, 16177 Stammler, 16212 Stollenwerk, 16240 Stranders, 16248 Strauch, 16380 Utitz, 16383 Vahlen, 16386 Vaihinger, 16399 Velhagen, 16420 Viethen, 16431 Völker, 16427 Voelcker, 16472 E. Voigt, 16482 H. Voigt, 16520 Voretzsch, 16523 Vorländer, 16540 Wätjen, 16543 Waetzoldt, 16566 K. Wagner, 16579 W. Wagner, 16590 Walcher, 16599 Walser, 16629 Walther, 16648 Wangerin, 16682 Weber, 16758 Weidemann, 16768 Weigelt, 16804 Weisbach, 16860 Welte, 16946 Wertheimer, 16986 Wetzel, 16954 Wessel, 16975 Weyhe, 16976 Weyrauch, 16985 von Wicht, 17042 Wigger, 17085 Wilde, 17104 Windelband, 17106 Windisch, 17148 Winternitz, 17165 Wißmann, 17171 Witt, 17184 Wittsack, 17209 Woermann, 17210 Wörner, 17243 E. Wolf, 17240 K. L. Wolf, 17253 Wolff, 17293 Woskin, 17348 Zacharie, 17372 Zastrau, 17435 Ziegler, 17439 Ziehen, 21636 Loeffler, 21905 Fascher, 23498 Hanson (Auskunft), 24427 Grunke, 24430 Eckert-Möbius, 24434 Clausen, 24566 Langer, 24710 Mothes (Auskunft), 24789 Giesau, 26017 M. Schneider, 26025 Wegner, 27556 Rooks, 27991 Rudolph, 29651 Voretzsch,

Nachlass Weigelt, Nr. 5, 74, 144, 145, 155, 156, 165, 166, 177, 243, 263, 317, 318, 319, 320, 321, 323, 326, 327, 344, 379, 382, 383, 384, 385, 404, 408, 410, 427.

Bundesarchiv Berlin

Bestand R 4901 Nr. 705, 933, 934, 935, 1237, 1831, 1832, 1833, 1834, 1835, 1836, 1837, 1838, 1839, 1840
Bestand NS 6 Nr. 109, 129

Bestand ehemaliges Berlin Document Center (Karteikarten und Angaben über NSDAP-Mitglieder); Berndt, Ehrhardt; Bleier, Hubertus; Blümel, Carl; Dietzel, Karl; Dörries, Hermann; von Drigalski, Wilhelm; von Drigalski, Wolf; Eigler, Gerhard; Giese, Wilhelm; Grävinghoff, Walter; Hamann, Ehrhardt; Hanson, Horst; Hoffmann-Kutschke, Arthur; Jecht, Horst; Jordan, Karl; Kürten, Heinz; Loeffler, Friedrich; Nicolaisen, Wilhelm; Noack, Erwin; Oeschey, Rudolf; Pose, Heinz; Rasch, Wolfdietrich; Raupach, Hans; Remane, Adolf; Rudolph, Albert; Rudorf, Wilhelm; Schmieder, Oskar; Schole, Heinrich; Schwarz, Georg; Schultze, Otto; Siebert, Wolfgang; Specht, Franz; Trautmann, Walter; Wagner, Kurt; Wagner, Wilhelm; Wais, Kurt; Wellek, Albert; Weyrauch, Friedrich; Witte, Arthur; Woermann, Emil

Bundesarchiv Militärarchiv Freiburg

Bestand Wehrmacht; Nr. RW 20-4 Nr. 1, 2, 3, 4, 5, 6, 7, 8, 9, 10, 11, 12, 13, 14, 15, 16, 17, 18, 19, 20, 27, RW 20-11 Nr. 34, 35, 36, 37, 38, 40, RW 21-25 Nr. 1 bis 20, RL 3/91, MSg 1/705, MSg 109, RW 9 Nr. 11 und 16, RW 19 Nr. 13, 28, 38, RW 49 Nr. 30 und 31

Staatsarchiv Würzburg

Bestand ehemalige Reichstudentenführung; Nr. I*00 g 23, I*00 g 67, I*00 g 216/1, I*00 g 216/2, I*00 g 248, I*00 g 254, I*00 p 16, I*00 p 124, I*00 p 165, I*00 p 266, I*01 g 37, I*01 g 54, I*03 g 13/3, I*03 g 64/1, I*03 g 64/2, I*03 p 235, I*03 p 253/III, I*03 p 356, I*04 C 3, I*04 C 6, I*04 C 7/3, I*05 g 225, I*06 p 258, I*06 p 562, I*06 p 586, I*07 p 371, I*07 372/I, I*07 372/II, I*11 g 218, I*21 C 14/1, I*21 C 14/2, I*21 C 14/3, I*21 C 14/4, I*33 g 134, I*33 g/187/1, I*50 g 220/2, I*50 p 396, I*70 g 398/1, I*70 g 398/2, I*70 g 406, I*70 g 433/1, I*70 g 433/2, I*70 g 433/3, I*77 g 429/1, I*84 g 518, I*84 g 553, I*84 g 574!, I*90 p 127, I*90 p 176, II*5, II*14, II*15, II*17, II*21, II*25, II*28, II*29, II*30, II*43, II*57, II*62, II*69, II*88, II*99, II*100, II*108, II*109, II*117, II*133, II*153, II*156, II*157, II*158, II*179, II*198, II*207, II*306, II*307, II*308, II*359, II*375, II*460, II*505, II*518, II*532, II*533, II*550, II*551, II*p 90, II*p 126/I, II*p 213, II*p 214/215, II*p 226, II*p 270

Reichsberufswettkampf: III*A 0-5, III*A 2-1.2 (3), III*A 2-2.32 (3), III*B 0-1, III*B 1-182, III*B 1-193c, III*B 1-210, III*B 1-210a, III*B 2-151 a-c, III*B 2-155, III*B 2-160, III*B 2-171, III*B 2-174, III*B 2-184, III*B 2-192, III*B 2-195, III*B 2-415, III*B 2-1248, III*B 3-145, III*B 3-206, III*B 3-207, III*B 3-208, III*B 3-216, III*B 3-241, III*B 4-134, III*B 4-227, III*B 4-230, III*B 4-237, III*B 4-242, III*B 4-247, III*B 4-250

Archiv der deutschen Akademie der Naturforscher Leopoldina

Nachlass Emil Abderhalden; Nr. 22a, 22c, 53, 70, 72/73, 151, 171, 188,199, 222, 244, 248, 258, 263, 266, 292, 293, 294, 295, 300, 334, 354, 359, 377, 381, 390, 392, 475, 476, 483, 533, 541, 542, 543, 544, 551, 556, 559, 591, 604, 608, 612, 613, 621, 697, 737, 752, 765, 767, 803, 833, 834, 840, 864, 1061, 1064, 1067

Matrikelmappen (MM); Theodor Brugsch (3829), von Buddenbrock (4351), Wilhelm Clausen (3702), Rudolf Cobet (4466), Julius Dörffel (4699), Ulrich Gerhardt (3533), Otto Geßner (4528), Karl Grouven (3769), Georg Grund (3653), Hauptmann (3971), Heinrich Jung (3448), Martin Kochmann (3508), Leonhard Koeppe (4093), von Lippmann, Edmund (3105), Ludwig Meyer (4537), Camill Montfort (3535), Alfred Nitschke (4702), Ludwig Nürnberger (3773), Theodor Roemer (3500), Gerhard Schrader (4704), Adolf Smekal (3813), Alexander Stieda (3433), Hermann Stieve (3466), Carl Tubandt (3500), Friedrich Voelcker (3510), Julius Wätjen (4114), Johannes Weigelt (3736), Lothar Wolf (4538), Ferdinand von Wolff (3376), Karl Ziegler (4461)

Auskünfte anderer Archive und von Behörden sind im biographischen Lexikon vermerkt.

Gedruckte Quellen und Literatur (Auswahl)

Vor 1945

250 Jahre Universität Halle – Streifzüge durch ihre Geschichte in Forschung und Lehre, Halle 1944
Anderssen, Walter, Die portugiesische Diktatur. In: Archiv für öffentliches Recht, Neue Folge 26, 1934
Anderssen, Walter, Die Entwicklung des öffentlichen Rechts in Rumänien. In: Jahrbuch für öffentliches Recht 1938
Altheim, Franz, Die Krise der alten Welt, Berlin 1943
Baesecke, Georg, Luther als Dichter, Halle 1935
Baumhard, Ernst, Die Einwirkungen von Strohstaub auf den menschlichen Organismus und Maßnahmen zur Verhütung von Schädigungen durch diesen (Untersuchungsergebnisse aus der Cröllwitzer Papierfabrik), Diss. med., Halle 1940
Benz, Ernst, Nietzsches Ideen zur Geschichte des Christentums, Stuttgart 1938
Boehmer, Gustav, Der deutsche Staatsgedanke und die Ideen von 1914, Halle 1933
Buchda, Gerhard, Deutsches Bergrecht im Südosten, Halle 1939
Bürgerliches Gesetzbuch, München und Berlin 1942
Chamberlain, Houston Stewart, Die Grundlagen des neunzehnten Jahrhunderts, München 1912
Dehn, Günther, Gesetz oder Evangelium? Eine Einführung in den Galaterbrief, Berlin 1938
Dehn, Günther, Kirche und Völkerversöhnung – Dokumente zum Halleschen Universitätskonflikt, Berlin 1932
Dehn, Günther, Die zehn Gebote Gottes – Nach Luthers kleinem Katechismus für Kinder erklärt, Göttingen 1939
Detering, Alfred, Die Bedeutung der Eiche seit der Vorzeit, Leipzig 1939
Der deutsche Militärarzt, Berlin 1939–1944
Dibelius, Otto, Niemöller, Martin, Wir rufen Deutschland zu Gott, Berlin 1937
Erzieher im Braunhemd, Heft 4, Jg. 6, 1938
Fester, Richard, Das Judentum als Zersetzungselement der Völker – Weltgeschichtliche Betrachtungen, Hamburg 1941
Fester, Richard, Machiavelli, Stuttgart 1900
Festreden zum 75-jährigen Jubiläum der Landwirtschaftlichen Institute der Martin-Luther-Universität Halle-Wittenberg am 27. Mai 1938, Halle 1939
Forschungsdienst, 1936–1944
Frauendienst, Werner, Jugoslawiens Weg zum Abgrund, Berlin 1941
Frauendienst, Werner, Die Überwindung von Versailles, Halle 1939
Frauendienst, Werner, Ein ungehörter Warner – Aus polnischen Akten. In: Monatshefte für auswärtige Politik Nr. 7, 1940
Frielingsdorf, Walter, Gemeindeverwaltung und Presse, Halle 1938
Frommolt, Günther, Rassefragen in der Geburtshilfe und Gynäkologie, Leipzig 1936
Gemmingen, Hans-Dieter von, Probleme der Strafrechtsanwendung – Ein Beitrag zur Praktikabilitätslehre, Tübingen 1934
Gemmingen, Hans-Dieter von, Strafrecht im Geiste Adolf Hitlers, Heidelberg 1933
Hallische Universitätszeitung, Jgg. 1930 ff.
Hahne, Hans, Volkheit als Gegenstand von Forschung und Lehre und Mittel zur Erziehung zum heroischen Volksbewußtsein, Halle 1935
Hehlmann, Wilhelm, Pädagogisches Wörterbuch, Stuttgart 1942
Hehlmann, Wilhelm, Persönlichkeit und Haltung, Halle 1940
Herzfeld, Hans, Die deutsche Sozialdemokratie und die Auflösung der nationalen Einheitsfront im Weltkriege, Leipzig 1928
Hilpert, Paul, Die rassehygienische Forderung, Halle 1937
Hitler, Adolf, Mein Kampf, München 1940

Hofe, Karl vom, Über die Störungen des Sehens im Dunkeln – Ihr Wesen und ihre Behandlung. In: Therapie der Gegenwart, H. 6, Jg. 82, 1941

Japha, Arnold, Herzog, Gertrud, Die Aufwendungen der öffentlichen Fürsorge für unterwertige Familien, In: Zeitschrift für Gesundheitsverwaltung und Gesundheitsfürsorge, H. 5, Jg. 4, Berlin 1933

Jaspers, Karl, Die geistige Situation unserer Zeit, Berlin und Leipzig 1932

Krefft, Siegfried, Über die Genese der Halsmuskelblutungen beim Tod durch Erhängen, Diss. med., Halle 1944

Kuhn, Oskar, Ein neuer Panzerlurchschädel aus dem oberen Keuper von Halberstadt. In: Forschungen und Fortschritte, Nr. 16, 1940

Lange, Richard, Kohlrausch, Eberhard, Strafgesetzbuch mit Nebengesetzen und Erläuterungen, Berlin 1938

Lintzel, Martin, Die Germanen auf deutschem Boden – Von der Völkerwanderung bis zum ersten Reich, Köln 1937

Meyers Lexikon, 8. Auflage, Leipzig 1935 ff.

Mitteldeutschland (Die Deutschen Heimatführer Bd. 14), Berlin o. J.

Mrugowsky, Joachim, Biologie eines Mansfeldischen Bergmannsdorfes, Berlin 1938

Mrugowsky, Joachim, Untersuchungen und Beurteilung von Wasser und Brunnen an Ort und Stelle, Berlin und Wien 1944

Ohm, Berthold (Hrsg.), Handbuch der Deutschen Landsmannschaft, Hamburg 1934,

Pönitz, Karl, Psychologie und Psychopathologie der Fahnenflucht im Kriege, In: Archiv für Kriminologie 68, 1917, S. 260–281

Pönitz, Karl, Zur Diagnostik und sozialen Bedeutung des angeborenen Schwachsinns. In: Zeitschrift für die gesamte Neurologie und Psychiatrie, Bd. 153, Berlin 1935

Raupach, Hans, Der tschechische Frühnationalismus. Ein Beitrag zur Gesellschafts- und Ideengeschichte des Vormärz in Böhmen, Essen 1939

Reichsgesetzblatt I, Berlin 1933–1945

Rosenberg, Alfred, Gestalt und Leben, Halle 1938

Rosenberg, Alfred, Gestaltung der Idee – Blut und Ehre II. Bd.: Reden und Aufsätze von 1933–1935, München 1943

Rosenberg, Alfred, Der Kampf um die Freiheit der Forschung, Halle 1938

Rosenberg, Alfred, Der Mythus des 20. Jahrhunderts – Eine Wertung der seelisch-geistigen Gestaltenkämpfe unserer Zeit, München 1938

Ruth, Rudolf, Wucher und Wucherrecht der Juden im Mittelalter. In: Deutsche Rechtswissenschaft, Jg. 1936

Schachtschabel, Hans Georg, Ein System der Wirtschaftslehre – Ein Beitrag zur Frage nach der Wirtschaftslehre der gestalteten und geordneten Wirtschaft, Jena 1940

Schachtschabel, Hans, Gebundener Preis – Gerechter Preis. In: Finanzarchiv, H. 3, Bd. 6, Tübingen 1938

Scheibe, Arnold (Hrsg.), Deutsche im Hindukusch – Bericht der Deutschen Hindukusch-Expedition 1935 der Deutschen Forschungsgemeinschaft, Berlin 1937

Schimmerohn, Heinz, Gemeinnutz und Eigennutz im Textteil der Zeitung (insbesondere der § 14 Ziffer 1 Schriftleitergesetz), Diss. jur., Halle 1936

Schlossberger, Auftragslenkung und Arbeitseinsatz im Bereich des Rüstungskommandos Halle, Diss. rer. pol., Halle 1941

Schmidt, E., Die Unstrut als Verkehrsweg, Halle 1939

Schmidt, Hans, Führer und Gefolgschaft nach dem Regentenspiegel Martin Luthers vom Jahre 1534, Halle 1935

Schmidt, Hans, Aus der Gefangenschaft – Predigten gehalten im Offiziers-Gefangenenlager Lofthousepark bei Wakefield in England, Göttingen 1919

Schmidt, Hans, Der Mythos vom wiederkehrenden König im Alten Testament, Gießen 1933

Schrader, Gerhard, Wunde und Werkzeug – Tödliche Schädelverletzung durch Fußtritte, In: Archiv für Kriminologie 1933

Schulz, Walther, Führer und Volk in germanischer Vorzeit, Halle 1937
Siefert, Ernst, Neupreußischer Strafvollzug – Politisierung und Verfall, Halle 1933
Sommerlad, Theo, König Heinrich I als Gegner des politischen Klerikalismus. In: Germanien – Monatshefte für Germanenkunde zur Erkenntnis deutschen Wesens, Offizielles Organ des Ahnenerbes e. V., H. 2, Berlin 1938
Stauffer, Ethelbert, Unser Glaube und unsere Geschichte – Zur Begegnung zwischen Kreuz und Hakenkreuz, Berlin 1933
Stieve, Hermann, Luthers Einfluss auf die Entwicklung naturwissenschaftlicher Erkenntnis, Halle 1933
Stieve, Hermann, Die Wirkung von Gefangenschaft und Angst auf den Bau und die Funktion der weiblichen Geschlechtsorgane. In: Zentralblatt für Gynäkologie 1942
Stock, Ulrich, Die Strafe als Dienst am Volke. In: Beiträge zur Strafrechtswissenschaft 3, Tübingen 1933
Stolze, Hans, Schein und Wirklichkeit in der britischen Plutokratie, Halle 1940
Strafgesetzbuch, Strafprozeßordnung, Gerichtsverfassungsgesetz nebst einigen ergänzenden Vorschriften in der ab 1. 6. 1934 geltenden Fassung, Berlin o. J.
Die Sturmfahne, Jg. 1931 f.
Tartler, Georg, Die hygienische Eroberung der Tropen durch die weiße Rasse, Diss. med., Halle 1934
Waetzoldt, Wilhelm, Die Kunst als geistige Waffe, Halle 1936
Wagner, Hans, Taschenwörterbuch des Nationalsozialismus, Faksimile, Bremen 1988 (O: Leipzig 1934)
Wagner, Wilhelm, Vom Adel deutscher Arbeit, Die Befreiung des deutschen Wesens, Halle 1939
Weigelt, Johannes, Johannes Walther († 4. Mai 1937). In: Zeitschrift der Deutschen Geologischen Gesellschaft, H. 10, Bd. 89, Jg. 1937
Weigelt, Johannes, Das Problem der Speicherung und die mitteldeutsche Eisenerze, Halle 1937
Weigelt, Johannes, Die Sendung der Martin-Luther-Universität Halle-Wittenberg im mitteldeutschen Raum, Halle 1936
Wellek, Albert, Typologie der Musikbegabung im deutschen Volke – Grundlegung einer psychologischen Theorie der Musik und Musikgeschichte mit allgemeinpsychologischen Beiträgen zur »Tonhöhen«-Unterschiedsempfindlichkeit, München 1939
Wir vom Arbeitsgau X – Erinnerungsbuch, Berlin 1939
Wolff, Hellmuth, Der Ausbau der mittleren Saale zu einem Großschiffahrtsweg, Halle 1940
Wolff, Helmuth, Volk und Raum – Gedanken zur Bevölkerungspolitik, Halle 1936

Nach 1945

450 Jahre Martin-Luther-Universität Halle-Wittenberg, Halle 1952
Adam, Uwe Dietrich, Hochschule und Nationalsozialismus – Die Universität Tübingen im Dritten Reich, Tübingen 1977
Aly, Götz, Macht – Geist – Wahn: Kontinuitäten deutschen Denkens, Frankfurt am Main 1999
Aly, Götz u. a., Reform und Gewissen – »Euthanasie« im Dienst des Fortschritts, Berlin (West) 1985
Aly, Götz, Heim, Susanne, Vordenker der Vernichtung – Auschwitz und die deutschen Pläne für eine neue europäische Ordnung, Frankfurt am Main 1997
Arendt, Hannah, Elemente und Ursprünge totalitärer Herrschaft – Antisemitismus, Imperialismus, totale Herrschaft, München 2000
Arendt, Hannah, Über die Revolution, München 2000
Ball, Rafael und Wild, Aloysius, Camill Montfort und sein Werk im Spannungsfeld von Ökologie und Physiologie. In: Palmarum Hortus Francofurtensis, Wissenschaftliche Berichte Nr. 4, Frankfurt am Main 1994
Barkai, Avraham, Das Wirtschaftssystem des Nationalsozialismus – Ideologie, Theorie, Politik 1933–1945, Frankfurt am Main 1998

Barkai, Avraham, Vom Boykott zur »Entjudung« – Der wirtschaftliche Existenzkampf der Juden im Dritten Reich 1933–1943, Frankfurt am Main 1988
Bartov, Omer, Hitlers Wehrmacht – Soldaten, Fanatismus und Brutalisierung des Krieges, Reinbek 1999
Bastian, Till, Homosexuelle im Dritten Reich – Geschichte einer Verfolgung, München 2000
Becker, Heinrich, Dahms, Hans-Joachim, Wegeler, Cornelia (Hrsg.), Die Universität Göttingen unter dem Nationalsozialismus, München 1998
Behrenbeck, Sabine, Der Kult um die toten Helden – Nationalsozialistische Mythen, Riten und Symbole, Vierow 1996
Benoist, Alain de, Totalitarismus: Kommunismus und Nationalsozialismus – die andere Moderne 1917–1989, Berlin 2001
Benz, Wolfgang, Graml, Hermann, Biographisches Lexikon zur Weimarer Republik, München 1988
Benz, Wolfgang, Geschichte des Dritten Reiches, München 2000
Benz, Wolfgang, Bergmann, Werner (Hrsg.), Vorurteil und Völkermord – Entwicklungslinien des Antisemitismus, Bonn 1997
Berg, Gunnar, Hartwich, Hans-Hermann (Hrsg.), Martin-Luther-Universität – Von der Gründung bis zur Neugestaltung nach zwei Diktaturen, Opladen 1994
Bernhardt, Markus, Gießener Professoren zwischen Drittem Reich und Bundesrepublik – Ein Beitrag zur hessischen Hochschulgeschichte 1945–1957, Gießen 1990
Beyerchen, Alan, Wissenschaftler unter Hitler – Physiker im Dritten Reich, Köln 1980
Biographisches Handbuch des deutschen Auswärtigen Dienstes 1871–1945, Bd. 1, Paderborn u. a. 2000
Biographisches Handbuch der deutschsprachigen Emigration nach 1933, München 1980 und 1983
Blazek, Helmut, Männerbünde – Eine Geschichte von Faszination und Macht, Berlin 2001
Bleuel, Hans Peter, Deutschlands Bekenner – Professoren zwischen Kaiserreich und Diktatur, Bern u.a. 1968
Bleuel, Hans Peter, Klinnert, Ernst, Deutsche Studenten auf dem Weg ins Dritte Reich: Ideologie – Programme – Aktionen 1918 – 1935, Gütersloh 1967
Boberach, Heinz (Hrsg.), Meldungen aus dem Reich – Die geheimen Lageberichte des Sicherheitsdienstes der SS 1938–1945, Herrsching 1984
Bock, Ernst Ludwig, Übergabe oder Vernichtung – Eine Dokumentation zur Befreiung der Stadt Halle im April 1945, Halle 1993
Bollmus, Reinhard, Das Amt Rosenberg und seine Gegner – Studien zum Machtkampf im nationalsozialistischen Herrschaftssystem, Stuttgart 1970
Böhm, Helmut, Von der Selbstverwaltung zum Führerprinzip – Die Universität München in den ersten Jahren des Dritten Reiches (1933–1936), Berlin 1995
Borchardt, Knut, Hans Raupach 10.4.1903–12.1.1977. In: Jahrbuch der Bayerischen Akademie der Wissenschaften, München 1997
Borkin, Joseph, Die unheilige Allianz der I.G. Farben – Eine Interessengemeinschaft im Dritten Reich, Frankfurt am Main 1979
Bracher, Karl Dietrich u.a. (Hrsg.), Deutschland 1933–1945 – Neue Studien zur nationalsozialistischen Herrschaft, Bonn 1993
Bracher, Karl Dietrich u.a. (Hrsg.), Nationalsozialistische Diktatur 1933–1945 – Eine Bilanz, Bonn 1986
Bracher, Karl Dietrich, Die deutsche Diktatur – Entstehung, Strukturen, Folgen des Nationalsozialismus, Köln 1972
Brandenburg, Katrin u. a., In guter Verfassung – Erfurter Beiträge zum Verfassungsschutz, Erfurt 1997
Breitmann, Richard, Heinrich Himmler – Architekt der »Endlösung«, Zürich 2000
Brentjes, Burchard, Wissenschaft unter dem NS-Regimes, Berlin u. a. 1992
Breuer, Stefan, Ordnungen der Ungleichheit – Die deutsche Rechte im Widerstreit ihrer Ideen 1871–1945, Darmstadt 2001
Brocke, Bernhard von, Kurt Breysig – Geschichtswissenschaft zwischen Historismus und Soziologie, Lübeck und Hamburg 1971

Brookmann, Hartmut, Wissen und Widerstand – Geschichte der deutschen Universität, Berlin 1999
Broszat, Martin, Frei, Norbert, Das Dritte Reich im Überblick – Chronik, Ereignisse, Zusammenhänge, München 1999
Broszat, Martin, Der Staat Hitlers – Grundlegung und Entwicklung seiner inneren Verfassung, München 1969
Browning, Christopher R., Judenmord. NS-Politik, Zwangsarbeit und das Verhalten der Täter, Frankfurt am Main 2001
Bruch, Rüdiger von (Hrsg.), Jahrbuch für Universitätsgeschichte, Stuttgart 1998 bis 2001
Brugsch, Theodor, Arzt seit fünf Jahrzehnten, Berlin (Ost) 1957
Bruhns, Guntwin (Hrsg.), Aus den Lebenserinnerungen von E. O. von Lippmann (fertiggestellt 1937). In: Zuckerindustrie, 107. bis 119. Jg., 1982–1994
Brunck, Helma, Die Deutsche Burschenschaft in der Weimarer Republik und im Nationalsozialismus, München 1999
Buddrus, Michael, Die Organisation Dienst für Deutschland – Arbeitsdienst und Militarisierung in der DDR, Weinheim und München 1994
Burleigh, Michael, Die Zeit des Nationalsozialismus – Eine Gesamtdarstellung, Frankfurt am Main 2000
Cavalli-Sforza, Luigi Luca, Gene, Völker und Sprachen – Die biologischen Grundlagen unserer Zivilisation, Darmstadt 1999
Chroust, Peter, Gießener Universität und Faschismus – Studenten und Hochschullehrer 1918–1945, Münster und New York 1994
Cohn, Ernst J., Gelehrter in Zeiten der Wirrnis. In: Persönlichkeit der Demokratie. Festschrift für Erich Schwinge zum 70. Geburtstag, Köln und Bonn, 1973
Coing, Helmut u.a., Wissenschaftsgeschichte seit 1900 – 75 Jahre Universität Frankfurt, Frankfurt am Main 1992
Dick, Jutta, Sassenberg, Marina, Wegweiser durch das jüdische Sachsen-Anhalt, Potsdam 1998
Dehn, Günther, Die alte Zeit, die vorigen Jahre – Erinnerungen, München 1962
Deichmann, Ute, Biologen unter Hitler, Frankfurt am Main 1993
Dengler, Gerhard, Die Bonner Masche, Berlin (Ost) 1960
Denzler, Georg, Fabricius, Völker, Christen und Nationalsozialisten, Frankfurt am Main 1993
Deutsche Biographische Enzyklopädie, München u.a. 1995 ff.
Die deutsche Universität im Dritten Reich – Eine Vortragsreihe der Universität München, München 1966
Diehl, Manfred, Gotthilft von Studnitz 1908–1944. In: Die Heimat – Zeitschrift für Natur- und Landeskunde von Schleswig-Holstein und Hamburg, Nr. 11/12, 103. Jg., Husum 1996
Dilly, Heinrich, Deutsche Kunsthistoriker 1933–1945, München und Berlin 1988
Diner, Dan (Hrsg.), Ist der Nationalsozialismus Geschichte? Zur Historisierung und Historikerstreit, Frankfurt am Main 1988
Dornheim, Andreas u.a., In guter Verfassung II – Erfurter Beiträge zum Verfassungsschutz, Erfurt 1998
Dudek, Peter, Erziehung durch Arbeit – Arbeitslagerbewegung und freiwilliger Arbeitsdienst 1920–1935, Opladen 1988
Dusik, Bärbel (Hrsg.), Hitler – Reden, Schriften, Anordnungen – Februar 1925 bis Januar 1933, München u.a. 1992
Ebbinghaus, Angelika, Dörner, Klaus (Hrsg.), Vernichten und Heilen – Der Nürnberger Ärzteprozess und seine Folgen, Berlin 2001
Eckert, Rainer und Faulenbach, Bernd (Hrsg.), Halbherziger Revisionismus – Zum postkommunistischen Geschichtsbild, München und Landsberg 1996
Edelmann, Murray, Politik als Ritual. Die symbolische Funktion staatlicher Institutionen und politischen Handelns, Frankfurt am Main 1990
Ellwein, Thomas, Die deutsche Universität – Vom Mittelalter bis zur Gegenwart, Wiesbaden 1998
Elm, Ludwig, Hochschule und Neofaschismus: Zeitgeschichtliche Studien zur Hochschulpolitik in der BRD, Berlin (Ost) 1972

Elstermann, Nelly, Zur Geschichte des Institutes für Hygiene an der Universität Halle-Wittenberg im Zeitraum 1915 bis 1945 und zum Wirken der Ordinarien Paul Römer, Paul Schmidt und Adolf Seiser – Eine medizinhistorische Studie, Diss. med., Halle 1993

Ekke, Felix, Die braunen Gesetze – Über das Recht im Unrechtsstaat, Berlin (Ost) 1990

Eulner, Karl-Heinz und Kaiser, Wolfram, Die Geschichte der Medizinischen Universitäts-Poliklinik (II. Medizinische Klinik) in Halle. In: Wissenschaftliche Zeitschrift der Martin-Luther-Universität Halle-Wittenberg, Mathematisch-naturwissenschaftliche Reihe, Nr. 8, 1959.

Ewert, Otto M., Das Psychologische Institut. In: Tradition und Gegenwart. Studien und Quellen zur Geschichte der Universität Mainz, Wiesbaden 1981

Faust, Anselm, Der Nationalsozialistische Deutsche Studentenbund, Düsseldorf 1973

Von Ferber, Christian, Die Entwicklung des Lehrkörpers der deutschen Universitäten und Hochschulen 1864–1954, Göttingen 1956

Fikentscher, Rüdiger, Schmuhl, Boje, Breitenborn, Konrad (Hrsg.), Die Bodenreform in Sachsen-Anhalt – Durchführung, Zeitzeugen, Folgen, Halle 1999

Fischer, Erich, Künzel, Werner (Hrsg.), Verfassungen deutscher Länder und Staaten – Von 1816 bis zur Gegenwart, Berlin (Ost) 1989

Fischer, Helmut J., Hitlers Apparat: Namen – Ämter – Kompetenzen, Kiel 1988

Fischer, Klaus, Die Emigration von Wissenschaftlern nach 1933 – Möglichkeiten und Grenzen einer Bilanzierung. In: Vierteljahrshefte für Zeitgeschichte, Stuttgart 1991

Flasche, Rainer und Geldbach, Erich, Religionen – Geschichte – Oekumene. In Memoriam Ernst Benz, Leiden 1981

Franz-Willing, Georg, »Bin ich schuldig?«. Leben und Wirken des Reichsstudentenführers und Gauleiters Dr. Gustav Adolf Scheel 1907-1979, Landsberg am Lech 1987

Frewer, Andreas, Medizin und Moral in Weimarer Republik und Nationalsozialismus – Die Zeitschrift »Ethik« unter Emil Abderhalden, Frankfurt am Main 2000

Friedländer, Saul, Das Dritte Reich und die Juden – Die Jahre der Verfolgung 1933–1939, München 2000

Fritz-Bauer-Institut (Hrsg.), »Arisierung« im Nationalsozialismus – Volksgemeinschaft, Raub und Gedächtnis, Darmstadt 2000

Fritz-Bauer-Institut (Hrsg.), »Beseitigung des jüdischen Einflusses …« – Antisemitische Forschung, Eliten und Karrieren im Nationalsozialismus, Darmstadt 1999

Furet, François, Das Ende der Illusion – Der Kommunismus im 20. Jahrhundert, München 1998

Gahl, Brita, Die Entwicklung der Pharmazie an der Universität Halle zwischen 1838 und 1938 – ein Beitrag zu ihrer Institutionalisierung als pharmazeutisches Hochschulfach, Diss. rer. nat., Halle 1991

Gall, Wladimir, Moskau-Spandau-Halle – Etappen eines Lebensweges, Schkeuditz 2000

Galling, Kurt, Das Bild vom Menschen aus biblischer Sicht, Mainz 1947

Galling, Kurt, Die Krise der Aufklärung in Israel, Mainz 1951

Gentzen, F.-H., Wolfgramm, E., Ostforscher – Ostforschung, Berlin (Ost) 1960

Gerstengarbe, Sybille, »… den Erfordernissen der Zeit in vollem Ausmaß angepasst« – Die Leopoldina zwischen 1932 und 1945 (Manuskript)

Gerstengarbe, Sybille, »Evangelisch, als Jude geboren« – Dokumente eines deutschen Schicksals. In: Deutsche Akademie der Naturforscher Leopoldina, Jahrbuch 1992, Halle 1993

Gerstengarbe, Sybille, Die Leopoldina und ihre jüdischen Mitglieder im Dritten Reich. In: Deutsche Akademie der Naturforscher Leopoldina, Jahrbuch 1993, Halle 1994

Geschichte der Christian-Albrechts-Universität Kiel 1665–1965, Neumünster 1965

Geuter, Ulfried, Die Professionalisierung der deutschen Psychologie im Nationalsozialismus, Frankfurt am Main 1984

Glettler, Monika, Mísková, Alena, Prager Professoren 1938–1948 – Zwischen Wissenschaft und Politik, Essen 2001

Gohl, Beate, Jüdische Wohlfahrtspflege im Nationalsozialismus – Frankfurt am Main 1933–1943, Frankfurt am Main 1984

Golczewski, Frank, Kölner Universitätslehrer und Nationalsozialismus, Köln und Wien 1988
Grab, Walter, Der deutsche Weg der Judenemanzipation 1789–1938, München 1991
Grehl, Susanne, Die Methodik der schulischen Leibesübungen während der Zeit der faschistischen Diktatur in Deutschland (1933–1945), Diss. phil., Halle 1991
Gruchmann, Lothar, Hitler über die Justiz – Das Tischgespräch vom 20. August 1942 – Eine Dokumentation, In: Vierteljahrshefte für Zeitgeschichte, Stuttgart 1964
Grüttner, Michael, Studenten im Dritten Reich, Paderborn u.a. 1995
Grunenberg, Antonia, Antifaschismus – ein deutscher Mythos, Reinbek 1993
Haar, Ingo, Historiker im Nationalsozialismus – Deutsche Geschichtswissenschaft und der »Volkstumskampf« im Osten, Göttingen 2000
Hammerstein, Notker, Antisemitismus und deutsche Universitäten, Frankfurt am Main und New York 1995
Hammerstein, Notker, Die Deutsche Forschungsgemeinschaft in der Weimarer Republik und im Dritten Reich. Wissenschaftspolitik in Republik und Diktatur 1920–1945, München 1999
Hartung, Fritz, Jurist unter vier Reichen, Köln u.a. 1971
Hatzenbichler, Jürgen (Hrsg.), Querdenker – Konservative Revolutionäre, Engerda 1996
Haubold, Hartmut, Wirbeltiergrabung und -forschung im Geiseltaleozän, In: Hallesches Jahrbuch für Geowissenschaften Bd. 17, Halle 1995
Hans Hausherr, Martin Lintzel. In: Wissenschaftliche Zeitschrift der Martin-Luther-Universität Halle-Wittenberg, Halle 1956
Heberer, Gerhard (Hrsg.), Die Evolution der Organismen, Stuttgart 1959
Heiber, Helmut und Longerich, Peter (Hrsg.), Akten der Parteikanzlei der NSDAP – Rekonstruktion eines verlorenen Bestandes, München 1983 ff.
Heiber, Helmut, Die Republik von Weimar, München 1990
Heiber, Helmut, Universität unterm Hakenkreuz, Teil 1: Der Professor im Dritten Reich – Bilder aus der Akademischen Provinz, München u.a. 1991
Heiber, Helmut, Universität unterm Hakenkreuz, Teil 2: Die Kapitulation der hohen Schulen – Das Jahr 1933 und seine Themen, München u.a. 1992
Heinemann, Manfred (Hrsg.), Erziehung und Schulung im Dritten Reich, Bd. 2, Stuttgart 1980
Henke, Klaus-Dietmar (Hrsg.), Die Verführungskraft des Totalitären – Saul Friedländer, Hans Maier, Jens Reich und Andrzej Szcsypiorski auf dem Hannah-Arendt-Forum 1997 in Dresden, Dresden 1997
Henke, Klaus-Dietmar, Woller, Hans, Politische Säuberung in Europa – Die Abrechnung mit Faschismus und Kollaboration nach dem zweiten Weltkrieg, München 1991
Herf, Jeffrey, Zweierlei Erinnerung – Die NS-Vergangenheit im geteilten Deutschland, Berlin 1998
Heydemann, Berndt, Zum Tode von Professor Dr. Dr. h. c. Adolf Remane. In: Faunistisch-Ökologische Mitteilungen, Kiel 1977
Hildebrand, Klaus, Das vergangene Reich – Deutsche Außenpolitik von Bismarck bis Hitler, Berlin 1999
Hillgruber, Andreas, Zweierlei Untergang – Die Zerschlagung des Deutschen Reiches und das Ende des europäischen Judentums, Berlin 1986
Hirschfeld, Gerhard, Kettenacker, Lothar, Der »Führerstaat« – Mythos und Realität – Studien zur Struktur und Politik des Dritten Reiches, Stuttgart 1981
Hirschinger, Frank, »Zur Ausmerzung freigegeben« – Halle und die Landesheilanstalt Altscherbitz 1933–1945, Köln u.a. 2001
Hochschullehrer an Technischen Hochschulen und Universitäten – Sozialgeschichte, soziodemographische Strukturen und Karrieren im Vergleich, Braunschweig 1993
Höffkes, Karl, Hitlers politische Generale – Die Gauleiter des Dritten Reiches, Tübingen 1986
Höhne, Heinz, »Gebt mir vier Jahre Zeit« – Hitler und die Anfänge des Dritten Reiches, Berlin 1999
Hofer, Walther, Der Nationalsozialismus – Dokumente 1933–1945, Frankfurt am Main 1960
Holzbach, Heidrun, Das »System Hugenberg« – Die Organisation bürgerlicher Sammlungspolitik vor dem Aufstieg der NSDAP, Stuttgart 1981

Howard, Michael, Die Erfindung des Friedens – Über den Krieg und die Ordnung der Welt, Lüneburg 2001
Hubenstorf, Michael, Alfred Grotjahn. In: Treue, Wilhelm, Winau, Rolf, Berlinische Lebensbilder, Bd. 2, Mediziner, Berlin (West) 1987
Hübinger, Gangolf, Mommsen, Wolfgang J. (Hrsg.), Intellektuelle im Deutschen Kaiserreich, Frankfurt am Main 1993
Hübner, Hans, Thaler, Burchard (Hrsg.), Die Universität Halle-Wittenberg in Vergangenheit und Gegenwart, Halle 1983
Iggers, Georg G., Deutsche Geschichtswissenschaft – Eine Kritik der traditionellen Geschichtsauffassung von Herder bis zur Gegenwart, Wien u.a. 1997
Institut für Weltwirtschaft an der Universität Kiel 1914–1964, ohne Ort 1964
Jacob, Otto, Halles erster Nachkriegs-OB Opfer einer politischen Intrige. In: Mitteldeutsche Zeitung vom 23. Mai 1992.
Janka, Franz, Die braune Gesellschaft – Ein Volk wird formatiert, Stuttgart 1997
Jansen, Christian, Professoren und Politik – Politisches Denken und Handeln der Heidelberger Hochschullehrer 1914–1935, Göttingen 1992
Jellonnek, Burkhard, Homosexuelle unter dem Hakenkreuz, Paderborn 1990
Jessen, Ralph, Akademische Elite und kommunistische Diktatur – Die ostdeutsche Hochschullehrerschaft in der Ulbricht-Ära, Göttingen 1999
John, E. u.a., Die Freiburger Universität in der Zeit des Nationalsozialismus, Freiburg und Würzburg 1991
Jordan, Rudolf, Erlebt und erlitten – Weg eines Gauleiters von München bis Moskau, Leoni am Starnberger See 1971
Jüdische Gemeinde zu Halle (Hrsg.), 300 Jahre Juden in Halle: Leben–Leistung–Leiden–Lohn, Halle 1993
Kaasch, Michael, Sensation, Irrtum, Betrug? Emil Abderhalden (1877–1950) und die Geschichte der Abwehrfermente. In: Wieland Berg u.a. (Hrsg.), Vorträge und Abhandlungen zur Wissenschaftsgeschichte 1999/2000, Halle 2000
Kaasch, Michael und Kaasch, Joachim, Die Auseinandersetzung des XX. Leopoldina-Präsidenten und Schweizerbürgers Emil Abderhalden um Eigentum und Entschädigung mit der sowjetischen und der amerikanischen Besatzungsmacht (1945–1949). In: In: Wieland Berg u.a. (Hrsg.), Vorträge und Abhandlungen zur Wissenschaftsgeschichte 1999/2000, Halle 2000
Kaasch, Michael und Joachim, Intelligenztreck gen Westen, In: Scientia halensis 3/1995
Kaasch, Michael und Joachim, Emil Abderhalden und seine Ethik-Mitstreiter – Ärzte, Wissenschaftler und Schriftsteller als Mitarbeiter von Abderhaldens Zeitschrift »Ethik«. In: Jahrbuch 1995 der deutschen Akademie der Naturforscher Leopoldina (Halle/Saale), S. 477–530, Halle 1995
Kaden, Helma, Nestler, Ludwig (Hrsg.), Dokumente des Verbrechens – Aus Akten des Dritten Reiches 1933–1945, Berlin 1993
Kaiser, Wolfram, Hübner, Hans (Hrsg.), Theodor Brugsch (1878–1963) – Hallesches Brugsch-Symposium 1978, Halle 1979
Kaiser, Wolfram, Simon, Axel, Die Geschichte der Gerichtsmedizin an der Universität Halle-Wittenberg, Halle 1978
Kater, Michael H., Professoren und Studenten im Dritten Reich. In: Archiv für Kulturgeschichte, H. 2, Jg. 67, Köln und Wien 1985
Kater, Michael H., Das »Ahnenerbe« der SS 1935–1945 – Ein Beitrag zur Kulturpolitik des Dritten Reiches, München 1997
Keegan, John, Der Erste Weltkrieg – Eine europäische Tragödie, Hamburg 2000
Kisch, Guido, Der Lebensweg eines Rechtshistorikers – Erinnerungen, Sigmaringen 1975
Klee, Ernst, Auschwitz, die NS-Medizin und ihre Opfer, Frankfurt am Main 1997
Klee, Ernst, Deutsche Medizin im Dritten Reich – Karrieren vor und nach 1945, Frankfurt am Main 2001
Kleßmann, Christoph und Dlugoborski, Waclaw, Nationalsozialistische Bildungspolitik und polnische Hochschulen 1939–1945. In: Geschichte und Gesellschaft, Nr. 23, 1997

Kluge, Friedrich, Etymologisches Wörterbuch der deutschen Sprache, Berlin 1995
Knigge-Tesche, Renate (Hrsg.), Berater der braunen Macht, Frankfurt am Main 1999
Koch, Waldemar, Aus den Lebenserinnerungen eines Wirtschaftsingenieurs, Köln und Opladen 1962
Kopenhagen, Wilfried und Neustädt, Rolf, Das große Flugzeugtypenbuch, Berlin (Ost) 1982
Kraus, Hans-Joachim, Julius Schniewind – Charisma der Theologie, Neukirchen-Vluyn 1965
Krause, Peter, »O alte Burschenherrlichkeit« – Die Studenten und ihr Brauchtum, Graz, Wien, Köln 1997
Kroll, Frank-Lothar, Utopie als Ideologie – Geschichtsdenken und politisches Handeln im Dritten Reich, Paderborn u.a. 1998
Kudlien, Fridolf u.a., Ärzte im Nationalsozialismus, Köln 1985
Kühn, Ingrid, Universitätsgelehrte in den Straßen von Halle, Halle 1994
Kümmel, Fritz, 300 Jahre Botanischer Garten der Martin-Luther-Universität Halle-Wittenberg, Halle 1998
Kühnl, Reinhard, Der deutsche Faschismus in Quellen und Dokumenten, Köln 2000
Kürschners Deutscher Gelehrtenkalender, Berlin u.a. 1931 ff.
Kuhn, Helmut u.a., Die deutsche Universität im Dritten Reich, München 1966
Langewiesche, Dieter, Die Universität Tübingen in der Zeit des Nationalsozialismus – Formen der Selbstgleichschaltung und Selbstbehauptung. In: Geschichte und Gesellschaft, Nr. 23, 1997
Laqueur, Walter, Geboren in Deutschland – Der Exodus der jüdischen Jugend nach 1933, Berlin und München 2000
Lawrynowicz, Kasimir, Albertina – Zur Geschichte der Albertus-Universität zu Königsberg in Preußen, Berlin 1999
Leaman, George, Heidegger im Kontext – Gesamtüberblick zum NS-Engagement der Universitätsphilosophen, Hamburg 1993
Leske, Monika, Philosophen im »Dritten Reich«, Berlin (Ost) 1990
Leydhecker, Wolfgang und Grehn, Franz, Augenheilkunde, Berlin u.a. 1993
Longerich, Peter, Die braunen Bataillone – Geschichte der SA, Augsburg 1999
Losemann, Volker, Nationalsozialismus und Antike – Studien zur Entwicklung des Faches Alte Geschichte 1933–1945, Hamburg 1997
Luhmann, Niklas, Protest. Systemtheorie und soziale Bewegungen, Frankfurt am Main 1996
Lundgreen, Peter und Grelon, André, Ingenieure in Deutschland 1770–1990, Frankfurt am Main und New York 1994
Lundgreen, Peter (Hrsg.), Wissenschaft im Dritten Reich, Frankfurt am Main 1985
Magenheimer, Heinz, Die Militärstrategie Deutschlands 1940–1945: Führungsentschlüsse – Hintergründe – Alternativen, München 1997
Maier, Hans (Hrsg.), Wege in die Gewalt – Die modernen politischen Religionen, Frankfurt am Main 2000
Malettke, Klaus (Hrsg.), Der Nationalsozialismus an der Macht, Göttingen 1984
Mallach, Joachim (Hrsg.), Geschichte der Gerichtlichen Medizin im deutschsprachigen Raum, Lübeck 1996
Mallebrein, Wolfram, Der Reichsarbeitsdienst – Geschichte und Entwicklung, Coburg o.J.
Mammach, Klaus, Der Volkssturm, Berlin (Ost) 1981
Manns, Haide, Frauen für den Nationalsozialismus – Nationalsozialistische Studentinnen und Akademikerinnen in der Weimarer Republik und im Dritten Reich, Opladen 1997
Maser, Werner, Hermann Göring – Hitlers janusköpfiger Paladin, Berlin 2000
Maser, Werner, Hindenburg – Eine politische Biographie, Rastatt 1990
Maser, Werner, Zwischen Kaiserreich und NS-Regime – Die erste deutsche Republik 1918–1933, Bonn und Berlin 1992
Maser, Werner, Das Regime – Alltag in Deutschland 1933–1945, Berlin 1990
Maser, Werner, Der Sturm auf die Republik – Frühgeschichte der NSDAP, Düsseldorf u. a. 1994
Maurer, Matthias J., Our Way to Halle – Der Marsch der »Timberwölfe« nach Halle, Halle 2001
Meier, Kurt, Die Deutschen Christen – Das Bild einer Bewegung im Kirchenkampf des Dritten Reiches, Halle 1964
Meier, Kurt, Kreuz und Hakenkreuz – Die evangelische Kirche im Dritten Reich, München 2001

Meier, Kurt, Die Theologischen Fakultäten im Dritten Reich, Berlin und New York 1996
In Memoriam Emil Abderhalden, Halle 1977
Mertens, Lothar (Hrsg.), Politischer Systemumbruch als irreversibler Faktor von Modernisierung in der Wissenschaft? Berlin 2001
Mertens, Lothar, Vernachlässigte Töchter der Alma Mater – Ein sozialhistorischer und bildungssoziologischer Beitrag zur strukturellen Entwicklung des Frauenstudiums in Deutschland seit der Jahrhundertwende, Berlin 1991
Meyer, August, Hitlers Holding – Die Reichswerke »Hermann Göring«, München und Wien 1985
Meyers Neues Lexikon, Leipzig 1960 ff.
Michalka, Wolfgang (Hrsg.), Deutsche Geschichte 1933–1945 – Dokumente zur Innen- und Außenpolitik, Frankfurt am Main 1993
Michalka, Wolfgang (Hrsg.), Der zweite Weltkrieg – Analysen, Grundzüge, Forschungsbilanz, Weyarn 1997
Militärgeschichtliches Forschungsamt (Hrsg.), Das Deutsche Reich und der zweite Weltkrieg, Stuttgart 1988 ff.
Mitscherlich, Alexander und Mielke, Fred (Hrsg.), Medizin ohne Menschlichkeit – Dokumente des Nürnberger Ärzteprozesses, Frankfurt am Main 1978
Mollin, Gerhard Th., Montankonzerne und »Drittes Reich«, Göttingen 1988
Mommsen, Hans, Beamtentum im Dritten Reich – Mit ausgewählten Quellen zur nationalsozialistischen Beamtenpolitik, Stuttgart 1966
Mommsen, Hans, Der Reichstagsbrand und seine politischen Folgen. In: Vierteljahrshefte für Zeitgeschichte, Stuttgart 1964
Mommsen, Hans, Alternative zu Hitler – Studien zur Geschichte des deutschen Widerstandes, München 2000
Mommsen, Hans, Von Weimar nach Auschwitz – Zur Geschichte Deutschlands in der Weltkriegsepoche, Stuttgart 1999
Mühlpfordt, Günter u.a., Der Spirituskreis (1890–1958) – Eine Gelehrtengesellschaft in neuhumanistischer Tradition. Vom Kaiserreich bis zum Verbot durch Walter Ulbricht im Rahmen der Verfolgungen an der Universität Halle 1957 und 1958, Bd. 1: 1890–1945, Halle 2001
Müller, Albert, Dynamische Adaptierung und »Selbstbehauptung« – Die Universität Wien in der NS-Zeit. In: Geschichte und Gesellschaft, Nr. 23, 1997
Müller-Enbergs, Helmut, Wielgohs, Jan, Hoffmann, Dieter (Hrsg.), Wer war wer in der DDR? Ein biographisches Lexikon, Bonn 2000,
Müller-Hill, Benno, Tödliche Wissenschaft – Die Aussonderung von Juden, Zigeunern und Geisteskranken 1933–1945, Berlin (Ost) 1989
Münk, Dieter, Die Organisation des Raumes im Nationalsozialismus – Eine soziologische Untersuchung ideologisch fundierter Leitbilder in Architektur, Städtebau und Raumplanung im Dritten Reich, Bonn 1993
Musial, Bogdan, »Konterrevolutionäre Elemente sind zu erschießen« – Die Brutalisierung des deutsch-sowjetischen Krieges im Sommer 1941, München 2000
Nachrichtenamt der Stadt Halle (Hrsg.), Halle an der Saale 1945/46 – Ein Zeitdokument in Bildern, Halle 1947
Nagel, Anne Christine (Hrsg.), Die Philipps-Universität Marburg im Nationalsozialismus – Dokumente zu ihrer Geschichte, Stuttgart 2000
Nationalrat der Nationalen Front des demokratischen Deutschland (Hrsg.), Strauß und Brandt mobilisieren die SS – Drahtzieher der Revanchehetze um Westberlin, Berlin (Ost) 1962
Neue Deutsche Biographie, Berlin 1971 ff.
Nickel, Gisela, Wilhelm Troll (1897–1978) – Eine Biographie, Halle 1996
Niekisch, Ernst, Das Reich der niederen Dämonen, Hamburg 1953
Nietzsche, Friedrich, Werke in drei Bänden, Darmstadt 1997
Nolte, Ernst, Streitpunkte – Heutige und künftige Kontroversen um den Nationalsozialismus, Frankfurt am Main 1994

Nolte, Ernst, Der Faschismus in seiner Epoche, München 2000
Novick, Peter, Nach dem Holocaust – Der Umgang mit dem Massenmord, Stuttgart und München 2001
Olenhusen, Albrecht Götz von, Die »nichtarischen« Studenten an den deutschen Hochschulen, In: Vierteljahrshefte für Zeitgeschichte, Stuttgart 1966
Ortega y Gasset, Jose, Der Aufstand der Massen, München 1965
Ostendorf, Heribert, Dokumentation des NS-Strafrechts, Baden-Baden 2000
Parthier, Benno, Kurt Mothes (1900–1983) – Gelehrter, Präsident, Persönlichkeit, Halle 2001
Pätzold, Kurt, Weißbecker, Manfred, Geschichte der NSDAP 1920–1945, Köln 1998
Paul, Gerhard, Aufstand der Bilder – Die NS-Propaganda vor 1933, Bonn 1992
Pauly, Walter (Hrsg.), Hallesche Rechtsgelehrte jüdischer Herkunft, Köln u.a. 1996
Petzina, Dieter, Autarkiepolitik im Dritten Reich – Der nationalsozialistische Vierjahresplan, Stuttgart 1968
Pietrow-Ennker, Bianka (Hrsg.), Präventivkrieg? Der deutsche Angriff auf die Sowjetunion, Frankfurt am Main 2000
Ponsold, Albert, Der Strom war die Newa – Aus dem Leben eines Gerichtsmediziners, St. Michael 1980
Presse in Fesseln – Eine Schilderung des NS-Pressetrusts, Berlin o.J. (1948)
Prinz, Michael, Vom neuen Mittelstand zum Volksgenossen – Die Entwicklung des sozialen Status der Angestellten von der Weimarer Republik bis zum Ende der NS-Zeit, München 1986
Prinz, Michael, Zitelmann, Rainer (Hrsg.), Nationalsozialismus und Modernisierung, Darmstadt 1991
Prokoph, Werner, Der Lehrkörper der Universität Halle-Wittenberg zwischen 1917 und 1945, Halle 1985
Prokoph, Werner, Die Universität Halle-Wittenberg in Hochschulpolitik und Wissenschaftsorganisation der Weimarer Republik, Diss. B (Dr. sc. phil.), Halle 1980
Prolingheuer, Hans, Kleine politische Kirchengeschichte – 50 Jahre evangelischer Kirchenkampf von 1919 bis 1969, Köln 1985
Propyläen Technikgeschichte, Berlin 1997
Rasch, Manfred, Geschichte des Kaiser-Wilhelm-Instituts für Kohleforschung 1913–1943, Weinheim 1993
Raupach, Hans, Der interregionale Wohlfahrtsausgleich als Problem der Politik des Deutschen Reiches. In: Die Staats- und Wirtschaftskrise des Deutschen Reiches 1929/33, Stuttgart 1967
Real, Willy (Hrsg.), Hans Herzfeld – Aus den Lebenserinnerungen, Berlin und New York 1992
Reichel, Peter, Vergangenheitsbewältigung in Deutschland – Die Auseinandersetzung mit der NS-Diktatur von 1945 bis heute, München 2001
Remane, Horst, Schmoll, Christine, Chemie an der Universität Halle (Saale), Halle 1997
Renker, Karlheinz, Knoblich, Kurt (Hrsg.), Das Hygiene-Institut der Martin-Luther-Universität Halle-Wittenberg – Eine Betrachtung: 20 Jahre Hygiene-Institut neuen Typs, Halle 1978
Richter, Michael, Die Ost-CDU 1948 bis 1952, Düsseldorf 1991
Ringer, Fritz K., Die Gelehrten – Der Niedergang der deutschen Mandarine 1890–1933, Stuttgart 1983
Ritter, Gerhard, Carl Goerdeler und die deutsche Widerstandsbewegung, Stuttgart 1954
Rive, Richard Robert, Lebenserinnerungen eines deutschen Oberbürgermeisters, Stuttgart 1960
Ruhm von Oppen, Beate (Hrsg.), Helmuth J. von Moltke – Briefe an Freya, München 1995
Rupieper, Hermann-Josef (Hrsg.), Beiträge zur Geschichte der Martin-Luther-Universität Halle-Wittenberg, Halle 2002
Rupieper, Hermann-Josef, Richard Robert Rive 1864–1947 – Ein moderner hallescher Oberbürgermeister, Halle 1998
Sarkowicz, Hans, Mentzer, Alf, Literatur in Nazi-Deutschland – Ein biographisches Lexikon, Hamburg und Wien 2000
Schäfer, Stefan, Hitler und die Schweiz – Deutsche militärische Planungen 1939–1943 und die »Raubgold«-Frage, Berlin 1998
Schilling, Falko, Das kirchen- und gesellschaftspolitische Engagement Ernst Barnikols unter Berücksichtigung seines theologischen Denkens in der Weimarer Republik und im NS-Staat (1918–1945) (Manuskript), Halle 1990

Schneider, Michael, Unterm Hakenkreuz – Arbeiter und Arbeiterbewegung 1933 bis 1939, Bonn 1999
Schnell, Walter, Europäische Gesundheitsfragen, Gießen 1949
Schönwalder, Karen, Historiker und Politik – Geschichtswissenschaft im Nationalsozialismus, Frankfurt am Main 1992
Schoeps, Julius H. (Hrsg.), Ein Volk von Mördern? Die Dokumentation zur Goldhagen-Kontroverse um die Rolle der Deutschen im Holocaust, Hamburg 1997
Scholder, Klaus, Die Kirchen und das Dritte Reich – Vorgeschichte und Zeit der Illusionen 1918–1934, München 2000
Schramm, Percy Ernst (Hrsg.), Die Niederlage 1945 – Aus dem Kriegstagebuch des Oberkommandos der Wehrmacht, München 1985
Schramm, Percy Ernst, Die Treibstoff-Frage vom Herbst 1943 bis Juni 1944. In: Mensch und Staat in Recht und Geschichte (Festschrift für Herbert Kraus), Kitzingen 1954
Schulze, Winfried, Oexle, Otto Gerhard (Hrsg.), Deutsche Historiker im Nationalsozialismus, Frankfurt am Main 1999
Schumann, Wolfgang (Leiter des Autorenkollektives), Deutschland im zweiten Weltkrieg, Berlin (Ost) 1985
Schumann, Wolfgang (Hrsg.), Griff nach Südosteuropa – Neue Dokumente über die Politik des deutschen Imperialismus und Militarismus gegenüber Südosteuropa im zweiten Weltkrieg, Berlin (Ost) 1973
Schwabe, Klaus, Deutsche Hochschullehrer als Elite 1815–1945, Boppard am Rhein 1988
Schwinge, Erich, Die deutsche Militärjustiz in der Zeit des Nationalsozialismus, Marburg 1978
Schwinge-Stumpf, Ursula (Hrsg.), Erich Schwinge – Ein Juristenleben im zwanzigsten Jahrhundert, Frankfurt am Main 1997
Scriba, Christoph J. (Hrsg.), Die Elite der Nation im Dritten Reich – Das Verhältnis von Akademien und ihrem wissenschaftlichen Umfeld zum Nationalsozialismus, Halle 1995
Seidler, Franz W., »Deutscher Volkssturm«. das letzte Aufgebot 1944/1945, Augsburg 1999
Seier, Hellmut, Niveaukritik und partielle Opposition – Zur Lage an den deutschen Hochschulen 1939/40. In: Archiv für Kulturgeschichte, H. 1, Jg. 58, Köln und Wien 1976
Seier, Hellmut, Der Rektor als Führer – zur Hochschulpolitik des Reichserziehungsministeriums, In: Vierteljahrshefte für Zeitgeschichte, Stuttgart 1964
Seilkopf, Wolfgang (Hrsg.), Felix Graf von Luckner – Aus dem Leben des »Seeteufels« – Briefe und Aufzeichnungen, Halle 2000.
Serres, Michel (Hrsg.), Elemente einer Geschichte der Wissenschaften, Frankfurt am Main 1998
Siegele-Wenschkewitz, Leonore, Nicolaisen, Carsten, Theologische Fakultäten im Nationalsozialismus, Göttingen 1993
Smelser, Ronald, Syring, Enrico, Zitelmann, Rainer (Hrsg.), Die braune Elite – 22 biographische Skizzen, Darmstadt 1999
Spengler, Oswald, Der Untergang des Abendlandes – Umrisse einer Morphologie der Weltgeschichte, München 1993
Staff, Ilse (Hrsg.), Justiz im Dritten Reich – Eine Dokumentation, Frankfurt am Main 1964
Stengel, Friedemann, Die theologischen Fakultäten in der DDR als Problem der Kirchen- und Hochschulpolitik des SED-Staates bis zu ihrer Umwandlung in Sektionen 1970/71, Leipzig 1998
Steinbach, Peter, Tuchel, Johannes, Lexikon des Widerstandes 1933–1945, München 1998
Steinbach, Peter, Tuchel, Johannes, Widerstand in Deutschland 1933–1945. Ein historisches Lesebuch, München 2000
Steinbach, Peter, Tuchel, Johannes, Widerstand gegen den Nationalsozialismus, Bonn 1994
Sternberger, Dolf, Grund und Abgrund der Macht – Über Legitimität von Regierungen, Frankfurt am Main 1986
Stockhorst, Erich, 5000 Köpfe – Wer war wer im Dritten Reich, Kiel 1998
Stolze, Elke, Die Martin-Luther-Universität Halle-Wittenberg während der Herrschaft des Faschismus (1933 bis 1945), Diss. phil., Halle 1982

Strätz, Hans-Wolfgang, Die studentische »Aktion wider den undeutschen Geist« im Frühjahr 1933. In: Vierteljahrshefte für Zeitgeschichte, Stuttgart 1968

Strobel, Karl (Hrsg.), Die deutsche Universität im 20. Jahrhundert – Die Entwicklung einer Institution zwischen Tradition, Autonomie, historischen und sozialen Rahmenbedingungen, Vierow 1994

Strube, Irene u.a., Geschichte der Chemie – Ein Überblick von den Anfängen bis zur Gegenwart, Berlin (Ost) 1986

Sündermann, Helmut, Tagesparolen – Deutsche Presseanweisungen 1939–1945 – Hitlers Propaganda und Kriegführung, Leoni am Starnberger See 1973

Syring, Enrico, Hitler – Seine politische Utopie, Berlin 1994

Szabó, Anikó, Vertreibung, Rückkehr, Wiedergutmachung – Göttinger Hochschullehrer im Schatten des Nationalsozialismus, Göttingen 2000

Tartler, Georg, Die Poliomyelitis-Schutzimpfung – eine Großtat der prophylaktischen Medizin, Greifswald 1965

Thal, Peter und Pschibert, Reinhard, Das Studium der Ökonomie an der Martin-Luther-Universität in Vergangenheit und Gegenwart 1727 bis 1977, Halle 1978

Thews, Gerhard, Mutschler, Ernst, Vaupel, Peter, Anatomie, Physiologie, Pathophysiologie des Menschen, Stuttgart 1999

Thierfelder, Andreas, Das Seminar für Klassische Philologie 1946–1972, In: Tradition und Gegenwart. Studien und Quellen zur Geschichte der Universität Mainz, Wiesbaden 1977

Thimme, Annelise, Flucht in den Mythos – Die Deutschnationale Volkspartei und die Niederlage von 1918, Göttingen 1969

Thom, Achim, Caregorodcev, Genadij Ivanovic, Medizin unterm Hakenkreuz, Berlin (Ost) 1989

Thoms, Robert, Pochanke, Stefan, Handbuch zur Geschichte der deutschen Freikorps, ohne Ort 2001

Timm, Albrecht, Die Universität Halle-Wittenberg – Herrschaft und Wissenschaft im Spiegel ihrer Geschichte, Frankfurt am Main 1960

Tillich, Paul, Against the Third Reich, Louisville 1998

Titze, Hartmut, Der Akademikerzyklus – Historische Untersuchungen über die Wiederkehr von Überfüllung und Mangel an akademischen Karrieren, Göttingen 1990

Titze, Hartmut u.a., Wachstum und Differenzierung der deutschen Universitäten 1830–1845, Datenhandbuch zur deutschen Bildungsgeschichte Bd. 1/2, Göttingen 1995

Trillhaas, Wolfgang, Aufgehobene Vergangenheit – Aus meinem Leben, Göttingen 1976

Universitätstage 1966 – Nationalsozialismus und die deutsche Universität – Veröffentlichung der Freien Universität Berlin, Berlin (West) 1966

Unruh, Karl, Langemarck – Legende und Wirklichkeit, Bonn 1997

Velhagen, Karl, Ein Leben für die Augenheilkunde, In: Albrecht, Günther, Hartwig, Wolfgang (Hrsg.), Ärzte – Erinnerungen, Erlebnisse, Bekenntnisse, Berlin (Ost) 1976

Vezina, Birgit, Die »Gleichschaltung« der Universität Heidelberg im Zuge der nationalsozialistischen Machtergreifung, Heidelberg 1982

Viebig, Michael, Das Zuchthaus Halle/Saale als Richtstätte der nationalsozialistischen Justiz 1942–1945, Magdeburg 1998

Vogel, Thomas (Hrsg.), Aufstand des Gewissens – Militärischer Widerstand gegen Hitler und das NS-Regime 1933–1945, Hamburg u.a. 2000

Vogt, Joseph, Richard Laqueur. In: Historische Zeitschrift Bd. 197, München 1963

Vonderau, Markus, Deutsche Chemie – Der Versuch einer deutschartigen, ganzheitlich-gestalthaft schauenden Naturwissenschaft während der Zeit des Nationalsozialismus, Diss. rer. nat. Marburg 1994

Waetzoldt, Wilhelm, Deutsche Kunsthistoriker, Bd. 1: Von Sandrart bis Rumohr, Berlin 1986

Wallis, Gerhard, Hans Schmidt (1877–1953) – Wesen und Weg. In: Udo Schnelle (Hrsg.), Reformation und Neuzeit – 300 Jahre Theologie in Halle, Berlin und New York 1994

Weber, Hermann u.a. (Hrsg.), Tradition und Gegenwart – Studien und Quellen zur Geschichte der Universität Mainz mit besonderer Berücksichtigung der Philosophischen Fakultät, Wiesbaden 1977 und 1981

Die Wehrmachtberichte 1939–1945, Köln 1988
Weigelt, Johannes, Rezente Wirbeltierleichen und ihre paläobiologische Bedeutung, Bad Vilbel 1999
Weinberg, Gerhard L., Eine Welt in Waffen – Die globale Geschichte des zweiten Weltkriegs, Stuttgart 1995
Weiß, Hermann (Hrsg.), Biographisches Lexikon zum Dritten Reich, Frankfurt am Main 1998
Weißmann, Karlheinz, Der Weg in den Abgrund – Deutschland unter Hitler 1933–1945, München 1997
Wendehorst, Alfred, Geschichte der Universität Erlangen-Nürnberg 1743–1993, München 1993
Wendland, Ulrike, Biographisches Handbuch deutschsprachiger Kunsthistoriker im Exil, München 1999
Wieben, Matthias, Studenten an der Christian-Albrechts-Universität im Dritten Reich, Frankfurt am Main 1994
Wiefel, Wolfgang, Im Zeichen der Krise – Zur Geschichte der neutestamentlichen Arbeit an der Universität Halle-Wittenberg 1918–1945, Halle 1977
Wistrich, Robert, Wer war wer im Dritten Reich? Ein biographisches Lexikon, Frankfurt am Main 1989
Wolf, Ernst, Barmen – Kirche zwischen Versuchung und Gnade, München 1957
Wolf, Ernst, Die evangelischen Kirchen und der Staat im Dritten Reich. In: Theologische Studien, H. 74, Zürich 1963
Wolf, Ernst, Luthers Erbe? In: Evangelische Theologie, 1946/47
Wolters, Gereon, Mittelstraß, Jürgen, Enzyklopädie Philosophie und Wissenschaftstheorie, Stuttgart und Weimar 1995f.
Wróblewska, Teresa, Die Rolle und Aufgaben einer nationalsozialistischen Universität in den sogenannten östlichen Reichsgebieten am Beispiel der Reichsuniversität Posen 1941–1945. In: Pädagogische Rundschau, Kastellaun 1978
Zelnhefer, Siegfried, Die Reichsparteitage der NSDAP – Geschichte, Struktur und Bedeutung der größten Propagandafeste im nationalsozialistischen Feierjahr, Nürnberg 1991
Ziehe, Irene, Hans Hahne (1875 bis 1935) sein Leben und Wirken – Biographie eines völkischen Wissenschaftlers, Halle 1996
Zimmermann, Heike, Klinik für Psychiatrie und Neurologie der Martin-Luther-Universität Halle-Wittenberg am Wendepunkt deutscher Geschichte bis zur Gegenwart, Diss. med., Halle 1993
Zitelmann, Rainer, Hitler – Selbstverständnis eines Revolutionärs, München 1998
Zöllner, Walter, Karl oder Widukind? Martin Lintzel und die NS-»Geschichtsdeutung« in den Anfangsjahren der faschistischen Diktatur, Halle 1975
Zöllner, Walter, »Unwürdige« an unserer Universität. In: Scientia Halensis, Nr. 3/1995

Abkürzungsverzeichnis

a. D.	außer Dienst	NS	Nationalsozialistisch(-e, -er)
AA	Auswärtiges Amt	NSBDT	Nationalsozialistischer Bund Deutscher Techniker
Bhf.	Bahnhof		
BNSDJ	Bund Nationalsozialistischer Deutscher Juristen	NSDÄB	Nationalsozialistischer Deutscher Ärztebund
CDU	Christlich Demokratische Union	NSDAP	Nationalsozialistische Deutsche Arbeiterpartei
CIC	Central Intelligence Corps		
d. R.	der Reserve	NSDDB	Nationalsozialistischer Deutscher Dozentenbund
DAF	Deutsche Arbeitsfront		
DC	Deutsche Christen	NSDStB	Nationalsozialistischer Deutscher Studentenbund
DDP	Deutsche Demokratische Partei		
DDR	Deutsche Demokratische Republik	NSFK	Nationalsozialistisches Fliegerkorps
DFG	Deutsche Forschungsgemeinschaft	NSKK	Nationalsozialistisches Kraftfahrerkorps
DLV	Deutscher Luftsportverband	NSKOV	Nationalsozialistische Kriegsopferversorgung
DNVP	Deutschnationale Volkspartei		
DSF	Gesellschaft für Deutsch-Sowjetische Freundschaft	NSLB	Nationalsozialistischer Deutscher Lehrerbund
DVP	Deutsche Volkspartei	NSRB	Nastionalsozialistischer Rechtswahrerbund
E. K.	Eisernes Kreuz	NSV	Nationalsozialistische Volkswohlfahrt
Ev.	evangelisch		
FDGB	Freier Deutscher Gewerkschaftsbund	Obstbf.	Obersturmbannführer
		PA	Personalakte
FDJ	Freie Deutsche Jugend	Pg.	Parteigenosse
FDP	Freie Demokratische Partei	RDB	Reichsbund Deutscher Beamten
Gestapo	Geheime Staatspolizei	RLB	Reichsluftschutzbund
HJ	Hitlerjugend	RM	Reichsmark
Hptm.	Hauptmann	SA	Sturmabteilung
KH	Kameradschaftshaus	San. Uffz.	Sanitäts-Unteroffizier
KPD	Kommunistische Partei Deutschlands	SBZ	Sowjetische Besatzungszone
		SD	Sicherheitsdienst der SS
KZ	Konzentrationslager	SED	Sozialistische Einheitspartei Deutschlands
Led.	ledig		
Lfd. Nr.	Laufende Nummer	SMA	Sowjetische Militäradministration
M.W.T.	Mitteldeutscher Wirtschaftstag		
MilitärstrafGB	Militärstrafgesetzbuch	SPD	Sozialdemokratische Partei Deutschlands
MLU	Martin-Luther-Universität		
MNZ	Mitteldeutsche Nationalzeitung	SS	Schutzstaffel
n.b.a.o.	nichtbeamteter außerordentlicher (Professor)	SS	Sommersemester
		Stahlhelm	Stahlhelm, Bund der Frontsoldaten
Nat.-soz.	nationalsozialistisch		
NKWD	Volkskommissariat für innere Angelegenheiten (der UdSSR)	StaWü	Staatsarchiv Würzburg
		StGB	Strafgesetzbuch

T 4	Pseudonym für Tiergartenstraße 4, Sitz der das Euthanasieprogramm leitenden Behörde	Uffz.	Unteroffizier
		Uk./Uk	unabkömmlich
		VDA	Verein für das Deutschtum im Ausland
TH	Technische Hochschule		
TU	Technische Universität	WHW	Winterhilfswerk
UAH	Universitätsarchiv Halle	WS	Wintersemester
UdSSR	Union der Sozialistischen Sowjetrepubliken	z. E.	zur Erläuterung

Personenregister

Abderhalden, Emil 8, 26, 48 f., 70, 119, 122, 135 f., 147, 162, 191, 196, 202, 232, 237, 240, 242, 255, 257
Abderhalden, Rudolf 122, 135 f., 257
Abramowitsch 46
Adam, Uwe Dietrich 15
Ahrendt, Hanna 8
Allen, Terry de la Mesa 252
Allesch, Johannes von 127 f., 164, 237
Altheim, Franz 8, 127, 259
Althoff, Friedrich 70
Aly, Götz 27 f.
Anderssen, Walter 111–113
Andree, Julius 151, 221
Anthes, Rudolf 89
Arndt, Ernst Moritz 49, 227
Aubin, Gustav 19, 31 f., 34, 42, 47, 49, 106
Bachér, Franz 177
Backe, Herbert, 235
Baer, Reinhold 73
Baesecke, Georg 37, 54, 137 f., 171–173
Bäumler, Alfred 127 f., 168
Baeyer, Walter von 14
Bahrfeldt, Max von 38
Ballauf, Theodor 127, 132, 164, 267
Barbusse, Henri 46
Barnikol, Ernst 134, 155, 176, 259
Barth, Karl 32, 155, 176
Bauer, Bernhard 71
Bauer, Sabine (geb. Winternitz) 71
Baumhard, Ernst 205
Becker, Carl Heinrich 87
Beham, Peter 155
Beneke, Rudolph 38
Benjamin, Bianca 188 f.
Berg, Gunnar 182
Bernstein, Eduard 46
Bernstein, Rudolf 73 f.
Beyer, Kurt 221
Bienert, Walther 164, 205, 222
Bilfinger, Carl 40
Bischoff, Heinz 220
Blome, Kurt 143
Blümel jr. 31
Blümel, Karl-Heinz 30
Blunck, Max 212
Böhm, Helmut 17, 118
Böhm, Hermann 154
Boehmer, Gustav 35, 37, 42 f., 63 f.

Börner, Hans 30, 32, 35, 39, 52
Böttcher, Hermann 195
Bora, Katharina von 174
Brachmann, Wilhelm 127, 129–132, 164, 267
Brandt, Georg 121
Brandt, Heinrich 100, 111 f., 254
Brandt, Willy 14
Brecht, Bertolt 46
Bremer, Otto 79
Brentano, Franz 73
Brentjes, Burchard 265
Brockmann, Felix 182, 184
Brodnitz, Georg 19, 65, 71
Brugsch, Theodor 18, 47, 48 f., 84, 87 f., 118, 139
Brugsch-Pascha, Heinrich 48
Buadze, Severian 48
Bucharin, Nikolai 46
Buchda, Gerhard 90, 106–110, 112 f., 115 f., 123, 135, 163, 174, 213, 221
Budde, Margarete 91
Budde, Werner 13, 90 f.
Buddenbrock-Hettersdorf, Wolfgang von 153, 159
Bunsen, Robert 73
Burckhard, Jacob 131
Busch, Wilhelm 195
Camerer, Joachim 125
Cantor, Georg 248 f.
Chamberlain, Houston Steward 131, 151
Chichon, Günter 226
Chroust, Peter 23 f.
Clausen, Wilhelm 23, 57, 143, 144, 223–226
Clausewitz, Carl von 173
Cobet, Rudolf 119, 163, 223, 238
Conti, Leonardo 48
Darré, Walter 161, 189, 242
Darwin, Charles 101, 170
David, Oskar 62, 65, 69
Dehn, Günther 19, 23 f., 31–37, 39, 83 f., 98, 139, 175, 211
Detering, Alfred 31, 40, 52 f., 90, 106–110, 167, 208–214, 216, 218
Diehl, Ernst 260
Dimitroff, Georgi 14
Dischreit, Irene 147
Dobschütz, Ernst von 116
Döblin, Alfred 46
Dörffel, Julius 163, 182, 227
Drews, Helmut 107, 219 f.

Drigalski, Wilhelm von 141
Drigalski, Wolf von 141–143
Duda, Curt 178
Dudek, Günter 220
Dürer, Albrecht 173
Dunken, Heinz 229, 256, 267
Ebbinghaus, Julius 130
Eckert-Möbius, Adolf 63, 87, 118 f., 142, 147, 169, 182, 201, 213, 216, 223, 227, 246
Egel, Helmut 218
Eger, Irmgard 108
Eggeling, Joachim-Albrecht 8, 12, 108, 110, 124, 163, 165, 168, 242, 243, 246
Ehrenstein, Ilja 46
Eichborn, Reinhardt von 43, 45–47
Eichendorff, Joseph von 43
Eickschen, Karl 84, 89
Einstein, Albert 122
Eisler, Paul 38
Eißfeldt, Otto 23, 79, 92, 176, 188, 201, 233, 248, 253–255, 257–264
Elchlepp, Friedrich 110
Elstermann, Nelly 21 f.
Engels, Friedrich 264
Enke, Willi 21, 152
Epstein, Hans 153
Evola, Julius 168
Fackenheim, Emil 201
Fackenheim, Julius 181, 184
Faessler, Alfred 232, 256
Fascher, Erich 116, 163, 204, 242, 259
Fester, Richard 26, 146
Feuchtwanger, Lion 46
Fischer-Lamberg, Otto 254
Fleischmann, Max 23 f., 62, 65, 74, 116, 158, 264
Flügel, Fritz 226
Foerster, Friedrich Wilhelm 46
Frankl, Paul 71 f.
Frauendienst, Werner 128 f., 131, 267
Freisleben, Rudolf 144–146, 215, 221
Freud, Siegmund 43
Freyberg, Hans 246
Frick, Wilhelm 210
Friedländer, Paul 72, 78 f.
Friedrich I. von Preußen 242
Friedrich II. von Preußen 162
Friedrich der Weise, sächsischer Kurfürst 9
Froböse, Hans 75, 78
Frölich, Gustav 42 f., 162
Frommolt, Günther 87, 119 f.
Frost, Wolfhard 20

Fuchs, Walter 133, 189, 233 f., 256
Fück, Johann 117, 131, 238
Gärtner, Robert 189, 235, 256
Gärtner, Walter 226
Gahl, Brita 22
Gajewski, Viktor 218–220
Galéra, Karl Siegmar von 83
Galéra, Siegmar von 38, 83
Galling, Kurt 152 f., 181
Gelb, Adhémar 71 f., 264
Gellhorn, Ernst 48
Gemmingen-Hornberg, Hans-Dieter von 116
Gerhardt, Ulrich 251, 253 f., 257 f.
Gericke, Wolfgang 134
Gesenius, Wilhelm 248
Geßner, Otto 77, 82, 90, 163, 241 f., 257
Geuter, Ulfried 17
Gierke, Julius von 26
Glockner, Hermann 130
Gobineau, Joseph Arthur Graf de 151
Goebbels, Joseph 99, 190
Goebel, Fritz 80 f.
Göhring, Margot (verh. Becke) 147 f., 255 f.
Göhring, Martin 127, 129, 164, 267
Goerdeler, Carl 250
Göring, Hermann 31, 50, 108, 161–163, 228, 259
Görlitzer, Arthur 82
Goethe, Johann Wolfgang von 262–264
Goya, Francesco de 173
Golczewski, Frank 14, 18
Goldschmidt, Adolph 248
Goldschmidt, Victor 229
Gordian, Friedrich 107
Gorki, Maxim 46
Grahmann, Bernhard 165
Grell, Heinrich 111–113
Greiser 142 f.
Grimm, Wilhelm 93 f., 209, 211 f., 219
Grimme, Adolf 31–33, 49, 87, 158
Grünfeld, Ernst 19, 67, 264
Grüttner, Michael 15
Grund, Georg 118, 134–136, 142, 226
Grundig 133, 134
Grunenberg, Antonia 14
Grunick, Kurt 181
Günther, Hans F. K. 40, 47, 140
Guleke, Nicolai 121
Gumbel, Emil Julius 33, 46
Gustloff, Wilhelm 213
Haase, Hugo 25
Haeckel, Ernst 101, 170

533

Haecker, Valentin 157
Haentsch, Kurt 157
Hahmann, Erhard 48, 119
Hahn, Lola (geb. Warburg) 154
Hahne, Hans 8, 22, 38 f., 49 f., 55–57, 59, 117, 139, 211 f.
Haller von Hallerstein, Victor 27, 47, 118
Hammerstein, Notker 15, 114
Hanson, Horst 232, 252
Harms, Helmut 221
Harnack, Arvid 251
Hartmann, Nicolai 129
Hartung, Fritz 25, 84, 86
Hauptmann, Alfred 25, 62 f., 75
Heberer, Gerhard 103
Hehlmann, Wilhelm 98 f., 151, 215, 221
Heiber, Helmut 18, 56, 92, 159
Heimann, Betty 26, 71, 146
Heilmann, Horst 251
Heilmann, Jakob Adolf 251
Hein, Wolfgang 156, 257
Heine, Heinrich 43, 46
Heinemann, Manfred, 15
Heinrich I., deutscher König 27
Heinroth, Hans 38 f., 153, 225
Heinroth, Otto 153
Heinzelmann, Gerhard 134, 175, 179, 213, 238, 248
Heldmann, Karl 40–42
Hellebrand, Walter 221
Herder, Johann Gottfried 262
Herre, Wolfgang 221
Herschel, Wilhelm 116
Hertz, Friedrich 19, 39 f., 47, 67, 83
Hertz, Wilhelm 80, 81
Herzfeld, Hans 14, 24 f., 80, 82 f., 87, 96, 128, 214
Herzfeld, Magnus 46
Hess, Rudolf 168, 210
Hett, Johannes 38, 39
Heydrich, Rudolf 202
Hilferding, Rudolf 46
Hilpert, Paul 130, 163, 173, 174
Himmler, Heinrich 27, 78, 151, 259
Hindenburg, Paul von 38, 43, 65
Hinrichs, Carl 242, 260
Hinsche, Georg 155, 203
Hirschfeld, Georg 185
Hirschinger, Frank 21, 22
Hitler, Adolf 28–30, 37 f., 51, 116, 119, 123, 129, 146, 163, 170, 190, 193, 204 f., 209, 215, 247

Hölderlin, Friedrich 242
Hönigswald, Richard 181, 185
Höpfner, Hans-Paul 18
Hohlbein, Hans 173
Holdefleiß, Paul 73 f.
Holtzmann, Walter 152, 160, 203
Hoppe-Seiler, Felix 70
Hornitschek, Hans 162, 234 f.
Hübner, Hans 20
Hülse, Walter 251, 254
Hufeland, Christoph Wilhelm 140
Huhold, Karl 252
Jacobi, Walter 90
Jacoby, Georg 201
Jaeger, August 50
Jahn, Georg 19, 90 f., 260, 264
Jansen, Christian 17
Japha, Arnold 65, 79, 264
Jeckeln, Ernst 134 f.
Jellonnek, Burkhard 111
Joerges, Rudolf 39, 84–86, 116, 260 f., 264
Johann Friedrich, sächsischer Kurfürst 171
Jordan, Rudolf 11, 48, 59, 83, 119, 161 f., 211
Jung, Heinrich 112, 202, 213
Kabelitz, Gerhard 238
Kästner, Erich 46
Kahle, Paul Ernst 181, 185
Kairies, Albrecht 21
Kaiser, Wolfram 20
Kant, Immanuel 263
Karl der Große 156
Kasper 100
Kast, Wilhelm 231 f., 248, 256
Kautsky, Karl 25, 46
Keppler, Wilhelm 237
Kerr, Alfred 43, 46, 181, 185
Kerrl, Hans 161
Kettler, Louis-Heinz 224
Keyser, Paul 178, 237
Kisch, Egon Erwin 46
Kisch, Guido 66–69
Kitzinger, Friedrich 63 f., 67
Klabund 46
Klages, Ludwig 166
Klages, Friedrich 223 f., 227
Klee, Ernst 27
Klemperer, Viktor 100
Klostermann, Erich 72
Knoblich, Kurt 20
Knolle, Wilhelm 189, 234, 257
Koch, Herbert 72, 201, 259

Koch, Johannes 227
Koch, Waldemar 61, 108 f.
Kochmann, Martin 64, 65, 75–78, 120, 153, 264
Kohlmeyer, Ernst 37, 49, 159, 176
Kohlrausch, Eduard 95
Kopelke, Wolfdietrich 220
Kopernikus, Nikolaus 94, 170
Kossinna, Gustaf 55
Kownick, Gertrud 195
Kranz, Walther 90, 92
Krasemann 193
Krause, Reinhold 176
Krautheimer, Richard 181, 185
Krefft, Siegfried 126 f.
Kroll, Frank-Lothar 164
Krosigk, Johann von 242
Kühne, Walter 201
Kürten, Heinz 35, 38 f., 47–49, 87, 118 f., 139
Kuhn, Oskar 84, 101–103
Kuhr, Theodor 135 f.
Kunitz, Wilhelm 61
Kunkel, Wolfgang 15
Kupsch, Walter 236
Kurze, Wilhelm 223
Laatsch, Willi 133, 236, 256
Lammers, Hans-Heinrich 210
Langer, Gottfried 116, 163
Laqueur, Richard 72, 78 f., 160, 201
Latter, Eva 122
Lautz 250
Laves, Fritz 117, 229, 256
Leaman, George 17
Lenin, Wladimir Iljitsch 46
Lehnerdt, Friedrich 80 f.
Leopold I., deutscher Kaiser 244
Lessing, Gotthold Ephraim 131
Ley, Robert 194
Leydhecker, Friedrich 143 f.
Leydolph, Walter 233, 256
Liebknecht, Karl 25
Lieser, Theodor 230, 231, 251–254, 258
Lintzel, Martin 22, 129, 130, 156 f., 163
Lippmann, Edmund von 66, 73
List, Friedrich 106, 107
Löffler, Friedrich 38, 39
Lohmann, Willy 258
Losemann, Volker 17
Luckner, Felix Graf von 252
Ludendorff, Erich 30
Ludwig, Emil 46
Ludwig, Wilhelm 119, 153

Lundgreen, Peter 15
Luther, Martin 8, 9, 49–51, 56, 157, 166, 170–174, 244, 247
Maaß, Berthold, 11, 78, 81 f., 87, 95, 98, 135, 136, 188 f., 191, 193
Maharens, August 161
Maier, Wilhelm 232, 256
Mair, Rudolf 61
Mann, Heinrich 43, 46
Mann, Thomas 43, 46
Marc, Franz 88
Marcks, Gerhard 49
Marcuse 188
Marx, Karl 43, 46, 266
May, Paul 251
Meier, Kurt 16
Meissner, Wilhelm 219
Menner, Erich, 155
Melanchthon, Philipp 9, 49
Mentzel 124, 195
Menzer, Paul 201, 265
Mertner, Edgar 133 f.
Metzger, Wolfgang 128
Meusel, Hermann 234
Meyer, Ludwig 189, 235, 254, 257
Meyrink, Gustav 46
Michel, Otto 238
Mitscherlich, Alexander 105
Mitscherlich, Waldemar 84, 105–110, 159, 213 f., 219, 260, 264
Moltke, Helmut James Graf von 95
Mommsen, Theodor 26
Monje, Manfred 232
Montfort, Camill 234, 256
Mothes, Kurt 23
Mrugowski, Joachim 20–22, 30 f., 34, 139–141, 203
Mühlpfordt, Günter 23
Müller, Heinz 51
Müller, Ludwig 105, 131, 175 f.
Münzenberg, Willi 46
Muhs, Karl 19, 74, 90 f., 93, 109 f., 115 f., 135
Mulertt, Werner 117, 130
Nagel, Anne Christine 18
Nagel, Arno 257
Nernst, Walter 92
Nicolaisen, Wilhelm 250
Nickel, Gisela 22, 103
Niemeyer, August Hermann 242
Niemeyer, Hermann 249
Nietzsche, Friedrich 131, 151

Niggli, Paul 229
Nitschke, Alfred 117, 242, 254, 257 f.
Noack, Erwin 39
Nobel, Fritz 54, 202, 209, 220
Noether, Emmy 111
Norris, G. W. 118
Nühsmann, Theodor 38, 39
Nürnberg, Ludwig 49
Nürnberger, Ludwig 152, 192
Otto, Kurt 242
Papen, Franz von 106
Parthier, Benno 23
Perkins 254
Peter, Friedrich 177
Pfeifer, Berthold 38, 39
Pittschaft 195
Plattner 133, 134
Pleiger, Paul 228
Plivier, Theodor 46
Pönitz, Karl 152
Popitz, Johannes 242
Pose, Heinz 231, 267
Prokoph, Werner 20, 21
Pschibert, Reinhard 19
Rahlwes, Alfred 56, 242
Rahm 242
Ranke, Ermentrude von 146
Ranke, Leopold von 26
Rasch, Manfred 16
Rathke, Anton 251, 252
Ratschow, Max 226
Raupach, Hans 19, 20, 206, 221, 222, 267
Reil, Christian 10
Remarque, Erich Maria 46
Renker, Karlheinz 20
Rennert, Karl-Heinz 51
Rexer, Ernst 122, 231, 267
Richter 128
Ringer, Fritz K. 15
Röhm, Ernst 182
Roemer, Theodor 8, 9, 23, 136, 144, 162, 189, 195, 233, 235, 255, 256
Rojahn, Carl August 22
Roosen 46
Rosenberg, Alfred 8, 94, 95, 106, 117, 127, 129, 130, 131, 138, 163–168, 180, 188, 205, 235, 242–244, 248
Rothmann, Hans 47, 62, 65, 69
Rust, Bernhard 11, 12, 42, 43, 50, 51, 56, 85 f., 94 f., 161, 168, 176, 198, 210, 241–243
Ruth, Rudolf 93

Sattler, Willi 208
Sauerbruch, Ferdinand 23
Schachtschabel, Hans 84, 105, 109 f., 213 f., 267
Schade, Herbert 219
Schardt, Alois 38 f., 56, 84, 88
Scheel, Gustav 106
Schenck, Günther 230, 256
Schiffer, Eugen 74
Schimmerohn, Heinz 47, 52 f., 180
Schirach, Baldur von 30
Schleiermacher, Friedrich 10, 131, 248
Schlier, Heinrich 61, 175
Schlossberger, Hermann 106, 108
Schlüter, Otto 135
Schmaltz, Kurt 19 f., 222
Schmelzeisen, Klemens Gustav 116
Schmidt 106
Schmidt, Erhard 94
Schmidt, Hans 24, 116, 163, 169, 171, 175, 177, 179, 238, 257
Schmidt, Paul 20, 140
Schmieder, Oskar 254 f.,
Schnabel, Paul 61
Schneider, Ferdinand Josef 73, 138, 242
Schneider, Max 98, 128, 130
Schnell, Walter 119, 227
Schniewind, Julius 96, 159, 163, 178–180, 238, 246, 248, 254
Schole, Heinrich 151 f., 160
Scholl, Hans 264
Scholl, Sophie 264
Schomerus, Hilko Wiardo 96
Schrader, Gerhard 20, 124–126, 150, 163
Schranil, Rudolf 116, 265
Schroeter 206
Schultz, Willi 155
Schulz, Walther 38 f., 98 f., 117, 151, 211 f.
Schulze-Boysen, Harro 251
Schultze, Walther 106
Schumann, Heinrich 226
Schumann, Friedrich Karl 55, 57 f., 104 f., 175 f., 238, 254
Schwinge, Erich 15, 19, 116, 201
Scupin, Hans 228
Sczepanski 225
Seier, Hellmut 15
Seiser, Adolf 20, 257
Siefert, Ernst 25, 26
Sieg, Ulrich 18
Siegele-Wenschkewitz, Leonore 16

Siemens, Hermann von 242, 246
Simon, Axel 20
Sinowjew, Grigori 46
Smekal, Adolf 122, 231, 256
Smith, Adam 110
Solotuchin, Pjotr 258–260
Sommerlad, Bernhard 30, 52 f.
Sommerlad, Theo 27, 38, 39, 52
Springmeyer, Heinrich 98 f., 124, 127, 129 f., 132, 138, 164, 169, 242, 247 f., 253, 267
Stäbel, Oskar 208
Stalin, Josef 46
Stamm, Hellmuth 133, 148, 230, 254, 256
Stammler, Gerhard, 96, 99 f.
Stauffer, Ethelbert 19
Steidl, Friedrich 225
Stenzel, Julius 159
Stieda, Alexander 72, 246
Stieve, Hermann 27, 28, 35, 42 f., 47, 49 f., 52–54, 73, 81, 170, 200
Stockert, Franz-Günther von 61
Stollenwerk, Wilhelm 235
Stolze, Elke 20, 26
Stolze, Hans 154
Strasser, Gregor 31, 221
Strauch, Philipp 38
Strauß, Franz Josef 14
Strauß, Kurt 121 f.
Streller, Rudolf 108 f.
Stuckart, Wilhelm 50, 85 f.
Studnitz, Gotthilft von 232 f., 242, 248, 254
Suttner, Bertha von 46
Sylla, Adolf 118, 226
Tartler, Georg 266
Tempel, Wilhelm 28
Tesche, Georg 168
Thal, Peter 19
Thaler, Burchard 20
Thape, Ernst 261, 265
Thieme, Paul 117
Thierfelder, Andreas 17 f.
Thomasius, Christian 9, 242 f.
Tillich, Paul 181, 187
Timm, Albrecht 203
Titze, Hartmut 15, 198–200
Toller, Ernst 46
Trautmann, Walter 11, 40, 85
Trillhaas, Wolfgang 19, 24, 175
Troeltsch, Ernst 131
Troll, Wilhelm 22, 102–104, 234, 256
Tromp, Friedrich 11, 36, 50, 56, 63–65, 71, 75, 79, 98, 100, 108, 122, 178, 189, 194 f., 225–227, 234, 240, 253 f.
Tubandt, Carl 90–92
Tubandt, Wera 92
Tucholsky, Kurt 24
Turck 113
Uiberreither, Sigfried 208
Ulbricht, Walter 96
Unruh, Gerhard 94, 95
Utitz, Emil 64 f., 71 f.
Vahlen, Theodor 57, 74
Velhagen, Karl 266 f.
Viethen, Albert 118
Voelcker, Friedrich 23, 37, 120 f., 134, 153 f.
Voigt, Gerhard 219 f.
Volhard, Franz 87
Volkmann, Johannes 38 f., 191, 215
Vonderau, Markus 22
Voretzsch, Karl 26, 146
Wacker, Otto 90, 98, 163, 166
Wätjen, Julius 257
Waetzold, Wilhelm 56, 129, 173, 248
Wagner, Wilhelm 61, 80, 83, 89, 91, 98, 112, 115 f., 118, 120–124, 130, 132, 134–136, 138, 150, 152, 156, 175 f., 212, 215, 222, 226 f., 247–249, 251, 253, 258
Walcher, Kurt 87
Walser, Fritz 131 f.
Walther, Johannes 59, 101
Wedekind, Frank 46
Wegner, Arthur 90, 92–96, 156, 159
Weidemann, Johannes 8, 128, 163–165, 246, 252
Weigelt, Johannes 6, 8, 11 f., 21–23, 49, 57–59, 71, 83 f., 90, 93–95, 98, 101–105, 107–109, 112, 115 f., 119, 122–124, 129, 131–134, 138 f., 143 f., 148, 151, 153, 162 f., 165 f., 168, 176, 178 f., 181–183, 188, 211, 213, 215, 222, 227 f., 232, 236, 239–242, 244–249, 256
Weinert, Erich 264
Weisbach, Walter 22, 75, 76
Weißenborn, Bernhard 242
Wellek, Albert 156
Welte, Adolf 215
Wendehorst, Alfred 18
Wendel, Otto 188
Wendenburg, Hans-Joachim 30 f.
Wentzel, Carl 250 f., 264
Werkmeister, Herbert 178
Wertheimer, Ernst 48, 70
Werther 64

Weyhe, Hans 42, 43, 62, 84, 96–100, 138, 254, 257
Widukind 156
Wiefel, Wolfgang 19
Wiesner, W. 180
Wilde, Kurt 127, 128, 164
Wilhelm II., Deutscher Kaiser 70
Windelband, Wolfgang 84, 86, 159
Winkler 227
Winter, Eduard 265
Winternitz, Hugo 70 f.
Wißmann, Wilhelm 117
Woermann, Emil 56–59, 74, 82, 83, 89, 93, 112, 115, 140, 159–162, 176, 177, 202, 206, 209, 211 f., 236, 250 f., 259
Woerner, Rolf 128
Wolf, Ernst 159, 175, 177, 248
Wolf, Karl Lothar 22, 104, 163, 168, 229, 241, 256
Wolff, Christian 9, 243
Wolff, Ferdinand von 24, 37, 61
Wolff, Hellmuth 238 f.
Woltmann 151
Zastrau, Alfred 136–139, 164
Ziegler, Karl 16, 22 f., 117, 148, 163, 198, 229 f., 242, 253 f.
Ziehe, Irene 22, 55
Ziehen, Theodor 253
Zöllner, Walter 22, 169 f.
Zschintzsch, Werner 216, 242
Zweig, Arnold 43, 46
Zweig, Stefan 43, 46

Abbildungsnachweis

Universitätsarchiv Halle: 42, 55, 57, 65, 68, 72, 97, 105, 107, 159, 160, 164, 165, 166, 171, 179, 232, 243, 245, 259
Leopoldina-Archiv: 58, 154, 230, 237
Aus Publikationen der Universität: 53, 207

Danksagung

Professor Dr. Hermann-Josef Rupieper und die Mitglieder der Senatskommission zur Vorbereitung des Universitätsjubiläums regten diese Arbeit an, gaben Hinweise und brachten mir großes Vertrauen entgegen. Den Mitarbeiterinnen und Mitarbeitern der Archive in Berlin, Freiburg und Würzburg danke ich für ihr Engagement, mehr noch Erna Lämmel vom Archiv der Deutschen Akademie der Naturforscher Leopoldina. Entscheidend war aber die unbedingte Unterstützung, die dieses Projekt durch die Mitarbeiterinnen des Universitätsarchivs Halle erfuhr. Ohne den starken persönlichen Einsatz von Regina Haasenbruch, Marion Heise, Sylvia Hünert, Karin Keller und Gudrun Weikert hätte das Buch – insbesondere das biographische Lexikon – nicht entstehen können. Wichtige Auskünfte erteilten mir Professor Dr. Margot Becke, Professor Dr. Günther Schenck und Professor Dr. Benno Parthier. Katrin Kaltofen bearbeitete die gescannten Bilder. Daniel Bohse erstellte das Personenregister. Danken will ich auch Denise Wesenberg, Inga Grebe, Dr. Jana Wüstenhagen, Dr. Dietmar Schulze, Dr. Friedemann Stengel, Dr. Matthias Neugebauer und Dr. Kurt Fricke. Sie wissen wofür.

Dank gebührt auch der Martin-Luther-Universität Halle-Wittenberg, die das Vorhaben finanziell förderte.

500 Jahre Martin-Luther-Universität Halle-Wittenberg

ca. 650 S., Format 16,2 x 23,8 cm,
38 s/w Abb., geb.
25,50 Euro   46,00 sFr
ISBN 3-89812-149-6

Hermann-J. Rupieper (Hrsg.)
Beiträge zur Geschichte der Martin-Luther-Universität 1502–2002

1502 gründete der sächsische Kurfürst Friedrich der Weise in Wittenberg eine Universität zur Ausbildung von Staatsbeamten und Geistlichen. Im damals brandenburgischen Halle a. d. Saale folgte 1694, auf Geheiß des späteren Königs in Preußen, Friedrich I., die Errichtung einer eigenen Alma mater. 1817 wurden beide Universitäten unter dem Namen Vereinigte Friedrichs-Universität zusammengeschlossen. Namhafte Wissenschaftler haben an ihr gelehrt und geforscht. Heute kann die nunmehrige Martin-Luther-Universität Halle-Wittenberg auf eine 500jährige Tradition zurückblicken.

In den Beiträgen verbinden sich die Geschichte der beiden Universitätsstandorte und die Darstellung von Institutsgründungen mit der Analyse der wissenschaftlichen Entwicklung einzelner Fächer. Die Fallstudien spannen dabei einen weiten Bogen von den Wittenberger Anfängen über das 18. und 19. Jahrhundert, die NS-Zeit, die SBZ/DDR bis zur friedlichen Revolution 1989/90.

mdv
Mitteldeutscher Verlag GmbH
Am Steintor 23, 06112 Halle (Saale)
Tel. (03 45) 2 33 22 16, Fax (03 45) 2 33 22 66
E-Mail: Mitteldeutscher.Verlag@t-online.de

Alle Bücher des mdv sind direkt über den Verlag oder im Buchhandel zu beziehen.
Weitere Angebote unter: www.buecherkisten.de

500 Jahre Martin-Luther-Universität Halle-Wittenberg

192 S., Format 16,2 x 23,8 cm, geb.
20,50 Euro 37,00 sFr
ISBN 3-89812-149-6

Hermann-J. Rupieper (Hrsg.)
„Es gibt keinen Ausweg für Brandt zum Krieg"

„Genauso gründlich wie die Bodenreform, Entmachtung der Monopole und die Liquidierung des Militarismus und Faschismus auf dem Boden unserer Republik erfolgten, wird jetzt mit den Provokationen, dem Menschenhandel, der Agenten- und Diversantentätigkeit Schluß gemacht."

Mit markigen Worten wie diesen wurde der Bau der Berliner Mauer am 13. August 1961 von offiziellen Stellen in der DDR begrüßt und verteidigt. Die nunmehr eingemauerten Menschen im Osten Deutschlands sahen das zumeist anders.

Der Hallenser Historiker Hermann-J. Rupieper hat die Reaktionen auf die August-Ereignisse an der Martin-Luther-Universität Halle-Wittenberg untersucht und anhand zahlreicher Dokumente sichtbar gemacht. Beim Blick in die zeitgenössischen Quellen wird die damalige Situation wieder lebendig, wird der Mauerbau erkennbar als Verzweiflungstat eines machtbesessenen Regimes.

mdv
Mitteldeutscher Verlag GmbH
Am Steintor 23, 06112 Halle (Saale)
Tel. (03 45) 2 33 22 16, Fax (03 45) 2 33 22 66
E-Mail: Mitteldeutscher.Verlag@t-online.de

Alle Bücher des mdv sind direkt über den Verlag oder im Buchhandel zu beziehen.
Weitere Angebote unter: www.buecherkisten.de

1200 Jahre Halle an der Saale

ca. 205 S., Format DIN A5,
15 s/w Abb., geb.
16,00 Euro   27,50 sFr
ISBN 3-89812-105-4

Holger Zaunstöck (Hrsg.)
Halle zwischen 806 und 2006

Im Jahr 2006 wird die Saalestadt Halle ihren 1200. Geburtstag feiern. In Vorbereitung dieses Jubiläums haben Wissenschaftler der Martin-Luther-Universität Halle-Wittenberg, der Franckeschen Stiftungen und des Interdisziplinären Zentrums für die Erforschung der europäischen Aufklärung stadtgeschichtliche Forschungen initiert, die in der neuen mdv-Reihe „Forschungen zur hallischen Stadtgeschichte" veröffentlicht werden.
Als Herausgeber der Reihe fungieren Prof. Dr. Werner Freitag (MLU Halle-Wittenberg), Prof. Dr. Heiner Lück (MLU Halle-Wittenberg), Dr. Thomas Müller-Bahlke (Franckesche Stiftungen) und Dr. Holger Zaunstöck (MLU Halle-Wittenberg).

Themen des ersten Bandes sind u.a.:
- Die Königsurkunde Ottos III. vom 20. Mai 987
- Henning Strobart und Halle
- Das Kirchenwesen Halles im Mittelalter und seine Verwandlung im 16. Jh.
- Lehrer und Lehrerausbildung im hallischen Waisenhaus
- Die hallische Studentenschaft zur Zeit Friedrichs des Großen 1740–1786
- Zensur und Zensoren in Halle im Vormärz
- Das hallische Stadtjubiläum 1961

mdv
Mitteldeutscher Verlag GmbH
Am Steintor 23, 06112 Halle (Saale)
Tel. (03 45) 2 33 22 16, Fax (03 45) 2 33 22 66
E-Mail: Mitteldeutscher.Verlag@t-online.de

Alle Bücher des mdv sind direkt über den Verlag oder im Buchhandel zu beziehen.
Weitere Angebote unter: www.buecherkisten.de

Reihe Studien zur Landesgeschichte

hrsg. von Werner Freitag/Klaus Erich Pollmann/Matthias Puhle

Bisher erschienen:

Bd. 1: Werner Freitag/Klaus Erich Pollmann/Matthias Puhle (Hrsg.) Politische, soziale und kulturelle Konflikte in der Geschichte von Sachsen-Anhalt. Beiträge des landesgeschichtlichen Kolloquiums am 4./5. September 1998 in Vockerode
207 S., geb., 23,10 Euro 41,50 sFr
ISBN 3-89812-96-8

Bd. 2: Joachim Castan
Hochschulwesen und reformierte Konfessionalisierung. Das Gymnasium illustre des Fürstentums Anhalt in Zerbst 1582–1652
340 S., geb., 25,70 Euro 46,50 sFr
ISBN 3-89812-016-3

Bd. 3: Christina Benninghaus (Hrsg.)
Region in Aufruhr. Hungerkrise und Teuerungsproteste in der preußischen Provinz Sachsen und in Anhalt 1846/47
260 S., geb., 23,10 Euro 41,50 sFr
ISBN 3-89812-015-5

Bd. 6: Beatrix Herlemann
„Wir sind geblieben, was wir immer waren, Sozialdemokraten". Das Widerstandsverhalten der SPD im Parteibezirk Magdeburg-Anhalt gegen den Nationalsozialismus 1930–1945
350 S., geb., 23,00 Euro 41,50 sFr
ISBN 3-89812-108-9

Bd. 7: Thomas Großbölting
SED-Diktatur und Gesellschaft. Bürgertum, Bürgerlichkeit und Entbürgerlichung in Magdeburg und Halle
520 S., geb., 40,00 Euro 71,00 sFr
ISBN 3-89812-121-6

In Vorbereitung:

Bd. 4: Katharina Bechler
Schloss Oranienbaum. Architektur und Kunstpolitik der Oranierinnen am Ende des 17. Jahrhunderts
ISBN 3-89812-097-X

Bd. 5: Werner Freitag (Hrsg.)
125 Jahre Historisches Seminar an der Martin-Luther-Universität Halle-Wittenberg. Halle und die deutsche Geschichtswissenschaft um 1900
ISBN 3-89812-109-7